여러분의 합격을 응원하는
해커스공! ▮별 혜택

KB093675

FREE 공무원 행정법 **동영상강의**

해커스공무원(gosi.Hackers.com) 접속 후 로그인 ▶ 상단의 [무료강좌] 클릭 ▶ 좌측의 [교재 무료특강] 클릭

📄 **회독용 답안지(PDF)**

해커스공무원(gosi.Hackers.com) 접속 후 로그인 ▶ 상단의 [교재·서점 → 무료 학습 자료] 클릭 ▶
본 교재의 [자료받기] 클릭하여 이용

▲ 바로가기

📇 해커스공무원 온라인 단과강의 **20% 할인쿠폰**

C9E9E262D547BPAU

해커스공무원(gosi.Hackers.com) 접속 후 로그인 ▶ 상단의 [나의 강의실] 클릭 ▶
좌측의 [쿠폰등록] 클릭 ▶ 위 쿠폰번호 입력 후 이용

* 등록 후 7일간 사용 가능(ID당 1회에 한해 등록 가능)

📇 해커스 회독증강 콘텐츠 **5만원 할인쿠폰**

E4DFBE9C94DD2GSE

해커스공무원(gosi.Hackers.com) 접속 후 로그인 ▶ 상단의 [나의 강의실] 클릭 ▶
좌측의 [쿠폰등록] 클릭 ▶ 위 쿠폰번호 입력 후 이용

* 등록 후 7일간 사용 가능(ID당 1회에·한해 등록 가능)
* 월간 학습지 회독증강 행정학/행정법총론 개별상품은 할인쿠폰 할인대상에서 제외

🎫 합격예측 **모의고사 응시권 + 해설강의 수강권**

7B436A4F66F7DH39

해커스공무원(gosi.Hackers.com) 접속 후 로그인 ▶ 상단의 [나의 강의실] 클릭 ▶
좌측의 [쿠폰등록] 클릭 ▶ 위 쿠폰번호 입력 후 이용

* ID당 1회에 한해 등록 가능

쿠폰 이용 관련 문의 1588-4055

단기 합격을 위한
해커스 커리큘럼

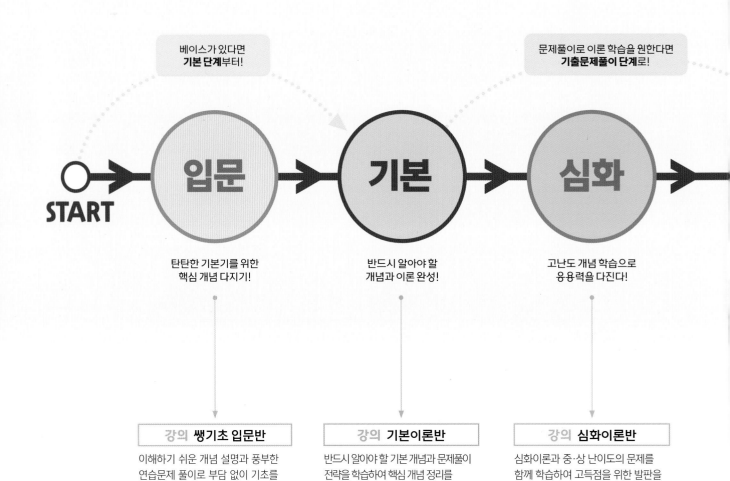

베이스가 있다면 **기본 단계**부터!

문제풀이로 이론 학습을 원한다면 **기출문제풀이 단계**로!

START

입문 → **기본** → **심화**

탄탄한 기본기를 위한
핵심 개념 다지기!

반드시 알아야 할
개념과 이론 완성!

고난도 개념 학습으로
응용력을 다진다!

강의 쌩기초 입문반

이해하기 쉬운 개념 설명과 풍부한
연습문제 풀이로 부담 없이 기초를
다질 수 있는 강의

강의 기본이론반

반드시 알아야 할 기본 개념과 문제풀이
전략을 학습하여 핵심 개념 정리를
완성하는 강의

강의 심화이론반

심화이론과 중·상 난이도의 문제를
함께 학습하여 고득점을 위한 발판을
마련하는 강의

* 커리큘럼은 과목별·선생님별로 상이할 수 있으며, 자세한 내용은 해커스공무원 사이트에서 확인하세요.

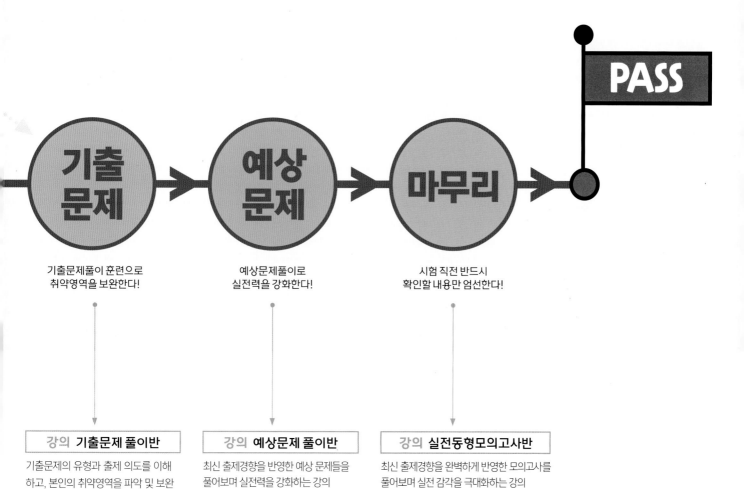

기출문제

기출문제풀이 훈련으로
취약영역을 보완한다!

예상문제

예상문제풀이로
실전력을 강화한다!

마무리

시험 직전 반드시
확인할 내용만 엄선한다!

PASS

강의 **기출문제 풀이반**

기출문제의 유형과 출제 의도를 이해
하고, 본인의 취약영역을 파악 및 보완
하는 강의

강의 **예상문제 풀이반**

최신 출제경향을 반영한 예상 문제들을
풀어보며 실전력을 강화하는 강의

강의 **실전동형모의고사반**

최신 출제경향을 완벽하게 반영한 모의고사를
풀어보며 실전 감각을 극대화하는 강의

강의 **봉투모의고사반**

시험 직전에 실제 시험과 동일한 형태의
모의고사를 풀어보며 실전력을 완성하는 강의

해커스공무원

이준모
행정학

단원별 기출문제집

이준모

약력

서울대학교 행정대학원 행정학 석사

현 | 해커스공무원 행정학 강의
전 | 공단기 행정학 강의
전 | KG패스원 행정학 강의
전 | 웅진 패스원 행정학 강의
전 | 부산 고려고시학원 행정학 강의
전 | 대전 제일고시학원 행정학 강의

저서

해커스공무원 이준모 행정학 기본서
해커스공무원 이준모 행정학 핵심요약집
해커스공무원 이준모 행정학 단원별 기출문제집
키워드행정학 최신기출5개년 핵심OX 문제집, 선경
키워드행정학 핵심기출 한줄노트, 선경
에듀윌 공무원 행정학 단권화 요약노트, 에듀윌
이준모 키워드 행정학 기출문제집, 에스티유니타스
키워드 행정학 기변동, 에스티유니타스
키워드 행정학 비법노트, 좋은책

공무원 시험의 해답
행정학 시험 합격을 위한 필독서

행정학의 학문적 범위는 매우 광범위하고 전문적입니다. 수험을 학문적으로 접근한다면 본인의 위치를 망각하고 행정학의 늪에 빠질 가능성이 매우 큽니다. 이러한 상황에서 이미 시험에 출제된 문제들은 수험생 여러분이 무엇을 어떻게 공부해야 하는지에 대한 훌륭한 지침이 될 수 있습니다. 기출문제를 통해 행정학의 출제 범위를 파악하고, 그 범위에서 본인이 얼마나 알고 있는지를 점검한다면 앞으로 어떻게 접근하여야 할지에 대한 전략을 설계할 수 있을 것입니다. 또한 시험에 출제되었던 부분에서 약 80% 이상은 다시 출제되는 경향이 지속되고 있으므로 기출문제 학습 자체가 수험 공부라고 말할 수 있습니다. 그러므로 수험의 시작은 기출문제로 시작해야 하고, 마무리 또한 기출문제로 이루어져야 합니다.

이에 <해커스공무원 이준모 행정학 단원별 기출문제집>은 수험생 여러분들의 효율적인 행정학 학습이 가능하도록 다음과 같은 특징들을 가지고 있습니다.

첫째, 기본서의 목차에 맞추어 기출문제를 수록하였습니다. 기출문제로 학습한 개념을 기본서에서 바로 확인할 수 있도록 정리하였으므로, 이론학습과 문제풀이의 상관성을 높일 수 있습니다.

둘째, 과거 자치단체에서 자체적으로 출제했던 문제들은 삭제하고 인사혁신처와 국회사무처에서 출제한 문제들만으로 구성하였습니다. 이론의 내용에서 빠진 부분이 있다면, 그 부분의 출제 가능성이 높을 것입니다.

셋째, 논란이 되는 지문은 좀 더 세밀하게 해설하고자 노력하였습니다. 정답인 지문뿐만 아니라, 다시 출제될 가능성이 높거나 논란이 있을만한 지문들은 모두 상세하게 해설하여 지문들을 빈틈없이 학습할 수 있습니다.

넷째, 문제와 관련된 핵심 이론들을 요약·정리하여 배치하였습니다. 항상 이론과 문제, 그리고 문제와 이론은 동시에 정리하는 것이 효과적입니다. 문제풀이 후 정리된 이론을 다시 한번 확인함으로써 효과적인 복습이 가능합니다.

행정학을 처음 학습하는 수험생분들이라면 기출문제를 통해 학습 범위와 강조점을 숙지하는 것이 좋은 학습 방법입니다. 마무리 단계에 있다면 기출지문들을 반복적으로 학습하여 이를 본인의 것으로 체화하는 노력이 필요합니다. 모든 수험의 기초는 기출지문이 될 수밖에 없습니다. 그러므로 단순히 정답을 찾았다는 것에 만족하지 않고, 본 교재를 본인에게 맞는 수험 전략을 세우는 요소로 활용하셨으면 합니다.

더불어, 공무원 시험 전문 사이트인 해커스공무원(gosi.Hackers.com)에서 교재 학습 중 궁금한 점을 나누고 다양한 무료 학습 자료를 함께 이용하여 학습 효과를 극대화 할 수 있습니다.

부디 <해커스공무원 이준모 행정학 단원별 기출문제집>과 함께 공무원 행정학 시험의 고득점을 달성하고 합격을 향해 한 걸음 더 나아가시기를 바랍니다.

끝으로 이 책이 나올 수 있도록 도와주신 해커스공무원 대표님과 출판팀에게 진심으로 감사를 드립니다.

이준모

차례

PART 4 인사행정

PART 5 재무행정

PART 6 행정환류

PART 7 지방행정

회독을 통한 취약 부분 완벽 정복
다회독에 최적화된 **회독용 답안지** (PDF)

해커스공무원(gosi.Hackers.com) ▶
사이트 상단의 '교재·서점' ▶ 무료 학습 자료

이 책의 활용법

문제해결 능력 향상을 위한 단계별 구성

CHAPTER 1 행정의 의의

01 □□□
행정학 발달과정에 대한 설명으로 옳지 않은 것은?
① 1960년대 신행정학은 행정학의 '실천적 성격'과 '적실성'을 회복하여 대응력중심으로 정책지향적인 행정학을 강조하였다.
② 사이먼(H. Simon)은 인간행태에 연구의 초점을 두었고 행정이론의 과학화에 기여하였다.
③ 애플비(P. Appleby)는 정치는 국가의 의지를 표명하고 정책을 구현하는 것이며 행정은 이를 실천하는 것으로 정치와 행정의 차이를 명확히 구별하였다.
④ 미국 행정학은 테일러(F. Taylor)의 '과학적 관리법'에 근

02 □□□
정치행정이원론에 대한 설명으로 옳은 것은?
① 정당정치의 개입으로부터 자유로운 행정의 영역을 강조하였다.
② 1930년대 뉴딜정책은 정치행정이원론이 등장하게 된 중요 배경이다.
③ 과학적 관리론과 행정개혁운동은 정치행정이원론의 한계를 지적하였다.
④ 정치행정이원론을 대표하는 애플비(P. Appleby)는 정치와 행정이 단절적이라고 본다.

17 소속책임운영기관의 기관장 → 임기제 공무원
① [×] 책임운영기관은 '책임운영기관의 설치·운영에 관한 법률'에 근거하여 대통령령으로 설치 및 운영된다.
② [×] 소속책임운영기관의 조직 및 운영에 관한 기본운영규정은 책임운영기관의 기관장이 제정한다.
③ [○] 소속책임운영기관의 장은 공개모집 절차에 따라 행정이나 경영에 관한 지식·능력 또는 관련 분야의 경험이 풍부한 사람 중에서 기관장을 선발하여 임기제 공무원으로 임용한다. 기관장의 근무기간은 5년의 범위에서 소속중앙행정기관의 장이 정하되, 최소한 2년 이상으로 하여야 한다.
④ [×] 중앙행정기관의 장은 소속책임운영기관 소속 공무원에 대한 일체의 임용권을 가진다. 이 경우 중앙행정기관의 장은 대통령령으로 정하는 바에 따라 그 임용권의 일부를 기관장에게 위임할 수 있다.
⑤ [×] 소속책임운영기관에 두는 공무원의 총 정원 한도는 대통령령으로 정한다. 이 경우 계급별 정원은 총리령 또는 부령으로 정할 수 있다.
답 ③

18 책임운영기관의 설치 → 대통령령
① [×] 우리나라 책임운영기관은 '책임운영기관의 설치·운영에 관한 법률'에 근거하여 대통령령으로 설치되고 운영된다.
② [×] 행정기관 소속 위원회의 설치·운영에 관한 법률'상 위원회 소속 위원 중 공무원이 아닌 위원의 임기는 대통령령으로 정하는 특별한 경우를 제외하고는 3년을 넘지 아니하도록 하여야 한다.
③ [×] 특별지방행정기관은 국가의 특정한 중앙행정기관에 소속되어 해당 관할구역 내에서 시행되는 소속중앙행정기관의 권한에 속하는 행정사무를 관장하는 국가의 지방행정기관을 말한다.
④ [○] 개선기관은 실무상 보조기관으로 표현되고 참모기관은 보좌기관으로 표현된다.
⑤ [×] 중앙선거관리위원회는 이론적으로는 독립위원회이지만 선거관리라는 행정업무를 담당하므로 행정위원회로 파악한 문제로 보인다.
답 ①

01 프로젝트 팀 → 수평적 연결기제
① [○] 수직적 연결은 상위계층과 하위계층의 의사소통으로, 계층제, 규칙과 계획, 계층직위 추가, 수직정보시스템 등이 사용된다.
② [×] 조직 내의 인적 물적 자원을 결합하는 프로젝트 팀(project team)의 설치는 수평적 연결방법이다.
③ [○] 수평적 연결은 동급의 부서 혹은 동일 계층의 개인 간 의사소통으로, 정보시스템, 연락 담당자, 임시작업단, 매니저, 연구사업 팀 등이 사용된다.

수직적 연결기제(R. Daft)

정보시스템	정보시스템을 통한 정규적인 정보교환
직접 접촉	부서 내에 존재하는 비공식적 권한 가진 연락담당자의 활용
임시작업단	임시적 문제에 대한 부서 간의 직접적인 조정장치
프로젝트 매니저	조정을 담당하는 공식적 권한을 보유한 정규 직위 → 부서 밖에 위치
프로젝트 팀	연구적인 사업팀 → 가장 강력한 수평적 조정장치

답 ②

02 임시작업단 → 수평적 조정기제
① [○] 계층제는 가장 기초적 조정수단으로, 조직도표상의 선이며 의사소통의 통로로 작용한다.
② [○] 규칙과 계획은 반복적 문제와 의사결정에 대한 조정수단으로, 표준정보의 제공을 통해 구성원들의 직접적인 의사소통 없이 업무를 조정한다. 계획이 규칙보다 조직구성원들에게 좀 더 장기적인 표준정보를 제공한다.
③ [○] 수직정보시스템은 정기보고서, 문서화된 정보 및 전산에 기초한 의사소통 제도이며, 수직적 조정의 필요성과 조정비용이 가장 높은 단계이다.
④ [×] 임시작업단(task force)은 수평적 연결기제이다.

수직적 연결기제(R. Daft)

계층	가장 기초적 수단, 조직도표상의 선
규칙과 계획	표준정보의 제공, 직접적인 의사소통 없는 조정 → 계획이 좀 더 장기적
계층직위 추가	상관의 통솔범위 축소 → 좀 더 밀접한 의사소통
수직정보시스템	정기적인 보고서, 문서화된 정보 → 조정비용이 가장 높은 단계

답 ④

STEP 1 기출문제로 문제해결 능력 키우기

공무원 행정학 시험의 기출문제 중 다시 출제될 가능성이 높거나 퀄리티가 좋은 문제들을 엄선하여 수록하였습니다. 다양한 기출문제들을 풀어봄으로써 자연스럽게 출제경향과 기출문제의 유형을 익히고, 문제해결 능력을 키울 수 있습니다.

▼

STEP 2 상세한 해설을 통해 이론 기출지문 정복하기

교재에 수록된 모든 문제마다 문제의 핵심이 되는 출제 포인트를 명시하였습니다. 이를 통해 각 문제가 묻고 있는 이론과 본인이 취약한 부분을 한눈에 파악하여 빠르게 보완할 수 있습니다. 또한 정답인 지문뿐만 아니라 오답인 지문들에도 상세한 해설을 수록하여, 오답 지문들의 원인과 함정 요인까지 확인하며 꼼꼼한 학습이 가능합니다.

▼

STEP 3 요약·정리를 통해 한번 더 이론 복습하기

행정학의 주요 이론들 중 문제와 관련된 이론을 다시 한번 정리할 수 있도록 요약하여 수록하였습니다. 이를 통해 방대한 행정학 이론 중 시험에 자주 출제되거나 알아두면 좋은 배경 이론들을 빠르게 복습할 수 있습니다.

정답의 근거와 오답의 원인, 관련 법령까지 짚어 주는 정답 및 해설

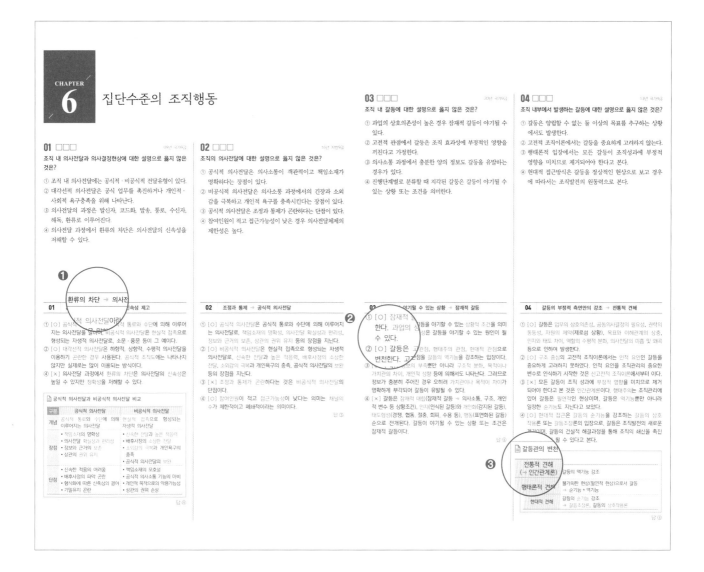

❶ 문항별 출제 포인트

문항마다 문제의 핵심이 되는 출제 포인트를 명시하여, 각 문제가 묻고 있는 이론을 한 눈에 파악할 수 있습니다.

❷ 상세한 해설

정답인 선지뿐만 아니라 오답인 선지에 대해서도 상세한 해설을 수록하여, 기출지문들을 빈틈없이 학습할 수 있습니다.

❸ 관련 이론

기출문제와 관련이 있는 핵심 이론들을 요약·정리하여 수록하여, 개념을 한번 더 정리하며 효과적인 반복학습이 가능합니다.

PART
1

행정학 총론

해커스공무원
이준모 행정학

단원별 기출문제집

CHAPTER 1 행정의 의의

01 □□□
16년 국가7급

행정학의 발달과정에 대한 설명으로 옳지 않은 것은?

① 1960년대 신행정학은 행정학의 '실천적 성격'과 '적실성'을 회복하기 위해 정책지향적인 행정학을 강조하였다.
② 사이먼(H. Simon)은 인간행태에 연구의 초점을 두었고 행정이론의 과학화에 기여하였다.
③ 애플비(P. Appleby)는 정치는 국가의 의지를 표명하고 정책을 구현하는 것이며 행정은 이를 실천하는 것으로 정치와 행정의 차이를 명확히 구별하였다.
④ 미국 행정학은 테일러(F. Taylor)의 '과학적 관리법'에 근거를 둔 조직이론으로부터 영향을 받았다.

02 □□□
20년 국가9급

정치행정이원론에 대한 설명으로 옳은 것은?

① 정당정치의 개입으로부터 자유로운 행정의 영역을 강조하였다.
② 1930년대 뉴딜정책은 정치행정이원론이 등장하게 된 중요 배경이다.
③ 과학적 관리론과 행정개혁운동은 정치행정이원론의 한계를 지적하였다.
④ 정치행정이원론을 대표하는 애플비(P. Appleby)는 정치와 행정이 단절적이라고 보았다.

---

01 애플비(P. Appleby) → 굿노(F. Goodnow)

① [○] 정책지향이란 정부의 정책을 통해 사회문제를 해결하고자 하는 학문적 경향을 말한다. 신행정론은 1960년대 미국 사회의 격동기를 해결하고자 등장한 정책지향적이고 처방적인 학문이다.
② [○] 사이먼(H. Simon)은 논리실증주의를 기반으로 가치와 사실을 분리한 후 사실 중심의 과학성을 추구한 학자이다. 특히, 제도나 이념이 아닌 행태 중심의 연구를 강조하였다.
③ [×] 정치는 국가의 의지를 표명하고 정책을 구현하는 것이며 행정은 이를 실천하는 것으로, 정치와 행정의 차이를 명확히 구별한 학자는 굿노(F. Goodnow)이다. 애플비(P. Appleby)는 '정책과 행정'(1949)에서 정치행정일원론을 주장한 학자이다.
④ [○] 미국의 행정학은 유럽의 관료제이론과 테일러(F. Taylor)의 '과학적 관리법'이라는 고전적 조직이론으로부터 영향을 받아 성립하였다.

답 ③

---

02 윌슨(W. Wilson) → 정당정치로부터 행정의 분리

① [○] 특히, 윌슨(W. Wilson)의 정치행정이원론은 엽관주의(→ 정당정치)로부터 행정을 분리시키기 위한 노력이다.
② [×] 정부의 적극적 시장개입을 강조하였던 1930년대 뉴딜정책은 정치행정일원론이 등장하게 된 배경이다.
③ [×] 정치행정이원론을 배경으로 과학적 관리론의 도입과 행정개혁운동(→ 실적주의 도입)이 전개되었다.
④ [×] 애플비(P. Appleby)는 '정책과 행정'(1949)에서 정치행정일원론을 주장한 학자이다.

답 ①

03 ☐☐☐

정치행정이원론에 대한 설명으로 옳지 않은 것은?

① 행정과 경영이 차이가 없음을 강조하는 공사행정일원론의 입장을 취한다.

② 의사결정 역할을 하는 정치와 결정된 의사를 집행하는 행정의 역할을 엄격하게 구분할 것을 주장하였다.

③ 윌슨(W. Wilson)은 행정을 전문적·기술적 영역으로 규정하고, 정부는 효율성과 전문성을 갖추어야 한다고 주장하였다.

④ 대공황 이후 각종 사회문제를 해결하기 위해서 행정의 정책결정·형성 및 준입법적 기능수행을 정당화하였다.

04 ☐☐☐

애플비(P. Appleby)가 주장한 정치행정일원론의 내용에 해당하는 것은?

① 행정은 효율성을 추구하는 관리를 핵심으로 한다.

② 행정은 민의를 중시해야 하며 정책결정과 집행의 혼합작용이다.

③ 시간과 동작연구를 통한 직무의 전문화는 행정조직의 생산성을 극대화할 수 있다.

④ 고위 관료가 능률적으로 관리해야 할 행정원리는 기획, 조직, 인사, 지휘, 조정, 보고, 예산 등이 있다.

03	대공황 이후 → 정치행정일원론

① [○] 정치행정이원론은 행정을 경영과 유사한 것으로 본다.

② [○] 정치행정이원론은 결정과 집행을 분리한 후 행정의 역할을 집행에 국한할 것을 주장하였다.

③ [○] 윌슨(W. Wilson)은 행정을 정치와는 구분되는 전문적·기술적 영역으로 간주하고, 행정의 대표성보다는 능률성이나 전문성을 강조하였다.

④ [×] 대공황 이후 행정의 정책결정이나 준입법적 기능의 수행을 강조한 것은 정치행정일원론이다.

답 ④

04	애플비(P. Appleby) → '정책과 행정'(1949)

① [×] 행정을 효율성을 추구하는 관리로 보는 것은 정치행정이원론의 입장이다.

② [○] 애플비(P. Appleby)는 정치와 행정이 연속적·정합적이기에 양자를 구분하는 것은 어렵다고 주장한 정치행정일원론자이다.

③ [×] '시간과 동작연구'를 통해 행정의 생산성을 극대화하고자 한 것은 과학적 관리법이고, 이는 정치행정이원론과 관련된다.

④ [×] 고위 관리가 관리해야 할 원리로 기획, 조직, 인사, 지휘, 조정, 보고, 예산 등을 강조한 학자는 귤릭(L. Gulick)이며, 그는 정치행정이원론자이다.

답 ②

05 □□□

정치행정일원론에 대한 설명으로 옳은 것은?

① 행정국가의 등장과 연관성이 깊다.
② 윌슨(W. Wilson)의 '행정의 연구'가 공헌하였다.
③ 정치는 의사결정의 영역이고, 행정은 결정된 내용을 집행한다고 보았다.
④ 행정은 경영과 비슷해야 하며, 행정이 지향하는 가치로 절약과 능률을 강조하였다.

05	행정국가 → 정치행정일원론의 등장배경

① [○] 행정국가의 등장으로 행정기관이 실질적으로 정책결정까지 담당하는 정치행정일원론이 등장하였다.
② [×] 윌슨(W. Wilson)의 '행정의 연구'는 정치행정이원론의 이론적 근거이다.
③ [×] 정치가 결정의 영역이고, 행정은 이를 집행하는 것으로 보는 입장은 정치행정이원론이다.
④ [×] 행정을 경영과 유사하게 보고, 행정의 가치로서 절약과 능률을 강조한 것은 정치행정이원론이다.

답 ①

06 □□□

윌슨(W. Wilson)의 '행정연구(The Study of Administration)' (1887)에 대한 설명으로 옳지 않은 것은?

① 정부개혁을 통해 특정 지역 및 계층 중심의 관료파벌을 해체하고자 하였다.
② 행정과 경영의 유사성을 강조했다.
③ 정치와 행정을 분리하고자 했다.
④ 효율적 정부 운영에 관심을 두었다.

06	특정 지역 및 계층 중심의 관료파벌을 해체 → 엽관주의

① [×] 특정 지역 및 계층 중심의 관료파벌을 해체하는 것은 엽관주의 도입과 관련된다. 윌슨(W. Wilson)은 엽관주의의 폐해를 제거하기 위하여 실적주의를 도입하고자 한 학자이다.
②, ③, ④ [○] 윌슨(W. Wilson)은 행정의 본질을 관리로 파악하여, 정치와는 구별(③)되는 전문적이고 기술적인 영역으로 인식하였으며, 행정의 영역이 경영과 다르지 않다고 보면서 능률성(④)을 높이기 위하여 경영적 행정의 필요성을 강조하였다.

답 ①

07 □□□

경영과 구분되는 행정의 속성이라고 보기 어려운 것은?

① 행정은 사익이 아닌 공익을 우선적으로 추구한다.
② 행정은 모든 시민을 평등하게 대우하여야 한다.
③ 행정조직 구성원은 원칙상 법령에 의해 신분이 보장된다.
④ 행정은 효과적인 업무수행을 위해 관리성이 강조된다.

08 □□□

다음 중 행정과 경영의 유사성에 대한 설명으로 옳지 않은 것은?

① 인적 · 물적 자원을 동원하며 기획, 조직화, 통제방법, 관리 기법, 사무자동화 등 제반 관리기술을 활용한다.
② 엄격한 법적 규제를 받으므로 환경 변화에 따른 조직의 대응능력이나 인력의 충원과정에서 탄력성이 떨어진다.
③ 관료제의 순기능적 측면과 아울러 역기능적 측면을 동시에 내포하고 있다.
④ 조직 내 의사결정 과정에서 많은 대안 중 가능한 한 최선의 대안을 선택 · 결정하고자 하는 협동행위가 나타난다.

---

07 | 관리 → 행정과 경영의 유사점

① [O] 행정은 불특정 다수의 이익 혹은 사회 전체의 이익이라는 공익을 추구하지만 경영은 원칙적으로 사익을 추구한다.
② [O] 민주주의를 전제로 하는 현대 행정은 모든 국민을 법 앞에 평등하게 대해야 한다는 규범이 강하게 적용된다. 그러나 경영은 이윤을 추구하는 과정에서 고객들 간 차별대우가 용인된다.
③ [O] 행정은 공적 업무의 공정한 수행을 위해 직업공무원들의 정치적 중립을 강조하며 이를 위해 신분보장이 뒷받침된다.
④ [×] 관리란 목적을 합리적으로 달성하기 위한 수단의 선택 과정을 의미하는데 이러한 관리적 특성은 행정과 경영의 유사점 이다.

답 ④

---

08 | 엄격한 법적 규제 → 행정과 경영의 차이점

① [O] 관리기술이란 목표달성을 위해 인적 · 물적 자원을 동원 하고 활용하는 방법을 의미하며 행정과 경영의 유사점이다.
② [×] 엄격한 법적 규제로 인한 대응성과 탄력성의 저하 등은 경영과는 구별되는 행정만의 특징이다.
③ [O] 관료제는 행정과 경영의 유사점이다. 그러나 경쟁에 노출 된 기업보다는 정부조직이 관료제의 역기능 성격이 더 강하다. 따라서 행정의 경영화란 정부 관료제의 역기능을 완화하려는 노력이다.
④ [O] 행정과 경영은 모두 목표를 달성하기 위한 합리적이고 집단적인 인간노력의 한 형태이며, 또한 많은 대안 중에서 최선의 대안을 선택하는 의사결정 행위라는 점에서 유사하다.

답 ②

CHAPTER 2 현대행정의 이해

01 ☐☐☐
13년 국가9급

신자유주의 정부이념 및 관리수단과 연관성이 적은 것은?

① 시장실패의 해결사 역할을 해오던 정부가 오히려 문제의 유발자가 되었다는 인식을 바탕으로 다시 시장을 통한 문제해결을 강조하며 작은 정부(small government)를 추구한다.

② 민간기업의 성공적 경영기법을 행정에 접목시켜 효율적인 행정관리를 추구할 뿐 아니라 개방형 임용, 성과급 등을 통하여 행정에 경쟁원리 도입을 추진한다.

③ 케인즈 경제학에 기반을 둔 수요 중시 거시 경제정책을 강조하므로 공급 측면의 경제정책에 대하여는 반대 입장을 견지한다.

④ 정부의 민간부문에 대한 간섭과 규제는 최소화 또는 합리적으로 축소·조정되어야 한다는 입장에서 규제완화, 민영화 등을 강조한다.

02 ☐☐☐
09년 국가7급

다음에 제시된 역사적 사실들이 갖는 공통적 의미는?

> ㄱ. 존슨(L. Johnson) 대통령의 Great Society Program
> ㄴ. 루즈벨트(F. Roosevelt) 대통령의 New Deal 정책

① 시장기능의 강화
② 행정부에 의한 사회적 가치 배분권의 강조
③ 작지만 강한 행정부
④ 규제완화와 행정의 민주화

01	신자유주의 → 공급 중시 경제학

① [O] 신자유주의는 정부실패를 인식하고 이의 해결책으로 작은 정부를 지향한다.

② [O] 신자유주의는 전통적인 관료제의 독점적 공급과 폐쇄형 임용 및 연공급 등은 성과 향상에 장애가 될 수 있으므로 공공서비스의 경쟁적 공급, 개방형 임용 및 성과급 제도의 도입을 통해 이를 개선하고자 한다.

③ [×] 케인즈 경제학에 기반을 둔 수요 중시 경제정책은 진보주의 혹은 큰 국가(→ 행정국가)에서 강조한 경제정책이다. 신자유주의는 신고전파 경제학에 기반을 둔 공급 중시 경제정책을 추구한다.

④ [O] 신자유주의는 시장에 대한 신뢰를 기반으로 규제완화와 민간화 및 시장기법의 정부 도입을 강조한다.

답 ③

02	New Deal 정책과 Great Society Program → 큰 정부의 상징적 사건

①, ③, ④ [×] 시장기능의 강화, 작지만 강한 행정부(③), 규제완화와 행정의 민주화(④) 등은 모두 정부실패 이후 강조되는 내용들이다.

② [O] New Deal 정책은 대공황을 해결하기 위한 정부의 적극적 시장개입 정책이고, 'Great Society Program'은 흑인의 복지를 위한 취업프로그램이다. 둘 다 정부에 의한 사회적 가치의 배분을 강조한 사업들이다.

답 ②

03 □□□

'파킨슨의 법칙'에 대한 설명으로 옳지 않은 것은?

① 조직의 구조적 특징이 조직의 규모를 결정한다.
② '상승하는 피라미드의 법칙(the law of rising pyramid)'이라고도 불린다.
③ 공무원 수는 업무와 무관하게 일정비율로 증가한다.
④ '부하배증의 법칙'과 '업무배증의 법칙'을 핵심 내용으로 한다.

04 □□□

'파킨슨의 법칙(Parkinson's Law)'에 대한 설명으로 옳지 않은 것은?

① 관료는 본질적인 업무가 증가하지 않으면 파생적인 업무도 줄이려는 무사안일의 경향을 가진다.
② 업무의 강도나 양과는 관계없이 공무원의 수는 항상 일정한 비율로 증가한다.
③ 공무원은 업무의 양이 증가하면 비슷한 직급의 동료보다 부하 직원을 충원하려는 경향이 강하다.
④ 브레난(H. Brennan)과 뷰캐넌(J. Buchanan)의 리바이어던 가설(Leviathan Hypothesis)처럼 관료제가 제국의 건설을 지향한다는 입장이다.

03	'파킨슨 법칙' → 공무원 수의 지속적 증가

① [×] '파킨슨 법칙'은 심리적 요인에 의해 공무원 수가 지속적으로 증가한다는 이론으로, 조직의 구조적 특징과 조직규모의 상관성을 설명하는 이론은 아니다.
②, ④ [O] '파킨슨의 법칙'은 동일 직급의 동료보다는 부하를 선호하는 '부하배증의 법칙'(→ 상승하는 피라미드의 법칙)과 신설된 직위에 파생되는 업무가 의도적으로 창조되는 '업무배증의 법칙'(④)으로 구성된다.
③ [O] 파킨슨에 의하면 본질적 업무와 무관하게 매년 '5.75%'의 비율로 공무원 수가 증가하였다.

답 ①

04	파킨슨 법칙 → 심리적 요인에 의한 공무원 수의 지속적 증가

① [×] '파킨슨의 법칙'은 업무의 강도나 양과는 관계없이 공무원의 수가 항상 일정한 비율로 증가한다는 것이다.
② [O] '파킨슨의 법칙'은 공무원 수가 본질적 업무의 증가 즉, 새로운 행정수요의 증가와 관계없이 심리적 요인에 의해 증가한다는 것이다.
③ [O] 동료는 승진의 경쟁자이므로 동료보다는 부하 직원의 충원을 원하며 이를 '부하배증의 법칙'이라 한다.
④ [O] '리바이어던가설'은 공공부문의 총체적 규모는 중앙정부의 조세 및 지출권한의 분권화와 반비례한다는 가설이다. 이는 공공지출에 대한 통제 권한이 집중화될 경우, 정치인·관료·특수이익 로비스트들의 선호가 재정정책에 반영됨으로써, 정부의 재정 지출이 늘어나고 규모가 과도하게 팽창하게 된다는 것을 의미한다.

답 ①

정부개입의 근거가 되는 시장실패의 원인으로 옳지 않은 것은?

① 외부효과의 발생
② 시장의 독점 상태
③ X-비효율성의 발생
④ 시장이 담당하기 어려운 공공재의 존재

05	X-비효율성 → 정부실패

① [○] 대가 없이 타인에게 손해를 주거나 이득을 주는 외부효과는 시장실패의 원인이다.
② [○] 가격의 자동 조절기능을 저해하는 독점은 시장실패의 원인이다.
③ [×] 독점이나 성과파악의 곤란성으로 인해 최선을 다하지 않아 나타나는 'X-비효율성'은 정부실패의 원인이다.
④ [○] 대가를 받을 수 없는 공공재는 시장실패의 원인이다.

답 ③

시장실패와 정부실패를 해결하기 위한 정부의 대응방식에 대한 설명으로 옳지 않은 것은?

① 시장실패를 극복하기 위한 정부의 역할은 공적공급, 공적유도, 정부규제 등으로 구분할 수 있다.
② 공공재의 존재에 의해서 발생하는 시장실패는 공적공급의 방식으로 해결하는 것이 적합하다.
③ 자연독점에 의해서 발생하는 시장실패는 공적유도의 방식으로 해결하는 것이 적합하다.
④ 파생적 외부효과로 인한 정부실패는 정부보조 삭감 또는 규제완화의 방식으로 해결하는 것이 적합하다.

06	자연독점 → 공적공급이나 정부규제

① [○] 시장에서 공급하지 못하는 재화의 직접 공급, 과소 공급되는 재화에 대한 공적유도, 과다 공급되는 재화에 대한 정부규제 등이 시장실패에 대한 정부의 대응책이다.
② [○] 공공재는 시장에서 공급되지 못하므로 정부의 직접 공급이 해결책이다. 다만, 최근에는 민간위탁을 통해 공공재를 공급하기도 한다.
③ [×] 자연독점으로 인한 시장실패는 공적공급 또는 규제가 수반된 민간의 참여를 통해서 해결하는 것이 적합하다.
④ [○] 의도하지 않았던 부작용으로 인한 정부실패인 파생적 외부효과는 보조금 삭감이나, 규제완화를 통해 해결한다.

📄 **시장실패의 대응방식**

구분	공적 공급 (직접 공급)	공적 유도 (보조금)	정부규제
공공재	○		
외부효과		○(외부경제)	○(외부불경제)
자연독점	○		○
불완전경쟁			○
정보비대칭		○	○

답 ③

07 ☐☐☐

정부의 개입 중에서 외부효과, 자연독점, 불완전경쟁, 정보의 비대칭 등의 상황에 모두 적절한 대응방식은?

① 공적공급
② 공적유도
③ 정부규제
④ 민영화

08 ☐☐☐

정부의 규모와 역할에 대한 행정이론의 설명으로 옳지 않은 것은?

① X-비효율성은 과열된 경쟁에서 나타나는 정부의 과다한 비용발생을 의미한다.
② 지대추구이론은 규제나 개발계획과 같은 정부의 시장 개입이 클수록 지대추구행태가 증가하고 그에 따른 사회적 손실도 증가한다고 주장한다.
③ 거래비용이론에서는 당사자 간의 협상 및 커뮤니케이션 비용과 계약의 준수를 감시하는 비용도 거래비용으로 포함된다.
④ 대리인이론은 주인 - 대리인 사이에 정보비대칭성이 있고 대리인이 기회주의적으로 행동하는 경우 역선택의 문제가 발생할 수 있다고 주장한다.

| 07 | 정부규제 → 외부불경제, 자연독점, 불완전경쟁, 정보비대칭 |

① [×] 공적공급은 공공재나 자연독점의 상황에 유용하다.
② [×] 공적유도는 외부경제나 정보비대칭성의 문제를 해결하는 데 유용하다.
③ [○] 외부효과, 자연독점, 불완전경쟁, 정보비대칭성 등 상황에 모두 적절한 대응방식은 정부규제이다.
④ [×] 민영화는 정부실패에 대한 대응책이다.

답 ③

| 08 | X-비효율성 → 독점이나 성과기준의 모호성 |

① [×] X-비효율성은 독점이나 성과기준의 모호성으로 인해 최선의 노력을 다하지 않아 발생하는 심리적·기술적·관리적 비효율성을 말한다.
② [○] 권력에 의해 공급량이 고정된 재화나 서비스의 독점적 공급으로 인해 얻어지는 추가적 이익을 지대라 하며, 이를 얻기 위한 노력을 지대추구행위라 한다.
③ [○] 거래비용이론은 거래비용의 최소화를 효율성의 관건으로 인식하는 이론이다. 이러한 거래비용은 제한된 합리성(→ 정보의 불충분성과 비대칭성)과 기회주의 행동 등과 같은 인적 요인 그리고 자산의 특정성, 불확실성, 거래의 발생빈도 등과 같은 환경적 요인에 의해 발생한다.
④ [○] 대리인이론은 주인 - 대리인 관계에 대한 경제학적 모형을 조직연구에 적용한 이론으로, 주인과 대리인의 정보비대칭성으로 인해 야기되는 역선택과 도덕적 해이 현상을 설명하며, 이러한 대리손실을 해소(→ 최소화)하고자 노력한다.

답 ①

CHAPTER 2 현대행정의 이해 **17**

시장실패 및 정부실패에 대한 설명으로 옳지 않은 것은?

① 시장실패를 초래하는 요인은 공공재의 존재, 외부효과의 발생, 불완전한 경쟁, 정보의 비대칭성 등이다.
② 시장실패를 교정하기 위한 정부 역할은 공적공급, 공적유도, 정부규제 등이다.
③ 정부개입에 의해 초래된 의도하지 않은 결과 때문에 자원 배분 상태가 정부개입이 있기 전보다 오히려 더 악화될 수 있다.
④ 정부실패는 관료나 정치인들의 개인적 요인 때문에 발생하며, 정부라는 공공조직에 내재하는 구조적 요인 때문에 발생하는 것은 아니다.

정부실패의 원인으로만 묶인 것은?

> ㄱ. 행정조직 내부 목표와 사회적 목표의 불일치
> ㄴ. 행정관료의 도덕적 해이
> ㄷ. 소득분배의 불평등성
> ㄹ. 정부부문의 공공서비스 공급 독점

① ㄱ, ㄴ, ㄷ   ② ㄱ, ㄴ, ㄹ
③ ㄴ, ㄷ, ㄹ   ④ ㄱ, ㄴ, ㄷ, ㄹ

---

09   정부실패 → 좀 더 구조적인 현상

① [○] 시장실패란 시장기구(가격)를 통한 자원의 배분이 효율적(배분적 효율성)이지 못하거나 공평(개인의 정당한 몫)하지 못한 상태로, 공공재, 외부효과, 불완전경쟁, 정보비대칭 등이 그 원인으로 거론된다.
② [○] 시장실패를 교정하기 위한 정부의 역할에는 정부가 직접 공공서비스를 생산하는 공적공급, 바람직한 재화에 대한 보조금의 지급, 바람직하지 못한 행동에 대한 정부규제 등이 있다.
③ [○] 정부개입에 의해 초래된 의도하지 않은 부작용을 '파생적 외부효과'라 한다. 이는 민간의 행동을 정확히 예측하지 못한 근시안적 정부활동으로 인해 야기된 잠재적이고 비의도적인 부작용이다.
④ [×] 정부실패는 시장실패보다 더 보편적이고 구조적인 현상으로, 관료나 정치인들 때문에 발생하는 것이라기보다는 정부라는 공공조직에 내재하는 구조적 요인 때문에 발생하기 쉽다.

답 ④

10   소득분배의 불평등성 → 시장실패

ㄱ. [○] 행정조직 내부 목표와 사회적 목표의 불일치를 '내부성' 혹은 '사적 목표의 설정'이라고 하는데, 이는 정부실패의 원인이다.
ㄴ. [○] 일반적으로 정보의 비대칭으로 인해 야기되는 '도덕적 해이'는 시장실패이다. 그러나 지문은 관료의 도덕적 해이라고 표현하므로 이는 정부실패의 원인이다. 정부 역시 관료와 국민 사이에 정보의 비대칭이 발생할 수 있기 때문이다.
ㄷ. [×] 권력에 의한 소득의 불평등성은 정부실패의 원인이 될 수 있지만 일반적으로 소득분배의 불평등성은 효율성만을 추구하는 시장의 근본적 결함으로 거론된다.
ㄹ. [○] 공공서비스의 공급 독점은 'X-비효율성'을 야기하며, 이는 정부실패의 원인이다.

답 ②

11 ☐☐☐

시장실패와 정부실패에 대한 설명으로 적절하지 않은 것은?

① 시장실패는 시장기구를 통해 자원배분의 효율성을 달성할 수 없는 경우를 의미한다.

② 비배제성과 비경합성을 가진 공공재의 존재는 시장실패의 주요 원인 중 하나이다.

③ X-비효율성으로 인해 시장실패가 야기되어 정부의 시장개입의 정당성이 약화된다.

④ 정부실패는 시장실패에 대응하는 개념으로, 행정서비스의 비효율성을 야기한다.

12 ☐☐☐

정부실패의 요인에 대한 설명으로 옳지 않은 것은?

① 'X-비효율성'은 정부가 가진 권력을 통해 불평등한 분배가 이루어지는 현상이다.

② '지대추구'는 정부개입에 따라 발생하는 인위적 지대를 획득하기 위해 자원을 낭비하는 활동이다.

③ '파생적 외부효과'는 시장실패를 해결하기 위해 정부가 개입하지만 의도하지 않은 부작용을 초래하는 것이다.

④ '내부성(internalities)'은 공공조직이 공익적 목표보다는 관료 개인이나 소속기관의 이익을 우선적으로 고려하는 것이다.

11	X-비효율성 → 정부실패의 원인

② [○] 공공재는 비배제성으로 인해 가격을 부과하기가 어렵고 비경합성으로 인해 가격을 부과하는 것이 바람직하지도 않으므로 시장에서 적정하게 공급되기 어렵다.

③ [×] 'X-비효율성'은 정부실패의 원인이다. 그리고 시장실패가 야기된다면 정부의 시장개입의 정당성은 강화된다.

④ [○] 정부실패란 정부의 각종 정책이나 활동이 의도했던 목표나 기대를 충족시키지 못한 현상 또는 시장실패를 교정하기 위한 정부의 개입이 효율적 자원배분을 더 저해하는 상황을 말한다.

답 ③

12	권력의 편재 → 권력적 특혜의 제공

① [×] 권력을 통한 불평등한 분배는 '권력적 특혜'라 한다.

② [○] '지대'란 정부의 개입으로 인해 야기된 추가적 이득을 말하고 이를 추구하는 과정을 지대추구활동이라 한다.

③ [○] '파생적 외부효과'는 민간 활동에 대한 예측의 부재로 인해 나타나는 정부개입의 문제점을 말한다.

④ [○] '내부성'은 공적 이익보다 부서의 이익이나 개인적 이익에 집착하는 정부실패 현상을 말한다.

답 ①

다음 상황을 설명하는 데 가장 적합한 용어는?

> 정부는 특정 지역의 주택가격이 과도하게 상승하자 이를
> 해결하기 위해 투기과열지구로 지정하였다. 그러나 투기과
> 열지구로 지정된 이후 주택가격은 오히려 급등하였다. 이는
> 주택 수요자들이 정부의 의도와 달리 투기과열지구의 지정
> 으로 인해 그 지역의 주택가격이 더 오를 것이라고 예상하
> 였기 때문이었다.

① X-비효율성
② 공공조직의 내부성
③ 비경합성
④ 파생적 외부효과

정부실패의 요인으로만 묶은 것은?

> ㄱ. 공공재의 존재
> ㄴ. 사적 목표의 설정
> ㄷ. 외부효과의 발생
> ㄹ. 파생적 외부효과
> ㅁ. 불완전경쟁
> ㅂ. 정보의 비대칭성
> ㅅ. 권력의 편재
> ㅇ. X-비효율
> ㅈ. 자연독점

① ㄱ, ㄴ, ㅁ, ㅂ   ② ㄴ, ㄷ, ㅇ, ㅈ
③ ㄴ, ㄹ, ㅅ, ㅇ   ④ ㄷ, ㄹ, ㅂ, ㅅ

13	파생적 외부효과 → 예기하지 못한 부작용

① [✕] 'X-비효율성'이란 독점이나 성과기준의 모호성으로 인하
여 최선의 노력을 다하지 않아서 발생하는 심리적·기술적인
비효율성을 의미한다.
② [✕] '내부성'이란 관료의 사익추구 등과 같은 내부목표와 사회
목표의 괴리현상을 말한다.
③ [✕] '비경합성'이란 특정인의 소비가 다른 사람의 소비량이나
소비의 효용을 감소시키지 않은 현상을 말한다.
④ [○] 정부의 정책이 민간의 행동을 변화시켜 원래 의도하지 않은
부작용을 초래하는 현상을 '파생적 외부효과'라 한다.

답 ④

14	공공재, 외부효과, 불완전경쟁, 정보비대칭, 자연독점 → 시장실패의 원인

공공재의 존재(ㄱ), 외부효과의 발생(ㄷ), 불완전경쟁(ㅁ), 정보비대칭
(ㅂ), 자연독점(ㅈ) 등은 시장실패의 원인이다. 정보비대칭은 정부
실패의 원인이기도 하지만 정보공개청구권 등 정보의 비대칭성을
해소하기 위한 장치가 공적 영역이 보다 활성화되어 있는 관계로
일반적으로 시장실패의 원인으로 거론된다.

답 ③

15 ☐☐☐

정부실패의 요인에 해당하지 않는 것은?

① 공공서비스에서의 비용과 편익의 분리
② 경제활동에 영향을 주는 외부불경제(external disenconomy)
③ 비공식적 목표가 공식적 조직목표를 대체하는 현상
④ 의도하지 않은 파생적 외부효과

15	외부불경제 → 시장실패의 원인

① [○] 비용 부담자와 편익 수혜자가 분리되는 '비용과 편익의 절연'은 정부낭비를 가져오는 원인이다.
② [×] 대가를 지불하지 않고 타인에게 손해를 주는 '외부불경제'는 시장실패의 원인이다.
③ [○] 비공식적 목표가 공식적 목표를 대체하는 현상을 '사적 목표 추구'라고 하며, 이는 정부실패의 원인이다.
④ [○] 민간행동에 대한 예측의 어려움으로 인해 나타나는 의도하지 않은 부작용인 '파생적 외부효과'는 정부개입의 한계이다.

답 ②

16 ☐☐☐

정부실패 및 행정개혁에 대한 설명으로 부적절한 것은?

① 내부성의 문제는 정부실패를 초래할 수 있다.
② 경쟁적 환경을 조성하여 정부실패의 문제를 완화할 수 있다.
③ 뉴거버넌스적 접근은 공공부문과 민간부문 간 협력을 중시한다.
④ 신공공관리적 개혁은 경제적 효율성과 민주주의 책임성을 제고한다.

16	신공공관리론 → 민주주의 책임성의 약화

① [○] 사적 이익의 추구라는 내부성은 정부실패의 원인이다.
② [○] 서비스의 독점적 공급과 성과기준의 모호성은 X-비효율성이라는 기술적·심리적 비효율성을 초래할 수 있다. 이를 해결하기 위해서는 공공서비스의 공급에 있어 경쟁적 환경을 조성하고 명확한 성과평가시스템을 도입하는 것이 중요하다.
③ [○] 뉴거버넌스는 공공문제의 해결을 위해 여러 공·사조직들의 협력적 통치를 강조하는 이론이다.
④ [×] 신공공관리론은 가격이나 경쟁과 같은 시장기법의 도입을 통해 공공서비스 공급의 효율성을 높이고자 하는 이론이다. 그러나 시장기법을 통한 효율성의 강조는 형평성이나 민주성 등과 같은 전통적 가치를 간과할 우려가 있다.

답 ④

정부와 시장의 상호 대체적 역할분담 관계를 설명하는 시장실패와 정부실패 이론에 대한 설명으로 옳지 않은 것은?

① 시장은 완전경쟁조건이 충족될 경우 가격이라는 '보이지 않는 손'에 의한 조정을 통해 효율적인 자원배분을 달성할 수 있다.

② 완전경쟁시장은 그 전제조건의 비현실성과 불완전성으로 인해 실패할 수 있다. 이러한 시장실패의 요인으로는 공공재의 존재, 외부효과의 발생, 정보의 비대칭성 등이 제시되고 있다.

③ 정부는 시장실패를 교정하기 위해 계층제적 관리방법을 통해 자원의 흐름을 통제하게 되는데, 정부의 능력은 인적·물적·제도적 제한으로 실패할 수도 있고, 이러한 정부실패의 요인으로는 내부성의 존재, 편익향유와 비용부담의 분리, 예측하지 못한 파생적 외부효과 등이 제시되고 있다.

④ 정부실패가 발생할 경우 이를 교정하기 위한 정부의 대응방식은 공적공급, 보조금 등 금전적 수단을 통해 유인구조를 바꾸는 공적 유도, 그리고 법적 권위에 기초한 정부규제 등이 있다.

---

17   정부실패의 대책 → 민영화, 규제완화, 보조금 삭감

---

① [○] 완전경쟁시장은 수많은 생산자와 수요자(가격수용자), 완전한 정보, 상품의 동질성, 진입과 탈퇴의 자유(자원의 완전한 이동성), 외부효과의 부존재 등을 요건으로 한다. 이는 완전한 정보와 평등이 이루어져 공정한 시장경쟁이 가능한 상태를 묘사한 것이다. 이러한 상황이라면 사적 거래의 극대화가 경쟁이라는 '보이지 않는 손'에 의해 사회적으로 가장 바람직한 자원의 배분상태로 연결될 수 있을 것이다.

② [○] 그러나 현실적으로 시장은 평등지도 완벽하지도 못하므로 시장실패가 발생한다. 완비되지 못한 시장이라면 가격을 통해 거래가 이루어질 수 없고 완전하지 못한 시장이라면 등가교환이 이루어지지 않아 사회적으로 바람직한 균형점을 찾을 수 없기 때문이다.

③ [○] 이에 따라 정부는 강제력을 배경으로 시장의 자원배분에 개입하게 되는데 정부 역시 능력 및 공정성의 부족으로 인한 한계를 지닌다. 이에 따라 최근에는 네트워크에 의한 자원배분 방식이 새롭게 부각되고 있다.

④ [×] 정부실패의 해결책은 민영화, 보조금 삭감, 규제완화 등이다. 공적공급, 공적유도, 정부규제 등은 시장실패에 대한 대응책이다.

📄 **정부실패의 대응방식**

구분	민영화	보조금 삭감	규제 완화
사적 목표의 설정	○		
X-비효율성	○	○	○
파생적 외부효과		○	○
권력의 편재	○		○

답 ④

정부개입을 정당화하는 근거에 대한 설명으로 옳지 않은 것은?

① 정부규제는 수행과정에서 경제주체들 간의 이해관계를 변화시키는 경우가 많아 소득재분배 효과를 낳을 수 있다.

② 외부성이 존재하는 경우 자원이 효율적으로 배분될 수 있도록 사회적 비용 혹은 사회적 편익을 내부화할 필요성이 있다.

③ 자유시장이 자원배분에 효율적이더라도 국가의 윤리적·도덕적 판단을 강조하는 비가치재(demerit goods) 관점에서 정부규제가 정당화될 수 있다.

④ 코우즈 정리(Coase's Theorem)가 내세운 전제조건과는 달리 자발적 거래에 필요한 완벽한 정보는 존재하기 어려우며, 거래비용 역시 발생할 수 있다.

⑤ 정부는 개인이나 기업에게 제한된 공공재화를 배분하거나 경제행위를 할 수 있는 인허가 권한을 내줌으로써 지대추구 행위를 막을 수 있다.

---

18   인위적 지대 → 정부의 개입으로 인해 야기

---

① [○] 규제로 인해 야기되는 인위적인 수혜자와 피해자의 발생은 소득재분배의 효과를 야기할 수 있다.

③ [○] 가치재의 경우 그 소비를 촉진하기 위해 정부가 개입하지만 비가치재의 경우 그 소비를 억제하기 위한 정부의 개입이 필요하다.

⑤ [×] 정부가 인허가를 통해 공공재화를 배분하거나 경제행위에 개입할 경우 인위적 지대가 발생하고 이를 추구하는 지대추구 행위가 야기된다.

답 ⑤

시장실패와 정부실패에 대한 설명으로 옳지 않은 것은?

① 시장은 배타성과 경쟁성을 모두 갖지 않는 재화를 충분히 공급하기 어렵다.
② 정부는 시장 활동이 초래하는 환경오염과 같은 부정적 외부효과를 막기 위해 규제 등의 수단을 가지고 시장에 개입한다.
③ 공유지의 비극은 개인의 합리적인 행동으로 인해 공동 자원이 훼손되는 현상을 설명하는 용어이다.
④ 관료의 외부성은 관료가 부서의 확장에만 집착하는 것을 의미한다.
⑤ 정부의 독점적인 공공서비스 공급은 경쟁의 부재로 인해 생산성이 낮아져 정부실패를 초래할 수 있다.

다음 중 정부실패의 원인으로 옳지 않은 것은?

① 권력으로 인한 분배적 불공정성
② 정부조직의 내부성
③ 파생적 외부효과
④ 점증적 정책결정의 불확실성
⑤ 비용과 편익의 괴리

19	부서의 확장에만 집착 → 내부성

① [○] 배타성과 경쟁성을 모두 갖지 않는 재화는 공공재를 의미하며, 이는 시장에서 충분히 생산될 수 없는 재화이다.
② [○] 부정적 외부효과는 시장실패의 원인이며, 정부개입의 이론적 근거이다.
③ [○] 공유지의 비극은 개인적 이익의 극대화가 사회적 공멸을 야기할 수 있음을 설명하는 이론이다.
④ [×] 관료가 부서의 확장에만 집착하는 것은 사적 이익의 추구 혹은 내부성이라 한다.
⑤ [○] 독점적인 공공서비스 공급으로 인해 X-비효율성이 야기될 수 있으며, 이는 정부실패의 원인이다.

답 ④

20	점증적 정책결정 → 높은 예측 가능성

① [○] '권력과 특혜'로 인한 분배적 불공평은 정부실패의 원인이다.
④ [×] 점증적 정책결정의 불확실성은 정부실패와 관련성이 낮다. 그리고 점증적 정책결정은 예측 가능성이 높은 편이다.
⑤ [○] '비용과 수익의 절연'은 비용부담자와 편익수혜자의 분리에 따른 과잉소비 현상을 말한다.

답 ④

21 □□□

다음 사례에 나타나는 현상으로 가장 적절한 것은?

> 정부가 경제적 약자 보호를 위해 무주택자에게 아파트에 대한 청약우선권을 부여하는 정책을 실시하였더니, 주택을 구입할 경제력이 있는 사람들이 청약우선권을 얻기 위해 의도적으로 전세를 살면서 자발적 무주택자가 되었다.

① 불완전경쟁(imperfect competition)
② 파생적 외부효과(derived externality)
③ 역선택(adverse selection)
④ 적응적 흡수(co-optation)
⑤ 그레샴의 법칙(Gresham's law)

22 □□□

감축관리의 방안으로 적절하지 않은 것은?

① 영기준예산(ZBB)의 도입
② 일몰법(sunset law)의 시행
③ 위원회(committee)의 설치
④ 정책종결(policy termination)

21	파생적 외부효과 → 예상하지 못했던 부작용

② [○] '파생적 외부효과(derived externality)'란 정부활동의 결과로 나타나는 잠재적·비의도적인 파급효과와 부작용을 말한다. 이는 정부가 민간의 활동을 완벽하게 예측하여 이를 통제할 수 없기 때문에 나타난다. 이러한 파생적 외부효과는 단기적이라기보다 상당한 기간이 경과된 후에야 나타난다는 특징을 가지며, 긍정적인 것도 있으나 부정적인 역효과일 경우도 있다. 부정적인 효과가 파생될 경우에는 정부실패의 원인이 될 수 있다.

③ [×] '역선택(adverse selection)'이란 의사결정자의 입장에서 보면 가장 바람직하지 못한 대안을 선택하게 되는 상황을 말한다.

④ [×] '적응적 흡수(co-optation)'란 조직이 처한 불확실성을 제거하고자 외부 환경의 유력인사를 조직 내로 받아들이는 활동을 말한다.

⑤ [×] '그레샴의 법칙(Gresham's law)'이란 가치가 서로 다른 화폐가 동일한 명목가치로 통용되면, 가치가 높은 화폐(Good Money)는 유통시장에서 사라지고 가치가 낮은 화폐(Bad Money)만 유통되는 현상을 말한다. 그레샴은 이 현상을 '악화가 양화를 구축한다(Bad money drives out good)'고 표현하였다.

답 ②

22	위원회 제도 → 큰 국가의 상징

① [○] '영기준예산'은 전년도 사업과 예산에 구애받지 않고, 근본적 재평가를 통해 예산을 편성하는 제도로, 감축관리의 주요 수단이다.

② [○] '일몰법'은 특정한 사업·규제·조직 등이 일정한 기간 지나면 자동적으로 폐지되도록 하는 법률로, 축소를 통해 전체 효과성을 높이고자 하는 감축관리의 수단이다.

③ [×] 각종 위원회는 행정 현상의 복잡성과 이에 대한 입법부와 사법부의 한계로 인해 등장한 제도로, 이는 큰 국가와 관련된다.

④ [○] 정책종결은 문제가 소멸되어 다른 정책에 의한 대체 없이 기존 정책을 폐지하는 것으로, 감축관리의 주요 수단에 해당한다.

답 ③

24 해커스공무원 학원·인강 gosi.Hackers.com

23 ☐☐☐

20년 지방9급

작은 정부를 적극적으로 옹호하는 것은?

① 행정권의 우월화를 인정하는 정치행정일원론
② 경제공황의 극복을 위한 뉴딜정책
③ 사회복지 프로그램의 확대
④ 신공공관리론

24 ☐☐☐

14년 국가9급

경합성과 배제성을 고려할 때 공공재(public goods)에 가장 가까운 것은?

① 국립도서관
② 고속도로
③ 등대
④ 올림픽 주경기장

---

23 신공공관리론 → 신자유주의에 입각한 작은 정부론

①, ②, ③ [×] 행정권의 우월화, 뉴딜정책 그리고 사회복지 프로그램의 확대는 모두 큰 정부와 관련된다.
④ [○] 신공공관리론은 정부실패 이후 시장주의와 신관리주의의 결합으로 등장한 행정개혁의 기법이다.

답 ④

---

24 공공재 → 등대서비스, 국방서비스

① [×] 국립도서관은 경합(유한)하지만 배제가 곤란(무료)한 공유재이다.
② [×] 고속도로는 비경합성과 배제성을 지닌 요금재이다.
③ [○] 공공재는 비경합성과 비배제성의 특성을 지닌 재화로, 등대가 이에 해당한다.
④ [×] 올림픽 주경기장은 국립경기장으로 이는 경합(유한)하지만 배제가 곤란(무료)한 공유재이다.

답 ③

25 ☐☐☐

재화를 배제성과 경합성 여부에 따라 네 가지 유형(A ~ D)으로 분류할 경우, 유형별 사례를 모두 바르게 짝지은 것은?

특성		배제성 여부	
		배제성	비배제성
경합성 여부	경합성	A	B
	비경합성	C	D

	A	B	C	D
①	구두	해저광물	고속도로	등대
②	라면	출근길 시내도로	일기예보	상하수도
③	자동차	공공낚시터	국방	무료TV방송
④	냉장고	케이블TV	목초지	외교

26 ☐☐☐

다음 표에 제시된 공공서비스의 유형에 대한 설명으로 옳지 않은 것은?

특성		경합성 여부	
		경합성	비경합성
배제성 여부	배제성	ㄱ	ㄴ
	비배제성	ㄷ	ㄹ

① ㄱ: 기본적인 수요조차 충족하기 어려운 저소득층이나 사회적 약자를 위해 부분적인 정부개입이 필요하다.

② ㄴ: 서비스의 상당 부분이 정부에서 공급되는 이유는 부정적 외부효과로 인한 시장실패에 대응해야 하기 때문이다.

③ ㄷ: '공유재의 비극'을 초래하는 서비스로서 공급비용 부담규칙과 무분별한 사용에 대한 규제장치가 요구된다.

④ ㄹ: 과소 또는 과다 공급을 초래하는 만큼 원칙적으로 공공부문에서 공급해야 할 서비스이다.

25	출근길 시내도로 → 공유재

A는 민간재이며, 구두, 라면, 자동차, 냉장고 등이 이에 해당한다.
B는 공유재이며, 해저광물, 출근길 시내도로, 공공낚시터, 목초지 등이 이에 해당한다.
C는 요금재이며, 고속도로, 케이블TV, 상하수도 등이 이에 해당한다.
D는 공공재이며, 등대, 일기예보, 국방, 무료TV방송, 외교 등이 해당한다.

📄 **재화의 유형**

구분	배제성(유료)	비배제성(무료)
경합성 (유한)	민간재 예 혼잡한 유료도로, 시장에서 공급되는 사적재	공유재 예 혼잡한 무료도로, 국립공원, 자연자원, 목초지, 정부예산
비경합성 (무한)	요금재 예 한산한 유료도로, 케이블TV, 전기, 수도, 고속도로	공공재 예 한산한 무료도로, 국방, 외교, 치안, 등대

답 ①

26	부정적 외부효과 → 자연독점

① [○] ㄱ은 민간재이다. 원칙적으로 시장에서 공급되지만 기본적 수요조차도 충족하기 어려운 저소득층의 배려를 위해 부분적인 정부개입이 이루어진다.

② [×] ㄴ은 요금재로, 자연독점의 문제가 발생하므로 공기업을 설립하거나 규제가 수반된 민간기업의 참여를 통해 공급한다.

③ [○] ㄷ은 공유재이다. 공유지의 비극을 막기 위해서 이용에 따른 비용의 부담과 같은 이용규칙의 제정이 필요한 재화이다.

④ [○] ㄹ은 공공재이다. 원칙적으로 정부가 공급하여야 할 재화이지만 민간위탁의 방식으로 민간이 정부와 계약을 통해 공급할 수도 있다.

답 ②

27 ☐☐☐

사바스(E. Savas)가 구분한 네 가지 공공서비스 유형과 내용의 연결이 옳지 않은 것은?

① 요금재(toll goods): 대가를 지불하지 않는 소비자를 배제할 수 없다.
② 집합재(collective goods): 무임승차의 문제가 생길 수 있다.
③ 시장재(private goods): 경합성과 배제성을 동시에 갖는 서비스이다.
④ 공유재(common pool goods): 과잉소비의 문제가 발생할 수 있다.

28 ☐☐☐

다음 〈보기〉 내용의 시장실패에 대한 설명으로 옳지 않은 것은?

〈보기〉

한 마을에 적당한 크기의 목초지가 있었다. 그 마을에는 열 가구가 오순도순 살고 있었는데, 각각 한 마리의 소를 키우고 있었고 그 목초지는 소 열 마리가 풀을 뜯는 데 적당한 크기였다. 소들은 좋은 젖을 주민들에게 공급하면서 튼튼하게 자랄 수 있었다. 그런데 한 집에서 욕심을 부려 소 한 마리를 더 키우면서 문제가 시작되었다. 다른 집들도 소 한 마리, 또 한 마리 등 욕심을 부리기 시작하면서 목초지는 풀뿌리까지 뽑히게 되었고, 결국 소가 한 마리도 살아갈 수 없는 황폐한 공간으로 바뀌고 말았다.

① 위에서 나타나는 시장실패의 주된 요인은 무임승차자 문제이다.
② 보기의 사례에 나타난 재화는 배제불가능성과 함께 소비에서의 경합성을 특징으로 한다.
③ 보기의 사례는 공유지의 비극(tragedy of the commons)에 대한 설명이다.
④ 이러한 시장실패를 해결하기 위한 방법의 하나는 재화의 재산권을 명확히 하는 것이다.

| 27 | 요금재 → 비경합성 + 배제성 |

① [×] 요금재는 배제성과 비경합성을 특징으로 하는 재화이다. 즉, 대가를 지불하지 않을 경우 재화의 이용에서 배제할 수 있다.
② [○] 집합재는 공공재를 말하며 비배제성의 특징으로 인하여 무임승차 문제가 발생한다.
③ [○] 시장재는 경합성과 배제성을 동시에 갖는 사적재를 말한다.
④ [○] 공유재는 비배제성을 띠고 있어 과잉소비의 문제를 발생시킨다.

답 ①

| 28 | 목초지의 황폐화 → 공유지의 비극 |

① [×] 사례는 '공유지 비극'에 관한 내용이다. 공유지 비극은 '비배제성'으로 인한 무임승차의 문제와도 관련된다. 다만 주된 원인은 유한성에 따른 고갈의 문제로 보아야 한다. 공공재처럼 무임승차가 있어도 혼잡 문제가 발생하지 않는다면 공유지의 비극은 발생하지 않기 때문이다.

답 ①

29 □□□

공유지의 비극(The tragedy of the commons)에 대한 설명으로 적절하지 않은 것은?

① 개인적으로는 합리적인 선택이 사회 전체적으로는 비효율성을 초래한다.
② 소유권이 불분명하게 규정되어 있어 자원이 낭비되는 현상이다.
③ 한 사람의 선택 행위가 다른 사람에게 긍정적인 외부효과를 초래한다.
④ 외부효과를 내부화함으로써 어느 정도 해결할 수 있다.

30 □□□

공유재적 성격을 가지는 공공서비스의 특성에 대한 설명으로 옳은 것끼리 짝지어진 것은?

ㄱ. '공유지의 비극' 이론은 인간을 합리적이고 이기적인 개인이라고 전제한다.
ㄴ. 소비의 배제는 불가능하지만, 경합성은 있는 공유재에 대한 정부실패를 설명해 준다.
ㄷ. 공유재는 비용회피와 과잉소비의 문제가 발생하지 않는다.
ㄹ. 사적 극대화가 공적 극대화를 파괴하여 구성원 모두가 공멸하게 된다.
ㅁ. 1968년에 하딘(G. Hardin)의 논문에서 '공유지의 비극(tragedy of commons)'으로 설명되었다.

① ㄱ, ㄴ, ㄷ   ② ㄱ, ㄹ, ㅁ
③ ㄴ, ㄷ, ㄹ   ④ ㄷ, ㄹ, ㅁ

29	공유지의 비극 → 부정적 외부효과

① [O] '공유지의 비극'이란 개인적으로는 합리적 선택이 사회 전체로는 바람직하지 못한 결과를 초래하는 현상으로, 공멸로 인해 전체가 부담하는 비용보다는 이용자 개인의 편익이 크다고 인식할 때 즉, 비용의 분산과 편익의 집중 관계가 나타날 때 발생한다.
② [O] '공유지의 비극'은 소유권이 불분명하거나 이용규칙이 부재할 때 발생하기 쉽다.
③ [×] '공유지의 비극'은 한 사람의 행위가 다른 사람에게 '부정적 외부효과'를 초래하는 현상이다.
④ [O] 외부효과를 '내부화'한다는 의미는 결국 사용한 만큼 대가를 지불하게 만들겠다는 의미이며, 합병, 소유권의 부여, 정부규제, 이용규칙의 제정 등을 통해 대가를 지불하게 할 수 있다.

답 ③

30	공유재 → 시장실패의 원인, 과잉소비 문제의 야기

ㄱ. [O] '공유지의 비극'은 합리적 경제인, 방법론적 개체주의, 연역적 접근이라는 경제학적 가정을 바탕으로 한정된 공유자원의 고갈 현상을 설명하는 이론이다.
ㄴ. [×] 비배제성과 경합성의 특징을 지니는 공유재는 기본적으로 시장실패를 설명하는 이론이다.
ㄷ. [×] 공유재는 사용자에게 요금을 부과할 수 없는 비배제성을 지니므로 비용회피와 과잉소비의 문제가 발생한다.
ㅁ. [O] '공유지 비극'은 1968년 '사이언스'지에 게재된 하딘(G. Hardin)의 논문에 나오는 개념으로, 개인적 사욕이 공동체 전체를 파국으로 몰고 간다는 주장과 관련된다.

답 ②

31 ☐☐☐

12년 국가7급

공공서비스 공급방식에 대한 설명으로 옳은 것은?

① 집합재는 원칙적으로 민간위탁방식으로 공급해야 할 서비스이다.

② 요금재는 독점이익의 왜곡을 방지하기 위해 주로 일반 행정방식이나 책임경영방식이 활용되어 왔고 민간기업의 참여가 활성화되어 있지 않다.

③ 민간위탁방식 중 면허방식은 공공서비스에 대한 요건을 구체적으로 명시하기 곤란하거나 서비스가 기술적으로 복잡하고 서비스의 목표를 어떻게 달성할 것인지가 불확실한 경우에 사용된다.

④ 공유재의 비극을 해결하기 위해 고전적 공유재 모형이 제시한 전형적인 대안들은 공유재산을 사유화하는 방식이다.

---

31 | 코우즈 정리 → 소유권의 확립을 통한 공유지 비극의 해소

① [×] 집합재는 공공재를 뜻하며, 원칙적으로 정부가 공급해야 할 재화이다. 다만, 전문성이 강하고 국민의 권리 및 의무와 직접적인 관련성이 적을 경우 민간위탁을 통해 공급할 수도 있다.

② [×] 요금재는 배제가 가능하므로 민간기업도 요금재에 참여할 수 있다. 다만 자연독점의 문제를 가져오므로, 공기업을 통한 공적공급이나 정부규제가 수반된 특허기업의 형태로 운영된다.

③ [×] 공공서비스에 대한 요건을 구체적으로 명시하기 곤란하거나 서비스가 기술적으로 복잡하고 서비스의 목표를 어떻게 달성할 것인지가 불확실한 경우에 사용되는 것은 보조금(grants)이다. 면허방식은 일정 구역 내 서비스의 공급권을 부여하는 방식이다.

④ [○] '공유지 비극'은 결국 소유권의 부재에 따른 재화의 낭비이므로, 이를 해결하기 위해 시장주의자들은 공유재의 사유화를 강조하였다. 다만, 그 소유권을 명확하게 정의하기 곤란한 경우가 많으므로 최근에는 이용규칙의 제정을 통한 해결가능성이 주목받고 있다.

답 ④

---

32 ☐☐☐

14년 국가7급

공공서비스에 대한 설명으로 옳지 않은 것만을 모두 고른 것은?

> ㄱ. 무임승차의 문제가 발생하는 근본적인 원인으로는 비배제성을 들 수 있다.
> ㄴ. 정부가 공공서비스의 생산부문까지 반드시 책임져야 할 필요성은 약해지고 있다.
> ㄷ. 전형적인 지방공공서비스에는 상하수도, 교통관리, 건강보험 등이 있다.
> ㄹ. 공공서비스 공급을 정부가 담당해야 하는 이유는 공공재의 존재 및 정보의 비대칭성 등이 있다.
> ㅁ. 전기와 고속도로는 공유재의 성격을 가지는 공공서비스이다.

① ㄱ, ㄷ   ② ㄱ, ㅁ

③ ㄴ, ㄹ   ④ ㄷ, ㅁ

---

32 | 건강보험 → 중앙정부 담당, 전기와 고속도로 → 요금재

ㄱ. [○] '비배제성'이란 일단 재화의 생산과 공급이 이루어지고 나면 생산비를 부담하지 않은 경제주체라고 할지라도 소비에서 배제시킬 수 없는 특성으로, 이는 무임승차가 발생하는 원인이다.

ㄴ. [○] 전통적으로 공공서비스는 그 공급의 결정과 생산의 집행을 정부가 모두 담당하였다. 그러나 행정의 다양성과 복잡성으로 인하여 비록 정부에 의해 공급이 결정되어도 그 집행(생산)은 민간의 전문성을 활용하는 것이 효과적인 영역이 증대되고 있다.

ㄷ. [×] 건강보험은 전국적 통일성과 형평성이 요구되는 문제이므로 국가 혹은 국가 소속의 공공기관이 담당하는 것이 바람직하다.

ㄹ. [○] 정부역할은 시장이 담당하지 못하는 분야를 중심으로 그 영역이 설정된다. 공공재의 존재나 정보비대칭성은 시장을 통한 서비스 제공의 한계 영역 즉, 시장실패의 영역이므로 정부의 개입이 필요하다.

ㅁ. [×] 전기와 고속도로는 규모의 경제가 발생하는 요금재이다.

답 ④

공공재와 행정서비스에 관한 설명으로 적절하지 않은 것은?

① 비배제성과 비경합성으로 인해 무임승차(free-riding)가 발생하기 쉽다.

② 시장실패의 발생 가능성은 정부개입을 합리화하는 정당성을 제공한다.

③ 문화행사와 같이 사회 구성원에게 일정 수준까지 공급되어야 바람직하다고 판단되는 것이다.

④ 공동체를 유지하기 위한 국방은 일반적으로 정부가 공급한다.

33	문화행사 → 가치재

① [○] '무임승차(free-rider)'는 누구나 자유롭게 소비할 수 있기 때문에 구성원들이 대가를 지불하지 않고 소비하려고 하는 현상(1/n, n-1)으로, 이는 소비의 비배제성에서 나오는 특징이다.

③ [×] 문화행사와 같이 사회 구성원에게 일정 수준까지 공급되어야 바람직하다고 판단되는 것은 가치재이다. 가치재는 원칙적으로 민간에서 공급이 가능한 사적재의 일종이나, 그 소비가 바람직하다고 판단되어 정부가 소비를 권장할 목적으로 일정 부분 개입하는 재화이다.

④ [○] 국방은 대표적인 공공재이다. 등대와 같은 서비스는 민간 위탁을 통한 공급도 가능하겠지만 공공성이 가장 극대화되는 영역인 국방은 정부가 직접 담당해야 할 서비스이다.

답 ③

외부효과를 교정하기 위한 방법에 대한 설명으로 옳지 않은 것은?

① 교정적 조세(피구세: Pigouvian tax)는 사회 전체적인 최적의 생산수준에서 발생하는 외부효과의 양에 해당하는 만큼의 조세를 모든 생산물에 대해 부과하는 방법이다.

② 외부효과를 유발하는 기업에게 보조금을 지급하여 사회적으로 최적의 생산량을 생산하도록 유도한다.

③ 코우즈(R. Coase)는 소유권을 명확하게 확립하는 것이 부정적 외부효과를 줄이는 방법이라고 주장했다.

④ 직접적 규제의 활용 사례로는 일정한 양의 '오염허가서(pollution permits)' 혹은 배출권을 보유하고 있는 경제주체만 오염물질을 배출할 수 있게 허용하는 방식이 있다.

34	오염허가서 → 시장유인 혹은 간접적 규제

① [○] '피구세' 혹은 '배출부담금'은 환경오염의 한계비용만큼 부담금을 부과하는 방법이다. 즉, 환경재의 이용에 대한 대가를 지불하게 하여 외부불경제를 막고자 하는 제도이다. 다만, 환경재의 이용가치가 정확하게 얼마인지 계산하는 것이 어렵고 이를 부과하기 위해 완벽한 감시체계가 확립되어야 한다는 어려움이 있다.

③ [○] 코우즈(R. Coase)는 정보와 교섭 등의 '거래비용(transaction cost)'이 발생시키지 않는다는 전제 하에 계량(비용과 편익의 계산)이 곤란해서 거래대상의 밖에 있었던 외부효과도 소유권에 관한 명확한 법해석이 되어있다면 소유권이 누구에게 귀속되는지와 상관없이 시장에서 자발적 거래가 가능하다고 주장하였다.

④ [×] '오염허가서(pollution permits)'나 '오염배출권제도'는 간접적 규제에 속한다. 간접적 규제는 기준과 관련된 규칙은 정부가 정하지만 그 준수 여부는 민간에게 자율성을 부여하는 방식이다.

답 ④

35 ☐☐☐

환경규제를 위한 정책수단을 명령지시적 규제와 시장유인적 규제로 나눌 경우 시장유인적 규제수단에 해당하지 않는 것은?

① 부과금제도
② 공해권제도
③ 성과기준제도
④ 보조금제도

35	성과기준제도 → 명령지시적 규제

① [○] '부과금제도'는 오염물질의 배출기준과 같은 기준을 설정하고 그 기준을 초과하면 초과한 비율만큼 금전적 부담을 지우는 '시장유인적 규제'에 해당한다.
② [○] '공해권제도' 또는 '오염배출권거래제도'는 기업별·부문별로 오염배출량을 할당(총량규제)하고, 할당된 배출량을 초과하는 업체는 정부나 다른 기업으로부터 배출권을 매입하게 하는 제도로, 오염배출량에 대한 '시장유인적 규제'에 해당한다.
③ [×] '명령지시적 규제'는 개인이나 기업이 준수해야 할 기준을 정하고 이를 위반하면 처벌하는 방법이고, '시장유인적 규제'는 개인이나 기업에게 의무를 부과하되 준수 여부는 자율에 맡기는 방법이다. 성과기준제도가 명령지시적 규제에 속한다.
④ [○] '보조금제도'는 특정 시책 등을 장려하기 위해 이를 시행하는 기업이나 개인에게 금전적 유인을 제공하는 방법으로, '시장유인적 규제'에 해당한다.

📄 **명령지시적 규제와 시장유인적 규제**

구분	명령지시적 규제	시장유인적 규제
개념	• 정부가 기준의 설정하고 위반하면 처벌하는 방식 • 강제적 규제 (→ 법률적 효과의 발생)	• 정부가 의무의 부과하지만 준수 여부는 민간의 자율성에 맡기는 방식 • 협력적 규제
목적	소비자 안전	소비자 정보 제공
특징	통제적·경직적 성격	유인적·신축적 성격
사례	환경·보건·위생·광고 등의 기준의 설정, 행정명령, 행정처분 등	행정지도, 행정계획, 보조금 등 유인책, 배출부담금, 배출권거래제도 등

답 ③

36 ☐☐☐

정부규제에 대한 설명으로 옳은 것만을 모두 고르면?

> ㄱ. 정부규제는 파생적 외부효과를 해결한다는 장점이 있다.
> ㄴ. 경제적 규제에서는 피규제산업에 의한 규제기관의 포획현상이 나타날 수 있다.
> ㄷ. 리플리(R. Ripley)와 프랭클린(G. Franklin)은 규제정책의 유형을 경쟁적 규제와 보호적 규제로 구분하였다.
> ㄹ. 시장유인적 규제는 규제효과를 담보할 수 있다는 장점이 있으나 기업에 불필요한 비용부담을 주는 단점이 있다.

① ㄱ, ㄴ
② ㄴ, ㄷ
③ ㄴ, ㄹ
④ ㄷ, ㄹ

36	정부규제 → 파생적 외부효과의 야기

ㄱ. [×] '파생적 외부효과(derived externality)'는 근시안적 정부 활동으로 인하여 야기된 잠재적이고 비의도적인 부작용으로, 이는 정부규제의 한계점을 의미한다. 파생적 외부효과를 방지하기 위해서는 규제와 같은 정부의 시장개입을 줄이는 것이 바람직하다.
ㄴ. [○] '포획'이란 보호를 필요로 하는 개인이나 기업이 이익집단을 형성하여 정부에 대해 로비함으로써 자신들이 필요로 하는 각종 규제 즉, 관세장벽이나 비관세장벽 등을 획득하는 것으로, 규제로 인하여 특권이 주어지는 경제적 규제에서 주로 발생하기 쉽다.
ㄷ. [○] '경쟁적 규제'는 희소자원의 분배와 관련하여 경쟁범위를 제한하는 정책으로, 특정 개인이나 집단에게 특권을 부여하되 대신 서비스의 질이나 요금에 대한 규제가 부과되는 정책이고, '보호적 규제'는 기업의 활동조건을 설정하여 일반대중을 보호하는 정책으로, 공중에게 해로운 활동은 금지하고 이로운 활동은 허용하는 방식을 취한다.
ㄹ. [×] 반드시 준수해야하는 '명령지시적 규제'가 규제의 효과를 담보할 수 있다. 다만, 그 기준이 사회적으로 가장 효율적이라는 것을 보장하지는 않는다. 규제의 효율성은 선택권이 주어지는 '시장유인적 규제'가 더 높다.

답 ②

정부규제를 사회적 규제와 경제적 규제로 나눌 경우 경제적 규제의 성격이 가장 강한 것은?

① 진입규제
② 환경규제
③ 산업재해규제
④ 소비자안전규제

정부규제에 대한 설명으로 옳은 것만을 모두 고르면?

ㄱ. 포지티브(positive) 규제가 네거티브(negative) 규제보다 자율성을 더 보장해준다.
ㄴ. 환경규제와 산업재해규제는 사회적 규제의 성격이 강하다.
ㄷ. 공동규제는 정부로부터 위임을 받은 민간집단에 의해 이루어지는 규제를 의미한다.
ㄹ. 수단규제는 정부가 목표를 달성하기 위해 필요한 기술이나 행위에 대해 사전적으로 규제하는 것을 의미한다.

① ㄱ, ㄴ
② ㄷ, ㄹ
③ ㄱ, ㄴ, ㄷ
④ ㄴ, ㄷ, ㄹ

37	진입규제 → 경제적 규제

① [○] '경제적 규제'는 기업의 설립과 개시, 가격과 생산량, 거래 조건 등과 같은 기업의 본원적 활동에 대한 직접적 개입을 의미하고 '사회적 규제'는 사회에 중대한 영향을 끼치는 행위에 대해 사회적 책임을 강제하기 위해 활용되는 규제이다. 진입규제가 경제적 규제에 해당한다.
②, ③, ④ [×] 환경규제(②), 산업재해규제(③), 소비자안전규제(④)는 모두 기업의 사회적 책임성을 강화시키기 위한 사회적 규제에 해당한다.

답 ①

38	포지티브 규제 → 자율성의 제약

ㄱ. [×] 원칙적으로 금지되는 '포지티브 규제'가 원칙적으로 허용되는 '네거티브 규제'보다 규제대상자의 자율성이 낮다.
ㄴ. [○] 환경규제와 산업재해규제는 기업의 사회적 책임성을 담보하기 위한 '사회적 규제'에 해당한다.
ㄷ. [○] '공동규제'는 정부로부터 권한을 위임받은 민간집단에 의해 이루어지는 규제이다.
ㄹ. [○] '수단규제'는 목표를 달성하기 위해 필요한 기술이나 행위와 같은 투입 요소를 사전적으로 제한하는 규제이다.

답 ④

규제의 유형에 대한 설명으로 옳지 않은 것은?

① 리플리(R. Ripley)와 프랭클린(G. Franklin)은 보호적 규제와 경쟁적 규제로 구분하고 있다.
② 경제규제는 주로 시장의 가격기능에 개입하고 특정 기업의 시장진입을 배제하거나 억압하는 방식으로 작동된다.
③ 포지티브 규제는 네거티브 규제보다 피규제자의 자율성을 더 보장한다.
④ 자율규제는 피규제자가 스스로 합의된 규범을 만들고 이를 구성원들에게 적용하는 형태의 규제방식이다.

규제에 대한 설명으로 옳지 않은 것은?

① 윌슨(J. Wilson)의 '규제정치이론'에 따르면, 고객정치 상황에서는 응집력이 강한 소수의 편익 수혜자의 논리가 투입될 가능성이 높다.
② '포지티브 규제'는 원칙 허용, 예외 금지의 형태를 취하는 것으로서, 명시적으로 금지하는 것 이외의 모든 것을 허용한다.
③ 국회, 법원, 헌법재판소, 선거관리위원회 및 감사원이 하는 사무에 대하여는 '행정규제기본법'을 적용하지 아니한다.
④ '행정규제기본법'상 규제의 존속기한 또는 재검토기한은 규제의 목적을 달성하기 위하여 필요한 최소한의 기간 내에서 설정되어야 하며, 그 기간은 원칙적으로 5년을 초과할 수 없다.

39	포지티브 규제 → 자율성의 제약

① [○] '경쟁적 규제'는 희소자원의 분배와 관련하여 경쟁의 범위를 제한하는 정책이고, '보호적 규제'는 기업의 활동조건을 설정하여 대중을 보호하는 정책이다.
② [○] '경제적 규제'는 기업의 본원적 활동에 대한 규제인데 이는 기업의 운영이나 재화의 생산량 또는 가격 등에 대한 직접적인 개입의 형태로 나타난다.
③ [×] 원칙적으로 허용되는 '네거티브 규제'가 원칙적으로 금지되는 '포지티브 규제'보다 규제대상자의 자율성이 높다.
④ [○] '자율규제'는 규제대상자가 스스로 준수해야 할 규칙을 만들고 운용하는 형태를 취한다.

답 ③

40	원칙 허용, 예외 금지 → 네거티브 규제

① [○] '고객정치' 상황은 소수의 편익 수혜자에 의한 규제기관의 포획현상이 발생하기 쉽다. 그 결과 일반대중의 이익은 간과되고 수혜자 중심의 규제내용이 형성될 가능성이 높다.
② [×] 특별히 금지된 것을 제외한 나머지 모두를 허용하는 원칙 허용, 예외 금지는 '네거티브 규제'이다. '포지티브 규제'는 열거된 것만을 제한적으로 허용하는 원칙 금지, 예외 허용의 형태를 취한다.
③ [○] 규제는 행정부의 행정작용인 처분에 의해서 국민의 기본권을 제약하는 행위이므로 국회, 법원 등의 활동과 정부기관의 감시를 위한 감사원의 활동 등은 '행정규제기본법'의 적용대상에서 제외하고 있다.
④ [○] 중앙행정기관의 장은 규제를 신설하거나 강화하려는 경우에 존속시켜야 할 명백한 사유가 없는 규제는 존속기한 또는 재검토기한을 설정하여 그 법령 등에 규정하여야 하며, 그 기한은 규제의 목적을 달성하기 위하여 필요한 최소한의 기간 내에서 설정되어야 하되 원칙적으로 '5년'을 초과할 수 없다.

답 ②

41 □□□

규제는 해결할 수단, 관리 방식, 최종 성과를 대상으로 설계될 수 있는데, 이들을 각각 수단규제, 관리규제, 성과규제라고 한다. 그 사례를 바르게 연결한 것은?

> ㄱ. 식품안전을 위해 그 효용이 부각되는 위해 요소중점 관리기준(Hazard Analysis Critical Control Point)을 지킬 것을 요구하는 것.
> ㄴ. 인체건강을 위해 개발된 신약에 대해 부작용의 허용 가능한 발생 수준을 요구하는 것.
> ㄷ. 환경오염을 방지하기 위해 기업에 특정한 유형의 환경 통제 기술을 사용할 것을 요구하는 것.

	수단규제	관리규제	성과규제
①	ㄱ	ㄴ	ㄷ
②	ㄱ	ㄷ	ㄴ
③	ㄷ	ㄴ	ㄱ
④	ㄷ	ㄱ	ㄴ

42 □□□

정부규제의 유형에 대한 설명으로 옳지 않은 것은?

① '관리규제'에서는 정부가 제시한 성과기준만 충족하면 되기 때문에 이를 달성하는 수단과 방법의 선택은 피규제자가 자유롭게 선택할 수 있으며, '수단규제'에 비해 피규제자가 많은 자율성을 갖는다.

② '수단규제'는 정부의 목표를 달성하기 위해 필요한 기술이나 행위에 대해 사전적으로 규제하는 것으로 '투입규제'라고도 한다.

③ '공동규제'는 정부로부터 위임을 받은 민간집단에 의해 이뤄지는 규제로 자율규제와 직접규제의 중간 성격을 띤다.

④ '자율규제'는 개인과 기업 등 피규제자가 스스로 합의된 규범을 만들고 이를 구성원들에게 적용하는 형태의 규제이다.

⑤ '네거티브 규제' 방식에서는 명시적으로 금지하는 것 이외의 모든 것을 자유롭게 할 수 있다.

41	수단규제 → 투입 요소의 지정, 성과규제 → 수준의 설정

ㄱ. 정부가 원재료 생산에서부터 제조, 가공, 보존, 유통 단계를 거쳐 최종 소비자가 섭취하기 전까지의 각 단계에서 발생할 우려가 있는 위해요소를 규명하고 중요 관리점을 결정해 체계적인 위생관리 체계를 갖추도록 요구하는 것은 '관리규제(과정규제)' 이다.

ㄴ. 대기오염을 방지하기 위해 이산화탄소 농도를 일정 수준으로 유지할 것으로 요구하거나 건강을 위해 개발된 신약에 허용 가능한 부작용 수준을 요구하는 것은 정부가 문제해결에 대한 목표를 부여하고 규제의 대상자에게 이를 달성할 것을 요구하는 '성과규제(산출규제)'이다.

ㄷ. 환경오염을 방지하기 위해 기업에 특정한 유형의 환경통제 기술을 사용할 것을 요구하거나 작업장 안전을 확보하기 위해 반드시 안전장비를 착용하게 하는 것 등은 목표를 달성하기 위해 필요한 기술이나 행위와 같은 투입 요소를 사전적으로 제한하는 '수단규제(투입규제)'이다.

답 ④

42	성과기준만의 충족 → 성과규제

① [×] 성과기준만 충족시키면 되는 것은 '성과규제'이다.

② [○] '수단규제'는 사전적으로 장비, 기술 등 투입 요소를 지정해 주는 규제를 말한다.

③ [○] '공동규제'는 정부가 민간집단에게 규제의 권한을 위임하고, 위임받은 민간집단이 규제 대상자를 규제하는 방식이다.

④ [○] '자율규제'는 규제 대상자 집단이 스스로 규범을 만들고 이를 준수하는 형태의 규제이다.

⑤ [○] '네거티브 규제'는 법에 명시적으로 금지된 것을 제외하고 나머지 것들은 자유롭게 할 수 있도록 해 주는 규제방식이다.

답 ①

43 □□□

다음 〈보기〉의 A에 대한 설명으로 옳지 않은 것은?

> 〈보기〉
> 일반적으로 규제의 주체는 당연히 정부이다. 그러나 예외적으로 규제의 주체가 정부가 아니라 피규제산업 또는 업계가 되는 경우가 있는데, 이를 A라 한다.

① 규제기관이 행정력 부족으로 인하여 실질적으로 기업들의 규제 순응여부를 추적·점검하기 어려운 경우에 A의 방법을 취할 수 있다.

② A는 피규제집단의 고도의 전문성을 기반으로 하기 때문에 소비자단체의 참여를 보장하는 직접규제이다.

③ 규제기관의 기술적 전문성이 피규제집단에 비해 현저히 낮을 경우 불가피하게 A에 의존하게 되는 경우도 존재한다.

④ 피규제집단은 여론 등이 자신들에게 불리하게 형성되어 자신들에 대한 규제의 요구가 거세질 경우 규제이슈를 선점하기 위하여 자발적으로 A를 시도하기도 한다.

⑤ A의 기준을 정하는 과정에서 영향력이 큰 기업들이 자신들에게 일방적으로 유리한 기준을 설정함으로써 공평성이 침해되는 경우가 발생할 수 있다.

44 □□□

다음 설명에 해당하는 정책현상은?

> 어떤 하나의 규제가 시행된 결과, 원래 규제설계 당시에는 미리 예기하지 못한 또 다른 문제점이 나타나게 되면 규제기관은 그 문제의 해결을 위해 또 다른 규제를 하게 됨으로써 결국 규제가 규제를 낳는 결과를 초래한다.

① 타르 베이비 효과(Tar-Baby effect)

② 집단행동의 딜레마

③ 규제의 역설

④ 지대추구행위

43	자율규제 → 규제대상자들의 자발적 규제

① [○] A는 자율규제를 의미한다. 규제기관의 행정력 부족으로 규제 순응여부를 점검하기 어렵다면 자율규제가 사용될 수 있다.

② [×] 자율규제는 규제 대상자들이 스스로 규범을 정하고 이를 준수하는 간접적 형태의 규제로, 소비자 단체의 참여를 보장하는 것은 아니다.

③ [○] 규제기관의 기술적 전문성이 낮을 경우에도 자율규제가 사용될 수 있다.

④ [○] 자율규제는 정부가 개입하기 전에 규제에 관한 이슈를 선점하는 용도로 사용되기도 한다.

⑤ [○] 자율규제는 규제 대상자들 중에서 영향력이 큰 기업들이 자신에게 유리한 방향으로 규제를 설정할 수 있어 기준의 공평성이 저해될 수 있다.

답 ②

44	타르 베이비 효과 → 기존 규제의 문제점으로 인한 새로운 규제의 양산

① [○] '타르 베이비 효과'란 새로운 규제를 도입할 때 당초 예상하지 못했던 문제점이 드러나게 되면, 이를 시정하기 위해 또 다른 규제를 추가적으로 도입하는 현상으로, 규제가 규제를 낳는 악순환을 초래한다.

② [×] '집단행동의 딜레마'란 공통의 이해관계가 걸려 있는 문제를 스스로의 노력으로 해결하지 못하는 상황을 말한다. 이는 집단의 공동문제에 개인적으로 시간이나 노력 등을 투입하지 않으려고 하는 구성원들의 무임승차(free-rider) 성향 때문에 발생한다.

③ [×] '규제의 역설'이란 불합리한 규제로 인해 민간의 행동을 비효율적으로 유도하여 사회적 자원의 왜곡을 가져오는 부작용을 말한다.

④ [×] 권력에 의해 공급량이 고정된 재화나 서비스의 독점적 공급으로 얻는 추가적 이익을 지대라 하며, 이를 얻기 위한 낭비를 지대추구행위라 한다.

답 ①

45 ☐☐☐ 18년 국회8급

다음 중 규제피라미드에 대한 설명으로 옳은 것은?

① 새로운 위험만 규제하다 보면 사회의 전체 위험 수준은 증가하는 상황
② 규제가 또 다른 규제를 낳은 결과 피규제자의 비용 부담이 점점 늘어나게 되는 상황
③ 기업체에게 상품 정보에 대한 공개 의무를 강화할수록 소비자들의 실질적인 정보량은 줄어들게 되는 상황
④ 과도한 규제를 무리하게 설정하다 보면 실제로는 규제가 거의 이루어지지 않게 되는 상황
⑤ 소득재분배를 위한 규제가 오히려 사회적으로 가장 어려운 사람들에게 해를 끼치게 되는 상황

| **45** | 규제피라미드 → 소수의 위반자로 인한 강화된 규제 |

② [○] '규제의 피라미드' 현상은 소수의 규제 위반자로 인해 새롭게 도입된 강화된 규제가 규제를 준수했던 모든 사람들에게 까지 추가적 부담을 발생시키는 현상을 말한다.
①, ③, ④, ⑤ [×] 모두 '규제의 역설'에 대한 사례들이다.

답 ②

46 ☐☐☐ 22년 국가9급

윌슨(J. Wilson)의 규제정치 유형 중 다음 설명에 해당하는 것은?

> 정부규제로 발생하게 될 비용은 상대적으로 작고 이질적인 특정 다수에게 부담된다. 그러나 편익은 크고 동질적인 소수에 귀속된다. 이런 상황에서 상당한 이익을 얻을 수 있는 소수집단은 정치조직화하여 편익이 자신들에게 제도적으로 보장될 수 있도록 정치적 압력을 행사한다.

① 대중 정치
② 고객 정치
③ 기업가 정치
④ 이익집단 정치

| **46** | 편익은 집중, 비용은 분산 → 고객 정치 |

① [×] '대중 정치'는 편익과 비용이 모두 불특정 다수에게 분산되는 상황이다.
② [○] 비용이 다수에게 분산되고 편익이 소수에게 귀속되는 것은 '고객 정치' 상황이다.
③ [×] '기업가 정치'는 비용은 소수에게 집중되고 편익이 다수에게 분산되는 상황이다.
④ [×] '이익집단 정치'는 비용과 편익이 모두 소수에게 집중되는 상황이다.

📄 **윌슨(J. Wilson)의 규제정치모형**

구분		편익	
		좁게 집중 → 사익	넓게 분산 → 공익
비용	좁게 집중	이익집단 정치	운동가 정치 또는 기업가 정치
	넓게 분산	고객 정치	대중 정치 또는 다수 정치

답 ②

47 ☐☐☐

윌슨(J. Wilson)의 규제정치 유형과 예시를 연결한 것으로 옳지 않은 것은?

① 고객정치 - 농산물에 대한 최저가격 규제
② 이익집단정치 - 신문·방송·출판물의 윤리규제
③ 대중정치 - 낙태에 대한 규제
④ 기업가정치 - 식품에 대한 위생규제

48 ☐☐☐

다음은 윌슨(J. Wilson)의 규제정치 유형에 대한 설명이다. 각 유형별 사례를 바르게 짝지은 것은?

> ㄱ. 정부규제로 인해 발생되는 비용은 상대적으로 이질적인 불특정 다수집단에 부담되나, 그 편익은 매우 크며 동질적인 소수집단에게 귀속되는 상황
> ㄴ. 정부규제로 인해 감지된 비용과 편익이 쌍방 모두 이질적인 불특정 다수에게 미치기 때문에, 개개인으로 보면 그 크기가 작은 상황
> ㄷ. 규제로부터 예상되는 비용과 편익이 모두 소수의 동질적인 집단에 국한되고, 쌍방이 모두 조직적인 힘을 바탕으로 이익 확보를 위해 첨예하게 대립하는 상황
> ㄹ. 피규제 집단에게는 비용이 좁게 집중되지만, 규제로 인한 편익이 일반시민을 포함하여 넓게 분포되는 상황

	ㄱ	ㄴ	ㄷ	ㄹ
①	수입규제	음란물규제	한약규제	원자력발전 규제
②	원자력발전 규제	수입규제	한약규제	음란물규제
③	한약규제	원자력발전 규제	수입규제	음란물규제
④	수입규제	한약규제	음란물규제	원자력발전 규제

---

47 신문·방송·출판물의 윤리규제 → 대중정치

① [○] 농산물에 대한 최저가격 규제는 상대적으로 소수의 농민에게 편익이 집중되고 일반대중에게 비용이 분산되는 '고객정치'의 사례에 해당한다. 반면, 분양가 상한제와 같은 최고가격 규제는 비용은 집중되고 편익은 분산되는 '기업가정치'로 분류될 수 있다.
② [×] 신문·방송·출판물의 윤리규제는 편익과 비용이 모두 분산되는 '대중정치'의 사례이다.
③ [○] 낙태에 대한 규제는 편익과 비용이 모두 분산되는 '대중정치'의 사례이다.
④ [○] 식품에 대한 위생규제는 비용은 소수의 기업이 부담하고 그 편익을 일반대중이 누리는 '기업가정치'의 사례이다.

답 ②

---

48 독과점규제 → 대중정치

ㄱ. '고객정치'이며, 수입규제, 직업면허 등 경제적 규제와 주로 관련된다.
ㄴ. '대중정치'로, 음란물규제, 독과점규제, 낙태규제, 종교규제, 신문이나 방송규제 등이 이에 속한다.
ㄷ. '이익집단정치'로, 노사규제, 의약분업, 의사와 한의사의 마찰, 대기업과 중소기업의 영역 설정 등이 이에 속한다.
ㄹ. '기업가정치'로, 환경오염규제, 원자력발전규제, 약자보호규제 등과 같은 주로 사회적 규제와 관련된다.

답 ①

49 □□□

윌슨(J. Wilson)의 규제정치 이론에 대한 설명으로 옳은 것만을 모두 고른 것은?

> ㄱ. 감지된 비용(cost)과 편익(benefits)이 모두 좁게 집중되어 있는 규제정치를 이익집단정치라 한다.
> ㄴ. 기업가적 정치는 환경오염규제 사례처럼 오염업체에게는 비용이 좁게 집중되지만 일반시민들에게는 편익이 넓게 분산된다.
> ㄷ. 대중정치는 한·약분쟁의 경우처럼 쌍방이 모두 조직적인 힘을 바탕으로 이익 확보를 위해 첨예하게 대립하는 정치상황이다.
> ㄹ. 환경규제 완화 상황인 경우에는 비용이 넓게 분산되고 감지된 편익이 좁게 집중되는 고객정치의 상황이 된다.

① ㄱ, ㄴ, ㄷ   ② ㄱ, ㄴ, ㄹ
③ ㄱ, ㄷ, ㄹ   ④ ㄴ, ㄷ, ㄹ

50 □□□

다음 사례에 가장 부합하는 윌슨(Wilson)의 규제정치 유형은?

> A시와 검찰은 지난해부터 올 2월까지 B상수원 보호구역 내 불법 음식점 70곳을 단속해 7명을 구속기소하고 12명을 불구속기소하는 한편 45명을 벌금 500만 ~ 3천만 원에 약식 기소했다. 이에 해당 유역 8개 시·군이 참여하는 '특별대책지역 수질보전정책협의회' 상인대표단은 11일 B상수원 환경정비구역 내 휴게·일반음식점 규제·단속은 형평성이 결여됐다며 중앙정부 차원의 해결책을 요구했다.

① 고객정치
② 대중정치
③ 이익집단정치
④ 기업가정치

48	한·약분쟁 → 이익집단정치

ㄱ. [○] '이익집단정치'는 규제의 비용과 편익이 모두 동질적 소수에게 집중적으로 귀속되는 상황으로, 세력의 확장을 위한 국외자와의 연합과 정치적 상징의 활용이 많아서 가시성이 높다.

ㄴ. [○] '기업가정치'는 규제의 비용은 동질적 소수에게 집중적으로 귀속되지만 규제의 편익은 불특정 다수에게 조금씩 분산되는 상황으로, 규제의 비용을 소수가 부담하므로 가장 채택하기 곤란하다.

ㄷ. [×] 한·약분쟁은 비용과 편익이 모두 소수에게 집중되는 '이익집단정치'이다. 대중정치는 비용과 편익이 모두 다수에게 분산되고 있어 쌍방 모두 집단행동의 딜레마에 빠져 있는 상황으로, 음란물규제나 낙태규제, 차량 10부제 등이 대표적인 예이다.

ㄹ. [○] 환경규제의 생성은 '운동가 정치'로 규제의 비용이 소수에게 집중되지만 이를 완화하는 과정에서는 환경규제의 완화로 인한 편익은 여태껏 비용을 부담하였던 소수에게 집중되고 대신 일반대중에게 비용이 분산되는 '고객정치' 상황이 전개된다.

답 ②

50	환경보전정책 → 기업가정치

① [×] '고객정치'는 편익은 집중되고 비용이 분산되는 상황이다.
② [×] '대중정치'는 편익과 비용이 모두 분산되는 상황이다.
③ [×] '이익집단정치'는 편익과 비용이 모두 집중되는 상황이다.
④ [○] 환경오염에 대한 단속은 편익은 분산되고 비용은 집중되는 '기업가정치'에 해당한다.

답 ④

교통체증 완화를 위한 차량 10부제 운행은 윌슨(J. Wilson)이 제시한 규제정치이론의 네 가지 유형 중 어디에 해당하는가?

① 대중정치
② 기업가정치
③ 이익집단정치
④ 고객정치
⑤ 소비자정치

정부규제에 대한 설명으로 옳지 않은 것은?

① '행정규제기본법'은 규제법정주의를 규정하고 있다.
② 규제개혁위원회는 위원장 2명을 포함한 20명 이상 25명 이하의 위원으로 구성한다.
③ 규제영향분석이 필요한 이유 중 하나는 관료에게 규제 비용에 대한 관심과 책임성을 갖도록 유도한다는 점이다.
④ 정부의 규제정책을 심의·조정하고 규제의 심사·정비 등에 관한 사항을 종합적으로 추진하기 위하여 국무총리 소속으로 규제개혁위원회를 두고 있다.

51 　차량 10부제 운행 → 대중정치

① [○] 차량 10부제 운행은 '대중정치'에 속한다.
② [×] '기업가정치'는 비용은 집중되고 편익은 분산되는 상황이다.
③ [×] '이익집단정치'는 비용과 편익이 모두 소수에게 집중되는 상황이다.
④ [×] '고객정치'는 편익은 집중되고 비용은 분산되는 상황이다.

답 ①

52 　규제개혁위원회 → 대통령 소속

① [○] '행정규제기본법'은 규제는 법률에 근거하여야 하며, 그 내용은 알기 쉬운 용어로 구체적이고 명확하게 규정되어야 한다는 규제법정주의를 규정하고 있다.
② [○] 규제개혁위원회는 위원장 2명을 포함한 20명 이상 25명 이하의 위원으로 구성한다. 위원장은 국무총리와 학식과 경험이 풍부한 사람 중에서 대통령이 위촉하는 사람이 된다.
③ [○] 규제영향분석은 규제의 시행에 따라 규제를 받는 집단과 국민이 부담하여야 할 비용과 편익을 사전에 비교분석하는 것이다.
④ [×] 정부의 규제정책을 심의·조정하고 규제의 심사·정비 등에 관한 사항을 종합적으로 추진하기 위하여 대통령 소속으로 규제개혁위원회를 둔다.

답 ④

공공서비스의 공급주체

01 □□□
23년 지방9급

정부 예산팽창이론에 대한 설명으로 옳지 않은 것은?

① 와그너는 경제발전에 따라 국민의 욕구 부응을 위한 공공재 증가로 인해 정부예산이 증가한다고 주장한다.
② 피콕과 와이즈만은 전쟁과 같은 사회적 변동이 끝난 후에도 공공지출이 그 이전 수준으로 되돌아가지 않는 데에서 예산팽창의 원인을 찾고 있다.
③ 보몰은 정부부문과 민간부문 간의 생산성 격차를 통해 정부예산의 팽창원인을 설명하고 있다.
④ 파킨슨은 관료들이 자신들의 권력 극대화를 위해 필요 이상으로 자기 부서의 예산을 추구함에 따라 정부예산이 지속적으로 증가한다고 주장한다.

02 □□□
09년 국가7급

다음 중 정부규모의 팽창에 대한 설명으로 옳은 것을 모두 고르면?

ㄱ. 전위효과: 사회혼란기에 공공지출이 상향 조정되며, 민간지출이 공공지출을 대체하는 현상이다.
ㄴ. 와그너 법칙(Wagner's law): 1인당 국민소득이 증가할 때, 국민경제에서 차지하는 공공부문의 상대적 크기가 증대되는 현상이다.
ㄷ. 예산극대화 가설: 관료들이 권력의 극대화를 위해 자기 부서의 예산극대화를 추구하는 현상이다.
ㄹ. 파킨슨 법칙(Parkinson's law): 공무원의 수가 해야할 업무의 경중이나 그 유무에 관계없이 일정 비율로 증가하는 현상이다.
ㅁ. 보몰효과(Baumol's effect): 정부가 생산·공급하는 서비스의 생산비용이 상대적으로 빨리 하락하여 정부지출이 감소하는 현상이다.

① ㄱ, ㄴ, ㄷ
② ㄱ, ㄴ, ㄹ, ㅁ
③ ㄴ, ㄷ, ㄹ
④ ㄱ, ㄷ, ㄹ, ㅁ

01	부서예산의 극대화 → 니스카넨

① [O] 와그너 법칙이란 경제의 성장 속도보다 공공재 수요의 증가가 빨라 정부예산이 증가되는 현상을 말한다.
② [O] 피콕과 와이즈만에 의하면 단속효과 또는 톱니효과가 나타나 위기 상황이 끝난 후에도 원래 상태로 복귀되지 않는다.
③ [O] 보몰효과란 정부부문은 생산성이 낮음에도 불구하고 임금수준이 민간부문과 유사한 비율로 증대하여 정부예산에서 인건비가 차지하는 비중이 계속적으로 증대하는 현상을 말한다.
④ [×] 자신들의 권력 극대화를 위해 필요 이상으로 자기 부서의 예산을 추구한다는 이론은 니스카넨의 예산극대화 가설이다.

답 ④

02	전위효과와 보몰효과 → 공공재 과다공급

ㄱ. [×] 피콕과 와이즈만의 '전위효과'(대체효과)란 위기에 팽창(문지방효과)된 재정지출이 평시에도 원상태로 회복되지 않는 것으로, 이는 결국 공공지출이 민간지출을 대체하는 현상이다.
ㄴ. [O] '와그너 법칙'은 소득 증가율보다 공공재 소비의 증가율이 더 빨리 올라간다는 법칙이다.
ㄷ. [O] '예산극대화가설'은 관료들은 권력의 극대화를 위해 소속부서의 예산규모를 극대화한다는 이론이다. 즉, 관료들은 승진·명성 등의 자기이익을 극대화하기 위해 부서의 예산을 극대화한다는 것으로, 이 이론에 의하면 정부산출물은 그 결과 적정생산수준보다 2배로 과잉 생산된다.
ㄹ. [O] '파킨슨의 법칙(Parkinson's law)'은 공무원의 수가 해야 할 업무의 경중이나 그 유무에 관계없이 일정한 비율로 증가하는 현상을 말한다.
ㅁ. [×] '보몰의 병(病)'은 공공부문의 보수가 생산성의 향상보다 더 빨리 인상되는 현상을 말한다. 결국 공공부문의 전체 예산액에서 임금이 차지하는 비율은 점차 증가한다.

답 ③

03 ☐☐☐

다음 글의 (ㄱ)에 해당하는 것은?

> (ㄱ)은/는 재정권을 독점한 정부에서 정치가나 관료들이 독점적 권력을 국민에게 남용하여 재정규모를 과도하게 팽창시키는 행위를 의미한다는 내용을 담고 있다.

① 로머(T. Romer)와 로젠탈(H. Rosenthal)의 회복수준 이론
② 파킨슨(C. Parkinson)의 법칙
③ 니스카넨(W. Niskanen)의 예산극대화
④ 지대추구이론
⑤ 리바이어던(Leviathan) 가설

04 ☐☐☐

행정기관에 대하여 관계 법령에 규정된 내용으로 옳은 것은?

① 방송통신위원회, 공정거래위원회, 소청심사위원회 등은 행정기관의 소관 사무에 관하여 자문에 응하거나 조정, 협의, 심의 또는 의결 등을 하기 위해 복수의 구성원으로 이루어진 합의제 기관으로서 행정기관이 아니다.
② 하부기관이란 중앙행정기관에 소속된 기관으로서, 특별지방행정기관과 부속기관을 말한다.
③ 보조기관이란 행정기관이 그 기능을 원활하게 수행할 수 있도록 그 기관장을 보좌함으로써 행정기관의 목적달성에 공헌하는 기관을 말한다.
④ 부속기관이란 행정권의 직접적인 행사를 임무로 하는 기관에 부속하여 그 기관을 지원하는 행정기관을 말한다.

03	재정권의 독점으로 인한 재정팽창 → 리바이어던 가설

① [×] 로머(T. Romer)와 로젠탈(H. Rosenthal)의 '회복수준 이론'은 중위투표자 정리를 비판한 이론으로 예산안이 기각되면 공공지출은 최소 전년도 지출수준에서 결정되기에 예산은 점점 팽창하게 된다는 주장이다.
② [×] '파킨슨(Cyril N. Parkinson)의 법칙'은 영국의 해군성에 대한 실증 연구에 바탕을 둔 이론으로서, 공무원의 수는 (본질적인) 업무량의 증가와는 관계없이 필연적으로 증가한다(연평균 5.75% 증가)는 것이다.
⑤ [○] 설문은 '리바이어던(Leviathan) 가설'에 대한 설명이다. 리바이어던 가설은 공공지출에 대한 통제 권한이 집중화될 경우, 정치인·관료·로비스트들의 선호가 재정정책에 반영됨으로써 재정지출이 늘어나고 규모가 과도하게 팽창하게 된다는 것을 의미한다.

답 ⑤

04	부속기관 → 시험, 교육, 문화, 의료, 제조, 자문

① [×] 방송통신위원회, 공정거래위원회, 소청심사위원회 등은 모두 합의제 행정기관에 해당한다.
② [×] '하부기관'은 보조기관과 보좌기관을 의미하고, '소속기관'은 부속기관과 특별지방행정기관을 의미한다.
③ [×] '보조기관'은 행정기관의 의사 또는 판단의 결정이나 표시를 보조함으로써 행정기관의 목적달성에 공헌하는 기관을 말한다. 반면, '보좌기관'은 행정기관이 그 기능을 원활하게 수행할 수 있도록 그 기관장이나 보조기관을 보좌함으로써, 행정기관의 목적달성에 공헌하는 기관을 말한다.
④ [○] '부속기관'이란 행정권의 직접적 행사를 임무로 하는 기관에 부속되어 그 기관을 지원하는 행정기관으로, 시험연구기관, 교육훈련기관, 문화기관, 의료기관, 제조기관 및 자문기관 등이 이에 속한다.

답 ④

05 ☐☐☐

12년 국가9급

다음 중 국무총리 소속기관이 아닌 것은?

① 공정거래위원회
② 금융위원회
③ 방송통신위원회
④ 국민권익위원회

06 ☐☐☐

12년 국가9급

우리나라의 정부조직과 그 기능 간 연결이 바르지 않은 것은?

① 과학기술정보통신부 – 원자력 연구
② 기획재정부 – 예산편성지침의 수립
③ 국무총리실 – 공기업의 평가
④ 문화체육관광부 – 국정의 홍보

05	방송통신위원회 → 대통령 소속

① [○] '공정거래위원회'는 독점규제 및 공정거래에 관한 사무를 독립적으로 수행하기 위하여 국무총리 소속으로 설치된 중앙행정기관이다.
② [○] '금융위원회'는 금융정책, 외국환업무 취급기관의 건전성 감독 및 금융감독에 관한 업무를 수행하기 위하여 국무총리 소속으로 설치된 중앙행정기관이다.
③ [×] '방송통신위원회'는 방송과 통신에 관한 규제와 이용자 보호 등의 업무를 수행하기 위하여 대통령 소속으로 설치된 중앙행정기관이다.
④ [○] '국민권익위원회'는 고충민원의 처리와 이에 관련된 불합리한 행정제도를 개선하고, 부패의 발생을 예방하며 부패행위를 효율적으로 규제하기 위하여 국무총리 소속으로 설치된 중앙행정기관이다.

답 ③

06	공기업의 평가 → 기획재정부

① [○] 과학기술정보통신부는 과학기술정책의 수립 · 총괄 · 조정 · 평가, 과학기술의 연구개발 · 협력 · 진흥, 과학기술인력 양성, 원자력 연구 및 이용, 국가정보화 기획 · 정보보호 · 정보문화, 방송 · 통신의 융합 · 진흥 및 전파관리, 정보통신산업, 우편 · 우편환 및 우편대체업무 등을 담당한다.
② [○] 기획재정부는 중장기 국가발전전략수립, 경제 · 재정정책의 수립 · 총괄, 예산 · 기금의 편성 · 집행 · 성과관리, 화폐 · 외환 · 국고 · 정부회계 · 내국세 · 관세, 공공기관 관리, 경제협력 · 국유재산 · 민간투자 및 국가채무에 관한 사무를 관장한다.
③ [×] 공기업의 평가는 기획재정부의 소관 사무이다. 기획재정부 장관은 계약의 이행에 관한 보고서, 경영목표와 경영실적보고서를 기초로 하여 공기업과 준정부기관의 경영실적을 평가한다.
④ [○] 문화체육관광부는 문화 · 예술 · 영상 · 광고 · 출판 · 간행물 · 체육 · 관광, 국정에 대한 홍보 및 정부발표에 관한 사무를 관장한다.

답 ③

'정부조직법'상 행정기관의 소속으로 옳지 않은 것은?

① 특허청 – 기획재정부장관
② 소방청 – 행정안전부장관
③ 국가정보원 – 대통령
④ 법제처 – 국무총리

중앙행정기관의 소속기관으로만 묶은 것은?

> ㄱ. 지방자치인재개발원
> ㄴ. 공정거래위원회
> ㄷ. 특허청
> ㄹ. 국가기록원
> ㅁ. 국립중앙박물관
> ㅂ. 문화재청

① ㄱ, ㅂ   ② ㄴ, ㄹ
③ ㄷ, ㅁ   ④ ㄹ, ㅁ

---

07   특허청 → 산업통상자원부

① [×] 특허청은 산업통상자원부 소속이다. 기획재정부에는 국세청, 관세청, 조달청, 통계청 등이 속해 있다.
② [○] 행정안전부에는 경찰청과 소방청이 속해 있다.
③ [○] 국가정보원과 감사원은 대통령 소속이다.
④ [○] 법제처와 인사혁신처, 식품의약품안전처는 국무총리 소속이다.

답 ①

08   공정거래위원회, 특허청, 문화재청 → 중앙행정기관

ㄱ. [○] 지방자치인재개발원은 행정안전부의 소속기관에 해당한다.
ㄴ. [×] 공정거래위원회는 국무총리 소속의 중앙행정기관이다.
ㄷ. [×] 특허청은 산업자원통상부 소속의 중앙행정기관이다.
ㄹ. [○] 국가기록원은 행정안전부의 소속기관이다.
ㅁ. [○] 국립중앙박물관은 문화체육관광부의 소속기관이다.
ㅂ. [×] 문화재청은 문화체육관광부 소속의 중앙행정기관이다.

답 ④

09 ☐☐☐

우리나라 정부조직에 대한 설명으로 옳지 않은 것은?

① 국무총리는 국무회의의 부의장이다.
② 인사혁신처의 차장은 정무직 공무원이다.
③ 서울지방국세청은 특별지방행정기관이다.
④ 각 부처의 차관과 실장은 중앙행정기관의 보조기관이다.

09	인사혁신처 차장 → 일반직 공무원

① [○] 국무회의는 의장인 대통령과 부의장인 국무총리, 그리고 15명 이상 30명 이하의 국무위원으로 구성된다.
② [×] 국가의 정무직 공무원은 차관급 이상이다. 인사혁신처의 처장이 차관이므로 그 아래의 차장이 차관급이 아니다. 인사혁신처의 차장은 고위공무원단에 속하는 일반직 공무원으로 보한다.
③ [○] 특별지방행정기관은 중앙행정기관의 지역 사무를 전담처리하기 위해 지방에 설치한 국가의 하급행정기관이다. 지방국세청은 국세청 소속의 특별지방행정기관이다.
④ [○] 중앙행정기관의 보조기관은 정부조직법과 다른 법률에 특별한 규정이 있는 경우를 제외하고는 차관·차장·실장·국장 및 과장으로 한다.

답 ②

10 ☐☐☐

다음 중 우리나라 행정조직에 관한 설명으로 옳지 않은 것은?

① 중앙행정기관의 차관·차관보·실장·국장 등은 보조기관이다.
② 특별지방행정기관은 중앙행정기관의 일선기관으로서 기능을 담당하고 있다.
③ 지방병무청, 경찰서, 보훈지청, 세무서 등은 특별지방행정기관이다.
④ 시험연구기관, 교육훈련기관, 문화기관, 의료기관, 제조기관 및 자문기관 등은 부속기관이다.

10	차관보 → 보좌기관

① [×] '정부조직법'에 규정된 보조기관은 계선기관을 말한다. 차관보는 보좌기관이고 이론적으로 참모기관에 속한다.
② [○] '특별지방행정기관'이라 함은 특정한 중앙행정기관에 소속되어, 당해 관할구역 내에서 시행되는 소속중앙행정기관의 권한에 속하는 행정사무를 관장하는 국가의 지방행정기관을 말한다.
③ [○] 지방병무청, 경찰서, 보훈지청, 세무서 등은 중앙행정기관의 업무를 지방에서 수행하는 특별지방행정기관의 예이다.
④ [○] '부속기관'이라 함은 행정권의 직접적인 행사를 임무로 하는 기관에 부속하여 그 기관을 지원하는 행정기관으로, 그 소관 사무의 범위에서 필요한 때 대통령령으로 정하는 바에 따라 설치될 수 있다.

답 ①

11 ☐☐☐

'정부조직법'상 우리나라 정부조직 체계에 대한 설명으로 옳은 것은?

> ㄱ. 행정기관에는 그 소관사무의 일부를 독립하여 수행할 필요가 있는 때에는 법률로 정하는 바에 따라 행정위원회 등 합의제 행정기관을 둘 수 있다.
> ㄴ. 과학기술정보통신부·문화체육관광부에는 차관 2명을 둔다.
> ㄷ. 행정각부의 장은 국무위원이다.
> ㄹ. 각 부 밑에 처를 둔다.
> ㅁ. 각 위원회 밑에 청을 둔다.

① ㄱ, ㄹ
② ㄱ, ㄴ, ㄷ
③ ㄱ, ㄴ, ㅁ
④ ㄴ, ㄷ, ㅁ
⑤ ㄷ, ㄹ, ㅁ

12 ☐☐☐

현재 행정각부와 그 소속 행정기관으로 옳은 것만을 〈보기〉에서 모두 고르면?

> 〈보기〉
> ㄱ. 산업통상자원부 - 관세청
> ㄴ. 행정안전부 - 경찰청
> ㄷ. 중소벤처기업부 - 특허청
> ㄹ. 환경부 - 산림청
> ㅁ. 기획재정부 - 조달청
> ㅂ. 해양수산부 - 해양경찰청

① ㄱ, ㄴ, ㅁ
② ㄱ, ㄷ, ㄹ
③ ㄱ, ㄹ, ㅁ
④ ㄴ, ㄷ, ㅁ
⑤ ㄴ, ㅁ, ㅂ

---

11 청 → 행정각부 소속

ㄱ. [○] 소관사무의 일부를 독립적으로 수행하는 합의제 행정기관의 설치는 법률로 정한다.
ㄴ. [○] 현재 기획재정부, 과학기술정보통신부, 외교부, 문화체육관광부, 보건복지부, 산업통상자원부, 국토교통부 등이 복수차관을 두고 있다.
ㄷ. [○] 행정각부에 장관 1명과 차관 1명을 두되, 장관은 국무위원으로 보하고, 차관은 정무직으로 한다.
ㄹ. [×] 처는 대통령 소속(대통령 경호처)과 국무총리 소속(법제처, 인사혁신처, 식약처)으로 둔다.
ㅁ. [×] 청은 행정각부의 소속으로 둔다.

답 ②

---

12 특허청 → 산업통상자원부 소속

ㄱ. [×] 관세청은 기획재정부 소속이다.
ㄴ. [○] 행정안전부 소속으로 경찰청과 소방청이 있다.
ㄷ. [×] 특허청은 산업통상자원부 소속이다.
ㄹ. [×] 산림청은 농촌진흥청과 함께 농림축산식품부 소속이다.
ㅁ. [○] 기획재정부 소속으로 국세청, 관세청, 조달청, 통계청이 있다.
ㅂ. [○] 해양수산부 소속으로 해양경찰청이 있다.

답 ⑤

13 □□□

책임운영기관에 대한 설명으로 옳지 않은 것은?

① 기관장에게 기관운영의 자율성을 보장하고, 기관운영의 성과에 대해 책임을 지도록 한다.

② 공공성이 크기 때문에 민영화하기 어려운 업무를 정부가 직접 수행하기 위해 고안된 것이다.

③ 객관적이고 신뢰할 수 있는 성과평가시스템 구축은 책임운영기관의 성공 여부를 결정짓는 요건 중 하나이다.

④ 1970년대 영국에서 집행기관(executive agency)이라는 이름으로 처음 도입되었고, 우리나라는 1990년부터 운영하고 있다.

14 □□□

정부조직에 대한 설명으로 옳은 것은?

① 감사원은 '정부조직법'에서 정하는 합의제 행정기관에 해당한다.

② 금융감독원은 '정부조직법'에 따라 설치된 중앙행정기관이다.

③ 소청심사위원회는 행정안전부 소속으로 행정기관 소속 공무원의 징계처분에 관한 사무를 관장한다.

④ 특허청은 행정 및 재정상의 자율성이 부여되고 성과에 대해 책임을 지도록 하는 책임운영기관에 해당한다.

13	책임운영기관 → 영국의 Next Steps(1988)

① [○] 책임운영기관은 공공성을 유지하면서도 경쟁원리에 따라 운영하는 것이 바람직한 사무에 대해 책임운영기관의 장에게 행정 및 재정의 자율성을 부여하고 그 운영의 성과에 대해 책임을 지도록 하는 행정기관이다.

② [○] 책임운영기관은 공공성이 강하여 민영화나 공기업의 추진이 곤란한 사무에 적용된다.

③ [○] 책임운영기관은 성과 중심의 조직이므로 그 성과를 평가할 수 있는 시스템의 확보가 중요하다.

④ [×] 책임운영기관은 영국의 Next Steps(1988)에서 국방, 보건, 교도소 등 140개 부서를 지정하면서 도입되었고, 우리는 김대중 정부(1999) 때 '책임운영기관 설치운영에 관한 법률'을 제정하면서 도입되었다.

답 ④

14	특허청 → 유일한 중앙책임운영기관

① [×] 감사원은 '헌법'에 근거를 둔 정부조직이다.

② [×] 금융감독원은 '금융위원회의 설치 등에 관한 법률'에 근거를 두고 설립된 특수 법인으로, 금융위원회의 지도·감독을 받아 금융기관에 대한 검사·감독업무 등을 수행한다.

③ [×] 소청심사위원회는 인사혁신처 소속이며, 행정부 소속 공무원의 불이익 처분에 대한 구제를 담당한다.

④ [○] 특허청은 우리나라의 유일한 중앙책임운영기관이다.

답 ④

15 ☐☐☐

우리나라 책임운영기관의 예산 및 회계에 관한 설명으로 옳지 않은 것은?

① 책임운영기관의 장에게 기관운영의 자율성을 보장하고 그 성과에 대하여 책임을 지도록 하고 있다.
② 책임운영기관특별회계의 예산 및 결산은 소속책임운영기관의 조직별로 구분할 수 있다.
③ 책임운영기관특별회계는 계정별로 책임운영기관의 장이 운용하고, 기획재정부장관이 통합하여 관리한다.
④ 자체의 수입만으로는 운영이 곤란한 책임운영기관에 대하여는 경상적 성격의 경비를 일반회계 등에 계상하여 책임운영기관특별회계에 전입할 수 있다.

16 ☐☐☐

'책임운영기관의 설치·운영에 관한 법률'의 내용으로 옳지 않은 것은?

① 행정안전부장관은 5년 단위로 책임운영기관의 관리 및 운영 전반에 관한 중기관리계획을 수립한다.
② 중앙책임운영기관의 장의 임기는 2년으로 하되, 한 차례만 연임할 수 있다.
③ 소속책임운영기관에는 소속 기관을 둘 수 없다.
④ 중앙책임운영기관의 장은 고위공무원단에 속하는 공무원을 제외한 소속 공무원에 대한 일체의 임용권을 가진다.
⑤ 책임운영기관운영위원회는 위원장 및 부위원장 각 1명을 포함한 15명 이내의 위원으로 구성한다.

15	책임운영기관특별회계 → 계정별로 중앙행정기관의 장이 운용

② [○] 책임운영기관특별회계는 책임운영기관특별회계기관별로 계정을 구분한다. 특별회계의 예산 및 결산은 책임운영기관특별회계기관의 조직별로 구분할 수 있다.
③ [×] 책임운영기관특별회계는 계정별로 중앙행정기관의 장이 운용하고, 기획재정부장관이 통합하여 관리한다.
④ [○] 중앙행정기관의 장은 자체 수입만으로는 운영이 곤란한 책임운영기관특별회계기관에 대하여는 심의회의 평가를 거쳐 대통령령으로 정하는 경상적 성격의 경비를 일반회계 등에 계상하여 특별회계에 전입할 수 있다.

답 ③

16	소속책임운영기관의 소속 기관 → 대통령령으로 설치

① [○] 책임운영기관의 총괄기관은 행정안전부이며, 행정안전부는 5년 단위로 기본계획인 중기관리계획을 수립하여야 한다.
② [○] 중앙책임운영기관의 장은 특허청장을 의미하며, 임기 2년의 정무직 공무원이며, 한 차례만 연임이 가능하다.
③ [×] 소속책임운영기관에는 대통령령으로 정하는 바에 따라 소속 기관을 둘 수 있으며, 소속책임운영기관 및 그 소속 기관의 하부 조직 설치와 분장 사무는 기본운영규정으로 정한다.
④ [○] 중앙행정기관의 장은 소속책임운영기관 소속 공무원에 대한 일체의 임용권을 갖지만 중앙책임운영기관의 장은 고위공무원단에 속하는 공무원을 제외한 소속 공무원에 대한 일체의 임용권을 가진다.
⑤ [○] 책임운영기관의 존속 여부 및 제도의 개선 등에 관한 중요 사항을 심의하기 위하여 행정안전부장관 소속으로 책임운영기관운영위원회를 둔다.

답 ③

우리나라의 중앙행정기관 소속책임운영기관에 대한 설명으로 옳은 것은?

① '정부조직법'에 근거하여 설치 및 운영된다.
② 소속중앙행정기관의 장은 소속책임운영기관의 조직 및 운영에 관한 기본운영규정을 제정하여야 한다.
③ 기관장은 공개모집절차에 따라 5년 범위 내에서 임기제 공무원으로 채용한다.
④ 기관장은 전 직원에 대한 임용권을 갖는다.
⑤ 계급별 정원은 4급 이상 공무원의 경우 대통령령으로, 5급 이하 공무원의 경우 부령으로 정한다.

우리나라 행정조직에 대한 설명으로 옳지 않은 것은?

① 책임운영기관은 '정부조직법'에 의하여 설치되고 운영된다.
② '행정기관 소속 위원회의 설치 · 운영에 관한 법률'상 위원회 소속 위원 중 공무원이 아닌 위원의 임기는 대통령령으로 정하는 특별한 경우를 제외하고는 3년을 넘지 아니하도록 하여야 한다.
③ 특별지방행정기관의 사례로는 서울지방국세청, 중부지방고용노동청이 있다.
④ 실, 국, 과는 부처 장관을 보조하는 기관으로 계선기능을 담당하고, 참모기능은 차관보, 심의관 또는 담당관 등의 조직에서 담당한다.
⑤ 중앙선거관리위원회와 공정거래위원회는 행정위원회에 속한다.

---

17   소속책임운영기관의 기관장 → 임기제 공무원

① [×] 책임운영기관은 '책임운영기관의 설치 · 운영에 관한 법률'에 근거하여 대통령령으로 설치 및 운영된다.
② [×] 소속책임운영기관의 조직 및 운영에 관한 기본운영규정은 책임운영기관의 기관장이 제정한다.
③ [○] 소속중앙행정기관의 장은 공개모집 절차에 따라 행정이나 경영에 관한 지식 · 능력 또는 관련 분야의 경험이 풍부한 사람 중에서 기관장을 선발하여 임기제 공무원으로 임용한다. 기관장의 근무기간은 5년의 범위에서 소속중앙행정기관의 장이 정하되, 최소한 2년 이상으로 하여야 한다.
④ [×] 중앙행정기관의 장은 소속책임운영기관 소속 공무원에 대한 일체의 임용권을 가진다. 이 경우 중앙행정기관의 장은 대통령령으로 정하는 바에 따라 그 임용권의 일부를 기관장에게 위임할 수 있다.
⑤ [×] 소속책임운영기관에 두는 공무원의 총 정원 한도는 대통령령으로 정한다. 이 경우 계급별 정원은 총리령 또는 부령으로 정할 수 있다.

답 ③

18   책임운영기관의 설치 → 대통령령

① [×] 우리나라 책임운영기관은 '책임운영기관의 설치 · 운영에 관한 법률'에 근거하여 대통령령으로 설치되고 운영된다.
② [○] '행정기관 소속 위원회의 설치 · 운영에 관한 법률'상 위원회 소속 위원 중 공무원이 아닌 위원의 임기는 대통령령으로 정하는 특별한 경우를 제외하고는 3년을 넘지 아니하도록 하여야 한다.
③ [○] 특별지방행정기관은 국가의 특정한 중앙행정기관에 소속되어 해당 관할구역 내에서 시행되는 소속중앙행정기관의 권한에 속하는 행정사무를 관장하는 국가의 지방행정기관을 말한다.
④ [○] 계선기관은 실무상 보조기관으로 표현되고 참모기관은 보좌기관으로 표현된다.
⑤ [○] 중앙선거관리위원회는 이론적으로는 독립위원회이지만 선거관리라는 행정업무를 담당하므로 행정위원회로 파악한 문제로 보인다.

답 ①

다음 중 책임운영기관에 대한 설명으로 옳지 않은 것은?

① 기관의 자율성과 독립성을 보장하는 책임운영기관은 신공공관리론의 성과관리에 바탕을 둔 제도이다.
② 책임운영기관의 총정원 한도는 대통령령으로 정하고 종류별·계급별 정원은 기본운영규정으로 정한다.
③ 소속책임운영기관은 중앙행정기관의 장 소속하에 소속책임운영기관 운영심의회를 두고 행정안전부장관 소속하에 책임운영기관 운영위원회를 둔다.
④ 중앙책임운영기관장은 국무총리와 성과계약을 체결하고, 소속책임운영기관장은 소속중앙행정기관의 장과 성과계약을 체결한다.
⑤ 소속책임운영기관장의 채용조건은 소속중앙행정기관의 장이 정한다.

---

19   기본운영규정 → 직급별 정원

① [○] 책임운영기관은 신공공관리론의 이념에 따라 등장한 새로운 형태의 정부조직으로, 시장원리의 정부 내 도입을 통해 행정서비스의 질을 개선하고 결과에 대한 책임을 강화하고자 하는 노력의 일환으로 도입되었다.
② [×] 기본운영규정으로 정할 수 있는 것은 직급별 정원이다.
③ [○] 항상 당해 기관에는 운영심의회가 있고 총괄기관에는 운영위원회가 있다.
④ [○] 소속책임운영기관은 소속중앙행정기관의 장과 성과계약을 체결하고, 중앙책임운영기관은 국무총리와 성과계약을 체결한다.
⑤ [○] 소속책임운영기관장의 임용요건은 소속중앙행정기관의 장이 정하여 인사혁신처장에게 통보하여야 한다.

답 ②

다음 중 우리나라 소속책임운영기관에 대한 설명으로 옳지 않은 것은?

① 기업의 사업성과를 평가하기 위해 소속된 중앙행정기관에 심의회를 둔다.
② 기관의 하부조직과 분장사무는 기본운영규정으로 정한다.
③ 소속중앙행정기관과 소속책임운영기관 소속 공무원 간의 전보, 개인별 상여금 차등 지급 등이 가능하다.
④ 기관 운영의 독립성과 자율성을 강조한다.
⑤ 기관장은 임기를 정하지 않고 임명한다.

---

20   소속책임운영기관장의 임기
       → 5년의 범위에서 정하되 최소한 2년

① [○] 소속책임운영기관의 사업성과를 평가하고 소속책임운영기관의 운영에 관한 중요 사항을 심의하기 위하여 중앙행정기관의 장의 소속으로 소속책임운영기관운영심의회를 둔다.
② [○] 소속책임운영기관 및 그 소속 기관의 하부조직 설치와 분장사무는 기본운영규정으로 정한다.
④ [○] 책임운영기관은 책임운영기관의 장에게 행정 및 재정상의 자율성을 부여하고 그 운영 성과에 대하여 책임을 지도록 하는 행정기관을 말한다.
⑤ [×] 책임운영기관의 장은 임기를 정하여 임용되는 임기제 공무원이며, 그 근무기간은 5년의 범위에서 소속중앙행정기관의 장이 정하되, 최소한 2년 이상으로 하여야 한다.

답 ⑤

21 ☐☐☐

공기업에 대한 설명으로 옳지 않은 것은?

① 공공수요가 있으나 민간부문의 자본이 부족한 경우 공기업의 설립이 정당화된다.
② 시장에서 독점성이 나타나는 경우 공기업 설립이 정당화된다.
③ 전통적인 자본주의적 사기업 질서에 반하여 사회주의적 간섭을 하는 것으로 볼 수 있다.
④ 주식회사형 공기업은 특별법 혹은 상법에 의해 설립되지만 일반행정기관에 적용되는 조직·인사 원칙이 적용된다.

22 ☐☐☐

다음 중 공기업의 기능으로 적절하지 않은 것은?

① 국가안보기능
② 재정수요 억제기능
③ 독과점 억제기능
④ 낙후지역 등 특수지역 개발기능

21	주식회사형 공기업 → 독자적 법인

① [○] 주택공사, 주택은행 등 공공수요 충족, 민간자본의 부족, 사기업의 능력부족과 사기업의 부실 등이 공기업의 설립배경으로 거론된다.
② [○] 요금재와 같은 자연독점이 강한 사업은 공기업으로 운영할 수 있다.
③ [○] 정부에 의한 기업의 운영은 전통적인 자유주의 사상을 수정한 것이다.
④ [×] 주식회사형 공기업은 독립된 법인으로 운영되므로 일반행정기관에 적용되는 원칙이 적용되지 않는다.

📄 **이론적 공기업의 유형**

구분	정부부처	공사형	주식회사형
이념	공공성 > 기업성	공공성 = 기업성	공공성 < 기업성
설치	정부조직법	특별법	특별법이나 상법·민법
출자	정부예산 (→ 국회심의, 기업특별회계)	전액 정부출자	공동출자
법인격	없음	존재	존재
직원	공무원	임원은 준공무원, 직원은 회사원	임원은 준공무원, 직원은 회사원

답 ④

22	공기업의 설립 → 재정수요의 충족

① [○] 국가안보나 국방을 공기업이 담당한다고 표현한 것은 군수물자와 관련된 기업은 민간이 담당하기에는 적합하지 않고 일반 공무원이 담당하기에는 전문성이 강하므로 공기업을 설립하여 운영하였기 때문이다.
② [×] 재정수요 억제가 아닌 재정수요 충족을 위하여 공기업을 설립하였다. 재정수요 충족이란 정부가 사업을 함에 있어 소요되는 비용을 세금이 아닌 공기업의 사업수입으로 충당하는 것을 말한다.
③ [○] 규모의 경제가 발생하는 자연독점 사업은 공기업을 설립하여 운영하는 것이 바람직하다.
④ [○] 특정 낙후지역의 개발을 위하여 지역개발공사와 같은 공기업을 설립하기도 하였다.

답 ②

23 ☐☐☐

공공서비스의 공급주체 중 정부부처 형태의 공기업에 해당하는 것은?

① 한국철도공사
② 한국소비자원
③ 국립중앙극장
④ 한국연구재단

23	국립중앙극장 → 제1섹터

① [×] 한국철도공사는 준시장형 공기업으로, 정부부처와는 독립적으로 운영된다.
② [×] 한국소비자원은 위탁집행형 준정부기관으로, 정부부처와는 독립적으로 운영된다.
③ [○] 국립중앙극장은 책임운영기관으로 정부부처 소속기관이다. 법률적으로는 책임운영기관특별회계를 정부기업으로 간주한다. 반면, 국립중앙극장은 일반회계로 운영되므로 법률적으로는 정부기업에 속하지 않는다. 다만, 일반회계로 운영되는 책임운영기관 역시 특별회계로 운영되는 책임운영기관에 준하는 자율성을 부여받으므로 일반부처와는 다른 기업의 요소를 지닌 정부기업으로 보고 출제된 문제로 보인다.
④ [×] 한국연구재단은 위탁집행형 준정부기관으로, 정부부처와는 독립적으로 운영된다.

답 ③

24 ☐☐☐

공공서비스 공급주체의 유형과 예시를 바르게 연결한 것은?

① 준시장형 공기업 – 한국방송공사
② 시장형 공기업 – 한국마사회
③ 기금관리형 준정부기관 – 한국연구재단
④ 위탁집행형 준정부기관 – 한국소비자원

24	한국소비자원 → 위탁집행형 준정부기관

① [×] 한국방송공사와 한국교육방송공사는 '공공기관의 운영에 관한 법률'상 공공기관에서 제외된다.
② [×] 한국마사회는 준시장형 공기업이다.
③ [×] 한국연구재단은 학술연구 및 국내외 교류와 협력 등 학술활동을 지원·육성하기 위하여 설립한 위탁집행형 준정부기관이다.
④ [○] 한국소비자원은 소비자의 권익을 증진하고, 소비생활의 향상을 도모하기 위하여 1987년에 한국소비자보호원으로 발족하여 2007년 한국소비자원으로 명칭을 변경한 위탁집행형 준정부기관이다.

답 ④

25 ▢▢▢ 11년 지방9급

우리나라 공공기관의 유형과 그 사례가 잘못 연결된 것은?

① 시장형 공기업 – 한국마사회
② 준시장형 공기업 – 한국토지주택공사
③ 위탁집행형 준정부기관 – 한국농어촌공사
④ 기금관리형 준정부기관 – 국민연금공단

---

26 ▢▢▢ 16년 국회8급

다음 공공기관 중 위탁집행형으로 구분되지 않는 것은?

① 한국가스안전공사
② 한국산업인력공단
③ 대한무역투자진흥공사
④ 한국고용정보원
⑤ 국민연금공단

25	한국마사회 → 준시장형 공기업

① [×] 한국마사회는 준시장형 공기업이다.
② [○] 한국토지주택공사, 한국조폐공사, 한국도로공사, 한국수자원공사, 한국철도공사 등은 준시장형 공기업이다.
③ [○] 한국농어촌공사, 한국연구재단, 국민건강보험공단, 한국소비자원, 도로교통공단 등은 위탁집행형 준정부기관이다.
④ [○] 국민연금공단, 공무원연금공단, 신용보증기금, 예금보험공사 등은 기금관리형 준정부기관이다.

답 ①

26	국민연금공단 → 기금관리형 준정부기관

① [○] 한국가스안전공사는 고압가스로 인한 위해를 방지하기 위하여 고압가스안전에 관한 각종 검사와 교육 및 홍보 등을 담당하는 위탁집행형 기관이다.
② [○] 한국산업인력공단은 근로자 평생학습을 지원하고 직업능력개발훈련을 실시하며 자격검정 등을 담당하는 위탁집행형 기관이다.
③ [○] 대한무역투자진흥공사는 중소기업의 해외시장 진출을 지원하기 위해 다양한 형태의 무역거래를 알선하고, 해외시장의 정보수집, 해외 전시 및 홍보 등을 담당하는 위탁집행형 기관이다.
④ [○] 한국고용정보원은 고용정보를 수집해 필요한 기업이나 구직자에게 제공하고, 고용의 동향을 분석하며, 고용보험, 직업훈련, 외국인근로자 관리 등과 관련된 정보통신망 등을 개발 운영하는 위탁집행형 기관이다.
⑤ [×] 국민연금공단은 기금관리형 준정부기관이다.

답 ⑤

27 ☐☐☐

'공공기관의 운영에 관한 법률'의 적용을 받는 공기업의 상임 이사(상임 감사위원 제외)에 대한 원칙적인 임명권자는?

① 대통령
② 주무기관의 장
③ 해당 공기업의 장
④ 기획재정부장관

28 ☐☐☐

'공공기관의 운영에 관한 법률'상 공공기관에 대한 설명으로 옳지 않은 것은?

① 위탁집행형 준정부기관은 기금관리형 준정부기관이 아닌 준정부기관을 의미한다.
② 기금관리형 준정부기관은 국가재정법에 따라 기금을 관리 하거나 기금의 관리를 위탁받은 준정부기관을 의미한다.
③ 공기업과 준정부기관은 직원 정원이 300명 이상, 총수입 액이 200억 원 이상, 자산규모가 30억 원 이상인 공공기관 중에서 지정한다.
④ 기획재정부장관은 지방자치단체가 설립하고 그 운영에 관여하는 기관을 공공기관으로 지정할 수 있다.

27	상임이사의 임명권자 → 항상 당해 기관장

① [×] 대통령은 공기업의 장(원칙), 준정부기관의 장(대규모), 감사(대규모) 등을 임명한다.
② [×] 주무기관의 장은 공기업의 장(소규모), 준정부기관의 장 (원칙), 준정부기관의 비상임이사 등을 임명한다.
③ [○] 공기업의 상임이사는 공기업의 장이 임명한다. 다만, 감사 위원회의 감사위원이 되는 상임이사는 대통령 또는 기획재정부 장관이 임명한다. 한편, 공기업의 비상임이사는 기획재정부장관이 임명한다.
④ [×] 기획재정부장관은 공기업의 비상임이사와 감사(원칙) 등을 임명한다.

답 ③

28	공공기관 운영에 관한 법률 → 국가 공공기관

① [○] 기금관리형 준정부기관이 아닌 준정부기관을 위탁집행형 준정부기관이라고 한다.
② [○] '국가재정법'에 따라 기금을 관리하거나 기금의 관리를 위탁 받은 준정부기관을 기금관리형 준정부기관이라고 한다.
④ [×] 지방자치단체가 설립하고 그 운영에 관여하는 공공기관은 '공공기관의 운영에 관한 법률'상 공공기관으로 지정할 수 없다. '지방공기업법'이 별도로 적용되기 때문이다.

답 ④

29 ☐☐☐

'공공기관의 운영에 관한 법률'과 '지방공기업법령'상 공공기관과 지방공기업에 대한 설명으로 옳지 않은 것은?

① 기획재정부장관은 공공기관을 공기업·준정부기관과 기타공공기관으로 구분하여 지정하되, 공기업과 준정부기관은 직원 정원이 300인 이상인 공공기관 중에서 지정한다.

② 기획재정부장관은 경영실적 평가결과 경영실적이 부진한 공기업·준정부기관에 대하여 운영위원회의 심의·의결을 거친 후 기관장, 상임이사의 임명권자에게 그 해임을 건의하거나 요구할 수 있다.

③ '지방공기업법'상 지방공기업의 범주에는 지방직영기업과 지방공사·지방공단이 포함된다.

④ 지방자치단체장은 지방자치의 발전과 주민복리의 증진을 위해 지방공기업을 설립·운영할 수 있으며, 매년 경영평가 결과를 토대로 경영진단 대상 지방공기업을 선정한다.

29	지방공기업의 경영평가 → 행정안전부장관

① [○] 국가 공공기관의 지정권자는 기획재정부장관이다.
② [○] 국가 공공기관의 경영평가는 기획재정부장관이 실시한다.
③ [○] 지방직영기업은 제1섹터에 속하고 지방공사와 지방공단은 제3섹터에 속한다.
④ [×] 지방공기업의 경영평가는 원칙적으로 행정안전부장관이 실시한다.

답 ④

30 ☐☐☐

공공기관 경영평가제도에 대한 설명으로 옳지 않은 것은?

① 공공기관의 운영에 관한 법률에 근거하여 공공기관 경영평가를 실시한다.

② 공공기관심의위원회가 공공기관 경영평가에 관한 심의·의결기구의 역할을 수행한다.

③ 공공기관 경영평가는 기획재정부장관이 실시하고, 지방공기업 경영평가는 행정안전부장관이 실시한다.

④ 공공기관 경영평가결과에 따라 민영화 대상 공기업이 결정되지 아니한다.

⑤ 공공기관 경영평가의 주요지표로서 경영전략 및 리더십, 사회적 가치 구현, 조직·인사·재무관리, 혁신과 소통 등이 포함된다.

30	총괄기관 → 운영위원회

① [○] 기획재정부장관은 계약의 이행에 관한 보고서, 경영목표와 경영실적보고서를 기초로 하여 공기업·준정부기관의 경영실적을 평가한다.
② [×] 공공기관의 경영평가에 관한 심의·의결기구의 역할을 수행하는 것은 공공기관운영위원회이다.
③ [○] 국가 소속의 공공기관은 기획재정부에서 평가하고, 지방공기업은 지방에 대한 총괄기관인 행정안전부에서 실시한다.
④ [○] 경영평가의 결과를 인사 또는 예산상의 조치에 대한 건의 및 요구, 성과급 지급률 결정 등의 후속조치를 할 수 있지만 민영화 대상 공기업으로의 지정은 규정되어 있지 않다.
⑤ [○] '공공기관의 운영에 관한 법률'에 의하면 공공기관의 경영평가의 기준에는 경영목표의 합리성 및 달성 정도, 주요사업의 공익성 및 효율성, 직원의 고용 형태 등 조직·인력 운영의 적정성, 재무운용의 건전성 및 예산 절감노력, 고객만족도 조사 결과, 합리적인 성과급 지급제도 운영 등이 포함되어야 한다.

답 ②

31 ☐☐☐

공기업 민영화 과정에서 발생할 수 있는 문제점에 대한 설명으로 옳지 않은 것은?

① 민영화 과정에서 특혜, 정경유착 등의 부패가 발생할 수 있다.

② 공기업에서 제공하던 공공서비스가 사적 서비스로 변환되기 때문에 서비스 배분의 형평성 문제가 제기될 수 있다.

③ 민영화를 통해 정부의 지분이 다수 국민에게 지나치게 분산되면 대주주는 없고 다수의 소액주주만 있어서 공기업에 대한 효과적인 감시가 어려워질 수 있다.

④ 시장성이 큰 서비스를 다루는 공기업을 민영화하게 되면 지나친 경쟁체제에 노출되기 때문에 민영화의 실익이 없다.

32 ☐☐☐

공기업 민영화와 관련해 '역대리인 이론'이 제기하는 문제점으로 가장 적절한 것은?

① 주인 - 대리인 문제가 반복됨으로써 대리인 문제나 비효율의 문제가 반복된다.

② 민간이 흑자 공기업만 인수하려고 하기 때문에 적자 공기업은 매각되지 않고 흑자 공기업만 매각된다.

③ 민영화 이후에 공공서비스가 제대로 공급되지 못하는 경우가 나타난다.

④ 민영화의 과정에서 정부가 일부 지분을 계속유지하려고 한다.

---

31   시장성이 큰 서비스 → 높은 민영화 실익

① [○] 민간위탁이나 면허 및 보조금 등은 특정 기업에게 특혜를 주는 경우가 많으므로 부패로 연결될 가능성이 높다.

② [○] 민영화된다는 것은 가격에 의해 재화공급이 이루어진다는 것을 의미한다. 이로 인하여 서비스의 효율성은 높아질 수 있겠지만 가격에 따른 차별적 서비스가 나타나므로 서비스 배분의 형평성은 낮아질 수 있다.

③ [○] 다수의 소액 주주들에게 주식이 분할되었을 경우 집단행동의 딜레마로 인한 통제의 어려움이 발생할 가능성이 크다. 이는 소액 주주에게 민영화된 기업을 통제할 유인책이 낮기 때문이다.

④ [×] 시장성이 강하다는 것은 자연독점 가능성은 낮고 가격의 탄력성이 높아 가격에 의한 자율적 조정이 가능하다는 것을 의미한다. 즉, 시장성이 큰 서비스가 민영화된다면 자율적인 시장의 경쟁체제에 노출될 가능성이 크므로 민영화의 실익 또한 높다.

답 ④

---

32   역대리 문제 → 민영화 이후의 통제 곤란성

① [×] 주인 - 대리인 문제가 반복됨으로써 대리인 문제나 비효율의 문제가 반복되는 것은 '복대리'이다.

② [×] 흑자 공기업만 매각되고 적자 공기업은 매각되지 않는 현상을 '크림스키밍'이라 한다.

③ [○] '역대리'란 민영화로 인하여 대리관계가 약화될 때 민영화된 기업에 대한 정부나 일반국민의 통제력이 약화되는 현상을 말한다.

④ [×] 민영화의 과정에서 정부가 일부 지분을 계속 유지하려고 하는 것은 민영화 이후 나타날 문제점에 대한 대비 혹은 민영화 이후에도 정부의 영향력을 행사하려는 수단이다.

답 ③

33 □□□

최근 쓰레기 수거와 같이 전통적으로 정부의 고유영역으로 간주되어온 서비스를 민간에 위탁하는 경우가 있는데, 그 목적이라고 보기 힘든 것은?

① 행정의 효율성 향상
② 행정의 책임성 확보
③ 경쟁의 촉진
④ 작은 정부의 실현

33	행정의 책임성 확보 → 민간위탁의 한계

① [ㅇ] 민간위탁을 통해 민간의 전문성과 기술성을 활용하므로 업무의 능률성과 효과성을 높일 수 있다.
② [×] 공공서비스를 민간에 위탁할 경우 그 결과에 대한 책임소재가 모호하므로 행정에 대한 책임성의 확보가 어려워질 수 있다.
③ [ㅇ] 민간위탁은 경쟁을 통해 소비자의 선택기회를 확대하고 행정서비스의 질을 높일 수 있다.
④ [ㅇ] 민간위탁은 정부재정의 건전화 및 감축관리의 일환으로, 작은 정부를 구현하기 위한 수단이다.

답 ②

34 □□□

민간위탁(contracting out)에 대한 설명으로 옳지 않은 것은?

① 정부가 제공하는 서비스를 민간부문에 맡기고 비용을 지불하는 방식이다.
② 비영리단체는 민간위탁의 대상이 되지 않는다.
③ 정부의 직접공급에 비해 고용과 인건비의 유연성 확보가 용이하다.
④ 대표적인 예로는 쓰레기수거업무나 도로건설업무가 있다.

34	민간위탁의 대상 → 영리 + 비영리

① [ㅇ] 민간위탁은 정부가 비용을 전액 지불하고 생산을 민간에 맡기는 형식의 공공서비스 생산방식이다.
② [×] 민간위탁은 정부가 비용을 전액 지불하므로 민간 기업뿐만 아니라 비영리단체도 그 대상이 될 수 있다.
③ [ㅇ] 민간위탁은 민간의 인력을 활용하므로 신분이 보장되는 공무원을 활용하는 것보다 고용이나 인건비의 운영에 있어 유연성을 확보하기 쉽다.
④ [ㅇ] 쓰레기수거업무나 도로건설업무와 같이 단순 사실행위이거나 민간의 전문기술이 활용될 필요가 있는 분야는 민간위탁의 대상이 될 수 있다.

답 ②

35 ☐☐☐

다음 중 민간위탁에 대한 설명으로 옳지 않은 것은?

① 정부기관의 조사 · 검사 · 검정 등 국민의 권리 · 의무와 직접 관계된 사무 일부를 민간부문에 위탁하는 것이다.

② 공공서비스 전달의 비용절감 및 품질개선 등 효율성을 제고하는 성과를 창출할 수 있다.

③ 정치적 관점에서는 관료제가 자기 조직의 이익 확대를 추구하는 목적으로 사용된 측면이 있다.

④ 우리나라 지방자치단체의 민간위탁은 정부혁신의 일환으로 중앙정부로부터 수직적으로 추진되었다.

⑤ 면허 방식에서는 서비스 제공자들 간의 경쟁이 약할 경우 이용자 고객의 비용부담이 증가할 수 있다.

36 ☐☐☐

지방정부의 행정서비스 공급체계 및 방식에 대한 설명으로 옳지 않은 것은?

① 정부의 직접적 공급이 아닌 대안적 서비스 공급체계(Alternative Service Delivery)는 생활쓰레기 수거, 사회복지사업 운영, 시설관리 등의 분야에 적용되고 있다.

② 과잉생산과 독점 등이 야기한 공공부문의 비효율성에 대한 해결책으로 계약방식을 통한 서비스 공급이 도입되고 있다.

③ 사용자 부담 방식의 활용은 재정부담의 공평성 제고에 기여한다.

④ 사바스(E. Savas)가 제시한 공공서비스 공급 유형론에 따르면, '자원봉사(voluntary service)' 방식은 민간이 결정하고 정부가 공급하는 유형에 속한다.

35	민간위탁의 대상 → 권리나 의무와 무관한 영역

① [×] 국민의 권리와 의무에 직접적으로 관련되지 않는 전문적 조사 · 검사 · 검정 등의 업무가 민간부문에 위탁될 수 있다.

② [○] 민간위탁은 민간의 경쟁요소와 전문요소를 활용할 수 있으므로 서비스 생산의 비용을 절감하고 품질을 개선하여 성과를 제고할 수 있는 것이다.

③ [○] 관료들이 퇴직 후 보상의 일환으로 관변 조직을 만들고 그 조직의 안정적인 지속 가능성을 보장하기 위해 정부 업무 일부를 위탁한 것을 정치적 관점에서 민간위탁이 사용된 것으로 본다. 이는 민간위탁의 부정적 의미로 해석되며, 관료제의 병리로 비판한다.

④ [○] 민간위탁은 1990년대 후반의 IMF 경제 위기를 극복하기 위한 정부혁신 차원에서 본격적으로 추진되었다. 즉 지방자치단체 내부에서 필요성이 인식되어 추진된 것이 아니라 중앙정부의 정부혁신과 공공부문 인력감축 조치의 일환에서 수직적으로 추진된 것이다.

⑤ [○] 면허 방식은 소수에게 서비스 공급권을 부여하고 비용은 소비자로부터 징수하는 방식이므로 면허로 인해 서비스 공급자들 간의 경쟁이 약화될 경우 소비자의 비용부담이 증가될 수 있다.

답 ①

36	자원봉사 → 민간이 결정하고 민간이 생산

① [○] 생활쓰레기 수거, 사회복지사업 운영, 시설관리 등은 전문성이 요구되거나 단순사실 행위로, 민간위탁의 대상으로 삼기에 적합하다.

② [○] 계약방식은 경쟁 입찰을 통해 전문적이고 저렴한 서비스 공급 주체를 결정하므로 공공부문의 비효율성을 극복할 수 있는 대안이 된다.

③ [○] 사용자 부담 혹은 수익자 부담은 사용한 양에 혹은 수익에 비례하여 비용을 부담하므로 재정부담의 공평성 제고에 기여할 수 있다.

④ [×] 사바스(E. Savas)의 분류에 따르면 '자원봉사(voluntary service)' 방식은 민간이 결정하고 민간이 생산하여 공급하는 유형에 속한다.

답 ④

37 □□□

다음 중 민간위탁 방식에 대한 설명으로 옳지 않은 것은?

① 자원봉사자 방식은 서비스의 생산과 관련된 현금지출에 대해서만 보상받고 직접적인 보수는 받지 않는 방식이다.

② 보조금 방식은 민간조직 또는 개인의 서비스 제공활동에 대하여 재정 또는 현물로 지원하는 방식이다.

③ 구입증서 방식은 시민들의 서비스 구입부담을 완화시키기 위해 금전적 가치가 있는 쿠폰을 제공하는 방식이다.

④ 계약 방식은 민간조직에게 일정 구역 내에서 공공서비스를 제공하는 권리를 인정하는 방식이다.

---

38 □□□

소비자가 자유롭게 선택할 수 있는 바우처(voucher) 형식을 이용하여 공공서비스를 공급하는 경우들로 구성된 것은?

> ㄱ. 교육과학기술부의 '방과 후 수업'
> ㄴ. 법무부의 '보호관찰 사업'
> ㄷ. 보건복지가족부의 '기초노령연금 사업'
> ㄹ. 국토해양부의 '주택장기임대 사업'

① ㄱ, ㄴ   ② ㄱ, ㄹ

③ ㄴ, ㄷ   ④ ㄷ, ㄹ

37	일정 구역 내 서비스 공급권 부여 → 면허

① [○] 자원봉사(volunteer)란 실비(서비스의 생산과 관련된 현금지출) 외의 직접적인 보수는 받지 않고 공공서비스를 자발적으로 제공하는 방식으로, 레크레이션, 안전모니터링, 복지사업 등에서 활용된다.

② [○] 보조금은 외부경제 효과가 나오는 재화의 생산을 유도하기 위해 그 비용의 일부를 생산자에게 보전해 주는 방식이다.

③ [○] 구매권(voucher)은 교육, 의료, 주택 등 사회적 파급효과를 지닌 재화(가치재)의 소비를 장려하기 위하여 금전적 가치가 있는 카드(전자바우처)나 쿠폰형태의 서비스 구입수단을 제공하는 방식으로, 소비자에게 더 많은 선택권을 부여하며, 빈곤층을 위한 재분배 정책의 효과를 지닌다.

④ [×] 일정 구역 내에서 공공서비스를 공급할 수 있는 권한을 인정하는 방식은 면허이다.

답 ④

38	바우처의 대상 → 교육, 문화, 의료, 주택

ㄱ, ㄹ. [○] 교육과 주택은 민간에서 자율적으로 공급되는 서비스이지만 그 소비가 사회적으로 바람직하므로 정부는 이를 장려하기 위하여 방과 후 수업이나 주택장기임대 사업을 시행하고 있다.

ㄴ. [×] 보호관찰은 범죄인을 교정시설에 구금하여 자유를 제한하는 대신 정상적인 사회생활을 영위하도록 하면서 보호관찰관의 지도·감독을 통해 범죄성을 교정하고 재범을 방지하는 형사정책적인 제도로, 정부가 결정하고 생산하는 전통적인 공공서비스 공급 방식이다.

ㄷ. [×] 기초노령연금은 일정 나이 이상의 노인들에게 매월 지급되는 복지급여로, 정부가 결정하고 생산하는 전통적인 공공서비스 공급 방식이다.

답 ②

---

39 ☐☐☐

다음 중 정책집행 수단으로서 바우처(voucher)제도의 특징에 대한 설명으로 옳지 않은 것은?

① 주민의 대응성을 제고하고 저소득층을 지원하는 성격이 강하다.
② 시장에 존재하는 다양한 공급 주체를 활용한다.
③ 소비자가 아닌 공급자에게 서비스의 선택권을 부여한다.
④ 공급자 간 경쟁을 촉진시켜 서비스의 질을 제고한다.
⑤ 민간부문을 활용하지만 여전히 최종적인 책임은 정부에 있다.

40 ☐☐☐

민간위탁 방식에 대한 설명으로 옳지 않은 것은?

① 자조활동(self-help) 방식은 서비스의 생산과 관련된 현금 지출에 대해서만 보상받고 직접적인 보수는 받지 않으면서 공익을 위해 봉사하는 사람들을 활용하는 것이다.
② 보조금 방식은 민간조직 또는 개인이 제공한 서비스 활동에 대해 정부가 재정 또는 현물을 지원하는 것이다.
③ 바우처(voucher) 방식은 공공서비스의 생산을 민간부문에 위탁하면서 시민들의 구입부담을 완화시키기 위해 금전적 가치가 있는 쿠폰(coupon)을 제공하는 것이다.
④ 면허 방식은 민간조직에게 일정한 구역 내에서 공공서비스를 제공하는 권리를 인정하는 것이다.

39	바우처 → 소비자의 선택권

① [○] 바우처 제도는 주로 사회적 약자에게 지급되므로 저소득층을 지원하는 성격이 강하며, 소비자가 원하는 공급자를 선택할 수 있으므로 주민의 대응성을 높일 수 있는 장치이다.
② [○] 바우처 제도는 이미 시장에서 경쟁적으로 공급되고 있는 재화를 대상으로 이루어진다.
③ [×] 바우처 제도는 시장에서 경쟁적으로 공급되는 재화의 이용권을 소비자에게 지급하는 제도이므로 소비자에게 공급자에 대한 선택권을 부여한다는 장점을 지닌다.
⑤ [○] 바우처 제도는 주택, 교육, 의료, 문화행사 등과 같은 가치재에 사용되는 방식이다. 과거에는 이러한 재화를 민간의 영역으로 보았으나 최근에는 이러한 가치재에 대한 정부의 책임성이 강조되고 있기에 최종 책임은 정부에 있다고 표현한 것이다.

답 ③

40	보수 받지 않는 봉사자의 활용 → 자원봉사

① [×] 서비스의 생산과 관련된 현금 지출에 대해서만 보상받고 직접적인 보수는 받지 않으면서 공익을 위해 봉사하는 사람들을 활용하는 것은 자원봉사이다. 자조활동은 서비스의 수혜자와 제공자가 같은 집단에 소속되어 서로 돕는 형식으로 활동하는 경우로 자율방범활동, 보육사업, 고령자 대책, 문화예술사업 등에서 주로 활용된다.
② [○] 보조금 방식은 외부경제효과를 갖는 활동을 장려하는 방법으로, 서비스의 요건을 구체적으로 명시하기 곤란하거나 기술적으로 복잡하고, 수요의 예측이 곤란한 경우에 사용하기 적합하다.
③ [○] 바우처(voucher) 방식은 다수의 공급자가 있는 경우에 유용하게 활용될 수 있으며, 소비자의 선택으로 공급 주체가 결정되므로 비리가 적고 공급 주체의 난립을 방지하기 용이하다.
④ [○] 면허 방식은 다수 업체의 난립을 방지하여 규모의 경제를 실현할 수 있고, 민간의 전문성을 활용하면서도 정부가 서비스의 요금과 질을 통제할 수 있다는 장점이 있다.

답 ①

41 □□□

사회기반시설에 대한 민간투자사업에 있어 사업시행자가 시설을 건설한 후 해당 시설의 소유권 및 운영권을 사업시행자가 가지는 방식은?

① BTL(Build – Transfer – Lease)
② BTO(Build – Transfer – Operate)
③ BLT(Build – Lease – Transfer)
④ BOO(Build – Own – Operate)

42 □□□

새로운 공공서비스 공급방식인 BTO(Build – Transfer – Operate)와 BTL(Build – Transfer – Lease)에 대한 설명으로 옳지 않은 것은?

구분	BTO 방식	BTL 방식
ㄱ. 실제운영의 주체	민간	정부
ㄴ. 운영시 소유권	정부	민간
ㄷ. 투자비 회수방법	사용료	임대료
ㄹ. 소유권 이전시기	준공	준공

① ㄱ
② ㄴ
③ ㄷ
④ ㄹ

41	BOO(Build - Own - Operate) → 소유권과 운영권을 민간이 보유하는 방식

① [×] BTL(Build – Transfer – Lease)은 민간이 건설하고 소유권을 정부에 넘긴 후 정부로부터 임대료를 받는 방식이다.
② [×] BTO(Build – Transfer – Operate)는 민간이 건설하고 소유권을 정부에 넘긴 후 민간이 직접 사업을 운영하여 소비자에게 사용료를 받는 방식이다.
③ [×] BLT(Build – Lease – Transfer)는 민간이 건설하고 일정 기간 민간이 소유권을 보유하면서 정부에게 임대료를 받는 방식이다.
④ [○] 사업시행자가 시설을 건설한 후 해당 시설의 소유권 및 운영권을 사업시행자가 가지는 방식은 BOO(Build – Own – Operate)이다.

📑 사회간접자본(SOC) 민간투자제도

구분	BOT	BTO	BLT	BTL
개념	민간이 운영하는 방식		정부가 운영하는 방식	
사례	수익사업 → 사용료		비수익사업 → 임대료	
위험부담	민간이 부담		정부가 부담	
소유권 이전	운영종료	준공	운영종료	준공

답 ④

42	BTO + BTL → 정부의 소유

ㄱ. [○] BTO(Build Transfer Operate) 방식은 민간업자가 투자를 담당하고, 시설운영까지 담당하며, BTL(Build Transfer Lease)은 민간업자가 투자를 담당하고, 정부가 시설운영을 담당한다.
ㄴ. [×] BTO(Build Transfer Operate) 방식과 BTL(Build Transfer Lease) 방식은 모두 시설을 준공할 때 정부로 소유권이 이전된다.
ㄷ. [○] BTO(Build Transfer Operate) 방식은 소비자로부터 사용료를 징수하는 수익사업이지만, BTL(Build Transfer Lease) 방식은 수익성이 약하므로 정부에게 임대해주고 정부로부터 받는 임대료를 통해 투자비를 회수하는 방식이다.
ㄹ. [○] 둘 다 준공 후 소유권을 정부에 이양한다는 점은 같다.

답 ②

43 ☐☐☐

공공서비스 공급을 확대하는 과정에서 정부예산이 부족한 경우 활용되는 수익형 민자사업(BTO)에 대한 설명으로 옳지 않은 것은?

① BTO는 민간이 자금을 투자해 공공시설을 건설하고 소유권을 정부로 이전하지만, 그 대가로 민간사업자는 일정기간 사용수익권을 인정받게 된다.

② BTO의 경우 민간사업자는 시설을 운영하면서 사용료 징수로 투자비를 회수하는데, 주로 도로·철도 등 수익 창출이 가능한 영역에 적용된다.

③ BTO의 경우 시설에 대한 수요변동 위험은 정부에서 부담하며, 정부는 사전에 약정한 수익률을 포함한 리스료를 민간사업자에게 지출한다.

④ BTO는 일반적으로 임대형 민자사업(BTL)에 비해 사업 리스크와 수익률이 상대적으로 더 높고, 사업기간도 상대적으로 더 길다.

44 ☐☐☐

다음 중 민간투자 방식인 BTO와 BTL의 상대적 특징을 설명한 내용으로 옳지 않은 것은?

① BTO는 민간의 수요위험을 배제한다.

② BTO의 사업 운영 주체는 민간사업시행자이다.

③ BTL에서는 정부의 시설임대료를 통하여 투자비를 회수한다.

④ BTL은 최종 수요자에게 부과되는 사용료만으로 투자비 회수가 어려운 시설에 대해서 실시하는 경우가 일반적이다.

⑤ BTO에서는 예상수입의 일부를 보장해 주는 최소수입 보장제도가 적용되기는 하나, 우리나라의 경우 부작용으로 인해 폐지되었다.

43	BTO의 위험부담 → 민간업자

① [O] BTO는 민간이 건설한 후 소유권을 정부에게 이전하고 민간이 직접 운용하는 방식이다.

② [O] BTO는 사용자에게 사용료를 받을 수 있는 수익사업에 주로 활용된다.

③ [×] 수요변동의 위험을 정부가 부담하고 민간업자에게 리스료를 지출하는 것은 BTL 혹은 BLT 방식이다.

④ [O] BTO는 고속도로나 다리처럼 투자비가 많고 사업리스크가 크므로 사업기간이 상대적으로 긴 편이다.

답 ③

44	BTO → 민간이 위험 부담

① [×] BTO 방식은 민간이 직접 운영을 하는 제도이므로 사업의 위험을 민간이 부담한다.

② [O] BTO 방식은 사업의 운영 주체가 민간이며, 소비자로부터 사용료를 징수하여 투자비를 회수하는 방식이다.

③, ④ [O] BTL 방식은 수요자에게 사용료를 부과하기 곤란하거나 사용료만으로는 투자비를 회수하기 곤란할 경우 그 시설을 정부에게 임대해 주고 정부로 부터 임대료를 징수하여 투자비를 회수하는 방식이다.

⑤ [O] 과거에는 BTO 방식의 민간자본유치의 경우 최소수입보장제도가 규정되었으나 지금은 폐지되었다.

답 ①

45 ⬜⬜⬜

우리나라 중앙예산부서의 재정관리 혁신에 대한 설명으로 옳지 않은 것은?

① 총사업비가 500억 원 이상이고 국가재정 지원규모가 300억 원 이상인 신규사업 중 지능정보화사업은 예비타당성 조사의 대상사업이 될 수 있다.

② 사회간접자본(SOC)에 대한 대규모 민간투자사업은 기획재정부가 결정한다.

③ 예산절감이나 국가수입 증대에 기여한 자에게 제공하는 예산성과금은 공무원뿐만 아니라 일반국민에게도 지급될 수 있다.

④ 총사업비가 500억 원 이상인 토목사업과 총사업비가 200억 원 이상인 건축사업은 총사업비 관리제도의 대상사업이 될 수 있다.

⑤ 기획재정부는 정부예산 및 기금의 불법지출에 대한 국민감시를 위해 예산낭비신고센터를 운영하고 있다.

45	민간투자의 대상사업의 지정권자 → 주무관청

① [○] 기획재정부장관은 총사업비가 500억 원 이상이고 국가의 재정지원 규모가 300억 원 이상인 신규 사업으로, 건설공사가 포함된 사업, 지능정보화 사업, 국가연구개발사업 등에 미리 예비타당성 조사를 실시하여야 한다.

② [✕] 사회간접자본(SOC)에 대한 대규모 민간투자의 대상사업의 지정은 주무관청에서 한다.

③ [○] 일반국민 역시 예산이나 기금의 불법지출에 대해 시정을 요구할 수 있고 그 결과 수입이 증대되거나 지출이 절약된 경우 예산성과금을 지급받을 수 있다.

④ [○] 각 중앙관서의 장은 완성에 2년 이상이 소요되는 사업으로서 대통령령으로 정하는 대규모 사업에 대하여는 그 사업 규모·총사업비 및 사업기간을 정하여 미리 기획재정부장관과 협의하여야 한다.

⑤ [○] 각 중앙관서의 장 또는 기금관리주체는 예산·기금의 불법지출에 대한 국민의 시정요구, 예산낭비신고, 예산절감과 관련된 제안 등을 접수·처리하기 위해 예산낭비신고센터를 설치·운영하여야 한다.

답 ②

46 ⬜⬜⬜

행정서비스헌장제와 관련성이 가장 적은 것은?

① Charter Mark
② 시장성평가(Market Testing)
③ 정보공개
④ 고객선택의 강조

46	시장성평가 → 공공서비스 공급주체의 결정방식

① [○] Charter Mark는 품질인증제를 의미하는데, 이는 서비스헌장의 고객만족과 관련된다.

② [✕] 시장성평가(시장성테스트)는 공공서비스 공급주체를 결정하는 프로그램이다.

③, ④ [○] 행정서비스헌장은 서비스의 기준과 내용, 절차와 방법, 시정 및 보상조치 등을 구체적으로 공표하고 이의 실현을 약속하는 것으로, 서비스품질의 표준화, 정보와 공개(③), 선택과 상담(④), 정중함과 도움, 잘못된 서비스의 시정과 보상체계, 비용에 대한 인식 등을 특징으로 한다.

답 ②

오늘날 시민사회조직에 대한 설명으로 가장 적합하지 않은 것은?

① 정부와 비정부조직 간 적대적 관계보다는 서로의 존재를 인정하는 동반자적 관계가 점차 확산되고 있다.
② 비정부조직이 생산하는 공공재나 집합재의 생산비용을 정부가 지원하는 경우에는 정부와 대체적 관계를 형성한다.
③ 비영리조직이 지닌 특징으로는 자발성, 자율성, 이익의 비배분성 등이 있다.
④ 정부가 지지나 지원의 필요성을 위해 특정한 비정부조직 분야의 성장을 유도하여 형성된 의존적 관계는 개발도상국에서 많이 나타난다.

47	보완적 관계 → 자금은 정부 + 생산은 비정부조직

① [○] 동반자적 관계는 독립된 파트너로서 상호 협력하는 관계로 가장 바람직한 정부와 시민사회의 관계에 속한다.
② [×] 대체적 관계는 국가가 제공하지 못하는 공공재를 NGO가 공급하는 모형이다. 생산비용을 정부가 지원하는 것은 보완적 관계이다.
③ [○] 비영리조직은 공공의 이익을 추구하기 위한 비정파적이고 비영리적이며 자발적인 민간조직으로, 회원가입의 비배타성, 자발적 참여, 자원봉사, 공익의 추구 등을 특징으로 한다.
④ [○] 의존적 관계는 정부가 NGO의 성장을 유도하고 육성하는 관계로 개발도상국에서 많이 나타나는 모형이다.

답 ②

행정에 대한 시민단체의 역할로 옳지 않은 것은?

① 국민에게 교육을 실시하는 등 사회에 필요한 재화와 서비스의 제공자 역할을 한다.
② 정당과 함께 행정에 대한 공식적 통제자 역할을 한다.
③ 소수 약자의 인권이나 재산권 침해 등에 대한 대변자 역할을 한다.
④ 이익집단 간 갈등이나 지역이기주의로 나타나는 지역 간 갈등 등에 대한 조정자 역할을 한다.

48	정당과 시민단체 → 비공식적 통제자

① [○] 과거 시민단체는 정부에 대한 통제자로서의 역할만 강조되었지만 최근에는 행정서비스의 제공자로서의 역할이 부각되고 있다.
② [×] 정당과 시민단체는 정책과정에 대한 공식적인 법적 권한을 지니지 못한 비공식적 통제자이다.
③ [○] 시민단체는 이익집단이나 정당과 같은 기존의 대표체계가 간과한 사회적 약자들의 이익을 공적 영역으로 이끌어내는 대변자적 역할을 수행하고 있다.
④ [○] 자신의 이해관계를 강력하게 내포하는 이익집단과 달리 시민단체는 공익이라는 사회적 가치에 입각하여 활동하므로 이해관계로 인해 발생하는 갈등의 공정한 중재자로서의 역할을 담당할 수 있다.

답 ②

49 ☐☐☐

다음 중 NGO에 관한 이론과 그 설명의 연결이 옳지 않은 것은?

① 소비자통제이론 – NGO는 서비스가 구매되는 상황이나 또는 그 서비스 자체의 성격으로 말미암아, 소비자들이 영리기업에서 생산하는 서비스에 대해서 정확한 평가를 내리기가 불가능하기 때문에 이를 보완할 목적으로 등장하였다.

② 공공재이론 – NGO 부문은 사회의 구성원들에게 기존의 공공재 공급구조체제에서 충족되지 못한 수요를 만족시키는 역할을 한다.

③ 다원화이론 – NGO 부문은 정부에 의해 달성될 수 있는 것보다 사회 서비스 생산에서 상당한 다양성을 제공하고 있다.

④ 기업가이론 – 정부와 NGO 부문이 이질적이고 이들 간의 관계가 경쟁과 갈등이라고 가정한다.

49	영리기업에 대한 정보비대칭성 → 신뢰이론 혹은 시장실패이론

① [×] 소비자들이 영리기업에서 생산하는 서비스에 대해서 정확한 평가를 내리기가 불가능하기 때문에 이를 보완할 목적으로 등장한다는 것은 계약실패이론(시장실패이론)이다. 소비자통제이론은 소비자인 시민이 권력을 감시하고 통제하기 위한 수단으로 비정부조직이 등장한다는 이론이다.

② [○] 공공재이론(정부실패이론)은 기존의 공공재 공급체계가 충족시키지 못한 공공재 수요를 만족시키기 위해서 NGO가 등장하였다는 이론이다.

③ [○] 다원화이론은 공공서비스의 생산은 정부뿐만 아니라 사회의 다양한 주체에 의해 이루어질 수 있다는 이론이다.

④ [○] 기업가이론은 정부와 NGO는 이질적이고 이들의 관계를 갈등과 경쟁으로 보는 이론으로, 기존의 정책의 변화를 추구하는 정책기업가와 새로운 정책의 도입을 유도하는 기업가로 분류된다.

답 ①

50 ☐☐☐

다음 중 비정부조직(NGO)에 대한 설명으로 가장 옳지 않은 것은?

① 높은 전문성을 보유하고 있어 정책과정에서 영향력이 크다.

② 정부나 시장에 대한 감시와 견제의 역할을 한다.

③ 이상주의에 치우쳐 결과에 무책임하다고 비판을 받기도 한다.

④ 재정상의 독립성 결여로 인해 자율성 확보에 문제가 있다는 비판이 존재한다.

50	비정부조직의 특징 → 박애적 아마추어리즘

① [×] 비정부조직은 생업에 종사하면서 부수적으로 공적 활동에 참여하는 시민들로 구성되므로 공적 활동을 전업으로 하는 직업공무원에 비하여 전문성이 약하다고 평가받는다.

② [○] 비정부조직의 1차적 기능은 정부와 시장에 대한 감시와 견제이다. 그러나 최근에는 공공서비스에 대한 생산자 역할도 함께 강조된다.

③ [○] 비정부조직은 개인주의적이고 물질적인 가치가 지배하는 현대 사조에 대항하여 공동체 가치의 복원, 자연환경의 보존과 같은 이상적이고 규범적인 가치를 추구한다. 또한 국가와 달리 그 결과에 대해 공적으로 책임을 물을 수 있는 장치가 결여되어 있으므로 그 결과에 대해 무책임하다는 비판도 함께 받는다.

④ [○] 비정부조직은 국가와 같은 강제력이 없기에 자원을 안정적으로 확보하기 어렵다. 이에 따라 자원에 가장 많이 제공하는 집단에 의해서 그 활동이 제약받을 수 있다.

📄 비정부조직(NGO)의 공헌과 한계

구분	민주성 측면	능률성 측면
공헌	• 정부에 대한 견제와 감시 • 시민참여 활성화 • 행정의 대응성과 신뢰성 증진	• 정책의 합리성 제고 • 정책순응(→ 집행비용 절감) • 공공재의 효율적 공급
한계	• NGO의 대표성 확보 곤란 • NGO에 대한 책임성 확보 곤란	• 결정비용과 조정비용 증가 • 행정의 전문성 저해

답 ①

51 ☐☐☐

사회자본이론(social capital theory)에 대한 설명으로 옳지 않은 것은?

① 사회자본은 참여자들이 협력하도록 함으로써 공유한 목적을 보다 효과적으로 성취하게 만드는 신뢰, 규범, 네트워크와 같은 사회조직의 특징으로 정의할 수 있다.

② 푸트남(R. Putnam) 등은 이탈리아에서 사회자본(시민공동체의식)이 지방정부의 제도적 성과의 차이를 잘 설명한다고 주장했다.

③ 정밀한 사회적 연결망은 신뢰를 강화하고, 거래비용을 낮추며, 혁신을 가속화함으로써 경제발전을 촉진할 수 있다.

④ 신뢰와 네트워크를 통한 과도한 대외적 개방성에 대하여 많은 비판을 받고 있다.

51	결속적 자본 → 폐쇄적 성격

① [○] 사회자본이란 공동의 이해관계가 걸린 문제를 해결함에 있어 구성원들을 자발적이고 적극적으로 참여하게 만드는 사회적 조건을 말한다.

② [○] 푸트남(R. Putnam)은 이탈리아 지방정부들의 사회프로그램들을 연구하여, 같은 정책이라 해도 지방정부에 따라 상이한 결과가 나타난다는 점을 지적하면서 그 원인으로 사회자본을 제시하였다.

③ [○] 상호 신뢰를 기반으로 하는 사회자본은 거래비용을 낮추어 경제를 활성화하는 촉매제가 될 수 있다.

④ [×] 사회자본에서 강조하는 '결속적 자본'은 외부 다른 집단과의 관계에서 폐쇄성이라는 부정적 상황을 야기할 수 있다는 비판을 받는다.

답 ④

52 ☐☐☐

사회적 자본(social capital)이 형성되는 모습으로 보기 어려운 것은?

① 지역주민들의 소득이 지속적으로 증가하고 있다.

② 많은 사람들이 알고 지내는 관계를 유지하는 가운데 대화 · 토론하면서 서로에게 도움을 준다.

③ 이웃과 동료에 대한 기본적인 믿음이 존재하며 공동체 구성원들이 서로 신뢰한다.

④ 지역 구성원들이 삶과 세계에 대한 도덕적 · 윤리적 규범을 공유하고 있다.

52	소득의 증대 → 사회자본의 결과물

① [×] 지역주민들의 소득이 지속적으로 증가되는 것은 사회적 자본이 형성된 이후 나타나는 결과물로 보아야 한다. 소득이 증가하였다고 해서 사회적 자본이 높아진 것은 아니다.

② [○] 사회적 자본은 공동체 구성원의 지속적이고 장기적인 상호작용 속에서 형성되며, 호혜적 성격을 지니고 있어 구성원 모두에게 궁극적으로 도움이 될 수 있는 자본이다.

③ [○] 사회적 자본은 신뢰를 핵심으로 한다. 즉, 이웃과 동료에 대한 기본적인 믿음이 사회적 자본의 핵심이다.

④ [○] 사회적 자본은 공동체를 구성함에 있어 기본적인 규범을 제시하고 이를 구성원들이 공유하도록 하는 매개체이다.

답 ①

53 ☐☐☐

사회적 자본에 대한 설명으로 옳은 것은?

① 사회적 자본이 증가하면 제재력이 약화되는 역기능이 있다.
② 타인에 대한 신뢰는 사회적 자본의 구성요소가 아니다.
③ 호혜주의는 사회적 자본에 영향을 미치지 않는다.
④ 사회적 자본은 거래비용을 감소시키는 순기능이 있다.

54 ☐☐☐

사회적 자본(social capital)에 대한 설명으로 옳지 않은 것은?

① 부르디외(P. Bourdieu)는 서로 알고 지내는 사이에 지속적으로 존재하는 관계의 네트워크를 통해 얻을 수 있는 실제적이고 잠재적인 자원의 합계로 정의하였다.
② 사회적 자본은 물적 자본 및 인적 자본과는 구분되는 자본으로 사회적 관계 속에 존재하는 것이다.
③ 사회적 자본은 사용할수록 점차 감소하기 때문에 소유주체가 지속적으로 유지하려는 노력을 투입해야 한다.
④ 후쿠야마(F. Fukuyama)는 국가의 복지수준과 경쟁력은 사회에 내재하는 신뢰수준이 결정한다고 보았다.

53	사회적 자본 → 상호 신뢰에 따른 거래비용의 감소

① [×] 사회적 자본이 증가하면 정부가 개입하지 않아도 사회적 통제력이 강화되는 효과가 나타난다.
② [×] 신뢰, 수평적 네트워크, 호혜적 규범 등이 사회적 자본의 구성요소이다.
③ [×] 구성원 모두에게 이득이 된다는 호혜주의는 사회적 자본의 중요한 구성요소이다.
④ [○] 사회적 자본의 존재는 상호 신뢰에 의해 거래비용을 감소시켜주는 효과가 있다.

답 ④

54	사회적 자본 → 사용할수록 증가

① [○] 사회적 자본은 공동문제를 해결함에 있어 자발적·적극적으로 참여하는 사회적 조건으로, 거시적으로는 신뢰와 협력을 기반으로 하는 협력적 네트워크나 사회적 연계망이며, 미시적으로는 그 연계망에 참여하여 발휘할 수 있는 개인의 능력이나 얻을 수 있는 자산이다.
② [○] 사회적 자본은 물적 자본 및 인적 자본과는 구분되는 관계자본으로, 사회적 관계 속에 존재하므로 경제적 자본에 비하여 형성과정이 불투명하고 불확실하다.
③ [×] 사회적 자본은 자기강화적 특성을 지니고 있어 사용하면 더욱 증가하고 사용하지 않으면 더욱 감소하는 '선순환·악순환'의 논리가 나타난다. 즉, 사용하였다고 하여 그 양이 줄지 않으며 오히려 더 증대된다.
④ [○] 인적 또는 물적 자본이 동일하더라도 사회적 자본의 차이에 따라 복지수준과 경쟁력이 달라질 수 있다는 의미이다.

답 ③

---

55 ☐☐☐

사회적 자본(social capital)에 대한 설명으로 옳지 않은 것은?

① 사회적 자본을 축적하기 위해서는 자발적 결사체의 결성과 활동이 촉진될 수 있는 여건이 중요하다.

② 지역이 보유하고 있는 물질적 자원을 중심으로 한 발전 전략에 따라 강조되었다.

③ 주요 속성으로는 상호신뢰, 호혜주의, 적극적 참여 등이 있다.

④ 공동체 의식의 강화를 통해 지식의 공유와 네트워크의 강화를 기대할 수 있다.

56 ☐☐☐

우리나라 현행 제도상 사회적 기업에 대한 설명으로 옳은 것은?

① 이익을 재투자하거나 그 일부를 연계기업에 배분할 수 있다.

② 재화 및 서비스의 생산·판매 등 영업 활동을 하여야 한다.

③ 정부는 매년 사회적 기업의 활동실태를 조사하고 육성 계획을 수립·추진하여야 한다.

④ 설립 초기의 일정기간 동안에는 유급근로자를 고용하지 않고 무급근로자만으로 운영할 수 있다.

55	사회적 자본 → 관계 자원

① [○] 사회적 자본이 축적되기 위해서는 신뢰에 바탕을 자발적 결사체의 장기적이고 지속적인 상호작용이 중요하다.

② [✕] 사회적 자본은 물질적 자원에 기반을 둔 것이 아니라 구성원 간 신뢰와 협력에 바탕을 둔 관계 자본이다.

③ [○] 사회적 자본은 조정과 협동을 촉진하는 호혜적 규범과 신뢰, 자발적이고 수평적인 네트워크 그리고 시민들의 자발적이고 적극적인 참여를 주요 속성으로 한다.

④ [○] 사회적 자본은 구성원들의 자발적인 친사회적 행동을 촉진하므로 통제의 필요성을 감소시키며, 네트워크 및 신뢰의 형성으로 의사소통이 활성화되므로 창의성과 학습이 촉진될 수 있고 행동의 효율성을 제고시킬 수 있다.

답 ②

56	사회적 기업 → 사회적 목적 + 영업 활동

① [✕] 사회적 기업은 영업활동을 통해 창출한 이익을 사회적 기업의 유지·확대에 재투자하도록 노력하여야 하고, 연계기업은 사회적 기업이 창출하는 이익을 취할 수 없다.

② [○] 사회적 기업 또한 원칙적으로 기업이므로 재화와 서비스의 생산·판매 등 영업 활동을 하여야 한다.

③ [✕] 고용노동부장관은 사회적 기업의 활동실태를 5년마다 조사하고, 그 결과를 고용정책심의회에 통보하여야 한다.

④ [✕] 사회적 기업은 유급 근로자를 고용하여 재화와 서비스의 생산·판매 등 영업 활동을 하여야 한다.

답 ②

01 ☐☐☐

09년 지방7급

다음에서 설명하고 있는 행정학의 성격은?

> 제2차 세계대전 후 미국은 저개발국가에 경제원조와 함께 미국의 행정이론에 바탕을 둔 제도나 기술을 지원했다. 그러나 저개발국가의 정치제도나 사회문화적 환경이 미국과 달라 새로 도입한 각종 행정제도가 소기의 성과를 거두지 못하는 경우가 많았다. 선진국의 행정이론이 모든 국가에 적용가능하다고 전제하는 것은 무리가 있기 때문에 외국의 행정이론을 도입하는 경우 사전에 충분한 검토가 필요하다.

① 행정학의 기술성과 과학성
② 행정학의 보편성과 특수성
③ 행정학의 가치판단과 가치중립성
④ 행정학의 전문성과 일반성

02 ☐☐☐

23년 지방9급

행정이론의 발달을 오래된 순서대로 바르게 나열한 것은?

> 가. 과학적 관리론 - 테일러
> 나. 신공공관리론 - 오스본과 게블러
> 다. 신행정론 - 왈도
> 라. 행정행태론 - 사이몬

① 가 - 다 - 라 - 나
② 가 - 라 - 다 - 나
③ 라 - 가 - 나 - 다
④ 라 - 다 - 나 - 가

01	보편성과 특수성 논쟁 → 이론의 적용범위

① [×] 기술성과 과학성의 논쟁은 행정을 사회문제의 해결을 목표로 하는 처방적 학문으로 볼 것인가 아니면 행정에 내재된 원칙을 발견하는 이론적 영역으로 볼 것인가 하는 것으로, 후기 행태주의가 등장하면서 제기된 논쟁이다.

② [○] 이론의 적용범위와 관련된 것은 보편성과 특수성의 문제이다. 보편성은 각국의 역사적 상황이나 문화적 장벽을 뛰어넘어 모든 상황에 맞는 일반법칙을 구축하려는 노력이고 특수성은 행정현상은 특정한 역사적 상황이나 문화적 맥락 속에서 파악되어야 함을 말한다. 선진국과 후진국의 환경 차이로 인하여 선진국 행정이론의 적용이 제한된다는 것은 행정학의 특수성을 뜻한다.

③ [×] 가치란 '옳고 그름'에 대한 판단, 사실은 '~ 이다. ~ 아니다'에 대한 판단이다. 과학성과 기술성에 관한 논쟁의 일환으로 행정학의 연구범위를 어디까지 둘 것인가에 관한 논쟁이 전개되었다.

④ [×] 행정학의 전문성과 일반성은 행정 영역의 독자성 여부 혹은 담당 주체의 설정과 관련된다. 정치학과 구별되는 독자적 학문으로서 행정학이나 실적주의에 입각한 전문직업성은 행정학의 전문성을 강조하는 근거이다.

답 ②

02	행정이론의 발달 순서 → 과학적 관리론 → 행정행태론 → 신행정론 → 신공공관리론

가. 과학적 관리론은 고전적 이론에 속한다.
나. 오스본과 게블러의 신공공관리론은 1990년대 초에 해당한다.
다. 왈도의 신행정론은 1960년 후반에 해당한다.
라. 사이몬의 행정행태론은 1940년대 중반 이후 등장하였다.

답 ②

---

03 □□□

행정이론에 대한 설명으로 옳은 것은?

① 과학적 관리론은 최고관리자의 운영원리로 POSDCoRB를 제시하였다.
② 행정행태론은 가치와 사실을 구분하고 가치에 기반한 행정의 과학화를 시도하였다.
③ 신행정론은 실증주의적 방법론을 비판하고 사회적 형평성과 적실성을 강조하였다.
④ 신공공관리론은 민간과 공공 부문의 파트너십을 강조하고 기업가 정신보다 시민권을 중요시하였다.

04 □□□

행정학의 주요 접근법, 학자, 특성을 바르게 연결한 것은?

① 행정생태론 – 오스본(D. Osborne)과 게블러(T. Gaebler) – 환경적 요인의 중시
② 후기행태주의 – 이스턴(D. Easton) – 가치중립적이고 과학적인 연구의 강조
③ 신공공관리론 – 리그스(F. Riggs) – 시장원리인 경쟁의 도입
④ 뉴거버넌스론 – 로즈(R. Rhodes) – 정부·시장·시민사회 간 네트워크의 강조

03	신행정론 → 행태주의에 대한 반론

① [×] 과학적 관리론은 테일러의 이론으로 주로 노동자의 과업 활동에 대한 연구를 수행하였다. 반면, 최고관리자의 운영원리로 POSDCoRB를 제시한 학자는 귤릭(L. Gulick)이다.
② [×] 행정행태론은 논리실증주의에 기반을 두고 가치와 사실을 분리한 후 사실 중심의 과학적 연구를 시도한 이론이다.
③ [○] 신행정론은 당시 미국 사회의 격동기를 해결하기 위한 처방적 연구를 수행한 이론이다.
④ [×] 민간과 공공 부문의 파트너십을 강조하고 기업가 정신보다 시민권을 중요시하는 이론은 뉴거버넌스나 신공공서비스론이다.

답 ③

04	뉴거버넌스론 → 정부·시장·시민사회 간의 협력적 통치

① [×] 행정생태론의 주요 학자는 리그스(F. Riggs)이다.
② [×] 가치중립적이고 과학적인 연구를 강조했던 것은 행태주의이다.
③ [×] 신공공관리론의 주요 학자는 오스본(D. Osborne)과 게블러(T. Gaebler)이다.
④ [○] 로즈(R. Rhodes) 등과 같은 뉴거버넌스론은 시민사회를 포함한 공적 네트워크의 능동적 참여를 강조한다.

답 ④

다음 〈보기〉의 설명과 행정이론을 바르게 연결한 것은?

〈보기〉

ㄱ. 정치행정일원론적 성격을 지닌다.

ㄴ. 행정관료를 다양한 이해관계의 조정자로 생각한다.

ㄷ. 민주적 참여를 통해 정부에 대한 신뢰를 높일 수 있다.

ㄹ. 성과에 대한 책임성을 통해 시민에 대한 대응성을 강조한다.

ㅁ. 공공부문의 효율성 제고를 위해 시장원리인 경쟁을 적극 활용한다.

① 신공공관리론 - ㄱ, ㄴ

② 신공공관리론 - ㄴ, ㅁ

③ 신공공관리론 - ㄷ, ㄹ

④ 뉴거버넌스론 - ㄱ, ㄹ

⑤ 뉴거버넌스론 - ㄴ, ㄷ

가 ~ 라의 행정이론이 등장한 시기를 순서대로 바르게 나열한 것은?

가. 정부와 공공부문에 참여하는 다양한 참여자들의 네트워크를 중시하고, 정부는 정책네트워크를 관리하는 조정자의 입장에 있다고 하였다.

나. 미국 행정학의 지적 위기를 지적하면서 인간을 이기적·합리적 존재로 전제하고 공공재의 공급이 서비스 기관 간 경쟁과 고객의 선택에 의해 이루어지는 시스템을 제안하였다.

다. 정치는 국가의 의지를 표명하고 정책을 구현하는 것이며, 행정은 이를 실천하는 관리활동으로서 정치와 행정의 차이를 분명히 하였다.

라. 왈도(D. Waldo)를 중심으로 가치와 형평성을 중시하면서 사회의 문제해결에 대한 현실 적합성을 갖는 새로운 행정학의 정립을 시도하였다.

① 다 - 라 - 가 - 나

② 다 - 라 - 나 - 가

③ 라 - 다 - 가 - 나

④ 라 - 다 - 나 - 가

05	뉴거버넌스 → 시민의 능동적 참여

ㄱ. 정치행정일원론적 성격을 지니는 것은 뉴거버넌스이다.

ㄴ. 행정관료를 다양한 이해관계자의 조정자로 이해하는 것은 뉴거버넌스이다.

ㄷ. 민주적 참여를 통해 정부에 대한 신뢰를 높이고자 하는 것은 뉴거버넌스이다.

ㄹ. 성과에 대한 책임성을 강조하는 것은 신공공관리론이다.

ㅁ. 효율성 제고를 위해 시장원리인 경쟁을 적극 활용하는 것은 신공공관리론이다.

답 ⑤

06	행정이론의 등장 순서 → 정치행정이원론 → 신행정론 → 공공선택론 → 뉴거버넌스론

가. 뉴거버넌스론에 대한 설명으로, 이는 1990년대 이후에 등장하였다.

나. 공공선택론에 대한 설명으로, 이는 1970년대 초반부터 행정학에 도입되었다.

다. 정치행정이원론에 대한 설명으로, 이는 고전적 행정관에 속한다.

라. 신행정론에 대한 설명으로, 1960년대 후반부터 강조된 이론이다.

답 ②

07 □□□

다음 행정이론들을 시기 순으로 나열한 것은?

> 가. 최소의 노동과 비용으로 최대의 능률을 올릴 수 있는 표준적 작업절차를 정하고 이에 따라 예정된 작업량을 달성하기 위한 가장 좋은 방법을 발견하려는 이론이다.
> 나. 기존의 거시적인 제도나 구조가 아닌 개인의 표출된 행태를 객관적·실증적으로 분석하는 이론이다.
> 다. 조직구성원들의 사회적·심리적 욕구와 조직 내 비공식 집단 등을 중시하며, 조직의 목표와 조직구성원들의 목표 간의 균형유지를 지향하는 민주적·참여적 관리 방식을 처방하는 이론이다.
> 라. 시민적 담론과 공익에 기반을 두고 시민에게 봉사하는 정부의 역할을 강조하는 이론이다.

① 가 - 나 - 다 - 라
② 가 - 다 - 나 - 라
③ 가 - 다 - 라 - 나
④ 나 - 다 - 가 - 라
⑤ 나 - 라 - 다 - 가

08 □□□

행태적 접근방법에 대한 설명으로 옳지 않은 것은?

① 집단의 고유한 특성을 인정하지 않는 방법론적 개체주의의 입장을 취한다.
② 행태의 규칙성, 상관성 및 인과성을 경험적으로 입증하고 설명할 수 있다고 본다.
③ 연구에서 가치와 사실을 구분하지 않는다.
④ 사회현상을 관찰 가능한 객관적 대상으로 보며, 인간의 주관이나 의식을 배제하고 인식론적 근거로서 논리실증 주의를 신봉한다.

07	행정이론의 시기 → 과학적 관리론 → 인간관계론 → 행태론 → 신공공서비스론

가. 과학적 관리론으로 고전적 이론에 속한다.
나. 행태론으로 1940년대 중반 이후 행정학에 소개되었다.
다. 인간관계론으로 신고전적 이론에 속한다.
라. 신공공서비스론으로 1990년대 이후 등장한 이론이다.

답 ②

08	행태론 → 가치와 사실의 구분

① [○] 방법론적 개체주의란 전체는 개체의 합이라는 관점 하에 개체를 분석의 기초단위로 삼는 연구방법이다.
② [○] 행태주의는 결정론적 세계관을 바탕으로 현상의 규칙성을 경험적으로 입증할 수 있다는 입장을 취한다.
③ [×] 행태주의는 검증가능성을 기준으로 가치와 사실을 구분 하는 논리실증주의를 기반으로 한다.
④ [○] 논리실증주의는 검증가능성을 기준으로 가치와 사실을 구분한 후 검증이 가능한 사실 중심의 연구를 추구했던 연구방법 으로, 개념의 조작적 정의를 통해 현상을 계량적이고 미시적 으로 분해하여 분석하고자 하였다.

답 ③

사이몬(H. Simon)의 행태주의 이론에 대한 설명 중 옳지 않은 것은?

① 조직 구성원의 행태를 주요 연구대상으로 하였다.

② 행정의 가치중립과 공공성을 강조하였다.

③ 실증적 연구방법을 강조함에 따라 공공부문과 사기업 간의 공통점을 강조한다.

④ 가치와 사실을 구분하고 가치문제를 행정학의 연구대상에서 제외시켰다.

행정학의 접근방법 중 행태주의에 대한 설명으로 옳지 않은 것은?

① 행태주의는 행정현상의 연구에 있어 사회심리학적 접근방법을 활용한다.

② 행태주의는 인간행동에 대한 분석을 기초하여 행정현상을 설명한다.

③ 행태주의는 가치와 사실을 분리하고, 가치문제를 연구대상에서 배제하고자 하였다.

④ 후기행태주의는 논리실증주의의 부활을 통해 행태주의를 다시 강조한 이론이다.

---

09   행태론 → 정치행정이원론

① [O] 행태주의는 이념이나 제도 또는 구조보다는 집단이나 개인의 행태(behavior)를 통해 행정현상을 설명하고자 한다.

② [×] 행태주의는 가치중립성에 입각한 정치행정이원론이다. 반면 공공성은 가치판단을 기반으로 하는 정치행정일원론에서 강조하는 개념이다.

③ [O] 행태주의는 어디에나 적용이 가능한 인간행태에 관한 보편적 이론을 추구한다.

④ [O] 행태주의는 검증 가능성을 기준으로 가치와 사실을 구분한 후 검증할 수 없는 가치의 영역을 행정학의 연구대상에서 제외하고자 하였다.

답 ②

---

10   후기행태주의 → 사회문제의 해결

① [O] 사회심리학은 타인과 관계하는 인간의 경험과 행동을 사회적 조건과의 관련 속에서 이해하고 설명하려고 하는 학문이다.

② [O] 행태주의는 이념이나 제도 또는 구조보다는 인간의 행동을 통해 행정현상을 설명하고자 한다.

④ [×] 후기행태주의는 논리실증주의에 기반을 두는 행태주의 접근방법에 반기를 들고 가치판단, 바람직한 사회를 위한 정책목표나 사회적 형평성 등과 같은 문제에 많은 관심을 갖는 접근방법이다.

답 ④

11 □□□

가우스(J. Gaus)가 지적한 행정에 영향을 미치는 환경요인에 포함되지 않는 것은?

① 국민(people)
② 장소(place)
③ 대화(communication)
④ 재난(catastrophe)

12 □□□

리그스(F. Riggs)의 '프리즘 모형(Prismatic Model)'에서 설명하는 프리즘 사회의 특성으로 옳지 않은 것은?

① 고도의 이질혼합성
② 형식주의
③ 고도의 분화성
④ 다규범성

| 11 | (F. Riggs)의 환경변수 → 정치, 경제, 사회, 이념, 대화 |

①, ②, ④ [○] 가우스(J. Gaus)는 주민(people), 인물(personality), 장소(place), 사상·이념(ideas), 재난(catastrophe), 물리적 기술(physical technology), 사회적 기술(social technology) 등을 환경변수로 제시하였다.

③ [×] 의사전달 또는 대화(communication)는 리그스(F. Riggs)가 사용한 환경변수이다. 리그스(F. Riggs)는 행정의 환경변수로 경제적 기초, 사회구조, 이념적 요인, 의사전달체제(→ 대화) 및 정치체제라는 다섯 가지 요인을 제시하였다.

답 ③

| 12 | 고도의 분화성 → 선진사회의 특징 |

① [○] 이질혼합성(heterogenity)이란 전통적 요소와 현대적 요소의 혼재를 말한다.
② [○] 형식주의(formalism)란 형식적 법규와 사실상 법규의 적용과 집행의 불일치를 말한다.
③ [×] 고도의 분화(↔ 융합)는 선진국 행정체제의 특징이다.
④ [○] 다규범성 또는 모순상용성(ambivalence)이란 현대적 규범과 전통적 규범의 중첩과 판단의 일관성 결여를 말한다.

답 ③

13 □□□

행정학의 주요 접근방법인 생태론적 접근방법의 특징에 대한 설명으로 옳지 않은 것은?

① 생태론적 접근방법을 행정학에 도입한 것은 1947년 가우스 (J. Gaus)이다.
② 행정현상을 자연·사회·문화적 환경과 관련시켜 이해하려고 한다.
③ 행정이 추구해야 할 목표나 방향을 명확히 제시하고 있다.
④ 서구 행정제도가 후진국에서 잘 작동하지 않는 이유는 사회문화적 환경이 다르기 때문이라고 본다.

13	목표나 방향의 제시 → 처방성

① [○] 가우스(J. Gaus)는 미국의 행정현상을 연구함에 있어 생태론적 접근방법을 적용한 최초의 학자이다.
② [○] 생태론적 접근방법은 행정을 유기체로 파악하고 환경이나 문화 속에서 행정현상을 설명하고자 한다. 즉, 행정은 그를 둘러싸고 있는 환경적 요소들을 파악하지 않고는 이해할 수 없다는 입장이다.
③ [×] 생태론은 과학성을 강조하는 이론이다. 목표나 방향은 기술성과 관련된다. 생태론적 접근방법은 국가별 특수성을 파악할 지적 도구를 제공하였지만, 행정의 기술성(art)을 간과하여 행정의 목표와 방향 및 이념을 제시하지 못하였다.
④ [○] 이식된 서구의 제도와 실제 운영의 괴리는 선진국과 후진국의 사회문화적 환경이 다르기 때문이다.

답 ③

14 □□□

이스턴(D. Easton)이 정치체제(political system) 모형에서 주장하는 '가치의 권위적 배분'과 가장 관련이 깊은 것은?

① 투입(input)
② 산출(output)
③ 전환(conversion)
④ 요구(demand)와 지지(support)

14	가치의 권위적 배분 → 산출

①, ④ [×] 국민에게서 정부로 향하는 요구(demand)와 지지 (support)는 투입에 해당한다.
② [○] 가치의 권위적 배분은 정부에게서 국민으로 향하는 산출에 해당한다.
③ [×] 전환은 어떠한 산출을 내기 위하여 투입된 요소나 자원들을 합리적으로 관리·운영하는 과정을 말한다.

답 ②

파슨스(T. Parsons)가 제시한 사회적 기능, 각 기능을 수행하는 조직유형, 그리고 각 조직유형별 예시를 모두 바르게 연결한 것은?

① 적응(adaptation) 기능 - 교육조직 - 학교
② 목표달성(goal attainment) 기능 - 정치조직 - 행정기관
③ 통합(integration) 기능 - 통합조직 - 종교단체
④ 잠재적 형상유지(latent pattern maintenance) 기능 - 경제조직 - 민간기업

행정학의 접근 방법에 대한 설명으로 옳지 않은 것은?

① 공공선택론은 국가의 역할을 지나치게 경시하고, 개인의 기득권을 유지하기 위한 보수주의적 접근에 불과하다는 비판이 있다.
② 후기행태주의 접근방법은 가치중립적인 과학적 연구보다는 가치평가적인 정책연구를 지향한다.
③ 비교행정 연구모형을 제시한 리그스(F. Riggs)의 연구는 행정현상을 자연, 사회, 문화적 환경과 관련지어 이해하는 생태론적 접근으로 볼 수 있다.
④ 신제도론은 외생변수로 다루어져 오던 정책 혹은 행정환경을 내생변수와 같이 직접적인 분석대상에 포함시켰다.
⑤ 체제론적 접근방법은 권력, 의사전달, 정책결정의 문제와 행정의 가치문제를 중시한다.

15	파슨스(T. Parsons) → AGIL

① [×] '적응기능'은 사회체제의 환경에 대한 적응을 수행하는 조직으로, 재화의 생산과 배분에 종사하는 경제조직이 이를 담당한다.
② [○] '목표달성기능'은 사회체제의 목표를 결정하고 순서를 정해 그 달성을 촉진하는 것으로, 행정조직이나 정당과 같은 정치조직이 이를 담당한다.
③ [×] '통합기능'은 체계 내부의 협동적이고 조화된 사회적 관계를 보장하는 것으로, 구성원들의 관계를 통제하고 사회적 규범을 창조하고 유지하는 사법조직이나 경찰조직 및 정신병원 등이 이를 담당한다.
④ [×] '형상유지기능'은 사회체제를 유지하거나 문화적 가치를 창조하는 것으로, 문화적이고 교육적인 기능과 밀접한 관련이 있는 교육조직이나 문화조직 등이 이를 담당한다.

답 ②

16	체제론 → 거시적 접근 + 현상의 설명

① [○] 공공선택론은 시장주의에 기반을 두고 있기에 국가의 역할을 경시하고, 시장에서 이루어지는 균형을 합리적 행위자들의 선택으로 간주함으로써 기득권을 인정하는 보수주의적 접근에 불과하다는 비판을 받는다.
② [○] 행태주의에 대한 반발로 등장한 후기행태주의는 사회문제의 해결을 위한 규범적이고 가치평가적인 연구를 중시한다.
③ [○] 비교행정론은 생태론적 접근에 기반을 두고 체제론의 구조기능주의를 도입하여 완성된 학문이다.
④ [○] 정책 혹은 환경변수들을 내생변수로 간주한다는 의미는 이러한 요인들에 의해 새로운 정책이나 구성원들의 의사결정이 영향을 받는다는 의미이다.
⑤ [×] 체제론적 접근방법은 거시적 접근방법으로, 권력이나 의사전달과 같은 미시적 요인은 간과하는 경향이 있으며, 사회를 물화시켜 연구하므로 행정 내의 가치문제 등을 다루기 어렵다.

답 ⑤

17 ☐☐☐

행정학의 접근방법 중 현상학적 접근방법에 관한 설명으로 옳지 않은 것은?

① 행정현실을 이해하는 데 과학적 방법보다 해석학적 방법을 선호한다.
② 조직을 인간의 의도적인 행위에 의해 구성되는 가치함축적인 행위의 집합물로 이해한다.
③ 인간행위의 가치는 행위 자체보다 그 행위가 산출한 결과에 있다.
④ 조직 내외의 인간들은 자신 또는 다른 사람의 행위에 의미를 부여함으로써 조직을 설계한다.

| **17** | 현상학 → 내면적 의미의 이해를 강조하는 학문 |

① [○] 현상학은 객관적으로 존재하는 실체의 경험적 검증을 통해 지식을 획득하는 과학적 방법보다는 행위자의 의도와 의미가 함축된 행위나 언어의 이해를 통해 지식을 획득하는 해석학적 방법을 선호한다.
②, ④ [○] 현상학은 조직을 구성원들과 유리된 객관적 실체로 보지 않고 구성원들의 의도적 행위에 의해 구성되는 가치함축적인 행위의 집합물로 이해한다.
③ [×] 현상학은 객관적인 결과보다는 행위자의 의미와 가치가 반영된 행위 그 자체를 중시한다.

📄 **행태주의와 현상학**

구분	행태주의	현상학
존재론	실재론(결정론), 수동적 · 원자적 자아	유명론(임의론), 능동적 · 사회적 자아
인식론	객관주의 → 실증주의, 몰주관성	주관주의 → 반실증주의, 상호주관성
분석 단위	외면적 행태, 미시적 접근	내면적 의도[행위(action)], 미시적 접근
설명 양식	일반법칙(객관적 인과관계)	개별사례(행위자의 동기)
조직관	관료제모형(획일적 패턴)	탈관료제모형(다양한 패턴)
강조 이념	합리성, 능률성	대응성, 책임성

답 ③

18 ☐☐☐

현상학적 행정연구에 대한 설명으로 옳지 않은 것은?

① 행정현상은 사람들의 의식, 생각, 언어, 개념 등을 통해 구성된 것이다.
② 행정연구에서는 행정활동과 관련된 사람들 사이의 상호작용에 의해 구성된 상호 주관적 경험이 중요하다.
③ 행정연구에서 가치와 사실의 구별을 인정하며, 현상을 개체적으로 파악하고자 한다.
④ 기존의 관찰이나 믿음에 영향을 받지 않기 위해 '괄호 안에 묶어두기' 또는 '현상학적 판단정지'가 중요하다.

| **18** | 가치와 사실의 구별 → 논리실증주의 |

① [○] 현상학에 의하면 행정현상을 포함한 모든 사회현상은 사람들의 주관성이 개입된 의식, 생각, 언어, 개념 등으로 구성된다. 그러므로 사회현상을 이해하기 위해서는 객관적 검증보다는 그 사람들이 사용하는 언어나 개념의 해석이 필요하다.
② [○] 현상학에 의하면 사회현상은 그 사회를 구성하는 구성원들이 공유하는 주관적 경험으로 만들어진다.
③ [×] 현상학은 현상의 본질을 대상으로 하고 그 대상을 형성하는 의식작용을 기술하려는 선험적 관념론으로, 인간의 의식 또는 마음이 빠진 객관적 존재의 서술을 인정하지 않으며, 현상을 분해하여 분석하는 것도 반대한다. 또한 가치와 사실의 구별도 거부하고 현상을 본질적인 전체로 파악해야 한다고 주장한다. 가치와 사실의 구별을 인정하며, 현상을 개체적으로 파악하고자 한 것은 논리실증주의에 바탕을 둔 행태주의이다.
④ [○] 현상학적 판단중지란 외부세계에 대한 믿음, 특히 외부세계가 인간의 의식과 무관하게 자립적으로 실재한다는 믿음을 중단하는 것을 말한다.

답 ③

19 ☐☐☐

현상학적 접근방법의 주요 내용으로 적절하지 않은 것은?

① 인간의 의도된 행위와 표출된 행위를 구별하고, 관심 분야는 의도된 행위에 두어야 한다.
② 조직 내외에 있는 인간들은 자신의 행위나 다른 사람들의 행위에 의미를 부여함으로써 조직을 설계한다.
③ 객관적 존재의 서술을 위해서는 현상을 분해하여 분석할 필요가 있다.
④ 조직의 중요성은 겉으로 나타난 구조성에 있는 것이 아니라 그 안에 있는 가치, 의미 및 행동에 있다.

19	객관적 존재의 서술, 현상의 분해 → 논리실증주의

① [O] 현상학은 사회과학에서 형성하는 사유대상은 자연과학의 사유대상과는 본질적으로 상이함을 강조하면서, 인간행태의 내면적 세계의 의미(meaning) 이해를 중시하는 접근방법이다. 이에 따라 표출된 외면적 행태보다는 그 내면의 의도된 행위를 중시한다.
② [O] 현상학은 결정론에 입각한 객관적 실체로서 조직이 아닌 구성원들에 의해 구성된 의미로서 조직을 강조한다.
③ [×] 객관적 존재의 서술을 위해서 현상을 분해하여 분석하는 것은 논리실증주의의 특징이다. 특히, 현상을 분해하여 측정 가능한 개념으로 바꾸는 것을 조작적 정의라 한다.
④ [O] 현상학은 겉으로 드러난 구조보다는 구성원들이 공유하는 내면의 가치와 의미 등에 초점을 둔다.

답 ③

20 ☐☐☐

현상학적 접근방법에 대한 설명으로 옳은 것을 모두 고른 것은?

> ㄱ. 행정현상의 본질, 인간 인식의 특성, 이론의 성격 등 사회과학 연구의 본질적 문제에 대해 실증주의와 행태주의적 연구방법에 반대한다.
> ㄴ. 진리의 기준을 맥락의존적인 것으로 보며, 상상·해체·영역해체·타자성 등의 핵심개념을 포함하고 있다.
> ㄷ. 사회현상 또는 사회적 실제란 자연현상처럼 사람과 동떨어진 객체로 존재하는 것이 아니라, 사람들의 상호 주관적인 경험으로 이루어진다.
> ㄹ. 복잡한 미래 사회에서 정부의 방향잡기 역할이 어렵거나 불가능하기 때문에 행정의 역할은 서비스를 제공해야 하는데 있음을 강조한다.

① ㄱ, ㄴ ② ㄱ, ㄷ
③ ㄴ, ㄹ ④ ㄷ, ㄹ

20	상상·해체·영역해체·타자성 → 포스트모더니즘

ㄱ. [O] 현상학은 자연현상과 사회현상의 상이성을 강조한다. 이에 따라 자연현상의 연구방법으로 사회현상을 연구하는 것에 반대한다.
ㄴ. [×] 상상·해체·영역해체·타자성 등의 개념은 포스트모더니즘에 입각한 파머(D. Farmer)의 반관료제론과 관련된다.
ㄷ. [O] 현상학에 의하면 사회현상이란 자연현상처럼 구성원들과 동떨어진 객관적 실체가 아니며, 구성원들의 주관적 경험들이 공유된 것이다. 이러한 구성원들의 공유된 경험을 상호 주관성 혹은 간주관성이라 한다.
ㄹ. [×] 정부의 방향잡기 역할보다는 서비스 제공을 강조하는 이론은 신공공서비스론이다.

답 ②

21 □□□

공공선택이론에 대한 설명으로 옳지 않은 것은?

① 사회의 비시장적인 영역들에 대해서 경제학적 방식으로 연구한다.
② 시민들의 요구와 선호에 민감하게 부흥하는 제도 마련으로 민주행정의 구현에도 의의가 있다.
③ 전통적 관료제를 비판하고 그것을 대체할 공공재 공급 방식의 도입을 강조한다.
④ 효용극대화를 추구한다는 합리적 개인에 대한 가정은 현실 적합성이 높다고 평가받는다.

22 □□□

공공선택론에 대한 설명으로 옳지 않은 것은?

① 공공선택론은 역사적으로 누적 및 형성된 개인의 기득권을 타파하기 위한 접근이다.
② 공공선택론은 공공재의 공급에서 경제학적인 분석도구를 적용한다.
③ 공공선택론에서는 공공서비스를 독점 공급하는 전통적인 정부 관료제가 시민의 요구에 민감하게 대응할 수 없는 장치라고 본다.
④ 공공선택론은 공공서비스의 효율적 공급을 위해서 분권화된 조직 장치가 필요하다는 입장이다.

21	**공공선택론** → **합리적 경제인관**

① [O] 공공선택론은 비시장적 의사결정의 경제학적 연구 혹은 정치학에 경제학을 응용하는 이론으로, 경제학적 도구로 국가이론, 투표행태, 정당정치, 관료행태, 이익집단 등을 연구하는 접근방법이다.
② [O] 오스트롬(V. Ostrom)은 능률성 중심의 윌슨 - 베버 패러다임의 한계를 지적하면서, 정부혁신의 새로운 패러다임으로 '민주행정 패러다임'을 제시하였다.
③ [O] 공공선택론은 전통적 관료제가 서비스의 독점적 공급으로 인하여 시민의 요구에 민감하게 반응하지 않을 수 있음을 지적하면서, 고객의 요구에 대한 대응력을 높일 수 있는 제도적 장치를 설계하고자 하였다.
④ [×] 공공선택론은 인간을 합리적 경제인으로 보는데, 이는 비현실적이다. 인간은 다양한 법·제도의 영향을 받으며, 감정과 같은 사회심리적 요인도 인간행동에 미치는 영향이 크다.

답 ④

22	**공공선택론** → **보수적 접근**

① [×] 공공선택론은 기존의 배분상태를 사회의 합리적 선택으로 간주하는 보수적 이론으로 평가받는다.
② [O] 공공선택론은 공공재의 공급이라는 공적 문제를 경제학적 분석도구로 설명하는 이론이다.
③ [O] 공공선택론에 의하면 전통적 관료제는 서비스를 독점 공급하므로 시민의 요구에 민감하게 반응하지 않을 수 있다.
④ [O] 공공선택론에 의하면 독점 상황보다는 경쟁적이고 분권적인 상황에서 서비스 공급의 효율성이 높아진다.

답 ①

---

23 □□□

공공선택론(public choice theory)의 접근방법에 관한 설명으로 옳지 않은 것은?

① 방법론적 개인주의에 입각하고 있으며, 인간은 철저하게 자기 이익을 추구한다고 가정한다.
② 인간은 모든 대안들에 대하여 등급을 매길 수 있는 합리적인 존재라고 가정한다.
③ 정당 및 관료는 공공재의 소비자이고, 시민 및 이익집단은 공공재의 생산자로 가정한다.
④ 뷰캐넌(J. Buchanan)과 털럭(G. Tullock)이 대표적인 학자이다.

24 □□□

공공선택론(public choice theory)에 대한 설명으로 옳은 것은?

① 관할권이 다른 지방정부로 이주하는 것은 개인의 지방정부에 대한 선호표시와는 관련이 없다.
② 집권적이며 계층제적 구조를 강조하는 정부 관료제가 시민의 요구에 민감하게 반응한다고 주장한다.
③ 공공선택론의 대표적인 학자들 중에는 뷰캐넌(J. Buchanan), 오스트롬(V. Ostrom), 니스카넨(W. Niskanen)이 있다.
④ 개인이 아닌 공공조직을 분석의 기초단위로 채택함으로써 방법론적 개체주의에 반대한다.

23	관료 → 공공재 생산자

① [O] 공공선택론은 개인으로부터 시작하여 전체로의 확산효과를 중시하는 방법론적 개체주의 접근방법을 취한다.
③ [×] 공공선택론은 관료를 공공재의 생산자로, 시민과 이익집단을 공공재의 소비자로 가정한다.
④ [O] 공공선택론은 비시장적 결정에 관한 경제학적 연구로, 뷰캐넌과 털럭 등이 1960년대 제창하였다. 기존의 이론들은 경제활동은 이기심에 따라 행동하고 정치활동은 공공성에 따라 행동한다고 가정하였으나, 공공선택론은 정치활동에 역시 경제활동과 마찬가지로 자신의 이익을 극대화하기 위해 행동한다고 가정한다. 이는 시장실패에 대응하여 정치실패 혹은 관료실패와 같은 정부실패의 이론적 근거를 제시하였다는 점에서 의의가 깊다.

답 ③

24	공공선택론 → 비시장적 결정에 관한 경제학적 연구

① [×] 티부가설에 의하면 개인은 다른 지방정부로의 이주를 통해 지방공공서비스에 대한 자신의 선호를 표시할 수 있다.
② [×] 공공선택론에 의하면 집권적이며 계층제적 구조를 강조하는 정부 관료제는 독점적 구조를 지니므로 시민의 요구나 선호에 민감하게 반응하지 않는다.
③ [O] 공공선택론은 뷰캐넌(J. Buchanan)과 털럭(G. Tullock)에 의해 개척되었고, 오스트롬(V. Ostrom)은 '미국 행정학의 지적위기'(1973)라는 저서를 통해 이를 행정학에 도입하였다.
④ [×] 공공선택론은 개인을 분석하여 사회현상을 설명하는 방법론적 개체주의 입장이다.

답 ③

25 ☐☐☐

공공선택론에 관한 설명으로 적절하지 않은 것은?

① 연역적 설명방식을 취함으로써 사물에 관한 추론방법을 이용하는 데 유용하다.
② 합리모형의 정책결정수단으로서의 성격을 인정하면서 공공재와 공공서비스의 특질을 중시하였다.
③ 전통적인 정부실패의 한계에서 출발하였으며 관할구역의 분리와 분권화를 주장한다.
④ 행정에서의 소비자보호운동을 강화하는 데 기여하였다.

25	공공선택론 → 관할권의 중첩

① [○] 연역법은 하나 또는 둘 이상의 명제를 전제로 하여 명확히 규정된 논리적 형식에 의해 새로운 명제를 이끌어내는 연구방법이다.
② [○] 공적 거래는 집합적 거래이므로 개별적 거래와 구별되는 특질이 존재한다.
③ [×] 공공선택론은 고객에 대한 의존성과 대응성의 향상을 위해 적정한 공급영역의 설정과 관할권의 중첩(↔ 분리)을 처방한다.
④ [○] 공공선택론은 서비스 제공에 있어 시민 개개인의 선호와 선택을 존중하고, 시장기법을 통해 시민의 편익을 극대화할 수 있는 방안을 마련하고자 하였다.

답 ③

26 ☐☐☐

행정학의 접근방법으로서 공공선택론에 관한 기술 중 옳지 않은 것은?

① 정부실패(government failure)를 인정한다.
② 정부를 공공재의 생산자로 규정하며, 시민들은 공공재의 소비자라고 규정한다.
③ 의사결정에 필요로 하는 인원이 증가하면 의사결정비용이 감소하는 반면 외부비용은 증가한다.
④ 공공재의 공급문제와 그에 따른 무임승차자의 문제를 해결하고자 한다.

26	의사결정인원의 증가 → 결정비용의 증가와 집행비용(외부비용)의 감소

① [○] 공공선택론은 정부실패를 증명하고 가격이나 경쟁과 같은 시장기법을 통해 정부실패의 문제를 해결하고자 하였다.
③ [×] 의사결정의 인원이 증가하면 결정비용은 증가한다. 반면 결정이 이루어졌다면 이를 집행하는 비용 즉, 외부비용은 감소한다.
④ [○] 공공선택론은 가격이나 경쟁과 같은 시장기법의 도입을 통해 공공재 공급의 효율성을 높이고자 하였다.

답 ③

27 □□□

행정학의 접근방법에 대한 설명으로 옳지 않은 것은?

① 생태론적 접근방법은 외부환경이 행정체제에 영향을 미친다는 시각으로 환경에 대한 행정의 주체적인 역할을 경시했다는 비판을 받는다.
② 후기행태주의는 적실성과 실천을 강조하고, 가치중립적인 과학적 연구보다는 가치평가적인 정책연구를 지향하였다.
③ 공공선택이론은 권한이 분산된 여러 작은 조직들에 의해 공공서비스가 공급되는 것보다 단일의 대규모 조직에 의해 독점적으로 공급되는 것을 선호한다.
④ 역사적 제도주의에서 제도는 경로의존성과 관성적인 성향으로 인해 새로운 환경의 변화에 적절히 대응하지 못할 수도 있다.

28 □□□

다음과 같은 비판이 제기되고 있는 행정학의 접근 방법은?

> ㄱ. 인간은 경제적 이해관계로만 움직이지 않는다.
> ㄴ. 정부 활동의 성과를 지나치게 시장적 가치로 환원하려는 경향이 있다.

① 생태론적 접근방법
② 현상학적 접근방법
③ 공공선택론적 접근방법
④ 체제론적 접근방법

| **27** | 공공선택론 → 대규모 독점적 관료제에 대한 비판 |

① [○] 생태론적 접근방법은 환경결정론적 시각을 지니고 있어 행정이 환경에 영향을 미칠 수 있다는 행정의 독립변수적 성격을 간과하고 있다.
② [○] 후기행태주의는 사회문제를 해결하기 위한 규범적이고 가치평가적인 연구를 주장한 학문적 패러다임이다.
③ [✕] 공공선택론은 분권이나 관할권의 중첩을 통한 경쟁적 공공서비스의 생산을 강조하는 이론이다.
④ [○] 역사적 신제도주의에 의하면 새롭게 채택된 정책이나 제도들이 기존의 경로나 관성으로부터 영향을 받기에 원래 의도했던 효과가 나오지 않을 수 있음을 강조한다.

답 ③

| **28** | 공공선택론 → 시장적 가치의 강조 |

③ [○] 인간은 경제적 이해관계로만 움직이지 않으며, 정부활동의 성과를 지나치게 시장적 가치로 환원하려는 경향이 있다는 비판을 받는 것은 공공선택론이다.

답 ③

공공선택론에 입각한 행정학 연구의 특징으로 옳지 않은 것은?

① 합리적 경제인으로서 개인
② 방법론적 개체주의
③ 정치는 합리적 개인들 간의 자발적인 교환작용
④ 제도적 장치의 경시

행정학의 접근방법 중 공공선택론의 특성에 해당하지 않는 것은?

> ㄱ. 방법론적 개체주의
> ㄴ. 국가 의지의 강조
> ㄷ. 부서 목표의 극대화
> ㄹ. 합리적 경제인
> ㅁ. 교환으로서의 정치
> ㅂ. 예산극대화

① ㄱ, ㄹ   ② ㄴ, ㄷ
③ ㄷ, ㅁ   ④ ㄷ, ㅂ

---

29   공공선택론 → 제도적 장치의 강조

③ [O] 공공선택론은 정치를 사익의 극대화를 추구하는 교환과정
  으로 묘사한다.
④ [×] 공공선택론은 전통적인 관료제는 서비스의 독점적 공급으로
  인하여 시민의 요구에 민감하게 반응하지 않음을 지적하면서
  고객의 요구에 대한 대응성을 높일 수 있는 다양한 제도적 장치를
  설계하고자 하였다.

답 ④

30   공공선택론 → 개인적 이익의 극대화 추구

ㄱ. [O] 방법론적 개체주의(환원주의)란 전체는 부분의 합으로 구성
  된다고 가정하고 부분을 통해 전체를 이해하는 접근방법이다.
ㄴ. [×] 공공선택론은 국가의 의지보다는 개인의 선택을 통해 공공
  서비스가 공급되는 과정을 설명하는 이론이다.
ㄷ. [×] 공공선택론은 부서 목표의 극대화보다는 자신의 이익을
  극대화하고자 하는 합리적 경제인을 가정한다.
ㄹ. [O] 합리적 경제인이란 개인적 이익의 극대화와 행동에 있어서
  효율성을 추구하는 인간관을 의미한다.
ㅁ. [O] 공공선택론은 사익의 극대화를 추구하는 교환 과정으로
  정치를 묘사하며, 유권자는 투표를 통해 시장에서처럼 자신의
  수요를 표출한다고 보았다.
ㅂ. [O] 부서의 예산을 극대화하는 이유 역시 자신의 이익을 극대
  화하기 위한 수단이다.

답 ②

31 ☐☐☐

니스카넨(W. Niskanen)의 예산극대화모형(budget-maximization model)에 대한 설명으로 옳지 않은 것은?

① 정치가는 사회후생의 극대화를 추구한다고 가정한다.
② 정치가는 총편익과 총비용의 차이인 순편익이 최대가 되는 수준에서 공공서비스를 공급하려 한다고 본다.
③ 관료는 자신의 효용을 극대화하려는 합리적 경제인이라고 가정한다.
④ 관료는 한계편익곡선과 한계비용곡선이 교차하는 점에서 공공서비스를 공급하려 한다고 본다.

32 ☐☐☐

던리비(P. Dunleavy)의 관청형성모형에 대한 설명으로 가장 옳은 것은?

① 고위 관료의 선호에 맞지 않는 기능을 민영화나 위탁계약을 통해 지방정부나 준정부기관으로 넘긴다.
② 합리적인 고위직 관료들은 소속기관의 예산극대화를 추구한다.
③ 중하위직 관료는 주로 관청예산의 증대로 이득을 얻는다.
④ 관료들이 정책결정을 할 때 사적 이익보다는 공적 이익을 우선시 한다.

31	관료 → 총편익곡선과 총비용곡선의 교차점까지 공공서비스 공급의 확대

① [O] 니스카넨(W. Niskanen)의 예산극대화모형에 따르면 관료는 공공재 공급자이고, 정치가는 공공재 구매자이며, 양자는 쌍방독점 관계이다. 정치가는 사회후생의 극대화[순편익의 극대화(수요와 공급의 균형점)]를 추구하여 한계편익곡선과 한계비용곡선이 교차하는 점에서 공공서비스를 공급하려고 한다.
② [O] 총편익과 총비용의 차인 순편익이 최대가 되는 점이 한계비용과 한계편익이 일치하는 사회적 후생이 극대화되는 점이다.
③ [O] 니스카넨(W. Niskanen)의 예산극대화모형은 경제학적 가정을 바탕으로 이론을 전개한다. 즉, 합리적 경제인, 방법론적 개체주의, 연역적 접근이 예산극대화모형의 기본가정이다.
④ [×] 한계편익곡선과 한계비용곡선이 교차하는 점에서 공공서비스를 공급하려고 하는 것은 정치가이다. 그러나 보다 많은 정보를 보유한 관료는 정보비대칭을 이용하여 자신의 효용을 극대화하려 하며, 그 결과 정부의 산출물은 총편익과 총비용의 일치하는 지점(순편익=0)까지 확대되어, 적정 수준보다 2배 과잉생산(배분적 비효율성)된다.

답 ④

32	관청형성모형 → 집행기관의 분권화

① [O] 고위 관료들은 일상적이며 자율성이 낮은 계선기관보다 자율성이 높은 참모기관을 선호한다. 즉, 결정기능이나 권력 중심적 기능 또는 참모기능만 수행하고자 한다. 이에 따라 책임이나 통제가 수반되는 일상적인 집행기능(→ 계선기능)은 준정부나 외부계약으로 이전된다.
② [×] 던리비(P. Dunleavy)는 예산증가에 따른 관료의 효용은 예산의 유형과 부서의 유형에 따라 상이하다고 보았으며 특히, 소속기관의 예산이 확대될 경우 그 기관을 통제해야 할 책임이 증가하므로 합리적인 고위 관료들은 소속기관의 예산증대를 무작정 추구하지는 않는다.
③ [×] 중하위직 관료는 주로 기관의 운영비인 핵심예산 증대로 이익을 얻는다. 관청예산의 증대로 이득을 얻는 것은 주로 고위 관료이다.
④ [×] 관청형성모형은 니스카넨(W. Niskanen)의 예산극대화 가설을 비판하지만 관료의 사적이익 극대화 가설은 수용하였다.

답 ①

33 □□□

니스카넨(W. Niskanen)의 예산극대화 이론과 던리비(P. Dunleavy)의 관청형성 이론에 대한 설명으로 옳지 않은 것은?

① 니스카넨(W. Niskanen)에 따르면 최적의 서비스 공급수준은 한계편익(marginal benefit)과 한계비용(marginal cost)이 일치하는 수준에서 결정된다.

② 두 이론 모두 관료를 자신의 이익과 효용을 추구하는 인간으로 가정한다.

③ 던리비(P. Dunleavy)에 따르면 관청형성의 전략 중 하나는 내부조직 개편을 통해 정책결정 기능과 수준을 강화하되 일상적이고 번잡스러운 업무는 분리하고 이전하는 것이다.

④ 니스카넨(W. Niskanen)에 따르면 예산극대화 행동은 예산 유형과 직위의 관계, 기관유형, 시대적 상황 등의 측면에서 다양하게 나타날 수 있다.

33	관청형성 이론 → 상황별 다양성

① [○] 니스카넨(W. Niskanen)에 따르면 사회적으로 최적의 서비스 공급수준은 한계편익과 한계비용이 일치하는 수준이다. 그러나 관료는 자신의 이익을 극대화하기 위하여 총편익과 총비용이 일치하는 점까지 공공서비스 공급의 규모를 확대시킨다.

② [○] 니스카넨(W. Niskanen)의 예산극대화모형이나 던리비(P. Dunleavy)의 관청형성 이론은 모두 합리적 경제인에 바탕을 두고 이론을 전개한다.

③ [○] 던리비(P. Dunleavy)에 따르면 고위 관료들은 일상적이며 자율성이 낮은 계선기관보다 자율성이 높은 참모기관을 선호한다. 즉, 결정기능이나 권력 중심적 기능 또는 참모기능만 수행하고자 한다. 이에 따라 책임이나 통제가 수반되는 일상적 집행기능은 준정부나 외부계약으로 이전된다. 결국, 정부의 기능이 다양한 관청으로 분봉(→ 분권화)되어 정부팽창은 은폐되고 통제와 책임은 약화된다.

④ [×] 예산유형과 직위의 관계, 기관유형, 시대적 상황 등의 측면을 고려한 것은 던리비(P. Dunleavy)의 관청형성 이론이다.

답 ④

34 □□□

다음 중 던리비(P. Dunleavy)의 관청형성모형에 대한 설명으로 옳지 않은 것은?

① 니스카넨(W. Niskanen)의 예산극대화모형을 비판한 모형이다.

② 관료들의 효용은 소속 기관이 통제하는 전체 예산액 중 일부분에만 관련된다.

③ 고위직 관료는 금전적 편익보다는 수행하는 업무의 성격과 업무환경에서 오는 효용을 증진시키는 데 더 큰 관심을 갖는다.

④ 합리적 관료들은 소규모의 엘리트 중심적이고 정치권력의 중심에 접근해 있는 부서에서 참모기능의 수행을 원한다.

⑤ 통제기관의 경우 예산이 증가할수록 권력이 커지기 때문에 예산을 증액하려는 성향이 높게 나타난다.

34	통제기관 → 예산증액 필요성의 약화

① [○] 던리비(P. Dunleavy)는 예산증가에 따른 관료의 효용은 예산의 유형과 부서의 유형에 따라 상이하다는 것을 강조하면서, 니스카넨(W. Niskanen)의 예산극대화모형을 비판하였다.

② [○] 즉, 관료들이 선호하는 예산은 소속 기관이 통제하는 모든 예산이 아니고 그중의 일부라는 것이다.

③ [○] 예산증대에 대한 결정적 영향력은 고위 관료가 가장 크지만 그로부터의 순수편익은 하위 관료에서 가장 크고 그 과정에서 발생하는 비용은 대부분 고위 관료에게 집중된다. 또한 증대된 예산이 봉급인상으로 직결되기도 어렵고 각종 인력제한, 중앙감사 등과 같은 통제장치 또한 고위 관료들의 금전적 효용 추구에 대한 제약으로 작용한다. 이러한 제약조건 하에서 고위 관료들은 지위, 특권, 후원력, 영향력, 그리고 그들이 수행하는 직무 자체에 대한 흥미와 같은 비금전적 효용을 보다 강조하게 된다는 것이다.

⑤ [×] 통제기관의 주요 예산인 사업예산은 그 증대로 인해 외부로부터의 감시와 통제 및 책임성의 증대가 동시에 나타나므로 고위 관료들은 위험한 영역 이상으로 부서의 팽창을 가져올 수 있는 사업예산의 증대는 선호하지 않는다.

답 ⑤

35 ☐☐☐

행정학의 접근방법에 대한 설명으로 옳은 것은?

① 법적·제도적 접근방법은 개인이나 집단의 속성과 행태를 행정현상의 설명변수로 규정한다.
② 신제도주의 접근방법에서는 제도를 공식적인 구조나 조직 등에 한정하지 않고, 비공식적인 규범 등도 포함한다.
③ 후기행태주의 접근방법은 행정을 자연·문화적 환경과 관련하여 이해하면서 행정체제의 개방성을 강조한다.
④ 툴민(S. Toulmin)의 논변적 접근방법은 환경을 포함하여 거시적인 관점에서 행정현상을 분석하고, 확실성을 지닌 법칙발견을 강조한다.

35	신제도주의 → 공식 + 비공식

① [×] 개인이나 집단의 속성과 행태를 행정현상의 설명변수로 규정하는 것은 행태론적 접근방법이다.
② [○] 신제도주의는 구제도주의와 달리 제도의 개념을 법률로 규정된 공식적 정부로 한정하지 않으며, 제도를 중심으로 정책현상 등 다른 변수들과의 관계를 분석하고자 한다.
③ [×] 행정을 자연·문화적 환경과 관련하여 이해하면서 행정체제의 개방성을 강조하는 것은 생태론이나 체제론이다.
④ [×] 툴민(S. Toulmin)의 논변적 접근방법은 주장, 근거, 보증, 보강, 배제사유, 적용범위라는 6개의 논증도식을 통해 주장의 정당성을 확보하고자 하는 이론이다. 이는 이론의 보편적 법칙보다는 당해 주장의 정당성을 입증하기 위한 방법이다. 반면, 환경을 포함하여 거시적인 관점에서 행정현상을 분석하고, 확실성을 지닌 법칙의 발견을 강조하는 것은 체제론적 접근방법이다.

답 ②

36 ☐☐☐

신제도주의이론에 대한 설명으로 옳지 않은 것은?

① 역사적 제도주의에서는 제도의 경로의존성(path dependency)을 강조한다.
② 신제도주의는 이론적 배경을 달리하는 역사적 제도주의, 합리적 선택이론, 사회학적 제도주의 등으로 구별된다.
③ 신제도주의는 기존의 행태주의가 시대별 정책적 차이나 다양성을 설명하지 못하는 한계를 가지고 있다는 점에 주목한다.
④ 구제도주의와 신제도주의의 공통점은 제도의 개념을 동태적인 것으로 파악하면서, 국가 간 차이에 대한 설명을 시도하는 것이다.

36	제도의 동태성 강조 → 신제도주의

① [○] 경로의존성이란 한 번 일정한 경로로 들어서면 나중에 그 경로가 비효율적이라는 사실을 알고도 여전히 그 경로를 벗어나지 못하는 경향을 뜻한다. 역사적 신제도주의에 의하면 제도의 역사적 발전은 과거의 발전경로와 유사하며, 과거의 역사적 발전은 현재의 정책선택을 제약하는 요인으로 작용한다.
② [○] 신제도주의는 제도를 통해 인간행위를 연구한다는 점은 동일하나 경제학, 정치학, 조직사회학 등 다양한 학문분야에서 개별적으로 발달하였다.
③ [○] 행태주의는 역사적 맥락이나 구조적 제약이 인간 행태에 영향을 주는 요인을 간과하였다. 이에 따라 신제도주의는 제도라는 변수를 통해 인간 행태를 설명함으로써 행태주의를 한계를 보완하고자 한다.
④ [×] 제도의 개념을 동태적인 것으로 파악하면서, 국가 간 차이에 대한 설명을 시도하는 것은 신제도주의이다. 구제도론은 제도의 정태적 서술에 초점을 맞춘 이론이다.

📄 신제도와 구제도 비교

구분	구제도	신제도
개념	공식적 법령이나 정부조직	공유하고 있는 규범, 규칙, 균형점
형성	외생적으로 결정, 합리적 도구로서 제도 (인간 → 제도)	인간과 제도의 상호작용으로 형성, 분석의 틀로서 제도 (제도 ↔ 인간)
특징	공식적·구체적·정태적·보편적	비공식적·상징적·동태적·문화적
분석 수준	도덕적·규범적 원칙의 서술	현상에 대한 경험적 분석
분석 초점	제도의 정태적 기술(記述)	인간과 제도의 상호작용의 분석

답 ④

37 □□□

행정학의 접근방법 중 신제도주의에 대한 설명으로 옳지 않은 것은?

① 제도가 수행하는 기능, 제도와 개인행태 사이의 관계, 제도의 성립과 변화를 설명한다.
② 행태주의에 대한 반발로서 등장하였다.
③ 법과 공식적인 제도에 대한 정태적 서술에 초점을 두고 있다.
④ 역사적 제도주의는 정치행위자를 합리적 극대화론자라기보다는 규칙을 준수하는 만족화주의자로 본다.

38 □□□

신제도주의에 대한 설명으로 옳지 않은 것은?

① 제도는 법률, 규범, 관습 등을 포함한다.
② 역사적 제도주의는 제도가 경로의존성을 따른다고 본다.
③ 사회학적 제도주의는 적절성의 논리보다 결과성의 논리를 중시한다.
④ 합리적 선택 제도주의는 제도가 합리적 행위자의 이기적 행태를 제약한다고 본다.

37	법과 공식적인 제도에 대한 정태적 서술 → 구제도론

① [○] 신제도론은 제도가 수행하는 기능, 제도와 개인행태 사이의 관계, 제도의 성립과 변화 등 인간행동을 지배하는 정치적·사회적 규칙으로서 제도를 설명하는 이론이다.
② [○] 신제도주의는 제도의 발생원인과 변화과정 및 제도의 성과를 평가하는 접근방법으로, 인간의 행태만으로 사회현상을 설명하고자 했던 행태주의에 대한 반발의 의미도 지닌다.
③ [×] 법과 공식적인 제도에 대한 정태적 서술에 초점을 둔 것은 구제도주의이다.
④ [○] 역사적 신제도주의는 정책결정은 개인의 전략적 의도와 무관하게 이루어지며, 개인의 합리적인 선택이란 인지능력의 한계 또는 기존 제도(선택)에 의한 구속 등으로 인하여 제약된다고 설명한다. 그러므로 정치행위자는 합리적 극대화론자라기보다는 규칙을 준수하는 만족화주의자에 머문다.

답 ③

38	사회학적 신제도주의 → 적절성의 원리

② [○] 경로의존성이란 과거의 선택이 관성(inertia) 때문에 쉽게 변화되지 않는 현상을 말한다. 이러한 경로의존성과 권력의 불균형성을 중시한 이론은 역사적 신제도주의이다.
③ [×] 사회학적 신제도주의는 제도변화 이유로서 결과성의 논리(→ 기능주의 관점)보다는 적절성의 논리를 강조한다.
④ [○] 합리적 선택 제도주의는 행위자 간 전략적 행위와 균형상태의 유지에 있어 제도의 역할을 강조하며, 제도가 합리적 행위자의 전략이나 보상함수에 영향을 미쳐 다시 그들의 행위를 제약하는 현상을 설명한다.

답 ③

조직의 배태성과 제도적 동형화에 대한 설명으로 옳지 않은 것은?

① 조직 배태성의 특징은 조직구성원들이 정당성보다 경제적 이익을 추구하는 행위를 하려는 것이다.

② 조직의 제도적 동형화는 특정 조직이 환경에 있는 다른 조직을 닮는 것을 말한다.

③ 제도적 동형화에는 강압적 동형화, 모방적 동형화, 규범적 동형화 등이 있다.

④ 제도적으로 조직이 동형화될 경우 조직이 교란되는 것을 막을 수 있다.

역사적 신제도주의의 특징으로 옳지 않은 것은?

① 행정기관, 의회, 대통령, 법원 등 유형적인 개별 정치제도가 주된 연구대상이다.

② 제도를 이해하는 데 있어 역사적 · 사회적 맥락의 중요성을 강조한다.

③ 제도가 형성되면 안정성과 경로의존성을 갖는다고 본다.

④ 제도란 공식적 법규범뿐만 아니라 비공식적 절차, 관례, 관습 등을 포함한다.

---

39   조직의 배태성 → 사회학적 신제도주의

① [×] 제도를 생성하거나 기존의 제도를 닮아가는 배태성은 사회학적 신제도주의에서 강조하는 개념이다. 사회학적 신제도주의에 의하면 구성원들은 경제적 이익보다는 정당성을 획득하기 위해 기존의 제도를 채택하게 된다.

② [○] 동형화란 처음에는 달랐지만 시간이 지나면서 서로 닮아가는 현상으로, 사회학적 신제도주의에서 강조하는 개념이다.

③ [○] 동형화에는 전문직업에서 작업조건과 방법을 통제하고, 직업적 자율성과 정당성을 획득하기 위한 집합적 노력인 규범적 동형화, 자신이 속한 조직사회 또는 자원을 통제하는 다른 조직들로부터 가해지는 공식 · 비공식 압력에 순응하는 강압적 동형화, 불확실한 상황에서 성공사례를 벤치마킹하여 모방하는 과정인 모방적 동형화 등이 있다.

④ [○] 동형화란 다양한 형태의 유형으로 출발하지만, 시간이 지나 어느 정도 안정화 단계에 이르면 유사한 형태로 변하는 현상이므로, 조직이 교란되는 것을 막을 수 있다.

답 ①

40   유형적인 개별 정치제도 → 구제도주의

① [×] 의회, 대통령, 법원 등 유형적인 개별 정치제도를 주된 연구대상으로 삼는 것은 구제도주의이다. 신제도주의는 제도와 제도의 관계, 혹은 제도가 작동하는 제도의 장에 관심을 두고 있다.

② [○] 신제도론은 제도의 외생성과 합리성을 가정하여 제도의 영속성과 맥락성 그리고 인간행위에 대한 제도의 영향력을 간과했던 다원주의 · 합리주의 · 행태주의 등의 한계를 극복하고자 등장한 이론이다.

③ [○] 역사적 신제도주의는 제도가 형성되면 안정성과 경로의존성을 갖는다는 것을 강조한다.

④ [○] 신제도론은 제도의 개념을 법률로 규정된 공식적 정부로 한정하지 않으며, 제도를 중심으로 다른 변수들과의 관계분석도 추구하므로 구제도론보다는 더 동적(dynamic)이다.

답 ①

41 □□□

신제도주의에 대한 설명으로 옳은 것만을 모두 고른 것은?

> ㄱ. 합리적 선택 신제도주의가 형성되는 데 거래비용접근법이 많은 영향을 미쳤다.
>
> ㄴ. 사회학적 신제도주의는 문화가 제도의 형성에 미치는 영향을 간과한다.
>
> ㄷ. 역사적 신제도주의는 행위자 간의 상호작용을 제약하는 제도의 영향력과 제도적 맥락을 강조한다.

① ㄱ, ㄴ
② ㄱ, ㄷ
③ ㄴ, ㄷ
④ ㄱ, ㄴ, ㄷ

42 □□□

신제도주의 유형과 그 특징을 바르게 연결한 것은?

	합리적 선택 제도주의	역사적 제도주의	사회학적 제도주의
①	중범위 수준 제도분석	제도의 동형성	경로의존성
②	거래비용	경로의존성	제도의 동형성
③	전략적 상호작용	중범위 수준 제도분석	거래비용
④	경로의존성	전략적 상호작용	중범위 수준 제도분석

---

41 사회학적 신제도주의 → 문화적 제도주의

ㄱ. [○] 거래비용이론은 거래비용의 최소화를 효율성의 관건으로 인식하는 경제학적 이론으로, 거래비용을 줄이기 위한 제도적 장치의 모색을 강조한다는 점에서 합리적 선택 제도주의로 분류된다.

ㄴ. [×] 사회학적 신제도주의는 제도를 가장 넓게 인식하여 상징체계나 도덕적 틀과 같은 문화적 차원까지 확대한 이론이다. 특히, 제도의 채택에 있어 규범적 측면보다는 인지적 측면을 중시하여, 조직은 사회적 정당성의 획득을 위해 제도를 문화적 인지에 의해 채택한다고 보았다.

ㄷ. [○] 역사적 신제도주의는 역사적 관점과 거시 구조적 관점을 결합한 접근법으로, 개인의 행동을 형성하고 제약하는 제도의 지속성과 이러한 제도가 형성되어 온 역사적 과정을 중시하는 이론이다.

📄 신제도적 접근방법의 유파별 비교

구분	합리적 선택 제도주의	역사적 신제도주의	사회학적 신제도주의
모학문	경제학	정치학	조직사회학
제도	공식적 측면 강조, 제도 범위 좁음	공식적 측면 강조, 제도 범위 넓음	비공식적 측면 강조, 제도 범위 가장 넓음
개인 선호	안정적·외생적	제한적·내생적	제한적·내생적
제도 채택	합리적·전략적 선택, 균형점으로 제도	경로의존성	제도의 인지적 측면
제도 변화	전략적 선택의 결과, 비용과 편익의 비교	외부적 충격, 단절된 균형	유질동형화 과정, 적절성의 논리
접근 방법	연역적 (→ 일반이론), 방법론적 개체주의	귀납적 (→ 비교연구, 사례연구), 방법론적 전체주의	귀납적 (→ 해석학적 방법), 방법론적 전체주의

답 ②

---

42 중범위 수준의 제도분석 → 역사적 신제도주의

① [×] 중범위 수준의 제도분석과 경로의존성은 역사적 신제도주의의 특징이고, 제도의 동형성은 사회학적 신제도주의의 특징이다.

③ [×] 거래비용의 개념은 합리적 선택 제도주의의 특징이다.

④ [×] 전략적 상호작용은 합리적 선택 제도주의의 특징이다.

답 ②

사회학적 신제도주의에 대한 설명으로 옳지 않은 것은?

① 개인의 행위는 고립된 상태에서 선택되는 것이 아니라 사회관계에 의하여 영향을 받는다는 의미에서 배태성(embeddedness)이라는 개념을 사용한다.
② 조직들이 시장의 압력 속에서 생존하기 위해 경쟁력 있는 조직형태나 조직관리기법을 합리적으로 선택하는 것은 규범적 동형화(normative isomorphism)의 예이다.
③ 정부의 규제정책에 따라 기업들이 오염방지장치를 도입하거나 장애인 고용을 확대하는 것은 강압적 동형화(coercive isomorphism)의 예이다.
④ 정부의 제도개혁에 선진국의 제도를 도입하여 적용하는 것은 모방적 동형화(mimetic isomorphism)의 예이다.

43	시장의 압력 ➡ 강압적 동형화

① [ㅇ] 배태성이란 어떤 현상이나 사물이 발생하거나 일어나는 원인을 담고 있다는 의미로, 무엇인가를 야기할 수 있는 능력과 관련된다.
② [×] 조직들이 시장의 압력 속에서 생존하기 위해 경쟁력 있는 조직형태나 조직관리기법을 선택하는 것은 강압적 동형화이다.
③ [ㅇ] 정부의 규제정책과 같은 압력에 의해 동형화되는 것은 강압적 동형화이다.
④ [ㅇ] 모방적 동형화는 불확실한 상황에서 성공사례를 벤치마킹하여 모방하는 과정과 관련된다.

답 ②

다음 행정이론에 대한 설명으로 옳지 않은 것은?

> 변화 시작의 시간적 전후관계나 동반관계, 변화과정의 시간적 장단(長短)관계를 사회 현상 연구에 적용하는 접근방법이다. 정책이 실제로 실행되는 타이밍, 정책대상자들의 학습시간, 정책의 관련요인들 간 발생순서 등이 정책효과를 다르게 할 수 있다고 주장한다.

① 원인변수와 결과변수 간 인과관계가 원인변수들이 작용하는 순서에 따라 달라지지는 않는다고 본다.
② 정책이나 제도의 도입 이후 어느 시점에서 변경을 시도해야 바람직한 결과를 낳을 것인지에 주목한다.
③ 정책이나 제도의 효과는 어느 정도 숙성시간이 지난 후에 평가하는 것이 보다 합리적이라고 본다.
④ 시차적 요소에 대해 적절하게 고려하지 않아 정부개혁의 실패가 나타난다고 본다.

44	정책연구에 있어 시간적 요소의 도입 ➡ 시차적 접근법

① [×] 시차적 접근법은 원인변수의 작용 순서에 따라 결과변수와의 인과관계가 달라진다.
② [ㅇ] 시차적 접근법은 정책학 연구에서 시간변수를 중요한 분석요소로 도입하여 원인변수 작동의 시차, 변수들의 역사와 인과관계의 상이성, 인지상의 시차, 업무완결에 걸리는 시차 등을 강조한 이론이다.
③ [ㅇ] 시차적 접근법은 현상을 발생시키는 속성이나 행태가 주체에 따라 시간적 차이를 두고 변화되는 사실을 사회현상에 적용하는 연구방법으로, 같은 정책이라 해도 주체에 따라 시간적 차이가 발생할 수 있으므로 새로운 제도의 효성성을 평가하기 위해서는 어느 정도의 숙성기간을 고려하는 것이 바람직하다고 본다.
④ [ㅇ] 시차적 접근법은 외국의 제도를 도입하려는 정부개혁이 효과를 거두지 못한 원인을 파악하는 과정에서 도입된 이론이다.

답 ①

신제도주의의 주요 분파에 대한 설명으로 옳은 것은?

① 합리적 선택 제도주의는 개인이 합리적이며 선호는 제도와 밀접하게 연관되어 변화하는 것으로 가정한다.

② 사회학적 제도주의는 제도의 변화과정을 설명할 때 경로의존성을 강조하며, 제도의 운영 및 발전과 관련하여 권력의 비대칭성에 초점을 맞춘다.

③ 역사적 제도주의는 중범위적 제도 변수가 개별 행위자의 행동과 정치적 결과를 어떻게 연계시키는지에 대해 초점을 맞춘다.

④ 사회적 제도주의는 사회적 딜레마를 해결하기 위해 사람들이 스스로 만드는 게임의 규칙을 제도로 본다.

신제도주의에 대한 설명으로 옳은 것만을 다음에서 모두 고르면?

> ㄱ. 사회학적 제도주의가 제도의 종단면적 측면을 중시하면서 국가 간의 차이를 강조한다면, 역사적 제도주의는 횡단면적으로 서로 다른 국가나 조직에서 어떻게 유사한 제도가 나타나는지에 관심을 갖는다.
>
> ㄴ. 역사적 제도주의에 의하면, 제도는 환경의 변화가 크지 않으면 안정적인 균형 상태를 유지하다가 외부의 충격을 겪으면서 근본적 변화를 경험하고 새로운 경로에서 다시 균형 상태를 이루는 단절적 균형의 특성을 보인다.
>
> ㄷ. 사회학적 제도주의에서는 개인이나 조직의 제도적 환경에 대한 적응력이 강조되고, 사회적으로 표준화된 규칙 또는 규범에 적절하게 순응하는 개인이나 조직은 사회로부터 정당성을 부여받는다.
>
> ㄹ. 사회학적 제도주의는 제도의 변화에서 개인의 역할을 인정하지 않고, 개인은 자신의 의도에 따라 제도를 만들거나 변화시킬 수 없으며 제도에 종속될 뿐이라고 본다.

① ㄱ, ㄴ   ② ㄴ, ㄷ
③ ㄷ, ㄹ   ④ ㄴ, ㄷ, ㄹ
⑤ ㄱ, ㄴ, ㄷ, ㄹ

45	역사적 신제도주의의 분석단위 → 중범위 수준의 제도

① [×] 합리적 선택 제도주의는 인간 선호의 외생성을 가정한다. 선호가 제도와 밀접하게 연관되어 있어 변화된다는 것은 선호의 내생성을 의미한다.

② [×] 제도의 변화과정을 설명할 때 경로의존성을 강조하고 제도의 운영 및 발전과 관련하여 권력의 비대칭성에 초점을 맞추는 것은 역사적 신제도주의이다.

③ [○] 역사적 신제도주의에서 사용하는 제도 변수는 마르크스의 계급이론이나 근대화론과 같은 거시적 수준이 아닌 중범위적 수준의 제도 변수를 설정한 후 다른 제도와의 관련성을 연구하는 이론이다.

④ [×] 사회적 딜레마를 해결하기 위해 사람들이 스스로 만드는 게임의 규칙을 제도로 보는 것은 합리적 선택 제도주의이다.

답 ③

46	역사적 신제도주의 → 횡단면적 분석 + 국가 간 차별성

ㄱ. [×] 역사적 신제도주의가 제도의 종단면적 측면을 중시하면서 국가 간 차이를 강조한다면 사회학적 신제도주의는 횡단면적으로 국가 간 또는 조직 간 어떻게 유사한 제도의 형태를 취하는가에 관심을 갖는다.

ㄴ. [○] 역사적 신제도주의는 역사적 위기가 발생할 때 기존 제도의 균형은 단절되고 새로운 제도로 전환된다는 단절적 균형과 제도의 역동성을 받아들인다.

ㄷ. [○] 사회학적 신제도주의는 무엇이 사회적으로 적합한가에 관심을 두기에 사회적으로 정당성을 인정받은 규칙이나 규범에 순응함으로써 사회적으로 정당성을 획득하고자 한다.

ㄹ. [○] 사회학적 신제도주의는 제도의 변화에 있는 인간의 의도성을 인정하지 않는다.

답 ④

다음 중 행태주의와 제도주의에 대한 기술로 옳은 것은?

① 행태주의에서는 인간의 자유와 존엄과 같은 가치를 강조한다.

② 제도주의에서는 사회과학도 엄격한 자연과학의 방법을 따라야 한다고 본다.

③ 행태주의에서는 시대적 상황에 적합한 학문의 실천력을 중시한다.

④ 각국에서 채택된 정책의 상이성과 효과를 역사적으로 형성된 제도에서 찾으려는 것은 제도주의 접근의 한 방식이다.

⑤ 제도의 변화와 개혁을 지향한다는 점에서 행태주의와 제도주의는 같다.

---

47   정책의 상이성과 효과 → 역사적 신제도주의

① [×] 행태주의는 사실과 가치를 분리한 후 사실 중심의 연구를 강조하는 이론이다. 시대적 상황에 적합한 학문의 실천력을 중시하는 것은 처방성과 관련된다.

② [×] 사회과학도 엄격한 자연과학의 방법을 따라야 한다는 주장은 행태주의와 관련된다.

④ [○] 각국에서 채택된 정책의 상이성과 효과를 역사적으로 형성된 제도에서 찾으려는 것은 역사적 신제도주의이다.

⑤ [×] 제도의 변화와 개혁은 처방성과 관련된다.

답 ④

CHAPTER

5

행정학의 주요 이론

01 ☐☐☐
07년 국가7급

전기 관방학에 대한 설명으로 적절하지 않은 것은?

① 왕실재정과 국가재정을 구별하였다.
② 공공복지의 사상적 기초를 신학에서 찾았다.
③ 대표적인 학자는 오제(Osse), 젝켄도르프(Seckendorf) 등
이다.
④ 관방학의 강좌가 개설된 1727년을 기준으로 전기와 후기
로 나눈다.

02 ☐☐☐
18년 지방9급

행정이론의 패러다임과 추구하는 가치를 바르게 연결한 것은?

① 행정관리론 - 절약과 능률성
② 신행정론 - 형평성과 탈규제
③ 신공공관리론 - 경쟁과 민주성
④ 뉴거버넌스론 - 대응성과 효율성

---

01 왕실재정과 국가재정의 구별 → 후기 관방학

① [×] 왕실재정과 국가재정을 구별한 것은 후기 관방학이다.
② [○] 반면, 후기 관방학은 그 사상적 기초를 자연법 혹은 계몽
주의에서 찾는다.
③ [○] 반면, 후기 관방학의 대표적인 학자는 유스티이다.

답 ①

---

02 행정관리론 → 기계적 능률성

① [○] 행정관리론은 엽관주의 폐해를 극복하기 위해 제시된
고전적 행정관이다.
② [×] 신행정론은 형평성과 책임성을 중시한다. 탈규제는 정부
실패 이후 강조되었다.
③ [×] 신공공관리론은 탈규제 및 경쟁과 효율성의 강화를 중시
한다.
④ [×] 뉴거버넌스론은 효율성보다는 참여와 대응성을 중시한다.

답 ①

03 ☐☐☐

미국 민주주의의 규범적 관료제 모형에 대한 설명으로 옳은 것은?

① 제퍼슨주의(Jeffersonianism)는 개인의 자유를 극대화하기 위한 행정책임을 강조하고 소박하고 단순한 정부와 분권적 참여과정을 중시한다.
② 잭슨주의(Jacksonianism)는 행정의 탈정치화를 통해 정당정치의 개입으로부터 자유로운 행정을 강조한다.
③ 매디슨주의(Madisonianism)는 국가 이익의 증진을 위해 강한 행정부의 적극적 역할과 행정의 유효성을 지향한다.
④ 해밀턴주의(Hamiltonianism)는 다원적 과정을 통한 이익집단 요구의 조정과 이를 가능하게 하는 견제와 균형을 중시한다.

04 ☐☐☐

미국 행정학의 발달배경으로 볼 수 없는 것은?

① 사상적 배경으로는 해밀턴(A. Hamilton)의 연방주의와 제퍼슨(T. Jefferson)의 분권적 행정에 영향을 받았다.
② 잭슨(A. Jackson) 민주주의는 행정의 부패와 타락을 방지하여 엽관주의를 극복하고 행정학의 발달에 공헌하였다.
③ 19세기 후반의 급격한 산업화와 도시화는 행정기능의 확대·강화를 가져왔다.
④ 19세기 후반의 정부개혁운동과 사기업에서 발달된 과학적 관리운동은 행정학의 성립에 크게 기여하였다.

---

03 | 제퍼슨주의 → 작은 정부

① [○] 제퍼슨주의는 자유주의 사상으로 지방분권과 민주성을 강조하며, 19C말 민중주의와 진보주의운동 그리고 1960년대 참여를 강조하는 신행정학에 영향을 주었다.
② [×] 행정의 탈정치화를 통해 정당정치의 개입으로부터 자유로운 행정을 강조한 학자는 윌슨(W. Wilson)이다.
③ [×] 국가 이익의 증진을 위해 강한 행정부의 적극적 역할과 행정의 유효성을 지향하는 것은 해밀턴주의이다.
④ [×] 다원적 과정을 통한 이익집단 요구의 조정과 이를 가능하게 하는 견제와 균형을 중시하는 것은 매디슨주의이다.

답 ①

---

04 | 잭슨(A. Jackson) 민주주의 → 엽관주의 도입

① [○] 해밀턴(A. Hamilton)의 연방주의 사상은 중앙집권과 능률적 행정을 강조하고, 제퍼슨(T. Jefferson)의 분권주의 사상은 지방분권과 시민참여라는 민주성을 강조한다.
② [×] 잭슨(A. Jackson) 민주주의는 엽관주의를 도입하기 위한 이론적 주장이다.
③ [○] 미국의 남북전쟁 이후 진행된 산업화와 도시화는 공공문제의 복잡성을 가져와 행정기능이 확대되는 배경이 되었다.
④ [○] 사기업에서 발달된 과학적 관리운동은 정치행정이원론을 배경으로 행정학에 도입되어 초기 행정학의 성립에 공헌하였다.

답 ②

19년 지방7급

미국 행정의 발달과정과 행정학의 태동에 대한 설명으로 옳은 것은?

① 잭슨(A. Jackson)이 도입한 엽관주의는 정치지도자의 행정통솔력을 약화함으로써 국민의 요구에 대한 관료적 대응성의 후퇴 및 정책수행과정에서의 비효율성을 초래하였다.
② 건국 직후 미국 정치체제는 행정의 효율성을 지향하는 해밀턴주의(Hamiltonianism)가 지배했다.
③ 1906년에 설립된 뉴욕시정조사연구소는 좋은 정부를 구현하기 위한 능률과 절약의 실천방안을 제시하고 시정에 대한 과학적 연구를 수행했다.
④ 미국 행정학의 학문적 초석을 다진 애플비(P. Appleby)는 행정에 대한 지나친 정당정치의 개입이 정책의 능률적 집행을 저해한다고 보았다.

18년 국회8급

다음 〈보기〉 중 옳은 것을 모두 고르면?

〈보기〉
ㄱ. 인간관계론에서 조직 참여자의 생산성은 육체적 능력보다 사회적 규범에 의해 좌우된다.
ㄴ. 과학적 관리론은 과학적 분석을 통해 업무수행에 적용할 유일 최선의 방법을 발견할 수 있다고 전제한다.
ㄷ. 체제론은 비계서적 관점을 중시한다.
ㄹ. 발전행정론은 정치, 사회, 경제의 균형성장에 크게 기여하였다.

① ㄱ, ㄴ   ② ㄱ, ㄹ
③ ㄴ, ㄷ   ④ ㄴ, ㄹ
⑤ ㄷ, ㄹ

| 05 | 뉴욕시정조사연구소 → 과학적 관리법의 도입 |

① [×] 잭슨(A. Jackson)의 엽관주의는 정치지도자의 행정통솔력을 강화시켜 중대한 정책변동에 대한 대응력을 높이는데 기여하였다.
② [×] 미국은 건국 초기는 대체로 자유주의와 민주주의 이념을 상징하는 제퍼슨 – 잭슨 철학이 지배하였다.
③ [○] 뉴욕시정조사연구소는 시정의 과학적 연구를 통해 행정개혁의 근거를 제공하기 위해 1906년 뉴욕에 설치된 행정연구소이다.
④ [×] 애플비(P. Appleby)는 정치행정일원론자이다. 행정에 대한 지나친 정당정치의 개입을 비판한 학자는 윌슨(W. Wilson)이다.

답 ③

| 06 | 체제론 → 계서적 관점 |

ㄷ. [×] 체제론은 계서적 관점(hierarchical)을 취한다.
ㄹ. [×] 발전행정론은 선도지역과 선도산업을 육성하는 불균형적 발전전략을 취하였다.

답 ①

07 ☐☐☐

비교행정의 한계에 대한 설명으로 옳지 않은 것은?

① 독자적인 연구대상을 획정하기가 어렵다.
② 환경과 행정의 교류적 관계를 경시한 정태적 접근이다.
③ 처방성과 문제해결성을 강조함에 따라 행정의 비과학화를 초래하였다.
④ 행정을 지나치게 과소평가함으로써 행정의 독자성을 무시하고 행정의 종속성을 강조하고 있다.

---

07 비교행정론 → 과학성 강조

① [O] 무엇을 비교할 것인지 그리고 어디까지 비교의 대상에 포함시킬 것인지에 대한 구체적 합의점이 없다는 것이다. 비교행정학회지에 실린 논문의 주제 중 가장 많은 영역이 정책인데 그 비율이 14% 정도에 머문다는 것은 비교행정을 지배하는 유일한 연구대상이 명확하지 않다는 것을 의미한다.
② [O] 비교행정론은 환경에 의한 일방적 영향만을 강조하므로 행정이 환경에 영향을 미칠 수 있음은 간과하고 있다. 즉, 환경과 행정의 교류적 관계(쌍방적 관계)를 경시한 정태적 접근이다.
③ [×] 비교행정론은 선진국과 후진국의 행정을 비교하여 모든 국가에 보편적으로 적용될 수 있는 이론을 발견하고자 했던 과학적 노력이다. 즉, 행정의 처방성과 문제해결보다는 과학성을 강조한 이론이다.

📄 비교행정론과 발전행정론 비교

비교행정론	발전행정론
• 과학성과 보편성 강조	• 처방성과 특수성 강조
• 정태적 균형이론, 행정의 종속변수	• 동태적 불균형이론, 행정의 독립변수
• 전이적 변화, 기능주의	• 계획적 변동, 실용주의

답 ③

08 ☐☐☐

신행정학의 핵심 내용으로 옳은 것만을 모두 고른 것은?

> ㄱ. 효율성 강조
> ㄴ. 실증주의적 연구지향
> ㄷ. 적실성 있는 행정학 연구
> ㄹ. 고객 중심의 행정
> ㅁ. 기업식 정부운영

① ㄱ, ㄴ   ② ㄴ, ㄷ
③ ㄷ, ㄹ   ④ ㄹ, ㅁ

---

08 기업식 정부운영 → 신공공관리론

ㄱ. [×] 신행정론은 효율성보다는 사회적 형평성을 강조하는 이론이다.
ㄴ. [×] 실증주의 연구는 행태주의와 관련된다. 신행정론은 규범적 연구를 강조한다.
ㄷ. [O] 신행정론은 적실성과 처방성으로 대변되는 규범적 이론이다.
ㄹ. [O] 신행정론은 공급자 중심의 전통적 관리방식에서 탈피하여 고객 중심의 관리방식을 채택한다.
ㅁ. [×] 기업식 정부운영은 정부실패 이후 그 대안으로 등장한 신공공관리론과 관련된다.

답 ③

09 ☐☐☐

신행정학(New Public Administration)에 대한 설명으로
옳지 않은 것은?

① 왈도(D. Waldo), 마리니(F. Marini), 프레드릭슨(H. Frederickson)
등이 주도하였다.
② 기업식 정부운영을 주장하면서 신자유주의적 행정개혁에
앞장섰다.
③ 행태주의의 한계를 지적하면서 가치문제와 처방적 연구
를 강조하였다.
④ 고객인 국민의 요구를 중시하는 행정을 강조하고 시민
참여의 확대를 주장하였다.

09	기업식 정부운영 → 신공공관리론

① [○] 신행정학은 왈도(D. Waldo)가 주관한 미노브룩회의(1968)
를 통해 등장하였으며, 마리니(F. Marini)는 신행정학의 공통점
으로 적실성, 탈행태주의, 탈관료제, 고객 중심주의 등을 지적하
였다. 특히, 새로운 행정이념으로 사회적 형평성을 강조하였는데,
프레데릭슨(H. Fredrickson)은 사회적 형평성의 구성요소로
참여와 대응 및 책임을 제시하였다.
② [×] 기업식 정부운영을 주장하면서 신자유주의적 행정개혁에
앞장선 이론은 신공공관리론이다.
③ [○] 신행정학은 1960년대 말 등장한 가치지향적인 학문으로,
논리실증주의와 이에 입각한 행태론적 학문 자세를 비판하면서,
사회문제의 해결을 위해 적실성(relevance)과 실천성(action)을
갖는 처방적 학문의 필요성을 강조하였다.
④ [○] 신행정학은 정치적 중립성과 전문성에 입각한 전문직업적
관료보다 행정의 대응성과 고객의 참여 등 수요자 중심의 행정을
추구하였다.

답 ②

---

10 ☐☐☐

미국에서 등장한 행정이론인 신행정학(New Public Administration)
에 대한 설명으로 옳지 않은 것은?

① 신행정학은 미국의 사회문제 해결을 촉구한 반면 발전
행정은 제3세계의 근대화 지원에 주력하였다.
② 신행정학은 정치행정이원론에 입각하여 독자적인 행정
이론의 발전을 이루고자 하였다.
③ 신행정학은 가치에 대한 새로운 인식을 기초로 규범적
이며 처방적인 연구를 강조하였다.
④ 신행정학은 왈도(D. Waldo)가 주도한 1968년 미노브룩
(Minnowbrook)회의를 계기로 태동하였다.

10	신행정론 → 정치행정일원론

① [○] 신행정학은 미국 사회의 격동기를 해결하기 위해 등장한
이론이고, 발전행정론은 개발도상국의 경제발전을 촉진하기
위해 도입된 이론이다.
② [×] 신행정론은 사회문제의 해결을 위해 적극적인 가치판단을
강조하는 정치행정일원론이다.
④ [○] 미노브룩(Minnowbrook)회의는 왈도(D. Waldo)가
주관한 논리실증주의에 입각한 행태주의의 한계와 처방성의
강조에 따른 행정학의 정체성 위기를 제기하고 이를 극복하고자
한 회의이다.

📄 **신행정론과 발전행정론 비교**

구분	신행정론	발전행정론
차이점	• 1970년대 미국 → 분배·복지·윤리 • 고객 중심(비전문가 중심) • 사회적 형평성 강조	• 1960년대 개발도상국 → 성장과 발전 • 관료 중심(전문가 중심) • 효과성 강조
유사점	• 규범성과 처방성(art)의 강조 • 정치행정(새)일원론 • 공사행정(새)이원론 • 개방체제 시각 • 행정에 의한 능동적인 사회변동(→ 독립변수로서 행정)	

답 ②

11 ☐☐☐

다음의 역사적 배경을 바탕으로 태동한 행정학 연구에 대한 설명으로 옳지 않은 것은?

> • 월남전 패배, 흑인 폭동, 소수민족 문제 등 미국사회의 혼란을 해결하지 못하는 학문의 무력함에 대한 반성으로 나타났다.
> • 1968년 미국 미노브룩회의에서 왈도의 주도 하에 새로운 행정학의 방향모색으로 태동하였다.

① 고객 중심의 행정, 시민의 참여, 가치문제 등을 중시했다.
② 행정학의 실천적 성격과 적실성을 회복하기 위한 정책 지향적 행정학을 요구하였다.
③ 행정의 능률성을 강조했으며, 논리실증주의 및 행태주의의 주장을 지지하였다.
④ 소외계층을 위한 복지서비스를 확대해 사회적 형평을 실현해야 한다는 행정의 적극적 역할을 강조했다.

11	신행정론 → 사회적 형평성

① [○] 설문은 신행정론의 내용이다. 신행정론은 기존의 관료제론과 행태주의에 대한 반론으로 공급자보다는 고객이나 시민의 참여, 가치의 중립보다는 가치평가적인 행정연구를 강조하였다.
② [○] 신행정론은 사회문제의 해결을 위한 실천적이고 적실성 있는 학문을 추구하였고, 사회문제의 해결이라는 정책학의 발전에 기여하였다.
③ [×] 신행정론은 능률성보다는 사회적 형평성을 강조하였고, 논리실증주의와 행태주의에 대한 반론적 성격이 강하다.

답 ③

12 ☐☐☐

블랙스버그 선언과 행정재정립운동에 대한 설명으로 옳지 않은 것은?

① 블랙스버그 선언은 행정의 정당성을 침해하는 정치·사회적 상황을 비판했다.
② 행정재정립운동은 직업공무원제를 옹호했다.
③ 행정재정립운동은 정부를 재창조하기보다는 재발견해야 한다고 주장했다.
④ 블랙스버그 선언은 신행정학의 태동을 가져왔다.

12	블랙스버그 선언 → 2차 미노브룩회의

① [○] 블랙스버그 선언은 국가와 행정의 정당성을 부정하는 후기 관료제모형과 신공공관리론에 대한 반발로 등장하였다.
② [○] 블랙스버그 선언은 기존의 정치행정이원론을 재해석하여 정책과정에서 직업공무원의 적극적 역할을 옹호하는 행정우위 정치행정이원론을 주장하였다.
③ [○] 블랙스버그 선언은 행정의 정당성을 회복하기 위한 공동 선언(1987)으로, 신행정론의 정신을 계승하여 정부재창조보다는 행정재정립을 주장하였다.
④ [×] 신행정학의 태동은 1968년 미노브룩회의이다. 블랙스버그 선언은 1987년 신행정론의 정신을 계승한 행정재정립운동이다.

답 ④

13 □□□

신공공관리이론(NPM)에 대한 비판적 논의에 해당하지 않은 것은?

① 정치적 논의를 우선하여 내부관리적 효율성을 경시하는 경향이 있다.
② 고객 중심 논리는 국민을 관료주도의 행정서비스 제공에 의존하는 수동적 존재로 전락시킬 우려가 있다.
③ 민주적 책임성과 기업가적 재량권 간의 갈등으로 인하여 정부 관료제의 효율성을 제고하기 어렵다.
④ 공공부문은 민간부문과 다르기 때문에 민간부문의 관리기법을 공공부문에 그대로 적용하는 데에는 한계가 있다.

14 □□□

행정학의 접근방법에 대한 설명으로 옳은 것은?

① 법률적·제도론적 접근방법은 공식적 제도나 법률에 기반을 두고 있기 때문에 제도 이면에 존재하는 행정의 동태적 측면을 체계적으로 파악할 수 있다.
② 행태론적 접근방법은 후진국의 행정현상을 설명하는 데 크게 기여했으며, 행정의 보편적 이론보다는 중범위이론의 구축에 자극을 주어 행정학의 과학화에 기여했다.
③ 합리적 선택 신제도주의는 방법론적 전체주의(holism)에, 사회학적 신제도주의는 방법론적 개체주의(individualism)에 기반을 두고 있다.
④ 신공공관리론은 기업경영의 원리와 기법을 그대로 정부에 이식하려고 한다는 비판을 받는다.

13	신공공관리론 → 행정의 경영화

① [×] 신공공관리론은 효율성 중심의 관리기법이다. 이에 따라 타협이나 협상과 같은 정치적 논리를 간과할 수 있다는 비판을 받는다.
② [○] 신공공관리론은 국민을 수동적 고객(소비자)으로 간주하므로 공적 영역에 대한 주인으로서 권리와 의무를 간과할 우려가 있다.
③ [○] 국민에 대한 대응성을 강조하는 민주적 책임성과 기업가적 재량권을 강조하는 창조성 간에 상충관계가 발생할 수 있으므로 관료제의 효율성 제고에 장애가 될 수 있다.
④ [○] 시장기법을 통한 생산성의 강조는 가외성·민주성 등의 중요성과 행정의 특수성을 약화시키며, 지나친 결과지향적 사고는 참여와 같은 정치적 합리성이나 절차적 정당성을 무시할 수 있다.

답 ①

14	신공공관리론 → 민간경영 논리의 행정 내 도입

① [×] 법률적·제도론적 접근방법은 공식적 제도의 정태적 기술에 초점을 두므로 제도의 이면에 존재하는 동태적 측면을 파악하기 곤란하다.
② [×] 후진국의 행정현상을 설명하는 데 크게 기여하였고, 중범위 이론의 구축에 자극을 주어 행정학의 과학화에 기여한 이론은 생태론적 접근방법이다.
③ [×] 합리적 선택 제도주의가 방법론적 개체주의에 기반을 두며, 사회학적 신제도주의는 방법론적 전체주의에 기반을 두고 있다.
④ [○] 신공공관리론은 민간의 경영기법을 행정에 도입하려는 노력이다. 그러나 시장기법을 통한 생산성의 강조는 형평성·가외성·민주성 등의 중요성과 행정의 특수성을 약화시킬 수 있다.

답 ④

미국과 영국 등에서 강조하는 신공공관리적 행정개혁의 방향과 거리가 먼 것은?

① 정책기능과 집행기능의 통합에 의한 책임행정체제의 확립
② 정부와 시장기능의 재정립을 통한 정부역할의 축소
③ 공공부문 내에 경쟁원리와 시장기제의 도입
④ 행정서비스의 질 향상 노력을 통한 고객 중심 행정체제의 확립

다음 중 신공공관리론의 특징으로 옳지 않은 것은?

① 효율적 감시와 통제를 위하여 측정 가능한 성과목표와 기준을 제시하고 이의 달성을 중시한다.
② 관리자들에게 자율적 권한을 부여하여 혁신과 창의를 고취시키고 책임을 완화시킨다.
③ 집행적 성격의 사업기능은 전문적 책임운영기관으로 분리·이관시키고 정부는 조정역할 및 정책능력을 강화한다.
④ 납세자가 제공하는 돈(세금)의 가치를 높이기 위하여 공공부문 내 내부공급에 대하여 가격책정을 하기도 한다.

15　신공공관리론 → **결정과 집행의 분리**

① [✕] 신공공관리론은 정책결정과 정책집행을 분리하고자 한다. 즉, 방향잡기 또는 공급결정은 정부가 담당하지만 노젓기 혹은 공공서비스의 생산(집행)은 민간의 다양한 힘을 활용하고자 한다.
② [○] 신공공관리론은 시장성테스트를 통해 정부와 시장기능의 재정립을 추구한다. 특히, 정부의 기능을 다양한 방법으로 민간에게 이양하고자 하는 작은 정부를 강조한다.
③ [○] 신공공관리론은 전통적 관료제의 독점성에 의해 초래되는 문제를 해결하고자 공공부문 내에 가격이나 경쟁과 같은 시장기제의 도입을 강조한다.
④ [○] 전통적 관료제의 독점적 공급은 행정서비스의 질을 떨어뜨릴 수 있다. 이에 따라 신공공관리론은 경쟁체제의 도입을 통해 행정서비스의 질을 향상시키는 고객 중심의 행정체제를 확립하자 한다.

📋 **관료제 모형과 신공공관리론 비교**

구분	관료제 모형	신공공관리론
공익	법률로 표현된 정치적 결정	사익의 총합
정부 역할	노젓기	방향잡기
관료 역할	행정가	기업가
서비스 공급	독점공급, 행정메커니즘, 공급자 중심	경쟁도입, 민영화, 민간위탁, 시장메커니즘, 수요자 중심
관리 기제	법령 등 규칙 중심	임무 중심
관리 방식	투입 중심, 지출 지향, 사후 대처, 명령과 통제	성과 중심, 수익 창출, 예측과 예방, 참여와 팀워크
책임성	계층적 책임성	(구성원의) 참여적 대응성

답 ①

16　신공공관리론 → **자율성의 부여와 성과책임의 강조**

① [○] 전통적 관료제는 투입과 절차의 준수를 강조하였지만 신공공관리론은 전략적으로 설정된 목표의 달성을 중시한다. 이를 위해서 측정 가능한 성과목표와 기준의 제시와 이의 달성 여부를 평가할 수 있는 평가시스템이 중요하다.
② [✕] 신공공관리론은 내부규제의 완화와 권한위임 등 자율성 증대를 통해 기업가 정신(→ 창의성)을 발휘하게 하고, 대신 성과에 대한 평가를 통해 책임성을 확보하고자 한다.
③ [○] 신공공관리론은 결정과 집행을 분리한 후 결정은 정부가 담당하지만 집행은 가급적 전문적 기관으로 이관시켜 집행의 전문성을 확보하고자 한다.
④ [○] 전통적 관료제는 주어진 규정에 의한 지출을 강조하였지만 신공공관리론은 지출과 그로 인해 얻어진 결과의 비교를 통해 비용가치의 증대를 도모한다.

답 ②

신공공관리론에서 추구하는 관점이나 지향성에 대한 설명으로 옳은 것은?

① 공익을 법률로 표현된 정치적 결정으로 보고 있다.
② 정부의 역할로 정책의 집행을 강조하는 소위 노젓기를 중시한다.
③ 상명하복식의 관료적 조직을 선호한다.
④ 정책목표의 달성기제로 개인이나 기업 및 비영리기구 등을 활용할 것을 권장한다.

다음 중 신공공관리론자들이 지향하는 가치와 거리가 먼 것을 모두 고른 것은?

> ㄱ. 하이에크의 '노예에로의 길'
> ㄴ. 미국의 '위대한 사회(The Great Society)' 정책
> ㄷ. 성과에 의한 관리
> ㄹ. 오스본과 게블러의 '정부재창조'
> ㅁ. 유럽식의 '최대의 봉사자가 최선의 정부'

① ㄱ, ㄴ   ② ㄱ, ㄷ
③ ㄴ, ㄹ   ④ ㄴ, ㅁ

---

17   신공공관리론 → 서비스 공급 주체의 다양성

① [×] 법률로 표현된 정치적 결정을 공익으로 보는 것은 전통적 관료제의 특징이다. 신공공관리론은 사익의 총합을 공익으로 본다.
② [×] 정부의 역할로 노젓기를 중시하는 것은 전통적 관료제의 특징이다. 신공공관리론은 전략적 방향잡기를 강조한다.
③ [×] 신공공관리론은 상명하복식의 관료제 조직보다는 고객의 선호에 민감한 분권화된 조직을 선호한다.
④ [○] 신공공관리론은 공공서비스 공급에 있어 정부의 독점성을 비판하며, 개인이나 기업 등 다양한 방식을 통한 공공서비스의 경쟁적 공급을 선호한다.

답 ④

18   위대한 사회건설 프로그램 → 미국의 복지정책

ㄱ. [○] 하이에크의 '노예에로의 길'은 국가의 기획이 독재의 초래와 자유의 위축, 시장경제의 저해 및 의회제도의 파괴 등을 가져올 것으로 보는 신자유주의 이론적 근거이다.
ㄴ. [×] 미국의 '위대한 사회(The Great Society)'는 존슨 대통령이 1960년대에 추진된 빈곤 추방정책으로, 이는 큰 국가와 관련된다.
ㄷ. [○] 전통적 관료제는 투입에 대한 관리를 강조하였지만 신공공관리론은 성과에 의한 관리를 강조한다.
ㄹ. [○] 오스본과 게블러의 '정부재창조'는 미국적 의미의 신공공관리론이다.
ㅁ. [×] 유럽식의 '최대의 봉사자가 최선의 정부'는 큰 국가를 추구한 진보주의와 관련된다.

답 ④

19 ☐☐☐

신공공관리론에 대한 설명으로 옳은 것은?

① 업무의 결과보다는 과정을 중시한다.
② 정부의 역할을 방향제시보다는 노젓기로 본다.
③ 권력의 집중화보다는 분권화를 지향한다.
④ 시장실패의 치유를 위한 국가의 역할을 강조한다.

20 ☐☐☐

한국의 행정개혁에 영향을 준 신공공관리론에 관한 설명으로 옳지 않은 것은?

① 성과를 중시하고 국민의 요구에 신속하게 반응하는 고객 지향적인 행정을 추구한다.
② 중앙정부의 감독과 통제의 강화를 통해 일선공무원의 행정 서비스 품질을 향상시키고자 한다.
③ 경쟁원리 또는 민간경영기법의 도입과 같은 시장과 유사한 기제를 활용한다.
④ 정부기능의 민영화와 감축을 통한 작고도 효율적인 정부를 추구한다.

19	신공공관리론 → 결과, 방향잡기, 작은 정부론

① [✕] 신공공관리론은 투입이나 절차라는 과정보다는 결과를 중시 한다.
② [✕] 신공공관리론은 정책을 집행하고 서비스를 생산하는 노젓기 보다는 정책이나 공급을 결정하는 방향잡기를 강조한다.
③ [○] 신공공관리론은 권력의 집중이라는 독점보다는 권력의 분산 이라는 경쟁을 강조한다.
④ [✕] 신공공관리론은 정부실패를 배경으로 정부의 역할을 축소 하고 시장의 역할을 강조하는 이론이다.

답 ③

20	신공공관리론 → 재량권의 부여

① [○] 신공공관리론은 투입보다는 성과, 공급자보다는 고객을 강조 하는 관리기법이다.
② [✕] 신공공관리론은 일선공무원에게 재량권을 부여하되 대신 그 결과를 토대로 책임을 묻고자 하는 관리기법이다. 감독과 통제 의 강화보다는 재량권의 부여와 결과에 대한 평가가 옳다.
③ [○] 신공공관리론은 계층제적 명령보다는 가격이나 경쟁과 같은 시장기법의 도입을 통해 정부의 생산성을 높이고자 한다.
④ [○] 신자유주의에 기반을 둔 신공공관리론은 민영화와 감축관리 를 통한 작고도 효율적인 정부를 강조한다.

답 ②

21 ☐☐☐

다음과 같은 내용의 공통적인 특성을 갖는 행정이론은?

> ㄱ. 공익을 사적 이익의 총합으로 파악한다.
> ㄴ. 기업가적 목표 달성을 위해 폭넓은 행정 재량을 공무원에게 허용할 수 있다.
> ㄷ. 경영학의 성과관리와 경제학의 신제도주의가 혼합되어 영향을 주었다.

① 신공공관리론
② 뉴거버넌스
③ 신공공서비스론
④ 신행정론(신행정학)

22 ☐☐☐

신공공관리론(New Public Management)에 대한 설명으로 옳지 않은 것은?

① 공공서비스의 민간위탁과 민영화보다는 시민과 기업이 참여하는 공동공급을 중시한다.
② 시장주의와 신관리주의를 결합하여 전통적 관료제 패러다임의 한계를 극복하기 위한 것이다.
③ 가격메카니즘과 경쟁원리를 활용한 공공서비스의 제공을 강조한다.
④ 고객지향적인 공공서비스의 제공을 중시한다.

---

21 신공공관리론 → 사익의 총합으로써 공익

① [○] 공익을 사적 이익의 총합으로 파악하고, 경영학의 성과관리와 경제학의 신제도주의가 혼합된 이론은 신공공관리론이다.
② [×] 뉴거버넌스는 일반적으로 공공문제의 해결을 위해 정부와 시민사회 등 여러 공·사조직들의 협력적 통치를 강조하는 네트워크 통치방식을 지칭한다.
③ [×] 신공공서비스론은 소유주로서 시민의 권리를 회복하고 공적 문제의 해결에 있어 공동체 의식의 복원에 초점을 둔 새로운 국정운영방식이다.
④ [×] 신행정론은 논리실증주의와 이에 입각한 행태주의를 비판하면서, 사회문제의 해결을 위해 적실성(relevance)과 실천성(action)을 갖는 학문의 필요성을 강조한 이론이다.

답 ①

---

22 신공공관리론 → 민간위탁과 민영화 강조

① [×] 신공공관리론은 공공서비스 공급에 있어 민간위탁과 민영화를 선호한다. 공동공급은 뉴거버넌스에서 중시하는 방법이다.
② [○] 신공공관리론은 가격과 경쟁을 통한 고객만족이라는 시장주의와 일선관리자에게 재량을 부여하되 그 결과를 토대로 책임을 묻고자 하는 신관리주의를 결합하여 전통적 관료제 모형의 한계를 극복하고자 한 행정개혁기법이다.
③ [○] 신공공관리론이 강조한 시장주의가 가장 중시하는 것이 가격메카니즘과 경쟁원리이다.
④ [○] 신공공관리론은 전통적인 공급자 중심의 관리보다는 고객지향적인 공공서비스의 제공을 중시한다.

답 ①

23 ☐☐☐

신자유주의에 근거한 신공공관리에 대한 설명으로 옳지 않은 것은?

① 법규나 규정에 의한 관리보다는 목표와 임무 중심의 관리를 강조한다.
② 예산지출 위주의 정부운영방식에서 탈피하여 수입확보를 강조한다.
③ 정부는 촉매작용자, 촉진자, 중개자 역할보다는 공급자 역할을 수행한다.
④ 사후적 대책수립보다는 사전적 문제예방에 주력하는 경향이 있다.

23	신공공관리론 → 공급자 역할보다는 촉매자 역할의 강조

① [ㅇ] 관료제 모형은 주어진 법률의 충실한 집행을 강조한다. 그러나 신공공관리론은 전략적으로 설정된 목표나 임무의 달성을 강조한다. 다만 이러한 임무를 달성함에 있어 일선관료들에게 많은 재량권이 부여된다.
② [ㅇ] 관료제 모형은 주어진 규칙과 절차에 따른 예산의 지출을 강조하였다. 그러나 신공공관리론은 지출과 그 지출을 통해 얻은 결과의 비교를 통한 비용가치의 증대를 꾀한다.
③ [×] 신공공관리론은 공급자로서 정부 역할보다는 촉매자로서 정부 역할을 강조한다. 공급자로서 정부 역할은 관료제 모형에서 강조하였다.
④ [ㅇ] 사후적 대책의 수립은 전통적 행정관리방식이다. 신공공관리론은 문제의 사전예방에 주력한다.

답 ③

24 ☐☐☐

신공공관리론(NPM)서 추구하는 정부혁신에 대한 설명으로 옳은 것은?

① 생산성을 향상시키기 위하여 경제적 규제를 강화한다.
② 효율성을 높이기 위하여 정책결정기능과 정책집행 기능을 통합한다.
③ 경쟁 환경의 조성을 강조하고 성과향상을 위하여 유인기제를 장려한다.
④ 시민으로서의 권리와 의무를 중시하여 시민재창조를 주장한다.

24	신공공관리론 → 합리적 경제인관

① [×] 신공공관리론은 생산성의 향상을 위해 경제적 규제 등의 완화를 강조한다.
② [×] 신공공관리론은 정책결정과 정책집행 기능을 분리하고자 한다.
③ [ㅇ] 신공공관리론은 경쟁의 강화와 유인기제의 확립을 통한 성과향상을 추구한다.
④ [×] 시민으로서의 권리와 의무를 중시하는 시민재창조는 뉴거버넌스에서 강조하는 개념이다.

답 ③

25 □□□

행정이론에 대한 설명으로 옳지 않은 것은?

① 신행정학은 행정의 적실성 회복을 강조한다.
② 발전행정론은 환경이 행정에 미치는 영향에 주목한다.
③ 공공선택론은 시민들의 다양한 요구와 선호에 민감하게 부응할 수 있는 제도적 장치 마련을 강조한다.
④ 신공공관리론은 지역사회 문제를 해결하는 과정에서 시민들의 공유된 가치를 관료가 협상하고 중재해야 한다고 주장한다.

25	공유된 가치의 협상과 중재 → 신공공서비스론

① [O] 신행정론은 사회문제의 해결을 위한 적실성 있고 실천력 있는 학문을 추구하였다.
② [O] 발전행정론은 개방체제를 전제로 하므로 환경이 행정에 영향을 미칠 수 있음을 인정한다. 그리고 더 나아가 행정에 의한 능동적인 환경변화의 가능성도 강조한다.
③ [O] 공공선택론은 분권이나 관할권의 중첩을 가능하게 하는 제도적 장치를 통해 고객의 요구에 민감할 수 있는 공공서비스 공급체계를 구축하고자 하였다.
④ [×] 시민들의 공유된 가치를 관료가 협상하고 중재해야 한다고 주장하는 이론은 신공공서비스론이다. 신공공관리론은 정부의 방향잡기 역할을 강조한다.

답 ④

26 □□□

신공공관리적 행정개혁의 문제점과 성과 및 과제에 대한 설명으로 옳지 않은 것은?

① 시장유사기제의 적용에 따른 문제점으로 민간위탁은 독과점의 폐해를 야기할 수 있다.
② 분권화와 권한이양에 따른 문제점으로 정책기능과 집행기능 간 기능분담의 적절성 확보가 어렵다.
③ 공공부문의 책임성, 합리성 및 민주성 확보에 기여할 수 있다.
④ 신공공관리적 개혁의 효과성에 상대적으로 중요성이 높은 변수를 개발하여 개혁수단으로 적용한다면 적실성이 높아질 수 있다.

26	신공공관리론 → 행정의 (정치적) 책임성과 민주성의 약화

① [O] 입찰을 통해 공급자를 정하는 민간위탁은 낙찰자에게 독점성을 부여하는 결과를 초래하므로 공공서비스 공급에 있어 독과점의 폐해로 연결될 수 있다.
② [O] 신공공관리론은 정책결정과 정책집행을 분리한 후 집행기능을 전문적 기관에 이관하고자 한다. 그러나 결정과 집행의 명확한 경계를 긋기 어렵고, 환류를 차단하는 결과를 초래하여 상황에 대한 신속한 대응력과 환류를 통한 역량 향상에 장애요인이 될 수 있다.
③ [×] 신공공관리론은 시장기법의 도입을 통해 행정의 효율성을 높이고자 하는 행정개혁기법이다. 그러나 지나친 시장기법의 도입은 전통적으로 강조되었던 민주성이나 형평성 등과 같은 행정이념을 약화시킬 우려가 있다.
④ [O] 정부의 업무는 매우 다양하고 공공성의 정도 또한 상이하다. 그러므로 공공성의 정도를 파악한 후 가격, 경쟁, 고객, 성과라는 신공공관리론의 개혁기법을 선별적으로 적용하여야 할 것이다.

답 ③

신공공관리론에 대한 설명으로 옳은 것만을 〈보기〉에서 모두 고르면?

〈보기〉

ㄱ. 기업경영의 논리와 기법을 정부에 도입·접목하려는 노력이다.

ㄴ. 정부 내의 관리적 효율성에 초점을 맞추고, 규칙 중심의 관리를 강조한다.

ㄷ. 거래비용이론, 공공선택론, 주인 - 대리인이론 등을 이론적 기반으로 한다.

ㄹ. 중앙정부의 감독과 통제의 강화를 통해 일선공무원의 책임성을 강화시킨다.

ㅁ. 효율성을 지나치게 강조하는 과정에서 민주주의의 책임성이 결여될 수 있는 한계가 있다.

① ㄱ, ㄴ, ㄷ   ② ㄱ, ㄷ, ㄹ

③ ㄱ, ㄷ, ㅁ   ④ ㄴ, ㄷ, ㅁ

⑤ ㄴ, ㄹ, ㅁ

27	신공공관리론 → 임무 중심의 관리 + 재량권의 부여

ㄱ. [○] 신공공관리론은 기업경영의 논리를 행정에 접목하여 행정의 효율성을 높이고자 하는 개혁기법이다.

ㄴ. [×] 신공공관리론은 규칙 중심 관리보다는 성과 중심의 관리를 강조한다.

ㄷ. [○] 신공공관리론의 기반은 신제도주의 경제학에는 거래비용이론, 공공선택론, 주인 - 대리인이론 등이 포함되어 있다.

ㄹ. [×] 신공공관리론은 관리통제권의 하부위임을 강조한다. 즉, 하부에 재량을 부여하되 그 성과를 토대로 책임성을 확보하고자 하는 개혁기법이다.

ㅁ. [○] 효율성을 위해 강조되는 기업가적 재량은 민주주의 책임성을 확보하는 데 장애가 될 우려가 있다.

답 ③

행정이론에 대한 설명으로 옳지 않은 것은?

① 제퍼슨(T. Jefferson)은 엄격한 법적 및 헌법적 제한을 통해 최고관리자와 관료의 책임성을 확보해야 한다고 주장하였다.

② 비담(D. Beetham)은 관료제 모형을 정의적, 규범적, 설명적인 것으로 분류하고, 베버(M. Weber)의 관료제 이론을 정의적 모형에 포함시켰다.

③ 윌슨(W. Wilson)은 '행정연구(The Study of Administration)'라는 논문을 통해 행정의 탈정치화를 제안하였다.

④ 테일러(F. Taylor)는 관리의 지도원리로 계획, 표준화, 능률화 등을 제시하였다.

⑤ 오스본(D. Osborne)과 게블러(T. Gaebler)의 '정부재창조론'은 레이건(R. Reagan) 행정부 '정부재창조운동'의 이론적 기초가 되었다.

28	오스본(D. Osborne)과 게블러(T. Gaebler)의 '정부재창조론' → 클린턴 정부

① [○] 제퍼슨(T. Jefferson)은 작은 정부를 추구하였기에 엄격한 법적 및 헌법적 제한을 통해 최고관리자와 관료의 책임성을 확보해야 한다고 주장하였다.

② [○] 규범적 주장이란 바람직한 가치를 추구하는 주장을 말하고, 설명적 주장이란 현실을 그대로 기술하는 주장을 말한다. 반면 정의적 주장이란 특정 개념을 정의하기 위해 사용되는 주장이다. 베버(M. Weber)의 관료제 이론은 현실 그 자체를 기술한 것도 아니고 도덕적으로 이상적인 모형을 설정한 것도 아니며, 근대 사회의 특징적인 조직구조를 설명하기 위한 도구적 모형으로 사용된 것이다.

④ [○] 테일러(F. Taylor)는 일류 직공의 시간과 동작연구를 통해 업무 수행의 유일 최선의 방법을 발견하고자 했던 고전적 경영학자이다.

⑤ [×] 오스본(D. Osborne)과 게블러(T. Gaebler)의 '정부재창조론'은 클린턴 행정부 '정부재창조운동'의 이론적 기초가 되었다.

답 ⑤

29 □□□

전통적인 관료제 정부와 기업가적 정부를 대비하여 비교한 조합 중 옳지 않은 것은?

	전통적 관료제	기업가적 정부모형
①	행정 메커니즘	시장 메커니즘
②	투입 중심 예산	성과 연계 예산
③	권한부여(empowering)	직접적인 서비스 제공
④	계층제적 책임 확보	참여적 대응성 확보

30 □□□

기업가적 정부와 전통적인 관료제를 비교하여 설명한 것으로 옳지 않은 것은?

① 전통적인 관료제 정부는 서비스 공급이 독점적인데 반하여 기업가적 정부는 경쟁을 도입한다.

② 전통적인 관료제 정부에서 정부의 역할은 주로 노젓기(rowing)인데 반하여 기업가적 정부에서는 방향잡기(steering)이다.

③ 예측, 예방, 임무 중심 관리 등이 전통적 관료제 정부의 행정관리 방식이라면 투입 중심 예산, 사후 대처, 명령, 통제는 기업가적 정부의 행정관리 방식이다.

④ 전통적인 관료제 정부에서는 직접적인 서비스 제공에 중점을 두고 기업가적 정부에서는 권한부여(empowering)를 중시한다.

29	신공공관리론 → 권한부여

① [○] 행정 메커니즘은 계층제적 통제 혹은 권위에 의한 가치 배분을 의미하고 시장 메커니즘은 가격과 경쟁을 의미한다.

② [○] 전통적인 관료제는 사전에 명확히 규정된 투입 중심의 예산이라면 기업가적 정부는 총량으로 재량을 주되 그 결과를 통해 책임을 묻고자 하는 성과 중심의 예산을 강조한다.

③ [×] 직접적인 서비스 제공이 전통적 관료제 모형의 특징이고 권한부여가 기업가적 정부에서 강조하는 방향이다.

④ [○] 전통적 관료제는 계층제적 통제를 강조하지만 기업가적 정부는 구성원의 참여를 통한 문제해결을 강조한다.

답 ③

30	기업가적 정부 → 예측과 예방 및 임무 중심의 관리 강조

① [○] 기업가적 정부는 공공서비스 공급에 있어 독점보다는 경쟁 환경의 조성을 강조한다.

② [○] 기업가적 정부는 서비스 생산 중심의 노젓기보다는 방향 잡기를 강조한다.

③ [×] 투입 중심 예산, 사후 대처, 명령과 통제 등은 관료제 모형에서 강조하는 개념이다. 기업가적 정부는 예측과 예방, 임무 중심의 관리를 강조한다.

④ [○] 기업가적 정부는 직접적인 서비스 제공보다는 민간에게 그 권한을 부여할 것을 주장한다.

답 ③

31 □□□

신공공관리론에 대한 설명으로 옳지 않은 것은?

① 신공공관리론의 이면에는 공공선택론, 주인 – 대리인이론, 거래비용이론 등이 자리 잡고 있다.
② 신공공관리론에서는 수익자부담 원칙의 강화, 정부부문 내 경쟁원리 도입 등을 행정개혁의 방향으로 제시한다.
③ 관료제는 비효율적이므로 다른 수단으로 대체되어야 하며, 혁신을 통해 기업형 정부로 변화되어야 한다고 본다.
④ 신공공관리론에서는 사회적 요구에 대한 능동적 대처를 위해 구조적 통합을 통한 분절화의 축소를 지향하고 있다.

| 31 | 구조적 통합을 통한 분절화의 축소 → 탈신공공관리론 |

① [○] 신공공관리론은 공공선택론과 같은 경제학적 이론에 근거하여 행정개혁의 처방을 제시한 이론이다.
② [○] 신공공관리론은 기존의 독점적 공급체계에서 오는 정부실패를 해소하고자 가격이나 경쟁과 같은 시장기법의 도입을 강조한다.
③ [○] 신공공관리론은 독점적이고 규제지향적인 관료제를 경쟁적이고 성과지향적인 기업가적 정부로 전환할 것을 주장한 이론이다.
④ [×] 신공공관리론은 결정과 집행의 분리를 강조한다. 분절화의 축소는 탈신공공관리론에서 강조한 내용이다.

📄 **신공공관리와 탈신공공관리 비교**

구분	신공공관리	탈신공공관리
정부와 시장	시장지향(→ 규제완화)	정치적 통제의 강조, 재규제
행정가치	경제적 가치(→ 능률성)	전통적 가치의 동시적 고려
정부규모와 기능	정부규모와 기능의 축소	신중한 민영화
서비스 제공방식	시장메커니즘	민간과 공공의 파트너십
조직구조 모형	탈관료제 모형	관료제와 탈관료제의 조화
조직구조 특징	비항구적·유기적 구조	재집권화 (→ 집권 + 분권)
조직구조 개편	소규모 (준)자율적 조직	분절화 축소 (→ 총체적 정부)
관리철학	경쟁과 자율성	자율성과 책임성

답 ④

32 □□□

탈신공공관리(Post NPM)에 대한 설명으로 옳지 않은 것은?

① 성과보다는 공공책임성을 중시하는 인사관리 강조
② 탈관료제 모형에 기반을 둔 경쟁과 분권화 강조
③ 구조적 통합을 통한 분절화의 축소와 조정의 증대
④ 통(通) 정부(whole of government)적 접근

| 32 | 탈신공공관리론 → 집권과 분권의 조화 |

① [○] 성과를 강조하는 것은 신공공관리론이다. 반면 탈신공공관리론은 자율성과 함께 공적 책임성의 증대를 강조한다.
② [×] 탈관료제 모형에 기반을 둔 경쟁과 분권화의 강조는 신공공관리론의 특징이다. 탈신공공관리론은 관료제와 탈관료제의 조화 그리고 분권과 집권의 조화를 강조한다.
③ [○] 탈신공공관리론은 분절화의 축소를 통한 총체적 정부를 강조한다.
④ [○] 분절화가 축소된 것을 '통 정부적 접근'이라 한다.

답 ②

33 □□□

다음 중 탈신공공관리론(post-NPM)에서 강조하는 행정개혁 전략으로 옳지 않은 것은?

① 분권화와 집권화의 조화
② 민간 - 공공부문 간 파트너십 강조
③ 내부규제의 완화
④ 인사관리의 공공책임성 중시
⑤ 정치적 통제의 강조

33	탈신공공관리론 → 재규제 및 정치적 통제의 강화

① [○] 신공공관리론이 분권화를 강조하였다면 탈신공공관리론은 분권과 집권의 조화를 추구한다.
② [○] 신공공관리론이 시장 또는 내부시장 및 계약 등을 중시하였다면 탈신공공관리론은 민간부문과 공공부문의 파트너십을 강조한다.
③ [×] 내부규제의 완화는 신공공관리론의 주장이다. 탈신공공관리론은 정부의 정치적·행정적 역량을 강화하기 위하여 재규제와 정치적 통제를 강화(⑤)할 것을 주장한다.
⑤ [○] 신공공관리론이 개방과 경쟁 및 성과를 중시하는 인사관리라면 탈신공공관리론은 인사관리에 있어 정치적 통제의 강화를 강조한다.

답 ③

34 □□□

신공공관리론과 뉴거버넌스론을 비교 설명한 것으로 가장 옳지 않은 것은?

		신공공관리론	뉴거버넌스론
①	작동원리	경쟁	협력
②	서비스	민영화, 민간위탁 등	공동공급
③	관리가치	결과(outcome)	신뢰(trust)
④	인식론적 기초	공동체주의	신자유주의

34	신공공관리론 → 신자유주의

① [○] 신공공관리론은 서비스 공급주체 간의 경쟁을 통해 행정의 효율성을 높이고자 하는 이론이고, 뉴거버넌스는 국가, 시장, 시민사회의 협력을 통해 공공서비스를 공급하고자 하는 이론이다.
② [○] 신공공관리론은 공공서비스의 공급을 민간에게 이양하는 민영화와 민간위탁을 강조한다. 반면, 뉴거버넌스는 민간의 힘을 활용하여 정부와 함께 공공서비스를 공급하는 공동공급을 강조한다.
③ [○] 신공공관리론은 결과지향적인 관리기법이고 뉴거버넌스는 다양한 주체들이 신뢰를 형성하고 함께 참여하는 과정지향적인 관리기법이다.
④ [×] 신공공관리론의 인식론적 기초가 신자유주의이고 뉴거버넌스론의 인식론적 기초가 공동체주의이다.

📄 신공공관리론과 뉴거버넌스 비교

구분	신공공관리론	뉴거버넌스
이념	신자유주의	공동체주의
관리 기구	시장	연계망
지향점	결과	(합의)과정
정부 역할	방향잡기 (→ 정부 주도)	방향잡기 (→ 시민사회 주도)
관료 역할	공공기업가	조정자
작동 원리	부문 간 경쟁 (→ 시장메커니즘)	부문 간 협력 (→ 사회적 자본)
서비스 제공	민영화, 민간위탁 등	공동생산
관리 방식	고객 지향	임무 중심
분석 수준	조직 내	조직 간

답 ④

35 ☐☐☐

신공공관리론과 뉴거버넌스론에 대한 설명으로 옳은 것은?

① 신공공관리론에서 관료의 역할은 조정자이며, 뉴거버넌스론에서 관료의 역할은 공공기업가이다.

② 신공공관리론과 뉴거버넌스론에서는 정부의 역할로서 노젓기(rowing)보다는 방향잡기(steering)를 강조한다.

③ 신공공관리론과 뉴거버넌스론에서는 산출(output)보다는 투입(input)에 대한 통제를 강조한다.

④ 신공공관리론에서는 부문 간 협력에, 뉴거버넌스론에서는 부분 간 경쟁에 역점을 둔다.

36 ☐☐☐

뉴거버넌스(new governance)에 대한 설명으로 옳지 않은 것은?

① 조정자로서 관료의 역할을 강조한다.

② 분석단위로 조직 내(intra-organization) 연구를 강조한다.

③ 경쟁적 작동원리보다는 협력적 작동원리를 중시한다.

④ 공공문제의 해결기제로서 네트워크의 활용을 중시한다.

35	신공공관리론과 뉴거버넌스의 공통점 → 방향잡기 역할의 강조

① [×] 신공공관리론은 관료의 역할을 창의성을 지닌 기업가로 보지만 뉴거버넌스론은 시민들의 담론과정을 조정하고 중재하는 조정자로서의 관료를 강조한다.

② [○] 두 이론 모두 정부실패를 이념적 토대로 하며, 정부의 주요 역할을 노젓기가 아닌 방향잡기에 둔다. 또한 대의민주주의와 공급자 중심의 관료제를 비판한다. 다만, 그 대안으로 뉴거버넌스는 직접 참여를 강조하고 신공공관리론은 시장의 선호를 중시한다.

③ [×] 신공공관리론과 뉴거버넌스론 모두 투입보다는 산출을 강조한다. 즉, 주어진 규칙이나 절차의 준수보다는 주어진 목표 또는 임무의 달성을 강조한다. 다만, 전자는 그 목표나 임무를 고객의 요구에 둔다면 후자는 시민의 요구에 둔다.

④ [×] 다양한 주체 간의 협력을 강조하는 것은 뉴거버넌스론이다. 신공공관리론은 부문 간 경쟁을 강조한다.

답 ②

36	뉴거버넌스 → 조직 간 관계의 연구

① [○] 뉴거버넌스는 네트워크를 형성하고 이를 촉진하는 조정자로서 관료의 역할을 강조한다.

② [×] 뉴거버넌스는 조직 간 관계를 연구한다. 조직 내 연구는 신공공관리론과 관련된다.

③ [○] 뉴거버넌스는 공공문제의 해결을 위해 정부와 시민사회 그리고 여러 공·사조직들의 협력적 통치를 강조한다. 경쟁적 작동원리를 강조하는 것은 신공공관리론이다.

④ [○] 뉴거버넌스는 공공문제의 해결에 있어 정부의 독점성을 비판하고 시민사회나 지역공동체 같은 다양한 네트워크의 활용을 강조한다.

답 ②

37 □□□

14년 국가7급

뉴거버넌스에 대한 설명으로 옳지 않은 것은?

① 참여자 간 신뢰와 협력을 강조한다.
② 정치적 과정은 중요하게 인식되지 않는다.
③ 정부만이 공공서비스를 독점적으로 생산하고 공급한다고 보지 않는다.
④ 정책과정에서 정부와 민간부문 및 비영리부문 간의 네트워크를 활용한다.

38 □□□

18년 지방7급

거버넌스(Governance)에 기반한 서비스 연계망의 단점으로 옳지 않은 것은?

① 이해당사자 간 상호의존적인 교환의 필요성 증가
② 서비스의 공동생산에 따라 책임소재가 불분명
③ 정보부족으로 인해 조정이 어려움
④ 분절화로 인해 집행통제가 어려움

37	뉴거버넌스 → 행정의 재정치화

① [O] 신공공관리론의 작동원리가 가격과 경쟁이라면 뉴거버넌스는 구성원 간의 신뢰와 협력이다.
② [×] 뉴거버넌스 다양한 세력 간의 연합, 협상, 타협 등과 같은 정치적 과정을 중시한다.
③ [O] 뉴거버넌스는 공공서비스의 공급과 생산에 있어 정부의 독점성을 비판한다.
④ [O] 이에 따라 공공서비스의 공급과 생산이라는 정책과정에서 정부와 영리 및 비영리부문의 유기적 결합을 강조한다.

답 ②

38	거버넌스 → 협력적 통치

① [×] 이해당사자 간 상호의존적인 교환의 필요성 증가는 거버넌스의 대두배경이다.
② [O] 거버넌스는 다양한 주체의 협력에 의한 공공서비스 생산을 강조하므로 그 책임소재가 모호해질 수 있다.
③ [O] 거버넌스는 응집력이 약한 다양한 주체에 의한 연합적인 서비스 생산이므로 각 당사자에 대한 정보부족과 이로 인한 조정의 어려움이 나타날 가능성이 높다.
④ [O] 거버넌스는 공공서비스 생산이 여러 주체에 의해 추진되므로 행정의 분절화와 이로 인한 통제의 어려움이 나타날 가능성이 높다.

답 ①

---

39 ☐☐☐

피터스(G. Peters)가 제시한 정부개혁모형에 대한 설명으로 옳은 것은?

① 시장모형(market model)에서는 조직의 통합을 통한 집권화를 처방한다.
② 참여정부모형(participatory model)에서는 조직 하층부 구성원이나 고객들의 의사결정 참여기회가 확대될수록 조직이 효과적으로 기능한다고 본다.
③ 신축적 정부모형(flexible government)에서는 정규직 공무원의 확대를 통해 비용을 절감하고 공익을 증진시킬 수 있다고 본다.
④ 탈규제 정부모형(deregulated government)에서는 경제적 규제의 완화를 통한 시장의 활성화를 추구하기 위하여 정부의 권한을 축소해야 한다고 본다.

39	참여모형 → 계층의 타파

① [×] 시장모형은 관료제의 집권적 성향을 비판하면서 분권적인 조직구조를 처방하는 모형이다.
② [○] 참여적 정부모형은 관료제의 계층제를 문제의 기준으로 삼는다. 이를 해결하기 위해서 계층제가 타파된 평면구조를 강조한다.
③ [×] 신축적 정부모형은 문제의 진단기준을 영속성에 두며, 이의 개혁방안으로 가변적 인사관리를 제안한다. 이는 신분보장이 강한 정규직 공무원의 확대보다는 신축적 임용제도의 확대를 강조하는 것이다.
④ [×] 탈규제 정부모형은 내부규제를 완화하자는 것이지 경제적 규제를 완화하자는 주장은 아니다.

📄 **피터스(G. Peters) 모형(1996)**

구분	전통적 정부	시장모형	신축모형	탈내부규제 모형	참여모형
문제 의식	전근대적 권위	독점	영속성, 경직성	과다한 내부규제	계층제
구조 개혁	계층제	분권화	가상조직	–	평면조직
관리 개혁	직업 공무원제, 절차적 통제	성과급, 민간기법	임시관리	관리적, 재량권 확대	팀제, TQM
정책 결정 개혁	정치와 행정의 구분	내부시장, 시장적 유인	실험적 추진	기업가적 정부	협의와 협상
공익 기준	안정성과 평등	저비용	저비용과 조정	창의성, 활동성 (능동성)	참여와 협의
오류 수정	–	시장적 선호	오류의 제도화 방지	더 많은 오류의 수용	정치적 선호

답 ②

40 ☐☐☐

피터스(G. Peters)의 정부모형에 대한 설명으로 옳은 것은?

① 참여모형에서는 조직의 고위층과 최하위층 간에 계층 수가 많지 않아야 한다.
② 유연정부모형은 변화하는 정책수요에 맞춰 탄력적으로 구성원들을 활용함으로써 이들의 조직과 업무에 대한 몰입도를 높인다.
③ 시장모형은 정치지도자들의 권력을 약화시키고 기업가적 관료들의 정책결정자로서의 역할을 제고하는 결과를 가져왔다.
④ 탈규제모형은 정부 역할의 적극성 및 개입성이 높으면 공익 구현이 어렵다는 인식을 전제한다.

40	참여모형 → 계층제의 철폐

① [○] 참여모형의 전통적 정부의 문제점으로 계층제를 지목한다. 이러한 계층제의 존재는 참여를 제약하는 요인이기 때문이며 그 개혁처방으로 계층제가 약화된 평면조직을 강조한다.
② [×] 정책수요에 맞춰 탄력적으로 구성원들을 활용한다면 구성원들의 업무가 자주 바뀌게 되므로 업무에 대한 몰입은 저하될 위험이 있다.
③ [×] 정치지도자들의 권력을 약화시키고 기업가적 관료들의 정책 결정자로서의 역할을 제고하는 결과를 가져올 위험이 있는 것은 탈규제모형의 특징이다.
④ [×] 탈규제모형은 공무원을 창의성을 지닌 능동적 존재로 간주한다. 그러므로 이들에게 재량권을 부여하는 것이 기업가적 정신의 제고를 통해 공익의 구현에 기여할 것으로 본다.

답 ①

41 ▢▢▢

피터스(G. Peters)가 제시한 정부개혁 모형 중 다음이 설명하는 것은?

---

1. 정책기능 수행에서 기업가적 정부의 역할이 강조된다.
2. 조직구조에 대한 특정한 처방은 없다.
3. 관리 작용의 자율성이 높다.
4. 거버넌스의 평가기준은 창의성과 행동주의이다.

---

① 탈내부규제적 정부모형
② 신축적 정부모형
③ 시장적 정부모형
④ 참여적 정부모형

---

41 | 기업가적 정부 → 탈내부규제모형

① [O] 기업가적 정부, 관리 작용의 자율성, 창의성과 행동주의 등은 탈내부규제 정부모형과 관련된다.
② [×] 신축적 정부모형은 가상조직, 임시적 관리, 실험적 추진, 저비용과 조정 등을 강조한다.
③ [×] 시장적 정부모형은 분권화, 성과급, 시장적 유인, 저비용 등을 강조한다.
④ [×] 참여적 정부모형은 평면조직, 팀제나 총체적품질관리, 협의와 협상, 참여와 협의 등을 강조한다.

답 ①

42 ▢▢▢

좋은 거버넌스(good governance)에 대한 설명으로 옳지 않은 것은?

① 세계은행이 제3세계 국가들에 대한 대출조건으로서 사용한 개념이다.
② 행정의 투명성, 책임성, 통제 및 대응성이 높을수록 좋은 거버넌스라고 할 수 있다.
③ 행정업무 수행에서 공무원들이 효율적·개방적이면서도 타당한 정책결정과 집행을 할 수 있는 관료제적 능력을 지니는 것을 말한다.
④ 자유민주주의를 옹호하는 좋은 거버넌스는 효율성을 강조하는 신공공관리와는 결합되기 어렵다고 로즈(R. Rhodes)는 주장했다.

---

42 | 좋은 거버넌스 → 신공공관리론과 자유민주주의의 결합

① [O] 좋은 거버넌스는 제3세계 국가들의 지배구조(나쁜 거버넌스)와 관련된 개념으로, 지배구조의 개선을 조건으로 자금을 대여하였기에 대출조건으로 표현된 것이다.
② [O] 좋은 거버넌스는 정치적으로는 민주적 정당성과 권위를 지닌 국가로 공개, 참여, 책임성, 효과성, 일관성, 법의 지배 등이 중시된다.
③ [O] 좋은 거버넌스는 행정적으로는 효율적이고 개방적이며 책임성을 지닌 관료제를 강조한다.
④ [×] 로즈(R. Rhodes)의 좋은 거버넌스는 법과 인권의 존중, 출판의 자유보장이라는 자유민주주의 요소와 경쟁, 민영화, 감축관리, 분권화라는 신공공관리론의 요소가 결합된 것이다.

답 ④

43 ☐☐☐

좋은 거버넌스(good governance)에 대한 아래의 기술 중 가장 거리가 먼 것은?

① 발전도상국의 지배구조에 대한 논의에 이용된다.
② 신공공관리(NPM)와 자유민주주의를 결합하여 이를 실현하는 것이다.
③ 관료제와 공무원 개인들이 효율적이고 개방적이며 책임 있는 대상이 되는 것이다.
④ 규칙 중심의 관리를 효율적으로 강화하는 것이다.

| 43 | 좋은 거버넌스 → 신공공관리론 + 자유민주주의 |

① [○] 좋은 거버넌스는 발전도상국의 문제점을 지적하기 위해 사용된 개념이다.
② [○] 좋은 거버넌스는 정치적으로 자유민주주의와 행정적으로 신공공관리론을 결합한 개념이다.
③ [○] 좋은 거버넌스는 공개, 참여, 책임성, 효과성, 일관성, 법의 지배 등을 구성요소로 한다.
④ [×] 좋은 거버넌스는 행정적으로 신공공관리론의 도입이므로, 성과 중심의 관리를 강조한다.

답 ④

44 ☐☐☐

신공공서비스론의 특성에 대한 설명으로 옳지 않은 것은?

① 정부의 역할은 시민에 대한 봉사여야 한다.
② 공익은 개인적 이익의 집합체이기 때문에 시민들과 신뢰와 협력의 관계를 확립해야 한다.
③ 책임성이란 단순하지 않기 때문에 관료들은 헌법, 법률, 정치적 규범, 공동체의 가치 등 다양한 측면에 관심을 기울여야 한다.
④ 생산성보다는 사람에게 가치를 부여하기 때문에 공공조직은 공유된 리더십과 협력의 과정을 통해 작동되어야 한다.

| 44 | 신공공서비스론에서의 공익 → 담론의 결과물 |

① [○] 신공공서비스론은 관료의 역할로 방향잡기보다는 시민들로 하여금 공유된 가치를 표명하고 그것을 충족시킬 수 있도록 도와주는데 봉사해야 함을 강조한다.
② [×] 공익을 개인적 이익의 집합체로 보는 것은 신공공관리론이다. 신공공서비스론은 공익을 담론의 결과물로 본다.
③ [○] 신공공서비스론은 정부의 책임을 단순한 생산성의 제고에서 헌법, 법률, 공동체 가치, 정치규범, 전문직업적 기준, 시민들의 이해 등을 도모하는 데까지 그 범위가 확대한다.
④ [○] 신공공서비스론은 조직의 운영 또한 인간을 존중하는 가운데 협동과 공유된 리더십으로 운영할 때만이 성공할 수 있다고 본다.

답 ②

45 ☐☐☐

행정이론에 대한 설명으로 옳지 않은 것은?

① 행정관리론(사무관리론 · 조직관리론)에서는 계획과 집행을 분리하고 권한과 책임을 명확히 규정할 것을 강조하였다.
② 신행정학에서는 정부의 적극적인 역할과 적실성 있는 정책의 수립을 강조하였다.
③ 뉴거버넌스론에서는 공공참여자의 활발한 의사소통, 수평적 합의, 네트워크 촉매자로서의 정부역할을 강조하였다.
④ 신공공서비스론에서는 시민을 주인이 아닌 고객의 관점으로 볼 것을 강조하였다.

46 ☐☐☐

신공공서비스론(New Public Service)에 대한 설명으로 적절하지 않은 것은?

① 민주주의이론, 비판이론, 포스트모더니즘 등이 인식론적 토대이다.
② 공익은 공유하고 있는 가치에 대하여 대화와 담론을 통해 얻은 결과물이다.
③ 시장의 가격메커니즘과 경쟁의 원리를 적극적으로 도입한다.
④ 내외적으로 공유된 리더십을 갖는 협동적인 구조가 바람직하다.

---

45 신공공서비스론 → 주인으로서 시민

① [○] 행정관리론은 계획과 집행을 분리하고 권한과 책임을 명확하게 규정할 것을 처방하는 고전적 행정이론이다.
② [○] 신행정학에서는 미국 사회의 격동기를 해결하기 위하여 정부의 적극적 역할과 적실성 있는 정책의 수립을 강조하였다.
③ [○] 뉴거버넌스는 공공문제의 해결을 위한 공 · 사조직들의 협력적 통치로, 수평적 네트워크로 연결된 다양한 주체들에 의한 사회문제 해결시스템을 강조한다.
④ [×] 시민을 고객으로 보는 것은 신공공관리론이다. 신공공서비스론은 시민을 고객이 아닌 주인으로 파악하고, 관료는 이러한 주인들이 담론을 통해 공익을 형성할 수 있도록 봉사하여야 한다고 주장한다.

답 ④

---

46 가격과 경쟁 → 신공공관리론

① [○] 민주주의이론은 시민의 선택을 강조하고, 비판이론은 성찰적 재해석에 입각한 주체적 수용을 강조한다. 또한 포스트모더니즘은 다양성을 강조한다. 이러한 이론들은 다양한 시민들의 능동적 참여와 담론과정을 통한 공익 도출을 강조하는 신공공서비스론의 이론적 근거로 유용하다.
② [○] 신공공관리론은 사익의 총합, 또는 사익 추구 과정의 부산물로서 공익을 파악하지만 신공공서비스론은 공익을 공유하고 있는 가치에 대한 대화와 담론의 결과물로 파악한다.
③ [×] 신공공서비스론은 가격메커니즘보다는 공동체 가치와 공공문제에 대한 책임성의 강화를 중요하게 여긴다. 시장의 가격메커니즘과 경쟁의 원리를 강조하는 것은 신공공관리론이다.
④ [○] 신공공서비스론은 다양한 시민들의 능동적 참여와 이러한 참여 속에서 형성된 공유된 담론의 결과물로서 공익을 강조하므로 다양한 주체의 협력에 의해 이끌어질 수 있는 공유된 리더십이 요구된다.

답 ③

덴하르트(J. Denhardt와 R. Denhardt)의 신공공서비스론이 추구하는 내용이 아닌 것은?

① 문제의 해결에는 대화나 중재 또는 권한을 위임받은 시민들의 광범위한 관여를 통한 방식이 필요하다고 본다.
② 관료는 사회를 새로운 방향으로 조정(steer)하기보다는 시민들의 공유된 이익을 달성하도록 도와주어야 한다고 본다.
③ 정부의 규모를 축소하려는 이데올로기적 욕구에 충실하다.
④ 기업가적 정신보다는 시민정신이 지니는 가치가 상위 개념임을 강조한다.

신공공서비스론에 대한 설명으로 옳지 않은 것은?

① 기업주의 가치를 추구한다.
② 고객이 아닌 시민을 위해 봉사한다.
③ 전략적으로 생각하고 민주적으로 행동한다.
④ 공익을 찾으려고 노력한다.

47	정부 규모의 축소 강조 → 신자유주의

① [○] 신공공서비스론은 공적 문제에 있어 광범위한 시민참여를 강조하는 이론이다.
② [○] 신공공관리론이 방향잡기에 초점을 두고 신공공서비스론은 시민들이 모여 공유된 이익을 달성할 수 있도록 도와주는데 초점을 맞춘다.
③ [×] 신공공서비스론은 정부 규모의 축소보다는 공적 영역의 활성화에 초점을 맞춘다. 정부 규모 축소에 충실한 것은 신자유주의와 관련된다.
④ [○] 신공공서비스론은 창의성과 같은 기업가 정신보다는 공동체에 대한 책임과 의무를 강조하는 시민의식의 가치를 강조한다.

답 ③

48	기업주의 가치의 추구 → 신공공관리론

① [×] 신공공서비스론은 소유주로서 시민의 권리회복과 지역 공동체 의식의 복원에 초점을 둔 국정운영방식으로, 거버넌스를 형성하기 위해 참여를 중시하는 민주적 시민이론과 관련된다. 기업주의 가치는 신공공관리론에서 강조된 것이다.
② [○] 신공공관리론은 고객에 대한 봉사를 강조하지만 신공공서비스론은 시민 즉, 주인에 대한 봉사를 강조한다.
③ [○] 전략적 합리성이란 경제적 효율성뿐만 아니라 정치적 합리성 등 다양한 가치를 포함한 개념이다.
④ [○] 신공공관리론은 사익의 단순한 합을 공익으로 보지만 신공공서비스론은 담론의 결과물을 공익을 본다.

답 ①

덴하르트(J. Denhardt와 R. Denhardt)의 신공공서비스 이론에 대한 설명으로 옳은 것을 모두 고른 것은?

> ㄱ. 공무원의 반응대상을 시민보다 고객에 두고 있고, 정부의 역할을 공유된 가치창출을 위한 봉사활동으로 보는 점에서 뉴거버넌스이론과 유사하다.
> ㄴ. 전략적 합리성보다 기술적·경제적 합리성을 추구하는 점에서 신공공관리론과 유사하다.
> ㄷ. 이론적 토대는 민주주의 이론, 실증주의, 해석학, 비판이론 등 복합적이다.
> ㄹ. 공익을 공유가치에 대한 담론의 결과로 보고 법, 공동체, 정치규범, 전문성, 시민이익 존중 등 다면적 책임성을 강조한다.
> ㅁ. 공무원의 동기유발수단을 보수와 편익, 기업가 정신이 아닌 사회봉사 및 사회에 기여하려는 욕구에 두고 있다.

① ㄱ, ㄴ, ㄷ   ② ㄱ, ㄹ, ㅁ
③ ㄴ, ㄷ, ㄹ   ④ ㄷ, ㄹ, ㅁ

49	신공공서비스론 → 전략적 합리성의 강조

ㄱ. [×] 신공공서비스론은 공무원의 반응대상을 시민에 둔다. 공무원의 반응대상을 고객에 두는 것은 신공공관리론이다.
ㄴ. [×] 신공공서비스론은 기술적·경제적 합리성보다는 전략적 합리성을 강조한다. 전략적 합리성이란 단순히 생산성을 높이거나 수단의 극대화보다는 다양한 가치가 조화롭게 반영될 수 있도록 조정하는 능력을 의미한다.
ㄷ. [○] 신공공서비스론은 실증주의, 해석학, 비판이론, 포스트모더니즘 등을 포괄한 다양한 이론적 접근을 시도한다. 특히 시민행정학, 인간중심 조직이론, 신행정학, 포스트모던 행정학 등이 강조된다. 여기서 실증주의란 보편적 법칙을 추구한다는 의미보다는 담론과정의 참여자 개개인들의 가치 하나하나가 의미 있게 해석되고 반영될 수 있어야 함을 뜻한다.
ㄹ. [○] 단순히 생산성의 향상 또는 고객의 만족이라는 기준에서 헌법, 법률, 공동체 가치, 정치 규범, 전문직업적 기준, 시민들의 이해 등의 도모까지 책임의 범위가 확대된다.
ㅁ. [○] 합리적 경제인으로서 공무원의 가정은 신공공관리론이다. 신공공서비스론은 봉사자로서 공무원이라는 위상을 강조한다.

답 ④

무어(M. Moore)의 공공가치창출론적 시각에 대한 설명으로 옳지 않은 것은?

① 행정의 정당성 위기를 극복하기 위한 대안적 접근이다.
② 전략적 삼각형 개념을 제시한다.
③ 신공공관리론을 계승하여 행정의 수단성을 강조한다.
④ 정부의 관리자들은 공공가치 실현에 힘써야 한다고 주장한다.

50	공공가치창출론 → 신공공관리론에 대한 반론

① [○] 무어(M. Moore)의 공공가치창출론은 신공공관리론이 야기한 행정의 공공성 약화를 극복하기 위한 대안적 패러다임이다.
②, ④ [○] 무어(M. Moore)의 공공가치창출론은 민주적으로 선출되어 정당성을 부여 받은 정부의 관리자들이 공공자산을 활용해 공공가치를 창출해야 한다는 주장으로, 이를 위해 외부 환경으로부터의 정당성과 지원, 공적 가치 형성, 운영 역량 형성이라는 전략적 삼각형 모형을 제시하였다.
③ [×] 무어(M. Moore)의 공공가치창출론은 수단 중심의 신공공관리론을 비판한 이론이다.

답 ③

---

51 ☐☐☐

넛지(nudge)의 특성으로 옳은 것만을 모두 고르면?

> ㄱ. 넛지 방식으로 정책을 설계하는 것을 선택설계라고 한다.
> ㄴ. 정책대상집단의 행동에 개입하지만 개인의 자유로운 선택을 허용한다.
> ㄷ. 넛지는 디폴트 옵션 설정 방식처럼 사람들의 인지적 편향을 전략적으로 활용하는 정책수단이다.

① ㄱ, ㄴ
② ㄱ, ㄷ
③ ㄴ, ㄷ
④ ㄱ, ㄴ, ㄷ

52 ☐☐☐

행정학의 주요이론에 대한 설명으로 가장 적절하지 않은 것은?

① 신공공관리론(New Public Management)은 전통적 관료제에 의한 정부운영 방식의 한계를 극복하고 효율성을 확보하기 위해 민간기업의 운영방식을 공공부문에 접목하고자 한다.
② 피터스(G. Peters)는 전통적 형태의 정부모형에 대한 대안으로서 시장적 정부모형, 참여적 정부모형, 신축적 정부모형 및 탈내부규제 정부모형 등을 제시하였다.
③ 포스트모더니즘(Post-Modernism)은 이성, 합리성 및 과학 등에 기초한 모더니즘을 비판하면서, 상상, 해체, 영역파괴, 타자성 등의 개념을 중심으로 한 거시이론, 거시정치 등을 통하여 행정현상을 설명하고자 한다.
④ 신공공서비스론(New Public Service)에서는 행정가가 업무수행의 효율성을 제고시키기보다는 모든 사람에게 더 나은 생활을 보장하여야 한다고 주장한다.

51	넛지 → 선택설계, 부드러운 개입주의

ㄱ. [○] 넛지란 어떤 선택을 금지하거나 경제적 유인을 크게 변화시키지 않으면서 예측 가능한 방향으로 사람들의 행동을 변화시키는 선택설계의 제반 요소를 의미한다.
ㄴ. [○] 넛지는 개인이 올바른 선택을 하도록 개입한다는 측면에서 개입주의를 표방하고 있으나, 개인에게 선택의 옵션을 제공하고, 특정한 선택을 강요하지 않는다는 점에서 자유주의적이다.
ㄷ. [○] 선택설계는 개인의 인지 오류를 이용한 선택설계와 개인의 합리적 선택을 제약하는 환경적 요인의 개선을 통한 개인의 의지적 판단을 통해 행동 변화를 유도하는 선택설계로 구분할 수 있다.

답 ④

52	포스트모더니즘 → 미시이론, 미시정치

① [○] 신공공관리론은 가격이나 경쟁과 같은 시장기법의 도입을 통해 전통적인 관료제 방식의 한계를 극복하고자 했던 행정개혁이다.
② [○] 피터스(G. Peters)는 전통적 관료제 모형에 대한 대안으로 시장모형, 참여모형, 신축모형, 탈내부규제모형 등이 등장하고 있다고 보았다.
③ [×] 포스트모더니즘은 객관주의 사조를 배격하고 구성주의 사조를 제시하고 진리의 맥락과 상대성을 강조하며, 개별적 가치나 신념 및 다양성을 선호하므로 보편적 법칙을 찾는 거시이론을 비판한다. 또한 정권교체나 계급투쟁과 같은 거시정치가 아닌 자신의 의견이 자신의 삶을 구성하는 공동체의 형성에 반영되게 하는 미시정치 혹은 생활정치를 강조한다.
④ [○] 신공공서비스론은 소유주로서 시민의 권리를 회복하고 공적 문제의 해결에 있어 공동체 의식의 복원에 초점을 둔 국정운영방식으로, 시장원리보다는 공적 책임성의 강화를 중시하는 이론이다.

답 ③

파머(D. Farmer)가 주장한 포스트모더니티 행정이론의 내용으로 옳지 않은 것은?

① 나 아닌 다른 사람을 인식적 객체가 아닌 도덕적인 타자(他者)로 인정한다.

② 관점에 따라 다양한 가능성이 허용되는 상상(imagination)보다는 과학적 합리성(rationality)이 더 중요하다.

③ 행정에서도 지식과 학문의 영역 간 경계가 사라지는 탈영역화(deterritorialization)가 나타난다.

④ '행정은 객관적으로 연구될 수 있다'는 설화는 해체(deconstruction)를 통해 더 잘 이해할 수 있다.

포스트모더니티 행정이론에 대한 설명으로 옳지 않은 것은?

① 파머(D. Farmer)는 패러다임 간의 통합(paradigm integration)을 연구 전략의 하나로 주장하였다.

② 상대적이고 다원주의적이며, 동시에 해방주의적 성격의 세계관을 지니고 있다.

③ 바람직한 행정서비스는 다품종소량생산체제에서 제공될 가능성이 높다.

④ 파머(D. Farmer)에 따르면, 나 아닌 다른 사람을 인식적 타인(epistemic other)이 아닌 도덕적 타인(moral other)으로 인정한다.

53	포스트모더니즘 → 상상, 해체, 영역해체, 타자성

① [○] 나 아닌 다른 사람을 인식적 객체가 아닌 도덕적 타자(他者)로 인정하는 것을 타자성이라 한다.

② [×] 포스트모더니즘은 과학적 합리성보다는 상상을 강조한다. 상상이란 소극적으로는 규칙이나 관례로부터 해방 가능성을 주장하며, 적극적으로는 합리성으로부터 벗어나 직관의 가능성 또는 문제의 특수성을 강조하는 것을 말한다.

③ [○] 영역해체에 관한 설명이다. 영역해체란 학문 간의 경계를 타파하고자 하는 것으로, 이는 행정학의 고유 영역이라고 믿는 지식의 성격이 변화됨을 의미이다.

④ [○] 해체란 이론 및 설화가 되는 텍스트의 근거를 파헤쳐 보자는 것이다. '경제발전이 역사발전의 원동력이다' 혹은 '행정의 실무는 능률적이어야 한다'는 주장을 당연한 것으로 받아들이지 않고 그 근거를 파헤쳐 보자는 것과 관련된다.

답 ②

54	파머(D. Farmer) → 모더니즘패러다임과 포스트모던패러다임의 상이성 강조

① [×] 파머(D. Farmer)는 '행정학의 언어'라는 저서를 통해 모더니즘적 언어와 포스트모더니즘적 언어의 차별성을 강조한다. 즉, 두 언어가 완전히 별개의 세계임을 강조한 것이지 이들의 변증법적 통합을 주장한 것이 아니다.

② [○] 포스트모더니즘은 진리의 맥락성과 상대성을 강조하며, 개별적 가치나 신념 및 다양성을 선호한다. 또한 전체성을 해체하고 독자적 개체를 강조하며 주체와 객체의 구별을 부정한다. 그리고 메타설화의 성찰적 재검토를 통한 해체와 해방을 중시한다.

③ [○] 포스트모더니즘은 다양한 영역에서 활용되는 철학적 근거이다. 정치적으로는 대의제를 비판하고 담론에 기반을 둔 직접민주주의와 관련되고, 행정적으로는 관료제에 대한 비판의 논거이다. 또한 산업적으로는 소품종대량생산체제를 비판하고 다품종소량생산체제를 옹호하는 이론적 근거가 될 수 있다.

④ [○] 타자성에 대한 설명이다. 타자성이란 즉자성에 대칭되며, 타자를 관찰 대상인 인식의 객체가 아닌 도덕적 타인으로서 인식하여 타인에 대한 개방성, 다양성에 대한 선호, 상위설화에 대한 반대 등을 주장한다.

답 ①

55 ☐☐☐

행정이론에 대한 설명 중 옳지 않은 것은?

① 신공공관리론은 정책결정과 정책집행을 분리하고 집행
업무는 가급적 일선기관으로 이양한다.
② 포스트모더니즘은 합리성을 바탕으로 고객 중심의 행정
을 추구한다.
③ 행태주의는 행정에서 객관적이고 사실적인 정보의 중요
성을 강조한다.
④ 공공선택론은 정부의 정책결정 규칙이나 결정구조가
어떻게 만들어졌느냐를 중요시한다.

56 ☐☐☐

혼돈이론(chaos theory)에 대한 설명으로 옳지 않은 것은?

① 현실의 복잡성과 불확실성을 극복하기 위해 단순화, 정형
화를 추구한다.
② 비선형적, 역동적 체제에서의 불규칙성을 중시한다.
③ 전통적 관료제 조직의 통제 중심적 성향을 타파하도록
처방한다.
④ 조직의 자생적 학습능력과 자기조직화 능력을 전제한다.

55	합리성의 강조 → 모더니즘

① [○] 신공공관리론은 정책결정은 정부가 주도하되 정책집행은
가급적 전문적인 기관에 이양하고자 한다. 이를 통해 집행의
전문성과 경쟁성을 확보하고 성과에 대한 책임을 통해 서비스의
질을 높이고자 하였다.
② [×] 합리성을 바탕으로 고객 중심의 행정을 추구하는 것은
모더니즘적 사고이다. 포스트모더니즘은 이성에 기반을 둔 보편적
법칙이과 이에 근거한 합리성을 배격하며, 진리의 맥락성과 상대
성을 강조하며, 개별적 가치나 신념 및 다양성을 선호한다.
또한 사물을 이해함에 있어 이성보다 감성을 선호하며, 결과보다
는 만들어지는 과정을 중시한다.
③ [○] 행태주의는 논리실증주의에 기반을 두고 검증 가능한
객관적 사실만을 연구대상으로 삼았다.
④ [○] 공공선택론은 기존의 다수결 투표나 관료제가 개인의
선택에 민감하게 반응하지 않음을 인식하고, 이를 해결하고자
개인의 선호와 선택이 반영될 수 있는 제도적 장치의 설계를
강조하였으며, 결국 신제도주의 경제학으로 연결되었다.

답 ②

56	혼돈이론 → 불확실성의 수용

① [×] 혼돈이론은 현실의 복잡성과 불확실성을 당연한 것으로
수용하며, 이러한 복잡성과 불확실성을 새로운 질서를 형성할
수 있는 기회의 장으로 활용할 것을 주장한다. 즉, 단순화나
정형화를 추구하지 않는다.
② [○] 혼돈이론은 불규칙한 무질서 현상의 배후에 감추어져
있는 규칙성을 찾는 이론적 접근이다. 즉, 비선형적이고 역동적인
상태에서 질서를 발견하려는 과학적 노력이다.
③ [○] 규칙 중심적이고 통제 중심적인 관료제는 현실의 복잡성
에 숨겨진 다양한 질서를 발견함에 있어 제약요인이 될 수 있으
며, 사전에 정해진 규칙에 의한 운영은 상황의 불확실성에 대처
할 수 없게 하는 요인이다.
④ [○] 복잡하고 불확실한 혼돈의 상황에서는 미리 정해진 조직
구조가 아닌 스스로의 학습을 통해 자신을 형성해 나가는 자기
조직화 능력이 중시된다.

답 ①

57 □□□

행정연구에서 혼돈이론(chaos theory)적 접근에 대한 설명으로 옳지 않은 것은?

① 복잡한 사회문제에 대한 통합적 접근을 시도한다.
② 행정조직은 개인과 집단 그리고 환경적 세력이 상호작용하는 복잡한 체제이다.
③ 행정조직은 혼돈상황을 적절히 회피하고 통제할 수 있는 능력이 요구된다.
④ 행정조직의 자생적 학습능력과 자기조직화 능력을 전제로 한다.

58 □□□

혼돈이론에 대한 설명으로 옳은 것만을 다음에서 모두 고르면?

ㄱ. 혼돈이론은 안정된 운동상태를 보이는 계(系)가 어떻게 혼돈상태로 바뀌는가를 설명하고, 또 혼돈상태에서 숨겨진 질서를 찾으려는 시도이다.
ㄴ. 혼돈이론에 의하면, 혼돈은 스스로 불규칙하게 변화할 뿐 아니라 미세한 초기조건의 차이가 점차 증폭되어 시간이 얼마간 지나면 완전히 다른 결과를 나타낸다.
ㄷ. 혼돈이론은 선형적 변화를 가정하며, 이는 뉴턴(Newton)의 운동법칙을 계승한 것이다.
ㄹ. 혼돈이론에서 설명하는 혼돈 속에서 질서를 찾는 과정은 자기조직화(self-organizing)와 공진화(coevolution)이다.

① ㄱ, ㄴ
② ㄴ, ㄷ
③ ㄱ, ㄴ, ㄹ
④ ㄱ, ㄷ, ㄹ
⑤ ㄱ, ㄴ, ㄷ, ㄹ

---

57 | 혼돈이론 → 발전의 초기 조건으로서 혼돈의 강조

① [○] 혼돈이론은 다양한 질서의 존재 가능성을 전제로 사회현상을 거시적이고 장기적이며 포괄적으로 분석하고자 한다.
② [○] 혼돈이론에 따르면 행정조직 역시 다양한 변수들이 복잡하게 얽힌 체제이므로 선험적으로 존재하는 유일 최선의 방법이 있다는 전통적 접근방법을 부정한다.
③ [×] 혼돈이론에서 보는 혼돈이란 결정론적 혼돈 혹은 질서 있는 무질서 상태를 의미하며, 혼돈은 필요불가결한 것이며 발전의 초기 조건이다. 따라서 이를 회피하고 통제하기 보다는 새로운 발전의 기회로 활용하는 것이 바람직하다.
④ [○] 혼돈이론은 자기조직화 능력과 이를 위한 반관료제 처방을 선호하며, 부정적 환류와 긍정적 환류의 이중적 인식을 통한 자생적 학습능력을 강조한다.

답 ③

---

58 | 혼돈이론 → 뉴턴 물리학에 대한 도전

ㄱ. [○] 혼돈이론은 혼돈상태를 연구하여 폭넓고 장기적인 변동의 경로와 양태를 찾아보려는 접근방법이며, 비선형적이고 역동적인 상태에서 질서를 발견하려는 과학적 노력이다.
ㄴ. [○] 혼돈이론은 작은 압력으로 막대한 효과를 유발시킬 수 있는 비선형 관계 및 순환고리적 상호관계 그리고 시간의 흐름에 더욱 민감한 일시성 등을 강조한다.
ㄷ. [×] 혼돈이론은 뉴턴의 기계론적 세계관에 대한 도전이다.
ㄹ. [○] 혼돈이론은 나비효과와 초기 민감성에 의한 불확실성이 공진화와 자기조직화 능력을 통해 질서를 찾아가는 상황을 가정하기에 자기조직화 능력의 강화를 위한 반관료제적 처방을 선호한다.

답 ③

01 ☐☐☐
12년 국가7급

행정이념에 대한 설명으로 옳지 않은 것은?

① 19세기 후반 현대 미국 행정학의 태동기에 강조되었던 행정이념은 민주성과 합법성이었다.

② 효과성은 발전행정론에서 강조된 행정이념으로서 과정보다는 산출 결과에 중점을 둔다.

③ 롤스(J. Rawls)의 정의관은 자유와 평등의 조화를 추구하는 입장으로, 신행정론의 등장 이후 사회적 형평성 논의에 많은 영향을 미쳤다.

④ 민주성과 능률성은 항상 상충되는 것은 아니고 상호 보완적일 수 있다.

02 ☐☐☐

현행 '국가공무원법' 제1조, '지방공무원법' 제1조, 그리고 '지방자치법' 제1조에서 공통적으로 규정하고 있는 우리나라의 기본적 행정가치로 옳은 것은?

① 합법성과 형평성
② 형평성과 공정성
③ 공정성과 민주성
④ 민주성과 능률성
⑤ 능률성과 합법성

01	행정학 태동기 → 능률성 강조

① [×] 19세기 후반 현대 미국 행정학의 태동기에 강조되었던 행정이념은 능률성이다. 합법성은 근대 입법국가 시대에 강조되었고 민주성은 정치행정일원론이 대두되면서 강조된 행정이념이다.

② [○] 효과성은 산출이 목표를 달성한 정도 즉, 목표달성도를 의미하며, 과정보다 산출의 결과를 중시한다.

③ [○] 롤스(J. Rawls)의 정의관은 전통적 자유주의와 사회주의의 양극단을 지양하고 자유와 평등의 조화를 추구하는 중도적 입장을 취하고 있다.

④ [○] 민주성과 능률성은 원칙적으로 상충되는 면이 강하다. 그러나 민주주의를 전제로 하는 현대 행정학은 양자의 조화를 꾀하는 방안의 모색을 강조한다. 즉, 민주적으로 결정하되 가장 능률적인 수단을 찾는 것이 행정학의 존재 이유이다.

답 ①

02	행정의 양대 이념 → 민주성과 능률성

④ [○] 현대 행정의 양대 이념은 민주성과 능률성이다. 이를 고려하여 국가공무원법, 지방공무원법, 지방자치법 등에서 공통적으로 법률의 목적으로 제시하고 있다.

답 ④

03 ☐☐☐

행정에 대한 설명으로 옳지 않은 것은?

① 행정은 정부의 단독행위가 아니라 사회의 다양한 주체들이 함께 참여하는 협력행위로 변해가고 있다.

② 행정은 사회의 공공가치 실현을 목적으로 한다.

③ 행정은 민주주의의 원칙에 따라 재원의 확보와 사용에 있어서 국회의 통제를 받는다.

④ 행정의 본질적 가치로는 능률성, 책임성 등이 있으며 수단적 가치로는 정의, 형평성을 들 수 있다.

04 ☐☐☐

행정가치에는 행정을 통해 이루고자 하는 궁극적 가치인 본질적 가치와 본질적 가치를 실현가능하게 하는 수단적 가치가 있다. 다음 중 본질적 가치로 옳은 것은?

① 형평성(equity)

② 합리성(rationality)

③ 민주성(democracy)

④ 합법성(legality)

03	능률성과 책임성 → 수단적 가치

① [○] 최근 정부의 독점적 통치에 따른 부작용을 해소하고자 시장과 시민사회 등 다양한 주체의 협력적 노력을 통해 공공문제를 해결하고자 하는 거버넌스 개념이 강조되고 있다.

② [○] 행정은 규범적으로 공공가치의 실현을 목적으로 하며, 공공문제의 해결을 통해 국민 삶의 질적 향상을 도모하는 활동이다.

③ [○] 현대 행정은 민주주의를 기본적 전제로 한다. 이에 따라 정부의 활동은 국민에 대한 책임성이 확보될 수 있어야 하는데 그 대표적인 수단이 예산에 대한 국회의 통제권이다.

④ [×] 능률성과 책임성 등이 수단적 가치이고, 정의와 형평성은 본질적 가치에 속한다.

답 ④

04	본질적 가치 → 형평성

① [○] 형평성은 본질적 가치이다. 공익, 정의, 자유, 평등, 형평, 복지 등이 이에 속한다.

② [×] 합리성(rationality)은 목표에 대한 수단의 적합성을 의미하며, 수단적 가치에 속한다.

③ [×] 민주성(democracy)은 대외적으로는 위민행정과 책임행정 등을 강조하고, 대내적으로는 행정관리의 분권화와 구성원들의 참여를 강조한다. 능률성보다는 상위의 가치이지만 행정학에서는 수단적 가치로 파악된다.

④ [×] 의회가 제정한 법률의 준수를 강조하는 합법성(legality)은 근대 의회민주주의가 성립되면서 강조되었으며, 행정학에서는 수단적 가치로 파악된다.

답 ①

---

05 ☐☐☐

공리주의적 관점에서 공익을 설명한 것으로 옳은 것만을 모두 고르면?

> ㄱ. 사회 전체의 효용이 증가하면 공익이 향상된다.
> ㄴ. 목적론적 윤리론을 따르고 있다.
> ㄷ. 효율성(efficiency)보다는 합법성(legitimacy)이 윤리적 행정의 판단기준이다.

① ㄱ
② ㄷ
③ ㄱ, ㄴ
④ ㄴ, ㄷ

06 ☐☐☐

공익에 대한 설명으로 옳은 것은?

① '국가공무원법'은 제1조에서 공무원은 국민 전체의 봉사자로서 공익을 추구해야 함을 명시하고 있다.
② '공무원 헌장'은 공무원이 실천해야 하는 가치로 공익을 명시하고 있다.
③ 신공공서비스론에서는 공익을 행정의 목적이 아닌 부산물로 보아야 한다는 점을 강조한다.
④ 공익에 대한 실체설에서는 공익을 사익 간 타협 또는 집단 간 상호작용의 산물로 본다.

05	공리주의 → 효율성의 강조

ㄱ. [○] 공리주의는 최대 다수의 최대 행복을 강조한다. 이는 사회 전체의 효용이 증가하면 사회적 공익이 향상된다는 주장이다. 다만, 사회 전체의 효용을 높이는 방법은 개개인의 효용을 극대화함으로써 달성된다.
ㄴ. [○] 공리주의는 결과를 기준으로 옳고 그름을 판단하는 가치 상대론으로 이를 목적론 혹은 결과론적 시각이라 한다.
ㄷ. [×] 공리주의는 사회 전체의 효율성을 강조하는 이론이다. 즉, 효율성의 극대화 여부를 기준으로 옳고 그름을 판단한다.

답 ③

06	공무원 헌장 → 공익 개념의 명시

① [×] 국가공무원법 제1조는 '각급 기관에서 근무하는 모든 국가공무원에게 적용할 인사행정의 근본기준을 확립하여 그 공정을 기함과 아울러 국가공무원에게 국민 전체의 봉사자로서 행정의 민주적이며 능률적인 운영을 기하게 하는 것을 목적으로 한다.'고 규정하고 있을 뿐 공익에 관한 내용은 없다.
② [○] 공무원 헌장은 '공익을 우선시하며 투명하고 공정하게 맡은 바 책임을 다한다.'는 규정을 두고 있다.
③ [×] 신공공서비스론은 공익을 행정의 부산물이 아닌 목적으로 보아야 하며, 관료와 국가는 시민들이 공유할 수 있는 공익 개념을 구축해야 할 의무가 있다고 주장한다.
④ [×] 공익을 사익 간 타협 또는 집단 간 상호작용의 산물로 보는 것은 공익 과정설이다. 공익 실체설은 공익을 사익이나 특수 이익의 단순한 집합을 초월한 선험적 이익으로 보는 입장이다.

답 ②

공익에 대한 설명으로 옳지 않은 것은?

① 공익 실체설은 공익 과정설의 주장을 행정의 정당성과 통합성을 확보하기 위한 상징적 수사로 간주한다.
② 적법절차의 준수에 의한 공익의 보장은 공익 과정설에 가깝다.
③ 기초주의(foundationalism) 인식론은 공익 실체설에 가깝다.
④ 공공재의 존재와 공유지 비극의 문제는 공익 실체설의 근거가 될 수 있다.
⑤ 다원적 민주주의에 나타나는 이익집단 사이의 상호조정 과정에 의한 정책결정은 공익 과정설에 가깝다.

공익 개념의 실체설과 과정설에 대한 설명으로 옳은 것은?

① 실체설은 집단 간 상호작용의 산물이 공익이라고 본다.
② 과정설의 대표적인 학자에는 플라톤과 루소가 있다.
③ 실체설은 공익이라는 미명하에 개인의 이익이 침해될 수 있는 위험요소를 내포하고 있다.
④ 과정설은 공익과 사익이 명확히 구분된다는 입장이다.

---

08   공익 실체설 → 전체주의 시각

① [×] 집단 간 상호작용의 산물을 공익으로 보는 것은 공익 과정설이다.
② [×] 플라톤과 루소 등은 공익 실체설의 대표적인 학자이다.
③ [O] 실체설은 사회 전체의 이익을 강조하는 전체주의 속성이 강하므로 개인의 이익을 침해할 수 있는 위험요소를 내포하고 있다.
④ [×] 공익과 사익을 명확히 구분하는 것은 공익 실체설의 입장이다.

📄 **공익의 본질**

구분	과정설	실체설
의의	소극설, 과정적 · 절차적 측면의 강조, 선진국의 공익관	적극설, 내용적 측면의 강조, 개발도상국 또는 전체주의 공익관 (→ 비민주적 공익관)
특징	선험적 실체의 부정, 경험적 산물, 조정과 타협, 이익집단 주도, 소극적 정부, 다원주의 · 개인주의, 점증주의	선험적 실체의 존재 (→ 도덕, 정의, 양심, 자연법 등), 능동적 정부, 합리모형 또는 엘리트모형
학자	홉스, 흄, 벤담, 베르그송, 새뮤얼슨, 리틀, 애로우, 벤틀리, 헤링, 슈버트, 소라우프, 트루먼 등	플라톤, 아리스토텔레스, 루소, 헤겔, 마르크스, 플래스맨, 벤디트, 리프먼, 카시넬리, 오펜하이머 등

답 ③

---

07   기초주의 또는 정초조의 → 공익 실체설

① [×] 공익을 행정의 정당성과 통합성을 확보하기 위한 상징적 수사로 간주한다는 비판은 실체설에 대한 과정설의 견해이다.
③ [O] 기초주의 또는 정초주의는 정당화된 믿음이나 건전한 전제로부터 추론된 결론과 같이 확실한 기초에 의존하는 인식론으로, 이는 공익 실체설에 가깝다.
④ [O] 공공재의 존재와 공유지의 비극은 시장의 실패를 의미하므로 이는 과정설의 한계이자 실체설의 근거가 될 수 있다.

답 ①

09 ☐☐☐

22년 지방9급

공익에 대한 설명으로 옳은 것만을 모두 고르면?

> ㄱ. 실체설에 의하면 공익은 사익을 초월한 것이다.
> ㄴ. 과정설에 의하면 공익은 사익 간 갈등을 조정·타협
> 하는 과정에서 산출되는 것이다.
> ㄷ. 실체설은 다원적 민주주의에 도움을 준다.
> ㄹ. 플라톤(Plato)과 루소(Rousseau) 모두 공익 실체설을
> 주장하였다.

① ㄱ, ㄴ
② ㄴ, ㄷ
③ ㄱ, ㄴ, ㄹ
④ ㄱ, ㄷ, ㄹ

10 ☐☐☐

15년 지방9급

공익개념을 설명하는 접근방법들 중에서 정부와 공무원의 소극적 역할과 관련 깊은 것은?

① 사회의 다양한 집단 간에 상호이익을 타협하고 조정하여 얻어진 결과가 공익이다.
② 사회 구성원의 개별적 이익을 모두 합한 전체 이익을 최대화한 것이 공익이다.
③ 정의 또는 공동선과 같은 절대가치가 공익이다.
④ 특정인이나 집단의 특수 이익이 아니라 사회 구성원이 보편적으로 공유하는 이익이 공익이다.

---

09 다원주의 공익관 → 공익 과정설

ㄱ. [○] 공익 실체설은 공익을 선험적으로 존재하는 본원적 가치로 간주한다.
ㄴ. [○] 공익 과정설에 의하면 공익은 사익 간의 갈등과 조정에 의해 얻어지는 경험적 산물이다.
ㄷ. [×] 다원적 민주주의에 도움을 주는 것은 공익 과정설이다.
ㄹ. [○] 플라톤과 루소 그리고 칸트와 롤스 등이 대표적인 공익 실체설의 학자들이다.

답 ③

---

10 정부의 소극적 역할 → 공익 과정설

① [○] 정부와 공무원의 소극적 역할과 관련된 공익관은 과정설이며, 사회의 다양한 집단 간에 상호이익을 타협하고 조정하여 얻어진 결과를 공익으로 보는 것이 이에 속한다.
② [×] 전체 이익의 존재를 가정하고 이를 최대화하고자 하는 것은 공익 실체설의 입장이다. 다만 개별적 이익이 합쳐진 것이 전체 이익이라는 의미라면 과정설적 표현으로 볼 수 있다.
③ [×] 정의 또는 공공선과 같은 절대적 가치는 공익 실체설에서 강조하는 개념이다.
④ [×] 특수 이익이 아닌 구성원들이 보편적으로 공유하는 이익은 공익 실체설과 관련된다.

답 ①

행정가치에 대한 설명으로 옳지 않은 것은?

① 디목(M. Dimock)은 과학적 관리론에 입각한 기계적 효율관을 비판하며 사회적 효율성을 강조했다.

② 프레데릭슨(H. Frederickson)과 왈도(D. Waldo) 등 신행정학의 학자들은 사회적 형평성이 행정가치로 주목받는데 크게 기여하였다.

③ 롤즈(J. Rawls)가 제시한 정의론의 차등조정의 원리는 다시 차등의 원리와 기회균등의 원리로 나뉜다.

④ 슈버트(G. Schubert)는 공익 실체설의 입장에서 공익이 민주적 정부 이론의 중심에 놓여 있다고 주장했다.

공익(public inhonest)의 개념에 대한 설명으로 옳지 않은 것은?

① 실체설은 사회 구성원 간에 보편적으로 공유되는 공동의 이익보다는 부분적이며 특수한 이익을 공익으로 보는 입장이다.

② 실체설에서 인식하는 공익개념의 구체적 내용은 도덕적 절대 가치, 정의, 공동사회의 기본적 가치 등으로 다양하다.

③ 과정설에는 서로 상충되는 이익을 가진 집단들 사이의 조정과 타협의 산물이 공익이라고 보는 입장이 있다.

④ 과정설에는 절차적 합리성을 강조하여 적법절차의 준수에 의해 공익이 보장된다고 보는 입장이 있다.

11	슈버트(G. Schubert)의 공익관 → 공익 과정설

① [○] 디목(M. Dimock)은 인간적 가치의 구현과 사회적 목적의 실현을 위하여 사회적 능률성을 제시하였다.

② [○] 사회적 형평성은 미국의 격동기를 배경으로 등장한 신행정론 이후 주목받기 시작한 행정이념이다.

③ [○] 정의의 제2원리인 차등조정의 원리는 누구에게나 평등한 기회가 주어져야 한다는 기회균등의 원리와 약자에게 우선적 혜택이 주어져야 한다는 차등의 원리로 구성된다.

④ [×] 슈버트(G. Schubert)는 공익 이론가들을 합리주의자, 이상주의자, 현실주의자로 삼분한 학자이다. 합리주의자는 윌슨(W. Wilson)의 정치행정이원론의 패러다임을 반영한 것이고, 이상주의자는 엘리트주의 견해를 그리고 현실주의자들은 다원주의 견해를 반영한 것이다. 이처럼 슈버트(G. Schubert)는 개인의 가정에 출발하여 공익 개념을 구축하고 있으므로 공익 과정설로 분류된다.

답 ④

12	공익 → 구성원 간의 보편적으로 공유되는 이익

① [×] 공익 실체설은 부분적이며 특수한 이익보다는 사회 구성원들이 보편적으로 공유하는 공동의 이익을 중시하는 입장이다.

② [○] 공익 실체설은 공익을 사익이나 특수 이익의 단순한 집합을 초월한 선험적 이익으로 보는 입장이며, 그 선험적 실체로 도덕, 정의, 양심, 자연법, 선, 일반의지 등 다양한 가치가 제시되나 그 의미가 모호하다고 하여 신비주의라는 비판을 받는다.

③ [○] 공익 과정설은 공익의 선험적 실체를 부정하며, 공익을 사익 간의 조정과 타협에 의한 경험적 산물로 보는 입장이다.

④ [○] 공익 과정설은 적법절차나 대표관료제와 같은 과정적·제도적·절차적 측면을 강조하는 공익관이다.

답 ①

13 ☐☐☐

공익 과정설에 대한 설명으로 옳지 않은 것은?

① 공익을 사익이 적절히 조정·절충된 결과로 본다.
② 대립적인 이익들을 평가할 수 있는 기준을 제시하고 있다.
③ 각 사회집단의 이익과 본질적으로 구별되는 공공이익은 존재하지 않는다는 입장이다.
④ 토의나 비판과정이 발달하지 못한 신생국가 등에는 적용하기 어렵다.

13	대립적인 이익들의 평가기준 제공 → 공익 실체설

① [○] 공익 과정설은 공익의 선험적 실체를 부정하며, 사익 간 조정과 타협에 의한 경험적 산물을 공익으로 본다.
② [×] 대립적인 이익들을 평가할 수 있는 기준을 제시하고 있는 것은 공익의 선험적 내용을 강조하는 공익 실체설이다.
③ [○] 공익 과정설은 집단의 이익과 구별되는 공익은 존재하지 않는다는 입장이며, 공익과 사익의 차이는 본질적인 것이 아니라 상대적이고 양적인 차이에 불과하다.
④ [○] 공익 과정설은 다원주의, 공리주의, 현실주의 및 개인주의 관점으로, 투입기능이 활발한 다원화된 선진국의 공익관이다. 이에 따라 토의나 비판과정이 발달하지 못한 신생국가 등에는 적용하기 어렵다.

답 ②

14 ☐☐☐

롤스(J. Rawls)의 정의론에 대한 설명으로 옳지 않은 것은?

① 자유와 평등의 조화를 추구하는 중도적 입장보다는 자유방임주의에 의거한 전통적 자유주의 입장을 취하고 있다.
② 사회적 모든 가치는 평등하게 배분되어야 하며, 불평등한 배분은 그것이 사회의 최소 수혜자에게도 유리한 경우에 정당하다고 본다.
③ 현저한 불평등 위에서는 사회의 총체적 효용 극대화를 추구하는 공리주의가 정당화될 수 없다고 본다.
④ 원초적 자연상태(state of nature) 하에서 구성원들의 이성적 판단에 따른 사회형태는 극히 합리적일 것이라고 가정하는 사회계약론적 전통에 따른다.

14	롤스(J. Rawls)의 정의론 → 중도적 시각

① [×] 롤스(J. Rawls)는 자유와 평등의 조화를 추구하는 중도적 입장이다.
② [○] 정당한 불평등과 관련된 개념이다. 롤스(J. Rawls)에 의하면 어떠한 불평등이 정당하기 위해서는 우선 기회가 공정하게 제공되어야 하며, 그 다음은 최소의 수혜자에게 유리해야 한다.
③ [○] 롤스(J. Rawls)의 정의론은 사회의 총체적 효용만을 추구했던 공리주의에 대한 반론이다. 현저한 불평등 위에서는 효율성의 추구만으로는 사회문제를 해결할 수 없다는 의미이다.
④ [○] 사회계약론이란 사회가 이성적인 구성원들의 합의에 의해 만들어진다는 학설이다. 롤스(J. Rawls) 역시 합리적 경제인관을 바탕으로 원초적 상태에서 합의한 이성적 규칙이 바람직할 것이라고 가정하여 이론을 전개하였다.

답 ①

15

15 ☐☐☐ 09년 지방9급

롤스(J. Rawls)의 정의론에 대한 설명 중 가장 옳지 않은 것은?

① 타고난 차이 때문에 사회적 가치의 획득에서 불평등이 생겨나는 것은 사회적 정의에 어긋난다.

② 형평성이 확보되려면 우선적으로 결과의 평등이 전제되어야만 한다.

③ 원초적 상태에서 구성원들이 합의하는 규칙 또는 원칙이 공정할 것이라고 전제하고 있다.

④ 전통적 자유주의와 사회주의의 양극단을 지양하고 자유와 평등의 조화를 추구하는 중도적 입장을 취하고 있다.

---

16 ☐☐☐ 14년 국가7급

행정가치에 대한 설명으로 옳지 않은 것은?

① 공익 과정설은 현실주의적이고 개인주의적인 공익 개념이다.

② 공익 실체설은 개인의 사익을 모두 합한 것이 공익이라고 보지 않는다.

③ 행정이념으로서 사회적 형평성은 신행정론의 등장과 함께 강조되었다.

④ 롤스(J. Rawls)가 정의론에서 제시한 '기본적 자유의 평등 원리'는 개개인의 권리가 다른 사람의 유사한 자유와 상충되더라도 최대한의 기본적 자유가 인정되어야 한다는 것이다.

15	롤스(J. Rawls)의 정의론 → 기회의 평등 > 결과의 평등

① [○] 타고난 차이에 의한 불평등은 공정한 기회가 주어지지 않았기 때문에 그 불평등은 정의롭지 못하다.

② [×] 롤스(J. Rawls)는 기회의 평등이 먼저이고 그 다음이 결과의 평등(→ 차등의 원칙)이다.

③ [○] 원초적 상태란 계약 당사자들이 자신들의 사회적 지위나 타인과의 모든 차이에 대해 전혀 모르는 무지의 베일에 가려 있는 상태를 의미하며, 이러한 상황에서 구성원들이 합의하는 규칙 또는 원칙이 공정할 것이라고 전제하고 있다.

④ [○] 롤스(J. Rawls)의 정의론은 자유주의에서 강조하는 실적주의와 사회주의에서 강조하는 평등주의의 절충으로, 욕구주의에 입각한 사회적 가치의 배분을 강조한다.

답 ②

16	기본적 자유의 평등 → 타인의 유사한 자유와 상충되지 않는 범위 내에서 최대한 보장

① [○] 공익 과정설은 공익을 사익 간 조정과 타협에 의한 경험적 산물로 보는 다원주의, 공리주의, 현실주의 및 개인주의 관점으로, 점증주의 모형과 관련된다.

② [○] 사익을 모두 합한 것이 공익으로 보는 것은 공익 과정설이다. 공익 실체설은 공익을 사익이나 특수 이익의 단순한 집합을 초월한 선험적 이익으로 본다.

③ [○] 사회적 형평성은 1960년대 후반 미국사회의 혼란과 더불어 제기된 신행정학에서 강조하였으며, 소외계층을 위한 보다 나은 행정서비스를 우선적으로 제공하고자 하는 이념이다.

④ [×] 롤스(J. Rawls) 정의론에서 제시된 제1원칙인 기본적 자유의 평등원리는 타인의 자유와 상충되지 않는 범위에서 기본적 자유에 대한 동등한 권리를 보장하여야 한다는 것이다.

답 ④

17 ☐☐☐

롤스(J. Rawls)의 정의론과 거리가 먼 것은?

① 기본적 자유의 평등원리
② 최대극대화의 원리
③ 차등의 원리
④ 공정한 기회균등의 원리

18 ☐☐☐

행정가치에 대한 설명으로 옳지 않은 것은?

① 공익 과정설에 따르면 사익을 초월한 별도의 공익이란 존재할 수 없다.
② 롤스(J. Rawls)는 사회정의의 제1원리와 제2원리가 충돌할 경우 제1원리가 우선이라고 주장한다.
③ 파레토 최적 상태는 형평성의 가치를 뒷받침하는 기준이다.
④ 근대 이후 합리성은 목표를 달성하는 수단과 관련된 개념이다.

17	롤스(J. Rawls)의 정의론 → 최소극대화 논리

① [○] 롤스(J. Rawls)의 정의론은 타인의 자유와 상충되지 않는 범위에서 기본적 자유에 대한 동등한 권리를 보장하여야 한다는 평등한 자유의 원칙을 제1원칙으로 한다.
② [×] 롤스(J. Rawls)는 원초적 상태에서 합리적인 인간은 최소극대화(Maximin)의 원리를 따른다고 가정한다.
③ [○] 차등의 원칙은 최소 수혜자에게 최대 이익을 보장하여야 한다는 원칙으로 기존의 불평등을 시정하기 위한 논리로 활용된다.
④ [○] 공정한 기회균등의 원칙은 정당한 불평등을 허용하기 위한 전제조건에 해당한다. 즉, 공정한 기회를 주지 않고 행해지는 불평등은 정의롭지 못하다는 것이다.

답 ②

18	파레토 최적 → 효율성의 평가기준

② [○] 롤스(J. Rawls)에 의하면 제1원리인 평등한 자유의 원칙이 제2원리인 정당한 불평등의 원칙에 우선한다.
③ [×] 파레토 최적이란 다른 사람의 후생을 감소시키지 않고는 누구의 후생도 증대시키는 것이 불가능한 상황을 뜻하며, 이는 효율성을 이론적으로 뒷받침하는 기준이다.
④ [○] 합리성은 근대 이전에는 목적 그 자체, 궁극적 가치 또는 궁극적 목적과 관련된 개념으로 이해되어 왔다. 그러나 베버(M. Weber) 이후 합리성은 어떤 행위가 궁극적 목표 달성의 수단이 되느냐의 여부로 이해되고 있다.

답 ③

다음 중 '다른 것은 다르게'와 관련된 행정이념으로서 가난한 사람에게 등록금을 줄여주거나 장학금을 지급하고, 극빈자의 병원비를 정부가 부담하는 식의 정책과 관련된 행정이념은?

① 퇴행적 능률성
② 절차적 합리성
③ 수직적 공평성
④ 수평적 공평성

디목(M. Dimock)이 제창한 사회적 능률에 해당하지 않는 것은?

① 인간적 능률
② 합목적적 능률
③ 상대적 능률
④ 단기적 능률

19	다른 것은 다르게 → 수직적 형평성

① [×] 퇴행적 능률성은 산출의 비율보다 투입의 비율이 더 많이 줄어들어 전체적으로 투입 대비 산출의 비율이 높아 보이는 현상을 말한다.
② [×] 행정학에서는 의식적인 사유과정의 산물을 절차적 합리성으로 본다.
③ [○] '다른 것은 다르게'와 관련된 것은 수직적 공평성이다.
④ [×] 수평적 공평성은 '같은 것은 같게'와 관련된 개념이다.

답 ③

20	사회적 능률 → 장기적 능률

① [○] 사회적 능률은 능률성뿐만 아니라 인간가치의 구현도 강조한다는 점에서 인간적 능률로 불린다.
② [○] 사회적 능률은 다양한 가치를 포괄한다는 점에서 합목적적 능률로 불린다.
③ [○] 사회적 능률은 수량적 가치라는 절대적이고 객관적인 능률과는 다르다는 측면에서 상대적 능률로 표현되기도 한다.
④ [×] 단기적 능률성은 기계적 능률성이다. 사회적 능률성이란 인간가치의 구현과 사회목적의 실현을 중시하는 장기적이고 인간적인 능률로, 민주성 혹은 민주성과 능률성의 조화개념으로 인식된다. 반면, 기계적 능률성이란 기계적·금전적·물리적 측면을 중시하는 가치중립적이고 기술적이며 객관적인 능률을 말한다.

답 ④

21 □□□
23년 지방9급

행정가치에 대한 설명으로 옳지 않은 것은?

① 합리성은 어떤 행위가 궁극적 목표달성의 최적 수단이 되느냐의 여부를 가리는 개념이다.
② 효율성은 목표의 달성도를 나타내고, 효과성은 투입 대비 산출의 비율을 의미한다.
③ 자율적 책임성은 공무원이 직업윤리와 책임감에 기초해 전문가로서 자발적인 재량을 발휘할 때 확보된다.
④ 행정의 민주성은 국민과의 관계뿐만 아니라 관료조직의 내부 의사결정 과정의 측면에서도 고려된다.

22 □□□
09년 지방9급

행정서비스의 성과를 측정하는 개념과 그에 대한 설명이 바르게 연결되지 않은 것은?

① 능률성 - 투입과 산출의 비율
② 생산성 - 목표달성도
③ 형평성 - 서비스의 공평한 배분정도
④ 대응성 - 시민의 수요에의 부응정도

21	효과성 → 목표달성도

② [×] 목표의 달성도가 효과성을 의미하고, 투입 대비 산출의 비율이 효율성을 의미한다.
④ [○] 국민과의 관계는 대외적 민주성을 의미하고, 내부 의사결정 과정에서의 참여는 대내적 민주성을 의미한다.

답 ②

22	목표달성도 → 효과성

① [○] 능률성이란 투입(비용)에 대한 산출의 비율 즉, 최소 비용으로 최대 산출을 추구하는 이념이다.
② [×] 생산성이란 능률성과 효과성의 합으로, 목표를 보다 적은 비용으로 달성함을 뜻한다. 한편, 목표달성도는 효과성을 뜻한다.
③ [○] 형평성이란 동등한 자를 동등하게, 동등하지 않은 자를 동등하지 않게 취급하는 것으로, 신행정론의 등장과 더불어 강조되기 시작한 행정이념이다.
④ [○] 대응성이란 환경의 요구에 대해 얼마나 민감하게 반응하는가를 가리키는 개념이다. 이는 행정체제가 환경을 구성하는 외부집단의 욕구, 선호, 가치 등을 얼마나 만족시켜 주는가 하는 문제와 관련된다.

답 ②

23 □□□

우리나라의 행정정보공개제도에 대한 설명으로 옳지 않은 것은?

① 국정에 대한 국민의 참여와 국정운영의 투명성 확보를 목적으로 한다.

② 중앙행정기관의 경우 전자적 형태의 정보 중 공개대상으로 분류된 정보는 공개청구가 없더라도 공개하여야 한다.

③ 정보의 공개 및 우송 등에 드는 비용은 실비 범위에서 청구인이 부담한다.

④ 정보공개 청구는 말로써도 할 수 있으나 외국인은 청구할 수 없다.

---

24 □□□

행정정보공개제도에 대한 설명으로 옳지 않은 것은?

① 행정정보공개는 행정비용과 업무량의 증가를 초래할 수 있다.

② 행정정보공개는 국민의 알 권리를 보장하여 국정운영의 투명성을 확보함을 목적으로 한다.

③ '공공기관의 정보공개에 관한 법률'에 따르면 직무를 수행한 공무원의 성명과 직위는 비공개대상 정보이다.

④ 행정정보공개는 행정책임과 관련하여 정보의 조작 또는 왜곡을 초래할 수 있다.

23	정보공개청구 → 국민 + 외국인

① [○] '공공기관의 정보공개에 관한 법률'은 공공기관이 보유·관리하는 정보에 대한 국민의 공개청구 및 공공기관의 공개의무에 관하여 필요한 사항을 정함으로써 국민의 알 권리를 보장하고 국정에 대한 국민의 참여와 국정 운영의 투명성을 확보함을 목적으로 한다.

② [○] 공공기관 중 중앙행정기관 및 대통령령으로 정하는 기관은 전자적 형태로 보유·관리하는 정보 중 공개대상으로 분류된 정보를 국민의 정보공개 청구가 없더라도 정보통신망을 활용한 정보공개시스템 등을 통해 공개하여야 한다.

③ [○] 정보의 공개 및 우송 등에 드는 비용은 실비의 범위에서 청구인이 부담한다. 다만, 공개를 청구하는 정보의 사용 목적이 공공복리의 유지·증진을 위하여 필요하다고 인정되는 경우에는 비용을 감면할 수 있다.

④ [×] 정보공개를 청구하는 자는 정보공개 청구서를 제출하거나 말로써 정보의 공개를 청구할 수 있다. 모든 국민은 정보의 공개를 청구할 권리를 가지며, 외국인의 정보공개 청구에 관하여는 대통령령으로 정한다. 즉, 외국인도 정보공개를 청구할 수 있다.

답 ④

24	공무원의 성명과 직위 → 공개대상 정보

① [○] 정보공개는 인력, 물자, 시간 등 행정비용과 업무량의 증가를 초래할 수 있으며, 과정과 결과의 공개로 인하여 정부와 공무원의 소극적 행태를 조장할 수 있다.

② [○] 정보공개는 정부와 국민 간 정보비대칭으로 인해 발생하는 도덕적 해이와 부패문제를 해결하고 국민의 알 권리와 국정운영의 투명성을 확보하기 위해서 강조되는 제도적 장치이다.

③ [×] 개인에 관한 사항으로서 공개될 경우 사생활의 비밀 또는 자유를 침해할 우려가 있다고 인정되는 정보는 원칙적으로 비공개 대상이지만 직무를 수행한 공무원의 성명과 직위는 공개대상이다.

④ [○] 정보의 공개로 인해 야기될 수 있는 행정책임을 회피하기 위하여 관련 정보의 조작 또는 왜곡을 초래할 수도 있다.

답 ③

25 ☐☐☐

우리나라 '공공기관의 정보공개에 관한 법률'에 대한 설명 중 옳은 것으로 짝지어진 것은?

ㄱ. 헌법상의 '알 권리'를 구체화하기 위하여 1996년에 제정되었다.

ㄴ. 공공기관에 의한 자발적이고 능동적인 정보제공을 주된 내용으로 하고 있다.

ㄷ. 외국인은 행정정보의 공개를 청구할 수 없다.

ㄹ. 직무를 수행한 공무원의 성명과 직위는 공개할 수 있다.

ㅁ. 공공기관은 부득이한 사유가 없는 한 정보공개 청구를 받은 날부터 10일 이내에 공개여부를 결정해야 한다.

---

① ㄱ, ㄴ, ㅁ   ② ㄱ, ㄹ, ㅁ

③ ㄴ, ㄷ, ㄹ   ④ ㄷ, ㄹ, ㅁ

26 ☐☐☐

우리나라 공공기관의 정보공개제도에 대한 설명으로 옳지 않은 것은?

① 당시 법률의 구체적 위임은 없었으나 청주시에서 우리나라 최초로 행정정보공개조례가 제정되었다.

② 청구에 의한 공개도 가능하지만 특정 정보는 별도의 청구 없이도 사전에 공개해야 한다.

③ 비공개 대상 정보를 제외한 모든 정보를 공개 대상으로 하는 네거티브 방식을 취하고 있다.

④ 정보목록은 비공개 대상 정보가 포함된 경우라도 공공기관이 작성, 공개하여야 한다.

25	자발적이고 능동적인 정보제공 → 행정PR

ㄱ. [○] 우리나라와 일본의 정보공개제도는 지방정부에서 먼저 제도화되었고, 미국은 중앙정부에서 정보공개법이 제정된 후 지방정부로 파급되었다. 특히 정보공개 조례를 최초로 제정한 지방자치단체는 청주시(1991)이며, 1996년 '공공기관의 정보공개에 관한 법률'이 제정되면서 중앙정부에 도입되었다.

ㄴ. [×] 행정정보공개는 원칙적으로 특정인의 청구를 필요로 하는 사후적이고 소극적인 성격을 지닌다. 자발적이고 능동적인 정보 제공을 주된 내용으로 하는 것은 '행정PR'이다.

ㄷ. [×] 외국인도 국내에 일정한 주소를 두고 거주하거나 학술·연구를 위하여 일시적으로 체류하는 사람과 국내에 사무소를 두고 있는 법인 또는 단체는 정보공개를 청구할 수 있다.

ㄹ. [○] 개인에 관한 사항은 원칙적으로 비공개 대상이지만 직무를 수행한 공무원의 성명과 직위는 공개대상이다.

ㅁ. [○] 공공기관은 정보공개의 청구를 받으면 그 청구를 받은 날부터 10일 이내에 공개 여부를 결정하여야 한다. 다만, 공공기관은 부득이한 사유로 10일 이내에 공개 여부를 결정할 수 없을 때에는 그 기간이 끝나는 날의 다음 날부터 기산하여 10일의 범위에서 공개여부 결정기간을 연장할 수 있다.

답 ②

26	비공개 대상 정보의 존재 → 부분 공개와 정보목록에서의 비공개

① [○] 우리나라는 1991년 청주시에서 정보공개조례가 먼저 제정된 후 1996년 '공공기관의 정보공개에 관한 법률'이 제정되었다.

② [○] 국민생활에 매우 큰 영향을 미치는 정책에 관한 정보, 국가의 시책으로 시행하는 공사 등 대규모 예산이 투입되는 사업에 관한 정보, 예산집행의 내용과 사업평가 결과 등 행정감시를 위하여 필요한 정보 등은 청구가 없어도 사전적으로 공개되어야 하는 정보들이다.

③ [○] 네거티브 방식이란 금지되는 사항을 법률에 규정한 후 나머지는 허용하는 방식을 말한다.

④ [×] '공공기관의 정보공개에 관한 법률'에 의하면 비공개 대상 정보가 포함된 경우에는 정보목록에 해당 부분을 갖추어 두지 아니하거나 공개하지 아니할 수 있다.

답 ④

27

행정정보공개에 대한 설명으로 옳지 않은 것은?

① 국민생활에 큰 영향을 미치는 정책정보는 청구가 없더라도 공개해야 한다.
② 유비쿼터스(ubiquitous) 정부의 실현은 행정정보공개제도의 실질적 구현에 긍정적인 영향을 미칠 수 있다.
③ 행정정보공개의 확대는 공무원의 도전적이고 적극적인 행태를 조장한다.
④ 정보공개청구제도는 특정 청구인을 대상으로 한다.

사이몬(H. Simon)의 절차적 합리성(procedural rationality)에 대한 설명으로 옳은 것은?

① 절차적 합리성은 행위자의 목표와 행위선택의 우선순위가 분명한 것을 말한다.
② 절차적 합리성은 객관적 합리성이라고도 하는데 주어진 여건 속에서 가능한 최선의 대안을 선택하는 합리성을 말한다.
③ 절차적 합리성은 행동 대안을 선택하기 위하여 사용된 절차가 인간의 인지능력과 여러 가지 한계에 비추어 보았을 때 얼마만큼 효과적이었는가의 정도를 의미한다.
④ 절차적 합리성은 결정이 생성되는 과정보다 선택의 결과에 더 관심을 갖는다.

27	행정정보공개의 확대 → 공무원의 소극적 행태의 조장

② [O] 유비쿼터스(ubiquitous)는 '언제 어디서나 동시에 존재한다'는 뜻으로 물이나 공기처럼 도처에 편재(遍在)한 상태를 의미한다. 이처럼 정부가 도처에 존재한다면 행정정보에 대한 국민의 접근성이 용이해질 것이다.
③ [×] 행정의 과정과 결과가 공개되면 성과에 대한 부담이 발생하므로 정부와 공무원의 행태가 소극적으로 변할 수 있다.
④ [O] 정보공개는 원칙적으로 특정 청구인의 청구를 요한다. 이러한 의미에서 청구가 없더라도 사전적이고 능동적으로 정부의 활동을 홍보하는 행정PR과 구별된다. 다만, 최근에는 청구가 없더라도 공개하는 정보의 대상이 확대되고 있다.

답 ③

28	절차적 합리성 → 과정의 합리성

① [×] 행위자의 목표와 행위선택의 우선순위가 분명한 것을 요구하는 것은 내용적 합리성이다.
② [×] 객관적 합리성이라고도 하며 주어진 여건 속에서 가능한 최선의 대안을 선택하는 행위는 내용적 합리성이다.
③ [O] 절차적 합리성은 대안을 선택하기 위하여 사용된 절차가 인간의 인지능력과 여러 한계에 비추어 보았을 때 얼마만큼 효과적이었는가의 정도를 의미한다. 이는 선택된 대안이 의식적인 사유과정의 산물이거나 인지력과 결부되어 있는 행위인지 여부로, 사회문제의 복잡화와 인지능력의 한계로 인하여 강조된다.
④ [×] 생성되는 과정보다 선택의 결과에 더 관심을 갖는 것은 내용적 합리성이다.

답 ③

29 ☐☐☐

합리성의 개념과 유형에 대한 설명으로 옳지 않은 것은?

① 사이먼(H. Simon)의 실질적(substantive) 합리성은 행위자가 합리적인 선택을 할 수 있는 모든 지식과 능력을 소유하고 있다고 가정한다.

② 디징(P. Diesing)은 합리성을 기술적 합리성, 경제적 합리성, 사회적 합리성, 법적 합리성, 진화론적 합리성으로 나누어 설명한다.

③ 기술적 합리성은 일정한 수단이 목표를 얼마만큼 잘 달성시키는가, 즉 목표와 수단 사이에 존재하는 인과관계의 적절성을 의미한다.

④ 사이먼(H. Simon)은 인간이 실질적 합리성을 사실상 포기하고, 만족할 만한 대안을 선택하려는 절차적 합리성을 추구한다고 주장한다.

30 ☐☐☐

다음 설명에 해당하는 것은?

> 이것은 불확실한 상황에서의 오류 발생 가능성을 최소화하고 체제의 신뢰성을 높이기 위해 강조되는 행정가치이며, 여러 기관에 한 가지 기능이 혼합되는 중첩성(overlapping)과 동일 기능이 여러 기관에서 독립적으로 수행되는 중복성(duplication) 등을 포괄하는 개념이다.

① 가외성(redundancy)

② 합리성(rationality)

③ 효율성(efficiency)

④ 책무성(accountability)

29	디징(P. Diesing)의 합리성 → 정경사법기

① [○] 사이먼(H. Simon)의 실질적(substantive) 합리성은 내용적 합리성을 의미한다. 내용적 합리성은 명확한 인과관계를 바탕으로 최선의 대안을 선택할 때 나타나는 합리성이다.

② [×] 디징(P. Diesing)은 합리성을 정치적 합리성, 경제적 합리성, 사회적 합리성, 법적 합리성, 기술적 합리성으로 나누었다. 한편, 진화론적 합리성은 환경에 적응해가면서 바람직한 대안을 찾아가는 것과 관련된다.

③ [○] 기술적 합리성은 목표와 수단의 인과성을 의미한다. 즉, 최선의 수단을 선택하는 합리성을 기술적 합리성이라 한다.

답 ②

30	가외성 → 중첩성, 중복성, 동등잠재력

① [○] 불확실한 상황에서의 오류 발생 가능성을 최소화 하고 체제의 신뢰성을 높이기 위해 강조되는 행정가치는 가외성이다.

② [×] 합리성(rationality)이란 일반적으로 주어진 여건 속에서 가능한 최선의 대안을 선택하는 행위 또는 목표에 비추어 적합한 행동이 선택되는 정도를 의미한다.

③ [×] 효율성(efficiency)이란 투입 대비 산출의 극대화를 의미한다.

④ [×] 행정학에 있어서 책무성(accountability)이란 법령에 따라 직무를 수행하여야 할 제도적 책임을 말한다.

답 ①

행정에 있어서 가외성(redundancy)에 대한 설명으로 옳은 것은?

① 란다우(M. Landau)는 권력분립 및 연방주의를 가외성의 현상으로 보았다.
② 정보체제의 안전성을 증진시키기 위해서는 초과분의 채널이나 코드가 없는 비가외적 설계가 필요하다.
③ 불확실성이 커질수록 가외성의 필요성은 줄어든다.
④ 조직 내외에서 가외성은 기능상 충돌의 가능성을 없애는 역할을 한다.

다음과 관련 있는 행정가치에 대한 설명으로 옳은 것은?

> (1) 안전을 위하여 자동차의 제동장치를 이중적으로 설계하였다.
> (2) 정전에 대비하여 건물 자체적으로 자가발전시설을 갖추도록 하였다.

① 형평성과 상충관계에 있다.
② 행정체제의 신뢰성과 안정성을 저하시킨다.
③ 수단적 가치보다는 행정의 본질적 가치로서의 성격이 더 강하다.
④ 창의성이 제고될 수 있다.

31 　가외성 → 불확실성, 신경구조성, 분권적 사회

① [○] 란다우(M. Landau)는 순차적 결재(품의제), 거부권, 복수목표, 권력분립, 부통령제, 양원제, 위원회제도, 삼심제도, 계선과 막료 등을 가외성의 장치로 보았다. 그러나 만장일치, 계층제, 집권화 등은 가외성의 장치가 아니다.
② [×] 정보체제의 안정성을 증진시키기 위해서는 초과분의 채널이나 코드가 필요한 가외적 설계가 요구된다.
③ [×] 불확실성이 커질수록 체제 안정성 확보를 위해 가외성의 필요성은 커진다.
④ [×] 조직 내외에서 가외성의 추구는 비용의 증대와 기능상의 충돌 가능성을 야기할 수 있다.

답 ①

32 　자동차의 제동장치, 자가발전시설 → 가외성

① [×] 가외성은 능률성과 상충된다.
② [×] 가외성은 실패 가능성을 줄여 체제의 안정성과 신뢰성을 제고하는 장치이다.
③ [×] 가외성은 수단적 가치로 분류된다.
④ [○] 가외성은 업무처리의 다양성을 가져오므로 창의성 향상에 도움이 될 수 있다.

답 ④

PART
2

정책학

CHAPTER 1 정책학의 의의

01 ☐☐☐

정책학의 발전과정에 대한 설명으로 옳은 것은?

① 드로어(Y. Dror)는 정책결정의 방법, 지식, 체제에 관심을 두어야 한다고 주장하고, 정책결정체제에 대한 이해와 정책결정의 개선을 강조하였다.

② 정책의제설정이론은 정책의제의 해결방안 탐색을 강조하며, 문제가 의제로 설정되지 않는 비결정(nondecision making) 상황에 관하여는 관심이 적다.

③ 라스웰(H. Lasswell)은 정책과정에 관한 지식보다 정책에 필요한 지식이 더 중요하며, 사회적 가치는 분석 대상에서 제외해야 함을 강조하였다.

④ 1950년대에는 담론과 프레임을 통한 문제구조화에 관심이 높아 OR(operation research)과 후생경제학의 기법 활용에는 소홀하였다.

01 　드로어(Y. Dror) → 사회지도체제의 개선

① [○] 정책결정의 방법, 지식, 체제에 관심, 정책결정체제에 대한 이해 등은 모두 상위정책에서 검토되는 내용들이다.

② [×] 정책의제설정이론은 특정 문제가 정부정책에서 배제되는 현상을 설명한 무의사결정론의 논의과정을 배경으로 등장하였다.

③ [×] 라스웰(H. Lasswell)은 정책과정에 관한 지식과 그 과정에 필요한 지식을 모두 강조했으며, 사실에 대한 객관적 연구뿐만 아니라 규범적 가치에 관한 연구 또한 정책학의 연구대상에 포함시키고자 하였다.

④ [×] 담론과 프레임을 통한 문제구조화는 1970년대 이후 등장하였다. 1950년대에는 운영연구라는 관리과학의 발달과 후생 경제학을 기반으로 하는 계량적 분석이 행정학에 적극적으로 도입된 시기이다.

답 ①

02 ☐☐☐

정책과정에서 사법부의 역할에 대한 설명으로 옳지 않은 것은?

① 공직선거 및 선거부정방지법의 1인1표제가 헌법의 비례대표제 정신을 반영하지 못한다고 한 헌법재판소의 판례는 사법부가 정책과정에 실질적인 영향을 미친다는 것을 보여주는 주요한 사례이다.

② 헌법재판소는 주로 국가적 정책결정과 관련된 판결을 통해 국민생활에 영향을 미친다.

③ 국민은 국가정책이 헌법상 보장된 권리를 침해한다고 판단할 때, 헌법소원을 통해 정책변경을 모색할 수 있다.

④ 사법부의 판결은 기존의 제도나 정책에 대한 사후적 판단의 성격을 띠고 있으나, 그 자체가 정책결정을 의미하는 것은 아니다.

02 　사법부 → 공식 참여자

① [○] 헌법재판소의 판례는 그로 인해 법 적용의 정지효과와 법 개정의 의무가 부과되는 구속력을 지닌 국가행위이다.

② [○] 헌법재판소는 법률의 위헌심사, 탄핵심판, 정당해산, 권한쟁의, 헌법소원 등을 통해 국민생활에 영향을 미치는 결정을 할 수 있다.

③ [○] 헌법소원이란 국가의 공권력 행사 또는 불행사로 인하여 국민의 기본권이 침해된 경우에 국민이 헌법재판소에 이의 구제를 직접 청구하고 헌법재판소가 이를 심판하는 제도를 말한다.

④ [×] 사법부의 판결은 비록 사후적이고 소극적인 성격을 지니지만, 그 자체가 법률적 효력을 지니는 공식적 정책결정에 속한다.

답 ④

03 ☐☐☐

우리나라의 정책과정 참여자에 대한 설명으로 옳지 않은 것은?

① 대통령은 국회의 사법부에 대한 헌법상의 권한을 통하여 영향력을 행사하며, 행정부 주요 공직자에 대한 임면권을 통하여 정책과정에서 주도적 역할을 수행한다.

② 행정기관은 법률의 제정과 사법적 판단을 통하여 정책집행 과정에서 실질적인 영향력을 행사한다.

③ 국회는 국정조사나 예산심의 등을 통하여 행정부를 견제하고, 국정감사나 대정부질의 등을 통하여 정책집행과정을 평가한다.

④ 사법부는 정책집행으로 인한 사회적 갈등상황이 야기되었을 때 판결을 통하여 정책의 합법성이나 정당성을 판단한다.

04 ☐☐☐

정책과정 참여자에 대한 설명으로 옳지 않은 것은?

① 의회는 중요한 정부 정책을 결정하는 공식적 참여자이다.

② 헌법재판소는 위헌심사를 통해 정책과정 전반에 영향을 미친다.

③ 정책전문가는 정책을 분석·평가하여 정책대안을 제시한다.

④ 정당은 공식적 참여자로서 정책을 통제하기 위해 노력한다.

03	행정기관 → 준사법적 결정

① [○] 대통령은 법률이 정하는 바에 의하여 사면·감형 또는 복권 등과 같은 권한을 통해 사법부에 영향력을 행사할 수 있다.

② [×] 법률의 제정은 국회의 권한이고 사법적 판단은 사법부의 권한이다. 행정부는 법률의 시행과 위원회 조직을 통한 준입법적 또는 준사법적 행위를 통해 집행과정에서 실질적인 영향력을 행사한다.

③ [○] 국회는 국정을 전반적으로 감사하거나 특정한 사안에 대하여 조사할 수 있으며, 이에 필요한 서류의 제출 또는 증인의 출석과 증언이나 의견의 진술을 요구할 수 있다.

답 ②

04	정당 → 비공식적 참여자

① [○] 의회는 입법권, 예산심의권, 국정감사권 등의 권한을 지닌 정책과정의 공식적 참여자이다.

② [○] 헌법재판소의 위헌심사는 정책과정에 영향을 주는 중요한 변수이다.

③ [○] 전문가는 정책에 대한 합리적 분석과 평가를 통해 정책과정에 영향을 주는 비공식적 참여자이다.

④ [×] 정당은 정책과정의 비공식적 참여자로 분류된다.

답 ④

05 ☐☐☐ 18년 지방7급

공론조사(deliberative polling)에 대한 설명으로 옳지 않은
것은?

① 우리나라에서도 공공정책 결정과정에서 공론조사를 도입
하여 활용한 사례가 있다.
② 공론조사는 여론조사에 숙의와 토론과정을 보완한 것
으로, 정제된 국민여론을 수렴하는 방법이라고 할 수 있다.
③ 공론조사는 조사 대상자가 중간에 탈락하는 경우가 적기
때문에 대표성 측면에서 일반 여론조사보다 우위에 있다.
④ 조사 대상자들을 한곳에 모아 일정 기간 동안 공론화
과정을 거쳐야 하기 때문에 비용과 시간이 많이 든다.

---

05 | 공론조사 → 높은 중도 탈락률

① [○] 우리나라의 경우 신고리 5·6호기 원자력발전소 공사의
중단을 놓고 공론조사를 활용하였다.
② [○] 공론조사는 여론조사를 거쳐 선정된 대표자들이 숙의와
토론과정을 통해 의견을 교환하고 수정하므로 여론조사에 비하여
정제된 국민여론을 수렴하기 용이하다.
③ [✕] 공론조사는 조사 기간이 상대적으로 장기이므로 조사 중
간에 대상자가 탈락할 가능성이 높다.
④ [○] 공론조사는 복잡한 절차로 인해 비용과 시간이 많이 소요
된다.

📄 여론조사와 공론조사 비교		
구분	여론조사	공론조사
개념	순간적인 인식수준의 진단	여론조사 + 숙고의 과정
방법	전화, 우편, 웹사이트 등 수동적 참여	과학적 표본추출기법, 학습 및 토론과 능동적 참여
결과	고정된 선호의 단순 취합(aggregation)	학습 및 토론을 통한 선호의 변경
장점	많은 수의 시민을 대상으로 의견 수렴	학습과 토론을 통한 신중한 의사결정
단점	단순하고 피상적인 의견 수렴, 대표성과 정확성 결여	많은 비용 및 시간, 탈락자의 발생, 적은 표본집단, 집단 내 다수의견의 동조현상

답 ③

정책과정의 주도자

01 ☐☐☐

다원주의적 민주국가의 정책과정에 대한 설명으로 옳은 것은?

① 정책의제설정은 대부분 동원모형에 따라 이루어진다.
② 사법부가 정책결정과정에서 담당하는 역할이 미미하다.
③ 엘리트가 모든 정책영역에서 지배적인 권력을 행사한다.
④ 각종 이익집단은 정책과정에 동등한 정도의 접근기회를 갖는다.

02 ☐☐☐

정책참여자의 권력관계 모형에 대한 설명으로 옳지 않은 것은?

① 국가조합주의는 국가가 민간부문의 집단들에 대하여 강력한 주도권을 행사한다고 보는 모형이다.
② 다원주의는 주로 개발도상국가에서 경제개발과정에서의 이익집단에 대한 통제를 설명하기 위한 이론으로 활용되었다.
③ 사회조합주의는 사회경제체제의 변화에 순응하려는 이익집단의 자발적 시도로부터 생성되었다.
④ 다원주의는 이익집단 간의 영향력 차이를 인정하지만 전반적으로 균형이 유지되고 있다는 입장을 지닌다.

---

01 다원주의 → 대체적 동등성

① [×] 다원주의에서의 의제설정은 외부집단(→ 이익집단, 언론, 정당 등)이 주도하여 사회문제가 정부의제로 채택되도록 강요하는 외부주도형이 주를 이룬다.
② [×] 다원주의에서 정책결정과정의 주도자는 이익집단이다. 이러한 이익집단 간 갈등을 조정하고 중재하는 것이 정부의 주요 역할이므로 사법부의 역할이 강할 수밖에 없다.
③ [×] 엘리트가 모든 정책영역에서 지배적인 권력을 행사한다는 것은 엘리트주의이다.
④ [○] 다원주의란 권력이 소수에게 집중되지 않고 널리 분산되어 있다는 주장으로 특히, 정책과정에 있어 이익집단의 역할을 중시하는 이익집단 정치와 관련된다.

답 ④

02 국가 주도의 경제개발 → 조합주의

① [○] 국가조합주의는 국가의 강제력을 기반으로 형성된 조합으로, 사회분야의 이익들이 일방적이고 독점적으로 표출되고 대표되는 방식이다.
② [×] 개발도상국가에서 경제개발과정에서의 이익집단에 대한 통제를 설명하기 위한 이론으로 활용된 것은 조합주의와 관련된다.
③ [○] 사회조합주의는 노동과 자본의 자발적 참여와 합의를 기반으로 형성된 조합으로, 각 분야의 정상조직에 의해 대표·협의·조정되는 의회민주주의에서의 사회적 협약체제이다.
④ [○] 다원주의는 권력이 소수에게 집중되지 않고 널리 분산되어 있다는 주장으로, 특정한 집단에 의한 정책과정의 독점을 부정하며, 다양한 이익집단들의 상호작용을 통해 합의가 이루어지는 정치적 균형을 강조하는 근거이다.

답 ②

다음 중 정책 참여자 간의 관계에 대한 설명으로 옳지 않은 것은?

① 다원주의는 개인 차원에서 정책결정에 직접적 영향력을 행사하기가 수월하다.

② 조합주의(corporatism)는 정책결정에서 정부의 보다 적극적인 역할을 인정하고 이익집단과의 상호협력을 중시한다.

③ 엘리트주의에서는 권력은 다수의 집단에 분산되어 있지 않으며, 소수의 힘 있는 기관에 집중되고, 기관의 영향력 역시 일부 고위층에 집중되어 있다고 주장한다.

④ 하위정부(subgovernment)는 철의 삼각과 같이 정부관료, 선출직 의원, 그리고 이익집단의 역할에 초점을 맞춘다.

⑤ 정책공동체는 일시적이고 느슨한 형태의 집합체가 아니라 안정적인 상호의존관계를 유지하는 공동체의 시각을 반영한다.

엘리트이론과 다원주의이론에 대한 설명으로 옳지 않은 것은?

① 고전적 엘리트론에서 엘리트들은 다른 계층에 대해 책임을 지지 않는다.

② 밀즈(W. Mills)는 명성접근법을 사용하여 엘리트들을 분석한다.

③ 달(R. Dahl)은 권력이 분산되어 있음을 전제로 다원주의론을 전개한다.

④ 바흐라흐(P. Bachrach)와 바라츠(M. Baratz)는 무의사결정이 의제설정과정뿐만 아니라 정책결정과정에서도 발생할 수 있다고 주장한다.

03	다원주의 → 이익집단의 활동

① [×] 다원주의에서는 개인 차원에서 정책결정에 직접적 영향력을 행사하기는 어렵기 때문에 집단을 형성하여 대응한다.

② [○] 조합주의는 국가의 독자성과 사회에 대한 국가의 지도적·개입적 역할을 강조하는 이론이다.

③ [○] 엘리트론은 권력을 가진 소수의 동질적·폐쇄적 엘리트가 일반대중을 하향적·배타적으로 지배한다는 이론이다.

④ [○] 하위정부나 철의 삼각은 같은 모형이다. 다만, 철의 삼각이라는 개념이 부정적 의미를 담고 있는 것에 비해, 하위정부 모형은 좀 더 중립적 의미를 가지고 있다.

⑤ [○] 정책공동체는 정책문제에 전문지식을 가진 구성원들이 신뢰와 협조 하에 정책에 참여하는 것이다.

답 ①

04	밀즈(W. Mills) → 지위접근법

② [×] 밀즈(W. Mills)는 지위접근법을 사용하여 엘리트들을 분석하였다. 명성접근법은 헌터가 사용한 기법이다.

③ [○] 달(R. Dahl)은 엘리트의 존재와 지배를 분리한 학자로 엘리트들이 분산되어 있다는 다원권력론을 제시하였다.

④ [○] 무의사결정은 일반적으로 의제설정과정에서 발생하기 쉽지만 정책의 전 과정에서도 나타날 수 있다고 보았다.

답 ②

05 □□□

ㄱ, ㄴ에 해당하는 권력모형을 옳게 짝지은 것은?

- (ㄱ)은 전국적 차원이 아니라 지역사회의 지배구조에 초점을 맞추면서, 소수 엘리트가 강한 응집성을 가지고 정책을 결정하고 정치에 무관심한 일반대중들은 비판 없이 이를 수용한다고 설명한다.
- (ㄴ)은 정치권력에 두 얼굴(two faces of power)이 있음을 주장하는 입장으로부터 권력의 어두운 측면이 갖는 영향력에 대해 관심을 가지지 않았다는 점을 비판받았다.

	ㄱ	ㄴ
①	밀즈의 지위접근법	달의 다원주의론
②	밀즈의 지위접근법	바흐라흐와 바라츠의 무의사결정론
③	헌터의 명성접근법	달의 다원주의론
④	헌터의 명성접근법	바흐라흐와 바라츠의 무의사결정론

06 □□□

바흐라흐(P. Bachrach)와 바라츠(M. Baratz)의 무의사결정론에 대한 설명으로 옳지 않은 것은?

① 무의사결정의 행태는 정책과정 중 정책문제 채택단계 이외에서도 일어난다.
② 기존 정치체제 내의 규범이나 절차를 동원하여 변화 요구를 봉쇄한다.
③ 정책문제화를 막기 위해 폭력과 같은 강제력을 사용하기도 한다.
④ 엘리트의 두 얼굴 중 권력행사의 어두운 측면을 고려하지 못한다고 비판했기 때문에 신다원주의로 불린다.

05	헌터 → 지역사회에 대한 연구

ㄱ. 지역사회의 지배구조에 초점을 맞추면서, 소수 기업엘리트가 강한 응집성을 가지고 정책을 결정하고 정치에 무관심한 일반 대중들은 비판 없이 이를 수용한다고 설명하는 이론은 헌터의 명성접근법이다.

ㄴ. 정치권력에 두 얼굴(two faces of power)이 있음을 주장하는 입장(→ 신엘리트론)으로부터 비판을 받는 것은 달의 다원주의 이론이다.

📄 미국의 통치 엘리트론 - 밀즈(W. Mills)와 헌터(F. Hunter)

헌터(F. Hunter)	밀즈(W. Mills)

• 지역권력구조(1953)
  (→ 애틀랜타 시)
	• 파워엘리트론(1956)
	  (→ 미국 전역)

• 명성접근법	• (공식)지위접근법
• 기업엘리트에 의한 지배	• 군산복합체에 의한 정책의 독점

답 ③

06	바흐라흐(Bachrach)와 바라츠(Baratz) → 신엘리트론

① [○] 무의사결정은 주로 정책의제설정 단계에서 발생하지만 정책의 전 과정에서도 나타날 수 있다.
② [○] 기존 정치체제 내 규범이나 절차를 동원하여 변화 요구를 봉쇄하는 것을 편견의 동원이라고 한다.
③ [○] 무의사결정의 가장 직접적인 수단이 폭력이다.
④ [✕] 바흐라흐(Bachrach)와 바라츠(Baratz)의 무의사결정론은 신엘리트론과 관련된다.

답 ④

무의사결정론에 대한 설명으로 옳지 않은 것은?

① 정치체제 내의 지배적 규범이나 절차가 강조되어 변화를 위한 주장은 통제된다고 본다.
② 엘리트들에게 안전한 이슈만이 논의되고 불리한 이슈는 거론조차 못하게 봉쇄된다고 한다.
③ 위협과 같은 폭력적 방법을 통해 특정한 이슈의 등장이 방해받기도 한다고 주장한다.
④ 조직의 주의집중력과 가용자원은 한계가 있어 일부 사회문제만이 정책의제로 선택된다고 주장한다.

무의사결정에 대한 설명으로 옳은 것은?

① 지배적인 엘리트집단은 자신들의 이해관계와 부합하지 않는 이슈라도 정책의제설정단계에서 논의하려고 한다.
② 무의사결정은 중립적인 행동으로, 다원주의이론의 관점을 반영한다.
③ 집행과정에서는 무의사결정이 일어나지 않는다.
④ 정책문제 채택과정에서 기존 세력에 도전하는 요구는 정책문제화하지 않고 억압한다.

07	주의집중력과 가용자원은 한계 → 사이몬의 의사결정론, 체제문지기이론

① [○] 정치체제 내의 지배적 규범이나 절차를 강조하여 변화의 주장을 통제하는 것을 편견의 동원이라고 한다.
② [○] 무의사결정론은 지배가치에 대한 도전을 억압하고 좌절시키는 현상을 말한다.
③ [○] 폭력적 방법이 무의사결정의 가장 직접적인 수단이다.
④ [×] 조직의 주의집중력의 한계로 인해 일부 사회문제만이 의제로 선택된다는 것은 사이몬의 의사결정론이고, 조직의 가용자원 즉, 내부능력의 한계로 인해 일부 사회문제만이 의제로 채택된다는 것은 체제문지기 이론이다.

답 ④

08	무의사결정 → 의제화의 억제

① [×] 무의사결정이란 지배적인 엘리트집단들이 자신의 이해관계와 부합하지 않는 이슈를 억압하려는 현상을 말한다.
② [×] 무의사결정은 신엘리트론에서 주장한 이론이다.
③ [×] 무의사결정은 정책의제설정 과정에서 주로 나타나지만 정책의 전 과정에서도 발생할 수 있다.
④ [○] 무의사결정은 엘리트에게 불리한 결과를 가져올 수 있는 문제를 공식적 거론조차 없이 방치되도록 엘리트가 비밀리에 행사하는 권력이다.

답 ④

09 ☐☐☐

다음은 정책과정을 바라보는 이론적 관점들 중 하나를 제시한 것이다. 그 내용과 부합하는 것은?

> 사회의 현존 이익과 특권적 분배 상태를 변화시키려는 요구가 표현되기도 전에 질식·은폐되거나, 그러한 요구가 국가의 공식 의사결정 단계에 이르기 전에 소멸되기도 한다.

① 정책은 많은 이익집단의 경쟁과 타협의 산물이다.
② 정책연구는 모든 행위자들이 이기적인 존재라는 기본 전제하에서 경제학적인 모형을 적용한다.
③ 실제 정책과정은 기득권의 이익을 수호하려는 보수적인 성격을 나타낼 가능성이 높다.
④ 정부가 단독으로 정책을 결정·집행하는 것이 아니라 시장(market) 및 시민사회 등과 함께 한다.

10 ☐☐☐

바흐라흐(P. Bachrach)와 바라츠(M. Baratz)가 주장한 무의사결정의 유형에 해당하지 않는 것은?

① 공익 및 엘리트의 가치나 이익에 대한 잠재적·현재적인 도전을 억제한다.
② 정치과정에 진입하려는 요구를 제한하여 정책 문제화 되는 것을 억제한다.
③ 기존의 규칙이나 제도적 과정을 이용한다.
④ 넓은 의미의 무의사결정은 정책의 전 과정에서 일어난다.

10	무의사결정 → 기득권을 보호하기 위한 조치

① [×] 정책을 많은 이익집단의 경쟁과 타협의 산물로 보는 것은 다원주의 관점이다.
② [×] 모든 행위자들이 이기적인 존재라는 기본 전제하에서 경제학적 모형을 적용한 것은 공공선택론이다.
③ [○] 사례는 무의사결정론을 설명하는 것이다. 이는 소수의 엘리트가 지배하며 엘리트 이익에 부합하는 정책만이 의제로 채택된다는 주장으로, 혁신적인 정책보다는 기득권을 옹호하는 보수적인 정책만이 나타날 가능성이 높음을 의미한다.
④ [×] 정부가 단독으로 정책을 결정·집행하는 것이 아니라 시장(market) 및 시민사회 등과 함께 한다는 것은 정책네트워크 혹은 거버넌스적 정책과정이다.

답 ③

11	무의사결정 → 엘리트의 이익

① [×] 무의사결정은 지배 엘리트에 대한 도전을 억압하고 좌절시키는 것이지 공익을 위한 결정은 아니다.
② [○] 특히, 정치과정에 진입하려는 요구를 제한하는 데 사용되는 권력을 어두운 권력으로 표현하였다.
③ [○] 무의사결정의 수단에는 폭력의 행사, 권력의 행사, 정치체제의 지배적 규범이나 절차의 강조를 통해 요구를 봉쇄하는 편견의 동원, 규범과 절차의 수정과 보완을 통해 요구를 봉쇄하는 편견 및 절차의 수정·강화 등이 있다.

답 ①

11 □□□

무의사결정(non-decision making)에 대한 설명 중 옳지 않은 것은?

① 사회문제에 대한 정책과정이 진행되지 못하도록 막는 행동이다.

② 기득권 세력이 그 권력을 이용해 기존의 이익배분 상태에 대한 변동을 요구하는 것이다.

③ 기득권 세력의 특권이나 이익 그리고 가치관이나 신념에 대한 잠재적 또는 현재적 도전을 좌절시키려는 것을 의미한다.

④ 변화를 주장하는 사람으로부터 기존에 누리는 혜택을 박탈하거나 새로운 혜택을 제시하여 매수한다.

12 □□□

신엘리트이론에 대한 설명으로 옳지 않은 것은?

① 엘리트들에게 안전한 이슈만을 논의하고 불리한 문제는 거론조차 못하게 봉쇄하는 무의사결정론과 밀접하게 연결되어 있다.

② 모스카나 미헬스 등에 의해 대표되는 고전적 엘리트이론과 달리 밀즈의 지위접근법이나 헌터의 명성적 접근방법을 도입하였다.

③ 정책결정에 영향을 미치는 정치권력은 두 가지 얼굴이 있다고 주장하며, 이 가운데 하나의 측면만을 고려하는 다원주의를 비판하였다.

④ 엘리트는 정책문제의 정의와 의제설정과정에서 은밀한 영향력을 행사하기 때문에 실증적 분석방법론의 활용이 어렵다고 주장하였다.

12	무의사결정 → 기득권 변동의 억제

① [○] 무의사결정은 사회문제 중 엘리트에 불리한 문제는 정책 과정에 진입하지 못하도록 막는 결정이다.

② [×] 무의사결정은 기득권 세력이 그 권력을 이용해 기존의 이익배분 상태의 변동을 막으려는 노력이다.

③ [○] 무의사결정은 공익보다는 지배자 자신의 이익을 위해 특정 문제가 쟁점화되는 것을 막는 결정이다.

④ [○] 기존에 누리는 혜택을 박탈하거나 새로운 혜택을 제시하여 매수하는 것을 권력의 행사라 한다.

답 ②

13	신엘리트론 → 엘리트의 존재보다는 엘리트의 지배방식에 초점

② [×] 밀즈와 헌터는 엘리트가 존재한다는 가정을 근거로 엘리트가 누구이며 이러한 엘리트가 행사하는 힘의 원천에 초점을 둔 연구를 수행한 학자들이다. 반면 신엘리트론은 엘리트가 누구인가에 대한 연구보다는 이러한 엘리트들이 어떻게 권력을 행사하는가에 초점을 둔 이론이다.

③ [○] 신엘리트론은 정책문제의 채택과정에서 행사되는 어두운 권력을 간과한 다원론을 비판하면서 엘리트의 가치나 이익에 대한 잠재적·현재적 도전이 억압되고 좌절되는 현상을 무의사결정이라고 설명한다.

④ [○] 신엘리트론에 따르면 달의 다원론은 실증적 사례를 대상으로 이론을 전개하였는데, 무의사결정은 실제의 정책에서 배제되게 하는 권력이므로 실증적 사례를 중심으로 연구했던 달의 이론은 이러한 현상을 설명하기 어렵다.

답 ②

13 ☐☐☐

바흐라흐(P. Bachrach)와 바라츠(M. Baratz)의 무의사결정(non-decision making)을 추진하는 수단이나 방법으로 옳지 않은 것은?

① 폭력이나 테러행위는 사용되지 않는다.
② 정치체제의 규범, 규칙, 절차 자체를 수정·보완하여 정책요구를 봉쇄한다.
③ 변화의 주창자에 대해서 현재 부여되고 있는 혜택을 박탈하거나 새로운 이익으로 매수한다.
④ 정치체제 내의 지배적 규범이나 절차를 강조하여 변화를 주장하는 요구가 제시되지 못하도록 한다.

14 ☐☐☐

정책참여자들 간의 권력모형에 대한 설명으로 옳은 것은 모두 몇 개인가?

> ㄱ. 신엘리트론자인 바흐라흐(P. Bachrach)와 바라츠(M. Baratz)는 정책문제정의와 의제설정과정에 관한 엘리트론의 관점을 무의사결정론으로 설명하고자 하였다.
> ㄴ. 다원주의와 신다원주의는 집단 간 경쟁의 중요성을 인정하는 점에서 같은 입장을 취하고 있다.
> ㄷ. 다원주의는 정책결정에 있어서 정부의 이해관계와 영향력을 간과하고 있다고 비판을 받는다.
> ㄹ. 하위정부모형은 공식적·비공식적 참여자들 간의 상호작용과 영향력 관계를 동태적으로 묘사하고 있다.

① 1개
② 2개
③ 3개
④ 4개

13	폭력 → 무의사결정의 가장 직접적인 수단

① [×] 폭력이나 테러 등은 무의사결정을 위해 사용되는 가장 직접적인 방법이다.
② [○] 정치체제의 규범, 규칙, 절차 자체를 수정·보완하여 정책요구를 봉쇄하는 방법은 가장 세련되고 간접적인 무의사결정의 수단이다.
③ [○] 변화의 주창자에 대해서 현재 부여되고 있는 혜택을 박탈하거나 새로운 이익으로 매수하는 것은 권력을 활용한 무의사결정의 수단이다.
④ [○] 지배적 규범이나 절차를 강조하여 변화를 주장하는 요구가 제시되지 못하도록 하는 것은 편견을 동원한 무의사결정의 수단이다.

답 ①

14	하위정부 → 정책네트워크모형

ㄱ. [○] 무의사결정은 엘리트에게 불리한 결과를 가져올 수 있는 문제는 공식적인 거론조차 없이 방치되도록 엘리트가 비밀리에 행사하는 (어두운) 권력을 말한다.
ㄴ. [○] 다원주의와 신다원주의 모두 집단 간 경쟁의 중요성을 강조한다. 다만, 자동적으로 균형이 된다는 다원주의에 비하여 신다원론은 정부 내 견제와 균형 장치의 의도적 도입을 강조한다.
ㄷ. [○] 신다원론은 자본주의 국가에서 정부는 기업집단의 특권적 지위를 고려할 수밖에 없다고 주장하면서, 다원론은 이데올로기의 영향력과 외적 환경 등의 구조적 제약요인을 간과하였다고 비판한다. 그러나 특정 집단이 우월적 지위를 갖게 되는 것을 지역주민과 지방정부의 합리적 선택으로 본다는 점에서 엘리트 집단의 의도적 노력을 강조하는 엘리트론과는 구별된다.
ㄹ. [○] 하위정부모형은 특정 이익집단, 관련 부처(관료), 의회의 해당 상임위원회가 상호 간 이해관계를 보호하기 위하여 해당 분야의 정책과정을 지배하는 현상을 설명하는 모형이다. 정책네트워크 모형의 하나이므로 소수 엘리트에 의한 폐쇄적 지배보다는 다원적이며 동태적이다.

답 ④

15 ☐☐☐

정책의제설정과 관련된 이론과 설명이 바르게 연결된 것은?

> A. 사이몬(H. Simon)의 의사결정론
> B. 체제이론
> C. 다원주의론
> D. 무의사결정론

> ㄱ. 조직의 주의집중력은 한계가 있어 일부의 사회문제만이 정책의제로 선택된다.
> ㄴ. 문지기(gate-keeper)가 선호하는 문제가 정책의제로 채택된다.
> ㄷ. 이익집단들이나 일반대중이 정책의제설정에 상당한 영향력을 행사한다.
> ㄹ. 대중에 대한 억압과 통제를 통해 엘리트들에게 유리한 이슈만이 정책의제로 설정된다.

	A	B	C	D
①	ㄱ	ㄴ	ㄷ	ㄹ
②	ㄱ	ㄷ	ㄴ	ㄹ
③	ㄹ	ㄴ	ㄷ	ㄱ
④	ㄹ	ㄷ	ㄴ	ㄱ

---

15 | 의사결정론 → 인간 능력의 한계

A. 사이몬(H. Simon)은 의사결정을 주의집중, 설계, 선택의 단계 순으로 전개된다고 보았으며, 주의집중을 정책의제설정 단계로 간주하였다. 그리고 인간의 주의집중력의 한계 때문에 소수의 문제만이 정책의제가 된다고 주장하였다.

B. 체제이론은 체제의 부담을 줄이고 체제의 안정을 위하여 체제의 문지기(→ 대통령 등 정책결정권자)가 선호하는 소수의 문제만이 정책의제가 된다고 주장하였다.

C. 다원주의는 권력이란 소수에게 집중되지 않고 널리 분산되어 있다는 주장이다. 각종 이익집단은 정책과정에의 동등한 접근성을 지니며, 정부는 중립적 입장에서 각 집단의 이익을 조정하는 심판자의 역할을 수행한다.

D. 무의사결정론은 엘리트의 가치나 이익에 대한 잠재적·현재적 도전이 억압되고 좌절되는 현상을 설명하는 이론이다. 즉, 엘리트들에게 유리한 이슈만이 정책의제로 설정된다.

답 ①

16 ☐☐☐

정책의제설정이론에 대한 설명으로 옳지 않은 것은?

① 사이몬(H. Simon)의 의사결정론은 왜 특정의 문제가 정책문제로 채택되고 다른 문제는 제외되는가에 대한 설명에는 한계가 있다.

② 무의사결정론은 사회문제에 대한 정책과정이 진행되지 못하도록 막는 행동 등을 설명한 이론으로 엘리트이론의 관점을 반영하는 것이다.

③ 체제이론에서는 체제의 능력을 과시하기 위해 다수의 사회문제를 정책문제로 채택한다고 본다.

④ 다원론에서는 어떤 사회문제로 인하여 고통을 받고 있는 집단이 있으면, 이들의 지지를 필요로 하는 누군가에 의해 그 사회문제가 정책문제로 채택된다고 본다.

---

16 | 체제이론 → 체제 내부능력의 한계

① [O] 의사결정론과 체제이론은 일부 문제만이 정책의제가 됨을 설명할 수는 있으나, 왜 항상 특정 문제(흑인문제)는 정책의제에서 배제되는지를 설명하기 곤란하다.

② [O] 무의사결정론은 바흐라흐(P. Bachrach)와 바라츠(M. Baratz)가 '권력의 두 얼굴'에서 제시한 개념(1962)으로, 모든 사회문제가 정부문제가 된다는 달(R. Dahl)의 다원론에 대한 반론이다.

③ [×] 체제이론은 체제의 부담을 줄이고 체제의 안정을 위하여 체제의 문지기(대통령 등 정책결정권자)가 선호하는 소수의 문제만이 정책의제가 된다는 이론이다. 즉, 체제 내부능력의 한계로 인하여 선택의 문제가 발생한다는 것이다.

④ [O] 다양한 집단의 의견들이 이들의 표를 필요로 하는 대표자들에 의해 정부의 정책으로 진입할 수 있다는 의미이다.

답 ③

17 ☐☐☐

다국적 기업과 같은 중요 산업조직이 국가 또는 정부와 긴밀한 동맹관계를 형성하고 이들이 경제 및 산업정책을 함께 만들어간다고 설명하는 이론은?

① 신마르크스주의이론
② 엘리트이론
③ 공공선택이론
④ 신조합주의이론

17	국가와 산업조직의 긴밀한 동맹 → 신조합주의

① [×] 신마르크스주의이론은 마르크스주의의 도구주의 국가관을 비판하면서 자본주의의 유지를 위해서 국가의 상대적 자율성을 강조하는 입장이다.
② [×] 엘리트이론은 권력을 가진 소수의 동질적이고 폐쇄적인 엘리트가 일반 대중을 하향적·배타적으로 지배한다는 이론으로, 엘리트의 이익에 부합하는 정책만이 의제로 채택된다고 본다.
③ [×] 공공선택이론은 공공서비스가 공급되고 소비되는 현상을 경제학적 가정을 바탕으로 설명하는 이론이다.
④ [○] 산업조직과 국가의 긴밀한 동맹으로 경제 및 산업정책을 함께 만드는 것은 사회조합주의(신조합주의)와 관련된다. 사회조합주의는 노동과 자본의 자발적 참여와 노력을 기반으로 형성된 조합이다.

답 ④

---

18 ☐☐☐

조합주의(corporatism)에 대한 설명으로 옳지 않은 것은?

① 정부활동은 다양한 이익집단 간 이익의 소극적 중재자 역할에 한정된다.
② 이익집단은 단일적·위계적인 이익대표체계를 형성한다.
③ 정부는 사회적 공동선을 달성하기 위해 중요 이익집단과 우호적 협력관계를 유지한다.
④ 이익집단은 상호 경쟁보다는 국가에 협조함으로써 특정 영역에서 자신의 요구를 정책과정에 투입한다.

18	조합주의 → 국가의 능동성 강조

① [×] 정부활동을 다양한 이익집단 간 이익의 소극적 중재자 역할에 한정하는 것은 다원주의의 특징이다.
② [○] 조합주의란 국가가 중심이 되어 사회 각 분야의 독점적 이익대표를 조정하는 메커니즘이다. 분야별로 단일의 독점적 이익대표체계를 형성하며, 각 분야 내에서는 위계적으로 서열화된다.
③ [○] 조합주의는 다원주의와는 달리 국가를 사회 각 분야 이익집단과의 협력을 통해 사회목적을 달성하고자 하는 전문적이고 능동적인 주체로 본다.
④ [○] 이익집단 역시 상호 경쟁보다는 각 이익집단의 독점적 이익을 보장받는 조건으로 국가에 협조하는 행위주체로 간주된다.

📄 **다원주의와 조합주의 비교**

다원주의	조합주의
• 자율적, 경쟁적, 수평적	• 강제적, 비경쟁적, 위계적
• 중립적 중재자·심판자로서 국가	(→ 수직적)
• 이익집단의 비공식적 참여	• 능동적 조정자·개입자로서 국가
	• 제도권 아래의 공식적 참여

답 ①

19 □□□

로이(T. Lowi)의 정책유형과 그에 대한 설명으로 옳은 것만을 모두 고르면?

ㄱ. 규제정책은 특정 개인이나 집단에 대한 선택의 자유를 제한하는 유형의 정책으로 강제력이 특징이다.

ㄴ. 분배정책의 사례에는 FTA 협정에 따른 농민피해 지원, 중소기업을 위한 정책자금지원, 사회보장 및 의료보장 정책 등이 있다.

ㄷ. 재분배정책은 고소득층으로부터 저소득층으로 소득 이전을 목적으로 하기 때문에 계급대립적 성격을 지닌다.

ㄹ. 재분배정책의 사례로는 저소득층을 위한 근로장려금 제도, 영세민을 위한 임대주택 건설, 대덕 연구개발 특구 지원 등이 있다.

ㅁ. 구성정책은 정부기관의 신설과 선거구 조정 등과 같이 정부기구의 구성 및 조정과 관련된 정책이다.

---

① ㄱ, ㄴ, ㄷ

② ㄱ, ㄷ, ㅁ

③ ㄴ, ㄹ, ㅁ

④ ㄷ, ㄹ, ㅁ

19	사회보장 및 의료보장정책 → 재분배정책

ㄱ. [○] 규제정책은 특정인의 행동을 제한하고 억제하여 다른 사람을 보호하는 정책으로, 정부의 정책유형 중 가장 많은 영역을 차지하며, 정책의 불응자에게 강제력이 행사된다는 것을 특징으로 한다.

ㄴ. [×] 중소기업을 위한 정책자금지원은 분배정책이지만, 사회보장 및 의료보장정책 등은 재분배정책이다. FTA 협정에 따른 농민피해 지원이 약자에 대한 지원이라면 재분배정책이지만, 특정 농산물의 생산을 위한 지원이라면 배분정책이다.

ㄷ. [○] 재분배정책은 고소득층으로부터 저소득층으로의 소득이전을 목적으로 하는 계급대립적인 성격을 지닌 정책으로, 재산권 행사가 아닌 재산 그 자체에, 평등한 대우가 아닌 평등한 소유에 초점을 둔다.

ㄹ. [×] 대덕 연구개발 특구 지원은 분배정책이다.

ㅁ. [○] 구성정책은 헌정의 수행에 필요한 운영규칙과 관련된 정책으로, 게임의 규칙, 총체적 기능, 권위적 성격을 띠며 정책위의 정책 혹은 상위정책으로 불린다.

📄 로이(T. Lowi)의 정책유형

구분		강제의 적용영역	
		개별적 행위	행위의 환경
강제 가능성	간접적	배분정책 예 보조금, 사회간접자본건설	구성정책 예 선거구 조정, 기관신설
	직접적	규제정책 예 불공정경쟁이나 사기광고 규제	재분배정책 예 연방은행 신용통제, 누진세, 사회보장

답 ②

20 □□□

로이(T. Lowi)가 제시한 구성정책의 사례로 옳지 않은 것은?

① 공직자 보수에 관한 정책

② 선거구 조정 정책

③ 정부기관이나 기구 신설에 관한 정책

④ 국유지 불하 정책

20	국유지 불하 → 배분정책

①, ②, ③ [○] 구성정책은 헌정의 수행에 필요한 운영규칙과 관련된 정책으로, 대외적 가치배분에는 영향을 주지 않고 대내적 게임의 규칙과 관련되어 있으며, 공직자의 보수, 선거구의 조정, 정부기관이나 기구의 신설 등이 이에 속한다.

④ [×] 국유지의 불하 정책은 배분정책에 속한다.

답 ④

---

21 □□□

정책을 규제정책, 분배정책, 재분배정책, 추출정책으로 분류할 때 저소득층을 위한 근로장려금 제도는 어느 정책으로 분류하는 것이 타당한가?

① 규제정책
② 분배정책
③ 재분배정책
④ 추출정책

---

22 □□□

로이(T. Lowi)의 정책분류와 그 특징을 연결한 것 중 옳지 않은 것은?

① 배분정책 - 재화와 서비스를 사회의 특정 부분에 배분하는 정책으로 수혜자와 비용부담자 간 갈등이 발생한다.
② 규제정책 - 특정 개인이나 집단에 대한 선택의 자유를 제한하는 유형의 정책으로 정책 불응자에게는 강제력을 행사한다.
③ 재분배정책 - 고소득층으로부터 저소득층으로의 소득이전을 목적으로 하기 때문에 계급대립적인 성격을 지닌다.
④ 구성정책 - 정부기관의 신설과 선거구 조정 등과 같이 정부기구의 구성 및 조정과 관련된 정책이다.

21	저소득층 근로장려금 → 재분배정책

① [×] 규제정책은 특정인의 행동을 제한하고 억제(→ 비용부담자)하여 다른 사람을 보호(→ 수혜자)하는 정책이다.
② [×] 분배정책은 정부가 특수한 대상 집단에게 각종 재화나 서비스 등을 나누어주는 정책을 말한다.
③ [○] 저소득층이라는 표현은 재분배정책과 관련된다. 재분배정책은 정책이 결정되기 전에 이미 수혜집단과 피해집단이 정해져 있다는 것과 갈등의 과정 속에서도 권력구조(→ 피해자와 수혜자 관계)는 안정적이라는 점이 규제정책과 다르다.
④ [×] 추출정책은 조세징수나 징병 또는 노동력 동원 등과 같이 국가가 국민들로부터 필요한 인적·물적 자원을 뽑아가는 정책을 말한다.

📄 배분정책, 규제정책, 재분배정책 비교

구분	배분정책	규제정책	재분배정책
수혜자	특정 혹은 불특정	특정	고정 (→ 저소득층)
비용부담자	불특정	특정	고정 (→ 고소득층)
갈등·대립	약함 (→ 넌 제로섬)	심함 (→ 제로섬)	가장 심함 (→ 제로섬)
집행난이도	용이	곤란	가장 곤란
특성	포크배럴, 로그롤링	갈등과 타협 및 포획	계급적·이념적 대립
정치단위	개인·기업	이익집단	계층 (→ 제휴)
권력구조 (→ 관계)	안정	불안정 (→ 다원주의)	안정 (→ 엘리트주의)
정책	안정	불안정	불안정

답 ③

22	배분정책 → 수혜자 중심

① [×] 배분정책은 불특정 다수가 비용을 부담하므로 이는 승자(수혜자)와 패자(피해자) 간 정면 대립이 없는 넌 제로섬 게임이다. 이에 따라 갈등이나 타협보다는 상호불간섭 내지 상호수용의 특징이 나타난다.
② [○] 규제정책은 특정한 사람의 행동을 제한하고 억제하여 다른 사람을 보호하는 정책으로, 기본권을 침해하므로 반드시 법적 근거가 필요하다.

답 ①

정책유형과 그 사례를 바르게 연결한 것은?

① 분배정책(distribution policy) - 사회간접자본의 구축, 환경오염방지를 위한 기업규제
② 경쟁적 규제정책(competitive regulatory policy) - TV · 라디오 방송권의 부여, 국공립학교를 통한 교육서비스
③ 보호적 규제정책(protective regulatory policy) - 작업장 안전을 위한 기업규제, 국민건강보호를 위한 식품위생규제
④ 재분배정책(redistribution policy) - 누진세를 통한 사회보장 지출의 확대, 항공노선 취항권의 부여

정책의 유형 중에서 정책목표에 의해 일반 국민에게 인적 · 물적 자원을 부담시키는 정책은?

① 추출정책
② 구성정책
③ 분배정책
④ 상징정책

23	보호적 규제 → 일반대중이나 사회적 약자의 보호

① [×] 사회간접자본의 구축은 분배정책이지만 환경오염방지를 위한 기업규제는 보호적 규제정책이다.
② [×] TV · 라디오 방송권의 부여는 경쟁적 규제정책이지만 국공립학교를 통한 교육서비스는 배분정책이다.
③ [○] 작업장 안전을 위한 규제나 건강보호를 위한 식품위생 등은 일반대중을 보호하기 위한 보호적 규제정책이다.
④ [×] 누진세를 통한 사회보장 지출의 확대는 재분배정책이지만 항공노선 취항권의 부여는 경쟁적 규제정책이다.

답 ③

24	인적 · 물적 자원의 부담 → 추출정책

① [○] 일반 국민에게 인적 · 물적 자원을 부담시키는 것은 추출정책이다.
③ [×] 분배정책은 국민에게 재화나 서비스를 제공하는 정책이다.
④ [×] 상징정책은 정치체제의 정당성, 국민적 일체감, 사회의 통합 등을 위한 정책이다.

답 ①

25 □□□

정책과 정책유형이 바르게 짝지어진 것은?

> ㄱ. 영세민을 위한 임대주택 건설
> ㄴ. 재정경제부와 기획예산처를 기획재정부로 통합
> ㄷ. 기업의 대기오염 방지시설의 의무화
> ㄹ. 광화문 복원

	ㄱ	ㄴ	ㄷ	ㄹ
①	분배정책	구성정책	추출정책	상징정책
②	상징정책	추출정책	규제정책	구성정책
③	규제정책	재분배정책	추출정책	상징정책
④	재분배정책	구성정책	규제정책	상징정책

26 □□□

리플리(R. Ripley)와 프랭클린(G. Franklin)의 경쟁적 규제정책에 대한 설명으로 옳지 않은 것은?

① 국가가 소유한 희소한 자원에 대해 다수의 경쟁자 중에서 지정된 소수에게만 서비스나 재화를 공급하도록 규제한다.
② 선정된 승리자에게 공급권을 부여하는 대신에 이들에게 규제적인 조치를 하여 공익을 도모할 수 있다.
③ 경쟁적 규제정책의 예로는 주파수 할당, 항공노선 허가 등이 있다.
④ 정책집행 단계에서 규제받는 자들은 규제기관에 강하게 반발하거나 저항하기도 한다.

25	임대주택 → 재분배정책

ㄱ. 영세민을 위한 임대주택 건설은 고소득층에서 저소득층으로 소득을 이전하는 재분배정책이다.
ㄴ. 재정경제부와 기획예산처를 기획재정부로 통합하는 정책은 대외적인 가치배분에는 영향을 주지 않고 대내적 게임의 규칙과 관련된 구성정책이다.
ㄷ. 기업의 대기오염 방지시설의 의무화는 기업의 활동조건을 설정하여 일반대중을 보호하는 보호적 규제정책이다.
ㄹ. 광화문 복원 정책은 정치체제의 정당성, 국민적 일체감, 사회통합 등을 위한 상징정책이다.

답 ④

26	집행의 난이도 → 배분, 경쟁규제, 보호규제, 재분배 순

①, ② [○] 경쟁적 규제는 희소한 자원은 특정 기업에게 배분한 후 일반대중을 위한 규제가 함께 수반되는 형태의 규제방식이다.
③ [○] 경쟁적 규제는 주파수 할당이나 항공노선처럼 재화가 유한할 때 주로 사용된다.
④ [×] 경쟁적 규제는 소수에게 혜택이 집중되므로 일반대중을 위한 보호적 규제보다 갈등이나 저항이 약하다.

답 ④

27 □□□

로이(T. Lowi)의 정책유형에 대한 설명 중 분배정책에 해당하는 것만을 모두 고르면?

> ㄱ. 정책과정에서 이해당사자들 간의 협상을 통해 비교적 안정적인 연합을 형성한다.
> ㄴ. 누진소득세와 같이 이데올로기적인 기반에서 정책결정이 이루어진다.
> ㄷ. 로그롤링(log-rolling)이나 포크배럴(pork barrel)과 같은 정치적 현상이 나타난다.
> ㄹ. 집단 사이의 갈등 수준이 상당히 높은 편이며, 개인이나 집단의 행위를 통제하기 위하여 정부의 강제력이 직접적으로 동원된다.

① ㄱ, ㄴ   ② ㄱ, ㄷ
③ ㄴ, ㄷ   ④ ㄷ, ㄹ

28 □□□

정책현상에 대한 설명으로 옳지 않은 것은?

① 규제정책은 국가 공권력을 통해 관계 당사자의 순응을 확보하기 때문에 행정권 남용의 가능성이 높다.
② 다원주의 정치와 조합주의 정치보다 엘리트 중심의 정치에서 편견의 동원(mobilization of bias)이 나타날 가능성이 더 크다.
③ 정책결정과정에서 규제정책의 경우 분배정책보다 나눠먹기(pork-barrel)나 담합(log-rolling) 현상이 발생하기 쉽다.
④ 합리모형은 분석적 접근방법에 가깝고, 점증모형은 경험적 접근방법에 가깝다.
⑤ 무의사결정(non-decision making)은 정책집행과정에서도 발생할 수 있다.

27	배분정책 → 로그롤링(log-rolling)과 포크배럴(pork barrel)

ㄱ. [O] 수혜자 중심의 배분정책은 정책내용이 세부단위로 구분되어 다른 단위와 별개로 처리될 수 있어 각 단위별로 표준운영절차나 상례적 절차를 확립하여 원활하게 집행할 가능성이 상대적으로 높다.

ㄴ. [×] 누진소득세와 같이 이데올로기적인 기반에서 정책결정이 이루어지는 것은 재분배정책이다.

ㄷ. [O] 포크배럴이란 이권법안을 둘러싸고 벌어지는 정치게임을 지칭하는 개념이고, 로그롤링은 당신이 나의 안건에 대해 찬성하면 내가 당신의 안건에 대해 찬성해 주겠다는 지지 혹은 표의 교환현상을 말한다.

ㄹ. [×] 집단 사이의 갈등 수준이 상당히 높은 편이며, 개인이나 집단의 행위를 통제하기 위하여 정부의 강제력이 직접적으로 동원되는 정책은 규제정책이다.

답 ②

28	나눠먹기(pork-barrel)나 담합(log-rolling) → 배분정책

① [O] 규제정책은 강제력을 특징으로 하므로 행정권 남용 가능성이 높을 수 있다.
② [O] 편견의 동원은 무의사결정론과 관련되며 이는 엘리트이론에 속한다.
③ [×] 나눠먹기(pork-barrel)나 담합(log-rolling) 현상이 발생하기 쉬운 것은 배분정책이다.
④ [O] 합리모형이 경제적 합리성에 입각한 규범적 모형이라면 점증모형은 현실에 기반을 둔 실증적 모형에 속한다.

답 ③

정부규제에 대한 설명으로 옳지 않은 것은?

① 종합편성 채널의 운영권을 부여하고, 이를 확보한 방송사에 대한 규제는 리플리와 프랭클린의 보호적 규제정책을 시행한 것으로 볼 수 있다.

② 네거티브 규제는 포지티브 규제보다 자율성을 적극적으로 부여한다는 측면에서 피규제자가 선호하는 방식이다.

③ 우리나라는 신기술과 신산업을 육성하기 위하여 규제 샌드박스 제도를 도입하였다.

④ 월슨의 규제정치 이론에 따르면, 대체로 경제적 규제는 고객정치의 상황으로 분류되며 사회적 규제는 기업가 정치의 상황으로 분류된다.

로이(T. Lowi)의 정책유형 분류에서 강제력이 행위의 환경에 직접적으로 적용되는 것은?

① 재분배정책(redistributive policy)

② 규제정책(regulatory policy)

③ 구성정책(constituent policy)

④ 분배정책(distributive policy)

29 　종합편성 채널권의 부여 → 경쟁적 규제

① [✕] 종합편성 채널의 운영권을 부여하고 이를 확보한 방송사에게 일반대중을 위한 규제가 더해지는 것은 경쟁적 규제이다.

② [○] 네거티브 규제는 원칙적으로 허용되는 것이므로 원칙적으로 금지되는 포지티브 규제보다 피규제자들이 선호하는 방식이다.

③ [○] 규제샌드박스란 신기술·서비스가 국민의 생명과 안전에 저해되지 않을 경우 기존 법령이나 규제에도 불구하고, 실증(실증특례) 또는 시장 출시(임시허가)할 수 있도록 지원하는 것이다.

④ [○] 경제적 규제는 편익이 집중되고 비용이 분산되는 형태로 나타나므로 고객정치와 유사하고, 사회적 규제는 비용은 집중되고 편익이 분산되는 형태로 나타나므로 기업가 정치와 유사하다.

답 ①

30 　재분배정책 → 행위 환경 + 강제적

① [○] 강제력이 행위의 환경에 직접적으로 적용되는 것은 재분배 정책이다.

② [✕] 규제정책은 개별적 행위를 대상으로 강제력이 직접적으로 적용되는 정책이다.

③ [✕] 구성정책은 행위의 환경에 강제력이 간접적으로 적용되는 정책이다.

④ [✕] 분배정책은 개별적 행위를 대상으로 강제력이 간접적으로 적용되는 정책이다.

답 ①

로이(T. Lowi)는 강제력의 행사방법과 강제력의 적용영역 차이에 따라 정책을 네 가지(A ~ D)로 유형화하고, 정책유형별 특징과 사례를 제시하였다. 이에 대한 설명으로 옳지 않은 것은?

구분		강제력의 적용영역	
		개별적 행위	행위의 환경
강제력의 행사방법	간접적	A	B
	직접적	C	D

① A에서는 정책내용이 세부단위로 쉽게 구분되고 각 단위는 다른 단위와 별개로 처리될 수 있다.
② B에는 선거구 조정, 정부조직이나 기구 신설, 공직자 보수 등에 관한 정책이 포함된다.
③ C에서는 피해자와 수혜자가 명백하게 구분되며 정책결정자와 집행자가 서로 결탁하여 갈라먹기식(log-rolling)으로 정책을 결정하는 것이 어렵다.
④ D에서는 지방적 수준에서 분산적인 정책결정이 이루어진다.

다음 괄호 안에 들어갈 용어를 옳게 짝지은 것은?

(ㄱ)은/는 의회에서 이권과 관련된 법안을 해당 의원들이 서로에게 이익이 되도록 협력하여 통과시키거나, 특정이익에 대한 수혜를 대가로 상대방이 원하는 정책에 동의해 주는 방식으로 이루어진다. 반면, (ㄴ)은/는 각종 개발사업과 관련된 법안이나 정책 교부금을 둘러싸고 의원들이 그 혜택을 서로 나누어 가지려고 노력하는 현상을 말한다.

	ㄱ	ㄴ
①	로그롤링(log rolling)	포크배럴(pork barrel)
②	로그롤링(log rolling)	지대추구(rent seeking)
③	지대추구(rent seeking)	로그롤링(log rolling)
④	포크배럴(pork barrel)	로그롤링(log rolling)

---

31 재분배정책 → 중앙정부 담당

① [○] A는 배분정책이다. 배분정책은 정책내용이 세부단위로 구분되고 각 단위별로 표준운영절차(SOP)에 따라 개별적인 처리가 가능하다.
② [○] B는 구성정책이다. 대외적 가치배분에는 영향을 주지 않고 대내적 게임의 규칙과 관련된 정책으로, 선거구 조정, 정부기구 개편, 공무원의 보수와 연금, 법원의 관할구역 설정 등이 이에 속한다.
③ [○] C는 규제정책이다. 비용 부담집단과 편익 수혜집단이 명백하게 구분되는 제로섬 게임이 나타난다. 정책결정자와 집행자가 서로 결탁하여 갈라먹기식(log-rolling)으로 정책을 결정하는 것은 배분정책의 특징이다.
④ [×] D는 재분배정책을 의미한다. 재분배정책은 중앙정부 차원에서 통합적으로 이루어진다.

답 ④

32 로그롤링과 포크배럴 → 배분정책

ㄱ. 로그롤링(log-rolling)은 이권(利權)이 결부된 몇 개의 법안을 관련 의원들이 서로 협력해서 통과시키는 행태를 가리키는 말이다.
ㄴ. 포크배럴(pork barrel)은 이권 또는 정책 교부금을 얻으려고 모여드는 의원들이 마치 남부의 농장에서 농장주가 돼지고기 통에서 한 조각의 고기를 던져 줄 때 모여드는 노예와 같다는 뜻에서 나온 말이다.

답 ①

33 □□□

경제유형 중 국민들에게 권리나 혜택 또는 서비스를 나누어 주는 배분정책 (distributive policy)에 속하는 것은?

① 고속도로, 항만, 공항 등 사회간접자본을 추구하는 정책
② 그린벨트 내 공장 건설을 금지하는 정책
③ 계층 간의 소득을 재분배하여 소득격차를 해소하는 정책
④ 정부체제를 유지하기 위하여 인적, 물적 자원을 동원하는 정책

34 □□□

재분배정책에 대한 설명으로 옳지 않은 것은?

① 표준운영절차나 상례적 절차를 확립하여 원활하게 집행할 가능성이 상대적으로 낮다.
② 부나 권리의 편중을 해소하기 위하여 정부가 가진 자와 못 가진 자의 분포를 인위적으로 변화시키려고 하는 정책이다.
③ 누진세, 사회보장, 사회간접자본정책 등이 그 예이다.
④ 정책참여자들 간 이해 대립으로 갈등이 발생할 가능성이 높다.

33	배분정책 → 재화의 생산

① [○] 고속도로, 항만, 공항 등과 같은 사회간접자본의 구축이 배분정책에 해당한다.
② [×] 그린벨트 내 공장 건설을 금지하는 정책은 보호적 규제정책이다.
③ [×] 계층 간의 소득을 재분배하여 소득격차를 해소하는 정책은 재분배정책이다.
④ [×] 정부체제를 유지하기 위하여 인적, 물적 자원을 동원하는 정책은 추출정책이다.

답 ①

34	재분배정책 → 소득의 이전

① [○] 재분배정책은 계급대립 성격이 강하여 갈등이 심하므로 표준운영절차나 상례적 절차를 확립하기 곤란하다. 정책집행의 루틴화 가능성이 높고 반발이 없어 가장 집행하기 용이한 정책은 배분정책이다.
② [○] 재분배정책은 고소득층에서 저소득층으로 소득을 이전하여 소득의 분포를 인위적으로 변화시키려고 하는 정책이다.
③ [×] 누진세와 사회보장은 재분배정책이지만 사회간접자본은 배분정책이다.
④ [○] 재분배정책은 정책이 결정되기 전에 이미 수혜자와 피해자는 정해져 있으며, 갈등의 과정 속에서도 권력구조(피해자와 수혜자 관계)는 안정적이라는 점에서 규제정책과 상이하며, 누진세제도, 부의 소득세제도, 공공근로사업, 영세민 취로사업, 임대주택건설 등이 이에 해당한다.

답 ③

35 □□□

리플리(R. Ripley)와 프랭클린(G. Franklin)은 정책유형에 따라 집행과정의 특징이 다르다고 주장한다. 다음과 같은 특징이 있는 정책유형은?

> ㄱ. 집행과정의 안정성과 정형화의 정도가 높다.
> ㄴ. 집행에 대한 갈등의 정도가 낮다.
> ㄷ. 집행을 둘러싼 이념적 논쟁의 정도가 낮다.
> ㄹ. 참여자 간 관계의 안정성이 높다.
> ㅁ. 작은 정부에 대한 요구와 압력의 정도가 낮다.

① 분배정책
② 경쟁적 규제정책
③ 보호적 규제정책
④ 재분배정책

36 □□□

리플리(R. Ripley)와 프랭클린(G. Franklin)이 구분한 네 가지 정책유형에 대한 설명으로 옳지 않은 것은?

① 배분정책(distributive policy) - 정책과정에서 이해당사자들 간에 로그롤링(log-rolling) 또는 포크배럴(pork barrel)과 같은 정치적 현상이 나타나기도 한다.
② 재분배정책(redistributive policy) - 이념적 논쟁과 소득계층 간 갈등이 첨예하게 대립되어 표준운영절차(SOP)나 일상적 절차의 확립이 비교적 어렵다.
③ 경쟁적 규제정책(competitive regulatory policy) - 배분정책적 성격과 규제정책적 성격을 동시에 지니고 있고 규제정책은 거의 대부분 이러한 경쟁적 규제정책에 해당된다.
④ 보호적 규제정책(protective regulatory policy) - 소비자나 일반대중을 보호하기 위해 특정 집단을 규제하므로 규제 집행조직과 피규제집단 간 갈등의 가능성이 높다.

35	분배정책 → 재화나 서비스의 생산, 넌 제로섬 게임

① [○] 설문의 내용은 분배정책에 관한 설명이다. 분배정책은 정책 내용이 세부단위로 구분되고 각 단위별로 표준운영절차(SOP)에 따라 개별적인 처리가 가능하기에 정책과정의 안정성이 높고, 집행에 있어 갈등이나 이념적 논쟁의 정도가 낮은 것이다. 또한 수혜자 중심의 정책이므로 이를 줄이자는 작은 정부에 대한 요구와 압력도 낮다.
② [×] 경쟁적 규제정책은 희소자원의 분배와 관련하여 경쟁의 범위를 제한하는 정책으로, 특정 개인이나 집단에게 특권을 부여하고, 대신 일반대중으로 보호하기 위하여 서비스 질이나 요금에 대한 규제가 부과되는 정책이다.
③ [×] 보호적 규제정책은 기업의 활동조건을 설정하여 일반대중을 보호하는 정책으로, 공중에게 해로운 활동은 금지하고 이로운 활동은 허용하는 정책이다.
④ [×] 재분배정책은 수혜집단과 피해집단이 모두 특정되는 제로섬 게임으로, 계급대립 성격이 강하여 갈등이 심하며, 정책은 주로 정상 조직 간의 합의에 의해 결정되는 엘리트론적 정치 상황이 나타난다.

답 ①

36	경쟁적 규제 → 특정 산업에 한정

② [○] 재분배정책은 계층 간 소득의 이전을 목적으로 하므로 이념적 논쟁이 발생한다. 또한 피해자의 반발로 인하여 정책이 안정적으로 집행되기 어렵다.
③ [×] 희소한 자원의 분배와 관련된 경쟁적 규제는 사회적으로 희소한 공유재 혹은 자연독점과 관련된 요금재와 관련되므로 그 예가 그리 많지 않다. 오히려 모든 재화와 관련된 사회적 규제나 독과점 규제와 관련된 보호적 규제의 예가 더 많다.
④ [○] 보호적 규제정책은 경쟁적 규제정책보다는 재분배적 성격 (약자 보호)이 강하다. 편익은 다수에게 분산되고 비용이 소수에게 집중되므로 채택되기 어려우며, 채택되기 위해서는 공익 단체의 활발한 활동이 필요한 영역이다.

답 ③

37 ☐☐☐

정책유형과 사례를 바르게 연결한 것만을 모두 고른 것은?

> ㄱ. 추출정책 - 부실기업의 구조조정
> ㄴ. 상징정책 - 노령연금제도
> ㄷ. 규제정책 - 최저임금제도
> ㄹ. 구성정책 - 정부조직의 개편
> ㅁ. 분배정책 - 신공항의 건설
> ㅂ. 재분배정책 - 지방자치단체에 지원되는 국고보조금

① ㄱ, ㄴ, ㅁ
② ㄱ, ㄹ, ㅂ
③ ㄴ, ㄷ, ㅂ
④ ㄷ, ㄹ, ㅁ

38 ☐☐☐

다음 〈보기〉의 ㄱ에 대한 설명으로 옳은 것은?

> 〈보기〉
> (ㄱ)이란 상대적으로 많이 가진 계층 또는 집단으로부터 적게 가진 계층 또는 집단으로 재산·소득·권리 등의 일부를 이전시키는 정책을 말한다. 이를테면 누진세 제도의 실시, 생활보호 대상자에 대한 의료보호, 영세민에 대한 취로사업, 무주택자에 대한 아파트 우선적 분양, 저소득 근로자들에게 적용시키는 근로소득부전세제 등의 정책이 이에 속한다.

① 정책 과정에서 이해당사자들 상호 간 이익이 되는 방향으로 협력하는 로그롤링(log rolling) 현상이 나타난다.
② 계층 간 갈등이 심하고 저항이 발생할 수 있어 국민적 공감대를 형성할 때 정책의 변화를 가져오게 된다.
③ 체제 내부를 정비하는 정책으로 대외적 가치배분에는 큰 영향이 없으나 대내적으로는 게임의 법칙이 발생한다.
④ 대체로 국민 다수에게 돌아가지만 사회간접시설과 같이 특정 지역에 보다 직접적인 편익이 돌아가는 경우도 많다.
⑤ 법령에서 제시하는 광범위한 기준을 근거로 국민들에게 강제적으로 특정한 부담을 지우는 것이다.

37	노령연금제도 → 재분배정책

ㄱ. [×] 부실기업의 구조조정은 규제정책에 속한다.
ㄴ. [×] 노령연금제도는 재분배정책에 속한다.
ㄷ. [○] 최저임금제도는 보호적 규제정책에 속한다.
ㄹ. [○] 정부조직의 개편은 헌정의 수행에 필요한 운영규칙과 관련된 구성정책이다.
ㅁ. [○] 사회간접자본인 신공항의 건설은 배분정책에 속한다.
ㅂ. [×] 지방자치단체에 지원되는 국고보조금은 배분정책에 속한다.

답 ④

38	누진세, 영세민 취로사업, 저소득 근로소득부전세제 → 재분배정책

① [×] 정책 과정에서 이해당사자들 상호 간 이익이 되는 방향으로 협력하는 로그롤링(log rolling) 현상이 나타나는 것은 분배정책이다.
② [○] 설문은 재분배정책으로, 계층 간 갈등이 심하고 저항이 발생할 수 있어 국민적 공감대를 형성할 때 정책의 변화를 가져오게 되는 것과 관련된다.
③ [×] 체제 내부를 정비하는 정책으로 대외적 가치배분에는 큰 영향이 없으나 대내적으로는 게임의 법칙이 발생하는 것은 구성정책이다.
④ [×] 국민 다수에게 돌아가지만 사회간접시설과 같이 특정 지역에 보다 직접적인 편익이 돌아가는 경우도 많은 것은 분배정책이다.
⑤ [×] 법령에서 제시하는 광범위한 기준을 근거로 국민들에게 강제적으로 특정한 부담을 지우는 것은 규제정책이다.

답 ②

39 □□□

정책네트워크에 대한 설명으로 옳지 않은 것은?

① 참여자 간 교호작용 속에서 형성되는 연계가 중요하고 참여자와 비참여자를 구분하는 경계가 없다.
② 정책형성뿐만 아니라 정책집행까지 설명하는 유용한 도구이다.
③ 정책네트워크 유형에는 하위정부, 정책공동체, 정책문제망 등이 있다.
④ 행위자들 사이에 나타나는 상호작용의 패턴을 찾아내는 데 사용된다.

40 □□□

정책네트워크에 대한 설명으로 옳지 않은 것은?

① 정책네트워크의 참여자는 정부뿐만 아니라 민간부문까지 포함한다.
② 정책공동체에 비해서 이슈네트워크는 제한된 행위자들이 정책과정에 참여하며 경계의 개방성이 낮은 특성이 있다.
③ 헤클로(H. Heclo)는 하위정부모형을 비판적으로 검토하면서 정책이슈를 중심으로 유동적이며 개방적인 참여자들 간의 상호작용 현상을 묘사하기 위한 대안적 모형을 제안하였다.
④ 하위정부(sub-government)는 선출직 의원, 정부관료, 그리고 이익집단의 역할에 초점을 맞춘다.

39	정책네트워크 → 분야별로 형성

① [×] 정책네트워크는 정책문제별로 형성되는 전략을 가진 다양한 공식·비공식 참여자들의 연계작용으로, 참여자와 비참여자를 구분하는 경계가 존재한다.
② [○] 이는 특정 세력이 일방적으로 정책과정을 주도한다는 다원론과 엘리트론 및 조합주의를 비판하는 것으로, 사회학이나 문화인류학의 연구기법인 네트워크분석을 통해 정책과정(결정＋집행)을 포괄적이고 체계적으로 설명하고자 한다.
③ [○] 이러한 정책네트워크의 유형에는 하위정부모형, 이슈네트워크, 정책커뮤니티 등이 포함된다.
④ [○] 정책네트워크는 행위자들 간 상호작용의 양식(패턴)을 찾는 데 유용한 도구가 될 수 있다.

답 ①

40	이슈네트워크 → 높은 개방성과 유동성

① [○] 정책네트워크는 정부와 민간부문의 참여자들로 구성되며, 일반적으로 정책과정의 비공식적 참여자로 분류된다.
② [×] 단순한 이해관계자까지 참여할 수 있는 이슈네트워크가 전문가 중심의 정책커뮤니티보다는 참여자의 개방성이 높은 편이다.
③ [○] 하위정부모형의 대안적 관점으로 헤클로(H. Heclo)에 의해 제기된 것이 이슈네트워크이다.
④ [○] 하위정부는 특정 이익집단, 관련 부처(관료), 의회의 해당 상임위원회가 특정 분야의 정책과정을 배타적으로 지배하는 현상을 설명하는 모형이다.

📋 **네트워크모형의 비교**

구분	하위정부모형	정책공동체	이슈네트워크
참여자 수	제한적	비교적 제한적	매우 광범위
참여자	특정 세력	전문가 집단	다수의 관심집단
상호의존			낮음
참여배제	높음	비교적 낮음	낮음(→ 개방성)
지속성			낮음(→ 유동성)

답 ②

41 ☐☐☐

12년 국가9급

정책네트워크이론에 대한 설명으로 옳지 않은 것은?

① 정책네트워크이론의 대두배경은 정책결정의 부분화와 전문화 추세를 반영한다.

② 철의 삼각(iron triangle)모형은 소수 엘리트 행위자들이 특정 정책의 결정을 지배한다는 점을 강조한다.

③ 이슈네트워크(issue network)모형은 쟁점을 둘러싼 정책 참여자들 간의 상호작용을 중시한다.

④ 정책과정에 대한 국가중심 접근방법과 사회중심 접근 방법이라는 이분법적 논리를 극복하지 못하고 있다.

42 ☐☐☐

17년 국가9급(하)

하위정부모형(subgovernment model)에서 정책 영역별로 정책의 결정과 집행에 영향을 미치는 3자 연합에 해당하지 않는 것은?

① 시민사회단체

② 소관 부처(관료조직)

③ 관련 이익집단

④ 의회의 위원회

41	정책네트워크이론 → 국가·사회이분론의 극복

① [○] 정책네트워크이론은 정책과정의 부분화와 전문화 추세를 반영하는 것이다. 이는 행정의 복잡성과 전문성의 심화로 인해 모든 정책을 포괄하는 단일의 지배체제는 존재할 수 없으며, 분야별로 다양한 지배체제가 형성될 수 있음을 함의한다.

② [○] 철의 삼각이란 특정 이익집단, 관련 부처(관료), 의회의 해당 상임위원회가 상호 간 이해관계를 보호하기 위하여 해당 분야의 정책과정을 배타적으로 지배하는 현상을 설명하는 모형이다.

③ [○] 이슈네트워크 모형을 포함한 모든 정책네트워크모형은 관련자 간 상호작용의 패턴을 중시한다.

④ [×] 정책네트워크이론은 정책내용과 정책을 둘러싼 환경의 복잡성 심화로 특정 세력에 의한 일방적 주도는 곤란하며, 정책은 전략을 가진 다양한 참여자들 간의 상호작용의 산물이라는 인식이 대두하면서 등장하였다. 이는 정책과정에 대한 국가 중심 접근방법과 사회 중심 접근방법이라는 이분법적 논리를 극복한 것이다.

답 ④

42	하위정부 → 특정 이익집단, 해당 관료, 관련 상임위원회

① [×] 시민사회단체는 하위정부의 구성원이 아니다.

②, ③, ④ [○] 하위정부는 특정 이익집단, 관련 부처(관료), 의회의 해당 상임위원회가 상호 간 이해관계를 보호하기 위하여 특정 분야의 정책과정을 배타적으로 지배하는 현상을 설명하는 모형이다.

답 ①

43 ☐☐☐

정책네트워크의 유형 중 하위정부(sub-government)모형에 대한 설명으로 옳지 않은 것은?

① 상대적으로 자율성과 안정성이 높다.
② 폐쇄적 관계를 강조하고 다른 이익집단의 참여를 배제한다.
③ 행정수반의 관심이 약하거나 영향력이 적은 재분배정책 분야에서 주로 형성된다.
④ 헤클로(H. Heclo)는 이익집단이 늘어나고 다원화됨에 따라 적용의 한계가 있다고 지적한다.

44 ☐☐☐

다음 이론에 대한 설명 중 옳은 것만을 모두 고르면?

> ㄱ. 이익집단론은 정치체제가 잠재이익집단과 중복회원 때문에 특수 이익에 치우치지 않는다고 주장한다.
> ㄴ. 신다원주의론은 자본주의 국가에서는 기업가 집단의 특권적 지위가 현실의 정책과정에서 나타난다고 본다.
> ㄷ. 하위정부론은 정책분야별로 이익집단, 정당, 해당 관료 조직으로 구성된 실질적 정책결정권을 공유하는 네트워크가 존재한다고 주장한다.

① ㄱ   ② ㄱ, ㄴ
③ ㄴ, ㄷ   ④ ㄱ, ㄴ, ㄷ

43	하위정부 → 주로 배분정책

① [○] 하위정부모형은 참여자들 간 관계의 안정성이 높고, 타 정책으로부터 분리되어 자율적으로 운영되는 모형이다.
② [○] 즉, 특정 이익집단, 해당 관료, 해당 상임위원회라는 특정 세력이 특정 정책을 배타적으로 지배하는 모형이다.
③ [×] 하위정부모형은 모든 정책분야에 걸쳐 가능한 것은 아니며 대통령과 대중의 관심이 낮고 일상화 수준이 높은 배분정책과 주로 관련된다.
④ [○] 이익집단의 수적 증대와 다원화 경향에 따라 하위정부모형의 설명력이 약화되면서 이에 대한 비판적 관점에서 헤클로(H. Heclo)에 의해 이슈네트워크가 제기되었다.

답 ③

44	하위정부 → 특정 이익집단, 해당 관료, 관련 상임위원회

ㄱ. [○] 말없는 다수의 이익이 정책에 반영된다는 잠재이익집단론과 여러 집단에 중복으로 소속되어 있어 한 집단의 이익만을 반영하기는 어렵다는 중복회원이론 등이 다원론의 주요한 이론적 근거이다.
ㄴ. [○] 신다원론은 정부의 수동적 역할을 강조한 다원론과는 달리 전문화되고 능동적인 정부관을 제시하는 이론이다. 다만, 특정 집단이 우월적 지위를 갖게 되는 것을 일반 대중과 정부의 합리적 선택으로 본다는 점에서 엘리트 집단의 의도적 노력을 강조하는 엘리트론과는 구별된다.
ㄷ. [×] 하위정부를 구성하는 것은 특정 이익집단, 해당 관료, 해당 상임위원회이다. 정당은 하위정부의 구성원이 아니다.

답 ②

45 □□□

정책네트워크의 유형별 특징에 대한 설명으로 옳지 않은 것은?

① 철의 삼각(iron triangle) 모형에서는 이익집단, 관련 행정 부처(관료조직), 그리고 의회 위원회가 연합하여 실질적인 정책결정이 이루어진다고 본다.

② 하위정부(subgovernment) 모형은 철의 삼각모형의 경험적 타당성에 대해 의문을 제기하면서 참여자의 범위를 대폭 확대하였다.

③ 정책공동체(policy community)의 주요구성원에는 하위정부 모형의 참여자 외에 전문가집단이 포함된다.

④ 이슈네트워크(issue network)는 정책공동체와 비교할 때 네트워크의 경계가 불분명하여 참여자들의 진입과 퇴장이 쉬운 편이다.

---

46 □□□

정책형성과정에 대한 설명으로 옳지 않은 것은?

① 제3종 오류를 방지하는 것이 정책문제 구조화의 핵심으로 간주된다.

② 주요 정책행위자들 간의 치열한 경쟁적 갈등관계는 철의 삼각(iron triangle)관계라고 불린다.

③ 정책문제를 정의하고 해석하는 과정은 다양한 결과에 이를 수 있는 애매하고 불투명한 과정으로 간주된다.

④ 정책행위자들은 실질적인 제약과 절차적인 제약 하에서 대안을 선택하게 된다.

45	하위정부 → 폐쇄적 참여자

① [○] 철의 삼각은 의회 상임위원회(→ 분과위원회), 행정부처와 이익집단 간의 관계가 통합성이 지극히 높으며, 일종의 동맹 관계를 형성하고 있다고 하여 사용되는 개념이다.

② [×] 하위정부와 철의 삼각은 보통 같은 의미로 사용된다. 철의 삼각모형의 경험적 타당성에 대해 의문을 제기하면서 참여자의 범위를 대폭 확대한 것은 이슈네트워크이다.

③ [○] 정책공동체는 정책목표의 달성을 위해서 각 분야의 규칙 을 조정하는 정책분야별 연구원, 학자, 관료 등으로 구성된 전문가 집단을 뜻한다.

④ [○] 이슈네트워크는 참여자의 범위가 넓고 경계의 개방성이 높은 가변적 공동체로 다원주의 측면이 강하며, 이슈에 따라 집단 간 연대가 활발하게 나타나는 일시적이고 느슨한 형태의 집합체이다.

답 ②

46	철의 삼각 → 긴밀한 동맹관계

① [○] 제3종 오류란 정책문제의 잘못된 인지로 인하여 발생하는 근본적 오류(메타오류)로, 이를 방지하기 위한 노력이 정책문제 구조화기법이다.

② [×] 철의 삼각이란 특정 이익집단, 관련 부처(관료), 의회의 해당 상임위원회가 특정 정책을 배타적으로 지배하는 모형으로, 참여자 간 장기적이고 안정적이며 자율적이고 호혜적인 동맹 관계를 특징으로 한다. 행위자들 간의 치열한 경쟁적 갈등관계 는 다원주의 또는 이슈네트워크와 관련된다.

③ [○] 정책문제는 주관적·인공적이고, 역사적·상호의존성이 강하여 맥락적으로 파악하여야 한다. 또한 정책문제는 시간이 지남에 따라 변하는 동태적 성격을 지닌다. 이러한 정책문제를 정의하는 과정 역시 복잡하고 불투명할 수 있다.

④ [○] 정책대안은 실현가능성이라는 제약 속에서 채택된다. 이러한 실현가능성에는 기술적, 재정적, 행정적 실현가능성이라는 실질적 제약과 정치적 또는 법적 실현가능성이라는 절차적 제약 이 존재한다.

답 ②

47 ☐☐☐

정책네트워크(Policy Network)의 유형에 관한 설명으로 옳지 않은 것은?

① 정책커뮤니티(Policy Community)란 정책결정에 참여하는 집단이 비교적 제한적이고 정책결정이 비교적 안정적이며 계속성을 지니는 경우이다.

② 하위정부는 모든 정책분야에 걸쳐서 가능한 것이 아니라 대통령의 관심이 덜하거나 영향력이 비교적 적은 배분정책 분야에서 주로 형성되고 있다.

③ 철의 삼각은 하위정부와 같은 뜻으로 사용되는 개념으로서 의회 상임위원회(분과위원회), 행정부처와 이익집단간의 관계가 통합성이 지극히 높으며, 일종의 동맹관계를 형성하고 있다고 하여 사용되는 개념이다.

④ 이슈네트워크는 헤클로(H. Helco)가 하위정부나 철의 삼각을 비판하기 위하여 제기한 개념으로서 미국에서 이익집단이 수적으로 크게 늘어나고 다원화됨에 따라 하위정부식 정책결정이 용이해졌다고 주장한다.

47	이슈네트워크 → 하위정부에 대한 비판

① [O] 정책커뮤니티는 전문가 중심으로 구성되므로 이슈네트워크에 비해 참여자가 제한적이다.

② [O] 배분정책은 정책이 세부단위로 나눠지고 개별적으로 처리되기에 대통령이나 일반대중의 관심을 덜 받는다.

③ [O] 철의 삼각은 소수 엘리트 행위자들이 특정 정책의 결정을 지배한다는 점을 강조하지만, 하위정부는 정책별로 다양한 하위정부가 존재함을 강조한다.

④ [×] 하위정부식 정책결정이 어려워졌기에 이에 대한 대안으로 등장한 것이 이슈네트워크이다.

답 ④

48 ☐☐☐

정책네트워크 모형에 대한 설명으로 옳지 않은 것은?

① 사회학이나 문화인류학의 연구에서 이용되어 왔던 네트워크 분석을 다양한 참여자들의 행위들로 특징지어지는 정책과정의 연구에 적용한 것이다.

② 행위자들 간의 연계는 의사소통과 전문지식, 신뢰, 그리고 여타 자원을 교환하는 통로로 작용한다.

③ 미국의 경우 정당과 의회중심의 정책과정 설명이 한계에 부딪히면서 등장하였다.

④ 이슈네트워크는 정부 부처의 고위관료, 의원, 기업가, 로비스트, 학자, 언론인 등 특정 영역에 이해관계가 있거나 관심을 가지는 사람들 간의 네트워크이다.

48	정책커뮤니티 → 영국 모형

① [O] 네트워크 분석이란 관련자들의 상호작용을 밀도와 중심성을 중심으로 표현하는 것이다. 정책과정 역시 다양한 이해관계자들의 상호작용 속에서 이루어지므로 네트워크 분석을 활용하여 다양한 정책과정의 현상을 동태적으로 묘사할 수 있다.

② [O] 네트워크 모형에서의 다양한 연계방식은 구성원들 간 의사소통과 전문지식, 신뢰와 자원들의 교환 방식에 영향을 주는 변수이다. 즉, 중심성과 밀도가 높은 연계라면 원활한 의사소통과 높은 신뢰성, 활발한 자원교환 등이 이루어질 것이다.

③ [×] 정당과 의회 중심의 정책과정 설명이 한계에 부딪히면서 네트워크모형이 등장한 것은 영국이다.

④ [O] 이슈네트워크는 단순한 이해관계자까지 포함된 가장 개방성이 높은 가변적 공동체이다.

답 ③

49 □□□

정책커뮤니티와 이슈네트워크를 비교한 것으로 옳지 않은 것은?

① 네트워크 내 자원배분과 관련하여 정책커뮤니티는 근본적인 관계가 교환관계이고 모든 참여자가 자원을 보유하고 있으나, 이슈네트워크는 근본적인 관계가 제한적 합의이고 어떤 참여자는 자원보유가 한정적이다.

② 참여자 수와 관련하여 정책커뮤니티는 극히 제한적이며 의식적으로 일부 집단의 참여를 배제하기도 하나, 이슈네트워크는 개방적이며 다양한 행위자들이 참여한다.

③ 이익의 종류와 관련하여 정책커뮤니티는 경제적 또는 전문 직업적 이익이 지배적이나, 이슈네트워크는 관련된 모든 이익이 망라된다.

④ 합의와 관련하여 정책커뮤니티는 어느 정도의 합의는 있으나 항상 갈등이 있고, 이슈네트워크는 모든 참여자가 기본적인 가치관을 공유하며 성과의 정통성을 수용한다.

50 □□□

정책결정의 권력모형에 대한 설명으로 옳지 않은 것은?

① 신베버주의에 속하는 크래스너(S. Krasner)에 의하면 국가가 다른 나라와의 경제 관계에 관한 정책결정을 할 때 기업의 이익이 아니라 국가의 이익을 옹호하는 결정을 내렸다고 한다.

② 벤틀리(A. Bently)와 트루만(D. Truman)으로 대표되는 이익집단론에 따르면 정치과정의 핵심은 이익집단활동이며, 정책과정에서 관료들의 소극적인 역할을 상정하고 있다.

③ 정책네트워크모형에 의하면 국가는 자신의 정책이해를 가지고 이를 정책과정에서 관철시키고자 하는 하나의 행위자이다.

④ 이슈네트워크모형에 따르면 국가와 이익집단을 포함한 다양한 행위자간에는 빈번한 상호작용이 발생하고, 이러한 상호작용은 안정적이고 협력적이다.

49	정책커뮤니티 → 기본적 가치관의 공유

① [○] 정책커뮤니티는 모든 참여자가 자원을 가지고 교환관계를 형성하므로 균형적 권력관계를 유지하고 상호 협력할 가능성이 높지만, 이슈네트워크는 참여자 간의 권력과 정보의 불균등한 배분과 접근권을 특징으로 하므로 참여자들 사이의 갈등이 존재하는 제로섬 상황이 나타난다.

② [○] 정책커뮤니티는 의식적으로 일부 집단(단순한 이해관계자)의 참여를 배제하므로 누구나 참여할 수 있는 이슈네트워크에 비해 참여자의 범위가 제한적이다.

③ [○] 정책커뮤니티는 관련된 전문가 중심으로 구성되므로 전문적이고 직업적인 이익이 지배하나 이슈네트워크에는 다양한 참여자가 존재하므로 그 추구하는 가치 역시 매우 다양할 수밖에 없다.

④ [×] 모든 참여자가 기본적인 가치관을 공유하며 성과의 정통성을 수용하는 것이 정책커뮤니티이고, 항상 갈등을 내포하고 있는 것이 이슈네트워크이다.

답 ④

50	이슈네트워크 → 낮은 안정성과 예측가능성

① [○] 베버주의와 신베버주의는 국가의 독자성을 강조하는 이론이다.

② [○] 이익집단론은 다원주의에 해당하며, 이는 사회 중심의 이론으로 국가의 소극적 역할을 강조한다.

③ [○] 정책네트워크이론에서는 국가의 각 부서들을 자신의 이익을 추구하는 하나의 행위자로 간주한다.

④ [×] 이슈네트워크는 약한 공동체의식과 유동적인 접촉빈도로 인하여 상호작용의 안정성과 예측가능성이 낮다.

답 ④

51 ☐☐☐

이슈네트워크(issue network)와 비교한 정책공동체(policy community)의 상대적 특성으로 옳지 않은 것은?

① 정책결정을 둘러싼 권력게임은 공동의 이익을 추구하는 정합게임(positive-sum game)의 성격을 띤다.
② 참여자들이 기본가치를 공유하며 그들 간의 접촉빈도가 높다.
③ 참여자의 범위가 넓고 경계의 개방성이 높다.
④ 모든 참여자가 교환할 자원을 가지고 참여한다.

52 ☐☐☐

정책네트워크모형에 대한 설명으로 옳지 않은 것은?

① 로즈와 마쉬에 따르면, 이슈네트워크는 비교적 폐쇄적이고 안정적인 반면 정책공동체는 개방적이고 유동적이다.
② 헤클로는 하위정부모형에 대한 비판적 입장에서 이슈네트워크모형을 제안했다.
③ 많은 학자들은 1960년대에 등장한 하위정부모형이나 1970년대에 등장한 이슈네트워크모형이 정책네트워크모형의 기원이라고 본다.
④ 정책공동체의 경우, 모든 참여자가 자원을 가지며 참여자 사이의 근본적인 관계는 교환관계이다.

51	정책공동체 → 전문가 중심의 폐쇄적 네트워크

① [O] 관련 분야의 전문가 집단으로 구성되는 정책공동체는 지속적이고 장기적인 상호작용 속에서 형성되며 참여자들 간 기본적 가치를 공유하며 높은 접촉빈도를 보인다.
② [O] 이에 따라 구성원들이 협력하여 공동의 이익을 추구하는 포지티브 섬 상황이 나타난다.
③ [X] 정책공동체는 정책목표의 달성을 위해 각급 기관의 규칙을 조정하는 정책분야의 연구원, 학자, 관료 등으로 구성된 전문가 집단으로, 의식적으로 일부 집단의 참여를 배제하므로 참여자가 제한적이다. 참여자의 범위가 넓고 경계의 개방성이 높은 것은 이슈네트워크이다.
④ [O] 정책공동체는 모든 참여자가 자원을 가지고 교환관계를 형성하므로 균형적 권력관계를 유지한다. 또한 상호작용의 안정성과 높은 예측가능성을 가지며, 일관되고 안정된 정책을 가져올 수 있어 결정자의 교체에 따른 정책혼란을 방지할 수 있다.

답 ③

52	이슈네트워크 → 가장 개방적인 네트워크

① [X] 전문가 집단으로 한정되는 정책공동체가 다양한 참여자로 구성되는 이슈네트워크에 비하여 제한적이고 폐쇄적이다.
② [O] 이슈네트워크는 이익집단의 수가 증가하고 다원화됨에 따라 하위정부모형의 설명력이 약화되면서 이에 대한 비판적 관점으로 헤클로(H. Heclo)에 의해 제기된 네트워크모형이다.
③ [O] 네트워크모형은 1960년대 하위정부모형의 선행과 이에 대한 반발로 이슈네트워크모형의 등장하면서 정책과정을 연구하는 지배적 패러다임으로 성장하였다.

답 ①

53 □□□

정책참여자 간 관계에 대한 설명으로 옳은 것만을 〈보기〉에서 모두 고르면?

〈보기〉
ㄱ. 정책공동체는 일시적이고 느슨한 형태의 집합체라는 점에서 이슈네트워크와 공통점을 가진다.
ㄴ. 다원주의에서의 정부는 집단들 간에 조정자 역할 또는 심판자의 역할을 할 것으로 기대된다.
ㄷ. 이슈네트워크는 참여자 간의 상호의존성이 낮고 불안정하며, 상호간의 불평등 관계가 존재하기도 한다.
ㄹ. 국가조합주의는 이익집단의 자율적 결성과 능동적 참여를 보장한다.

① ㄱ, ㄴ   ② ㄱ, ㄷ
③ ㄴ, ㄷ   ④ ㄴ, ㄹ
⑤ ㄷ, ㄹ

53	정책공동체 → 전문가 중심의 네트워크

ㄱ. [×] 정책공동체는 비교적 지속적이고 안정적인 관계로서, 일시적이고 느슨한 형태인 이슈네트워크와 구별된다.
ㄴ. [O] 다원주의에서 정부는 중립적인 입장에서 이익을 조정하고 중재하는 역할을 수행하고, 게임규칙의 준수를 독려하는 심판자로서의 역할을 수행한다.
ㄷ. [O] 이슈네트워크는 참여자 간의 상호의존성이 낮고 불안정하며, 상호간의 불평등 관계가 존재하기도 한다.
ㄹ. [×] 국가조합주의 체제하에서 정부는 자체 이익을 가지면서 이익집단의 활동을 규정하고 포섭 또는 억압하는 독립적 실체로 간주된다. 조합주의 하에서 이익집단의 결성은 구성원의 이익 못지않게 사회적 합의를 유도하려는 정부의 의도가 크게 작용한다고 본다.

답 ③

---

54 □□□

정책결정요인론 중 도슨(R. Dawson)과 로빈슨(J. Robinson)이 주장한 '경제적 자원모형'의 내용으로 옳지 않은 것은?

① 소득, 인구 등의 사회·경제적 요인이 정책내용을 결정한다.
② 정치적 변수는 정책에 단독으로 영향을 미치지 못한다.
③ 정치체제는 환경변수와 정책내용 간의 매개변수가 아니다.
④ 사회·경제적 변수, 정치체제, 정책은 순차적 관계에 있다.

54	경제적 자원모형 → 사회·경제적 환경 → 정책

① [O] 도슨(R. Dawson)과 로빈슨(J. Robinson)의 주장은 소득, 인구 등과 같은 사회·경제적 요인이 정책의 내용을 결정한다는 것이다.
② [O] 이들에 의하면 정치적 변수와 정책은 허위관계인데 이는 정치적 변수가 정책에 단독으로 영향을 미치지 못한다는 것이다.
③ [O] 이는 정치체제는 환경변수와 정책내용 간의 매개변수도 아니라는 주장이다.
④ [×] '경제적 자원모형'은 사회·경제적 변수와 정치체제 및 정책의 순차적 관계를 부정하는 것이다.

답 ④

55 ☐☐☐

정책결정요인론에 대한 설명으로 옳은 것은?

① 정책의 내용에 영향을 미치는 요인이 무엇인가를 밝히는 이론으로, 사회경제적 요인의 중요성을 과소평가했다는 비판을 받고 있다.

② 도슨 – 로빈슨(Dawson-Robinson) 모형은 사회경제적 변수가 정치체제와 정책 모두에 영향을 미친다는 모형으로, 사회경제적 변수로 인해 정치체제와 정책의 상관관계가 유발된다고 설명한다.

③ 키 – 로커트(Key-Lockard) 모형은 사회경제적 변수가 정책에 직접적으로 영향을 미친다는 모형으로, 예를 들면 경제발전이 복지지출 수준에 직접 영향을 준다고 본다.

④ 루이스 – 벡(Lewis-Beck) 모형은 사회경제적 변수가 정책에 영향을 주는 직접효과가 있고, 정치체제가 정책에 독립적 영향을 주지 않는다고 설명한다.

55	정책결정요인론 → 경제적 변수의 과대평가

① [×] 정책결정요인론은 계량화가 용이한 경제적 변수는 과대평가되고, 계량화가 곤란한 정치변수는 과소평가되었다는 비판을 받는다.

② [○] 키(O. Key)와 로카드(D. Lockard) 모형은 사회경제적 변수가 정치체제를 통해 복지지출의 수준으로 연결된다는 이론이다.

④ [×] 루이스(W. Lewis)와 벡(M. Beck)은 사회경제적 변수뿐만 아니라 정치체제 역시 정책에 독립적으로 영향을 주는 요인으로 본다.

답 ②

정책의제론

01 ☐☐☐

다음 중 어떠한 정책문제가 정책의제로 채택될 가능성이 가장 낮은 경우는?

① 정책문제의 해결가능성이 높은 경우
② 이해관계자의 분포가 넓고 조직화 정도가 낮은 경우
③ 선례가 있어 관례화(routinized)된 경우
④ 정책의제화를 요구하는 집단의 규모가 큰 경우

01	의제설정의 변수 → 문제의 중요성 + 해결가능성

① [×] 문제의 해결가능성이 높을수록 의제화가 용이하다.
② [○] 이해관계자의 분포가 넓은 전체적 이슈라 해도 응집력이 약하다면 의제화는 어렵다.
③ [×] 선례가 있고 일상적이며 관례화된 문제는 해결하기 쉬우므로 의제화가 용이하다.
④ [×] 관련 집단이 크고 응집력이 강할수록 의제화가 용이하다.

답 ②

02 ☐☐☐

정책메커니즘에 대한 설명으로 옳지 않은 것은?

① 정책은 편파적으로 이익과 손해를 나누어주는 성격도 갖고 있다.
② 모든 사회문제는 정책의제화 된다.
③ 정책목표와 정책수단 사이에는 인과관계가 있어야 한다.
④ 정책대안 선택의 기준들 사이에는 갈등이 있을 수 있다.

02	의제설정 → 선택의 문제

① [○] 정책은 가치를 권위적으로 배분하는 과정이므로 이로 인해 수혜자와 피해자의 선택이 발생한다.
② [×] 자원의 제약으로 인해 모든 사회문제가 전부 정책의제로 되는 것은 아니다.
③ [○] 정책수단과 정책목표 간 인과성이 없다면 정책수단을 실현하였다고 해도 정책목표는 달성되지 않을 것이기 때문이다.
④ [○] 정책대안의 평가기준은 실현가능성과 소망성이다. 정책의 실행으로 얻고자 하는 다양한 소망성이 있으므로 그 선택에 있어 가치갈등이 발생한다.

답 ②

03 □□□

정책의제형성에 영향을 미치는 요인들에 대한 설명으로 옳지 않은 것은?

① 문제가 사회적 유의성이 높을수록 의제로 채택될 가능성이 높다.
② 단순한 문제가 의제로 채택될 가능성이 높다.
③ 극적인 사건이나 위기 등은 의제로 채택될 가능성이 높다.
④ 선례가 있는 문제들은 의제로 채택될 가능성이 낮다.

04 □□□

정책의제설정이론에 관한 설명으로 옳지 않은 것은?

① 킹던(J. Kingdon)은 문제, 정책, 정치라는 세 변수가 각기 다른 맥락에서 흐르다가 어떤 기회가 주어지면 서로 만나게 되는데, 이 때 정부의제가 정책의제로 전환하게 된다고 본다.
② 콥(R. Cobb)과 그 동료들에 따르면 공식의제가 성립되는 단계는 외부주도모형의 경우에는 진입단계, 동원모형과 내부접근모형의 경우에는 주도단계이다.
③ 콥(R. Cobb)과 엘더(C. Elder)가 언급한 체제의제는 특정 쟁점에 대해 정책대안이나 수단을 모색할 수 있을 정도로 구체적이다.
④ 존스(C. Jones)는 정책의제설정과정을 크게 문제의 인지와 정의, 문제에 대한 결집과 조직화, 대표화 그리고 의제 설정단계로 구분하고 있다.

03	의제설정의 변수 → 해결책 유무와 문제의 중요성

① [○] 유의성이 높다는 것은 사회적으로 중요하다는 의미이다. 중요한 문제일수록 의제화의 가능성이 높은 편이다.
② [○] 문제의 해결가능성이 높을수록 의제로 채택될 가능성이 높다. 이에 따라 문제가 단순할수록, 기술적으로 이해하기 쉬울수록, 선례가 있고 일상적일수록 의제화의 가능성이 크다.
③ [○] 극적인 사건의 발생, 정권의 교체와 같은 요인이 발생하면 의제화의 가능성이 높아진다.
④ [×] 선례가 있는 문제들이 의제화의 가능성이 높다.

답 ④

04	체제의제 → 일반대중의 공감과 요구

① [○] 킹던(J. Kingdon)의 모형은 정책이 정권교체나 극적 사건과 같은 정치적 요소를 만났을 때 정부의제로 진입하는 것을 설명하는 이론이다.
② [○] 공식의제는 정책담당자가 공식적으로 다루기로 한 문제로, 외부주도모형은 정부로의 진입단계에서 공식의제가 된다. 반면, 동원형이나 내부접근형은 이미 주도단계에서 공식의제화 되어 있다.
③ [×] 특정 쟁점에 대해 정책대안이나 수단을 모색할 수 있을 정도로 구체적인 것은 제도적 의제이다.
④ [○] 결집은 관련자들이 집단을 형성하는 과정이고 대표화는 불만들이 구체적인 요구로 바뀌는 것을 말한다.

답 ③

05 ☐☐☐

다음은 콥과 로스가 제시한 의제설정과정이다. 가 ~ 다에 들어갈 유형을 바르게 연결한 것은?

> 가. 사회문제 → 정부의제
> 나. 사회문제 → 공중의제 → 정부의제
> 다. 사회문제 → 정부의제 → 공중의제

	가	나	다
①	동원형	외부주도형	내부접근형
②	내부접근형	동원형	외부주도형
③	외부주도형	내부접근형	동원형
④	내부접근형	외부주도형	동원형

06 ☐☐☐

정책의제설정과정에서 일반대중의 관심과 주의를 받고 있으며, 정부가 개입하여 문제를 해결하여야 한다고 인정되지만, 정부가 문제해결을 고려하기로 공식적으로 밝히지 않은 것은?

① 사회문제(social problem)
② 사회적 쟁점(social issue)
③ 공중의제(public agenda) 또는 체제의제(system agenda)
④ 정부의제(governmental agenda) 또는 제도의제(institutional agenda)

05	외부주도형 → 사회문제, 사회적 이슈, 공중의제, 공식의제 순

가. 사회문제가 바로 정부의제로 채택된 후 공중의제가 차단되는 것은 내부접근모형이다.
나. 사회문제가 공중의제를 거친 후 정부의제로 채택되는 것은 외부주도모형이다.
다. 사회문제가 정부의제로 채택된 후 행정PR을 통해 공중의제로 확산되는 것은 동원모형이다.

📄 외부주도형, 동원모형, 내부접근형

외부주도형	사회문제, 사회적 이슈, 체제의제(→ 공중의제), 제도의제(→ 공식의제)의 순
동원모형	사회문제, 정부의제, 공중의제(→ 확산)의 순
내부접근형	사회문제의 정부의제로 은밀하게 채택된 후 공중의제는 차단하는 모형

답 ④

06	공중의제 → 일반대중의 요구와 공감

① [×] 사회문제(social problem)는 사회의 많은 구성원들이 불편을 느끼는 문제를 말한다.
② [×] 사회적 쟁점(social issue)은 문제의 원인과 해결책에 대하여 의견이 일치하지 않아 논쟁의 대상이 되는 사회문제로, 주도자와 점화장치가 필요하다.
③ [○] 일반대중의 관심과 주의를 받고 있으며, 정부가 개입하여 문제를 해결하여야 한다고 인정되지만, 아직까지 정부가 이를 공식적으로 밝히지 않은 것은 공중의제 또는 체제의제에 해당한다.
④ [×] 정부의제(governmental agenda)는 정부가 적극적으로 검토하기로 공식적으로 결정한 사회문제이다.

답 ③

07 ☐☐☐　　　　　　　　　　　　　　　12년 지방7급

아이스톤(R. Eyestone)이 제시한 정책의제 형성과정에 대한 설명으로 옳지 않은 것은?

① 사회문제(social problem)는 개인의 문제가 다수로부터 공감을 얻게 되어 많은 사람들의 문제로 인식된 상태를 말한다.

② 공공의제(public agenda)는 일반대중의 주목을 받을 가치는 있으나, 아직 정부가 문제해결을 하는 것이 정당한 것으로 인정되지 않는 상태를 말한다.

③ 사회논제(social issue)는 사회문제가 여러 가지 다른 견해를 갖는 다수의 집단들로 하여금 논쟁을 야기하며, 일반인의 관심을 집중하고 여론을 환기시키는 상태를 말한다.

④ 공식의제(official agenda)는 여러 가지 공공의제들 중에서 정부가 그 해결을 위하여 심각하게 관심과 행동을 집중하는 정부의제로 선별되는 상태를 말한다.

07　공공의제 → 공중의제

① [○] 사회문제(social problem)는 사회의 많은 구성원들이 문제라고 느끼는 것을 말한다.

② [×] 공공의제(public agenda) 혹은 체제의제(systemic agenda)는 일반대중이 정부가 해결해야 한다고 공감하는 사회문제로, 어떤 방식이든 정부의 조치가 필요하고 이는 정부의 권한에 속한다고 믿는 문제이다.

③ [○] 사회적 이슈(social issue)는 문제의 원인과 해결책에 대하여 의견이 일치하지 않아 논쟁의 대상이 되는 사회문제로, 주도자와 점화장치가 필요하다.

④ [○] 공식의제(official agenda) 혹은 제도의제(institutional agenda)는 정부가 적극적으로 검토하기로 공식적으로 결정한 사회문제이다.

답 ②

08 ☐☐☐　　　　　　　　　　　　　　　12년 국가7급

정책의제설정모형에 대한 설명 중 동원모형에 해당되는 것은?

① 정부 지도자들이 대중들의 지지를 확보하기 위하여 공공관계(PR) 캠페인을 벌인다.

② 정책의 확장이 정책과 관련된 주제에 대하여 특별한 지식이나 관심을 가진 집단들에만 한정하여 이루어진다.

③ 심볼의 활용이나 매스미디어 등을 통해 쟁점이 확산된다.

④ 정책결정자들이 정치과정을 통해 사회적 이슈를 공식적 정책의제로 채택하는 전략적 과정을 설명하는 논리이다.

08　동원모형 → 공공관계(PR)

① [○] 동원모형은 사회문제를 최고 결정자들이 주도하여 정부의제로 채택한 후 공공관계(PR)를 통해 공중으로 확산되는 모형이다.

② [×] 정책의 확장이 정책과 관련된 주제에 대하여 특별한 지식이나 관심을 가진 집단들에만 한정되고 공중의제가 차단되는 모형은 내부접근형이다.

③ [×] 심볼의 활용이나 매스미디어 등을 통해 쟁점이 확산되는 것은 외부주도형이다.

④ [×] 정치과정을 통해 사회적 이슈를 공식적 정책의제로 채택하는 전략적 과정을 설명하는 논리는 외부주도형과 관련된다.

답 ①

09 ☐☐☐

정책의제설정에 대한 설명으로 옳지 않은 것은?

① 체제의제(systematic agenda)란 개인이나 민간차원에서 쉽사리 해결될 수 없어서 정부가 이를 해결해야 한다고 많은 사람들이 생각하는 의제를 의미한다.

② 동원형은 정부의 힘이 강하고 민간부문의 힘이 취약한 후진국에서 많이 나타나며, 의도적이고 일방적으로 국민을 무시하는 정부에서 나타날 수 있는 유형이다.

③ 외부주도형은 정책담당자가 아닌 외부 사람들의 주도에 의해 정책문제의 정부 귀속화가 이루어지는 유형이다.

④ 내부접근형은 정책담당자들에 의해 자발적으로 정책의제화가 진행되는 유형이다.

10 ☐☐☐

다음 상황을 설명하는 정책의제설정모형은?

> 새마을운동은 우리나라의 발전에 크게 기여한 사회정책으로 평가 받는다. 새마을운동은 국가의 주도로 진행되었다는 점에서 비판을 받기도 하지만, 국민들이 가난에서 벗어날 수 있다는 의식을 갖게 하고, 노력하도록 자극을 줬다는 점에서는 긍정적인 평가를 받는다.

① 동원형 정책의제 설정
② 내부접근형 정책의제 설정
③ 외부주도형 정책의제 설정
④ 굳히기형 정책의제 설정
⑤ 대중인식형 정책의제 설정

09	동원모형 → 국민에게 홍보

① [○] 체제의제(systemic agenda)는 어떤 방식이든 정부의 조치가 필요하고 이는 정부의 권한에 속한다고 일반대중이 공감하는 사회문제이다.

② [×] 동원모형은 공중으로의 확산과정을 거치므로 일방적으로 국민을 무시하는 모형은 아니다. 일방적으로 국민을 무시하는 정부에서 나타날 수 있는 것은 음모형(내부접근형)이다.

③ [○] 외부주도형은 이익집단, 언론, 정당 등 외부집단이 주도하여 사회문제가 정부의제로 채택되도록 강요하는 모형이다.

④ [○] 내부접근형은 그 정책과 관련된 집단에 의해 은밀하게 주도되는 모형이다.

답 ②

10	국가주도 + 대중확산 → 동원형

① [○] 새마을운동은 일반적으로 동원모형 의제설정으로 평가받는다.

답 ①

하울렛(M. Howlett)과 라메쉬(M. Ramesh)의 모형에 따라 정책의제설정 유형을 분류할 때, 가 ~ 라에 대한 설명으로 옳지 않은 것은?

구분		공중의 지지	
		높음	낮음
의제설정 주도자	사회 행위자(societal actors)	가	나
	국가(state)	다	라

① 가 - 시민사회단체 등이 이슈를 제기하여 정책의제에 이른다.

② 나 - 특별히 의사결정자들에게 접근할 수 있는 영향력 있는 집단이 정책을 주도한다.

③ 다 - 이미 공중의 지지가 높기 때문에 정책이 결정된 후 집행이 용이하다.

④ 라 - 정책결정자가 이슈를 제기하면 자동적으로 정책의제화되기 때문에 성공적인 집행을 위한 공중의 지지는 필요 없다.

정책의제설정 모형에 대한 설명으로 옳지 않은 것은?

① 내부접근형(inside access model)에서 정부기관 내부의 집단 혹은 정책결정자와 빈번히 접촉하는 집단은 공중의 제화하는 것을 꺼린다.

② 동원모형(mobilization model)에서는 주로 정부 내 최고 통치자나 고위정책결정자가 주도적으로 정부의제를 만든다.

③ 외부주도형(outside initiative model) 정책의제 설정은 다원화된 정치체제에서 많이 나타난다.

④ 공고화형(consolidation model)은 대중의 지지가 낮은 정책문제에 대한 정부의 주도적 해결을 설명한다.

11	동원형 → 행정PR

① [○] 가는 외부주도형으로, 시민단체나 언론 등에 의해 이슈가 확산된 후 정책의제로 들어온다.

② [○] 나는 내부접근형으로, 의사결정자에게 접근할 수 있는 친근자 집단에 의해 정책의제가 설정된다.

③ [○] 다는 공고화형으로, 국가가 주도하지만 대중의 지지가 높으므로 집행이 용이하다.

④ [×] 라는 동원모형 정책의제에 속하므로 성공적인 집행을 위한 공중의 지지 확보노력이 수반된다.

> 📄 **매이(P. May) 및 하울렛(M. Howlett)과 라메쉬(M. Ramesh) 모형**
>
> | 구분 | | 대중 지지도 | |
> |---|---|---|---|
> | | | 높음 | 낮음 |
> | 논쟁 주도자 | 국가 | 굳히기형(공고화모형) | 동원형 |
> | | 사회 | 외부주도형 | 내부주도형(내부접근형) |

답 ④

12	공고화형 → 국가 주도 + 높은 인기

① [○] 내부접근형은 정책의 확장이 정책과 관련된 주제에 대하여 특별한 지식이나 관심을 가진 집단들에 한정하여 이루어진다.

② [○] 동원모형은 사회문제를 최고 결정자가 주도하여 정부의제로 채택한 후 공공관계(PR)를 통해 공중으로 확산하는 모형으로, 허쉬만(A. Hirshman)은 채택된 정책문제라 하였다.

③ [○] 외부주도형은 이익집단이 발달하고 정부가 외부의 요구에 민감하게 반응하는 선진 정치체제에서 주로 나타난다.

④ [×] 대중의 지지가 낮은 정책문제에 대한 정부의 주도적 해결을 설명하는 것은 동원모형이다. 공고화형 혹은 굳히기형은 대중의 지지가 높은 상황에서 정부가 정책을 주도하는 모형이다.

답 ④

13 ☐☐☐

정책의제 설정과정의 유형에 대한 설명으로 옳지 않은 것은?

① 내부접근모형에서는 일반 시민의 지지를 얻기 위해 관료 집단이 주도한 의제가 정부의 홍보활동을 통해 공중의제로 확산된다.

② 동원모형은 정치지도자의 지시에 따라 사회문제가 바로 정부의제로 채택되며 정부의 힘이 강하고 민간 부문이 취약한 후진국에서 자주 볼 수 있다.

③ 외부주도형은 이익집단들에 의해 제기된 문제가 여론을 형성해 공중의제로 전환되며 정부가 외부의 요구에 민감하게 반응하는 정치체제에서 자주 볼 수 있다.

④ 공고화모형에서는 이미 광범위한 일반 대중의 지지가 있는 경우에, 정부는 동원 노력보다는 이미 존재하는 지지를 그대로 공고화해 의제를 설정한다.

14 ☐☐☐

메이(P. May)는 정책의제설정의 주도자와 대중의 관여 정도에 따라 정책의제설정과정을 네 가지 유형(A ~ D)으로 구분하였는데, 이에 대한 설명으로 옳지 않은 것은?

구분		대중의 관여 정도	
		높음	낮음
정책의제설정의 주도자	민간	A	B
	정부	C	D

① A는 외부집단이 주도하여 정책의제 채택을 정부에게 강요하는 경우로 허쉬만(A. Hirschman)이 말하는 '강요된 정책문제'에 해당된다.

② B의 경우 정책결정에 영향력을 가진 집단은 대중들에게 정책을 공개하여 지지를 획득하려고 한다.

③ C에서는 이미 민간집단의 광범위한 지지가 형성된 이슈에 대하여 정책결정자가 지지의 공고화(consolidation)를 추진한다.

④ D는 정부의 힘이 강하고 이익집단의 역할이 취약한 후진국에서 일반적으로 많이 나타난다.

13	홍보활동을 통한 공중의제화 → 동원형

① [×] 내부접근모형은 정책과 관련된 내외 집단에 의해 주도된 후 공중의제로는 확산되지 않는다.

② [○] 동원모형은 최고책임자가 주도하고 행정PR을 통해 대중으로 확산시키는 모형으로, 다원화된 선진국보다는 정부의 힘이 강한 후진국에서 자주 볼 수 있는 의제설정모형이다.

③ [○] 외부주도형은 언론이나 일반대중의 요구나 공감에 의해 정부의제로 채택되는 모형으로, 정부가 민간의 요구에 민감하게 반응하는 다원주의 혹은 선진국 사회에서 자주 볼 수 있다.

④ [○] 공고화모형은 민간의 지지를 받고 있으므로 정부의 동원 노력이 상대적으로 불필요하다.

답 ①

14	내부주도형 → 일반대중의 간과

① [○] A는 외부주도형으로 이익집단, 언론, 정당 등이 주도하여 사회문제가 정부의제로 채택되도록 강요하는 모형이다.

② [×] B는 내부주도형을 말한다. 내부주도형은 결정권자에게 접근할 수 있는 집단들이 주도하며, 정책의 대중 확산이나 경쟁이 불필요할 경우 사용되는 모형이다.

③ [○] C는 굳히기형으로 대중의 지지가 높아 정부 내 결정권자가 주도하여 채택하는 모형이다.

④ [○] D는 동원모형으로 대중의 지지가 낮아 정부 내 결정권자들이 채택된 이슈를 공중의제로 확산하는 과정을 거치는 모형이다.

답 ②

정책분석에 있어서 문제구조화에 대한 설명으로 옳지 않은 것은?

① 던(W. Dune)은 정책문제를 구조화가 잘된 문제, 어느 정도 구조화된 문제, 구조화가 잘 안된 문제로 분류한다.

② 구조화가 잘된 문제의 해결을 위하여 분석가는 전통적인 방법을 사용하기도 한다.

③ 문제구조화는 상호 관련된 4가지 단계인 문제의 감지, 문제의 정의, 문제의 추상화, 문제의 탐색으로 구성되어 있다.

④ 문제구조화의 방안으로는 경계분석, 분류분석, 가정분석 등이 있다.

정책문제에 대한 설명으로 옳은 것으로만 연결된 것은?

```
ㄱ. 정책문제는 사익성을 띤다.
ㄴ. 정책문제는 객관적이고 자연적이다.
ㄷ. 정책문제는 복잡 다양하며 상호의존적이다.
ㄹ. 정책문제는 정태적 성격을 갖는다.
ㅁ. 정책문제는 역사적 산물인 경우가 많다.
```

① ㄱ, ㄴ　　　　　　　② ㄱ, ㄷ

③ ㄷ, ㄹ　　　　　　　④ ㄷ, ㅁ

15	문제구조화 단계 → 감지, 탐색, 정의, 구체화

①, ② [○] 구조화가 잘된 문제(정형화된 문제)의 원형은 완전하게 전산화된 의사결정의 문제이므로 모든 정책대안의 모든 결과는 미리 프로그램화된다. 반면, 구조화가 어느 정도 된 문제(준정형화된 문제)의 원형은 정책모의실험 또는 게임이론이 그 예이다. 그리고 구조화가 잘 안된 문제(비정형화된 문제)의 원형은 모든 대안에 우선하여 선호되는 유일한 정책대안을 선택하는 것이 불가능한 결정을 말한다.

③ [×] 문제구조화의 단계는 문제의 감지, 문제의 탐색, 문제의 정의, 문제의 구체화 순으로 이루어진다.

④ [○] 던(W. Dune)은 문제구조화의 방안으로 경계분석, 분류분석, 계층분석, 유추분석, 가정분석 등을 제시하였다.

답 ③

16	정책문제의 특징 → 주관적, 인공적, 상호의존적

ㄱ. [×] 정책문제는 공익성(↔ 사익성)을 띤다.

ㄴ. [×] 정책문제는 주관적(↔ 객관적), 인공적(↔ 자연발생적)이다.

ㄷ. [○] 정책문제는 복잡 다양하며 상호의존적(↔ 상호독립적)이다.

ㄹ. [×] 정책문제는 동태적(↔ 정태적) 성격을 지닌다.

ㅁ. [○] 정책문제는 역사적 산물인 경우가 많다. 그러므로 거시적이고 맥락적으로 접근하여야 한다.

답 ④

17 ☐☐☐

통계적 결론의 타당성 확보에 있어서 발생할 수 있는 오류와 그에 대한 설명을 바르게 연결한 것은?

> ㄱ. 정책이나 프로그램의 효과가 실제로 발생하였음에도 불구하고 통계적으로 효과가 나타나지 않은 것으로 결론을 내리는 경우
>
> ㄴ. 정책의 대상이 되는 문제 자체에 대한 정의를 잘못 내리는 경우
>
> ㄷ. 정책이나 프로그램의 효과가 실제로 발생하지 않았음에도 불구하고 통계적으로 효과가 나타난 것으로 결론을 내리는 경우

	제1종 오류	제2종 오류	제3종 오류
①	ㄱ	ㄴ	ㄷ
②	ㄱ	ㄷ	ㄴ
③	ㄴ	ㄱ	ㄷ
④	ㄷ	ㄱ	ㄴ

---

17 | 제3종 오류 → 잘못된 문제정의

ㄱ. 정책이나 프로그램의 효과가 실제로 발생하였음에도 불구하고 통계적으로 효과가 나타나지 않은 것으로 결론을 내리는 것은 제2종 오류이다.

ㄴ. 정책의 대상이 되는 문제 자체에 대한 정의를 잘못 내리는 것은 제3종 오류이다.

ㄷ. 정책이나 프로그램의 효과가 실제로 발생하지 않았음에도 불구하고 통계적으로 효과가 나타난 것으로 결론을 내리는 것은 제1종 오류이다.

📄 정책의 오류

구분		영가설	
		참 = 효과 없음	거짓 = 효과 있음
의사 결정	참	신뢰도(1 − α)	제2종 오류(β)
	거짓	제1종 오류 = 유의수준(α)	검정력(1 − β)

1. 제3종 오류
   ① 정책문제의 잘못된 인지로 인해 발생하는 근본적 오류(→ 메타오류)
   ② 가치중립적이고 수단지향적인 정책분석(→ 합리모형)의 한계를 나타내는 오류
2. 제1종 오류
   효과 없는 대안을 채택한 오류(→ α오류) 즉, 옳은 귀무가설을 기각 하고 틀린 대립가설을 채택하는 오류(→ 유의수준)
3. 제2종 오류
   효과 있는 대안을 기각한 오류(→ β오류) 즉, 틀린 귀무가설을 채택 하고 옳은 대립가설을 기각하는 오류

답 ④

18 ☐☐☐

제3종 오류(Type Ⅲ error)에 대한 설명으로 옳지 않은 것은?

① 수단주의적 기획관의 한계를 나타내는 오류 유형이다.
② 문제선택 자체가 잘못된 경우의 오류를 의미한다.
③ 메타오류(meta error)라고도 한다.
④ 주로 문제해결을 위한 합리적인 대안의 선정과정에서 나타난다.

---

18 | 제3종 오류 → 문제정의 단계에서 발생

① [○] 제3종 오류는 문제 그 자체가 잘못되었으므로 아무리 좋은 수단이 선택되어도 해결할 수 없는 오류이다. 즉, 가치중립적이고 수단지향적인 정책분석(→ 합리모형)으로는 해결할 수 없는 오류이다.

② [○] 제3종 오류는 정책문제의 잘못된 인지로 인해 발생하는 근본적 오류이다.

③ [○] 반면, 제1종 오류를 알파오류라 하고 제2종 오류를 베타오류라 하며, 제3종 오류를 메타오류라 한다.

④ [×] 대안의 선정과정에서 나타나는 오류는 제1종 오류 또는 제2종 오류이다.

답 ④

통계적 가설검정의 오류에 대한 설명으로 옳지 않은 것은?

① 제1종 오류는 실제로는 모집단의 특성이 영가설과 같은 것인데 영가설을 기각하는 경우에 발생한다.

② 제2종 오류는 모집단의 특성이 영가설과 같지 않은데 영가설을 기각하지 않는 경우에 발생한다.

③ 제1종 오류는 α로 표시하고, 제2종 오류는 β로 표시한다.

④ 확률 $1-\alpha$는 검정력을 나타내며, 확률 $1-\beta$는 신뢰수준을 나타낸다.

정책문제의 구조화기법과 설명이 바르게 연결된 것은?

> A. 경계분석(boundary analysis)
> B. 가정분석(assumption analysis)
> C. 계층분석(hierarchy analysis)
> D. 분류분석(classification analysis)

> ㄱ. 정책문제와 관련된 여러 구조화되지 않은 가설들을 창의적으로 통합하기 위해 사용하는 기법으로 이전에 건의된 정책부터 분석한다.
> ㄴ. 간접적이고 불확실한 원인으로부터 차츰 확실한 원인을 차례로 확인해 나가는 기법으로 인과관계 파악을 주된 목적으로 한다.
> ㄷ. 정책문제의 존속기간 및 형성과정을 파악하기 위해 사용하는 기법으로 포화표본추출(saturation sampling)을 통해 관련 이해당사자를 선정한다.
> ㄹ. 문제상황을 정의하기 위해 당면문제를 그 구성요소들로 분해하는 기법으로 논리적 추론을 통해 추상적인 정책문제를 구체적인 요소들로 구분한다.

	A	B	C	D
①	ㄱ	ㄷ	ㄴ	ㄹ
②	ㄱ	ㄷ	ㄹ	ㄴ
③	ㄷ	ㄱ	ㄴ	ㄹ
④	ㄷ	ㄱ	ㄹ	ㄴ

---

19 $1-\alpha$ → **신뢰수준**

① [○] 영가설이 옳음에도 불구하고 그것을 기각한 것은 제1종 오류를 범한 것이다.

② [○] 영가설 혹은 귀무가설이란 효과가 없다는 가설을 의미한다. 효과가 없다는 가설이 잘못되었음에도 불구하여 이를 기각하지 않는 것은 제2종 오류를 범한 것이다.

④ [×] 제1종 오류를 범하지 않는 것($1-\alpha$)을 신뢰수준이라 하고, 제2종 오류를 범하지 않는 것($1-\beta$)을 검정력이라 한다.

답 ④

---

20   가정분석 → **구조화되지 않은 가설들의 창조적 통합**

ㄱ. 구조화되지 않은 가설들을 창의적으로 통합하기 위해 사용하는 기법은 가정분석이다.

ㄴ. 원인들을 차례로 확인해 나가면서 인과관계의 파악을 주된 목적으로 하는 기법은 계층분석이다.

ㄷ. 포화표본추출(saturation sampling)을 통해 관련 이해당사자를 선정하는 것은 경계분석이다.

ㄹ. 구성요소들로 분해하는 기법은 분류분석이다.

답 ③

21 ☐☐☐

정책문제구조화 기법을 설명한 것 중 옳지 않은 것은?

① 계층분석은 문제 상황의 가능성 있는 원인을 식별하기 위한 기법이다.

② 시네틱스(synetics)는 유사한 문제의 인식을 촉진하기 위하여 고안된 방법이다.

③ 브레인스토밍(brainstorming)은 문제 상황을 식별하고 개념화하는 데 도움을 주는 아이디어, 목표, 전략을 끌어내기 위한 방법이다.

④ 경계분석은 문제 상황을 정의하고 분류하기 위하여 사용되는 개념을 명백하게 하기 위한 기법이다.

22 ☐☐☐

정책문제의 구조화에 이용되는 기법들 중 연결이 옳은 것은?

① 경계분석(boundary analysis) – 문제의 구성요소 식별

② 계층분석(hierarchy analysis) – 문제 상황의 원인 규명

③ 유추분석(analogy analysis) – 상충적 전제들의 창조적 통합

④ 분류분석(classification analysis) – 문제의 위치 및 범위 파악

21	경계분석 → 문제의 영역, 이해관계자, 표본

① [○] 계층분석은 문제의 원인을 정확히 밝혀내는 분석이다.

② [○] 시네틱스(synetics)는 낯선 것을 친숙하게 전환해 볼 수 있도록 2개 이상의 것을 결합하는 방법이다.

③ [○] 브레인스토밍(brainstorming)은 규격화되지 않은 자유 토론의 상황에서 아이디어를 제시하는 기법이다.

④ [×] 경계분석은 표본추출과 이해관계자들의 주장 등을 통해 문제의 영역을 추정하는 방법이다. 반면, 문제 상황을 정의하고 분류하기 위해 사용되는 개념을 명백하게 정의하기 위한 기법은 분류분석이다.

답 ④

22	계층분석 → 원인의 파악

① [×] 경계분석(boundary analysis)은 문제의 위치와 문제가 존재했던 기간, 문제를 형성해온 역사적 사건들을 구체화하고, 표본추출과 이해관계자들의 주장 등을 통해 정책문제의 영역(위치와 범위)을 추정하는 것이다. 문제의 구성요소를 식별하는 것은 분류분석이다.

② [○] 계층분석(hierarchy analysis)은 문제의 원인을 밝혀내는 분석으로, 멀지만 문제의 발생에 기여하는 가능성(possibility) 있는 원인, 근접한 것이면서 경험적으로 문제와 연결되는 개연성(probability) 있는 원인, 그리고 정부의 정책적 처방이 가능한 행동가능한 원인으로 계층화한다.

③ [×] 유추분석(analogy analysis)은 주어진 문제를 분석할 때 친숙한 것을 낯선 것으로 전환하거나 낯선 것을 친숙하게 전환해보도록 하는 방법으로, 2개 이상의 것을 결합하거나 합성한다는 'synthesis'에서 유래한다. 상충적 전제들의 창조적 통합은 가정분석이다.

④ [×] 분류분석(classification analysis)은 문제의 구성요소들을 식별하고 그 상황을 정의하고 분류하기 위하여 사용된 개념들을 명확하게 정의하는 기법으로, 논리적 분할(나누는 것)과 논리적 분류(합치는 것)에 기초한다. 문제의 위치와 범위의 파악은 경계분석이다.

답 ②

01 ☐☐☐　　　　　　　　　　　11년 지방9급

나카무라(R. Nakamura)와 스몰우드(F. Smallwood)가 정책대안의 소망스러움(desirability)을 평가하는 기준으로 제시하지 않은 것은?

① 노력
② 능률성
③ 효과성
④ 실현가능성

02 ☐☐☐　　　　　　　　　　　18년 국가9급

살라몬(L. Salamon)이 제시한 정책수단의 유형에서 직접적 정책수단으로만 묶은 것은?

ㄱ. 조세지출(tax expenditure)
ㄴ. 경제적 규제(economic regulation)
ㄷ. 정부소비(direct government)
ㄹ. 사회적 규제(social regulation)
ㅁ. 공기업(government corporation)
ㅂ. 보조금(grant)

① ㄱ, ㄴ, ㄷ　　　　　② ㄱ, ㄹ, ㅂ
③ ㄴ, ㄷ, ㅁ　　　　　④ ㄹ, ㅁ, ㅂ

01	소망스러움 기준 → 노력, 능률성, 효과성, 형평성, 대응성

① [○] 노력은 사업에 투입된 질적·양적 투입물이나 에너지의 양으로, 결과는 고려하지 않는다.
② [○] 능률성은 투입과 산출의 비율로, 비용과 관련시켜 대안을 평가하는 기준이다.
③ [○] 효과성은 목표달성도로, 노력 그 자체보다는 결과를 강조하며, 비용은 고려하지 않는다.
④ [×] 정책대안의 평가기준은 크게 실현가능성과 소망성으로 나눌 수 있으며, 실현가능성은 정책대안을 채택함에 있어 제약조건에 해당한다. 한편, 나카무라(R. Nakamura)와 스몰우드(F. Smallwood)는 정책대안의 소망성 기준으로 노력, 능률성, 효과성, 형평성, 대응성 등을 제시하였다.

답 ④

02	직접성이 높은 정책수단 → 공기업, 경제적 규제, 정부소비, 직접대출, 보험

ㄱ. [×] 조세지출(tax expenditure)은 세금 체계에 흡수되어 효과가 나타나는 간접적 정책수단에 속한다.
ㄴ. [○] 경제적 규제(economic regulation)는 정부의 의지만으로 추진할 수 있는 직접적 수단이다.
ㄷ. [○] 정부소비(direct government)는 정부의 의지만으로 추진할 수 있는 직접적 수단이다.
ㄹ. [×] 사회적 규제(social regulation)는 정부는 기준을 정해주고 민간이 준수하는 방식을 취하므로 경제적 규제에 비하여 직접성이 낮다.
ㅁ. [○] 공기업(government corporation)은 정부의 의지만으로 설립할 수 있는 직접적 수단이다.
ㅂ. [×] 보조금(grant)은 정부와 민간이 함께 추진하는 간접적 수단이다.

답 ③

03 ☐☐☐

바우처(voucher)제도에 대한 설명으로 옳지 않은 것은?

① 저소득층 및 특수 계층을 대상으로 하는 복지 분야에서 많이 활용되고 있다.
② 수혜자에게 현금을 지원하는 대신 특정 재화나 서비스를 구매할 수 있는 쿠폰이나 포인트를 제공하는 제도이다.
③ 전자 바우처의 도입을 통해 행정비용을 절감할 수 있다.
④ 살라몬(L. Salamon)의 행정수단 유형 분류에 있어서 민간 위탁과 같이 직접성이 매우 높은 행정수단이다.

04 ☐☐☐

살라몬(L. Salamon)의 정책도구 분류에서 강제성이 가장 높은 것은?

① 경제적 규제
② 바우처
③ 조세지출
④ 직접대출

03	바우처 → 직접성이 낮은 정책수단

① [○] 바우처(voucher)는 사회적 약자에게 주로 지급되므로 재분배정책의 효과를 지닌다.
② [○] 바우처(voucher)는 교육, 의료, 주택 등 사회적 파급효과를 지닌 재화(→ 가치재)의 소비를 장려하기 위하여 금전적 가치가 있는 카드(→ 전자바우처)나 쿠폰형태의 서비스 구입수단을 소비자에게 제공하는 방식이다.
③ [○] 전자 바우처(voucher)는 쿠폰 형태의 종이를 휴대폰이나 신용카드 형태의 전자적 수단으로 대체하는 방식으로, 종이바우처에 비하여 모니터링이 용이하므로 행정비용을 절감할 수 있다.
④ [×] 바우처(voucher)는 직접성의 낮은 정책수단의 유형으로 분류된다.

답 ④

04	강제성이 높은 정책수단 → 규제

① [○] 경제적 규제 또는 사회적 규제 등 규제가 가장 강력력이 강한 정책도구이다.
②, ④ [×] 살라몬(L. Salamon)에 의하면 바우처와 직접대출은 강제력이 중간에 속하는 정책도구이다.
③ [×] 살라몬(L. Salamon)에 의하면 조세지출은 가장 강력력이 약한 정책도구이다.

답 ①

정책수단에 대한 설명으로 옳지 않은 것은?

① 비덩(E. Vedung)은 정책 도구를 규제적 도구(sticks), 유인적 도구(carrots), 정보적 도구(sermons) 등으로 유형화한다.

② 권위(authority)에 기반을 둔 정책수단은 예측가능성이 높기 때문에 사회적 위기 상황에 적합한 수단이다.

③ 정책수단의 선택은 정치적인 성격을 가지며, 특히 이념적으로 지향하는 가치는 정책수단의 선택에 핵심적인 영향을 미친다.

④ 살라몬(L. Salamon)에 따르면, 공적보험은 공공기관을 전달체계로 활용한다는 점에서 직접적인 정책수단이다.

다음 표는 던(W. Dunn)이 분류한 정책대안 예측유형과 그에 따른 기법이다. 분류가 옳지 않은 것만을 모두 고르면?

예측유형	기법		
투사 (Project)	ㄱ. 시계열분석	ㄴ. 최소자승 경향추정	ㄷ. 경로분석
예견 (Predict)	ㄹ. 선형기획법	ㅁ. 자료전환법	ㅂ. 회귀분석
추정 (Conjecture)	ㅅ. 격변예측기법	ㅇ. 정책델파이	ㅈ. 교차영향분석

① ㄱ, ㄹ, ㅁ
② ㄴ, ㄷ, ㅈ
③ ㄴ, ㄹ, ㅇ
④ ㄷ, ㅁ, ㅅ
⑤ ㄷ, ㅂ, ㅇ

05	공적보험 → 보험정책의 활용

① [○] 비덩(E. Vedung)은 가장 전통적인 정책도구의 유형을 제시한 학자로, 정책도구의 유형을 채찍(sticks), 당근(carrots), 설교(sermons)로 분류하였다.

② [○] 권위(authority)에 기반을 둔 정책수단은 명확한 법적 근거를 바탕으로 이루어지므로 예측가능성이 높다. 강제성이 높으므로 특히 사회적 위기 상황에 대처하기에 적합하다.

③ [○] 어떤 정책으로 사용할 것인가는 그 사회가 강조하는 이념이나 가치의 선호에 따라 달라질 수 있다.

④ [×] 살라몬(L. Salamon)에 따르면 공적보험의 경우 정부의 의지에 의해 설립되는 직접성이 높은 수단이다. 다만 전달체계는 보험정책이라는 수단을 활용하므로, 공적제도를 통해 공급되는 정부소비나 경제적 규제에 비하여 직접성이 낮은 것으로 분류하였다.

답 ④

06	예견 → 이론적 예측, 인과성에 기반

ㄱ, ㄴ, ㅁ, ㅅ. 시계열분석, 최소자승 경향추정, 자료전환법, 격변예측기법 등은 투사기법에 속한다.

ㄷ, ㄹ, ㅂ. 경로분석, 선형기획법, 회귀분석 등은 예견기법에 속한다.

ㅇ, ㅈ. 정책델파이와 교차영향분석은 추정 즉, 직관적 예측기법에 속한다.

답 ④

07 ☐☐☐

미래 예측을 위한 일반적 델파이기법에 대한 설명으로 옳지 않은 것은?

① 전문가들의 의견을 종합하여 보다 합리적인 아이디어를 만들려는 시도이며, 정책대안의 결과 예측뿐 아니라 정책대안의 개발·창출에도 사용된다.
② 전문가집단의 의사소통은 구조화된 설문지를 통해 반복적으로 이루어진다.
③ 불확실한 먼 미래보다는 가까운 미래를 예측하기 위하여 통계분석을 활용하는 객관적 미래 예측 방법이다.
④ 전문가집단은 익명성이 보장된 상태에서 답변하며 자신의 답변을 수정할 수 있다.

08 ☐☐☐

조직의 의사결정에 대한 설명으로 옳지 않은 것은?

① 전통적 델파이기법은 전문가들의 다양성을 고려해 의견 일치를 유도하지 않는다.
② 현실의 세계에서는 완벽한 합리성이 아닌 제한된 합리성의 상황에서 의사결정이 이루어진다.
③ 브레인스토밍 과정에서는 타인의 아이디어를 비판하거나 평가하지 말아야 한다.
④ 고도로 집권화된 구조나 기능을 중심으로 편재된 조직의 의사결정은 최고관리자 개인이 주도하는 경우가 많다.

07	델파이기법 → 직관적 미래예측

① [○] 델파이기법은 전문가들의 개별적 아이디어를 수집하고 환류하는 반복된 과정을 통해 개연성이 높은 결과를 도출하는 기법이다.
② [○] 델파이기법은 여러 번의 반복된 설문조사와 요약된 통계자료의 환류라는 구조화된 방식으로 진행된다.
③ [×] 델파이기법은 전문가의 의견을 되풀이하여 모으고·교환하고·발전시켜 미래를 예측하는 직관적 방법이다. 또한 가까운 미래보다는 데이터가 없거나 비교적 먼 미래의 장기적 변화에 대한 예측에 사용된다.
④ [○] 델파이기법은 익명성이 유지되는 사람들이 각각 독자적으로 형성한 판단을 조합·정리하는 것으로 구성원 간의 성격 마찰, 감정의 대립, 지배적 성향자의 독주, 다수의 횡포 등을 피할 수 있다는 장점이 있다.

답 ③

08	전통적 델파이 → 전문가 합의법

① [×] 전통적 델파이기법은 전문가의 합의를 중시하는 미래예측 기법이다.
② [○] 합리모형은 완전한 합리성에 기반을 둔 의사결정을 강조하지만 현실적으로는 정보의 제약, 인간 인식력의 한계, 상황의 불확실성 등으로 인하여 제한된 합리성에 머물 수밖에 없다.
③ [○] 브레인스토밍은 아이디어의 개발과 평가를 분리하여 진행한다. 즉, 아이디어가 개발되는 과정에서는 그 평가가 원칙적으로 금지된다.
④ [○] 기능 중심의 전통적 조직구조는 집권화된 형태로 구성되므로 조직의 의사결정이 최고관리자에 의해 주도되기 쉽다.

답 ①

09 ☐☐☐

정책분석에서 사용되는 주요 미래예측 기법 중 미국 랜드연구소에서 개발된 것으로, 전문가들을 대상으로 설문을 반복하여 특정 주제에 대한 합의를 도출하는 접근방식은?

① 델파이 분석
② 회귀분석
③ 브레인스토밍
④ 추세연장기법

09	랜드연구소 → 델파이기법

① [○] 미국 랜드연구소에서 개발된 것으로, 전문가들을 대상으로 설문을 반복하여 특정 주제에 대한 합의를 도출하는 접근방식은 델파이기법이다.
② [×] 회귀(regression)라는 용어는 1889년 영국의 유전학자 골턴(F. Galton)이 아버지와 아들의 키에 대한 유전 관계를 통계적으로 조사한 결과 그 상관관계가 직선을 이루고 있음을 발견하여 그 직선을 회귀직선 또는 퇴행직선이라 부른 데서 비롯되었다.
③ [×] 브레인스토밍은 즉흥적이고 자유스러운 분위기 속에서 전문가들의 창의적 아이디어를 도출하는 기법으로, 대면접촉을 통해 미래를 예측하는 주관적이고 질적인 분석기법을 말한다.
④ [×] 추세연장기법이란 미래의 경로가 과거와 같을 것이라는 가정 하에 과거의 추세를 기반으로 미래를 예측하는 기법을 말한다.

답 ①

10 ☐☐☐

정책델파이에 대한 설명으로 옳지 않은 것은?

① 일반적인 델파이와 달리 개인의 이해관계나 가치판단이 개입될 수 있다.
② 정책문제 해결을 위한 정책대안을 개발하고 그 결과를 예측하기 위해 만들어진 방법이다.
③ 대립되는 정책대안이나 결과가 표면화되더라도 모든 단계에서 익명성이 보장되어야 한다.
④ 정책문제의 성격이나 원인, 결과 등에 대해 전문성과 통찰력을 지닌 사람들이 참여한다.

10	정책델파이 → 선택적 익명성

① [○] 정책델파이는 의도적으로 갈등을 조성하기 위하여 의견의 차이가 부각되는 양극화된 통계처리를 사용하므로 개인의 이해관계나 가치판단이 개입될 가능성이 높다. 또한 참여자에 이해관계자까지 포함되므로 가치개입의 가능성은 더 커진다.
② [○] 정책델파이는 델파이기법의 기본논리를 적용하여 이슈의 잠정적인 해결안을 작성하고, 이에 대한 강력한 반대의견의 창출과정을 통해 정책대안을 개발하는 기법이다.
③ [×] 정책델파이는 초기에는 익명성을 유지하나, 상반된 주장이 나온 후에는 화상회의 등을 통해 대면 토론하는 방식이다.
④ [○] 전문성뿐만 아니라 해당 문제에 대해 흥미와 이해관계까지 고려하여 참여자를 선정하는데, 이를 식견 있는 다수의 창도라 한다.

📋 **델파이기법과 정책델파이 비교**

구분	델파이기법	정책델파이
적용 영역	일반문제	정책문제
목적	합의 도출	의견표출(→ 구조화된 갈등)
응답자	동일 영역의 전문가	식견 있는 다양한 창도자
익명성	익명성	선택적 익명성
통계처리	의견의 평균값 중시	양극화된 통계처리

답 ③

11 □□□

정책델파이(policy delphi) 기법에 대한 설명으로 옳지 않은 것은?

① 대립되는 입장에 내재된 가정과 논증을 표면화시키고 명백하게 하기 위하여 노력한다.
② 개인의 판단을 집약할 때, 불일치와 갈등을 의도적으로 강조하는 수치를 사용한다.
③ 정책대안에 대한 주장들이 표면화된 후에는 참가자들로 하여금 비공개적으로 토론을 벌이게 한다.
④ 참가자를 선발하는 과정은 전문성 자체보다는 이해관계와 식견이라는 기준에 바탕을 둔다.

12 □□□

다음 설명을 특징으로 하는 정책분석기법의 기본원칙이 아닌 것은?

> 그리스 현인들이 미래를 예견하던 아폴로 신전이 위치한 도시의 이름을 따서 붙여졌다. 1948년 미국 랜드(RAND) 연구소의 연구진에 의해 개발되어 공공부문이나 민간부문의 예측 활동에서 활용된다.

① 조건부확률과 교차영향행렬의 적용
② 익명성 보장과 반복
③ 통제된 환류와 응답의 통계처리
④ 전문가 합의

11	정책델파이 → 익명 + 공개토론

① [○] 정책델파이는 전문가의 합의보다는 다양한 의견의 표출을 중시한다.
② [○] 정책델파이는 다양한 의견의 표출을 중시하므로 평균적 의견보다는 갈등을 유도할 수 있는 극단적 의견이 강조될 수 있는 수치를 사용한다.
③ [×] 정책델파이는 모든 의견이 표출된 후에는 공개적인 토론이 진행된다.
④ [○] 정책델파이는 다양한 의견의 표출을 중시하므로 전문성보다는 이해관계나 관련 문제에 대한 식견을 중심으로 참가자를 선발한다.

답 ③

12	랜드(RAND) 연구소 → 델파이기법

① [×] 조건부확률과 교차영향행렬의 적용은 교차영향분석과 관련된다. 교차영향분석은 조건 확률을 통하여 선행 사건의 발생에 따른 특정 사건의 발생가능성을 예측하고, 두 사건의 상호작용이 미치는 잠재적 효과를 분석하는 기법이다. 설문은 델파이기법을 뜻하며, 고대 그리스에서 신탁이 행해졌던 지역인 델포이에 기원을 두고 있다.
② [○] 델파이기법은 참여자들의 익명성을 보장하여 대면토론의 문제점을 해소하고자 한다.
③ [○] 델파이기법은 응답을 통계적 형태로 제시하며, 응답을 요약하여 종합된 판단을 수치로 전달하는 통제된 환류기법을 사용한다.
④ [○] 델파이기법은 근접된 의견의 도출을 중시하는 전문가 합의기법이다.

답 ①

델파이기법에 대한 설명으로 옳은 것을 모두 고르면?

> ㄱ. 문제해결의 아이디어를 제공하는 사람들 간에 서로 대면접촉을 하지 않는다.
> ㄴ. 익명성이 유지되는 사람들이 각각 독자적으로 형성한 판단을 조합·정리한다.
> ㄷ. 다른 사람의 아이디어에 자기의견을 첨가해 새로운 아이디어를 도출한다.
> ㄹ. 익명성이 보장되도록 개인의 의견을 컴퓨터를 통해 입력하고 각 개별 의견에 대하여 컴퓨터를 통해 표결한다.
> ㅁ. 구성원 간의 성격마찰, 감정대립, 지배적 성향을 가진 사람의 독주, 다수의견의 횡포 등을 피할 수 있다.

① ㄱ, ㄴ, ㅁ   ② ㄱ, ㄷ, ㄹ
③ ㄴ, ㄷ, ㄹ   ④ ㄷ, ㄹ, ㅁ

13	편승기법의 활용 → 브레인스토밍

ㄱ. [○] 델파이기법은 대면접촉에 의한 갈등과 대립을 회피하는 기법이다.
ㄴ. [○] 결국 익명성이 유지되는 사람들이 각각 독자적으로 형성한 판단을 조합·정리하여 합의점을 찾고자 하는 집단적 의사결정의 방법이다.
ㄷ. [×] 다른 사람의 아이디어에 자기의견을 첨가해 새로운 아이디어를 도출하는 것은 편승기법으로 이는 브레인스토밍과 관련된다.
ㄹ. [×] 익명성이 보장되도록 개인의 의견을 컴퓨터를 통해 입력하고 각 개별 의견에 대하여 컴퓨터를 통해 표결하는 것은 명목집단기법이다.
ㅁ. [○] 익명성이 유지되므로 구성원 간의 성격마찰, 감정대립, 지배적 성향을 가진 사람의 독주, 다수의견의 횡포 등을 피할 수 있다.

답 ①

집단적 문제해결의 전통적 방법을 수정한 대안과 그 특징을 바르게 연결하지 않은 것은?

① 델파이기법(delphi method) - 문제해결의 아이디어를 제공하는 사람들이 서로 대면적인 접촉을 하지 않고 각각 독자적으로 형성한 판단들을 종합·정리하는 방법이다.
② 브레인스토밍(brain storming) - 참가자들이 될 수 있는 대로 많은 독창적 의견을 내도록 노력해야 하므로, 이미 제시된 여러 아이디어를 종합하여 새로운 아이디어를 만들어내는 편승기법(piggy backing)의 사용을 지양한다.
③ 변증법적 토론(dialectical inquiry) - 두 집단으로 나누어 토론을 하기 때문에 특정 대안의 장점과 단점이 최대한 노출될 수 있다.
④ 명목집단기법(nominal group method) - 개인들이 개별적으로 해결방안을 구상하고 그에 대해 제한된 집단적 토론만 한 후 표결로 의사를 결정하는 방법이다.

14	브레인스토밍 → 편승기법의 활용

② [×] 브레인스토밍은 즉흥적이고 자유스러운 분위기 속에서 전문가들의 창의적 아이디어를 도출하는 기법으로, 자유분방, 비판의 최소화(평가의 금지 및 보류), 질보다는 양, 편승기법, 대면 토론 등을 특징으로 한다. 편승기법이란 타인의 아이디어에 본인의 아이디어를 결합하여 더 좋은 대안을 착안하는 것으로, 브레인스토밍은 이를 적극 권장한다.
③ [○] 변증법적 토론은 대립적인 두개의 팀으로 나누어 토론을 진행하는 과정에서 합의를 형성하는 기법이다.
④ [○] 명목집단기법은 개별적으로 해결안을 구상하고 제한된 집단토론을 거친 후 표결하는 기법으로, 토론의 방만한 진행을 막고 의견이 골고루 개진될 수 있다는 장점이 있다.

답 ②

정책분석 기법에 대한 설명으로 옳지 않은 것은?

① 의사결정나무(decision tree)를 활용한 분석모형에서는 상황의 불확실성을 고려한다.

② 추세연장에 의한 예측에서 가장 표준적인 방법은 선형경향추정(linear trend estimation)이다.

③ 칼도 - 힉스 기준(Kaldor-Hicks criterion)은 전통적인 비용편익분석(cost-benefit analysis)의 기초가 된다.

④ 교차영향분석(cross-impact analysis)은 불완전한 정보를 가지고 있는 모형 내의 파라미터의 변화에 따라 대안의 결과가 어떻게 반응하는지를 분석하는 기법이다.

미래에 대한 불확실성을 주어진 조건으로 보고 그 안에서 결과를 예측하는 방법으로, 미래에 발생할 수 있는 최악의 상황을 전제하고 정책대안의 결과를 예측하는 방법은?

① 중복적 또는 가외적 대비(redundancy)

② 민감도분석(sensitivity analysis)

③ 보수적 결정(conservative decision)

④ 분기점분석(break-even analysis)

| **15** | 모형 내의 파라미터 값의 변화 → 민감도분석 |

① [O] 의사결정나무 모형은 불확실한 상황에서 확률의 추정과 새로운 정보의 투입에 의한 확률의 수정을 통해 합리적 의사결정을 하려는 분석기법으로, 다단계 의사결정 또는 축차적 결정으로 불린다.

② [O] 시계열분석은 과거의 변동추세를 토대로 이를 연장하여 미래를 추정하는 투사법으로, 가장 표준적인 추세연장인 선형경향추정, 시계열변수 값을 적절히 변환하여 얻은 선형방정식을 이용하여 경향을 추정하는 자료변환법, 선형성이나 규칙성이 없는 시계열자료를 분석하는 비선형적 시계열분석인 격변방법 등이 있다.

③ [O] 효율성을 평가하는 칼도 - 힉스 기준은 정책에서 이득을 본 사람의 후생증가가 피해를 본 사람이 입은 후생손실을 보상해주고도 남는다면 변화를 개선이라고 보는 것이다. 다만, 보상은 실제로 일어나는 보상이 아니라 잠재적인 보상을 의미한다.

④ [×] 불완전한 정보를 가지고 있는 모형 내의 파라미터의 변화에 따라 대안의 결과가 어떻게 반응하는지를 분석하는 기법은 민감도분석이다.

답 ④

| **16** | 최악의 상황 가정 → 보수적 접근 |

① [×] 가외적(redundancy) 대비는 여분의 장치를 두어 미래의 불확실성을 대비하는 소극적 대처방안이다.

② [×] 민감도분석(사후최적화 기법)은 매개변수(파라미터, 내생변수)의 변화에 따른 대안의 결과 변화를 분석하는 기법이다.

③ [O] 미래에 발생할 수 있는 최악의 상황을 전제하고 정책대안의 결과를 예측하는 방법을 보수적 결정이라 한다.

④ [×] 분기점분석은 악조건 가중분석의 결과, 대안의 우선순위가 달라질 경우 동등한 결과를 가져오기 위해서 어떤 가정이 필요한지를 밝히는 기법이다. 한편, 악조건 가중분석이란 최선의 대안은 최악으로 가정하고, 다른 대안은 최선으로 가정하여 그 결과의 변화를 관찰하는 기법이다.

답 ③

17 □□□

다음 <청산표>에서 평균기대값 기준(Laplace의 기준)에 의해 선택될 최적 대안은?

대안 / 상황	S1	S2	S3
A1	50	20	-10
A2	30	24	15
A3	25	25	25

① A1 대안
② A2 대안
③ A3 대안
④ 대안선택 불가능

18 □□□

정책 환경의 불확실성을 극복하는 대처방안 중 소극적인 방법에 해당하는 것은?

① 상황에 대한 정보의 획득
② 정책실험의 수행
③ 협상이나 타협
④ 지연이나 회피

17	라플라스 → 평균값의 도출

③ 라플라스 기준은 발생할 확률은 동일하다고 가정하고 상황의 평균값을 도출하여 대안을 비교하는 방안이다. 상황이 S1, S2, S3이고 모든 상황은 동일하므로 각 대안의 상황별 값을 더한 후 3으로 나누면 라플라스 기준에 의한 기댓값을 구할 수 있다.

답 ③

18	소극적 대처방안 → 불확실성을 주어진 것으로 간주

① [×] 불확실성에 대한 적극적 대처방안이란 불확실한 상황을 예측하거나 이를 야기하는 원인을 통제하는 방법을 말한다. 상황에 대한 정보의 획득을 통해 미래를 예측하고자 하는 것은 불확실성을 극복하는 적극적 대처방안에 해당한다.
② [×] 정책실험의 수행을 통해 미래를 예측하고자 하는 방안은 불확실성에 대처하는 적극적 방안에 속한다.
③ [×] 협상이나 타협은 불확실한 환경을 통제하고자 하는 기법이므로 이는 불확실성에 대처하는 적극적 방안에 속한다.
④ [○] 불확실성에 대한 소극적 대처방안이란 불확실한 것을 주어진 것으로 보고 이에 대처하는 방안으로, 민감도분석, 가외성, 악조건 가중분석, 보수적 접근 등이 이에 해당한다. 지연이나 회피 역시 상황을 예측하거나 통제하는 방법이 아니므로 소극적 대처방안으로 분류된다. 다만, 지연의 목적이 정보의 획득을 통해 미래를 예측하는 것이라면 이는 적극적 방안으로 분류될 수 있다.

답 ④

19 □□□

행정에서 불확실성의 문제를 해소하기 위한 대처방안과 가장 거리가 먼 것은?

① 일반적으로 불확실성이 높다고 생각하는 경우에는 정보와 지식의 수집활동에 소극적으로 대응하기 쉽다.
② 작업과정에서 행정의 표준화를 통해 개인의 자의적 행위를 예방하여 확실성을 확보하고자 한다.
③ 주요 정책결정에 있어서 가외성(redundancy)을 감안할 수 있는 제도적 장치를 준비한다.
④ 행정조직은 통제할 수 없는 환경에 대하여 구조적으로 대응할 수 있는 방책을 마련한다.

20 □□□

다음은 정책분석과정에서 직면하게 되는 불확실성을 최소화하기 위해 적용되는 분석기법에 대하여 설명한 것이다. 잘못 설명되고 있는 것은?

① 민감도분석(sensitivity analysis)은 정책대안의 결과들이 모형상의 파라미터 변화에 얼마나 민감한지를 알아보려는 분석기법이다.
② 델파이분석(delphi analysis)은 전문가 집단으로부터 반복된 설문지를 통해 어떤 문제에 대한 개연성이 높은 것을 추정하여 불확실성을 극복하고자 하는 방법이다.
③ 분기점분석(break-even analysis)은 가장 두드러진 대안에 불리한 값을 대입하여 우선순위의 변화를 통해 종속변수의 불확실성을 해결하기 위한 것이다.
④ 상황분석(contingency analysis)은 정책 환경에 대한 불확실성을 최소화하기 위한 것으로 상이한 조건 하에서의 우선순위 변화를 통해 분석한다.

19	불확실성의 대처방안 → 적극적인 정보수집

① [×] 불확실성이 높아지면 일반적으로 정보와 지식의 수집에 적극적으로 대응하고자 한다.
② [○] 일반적으로 행정의 표준화는 환경의 불확실성에 대한 대처능력을 떨어뜨리는 요인이다. 다만, 표준화를 통해 관계의 안정성과 예측가능성을 높여줄 수 있다는 점에서 자의적 행위에 의한 불확실성을 방지할 수 있는 하나의 수단이다.
③ [○] 가외성(redundancy)은 여분의 장치를 두어 불확실성을 대비하는 소극적 대처방안이다.
④ [○] 조직은 통제할 수 없는 환경을 조직 내로 흡수하는 적응적 흡수와 같은 구조적 방법의 개선으로 불확실성에 대비할 수 있다.

답 ①

20	악조건 가중분석 → 최선의 대안을 최악으로 가정

① [○] 민감도분석은 매개변수(내생변수) 값의 변화에 따른 결과변수의 변화 정도를 분석하는 기법으로, 선형계획으로 도출된 결과를 재해석하는 기법으로 이를 사후최적화분석이라고도 한다.
② [○] 델파이분석은 여러 전문가의 의견을 되풀이해 모으고, 교환하고, 발전시켜 미래를 예측하는 질적 예측기법이다.
③ [×] 가장 두드러진 대안에 불리한 값을 대입하여 우선순위의 변화를 통해 종속변수의 불확실성을 해결하기 위한 기법은 악조건 가중분석이다.
④ [○] 상황분석은 한 모형에서 내생변수의 변화가 아닌 외생변수나 조건변수의 변화에 따라 결과가 얼마나 민감하게 변하는지를 파악하기 위한 분석기법을 말한다.

답 ③

21 ☐☐☐

다음 사례에서 최대최솟값(Maximin) 기준에 의한 대안과 그에 따른 이득의 크기는?

> K시는 복합시민센터의 이용수요를 향상시킬 목적으로 리모델링을 진행하고자 한다. 시민의 이용수요 상황에 따른 각 대안의 이득에 대한 표는 다음과 같다.

구분	S1(수요 낮음)	S2(수요 보통)	S3(수요 높음)
A1(소규모)	15	20	50
A2(중규모)	20	40	80
A3(대규모)	10	70	100

	대안	이득의 크기
①	A1	15
②	A1	50
③	A2	20
④	A2	80
⑤	A3	100

---

21 최대최솟값 → 최악의 상황 + 최선의 대안

③ 최대최솟값(Maximin) 기준은 최악의 상황의 가정에서 가장 큰 기댓값을 선택하는 기준이다. 수요가 낮은 상황이 최악의 상황이므로 그 상황에서 기댓값이 가장 큰 A2 대안이 선택될 것이다.

답 ③

01 ☐☐☐

공공사업의 경제성분석에 대한 설명으로 옳은 것만을 모두 고르면?

> ㄱ. 할인율이 높을 때는 편익이 장기간에 실현되는 장기투자 사업보다 단기간에 실현되는 단기투자사업이 유리하다.
> ㄴ. 직접적이고 유형적인 비용과 편익은 반영하고, 간접적 이고 무형적인 비용과 편익은 포함하지 않는다.
> ㄷ. 순현재가치(NPV)는 비용의 총현재가치에서 편익의 총현재가치를 뺀 것이며 0보다 클 경우 사업의 타당성을 인정할 수 있다.
> ㄹ. 내부수익률은 할인율을 알지 못해도 사업평가가 가능 하도록 하는 분석기법이다.

① ㄱ, ㄴ ② ㄱ, ㄹ
③ ㄴ, ㄷ ④ ㄱ, ㄷ, ㄹ

02 ☐☐☐

정책대안의 비교평가 기준 중 내부수익률(IRR)에 대한 설명 으로 옳지 않은 것은?

① 여러 가지 정책대안들을 비교할 때, 내부수익률이 낮은 대안일수록 좋은 대안이다.
② 정책대안의 순현재가치를 0으로 만드는 할인율을 의미한다.
③ 사업이 종료된 후 또 다시 투자비가 소요되는 변이된 사업 유형에서는 복수의 내부수익률이 존재할 수 있다.
④ 내부수익률에 의한 사업의 우선순위는 사회적 할인율을 적용한 순현재가치법에 의한 사업의 우선순위와 다를 수 있다.

---

01 편익의 높은 할인율 → 단기 투자에 유리

ㄱ. [○] 할인율이 높아지면 현재가치가 작아진다. 만약 편익이 장기간 발생하는 상황에서 할인율이 높아진다면 그 편익의 현재가치가 작아질 것이므로 사업의 타당성은 떨어진다.
ㄴ. [×] 편익은 직접적(→ 일차적)·간접적(→ 이차적) 편익, 외부 적·내부적 편익, 정(+)의 편익·부(−)의 편익 등을 모두 포함 한다.
ㄷ. [×] 순현재가치(NPV)는 편익의 총 현재가치에서 비용의 총 현재가치를 뺀 것이다.
ㄹ. [○] 내부수익률은 투자비용(C)과 예상수익(B)을 같게 만드는 할인율(i)로 객관적 할인율이 주어지지 않을 때 사용되며, 내부 수익률이 기준이자율을 상회할 때 경제적으로 타당하다고 평가 받는다.

답 ②

---

02 투자의 조건 → 내부수익률 > 기준이자율

① [×] 내부수익률은 주관적인 투자수익률을 의미하므로 그 수익 률은 높을수록 좋은 대안이다.
② [○] 내부수익률은 총편익과 총비용을 일치시키는 할인율로, 순현재가치가 0이 되거나 편익비용비율이 1이 되는 할인율이다.
③ [○] 그러나 사업기간이 상이할 경우 복수의 수익률이 나타난 다는 문제가 있어, 일반적으로 내부수익률보다는 순현재가치법 이 더 정확한 기준으로 평가된다.
④ [○] 단일의 투자안을 평가할 때는 두 방법 모두 같은 결과를 가져오지만 둘 이상의 독립적 투자안의 우선순위를 결정하거나 상호 배타적인 투자안을 평가할 때에는 서로 다른 결과를 도출 할 수 있다. 순현재가치법은 결과를 금액으로 산출하며 가치의 합계의 원칙이 적용되지만 내부수익률은 결과를 비율로 산출하 므로 합계의 원칙을 적용할 수 없기 때문이다.

답 ①

03 □□□

비용편익분석에서 대안을 비교 · 분석하는 기준에 해당하지 않는 것은?

① 편익비용비(B/C Ratio)
② 순현재가치(Net Present Value)
③ 내부수익률(Internal Rate of Return)
④ 실행가능성(Feasibility)

| 03 | 비용편익분석 → 소망성 기준 |

① [○] 편익비용비(B/C Ratio)는 편익의 총 현재가치를 비용의 총 현재가치로 나눈 값을 말하며, 편익비용비율이 1보다 클 때 경제적으로 타당하다.
② [○] 순현재가치(Net Present Value)는 편익의 총 현재가치에서 비용의 총 현재가치를 뺀 순편익을 말한다. 순현재가치가 0보다 크다는 것은 편익의 총 현재가치가 비용의 총 현재가치보다 크다는 것을 의미하므로, 그 사업은 경제적 타당성이 존재한다.
③ [○] 내부수익률(Internal Rate of Return)은 총편익과 총비용을 일치시키는 할인율로, 순현재가치가 0이 되거나 편익비용비율이 1이 되는 할인율을 말한다. 일반적으로 투자수익률을 의미하며, 적절한 객관적 할인율이 주어지지 않을 때 사용된다.
④ [×] 실행가능성은 대안선택의 제약조건이다. 반면, 비용편익분석은 경제적 소망성을 평가하는 기준이다.

📄 비용편익분석의 비교 기준

구분	순현재가치법 (NPV)	편익비용비율 (B/C)	내부수익률 (IRR)	자본회수 기간법
개념	편익의 총 현재가치에서 비용의 총 현재가치를 뺀 순편익의 값 → 0보다 크다면 경제적으로 타당	편익의 총 현재가치를 비용의 총 현재가치로 나눈 값 → 1보다 크다면 경제적으로 타당	총편익과 총비용을 일치시키는 할인율 → 순현재가치(NPV) = 0, 편익비용비율 (B/C) = 1	투자원금 찾는 데 걸리는 기간을 기준으로 사업 타당성을 평가하는 방법
특징	사업의 타당성을 판단하는 1차적 기준 (→ 가장 객관적), 자원의 제약이 없거나 사업의 규모가 동일할 때 사용	사업의 규모 다를 경우 보조적으로 사용되는 기법	투자 수익률로 높을수록 경제적으로 좋으며, 기준이자율(→ 비교되는 객관적 이자율)보다는 높으면 경제적으로 타당	투자원금을 가장 빨리 회수하는 사업일수록 타당성이 높음
한계	규모 상이한 경우 대규모 사업이 보다 유리하게 평가됨	부(-)의 편익을 비용과 편익 중 어디에 포함하느냐에 따라 결과 값 달라짐	사업기간 상이할 경우 복수의 답 존재 → 순현재가치법에 비해 정확성 낮은 것으로 평가	화폐의 시간적 가치의 간과

답 ④

04 □□□

비용편익분석에 대한 설명으로 옳지 않은 것은?

① 분야가 다른 정책이나 프로그램은 비교할 수 없다.
② 정책대안의 비용과 편익을 모두 가시적인 화폐가치로 바꾸어 측정한다.
③ 미래의 비용과 편익의 가치를 현재가치로 환산하는 데 할인율(discount rate)을 적용한다.
④ 편익의 현재가치가 비용의 현재가치를 초과하면 순현재가치(NPV)는 0보다 크다.

| 04 | 비용편익분석 → 이종사업 간 비교 가능 |

① [×] 비용편익분석은 비용과 편익을 모두 현재 화폐가치로 변환하므로 분야가 다른 사업도 비교할 수 있다.
② [○] 비용편익분석은 소요되는 비용과 기대되는 편익을 모두 현재 화폐가치로 바꾸어 사업의 경제적 타당성을 측정한다.
③ [○] 비용편익분석은 장기간 발생하는 비용과 편익을 측정하므로 그 가치의 시점을 통일시킬 필요성이 있기에 미래의 모든 가치를 현재로 환산하는 할인율의 개념이 사용된다.

답 ①

05 ☐☐☐

경제적 비용편익분석(benefit cost analysis)에 대한 설명으로 옳지 않은 것은?

① 비용과 편익을 가치의 공통단위인 화폐로 측정한다.
② 장기적인 안목에서 사업의 바람직한 정도를 평가할 수 있는 방법이다.
③ 편익비용비(B/C ratio)로 여러 분야의 프로그램들을 비교할 수 있다.
④ 형평성과 대응성을 정확하게 대변할 수 있는 수치를 제공한다.

06 ☐☐☐

비용편익분석(cost-benefit analysis)에 관한 설명으로 옳지 않은 것은?

① 기회비용에 의해 모든 가치가 평가되어야 한다는 가정 하에서 이루어진다.
② 미래에 발생할 비용과 편익을 화폐적 단위로 표시하고 계량적인 환산을 한다.
③ 비용에 비해 효과가 장기적으로 발생한다면, 할인율이 높을수록 순현재가치가 커져서 경제적 타당성이 높게 나타난다.
④ 적절한 할인율이 주어지지 않을 때는 내부수익률 기준을 사용하며, 내부수익률이 시장이자율을 상회하면 일단 투자가치가 있다고 판단한다.

05	경제적 비용편익분석 → 효율성 분석

① [○] 비용편익분석은 비용과 편익을 가치의 공통단위인 화폐로 측정하여 경제적 타당성을 확인하는 기법이다.
② [○] 비용편익분석은 할인율의 개념을 통해 장기적인 안목에서 사업의 바람직한 정도를 평가한다.
③ [○] 비용편익분석은 동일한 척도로 환산되므로 동종 사업은 물론 이종 사업 간의 비교에도 사용될 수 있다.
④ [×] 경제적 비용편익분석은 효율성(사회전체 시각) 측면만 분석하므로 형평성(배분적 측면) 측면을 간과할 수 있다.

답 ④

06	높은 할인율 → 낮은 현재가치

① [○] 기회비용이란 어떤 하나를 선택했을 때 그 선택으로 인해 포기해야 하는 가치 중 가장 큰 가치로, 어떤 경제활동의 비용은 그것을 위해 단념해야 하는 다른 경제활동의 양으로 측정된다는 의미이다.
② [○] 비용편익분석은 미래에 발생할 비용과 편익을 모두 화폐가치로 계산하고 이를 현재가치로 할인하는 환산작업을 거친 후 편익과 비용의 크기를 비교하여 경제적 타당성을 확인하는 기법이다.
③ [×] 할인이란 장래 발생할 비용이나 편익을 현재가치로 환산하는 것으로, 이때 장래비용이나 편익을 현재가치로 표시하기 위한 교환비율을 할인율(i)이라 한다. 편익의 현재가치(P)는 미래에 발생할 편익(B)에 할인계수$[1 / (1 + i)^n]$를 곱한 값이므로, 할인율이 높을수록 장래 발생할 비용이나 편익의 현재가치는 작아진다.
④ [○] 내부수익률(IRR)은 적절한 할인율이 주어지지 않을 때 사용된다. 내부수익률이 높을수록 경제적 타당성은 커지며, 내부수익률이 기준이자율을 상회하면 일단 투자가치가 있다고 판단된다.

답 ③

비용편익분석에 대한 설명으로 옳지 않은 것은?

① 바람직한 대안을 선택하는 것뿐 아니라, 단일 정책의 비용과 편익의 비교에도 이용된다.

② 적용되는 할인율이 낮을수록 미래 금액의 현재가치는 높아지게 된다.

③ 비용편익비(B/C ratio)가 1보다 큰 사업은 경제적으로 타당성이 있다고 볼 수 있다.

④ 내부수익률(IRR)은 순현재가치(NPV)를 1로 만드는 할인율을 의미한다.

07	내부수익률 → 순현재가치 = 0

① [○] 비용편익분석은 각 정책의 비용과 편익의 비교뿐만 아니라 정책과 정책 간의 비용과 편익의 비교에도 사용될 수 있다.

③ [○] 비용편익비(B/C ratio)는 편익의 총 현재가치를 비용의 총 현재가치로 나눈 값을 말하며, 편익비용비율이 1보다 크다는 것은 편익이 비용보다 많다는 의미이므로 그 정책은 경제적으로 타당하다.

답 ④

비용편익분석에 대한 내용으로 옳지 않은 것은?

① 재화에 대한 잠재가격(shadow price)의 측정 과정에서 실제 가치를 왜곡할 수 있다.

② 내부수익률(internal rate of return)은 순현재가치를 영으로 만드는 할인율을 말한다.

③ 칼도 – 힉스기준(Kaldor-Hicks criterion)은 재분배적 편익의 문제를 중시한다.

④ 정책대안이 가져오는 모든 비용과 편익을 측정하려고 하며, 화폐적 비용이나 편익으로 쉽게 측정할 수 없는 무형적인 것도 포함된다.

08	칼도 – 힉스기준 → 효율성 기준

① [○] 잠재가격이란 완전경쟁시장이 형성되었다는 가정에 기반을 두고 측정된 가격이므로 현실의 가격과 다를 수 있기에 측정 과정에서 실제 가치를 왜곡할 수 있는 것이다.

③ [×] 칼도 – 힉스기준(Kaldor-Hicks criterion)은 효율성과 관련된 기준이지 재분배적 편익 즉, 형평성과는 무관하다.

④ [○] 비용편익분석은 무형적인 것을 포함하여 모든 것을 화폐가치로 측정하려는 기법이다.

답 ③

---

09 ☐☐☐
23년 국회8급

비용편익분석에 대한 설명으로 옳지 않은 것은?

① 총체적 예산결정시 대안탐색에 사용된다.
② 내부수익률은 편익 – 비용비율을 1로 만드는 할인율이다.
③ 공공사업의 분배적 효과를 감안한 타당성 평가를 하기 위해 소득계층별로 다른 분배가중치(distributional weight)를 적용해 계층별 순편익을 조정할 수 있다.
④ 사업의 기간이 길어질수록 현재가치는 커진다.
⑤ 현실에서는 비용편익분석을 하는 과정에서 의도적인 왜곡 평가를 하려는 유인이 강하게 존재하기 때문에 객관적으로 타당한 결과를 얻기 어려울 수 있다.

10 ☐☐☐
16년 지방9급

비용편익분석과 비용효과분석에 대한 설명으로 옳지 않은 것은?

① 순현재가치(NPV)는 할인율의 크기에 따라 그 값이 달라 지지만, 편익비용비(B/C ratio)는 할인율의 크기에 영향을 받지 않는다.
② 내부수익률은 공공프로젝트를 평가하는 데 적절한 할인 율이 알려져 있지 않을 경우 유용하게 사용할 수 있다.
③ 비용효과분석은 비용과 효과가 서로 다른 단위로 측정되기 때문에 총효과가 총비용을 초과하는지의 여부에 대한 직접적 증거는 제시하지 못한다.
④ 비용효과분석은 산출물을 금전적 가치로 환산하기 어렵거나, 산출물이 동일한 사업의 평가에 주로 이용되고 있다.

09	할인율의 존재 → 장기간 발생하는 비용과 편익의 현재가치의 저하

① [○] 총체적 예산결정은 합리모형을 의미한다. 특히 계획예산이 체제분석을 활용하여 사업대안과 예산을 분석하였다.
③ [○] 사회적 비용편익분석에 대한 설명이다. 일반적으로 경제적 비용편익분석은 비용과 편익의 가중치를 동일하게 놓고 측정하지만 사회적 비용편익분석은 계층별로 가중치를 두고 비용과 편익을 측정한다.
④ [×] 사업기간이 길어지면 할인율의 개념으로 인해 비용이든 편익이든 그 현재가치는 작아진다.
⑤ [○] 비용편익분석은 무형적인 것까지 화폐가치로 측정하고자 하므로 이 과정에서 가치의 왜곡이 나타날 가능성이 높다.

답 ④

10	할인율의 변화 → 비용과 편익의 현재가치의 변화

① [×] 할인율이 높고 낮음에 따라 비용과 편익의 현재가치가 달라지므로 순현재가치법이든 편익비용비율이든 모두 영향을 받는다.
③ [○] 비용효과분석은 투입(비용)은 화폐가치로 측정되나 나오는 산출(효과)은 화폐가치가 아닌 산출물 단위로 측정되므로 비용과 효과의 금전적 비교가 어렵다. 이에 따라 총효과가 총비용을 초과하는지에 관한 직접적인 증거를 제시하기 곤란하다.
④ [○] 산출물이 서로 달라도 이를 화폐가치로 측정한다면 양자의 비교가 가능하다. 그러나 비용효과분석은 이러한 산출물을 화폐가치로 환산하기 어려우므로 동종 산출물인 경우에는 비교가 가능하지만 이종 산출물일 경우 양자의 직접적인 비교가 곤란하다.

답 ①

11 ☐☐☐

비용효과(cost-effectiveness)분석에 대한 설명으로 옳은 것은?

① 정책대안의 비용과 효과는 모두 화폐단위로 측정된다.
② 분석결과는 사회적 후생의 문제와 쉽게 연계시킬 수 있다.
③ 시장가격의 메커니즘에 전적으로 의존한다.
④ 국방, 치안, 보건 등의 영역에 적용할 수 있다.

12 ☐☐☐

비용효과분석에 대한 설명으로 옳은 것은?

① 모든 관련 요소를 공통의 가치 단위로 측정한다.
② 경제적 합리성과 정책대안의 효과성을 강조한다.
③ 시장가격에 대한 의존도가 낮으므로 민간부문의 사업 대안 분석에 적용가능성이 낮다.
④ 외부효과와 무형적 가치 분석에 적합하지 않다.
⑤ 변동하는 비용과 효과의 문제 분석에 활용한다.

---

11 비용효과분석 → 무형적 가치 분석에 적합

① [×] 정책대안의 비용과 효과를 모두 화폐단위로 측정하는 것은 비용편익분석이다.
② [×] 사회적 후생이란 사회적 만족감을 화폐가치로 환산한 것을 의미한다. 그러므로 사회적 후생과 쉽게 연결되는 것은 비용과 편익을 모두 화폐가치로 환산하는 비용편익분석이다.
③ [×] 비용효과분석은 효과단위를 화폐로 환산하지 않으므로 시장 가격에 대한 의존도가 낮다.
④ [○] 국방, 치안, 보건 등 화폐가치로 환산하기 곤란한 분야에는 비용효과분석을 적용하기 쉽다.

📋 **비용편익분석과 비용효과분석 비교**

비용편익분석	비용효과분석
• 비용과 편익을 모두 화폐가치로 평가	• 비용은 화폐로 효과는 산출물로 평가
• 이종사업도 비교하기 용이	• 이종사업은 비교하기 곤란
• 가변비용 · 가변편익 분석	• 고정비용 · 고정효과 분석
• 공공부문 적용의 한계	• 공공부문 적용의 용이
• 경제적 합리성 강조 (→ 능률성)	• 기술적 · 도구적 합리성 강조 (→ 효과성)

답 ④

---

12 시장가격의 의존성 → 비용편익분석

① [×] 모든 관련 요소를 공통의 가치 단위로 측정하는 것은 비용 편익분석이다.
② [×] 경제적 합리성과 관련된 것은 비용편익분석이다. 비용효과 분석은 기술적 합리성과 관련된다.
③ [○] 비용효과분석은 효과를 화폐단위로 환산하지 않으므로 시장 가격에 대한 의존도가 상대적으로 낮다. 대신 화폐단위에 의존하는 민간부문의 사업대안의 분석에 사용하기는 곤란할 것이다.
④ [×] 비용효과분석은 효과를 화폐단위로 환산할 수 없는 외부 효과나 무형적 가치의 분석에 적합하다.
⑤ [×] 비용효과분석은 비용이나 효과 중 하나는 고정시켜 놓고 분석 하기에 고정비용 또는 고정효과분석이라 한다. 반면 비용과 편익이 모두 변하는 가변비용, 가변편익분석은 비용편익분석이다.

답 ③

13 □□□

다음이 설명하는 정책분석방법은?

> 정책의 우선순위를 설정하고 예측을 하는 데 있어서, 하나의 문제를 더 작은 구성요소로 분해하고, 이 요소들을 둘씩 짝을 지어 비교하는 일련의 비교판단을 통해, 각 요소들의 영향력에 대한 상대적인 강도와 효용성을 나타내는 방법이다.

① 계층화분석법(analytical hierarchy proc-ess)
② 교차충격매트릭스 방법(cross impact matrix)
③ 정책델파이방법(policy delphi method)
④ 외삽법(extrapolation)

14 □□□

계층화분석법(Analytical Hierarchy Process)에 대한 설명으로 옳지 않은 것은?

① 1970년대 사티(T. Saaty) 교수에 의해 개발되어 광범위한 분야의 예측에 활용되어 왔다.
② 불확실성을 나타내는 데 확률 대신 우선순위를 사용한다.
③ 두 대상의 상호 비교가 불가능한 경우에도 사용할 수 있다는 장점을 지니고 있다.
④ 기본적으로 시스템 이론에 기초를 두고 있다.

13	계층화분석 → 동일성과 분해, 쌍대비교, 종합

① [○] 하나의 문제를 더 작은 구성요소로 분해하고, 이 요소들을 둘씩 짝을 지어 비교하는 기법은 계층화분석이다. 계층화분석은 문제를 몇 개의 계층 또는 네트워크 형태로 구조화한 후, 각 계층에 포함된 하위목표 또는 평가기준으로 표현되는 구성요소들을 둘씩 짝을 지어 바로 상위계층의 어느 한 목표 또는 평가기준에 비추어 평가하는 쌍대비교를 통해 대안 간 우선순위를 설정하는 방법이다.
② [×] 교차충격매트릭스(교차영향분석)는 조건 확률을 통해 선행사건의 발생에 따른 특정 사건의 발생가능성을 예측하며, 관련 사건들 간 상호작용이 미치는 잠재적 효과를 분석하는 기법이다.
③ [×] 정책델파이는 델파이기법의 기본논리를 적용하여 이슈의 잠정적 해결안을 작성하고, 이에 대한 강력한 반대의견의 창출 과정을 통해 정책대안을 개발하는 기법이다.
④ [×] 보외법(외삽법)은 둘 이상의 변수 값과 함수 값을 알고, 관찰된 변수 값의 연장선에 있는 변수 값 또는 그 근사 값을 구하는 계산방법이다. 과거에서 현재까지 시계열 데이터의 경향선을 연장시켜 미래를 예측하는 것이 대표적인 예이다.

답 ①

14	계층화분석 → 쌍대비교와 우선순위

① [○] 계층화분석은 정량적 요소와 정성적(질적) 요소를 모두 고려할 수 있고, 계량단위나 측정단위가 다른 경우에도 비교 가능하며, 표본의 크기에 구애받지 않고 소수의 전문가에 의해서도 우선순위를 설정할 수 있으므로 공공부문은 물론 민간부문의 다양한 영역에서 활용될 수 있다.
② [○] 계층화분석은 불확실한 상황에서 선택을 함에 있어 확률의 원리가 아닌 우선순위의 설정을 강조한다. 인간은 능력의 한계를 지니므로 모든 상황을 확률적으로 계산할 수는 없다. 그러나 관찰한 사물의 관계를 인식하고 유사한 사물들을 짝지어 특정 기준에 비추어 상호 비교할 능력은 소유하고 있기 때문이다.
③ [×] 계층화분석은 구성요소들을 둘씩 짝을 지어 바로 상위 계층의 어느 한 목표 또는 평가기준에 비추어 평가하는 쌍대비교를 하므로 두 대상의 상호 비교가 불가능하다면 사용하기 곤란하다.
④ [○] 계층화분석은 기본적으로 시스템 이론에 기초를 두고 있다. 이는 복잡한 현상을 그 구성요소로 나누고, 다시 더 작은 구성요소로 분해하는 계층구조를 형성하여 비교대상 간 상대적 우선순위를 설정할 수 있게 하기 위함이다.

답 ③

01 ☐☐☐

21년 지방7급

다음에서 제시하는 정책결정모형에 대한 설명으로 옳은 것은?

> • 정책의 본질이 미래지향적 문제해결에 있고, 정책결정에서 가치비판적 발전관에 기초한 가치지향적 행동추구의 중요성을 고려할 때 매우 중요한 의의가 있다.
> • 대안을 선택할 수 있는 기준이 명확해야 한다.
> • 기존 정책이나 사업의 매몰비용으로 인해 현실 적합성이 떨어지는 한계가 있다.

① 시간의 흐름에 따라 환류되는 정보를 분석하여 잘못된 점이 있으면 수정·보완하는 방식이다.

② 문제성 있는 선호, 불명확한 기술, 일시적 참여자가 전제조건이다.

③ 갈등을 완전히 해결하지 못하고, 타협을 통한 봉합을 모색한다.

④ 같은 비용으로 최대의 목표산출을 얻을 수 있는 대안을 선택하는 행위를 의미한다.

02 ☐☐☐

07년 국가7급

정책결정은 합리성을 지향하지만 행정조직에 있어서 합리성을 제약하는 여러 요인이 있는데 다음 중 구조적 요인에 해당하는 것은?

① 정보의 제약

② 개인의 가치관 및 태도

③ 외부준거집단의 영향

④ 문제와 목표의 다양성

---

01 합리모형 → 미래지향적, 이상적

① [×] 설문은 합리모형에 관한 내용이다. 반면, 시간의 흐름에 따라 환류되는 정보를 분석한 후 수정·보완하는 방식으로 결정이 이루어지는 것은 사이버네틱스 모형이다.

② [×] 문제성 있는 선호, 불명확한 기술, 일시적 참여를 전제조건으로 하는 것은 쓰레기통모형이다.

③ [×] 갈등의 준해결이나 타협을 통한 봉합 등은 회사모형의 주요 특징이다.

④ [○] 같은 비용으로 최대의 산출을 얻을 수 있는 대안을 선택하고자 하는 것이 합리모형의 내용이다.

답 ④

---

02 정보의 제약 → 구조적 요인, 지식의 제약 → 인적 요인

① [○] 자료나 정보의 제약은 합리성을 제약하는 구조적 요인에 해당한다. 반면, 지식의 부족은 인적 요인으로 분류된다.

② [×] 개인의 가치관 및 태도는 합리성을 제약하는 인적 요인으로 분류된다.

③, ④ [×] 외부준거집단의 영향과 문제와 목표의 다양성은 합리성을 제약하는 환경적 요인으로 분류된다.

답 ①

03 □□□

재니스(I. Janis)의 집단사고(groupthink)의 특성에 해당하지 않는 것은?

① 토론을 바탕으로 한 집단지성의 활용
② 침묵을 합의로 간주하는 만장일치의 환상
③ 집단적 합의에 대한 이의 제기에 대한 자기 검열
④ 집단에 대한 과대평가로 집단이 실패할 리 없다는 환상

03	집단사고 → 동조에 대한 압력

① [×] 집단사고(group-think)란 동조에 대한 압력이 강해 비판적인 대안이 무시되는 경향을 말한다.
②, ③, ④ [○] 집단사고는 불패신화에 대한 믿음, 도덕성에 대한 확신과 무결점에 대한 환상, 폐쇄적 인식체계, 만장일치의 선호, 집단 동조성과 규범의 내재화, 반대의견에 대한 압력, 심리적 방어기제의 형성 등을 가져온다.

답 ①

04 □□□

재니스(I. Janis)가 주장한 집단사고(group-think) 예방 전략에 대한 설명으로 옳지 않은 것은?

① 조직에서 결정하는 사안이나 정책에 대해서 외부 인사들이 재평가할 수 있는 체계를 구축해야 한다.
② 최고 의사결정자는 대안 탐색단계마다 참여자 중 한 명에게 악역을 맡겨 다수의견에 반대되는 의견을 강제로 개진하게 한다.
③ 집단적 의사결정에서 의사결정단위를 2개 이상으로 나눈다.
④ 최종 대안을 도출한 후에는 각 참여자들에게 반대의견을 제시할 수 있는 기회를 부여하지 않는다.

04	집단사고의 예방책 → 반대의견 개진의 기회 제공

① [○] 외부의 전문가를 초빙하여 집단 구성원들의 견해에 반론과 의문을 제기하도록 한다면 집단의 폐쇄성에서 기인한 잘못된 결정을 피할 수 있다.
② [○] 회의에서 적어도 한 사람을 지명하여, 제시된 모든 주장에 반대 주장을 하는 반론 대변인(devil's advocate) 역할을 부여하는 것도 집단사고를 방지하는 방안이 될 수 있다.
③ [○] 집단을 여러 개의 하위집단으로 구분하여 각각 토론하도록 하고, 그 후에 전체 회의를 통해 최종적으로 논의하도록 하는 것도 집단사고의 예방책으로 거론된다.
④ [×] 집단사고란 집단적 의사결정에서 구성원들이 집단의 응집력과 획일성을 강조하고 반대의견을 억압하여 비합리적인 결정을 내리는 의사결정 양식으로, 이를 방지하기 위해서는 구성원들이 제안에 대해 반론과 의문을 제기하도록 권장하고 무조건적인 찬성을 지양해야 한다.

답 ④

정책결정모형에 대한 설명으로 옳은 것만을 모두 고르면?

> ㄱ. 만족모형에서는 정책결정을 근본적 결정과 세부적 결정
> 으로 구분한다.
> ㄴ. 점증주의모형은 현상유지를 옹호하므로 보수적이라는
> 비판을 받고 있다.
> ㄷ. 쓰레기통모형에서 의사결정의 4가지 요소는 문제, 해결책,
> 선택기회, 참여자이다.
> ㄹ. 갈등의 준해결과 표준운영절차(SOP) 활용은 최적모형의
> 특징이다.

① ㄱ, ㄴ   ② ㄱ, ㄹ
③ ㄴ, ㄷ   ④ ㄷ, ㄹ

---

05   근본적 결정과 세부적 결정 → 혼합모형

ㄱ. [×] 정책결정을 근본적 결정과 세부적 결정으로 구분한 것은
혼합모형이다.
ㄴ. [○] 점증모형은 기존의 정책을 바탕으로 가감식으로 결정하므로
보수적이라는 비판을 받는다.
ㄷ. [○] 쓰레기통모형은 의사결정에 필요한 네 가지 흐름이 우연히
만날 때 정책이 채택된다고 설명한다.
ㄹ. [×] 갈등의 준해결과 표준운영절차(SOP)의 활용은 회사모형의
특징이다.

답 ③

정책결정모형에 관한 설명으로 옳지 않은 것은?

① 만족모형은 정책결정자나 정책분석가가 절대적 합리성을
가지고 있고, 주어진 상황 하에서 목표의 달성을 극대화
할 수 있는 최선의 정책대안을 찾아낼 수 있다고 본다.
② 쓰레기통모형은 '조직화된 무정부 상태' 속에서 나타나는
몇 가지 흐름에 의하여 정책결정이 우연히 이루어진다고
보는 정책모형이다.
③ 최적모형은 정책결정을 체계론적 시각에서 파악하고
정책성과를 최적화하려는 정책결정모형이다.
④ 혼합모형은 합리모형의 이상주의적 특성에서 나오는
단점과 점증모형의 지나친 보수성이라는 약점을 극복할
수 있는 전략으로 제시된 모형이다.

---

06   절대적 합리성 → 합리모형

① [×] 정책결정자나 정책분석가가 절대적 합리성을 가지고 있고,
주어진 상황 하에서 목표의 달성을 극대화할 수 있는 최선의
정책대안을 찾아낼 수 있다고 보는 것은 합리모형이다.
② [○] 쓰레기통모형은 계층적 권위가 없는 '조직화된 무정부'
혹은 가치와 신념이 이질적인 상황에서 이루어지는 결정을 설명
하기 용이하며, 갑작스러운 사건의 발생으로 평소에 표류하는
여러 가지 정책대안 중 한 가지가 주목되어 정책이 결정되는
상황을 설명하기 용이하다.
③ [○] 최적모형은 상위정책결정, 정책결정, 후정책결정 및 환류
로 이루어지는 체제론적 시각에 입각한 정책결정모형으로, 결정
능력의 지속적 향상을 통해 합리모형과 점증모형의 한계를
시정하고자 하였다.
④ [○] 혼합모형은 에치오니(A. Etzioni)가 합리모형과 점증모형
을 절충하여 개발한 모형(1967)으로, 정책결정을 근본적이고
맥락적인 결정과 세부적이고 지엽적인 결정으로 나눈 후, 상황
에 따른 두 모형의 전략적 배합을 강조한 것이다.

📄 **합리모형과 만족모형 비교**

구분	합리모형	만족모형
모형 유형	이상적 · 규범적 · 객관적 모형	현실적 · 실증적 · 주관적 모형
인지 능력	경제인(→ 완전한 합리성)	행정인(→ 제한된 합리성)
대안 탐색	모든 대안의 포괄적 · 병렬적 탐색	무작위적 · 순차적 탐색
결과 예측	모든 결과의 예측	중요한 결과만의 예측
결정 기준	최적화 (→ 목표의 극대화)	만족화 (→ 심리적 · 주관적 만족)

답 ①

다음 중 정책결정모형에 대한 설명으로 옳지 않은 것은?

① 사이먼(H. Simon)은 결정자의 인지능력의 한계, 결정상황의 불확실성 및 시간의 제약 때문에 결정은 제한적 합리성의 조건 하에 이루어지게 된다고 주장한다.
② 점증모형은 이상적이고 규범적인 합리모형과는 대조적으로 실제의 결정상황에 기초한 현실적이고 기술적인 모형이다.
③ 혼합모형은 점증모형의 단점을 합리모형과의 통합으로 보완하려는 시도이다.
④ 쓰레기통모형에서 가정하는 결정상황은 불확실성과 혼란이 심한 상태로 정상적인 권위구조와 결정규칙이 작동하지 않는 경우이다.
⑤ 합리모형에서 말하는 합리성은 정치적 합리성을 의미한다.

정책결정모형 중에서 점증모형을 주장하는 논리적 근거로 적절하지 않은 것은?

① 정치적 실현가능성
② 정책의 쇄신성
③ 매몰비용
④ 제한적 합리성

---

07   합리모형 → 경제적 합리성

① [○] 사이먼(H. Simon)이 인지능력의 한계를 바탕으로 제시한 것은 만족모형이다.
② [○] 합리모형이 이상적이고 규범적인 성격이 강하다면, 상대적으로 점증모형은 현실적이고 실증적인 성격이 강하다.
③ [○] 혼합모형은 합리모형의 이상주의적 특성에서 나오는 단점과 점증모형의 지나친 보수성이라는 약점을 극복하기 위한 전략으로 제시된 모형이다.
④ [○] 쓰레기통모형은 코헨(M. Cohen), 마치(J. March), 올슨(J. Olson) 등이 고안한 것으로, 조직화된 무정부 상태에서 조직이 어떠한 의사결정을 하는지를 분석한 모형이다(1972).
⑤ [×] 합리모형에서 말하는 합리성은 경제적 합리성을 의미한다.

답 ⑤

---

08   정책의 쇄신성 → 합리모형

① [○] 점증모형은 동의와 타협 및 조정을 통한 합의 즉, 정치적 합리성과 정치 세력의 지지에 의존하는 정치적 실현가능성을 중시하므로 다원적 정치체제의 정책결정에 대한 설명력이 높다.
② [×] 정책의 쇄신성은 합리모형의 특징이다. 점증모형은 보수성을 띠고 있어 급격한 쇄신과 발전이 곤란하고, 눈덩이 굴리기식 결정이 나타나기 쉬워 감축관리가 어려우며, 보다 합리적인 결정을 시도하지 않을 구실이 될 수 있다.
③ [○] 매몰비용이란 이미 지출되었기 때문에 회수가 불가능한 비용으로, 행정학에서는 기득권의 의미로 사용된다. 합리모형은 매몰비용을 무시하므로 관련 집단의 저항가능성이 증대될 수 있지만, 점증모형은 매몰비용을 고려하는 의사결정이 이루어지므로 저항은 줄일 수 있지만 보수적 결정에 머물기 쉽다.
④ [○] 합리모형은 완전한 합리성을 전제로 하지만 점증모형은 인지능력의 제약과 정치적 상황의 제약에 의한 제한된 합리성을 전제로 한다.

답 ②

09 □□□

정책결정모형 중 점증모형에 대한 설명으로 옳지 않은 것은?

① 정치적 현상유지를 옹호하므로 보수적이라는 비판을 받고 있다.
② 가장 합리적인 대안을 선택하기 위해 모든 대안을 검토해야 한다.
③ 정책결정과정에서 참여집단의 합의를 중시한다.
④ 목표와 수단이 뚜렷하게 구분되지 않기 때문에 목표 - 수단에 대한 분석은 부적절하다.

10 □□□

정책결정모형 중 점증모형에 대한 설명으로 옳지 않은 것은?

① 정책대안을 모두 분석하기보다 한정된 정책대안에 주목한다.
② 시행착오를 반복하면서도 문제를 해결하려는 특성이 있다.
③ 인간의 인지적 한계를 인정하므로 급격한 개혁과 새로운 환경을 반영하는 혁신적 정책결정을 설명하기가 용이하다.
④ 정책결정에서 집단 참여의 합의 과정이 중시되고 목표와 수단이 탄력적으로 상호 조정된다.

09	점증모형 → 기존 대안 + α

① [O] 점증모형은 기존의 상태를 바탕으로 선택이 이루어지므로 보수적이라는 비판을 받는다.
② [×] 가장 합리적인 대안을 선택하기 위하여 모든 대안을 검토하는 것은 합리모형이다.
③ [O] 점증모형은 동의와 타협 및 조정을 통한 합의 즉, 정치적 합리성을 중시한다.
④ [O] 목표 - 수단분석은 목표와 수단을 명확하게 구분할 수 있어 상위목표를 고정시킨 후 하위수단을 탐색하는 것으로 합리모형에서 강조하는 의사결정방법이다. 반면, 점증모형은 목표와 수단을 명확하게 구분하거나 계층적으로 서열화하지 않으므로 목표 - 수단분석이 어렵다.

📄 합리모형과 점증모형 비교

합리모형	• 이상적 · 규범적, 경제적 합리성, 목표 - 수단분석, 모든 대안의 포괄적 고려 • 총체적 · 포괄적, 동시적 · 단발적, 전체 최적화, 거시적 접근, 하향적 접근, 비가분적 결정
점증모형	• 현실적 + 규범적, 정치적 합리성, 목표와 수단의 상호의존성, 기존 ± α → 매몰비용의 고려 • 부분적 · 단편적, 순차적 · 연속적, 부분 최적화, 미시적 접근, 상향적 접근, 가분적 결정

답 ②

10	급격한 개혁과 혁신정 정책결정 → 합리모형

① [O] 점증모형은 기존 정책을 토대로 하여 그보다 약간 개선된 정책을 추구하는 방식으로 결정한다.
② [O] 점증모형은 일단 불완전한 예측을 전제로 하여 정책대안을 실시하여 보고 그때 나타나는 결과가 잘못된 점이 있으면 그 부분만 다시 수정 보완하는 방식을 택하기도 한다.
③ [×] 급격한 개혁과 새로운 환경을 반영하는 혁신적 정책결정을 설명하기가 용이한 것은 합리모형이나 최적모형이다.
④ [O] 합리모형에서 훌륭한 정책이 완벽한 대안의 비교 · 분석에 의한 정책이라고 한다면, 점증모형에서 훌륭한 정책은 다자간의 타협과 조정에 의해 생산된 것이다.

답 ③

11 □□□

정책결정모형에 관한 설명으로 적절하지 않은 것은?

① 점증모형: 합리모형의 의사결정은 당위적으로는 바람직 하지만, 합리적 의사결정에 필요한 정보와 분석능력의 부족 으로 현실적으로 불가능하다고 비판한다.

② 합리모형: 정책결정의 기준이 되는 목표와 가치는 그 중요성에 따라 분명히 제시되고 서열화될 수 있다.

③ 만족모형: 정책결정의 합리성을 제약하는 요인들을 고려 할 때 한정된 대안의 비교분석을 통해 최선을 모색하는 선에서 만족하는 것이 합리적이다.

④ 혼합주사모형: 근본적 결정과 세부적 결정으로 나누어 근본적 결정의 경우 합리모형을, 세부결정의 경우 점증모형 을 선별적으로 적용하는 것이 합리적이다.

| 11 | 규범적 모형 → 합리모형과 점증모형 |

① [×] 합리모형이 당위적으로는 바람직하지만, 현실적으로 불가능 하다고 비판하는 것은 만족모형이다. 점증모형은 경제적 합리성 만을 고려하는 합리모형은 현실성의 결여는 물론 당위적으로도 바람직하지 않다고 비판한다.

② [○] 합리모형은 목표 – 수단분석에 입각하여 목표와 수단을 명확 하게 구분할 수 있으며, 상위가치를 고정시킨 후 하위수단을 탐색 한다. 이는 목표와 수단들이 계층적으로 명확하게 서열화되고 통합될 수 있음을 뜻한다.

③ [○] 만족모형은 최선의 합리성보다 시간과 공간 그리고 재정적 측면의 여러 제약요인을 고려하면서 심리적이고 주관적으로 만족할 만한 수준에서 결정이 이루어지는 것이 현실적으로 합리적이라는 주장이다.

답 ①

12 □□□

점증주의에 대한 설명으로 옳지 않은 것은?

① 정책을 결정할 때 현존의 정책에서 약간만 변화시킨 대안 을 고려한다.

② 고려하는 정책대안이 가져올 결과를 모두 분석하지 않고 제한적으로 비교 분석하는 방법을 사용한다.

③ 경제적 합리성보다는 정치적 합리성을 추구하여 타협과 조정을 중요시한다.

④ 일단 불완전한 예측을 전제로 하여 정책대안을 실시하여 보고 그때 나타나는 결과가 잘못된 점이 있으면 그 부분 만 다시 수정 보완하는 방식을 택하기도 한다.

⑤ 수단과 목표가 명확히 구분되지 않으므로 흔히 목표 – 수단의 분석이 부적절하거나 제한되는 경우가 많으며, 정책 목표달성을 극대화하는 정책을 최선의 정책으로 평가한다.

| 12 | 목표달성의 극대화 → 합리모형 |

④ [○] 점증모형은 제한적이지만 끊임없이 연속적으로 비교하는 모형이다.

⑤ [×] 정책목표달성을 극대화하는 정책을 최선의 정책으로 평가 하는 것은 합리모형의 특징이다.

답 ⑤

다음 중 점증주의적 정책결정에 대한 설명으로 옳지 않은 것은?

① 점증주의는 현실에서 이루어지는 정책결정의 실상을 비교적 정확하게 기술하고 있다.
② 인간의 제한된 합리성과 다원주의의 정치적 정당성을 정교하게 결합시켰다.
③ 정치적 갈등을 줄이고 실현 가능성을 확보하여, 정책결정과 집행을 용이하게 한다.
④ 상황이 복잡하여 정책대안의 결과가 극히 불확실할 때, 지속적인 수정과 보완을 통해 불확실성을 극복할 수 있다.
⑤ 비가분적(indivisible) 정책의 결정에 적용하기 용이한 모형이다.

---

13 점증모형 → 가분적 결정

① [○] 점증주의는 경제적 합리성 보다는 정치적 합리성을 중시하며, 조금씩 상황에 따라 적응하면서 결정하는 것이므로 현실적인 측면에서의 합리성과 관련이 깊다.
② [○] 점증주의는 인간의 제한된 합리성과 다양한 집단의 균형을 강조하는 다원주의를 배경으로 한다. 이러한 상황이라면 합리적 분석을 통해 최적의 답을 찾는 합리모형보다는 다양한 집단 간의 합의를 바탕으로 정책을 결정하는 점증주의가 더 현실적이며 동시에 이상적이라는 것이다.
③ [○] 점증주의는 기존의 상황에서 약간 개선된 상황으로 나아가고자 하므로 결정의 비용을 낮추고 정치적 갈등을 줄일 수 있으며, 타협과 합의에 의해 정책을 결정하므로 정치적 실현가능성과 집행에 있어 순응을 확보하기 용이하다.
④ [○] 상황이 복잡하여 정책대안의 결과가 극히 불확실할 때에는 합리모형의 적용이 어렵다. 이러한 경우라면 지속적인 수정과 보완을 통해 정책을 점진적으로 개선하고자 하는 점증모형이 하나의 대안이 될 수 있다는 것이다.
⑤ [×] 비가분적(indivisible) 정책의 결정에 적용하기 용이한 모형은 합리모형이다.

답 ⑤

다음 설명에 해당하는 정책결정모형은?

> 지난 30년간 자료를 중심으로 전국의 자연재난 발생현황을 개략적으로 파악한 다음, 홍수와 지진 등 두 가지 이상의 재난이 한 해에 동시에 발생한 지역을 중심으로 다시 면밀하게 관찰하며 정책을 결정한다.

① 만족모형
② 점증모형
③ 최적모형
④ 혼합탐사모형

---

14 개량적 대안탐색 + 세밀한 분석 → 혼합모형

① [×] 만족모형은 최선의 합리성보다 시간과 공간 그리고 재정적 측면의 여러 제약요인을 고려하면서 주관적으로 만족할 만한 수준에서 결정이 이루어진다고 본다.
② [×] 점증모형은 기존 정책을 토대로 하여 그보다 약간 개선된 정책을 추구하는 방식으로 대안을 선택한다.
③ [×] 최적모형은 불확실한 상황과 제한된 자원 및 정보가 부족한 비정형적 결정에서는 경제적 합리성이 많이 제약을 받으므로 경제적 합리성에 더하여 직관이나 영감과 같은 초합리성도 함께 고려하고자 한다.
④ [○] 장기적인 시각에서 재난 상황을 개략적으로 파악하고, 특정 상황의 재난을 선정한 후 이를 세밀하게 분석하는 것은 혼합탐사모형의 특징이다.

답 ④

15 ☐☐☐

혼합주사모형(mixed-scanning model)에 대한 설명으로 옳은 것은?

① 정책결정 과정을 이미 프로그램화되어 있는 특정한 상태를 유지하기 위한 것으로 파악한다.
② 정책의 결정을 근본적 결정과 세부적 결정으로 구분한다.
③ 갈등의 준해결, 문제 중심의 탐색, 불확실성의 회피, 조직의 학습, 표준운영절차(SOP)의 활용 등을 특징으로 한다.
④ 상황변화에 따른 새로운 정보에 초점을 맞추는 것이 아니라 극히 제한된 투입변수의 변동에 주의를 집중하여 의사결정을 한다.

| 15 | 혼합모형 → 근본적 결정과 지엽적 결정의 구분 |

① [×] 결정과정을 이미 프로그램화되어 있는 특정한 상태를 유지하기 위한 것으로 파악하는 것은 사이버네틱스 모형과 관련된다.
② [○] 혼합모형은 결정의 유형을 근본적 결정과 세부적 결정으로 구분한 후 상황에 맞는 전략적 결정을 강조한다.
③ [×] 갈등의 준해결, 문제 중심의 탐색, 불확실성의 회피, 조직의 학습, 표준운영절차(SOP)의 활용 등은 회사모형의 특징이다.
④ [×] 설문은 점증모형 혹은 사이버네틱스 모형의 특징을 내포하고 있다. 다만, 혼합모형의 특징에 해당하지는 않는다.

📄 혼합모형의 의사결정과정

근본적 · 맥락적 결정 → 숲을 보는 모형	• 세부결정을 위한 테두리나 맥락에 대한 결정으로, 급변하는 상황에서 근본적 변화를 추구하는 결정 • 대안탐색: 중요한 대안을 포괄적으로 고려하므로 합리모형의 성향이 강함 • 결과예측: 중요한 결과만을 개괄적으로 예측하므로 점증모형의 성향이 강함
세부적 · 지엽적 결정 → 나무를 보는 모형	• 근본적 결정의 구체화 및 집행과 관련된 결정으로, 안정된 상황에서 단기적 변화를 추구하는 결정 • 대안탐색: 기본적 결정의 범위 내에서 소수의 대안만을 고려하므로 점증모형의 성향이 강함 • 결과예측: 대안의 결과는 세밀하게 분석하므로 합리모형의 성향이 강함

답 ②

16 ☐☐☐

정책결정모형에 대한 설명으로 옳지 않은 것은?

① 점증주의 정책결정모형은 합리주의 정책결정모형의 현실적 한계를 비판하면서 등장한 모형으로서 다원적 정치체제의 정책결정에 대한 설명력이 높다.
② 에치오니(A. Etzioni)의 혼합탐색모형에서는 세부적 결정 단계에서 대안의 종류를 한정적으로 고려하고 대안들에 대한 분석은 개략적으로 한다.
③ 쓰레기통모형에서는 문제, 해결책, 선택기회, 참여자의 네 요소가 독자적으로 흘러 다니다가 어떤 계기로 교차해 만나게 될 때 결정이 이루어진다고 본다.
④ 사이몬(H. Simon)은 현실적 제약조건을 고려하여 제한된 합리성을 추구하는 정책결정모형을 제시하였다.

| 16 | 세부적 결정 → 소수의 대안과 세밀한 예측 |

① [○] 점증모형은 동의와 타협 및 조정을 통한 합의 즉, 정치적 합리성과 정치 세력의 지지에 의존하는 정치적 실현가능성을 중시하므로 다원적 정치체제의 정책결정에 대한 설명력이 높다.
② [×] 혼합모형에서 세부적 결정이란 근본적 결정의 구체화 및 집행으로, 안정된 상황에서 단기적 변화를 추구하는 결정이다. 대안탐색은 기본적 결정의 범위 내에서 소수의 대안만을 고려하지만 결과예측은 대안의 결과를 세밀하게 분석한다.
③ [○] 쓰레기통모형은 조직화된 무정부상태에서 나타나는 몇 가지 흐름에 의하여 정책이 우연히 결정되어 진다고 보는 이론이다.
④ [○] 사이몬(H. Simon)의 만족모형은 절대적이고 완전한 합리성(경제인)이 아닌 제한적 합리성(행정인)에 근거하여 최적대안보다는 만족대안을 선택하는 모형이다.

답 ②

17 □□□

정책결정모형에 대한 설명으로 옳지 않은 것은?

① 점증주의모형은 정책이 결정되는 현실적인 모습을 반영하고 있다.
② 쓰레기통모형은 정책결정의 우연성을 강조하여 정책결정이 이루어지게 되는 계기에 주목한다.
③ 혼합주사모형에서 세부적 결정은 합리모형의 의사결정방식으로 개선된 대안을 제시한다.
④ 최적모형은 계량적 분석뿐만 아니라 직관적 판단에 의한 결정의 중요성을 강조한다.

17	세부적 결정 → 원칙적으로 점증모형

① [○] 점증주의모형은 현실적이고 실증적인 모형으로 정책결정의 현실적 모습을 기술하며, 지속적인 수정과 보완을 통해 불확실성을 극복할 수 있는 방안을 제시하였다.
② [○] 쓰레기통모형은 계층적 권위가 없는 조직화된 무정부 상태 혹은 가치와 신념이 이질적인 상황에서 이루어지는 결정과 갑작스러운 사건의 발생으로 평소에 표류하는 여러 가지 정책대안 중 한 가지가 주목되어 정책이 결정되는 상황을 설명하기 용이하다.
③ [×] 혼합주사모형에 따르면 세부적 결정은 근본적 결정의 테두리 내에서 선정된 소수의 대안에 대해서만 검토하는 점증모형을 따른다. 다만, 그 결과에 대한 예측은 세밀하게 분석한다.

답 ③

18 □□□

정책결정모형에 대한 설명으로 옳지 않은 것은?

① 점증모형 - 기존의 정책을 수정 보완해 약간 개선된 상태의 정책대안이 선택된다.
② 최적모형 - 정책결정자의 직관적 판단은 정책결정의 중요한 요인으로 인정되지 않는다.
③ 혼합주사모형 - 거시적 맥락의 근본적 결정에 해당하는 부분에서는 합리모형의 의사결정방식을 따른다.
④ 쓰레기통모형 - 조직화된 무질서 상태에서 어떠한 계기로 인해 우연히 정책이 결정된다.

18	최적모형 → 직관적 판단의 활용

① [○] 점증모형은 기존의 정책을 바탕으로 이를 약간 개선할 수 있는 선에서 정책을 추가하고 삭제하는 형태로 결정이 이루어진다.
② [×] 최적모형은 비정형적인 의사결정을 함에 있어 정책결정자의 직관적 판단과 같은 초합리적 요소를 중요한 요인으로 고려한다.
③ [○] 혼합주사모형은 거시적·맥락적 결정과 세부적 결정을 구분하는 모형으로 거시적 결정에서는 주로 합리모형이 적용된다.
④ [○] 쓰레기통모형은 조직화된 무질서와 같은 계층적 권위가 없는 조직에서 이루어지는 결정을 설명하기 쉽다.

답 ②

19 □□□

정책결정모형에 대한 설명으로 옳지 않은 것은?

① 린드블롬(C. Lindblom)같은 점증주의자들은 합리모형이 불가능한 일을 정책결정자에게 강요함으로써 바람직한 정책결정에 도움을 주지 못한다고 주장한다.
② 사이먼(H. Simon)의 만족모형은 합리모형에 대한 심각한 도전이자, 인간의 인지능력이라는 기본적인 요소에서 출발했기에 이론적 영향이 컸다.
③ 에치오니(A. Etzioni)는 합리모형과 점증모형의 단점을 극복하기 위하여 최적모형을 주장하였다.
④ 스타인부르너(J. Steinbruner)는 시스템 공학의 사이버네틱스 개념을 응용하여 관료제에서 이루어지는 정책결정을 단순하게 묘사하고자 노력하였다.

---

19   최적모형 → 드로어(Y. Dror)

① [○] 합리모형은 완전한 합리성을 가정하고 정책대안을 찾고자 하지만 현실적으로는 많은 제약요건으로 인해 이것이 불가능한 경우가 많음을 표현한 내용이다.
② [○] 사이몬(H. Simon)은 제한된 합리성에 근거하여 만족모형을 제시했는데 이러한 제한된 합리성의 가정은 이후 등장한 다른 모형의 전제조건으로 작용하였기에 이론적 영향력이 크다는 의미이다.
③ [×] 합리모형과 점증모형의 단점을 극복하기 위하여 최적모형을 주장한 학자는 드로어(Y. Dror)이다.
④ [○] 사이버네틱스모형은 정해진 고차원의 명확한 목표를 추구하는 것이 아니라 고도의 불확실성하에서 정보를 지속적으로 제어하고 환류하면서 적응적으로 결정을 하는 시스템이다.

답 ③

---

20 □□□

정책결정모형에 대한 설명으로 옳은 것은?

① 최적모형에 따르면 정책결정과 관련해 위험최소화 전략 대신 혁신전략을 취하는 것은 상위정책결정(meta-policy making)에 해당한다.
② 앨리슨(G. Allison) 모형Ⅱ는 긴밀하게 연결된 하위 조직체들이 표준운영절차를 통해 상호의존적인 의사결정을 한다고 본다.
③ 만족모형은 의사결정자들이 만족할 만하고 괜찮은 해결책을 얻기 위해 몇 개의 대안만을 병렬적으로 탐색한다고 한다.
④ 쓰레기통모형은 의사결정을 위해서는 문제, 해결책, 참여자의 세 가지 요소가 필요하다고 본다.

---

20   상위정책결정 → 가치, 현실, 문제, 자원, 체제, 할당, 전략

① [○] 최적모형에 의하면 전략의 결정은 상위정책결정단계에 속한다.
② [×] 앨리슨(G. Allison) 모형Ⅱ는 결정의 주체를 느슨하게 연결된 하위부서들로 가정하는 모형이다.
③ [×] 만족모형은 무작위적이고 순차적인 탐색과정 속에서 대안이 선택된다. 병렬적이란 여러 대안을 동시에 비교한다는 의미이며 이는 합리모형의 특징에 속한다.
④ [×] 쓰레기통모형에 의하면 의사결정을 위해서는 문제, 해결책, 참여자 그리고 선택기회라는 네 가지 흐름이 필요하다.

📑 최적모형의 정책결정과정

메타정책결정	• 의의: 정책결정을 어떻게 할 것인가에 대한 결정으로 주로 초합리성이 작용함 • 순서: 가치의 처리, 현실의 처리, 문제의 처리, 자원의 조사·처리·개발, 결정 체제의 설계·평가·재설계, 문제·가치·자원의 할당, 정책결정 전략의 결정
정책결정	• 의의: 본래 의미의 정책결정으로 주로 합리성이 작용함 • 순서: 자원의 재배정, 목적의 설정과 우선순위 결정, 가치의 설정과 우선순위 결정, 주요 정책대안 마련, 대안의 비용과 편익의 예측, 대안의 비교분석, 최적 대안의 선택 순
후정책결정	• 의의: 작성된 정책을 가시화 하는 단계로 정책집행 및 정책평가 등의 단계로 구성 • 순서: 집행에 대한 동기부여, 정책의 집행, 정책의 평가, 의사소통과 환류 순

답 ①

다음 중 정책결정과 관련하여 드로어(Y. Dror)가 제시한 최적모형에서 메타정책결정 단계(meta-policy making stage)에 해당하지 않는 것은?

① 정책결정 전략의 결정
② 정책결정체제의 설계·평가 및 재설계
③ 정책집행을 위한 동기부여
④ 문제·가치 및 자원의 할당
⑤ 자원의 조사·처리 및 개발

의사결정모형에 대한 설명으로 옳지 않은 것은?

① 최적모형은 정책결정자의 합리성뿐 아니라 직관·판단·통찰 등과 같은 초합리성을 아울러 고려한다.
② 쓰레기통모형은 대학조직과 같이 조직구성원 사이의 응집력이 아주 약한 상태, 즉 조직화된 무정부상태에서 의사결정이 이루어지는 과정을 설명하려고 시도한다.
③ 점증모형은 실제 정책의 결정이 점증적인 방식으로 이루어질 뿐 아니라 정책을 점증적으로 결정하는 것이 바람직하다는 입장을 견지한다.
④ 회사모형은 조직의 불확실한 환경을 회피하고 조직 내 갈등을 극복하기 위하여 장기적인 전략과 기획의 중요성을 강조한다.

---

21   집행을 위한 동기부여 → 후정책결정

③ [×] 정책집행을 위한 동기부여는 정책결정 이후 즉, 후정책결정단계에서 이루어지는 활동이다.
①, ②, ④, ⑤ [○] 메타정책결정 단계(meta-policy making stage)는 정책결정을 어떻게 할 것인가에 대한 결정으로 주로 초합리성이 작용하며 가치의 처리, 현실의 처리, 문제의 처리, 자원의 조사·처리·개발(⑤), 정책결정 전략의 결정(①), 결정체제의 설계·평가·재설계(②), 문제·가치·자원의 할당(④) 순으로 이루어진다. 반면, 후정책결정 단계(post policy making stage)는 작성된 정책을 가시화 하는 단계로, 정책집행과 정책평가의 단계로 구성되며, 집행에 대한 동기부여, 정책의 집행, 정책의 평가, 의사소통과 환류 순으로 구성된다.

답 ③

---

22   불확실성의 회피 → 단기적 환류

① [○] 최적모형은 합리모형의 한계를 초합리성과 환류를 통해 극복하고자 하였다.
③ [○] 점증모형은 실증적이면서도 동시에 규범적 특성을 지닌다. 이는 실제 정책이 점증적으로 이루어진다는 것과 더불어 이러한 점증적 결정이 규범적으로도 바람직하다는 의미이다.
④ [×] 회사모형은 단기적 환류를 통해 불확실성을 회피하고자 한다.

답 ④

23 □□□

정책결정모형 중에서 회사모형에 대한 설명으로 옳지 않은 것은?

① 회사조직은 서로 다른 목표를 지닌 구성원들의 연합체 (coalition)라고 가정한다.
② 연합모형 또는 조직모형이라고 불리기도 한다.
③ 조직이 환경에 대해 장기적으로 대응하고 환경변화에 수동적으로 적응한다고 한다.
④ 문제를 여러 하위문제로 분해하고 이들을 하위조직에게 분담시킨다고 가정한다.

24 □□□

사이어트(R. Cyert)와 마치(J. March)의 회사모형(firm model)에 대한 설명으로 옳지 않은 것은?

① 의사결정에 참여하는 사람들 간에 무엇을 선호하는지 불분명하며, 목표와 수단 사이에 존재하는 인과관계를 의미하는 기술도 불명확하다.
② 환경의 불확실성을 제거하기 위해, 예컨대 거래관행을 수립하거나 장기계약을 맺는 등 환경을 통제할 수 있는 방법을 찾는다.
③ 문제상황의 복잡성과 동태성 때문에 조직이 직면하는 불확실성은 대안이 가져올 결과에 대한 예측을 극히 어렵게 하므로, 단기적 환류에 의존하는 의사결정절차를 이용하여 불확실성을 회피하려고 한다.
④ 회사의 하위조직들 간에 생겨나는 갈등·모순되는 목표들은 하나의 차원이나 기준으로 통합하는 방법이 없기 때문에 갈등은 완전한 해결이 아니라 갈등의 준해결에 머문다.

| 23 | 회사모형 → 단기적 환류 |

① [○] 회사모형은 조직을 전체 목적을 추구하는 하나의 유기체로 보는 것이 아니라 여러 하위부서들이 각자의 목표를 추구하는 느슨한 연합체로 간주한다.
② [○] 회사모형은 사이먼(H. Simon)과 마치(J. March)의 조직모형(1958)이 발전된 것이며, 하위부서들의 연합에 의한 의사결정을 강조하므로 연합모형이라고도 부른다.
③ [×] 회사모형은 조직의 결정이란 장기적 전략보다는 SOP에 의존한 단기적 시각에 머문다고 본다.
④ [○] 회사모형에서 조직의 각 부서들은 조직의 전체가 아닌 자기 부서의 목표를 추구하는 존재이며, 부서 간 상충된 목표를 순차적으로 접근하여 해결한다.

답 ③

| 24 | 선호의 모호성 + 인과관계의 불명확성 → 쓰레기통모형 |

① [×] 선호의 모호성 혹은 인과관계의 불명확성 등은 모두 쓰레기통모형의 특징에 해당된다.
②, ③ [○] 회사모형은 단기 환류를 통해 불확실성을 회피하고 장기계약 등을 통해 불확실성을 통제하고자 한다.
④ [○] 하위부서들이 각각의 목표를 추구하고 있는 상황이므로 이 모든 목표를 동시에 만족시킬 수 있는 하나의 대안은 존재하지 않는다. 그러므로 타협적으로 선택된 대안은 항상 갈등을 내포할 수밖에 없을 것이다.

답 ①

25 □□□
16년 국가7급

조직의 의사결정과정에서 나타나는 특성에 대한 개념을 바르게 연결한 것은?

A. 시간과 능력의 제약 때문에 정책결정자들은 모든 상황을 고려하기보다 특별히 관심을 끄는 부분에 대해서만 고려한다.
B. 정책결정에서는 관련 집단들의 요구가 모두 성취되기보다는 서로 나쁘지 않을 정도의 수준에서 타협점을 찾는 경향이 있다.
C. 반복적인 의사결정의 경험이 전수되며 시간의 흐름에 따라 결정수준이 개선되고 목표달성도가 높아지게 된다.
D. 정책결정자들의 경험이 축적됨에 따라 가장 효율적이라고 판단되는 정책결정절차와 방식을 마련하게 되고 이를 활용한 정책결정이 증가한다.

ㄱ. 조직의 학습
ㄴ. 표준운영절차 수립
ㄷ. 갈등의 준해결
ㄹ. 문제 중심의 탐색

	A	B	C	D
①	ㄱ	ㄴ	ㄷ	ㄹ
②	ㄱ	ㄷ	ㄹ	ㄴ
③	ㄹ	ㄴ	ㄷ	ㄱ
④	ㄹ	ㄷ	ㄱ	ㄴ

---

26 □□□
07년 국가7급

조직의 제한된 합리성을 극복하기 위한 방법으로 사이어트(R. Cyert)와 마치(J. March)의 연합모형이 제시한 내용과 거리가 먼 것은?

① 갈등의 준해결(quasi-resolution of conflict)
② 문제 중심의 탐색(problemistic search)
③ 초정책결정(meta-policymaking)
④ 조직의 학습(organizational learning)

25	혼합모형 → 조직의 학습, 표준운영절차, 갈등의 준해결, 문제 중심의 탐색

A. 시간과 능력의 제약 때문에 정책결정자들은 모든 상황을 고려하기보다 특별히 관심을 끄는 부분에 대해서만 고려하는 것을 문제 중심의 탐색(ㄹ)이라 한다.
B. 정책결정에서는 관련 집단들의 요구가 모두 성취되기보다는 서로 나쁘지 않을 정도의 수준에서 타협점을 찾는 경향을 갈등의 준해결(ㄷ)이라 한다.
C. 반복적인 의사결정의 경험이 전수되며 시간의 흐름에 따라 결정수준이 개선되고 목표달성도가 높아지는 것을 조직의 학습(ㄱ)이라 한다.
D. 정책결정자들의 경험이 축적됨에 따라 가장 효율적이라고 판단되는 정책결정절차와 방식을 마련하게 되고 이를 활용한 정책결정이 증가하는 것을 표준운영절차의 수립(ㄴ)이라 한다.

답 ④

26	초정책결정 → 최적모형

① [○] 조직의 모든 부서를 만족시킬 하나의 대안은 존재하지 않으므로 갈등은 항상 내재화되어 있는 것을 갈등의 준해결이라 한다.
② [○] 앞으로 발생될지도 모를 문제를 사전에 탐색하는 것이 아니라 이미 발생한 문제를 중심으로 적절한 해결방법을 찾는 것을 문제 중심의 탐색이라고 한다.
③ [×] 초정책결정은 최적모형의 내용이다.
④ [○] 문제를 해결하는 과정에서 습득한 목표의 적응, 주의집중규칙의 적응, 탐색규칙의 적응 등을 조직의 학습이라고 한다.

답 ③

27 ☐☐☐

표준운영절차(SOP)에 대한 설명으로 옳은 것은?

① 정책결정모형 중 앨리슨(G. Allison) 모형의 Model I 은 표준운영절차에 따른 의사결정을 가정한다.
② 표준운영절차에 따른 업무처리는 정책집행 현장의 특수성을 반영하기에 용이하다.
③ 표준운영절차는 업무처리의 공평성을 확보하는 데 기여한다.
④ 업무 담당자가 바뀌게 되면 표준운영절차로 인해 업무처리의 연속성을 유지하는 것이 어렵게 된다.

28 ☐☐☐

정책결정모형에 대한 설명 중 옳은 것을 모두 고른 것은?

1. 점증주의모형에 따르면 합리적 방법에 의한 쇄신보다는 기존의 상태에 바탕을 둔 점진적 변동을 시도한다고 본다.
2. 공공선택모형은 관료들의 자기이익 추구를 배제한 공익 차원의 집단적 의사결정 방식이다.
3. 앨리슨(G. Allison) 모형은 정책결정모형을 합리모형, 조직과정모형, 관료정치모형 관점에서 정리한 것이다.
4. 쓰레기통모형에 따르면 문제 흐름, 선택기회 흐름 및 참여자 흐름이 만나 무의사결정을 하게 된다고 본다.

① 1, 2
② 1, 3
③ 2, 4
④ 3, 4

27	표준운영절차의 존재 → 업무의 연속성 유지

① [×] 표준운영절차는 앨리슨(G. Allison) 모형 중 Model II 인 조직과정모형에서 사용하는 의사결정의 방식이다.
② [×] 표준운영절차는 정해진 절차에 의해 업무를 수행하므로 집행 현장의 특수성은 반영하기 곤란하다.
③ [○] 표준운영절차가 존재하면 누구에게나 똑같은 방식으로 업무가 처리되므로 업무처리의 공평성을 확보하기 쉽다.
④ [×] 업무 담당자가 바뀌어도 표준운영절차가 존재한다면 업무처리의 연속성이 유지되기 쉽다.

답 ③

28	공공선택모형 → 합리적 경제인관

1. [○] 점증모형은 린드블롬(C. Lindblom)과 윌다브스키(A. Wildavsky) 등에 의해 주장된 계속적·제한적 접근방법으로, 기존 정책의 가감식 결정에 바탕을 둔 점진적 변동을 시도한다.
2. [×] 공공선택모형은 관료들을 자신의 이익을 추구하는 합리적 경제인으로 가정한다.
3. [○] 앨리슨(G. Allison) 모형은 조직의 응집성을 기준으로 집단적 의사결정을 합리모형(모델 I), 조직과정모형(모델 II), 관료정치모형(모델 III)으로 분류하였으며, 세 가지 모형은 하나의 정책결정을 설명하는 데 모두 부분적으로 이용될 수 있음을 강조하였다.
4. [×] 쓰레기통모형은 문제의 흐름, 해결책의 흐름, 참여자의 흐름, 선택기회의 흐름이 우연히 만났을 때 정책결정이 이루어진다고 설명한다.

답 ②

쓰레기통모형에 대한 설명으로 옳은 것은?

① 조직구성원의 응집성이 아주 강한 혼란상태에 있는 조직에서 의사결정이 어떻게 이루어지는가를 기술하고 설명한다.
② 불명확한 기술(unclear technology)은 조직에서 의사결정 참여자의 범위와 그들이 투입하는 에너지가 유동적임을 의미한다.
③ 쓰레기통모형의 의사결정 방식에는 끼워넣기(by oversight)와 미뤄두기(by flight)가 포함된다.
④ 문제성 있는 선호(problematic preferences)는 목표와 수단사이의 인과관계가 명확하지 않음을 의미한다.

의사결정모형 중 쓰레기통모형의 내용이 아닌 것은?

① 진빼기 결정
② 의사결정을 구성하는 네 가지의 흐름
③ 조직화된 무정부 상태
④ 갈등의 준해결

29	쓰레기통모형 → 응집성이 매우 약한 조직화된 무정부상태

① [×] 조직화된 혼란이란 응집성이 매우 약한 상태를 의미한다.
② [×] 의사결정 참여자의 범위와 그들이 투입하는 에너지가 유동적임을 의미하는 것은 일시적 참여를 의미한다.
③ [○] 끼워넣기(oversight)란 다른 문제의 해결도 동시에 주장할 것이라고 예상되는 참여자가 있을 경우 이 사람이 참여하기 전에 결정을 해 버리는 것을 의미하고, 미뤄두기(flight)란 관련된 문제의 주장자들이 자신의 주장을 되풀이하다가 힘이 빠져 다른 기회를 찾아 나갔을 때 의사결정을 하는 것을 말한다.
④ [×] 목표와 수단사이의 인과관계가 명확하지 않음을 의미하는 것을 불명확한 기술이라 한다.

답 ③

30	갈등의 준해결 → 회사모형

① [○] 진빼기 결정이란 쓰레기통모형에서 자원의 여유가 없는 경우 관련된 문제들이 떠날 때까지 기다린 후에 결정하는 방식을 말한다. 반면, 다른 문제들이 제기되기 전에 재빠르게 결정하는 방식을 날치기 통과라 한다.
② [○] 쓰레기통모형에서는 문제의 흐름, 해결책의 흐름, 참여자의 흐름, 선택기회의 흐름이 상호 독자적으로 흘러 다니거나 상호 추적하는 상황이 나타난다.
④ [×] 갈등의 준해결은 회사모형의 특징이다. 갈등의 준해결이란 조직의 모든 부서를 만족시킬 하나의 대안은 존재하지 않으므로 갈등은 항상 내재화되어 있는 상태를 말한다.

답 ④

31 ☐☐☐

정책결정모형에 대한 설명으로 옳은 것은?

① 린드블롬(C. Lindblom)과 오스트롬(V. Ostrom)은 점증주의 모형을 주창하였다.
② 합리모형에서의 정책목표는 복수이거나 가변적일 수 있다.
③ 혼합주사모형에서의 세부적 결정은 합리모형과 만족모형을 적절히 혼합하여 의사결정을 한다.
④ 쓰레기통모형은 조직화된 무정부 상태를 전제로 한다.

32 ☐☐☐

킹던(J. Kingdon)이 제시한 정책흐름모형에 대한 설명으로 옳은 것만을 모두 고르면?

> ㄱ. 경쟁하는 연합의 자원과 신념체계를 강조한다.
> ㄴ. 쓰레기통모형을 발전시킨 것이다.
> ㄷ. 정책과정의 세 흐름은 문제흐름, 정책흐름, 정치흐름이 있다.

① ㄱ   ② ㄷ
③ ㄱ, ㄴ   ④ ㄴ, ㄷ

31	쓰레기통모형 → 조직화된 무정부 상태

① [×] 린드블롬(C. Lindblom)은 점증주의모형을 주창하였지만 오스트롬(V. Ostrom)은 공공선택론과 관련된다.
② [×] 합리모형은 정책목표가 명확하고 고정되어 있다는 가정에 기반을 둔다.
③ [×] 혼합모형은 합리모형과 점증모형의 결합이다.
④ [○] 조직화된 무정부란 대학사회나 친목 단체와 같이 계층적 권위가 없는 조직의 상태를 말한다.

답 ④

32	신념체계에 따른 지지연합의 구분 → 정책지지연합모형

ㄱ. [×] 경쟁하는 연합의 자원과 신념체계를 강조하는 것은 정책 지지연합모형에 관한 설명이다.
ㄴ. [○] 킹던(J. Kingdon)의 정책의 창 모형은 쓰레기통모형을 발전시킨 것이다.
ㄷ. [○] 정책과정의 세 흐름은 문제흐름, 정책흐름, 정치흐름이며, 세 가지 흐름은 상호 독립적이다.

답 ④

33 □□□

킹던(J. Kingdon)의 정책의 창(policy windows)이론에 대한 설명으로 옳지 않은 것은?

① 문제에 대한 대안이 존재하지 않을 경우 '정책의 창'이 닫힐 수 있다.
② '정책의 창'은 국회의 예산주기, 정기회기 개회 등의 규칙적인 경우뿐 아니라, 때로는 우연한 사건에 의해 열리기도 한다.
③ 문제흐름(problem stream), 이슈흐름(issue stream), 정치흐름(political stream)이 만날 때 '정책의 창'이 열린다고 본다.
④ 마치(J. March)와 올슨(J. Olsen)이 제시한 쓰레기통모형을 발전시킨 것이다.

33	정책의 창 → 문제, 정치, 정책

① [○] '정책의 창'은 문제, 정치, 정책의 세 가지 흐름이 만났을 때 열리는 것이므로 문제에 대한 대안 즉, 정책이 존재하지 않는다면 '정책의 창'은 닫힌다.
② [○] 킹던(J. Kingdon)은 우연한 정치적 사건이 정책과 만났을 때 '정책의 창'이 열릴 수 있음을 강조한다.
③ [×] 킹던(J. Kingdon)의 모형은 문제의 흐름, 정책의 흐름, 정치의 흐름이 어떤 계기로 만났을 때 '정책의 창'이 열린다는 이론이다.

답 ③

34 □□□

킹던(J. Kingdon)이 주장한 '정책 창문(policy window)' 이론에 대한 설명으로 옳지 않은 것은?

① 정책 창문은 문제의 흐름, 정치적 흐름, 정책적 흐름 등이 함께 할 때 열리기 쉽다.
② 정책 창문은 정책의제설정에서부터 최고의사결정에 이르기까지 필요한 여러 가지 여건이 성숙될 때 열린다.
③ 정책 창문은 한번 열리면 문제에 대한 대안이 도출될 때까지 상당한 기간 동안 열려있는 상태로 유지된다.
④ 정책 창문은 한번 닫히면 다음에 다시 열릴 때까지 많은 시간이 걸리는 편이다.

34	정책의 창 → 시간적 제약의 존재

① [○] 정치의 흐름은 정치지도자들이 지배하고, 정책의 흐름은 학자나 연구원과 같은 전문가 집단이 주도한다.
② [○] 즉, 문제의 흐름이 정책이라는 해결책의 흐름을 만나고 다시 정치라는 정부로의 진입기회를 가졌을 때 정책의 창이라는 결정기회를 만난다는 것이다.
③ [×] 킹던(J. Kingdon) 모형에서 정책의 창이란 정책문제 및 대안을 관철시키기 위해서 열려지는 기회로, 정책결정을 위한 세 가지 흐름이 만나는 동안만 잠시 열린다.
④ [○] 또한 해결을 기다리는 사회적 문제는 무수히 많고 이러한 문제들을 정책으로 만드는 정치적 사건들도 지속적으로 발생하므로 그 사건이 주목받는 기간 동안 정책으로 채택되지 않는다면 다음 기회를 만날 때까지는 상당한 기간이 필요하다.

답 ③

35 ☐☐☐

15년 국가7급

킨던(J. Kingdon)의 정책의 창(정책흐름)모형에 대한 설명으로 옳지 않은 것은?

① 정책과정 중 정책의제설정 단계에 초점을 맞춘 모형이다.
② 정치의 흐름은 국가적 분위기 전환, 선거에 따른 행정부나 의회의 인적 교체, 이익집단들의 로비활동과 압력행사 등과 같은 요소들로 구성된다.
③ 문제의 흐름, 정책의 흐름, 정치의 흐름의 세 가지 흐름은 상호의존적 경로를 따라 진행된다.
④ 정책의 흐름은 문제를 검토하여 해결방안들을 제안하는 전문가들과 분석가들로 구성되며, 여기서 여러 가능성들이 탐색되고 그 범위가 좁혀진다.

35	정책의 창 → 문제, 정책, 정치의 독자적 흐름

① [○] 문제의 흐름이 정치의 흐름을 만나야 정책의제로의 채택이 가능하다는 주장이므로 주로 정책의제설정 단계에 초점을 맞추어 정책화 과정을 설명하고 있다.
② [○] 이밖에도 정권교체, 의석수 변경, 여론 변동 등이 정치의 흐름이며, 대통령, 고위관료, 의회 지도자와 같은 가시적 집단이 정치적 흐름을 지배한다고 보았다.
③ [×] 문제의 흐름, 정책의 흐름, 정치의 흐름이라는 각각의 독자적 흐름이 어떠한 계기로 만날 때 정책결정의 기회가 열린다는 것이 킨던(J. Kingdon)이 제시한 정책의 창이다. 즉, 상호의존적 경로가 옳지 않다.
④ [○] 한편 학자나 연구원, 직업공무원, 의회의 참모와 같은 숨겨진 집단은 정책대안을 제시하고 결정의제에 영향을 준다. 즉, 정책의 흐름은 전문가들이 지배한다.

답 ③

36 ☐☐☐

19년 국회8급

킨던(J. Kingdon)의 정책의 창 모형과 관련된 내용으로 옳은 것만을 〈보기〉에서 모두 고르면?

〈보기〉
ㄱ. 방법론적 개인주의
ㄴ. 쓰레기통모형
ㄷ. 정치의 흐름
ㄹ. 점화장치
ㅁ. 표준운영절차

① ㄱ, ㄴ, ㄷ
② ㄱ, ㄴ, ㄹ
③ ㄱ, ㄹ, ㅁ
④ ㄴ, ㄷ, ㄹ
⑤ ㄴ, ㄷ, ㅁ

36	표준운영절차 → 회사모형, 사이버네틱스모형, 조직과정모형

ㄱ, ㅁ. [×] 방법론적 개인주의와 표준운영절차는 킨던(J. Kingdon)의 정책의 창 모형과는 관련이 없다.
ㄹ. [○] 정권의 교체와 같은 정치적 사건이나 문제의 발생과 같은 극적 사건을 점화장치((triggering device)라 한다.

답 ④

37 ☐☐☐

앨리슨(G. Allison)의 관료정치모형(모형 III)에 대한 설명으로 옳은 것은?

① 정책결정은 준해결(quasi-resolution)적 상태에 머무르는 경우가 많다.
② 정책결정자들은 국가 전체의 이익이나 전략적 목표를 극대화하기 위한 결정을 한다.
③ 정책결정에 참여하는 구성원들 간의 목표 공유 정도와 정책결정의 일관성이 모두 매우 낮다.
④ 정부는 단일한 결정주체가 아니며 반독립적(semi-autonomous) 하위조직들이 느슨하게 연결된 집합체이다.

38 ☐☐☐

앨리슨(G. Allison) 모형에 대한 설명으로 옳은 것은?

① 합리적 행위자 모형에서는 국가 전체의 이익과 국가목표 추구를 위해서 개인의 이익을 고려하지 않는 것을 경계하며 국가가 단일적인 결정자임을 부정한다.
② 조직과정모형에서 조직은 불확실성을 회피하기 위하여 정책결정을 할 때 표준운영절차(SOP)나 프로그램 목록(program repertory)에 의존하지 않는다.
③ 관료정치모형은 여러 다양한 문제에 관심을 갖는 다수의 행위자를 상정하며 이들의 목표는 일관되지 않는다.
④ 외교안보문제 분석에 있어서 설명력을 높이기 위한 대안적 모형으로 조직과정모형을 고려하지는 않는다.

37	관료정치모형 → 낮은 응집성과 일관성

① [×] 갈등의 해결이 준해결(quasi-resolution)적 상태에 머무르는 경우가 많은 것은 조직과정모형이다.
② [×] 국가 전체의 이익이나 전략적 목표를 극대화하기 위한 결정은 합리모형의 특징이다.
③ [○] 관료정치모형은 상급자 개인을 정책결정의 참여자로 보는 모형으로, 세 가지 모형은 목표의 공유 정도와 응집성 및 정책의 일관성이 가장 낮은 모형이다.
④ [×] 정부를 반독립적(semi-autonomous) 하위조직들이 느슨하게 연결된 집합체로 보는 것은 조직과정모형이다.

📄 앨리슨(G. Allison)모형

구분	합리모형	조직과정모형
합리성	완전한 합리성	제한된 합리성
적용 계층	조직의 전 계층	조직의 중·하위계층
응집성	강함	중간
조직관	단일의 행위자, 잘 조직된 유기체	느슨하게 연결된 하위조직들의 연합체
권력 소재	최고 지도자(→ 집권)	반독립적 부서(→ 분권)
목표	조직목표	조직목표 + 부서목표
정책결정	동시적·분석적 해결	SOP에 의한 대안 마련, 하위부서들 간 타협

답 ③

38	합리적 행위자 모형 → 국가 이익의 극대화

① [×] 합리적 행위자 모형에서는 국가를 하나의 합리적 유기체로 보면서, 국가 전체의 이익과 국가목표를 추구한다고 본다.
② [×] 조직과정모형에서 조직은 불확실성을 회피하기 위하여 표준운영절차(SOP)나 프로그램 목록(program repertory)을 활용한다.
③ [○] 관료정치모형은 여러 다양한 문제에 관심을 갖는 다수의 행위자를 상정하며 이들의 목표는 일관되지 않다.
④ [×] 앨리슨(G. Allison)은 '의사결정의 본질'(1971)에서 1960년대 초 쿠바 미사일 사건과 관련된 미국의 외교정책 과정을 분석한 후 정부의 정책결정 과정을 설명하고 예측하기 위한 분석틀로서 기존에 제시되었던 합리모형과 조직과정모형에 관료정치모형을 새롭게 추가하여 세 가지 의사결정모형을 제시하였다.

답 ③

39 ☐☐☐

앨리슨(G. Allison)의 세 가지 의사결정모형에 대한 설명으로 옳지 않은 것은?

① 집단적 의사결정을 국가의 정책결정에 적용하기 위해 합리적 행위자모형, 조직과정모형, 관료정치모형으로 분류하였다.
② 관료정치모형은 조직 하위계층에의 적용가능성이 높고, 조직과정모형은 조직 상위계층에의 적용가능성이 높다.
③ 실제 정책결정에서는 어느 하나의 모형이 아니라 세 가지 모형이 모두 적용될 수 있다.
④ 원래 국제정치적 사건과 위기적 사건에 대응하는 정책결정을 설명하기 위한 모형으로 고안되었으나, 일반정책에도 적용이 가능하다.

40 ☐☐☐

앨리슨(G. Allison)의 정책결정모형 중 Model II(조직과정모형)에 대한 설명으로 옳지 않은 것은?

① 정부는 느슨하게 연결된 연합체이다.
② 권력은 반독립적인 하위조직에 분산된다.
③ 정책결정은 SOP에 의해 프로그램 목록에서 대안을 추출한다.
④ 정책결정의 일관성이 강하다.

39	관료정치모형 → 조직의 상위계층

① [○] 앨리슨(G. Allison)모형은 쿠바미사일위기와 관련한 미국의 정책적 대응을 연구(1971)한 이론으로, 조직의 응집성을 기준으로 집단적 의사결정모형을 유형별로 분류하였다.
② [×] 관료정치모형은 조직의 상위계층에 적용가능성이 높고, 조직과정모형은 조직의 중하위계층에 적용가능성이 높다.
③ [○] 앨리슨(G. Allison)모형은 세 가지 모형이 하나의 정책결정을 설명하는 데 모두 부분적으로 이용될 수 있음을 설명한다.
④ [○] 앨리슨(G. Allison)모형은 쿠바미사일위기라는 국제정치적 사건을 설명하는 모형이었지만 일반적인 정책과정의 설명에도 적용될 수 있다.

답 ②

40	조직과정모형 → 느슨한 연합체

① [○] 조직과정모형에서 가정하는 정부는 독립성이 강한 다양한 부서들이 각자의 목표를 추구하며 느슨하게 연결된 연합체이다.
② [○] 합리모형에서의 권력은 최고 책임자에게 집중되어 있지만 조직과정모형에서의 권력은 반독립적인 하위조직에게 분산되어 있다.
③ [○] 합리모형은 분석에 의해 정책결정이 이루어지지만 조직과정모형은 학습의 결과물인 프로그램 목록에서 대안을 추출하고 이를 다른 부서들과 타협하여 정책을 결정한다.
④ [×] 정책결정의 일관성이 강한 것은 합리모형이다.

답 ④

41 ☐☐☐

앨리슨(G. Allison) 모형에 관한 설명으로 옳지 않은 것은?

① 앨리슨(G. Allison) 모형의 모델Ⅰ은 개인적 차원의 합리적 결정을 설명하는 합리모형의 시각을 국가 정책결정과정에 유추한 것이다.
② 앨리슨(G. Allison) 모형의 모델Ⅱ는 표준운영절차(SOP)에 의한 정책결정 양상도 발생한다고 본다.
③ 앨리슨(G. Allison) 모형은 1960년대 초 쿠바의 미사일 위기 사건을 설명하기 위해 개발된 이론모형이다.
④ 앨리슨(G. Allison) 모형의 모델Ⅲ은 조직과정모형으로, 정책결정의 주체를 참여자들 개개인으로 본다.

42 ☐☐☐

앨리슨(G. Allison)모형 중 다음 내용에 초점을 두고 정책결정을 설명하는 것은?

> 1960년대 쿠바 미사일 사태에서 미국은 해안봉쇄로 위기를 극복하였다. 정부의 각 부처를 대표하는 사람들은 위기상황에서 각자가 선호하는 대안을 제시하였다. 대표자들은 여러 대안에 대하여 갈등과 타협의 과정을 거쳤고, 결국 해안봉쇄 결정이 내려졌다. 이는 대통령이 사태 초기에 선호했던 국지적 공습과는 다른 결정이었다. 물론 해안봉쇄가 위기를 해소하는 최선의 대안이라는 보장은 없었고, 부처에 따라서는 불만을 가진 대표자도 있었다.

① 합리적 행위자 모형
② 쓰레기통모형
③ 조직과정모형
④ 관료정치모형

41	조직과정모형의 참여자 → 하위부서

① [○] 앨리슨(G. Allison) 모형의 모델Ⅰ은 모든 구성원이 일심동체로 움직이는 상황으로, 응집성이 가장 강하며, 목표의 극대화를 추구하고 최선의 수단을 탐색하는 합리모형이다.
② [○] 앨리슨(G. Allison) 모형의 모델Ⅱ는 제한된 합리성을 가정한 회사모형과 동일하다. 조직을 목표에 대한 합의가 비교적 약한 반독립적인 하위조직의 느슨한 연결로 가정한다.
④ [×] 앨리슨(G. Allison) 모형의 모델Ⅲ은 관료정치모형이다. 조직과정모형은 모델Ⅱ이다.

답 ④

42	상급자 개개인의 선호 강조 → 관료정치모형

① [×] 합리적 행위자 모형은 모든 대안을 분석한 후 미국의 국익에 가장 크게 기여하는 대안을 선택한다는 이론이다.
② [×] 쓰레기통모형은 앨리슨 모형에 포함되어 있지 않다.
③ [×] 부서별 대표라는 의미가 부서의 이익을 의미한다면 조직과정모형으로도 볼 수 있다. 다만, 출제자는 부서별 대표의 의미를 부서의 이익뿐만 아니라 개인의 이익까지 고려하고 있는 대표자로 가정하고 출제한 것으로 보인다.
④ [○] 부서별 대표자 즉, 상급자 각자의 선호를 대안으로 제시하였다면 이는 관료정치모형으로 보아야 할 것이다.

답 ④

43 ☐☐☐

15년 국가7급

앨리슨(G. Allison)은 쿠바 미사일 위기에 대한 분석을 통해 합리적 행위자모형, 조직과정모형, 관료정치모형이라는 3가지 정책결정모형을 제시하였다. 다음 중 조직과정모형의 가정은?

① 정책산출물은 주로 관행과 표준적 절차에 따라 만들어진다.
② 의사결정자는 완벽한 정보를 가지고 주어진 목표의 극대화를 추구하는 합리적 존재이다.
③ 정책은 정치적 경쟁, 협상, 타협의 산물이다.
④ 정책결정의 행위주체는 독자성이 강한 다수 행위자들의 집합이다.

44 ☐☐☐

08년 국가7급

정책결정모형에 관한 설명으로 옳지 않은 것은?

① 회사모형은 개인의 의사결정원리를 유추·적용하여 조직의 의사결정을 설명한 것으로 합리모형에 대한 비판에서 출발한다.
② 합리모형은 의사결정자들이 사회적으로 추구하는 가치와 그것들의 우선순위를 보여주는 일련의 목표들을 설정할 능력이 있다고 가정한다.
③ 최적모형은 '현실'과 '이상'을 통합한 것으로 메타정책결정(meta-policymaking)을 중요시 한다.
④ 관료정치모형은 정부를 잘 조직화된 유기체로 간주하며, 정책결정과정은 본질적으로 정치게임에 참여하는 개인의 경우와 같다고 본다.

43	관행과 표준적 절차 → 조직과정모형

① [○] 조직과정모형은 조직을 목표에 대한 합의가 비교적 약한 반독립적인 하위조직의 느슨한 연결로 가정하고, 하위부서들 간 타협이나 표준운영절차(SOP)에 의해 정책이 결정된다는 모형이다.
② [×] 의사결정자를 완벽한 정보를 가지고 주어진 목표의 극대화를 추구하는 합리적 존재로 보는 것은 합리모형이다.
③ [×] 정책을 정치적 경쟁이나 협상 또는 타협의 산물로 보는 것은 관료정치모형이다.
④ [×] 정책결정의 행위주체를 독자성이 강한 다수 행위자들의 집합으로 보는 것은 관료정치모형이다.

답 ①

44	합리모형 → 유기체로서 조직

① [○] 회사모형은 만족모형을 조직차원의 의사결정에 적용한 것으로, 사이어트(R. Cyert)와 마치(J. March)의 '회사의 행태이론'(1963)의 핵심이다.
② [○] 합리모형은 인간의 전지전능을 가정하는 경제인에 입각한 정책결정모형으로, 총체적으로 문제를 인지하고 명확하게 목표를 제시하며, 모든 대안을 포괄적으로 검토한 후 그 결과를 완벽하게 예측한다. 결정기준으로는 전체 최적화를 추구한다.
③ [○] 최적모형에서 강조하는 메타정책결정이란 정책결정을 어떻게 할 것인가에 대한 결정으로 주로 초합리성이 작용한다. 이는 바람직한 정책결정을 가능하게 하는 정책결정체제의 설계 및 재설계와 관련되며, 합리모형이나 점증모형 등 정책결정의 주된 전략을 결정하는 단계이다.
④ [×] 정부를 잘 조직화된 유기체로 간주하는 것은 합리모형이다. 관료정치모형은 응집성이 가장 약한 의사결정모형으로, 조직의 상위계층에 적용되며, 흥정이나 타협 등 정치적 게임에 의해 의사결정이 이루어지므로 정책의 일관성이 약하다.

답 ④

45 ☐☐☐

정책결정모형에 대한 설명으로 옳은 것은?

① 혼합주사모형은 1960년대 미국의 쿠바 미사일 위기사건을 설명하기 위해 연구된 모형이다.
② 사이버네틱스모형을 설명하는 예시로 자동온도조절장치를 들 수 있다.
③ 쓰레기통모형은 갈등의 준해결, 문제 중심의 탐색, 불확실성의 회피, 표준운용절차의 활용을 설명하는 모형이다.
④ 합리모형은 만족할 만한 수준에서 의사결정이 이루어진다고 설명하는 모형이다.

45	자동온도조절장치 → 사이버네틱스모형

① [×] 1960년대 미국의 쿠바 미사일 위기사건을 설명하기 위해 연구된 모형은 엘리슨 모형이다.
② [○] 자동온도조절장치는 환류되는 정보를 바탕으로 사전에 설정된 온도의 범위에 머물고자 하므로 이는 사이버네틱스의 결정과 유사하다.
③ [×] 갈등의 준해결, 문제 중심의 탐색, 불확실성의 회피, 표준운용절차의 활용을 강조하는 것은 회사모형이다.
④ [×] 만족할 만한 수준에서 의사결정이 이루어진다고 설명하는 모형은 만족모형이다.

답 ②

46 ☐☐☐

사이버네틱스(cybernetics) 의사결정모형에 대한 설명으로 옳지 않은 것은?

① 주요 변수가 시스템에 의하여 일정한 상태로 유지되는 적응적 의사결정을 강조한다.
② 문제를 해결하고 목표를 달성하기 위해 정보와 대안의 광범위한 탐색을 강조한다.
③ 자동온도조절장치와 같이 사전에 프로그램된 메커니즘에 따라 의사결정이 이루어진다.
④ 한정된 범위와 변수에만 관심을 집중함으로써 불확실성을 통제하려는 모형이다.

46	정보와 대안의 광범위한 탐색 → 합리모형

① [○] 사이버네틱스모형은 합리모형과 극단적으로 대립되는 적응적·관습적 의사결정으로, 인간의 두뇌가 정보와 환류에 의해 환경에 적응하는 것을 조직의 의사결정에 적용한 것이다.
② [×] 문제를 해결하고 목표를 달성하기 위해 정보와 대안의 광범위한 탐색을 강조하는 것은 합리모형이다.
③ [○] 사이버네틱스모형은 자동온도조절장치처럼 사전에 설정된 의사결정 방식을 기반으로 정보를 환류하면서 적응하는 시스템이다.
④ [○] 사이버네틱스모형은 합리모형과 달리 모든 변수를 통제할 수 없다고 보며, 한정된 범위의 변수에 초점을 두되 점차 그 범위를 넓혀가는 순차적 접근방법을 취한다.

📄 **분석적 패러다임과 사이버네틱스 패러다임 비교**

구분	분석적 패러다임	사이버네틱스 패러다임
합리성	완전한 합리성	제한된 합리성
결정 기준	최선의 답 추구	그럴듯한 답 추구
이념	경제적 효율성	배분적 형평성
접근 방식	알고리즘(→ 연역적 접근)	휴리스틱(→ 귀납적 접근)
대안 분석	동시적·병렬적 분석	순차적 분석
학습 방식	인과적 학습	인과적 학습 + 도구적 학습

답 ②

47 □□□

정책결정모형에 관한 설명으로 옳은 것은?

① 합리모형 – 일반적으로 인간의 제한된 분석능력을 보완할 수 있는 기능을 포함한다.

② 점증모형 – 정책결정과정에서 정치적 합리성보다 경제적 합리성을 더욱 중요시한다.

③ 사이버네틱스모형 – 습관적인 의사결정을 설명하는 데 유용하며, 반복적인 의사결정과정의 수정이 환류된다.

④ 쓰레기통모형 – 위계적인 조직구조의 의사결정과정에 적용되며, 정책갈등 상황의 해결에 유용하다.

48 □□□

다음에서 설명하는 의사결정 휴리스틱스(heuristics)의 오류는?

> 사람들에게 10명의 사람으로부터 무작위로 k명의 위원회를 구성하라고 하고, k가 2일 때와 8일 때 어느 경우에 구성되는 위원회의 '경우의 수'가 더 클 것인지를 판단하게 하였다. 이때 대부분의 사람들은 2일 경우가 더 많다고 답한다. 이는 2명의 위원회를 생각하는 것이 8명의 서로 다른 위원회를 생각하는 것보다 더 쉽기 때문이다. 하지만 실제로 2명일 때와 8명일 때의 조합 가능한 위원회의 수는 같다.

① 고착화(anchoring)와 조정(adjustment)으로 인한 오류

② 허위상관(illusory correlation)으로 인한 오류

③ 상상의 용이성(imaginability)으로 인한 오류

④ 사례의 연상가능성(retrievability of instances)으로 인한 오류

---

47 사이버네틱스모형 → 습관적 · 반복적 의사결정

① [×] 합리모형은 인간의 완전한 합리성을 가정한다. 인간의 제한된 분석능력을 직관이나 영감과 같은 초합리성과 환류로 보완한 것은 최적모형이다.

② [×] 점증모형은 효율성과 같은 경제적 합리성보다는 타협이나 합의와 같은 정치적 합리성을 더 중시한다.

③ [○] 사이버네틱스모형은 정해진 고차원의 명확한 목표를 추구하는 것이 아니라 고도의 불확실성하에서 정보를 지속적으로 제어하고 환류하면서 적응적으로 의사를 결정하는 시스템이다.

답 ③

---

48 상상이 용이성 → 얼마나 쉽게 상상할 수 있는가?

① [×] 고착화(anchoring)와 조정(adjustment)으로 인한 오류란 초기 출발점의 차이에서 오는 편차를 말한다.

② [×] 허위상관(illusory correlation)으로 인한 오류란 실제로는 상관성이 없음에도 불구하고 두 변수 간 상관성이 높을 것이라는 착각에서 발생하는 오류이다.

③ [○] 상상의 용이성(imaginability)으로 인한 오류란 적절한 예를 얼마나 쉽게 상상할 수 있는가에 의해서 나타나는 오류이다. 2명으로 묶는 것이 8명으로 묶는 것보다 쉽게 상상할 수 있기에 2명으로 묶는 경우가 많을 것이라고 생각하는 것이 그 예이다. 그러나 2명으로 묶는 경우와 8명으로 묶는 경우의 수는 같다.

④ [×] 사례의 연상가능성(retrievability of instances)으로 인한 오류란 사건의 빈도를 판단할 때 그 예가 친숙할수록, 현저할수록 그리고 최근의 것일수록 연상하기 쉬운데서 오는 오류를 말한다.

답 ③

다음 〈보기〉에서 설명하는 정책결정모형으로 가장 적절한 것은?

〈보기〉

이 모형은 수요와 공급의 관점에서 정부정책을 검토하는데, 정부가 공공재의 공급자이고 시민들은 수요자가 된다. 시민의 편익을 극대화할 수 있는 서비스의 공급과 생산은 공공부문의 시장경제화를 통해 가능하다는 것이다. 독점적 정부관료제는 정부실패를 가져오기 때문에 시민 개개인의 선호와 선택을 존중하고 경쟁을 통해 서비스를 생산하고 공급하게 함으로써 행정의 대응성을 높일 수 있다는 것이다. 관료 이기주의를 방지하기 위해 외부계약(contracting-out), 민영화, 정부 부처 간 경쟁 등과 같은 시장원리를 관료제에 적용시켜야 한다는 것도 이러한 맥락에서 나오는 것이다.

① 혼합주사모형
② 만족모형
③ 회사모형
④ 공공선택모형
⑤ 합리모형

| **49** | 공공선택론 → 시장경제화를 통한 관료제 모형의 개혁 |

④ [○] 독점적 관료제를 비판하고 공공부문의 시장경제화를 통해 시민의 편익을 극대화할 수 있다고 주장하는 것은 공공선택론이다.

답 ④

정책결정모형에 대한 설명으로 옳은 것만을 모두 고른 것은?

ㄱ. 점증모형은 기존 정책을 토대로 하여 그보다 약간 개선된 정책을 추구하는 방식으로 결정하는 것이다.
ㄴ. 만족모형은 모든 대안을 탐색한 후 만족할 만한 결과를 도출하는 것이다.
ㄷ. 사이버네틱스모형은 설정된 목표달성을 위해 정보제어와 환류 과정을 통해 자신의 행동을 스스로 조정해 나간다고 가정하는 것이다.
ㄹ. 앨리슨모형은 정책문제, 해결책, 선택 기회, 참여자의 네 요소가 독자적으로 흘러 다니다가 어떤 계기로 교차하여 만나게 될 때 의사결정이 이루어진다고 보는 것이다.

① ㄱ, ㄴ
② ㄱ, ㄷ
③ ㄴ, ㄹ
④ ㄷ, ㄹ

| **50** | 모든 대안의 탐색 → 합리모형 |

ㄱ. [○] 점증모형은 기존의 것을 기반으로 약간 향상된 정책을 추구하는 점진적인 정책결정모형이다. 이에 따라 현실적이고 보수적인 측면이 강하여 급변하는 환경에 대한 적응성이 떨어진다는 한계를 지닌다.
ㄴ. [×] 모든 대안을 탐색하는 것은 합리모형이다. 만족모형은 무작위적이고 순차적으로 만족할 만한 대안이 나올 때까지 탐색한다.
ㄷ. [○] 사이버네틱스모형은 어떤 중요한 변수를 바람직한 상태로 유지(현상유지 성향)하고자 하는 끊임없는 비목적적 적응시스템이다.
ㄹ. [×] 정책문제, 해결책, 선택기회, 참여자의 네 요소가 독자적으로 흘러 다니다가 어떤 계기로 교차하여 만나게 될 때 의사결정이 이루어진다고 보는 것은 쓰레기통모형이다. 앨리슨모형은 쿠바미사일위기와 관련한 미국의 정책적 대응을 연구한 이론으로, 조직의 응집성을 기준으로 집단적 의사결정모형을 유형별로 분류한 것이다.

답 ②

51 ☐☐☐

하이예스(M. Hayes)는 정책결정 상황을 참여자들 간 목표 합의 여부, 수단적 지식 합의 여부에 따라 아래 <표>와 같이 구분한다. 다음 설명 중 옳지 않은 것은?

〈표〉정책결정 상황의 분류

	목표 갈등	목표 합의
수단적 지식 갈등	I	II
수단적 지식 합의	III	IV

① 상황 I 에서는 점증주의적 결정이 불가피하며, 점증적이지 않은 대안은 입법과정에서 제외될 수밖에 없다.

② 상황 II 에서는 사이버네틱스(cybernetics)모형에 따라 정책이 결정된다.

③ 상황 III 에서는 수단에 대한 합의로 인하여 합리적 의사 결정이 이루어진다.

④ 상황 IV 에서는 비교적 기술적이고 행정적인 문제가 포함되어 큰 변화가 일어날 수 있다.

---

52 ☐☐☐

브레이브룩(D. Braybrooke)과 린드블롬(C. Lindblom)이 제시한 다음 모형에서, 다소 행정적이고 기술적인 의사결정이 필요한 포괄적 합리모형에 해당하는 것은?

정책목표와 수단에 대한 이해의 정도 \ 의사결정에 의한 사회변화의 크기	광범위한 변화	점증적인 변화
높은 이해	ㄱ	ㄴ
낮은 이해	ㄷ	ㄹ

① ㄱ
② ㄴ
③ ㄷ
④ ㄹ

51	목표 갈등 + 수단 합의 → 타협적 결정

① [○] 상황 I 은 목표와 수단이 모두 갈등적 상황으로 점증주의 결정이 나타난다.

② [○] 상황 II 는 목표는 합의되었으나 수단을 놓고 갈등이 나타나므로 수단에 대한 시행착오적 결정 즉, 사이버네틱스 방식이 나타난다.

③ [×] 상황 III 에서는 수단에 대해서는 합의하였지만 목표의 갈등이 존재하므로 타협적 결정이 이루어진다.

④ [○] 상황 IV 는 목표와 수단이 모두 명확하므로 보다 기술적인 합리주의 결정이 나타나며, 급진적인 변화가 일어날 수 있다.

📄 **상황적응적 의사결정모형 - 하이예스(M. Hayes)**

구분	목표 합의	목표 갈등
수단적 지식 합의	합리적 결정	타협적 결정
수단적 지식 갈등	사이버네틱스	점증주의

답 ③

52	포괄적 합리모형 → 행정적·기술적 의사결정

① [×] ㄱ의 상황에서는 혁명적 결정이나 이상적 결정과 같은 전통적 합리모형의 결정이 나타난다.

② [○] 다소 행정적이고 기술적인 의사결정이 필요한 포괄적 합리모형은 ㄴ이다.

③ [×] ㄷ의 상황에서는 전쟁이나 혁명(정치적 변혁), 위기 등과 같은 대변혁이 나타난다.

④ [×] ㄹ의 상황에서는 점증적인 정치적 결정이 나타나며, 전통적인 점증주의 상황이 벌어진다.

📄 **상황적응적 의사결정모형**
- 브레이브룩(D. Braybrooke)과 린드블롬(C. Lindblom)

구분		변화 정도	
		광범위한 변화	점증적 변화
목표와 수단 이해 정도	높은 이해	혁명적 결정, 이상적 결정, 전통적 합리모형	포괄적 합리모형, 다소 행정적·기술적 의사결정
	낮은 이해	전쟁·혁명·위기와 같은 대변혁	점증주의 정책결정

답 ②

정책딜레마(policy dilemma)에 대한 설명으로 옳지 않은 것은?

① 상호갈등적인 정책대안들이 구체적이고 명료하지 못할 때 나타나는 경향이 있다.
② 정책대안들 가운데 반드시 하나를 선택해야 할 경우에 발생한다.
③ 갈등집단들의 내부응집력이 강할 때 딜레마가 증폭된다.
④ 새로운 딜레마 상황을 조성하는 것도 정책딜레마에 대한 대응방안이다.

다음 중 딜레마 이론에 대한 설명으로 옳은 것은?

① 정부활동의 기술적·경제적 합리성을 중시하고 정부가 시장의 힘을 활용하는 촉매자 역할을 한다는 점을 강조하는 이론이다.
② 전략적 합리성을 중시하고, 공유된 가치 창출을 위한 시민과 지역공동체 집단들 사이의 이익을 협상하고 중재하는 정부 역할을 강조하는 행정이론이다.
③ 정부신뢰를 강조하고, 정부신뢰가 정부와 시민의 협력을 증진시키며 정부의 효과성을 높이는 가장 중요한 요인이 된다고 주장하는 행정이론이다.
④ 시차를 두고 변화하는 사회현상을 발생시키는 주체들의 속성이나 행태의 연구가 행정이론 연구의 핵심이 된다고 주장하고, 이를 행정현상 연구에 적용하였다.
⑤ 상황의 특성, 대안의 성격, 결과가치의 비교평가, 행위자의 특성 등 상황이 야기되는 현실적 조건하에서 대안의 선택방법을 규명하는 것을 통해 행정이론 발전에 기여하였다.

---

53   딜레마 상황 → 모호성 여부와 무관

① [×] 딜레마 상황이란 참여자, 기회, 문제 등의 모호성 여부와는 상관없이 대안들의 표면적 가치를 비교할 수 없기 때문에 선택이 어려운 상황이다. 즉, 거의 동등한 가치를 지니고 있거나 하나의 가치를 포기함으로 인한 기회비용이 너무 큰 두 개의 대안 중 하나를 선택해야만 하는 상황을 말한다.
② [○] 반드시 하나의 대안을 선택해야 하고, 결정의 회피나 지연이 용이하지 않을 때 딜레마는 증폭된다.
③ [○] 갈등집단 간 권력균형이 이루어져 있고, 각 집단의 내부응집력이 강할 때 딜레마는 증폭된다.
④ [○] 새로운 딜레마 상황을 조성하는 것은 딜레마를 해결하기 위한 적극적 방안에 해당한다.

답 ①

---

54   딜레마 → 상황의 모호성과는 무관

① [×] 정부활동의 기술적·경제적 합리성을 중시하고 정부가 시장의 힘을 활용하는 촉매자 역할을 한다는 점을 강조하는 이론은 신공공관리론이다.
② [×] 전략적 합리성을 중시하고, 공유된 가치 창출을 위한 시민과 지역공동체 집단들 사이의 이익을 협상하고 중재하는 정부 역할을 강조하는 행정이론은 신공공서비스론이다.
③ [×] 정부신뢰를 강조하고, 정부신뢰가 정부와 시민의 협력을 증진시키며 정부의 효과성을 높이는 가장 중요한 요인이 된다고 주장하는 행정이론은 사회적 자본론이다.
④ [×] 시차를 두고 변화하는 사회현상을 발생시키는 주체들의 속성이나 행태의 연구가 행정이론 연구의 핵심이 된다고 주장하는 것은 시차적 접근법이다.
⑤ [○] 딜레마 상황이란 관련 참여자, 선택 기회, 문제 등의 모호성 여부와는 상관없이 대안들의 표면화된 가치를 비교할 수 없기 때문에 선택이 어려운 상황으로, 이러한 상황이 나타나고 이를 해결하기 위한 방안을 모색하는 것이 딜레마 이론이다.

답 ⑤

01 ☐☐☐ 07년 국가9급

정책집행의 중요성이 대두된 배경이 아닌 것은?

① 법 규정의 명확성
② 중간매개자의 개입
③ 정책대상 집단의 비협조
④ 권력분립과 조직변화

---

01 정책집행론의 대두배경 → 정책의 실패

① [×] 정책집행의 중요성이 대두된 배경은 합리적으로 결정된 정책이 실패하였기 때문이다. 법 규정의 모호성이 정책실패의 원인이다.
②, ③ [○] 중간매개자의 개입, 정책대상 집단의 비협조 등이 정책집행의 실패를 가져온 원인이 되었다.
④ [○] 권력분립과 조직의 탈관료제로의 변화 등은 일관성 있는 정책집행을 어렵게 하는 원인이 되었다.

답 ①

02 ☐☐☐ 20년 국가7급

정책집행의 접근방법에 대한 설명으로 옳은 것은?

① 하향식 접근방법에서는 정책목표의 신축적 조정이 효과적인 정책집행을 가져온다고 하였다.
② 사바티어(P. Sabatier)와 매즈매니언(D. Mazmanian)은 상향식 접근방법의 대표적인 모형을 제시하였다.
③ 엘모어(R. Elmore)가 제안한 전방향적 연구(forward mapping)는 상향식 접근방법과 유사하다.
④ 고긴(M. Goggin)은 통계적 연구설계의 바탕 위에서 이론의 검증을 시도하는 제3세대 집행 연구를 주장하였다.

---

02 제3세대 집행연구
→ 통계적 연구설계에 바탕을 둔 실증적 접근

① [×] 정책집행에 관한 하향식 접근방법은 명확하고 일관된 정책목표를 강조한다.
② [×] 사바티어(P. Sabatier)와 매즈매니언(D. Mazmanian)은 하향식 접근방법의 대표적인 모형을 제시하였다.
③ [×] 엘모어(R. Elmore)가 제안한 전방향적 연구(forward mapping)는 하향식 접근방법과 유사하다. 상향적 접근방법과 유사한 것은 후방향적 연구이다.
④ [○] 고긴(M. Goggin) 등이 주도한 정책집행의 제3세대 연구는 통계적 연구설계를 통한 검증과 같은 실증적 접근방법을 강조한다.

답 ④

03 ☐☐☐

프레스만(L. Pressman)과 윌다브스키(A. Wildavsky)의 성공적인 정책집행에 관한 오클랜드 사례분석의 내용으로 옳지 않은 것은?

① 정책집행에 개입하는 참여자의 수가 적어야 한다.
② 정책집행은 정책결정과 분리되어 독립적으로 수행해야 한다.
③ 정책집행을 위한 프로그램 설계가 단순해야 한다.
④ 최초 정책집행 추진자 또는 의사결정자가 지속해서 집행을 이끌어야 한다.

03	정책실패의 원인 → 결정과 집행의 분리

①, ③, ④ [○] 프레스만(L. Pressman)과 윌다브스키(A. Wildavsky)는 적절한 집행수단의 결여, 많은 참여자, 부적절한 집행담당기관, 집행담당기관의 잦은 교체 등을 정책집행의 실패요인으로 제시하였다.

② [×] 프레스만(L. Pressman)과 윌다브스키(A. Wildavsky)는 정책집행이 정책결정과 분리되어 독립적으로 수행되면 성공적인 정책집행이 어렵다고 하였다.

답 ②

04 ☐☐☐

프레스맨(L. Pressman)과 윌다브스키(A. Wildavsky)가 집행론(Implementation)에서 설명한 공동행동의 복잡성(Complexity of Joint Actions)에 대한 설명으로 옳지 않은 것은?

① 프레스만(L. Pressman)과 윌다브스키(A. Wildavsky)는 실패한 정책인 The Oakland Project를 분석하여 정책집행과정을 설명하였다.
② 프레스만(L. Pressman)과 윌다브스키(A. Wildavsky)는 정부사업이 성공하는 것이 얼마나 어려운 일인가를 설명하였다.
③ 프레스만(L. Pressman)과 윌다브스키(A. Wildavsky)는 단순한 정부사업 또는 프로그램도 집행과정에서 많은 참여자와 다양한 관점과 길어진 의사결정과정을 통해 복잡한 프로그램으로 바뀐다고 설명하였다.
④ 프레스만(L. Pressman)과 윌다브스키(A. Wildavsky)는 50개의 상호독립적인 의사결정점을 모두 통과할 수 있는 확률은 각 의사결정점을 통과할 수 있는 확률이 90%인 경우 약 5%라고 설명하였다.

04	참여자의 증대 → 집행의 어려움

① [○] The Oakland Project는 존슨 대통령이 1960년대에 추진한 빈곤 추방정책 및 경제 번영정책으로, 약 2천 5백만 달러로 3천명의 실업자 구제를 목표로 하였으나, 20여 개의 일자리 창출에 머물러 실패한 것으로 평가받는다.

② [○] 프레스만(L. Pressman)과 윌다브스키(A. Wildavsky)는 많은 참여자(결정점 또는 거부점), 타당한 인과모형의 결여, 부적절한 집행기관, 집행 관료의 빈번한 교체 등을 집행실패의 원인으로 거론하였다.

③ [○] 많은 참여자와 다양한 관점은 정책에 대한 다양한 해석을 불러오므로 단순한 사업도 복잡하게 변할 수 있는 것이다.

④ [×] 프레스만(L. Pressman)과 윌다브스키(A. Wildavsky)의 이론에 따르면, 50개의 상호독립적인 의사결정점을 모두 통과할 수 있는 확률은 각 의사결정점을 통과할 수 있는 확률이 90%인 경우 약 0.5%(0.9^{50} = 0.00515)이다.

답 ④

05 ☐☐☐

정책집행과 그 연구방법에 대한 설명으로 옳은 것만을 모두 고른 것은?

> ㄱ. 정책을 성공적으로 설계하기 위해서는 적절한 인과모형이 필요하다.
> ㄴ. 프레스만(J. Pressman)과 윌다브스키(A. Wildavsky)는 정책집행연구의 초기 학자들로서 집행을 정책결정과 분리하지 않고 연속적인 과정으로 정의한다.
> ㄷ. 정책대상집단 중 수혜집단의 조직화가 강할수록 정책집행이 용이하다.
> ㄹ. 립스키(M. Lipsky)는 상향적 접근방법을 주장한 학자로서 분명한 정책목표의 가능성을 부인하고 집행문제해결에 초점을 맞춘다.

① ㄱ, ㄴ, ㄷ　　　　② ㄱ, ㄷ, ㄹ
③ ㄴ, ㄷ, ㄹ　　　　④ ㄱ, ㄴ, ㄷ, ㄹ

05	프레스만(J. Pressman)과 윌다브스키(A. Wildavsky) → 하향적 집행연구

ㄱ. [○] 문제와 목표 그리고 목표와 수단 간의 인과성은 정책집행의 핵심적 성공요인이다. 만약 이들 간의 인과성이 없다면 집행을 통해 목표를 달성할 수 없을 것이고, 목표를 달성하였다 하여도 문제의 해결로 연결되지 못할 것이기 때문이다.

ㄴ. [○] 현대적 정책집행론은 정책집행을 자동적·기계적 과정이 아니라 여러 변수가 작용하는 역동적 과정으로 파악한다. 즉, 정책은 사실상 집행과정에서 결정되므로 정책결정과 정책집행은 상호 영향력을 주는 쌍방향적 과정이다.

ㄷ. [○] 수혜자의 조직화가 강하다면 정책집행의 성공가능성은 높다. 다만, 피해자의 응집성과 규모에 대한 언급이 없으므로 문제의 정밀성이 떨어진다. 설사 수혜자 집단의 조직화가 강하더라도 피해자 집단의 규모가 더 크거나 같고 조직화 역시 강하다면 정책집행의 성공가능성은 낮아지기 때문이다.

ㄹ. [○] 립스키(M. Lipsky)는 일선관료제에 대한 연구를 통해 정책집행의 상향적 접근을 강조한 학자이다. 이러한 상향적 접근법은 상황의 복잡성으로 인하여 명확한 목표의 존재 가능성을 부인하며, 주어진 문제의 현실적 해결에 초점을 맞춘다.

답 ④

06 ☐☐☐

정책집행의 상향적 접근방법에 대한 설명으로 옳은 것은?

① 대표적인 모형은 사바티어의 정책지지연합모형이다.
② 정책결정과 정책집행은 뚜렷하게 구분된다고 본다.
③ 집행현장에서 일선관료의 재량과 자율을 강조한다.
④ 안정되고 구조화된 정책상황을 전제로 한다.

06	상향적 접근방법 → 재량과 자율성

① [×] 사바티어의 정책지지연합모형은 통합모형으로 분류된다.
② [×] 정책결정과 정책집행을 명확하게 구분하는 것은 하향적 접근방법에 속한다.
③ [○] 상하 관계의 상호성과 공동행위의 복잡성을 강조하는 정책집행의 상향적 접근방법은 성공적 집행을 위해서 일선관료의 전문지식과 재량을 강조한다.
④ [×] 안정되고 구조화된 상황이라면 하향적 접근방법이 유용하다.

📑 **하향적 접근방법과 상향적 접근방법 비교**

구분	하향적 접근방법	상향적 접근방법
의의	바람직한 정책집행을 위한 규범적 처방을 제시하고자 했던 접근방법	집행현장을 기술하고 설명하는 데에 초점을 둔 접근방법
특징	• 규범적·연역적·거시적 • 단계주의(↔ 융합주의)모형 • 결정자나 지지자 관점 • 기계적 집행	• 실증적·귀납적·미시적 접근 • 융합주의(↔ 단계주의)모형 • 집행자나 반대자 관점 • 집행자의 재량과 자율성 강조
장점	• 총체적인 정책과정에 초점 • 명시된 정책목표의 중시 • 집행과정의 법적구조화 기능 • 체크리스트 기능 등	• 집행과정의 실제를 설명하기 용이 • 시간의 경과에 따른 변화의 인지 • 의도하지 않았던 효과의 분석 등
단점	• 명확한 목표의 설정 곤란 • 집행과정의 완벽한 예측 곤란 • 반대자의 시각 간과 • 집행현장의 중요성 간과 등	• 정책집행의 거시적·연역적 분석 틀 제시 곤란 • 정책결정의 중요성 간과 （→ 민주성 약화） • 집행재량으로 인한 폐단

답 ③

CHAPTER 7 정책집행론　**229**

07 □□□

정책집행에 대한 연구방법 중 상향적 접근방법(bottom-up approach)에 대한 설명으로 옳지 않은 것은?

① 분명하고 일관된 정책목표의 존재 가능성을 부인하고, 정책목표 대신 집행문제의 해결에 논의의 초점을 맞춘다.
② 집행의 성공 또는 실패의 판단기준은 '정책결정권자의 의도에 얼마나 순응하였는가?'가 아니라 '일선집행관료의 바람직한 행동이 얼마나 유발되었는가?'이다.
③ 말단집행계층부터 차상위계층으로 올라가면서 바람직한 행동과 조직운용절차를 유발하기 위하여 필요한 재량과 자원을 파악한다.
④ 일선집행관료의 재량권을 축소하고 통제를 강화한다.

08 □□□

정책집행 연구 중 상향적 접근방법(bottom-up approach)으로 옳은 것만을 모두 고르면?

> ㄱ. 엘모어(R. Elmore)의 후방향적 집행연구
> ㄴ. 사바티어(P. Sabatier)와 마즈매니언(D. Mazmanian)의 집행과정 모형
> ㄷ. 립스키(M. Lipsky)의 일선관료제
> ㄹ. 반 미터(Van Meter)와 반 호른(Van Horn)의 집행연구

① ㄱ, ㄷ
② ㄱ, ㄹ
③ ㄴ, ㄷ
④ ㄴ, ㄹ

---

07 상향적 정책집행 → 재량과 자율성

① [O] 정책집행의 상향적 접근방법은 상황의 복잡성으로 인하여 명확한 목표의 존재 가능성을 부인하며, 주어진 문제의 현실적 해결에 초점을 맞추는 접근법이다.
② [O] 명확한 목표와 인과성 있는 수단이 존재한다면 결정자의 의도에 대한 순응이 매우 중요하다. 그러나 상황이 복잡하고 목표가 다양하며 수단과의 인과성이 모호하다면 일선 관료들이 문제를 해결함에 있어 얼마나 바람직한 행동을 하였는가가 중요해 진다.
③ [O] 정책집행의 상향적 접근방법은 집행현상의 기술에서 시작하여 역으로 올라가면서 집행에 필요한 요소들을 파악한다.
④ [×] 정책집행의 상향적 접근방법은 정책집행이 성공적이기 위해서 일선관료의 전문지식과 문제해결능력을 중시하며, 정책집행에서 순응과 통제의 방식이 아닌 재량과 자율을 강조한다.

답 ④

08 마즈매니언(D. Mazmanian) → 하향적 정책집행

ㄴ. [×] 사바티어(P. Sabatier)와 마즈매니언(D. Mazmanian)의 집행과정 모형은 하향적 접근방법에 속한다.
ㄹ. [×] 반 미터(Van Meter)와 반 호른(Van Horn)의 집행연구는 하향적 접근방법에 속한다.

답 ①

09 ⬜⬜⬜

정책집행의 하향식 접근(top-down approach)에 대한 설명으로 옳은 것만을 모두 고르면?

> ㄱ. 집행이 일어나는 현장에 초점을 맞춘다.
> ㄴ. 일선공무원의 전문지식과 문제해결능력을 중시한다.
> ㄷ. 하위직보다는 고위직이 주도한다.
> ㄹ. 정책결정자는 정책집행에 영향을 미치는 정치적 · 조직적 · 기술적 과정을 충분히 통제할 수 있다.

① ㄱ, ㄴ
② ㄱ, ㄷ
③ ㄴ, ㄹ
④ ㄷ, ㄹ

10 ⬜⬜⬜

정책집행의 성공가능성에 대한 설명으로 옳지 않은 것은?

① 정책집행연구의 하향론자들은 복잡한 조직구조가 정책의 성공적 집행을 도와준다고 주장한다.

② 정책목표와 정책수단이 구체적일수록 정책집행이 성공할 가능성이 커진다는 주장이 있다.

③ 불특정 다수인이 혜택을 보는 경우보다 특정한 집단이 배타적으로 혜택을 보는 경우에 강력한 지지를 얻을 수도 있다.

④ 배분정책은 규제정책이나 재분배정책에 비하여 표준운영절차에 따라 원만한 집행이 이루어질 가능성이 더 크다.

---

09 | 상향적 정책집행 → 집행현장의 강조

ㄱ. [×] 집행이 일어나는 현장에 초점을 맞추는 것은 상향식 접근 방법이다.

ㄴ. [×] 일선공무원의 전문지식과 문제해결능력을 중시하는 것은 상향식 접근방법이다.

ㄷ. [○] 하향식 접근은 최고 책임자의 리더십을 강조하며, 집행 과정을 고위직이 주도한다.

ㄹ. [○] 하향식 접근은 정책의 모든 과정을 결정자가 통제할 수 있다는 가정에 기반을 둔다.

답 ④

---

10 | 집행실패의 원인 → 복잡한 집행구조

① [×] 정책집행의 하향적 접근은 명확한 문제와 목표 그리고 인과성 있는 대안이 주어질 때 가능하다. 따라서 복잡한 조직구조는 하향적 집행을 어렵게 하는 요인이다.

② [○] 정책목표와 정책수단이 구체적일수록 명확하고 일관된 정책집행이 가능할 것이다.

③ [○] 특정인이 해택을 보는 편익의 집중 상황에서는 그 정책에 대한 순응의 가능성이 높을 것이다.

④ [○] 수혜자 중심의 배분정책이 피해자와 수혜자의 갈등이 심한 규제정책이나 재분배정책보다 안정적인 집행의 가능성이 높다.

답 ①

11 □□□

정책집행에 관한 연구 중에서 하향적(top-down) 접근방법이 중시하는 효과적 정책집행의 조건으로 옳은 것만을 모두 고른 것은?

> ㄱ. 일선관료의 재량권 확대
> ㄴ. 지배기관들(sovereigns)의 지원
> ㄷ. 집행을 위한 자원의 확보
> ㄹ. 명확하고 일관성 있는 목표

① ㄱ, ㄴ   ② ㄱ, ㄷ

③ ㄴ, ㄹ   ④ ㄴ, ㄷ, ㄹ

12 □□□

다음 설명에 해당하는 정책집행 모형을 제시한 학자는?

> • 효과적인 정책집행을 위해 갖추어야 할 조건으로서 정책결정의 내용은 타당한 인과이론에 바탕을 두어야 하며 정책내용으로서 법령은 명확한 정책지침을 가지고 있어야 한다.
> • 집행과정에서 발생할 수 있는 변수들을 미리 예견할 수 있도록 해 주는 체크리스트로서의 기능을 한다는 장점이 있다.
> • 정책집행 현장의 일선관료들이나 대상집단의 전략 등을 과소평가하거나 쉽게 파악할 수 없다는 단점이 있다.

① 사바티어(Sabatier)와 마즈매니언(Mazmanian)

② 린드블럼(Lindblom)

③ 프레스만(Pressman)과 윌다브스키(Wildavsky)

④ 레인(Rein)과 라비노비츠(Rabinovitz)

11	일선관료의 재량권 확대 → 상향적 접근방법

ㄱ. [×] 일선관료의 재량권 확대는 상향적 접근방법이 강조한다.

ㄴ. [○] 지배기관들(sovereigns)의 지원은 하향적 집행이 성공할 수 있는 환경적·맥락적 변수에 속한다.

ㄷ. [○] 집행을 위한 자원의 확보는 하향적 집행이 성공할 수 있는 집행변수에 속한다.

ㄹ. [○] 명확하고 일관성 있는 목표의 존재는 하향적 집행이 성공할 수 있는 정책변수에 속한다.

답 ④

12	사바티어(Sabatier)와 마즈매니언(Mazmanian) → 하향적 집행연구

① [○] 설문은 사바티어(Sabatier)와 마즈매니언(Mazmanian)이 하향적 시각에서 제시한 정책집행의 성공요인들이다.

③ [×] 프레스만(Pressman)과 윌다브스키(Wildavsky)는 오클랜드 사업의 실패를 연구하면서 정책집행의 중요성을 강조한 학자로, 주로 정책실패의 원인을 제시하고 있다.

④ [×] 레인(Rein)과 라비노비츠(Rabinovitz)는 집행에 영향을 미치는 요인으로 법규의 형태를 띤 정책의 의도와 같은 법적 요소, 조직의 유지와 작업능력 등과 같은 합리적 - 관료적 요소, 이익집단의 활동과 같은 동의적 요소를 들고 있다.

답 ①

13 ☐☐☐

정책집행연구에 있어서 하향적 접근방법에 대한 설명으로 옳지 않은 것은?

① 집행과정에서 나타나는 다양한 요인들을 연역적으로 도출한다.
② 명확한 정책목표와 그 실현을 위한 정책수단을 가지고 있다는 가정을 한다.
③ 집행을 주도하는 집단이 없거나, 집행이 다양한 기관에 의해 주도되는 경우를 설명하는 데 유용하다.
④ 집행의 비정치적이고 기술적인 성격을 강조하는 입장이다.

14 ☐☐☐

상향식(bottom-up) 정책집행의 내용과 거리가 먼 것은?

① 정책의 집행이 성공적이기 위해 일선공무원들의 전문 지식과 문제해결 능력이 중요하다.
② 상향식 접근방법은 일선공무원들에게 권한과 재량이 주어지기 때문에 주인 – 대리인 이론에서 발생하는 문제를 최소화시킬 수 있다.
③ 정책집행 현장에서 일어나는 문제점을 파악하여 대응하게 함으로써 분권과 참여가 증대될 수 있다.
④ 정책집행에서 순응과 통제의 방식이 아닌 재량과 자율을 강조한다.

13	다양한 기관의 주도 → 상향적 접근

① [○] 하향적 접근방법은 정책집행의 실패를 되풀이하지 않고 성공적으로 집행하기 위한 조건이나 전략을 연역적으로 규명하는 데 초점을 둔다.
② [○] 하향적 접근방법은 단계주의 모형으로, 명확한 정책목표와 그 실현을 위한 정책수단을 가지고 있다는 것을 전제로 집행과정에서 나타나는 다양한 요인들을 연역적으로 도출하고자 한다.
③ [×] 집행을 주도하는 집단이 없거나, 집행이 다양한 기관에 의해 주도되는 경우에는 상향적 접근방법이 유용하다.
④ [○] 하향적 접근방법은 정책집행의 비정치적이고 기술적인 성격을 강조하는 입장으로, 오로지 행정적 또는 관리적 영역이며 이미 결정된 정책의 충실한 수행에 초점을 둔다.

답 ③

14	상향적 접근 → 대리인 문제의 증폭

② [×] 정책집행의 상향적 접근은 집행재량으로 인한 폐단의 발생가능성이 높다. 즉, 일선관료에게 권한과 재량이 주어지기 때문에 주인 – 대리인 이론에서 발생하는 문제가 증폭될 수 있다.
③ [○] 일선관료에게 재량이 주어지는 정책집행의 상향적 접근은 일선관료의 분권과 참여를 증진시킬 수 있다.

답 ②

15 □□□

정책집행 연구에 대한 설명으로 옳지 않은 것은?

① 마즈매니언(D. Mazmanian)과 사바티어(P. Sabatier)는 하향식 접근방법의 발전에 기여하였다.
② 상향식 접근방법은 정책결정과 정책집행 간의 엄밀한 구분에 의문을 제기한다.
③ 상향식 접근론자들은 정책집행을 이해하기 위해서는 일선 관료의 행태를 고찰하여야 한다고 본다.
④ 하향식 접근방법은 공식적 정책목표를 중요한 변수로 취급하지 않는다.

16 □□□

다음 〈보기〉 중 정책집행의 상향식 접근(bottom-up approach)에 대한 설명으로 옳은 것을 모두 고르면?

┌─────────────────〈보기〉─────────────────┐
│ ㄱ. 합리모형의 선형적 시각을 반영한다.   │
│ ㄴ. 집행이 일어나는 현장에 초점을 맞춘다.   │
│ ㄷ. 일선공무원의 전문지식과 문제해결능력을 중시한다. │
│ ㄹ. 고위직보다는 하위직에서 주도한다.   │
│ ㅁ. 공식적인 정책목표가 중요한 변수로 취급되므로 집행 │
│   실적의 객관적 평가가 용이하다.   │
└──────────────────────────────────────┘

① ㄱ, ㄴ, ㄷ   ② ㄱ, ㄷ, ㅁ
③ ㄴ, ㄷ, ㄹ   ④ ㄴ, ㄹ, ㅁ
⑤ ㄷ, ㄹ, ㅁ

15	하향적 접근 → 공식적 목표의 중요성 강조

① [○] 마즈매니언(D. Mazmanian)과 사바티어(P. Sabatier)는 하향식 접근방법의 시각에서 정책집행의 성공요인을 분석한 학자이다. 한편, 후에 사바티어(P. Sabatier)는 정책지지연합모형을 제시하면서 통합모형으로 전환하였다.
② [○] 상하 관계의 상호성과 공동행위의 복잡성을 강조하는 상향식 접근방법은 정책결정과 정책집행의 엄밀한 구분을 거부한다. 즉, 정책집행 단계에서도 얼마든지 실질적인 결정이 이루어질 가능성이 매우 높다는 것이다.
③ [○] 상향식 접근방법은 집행의 성공을 위해서 일선관료의 전문지식과 문제해결 능력을 중시한다. 이에 따라 정책집행의 성공과 실패의 판단기준을 '결정자의 의도에 얼마나 순응하였는가?'가 아니라 '일선 관료의 바람직한 행동이 얼마나 유발되었는가?'에 둔다.
④ [×] 정책집행의 하향식 접근방법은 공식적 정책목표를 중요한 변수로 취급하며 이러한 공식적 정책목표의 달성여부를 기준으로 정책의 성공과 실패를 판단한다.

답 ④

16	합리모형의 선형적 시각 → 하향적 정책집행

ㄱ. [×] 합리모형의 선형적 시각을 반영하는 것은 하향적 접근이다.
ㅁ. [×] 공식적인 정책목표가 중요한 변수로 취급되므로 집행실적의 객관적 평가가 용이한 것은 하향적 접근이다.

답 ③

---

17 □□□

립스키(M. Lipsky)의 일선관료제에서 일선관료들이 처하는 업무환경의 특징으로 옳지 않은 것은?

① 자원의 부족
② 일선관료 권위에 대한 도전
③ 모호하고 대립되는 기대
④ 단순하고 정형화된 정책대상집단

18 □□□

립스키(M. Lipsky)의 일선관료제(Street-Level Bureaucracy) 이론에 대한 설명으로 옳은 것은?

① 일선관료제는 고객에 대한 고정관념(stereotype)을 타파함으로써 복잡한 문제와 복잡한 상황에 대처한다.
② 일선관료가 업무를 수행하는 기관에 대한 고객들의 목표기대는 서로 일치하고 정확하다.
③ 일선관료는 집행에 필요한 자원이 부족할 경우 대체로 부분적이고 간헐적으로 정책을 집행한다.
④ 일선관료는 계층제의 하위에 위치하기 때문에, 직무의 자율성이 거의 없고 의사결정에 있어서 재량권의 범위가 좁다.

17	립스키(M. Lipsky) → 매우 복잡한 정책대상집단

①, ②, ③ [○] 립스키(M. Lipsky)에 의하면 일선관료는 비자발적인 고객, 과중한 업무량, 인적·물적·시간적 자원의 만성적 부족(①), 집행성과에 대한 모호한 기대와 이율배반적인 업무목표(③)로 인한 성과 파악의 곤란성, 권위에 대한 도전과 위협(②)이라는 업무 환경의 특징을 지닌다.
④ [×] 립스키(M. Lipsky)에 의하면 일선관료들은 비자발적이며, 매우 복잡하고 다양한 요구를 지닌 정책대상집단을 상대한다.

답 ④

18	일선관료의 업무행태 → 업무의 관례화·정형화 및 할당배급

① [×] 립스키(M. Lipsky)에 의하면 일선관료는 정책고객을 고정관념에 따라 유형화하여 각각의 집단에 대해 대응책을 달리하는 방식을 취한다.
② [×] 립스키(M. Lipsky)에 의하면 일선관료들이 일하는 부서 자체의 목표들은 모호하거나 이율배반적인 경우가 많다.
③ [○] 립스키(M. Lipsky)에 의하면 일선관료는 자원의 부족에 대처하기 위하여 관례화·정형화시키거나 할당방식의 업무처리를 행한다.
④ [×] 일선관료는 정책의 최종 과정에서 고객과 접촉하는 관료로, 서면업무보다는 대면업무 즉, 인간적 차원의 다양한 업무를 처리하므로 상당한 재량을 가지고 매우 복잡한 업무를 수행한다.

답 ③

19 ☐☐☐

다음 중 일선관료에 대한 설명으로 적절하지 않은 것은?

① 업무의 과다와 자원부족에 직면한다.
② 서면처리보다는 대면처리 업무가 대부분이다.
③ 자치단체장이 이에 해당된다.
④ 정책고객을 범주화하여 선별한다.

20 ☐☐☐

립스키(M. Lipsky)의 일선관료제 이론에 대한 설명으로 옳지 않은 것은?

① 일선관료(street-level bureaucrats)는 시민들과 직접 대면하면서 정책을 집행하는 사람이다.
② 일선관료들은 일반적으로 과중한 업무 부담을 가진다.
③ 일선관료들은 모호하고 대립적인 기대들이 존재하는 업무 환경 때문에 정책목표를 달성할 수 없는 경우가 많다.
④ 일선관료들의 재량권이 부족하여 업무가 지연된다.

---

19 | 일선관료 → 고객에게 서비스를 직접 제공하는 관료

② [○] 서면처리는 중앙관료의 특징이다. 일선관료는 인간적 차원에서 다양한 업무를 처리하는 대면관료이다.
③ [×] 일선관료는 경찰, 교사, 사회복지요원 등 정책의 최종 과정에서 고객과 접촉하는 관료이다. 단체장은 이에 해당하지 않는다.
④ [○] 정책고객을 범주화하여 선별하는 것은 자원부족에 대한 일선관료의 대처방안이다.

답 ③

---

20 | 일선관료 → 매우 복잡한 업무의 수행

② [○] 공적 문제가 확대되고 이를 해결하기 위한 국가의 중요성이 커질수록 일선관료의 역할은 커진다. 그러나 업무의 증가량에 비하여 자원의 증가량은 더디므로 일선관료는 과중한 업무량에 시달리게 된다.
③ [○] 공적 상황에서 근무하는 일선관료들은 이윤과 같은 단일의 기준이 아닌 민주적이면서도 능률적이고, 개별적 맞춤 서비스이면서도 동시에 평등한 서비스라는 이율배반적인 목표를 추구하므로 이의 명확한 달성은 어렵다.
④ [×] 상황의 복잡성과 다양성으로 인하여 정책은 실질적으로 일선관료들에 의해 결정되며 그 결과 상당한 재량을 보유하게 된다. 그러나 이율배반적인 목표, 과중한 업무량 등으로 인하여 업무의 지연이 나타난다. 이를 해결하기 위하여 일선관료들은 업무의 단순화와 관례화, 할당배급 등에 의한 서비스 수요의 제한, 시간 비용과 심리적 비용의 요구를 통한 사전봉쇄 전략 등을 사용하여 업무량을 제한하고자 한다.

답 ④

21 ☐☐☐

립스키(M. Lipsky)의 일선관료제론에 대한 설명으로 옳지 않은 것은?

① 일선관료의 업무환경에서 모호하고 대립된 기대는 일선관료들의 집행성과에 대한 기대 중 비현실적이거나 상호 갈등을 일으키는 것이다.

② 일선관료는 일반 시민들과 끊임없이 상호작용하는 업무를 담당하고 있으며 상당한 자율성과 재량권을 가지고 있다.

③ 육체적·신체적 위협에 대처하기 위한 메커니즘으로는 '잠재적 공격자'의 특징을 사전에 정의함으로써 집행현장의 의사결정을 단순화하는 방법이 있다.

④ 일선관료는 시간과 정보·기술적인 지원 등 업무수행에 필요한 자원이 불충분하기 때문에 체계적이고 계획적인 집행을 하게 된다.

⑤ 부족한 자원에 대처하는 가장 쉬운 방법은 '지름길'을 택함으로써 시간을 절약하고 정책대상집단과의 갈등이나 결정에 대한 심리적 불안을 피하는 것이다.

22 ☐☐☐

버만(P. Berman)의 '적응적 집행'에 대한 설명으로 옳은 것은?

① '채택'은 지방정부가 채택한 사업을 실행사업으로 변화시키는 것을 의미한다.

② '행정'은 행정을 통해 구체화된 정부프로그램이 집행을 담당하는 지방정부의 사업으로 받아들여지는 것을 의미한다.

③ 거시적 집행구조는 동원, 전달자의 집행, 제도화의 세 단계로 구분된다.

④ 미시집행 국면에서 발생하는 정책과 집행조직 사이의 상호적응이 이루어질 때 성공적으로 집행된다.

21	일선관료의 적응 메커니즘 → 단순화와 정형화

③ [○] 일선관료는 사전에 고객의 유형을 정의하여 잠재적 공격자를 선별하고자 한다.

④ [×] 일선관료는 복잡한 문제와 불확실한 상황에 대한 적응 메커니즘으로 단순화와 정형화를 선택한다.

⑤ [○] 단순화는 복잡한 환경을 자신이 이해하고 다룰 수 있는 환경으로 구조화시켜 인지하는 것을 의미하고, 정형화는 업무가 수행되는 방식을 규칙적이고 습관적인 것으로 만드는 것을 의미한다.

답 ④

22	적응적 집행의 성공조건 → 미시적 집행에서의 상호적응

① [×] 지방정부가 채택한 사업을 실행사업으로 변화시키는 것은 미시적 집행이다.

② [×] 행정을 통해 구체화된 정부프로그램이 집행을 담당하는 지방정부의 사업으로 받아들여지는 것은 채택이다.

③ [×] 동원, 전달자의 집행, 제도화의 세 단계로 구분되는 것은 미시적 집행구조이다.

④ [○] 프로그램(사업)과 집행조직의 표준운영절차가 함께 변하는 것을 상호적응이라 한다.

답 ④

23 ☐☐☐

정책집행연구의 접근방법에 대한 설명으로 옳은 것은?

① 나카무라(R. Nakamura)와 스몰우드(F. Smallwood)의 관료적 기업가 모형에 따르면 정보, 기술, 현실 여건들 때문에 정책결정자들은 구체적인 정책이나 목표를 설정하지 못하고 추상적인 수준에 머문다.
② 사바티어(P. Sabatier)의 정책지지연합모형은 하향식 접근방법의 분석단위를 채택하고, 여기에 영향을 미치는 요인으로 상향식 접근방법의 여러 가지 변수를 결합한다.
③ 일선집행관료이론을 주장한 립스키(M. Lipsky)는 일선의 문제성 있는 업무환경으로 자원부족, 권위에 대한 도전, 정책담당자의 보수성 등 세 가지를 제시하였다.
④ 버만(P. Berman)의 상황론적 집행모형에 따르면 거시적 집행구조는 실질적인 집행이 가능하고 의도한 효과가 발생되도록 프로그램을 어느 정도 구체화하는 것을 의미한다.

24 ☐☐☐

정책옹호연합모형(advocacy coalition framework)에 대한 설명으로 옳지 않은 것은?

① 신념체계별로 여러 개의 연합으로 구성된 정책행위자 집단이 자신들의 신념을 정책으로 관철하기 위하여 경쟁한다는 점을 강조한다.
② 사바티어(P. Sabatier) 등에 의해 종전의 정책과정 단계모형의 한계를 극복하기 위하여 개발되었다.
③ 정책문제나 쟁점에 적극적으로 관심을 가지는 공공 및 민간조직의 행위자들로 구성되는 정책하위체계(policy sub system)라는 개념을 활용한다.
④ 정책변화 또는 정책학습보다 정책집행과정에 초점을 맞춘 이론이다.

23	버만(P. Berman) → 거시적 집행 + 미시적 집행

① [×] 정보, 기술, 현실 여건들 때문에 정책결정자들이 구체적인 정책이나 목표를 설정하지 못하고 추상적인 수준에 머무는 것은 나카무라(R. Nakamura)와 스몰우드(F. Smallwood)의 재량적 실험가형이다.
② [×] 사바티어(P. Sabatier)의 정책지지연합모형은 상향식 접근방법의 분석단위를 채택하고, 여기에 영향을 미치는 요인으로 하향식 접근방법의 여러 가지 변수를 결합한 것이다.
③ [×] 립스키(M. Lipsky)는 일선관료의 문제성 있는 업무환경으로 고객들의 비자발성, 과중한 업무량, 인적·물적·시간적·기술적 자원들의 만성적 부족, 집행의 성과에 대한 모호한 기대와 이율배반적인 업무 목표, 권위에 대한 도전과 위협의 상존 등을 제시하였다. 정책담당자의 보수성은 관련이 없다.
④ [○] 버만(P. Berman)의 거시적 집행구조는 중앙정부가 집행현장의 조직들에 영향을 미쳐 정책이 의도한 결과를 자져올 수 있도록 설계하는 것과 관련되며, 중앙정부에서 지방의 집행조직에 이르기까지 관련된 모든 참여자와 활동을 포함한다.

답 ④

24	정책지지연합모형 → 정책학습과 정책변동

① [○] 정책하위체제 내에는 정책신념을 공유하는 정책창도연합들이 있으며, 정책창도연합들은 그들의 신념체계에 따라 정책을 추진하고자 노력한다.
② [○] 정책옹호연합모형은 정책과정의 단계모형을 거부하고 정책변화를 전체적 관점에서 설명하고자 한다.
③ [○] 정책옹호연합모형은 기본적인 분석단위를 정책하위시스템으로 설정하였는데 여기에는 공공부문과 민간부문의 다양한 행위자로 구성되는 복수의 정책연합들(지지연합 + 반대연합)이 존재한다.
④ [×] 정책옹호연합모형은 정책집행에 대한 시간관을 10년 그 이상의 장기로 설정하여 단순히 정책결정 이후 한 번에 완료되는 과정이 아닌 지속적인 정책학습과 정책변동의 차원으로 파악한다.

답 ④

25 □□□

정책옹호연합모형(advocacy coalition framework)에 대한 설명으로 옳지 않은 것은?

① 외적인 환경변수를 정책과정과 연계함으로써 정책변동을 설명한다.
② 정책학습을 통해 행위자들의 기저 핵심신념(deep core beliefs)을 쉽게 변화시킬 수 있다.
③ 옹호영합 사이에서 정치적 갈등의 발생 시 정책중개자가 이를 조정할 수 있다.
④ 옹호연합은 그들의 신념체계가 정부정책에 관철되도록 여론, 정보, 인적자원 등을 동원한다.

26 □□□

정책지지연합모형(Advocacy Coalition Framework)에 대한 설명으로 옳은 것은?

① 신념체계와 정책변화는 정책지향적 학습에 의해서만 가능하다고 가정한다.
② 정책변화의 과정과 정책지향적 학습의 역할을 이해하려면 단기보다는 5년 정도의 중기 기간이 필요하다고 전제한다.
③ 정책변화를 분석하기 위한 분석단위로 정책하위체계를 설정한다.
④ 하향식 접근법의 분석단위를 채택하여 공공 및 민간 분야까지 확장하면서 행위자들의 전략적 행위를 검토한다.
⑤ 정책행위자가 강한 정책신념을 가지고 있다고 간주하므로 정책행위자의 신념을 변경시키는 데에 있어 과학적, 기술적인 정보는 중요한 역할을 담당하지 못한다고 가정한다.

25	규범적 신념 → 가장 변화가 어려운 신념

① [○] 정책옹호연합모형은 외적변수(external parameters), 정책옹호연합(policy advocacy coalition), 신념체계(belief systems), 정책중개자(policy brokers), 정책학습(policy learning), 정책산출(policy output), 그리고 정책변동(policy change) 등으로 구성된다. 외적변수는 안정적인 외적변수와 역동적인 외적변수로 구성되어 있는데, 전자는 문제영역의 기본적 속성, 자연자원의 기본적 분포, 근본적인 사회문화적 가치 및 사회구조, 기본적인 법적구조 등이며, 후자의 경우에는 사회경제적 조건의 변화, 여론의 변화, 지배집단의 변화, 다른 하위체제로부터의 정책결정 및 영향 등을 들 수 있다. 안정적인 외적변수들은 변화가 불가능하지는 않으나 변화의 속도가 매우 더디고 범위 또한 협소하다. 반면, 역동적인 외적변수는 정책하위체제에 단기간에 큰 영향을 미친다.
② [×] 기저 핵심 신념(deep core beliefs) 혹은 규범적 핵심(normative core)은 신념체계 중 가장 최상위의 수준으로 자유, 평등, 발전, 보존 등의 존재론적 가치의 우선순위로, 변화가 가장 어려운 신념체계이다.
③ [○] 정책옹호연합들 간의 대립과 갈등을 중재하는 제3자를 정책중개자라고 부른다. 정책중개자의 주요 관심은 정책옹호연합들 사이의 갈등을 줄이면서 합리적인 타협점을 찾아내는 것이다. 옹호연합들은 그들이 소유하는 재원을 동원하여 그들의 신념체계를 공공정책으로 변화시키려고 경쟁하게 되는데, 이때 정책중개자인 제3의 행위자들, 즉 정치인과 관료 등에 의해 중재되는 것이다.
④ 정책옹호연합모형은 신념체계별로 여러 개의 연합으로 구성된 정책행위자 집단이 자신들의 신념을 정책으로 관철하기 위하여 경쟁한다는 점을 강조하는 이론이다.

답 ②

26	신념체계의 변화 → 정책지향적 학습 + 외부충격 등

① [×] 정책지지연합모형은 정책변화를 초래하는 요인으로 정책지향적 학습뿐만 아니라 외부충격, 내부충격, 협상에 의한 합의 등을 제시하고 있다.
② [×] 정책지지연합모형은 정책변화의 과정을 이해하기 위해서는 10년 그 이상의 기간이 필요하다고 보았다. 5년 정도의 중기 기간이 필요하다고 전제한 학자는 윌다브스키와 프레스만이다.
③ [○] 정책하위체제란 공공부문과 민간조직의 행위자들로 구성되는 하위시스템을 말한다.
④ [×] 정책지지연합모형은 지지연합이라는 상향식 접근법의 분석단위를 채택하고 있다.
⑤ [×] 정책지지연합모형은 과학적·기술적 정보가 정책행위자의 정책신념을 조정하는 중요한 요인으로 간주한다.

답 ③

27 □□□

정책집행에 대한 설명으로 옳은 것은?

① 버만(P. Berman)의 적응적 집행이란 명확한 정책목표에 의거하여 다수의 참여자들이 협상과 타협을 통해 정책을 수정하고 구체화하면서 집행하는 것을 말한다.

② 엘모어(R. Elmore)의 전방향적 접근법은 정책결정자가 집행과정과 정책결정의 결과에 영향을 행사하고자 한다고 가정한 반면, 후방향적 접근법은 그렇지 않다고 가정한다.

③ 하향적 접근방법에서 공식적 정책목표가 중요한 변수로 취급받지 않으므로 이에 근거한 집행실적의 객관적 평가가 어렵다.

④ 나카무라(R. Nakamura)와 스몰우드(F. Smallwood)의 정책집행모형 중 재량적 실험가형은 정책집행자들이 대부분의 권한을 갖고 정책과정 전반에 영향력을 행사하면서 실질적인 정책결정 및 집행과정을 주도한다고 본다.

⑤ 엘모어(R. Elmore)는 통합모형에서 정책결정자들이 정책 설계단계에서는 하향적으로 정책목표를 결정하고, 정책 수단을 강구할 때에는 상향적 접근법을 수용하여 가장 집행 가능성이 높은 수단을 선택해야 한다고 주장한다.

---

27 엘모어의 통합모형 → 결정자의 시각 + 집행자의 입장 수용

① [×] 명확한 정책목표에 의거하여 정책을 집행하는 것은 하향적 집행이다. 반면, 버만(P. Berman)의 적응적 집행은 집행 현장을 강조하는 상향적 성격의 정책집행이다.

② [×] 엘모어(R. Elmore)의 후방향적 접근 역시 결정자가 집행 과정이나 정책결정에 영향을 미치고자 한다. 다만, 전방향적 접근 처럼 사전에 명확한 지침 등을 정하는 방식이 아니라 현장에서 필요한 자원을 파악하고 이를 지원하는 방식으로 집행과정에 영향력을 행사한다.

③ [×] 공식적 정책목표가 중요한 변수로 취급받지 않으므로 이에 근거한 집행실적의 객관적 평가가 어려운 것은 상향적 접근방법 의 문제점이다.

④ [×] 정책집행자들이 대부분의 권한을 갖고 정책과정 전반에 영향력을 행사하면서 실질적인 정책결정 및 집행과정을 주도하는 것은 관료적 기업가형이다.

⑤ [○] 엘모어(R. Elmore)의 통합모형은 집행자의 국지적 전략 들을 고려하면서 결정자가 국지적 해결책을 구성하는 상호가역 성의 원리를 바탕으로, 정책을 설계할 때는 하향적 접근으로 정책 목표를 결정하되, 상향적 접근에서 제시하는 방법을 수용하여 가장 집행가능성이 높은 정책수단을 선택하는 방법이다.

📄 엘모어(R. Elmor)의 연구

전방향 접근 → 하향적 집행	후방향 접근 → 상향적 집행
• 중앙정부에서 시작	• 지방정부에서 시작
• 공식목표	• 다차원적 목표
• 집행체제의 일사분란한 운영	• 행위자들의 전략적 상호작용
• 법률의 존재(→ 구조화된 상황)	• 비교적 독립적인 다수의 행위자

답 ⑤

매틀랜드(R. Matland)가 모호성(ambiguity)과 갈등(conflict)이라는 두 차원에 따라 분류한 네 가지 정책집행상황 중에서, 모호성이 낮고 갈등이 높은 상황에 대한 설명으로 옳지 않은 것은?

① 갈등은 매수(side payment)나 담합(logrolling)등과 같은 방식으로 해결되기도 한다.
② 순응을 확보하기 위해서는 강압적 또는 보상적 수단이 중요해진다.
③ 정책집행과정은 대립적 이해관계를 가진 집행조직 외부의 행위자에 의해 영향을 많이 받는다.
④ 정책목표가 명확하지 않기 때문에 집행과정은 목표의 해석 과정으로 이해될 수 있다.

정책학습(policy learning)에 대한 설명으로 옳지 않은 것은?

① 버크랜드가 제안한 사회적 학습은 하울렛과 라메쉬의 외생적 학습과 비슷한 의미로 이해할 수 있다.
② 하울렛과 라메쉬의 내생적 학습은 정책문제의 정의 또는 정책목적 자체에 대한 의문제기를 포함한다.
③ 로즈의 교훈얻기(도출) 학습은 다른 지역의 효과적인 프로그램을 조사·연구하여 창도자의 관할지역에 도입할 경우 어떠한 결과가 나올지 미리 평가하는 것이다.
④ 정책학습의 주체는 정책집행의 대상이 되는 개인이나 조직일수도 있고 정책을 결정하거나 집행하는 개인, 조직 또는 정책창도연합체(advocacy coalition)일 수도 있다.

---

28   모호성이 낮고 갈등이 높은 상황 → 정치적 집행

① [○] 정책에 이해관계를 가지고 있는 행위자들이 상대적으로 강한 독립성과 자율성을 가지고 있으므로 그 갈등은 매수나 담합 그리고 쓰레기통모형에서 나타나는 날치기 통과 등을 통해서 해결된다.
②, ③ [○] 정치적 집행과정은 대립적인 이해관계를 가진 집행조직 외부의 행위자들에 의해 영향을 많이 받으며, 강제력을 행사하여 자원이나 지지를 확보하거나 협상을 통해 합의를 이끌어 낼 수밖에 없다. 따라서 순응을 확보하기 위해서는 강압적 또는 보상적 수단이 중요해진다.
④ [×] 집행과정을 목표의 해석 과정으로 이해하는 것은 상징적 집행의 특징이다.

답 ④

---

29   내생적 학습 → 수단학습

① [○] 사회적 학습은 정책 또는 사회적 구성에 관한 학습으로, 사업목표에 대한 태도와 정부활동의 본질적 타당성까지도 검토하므로, 이는 외생적 학습과 비슷한 의미로 이해할 수 있다.
② [×] 정책문제의 정의 또는 정책목적 자체에 대한 의문제기를 포함하는 학습은 외생적 학습이다. 내생적 학습은 주로 정책의 수단 또는 이러한 수단들의 배열(setting)에 대한 학습을 의미한다.

답 ②

30 □□□

정책학습(policy learning)에 대한 설명으로 옳지 않은 것은?

① 시행착오나 정책실패를 통해 더 나은 정책을 결정할 수 있는 방법을 얻을 수 있게 된다.

② 수단적 정책학습은 정책개입이나 집행설계의 실행가능성을 의미한다.

③ 사회적 정책학습이 성공적으로 적용되면 정책문제에 내재된 인과관계를 더 잘 이해하게 된다.

④ 정치적 학습은 단순한 프로그램 관리의 조정수준을 넘어서 정책의 목적들과 정부 행동들의 성격과 적합성까지 포함된다.

31 □□□

나카무라(R. Nakamura)와 스몰우드(F. Smallwood)의 정책결정자와 정책집행자간의 관계 유형 중 다음 설명에 해당하는 것은?

> ㄱ. 정책집행자는 공식적 정책결정자로 하여금 자신이 결정한 정책목표를 받아들이도록 설득 또는 강제할 수 있다.
> ㄴ. 정책집행자는 목표를 달성하기 위한 수단을 획득하기 위해 정책결정자와 협상한다.
> ㄷ. 미국 FBI의 국장직을 수행했던 후버(E. Hoover) 국장이 대표적인 예이다.

① 지시적 위임가형

② 협상형

③ 재량적 실험가형

④ 관료적 기업가형

30	목적에 대한 이해 → 사회적 학습

① [○] 학습이란 올바른 결론을 유도할 수 있는 지식의 축적과 이의 응용과정으로, 정책실패를 통해 더 나은 정책을 결정할 수 있는 방법의 습득에 초점을 둔다.

② [○] 수단적 정책학습은 정책개입이나 집행설계의 실행가능성에 초점을 두며 집행수단이나 기법에 치중한다. 학습된 집행수단을 적용한 후 그 변화가 정책성과로 연결되었다면 성공적이다.

③ [○] 사회적 학습은 정책 또는 사회적 구성에 관한 학습으로 사업목표에 대한 태도와 정부활동의 본질적 타당성까지도 검토한다. 정책문제에 내재하는 인과이론을 더 잘 이해할 수 있었다면 성공적이다.

④ [×] 정치적 학습이란 주어진 정책적 사고나 문제를 주장함으로써 그 주장을 더 정교하게 다듬기 위한 전략에 관한 학습으로, 새로운 정치적 정보를 습득하여 그들의 전략과 전술의 변화를 도모할 때 주로 나타난다. 단순한 프로그램 관리의 조정수준을 넘어서 정책의 목적들과 정부 행동들의 성격과 적합성까지 포함하는 것은 사회적 학습이다.

답 ④

31	집행자에 의한 목표설정 → 관료적 기업가형

① [×] 지시적 위임가형은 결정자가 구체적으로 목표를 설정하고 집행자가 이를 지지하는 상황으로, 결정자는 집행자 집단에게 기술적 · 행정적 권한(모든 수단)을 위임하는 모형이다.

② [×] 협상형은 결정자가 목표를 제시하나 집행자와 이에 대한 합의를 보지 못한 상황으로, 집행자는 결정자와 정책의 목표와 수단에 대하여 협상하는 모형이다.

③ [×] 재량적 실험가형은 결정자가 추상적 · 일반적 목표를 제시하나 확실성이 결여되어 있으며, 결정자 간 구체적인 정책목표와 정책수단에 대하여 합의를 보지 못하고 있는 상황으로, 결정자는 집행자에게 광범위한 재량권을 부여하고 집행자가 결정자를 위하여 목표와 방안을 구체화(재정의) 하는 모형이다.

④ [○] 집행자가 결정한 목표를 결정자가 받아들이도록 설득 또는 강제하고 스스로 설정한 목표를 달성하기 위해 결정자와 수단을 협상하는 모형은 관료적 기업가형이다. 후버(E. Hoover) 국장은 48년간 FBI의 국장직을 수행하면서 대통령이 8명이나 바뀌는 동안 정치인들의 스캔들 정보를 적절히 활용하며 자리를 보전하는 등 막강한 권한을 행사해 사실상 장막 뒤의 대통령으로 행세한 인물이다. 관료적 기업가형은 결정자는 자주 바뀌어도 집행자는 관료제의 안정성과 계속성으로 인해 맡은 직무를 계속 수행할 수 있으며, 또 집행자 중에는 기업가적 자질이나 정치적 능력을 갖고 정책형성을 관장할 수 있는 관료가 있다는 점에서 관료적 기업가형이라 한다. 이 모형의 특징은 정책집행자가 정책결정자로부터 정책과 관련된 권한을 이양 받아 정책과정을 통제한다는 것이다.

답 ④

32 ☐☐☐

나카무라와 스몰우드의 정책결정자와 정책집행자의 관계에 따른 정책집행의 유형에 대한 설명으로 옳지 않은 것은?

① 고전적 기술자형은 정책결정자가 구체적인 목표를 설정하면 정책집행자는 그 목표를 지지하고 목표달성을 위한 기술적인 수단을 강구하는 역할을 담당한다고 본다.

② 재량적 실험가형은 정책결정자가 추상적인 목표를 설정하면 정책집행자는 정책결정자를 위해 목표와 수단을 명확하게 하는 역할을 담당한다고 본다.

③ 관료적 기업가형은 정책집행자가 목표와 수단을 강구한 다음 정책결정자를 설득하고, 정책결정자는 정책집행자가 수립한 목표와 수단을 기술하는 역할을 담당한다고 본다.

④ 지시적 위임가형은 정책결정자가 구체적인 목표와 수단을 설정하면, 정책집행자는 정책결정자의 지시와 위임을 받아 정책대상집단과 협상하는 역할을 담당한다고 본다.

---

32 | 지시적 위임가형 → 집행자간의 협상

---

① [○] 고전적 기술자형은 결정자가 구체적으로 목표를 설정하고 집행자가 이를 지지하는 상황으로, 결정자는 집행자에게 기술적 권한을 위임하고 집행자는 기술적 능력을 보유하고 있는 모형이다.

② [○] 재량적 실험가형은 정책결정자가 구체적인 정책이나 목표를 설정하지 못하고, 집행자에게 광범위한 재량권을 부여하며, 집행자들이 정책목표의 구체화, 수단선택, 정책시행 등을 자기 책임 하에 관장하는 모형이다.

③ [○] 관료적 기업가형은 집행자가 결정한 목표와 수단을 결정자들이 수용하고 이를 대외적으로 서술하는 역할을 수행한다.

④ [×] 지시적 위임가형에서 성공적인 정책집행을 위해서는 정책집행자 간의 협상이 중요하다.

📋 **나카무라(R. Nakamura)와 스몰우드(F. Smallwood) 모형**

구분	특징	정책실패 요인	정책평가 기준
고전적 기술자형	결정자에 의한 구체적 목표 제시 + 집행자의 지지 및 집행자에게 기술적 권한의 위임	수단의 기술적 결함	효과성 또는 능률성
지시적 위임가형	• 결정자에 의한 구체적 목표 제시 + 집행자의 지지 • 집행자에게 기술적·행정적 권한(→ 모든 수단) 위임 → 집행자는 기술적·행정적 수단과, 집행자 간 협상능력 보유	집행자 간 협상의 실패	능률성
협상자형	• 결정자가 목표를 제시하지만 집행자와 합의를 보지 못한 상황 • 결정자와 집행자 간 목표와 수단에 대한 협상	협상의 실패나 적응적 흡수 (→ 목표의 왜곡)	주민 만족도 (→ 유권자의 만족도)
재량적 실험가형	• 결정자가 추상적·일반적인 목표를 제시하지만 확실성 결여 • 결정자 간 구체적 목표와 수단에 대한 갈등 • 결정자가 집행자에게 광범위한 재량권을 위임하면 집행자는 결정자를 위해 목표와 방안을 구체화	책임의 회피나 기만	수익자 (→ 고객) 대응성
관료적 기업가형	• 집행자가 정책목표를 결정하고 결정자가 이를 채택하도록 설득하거나 강요하는 모형 • 집행자가 정책과정을 지배하고 자신이 설정한 목표를 달성하기 위한 수단의 확보를 위한 결정자와 협상	정책의 사전오염 (→ 선매)	체제유지도 (→ 기관의 활력)

답 ④

33 □□□

정책집행유형에 있어 '관료적 기업가형(bureaucratic entre preneur)'에 대한 다음 설명 중 옳은 것을 모두 묶은 것은?

> ㄱ. 정책집행자 자신이 정책목표를 정하고 이 목표가 채택
> 되도록 설득한다.
> ㄴ. 정책집행자는 자신의 정책목표달성에 필요한 수단들을
> 확보하기 위해 정책결정자와 협상한다.
> ㄷ. 정책집행자는 자신의 정책목표달성에 필요한 능력을
> 보유하고 있다.
> ㄹ. 정책결정자는 정책집행자에게 광범위한 재량권을 부여
> 한다.

① ㄱ, ㄴ   ② ㄷ, ㄹ
③ ㄱ, ㄴ, ㄷ   ④ ㄴ, ㄷ, ㄹ

34 □□□

나카무라(R. Nakamura)와 스몰우드(F. Smallwood)의 정책집행에 있어 5가지 유형 중 다음은 어느 유형인가?

> 1. 일반 여론이나 언론기관에서 주택문제, 교육문제 등에
> 대해서 정부가 '무엇인가를 해야 한다'는 강한 압력을
> 받고 있지만 정책결정자들이 무엇을 어떻게 해야 할지
> 모르는 경우
> 2. 대립, 갈등하고 있는 정책결정자들 간에 구체적 정책
> 목표 및 정책수단에 대해 합의를 보지 못하고 있는 경우

① 관료적 기업가형
② 지시적 위임가형
③ 협상자형
④ 재량적 실험가형

---

33   광범위한 재량권의 부여 → 재량적 실험가형

ㄱ. [○] 관료적 기업가형에서는 집행자가 스스로 목표를 설정하고 이를 결정자가 채택하도록 설득 또는 강요하는 현상이 나타난다.
ㄴ. [○] 관료적 기업가형에서 관료는 스스로 결정한 목표를 달성하기 위한 수단을 결정자와 협상을 통해 확보한다.
ㄷ. [○] 관료적 기업가형은 집행자가 정책결정에 필요한 정보를 산출하고 통제하는 상황으로, 집행자는 자신이 정한 정책목표의 달성에 필요한 능력을 충분히 보유하고 있다.
ㄹ. [×] 정책결정자가 정책집행자에게 광범위한 재량권을 부여하는 것은 재량적 실험가형이다.

답 ③

---

34   결정자간의 갈등 → 재량적 실험가형

① [×] 관료적 기업가형에서는 집행자가 스스로 결정한 목표를 결정자가 채택하도록 설득하는 모형이다.
② [×] 지시적 위임가형에서는 결정자가 구체적으로 목표를 설정하고 집행자는 모든 수단을 위임받는 모형이다.
③ [×] 협상자형에서는 결정자가 목표를 설정하지만 집행자가 이에 동의하지 않아 결정자와 집행자가 그 목적과 수단을 놓고 협상하는 모형이다.
④ [○] 설문은 재량적 실험가형의 특징이다.

답 ④

---

35 ☐☐☐　　　　　　　　　　　09년 국가7급

나카무라(R. Nakamura)와 스몰우드(F. Smallwood)가 분류한 정책집행의 유형 중 관료적 기업가형에 대한 설명으로 옳은 것은?

① 정책결정가는 명백한 목표를 설정하고, 정책집행가는 이러한 목표의 바람직성에 동의한다.
② 정책결정가와 정책집행가는 정책목표의 바람직성에 대해서 반드시 의견을 같이 하지는 않는다.
③ 정책결정가가 정책형성에 정통하고 있지 않아 많은 재량권을 정책집행가에게 위임한다.
④ 정책집행가는 정책결정에 필요한 정보를 산출하고 통제함으로써 정책과정을 지배한다.

36 ☐☐☐　　　　　　　　　　　17년 지방7급

나카무라(R. Nakamura)와 스몰우드(F. Smallwood)가 제시한 가장 광범위한 재량을 갖는 정책집행자의 유형은?

① 지시적 위임자형
② 관료적 기업가형
③ 협상가형
④ 재량적 실험가형

35　　집행자에 의한 정책과정의 통제 → 관료적 기업가형

① [×] 정책결정가는 명백한 목표를 설정하고, 정책집행가는 이러한 목표의 바람직성에 동의하는 것은 고전적 기술자형 혹은 지시적 위임가형의 특징이다.
② [×] 정책결정가와 정책집행가가 정책목표의 바람직성에 대해서 반드시 의견을 같이 하지는 않는 것은 협상형의 특징이다.
③ [×] 정책결정가가 정책형성에 정통하고 있지 않아 많은 재량권을 정책집행가에게 위임하는 것은 재량적 실험가형의 특징이다.
④ [○] 관료적 기업가형은 집행자가 실질적으로 목표를 결정하고 이를 결정자가 채택하도록 설득하는 모형으로, 집행자가 정책결정에 필요한 정보를 산출하고 통제함으로써 정책과정을 지배한다.

답 ④

36　　광범위한 재량권 부여 → 재량적 실험가형

① [×] 지시적 위임자형은 결정자가 구체적으로 목표를 설정하고 집행자가 이를 지지하는 상황으로, 결정자는 집행자 집단에게 기술적·행정적 권한(모든 수단)을 위임한다.
② [○] 가장 광범위한 재량을 갖는 정책집행자의 유형은 관료적 기업가형이다.
③ [×] 협상가형은 결정자가 목표를 제시하나 집행자와 이에 대한 합의를 보지 못한 상황으로, 집행자는 결정자와 정책의 목표와 수단에 대하여 협상한다.
④ [×] 재량적 실험가형은 결정자가 추상적·일반적 목표를 제시하나 확실성이 결여되어 있으며, 결정자 간 구체적인 정책목표와 정책수단에 대하여 합의를 보지 못하고 있는 상황으로, 결정자는 집행자에게 광범위한 재량권을 부여하고 집행자는 결정자를 위하여 목표와 방안을 구체화(재정의)한다.

답 ②

37 □□□

나카무라(R. Nakamura)와 스몰우드(F. Smallwood)가 제시한 정책집행 성공의 판단기준에 대한 설명 중 옳지 않은 것은?

① 정책목표가 얼마나 충실히 달성되었는지를 측정하는 정책목표 달성도
② 정책이 가난한 사람들의 삶의 질을 얼마나 향상시켰는지를 평가하는 형평성
③ 정책집행에 의해 이익과 손해를 보는 여러 관련 집단의 만족도와 정책지지
④ 정책을 직접 전달받는 고객의 요구에 정책이 얼마나 부응하고 있는지를 평가하는 정책 수혜집단의 요구 대응성

37	나카무라(R. Nakamura)의 평가기준 → 효과성, 능률성, 주민만족도, 수익자 대응성, 체제유지도

① [○] 정책목표 달성도는 효과성을 의미한다.
② [×] 형평성은 나카무라와 스몰우드의 평가지표에 포함되어 있지 않다.
③ [○] 이익과 손해를 보는 여러 관련 집단의 만족도와 정책지지는 주민만족도와 관련된다.
④ [○] 직접 전달받는 고객의 요구에 정책이 부응하는 정도는 수익자 대응성과 관련된다.

📄 **나카무라(R. Nakamura)와 스몰우드(F. Smallwood)의 정책집행의 평가기준**

구분	초점	특징	측정 방법	비고
효과성	결과	목표의 명확성	기술적 · 계량적	고전적 기술자형
능률성	수단의 극대화	생산비용		지시적 위임가형
주민만족도	유권자의 정치적 조정	타협과 목표조정	질적 · 비계량적	협상형
수익자 대응성	소비자의 정치적 조정	정책의 적응성과 신축성		재량적 실험가형
체제유지도	기관의 활력	안정성과 지속성	혼합적 (→ 포괄적)	관료적 기업가형

답 ②

38 □□□

나카무라와 스몰우드(Nakamura & Smallwood)의 정책집행 모형에 대한 설명으로 옳지 않은 것은?

① 고전적 기술관료형의 경우, 정책집행자가 정책을 집행하는 데 필요한 기술이 부족하거나 정책집행자가 정책목표를 지지하지 않을 때, 집행과정에서 문제가 발생한다.
② 지시적 위임형의 경우, 정책결정자가 정책목표를 달성하는 데 필요한 관리적 행위에 관한 권한들을 정책집행자에게 위임하기 때문에 정책집행자는 행정적 권한을 소유하고 있다.
③ 지시적 위임형의 경우, 정책집행자들은 정책수단을 결정할 수 있는 재량권을 가지고 있는데, 다수의 집행자가 참여하는 경우에는 어떠한 수단을 선택할 것인가에 대한 합의가 이루어져야 한다.
④ 협상형의 경우, 정책집행자들이 정책목표와 정책수단에 대해서 정책결정자와 협상을 하게 되고, 만약 정책집행자들이 정책결정자가 제시한 정책목표에 동의하지 않는다면, 불응 또는 불집행을 통하여 영향력을 행사할 수 있다.
⑤ 관료적 기업가형의 경우, 정책결정자가 정책의 구체적인 내용을 수립할 수 없기 때문에 정책집행자에게 광범위한 재량을 위임한다.

38	광범위한 재량권의 위임 → 재량적 실험가형

① [○] 고전적 기술자형에서 정책집행의 실패는 주로 집행자의 기술적 능력의 부족에 기인한다.
② [○] 지시적 위임가형에서는 행정적 · 기술적 · 협상적 권한을 모두 집행자에게 위임하여 처리한다.
③ [○] 지시적 위임가형에서는 집행자들 간의 협상이 중요하며 이러한 협상의 실패로 인해 정책집행이 실패한 대표적인 사례가 오클랜드 취업프로그램이다.
④ [○] 협상자형에서 정책집행의 실패요인에는 적응적 흡수(→ 목표의 왜곡)나 협상의 실패로 인한 불집행 등이 언급된다.
⑤ [×] 정책결정자가 정책의 구체적인 내용을 수립할 수 없기 때문에 정책집행자에게 광범위한 재량을 위임하는 모형은 재량적 실험가형이다.

답 ⑤

39 ☐☐☐

정책변동에 대한 설명으로 옳지 않은 것은?

① 킹던(J. Kingdon)의 정책흐름이론에 따르면 정책변동은 정책문제의 흐름, 정치의 흐름, 정책대안의 흐름이 결합하여 이루어진다.

② 무치아로니(G. Mucciaroni)의 이익집단 위상변동모형에서 이슈맥락은 환경적 요인과 같이 정책의 유지 혹은 변동에 영향을 미치는 정책요인을 말한다.

③ 실질적인 정책내용이 변하더라도 정책목표가 변하지 않는다면 이를 정책유지라 한다.

④ 정책목표를 달성하기 위한 전반적인 정책수단을 소멸시키고 이를 대체할 다른 정책을 마련하지 않는 것을 정책종결이라 한다.

40 ☐☐☐

정책변동 모형 중에서 정책과정 참여자의 신념체계(belief system)를 가장 강조하는 모형은?

① 단절균형(punctuated equilibrium) 모형
② 정책패러다임변동(paradigm shift) 모형
③ 정책지지연합(advocacy coalition) 모형
④ 제도의 협착(lock-in) 모형

39	실질적 정책내용의 변화 → 정책승계

① [○] 킹던(J. Kingdon)의 정책흐름모형은 문제의 흐름, 정책 대안의 흐름, 정치의 흐름이 각각 독자적으로 흐르다가 합쳐질 때 정책의 창이 열려 현재의 점증적 변화와는 다른 큰 변동이 나타난다는 이론이다.

② [○] 무치아로니의 이익집단 위상변동모형은 이슈맥락뿐만 아니라 제도맥락에 의해 이익집단의 위상이 변동될 수 있음을 설명하는 이론이다. 이는 기존의 점증모형이나 쓰레기통모형에서 간과하였던 제도맥락의 중요성을 강조한 것이다. 한편, 이슈 맥락이란 환경적 요인과 같이 정책의 유지 혹은 변동에 영향을 미치는 정책요인을 말하고, 제도맥락이란 입법부나 행정부의 지도 자들을 포함한 구성원들이 특정한 정책이나 사업에 대한 선호 나 행태를 포괄적으로 지칭한다.

③ [×] 목표는 변하지 않았지만 실질적인 정책내용이 변했다면 이는 정책승계에 해당한다.

④ [○] 정책종결은 문제의 소멸로 인하여 다른 정책에 의한 대체 없이 기존의 정책을 폐지하는 것을 말한다.

답 ③

40	신념체계의 강조 → 정책지지연합모형

① [×] 단절적 균형모형은 안정적으로 유지되던 제도가 외생적 사건에 의해 촉발된 결정적 전환점(critical juncture)을 계기 로 기존의 경로에서 벗어나 급격하게 변할 수 있다는 이론이다.

② [×] 정책패러다임이란 결정자들이 정책문제의 본질을 파악 하고 목표와 수단을 구체화하는 데 사용되는 일정한 사고와 기준 의 틀을 말하는데, 이러한 패러다임의 변화로 근본적인 정책 변동이 발생한다는 것이 정책패러다임 변동모형이다.

③ [○] 정책과정 참여자의 신념체계(belief system)를 가장 강조하는 모형은 정책지지연합(advocacy coalition)모형이다.

④ [×] 협착(lock-in)이란 고착효과 혹은 자물쇠 효과라 하며, 기존의 정책이나 제도보다 더 뛰어난 것이 나와도 이미 투자된 비용이나 기회비용, 혹은 복잡함이나 귀찮음으로 인해 기존의 정책이나 제도에 머무는 현상을 말한다.

답 ③

41 ☐☐☐

다음 특징을 가진 정책변동 모형은?

> ㄱ. 분석단위로서 정책하위체제(policy sub-system)에 초점을 두고 정책변화를 이해한다.
>
> ㄴ. 신념체계와 정책학습 등의 요인은 정책변동에 영향을 준다.
>
> ㄷ. 정책변동 과정에서 정책중재자(policy mediator)가 중요한 역할을 한다.

① 정책흐름(Policy Stream) 모형
② 단절적 균형(Punctuated Equilibrium) 모형
③ 정책지지연합(Advocacy Coalition Framework) 모형
④ 정책패러다임변동(Paradigm Shift) 모형

41	신념체계의 강조 → 정책지지연합모형

① [×] 정책흐름모형은 의사결정요소의 독자적 흐름이 어떤 사건을 계기로 만나 의사결정의 기회를 갖는다고 설명하는 이론이다.
② [×] 단절적 균형모형은 안정적으로 유지되던 제도가 외생적 사건에 의해 촉발된 결정적 전환점(critical juncture)을 계기로 기존의 경로에서 벗어나 급격하게 변할 수 있다는 이론이다.
③ [○] 박스의 내용은 정책지지연합모형에 관한 설명이다.
④ [×] 정책패러다임변동모형은 정책목표, 정책수단, 정책환경의 세 가지 변수 중 정책목표와 정책수단에 급격한 변화가 발생할 때 정책의 패러다임이 바뀐다는 이론이다.

답 ③

42 ☐☐☐

홀(P. Hall)에 의해 제시된 정책변동모형으로 정책목표, 정책수단, 정책환경의 세 가지 변수 중 정책목표와 정책수단에 급격한 변화가 발생하는 정책변동모형은?

① 쓰레기통모형
② 단절균형모형
③ 정책지지연합모형
④ 정책패러다임변동모형

42	정책목표와 정책수단의 급격한 변동 → 패러다임변동모형

① [×] 쓰레기통모형은 조직화된 무정부상태에서 나타나는 몇 가지 흐름에 의하여 정책이 우연히 결정된다고 보는 이론이다.
② [×] 단절적 균형모형은 안정적으로 유지되던 제도가 외생적 사건에 의해 촉발된 결정적 전환점(critical juncture)을 계기로 기존의 경로에서 벗어나 급격하게 변할 수 있다는 이론이다.
③ [×] 정책지지연합모형은 신념에 기초한 지지연합의 상호작용과 시간의 흐름에 따른 정책지향적 학습과 사회경제적 변동 및 정치체제구조의 변화 등이 결합하여 정책이 서서히 변화된다고 설명하는 이론이다.
④ [○] 정책목표와 정책수단에 급격한 변화가 발생하는 정책변동모형은 정책패러다임변동모형이다.

답 ④

43 □□□

정책변동에 대한 설명으로 적절하지 않은 것은?

① 정책승계는 정책이 완전히 대체되는 경우를 포함한다.
② 환류를 둘러싼 정치적 갈등과 이를 해소하는 정치체계가 정책의 변동을 좌우한다.
③ 정책변동론에서의 초점은 정책결정에서 일어나는 수정·종결이다.
④ 혹우드(W. Hogwood)와 피터스(G. Peters)는 정책혁신을 정책변동의 유형에서 제외하고 있다.

43	정책변동의 유형 → 혁신, 유지, 승계, 종결

① [○] 정책승계란 현존하는 정책의 기본 성격을 바꾸는 것으로, 정책목표는 그대로 유지하면서 정책을 근본적으로 수정하는 경우이다. 이러한 정책승계에는 기존의 정책을 없애고 새로이 대체하는 경우를 포함한다.
② [○] 정책변동이란 정책평가 혹은 정책집행 도중 획득되는 새로운 정보와 지식 등에 의해 즉, 환류되는 정보를 통해 정책내용이나 집행방법이 변하는 현상이다.
③ [○] 정책변동은 정책이 처음에 의도했던 대로 진행되지 않고 수정되고 변경되는 현상이다.
④ [×] 혹우드(W. Hogwood)와 피터스(G. Peters)는 정책혁신, 정책유지, 정책승계, 정책종결 등을 정책변동의 유형으로 제시하였다.

📄 **혹우드(W. Hogwood)와 피터스(G. Peters)의 정책변동 유형**

구분	정책혁신	정책유지	정책승계	정책종결
변동 과정	의도적	적응적	의도적	의도적
담당 조직	새로운 조직 탄생	조직 변동 없음	하나 이상 변동	기존 조직 폐쇄
해당 법률	새로운 법률 제정	법률 개정 불필요	법률 개정	관련 법률 폐지
정부 예산	새로운 정부 지출	예산 변동 없음	어느 정도 유지	모든 예산 소멸

답 ④

44 □□□

혹우드(W. Hogwood)와 피터스(G. Peters)가 제시한 정책변동의 유형에 대한 설명으로 옳지 않은 것은?

① 정책혁신은 기존의 조직이나 예산을 기반으로 새로운 형태의 개입을 결정하는 것이다.
② 정책승계는 정책의 기본 목표는 유지하되, 정책을 대체 혹은 수정하거나 일부 종결하는 것이다.
③ 정책유지는 기존 정책의 기본 골격을 유지하면서 정책수단의 부분적인 변화만 이루어지는 것이다.
④ 정책종결은 다른 정책으로의 대체 없이 기존 정책을 완전히 중단하는 것이다.

44	정책혁신 → 새로운 조직과 인력 및 예산

① [×] 정책혁신은 새로운 조직과 예산 및 인력 등을 활용하여 완전히 새로운 영역의 정책문제를 해결하고자 하는 것이다.
② [○] 정책승계는 정책목표는 유지되나 정책수단인 사업이나 사업을 담당하는 조직, 예산항목 등에서 중대한 변화가 발생하는 것이다. 다만, 정책목표는 유지되므로 신·구 정책 간의 연계성과 중첩성이 존재한다.
③ [○] 정책유지는 기존 정책의 기본 노선과 방향의 특성은 존속하면서 주로 산출 부분이 수정되는 것으로, 동일한 정책의 구성요소나 범위의 변경과 관련된다.

답 ①

혹우드(W. Hogwood)와 피터스(G. Peters)의 정책변동에 대한 설명으로 옳지 않은 것은?

① 정책혁신은 기존의 조직과 예산을 활용하여 이전에 관여한 적이 없는 새로운 정책분야에 개입하는 것이다.

② 정책종결은 현존하는 정책을 완전히 소멸시키는 것으로 정책수단이 되는 사업과 지원예산을 중단하고 이들을 대체할 다른 수단을 결정하지 않은 경우이다.

③ 과속차량 단속이라는 목표를 변경하지 않고 기존에 경찰관이 현장에서 직접 단속하는 수단을 무인 감시카메라 설치를 통한 단속으로 대체하는 것은 정책승계 중 선형적(linear) 승계에 해당한다.

④ 정책유지는 현재의 정책을 기본적으로 유지하면서 정책수단의 부분적인 변화만 이루어지는 경우를 말한다.

46

다음과 같은 내용을 모두 포괄하는 정책변동의 유형은?

> ㄱ. 정책수단의 기본골격이 달라지지 않으며, 주로 정책 산출 부분이 변한다.
> ㄴ. 정책 대상집단의 범위가 변동된다거나 정책의 수혜수준이 달라지는 경우와 관련이 있다.
> ㄷ. 저소득층 자녀에 대한 교육비 보조를 그 바로 위 계층의 자녀에게 확대하는 사례에 해당한다.

① 정책통합(policy consolidation)

② 정책분할(policy splitting)

③ 선형적 승계(linear succession)

④ 정책유지(policy maintenance)

---

45 정책혁신 → 무(無)에서 유(有)로

① [×] 정책혁신이란 새로운 문제의 등장으로 인하여, 정책은 물론 조직과 예산도 없는 상태에서 새로운 정책을 창조하는 것을 말한다.

③ [○] 선형적 승계는 기존의 정책을 완전히 종결하고 같은 정책 영역에서 기존 정책과 같거나 유사한 목적을 가진 새로운 정책을 채택하는 것이다. 과속차량의 단속이라는 목적은 바뀌지 않았지만 그 수단은 변경되었으므로 이는 정책승계에 해당한다.

④ [○] 정책유지는 정책수단의 기본 골격이 달라지지 않으며 주로 정책의 구성요소가 변하는 것이다.

답 ①

46 기본골격의 유지 → 정책유지

① [×] 정책통합(policy consolidation)은 둘 이상의 정책들을 전부 또는 부분적으로 종결하고, 이를 대체하도록 유사한 목적을 추구할 단일의 정책을 새로 채택하는 것으로, 정책승계의 일환이다.

② [×] 정책분할(policy splitting)은 하나의 정책이 둘 이상으로 나누어지는 것으로, 정책승계의 일환이다.

③ [×] 선형적 승계(linear succession)는 기존의 정책을 완전히 종결하고 같은 정책 영역에서 기존 정책과 같거나 유사한 목적을 가진 새로운 정책을 채택하는 것이다.

④ [○] 정책수단의 기본 골격이 달라지지 않으며, 주로 정책의 산출 부분이 변하는 것은 정책유지이다.

답 ④

47 □□□

점증주의적 정책변동과 가장 관련이 깊은 것은?

① 수확체감의 법칙(law of diminishing returns)
② 티핑 포인트(tipping point)
③ 단절적 균형모형(punctuated equilibrium model)
④ 자기강화기제(self-reinforcing mechanism)

48 □□□

정책혁신의 확산에 대한 설명으로 옳은 것은?

① 로저스(E. Rogers)에 따르면, 혁신수용시간에 따라 수용자 수의 분포는 S자 형태를 띠고, 이들 수용자의 누적도수는 정규분포를 이룬다.
② 확산은 선진산업국가로부터 저개발지역으로 확산되는 '공간적 확산(spatial diffusion)'과 이웃지역으로부터의 모방을 통한 '계층적 확산(hierarchical diffusion)'으로 구분할 수 있다.
③ 혁신의 초기수용자는 소속집단의 신망을 받는 이들로서 그 사회에서 여론선도자일 가능성이 높다.
④ 혁신 확산에 관한 연구는 주로 미시수준에 머물러 있고, 중위수준 및 거시수준에서의 연구는 여전히 미진한 실정이다.

47	점증적 정책변동 → 다원주의 상황

① [○] 수확체감의 법칙이란 생산요소를 추가적으로 투입할 때 어느 시점이 지나면 새로 투입하는 요소로 인해 발생하는 수확의 증가량은 감소한다는 것이다. 이는 어떤 정책이든 일정 수준에 도달하면 그 변화가 정체된다는 의미로, 결국 안정적인 점증주의 정책변동으로 연결된다.
② [×] 티핑 포인트(tipping point)란 어떤 상품이나 아이디어가 마치 전염되는 것처럼 폭발적으로 번지는 순간을 말한다. 정책 역시 티핑 포인트를 계기로 급격하게 변동되므로 점증주의 정책 변동과는 거리가 있다.
③ [×] 단절적 균형모형은 안정적으로 유지되던 제도가 외생적 사건에 의해 촉발된 결정적 전환점(critical juncture)을 계기로 기존의 경로에서 벗어나 급격하게 변할 수 있다는 이론이다. 그러나 새로운 균형점 하에서 다시 안정성을 유지한다고 보다는 점에서 비점증적 정책변동과 점증적 정책변동의 절충적 성격이 강하다.
④ [×] 자기강화기제란 어떤 정해진 기준에 도달했거나 초과했을 때 긍정적 환류의 과정이 발생하여 기존과는 급격하게 다른 새로운 정책이나 제도적 변화가 발생한다는 것으로 비점증주의 정책변동과 관련된다.

답 ①

48	초기수용자 → 여론선도자

① [×] 혁신수용시간에 따라 수용자 수의 분포가 정규분포 형태를 띠고, 수용자의 누적도수가 S자 형태를 띤다.
② [×] 선진산업국가로부터 저개발지역으로의 확산이 계층적 확산 이고, 이웃지역으로부터의 모방이 공간적 확산이다.
③ [○] 혁신의 확산은 선도자(2.5%), 초기수용자(13.5%), 초기 다수(34%), 후기 다수(34%), 지체자(16%) 순으로 전개되며, 초기 수용자는 소속 집단의 신망을 받는 자들로서 여론의 선도자 역할을 수행한다.
④ [×] 혁신과 그 확산에 관한 연구는 미시수준에서 개인의 혁신적 행태, 중위수준에서 조직의 혁신에 관한 내용을 중심으로 이루어져 왔으며, 거시수준에서는 국가 간 또는 지방정부 간 비교연구를 통해 정부가 새로운 프로그램을 개발하고 이러한 프로그램이 어떻게 다른 지역으로 확신되는지를 규명하고자 했다.

답 ③

49 ☐☐☐

정책집행에 영향을 미치는 요인에 대한 설명으로 옳은 것은?

① 사바티어(P. Sabatier)는 정책대상 집단의 행태변화의 정도가 크면 정책집행의 성공은 어렵다고 본다.
② 집행주체의 집행역량은 집행구조나 조직의 분위기에 영향을 받지 않는다.
③ 정책집행 과정에서 의사결정점(decision point)이 많을수록 신속하게 집행된다.
④ 정책 수혜집단의 규모가 크고 조직화 정도가 강한 경우 집행이 어렵다.

50 ☐☐☐

사바티어(P. Sabatier)와 매즈매니언(D. Mazmanian)이 효과적인 정책집행을 위해서 필요하다고 본 전제조건에 해당되지 않는 것은?

① 정책결정의 내용은 타당한 인과이론에 바탕을 둔 것이어야 한다.
② 법령은 명확한 정책지침을 가지고 대상 집단의 순응을 극대화 시켜야 한다.
③ 정책목표의 집행과정에서 우선순위를 탄력적이고 신축적으로 조정하여야 한다.
④ 유능하고 헌신적인 관료가 정책집행을 담당해야 한다.

49	높은 행태변화의 정도 → 정책집행의 어려움

① [○] 정책대상 집단의 행태가 다양하고 그 변화의 정도가 크다면 갈등이 발생할 가능성이 높으므로 집행이 곤란하다.
② [×] 집행주체의 집행역량은 집행기관의 명확한 행동지침, 집행기관의 계층적 통합성, 유능하고 헌신적인 집행관료, 충분한 재원 등과 같은 집행구조나 조직의 분위기 등에 영향을 받는다.
③ [×] 의사결정점(decision point)은 거부점으로 작용할 가능성이 크므로 의사결정점이 많으면 집행의 신속성은 떨어진다.
④ [×] 정책 수혜집단의 규모가 크고 조직화 정도가 강한 경우 집행은 용이하다.

답 ①

50	사바티어(P. Sabatier)와 매즈매니언(D. Mazmanian) → 명확한 정책목표

① [○] 타당한 인과이론이란 바람직한 상태를 나타내는 정책목표와 그를 달성하기 위한 정책수단 그리고 정책수단의 실행결과가 나타나는 정책산출 간의 긴밀한 인과성을 말하며 이를 기술적 타당성이라고도 한다.
② [○] 명확한 정책지침이 있어야 한다는 것은 결국 명확한 정책목표 선정과 목표 간 우선순위 명료화, 집행기관에 대한 충분한 재정적 자원의 제공, 적절한 집행기관의 선정, 집행기관 간 계층제적 통합, 집행기관의 의사결정규칙의 규정 등이 주어져 있다는 의미이다.
③ [×] 사바티어(P. Sabatier)와 매즈매니언(D. Mazmanian)은 하향적 시각에서 법규상 목표의 명확한 우선순위와 집행기관의 명확한 행동지침을 집행의 성공조건으로 보았다.
④ [○] 집행기관의 장은 정치적·관리적 역량을 가지고 있어야 하며, 담당 정책에 우선순위를 부여하고 신념을 가지고 헌신적으로 전념하여야 정책집행이 효과적일 것이다.

답 ③

잉그램(H. Ingram)과 슈나이더(A. Schneider)가 제시한 정책대상 집단의 사회적 구성(Social Construction of Target Population) 모형에 대한 설명으로 옳은 것은?

구분		사회적 형상(Social Image)	
		긍정적	부정적
정치적 권력	높음	수혜집단(Advantaged) 예 기업, 과학자, 노령층, 퇴역군인	주장집단(Contenders) 예 부유층, 거대 노조, 소수자, 문화엘리트
	낮음	의존집단(Dependents) 예 아동, 어머니, 장애인	이탈집단(Deviants) 예 범죄자, 약물독자, 공산주의자, 갱(gangs)

※ 사회적 형상: 정책결정자 및 국민들이 정책대상집단에 대해 갖는 긍정적 혹은 부정적 인식
※ 정치적 권력: 다른 집단과의 연합형성의 용이성, 동원 가능한 보유자원의 양, 집단구성원들의 전문성 정도

① 사회문제를 설명할 때 이미지, 고정관념, 사람·사건에 대한 가치부여 등에 관한 해석을 가급적 배제하고자 한다.
② 특정 정책대상 집단이 둘 이상의 유형으로 구성될 수 있으며, 그 사회적 구성이 시간에 따라 변화할 수도 있다.
③ 정책설계 및 집행의 맥락을 이해하기 위해 사회적·정치적 상황을 객관적 분석으로 단순화하는 방법론을 지향한다.
④ 정책설계는 기술적인(technical) 과정이므로 어느 집단의 이익을 더 많이 반영할 것인가에 대한 논쟁은 잘 발생하지 않는다.

---

51 정책대상 집단의 사회적 구성 → 이미지의 강조

① [×] 이 모형은 이미지, 고정관념, 사람·사건에 대한 가치부여 등에 관한 해석을 통해 정책대상 집단의 사회적 구성이 이루어진다는 이론이다.
② [〇] 정책의 대상집단은 수혜집단, 주장집단, 의존집단, 이탈집단으로 유형화되며, 특정 정책에는 이러한 대상집단이 복수로 관련될 수 있다는 의미이다.
③ [×] 정책설계 및 집행의 맥락을 이해하기 위해 사회적·정치적 상황을 포괄적으로 분석하자는 것이지 객관적 분석으로 단순화하자는 것은 아니다.
④ [×] 정책설계 역시 다양한 이해관계가 가미된 정치적 과정이므로 어느 집단의 이익을 더 많이 반영할 것인가에 대한 논쟁이 야기된다.

답 ②

다음은 정책순응을 확보하기 위한 수단과 그 특징에 대한 설명이다. 가 ~ 다에 들어갈 말을 바르게 연결한 것은?

> 가. 일선 집행관료는 큰 저항을 하지 않으나 정책에 의해 피해를 입는 대상집단은 의도적으로 불응의 핑계를 찾으려 한다.
> 나. 도덕적 자각이나 이타주의적 고려에 의해 자발적으로 순응하는 사람들의 명예나 체면을 손상시키고 사람의 타락을 유발할 수 있다.
> 다. 불응의 형태를 정확하게 점검 및 파악하기 어려운 경우가 많다는 약점이 있다.

	가	나	다
①	도덕적 설득	유인	처벌
②	도덕적 설득	처벌	유인
③	유인	도덕적 설득	처벌
④	처벌	유인	도덕적 설득

---

52 점검과 파악 → 강제적 접근

가. 큰 저항은 없지만 피해를 보는 집단이 의도적으로 불응의 핑계를 찾으려고 하는 것은 규범적 전략인 도덕적 설득이다.
나. 도덕적 자각이나 이타주의에 입각한 자발적 수용자의 명예를 손상시키는 것은 공리적 전략인 유인에 해당된다.
다. 불응의 형태를 점검하고 파악하기 어려운 것은 강제적 전략인 처벌에 해당된다.

답 ①

53 □□□

정책대상집단에 대한 순응확보전략을 각 유형에 맞게 연결한 것을 〈보기〉에서 고르면?

〈보기〉

ㄱ. 황무지를 초지로 개간하여 조사료(bulky food)를 재배하는 축산농가에 대해서는 개간한 초지면적당 일정액의 보조금을 지급할 예정입니다.

ㄴ. 작업장에서의 안전장비 착용에 대한 중요성을 홍보하는 TV광고를 발주하도록 하겠습니다.

ㄷ. 일반용 쓰레기봉투에 재활용품을 담아서 배출하는 경우 해당 쓰레기봉투는 수거하지 않도록 하겠습니다.

ㄹ. 이번에 추진하는 신규사업에 보다 많은 주민들이 지원할 수 있도록 선발기준을 명료하게 명시한 안내문을 발송하고 필요시 직원들이 직접 찾아가서 관련 서류를 구비하는 것을 지원하도록 하겠습니다.

	설득전략	촉진전략	유인전략	규제전략
①	ㄴ	ㄱ	ㄹ	ㄷ
②	ㄴ	ㄷ	ㄱ	ㄹ
③	ㄴ	ㄹ	ㄱ	ㄷ
④	ㄹ	ㄱ	ㄴ	ㄷ
⑤	ㄹ	ㄱ	ㄷ	ㄴ

53 　홍보 → 설득전략

ㄱ. 초지면적당 일정액의 보조금을 지급하는 것은 유인전략에 속한다.

ㄴ. 중요성을 홍보하는 것은 설득전략에 속한다.

ㄷ. 재활용품을 담아서 배출하는 경우 해당 쓰레기봉투를 수거하지 않는 것은 규제전략에 속한다.

ㄹ. 안내문을 발송하거나 관련 서류를 구비할 수 있도록 지원해주는 것은 촉진전략이다.

답 ③

CHAPTER 8 정책평가론

01 □□□
21년 국가7급

정책평가의 일반적인 절차를 순서대로 바르게 나열한 것은?

> ㄱ. 정책평가 대상의 확정
> ㄴ. 평가결과의 제시
> ㄷ. 인과모형의 설정
> ㄹ. 자료수집 및 분석
> ㅁ. 정책목표의 확인

① ㄱ → ㅁ → ㄷ → ㄹ → ㄴ
② ㅁ → ㄱ → ㄷ → ㄴ → ㄹ
③ ㅁ → ㄱ → ㄷ → ㄹ → ㄴ
④ ㅁ → ㄷ → ㄱ → ㄹ → ㄴ

---

01 평가의 순서 → 목표, 기준, 가설, 검증

③ [○] 항상 목표가 가장 먼저이며, 평가의 목표가 설정된 후 평가의 대상을 확정하고 가설을 설정한 후 이를 검증 및 환류 단계로 이어진다.

답 ③

02 □□□
14년 국가7급

정책평가에 대한 설명으로 옳은 것은?

① 정책평가를 통해 최선의 정책대안을 선택한다.
② 정책평가의 양적 기법으로는 참여관찰법, 심층면접법 등을 들 수 있다.
③ 정책평가의 목적은 정책결정과 집행에 필요한 정보제공 및 정책과정의 책임성 확보에 있다.
④ 정책평가 연구에서는 현실적 제약으로 인해 준실험적 방법 보다는 진실험적 방법이 많이 사용된다.

---

02 정책평가의 목적 → 환류와 책임성

① [×] 최선의 대안을 선택하는 것은 정책분석이다. 정책평가는 정책집행과정이나 정책결과를 대상으로 하는 사후적이고 회고적인 활동이다.
② [×] 참여관찰법, 심층면접법 등은 질적 기법이다. 양적 기법은 주로 집행의 결과에 초점을 맞추는 평가로 연역적 방법이 활용되고, 질적 기법은 계량적으로 측정하기 어려운 분야에 활용되며, 귀납적 방법이 활용된다.
③ [○] 정책평가의 목적에는 정책과정의 법적 · 관리적 · 정치적 책임성의 확보, 정책결정과 집행에 필요한 정보의 제공과 성공 원칙의 발견 등과 같은 환류, 이론의 구축에 의한 학문적 기여 등이 거론된다.
④ [×] 진실험은 실험집단과 통제집단의 동질성이 확보된 실험으로 자연과학에서 활용하는 기법이다. 그러나 사회현상은 자연현상과 같이 두 집단을 동질적으로 구성하기가 어려우므로 진실험 보다는 준실험을 많이 활용한다.

답 ③

03 ☐☐☐

정책평가의 유형에 대한 설명으로 옳지 않은 것은?

① 총괄평가(summative evaluation)는 정책집행이 종료된 후에 그 성과나 효과를 평가하는 것이다.

② 형성평가(formative evaluation)는 정책집행 도중에 과정의 적절성과 수단·목표 간 인과성 등을 평가하는 것이다.

③ 총괄평가는 주로 내부 평가자에 의해 수행되며, 평가결과를 환류하여 최종안을 개선하는 것이 목적이다.

④ 형성평가는 주로 내부 평가자 및 외부 평가자의 자문에 의해 평가를 진행하며, 정책집행 단계에서 정책 담당자 등을 돕기 위한 것이다.

03	형성평가 → 최종안의 개선

① [○] 총괄평가는 정책의 결과를 대상으로 하는 평가로, 정책이 집행된 후에 의도했던 정책효과가 발생하였는지의 여부를 확인하고 검토하는 사후적 평가 작업이다.

② [○] 형성평가는 프로그램이 집행과정에 있어 유동적일 때 이를 개선하기 위하여 실시되는 평가로, 집행과정에서 나타난 문제점을 해결해 집행전략이나 집행설계를 수정·보완하거나 프로그램의 개념화와 새로운 프로그램을 설계하고 개발하기 위한 검증도구로 사용된다.

③ [×] 총괄평가는 프로그램의 최종 성과를 확인하기 위해 주로 외부 평가자에 의해 수행되며, 그 평가결과는 프로그램의 지속, 중단, 확대 등을 위한 자료로 활용된다. 주로 내부 평가자에 의해 수행되며, 평가결과를 환류하여 최종안을 개선하고자 하는 것은 형성평가이다.

④ [○] 정책효과의 존재여부만을 판단하는 총괄평가는 집행 담당자에게는 크게 도움이 되지 않는다. 반면, 형성평가는 프로그램의 개선이나 집행과정의 문제점을 해결하기 위해 사용되므로 집행 담당자에게 유용한 정보를 제공할 수 있다.

답 ③

---

04 ☐☐☐

정책평가에 대한 설명으로 옳지 않은 것은?

① 형성평가(formative evaluation)는 정책집행과정에서 나타난 문제점을 해결함으로써 집행전략이나 집행설계를 수정·보완하는 데 도움을 준다.

② 인과관계 추론의 조건으로 연관성(association), 시간적 선후성(time order), 비허위성(non-spuriousness) 등을 들 수 있다.

③ 메타분석(meta analysis)은 경험적 연구뿐만 아니라 이론적 연구에도 다양하게 적용할 수 있는 장점이 있다.

④ 크리밍 효과(creaming effect)는 어떤 요인이 내적타당성과 외적타당성을 모두 저해할 수 있다는 것을 보여준다.

04	메타분석 → 통계적 자료의 종합

① [○] 형성평가는 평가의 초점이 어디까지나 프로그램 그 자체라는 점에서 모니터링과는 구별될 수 있다.

② [○] 공동변화의 입증, 원인변수[X]의 시간적 선행성의 입증, 외재적 변수의 통제와 경쟁가설의 배제 등이 동시에 충족되어야 인과관계가 성립된다.

③ [×] 메타분석(meta analysis)은 유사한 연구에서 얻어진 많은 통계자료를 다시 통계적으로 종합하는 문헌연구의 한 방법이다. 선행결과를 통합하는 과정에서 각 연구의 요약된 통계치를 효과의 크기라는 단일의 수치로 환산하여 사용하는 경험적 연구이므로 이론적 연구에는 적용이 제약된다. 반면, 평가종합은 계량적이고 질적인 방법을 사용하여 평가연구들을 종합하는 포괄적 개념으로, 계량적이고 통계적인 방법만을 사용하는 메타분석과는 구별된다.

④ [○] 크리밍 효과란 효과가 크게 나타날 사람만을 실험집단에 배정하여 발생하는 오차로 준실험에서 나타난다. 모집단과 실험대상자 간의 문제라면 외적타당성이, 실험집단과 통제집단 간의 문제라면 내적타당성이 저해될 수 있다.

답 ③

정책평가의 종류에 대한 설명으로 옳지 않은 것은?

① 평가성사정은 본격적인 평가 가능 여부와 평가결과의 프로그램 개선 가능성 등을 진단하는 일종의 예비적 평가이다.
② 평가주체에 따른 분류에서 시민단체에 의한 평가는 외부적 평가이다.
③ 정책비용의 측면을 고려하는 능률성 평가는 총괄평가에서 검토될 수 없다.
④ 형성평가는 집행 도중에 이루어지는 평가로서, 집행관리와 전략의 수정 및 보완을 위한 것이다.

정책평가의 방법을 논리모형(논리 매트릭스)과 목표모형으로 구분할 경우, 논리모형에 대한 설명으로 옳지 않은 것은?

① 정책 프로그램이 특정 성과를 산출하기 위해 어떤 논리적 인과구조를 가지고 있는지를 명시적으로 보여준다.
② 프로그램이 해결하려는 정책문제 및 정책의 결과물이 무엇인지를 명확히 해주기 때문에 정책형성 과정의 인과관계에 대한 가정의 오류와 정책집행의 실패를 구분할 수 있도록 한다.
③ 정책이 달성하려는 장기 목표와 중·단기 목표들을 잘 달성했는지에 초점을 맞춘 평가모형이다.
④ 프로그램 논리의 분석 및 정리과정이 이해관계자의 정책 프로그램에 대한 이해를 높인다.

---

05   총괄평가의 유형 → 능률성, 효과성, 영향평가

① [○] 평가성사정은 특정 정책 또는 사업(프로그램)을 본격적으로 평가하기에 앞서 이루어지는 분석으로, 평가의 가능성과 평가의 활용가능성 등을 분석하는 기법이다.
② [○] 정책이나 사업의 관계자가 평가하는 것을 내부평가라 하고, 그 외부인이 평가하는 것을 외부평가라 한다.
③ [×] 총괄평가는 정책의 결과를 대상으로 하는 평가로, 정책이 집행된 후에 의도했던 정책효과가 발생하였는지의 여부를 확인하고 검토하는 사후적 평가이다. 이러한 총괄평가에는 비용 대비 산출을 평가하는 능률성 평가, 목표달성도를 평가하는 효과성 평가, 사회적 파급효과를 평가하는 영향평가, 비용과 편익의 수혜정도를 비교하는 형평성 평가 등이 있다.

답 ③

---

06   목표달성에 초점 → 목표모형

①, ④ [○] 논리모형은 프로그램의 요소들과 해결하려고 하는 문제들 사이의 논리적 인과관계를 투입 → 활동 → 산출 → 결과로 정리해 표현해주는 하나의 다이어그램을 말한다. 정책이 특정한 성과를 산출하기 위해 어떤 논리적 인과구조를 가지고 있는지를 명시적으로 보여주어 정책집행 과정 및 성과를 명확히 평가할 수 있도록 해준다.
② [○] 논리모형은 정책이 핵심적으로 해결하려는 문제 및 정책의 결과물이 무엇인지를 명확히 해주기 때문에 정책형성 과정의 인과관계에 대한 가정의 오류와 정책집행의 실패를 구분할 수 있도록 하여 평가의 타당성을 제고한다.
③ [×] 정책이 달성하려는 장기 목표와 중·단기 목표들을 잘 달성했는지에 초점을 맞춘 모형은 목표모형이다.

답 ③

'정부업무평가기본법'상 우리나라 정부업무평가제도에 대한 설명으로 옳지 않은 것은?

① 특정평가는 국무총리가 중앙행정기관과 공공기관을 대상으로 국정을 통합적으로 관리하기 위한 목적을 갖는다.

② 국무총리 소속하에 심의·의결기구로서 정부업무평가위원회를 둔다.

③ 지방자치단체의 자체평가에 있어서 행정안전부장관은 평가 관련 사항에 대하여 지방자치단체를 지원할 수 있다.

④ 자체평가는 중앙행정기관 또는 지방자치단체가 소관 정책 등을 스스로 평가하는 것을 말한다.

'정부업무평가기본법'상 정책평가제도에 대한 설명으로 옳지 않은 것은?

① 지방자치단체의 장은 정부업무평가시행계획에 기초하여 자체평가계획을 매년 수립하여야 한다.

② 국무총리는 2 이상의 중앙행정기관 관련 시책, 주요 현안시책, 혁신관리 및 대통령령이 정하는 대상부문에 대하여 특정평가를 실시하고, 그 결과를 공개하여야 한다.

③ 중앙행정기관 또는 지방자치단체의 소속기관이 행하는 정책은 정부업무평가의 대상에 포함된다.

④ 정부업무평가위원회는 위원장 1인과 14인 이내의 위원으로 구성한다.

07	특정평가의 대상 → 중앙행정기관

① [×] 특정평가는 중앙행정기관을 대상으로 이루어진다.

② [○] 정부업무평가위원회는 위원장 2명(국무총리와 민간위원 중에서 대통령이 지명하는 자)을 포함한 15명 이내의 위원 (기획재정부장관, 행정안전부장관, 국무조정실장 등은 당연직 위원)으로 구성된다.

③ [○] 지방자치단체의 평가에 관한 사항은 행정안전부가 지원할 수 있다.

④ [○] 자체평가는 당해 기관이 수행하는 정책을 당해 기관이 스스로 평가하는 것을 말한다.

답 ①

08	정부업무평가위원회 → 위원장 2인을 포함한 15인 이내의 위원으로 구성

① [○] 지방자치단체의 장은 그 소속기관의 정책 등을 포함하여 자체평가를 실시하여야 한다. 그리고 지방자치단체의 장은 정부업무평가시행계획에 기초하여 소관 정책 등의 성과를 높일 수 있도록 자체평가계획을 매년 수립하여야 한다.

② [○] 특정평가란 국무총리가 중앙행정기관을 대상으로 국정을 통합적으로 관리하기 위하여 필요한 정책 등을 평가하는 것을 말한다. 국무총리는 2 이상의 중앙행정기관 관련 시책, 주요 현안시책, 혁신관리 및 대통령령이 정하는 대상부문에 대하여 특정평가를 실시하고, 그 결과를 공개하여야 한다.

③ [○] 중앙행정기관 또는 지방자치단체의 소속기관이 행하는 정책은 정부업무평가의 대상에 포함된다.

④ [×] 정부업무평가의 실시와 평가기반의 구축을 체계적·효율적으로 추진하기 위하여 국무총리 소속으로 정부업무평가위원회를 두며, 위원장 2명을 포함한 15명 이내의 위원으로 구성하되, 임기는 2년이다.

답 ④

09 ☐☐☐

'정부업무평가기본법'에 의한 정부업무평가제도에 대한 설명으로 옳지 않은 것은?

① 김포시와 도로교통공단은 평가대상에 포함된다.
② 관세청장은 자체평가위원회를 운영한다.
③ 행정안전부장관은 지방자치단체합동평가위원회의 당연직 위원장이다.
④ 기획재정부장관은 정부업무평가위원회의 위원이다.

10 ☐☐☐

현행 정부업무평가제도에 대한 설명으로 옳지 않은 것은?

① 정부업무평가는 국정운영의 능률성, 효과성 및 책임성을 확보하기 위하여 평가대상기관이 행하는 정책 등을 평가하는 것을 말한다.
② 정부업무평가의 대상기관은 공공기관을 제외한, 중앙행정기관 및 지방자치단체와 그 소속기관이다.
③ 중앙행정기관 및 그 소속기관에 대한 평가는 통합하여 실시되어야 한다.
④ 특정평가는 국무총리가 중앙행정기관을 대상으로 국정을 통합적으로 관리하기 위하여 필요한 정책 등을 평가하는 것을 말한다.

09	자치단체합동평가위원회의 위원장 → 민간위원 중에서 행정안전부장관이 지명

① [○] 김포시는 지방자치단체이고 도로교통공단은 공공기관에 속하므로 둘 다 정부업무평가 기본법의 적용대상에 포함된다.
② [○] 관세청은 중앙행정기관에 속하므로 자체평가위원회를 반드시 운영하여야 한다.
③ [×] 지방자치단체합동평가위원회는 위원장 1인을 포함한 20인 이하의 위원으로 구성하되, 위원의 3분의 2이상은 민간전문가로 구성하여야 한다. 그리고 위원장은 민간위원 중에서 행정안전부장관이 지명한다.

답 ③

10	정부업무평가의 대상 → 공공기관 포함

① [○] 정부업무평가는 중앙행정기관·지방자치단체·공공기관 등의 통합적인 성과관리체제의 구축과 자율적인 평가역량의 강화를 통해 국정운영의 능률성·효과성 및 책임성을 향상시키는 것을 목적으로 한다.
② [×] 정부업무평가의 대상기관은 중앙행정기관과 지방자치단체, 중앙행정기관 또는 지방자치단체의 소속기관 뿐만 아니라 공공기관도 포함한다.
③ [○] 중앙행정기관 및 그 소속기관에 대한 평가는 정부업무평가 기본법의 규정에 의하여 통합하여 실시되어야 한다.

답 ②

11 ☐☐☐

정부에서 실시하고 있는 분석 및 평가제도에 대한 설명으로 옳은 것만을 모두 고르면?

> ㄱ. 규제영향분석 – '행정규제기본법'상 규제를 신설·강화할 때, 규제를 받는 집단과 국민이 부담해야 할 비용과 편익도 비교·분석해야 한다.
> ㄴ. 지방공기업평가 – '지방공기업법'에 근거를 두고 있으며, 원칙적으로 지방자치단체장이 실시하되 필요시 행정안전부장관이 실시할 수 있다.
> ㄷ. 정부업무평가 – '정부업무평가기본법'상 국무총리는 중앙행정기관의 자체평가 결과에 대해 필요시 정부업무평가위원회의 심의·의결을 거쳐 재평가를 할 수 있다.
> ㄹ. 환경영향평가 – 2003년 '환경영향평가법'에 처음으로 근거가 명시된 후 발전해 온 평가제도이다.

① ㄱ, ㄷ   ② ㄱ, ㄹ
③ ㄴ, ㄷ   ④ ㄴ, ㄹ

12 ☐☐☐

'정부업무평가기본법'상 정부업무평가의 종류가 아닌 것은?

① 중앙행정기관의 자체평가
② 공공기관에 대한 평가
③ 환경영향평가
④ 지방자치단체의 자체평가

11	지방공기업의 평가 → 원칙적으로 행정안전부장관

ㄱ. [○] 규제영향분석이란 규제로 인하여 국민의 일상생활과 사회·경제·행정 등에 미치는 여러 가지 영향을 객관적이고 과학적인 방법을 사용하여 미리 예측·분석함으로써 규제의 타당성을 판단하는 기준을 제시하는 것이다. 이는 규제로 인한 비용과 편익의 분배를 측정하는 수단이므로 이를 통해 관련자들 간 이해관계의 조정과 수렴을 위한 정책 자료로 활용될 수 있다.

ㄴ. [×] 지방공기업에 대한 평가는 행정안전부장관이 실시하는 것이 원칙이다. 다만, 행정안전부장관이 필요하다고 인정하는 경우에는 지방자치단체의 장으로 하여금 경영평가를 하게 할 수 있다.

ㄷ. [○] 국무총리는 중앙행정기관의 자체평가결과를 확인·점검 후 평가의 객관성·신뢰성에 문제가 있어 다시 평가할 필요가 있다고 판단되는 때에는 위원회의 심의·의결을 거쳐 재평가를 실시할 수 있다.

ㄹ. [×] 1977년 '환경보전법'을 제정·공포하면서 환경영향평가 제도가 도입되었으며, 1999년 '환경·교통·재해 등에 관한 영향평가법'으로 통합되었다. 이후, 2008년 '환경영향평가법'이 제정됨으로써 교통·재해·인구 영향평가는 삭제되고 환경영향평가를 대폭 강화하였다.

답 ①

12	환경영향평가 → 환경영향평가법

① [○] 중앙행정기관의 장은 그 소속기관의 정책 등을 포함하여 자체평가를 실시하여야 한다.

② [○] 공공기관에 대한 평가는 공공기관의 특수성·전문성을 고려하고 평가의 객관성 및 공정성을 확보하기 위하여 공공기관 외부의 기관이 실시하여야 한다.

③ [×] 환경영향평가는 환경영향평가 대상사업의 사업계획을 수립하고자 할 때에 그 사업의 시행이 환경에 미치는 영향을 미리 조사·예측·평가하여 해로운 환경영향을 피하거나 줄일 수 있는 방안을 강구하기 위해 수행되는 평가절차를 말하며 이는 '환경영향평가법'에 규정되어 있다.

④ [○] 지방자치단체의 장은 그 소속기관의 정책 등을 포함하여 자체평가를 실시하여야 한다.

답 ③

13 ☐☐☐

'정부업무평가기본법'상 정부업무평가제도에 대한 설명으로 옳지 않은 것은?

① 공공기관도 정부업무평가의 대상에 포함된다.
② 중앙행정기관뿐만 아니라 지방자치단체도 자체평가를 실시하여야 한다.
③ 재평가는 이미 실시된 평가의 결과, 방법 및 절차에 관하여 그 평가를 실시한 기관 외의 기관이 다시 평가하는 것이다.
④ 국가위임사무에 대하여 평가가 필요한 경우에는 행정안전부장관이 중앙행정기관의 장과 함께 특정평가를 실시할 수 있다.

14 ☐☐☐

현행 '정부업무평가기본법'에 대한 설명으로 옳지 않은 것은?

① 중앙행정기관의 장은 성과관리전략계획에 기초하여 당해 연도의 성과목표를 달성하기 위한 연도별 시행계획을 수립·시행하여야 한다.
② 행정안전부장관은 정부업무평가위원회의심의·의결을 거쳐 정부업무의 성과관리 및 정부업무평가에 관한 정책목표와 방향을 설정한 정부업무평가기본계획을 수립하여야 한다.
③ 전자통합평가체계는 평가과정, 평가결과 및 환류과정의 통합적인 정보관리 및 평가관련 기관 간 정보공유가 가능하도록 하여야 한다.
④ 중앙행정기관의 장은 성과관리전략계획에 당해 기관의 임무·전략목표 등을 포함하여야 하고 최소한 3년마다 그 계획의 타당성을 검토하여 수정·보완 등의 조치를 하여야 한다.

13	행정안전부장관 → 합동평가

④ [×] 국가위임사무에 대하여 행정안전부장관이 관계 중앙행정기관의 장과 함께 평가하는 것은 합동평가이다.

답 ④

14	정무업무평가의 총괄기관 → 국무총리

①, ④ [○] 성과관리전략계획은 3년마다 수립되는 전략적 계획이고 성과관리시행계획은 매년 수립되는 전술적 기획에 속한다.
② [×] 정부업무평가기본계획은 국무총리가 수립하여야 하며, 최소한 3년마다 그 계획의 타당성을 검토하여 수정·보완 등의 조치를 하여야 한다.
③ [○] 국무총리는 정부업무평가를 통합적으로 수행하기 위하여 전자통합평가체계를 구축하고, 각 기관 및 단체가 이를 활용하도록 할 수 있으며, 전자통합평가체계는 평가과정, 평가결과 및 환류과정의 통합적인 정보관리 및 평가관련 기관 간 정보공유가 가능하도록 하여야 한다.

답 ②

15 □□□

'정부업무평가기본법'상 평가결과의 환류 및 활용에 대한 설명으로 옳지 않은 것은?

① 행정안전부장관은 평가제도의 운영 실태를 확인·점검하고, 그 결과에 따라 제도개선방안의 강구 등 필요한 조치를 할 수 있다.
② 중앙행정기관의 장은 평가결과를 다음 연도의 예산요구시 반영하여야 한다.
③ 기획재정부장관은 평가결과를 중앙행정기관의 다음 연도 예산편성시 반영하여야 한다.
④ 중앙행정기관의 장은 전년도 정책 등에 대한 자체평가결과를 지체 없이 국회 소관 상임위원회에 보고하여야 한다.
⑤ 평가를 실시하는 기관의 장은 평가결과를 전자통합평가체계 및 인터넷 홈페이지 등을 통하여 공개하여야 한다.

15	평가제도의 확인과 점검 → 국무총리의 권한

① [×] 정부업무평가 총괄기관은 국무총리이다. 국무총리는 평가제도의 운영 실태를 확인·점검하고, 그 결과에 따라 제도개선방안의 강구 등 필요한 조치를 할 수 있다.
② [○] 중앙행정기관의 장은 평가결과를 조직·예산·인사 및 보수체계에 연계하여야 하며, 다음 연도의 예산요구에 이를 반영하여야 한다.
③ [○] 기획재정부장관은 평가결과를 중앙행정기관의 다음 연도 예산편성시 반영하여야 한다.
④ [○] 중앙행정기관의 장은 전년도 정책 등에 대한 자체평가결과를 지체 없이 국회 소관 상임위원회에 보고하여야 한다. 한편, 국무총리는 매년 각종 평가결과보고서를 종합하여 이를 국무회의에 보고하거나 평가보고회를 개최하여야 한다.
⑤ [○] 국무총리·중앙행정기관의 장·지방자치단체의 장 및 공공기관평가를 실시하는 기관의 장은 평가결과를 전자통합평가체계 및 인터넷 홈페이지 등을 통하여 공개하여야 한다.

답 ①

16 □□□

정책변수에 대한 설명으로 옳은 것만을 모두 고르면?

ㄱ. 매개변수 - 독립변수의 원인인 동시에 종속변수의 원인이 되는 제3의 변수
ㄴ. 조절변수 - 독립변수와 종속변수 간에 상호작용 효과를 나타나게 하는 제3의 변수
ㄷ. 억제변수 - 독립변수와 종속변수 간에 상관관계가 없는데도 있는 것으로 나타나게 하는 제3의 변수
ㄹ. 허위변수 - 독립변수와 종속변수 모두에게 영향을 미치며 이들 사이의 공동변화를 설명하는 제3의 변수

① ㄱ, ㄷ   ② ㄱ, ㄹ
③ ㄴ, ㄷ   ④ ㄴ, ㄹ

16	조절변수 → 모형 안에 포함된 변수

ㄱ. [×] 매개변수는 독립변수의 결과이면서 동시에 종속변수의 원인이 되는 제3의 변수를 말한다.
ㄴ. [○] 조절변수는 원인이 결과에 미치는 영향의 정도를 상이하게 만드는 변수로, 연구설계에 포함되어 있다는 점에서 외재변수와는 구별된다.
ㄷ. [×] 억제변수는 두 변수 간에 상관관계가 있는데도 없는 것처럼 보이게 하는 변수이다.
ㄹ. [○] 허위변수는 독립변수와 종속변수 간 아무런 관계가 없는데도 어떤 상관관계가 있는 것처럼 보이도록 두 변수들에 모두 영향을 미치는 제3의 변수를 말한다.

답 ④

17 □□□

정책분석 및 평가연구에 적용되는 기준 중 내적타당성에 대한 설명으로 옳은 것은?

① 분석 및 평가 결과를 다른 상황에서도 적용할 수 있는 정도를 의미한다.
② 이론적 구성요소들의 추상적 개념을 성공적으로 조작화한 정도를 의미한다.
③ 집행된 정책내용과 발생한 정책효과 간의 관계에 대한 인과적 추론의 정확성 정도를 의미한다.
④ 반복해서 측정했을 때 일관성 있는 결과를 얻는 정도를 의미한다.

17	내적타당성 → 정책과 효과간의 인과성

① [×] 분석 및 평가 결과를 다른 상황에서도 적용할 수 있는 정도를 의미하는 것은 외적타당성이다.
② [×] 이론적 구성요소들의 추상적 개념을 성공적으로 조작화한 정도를 의미하는 것은 구성타당성이다.
③ [○] 정책과 효과 간 인과적 추론의 정확성 정도를 내적타당성이라 한다.
④ [×] 반복해서 측정했을 때 일관성 있는 결과를 얻는 정도는 신뢰성을 의미한다.

📑 **정책평가의 타당성과 신뢰성**

1. 타당성과 신뢰성

타당성	측정이나 절차가 내세운 목표를 달성했느냐 하는 정도 → 효과가 있으면 있다고 평가, 효과가 없으면 없다고 평가
신뢰성	동일한 측정도구, 동일한 현상의 반복 측정, 동일한 결론 → 측정도구의 측정결과에 대한 일관성

2. 타당성의 종류 – 쿡(D. Cook)과 캠벨(T. Campbell)

구성적 타당성	이론적 구성 요소들의 성공적 조작화 → 이론적 구성 개념과 측정지표 간의 일치(→ 외적 타당성의 전제)
결론의 타당성	강력한 연구설계(→ 내적 타당성의 전제) → 검증의 정밀성, 제1종·제2종 오류가 발생하지 않을 정도
내적 타당성	정책과 결과 간 인과관계를 밝히는 것 → 1차적 의미의 타당성
외적 타당성	내적 타당성을 통해 얻은 결론의 일반화 가능성

답 ③

18 □□□

정책평가에 대한 설명으로 옳지 않은 것은?

① 정책평가의 외적타당도란 특정한 상황에서 얻은 정책평가의 결과를 일반화할 수 있는 정도를 말한다.
② 정책평가의 내적타당도란 관찰된 결과가 다른 경쟁적 요인들 보다는 해당 정책에 기인하는 것이라고 판단할 수 있는 정도를 의미한다.
③ A라는 정책이 집행된 이후에 그 정책의 목표 B가 달성된 것을 발견한 경우, 정책평가자는 A와 B 사이에 인과관계가 존재한다고 결론을 내릴 수 있다.
④ 신뢰도는 동일한 측정도구를 반복하여 사용했을 때 동일한 결과를 얻을 확률을 의미한다.

18	인과관계의 성립조건 → 공동변화, 원인변수의 시간적 선행성, 경쟁가설의 배제

① [○] 외적타당도란 내적타당성을 통해 얻은 인과적 추론이 다른 상황이나 모집단에 일반화시킬 수 있는가에 관한 것이다.
② [○] 내적타당도란 효과가 다른 경쟁적 원인들보다 당해 정책(처리)에만 기인하는 것이라고 판단할 수 있는 정도를 의미한다. 이는 정책과 결과 간 인과관계를 밝히는 것으로 일반적 의미의 타당성이다.
③ [×] 정책과 결과의 인과성을 추론하기 위해서는 공동변화의 입증 즉, 변수 간 상시연결성(규칙적 동양성), 원인변수[X]의 시간적 선행성의 입증, 외재적 변수의 통제와 경쟁가설의 배제 등이 필요하다. 다양한 외적 변수가 존재할 수 있으므로 단순히 A정책이 집행된 후 B라는 결과가 나왔다고 하여 그 결과를 A의 효과라고 단정할 수 없다.
④ [○] 신뢰도란 동일한 측정도구로 동일한 현상을 반복 측정했을 때 동일한 결론이 나오는 정도를 뜻한다. 즉, 측정도구의 측정결과에 대한 일관성을 의미한다.

답 ③

19 □□□

정책평가의 논리에서 수단과 목표 간의 인과관계에 대한 설명으로 옳은 것만을 모두 고르면?

> ㄱ. 정책목표의 달성이 정책수단의 실현에 선행해서 존재해야 한다.
> ㄴ. 특정 정책수단 실현과 정책목표 달성 간 관계를 설명하는 다른 요인이 배제되어야 한다.
> ㄷ. 정책수단의 변화 정도에 따라 정책목표의 달성 정도도 변해야 한다.

① ㄱ   ② ㄷ
③ ㄱ, ㄴ   ④ ㄴ, ㄷ

20 □□□

다음 제시문의 ㄱ, ㄴ에 들어갈 용어가 바르게 연결된 것은?

> (ㄱ)는 독립변수인 정책수단과 함께 종속변수인 정책효과를 가져오는 요인으로 정책수단과 정책효과 사이의 인과관계를 과대 또는 과소평가하며, (ㄴ)는 독립변수인 정책수단의 효과가 전혀 없을 때, 숨어서 정책효과를 가져오는 변수로 정책수단과 정책효과 사이의 인과관계를 완전히 왜곡하는 요인이다.

① 허위변수, 매개변수
② 혼란변수, 허위변수
③ 혼란변수, 매개변수
④ 허위변수, 혼란변수

19	인과관계의 성립조건 → 원인변수의 시간적 선행성

ㄱ. [×] 정책목표의 달성보다는 정책수단의 실현이 선행되어야 한다.
ㄴ. [○] 다른 요인이 배제되어야 한다는 것을 경쟁가설의 배제 혹은 외재적 요인의 통제라 한다.
ㄷ. [○] 수단에 따라 목표의 달성 정도가 변하는 것을 공동변화 혹은 상시연결성이라 한다.

답 ④

20	허위변수 → 정책과 결과의 모든 관계를 흡수

ㄱ. 독립변수와 종속변수에 모두 영향을 미치면서 두 변수 사이의 인과관계를 과대 또는 과소평가하게 만드는 것은 혼란변수이다.
ㄴ. 독립변수와 종속변수 간 전혀 관계가 없음에도 불구하고 효과가 있는 것처럼 보이는 것은 허위변수이다.

답 ②

21 □□□

05년 국가7급

정책평가에 관한 설명으로 타당하지 않은 것은?

① 선정효과나 성숙효과는 혼란변수로 작용할 수는 있으나 허위변수로 작용할 가능성은 없다.

② 혼란변수가 존재하면 정책효과의 추정이 부정확해진다.

③ 실제로는 관계가 없는데도 겉으로는 관계가 있는 듯이 보이는 관계를 허위의 상관이라 부르고 이를 일으키는 변수를 허위변수라고 부른다.

④ 실험이라는 특수한 상황에서 평가된 정책효과가 일상적 상황 하에서는 타당하지 못할 가능성이 있는데 이것은 바로 호손효과(Hawthorne Effect) 때문이다.

22 □□□

09년 지방7급

다음을 읽고 물음에 답하시오.

> 미국에서 발간된 콜만 보고서(Coleman Report)는 학생들의 학업 열성과 학업성취도에 대한 학교의 영향을 분석한 것이다. 이 보고서에 따르면 학급의 학생 수, 학생 1인당 예산, 도서관이나 실험실 시설, 교사의 봉급, 교과과정의 질 등 종래 교육정책결정자들이 중요하게 생각했던 요인들이나 학생들의 성별 등은 학업 열성이나 학업성취도에 영향을 미치지 않으며 학생들의 가정환경과 학급동료의 가정환경이 중요한 것으로 나타났다. 이런 분석결과를 바탕으로 강제버스통학(busing) 정책이 실시되었다. 콜만 연구에서는 학업성취도 영향요인을 분석하기 위해 회귀분석을 실시하였다. 이 회귀분석에서 사용된 다양한 독립변수 중에서 정책변수로 고려될 수 없는 것은 무엇인가?

① 학생들의 가정환경
② 학급당 학생들의 인종구성비율
③ 학생 1인당 예산
④ 교과과정의 질

21	선정효과와 성숙효과 → 허위변수 또는 혼란변수

① [×] 선정효과나 성숙효과는 혼란변수는 물론 허위변수로도 작용할 수 있다.

② [○] 혼란변수가 존재하면 정책의 효과가 과대 혹은 과소평가된다.

③ [○] A와 B의 관계는 허위관계이고 이를 마치 관계가 있는 것처럼 보이게 만드는 제3의 변수(Z)를 허위변수라 한다.

④ [○] 호손효과는 실험대상자들이 관찰되고 있음을 의식해서 평소와 다른 심리적 행동을 보이는 현상, 또는 실험대상자들이 평가자들이 바라는 대로 행동함으로 인해 나타나는 오차이다.

답 ①

22	정책변수 → 정책의 형성

① [○] 독립변수란 함수 관계에서 다른 변수의 변화와 관계없이 독립적으로 변화하는 변수이며, 이러한 독립변수 중에서 정부에 의하여 조작이 가능한 것을 정책변수라 한다. 학생들의 가정환경은 학업성취도에 영향을 주는 원인변수이지만 정부가 정책적으로 조작이 불가능한 환경변수이다.

② [×] 학급당 학생들의 인종구성비율은 정부가 정책적으로 조작이 가능한 변수이므로 정책변수로 볼 수 있다.

③ [×] 학생 1인당 예산은 정부가 정책적으로 조작이 가능한 변수이므로 정책변수로 볼 수 있다.

④ [×] 교과과정의 질은 정부가 정책적으로 조작이 가능한 변수이므로 정책변수로 볼 수 있다.

답 ①

23 □□□

정책평가를 위한 측정도구의 타당성과 신뢰성에 대한 설명으로 옳지 않은 것은?

① 타당성은 없지만 신뢰성이 높은 측정도구가 있을 수 있다.
② 신뢰성이 없지만 타당성이 높은 측정도구는 있을 수 없다.
③ 신뢰성은 측정도구의 타당성을 담보할 수 있는 충분조건이다.
④ 타당성이 없는 측정도구는 제1종 오류를 범하는 원인이 될 수 있다.

24 □□□

정책평가에 있어 타당성(validity)과 관련된 설명으로 옳지 않은 것은?

① 외적타당성(external validity)은 어떤 특정한 상황에서 내적타당성을 확보한 정책평가가 다른 상황에서도 적용될 가능성을 의미한다.
② 정책평가를 위하여 고찰된 통계적·실험적 방법들은 외적타당성을 제고하는 것을 제1차적 목적으로 한다.
③ 성숙효과(maturation effect)는 평가에 동원된 집단구성원들이 정책의 효과와는 관계없이 스스로 성장함으로써 나타날 수 있는 효과로서 내적타당성을 저하시킬 수 있는 요인에 속한다.
④ 회귀인공요소(regression artifact)들은 프로그램 집행 전의 1회 측정에서 극단적인 점수를 얻은 것을 기초로 개인들을 선발하게 되면, 다음의 측정에서 그들의 평균점수가 덜 극단적인 방향으로 이동하게 되는 것을 의미한다.

---

23 신뢰성 → 타당성의 필요조건

①, ② [○] 신뢰성은 타당성의 필요조건이다. 그러므로 신뢰성이 있지만 타당성이 없을 수 있다. 그러나 신뢰성이 없다면 타당성이 있을 수 없다.
③ [×] 신뢰성은 측정도구의 타당성을 담보할 수 있는 필요조건에 해당한다.
④ [○] 타당성 없는 측정도구는 효과가 없는 정책을 효과가 있다고 판단하는 제1종 오류와 효과가 있는 정책을 효과가 없다고 판단하는 제2종 오류를 범할 수 있다.

답 ③

---

24 정책평가의 1차 목적 → 내적타당성의 확인

① [○] 외적타당도란 특정 변수에 관하여 특정 대상, 특정 상황, 특정 시기에 얻은 평가결과를 다른 대상, 다른 상황, 다른 시기에도 그대로 적용될 수 있는 정도 즉, 일반화 가능성을 의미한다.
② [×] 정책평가를 위한 통계적·실험적 방법들은 내적타당성을 제고하는 것을 1차적 목적으로 한다. 내적타당성이 증명되지 않는다면 외적타당성은 의미가 없기 때문이다.
③ [○] 성숙효과는 시간이 지남에 따라 실험집단의 결과변수에 일어나는 자연스러운 변화로 인한 오차이다. 이는 평가에 동원된 집단구성원들이 정책의 효과와는 관계없이 스스로 성장하기 때문에 나타난다.
④ [○] 회귀인공요소는 실험 중 구성원이 자신의 성향으로 돌아갈 경우 나타나는 오차이다. 이는 극단적 측정값을 갖는 사례들이 재측정 할 때 평균값으로 회귀하는 현상에 의해 발생한다.

답 ②

25 □□□

정책평가의 타당성에 관한 설명으로 옳지 않은 것은?

① 외적타당성은 조사연구의 결론을 다른 모집단, 상황 및 시점에 어느 정도까지 일반화시킬 수 있는지의 정도를 나타낸다.
② 구성적 타당성은 연구설계를 정밀하게 구성하여 평가과정에서 제1종 및 제2종 오류가 발생하지 않는 정도를 나타낸다.
③ 내적타당성은 추정된 원인과 그 결과 사이에 존재하는 인과적 추론의 정확성에 관한 것이다.
④ 통계적 결론의 타당성은 추정된 원인과 추정된 결과 사이에 관련이 있는지에 관한 통계적인 의사결정의 타당성을 말한다.

26 □□□

정책평가와 관련하여 실험결과의 외적타당성을 저해하는 요인으로 옳지 않은 것은?

① 연구자의 측정기준이나 측정도구가 변화되는 경우
② 표본으로 선택된 집단의 대표성이 약할 경우
③ 실험집단 구성원 자신이 실험대상임을 인지하고 평소와 다른 특별한 반응을 보일 경우
④ 실험의 효과가 크게 나타날 것으로 예상되는 집단만을 의도적으로 실험집단에 배정하는 경우

---

26   도구효과 → 내적타당성의 저해요인

① [×] 측정기준이나 측정도구의 변화로 인해 나타나는 오차는 도구효과이고 이는 내적타당성의 저해요인이다.
② [○] 표본의 대표성이 부족하다면 특정 상황에서 얻은 결론을 다른 상황에 적용할 수 없을 것이다.
③ [○] 실험대상임을 인지하고 평소와 다른 특별한 반응을 보이는 것을 호손효과라 하며 이는 외적타당성의 저해요인이다.
④ [○] 크리밍효과를 의미하며 이는 외적타당성과 내적타당성을 동시에 저해할 수 있다.

---

25   연구설계의 정밀함 → 통계적 결론의 타당성

② [×] 연구설계를 정밀하게 구성하여 평가과정에서 제1종 오류 및 제2종 오류가 발생하지 않는 정도는 결론의 타당성이다. 구성적 타당성이란 처리·결과·모집단·상황에 대한 이론적 구성요소들이 성공적으로 조작화된 정도를 말한다.
③ [○] 내적타당성은 실험 또는 연구조사를 통해 찾아낸 효과가, 조작화된 처리에 기인된 것이라고 볼 수 있는 정도를 의미한다. 즉, 실험 처리와 결과 간의 인과적 결론의 적합성 정도를 말한다.
④ [○] 통계적 결론의 타당성은 통계적 증거에 근거하여 얻어진 결론의 정확성 정도이다. 즉, 변인들 간에 존재하는 관련성에 대한 타당한 결론을 이끌 수 있는 정도를 말하며, 이를 위해서는 연구설계의 정밀함이 요구된다.

답 ②

📄 내적 타당성의 저해 요인

표본의 대표성 부족	선정 요인 (선발 요인)	• 실험집단과 통제집단 간 구성의 상이성 (→ 외재적 요소) • 해결책: 무작위배정, 사전측정
	상실 요인	• 실험기간 중 구성원의 탈락으로 인한 결과값의 변화 • 해결책: 무작위배정, 사전측정
	회귀인공 요인	• 초기의 극단적 측정값이 재측정 시 평균값으로 회귀하는 현상 • 해결책: 극단적 측정값의 회피
다른 요인의 개입	성숙 요인	• 시간의 흐름에 따른 자연스러운 변화 또는 스스로 성장 • 해결책: 통제집단의 구성
	역사 요인	• 실험기간 중 일어나는 우연한 사건 • 해결책: 실험기간의 제한
관찰 및 측정방법 요인	측정 요인 (검사 요인)	• 실험 전 측정에 의한 영향, 학습에 의한 변이 • 해결책: 솔로몬 4집단설계
	측정도구 요인	• 실험 중 사용한 측정자·측정기준·측정수단의 변화 • 해결책: 표준화된 측정도구의 개발
기타 요인	오염효과	통제집단과 실험집단의 접촉 → 모방효과와 누출효과 및 부자연스러운 반응
	단일 위협 요인들의 상호작용	선발과 성숙의 상호작용, 처치와 상실의 상호작용

답 ①

27 ☐☐☐

정책평가에 있어서 조건이 양호한 집단을 대상으로 정책수단을 실시한 후 그 결과가 좋게 나타난 정책수단을 다른 상황에 적용하려고 하는 경우에 나타나는 외적타당성의 문제는?

① 크리밍효과(creaming effect)
② 성숙효과(maturation effect)
③ 허위상관(spurious correlation)
④ 호손효과(Hawthorne effect)

28 ☐☐☐

다음 내용에서 정책평가의 내적타당성을 위협하는 요인은?

> 정부는 혼잡통행료 제도의 효과를 측정하기 위해 혼잡통행료 실시 이전과 실시 후의 도심의 교통흐름도를 측정, 비교하였다. 그런데 두 측정시점 사이에 유류가격이 급등하는 상황이 발생하였다.

① 상실요인(mortality)
② 회귀요인(regression)
③ 역사요인(history)
④ 검사요인(testing)

27	크리밍효과 → 양호한 집단만의 선별

① [○] 조건이 양호한 집단을 대상으로 정책수단을 실시할 경우 크리밍효과가 나타날 수 있다.
② [×] 성숙효과(maturation effect)는 시간이 지남에 따라 실험집단의 결과변수에 일어나는 자연스러운 변화 또는 스스로 성장함으로 인하여 나타나는 오차를 말한다.
④ [×] 호손효과(Hawthorne effect)는 실험자들이 관찰되고 있음을 의식해서 평소와 다른 심리적 행동을 보이는 현상을 말한다.

📄 **외적 타당성의 저해 요인**

표본의 대표성 부족	실험집단이 모집단을 대표하지 못하는 현상
크리밍 효과	효과가 크게 나타날 사람만의 배정 → 외적 타당성과 내적 타당성의 동시적 저해 요인
호손 효과	관찰되고 있음을 의식한 행동 → 실험조작의 반응 효과
다수처리에 의한 간섭	다수의 실험처리로 인한 성향 변화
실험조작과 측정의 상호작용	실험과 측정에 익숙해서 얻은 결과를 다른 상황에 적용하기 곤란함

답 ①

28	역사요인 → 외적 사건의 개입

① [×] 상실요인(mortality)은 실험기간 중 구성원의 (일부) 탈락으로 인하여 나타나는 오차이다.
② [×] 회귀요인(regression)은 극단적 측정값을 갖는 사례들이 재측정 할 때 평균값으로 회귀하는 현상으로 인해 오차이다.
③ [○] 혼잡통행료라는 정책의 실시 전후에 유류가격의 급등이라는 상황(우연한 사건)이 발생하여 정책의 효과를 교관시키는 것은 역사요인에 속한다.
④ [×] 검사요인(testing)은 동일한 시험문제를 실험 전과 후에 사용한 경우처럼, 실험 전 측정이 실험에 영향을 주는 학습에 의한 변이를 말한다.

답 ③

---

29 □□□

정책평가의 내적타당성을 저해하는 요소로 볼 수 없는 것은?

① 성숙효과 (maturation effect)
② 무작위 배정(random assignment)
③ 측정도구의 효과(instrumentation effect)
④ 역사효과(history effect)

30 □□□

정책실험에서 내적타당성을 위협하는 요인 중 다음 설명에 해당하는 것은?

> 사전측정을 경험한 실험 대상자들이 측정 내용에 대해 친숙해지거나 학습 효과를 얻음으로써 사후측정 때 실험 집단의 측정값에 영향을 주는 효과이며, '눈에 띄지 않는 관찰' 방법 등으로 통제할 수 있다.

① 검사요인
② 선발요인
③ 상실요인
④ 역사요인

| 29 | 무작위 배정 → 내적타당성의 향상방안 |

② [×] 무작위 배정(random assignment)은 실험집단과 통제 집단의 동질성을 높여주므로 내적타당성의 제고에 기여한다.
③ [○] 측정도구의 효과(instrumentation effect)는 실험 중에 사용된 측정기준 또는 측정수단 등이 달라짐으로 인해 발생 하는 오류를 말한다.
④ [○] 역사효과(history effect)는 실험기간 중 일어난 우연한 역사적 사건으로 인하여 실험의 결과가 영향을 받는 상황을 말한다.

답 ②

| 30 | 사전측정으로 인한 오류 → 검사요인 |

① [○] 사전측정으로 인한 학습효과는 검사요인이다. 한편, 눈에 띄지 않는 관찰이란 관찰되고 있다는 사실 혹은 측정되고 있다는 사실을 인지하지 못하게 만드는 관찰기법을 말한다.
② [×] 선발요인은 정책의 대상이 되는 집단(→ 실험집단)과 그렇지 않은 집단(→ 비교집단)이 처음부터 다른 특성을 가져 정책이 영향을 받는 것을 말한다.
③ [×] 상실요인은 정책집행 기간에 대상자 일부가 이탈하여 사전 및 사후 측정값이 달라지는 오차를 말한다.
④ [×] 역사요인은 외부환경에서 발생하여 사전 및 사후 측정값이 달라지게 만드는 어떤 사건에 영향을 받는 경향을 말한다.

답 ①

31 □□□

14년 지방9급

정책평가의 내적타당성을 저해하는 요인들 중 외재적 요인은?

① 선발요인
② 역사요인
③ 측정요인
④ 도구요인

32 □□□

20년 지방7급

다음 사례에서 제시된 '경쟁가설'과 관련한 정책평가의 내적타당성 위협요인은?

> 정부는 ○○하천의 수질오염을 방지하기 위해 주변 모든 공장에 폐수정화시설을 의무적으로 갖추도록 하는 정책을 시행했다. 1년 후 정부는 정책평가를 통해 ○○하천의 오염정도가 정책실시 이전보다 훨씬 낮게 나타났다는 결과를 발표했다. ○○하천의 수질개선은 정책의 효과라는 정부의 입장에 대해, A교수는 "○○하천이 깨끗해진 것은 정책 시행 기간 중 불경기가 극심하여 많은 공장들이 문을 닫았고, 정책평가를 위한 오염수준 측정 직전에 갑자기 비가 많이 왔기 때문"이라는 경쟁가설을 제기했다.

① 역사요인
② 검사요인
③ 선발요인
④ 상실요인

31	내적타당성의 외재적 요인 → 선발요인

① [○] 선발요인이란 실험집단과 통제집단 간 구성상의 상이함으로 인하여 발생하는 오류로, 실험 전에 이미 잘못 구성된 것이므로 이를 내적타당성을 저해하는 외재적 요인이라 한다.
③ [×] 측정요인(검사요인)은 동일한 시험문제를 실험 전과 후에 사용한 경우처럼, 실험 전 측정이 실험에 영향을 주는 학습에 의한 변이 현상이다. 해결책으로 2개의 실험집단과 2개의 통제집단을 사용하는 솔로몬 4집단 설계방법이 있다.

답 ①

32	역사요인 → 사건에 의한 결과의 왜곡

① [○] 정책과 효과 사이에 불경기나 많은 비와 같은 사건이 개입되어 있으므로 이는 역사요인에 의한 내적타당성의 위험에 내포되어 있다.

답 ①

33 □□□

정책평가에서 내적타당성에 대한 설명으로 옳지 않은 것은?

① 역사요인은 외부환경에서 발생하여 사전 및 사후 측정값이 달라지게 만드는 어떤 사건을 말한다.

② 성숙효과는 실험 대상자들이 사전측정의 내용에 대해 친숙하게 되어 사후 측정값이 달라지는 것이다.

③ 상실요인은 정책집행 기간에 대상자 일부가 이탈하여 사전 및 사후 측정값이 달라지는 것과 관련이 있다.

④ 선발요인은 실험집단 및 통제집단에 대한 무작위 배정과 사전측정을 통해 어느 정도 통제할 수 있다.

---

34 □□□

내적타당성의 위협 요인에 대한 설명을 바르게 연결한 것은?

> ㄱ. 실험(testing)효과
> ㄴ. 회귀(regression)효과
> ㄷ. 성숙(maturation)효과
> ㄹ. 역사(history)효과

> A. 순전히 시간의 경과 때문에 발생하는 조사대상 집단의 특성변화가 나타나는 경우
> B. 정책 및 프로그램의 실시 전후 유사한 검사를 반복하는 경우에 시험에 친숙도가 높아져 측정값에 영향을 미치는 경우
> C. 특정 프로그램처리가 집행될 즈음에 발생한 다른 어떤 외부적 사건 때문에 나타난 효과
> D. 극단적인 점수를 얻은 실험대상들이 시간이 흐름에 따라 보다 덜 극단적인 상태로 표류하게 되는 경향

	ㄱ	ㄴ	ㄷ	ㄹ
①	B	A	D	C
②	B	D	A	C
③	D	C	B	A
④	D	C	A	B

33	사전측정으로 인한 친숙함 → 측정요인

② [×] 실험 대상자들이 사전측정의 내용에 대해 친숙하게 되어 사후 측정값이 달라지는 것은 측정요인(시험요인)이다.

④ [○] 선발요인은 실험집단과 통제집단 간 구성상의 상이함으로 인한 오류이므로 무작위 배정 등을 통해 그 편차를 줄일 수 있다.

답 ②

34	시간의 경과 → 성숙효과

ㄱ. 실험(testing)효과는 정책 및 프로그램의 실시 전후 유사한 검사를 반복하는 경우에 시험에 친숙도가 높아져 측정값에 영향을 미치는 경우(B)를 말한다.

ㄴ. 회귀(regression)효과는 극단적인 점수를 얻은 실험대상들이 시간이 흐름에 따라 보다 덜 극단적인 상태로 표류하게 되는 경향(D)을 말한다.

ㄷ. 성숙(maturation)효과는 시간의 경과 때문에 발생하는 조사대상 집단의 특성변화가 나타나는 경우(A)를 말한다.

ㄹ. 역사(history)효과는 특정 프로그램처리가 집행될 즈음에 발생한 다른 어떤 외부적 사건 때문에 나타난 효과(C)를 말한다.

답 ②

35 □□□

정책평가의 내적타당성 저해요인에 대한 설명 중 옳지 않은 것은?

① 역사요인(history): 시간의 흐름에 따라 자연스럽게 나타나는 실험 전과 실험 후 상태의 차이를 정책효과로 잘못 평가하는 경우에 발생한다.

② 회귀요인(regression artifact): 실험집단의 구성에 있어 극단치가 포함되는 경우 그 효과는 재실험을 통해 감소되는 경향을 보인다.

③ 도구요인(instrumentation): 실험집단과 비교집단의 측정수단을 달리하거나, 정책 실시 전과 실시 후의 정책효과 측정수단이 다른 경우에 발생한다.

④ 상실요인(mortality): 정책집행기간 중 대상 집단의 일부가 탈락해서, 남아 있는 대상이 처음과 다른 경우에 발생한다.

36 □□□

정책평가의 외적타당성의 저해요인을 설명하고 있는 것을 모두 고르면?

ㄱ. 측정(pre-test)이 실험 처리에 대한 피조사자의 감각에 영향을 줄 수 있으므로 그에 따라 얻는 결과를 모집단에 일반화하면 편의(bias)가 발생할 수 있다.

ㄴ. 일정한 연령층을 대상으로 선정한 실험집단과 통제집단으로부터 얻은 평가결과는 다른 연령층에 그대로 적용되지 않을 수 있다.

ㄷ. 인위적인 실험환경에서 얻은 정책평가결과는 실제 사회 현실에의 적용가능성에 다소 의문이 있을 수 있다.

ㄹ. 동일집단에 여러 번의 실험적 처리를 할 경우 실험처리에 어느 정도 익숙해짐으로써 얻은 결과는 그렇지 않은 경우와 동일한 결과를 얻는다는 보장을 할 수 없다.

ㅁ. 실험집단과 통제집단이 무작위로 배정된 구성원이 각 집단으로부터 상실되어 나머지 구성원만으로 처리효과를 추정한다면 그 결과가 왜곡될 가능성이 있다.

① ㄱ, ㄴ

② ㄱ, ㄴ, ㄷ

③ ㄱ, ㄴ, ㄷ, ㄹ

④ ㄱ, ㄴ, ㄷ, ㄹ, ㅁ

35	시간의 효과 → 성숙효과

① [×] 시간의 흐름에 따라 자연스럽게 나타나는 변화로 인한 오류는 성숙효과이다.

답 ①

36	상실효과 → 내적타당성의 저해요인

ㄱ. [○] 측정으로 인하여 성향이 달라진 실험집단과 그것을 거치지 않은 모집단 간의 문제는 외적타당성을 저해하는 원인이다.

ㄴ. [○] 일정한 연령층이 다른 연령층을 대표할 수 없는 문제이므로 이는 외적타당성을 저해하는 원인이다.

ㄷ. [○] 인위적인 실험환경은 일반적인 사회 현실을 대표할 수 없으므로 이는 외적타당성을 저해하는 원인이다.

ㄹ. [○] 여러 번의 실험적 처리에 의해 성향이 달라지는 것을 다수처리에 의한 간섭이라 하며, 이는 외적타당성을 저해하는 원인이다.

ㅁ. [×] 구성원의 상실로 인해 결론이 왜곡되는 것은 상실효과이며, 내적타당성을 저해하는 요인이다.

답 ③

37 □□□

다음 사례에서 정책평가의 내적타당도를 위협하는 요인은?

> 지방정부 A시는 최근 일정 나이의 청년들에게 월마다 일정 금액을 지급하는 청년소득 정책을 실시하였다. 청년소득 지급이 청년들의 고용에 어떤 영향을 미치는지 알아보기 위해 청년소득 정책 실시 전후 대상자들의 고용현황을 측정하고 비교해서 그 차이를 청년소득의 효과라고 해석하려고 한다. 그런데 두 측정시점사이에 경기불황이라는 상황이 발생하였다.

① 호손효과
② 검사요인
③ 역사적 요인
④ 회귀인공요인
⑤ 오염효과

37	역사적 요인 → 사건의 개입

③ [○] 청년소득 정책과 청년소득의 효과 사이에 경기불황이라는 상황이 개입하였다면 이는 역사적 요인이 발생할 가능성이 높다.
⑤ [×] 오염효과는 정책의 실험과정에서 실험대상자와 통제대상자들이 서로 접촉하여 나타나는 모방효과와 누출효과를 말한다.

답 ③

---

38 □□□

정책평가에서 내적타당성에 대한 설명으로 옳지 않은 것은?

① 준실험 설계보다 진실험 설계를 사용할 때 내적타당성의 저해 요인이 다양하게 나타난다.
② 정책의 집행과 효과 사이에 존재하는 인과관계의 추론이 가능한 평가가 내적타당성이 있는 평가이다.
③ 허위변수나 혼란변수를 배제할 수 있다면 내적타당성을 높일 수 있다.
④ 선발요인이나 상실요인을 통제하기 위해서는 무작위 배정이나 사전측정이 필요하다.

38	준실험 → 내적타당성의 저해

① [×] 진실험은 실험집단과 비교집단을 동질적으로 구성하므로 내적타당성이 높다.
② [○] 내적타당성은 그 효과가 다른 경쟁적 원인들보다 당해 정책(처리)에만 기인하는 것이라고 판단할 수 있는 정도를 말한다.
③ [○] 허위변수나 혼란변수를 배제했다면 그 효과는 정책에 기인한 것이므로 그 정책의 내적타당성은 높아진다.
④ [○] 선발요인이나 상실요인은 무작위 배정을 하거나 사전측정을 통해 짝짓기 방식으로 두 집단의 동질성을 높인다면 그 효과를 제거할 수 있다.

📋 **진실험, 준실험, 비실험 비교**

구분	진실험	준실험	비실험
내적 타당성	높음	낮음	가장 낮음
외적 타당성	낮음	높음	가장 높음
실현 가능성	낮음	높음	가장 높음

답 ①

정책평가를 위한 사회실험에 대한 설명으로 옳지 않은 것은?

① 통제집단 사전 · 사후 설계는 검사효과를 통제할 수 있다.
② 준실험은 진실험에 비해 실행 가능성이 높다는 장점이 있다.
③ 회귀불연속 설계는 구분점(구간)에서 회귀직선의 불연속적인 단절을 이용한다.
④ 솔로몬 4집단 설계는 통제집단 사전 · 사후 설계와 통제집단 사후 설계의 장점을 갖는다.

39	사전검사 → 검사효과의 발생

① [×] 사전검사를 하면 반드시 검사효과가 나타날 수 있다.
② [○] 실행가능성과 외적 타당성은 일반적인 상황에서 실시하는 준실험이 더 높다.
③ [○] 회귀불연속 설계는 투입자원이 희소하여 오직 대상 집단의 일부에게만 희소자원이 공급될 수밖에 없는 상황에서의 정책효과를 파악하기 위한 연구에 적합하다.
④ [○] 솔로몬 4집단실험 설계는 외재적 변수의 효과는 물론 사전측정의 효과와 측정과 처리의 상호작용 등 내적 타당성 저해요인에 대한 가장 강력한 통제수단을 제공한다.

답 ①

정책평가방법에 대한 설명으로 옳지 않은 것은?

① 진실험설계는 정책을 집행하는 실험집단과 집행하지 않는 통제집단을 구성하되, 두 집단이 동질적인 집단이 되도록 한다.
② 정책의 실험과정에서 실험대상자와 통제대상자들이 서로 접촉하는 경우에는, 모방효과가 나타날 수 있다.
③ 준실험설계는 짝짓기(matching) 방법으로 실험집단과 통제집단을 구성하여 정책영향을 평가하거나, 시계열적인 방법으로 정책영향을 평가한다.
④ 준실험설계는 자연과학 실험과 같이 대상자들을 격리시켜 실험하기 때문에, 호손효과(Hawthorne effect)를 강화시킨다.

40	준실험설계 → 호손효과의 감소

① [○] 진실험은 정책을 실시하는 실험집단과 정책을 실시하지 않는 통제집단(비교집단)을 무작위 배정에 의하여 동질적으로 구성하는 실험방법이다. 여기서 동질성이란 실험집단과 통제집단의 구성상의 동일함, 실험집단과 통제집단의 성숙 · 추세 · 역사적 사건 등 과정상의 동일함, 실험집단과 통제집단의 자기선택의 경향에 있어 동일함을 포함한다.
② [○] 모방효과는 실험집단의 실험내용을 통제집단의 대상들이 따라하는 현상으로, 이는 실험집단과 통제집단을 자연과학의 실험처럼 완전히 분리 · 차단할 수 없기 때문에 발생하는 내적 타당성의 저해요인이다.
③ [○] 짝짓기는 정책이 실시되는 지역과 실시되지 않는 지역이 구분되어 있어 무작위 배정이 어려울 때, 비슷한 대상끼리 둘씩 짝지어 배정하는 방식이고, 시계열적 방법은 정책이 전국적으로 실시되어 실험집단과 통제집단을 구분하기 곤란한 경우 별도의 통제집단 없이 동일한 집단에 대하여 정책을 집행하여 전과 후의 상태를 비교하는 방식이다.
④ [×] 자연과학 실험과 같이 대상자들을 격리시켜 실험하는 것은 진실험이다. 진실험은 인위적 상황에서 실시되므로 실험대상자들이 관찰되고 있음을 의식해서 평소와 다른 심리적 행동을 보이는 호손효과의 발생가능성이 높다.

답 ④

41 □□□

정책의 효과를 확인하기 위한 평가설계에 대한 설명으로 옳은 것만을 모두 고르면?

ㄱ. 동일 정책대상집단에 대해 정책집행을 기준으로 여러 번의 사전, 사후측정을 하여 정책효과를 추정하는 '단절적 시계열설계'는 준실험설계 유형 중 하나이다.
ㄴ. 내적타당성을 위협하는 역사요인은 정책집행 기간이 상대적으로 길고 정책대상이 사람일 때 주로 나타나며 시간의 경과 때문에 발생하는 조사대상 집단의 특성 변화가 정책의 효과에 혼재되어 나타나는 경우를 말한다.
ㄷ. 정책실험을 할 수 없는 경우, 통계분석 기법을 이용해서 정책효과의 인과관계를 추론하는 것을 비실험적 정책 평가설계라고 하며 회귀분석이나 경로분석 등이 있다.

① ㄱ
② ㄱ, ㄷ
③ ㄴ, ㄷ
④ ㄱ, ㄴ, ㄷ

42 □□□

정책평가의 내적타당성과 외적타당성에 대한 설명으로 옳은 것은?

① 역사요인, 성숙요인, 회귀요인은 모두 외적타당성을 저해 하는 요인이다.
② 준실험이 갖는 약점은 주로 외적타당성보다는 내적타당 성에 관한 것이다.
③ 실험대상자들이 실험의 대상으로 자신들이 관찰되고 있다는 사실을 알게 되어 평소와는 다른 행동을 함으로써 발생하는 효과는 내적타당성의 저해요인이다.
④ 정책집행과 정책효과 사이의 인과관계를 정확히 파악할 수 있는 평가는 외적타당성을 갖추었다고 볼 수 있다.

41	시간의 경과로 인한 오차 → 성숙효과

ㄱ. [○] 단절적 시계열설계는 정책이 전국적으로 실시되어 실험 집단과 통제집단을 구분하기 곤란할 때 별도의 통제집단 없이 동일한 집단에 대하여 정책을 집행하여 비교하는 방식이다.
ㄴ. [×] 정책대상이 사람이고, 시간의 경과로 인한 특성의 변화는 성숙효과와 관련된다.
ㄷ. [○] 인과적 추론을 위한 비실험적 방법에는 통계적 통제에 의한 방법, 인과모형에 의한 방법 등이 포함된다. 통계적 통제에 의한 방법은 결과변수에 영향을 미친다고 생각되는 제3의 변수 들을 식별하여 통계분석의 모형에 포함시키는 것을 말하고, 인과경로모형은 여러 변수들 간에 원인과 결과의 관계가 복잡 하게 작용할 것으로 생각될 경우, 인과적 모델링에 의해 인과 모형을 작성하고, 경로분석을 통해 변수들 간의 인과관계의 경로에 관한 가설을 검증하는 방법이다.

답 ②

42	준실험 → 외적타당성의 제고

① [×] 역사요인, 성숙요인, 회귀요인은 모두 내적타당성을 저해 하는 요인이다.
② [○] 준실험은 실험집단과 통제집단 간 동질성을 확보하지 못한 실험이므로 내적타당성이 낮을 수 있다. 이에 따라 내적타당 성을 저해하는 외생변수를 통제할 수 있는 장치가 필요하다.
③ [×] 호손효과 또는 실험조작의 반응효과에 대한 설명으로, 이는 외적타당성을 저해하는 요인이다.
④ [×] 정책집행과 정책효과 사이의 인과관계는 내적타당성과 관련된다.

답 ②

43 □□□

사회실험에 대한 설명으로 옳은 것만을 모두 고르면?

> ㄱ. 자연과학의 실험실 실험과는 달리 상황에 따라 통제
> 집단 또는 비교집단 없이 집행할 수 있다.
> ㄴ. 진실험 방법을 활용하여 사회실험을 진행하면 호손
> 효과를 방지할 수 있다는 점이 가장 큰 장점이다.
> ㄷ. 아직 검증되지 않은 정책 프로그램에 대규모 투자를
> 하기 전에 그 결과를 미리 평가해 보는 것이 중요한
> 목적 중 하나이다.
> ㄹ. 실험집단과 비교집단을 무작위 배정할 수 없어 집단
> 간 동질성 확보가 불가능하면, 준실험 방법을 채택하여
> 진행할 수 있다.

① ㄱ, ㄴ   ② ㄱ, ㄹ
③ ㄴ, ㄷ   ④ ㄷ, ㄹ

---

44 □□□

정책평가를 위한 조사설계의 유형 중 진실험 설계(true experimental design)에 해당하는 것은?

① 단절적 시계열설계(interrupted time-series design)
② 통제집단 사전사후측정설계(pretest-posttest control group design)
③ 비동질적 통제집단설계(non-equivalent control group design)
④ 단일집단 사전사후측정설계(one group pretest-posttest design)

43	진실험 → 호손효과의 발생

ㄱ. [×] 사회실험이 되기 위해서는 자연과학 실험과 마찬가지로 통제집단 또는 비교집단이 필요하다.
ㄴ. [×] 진실험은 인위적 상황에서 이루어지므로 호손효과가 나타날 수 있다는 문제점을 지닌다.
ㄷ. [○] 실험이란 정책을 본격적으로 실시하기 전에 그 효과를 미리 알아보는 유용한 기법이다.
ㄹ. [○] 준실험은 통제집단은 존재하지만 실험집단과 동질성을 확보하지 못한 상태에서 이루어지는 실험이다.

답 ④

44	통제집단 사전사후측정설계 → 고전적 진실험

① [×] 단절적 시계열설계는 준실험 설계에 속한다.
② [○] 실험집단과 통제집단을 동질적으로 구성하는 진실험 설계에는 통제집단 사후측정 설계, 통제집단 사전사후측정 설계 (고전적 진실험), 솔로몬 4집단설계 등이 있다.
③ [×] 비동질적 통제집단설계는 준실험 설계에 속한다.
④ [×] 단일집단 사전사후측정설계는 비교대상이 없는 준실험 설계에 속한다.

답 ②

45 ☐☐☐

실험설계에 대한 설명으로 옳지 않은 것은?

① 특정 정책의 효과성 판단을 위한 인과관계 입증에 활용될 수 있다.
② 진실험(true experiment)과 준실험(quasi-experiment)의 차이는 실험집단과 통제집단의 무작위배정에 의한 동질성 확보여부이다.
③ 회귀 - 불연속 설계나 단절적 시계열 설계는 과거 지향적 (retrospective) 성격을 갖는 진실험 설계(true experiment)에 해당된다.
④ 짝짓기(matching)를 통하여 제3의 요인에 관하여 실험집 단과 통제집단을 동등화시킬 수 있다.

46 ☐☐☐

다음이 설명하는 연구방법은?

> 준실험설계방법 중에서 실험집단과 통제집단에 실험대상을 배정할 때 분명하게 알려진 자격기준(eligibility criterion)을 적용하는 방법으로, 투입자원이 희소하여 오직 대상 집단의 일부에게만 희소자원이 공급될 수밖에 없는 경우에 정책 효과를 파악하기 위한 연구에 적합하다.

① 비동질적 통제집단설계(non-equivalent control group design)
② 회귀 - 불연속설계(regression discontinuity design)
③ 단절적 시계열설계(interrupted time-series design)
④ 통제 - 시계열설계(control-series design)

---

45 준실험 → 과거 지향적

① [○] 실험설계란 인과관계에 대한 가설을 검증하기 위하여 독립변수를 조작하고 그 효과를 관찰하여 정책의 효과를 평가 하는 방법을 말한다.
② [○] 실험집단과 통제집단의 동질성이 확보되면 진실험이고, 동질성이 확보되지 않았다면 준실험이다.
③ [×] 회귀 - 불연속 설계나 단절적 시계열 설계는 준실험(quasi experiment)에 해당된다. 진실험 설계는 현상을 인위적으로 조작하여 실험을 진행하므로 미래 지향적 성격이 강하지만, 준실험은 기존의 상태를 기반으로 실험을 진행하므로 과거 지향적이라는 평가를 받는다.
④ [○] 짝짓기(matching) 방식이란 정책이 실시되는 지역과 실시되지 않는 지역이 구분되어 있어 무작위 배정이 어려울 때, 비슷한 대상끼리 둘씩 짝지어 배정하는 방식을 말한다.

답 ③

---

46 회귀 - 불연속설계 → 준실험

① [×] 비동질적 통제집단설계는 사전측정을 한 후 유사한 점수 를 받은 대상자를 짝을 지어 실험집단과 통제집단에 배정한 후, 실험집단에게 실험을 실시하고 통제집단에게는 실시하지 않고 비교한다.
② [○] 회귀불연속설계는 오직 일부 집단에게만 희소자원이 공급 될 수밖에 없는 경우에 사용되며, 희소자원의 지급 대상자는 실험집단에 배정하고 비대상자는 통제집단에 배정하여 정책처리 에 따른 효과를 비교한다.
③ [×] 단절적 시계열설계는 통제집단이나 비교집단을 설계하기 어려울 경우에 사용한다. 프로그램의 실시시점을 기준으로 전과 후의 시계열 자료를 비교한다.
④ [×] 통제 - 시계열설계는 시계열설계를 함에 있어 비교집단을 설정하는 방식으로, 비교집단의 시계열 자료와 실험집단의 시계 열 자료를 비교하되, 실시시점을 기준으로 전과 후의 자료를 비교하는 것이다.

답 ②

진실험적 방법과 준실험적 방법에 대한 설명으로 옳지 않은 것은?

① 진실험적 방법은 실험집단과 통제집단의 동질성을 확보하여 행하는 실험이다.

② 실험집단과 통제집단을 서로 동질적인 것으로 구성하기 위해서는 대상들을 이들 두 집단에 무작위적으로 배정하지 말아야 한다.

③ 진실험설계에서 실험집단과 통제집단은 관찰기간 동안에 동일한 시간과 관련된 과정을 경험해야 한다.

④ 준실험적 방법에는 비동질적 통제집단 설계, 사후측정 비교집단 설계 등이 있다.

---

47   무작위 배정 → 동질성의 확보

① [○] 진실험은 정책을 실시하는 실험집단과 정책을 실시하지 않는 통제집단을 무작위 배정에 의하여 동질적으로 구성하는 방법이다. 두 집단의 동질성이 확보되어 허위변수나 혼란변수가 통제되므로 내적타당성이 높다. 그러나 인위적 실험으로 인한 호손효과나 표본의 대표성 부족으로 외적타당성은 낮다.

② [×] 무작위 배정이란 실험집단과 비교집단을 나눌 때, 객관성을 높이기 위해서 실험자의 의도에 따라 대상이 나누어지지 않도록 랜덤(random)하게 배정하는 것으로, 두 집단의 동질성을 높이는 방법이다.

③ [○] 실험집단과 통제집단을 동질적으로 구성하였다는 것은 동일한 구성, 동일한 경험, 동일한 성향 등을 포함하는 개념이다.

답 ②

정책평가의 논리와 방법에 대한 설명으로 옳지 않은 것은?

① 내적타당성이란 다른 요인들이 작용한 효과를 제외하고 오로지 정책 때문에 발생한 순수한 효과를 정확히 추출해 내는 것과 관련되는 개념이다.

② 내적타당성을 위협하는 성숙요인이란 순전히 시간의 경과 때문에 발생하는 조사대상집단의 특성변화를 말한다.

③ 진실험설계의 주요 형태 중 하나인 단일집단 사전사후측정 설계는 동일한 정책대상집단에 대한 사전측정과 사후측정을 통해 정책효과를 추정하는 방식이다.

④ 결과변수에 영향을 미친다고 생각되는 제3변수들을 식별하여 통계분석모형에 포함시킨 후 정책효과를 추정하는 것은 비실험적 설계의 한 예이다.

---

48   단일집단 사전사후측정 설계 → 준실험

③ [×] 단일집단 사전사후측정 설계는 준실험 설계로 분류된다. 이 실험은 종속변수를 실험처리 이전에 측정한 측정값을 정책 개입 이후의 사후 측정값과 비교하여 정책변수의 효과를 측정하는 기법이다.

④ [○] 실험설계 없이 통계분석을 통해 외생변수의 영향을 제거하여 정책이 결과변수에 미치는 순수한 영향을 파악하고자 하는 방법은 비실험에 속한다.

답 ③

49 ☐☐☐ 18년 지방7급

정책평가방법 중 자연실험(natural experiment)에 대한 설명으로 옳지 않은 것은?

① 자연실험은 준실험(quasi-experiment)이 아닌 진실험(true experiment)에 가까운 실험설계 방식이다.
② 자연실험에서는 사회실험에 비해 비용 문제나 윤리적 문제 때문에 어려움을 겪을 가능성이 적다.
③ 자연실험에서 실험 여건은 자연적인 충격(shock)뿐만 아니라 급격한 정책이나 제도변화에 의해서도 형성된다.
④ 독립변수와 종속변수가 서로 영향을 주고받는 동시적 관계에 있을 때 이를 통제하기 위한 수단으로 자연실험을 이용할 수 있다.

---

49 | 자연실험 → 준실험

---

① [×] 자연실험이란 인위적 실험이 아닌 자연이나 사회현상 속에서 만들어진 사건이나 변화를 통해 혼란변수를 통제하는 실험으로, 진실험보다는 준실험 방식에 해당한다.
② [○] 자연실험은 인위적으로 만든 상황이 아니므로 비용이 저렴하고 실험에서 발생하는 윤리문제를 차단할 수 있다.
③ [○] 자연실험은 외부로부터의 우연한 충격이나 혹은 정책변동에 따라 자연스럽게 실험집단과 비교집단이 구분된다.
④ [○] 자연실험은 누락변수 편의문제의 차단, 독립변수 자기선택 편의의 통제, 독립변수와 종속변수의 상호영향력의 통제에 유용하다는 평가를 받는다.

답 ①

01 ☐☐☐

정부관의 변천에 대한 설명으로 옳지 않은 것은?

① 19세기 근대 자유주의 국가는 야경국가를 지향하였다.
② 대공황 이후 케인즈주의, 루즈벨트 대통령의 뉴딜정책은 큰 정부관을 강조하였다.
③ 영국의 대처리즘, 미국의 레이거노믹스는 작은 정부를 지향하였다.
④ 하이에크는 '노예의 길'에서 시장실패를 비판하고 큰 정부를 강조하였다.

---

01   하이에크 → 신자유주의 아버지

① [○] 야경국가란 국가의 임무를 대외적인 국방과 대내적인 치안의 확보 및 최소한의 공공사업에 국한하고, 경제활동 등 나머지는 개인의 자유에 맡기는 것이 바람직하다는 근대의 자유주의적 국가관을 말한다.
② [○] 뉴딜정책의 큰 방향은 생산량의 조정, 공공사업을 통한 실업자의 구제, 사회보장 제도의 실시, 금융권의 관리 등이었다.
③ [○] 대처리즘이란 영국의 대처 수상의 취임 이후 실시되었던 정부재정지출 삭감, 공기업의 민영화, 규제완화와 경쟁의 촉진 등 공공부문 개혁을 말하며, 미국의 레이거노믹스와 함께 대표적인 신자유주의 정책이다.
④ [×] 하이에크는 '노예의 길'에서 정부실패를 비판하고 작은 정부를 강조하였다.

답 ④

PART

3

조직이론

CHAPTER 1

조직이론의 기초

01 □□□
10년 지방7급

학자와 조직유형 간 관계를 연결한 것으로 옳지 않은 것은?

① 파슨즈(T. Parsons): 강압적 조직, 공리적 조직, 규범적 조직
② 민츠버그(H. Mintzberg): 단순구조, 기계적 관료제, 전문적 관료제, 할거적 구조, 임시체제
③ 블라우(P. Blau)와 스코트(W. Scott): 호혜적 조직, 기업조직, 봉사조직, 공익조직
④ 콕스(T. Cox. Jr): 획일적 조직, 다원적 조직, 다문화적 조직

02 □□□
21년 국가9급

조직목표의 기능에 대한 설명으로 옳지 않은 것은?

① 조직구성원들이 목표로 인해 일체감을 느끼기 때문에 구성원들의 동기를 유발해준다.
② 조직의 구조와 과정을 설계하는 준거를 제공하고 성과를 평가하는 기준이 되기도 한다.
③ 미래의 바람직한 상태를 밝혀 조직 활동의 방향을 제시한다.
④ 조직이 존재하는 정당성의 근거가 될 수는 없다.

01	파슨즈(T. Parsons) → AGIL

① [×] 강압적 조직, 공리적 조직, 규범적 조직으로 분류한 학자는 에치오니(A. Etzioni)이다.
② [○] 민츠버그(H. Mintzberg)는 권력의 소재와 조정방식 등을 기준으로 5가지 유형으로 구분하였다.
③ [○] 블라우(P. Blau)와 스코트(W. Scott)는 조직의 수혜자를 중심으로 4가지 유형으로 구분하였다.
④ [○] 콕스(T. Cox. Jr)는 조직의 문화를 기준으로 3가지 유형으로 구분하였다.

답 ①

02	조직의 목표 → 정당성의 근거

① [○] 조직의 목표는 구성원의 행동을 통일시키고 동기를 유발하는 도구이다.
② [○] 조직의 목표는 업무설계의 기준이 되므로 조직구조와 과정의 준거가 될 수 있다.
③ [○] 목표란 조직이 추구하는 미래의 바람직한 상태를 의미한다.
④ [×] 조직의 목표는 조직이 존재하는 이유이다.

답 ④

03 ☐☐☐

조직목표에 대한 설명으로 옳지 않은 것은?

① 목표의 다원화(multiplication) 및 목표의 확대(expansion)는 기존 목표에 새로운 목표가 추가되거나 기존 목표의 범위가 넓어지는 것을 말한다.

② 목표의 전환(diversion)은 애초에 설정된 목표를 달성할 수 없거나 목표가 완전히 달성된 경우 같은 유형의 다른 목표로 교체되는 것을 말한다.

③ 목표의 대치(displacement)란 조직의 목표 추구가 왜곡되는 현상으로, 조직이 정당하게 추구하는 종국적 목표가 다른 목표나 수단과 뒤바뀌는 것을 말한다.

④ 조직의 운영상 목표는 공식목표를 추진하는 과정에서 추구하는 목표로, 비공식적 목표이다.

| 03 | 목표를 달성하였거나 할 수 없을 때 → 목표의 승계 |

① [○] 목표의 다원화는 기존 목표에 새로운 목표가 추가되는 것이고, 목표의 확대는 기존 목표의 범위가 넓어지는 것이다.

② [×] 애초에 설정된 목표를 달성할 수 없거나 목표가 완전히 달성된 경우 같은 유형의 다른 목표로 교체되는 것은 목표의 승계이다.

③ [○] 목표의 대치는 종국적 가치를 '수단적 가치를 위한 도구'로 활용하는 것이다.

④ [○] 조직의 정관 등에 명문화된 목표가 공식적 목표이고, 조직의 운영에서 실제로 추구하고 있는 것이 운영목표이다.

📋 **목표의 변동**

목표의 전환	• 목표를 달성하지 못했으나 조직이 소멸하지 않고 성격이 다른 새로운 목표가 과거의 목표를 대체하는 현상 • 개혁과정에서 자신들의 조직이 축소 · 변화되는 것을 막기 위하여 새로운 목표를 만들어 개혁에 저항하는 현상
목표의 대치	종국적 가치를 수단적 가치로 대치하는 현상
목표의 승계	목표를 달성하였거나 달성이 불가능할 때 새로운 목표를 재설정하는 것
목표의 다원화	목표의 수가 증가하는 현상, 기존 목표에 질적으로 상이한 목표를 수평적으로 추가하는 것
목표의 확대 · 축소	기존의 목표가 추구해오던 범위의 확장 또는 축소 현상
목표의 비중변화	복수목표에 있어 목표 간 우선순위의 변화

답 ②

---

04 ☐☐☐

조직의 목표에 관한 다음 설명 중 옳지 않은 것은?

① 조직에 있어서 본래의 목표는 상실되고 오히려 본래의 목표를 달성하기 위한 수단이 목표로 뒤바뀌는 현상을 목표의 승계라고 한다.

② 목표모형은 조직의 목표달성에 초점을 두고, 그 평가기준은 조직이 설정한 목표에 의하는 것이다.

③ 체제모형은 목표나 산출보다는 목표달성을 위해 필요로 하는 수단에 초점을 둔다.

④ 경쟁가치접근법은 조직의 효과성이 평가자의 가치에 의존한다는 주장이다.

| 04 | 수단이 목표로 바뀌는 현상 → 목표의 대치 |

① [×] 본래의 목표를 달성하기 위한 수단이 목표로 뒤바뀌는 현상은 목표의 대치이다.

② [○] 목표모형은 조직이 의도하는 목표의 달성도를 기준으로 조직의 효과성을 측정하는 모형으로, 조직의 이상(목표)과 실제를 비교하여 조직의 효과성을 평가한다.

③ [○] 체제모형은 체제로서의 기능적 요건을 수행하는 정도를 기준으로 조직의 효과성을 측정하는 모형으로, 특히 환경으로부터 자원을 획득하고 취득하는 능력을 중시한다.

④ [○] 퀸(R. Quinn)과 로보그(J. Rohrbaugh)는 조직이 외부 · 내부 중 어디에 초점을 두고 있는지와 조직구조가 통제와 융통성 중 어떤 것을 강조하는지를 기준으로 조직의 효과성에 관한 네 가지 경쟁모형을 도출하였다.

답 ①

미헬스(R. Michels)의 '과두제의 철칙(iron law of oligarchy)' 현상에 가장 부합하는 조직목표 변동 유형은?

① 목표대치(displacement)
② 목표확대(expansion)
③ 목표추가(multiplication)
④ 목표승계(succession)

05	과두제의 철칙 → 목표의 대치

① [○] 미헬스(R. Michels)의 '과두제의 철칙(iron law of oligarchy)' 현상은 목표대치와 관련된다. 목표대치란 종국적 가치(1차적 목표)가 수단적 가치(2차적 목표)로 뒤바뀌는 것을 말한다.
② [×] 목표확대(expansion)란 기존의 목표가 추구해오던 범위를 확장하는 것을 말한다.
③ [×] 목표추가(multiplication)란 기존의 목표에 질적으로 상이한 새로운 목표를 수평적으로 추가하는 것을 말한다.
④ [×] 목표승계(succession)란 목표를 달성하였거나 달성이 불가능할 때 새로운 목표를 재설정하는 것을 말한다.

답 ①

조직이론에 대한 설명 중 옳지 않은 것은?

① 고전적 조직이론에서는 조직 내부의 효율성과 합리성이 중요한 논의 대상이었다.
② 신고전적 조직이론은 인간에 대한 관심을 불러 일으켰고 조직행태론 연구의 출발점이 되었다.
③ 신고전적 조직이론은 인간의 조직 내 사회적 관계와 더불어 조직과 환경 간의 관계를 중점적으로 다루었다.
④ 현대적 조직이론은 동태적이고 유기체적인 조직을 상정하며 조직발전(OD)을 중시해 왔다.

06	신고전적 조직이론 → 대체로 폐쇄체제

① [○] 고전적 조직이론은 19C 말부터 1930년대까지 형성되었던 전통적 조직이론으로, 합리적 경제인, 공식구조 중심, 기계적 능률성, 폐쇄체제 등을 특징으로 한다.
② [○] 신고전적 조직이론은 조직의 감정적이고 비공식적인 측면을 강조한 1930년대 인간관계론 등으로, 사회인관, 비공식구조 중심, 사회적 능률성, 폐쇄체제 등을 특징으로 한다. 또한 인간에 대한 관심을 촉발시켜 행태론의 발전에 기여하였다.
③ [×] 신고전적 조직이론은 일반적으로 환경과의 관계를 고려하지 못한 폐쇄체제이론이다.
④ [○] 고전적 조직이론과 신고전적 조직이론이 폐쇄체제를 기반으로 이론을 전개한다면 현대 조직이론은 개방체제를 기반으로 이론을 전개하며, 대개 1950년대 말엽부터를 현대 조직이론의 시작점으로 본다.

답 ③

07 ☐☐☐

신고전적 조직이론에 대한 설명으로 옳은 것은?

① 조직군생태론, 자원의존이론 등이 대표적이다.
② 인간을 복잡한 내면구조를 가진 복잡인으로 간주한다.
③ 환경과 상호작용하는 개방적 · 동태적 · 유기적 조직을 강조한다.
④ 조직 내 사회적 능률을 강조하고, 조직의 비공식적 구조나 요인에 초점을 둔다.

08 ☐☐☐

조직이론의 주요 학자와 주장을 바르게 연결한 것은?

① 테일러(F. Taylor)는 조직의 생산성과 능률성을 향상시키기 위해 관리자의 직관에 따를 것을 강조하였다.
② 페이욜(H. Fayol)은 최고관리자의 관점에서 14가지 조직관리의 원칙을 제시하였다.
③ 귤릭(L. Gulick)이 제시한 최고관리자의 기능 중에는 협력(Cooperation)이 포함된다.
④ 베버(M. Weber)는 근대관료제가 카리스마적 지배를 받는다고 주장하였다.
⑤ 메이요(E. Mayo)의 호손(Hawthorne)실험은 공식조직의 중요성을 강조하였다.

07	신고전적 조직이론 → 비공식적 요인의 강조

① [×] 조직군생태론과 자원의존이론 등은 모두 현대적 조직이론으로 분류된다.
② [×] 신고전적 조직이론은 인간을 사회인관으로 가정한다. 복잡인관은 현대적 조직이론에서부터 강조되었다.
③ [×] 신고전적 조직이론은 환경의 영향력을 간과했던 폐쇄체제이론이다.
④ [○] 신고전적 조직이론은 사회적 능률성을 강조하였고, 조직 내 자연스럽게 발생하는 비공식적 요인에 관심을 두었다.

답 ④

08	페이욜(H. Fayol) → 최고관리자의 14대 원칙

① [×] 테일러(F. Taylor)는 직관보다는 과학적 분석을 통해 유일 최선의 업무 방식을 발견할 수 있다고 주장하였다.
② [○] 페이욜(H. Fayol)은 최고관리자의 관점에서 조직의 운영원리를 제시하였고, 이는 후에 귤릭(L. Gulick)의 POSDCoRB에 영향을 주었다.
③ [×] 귤릭(L. Gulick)이 제시한 최고관리자의 기능 중 Co는 조정(Coordinating)이다.
④ [×] 베버(M. Weber)는 근대관료제는 합리적 · 합법적 권위에 의해 지배를 받는 조직이다.
⑤ [×] 메이요(E. Mayo)의 호손(Hawthorne)실험은 비공식조직의 중요성을 강조하였다.

답 ②

PART 3

해커스공무원 이준모 행정학 단원별 기출문제집

09 □□□

조직이론에 대한 설명으로 옳은 것은?

① 인관관계론은 동기유발 기제로 사회심리적 측면을 강조한다.
② 귤릭(L. Gulik)은 시간 – 동작연구를 통해 과학적 관리론을 주장하였다.
③ 고전적 조직이론은 조직 내 사회적 능률을 강조하고, 조직 속의 인간을 자아실현인으로 간주한다.
④ 상황이론(contingency theory)은 모든 상황에서 적용되는 유일 최선의 조직구조를 찾는다.

| **09** | 시간 – 동작연구 → 테일러 |

① [O] 인간관계론은 동기유발의 기제로 물질적 가치보다는 타인과의 관계에서 나타나는 사회심리적 측면을 강조하였다.
② [X] 시간 – 동작연구를 통해 과학적 관리론을 주장한 학자는 테일러이다.
③ [X] 고전적 조직이론은 인간을 합리적 경제인으로 보며, 기계적 능률성을 강조한 이론이다.
④ [X] 상황이론(contingency theory)은 모든 상황에 적용되는 유일 최선의 방법보다는 상황에 맞는 중범위적 이론을 추구하였다.

답 ①

---

10 □□□

신고전적 조직이론에 대한 설명으로 옳지 않은 것은?

① 메이요(E. Mayo) 등에 의한 호손(Hawthorne)공장 실험에서 시작되었다.
② 공식조직에 있는 자생적, 비공식적 집단을 인정하고 수용한다.
③ 인간의 사회적 욕구와 사회적 동기유발 요인에 초점을 맞춘다.
④ 조직이란 거래비용을 감소하기 위한 장치로 기능한다고 본다.

| **10** | 거래비용이론 → 현대 조직이론 |

① [O] 호손실험은 1930년을 전후하여 메이요(E. Mayo) 등이 호손공장의 근로자들을 대상으로 작업조건과 능률성의 관계를 파악하기 위하여 실시한 실험이지만, 작업능률을 향상시키는 것은 작업환경이나 임금과 같은 물질적 요인이 아니라 구성원의 태도나 감정과 같은 비물질적 요인이라는 것을 확인시킨 실험으로, 인간관계론의 탄생 계기가 되었다.
② [O] 신고전적 조직이론은 고전적 조직이론의 기반에 의존하므로, 조직 내에서 개인적 노력을 조정하는 주요 수단으로서의 계서제의 존재에 대해 부정하는 것은 아니며, 단지 비공식조직의 존재와 이 비공식조직들이 구성원 사이의 권력 관계를 형성한다는 사실을 덧붙여 지적하고 있을 따름이다.
③ [O] 신고전적 조직이론은 동기부여의 유인으로 비경제적 · 사회적 유인이 더 효과적이라고 주장했으며, 가치의 기준으로는 사회적 능률성을 중시하였고, 폴렛(M. Follett), 메이요(E. Mayo), 뢰슬리스버거(F. Roethlisberger), 바나드(C. Barnard) 등이 대표적인 학자들이다.
④ [X] 조직을 거래비용을 감소하기 위한 장치로서 보는 것은 거래비용경제학이며, 이는 현대적 조직이론에 속한다.

답 ④

행정관리학파에 대한 설명으로 옳지 않은 것은?

① 대표적인 학자로는 굴릭(L. Gulick), 어윅(L. Urwick),
　 페이욜(H. Fayol) 등이 있다.

② 비공식집단의 생성이나 조직 내의 갈등 등에 대한 설명을
　 용이하게 해준다.

③ 과학적 관리론, 고전적 관료제론 등과 함께 행정학의
　 출범 초기에 학문적 기초를 쌓는 데 크게 기여했다.

④ 조직과 구성원 간의 관계를 합리적 존재로만 봄으로써
　 조직을 일종의 기계장치처럼 설계하려 하였다.

조직이론과 그 내용에 대한 설명으로 옳지 않은 것은?

① 구조적 상황이론 – 불안정한 환경 속에 있는 조직은 유기
　 적인 조직구조를 선택하는 것이 효과적이다.

② 전략적 선택이론 – 동일한 환경에 처한 조직도 환경에
　 대한 관리자의 지각 차이로 상이한 선택을 할 수 있다.

③ 거래비용이론 – 시장에서의 거래비용이 조직의 내부 거래
　 비용보다 클 경우 내부 조직화를 선택한다.

④ 조직군 생태학이론 – 조직군의 변화를 이끄는 변이는
　 우연적 변화(돌연변이)로 한정되며, 계획적이고 의도적인
　 변화는 배제된다.

11	행정관리학파 → 고전적 조직이론

① [○] 페이욜(H. Fayol)은 '일반 및 산업관리론'(1916)에서 14대
　 관리원칙을 제시했고, 굴릭(L. Gulick)과 어윅(L. Urwick)의
　 POSDCoRB에 영향을 주었다.

② [×] 행정관리학파는 고전적 행정학을 말한다. 반면, 비공식
　 집단의 생성이나 조직 내 갈등 등에 대한 설명을 용이하게 해주는
　 것은 신고전적 행정학이다.

③ [○] 행정관리학파는 정치학으로부터 행정학을 분리시킨 후
　 경영학에서 발전한 과학적 관리론과 유럽의 관료제론을 행정학에
　 도입하여 하나의 독자적 학문으로서 행정학을 성립하는 데
　 기여를 하였다.

④ [○] 행정관리학파를 포함하여 고전적 행정학은 인간을 합리적
　 경제인으로 가정하며, 구조의 합리적 설계를 통해 생산성을
　 높이고자 하는 기계적 능률성을 강조한다.

답 ②

12	조직군 생태론 → 계획적 변화 + 우연한 변화

① [○] 구조적 상황이론은 규모, 기술, 환경이라는 상황에 따라
　 조직구조가 달라져야 한다는 이론으로, 불안정한 환경에서는
　 기계적 구조보다는 유기적 구조가 효과적이다.

② [○] 전략적 선택이론은 환경적 요소가 바로 조직구조로 연결
　 되는 것이 아니라, 환경은 의사결정자의 전략에 영향을 미치고
　 그 전략에 따라 조직구조가 달라진다고 설명한다.

③ [○] 거래비용이론에 따르면 시장에서의 거래비용이 크다면
　 이를 내부 조직화시키는 것이 더 효율적이다.

④ [×] 구조적 상황이론이나 자원의존이론은 환경에 대한 적응
　 이나 전략적 선택 등과 같은 계획적 변화만을 강조하지만, 조직군
　 생태론은 우연한 사건이나 행운과 같은 우연한 변화를 추가한다.

📄 **거시조직이론**

구분	환경인식	
	결정론	임의론
개별조직 (미시수준)	구조적 상황이론	전략적 선택이론, 자원의존이론
조직군 (거시수준)	조직군생태학, 조직경제학, 제도화이론	공동체생태학

(분석수준)

답 ④

13 □□□

18년 국가9급

상황적응적 접근방법(contingency approach)에 대항 설명
으로 옳지 않은 것은?

① 체제이론의 거시적 관점에 따라 모든 상황에 적합한 유일
최선의 관리방법을 모색한다.

② 체제이론에서와 같이 조직은 일정한 경계를 가지고 환경과
구분되는 체제의 하나로 본다.

③ 조직을 구성하고 운영하는 방법의 효율성은 그것이 처한
상황에 의존한다고 가정한다.

④ 연구대상이 될 변수를 한정하고 복잡한 상황적 현상의 조건
들을 유형화함으로써 거대이론보다 분석의 틀을 단순
화한다.

14 □□□

17년 국가9급(하)

조직이론에 대한 설명으로 옳지 않은 것은?

① 자원의존이론에 따르면, 조직은 환경으로부터 필요한 자원을
획득하기 위하여 환경에 피동적으로 순응하여야 한다.

② 주인 – 대리인이론에 따르면, 주인과 대리인 간에는 정보의
비대칭으로 인해 대리인의 도덕적 해이와 주인의 역선택이
발생할 수 있다.

③ 거래비용이론에 따르면, 시장의 자발적인 교환행위에서
발생하는 거래비용이 관료제의 조정비용보다 클 경우 거
래를 내부화하는 것이 효율적이다.

④ 상황론적 조직이론에 따르면, 모든 상황에 적용되는 유일·
최선의 조직구조나 관리방법은 없다.

13	상황론적 접근방법 → 중범위이론

① [×] 상황이론은 일반체제이론의 거시적 관점을 실용화하려는
중범위이론이다.

② [○] 상황적응적 접근방법 역시 개방체제에 기반을 둔 이론이다.

③ [○] 상황적응적 접근방법은 규모, 기술, 환경의 차이에 따라
조직구조의 형성방법이 달라져야 한다는 이론이다.

④ [○] 상황적응적 접근방법은 체제이론과 달리 모든 변수를
고려하지 않고, 규모, 환경, 기술과 같은 특정 변수에 초점을
둔 중범위적 접근방법을 채택하고 있다.

답 ①

14	자원의존이론 → 임의론

① [×] 자원의존이론은 임의론에 속한다. 전략적 선택이론과는
달리, 조직의 환경에 대한 의존성을 인정하면서 환경의 제약으로
부터 더 많은 자율성을 얻는 방향으로 외부관계를 설정하고
관리하고자 한다.

③ [○] 거래비용이론은 거래비용의 최소화를 조직구조 효율성의
관건으로 인식하는 이론이다. 만약 거래비용이 내부 조정비용
보다 크다면 거래의 내부화를 시도하여 조직화가 나타나는데,
이는 조직을 거래비용을 줄여주는 장치로 인식하는 것이다.

📄 거시조직이론

구분	환경결정론	수동적 적응론	자유의지론
미시수준	관료제이론	상황적합이론	전략적 선택이론, 자원의존이론
거시수준	조직경제학, 조직군생태학	제도화이론	조직 간 관계론, 공동체생태학

답 ①

15 ☐☐☐

윌리암슨(O. Williamson)의 거래비용이론 관점에서 계층제가 시장보다 효율적일 수 있는 근거로 옳지 않은 것은?

① 계층제는 연속적 의사결정을 용이하게 함으로써 인간의 제한된 합리성을 완화한다.
② 계층제는 집합적 의사결정의 외부비용을 감소시킨다.
③ 계층제는 불확실성을 감소시킨다.
④ 계층제는 정보밀집성의 문제를 극복할 수 있다.

16 ☐☐☐

조직이론에 대한 설명으로 옳지 않은 것은?

① 구조적 상황이론 – 상황과 조직구조 특성 간의 적합 여부가 조직의 효과성을 결정한다.
② 전략적 선택이론 – 상황이 구조를 결정하기 보다는 관리자의 상황 판단과 전략이 구조를 결정한다.
③ 자원의존이론 – 조직의 안정과 생존을 위해서 조직의 주도적·능동적 행동을 중시한다.
④ 대리인이론 – 주인·대리인의 정보 비대칭 문제를 해결하기 위해 대리인에게 대폭 권한을 위임한다.

---

15 계층제 → 내부비용의 감소

①, ③, ④ [○] 윌리암슨(O. Williamson)은 시장과 계층제의 효율성을 거래비용의 관점에서 비교한 학자이다. 그는 거래비용의 최소화를 조직구조 효율성의 관건으로 인식하였는데 시장의 거래에서 발생하는 이러한 거래비용은 제한된 합리성(정보의 불충분성과 비대칭성)과 기회주의 행동 등과 같은 인적 요인 그리고 자산의 특정성(전속성), 불확실성, 거래의 발생빈도 등과 같은 환경적 요인이 그 원인이다. 계층제는 연속적 의사결정을 통해 인간의 제한된 합리성을 보완(①)하며, 정보의 공유에 의한 정보의 밀집성 문제의 극복(④)으로 거래의 불확실성(③)과 기회주의적 행동을 완화시킬 수 있다는 점에서 시장보다는 효율적이다.

② [×] 계층제의 독임제적 특성은 의사결정의 내부비용을 완화시킬 수 있다. 그러나 외부비용 즉, 집행비용(집행과정에서 협조나 순응에 소요되는 비용)은 늘어날 수 있다.

답 ②

---

16 대리인이론 → 대리인의 통제방안 강조

① [○] 구조적 상황이론은 개별조직이 놓여 있는 상황(규모·기술·환경 등)과 조직구조의 적합성 여부가 조직의 성과를 좌우한다고 본다. 즉, 조직이 처한 상황이 다르면 효과적인 조직설계 및 관리방법도 달라져야 한다는 주장이다.
② [○] 전략적 선택이론은 조직의 변화를 조직 내 특정인의 의지의 산물로 보며, 재량권을 지닌 관리자의 자율적 판단이나 의지에 의해 조직의 생존과 번영이 결정된다고 주장한다.
③ [○] 자원의존이론은 전략적 선택이론과는 달리, 조직의 환경에 대한 의존성을 인정하면서 환경의 제약으로부터 더 많은 자율성을 얻는 방향으로 외부관계를 설정하고 관리하고자 한다.
④ [×] 대리인이론은 대리인에 대한 효과적인 통제를 강조하는 이론으로, 대리인의 이기적 행위가 위임자에게 이득이 될 수 있도록 유인체계를 설계하는 것이 핵심이다.

답 ④

17 ⬜⬜⬜

13년 지방9급

조직이론에 대한 설명으로 옳은 것만을 모두 고른 것은?

> ㄱ. 베버(M. Weber)의 관료제론에 따르면, 규칙에 의한 규제는 조직에 계속성과 안정성을 제공한다.
> ㄴ. 행정관리론에서는 효율적 조직관리를 위한 원리들을 강조한다.
> ㄷ. 호손(Hawthrone)실험을 통하여 조직 내 비공식집단의 중요성이 부각되었다.
> ㄹ. 조직군생태이론(population ecology theory)에서는 조직과 환경의 관계를 분석함에 있어 조직의 주도적 · 능동적 선택과 행동을 강조한다.

① ㄱ, ㄴ
② ㄱ, ㄴ, ㄷ
③ ㄱ, ㄷ, ㄹ
④ ㄴ, ㄷ, ㄹ

---

17 | 조직군생태론 ➡ 결정론

ㄱ. [○] 보편적 합리성에 기반을 둔 법과 규칙에 의한 조직의 운영은 조직의 계속성과 안정성을 높이는 수단이 될 수 있다.
ㄴ. [○] 행정관리론 또는 원리주의는 행정에는 보편적 원리가 존재하는 바, 능률성의 제고를 위해서는 이들 원리를 발견해 적용해야 한다고 주장하는 학문적 정향을 말한다.
ㄷ. [○] 호손(Hawthrone)실험은 면접실험을 통해 직무 · 작업 환경 · 감독자에 대한 감정과 생산성의 상관성을 인식하였고, 뱅크선 작업실험을 통해 생산량은 자생적 · 비공식적 집단의 합의에 의해 결정된다는 것을 입증하였다.
ㄹ. [×] 조직군생태론은 조직의 번성과 쇠퇴를 조직 스스로의 힘이 아닌 환경의 선택에 의해 좌우된다고 보는 이론이다.

답 ②

18 ⬜⬜⬜

21년 국가7급

거래비용이론에 대한 설명으로 옳지 않은 것은?

① 기회주의적 행동을 제어하는 데에는 시장이 계층제보다 효율적인 수단이다.
② 거래비용은 탐색비용, 거래의 이행 및 감시비용 등을 포함한다.
③ 시장의 자발적 교환행위에서 발생하는 거래비용이 계층제의 조정비용보다 크면 내부화하는 것이 효율적이다.
④ 거래비용이론은 조직이 생겨나고 일정한 구조를 가지는 이유를 조직경제학적으로 설명하는 접근방법이다.

---

18 | 기회주의적 행동의 제어 ➡ 시장보다 계층제가 유리

① [×] 기회주의적 행동은 시장보다는 계층제에서 통제하기 용이하다.
② [○] 거래가 이루어지기 전에 발생하는 탐색비용은 물론 거래 후 거래의 이행을 감시하는 비용 역시 거래비용에 포함된다.
③ [○] 시장의 거래에서 발생하는 거래비용이 너무 크다면 이를 내부화하는 것이 효율적이다.
④ [○] 기존의 이론들이 조직을 생산의 주체로 보았다면, 거래비용이론은 조직을 비용의 절감장치로 간주하고 이론을 전개한다.

답 ①

19 ☐☐☐

다음 상황과 관련 있는 이론은?

> • A 보험회사는 보험가입 대상자의 건강 상태 및 사고 확률에 대한 특수 정보를 가지고 있지 않다.
> • A 보험회사는 질병 확률 및 사고 확률이 높은 B를 보험에 가입시켜 회사의 보험재정이 악화되었다.

① 카오스이론
② 상황조건적합이론
③ 자원의존이론
④ 대리인이론

20 ☐☐☐

현대조직이론에 대한 설명으로 옳은 것은?

① 조직군생태론은 단일조직을 기본 분석단위로 하며, 환경에 대한 조직 적합도에 초점을 둔다.
② 거래비용이론은 자원의존이론의 한 접근법으로, 조직 간 거래비용보다는 조직 내 거래비용에 더 많은 관심을 둔다.
③ 상황론적 조직이론은 독립변수를 한정하고 상황적 조건들을 유형화해 중범위라는 제한된 수준 내의 일반성과 규칙성을 발견하려고 한다.
④ 대리인이론에 따르면 정보의 대칭성과 자산 불특정성이 합리적 선택을 제약하며, 주인 – 대리인 관계는 조직 내에서 나타나지 않는다.

19	주인 – 대리인 문제 → 역선택과 도덕적 해이

① [×] 카오스이론은 혼돈상태(chaos)를 연구하여 폭넓고 장기적인 변동의 경로와 양태를 찾아보려는 접근방법이다.
② [×] 상황조건적합이론은 상황변수와 부합하는 내적 상태를 구성하려는 연구방법이다.
③ [×] 자원의존이론은 조직을 핵심자원을 통제하는 환경 내지 다른 조직들의 요구에 반응하는 존재로 보고, 자원을 획득하고 유지할 수 있는 능력을 조직생존의 핵심으로 간주하는 이론이다.
④ [○] 정보비대칭으로 인해 사고 확률이 높은 사람만이 보험에 가입하는 현상은 역선택이며, 이는 주인 – 대리인이론에 속한다.

답 ④

20	상황론적 조직이론 → 중범위적 접근

① [×] 조직군생태론은 조직군을 분석단위로 채택하고 있다.
② [×] 거래비용이론은 조직 밖에서 발생하는 거래비용에 관심을 둔다.
③ [○] 상황론적 조직이론은 규모, 기술, 환경 등의 한정된 변수를 기반으로 일반성과 규칙성을 발견하고자 한다.
④ [×] 주인 – 대리인 문제는 조직 외는 물론 조직 내에서도 발생한다.

답 ③

21 ☐☐☐

대리인이론에서 주인 – 대리인 관계의 효율성을 제약하는 요인이 아닌 것은?

① 인간의 인지적 한계와 정보 부족 등으로 인한 합리성 제약
② 정보 비대칭성 혹은 정보 불균형
③ 대리인의 기회주의적 행동 성향
④ 대리인 관계를 설정할 수 있는 다수의 잠재적 당사자 (대리인) 존재

22 ☐☐☐

조직이론에 관한 설명으로 옳지 않은 것은?

① 전략적 선택론은 조직설계의 문제를 단순히 상황적응의 차원이 아니라 설계자의 자유재량에 의한 의사결정 산물로 파악한다.
② 번스(T. Burns)와 스톡(G. Stalker)은 조직을 둘러싼 환경의 성격 및 특성이 조직구조와 어떻게 관련되는지를 설명한다.
③ 조직군생태학은 조직을 외부환경의 선택에 영향을 받을 뿐만 아니라 적극적으로 영향을 끼치는 능동적인 존재로 이해한다.
④ 바나드(C. Barnard)는 조직 내 인간적·사회적 측면을 강조한다.

21	경쟁 → 대리손실의 억제

① [○] 인간 능력의 한계와 정보의 부족은 대리인에 대한 통제를 어렵게 하는 요인이다.
② [○] 정보 비대칭성 혹은 정보 불균형은 주인이 대리인을 효과적으로 통제하는 데 장애요인으로 작용할 것이다.
③ [○] 기회주의적 행동이란 자신의 우월한 위치를 이용해 자신에게는 유리하고 상대방에게는 손해가 되는 행동을 하는 경향을 의미한다.
④ [×] 다수의 잠재적 당사자(대리인) 존재란 경쟁과 관련되며, 이러한 상황이라면 대리인의 기회주의적 행동은 억제될 것이다.

답 ④

22	조직군생태학 → 환경결정론 시각

① [○] 전략적 선택이론은 조직의 구조가 환경의 영향을 받지만, 조직이 환경에 그대로 따르는 것만은 아니라고 보는 관점으로, 재량권을 지닌 관리자의 자율적 판단이나 의지에 의해 조직의 생존과 번영이 결정된다고 주장한다.
② [○] 번스(T. Burns)와 스톡(G. Stalker)은 환경이라는 변수를 기반으로 조직구조의 유형을 기계구조와 유기구조로 분류한 학자이다.
③ [×] 조직군생태학은 관리자를 주어진 환경에 무기력한 존재로 보며, 조직이 환경에 적응해 나갈 능력이 없음을 인정하고 환경이 조직을 선택한다는 점을 강조하는 극단적인 환경결정론에 입각한 조직이론이다.
④ [○] 바나드(C. Barnard)는 조직을 인간의 협동체제로 보았으며, 구성원의 목표와 조직목표의 조화를 강조하였다.

답 ③

조직군생태이론에 대한 설명으로 옳지 않은 것은?

① 조직은 환경을 선택하는 능동적인 존재이다.
② 조직변화는 종단적 분석에 의해서만 검증 가능하다고 전제한다.
③ 조직이 생겨나고 없어지는 원인을 환경적 적합도에서 찾는다.
④ 전략적 선택이나 집단적 행동의 중요성을 경시한다.

23	조직군생태론 → 환경결정론

① [×] 조직군생태론은 환경이 조직을 선택한다는 환경결정론의 입장으로 조직의 수동성을 가정한다.
② [○] 조직군생태론은 조직이 선택되고 번창하다가 소멸되는 과정을 종단적으로 분석하는 이론이다.
③ [○] 조직군생태론은 어떤 유형의 조직들이 존속하고 소멸하는 현상은 환경의 선택에 의해서 이루어지는 것이라고 보는 이론이다.
④ [○] 조직의 전략적 선택과 집단적 행동의 중요성은 조직의 능동성을 가정하는 전략적 선택이론이나 공동체생태학에서 강조한다.

답 ①

현대 조직이론에 대한 설명으로 옳지 않은 것은?

① 거래비용이론 – 탐색·거래·감시비용 등을 포함하는 거래비용의 절감을 위해 외부화 전략뿐만 아니라 내부화 전략도 가능하다.
② 조직군생태론 – 조직군을 분석 단위로 하며, 개별 조직은 외부환경의 선택에 좌우되는 수동적인 존재이다.
③ 상황론 – 조직구조를 상황요인으로 강조하면서 이러한 상황에 적합한 조직의 기술과 전략 등을 처방한다.
④ 제도적 동형화론 – 조직의 장이 생성되어 구조화되면, 내부조직뿐만 아니라 새로 진입하려는 조직들도 유사해지는 경향을 나타낸다.

24	구조적 상황론 → 상황에 맞는 조직구조의 강조

① [○] 거래비용에는 외부와의 거래비용뿐만 아니라 내부 관리비용도 포함된다. 만약 외부비용이 크다면 내부화할 것이고, 관리비용이 크다면 외부와 거래하게 될 것이다.
③ [×] 구조적 상황론은 개별조직이 놓여 있는 규모·기술·환경 등과 같은 상황과 조직구조의 적합성 여부가 조직의 성과를 좌우한다는 이론이다. 즉, 조직이 처한 상황이 다르면 효과적인 조직설계 및 관리방법도 달라져야 한다는 주장이다.
④ [○] 제도적 동형화란 처음에는 달랐지만 시간이 지나면서 점차 지배적 구조를 닮아가는 현상을 말한다.

답 ③

조직이론에 대한 설명으로 옳지 않은 것은?

① 자원의존이론(resource-dependence theory)에서는 조직의 변화가 환경의 선택에 의해서 이루어진다고 설명한다.

② 시스템이론(system theory)은 조직을 하나의 개방체계로 보고 조직과 외부환경과의 상호작용을 강조한다.

③ 구조적 상황이론(structural contingency theory)에서는 조직이 처해있는 상황이 다르면 효과적인 조직설계 및 관리방법도 달라져야 한다고 주장한다.

④ 혼돈이론(chaos theory)은 급격한 환경 변화 속에서 유연하게 대응할 수 있는 체제관리원칙들을 제시하고 있다.

---

25 자원의존이론 → 임의론

① [×] 조직의 변화가 환경의 선택에 의해서 이루어진다고 설명하는 이론은 조직군생태론이다. 자원의존이론은 환경에 대한 조직의 능동성을 가정하는 임의론에 속한다.

② [○] 시스템이론(system theory)은 조직을 전체 사회에 기능적으로 연관된 하나의 개방체제로 보며, 그 유지와 변화에 관심을 두는 이론이다. 이러한 체제는 복수의 구성요소 또는 변수가 상호의존성, 계층성, 안정과 균형의 유지, 질서와 통일성 등을 가지면서 외부환경과 끊임없이 영향을 주고받는 실체를 말한다.

③ [○] 구조적 상황이론은 조직구조의 설계에 있어 유일최선의 방법을 부인하며, 상황에 따른 효과적인 방법을 강조하는 중범위 이론이다.

④ [○] 혼돈이론은 겉으로 보기에는 불안정하고 불규칙적으로 보이지만 그 안에 질서와 규칙성을 지니고 있는 현상들을 설명하려는 이론이다. 작은 변화가 예측할 수 없는 엄청난 결과를 낳는 것처럼 안정적으로 보이면서도 안정적이지 않고, 안정적이지 않은 것처럼 보이면서도 안정적인 여러 현상을 설명한다.

답 ①

조직이 안정과 존속을 유지하고, 안정과 존속에 대한 위협을 회피하고, 조직의 발전을 도모하기 위하여 조직의 정책이나 리더십 및 의사결정기구에 환경의 새로운 요소를 흡수하여 적응하는 과정은?

① 적응적 흡수(co-optation)

② 연합(Coalition)

③ 기관형성(Institution building)

④ 경쟁(Competition)

---

26 외부인사의 영입 → 적응적 흡수

① [○] 조직의 안정을 위해 외부 환경의 새로운 요소를 받아들이는 것은 적응적 흡수(co-optation)이다.

② [×] 연합(Coalition)은 둘 이상의 조직이 공동의 목표를 추구하기 위해 결합하는 것을 말한다.

③ [×] 기관형성(Institution building)은 국가 발전을 주도하고 이끌어가기 위해 공식기관을 새롭게 설치하거나 공식조직을 개편하여 새로운 가치관, 역할, 기술, 규범 등을 확립하고 확산하는 전략을 말한다.

④ [×] 경쟁(Competition)은 둘 이상의 조직이 자원이나 고객을 더 많이 확보하기 위해 노력하는 행위를 말한다.

답 ①

01 ☐☐☐

공식조직과 비공식조직에 대한 설명으로 옳지 않은 것은?

① 비공식조직은 공식조직을 전제하지 않고 독립적으로 구성된다.

② 비공식조직은 사적인 인간관계를 토대로 형성되는 조직이다.

③ 공식조직은 조직 자체의 목표달성을 우선시하는 반면, 비공식조직은 조직구성원의 욕구충족을 우선시한다.

④ 비공식조직은 공식조직의 경직성 완화, 업무 능률성 증대 등에 기여할 수 있다.

⑤ 비공식조직 간 적대감정이 생기면 조직 내 기능마비 현상이 나타날 수 있다.

---

02 ☐☐☐

정부의 위원회 조직에 대할 설명으로 옳지 않은 것은?

① 결정에 대한 책임의 공유와 분산이 특징이다.

② 복수인으로 구성된 합의형 조직의 한 형태이다.

③ 국민권익위원회는 의사결정의 권한이 없는 자문위원회에 해당된다.

④ 소청심사위원회는 행정관청적 성격을 지닌 행정위원회에 해당된다.

---

01 비공식조직 → 공직조직 내 존재

① [×] 비공식조직은 어디까지나 공식조직 내에 존재하는 조직이다.

② [○] 공식조직이 능률성을 위해 인위적으로 형성된 조직이라면, 비공식조직은 인간관계를 토대로 자연스럽게 형성된 조직이다.

④ [○] 비공식조직은 인간적 유대를 강화시켜 공식조직의 경직성을 완화하고 업무의 생산성을 높이는 데 기여할 수 있다.

⑤ [○] 비공식조직은 부분적 질서를 형성하므로 타 비공식조직이나 구성원과의 갈등이 나타날 수 있다.

📄 **공식조직과 비공식조직**

1. 개념
   ① 공식조직: 기능적 합리성의 원칙에 따라 인위적으로 만들어진 조직
   ② 비공식조직: 현실적인 인간관계를 토대로 자연발생적으로 형성되는 조직

2. 특징

공식조직	비공식조직

• 인위적 · 제도적 · 외면적 · 가시적 · 합리적
• 능률의 논리
• 전체 질서
• 합법적 절차에 의한 규범
	• 자연발생적 · 비제도적 · 내면적 · 비합리적
	• 감정의 논리
	• 부분 질서
	  (→ 공식조직 내 형성)
	• 상호접촉에 의한 규범
	  (→ 신분과 지위)

답 ①

02 국민권익위원회 → 행정위원회

①, ② [○] 위원회 조직은 복수의 구성원으로 구성되는 합의제 조직이므로, 책임을 공유하고 분산하는 특징을 지닌다.

③ [×] 국민권익위원회는 의사결정의 구속력과 집행권 모두를 가지는 행정위원회이다.

④ [○] 소청심사위원회는 독자적 결정권과 집행권을 지닌 행정관청적 성격의 행정위원회이다.

📄 **위원회의 유형**

자문위원회	자문을 받지 않아도 절차적 하자가 없으며, 의결의 구속력도 없음
심의위원회	반드시 심의를 받아야 하지만 의결의 법적 구속력은 없음
의결위원회	반드시 의결 받아야 하며 의결의 법적 구속력도 존재함
행정위원회	행정관청이므로 의결의 법적 구속력은 물론 집행권도 존재함
독립규제위원회	행정부로부터 독립되어 특정 업무를 독자적으로 의결하고 집행함

답 ③

03 ☐☐☐

정부위원회에 대한 설명으로 옳은 것만을 모두 고르면?

> ㄱ. 책임성이 결여될 수 있다.
> ㄴ. 자문위원회는 업무가 계속성·상시성이 있어야 한다.
> ㄷ. 민주성을 제고하는 장점이 있다.
> ㄹ. 방송통신위원회, 공정거래위원회, 국민권익위원회,
>   금융위원회, 개인정보보호위원회, 원자력안전위원회는
>   중앙행정기관이다.

① ㄱ, ㄷ   ② ㄴ, ㄷ

③ ㄴ, ㄹ   ④ ㄱ, ㄷ, ㄹ

---

04 ☐☐☐

우리나라 행정기관 소속 위원회에 대한 설명으로 옳지 않은 것은?

① 행정위원회와 자문위원회 등으로 크게 구분할 수 있다.
② 방송통신위원회, 금융위원회, 국민권익위원회는 행정위원회에 해당된다.
③ 관련 분야 전문지식이 있는 외부전문가만으로 구성하여야 한다.
④ 자문위원회의 의사결정은 일반적으로 구속력을 갖지 않는다.

---

03   업무의 계속성·상시성 → 행정위원회

ㄱ. [○] 위원회 조직은 복수의 위원으로 구성되므로, 독임제에 비해 책임소재가 모호해질 수 있다.
ㄴ. [×] 업무가 계속성·상시성이 있어야 하는 것은 행정위원회이다.
ㄷ. [○] 위원회 조직은 분야별 외부 전문가들을 위원으로 구성할 수 있으므로, 행정의 민주성과 전문성을 높이는 장치이다.
ㄹ. [○] 위원회 조직들 중 중앙행정기관에는 방송통신위원회를 포함하여 총 6개의 위원회가 있다.

답 ④

---

04   행정위원회 → 상임위원의 존재

① [○] '행정기관 소속 위원회의 설치·운영에 관한 법률'은 위원회를 크게 행정위원회와 자문위원회로 구분하고 있다.
② [○] 방송통신위원회는 대통령 소속의 행정위원회이고, 금융위원회와 국민권익위원회는 국무총리 소속의 행정위원회이다.
③ [×] 위원회는 설치 목적을 효율적으로 달성하기 위하여 필요한 적정 인원의 비상임위원으로 구성한다. 다만, 행정위원회 등 대통령령으로 정하는 특별한 경우에는 목적 달성에 필요한 최소한의 상임위원을 둘 수 있다. 즉, 모든 위원들이 외부전문가들로만 구성된 것은 아니다.
④ [○] 행정위원회의 결정은 구속력이 있지만, 자문위원회의 의사결정은 일반적으로 구속력을 갖지 않는다.

답 ③

05 □□□

위원회(committee) 조직의 장점으로 보기 어려운 것은?

① 집단결정을 통해 행정의 안정성과 지속성을 확보할 수 있다.
② 조직 각 부문 간의 조정을 촉진한다.
③ 경험과 지식을 지닌 전문가를 활용할 수 있다.
④ 의사결정 과정이 신속하고 합의가 용이하다.

06 □□□

위원회의 유형과 우리나라 정부조직을 바르게 연결한 것은?

① 자문위원회 - 공정거래위원회
② 조정위원회 - 중앙선거관리위원회
③ 행정위원회 - 소청심사위원회
④ 독립규제위원회 - 경제관계장관회의

05	위원회 조직의 단점 → 결정과정의 지체

① [○] 위원회 조직은 임기가 중첩되는 복수의 위원으로 구성되므로, 독임제 조직에 비하여 행정의 안정성과 지속성이 높다.
② [○] 위원회 조직은 민주적 결정과 조정을 촉진시키기 위해 복수 구성원으로 구성된 합의제 조직이다.
③ [○] 위원회 조직은 경험과 지식을 지는 전문가의 참여로 행정의 전문성과 효율성을 제고할 수 있다.
④ [×] 위원회 조직은 신중하고 공정한 결정을 할 수는 있지만, 결정이 지체되고 책임소재가 모호할 수 있다.

📄 위원회 조직의 장단점

장점	단점
• 행정국가에 따른 권력집중의 방지	• 행정의 무력화와 비능률화
• 행정의 중립성과 정책의 계속성 유지	• 책임소재의 불명확성 (→ 책임의 전가)
• 전문지식과 기술의 활용	• 결정의 지체 (→ 시간과 비용의 낭비)
• 신중하고 공정한 결정	• 타협적 결정의 초래
• 중지의 집약과 창의적	• 압력단체의 활동무대

답 ④

06	소청심사위원회 → 행정위원회

① [×] 자문위원회는 특정 조직 또는 기관장의 자문에 응하기 위한 목적으로 설치된 합의제 조직으로, 그 결정은 정책적 영향력을 가질 수는 있지만 법적 구속력을 갖지는 않는다. 공정거래위원회는 국무총리 소속의 행정위원회이다.
② [×] 조정위원회는 각 기관 혹은 개인의 상이한 의견을 통합할 것을 목적으로 설치된 합의제 조직으로, 위원회의 결정은 자문의 성질만을 띠는 것도 있고, 법적 구속력이 있는 경우도 있다. 중앙선거관리위원회는 독립된 행정위원회이다.
③ [○] 행정위원회(관청위원회)의 결정은 법적 구속력을 가지며 원칙적으로 법률에 의하여 설치되고 사무기구와 상임위원을 둔다. 소청심사위원회는 인사혁신처 소속의 행정위원회이다.
④ [×] 독립규제위원회는 19세기 말 자본주의의 발달에 따라 기존의 입법부나 사법부가 담당할 수 없는 전문성 있는 업무가 등장하였고, 행정부의 권력 강화를 반대하는 미국의 전통과 경제규제의 공정성을 확보하기 위한 수단으로 탄생하였다. 행정부나 입법부, 사법부로부터의 독립성을 가지면서 준입법적, 준사법적 기능을 수행하였다. 경제관계장관회의는 조정위원회이다.

답 ③

07 ☐☐☐

다음 중 위원회조직에 대한 설명으로 옳지 않은 것은?

① 의결위원회는 의사결정의 구속력과 집행력을 가진다.
② 자문위원회는 의사결정의 구속력이 없다.
③ 토론과 타협을 통해 운영되기 때문에 상호 협력과 조정이 가능하다.
④ 위원 간 책임이 분산되기 때문에 무책임한 의사결정이 발생할 수 있다.
⑤ 다양한 정책전문가들의 지식을 활용할 수 있으며 이해관계자들의 의견 개진이 비교적 용이하다.

08 ☐☐☐

참모의 순기능에 대한 설명으로 옳지 않은 것은?

① 조직의 운영에 융통성을 부여한다.
② 권한과 책임의 한계를 분명히 하는 장치가 된다.
③ 계선의 통솔범위를 확대시켜 준다.
④ 합리적인 의사결정을 가능하게 한다.

07	의결위원회 → 의결의 구속력은 존재하지만 집행력은 존재하지 않음

① [×] 의결위원회는 의결의 구속력은 있지만 집행력은 갖지 못한다.
② [○] 위원회조직은 크게 결정의 구속력을 지닌 행정위원회와 구속력을 지니지 못한 자문위원회로 구분된다.
③ [○] 위원회조직은 전문성을 가진 여러 대표자들의 합의에 의해 결정이 이루어지므로 상호 협력과 조정이 가능하다.
④ [○] 위원회조직은 책임이 여러 사람에게 분산되므로 무책임한 의사결정이 나타날 우려가 있는 것이다.
⑤ [○] 위원회조직은 여러 의견을 대표하는 전문가들로 구성되므로 이해관계자들의 의견 개진을 용이하게 할 수 있다.

답 ①

08	권한과 책임의 명확성 → 계선조직

① [○] 참모조직은 비계층적이고 수평적인 관계로 이루어지므로 계층제 조직에 비하여 운영의 융통성을 확보할 수 있다.
② [×] 권한과 책임의 한계를 분명히 하는 장치는 계선이다. 참모의 존재는 계선과 참모 간 책임소재가 모호해질 수 있다.
③ [○] 기관장에 대한 조언기능의 확대로 계선(기관장)의 통솔범위가 확대될 수 있다.
④ [○] 이성적이고 비판적인 시야를 가진 전문행정가인 참모의 존재는 행정에 있어 합리적 의사결정을 가능하게 한다.

📋 계선과 막료의 장단점

구분	장점	단점
계선	• 권한과 책임한계의 명확성 • 조직의 안정성 확보 • 신속하고 능률적인 업무수행 • 소규모 조직에 적합	• 기관 책임자의 독단 • 계선기관의 업무과중 • 부처별 시각(→ 할거주의) • 조직의 경직성
막료	• 기관장의 통솔범위 확대 • 업무조정과 전문지식의 활용 • 대규모 조직에 적합 • 조직의 신축성 확보	• 집권화 우려 • 계선과 참모의 갈등 • 조직의 복잡성 증대 • 조직의 비대화 및 비용의 증가

답 ②

09 ▢▢▢

다음 중 계선기관의 특징을 가장 잘 설명한 것은?

① 기관장과 빈번하게 교류한다.
② 정책을 결정하는 데 주로 조언의 권한을 가진다.
③ 수평적인 업무 조정이 용이하다.
④ 권한과 책임의 한계가 명확하다.

10 ▢▢▢

보조기관과 보좌기관에 대한 설명으로 옳지 않은 것은?

① 보조기관은 위임·전결권의 범위 내에서 의사결정과 집행의 권한을 가진다.
② 보좌기관은 정책에 대한 최종적인 책임을 지지 않는 경우가 많으며 보조기관과 갈등을 유발할 수도 있다.
③ 보좌기관이 보조기관보다는 더 현실적이고 보수적인 속성을 가질 가능성이 높다.
④ 보좌기관은 목표달성 및 정책수행에 간접적으로 기여한다.

09	권한과 책임의 명확성 → 계선조직

①, ② [×] 기관장과 빈번하게 교류하는 것은 기관장에게 조언을 하는 참모이다.
③ [×] 수평적 업무 조정이 용이한 것은 특정 집행부서에 속하지 않은 참모이다.
④ [○] 계선은 명령복종의 관계를 가진 수직적·계층적 구조를 지니므로 그 권한과 책임의 한계가 명확하다.

📄 계선과 막료의 특징

계선(line)	막료(staff)
• 계층적·수직적 관계	• 비계층적·수평적 관계
• 명령권·집행권 행사	• 명령권·집행권 없음
• 목표달성에 직접 기여	• 목표달성에 간접 기여
• 국민에 직접 봉사	• 국민에 간접 봉사
• 일반행정가(→ 넓은 시야)	• 분야별 전문행정가(→ 좁은 시야)
• 현실적·보수적 성향	• 이상적·비판적 성향

답 ④

10	보좌기관 → 이상적이고 비판적

① [○] 보조기관은 명령복종의 관계를 가지며 수직적·계층적 구조를 형성하는 계선기관을 말한다.
② [○] 보좌기관은 계선기관이 원활하게 활동하도록 지원하고 조성하며 촉진하는 막료기관을 말한다.
③ [×] 실무를 거쳐 승진하는 보조기관이 전문성을 가지고 조언하는 보좌기관보다 현실적이고 보수적이다.
④ [○] 보조기관은 목표달성에 직접적으로 기여하며, 보좌기관은 간접적으로 기여한다.

답 ③

01 ☐☐☐

18년 국가9급

조직구조의 설계에 있어서 조정의 원리에 대한 설명으로 옳지 않은 것은?

① 수직적 연결은 상위계층의 관리자가 하위계층의 관리자를 통제하고 하위계층 간 활동을 조정하는 것을 목적으로 한다.

② 수직적 연결방법으로는 임시적으로 조직 내의 인적 물적 자원을 결합하는 프로젝트 팀(project team)의 설치 등이 있다.

③ 수평적 연결은 동일한 계층의 부처 간 조정과 의사소통을 목적으로 한다.

④ 수평적 연결방법으로는 다수 부서 간의 간단한 연결과 조정을 위한 태스크포스(task force)의 설치 등이 있다.

01	프로젝트 팀 → 수평적 연결기제

① [○] 수직적 연결은 상위계층과 하위계층의 의사소통으로, 계층제, 규칙과 계획, 계층직위 추가, 수직정보시스템 등이 사용된다.

② [×] 임시적으로 조직 내의 인적 물적 자원을 결합하는 프로젝트 팀(project team)의 설치는 수평적 연결방법이다.

③, ④ [○] 수평적 연결은 동급의 부서 간 혹은 동일 계층의 개인 간 의사소통으로, 정보시스템, 연락 담당자, 임시작업단, 매니저, 영구사업 팀 등이 사용된다.

📄 수평적 연결기제(R. Daft)

정보시스템	정보시스템을 통한 정규적인 정보교환
직접 접촉	부서 내에 존재하는 비공식적 권한 가진 연락담당자의 활용
임시작업단	일시적 문제에 대한 부서 간의 직접적인 조정장치
프로젝트 매니저	조정을 담당하는 공식적 권한을 보유한 정규 직위 → 부서 밖에 위치
프로젝트 팀	영구적인 사업단 → 가장 강력한 수평적 조정장치

답 ②

02 ☐☐☐

13년 국가7급

조직관리에서 수직적 연결을 위한 조정기제가 아닌 것은?

① 계층제
② 규칙과 계획
③ 수직정보시스템
④ 임시작업단(task force)

02	임시작업단 → 수평적 조정기제

① [○] 계층제는 가장 기초적 조정수단으로, 조직도표상의 선이며 의사소통의 통로로 작용한다.

② [○] 규칙과 계획은 반복적 문제와 의사결정에 대한 조정수단으로, 표준정보의 제공을 통해 구성원들의 직접적인 의사소통 없이 업무를 조정한다. 계획이 규칙보다 조직구성원들에게 좀 더 장기적인 표준정보를 제공한다.

③ [○] 수직정보시스템은 정기보고서, 문서화된 정보 및 전산에 기초한 의사소통 제도이며, 수직적 조정의 필요성과 조정비용이 가장 높은 단계이다.

④ [×] 임시작업단(task force)은 수평적 연결기제이다.

📄 수직적 연결기제(R. Daft)

계층	가장 기초적 수단, 조직도표상의 선
규칙과 계획	표준정보의 제공, 직접적인 의사소통 없는 조정 → 계획이 좀 더 장기적
계층직위 추가	상관의 통솔범위 축소 → 좀 더 밀접한 의사소통
수직정보시스템	정기적인 보고서, 문서화된 정보 → 조정비용이 가장 높은 단계

답 ④

03 ☐☐☐

조직의 통합 및 조정 방법에 대한 설명으로 옳지 않은 것은?

① 민츠버그(H. Mintzberg)에 의하면 연락 역할 담당자는 상당한 공식적 권한을 부여받아 조직 내 부문 간 의사전달 문제를 처리한다.
② 태스크포스는 여러 부서에서 차출된 직원들로 구성되며 특정 과업이 해결된 후에는 해체된다.
③ 리커트(R. Likert)의 연결핀 모형에 의하면 관리자는 연결핀으로서 자신이 관리하는 집단의 구성원인 동시에 상사에게 보고하는 관리자 집단의 구성원이다.
④ 차관회의는 조직 간 조정방법 중 하나이다.

03	연락담당자 → 조직 내 위치 + 비공식적 권한

① [×] 연락 역할 담당자란 부문 간 일이나 정보의 흐름을 촉진시켜 주는 개인 또는 집단이다. 민츠버그(H. Mintzberg)에 의하면 연락 역할 담당자는 공식적 권한은 없으나 비공식적 권한을 상당히 부여받아 업무를 수행하므로, 이에 필요한 전문지식을 가지고 있느냐에 따라 업무수행의 성공여부가 결정된다.
② [○] 태스크포스란 특정한 목적이나 임무를 수행하기 위하여 관련된 각 부서를 대표하는 사람들로 구성되는 일시적 조직으로, 많은 수의 하부조직을 어우르는 과업을 달성하기 위해 구성되는 임시적 매트리스조직의 축소판이다. 대개 문제해결을 위해 90일을 넘지 않도록 함으로써 문제를 집중적으로 해결한다는 특징을 지니고 있다.
③ [○] 리커트(R. Likert)의 연결핀 모형은 중간관리자를 조직의 여러 부문의 연결핀으로 삼는 것이다. 즉, 중간관리자는 자신이 관리하는 집단의 의사를 상급관리자에게 연결시켜주는 매개자로서의 역할을 강조하는 모형이다.
④ [○] 차관회의는 중앙행정기관의 차관 및 차관급 공무원들로 구성된 회의로, 국무회의를 위한 사전 심의기관으로서 정부부처 사이의 협조를 긴밀히 하여 국무회의에 제출될 의안 및 건의사항과 국무회의로부터 지시받은 사항을 심의하는 합의제기관이다.

답 ①

04 ☐☐☐

조직구성 원리에 대한 설명으로 옳지 않은 것은?

① 분업의 원리 - 일은 가능한 한 세분해야 한다.
② 통솔범위의 원리 - 한 명의 상관이 감독하는 부하의 수는 상관의 통제능력 범위 내로 한정해야 한다.
③ 명령통일의 원리 - 여러 상관이 지시한 명령이 서로 다를 경우 내용이 통일될 때까지 명령을 따르지 않아야 한다.
④ 조정의 원리 - 권한 배분의 구조를 통해 분화된 활동들을 통합해야 한다.

04	명령통일의 원리 → 한 사람의 상관

① [○] 분업의 원리란 기능 또는 업무의 동질성을 기준으로 조직을 편성하는 일의 전문화를 의미한다.
② [○] 통솔범위란 한 사람의 상관이 효과적으로 통솔할 수 있는 부하 또는 조직단위의 수를 말하며, 감독자의 능력, 업무의 난이도, 돌발 상황의 발생가능성 등 다양한 요소를 고려하여 정해진다.
③ [×] 명령통일의 원리란 누구나 한 사람의 상관에게만 보고하고 명령을 받아야 한다는 원리로, 이중명령을 방지하여 조직의 안정성을 확보하고 책임소재를 명확하게 하기 위해서 강조된다.
④ [○] 조정이란 공동의 목적을 위해 구성원들의 행동을 질서 있게 배열하는 과정으로, 조직의 전체 목표를 달성하기 위한 부서 간 협력과 통합의 질을 의미한다.

📄 구조형성의 주요 원리

분업의 원리	기능 또는 업무의 동질성을 기준으로 과업을 할당하는 것 → 일의 전문화
조정의 원리	공동의 목적을 위해 구성원의 행동을 질서 있게 배열하는 과정, 분업화와 상반되는 원리 → 상호균형 요구
계층제의 원리	권한과 책임의 정도에 따른 직무를 등급화하는 원리 → 명령복종 관계의 확립
명령통일의 원리	한 사람의 상관에게만 보고하고 명령을 받아야 한다는 원리 → 이중명령의 방지
통솔범위의 원리	감독자가 효과적으로 통솔할 수 있는 부하의 수와 관련된 원리

답 ③

05 □□□

분업에 대한 설명으로 옳지 않은 것은?

① 분업의 심화는 작업도구·기계와 그 사용방법을 개선하는 데 기여할 수 있다.

② 작업 전환에 드는 시간을 단축할 수 있다.

③ 분업이 고도화되면 조직구성원에게 심리적 소외감이 생길 수 있다.

④ 분업은 업무량의 변동이 심하거나 원자재의 공급이 불안정한 경우에 더 잘 유지된다.

05	분업의 원리 → 안정된 상황

① [○] 분업을 통해 업무를 합리화하면 작업도구와 기계 및 그 사용방법 또한 합리적으로 개선될 가능성이 높아진다.

② [○] 분업은 업무를 세밀하게 나눠 한 가지 일만을 부여하는 방식이므로, 그 업무의 숙달에 걸리는 시간이 단축되어 작업 전환에 드는 시간을 줄일 수 있다.

③ [○] 분업이 심화되면 전체 업무 중에서 아주 일부만을 담당하게 되므로 구성원의 심리적 소외감이 높아질 수 있다.

④ [×] 분업은 목표가 분명하고 환경의 안정성이 높아 모든 것이 예측 가능할 때 유용하다. 업무량의 변동이 심하거나 원자재의 공급이 불안정한 상황에서는 명확한 분업의 설정이 어렵다.

답 ④

06 □□□

조직의 원리에 대한 설명으로 옳지 않은 것은?

① 계층제의 원리는 조직 내의 권한과 책임 및 의무의 정도가 상하의 계층에 따라 달라지도록 조직을 설계하는 것이다.

② 통솔범위란 한 사람의 상관 또는 감독자가 효과적으로 통솔할 수 있는 부하 또는 조직단위의 수를 말하며, 감독자의 능력, 업무의 난이도, 돌발 상황의 발생가능성 등 다양한 요소를 고려하여 정해진다.

③ 분업의 원리에 따라 조직 전체의 업무를 종류와 성질별로 나누어 조직구성원의 가급적 한 가지의 주된 업무만을 전담하게 하면, 부서 간 의사소통과 조정의 필요성이 없어진다.

④ 부성화의 원리는 한 조직 내에서 유사한 업무를 묶어 여러 개의 하위기구를 만들 때 활용되는 것으로 기능부서화, 사업부서화, 지역부서와, 혼합부서화 등의 방식이 있다.

06	분업의 심화 → 조정의 필요성 증대

① [○] 계층제의 원리는 직무를 권한과 책임의 정도에 따라 등급화하여 지휘와 명령복종관계를 확립하는 것이다. 권한과 책임의 종적 분업관계로 설명되며, 통솔범위의 한계로 인하여 발생한다.

② [○] 통솔범위의 원리란 감독자가 효과적으로 통솔할 수 있는 부하 수는 일정한 한계가 있다는 원리이다. 인간의 주의력이나 지식 및 시간의 한계로 인해 발생하며, 계층제가 형성되는 원인이다.

③ [×] 분업의 원리는 기능 또는 업무의 동질성을 기준으로 조직을 편성하는 방법으로, 구성원에게 가급적 한 가지의 주된 업무를 부과하여 빠른 업무 숙련을 통한 능률성의 제고를 목적으로 한다. 그러나 지나친 업무의 세분화는 업무관계의 예측가능성을 낮추며, 할거주의의 심화를 가져와 조정과 통합을 어렵게 할 수 있기에 조정의 필요성이 증대된다.

답 ③

계층제에 대한 설명으로 옳지 않은 것은?

① 조직의 수직적 분화가 많이 이루어졌을 때 고층구조라 하고 수직적 분화가 적을 때 저층구조라 한다.
② 조직 내의 권한과 책임 및 의무의 정도가 상하의 계층에 따라 달라지도록 조직을 설계하는 것을 말한다.
③ 조직에서 지휘명령 등 의사소통, 특히 상의하달의 통로가 확보되는 순기능이 있다.
④ 엄격한 명령계통에 따라 상명하복의 관계 유지를 위해서는 통솔범위를 넓게 설정한다.

조직구조에 대한 설명으로 옳지 않은 것은?

① 일상적 기술을 가진 조직의 경우 높은 공식화 구조를 가진다.
② 조직구조의 형태를 기계적 구조와 유기적 구조로 구분할 수 있다.
③ 환경이 복잡하고 불안정한 경우 유기적 구조가 적합하다.
④ 조직구조는 조직 내 여러 부문 간 결합의 형태로 구성원 간 상호작용과는 관련성이 없다.

07	엄격한 상명하복 관계의 유지 → 좁은 통솔범위

① [○] 수직적 분화가 많다는 것은 그 만큼 계층이 형성되었다는 것으로, 이는 고층구조와 연결된다.
③ [○] 계층제는 권한의 위임과 공식적 의사소통의 통로이며, 조직 내 분쟁과 갈등을 해결하는 수단이다. 또한 승진의 경로이므로 사기앙양의 도구이기도 하다.
④ [×] 엄격한 명령계통에 따라 상명하복의 관계 유지를 위해서는 통솔범위를 좁게 설정하여야 한다.

답 ④

08	조직구조 → 업무의 배분방식 + 구성원의 상호작용 관계의 설정

① [○] 일상적 기술은 문서화된 기술이므로 높은 공식성과 연결된다.
② [○] 조직구조는 크게 사전에 정해진 기계적 구조와, 환경의 변화에 맞춰 구조를 형성해 가는 유기적 구조로 나뉜다.
③ [○] 환경이 불안정하다면 사전에 규정하기 어려우므로 유기적 구조가 적합하다.
④ [×] 조직구조는 업무의 배분방식이며, 업무의 배분방식에 따라 구성원의 상호작용이 달라진다.

답 ④

PART 3

해커스공무원 이준모 행정학 단원별 기출문제집

일반적인 조직구조 설계원리에 대한 설명으로 옳은 것만을 모두 고르면?

> ㄱ. 계선은 부하에게 업무를 지시하고, 참모는 정보제공, 자료분석, 기획 등의 전문지식을 제공한다.
> ㄴ. 부문화의 원리는 일정한 기준에 따라 서로 기능이 같거나 유사한 업무를 조직단위로 묶는 것을 의미한다.
> ㄷ. 통솔범위가 넓을수록 고도의 수직적 분화가 일어나 고층구조가 형성되고, 좁을수록 평면구조가 이뤄진다.
> ㄹ. 명령통일의 원리는 부하가 한 사람의 상관으로부터 명령을 받게 해야 함을 의미한다.

① ㄱ, ㄴ, ㄷ　　　　　　② ㄱ, ㄴ, ㄹ
③ ㄱ, ㄷ, ㄹ　　　　　　④ ㄴ, ㄷ, ㄹ

수평적 전문화와 수직적 전문화에 대한 설명으로 옳지 않은 것은?

① 전문가적 직무는 수평적 전문화와 수직적 전문화가 모두 높은 경우에 효과적이다.
② 직무확장(job enlargement)은 기존의 직무에 수평적으로 연관된 직무 요소 또는 기능들을 추가하는 수평적 직무 재설계의 방법으로서, 수평적 전문화의 수준이 낮아지는 것이다.
③ 고위관리 직무는 수평적 전문화와 수직적 전문화의 수준이 모두 낮은 경우에 효과적이다.
④ 직무풍요화(job enrichment)는 직무를 맡는 사람의 책임성과 자율성을 높이고, 직무수행에 관한 환류가 원활히 이루어지도록 직무를 재설계하는 방법으로서, 수직적 전문화의 수준이 낮아지는 것이다.

09	넓은 통솔범위 → 저층구조

ㄱ. [○] 계선은 목표달성에 직접 기여하는 기관이고, 막료는 이를 지원하는 기관이다.
ㄴ. [○] 부문화의 원리란 분업 또는 부처편성의 원리를 의미한다.
ㄷ. [×] 통솔범위가 넓으면 저층구조가 되고, 좁으면 고층구조가 된다.
ㄹ. [○] 명령통일의 원리란 한 사람의 상관에게 보고하고 지시받아야 한다는 원리를 말한다.

답 ②

10	전문가적 직무 → 높은 수평적 전문화와 낮은 수직적 전문화

① [×] 수평적 전문화와 수직적 전문화가 모두 높은 것은 비숙련 단순 직무이다. 전문가적 직무는 수평적 전문화는 높지만 수직적 전문화는 낮은 경우에 효과적이다.
② [○] 직무확장(job enlargement)은 전문화에서 오는 단조로움을 완화하기 위하여 한 개인이 담당하는 직무내용을 몇 가지 다른 내용의 활동으로 구성하는 것으로 수평적 확대라고도 한다.
③ [○] 조직 전체를 관리하여야 하는 고위관리 직무의 경우 업무의 분할보다는 통합이 요구되므로, 수평적 전문화와 수직적 전문화 모두 낮은 것이 효과적이다.
④ [○] 직무풍요화(job enrichment)는 직무담당자의 책임성과 자율성을 제고하고 직무수행에 관한 환류가 원활히 이루어지도록, 직무의 내용뿐만 아니라 책임수준까지 바꾸는 직무의 개편이다.

📋 **수평적 전문화와 수직적 전문화**

구분		수평적 전문화	
		높음	낮음
수직적 전문화	높음	비숙련(→ 단순) 직무	일선관리 직무
	낮음	전문가적 직무	고위관리 직무

답 ①

조직에 관한 원리를 설명한 것 중에서 옳지 않은 것은?

① 계층제의 원리는 직무를 권한과 책임의 정도에 따라 등급화하고 상하계층 간에 지휘와 명령복종관계를 확립하여 구성원의 귀속감과 참여감을 증진시키는 순기능을 가지고 있다.

② 전문화(분업)의 원리는 업무를 종류와 성질별로 구분하여 구성원에게 가급적 한 가지의 주된 업무를 분담시켜 조직의 능률을 향상시키려는 것이나 업무수행에 대한 흥미 상실과 비인간화라는 역기능을 가지고 있다.

③ 조정의 원리는 공동의 목적을 달성하기 위하여 구성원의 행동통일을 기하도록 집단적 노력을 질서 있게 배열하는 과정이며, 전문화에 의한 할거주의, 비협조 등을 해소하는 순기능을 가지고 있다.

④ 통솔범위의 원리는 1인의 상관 또는 감독자가 효과적으로 직접 감독할 수 있는 부하의 수에 관한 원리로서 계층의 수가 많아지면 통솔범위가 축소된다.

귤릭(L. Gulick)의 조직설계의 고전적 원리에 대한 설명으로 옳지 않은 것은?

① 전문화의 원리란 전문화가 되면 될수록 행정능률은 올라간다는 것을 의미한다.

② 명령통일의 원리는 명령을 내리고 보고를 받는 사람이 한 사람이어야 한다는 것을 의미한다.

③ 통솔범위의 원리는 부하들을 효과적으로 통솔하기 위해 부하의 수가 한정되어야 한다는 것을 의미한다.

④ 부서편성의 원리는 조직편성의 기준을 제시하며, 그 기준은 목적, 성과, 자원 및 환경의 네 가지이다.

---

11 계층제의 원리 → 수직적 · 하향적

① [×] 계층제의 집권적이고 권위적인 구조는 구성원들의 소외감을 형성할 수 있으므로 귀속감과 참여의식을 저해할 수 있다.

② [○] 전문화는 ㉠ 수평적 전문화와 수직적 전문화, ㉡ 작업의 전문화와 사람의 전문화로 나누어 볼 수 있다. ㉠ 수평적 전문화는 각 부서 간의 횡적 전문화를 말하고, 수직적 전문화는 상급기관과 하급기관 사이의 정책결정에 관한 업무의 분담을 의미한다. ㉡ 작업의 전문화는 업무를 세분하여 반복적 · 기계적 업무로 단순화하는 업무의 분배와 관련된 현상이고, 사람의 전문화는 개개인으로 하여금 특수한 지식이나 기술을 터득하게 하여 그 분야의 달인이 되게 하는 사회화 과정을 말한다. 한편, 고전적 조직이론에서 강조한 전문화의 원리는 작업의 전문화를 말한다.

③ [○] 조정이란 공동의 목적을 위해 구성원들의 행동을 질서 정연하게 배열하는 과정이다. 전문화 또는 분업화의 반작용이며, 양자의 상호균형이 요구된다.

답 ①

12 부서편성의 원리 → 목적, 과정, 대상, 지역

④ [×] 귤릭(L. Gulick)이 제시한 부서편성의 기준은 목적 · 기능, 과정 · 절차, 대상 · 고객, 지역 · 장소이다. 어떤 조직이든 이 네 가지 기준에 의해서 편성될 때 능률은 올라간다는 것이다.

답 ④

13

외부환경의 불확실성에 대응하는 조직구조상의 특징에 따라 기계적 조직과 유기적 조직으로 구분하는 경우에, 유기적 조직의 특성에 해당하는 것만을 모두 고른 것은?

ㄱ. 넓은 직무범위
ㄴ. 분명한 책임관계
ㄷ. 몰인간적 대면관계
ㄹ. 다원화된 의사소통채널
ㅁ. 높은 공식화 수준
ㅂ. 모호한 책임관계

① ㄱ, ㄹ, ㅂ
② ㄴ, ㄷ, ㅁ
③ ㄴ, ㄹ, ㅁ
④ ㄱ, ㄷ, ㅂ

| 13 | 유기적 구조 → 다원화된 의사소통채널 |

유기적 구조란 낮은 공식화, 낮은 집권화, 낮은 복잡성, 높은 팀워크 등이 특징으로 하며 환경에 대한 적응력이 우수한 탈관료제 구조를 의미한다. 유기적 구조는 넓은 직무범위(ㄱ), 다원화된 의사소통채널(ㄹ), 모호한 책임관계(ㅂ) 등의 특징을 지닌다.

📄 기계적 구조와 유기적 구조 비교

구분	기계적 구조 → 높은 공식성· 집권성·복잡성	유기적 구조 → 낮은 공식성· 집권성·복잡성
목적	생산성의 극대화	생산성 + 환경에 대한 적응 + 인간적 가치의 구현
특징	좁은 직무 범위, 표준화(→ 표준운영절차), 분명한 책임관계, 공식적 관계, 고층구조, 낮은 팀워크	넓은 직무 범위, 적은 규칙과 절차, 모호한 책임, 분화된 채널(→ 원활한 환류), 저층구조, 높은 팀워크

답 ①

14

조직구조에 대한 설명으로 옳지 않은 것은?

① 공식화(formalization)의 수준이 높을수록 조직구성원들의 재량이 증가한다.
② 통솔범위(span of control)가 넓은 조직은 일반적으로 저층구조의 형태를 보인다.
③ 집권화(centralization)의 수준이 높은 조직의 의사결정 권한은 조직의 상층부에 집중된다.
④ 명령체계(chain of command)는 조직 내 구성원을 연결하는 연속된 권한의 흐름으로, 누가 누구에게 보고하는지를 결정한다.

| 14 | 높은 공식화 → 재량의 축소 |

① [×] 공식화란 조직 내 규칙과 절차의 강도 또는 지시와 의사전달의 문서화 정도로, 예측가능성과 안정성을 제고하며, 객관성과 보편성을 확보할 수 있지만 구성원들의 재량은 줄어든다.
② [○] 통솔범위란 한 사람의 상관 또는 감독자가 직접 효과적으로 통제할 수 있는 부하의 수에 관한 이론이다. 통솔범위가 너무 넓으면 부하의 수가 지나치게 많아 효과적인 통제가 어렵고, 통솔범위가 너무 좁으면 계층의 수가 늘어나 업무수행이 비능률성이 발생할 수 있다.
③ [○] 집권화란 의사결정권한이 조직의 상층부에 집중되는 것을 말하며, 규모가 작거나 신설 조직일 때, 조직 활동의 통일성을 요구될 때, 조직이 위기나 비상사태에 처해 있을 때 나타나기 쉽다.
④ [○] 명령체계란 한 조직 내의 명령계통이 마치 상하 계층 간의 사슬로 연결되어 있는 것처럼 상부에서 내린 명령이나 지시가 한 단계씩 차례대로 말단에까지 전달되게 하는 체제를 말한다. 명령통일의 원리와 함께 계층제의 핵심적인 내용을 이룬다.

답 ①

조직구조에 대한 설명으로 옳은 것은?

① 공식화의 수준이 높을수록 조직구성원들의 재량이 증가한다.
② 통솔범위가 넓은 조직은 일반적으로 고층구조를 갖는다.
③ 고객에 대한 신속한 서비스 제공 요구는 집권화를 촉진한다.
④ 복잡성은 '조직이 얼마나 나누어지고 흩어져 있는가'의 분화 정도를 말한다.

조직구조에 대한 설명으로 옳지 않은 것은?

① 수평적 분화가 심할수록 전문성을 가진 부서 간 커뮤니케이션과 업무협조가 용이하다.
② 수직적 분화는 조직의 종적인 분화로서 책임과 권한의 계층적 분화를 말한다.
③ 공간적(장소적) 분화는 조직의 구성원과 물리적인 시설이 지역적으로 분산되어 있는 정도를 말한다.
④ 조직구조의 복잡성은 조직이 얼마나 나누어지고 흩어져 있는가의 분화 정도를 말한다.

15	복잡성 → 분화 정도

① [×] 공식화의 수준이 높을수록 구성원들의 재량은 감소한다.
② [×] 통솔범위가 넓은 조직은 일반적으로 저층구조를 갖는다.
③ [×] 고객에 대한 신속한 서비스 제공 요구는 분권화를 촉진한다.
④ [○] 조직의 복잡성은 직무의 분화 정도 즉, 목적을 달성하기 위해 활동이 분화되어 있는 정도를 말한다.

📄 **조직구조의 기본변수**

복잡성	직무의 분화 정도, 즉 목적을 달성하기 위해 활동이 분화되어 있는 정도
공식성	조직 내 규칙과 절차의 강도 또는 지시와 의사전달의 문서화 정도
집권성	• 자원배분을 포함한 의사결정 권한이 조직의 상하 직위 간에 어떻게 분배되어 있는가 • 권한이 상층부에 집중되어 있으면 집권화, 하층부에 위임되어 있으면 분권화

답 ④

16	수평적 분화의 심화 → 할거주의 발생

① [×] 업무가 수평적으로 나누어지면 부서 간 할거주의가 나타나므로 의사소통이나 업무협조는 어려워질 것이다.
② [○] 수직적 분화란 조직구조의 깊이 정도 즉, 조직의 계층 수를 의미한다.
③ [○] 공간적 또는 장소적 분화란 인적·물적 자원들이 공간적으로 분산된 정도를 말한다.

답 ①

17 ☐☐☐

조직구조 및 유형의 특성에 대한 설명으로 옳은 것은?

① 애드호크라시는 공식화 정도가 높고 분권화되어 있으며, 수직적 분화가 심한 특징을 보여주고 있다.

② 공식화는 자원배분을 포함한 의사결정 권한이 조직의 상하 직위 간에 어떻게 분배되어 있는가를 의미한다.

③ 복잡성은 조직이 얼마나 나누어지고 흩어져 있는가의 분화 정도를 말하며, 수평적·수직적·공간적 분화 등으로 세분화할 수 있다.

④ 집권화는 업무수행 방식이나 절차가 표준화되어 있는 정도를 의미하며 직무기술서, 내부규칙, 보고체계 등의 명문화 정도로 측정할 수 있다.

18 ☐☐☐

조직의 구조적 특성에 대한 설명으로 옳지 않은 것은?

① 복잡성은 조직의 분화 정도를 의미하며, 단위 부서 간에 업무를 세분화하는 것을 수직적 분화라고 한다.

② 공간적 분화는 조직의 시설과 구성원이 물리적으로 분리되어 있는 정도를 의미한다.

③ 공식화는 일반적으로 업무수행 방식에 대한 공식적 규정의 수준을 의미한다.

④ 집권화는 의사결정 권한이 조직의 고위층에 집중되어 있는 정도를 의미한다.

17	복잡성 → 분화의 정도

① [×] 공식화 정도가 높고 수직적 분화(고층구조)가 심한 것은 관료제이다. 애드호크라시는 공식화 정도가 낮고 수직적 분화가 적은 저층구조의 특징을 지닌다.

② [×] 의사결정 권한이 조직의 상하 직위 간에 어떻게 분배되어 있는가를 의미하는 것은 집권화이다.

③ [○] 복잡성은 목적을 달성하기 위해 활동이 분화되어 있는 정도를 말하며, 수평적 분화, 수직적 분화, 장소적 분산 등으로 구성된다.

④ [×] 업무수행 방식이나 절차가 표준화되어 있는 정도를 의미하며 직무기술서, 내부규칙, 보고체계 등의 명문화 정도로 측정할 수 있는 것은 공식화이다.

📑 **수평적 분화, 수직적 분화, 장소적 분산**

수평적 분화	직무의 전문화(→ 분업), 부서화 등을 의미함
수직적 분화	조직구조의 깊이 정도 즉, 조직의 계층 수를 의미함
장소적 분산	인적·물적 자원들이 공간적으로 분산된 정도를 의미함

답 ③

18	단위 부서 간 업무의 세분화 → 수평적 분화

① [×] 복잡성이란 조직의 분화의 정도를 의미하며 단위부서 간의 업무를 세분화하는 것은 수평적 분화이다.

② [○] 복잡성의 요소인 장소적 분산은 인적·물적 자원들이 공간적으로 분산된 정도를 말한다.

③ [○] 공식화는 조직 내 규칙과 절차의 강도 또는 지시와 의사전달의 문서화 정도를 말한다.

답 ①

행정조직의 구조에 관한 설명 중 적절하지 않은 것은?

① 계선조직은 조직의 목표성취에 직접적으로 기여하는 조직체이다.
② 비공식적 조직은 자연적으로 발전되며 비밀정보망으로 기여한다.
③ 높은 공식화와 분권화는 긍정적으로 상관되어 있으며 양자는 서로를 강화한다.
④ 분권화는 관료제적 절차를 극복할 수 있으며 변화에 유연성을 가진다.

조직구조에 대한 설명으로 옳지 않은 것은?

① 일반적으로 단순하고 반복적 직무일수록, 조직의 규모가 클수록 그리고 안정적인 조직 환경일수록 공식화가 높아진다.
② 조직구조의 구성요소 중 집권화란 조직 내에 존재하는 활동이 분화되어 있는 정도를 말한다.
③ 지나친 전문화는 조직구성원을 기계화하고 비인간화시키며, 조직구성원 간의 조정을 어렵게 하는 단점이 있다.
④ 공식화의 정도가 높을수록 조직적응력은 떨어진다.
⑤ 유기적인 조직일수록 책임관계가 모호할 가능성이 크다.

---

19   높은 공식화 → 집권화

① [○] 계선조직은 명령복종의 관계를 가지며 수직적·계층적 구조를 형성하는 기관으로, 행정기관의 목표달성에 직접적으로 기여한다.
② [○] 비공식조직은 현실적인 인간관계를 토대로 자연발생적으로 형성되는 조직이다. 인간은 선천적으로 자기와 유사한 것을 추구하는 경향이 있으며 이런 심리가 비공식조직을 탄생시킨다.
③ [×] 높은 공식화는 집권화와 긍정적으로 상관되어 있다.
④ [○] 분권화는 실무자에 의한 즉각적인 반응을 가능하게 하므로, 보고와 지시라는 관료제적 절차를 극복할 수 있게 한다.

답 ③

20   분화의 정도 → 복잡성

① [○] 예측이 가능한 단순 반복적 업무와 안정적인 조직 환경에서는 공식화의 수준이 높아진다. 그리고 대규모 조직일수록 명문화된 규정이 증가되므로 공식화 수준 역시 높아진다.
② [×] 조직 내에 존재하는 활동이 분화되어 있는 정도는 복잡성을 의미한다.
③ [○] 지나친 전문화(업무의 세분화)는 조직구성원을 기계화하고 비인간화시키며, 조직구성원 간의 조정을 어렵게 하는 단점이 있다.
④ [○] 공식화는 규칙 설정 및 문서화의 정도를 말한다. 공식화의 정도가 높을수록 조직적응력은 떨어진다.
⑤ [○] 기계적 조직과 유기적 조직을 비교할 경우, 유기적인 조직일수록 책임관계가 모호할 가능성이 크다.

답 ②

조직기술을 과제다양성과 분석가능성의 정도에 따라 범주화할 때 이에 대한 설명으로 옳지 않은 것은?

① 일상적 기술은 과제다양성이 낮고 분석가능성이 높아 표준화 가능성이 크다.
② 비일상적 기술은 과업의 다양성이 높고 성공적인 방법을 발견하는 탐색절차가 복잡하여 통제·규격화된 조직구조가 필요하다.
③ 장인기술은 발생하는 문제가 일상적이지 않아 분권화된 의사결정구조가 필요하다.
④ 공학기술은 과제다양성이 높지만 분석가능성도 높아 일반적 탐색과정에 의하여 문제가 해결될 수 있다.

---

21   비일상적 기술 → 유기적 구조

① [○] 일상기술은 예외의 발생 빈도가 낮고 문제의 분석이 용이한 기술이다. 일상적이고 반복적인 대량생산체제나 은행의 창구업무에서 사용된다.
② [×] 비일상적 기술은 과제다양성은 높지만 분석가능성이 낮으므로 통제되고 규격화된 조직구조를 형성하기 곤란하다.
③ [○] 장인기술은 과업의 다양성과 문제의 분석이 모두 낮은 기술이다. 연주, 조각 등 과업 자체는 단순하지만 업무내용의 분석이 어려워 광범위한 경험과 오랜 훈련이 필요하다.
④ [○] 공학기술은 예외의 발생 빈도와 문제의 분석이 모두 높은 기술로, 일상 수준의 기술에만 의존하기에는 직무가 복잡하므로 업무수행 절차와 매뉴얼이 활용된다.

답 ②

기술과 조직구조의 관계에 대한 페로우(C. Perrow)의 설명으로 옳지 않은 것은?

① 정형화된(routine) 기술은 공식성 및 집권성이 높은 조직구조와 부합한다.
② 비정형화된(non-routine) 기술은 부하들에 대한 상사의 통솔범위를 넓힐 수밖에 없을 것이다.
③ 공학적(engineering) 기술은 문제의 분석가능성이 높다.
④ 기예적(craft) 기술은 대체로 유기적 조직구조와 부합한다.

---

22   비정형화된 기술 → 좁은 통솔범위

① [○] 정형화된 기술은 일상적 기술을 의미하며, 공식성과 집권성이 높은 기계적 구조를 지닌다.
② [×] 비정형화된 기술은 비일상적 기술을 의미하며, 업무가 복잡하므로 많은 부하를 통솔하기 어렵기에 통솔범위는 좁아진다.
③ [○] 공학적 기술은 과제의 다양성은 높지만 분석가능성 또한 높으므로 업무수행 절차와 매뉴얼의 활용이 활성화된다.
④ [○] 기예적 기술은 장인기술을 의미하며, 업무의 분석이 어려워 광범위한 경험과 오랜 훈련이 필요하다.

📄 **기술의 유형 - 페로우(C. Perrow)의 분류 (1)**

일상적 기술	공학적 기술	장인기술	비일상적 기술
기계적 구조	대체로 기계적	대체로 유기적	유기적 구조
높은 공식화	중간의 공식화	중간의 공식화	낮은 공식화
높은 집권화	중간의 집권화	중간의 집권화	낮은 집권화
적은 훈련 및 경험	공식 훈련	작업 경험	훈련 및 경험
넓은 통솔 범위	중간의 통솔 범위	중간의 통솔 범위	적은 통솔 범위
수직적 문서	문서 및 구두	수평적 구두	수평적 회의

답 ②

페로우(C. Perrow)의 기술유형 중 과업의 다양성과 문제의 분석 가능성이 모두 높은 경우에 해당하는 기술은?

① 장인기술
② 비일상적 기술
③ 공학적 기술
④ 일상적 기술

23	페로우(C. Perrow)의 기술유형 → 장비일공

① [×] 장인기술은 과업의 다양성과 문제의 분석 가능성이 모두 낮은 기술에 해당한다.
② [×] 비일상적 기술은 과업의 다양성은 높지만 문제의 분석 가능성은 낮은 기술에 해당한다.
③ [○] 공학적 기술은 과업의 다양성과 문제의 분석 가능성이 모두 높은 기술에 해당한다.
④ [×] 일상적 기술은 과업의 다양성은 낮지만 문제의 분석 가능성은 높은 기술에 해당한다.

📄 **기술의 유형 - 페로우(C. Perrow)의 분류 (2)**

1. 분류 기준
   ① 과제 다양성: 업무의 전환과정에서 발생하는 기대하지 못한 새로운 사건의 빈도(→ 직무 복잡성)
   ② 분석 가능성: 업무의 전환과정이 객관적으로 분석되어 구성원들이 표준적 절차에 따라 업무수행이 가능한 정도(→ 직무 난이도)
2. 기술의 유형

구분		과제 다양성	
		낮음	높음
분석 가능성	낮음	장인기술	비일상적 기술
	높음	일상적 기술	공학적 기술

답 ③

톰슨(J. Thompson)의 기술분류에 따른 상호의존성과 조정 형태를 바르게 연결한 것은?

① 집약형 기술: 연속적 상호의존성 - 정기적 회의, 수직적 의사전달
② 공학형 기술: 연속적 상호의존성 - 사전계획, 예정표
③ 연속형 기술: 교호적 상호의존성 - 상호조정, 수평적 의사전달
④ 중개형 기술: 집합적 상호의존성 - 규칙, 표준화

24	집약형 기술 → 수평적 회의

① [×] 집약형 기술은 교호적 상호작용과 연결되며, 수평적 의사전달이 활발하게 이루어진다.
② [×] 공학형 기술은 톰슨(J. Thompson)의 기술분류에 포함되어 있지 않다.
③ [×] 연속형 기술은 순차적 상호의존성과 연결되며, 상호조정과 수평적 의사전달은 집약형 기술과 관련된다.
④ [○] 중개형 기술은 집합적 상호의존성과 연결되며, 규칙이나 표준화로 통제하기에 기계적 구조가 나타난다.

📄 **기술의 유형 - 톰슨(J. Thompson)의 분류**

구분	중개적 기술	길게 연결된 기술	집약적 기술
상호의존성	집합적 상호의존성	순차적 상호의존성	교호적 상호의존성
접촉빈도	낮음	중간	높음
갈등	낮음	중간	높음
조정방법	표준화(→ 법규)	계획(→ 일정표)	상호적응
조정난이도	용이	중간	곤란
복잡성	낮음	중간	높음
공식성	높음	중간	낮음
추가방법	전담참모의 설치	위원회 설치	프로젝트팀, 태스크포스

답 ④

다음 글의 (ㄱ)에 해당하는 것은?

톰슨(J. Thompson)의 이론에 따르면, (ㄱ)의 경우 단위 부서들 사이의 과업은 관련성이 거의 없으며 각 부서는 조직의 공동목표에 독립적으로 공헌하게 된다. 이러한 (ㄱ)은 주로 중개형 기술을 활용하는 조직에서 나타나는데 부서들이 과업을 독자적으로 수행하면서 서비스를 제공하므로 단위작업간의 조정 필요성이 크지 않다. (ㄱ)이 있는 경우 부서 간 의사소통의 빈도가 상대적으로 낮아 관리자들은 부서 간 조정을 위해 표준화된 절차와 규칙 등을 많이 사용하게 된다.

① 교호적 상호의존성(reciprocal interdependence)
② 연속적 상호의존성(sequential interdependence)
③ 집합적 상호의존성(pooled interdependence)
④ 과업의 상호의존성(task interdependence)
⑤ 공동의 상호의존성(common interdependence)

애드호크라시(adhocracy)에 대한 설명으로 옳지 않은 것은?

① 과업의 표준화나 공식화 정도가 상대적으로 낮기 때문에 구성원 간 업무상 갈등이 일어날 우려가 있다.
② 구조적으로 수평적 분화는 높은 반면 수직적 분화는 낮고, 공식화 및 집권화의 수준이 낮다.
③ 변화에 신속하게 대응할 수 있다는 장점으로 인해 최근에는 전통적 관료제 조직모형을 대체할 정도로 많이 활용되고 있다.
④ 대표적인 예로는 네트워크조직, 매트릭스조직 등을 들 수 있다.

25	중개형 기술 → 집합적 의존성

① [×] 교호적 상호의존성은 집약적 기술에서 나타나는 의존성의 유형이다.
② [×] 연속적 상호의존성은 순차적 기술에서 나타나는 의존성의 유형이다.
③ [○] 과업의 관련성이 거의 없으며 각 부서는 조직의 공동목표에 독립적으로 공헌하는 것은 집합적 의존성이다.

답 ③

26	탈관료제모형 → 관료제 모형의 보완

① [○] 탈관료제모형은 명확한 업무배분과 지침이 존재하지 않으므로 구성원 간 갈등의 가능성이 높다.
② [○] 탈관료제모형은 수평적으로는 분화 수준이 높지만 수직적 분화 수준은 낮은 편이다.
③ [×] 최근 탈관료제모형이 많이 제시되고 있지만, 아직까지 관료제모형을 대체할 정도로 많이 활용되고 있는 것은 아니다.
④ [○] 네트워크조직, 수평조직, 매트릭스조직, 태스크포스, 프로젝트 팀 등이 탈관료제모형으로 거론된다.

답 ③

애드호크라시(Adhocracy)에 대한 설명으로 옳지 않은 것은?

① 구조적으로 복잡성, 공식화, 집권화의 정도가 낮은 수준이다.
② 고도의 창의성과 환경 적응성이 필요한 상황에서 유효한 임시조직이다.
③ 다양한 전문가들로 구성된 집합으로 조직화와 표준화가 신속하게 이뤄진다.
④ 업무 처리과정에서 갈등과 비협조가 일어나고, 창의적 업무수행 과정에서 심적 스트레스를 많이 받는다.

애드호크라시(adhocracy)에 대한 설명으로 옳지 않은 것은?

① 업무가 비정형적일 때 유용하다.
② 변화에 신속하게 대응할 수 있는 장점이 있다.
③ 책임소재가 명확하여 갈등이 생길 가능성이 적다.
④ 조직의 목표달성을 위해 조직 내 전문 능력이 있는 구성원들을 연결하는 구조이다.

---

27   신속한 조직화와 표준화 → 관료제

① [○] 애드호크라시(Adhocracy)는 낮은 공식화, 낮은 집권화, 낮은 복잡성, 높은 팀워크 등을 특징으로 하는 탈관료제적 조직구조를 말한다.
② [○] 애드호크라시(Adhocracy)는 능률성이나 합리성을 강조한 관료제와는 달리, 환경에 대한 신속한 대응성이나 구성원의 창의성을 강조하는 조직구조이다.
③ [×] 조직화와 표준화가 신속하게 이루어지는 것은 관료제의 특징이다.
④ [○] 애드호크라시(Adhocracy)는 이질적인 전문가들로 구성되므로 갈등과 비협조가 나타나기 쉽고, 모호한 업무를 추구하므로 구성원의 심적 스트레스가 높아질 수 있다.

답 ③

---

28   애드호크라시 → 업무배분의 모호성

① [○] 애드호크라시는 사전에 규정된 절차가 없으므로 비정형적인 업무에 유용하다.
② [○] 애드호크라시는 공식성이 낮고 분권성이 높으므로 환경 변화에 신속하게 대응하기 용이하다.
③ [×] 애드호크라시는 업무의 배분이 모호하므로 업무를 둘러싼 갈등이 발생할 가능성이 높다.
④ [○] 애드호크라시는 특정 문제를 해결하기 위해 소수의 전문가들로 구성된 임시조직을 말한다.

답 ③

29 □□□

21년 국회8급

애드호크라시(adhocracy)에 대한 설명으로 옳지 않은 것은?

① 업무수행자가 복잡한 환경에 탄력적으로 대응하도록 하기 위해서 업무수행방식을 법규나 지침으로 경직화시키지 않는다.

② 전문성이 강한 전문인들로 구성되기 때문에 업무의 동질성이 높다.

③ 수평적 분화의 정도는 높은 반면, 수직적 분화의 정도는 낮다.

④ 태스크포스는 특수한 과업완수를 목표로 기존의 서로 다른 부서에서 사람들을 선발하여 구성한 팀으로 본래 목적이 달성되면 해체되는 임시조직이다.

⑤ 네트워크조직은 핵심 기능을 수행하는 소규모의 조직을 중심에 놓고 다수의 협력업체들을 네트워크로 묶어 일을 수행하는 조직으로 협력업체들은 하위조직이 아니며 별도의 독립된 조직들이다.

29	애드호크라시 → 이질적 전문가들로 구성

① [○] 애드호크라시는 사전에 정해진 규칙이나 지침이 없으므로 환경변화에 대한 대응력이 높다.

② [×] 애드호크라시는 업무의 동질성이 낮다.

③ [○] 애드호크라시는 분야별 전문가들로 구성되므로 수평적 분화의 정도는 높지만, 계층화의 정도는 낮다.

④ [○] 태스크포스는 특정 문제를 해결하기 위해 기존 부서에서 파견된 구성원들로 구성되며, 문제가 해결되면 해체되는 임시조직을 말한다.

⑤ [○] 네트워크조직은 핵심 역량은 스스로 수행하되 여타 기능은 다른 조직들과의 협력을 통해서 수행하는 조직구조를 말한다.

답 ②

30 □□□

23년 지방9급

민츠버그(H. Mintzberg)가 제시한 조직유형이 아닌 것은?

① 기계적 관료제
② 애드호크라시
③ 사업부제 구조
④ 홀라크라시

30	민츠버그(H. Mintzberg) → 단순구조, 기계적 관료제, 전문적 관료제, 사업부제, 임시체제

민츠버그(H. Mintzberg)는 조직구조의 유형을 단순구조, 기계적 관료제, 전문적 관료제, 사업부제, 임시체제로 구분하였다. 홀라크라시는 민츠버그(H. Mintzberg)가 분류한 조직유형에 속하지 않는다.

📄 민츠버그(H. Mintzberg)의 조직유형

구분	단순구조	기계관료제	전문관료제	사업부제	임시체제
권력	전략정점	기술구조	운영핵심	중간관리자	지원참모
조정기제	직접 감독	과정 표준화	기술 표준화	산출 표준화	상호조절
규모	소규모	대규모	가변적	대규모	가변적
기술	단순	비교적 단순	복잡	가변적	매우 복잡
환경	단순 동태적	단순 안정적	복잡 안정적	단순 안정적	복잡 동태적
전문화	낮음	높음 (→ 일)	높음 (→ 사람)	중간	높음 (→ 사람)
공식화	낮음	높음	낮음	높음	낮음
집권화	집권	제한된 수평적 분권	수직적 분권, 수평적 분권	제한된 수직적 분권	선택적 분권
통합필요	낮음	낮음	높음	낮음	높음
실행·계획	미달발	발달	발달 미흡	다소 발달	제약된 범위
교육·훈련	거의 없음	빈약	발달	중간	발달

답 ④

31 □□□

민츠버그(H. Mintzberg)가 제시한 조직구조 유형에 대한 설명으로 옳은 것은?

① 기계적 관료제(machine bureaucracy)는 막스 베버의 관료제와 유사하다.
② 임시조직(adhocracy)은 대개 단순하고 반복적인 문제를 해결하기 위해 생성된다.
③ 폐쇄체계(closed system)적 관점에서 조직이 수행하는 기능을 기준으로 유형을 분류하였다.
④ 사업부조직(divisionalized organization)은 기능별, 서비스별 독립성으로 인해 조직 전체 공통관리비의 감소효과가 크다.

| **31** | 기계적 관료제 → 베버의 관료제 모형 |

① [O] 기계적 관료제는 종적·횡적 분화 수준이 높아 구성원은 좁게 전문화된 업무를 수행하며, 단순하고 안정적인 환경에 적합하며, 작업과정(업무)의 표준화를 중시하는 전통적인 관료제 구조와 유사하다.
② [×] 단순하고 반복적인 문제의 해결에는 기계적 관료제가 유용하다.
③ [×] 민츠버그(H. Mintzberg)의 이론은 개방체계를 가정하고 있다.
④ [×] 사업부조직은 각 사업부서의 독립적 운영으로 인하여 관리비의 중복이 나타난다.

답 ①

32 □□□

민츠버그(H. Mintzberg)의 조직유형론에 대한 설명으로 옳지 않은 것은?

① 단순구조(simple structure)는 집권화되고 유기적인 조직구조로서, 단순하고 동태적인 환경에서 주로 발견된다.
② 기계적 관료제(machine bureaucracy)는 단순하고 안정적인 환경에 적절한 조직형태로서, 주된 조정방법은 작업과정의 표준화이다.
③ 전문적 관료제(professional bureaucracy)는 수평·수직적으로 분권화된 조직형태로서, 복잡하고 안정적인 환경에 적합하다.
④ 사업부제조직(divisionalized form)은 기능부서 간의 중복으로 인한 자원낭비를 방지할 수 있으며, 사업부내 과업의 조정은 산출물의 표준화를 통해 이루어진다.

| **32** | 사업부제조직 → 기능의 중복 |

① [O] 단순구조는 전략정점과 운영핵심으로 구성되며, 전략정점의 힘이 강한 소규모 신설 조직이다. 단순하고 동태적인 환경에 적합하며, 직접 감독을 통해 조정한다.
② [O] 기계적 관료제는 종적·횡적 분화 수준이 높아 구성원은 좁게 전문화된 업무를 수행한다. 또한 단순하고 안정적인 환경에 적합하며, 작업과정(업무)의 표준화를 중시한다.
③ [O] 전문적 관료제는 운영핵심의 힘이 강한 유형으로 업무의 수평적 분화가 높으며, 구성원은 고도의 훈련을 받은 전문가들로 구성된다. 복잡하고 안정적 환경에 적합하며, 오랜 경험과 훈련에 의해 내면화된 작업기술의 표준화를 중시한다.
④ [×] 산출물 단위로 형성되는 사업부제는 기능 간 조정이 용이하므로 환경 변화에 대한 신축성과 대응성이 높지만, 산출물별로 기능이 중복되어 배치되어 있으므로 자원낭비가 발생할 수 있다.

답 ④

33 □□□

민츠버그(H. Mintzberg)의 조직성장 경로모형에 따르면, 조직 내에서 어떤 부문을 강조할 것인가에 따라 조직의 구조(유형)가 달라진다. 강조된 조직구성부문과 이에 상응하는 구조의 연결로 옳지 않은 것은?

① 지원참모(support staff) - 애드호그라시(adhocracy)
② 중간계선(middle line) - 사업부제 구조
③ 핵심운영(operation core) - 전문적 관료제 구조
④ 전략적 정점(strategic apex) - 기계적 관료제 구조

34 □□□

조직구조의 모형에 대한 설명으로 바르게 연결된 것은?

> ㄱ. 수평적 조정의 필요성이 낮을 때 효과적인 조직구조로서 규모의 경제를 제고할 수 있다.
> ㄴ. 자기완결적 기능을 단위로 기능 간 조정이 용이하여 환경 변화에 대한 대응이 신축적이다.
> ㄷ. 조직 구성원을 핵심 업무과정 중심으로 조직화하는 방식이다.
> ㄹ. 조직 자체 기능은 핵심역량 위주로 하고 여타 기능은 외부계약관계를 통해서 수행한다.

① ㄱ - 사업구조
② ㄴ - 매트릭스구조
③ ㄷ - 수직구조
④ ㄹ - 네트워크구조

33 　전략적 정점 → 단순구조

① [O] 애드호크라시(adhocracy)는 참모가 핵심적 역할을 수행하며, 상호적응에 의한 조정이 이루어진다.
② [O] 사업부제 구조는 중간계선이 핵심적 역할을 수행하며, 산출물의 표준화를 강조한다.
③ [O] 전문적 관료제 구조는 운영핵심이 핵심적 역할을 수행하며, 기술 표준화를 강조한다.
④ [×] 기계적 관료제 구조는 기술구조가 핵심적 역할을 수행하며, 과정 표준화를 강조한다. 전략적 정점이 핵심적 역할을 수행하는 것은 단순구조이다.

답 ④

34 　기능구조 → 규모의 경제

① [×] 수평적 조정의 필요성이 낮을 때 효과적인 조직구조로서 규모의 경제를 제고할 수 있는 것은 기능구조이다.
② [×] 자기완결적 기능을 단위로 기능 간 조정이 용이하여 환경 변화에 대한 대응이 신축적인 것은 사업구조이다.
③ [×] 조직 구성원을 핵심 업무과정 중심으로 조직화하는 방식은 수평구조이다.
⑤ [O] 자체 기능은 핵심역량 위주로 하고 여타 기능은 외부와의 계약관계를 통해 수행하는 조직을 네트워크구조라 한다.

답 ④

35 ☐☐☐

조직구조모형을 유기적인 성격이 약한 것에서부터 강한 것의 순서로 바르게 배열한 것은?

① 네트워크구조 < 매트릭스구조 < 수평구조 < 사업구조 < 기능구조
② 기능구조 < 사업구조 < 수평구조 < 매트릭스구조 < 네트워크구조
③ 기능구조 < 사업구조 < 매트릭스구조 < 수평구조 < 네트워크구조
④ 기능구조 < 매트릭스구조 < 사업구조 < 수평구조 < 네트워크구조

36 ☐☐☐

조직구조의 유형에 대한 설명으로 옳지 않은 것은?

① 사업(부)구조는 조직의 산출물에 기반을 둔 구조화 방식으로 사업(부)간 기능 조정이 용이하다.
② 매트릭스구조는 수직적 기능구조에 수평적 사업구조를 결합시켜 조직운영상의 신축성을 확보한다.
③ 네트워크구조는 복수의 조직이 각자의 경계를 넘어 연결고리를 통해 결합 관계를 이루어 환경 변화에 대처한다.
④ 수평(팀제)구조는 핵심 업무 과정 중심의 구조화 방식으로 부서 사이의 경계를 제거하여 의사소통을 원활하게 한다.

35	대프트모형 → 기사매수네

- 기능구조는 조직의 전체 업무를 공동 기능별로 부서화한 것으로, U형 구조라 한다.
- 사업구조는 완결된 산출물을 기반으로 부서화한 조직으로, M형 구조라 한다.
- 매트릭스구조는 기능구조와 사업구조가 이중적으로 결합된 구조이다.
- 수평구조는 수직적 계층과 부서 간 경계를 실질적으로 제거한 평면구조를 말한다.
- 네트워크구조는 독자성과 자율성을 지닌 조직 내부·외부를 연결한 망 구조이다.

답 ③

36	사업부서 → 부서 내 기능의 조정

① [×] 사업구조는 부서 내 기능 간 조정은 용이하지만, 부서 간에는 사업의 영역을 두고 마찰이 발생할 수 있다.
② [○] 매트릭스구조는 기존의 기능구조에 사업구조가 함께 있으므로 조직운영의 신축성을 확보하기에 용이하다.
③ [○] 네트워크구조는 독자적 조직들이 공동의 목표를 위해 결합과 해체를 반복하면서 환경에 적응한다.
④ [○] 수평구조는 수평적·수직적 경계를 제거한 평면구조와 유사하므로 구성원 간의 의사소통이 원활할 수 있다.

답 ①

01 ☐☐☐

베버(M. Weber)의 이념형(ideal type) 관료제에 대한 설명으로 옳지 않은 것은?

① 관료제 성립의 배경은 봉건적 지배체제의 확립이다.
② 법적 · 합리적 권위에 기초를 둔 조직구조와 형태이다.
③ 직위의 권한과 임무는 문서화된 법규로 규정된다.
④ 관료는 원칙적으로 상관이 임명한다.

---

01   근대 관료제의 성립 배경 → 근대사회

① [×] 베버의 관료제는 합리성과 합법적 권위가 지배하는 근대 사회의 상징이다.
② [○] 베버는 권위의 유형을 카리스마적 권위, 전통적 권위, 합법적 권위로 분류하였는데, 근대 관료제는 합법적 권위에 의해 지배되는 조직구조이다.
③ [○] 베버의 관료제에서 권한과 직무는 신분이 아닌 이성에 의해 만들어진 법규에 의해 규정된다.
④ [○] 오석홍 교수님의 교재에 있는 표현이다.

답 ①

02 ☐☐☐

베버(M. Weber)가 주장한 이념형(ideal type)으로서의 근대 관료제에 대한 설명으로 옳지 않은 것은?

① 관료는 계급과 근무연한에 따라 정해진 금전적 보수를 받는다.
② 관료는 객관적 · 중립적 입장보다는 민원인의 입장에서 판단하고 결정한다.
③ 모든 직위의 권한과 관할 범위는 법규에 의하여 규정된다.
④ 관료의 업무 수행은 문서에 의한다.

---

02   관료제의 특징 → 비정의성

① [○] 근대적 관료제는 계급과 근무연한에 따라 정해진 금전적 보수를 받는 계약관계이다.
② [×] 근대적 관료제는 비정의성을 특징으로 한다. 민원인의 입장에서 판단하는 것보다는 법 규정에 입각한 객관적이고 중립적인 업무수행을 강조하는데, 이를 비정의성이라 한다.
③ [○] 관료제 내의 모든 권한은 공적 영역에 한정되며, 사적 영역까지 확대되지 않는다.

📄 관료제의 특징

구분	순기능	역기능
법과 규칙	• 공식성의 제고 • 활동의 객관성과 예측가능성 • 평등하고 공정한 업무수행	• 동조과잉 등 목표대치 • 획일성과 경직성 • 형식주의와 무사안일
계층제	• 명령과 복종체계의 확립 • 질서유지 및 조정의 수단 • 능력의 차이 반영 • 수직적 분업	• 의사결정과 의사전달의 지연 • 책임의 회피와 분산 • 권력의 집중, 관료제국주의 • 권력구조의 이원화
문서주의	• 업무수행의 공식성과 객관성 • 결과의 보존	• 형식주의 • 번문욕례(red tape)
비정의성	• 공 · 사의 구별(→ 객관적) • 공평무사	• 인간관계 및 성장의 저해 • 메마르고 냉담한 관료행태
전문화 전임화	• 자격과 능력에 의한 충원 • 숙련에 따른 능률성의 향상	• 할거주의 • 훈련된 무능 • 흥미의 상실과 구성원의 소외
연공과 업적	• 직업공무원제의 발달 • 행정의 안정성 (→ 재직자의 보호)	• 피터의 법칙 • 외부통제의 곤란

답 ②

관료제 병리현상에 대한 설명으로 옳지 않은 것은?

① 규칙이나 절차에 지나치게 집착하게 되면 목표와 수단의 대치 현상이 발생한다.

② 모든 업무를 문서로 처리하는 문서주의는 번문욕례를 초래한다.

③ 자신의 소속기관만을 중요시함에 따라 타 기관과의 업무 협조나 조정이 어렵게 되는 문제가 나타난다.

④ 법규와 절차 준수의 강조는 관료제 내 구성원들의 비정의성을 저해한다.

관료제의 여러 병리현상 중 '과잉동조'에 대한 설명으로 옳은 것은?

① 목표달성을 위해 마련된 규정이나 절차에 집착함으로써 결국 수단이 목표를 압도해버리는 현상

② 세분화된 특정 업무에서는 전문적인 능력이 있지만 그 밖의 업무에 대해서는 문외한이 되는 현상

③ 다양한 외부 환경의 변화에 둔감하고 조직목표의 혁신에 적극적으로 저항하는 현상

④ 자신이 소속된 기관이나 부서만을 생각하고 다른 기관이나 부서를 배려하지 않는 현상

03	법규와 절차 준수의 강조 → 비정의성

① [○] 규칙이나 절차에 대한 지나친 집착으로 인한 목표와 수단의 대치 현상을 동조과잉이라 한다.

② [○] 번문욕례란 번거로운 절차를 가리키는 말로, 행정사무를 지연시키고 행정비용을 증대시키며 부패의 원인을 제공하는 등의 역기능을 의미한다.

③ [○] 자신의 소속기관만을 중요시함에 따라 타 기관과의 업무 협조나 조정이 어렵게 되는 현상을 할거주의라 한다.

④ [×] 비정의성(impersonality)이란 조직의 구성원이나 고객의 개인적 특성에 관계없이 공평하게 취급되는 것을 말한다. 법규와 절차 준수의 강조는 비정의성과 관련된다.

답 ④

04	과잉동조 → 법 규범에 대한 지나친 집착

① [○] 과잉동조란 과도한 형식주의로 흘러, 절차나 규칙 자체를 목표로 삼는 현상을 말한다. 결국 규칙이나 절차라는 수단이 공익이라는 목표를 압도해버리는 현상이다.

② [×] 세분화된 특정 업무에서는 전문적인 능력이 있지만 그 밖의 업무에 대해서는 문외한이 되는 현상은 훈련된 무능이다.

③ [×] 다양한 외부 환경의 변화에 둔감하고 조직목표의 혁신에 적극적으로 저항하는 현상을 변화에 대한 저항이라 한다.

④ [×] 자신이 소속된 기관이나 부서만을 생각하고 다른 기관이나 부서를 배려하지 않는 현상은 할거주의이다.

답 ①

05 ☐☐☐

관료제의 역기능에 대한 설명으로 옳지 않은 것은?

① 관료독선주의 경향으로 변화에 대한 저항의식이 강해진다.
② 공식적 측면의 강조로 인간소외 현상이 발생한다.
③ 계층제적 구조를 강조하여 정책관리자의 권한이 약화된다.
④ 목표의 전환으로 수단과 목표의 도치현상이 발생한다.

06 ☐☐☐

관료제 병리현상의 하나인 '목표의 대치(displacement)'에 관한 다음 설명 중 옳지 않은 것은?

① '목표의 대치' 현상을 처음으로 언급한 학자는 독일의 사회학자 막스 베버(M. Weber)로서 조직 구성원들의 성향 변화가 그 원인이 될 수 있다고 지적하였다.
② 행정개혁과정에서 자신들의 조직이 축소·변화되는 것을 막기 위하여 관료들이 새로운 목표를 만들어 개혁에 저항하는 것은 '목표의 대치' 현상으로 볼 수 있다.
③ 머튼(R. Merton)은 조직이 과도한 형식주의로 흘러 절차나 규칙 자체를 목표로 삼는 현상을 '과잉동조'라고 하였다.
④ '목표의 대치' 현상은 조직 전체적인 문제나 외부환경의 변화보다는 조직 내부문제를 보다 중시하기 때문에 발생한다.

05	계층제적 구조 → 관리자의 권한 강화

① [O] 신분보장과 계층제적 통제에 따른 무사안일은 환경변화에 대한 둔감성을 야기할 수 있다.
② [O] 구조 중심의 공식적 측면의 강조는 인간소외 현상을 야기하는 원인이 된다.
③ [×] 계층제적 구조를 강조하면 정책관리자의 권한이 강화된다.
④ [O] 지나친 규칙에 대한 집착은 목표와 수단을 전도시키는 목표의 전환 또는 목표의 대치 현상을 가져올 수 있다.

답 ③

06	관료제의 역기능 → 1930년대 이후 등장

① [×] '목표의 대치' 현상을 처음으로 언급한 학자는 머튼(R. Merton)이다.
② [O] '목표의 대치'란 종국적 가치를 수단적 가치로 바꾸는 현상으로, 새로운 목표가 자신들의 조직이 축소·변화되는 것을 막기 위해 사용된 것이므로 이는 목표의 대치 현상에 속한다.
③, ④ [O] 머튼(R. Merton)은 상관의 지나친 통제에 따른 경직성 초래를 '동조과잉'으로 표현하였다. 이는 구성원들이 외부환경에 대한 대응보다는 조직 내부의 규칙이나 절차 등에 집착하기 때문에 나타나는 현상이다.

답 ①

관료제 병리현상과 그 특징을 짝지은 것으로 옳지 않은 것은?

① 할거주의 – 조정과 협조 곤란
② 형식주의 – 번거로운 문서처리
③ 피터(Peter)의 원리 – 관료들의 세력 팽창 욕구로 인한 기구와 인력의 증대
④ 전문화로 인한 무능 – 한정된 분야의 전문성 강조로 타 분야에 대한 이해력 부족

베버(M. Weber)의 관료제모형을 설명한 것으로 옳지 않은 것은?

① 조직이 바탕으로 삼는 권한의 유형을 전통적 권한, 카리스마적 권한, 법적·합리적 권한으로 나누었다.
② 직위의 권한과 관할범위는 법규에 의하여 규정된다.
③ 인간적 또는 비공식적 요인의 중요성을 간과하였다.
④ 관료제의 긍정적인 측면으로 목표대치 현상을 강조하였다.

07	기구와 인력의 팽창 → 관료적 제국주의

① [○] 할거주의는 부서 간 협조와 조정을 곤란하게 만드는 원인이 된다.
② [○] 문서 중심의 행정은 형식주의 혹은 번문욕례의 원인이 될 수 있다.
③ [×] 관료들의 세력 팽창 욕구로 인한 기구와 인력의 증대는 관료적 제국주의와 연관된다.
④ [○] 특정 분야에 대한 전문성의 강화는 다른 분야에 대한 이해력을 떨어뜨리는 원인이 될 수 있다.

답 ③

08	목표대치 → 관료제의 역기능

① [○] 카리스마적 권한은 개인의 초인적 힘이나 자질, 즉 카리스마에 의해 정당화된 권한이고, 전통적 권한은 옛날부터 내려오는 전통이나 관습의 신성성에서 근거를 찾는 권한이다. 합법적 권한은 법규에 의해 부여된 권한으로, 합리성과 합법성으로 표현되는 근대화의 상징이다.
② [○] 베버(M. Weber)의 관료제모형에서의 권한은 법적·합리적 권한이므로 그 관할범위는 법규에 의해 규정된다.
③ [○] 베버(M. Weber)의 관료제모형은 기능적 합리성을 바탕으로 구성된 고전적 조직모형이므로 인간적 또는 비공식적 요인은 간과되었다. 이러한 인간적이고 비공식적 요인은 신고전적 조직모형에서 강조되었다.
④ [×] 베버(M. Weber)를 포함한 고전적 조직이론에서는 관료제의 역기능을 인식하지 못하였고, 1930년대 이후 머튼(R. Merton)이나 셀즈닉(P. Selznick)과 같은 미국의 사회학자들에 의하여 관료제의 역기능이 강조되기 시작하였다.

답 ④

막스 베버(M. Weber)가 제시한 이념적인 조직형태인 관료제의 특성으로 옳지 않은 것은?

① 직무의 수행은 문서에 의거하여 이루어지며, 직무수행 결과는 문서로 기록·보존된다.

② 관료의 권한과 직무범위는 법규에 의해 규정되며, 상관의 권한은 업무활동에 한정된다.

③ 전문지식과 기술을 가진 관료가 모든 직무를 담당하며, 이들은 시험 또는 자격증 등에 의해 공개적으로 채용된다.

④ 관료는 직무수행 과정에서 국민의 어려운 사정이나 개별적 여건을 고려하는 자세를 갖는다.

관료제에 대한 설명으로 옳지 않은 것은?

① 계층제의 원리에 의해 체계가 확립된다.

② 업무에 대한 훈련을 받고 지식을 갖춘 전문적인 관료가 업무를 담당할 것을 요구한다.

③ 훈련된 무능은 관료가 제한된 분야에서 전문성은 있으나 새로운 상황에서 적응력과 업무능력이 떨어지는 현상이다.

④ 동조과잉은 적극적으로 새로운 과업을 찾아서 실행하기보다 현재의 주어진 업무만을 소극적으로 수행하는 것이다.

---

09 개별적 여건의 고려 → 정의성

① [○] 문서주의에 대한 설명이다. 이러한 문서주의는 업무수행의 공식성과 객관성을 높일 수 있고 결과의 보존이라는 장점을 지니지만, 형식주의와 번문욕례(red tape)라는 문제점도 야기한다.

③ [○] 관료제는 전임직을 기본으로 하며, 신분이 아닌 능력에 따른 충원과 승진을 기반으로 한다.

④ [×] 국민의 어려운 사정이나 개별적 여건을 고려하는 자세는 정의성(personality)이다. 관료제는 고객의 개인적인 특성에 관계없이 공평하게 취급되는 비정의성(impersonality)을 특징으로 한다.

답 ④

10 주어진 업무만의 소극적 수행 → 무사안일

① [○] 관료제는 능력에 따라 계층을 형성하여 운영되는 조직 구조이다.

② [○] 관료제의 구성원들은 업무의 전문성에 의해 선발된다.

③ [○] 훈련된 무능이란 한 가지 업무에 익숙한 관료들이 다른 업무에 대한 적응력이 떨어지는 현상을 말한다.

④ [×] 적극적으로 새로운 과업을 찾아서 실행하기보다 현재의 주어진 업무만을 소극적으로 수행하는 것은 무사안일이다.

답 ④

11 ☐☐☐

전통적 관료제의 특징과 그 역기능을 연결한 것으로 옳지 않은 것은?

① 계층제 - 의사결정 지연과 상급자 권위에 대한 지나친 의존
② 비정의성(비인간화) - 주관적이고 재량적인 관료 행태
③ 전문화 - 훈련된 무능과 할거주의
④ 문서주의 - 형식주의와 번문욕례

12 ☐☐☐

관료제에 대한 설명으로 옳지 않은 것은?

① 관료제(bureaucracy)는 관료(bureaucrat)에 의하여 통치(cracy)된다는 의미로서 왕정이나 민주정(民主政)에 비해 관료가 국가정치와 행정의 중심역할을 수행한다는 의미가 있다.
② 관료제는 소수의 상관과 다수의 부하로 구성되는 피라미드 형태를 취하며 과두제(oligarchy)의 철칙이 나타날 수 있다.
③ 관료제의 병리현상으로 과잉동조에 따른 목표대치, 할거주의, 훈련된 무능력 등을 들 수 있다.
④ 베버(M. Weber)의 이념형 관료제는 성과급 제도와 부합한다.

11	비정의성 → 개인적 감정의 배제

① [○] 계층제는 의사결정과 의사전달의 지연, 책임의 회피와 분산, 권력의 집중, 관료제국주의, 권력구조의 이원화 등의 역기능을 야기할 수 있다.
② [×] 비정의성이란 조직의 구성원이나 고객이 개인적인 특성에 관계없이 공평하게 취급되는 것을 말한다. 이는 관료들이 직무수행을 함에 있어 개인의 주관성과 재량은 최대한 배제해야 한다는 것을 의미한다.
③ [○] 전문화는 할거주의에 따른 협조와 조정의 곤란, 훈련된 무능, 전문가적 정신 이상, 흥미의 상실, 구성원의 소외 등의 역기능을 야기할 수 있다.
④ [○] 문서주의는 형식주의와 번문욕례라는 역기능을 야기할 수 있다. 번문욕례는 지나치게 번거롭고 형식적인 절차나 예문, 쓸데없는 허례나 번잡한 규칙 따위를 이르는 말이다.

답 ②

12	이념형 관료제 → 연공과 서열에 의한 봉급

① [○] 관료제는 구조적 측면과 기능적 측면에서 두 가지 개념으로 정리하는 것이 일반적이다. 베버(M. Weber)로 대표되는 구조적 측면은 관료제를 계층제적 대규모 조직으로 보는 입장이고, 파이너(H. Finer)로 대표되는 기능적 측면은 관료제를 특권적인 정치권력집단으로 보는 입장이다. 왕정이나 민주정(民主政)과 대비된 통치주체로서 관료제는 기능적 측면의 견해이다.
② [○] 과두제의 철칙이란 모든 조직에서 상위 지도자들이 그 조직을 계속 지배하려는 목적으로 원래의 조직목표는 망각하고 그 목표를 실현하기 위한 수단을 더욱 중시하는 현상을 말한다.
③ [○] 관료제는 그 본질적 특성에 순기능뿐만 아니라 역기능도 내포되어 있는데, 분업으로 인한 할거주의와 훈련된 무능, 계층제로 인한 권위주의, 법과 규칙에 따른 동조과잉과 형식주의 등은 관료제의 역기능에 속한다.
④ [×] 베버(M. Weber)의 이념형 관료제는 업무량에 부합하는 보수 또는 연공서열에 의한 보수를 강조한다. 분석을 통해서 업무를 설정하고 이를 피고용자와의 계약을 통해서 업무량만큼 보수를 지급하는 것이지 업무의 성과를 토대로 보수를 지급하는 제도는 아니다. 물론 업무의 성과가 좋다면 승진을 통해서 더 높은 지위로 올라가며 이에 따라 보수 또한 높아지겠지만 보수 그 자체가 성과에 의해서 결정되는 것은 아니다.

답 ④

13 □□□

베버(M. Weber)의 관료제 모형에 대한 설명으로 옳지 않은 것은?

① 관료에게 지급되는 봉급은 업무수행 실적에 대한 평가에 따라 결정된다.
② 관료제모형은 계층제의 원리를 근간으로 한다.
③ 베버(M. Weber)는 정당성을 기준으로 권위의 유형을 전통적 권위, 카리스마적 권위, 법적·합리적 권위로 나누었는데 근대적 관료제는 법적·합리적 권위를 기초를 두고 있다고 주장한다.
④ 관료제 모형은 전문화로 인한 무능(trained incapacity) 등 역기능을 초래할 수도 있다.

---

13   이념형 관료제 → 연공과 서열에 의한 봉급

① [×] 관료제는 연공과 업적에 의한 승진과 보수를 강조하지만 실적에 따른 평가에 의해서 보수가 결정되는 것은 아니며, 연공서열에 의해 보수가 결정된다.
② [○] 관료제모형은 능력에 따라 구성원을 계층적으로 배열하는 계층제 원리를 근간으로 한다.
③ [○] 권위란 복종자에 의해 정당성이 부여된 권력을 말한다. 베버(M. Weber)는 이러한 권위의 유형을 ㉠ 개인의 초인적 힘이나 자질에 의존하는 카리스마적 권위, ㉡ 옛날부터 내려오는 전통이나 관습에서 근거를 찾는 전통적 권위, ㉢ 법규에 의해 부여된 합법적 권위로 구분하였으며 관료제는 이 중 합법적 권위에 의해 운영되는 조직으로 보았다.
④ [○] 전문화로 인한 무능이란 지나친 전문화로 인하여 안목과 시야가 좁아지는 관료제의 병리를 말한다.

답 ①

14 □□□

관료제모형에서 베버가 강조한 행정가치는?

① 민주성
② 형평성
③ 능률성
④ 대응성

---

14   관료제모형의 핵심 가치 → 합리성과 능률성

① [×] 민주성은 1930년대 정치행정일원론이 등장하면서 강조되기 시작한 행정가치이다.
② [×] 형평성은 1960년대 신행정론에서 강조한 행정가치이다.
③ [○] 관료제모형에서 가장 강조하는 행정가치는 합리성이나 능률성이다.
④ [×] 대응성은 환경변화가 나타난 1960년대 이후부터 강조되기 시작한 행정가치이다.

답 ③

15 □□□

베버(M. Weber)의 관료제이론에 대한 설명으로 옳지 않은 것은?

① 계층제에서 근무하는 관료는 봉사 대상인 국민에게 책임을 져야 한다.
② 관료는 'Sine ira et studio'의 정신으로 업무를 수행하여야 한다.
③ 관료를 승진시킬 때에는 근무연한을 고려할 수 있다.
④ 보수를 받지 않고 봉사하는 사람은 관료라고 볼 수 없다.

16 □□□

관료제 병리현상에 대한 설명으로 옳은 것은?

① 동조과잉과 형식주의로 인해 전문화로 인한 무능 현상이 발생한다.
② 피터의 원리(Peter Principle)가 지적하듯이 무능력자가 승진하게 되는 경우가 생긴다.
③ 상관의 권위에 의존하면서 소극적으로 일을 처리하려는 할거주의가 나타난다.
④ 목표가 아닌 수단으로서의 규칙과 절차에 지나치게 집착하는 번문욕례(red tape) 현상이 나타난다.

---

15 | 관료제 → 계층제적 책임

① [×] 베버(M. Weber)의 관료제에서 강조되는 책임은 법규에 대한 책임 혹은 상관에 대한 계층제적 책임이다.
② [○] 'Sine ira et studio'란 공(公)과 사(私)를 구별하고, 업무 수행에 있어 사적인 감정을 개입시켜서는 안 된다는 비정의성(impersonality)을 의미한다.
③ [○] 관료제에 있어 승진의 기준은 실적이나 경력이다.
④ [○] 관료제는 계약제 사회를 배경으로 하고, 업무에 따른 보수의 지급을 핵심으로 한다. 따라서 계층제적 구조를 형성하고 업무를 수행하여도 보수를 받지 않고 일하는 경우에는 이를 관료제라 할 수 없다.

답 ①

---

16 | 피터의 원리 → 승진으로 인한 문제점

① [×] 전문화로 인한 무능 또는 훈련된 무능이란 한 가지 지식이나 기술에 관해 훈련받고 기존 규칙을 준수하도록 길들여진 사람은 다른 대안을 생각하지 못한다는 것으로, 이는 분업으로 인한 문제점이다.
② [○] 피터의 법칙이란 조직 내에서 모든 구성원은 무능이 드러날 때까지 승진하려 하려는 경향이 있음을 나타내는 말이다. 상위직무에는 능력이 없는 자가 상위직급으로 승진함에 따라 나타나는 부작용을 지적하는 개념이다.
③ [×] 상관의 권위에 의존하면서 소극적으로 일을 처리하려는 현상은 무사안일이다. 할거주의란 권한의 위임과 전문화에 따른 하위체제의 분열현상을 말한다.
④ [×] 목표가 아닌 수단으로서의 규칙과 절차에 지나치게 집착하는 현상은 동조과잉이다. 번문욕례(red tape)란 지나친 형식주의를 의미하는 것으로, 이는 절차를 복잡하게 하고 많은 구비서류를 요구하므로 사무처리가 지연되어 원인이 될 수 있다.

답 ②

17 □□□

관료제의 역기능 모형에 대한 설명으로 옳지 않은 것은?

① 머튼(R. Merton)모형은 관료에 대한 최고관리자의 지나친 통제가 관료들의 경직성을 초래한다고 본다.

② 셀즈닉(P. Selznick)모형은 권한의 위임과 전문화가 조직 하위 체제의 이해관계를 지나치게 분열시킨다고 본다.

③ 맥커디(H. McCurdy)모형은 계층제적 관료조직 내에서 구성원이 각자의 능력을 넘는 수준까지 승진하게 된다고 본다.

④ 골드너(A. Gouldner)모형은 관료들이 규칙의 범위 내에서 최소한 행태만을 추구하여 무사안일주의를 초래한다고 본다.

18 □□□

베버(M. Weber)의 관료제에 대한 비판론자들이 있다. 그들이 주장하는 관료제의 병폐에 대한 설명으로 옳은 것은 모두 고른 것은?

ㄱ. 조직 구성원은 한 가지의 지식 또는 기술에 관하여 훈련받고 기존규칙을 준수하도록 길들여지기 때문에 변동된 조건 하에서는 대응이 어렵게 된다.

ㄴ. 권한과 능력의 괴리, 상위직으로 갈수록 모호해지는 업적평가기준, 조직의 공식적 규범을 엄격하게 준수해야 한다는 압박감 등으로 조직 구성원들이 불안해지므로 더욱 더 권위주의적인 행태를 가지게 된다.

ㄷ. 상관의 계서적 권한과 부하의 전문적 권력이 이원화됨에 따라 조직 내에서 갈등이 발생하게 되어 조직 구성원들의 불만이 증대된다.

ㄹ. 집권적이고 권위주의적인 통제와 법규우선주의, 그리고 몰인격적(impersonal) 역할관계는 조직 구성원의 사회적 욕구충족을 저해하며 그들의 성장과 성숙을 방해한다.

① ㄱ, ㄹ   ② ㄱ, ㄴ, ㄷ
③ ㄴ, ㄷ, ㄹ   ④ ㄱ, ㄴ, ㄷ, ㄹ

17	각자의 능력을 넘는 수준까지 승진 → 피터의 법칙

① [○] 머튼(R. Merton)은 관료에 대한 최고관리자의 지나친 통제가 관료들의 경직성을 초래한다는 것을 동조과잉이라 하였다.

② [○] 셀즈닉(P. Selznick)은 권한의 위임과 전문화가 조직 하위 체제의 이해관계를 지나치게 분열시키는 것을 할거주의라 하였다.

③ [×] 조직 내에서 구성원이 각자의 능력을 넘는 수준까지 승진하게 된다는 것은 피터의 법칙이다.

④ [○] 골드너(A. Gouldner)는 목표에 대한 낮은 내면화, 규칙의 범위 내에서의 행태 등이 무사안일주의를 초래한다고 보았다.

답 ③

18	권력구조의 이원화 → 직위권력과 전문권력의 충돌

④ [○] ㄱ ~ ㄹ 모두 옳다. ㄱ은 훈련된 무능에 대한 설명이고, ㄷ은 권력구조의 이원화에 관한 설명이다.

답 ④

베버(M. Weber)가 주장했던 이념형 관료제의 특징으로 옳은 것만을 〈보기〉에서 모두 고르면?

〈보기〉

ㄱ. 지도자 개인의 카리스마가 아니라 성문화된 법령이 조직 내 권위의 원천이 된다.

ㄴ. 엄격한 계서제에 따라 상대방의 지위를 고려하여 법규를 적용한다.

ㄷ. 관료는 업무 수행에 대한 대가로 정기적으로 일정한 보수를 받는다.

ㄹ. 모든 직무수행과 의사전달은 구두가 아니라 문서로 이루어지는 것이 원칙이다.

ㅁ. 권한은 사람이 아니라 직위에 부여되는 것이다.

① ㄱ, ㄴ
② ㄴ, ㅁ
③ ㄱ, ㄷ, ㄹ
④ ㄱ, ㄷ, ㄹ, ㅁ
⑤ ㄴ, ㄷ, ㄹ, ㅁ

19	관료제 → 비정의성

ㄱ. [○] 관료제는 법에 의한 지배를 중시한다. 따라서 지도자 개인의 카리스마가 아니라 성문화된 법령이 조직 내 권위의 원천이 된다.

ㄴ. [×] 관료제는 법률의 획일적 적용을 강조한다. 즉, 상대방의 지위에 따라 법률의 적용이 달라지는 것은 아니다.

ㄷ. [○] 관료제는 계약 관계를 배경으로 이루어진다.

ㄹ. [○] 관료제의 모든 업무처리는 문서로써 이루어진다.

ㅁ. [○] 관료제 내의 모든 권한은 직위에 부여된 것이다.

답 ④

다음 중 〈보기〉의 가상 사례를 가장 잘 설명하고 있는 것은?

〈보기〉

요즘 한 지방자치단체 공무원들 사이에는 민원 관련 허가를 미루려는 A국장의 기이한 해동이 입방아에 오르내리고 있다. A국장은 자기 손으로 승인여부에 대한 결정을 해야 하는 상황을 피하기 위해 자치단체장에 대한 업무보고도 과장을 시켜서 하는 등 단체장과 마주치지 않기 위해 피나는 노력을 하고 있다고 한다.

최근에는 해외 일정을 핑계로 아예 장기간 자리를 뜨기도 했다. A국장이 승인여부에 대한 실무진의 의견을 제대로 올리지 않자 안달이 난 쪽은 다름 아닌 바로 단체장이다. 단체장이 모든 책임을 뒤집어써야 하는 상황이 될 수도 있기 때문이다. A국장과 단체장이 책임을 떠넘기려는 웃지 못할 해프닝이 일어나고 있는 것이다. 한 공무원은 "임기 말에 논란이 될 사안을 결정할 공무원이 누가 있겠느냐"고 말했다.

이런 현상을 중앙부처의 정책결정 과정이나 자치단체의 일선 행정 현장에서 모두 나타나고 있다. 그 사이에 정부 정책의 신뢰는 저하되고, 신뢰를 잃은 정책은 표류할 수밖에 없다.

① 업무수행지침을 규정한 공식적인 법 규정만을 너무 고집하고 상황에 따른 유연한 대응을 하지 않는 행태를 말한다.

② 관료제의 구조적 특성인 권위의 계층적 구조에서 상사의 명령까지 절대적으로 추종하는 행태를 말한다.

③ 관료들이 위험 회피적이고 변화 저항적이며 책임 회피적인 보신주의로 빠지는 행태를 말한다.

④ 관료제에서 공식적인 규칙이나 절차가 본래의 목적을 상실하여 조직과 대상 국민에게 순응의 불편이나 비용을 초래하는 것을 말한다.

⑤ 기관에 대한 정서적 집착과 같은 귀속주의나 기관과 자신을 하나로 보는 심리적 동일시 현상을 말한다.

20	법 규정만의 준수 → 동조과잉

① [×] 업무수행지침을 규정한 공식적인 법 규정만을 너무 고집하는 현상은 동조과잉과 관련된다.

③ [○] 설문은 관료들의 무사안일과 관련된 내용이다.

답 ③

21 □□□

다음 중 베버(M. Weber)가 제시한 이념형 관료제에 대한 설명으로 옳지 않은 것은?

① 관료의 충원 및 승진은 전문적인 자격과 능력을 기준으로 이루어진다.
② 조직 내의 모든 결정행위나 작동은 공식적으로 확립된 법규체제에 따른다.
③ 하급자는 상급자의 지시나 명령에 복종하는 계층제의 원리에 따라 조직이 운영된다.
④ 민원인의 만족 극대화를 위해 업무처리 시 관료와 민원인과의 긴밀한 감정교류가 중시된다.
⑤ 조직 내의 모든 업무는 문서로 처리하는 것이 원칙이다.

22 □□□

조직유형에 대한 설명으로 옳지 않은 것은?

① 동태적인 조직은 경직된 계층적 관계보다 자율성을 높일 수 있는 유기적인 관계를 강조한다.
② 프로젝트팀은 특별한 임무를 수행하기 위해 일시적으로 구성된 조직 형태이다.
③ 매트릭스조직은 기능구조와 생산구조를 조합한 것으로, 생산부서의 특정 기능을 담당하는 구성원은 생산부서의 상관과 기능부서의 상관으로부터 동시에 지시를 받는다.
④ 태스크포스는 관련 부서들을 종적으로 연결시켜 여러 부서가 관련된 현안 문제를 해결하는 데 효과적인 조직 유형이다.
⑤ 애드호크라시 조직은 수평적 분화가 강한 반면 수직적 분화는 약하다.

21	관료와 민원인의 감정교류 → 정의성

① [○] 관료제는 산업사회와 평등사회를 배경으로 구성된 조직 구조이다.
② [○] 법과 규칙에 관한 설명이다.
③ [○] 관료제는 능력에 따라 구성원을 계층적으로 배치한다.
④ [×] 베버(M. Weber)의 관료제론은 임무수행의 비정의성(impersonality)을 강조한다. 즉, 관료와 민원인과의 긴밀한 감정교류를 중시하지 않는다.
⑤ [○] 문서주의에 관한 설명이다.

답 ④

22	태스크포스 → 수평적 조정방식

② [○] 프로젝트팀은 특별한 임무를 수행하기 위해 각 부서들의 대표들로 구성된 임시조직으로, 문제가 해결되면 해체된다.
④ [×] 태스크포스는 관련 부서들을 횡적으로 연결시켜 관련된 현안 문제를 해결하는 조직이다.

답 ④

23 ☐☐☐

조직유형에 대한 설명으로 옳지 않은 것은?

① 태스크포스(task force)는 특수한 과업 완수를 목표로 기존의 서로 다른 부서에서 사람들을 선발하여 구성한 팀으로서, 본래 목적을 달성하면 해체되는 임시조직이다.

② 프로젝트팀(project team)은 전략적으로 중요하거나 창의성이 요구되는 프로젝트를 진행하기 위하여 여러 부서에서 적합한 사람들을 선발하여 구성한 조직이다.

③ 매트릭스조직(matrix organization)은 기능 중심의 수직조직과 프로젝트 중심의 수평조직을 결합한 구조로서, 명령통일의 원리에 따라 책임과 권한의 한계가 명확하다.

④ 네트워크조직(network organization)은 핵심 기능을 수행하는 소규모의 조직을 중심에 두고 다수의 협력업체를 네트워크로 묶어 과업을 수행한다.

| 23 | 매트릭스조직 → 명령통일 원칙의 위반 |

① [○] 태스크포스는 특정 문제에 관련된 부서들의 대표로 구성된 임시위원회를 만드는 방식으로, 일시적 문제에 대해 부서 간 직접적인 조정수단이다.

② [○] 프로젝트팀은 영구적인 사업단으로 가장 강력한 수평연결 장치이다. 관련 부서들이 장기간 강력한 협동을 요할 때 적합하며, 대규모 사업, 중요한 혁신, 새로운 생산라인 등이 필요할 때 채택된다.

③ [×] 매트릭스조직은 두 명의 상관을 모시는 이중구조이므로 명령통일의 원칙에 위배된다.

④ [○] 네트워크조직은 문제해결을 위해 수직적·수평적·공간적 조직경계를 넘어서는 통합체제로, 자체 기능은 핵심 역량 위주로 합리화하고 나머지 기능은 계약의 형태로 아웃소싱하는 형태를 취한다.

📄 **매트릭스조직의 특징**

1. 일상기능은 종적, 문제과업은 횡적으로 명령을 받는 이중명령체계
   → 두 명의 상관을 모시는 이중구조이므로 명령통일의 원칙에 위배되는 조직구조
2. 구성원은 두 상관의 갈등적 요구를 해결해야 하므로 탁월한 인간관계가 요구되며, 상관 또한 부하에 대한 완전한 통제력을 갖지 못함
3. 사업부서의 신속한 대응성과 기능부서의 전문성에 대한 필요에 의해 결합된 조직
4. 기능부서의 통제권한은 수직적으로 흐르고, 사업부서 간 조정 권한은 수평적으로 흐름

답 ③

24 ☐☐☐

다음 중 매트릭스구조에 대한 설명으로 옳은 것은?

① 산출물에 기초한 사업부서화 방식의 조직구조이다.

② 기능구조와 사업구조의 화학적 결합을 시도하는 조직구조이다.

③ 조직 구성원을 핵심 업무를 중심으로 배열하는 조직구조이다.

④ 핵심기능 이외의 기능은 외부기관들과 계약관계를 통해 수행하는 조직구조이다.

| 24 | 매트릭스구조 → 기능구조 + 사업구조 |

① [×] 산출물에 기초한 사업부서화 방식은 사업구조이다.

② [○] 매트릭스구조는 기능구조와 사업구조의 결합이다. 화학적 결합이란 물리적 결합과 대비되는 개념으로 다양성을 은유적으로 표현한 것이다. 즉, 다양한 결합에 의한 다양한 매트릭스구조가 가능하고 그 성과 역시 다양할 수 있다.

③ [×] 조직 구성원을 핵심 업무과정을 중심으로 배열하는 것은 수평구조이다.

④ [×] 핵심기능 이외의 기능은 외부기관들과 계약관계를 통해 수행하는 것은 네트워크구조이다.

답 ②

매트릭스(matrix) 조직구조의 특징으로 옳지 않은 것은?

① 잦은 대면과 회의를 통해 과업조정이 이루어지기 때문에 신속한 결정이 가능하다.
② 구성원들은 다양한 경험을 통해 전문기술을 개발하면서, 넓은 시야와 목표관을 가질 수 있다.
③ 급변하는 환경 변화에 탄력적으로 대응할 수 있다.
④ 경직화되어 가는 대규모 관료제 조직에 융통성을 부여해 줄 수 있다.

계층제적 조직구조의 한계를 극복하고자 다양하게 시도되고 있는 조직모형에 대한 설명으로 옳지 않은 것은?

① 사업구조는 각 기능의 조정이 사업부서 내에서 이루어지므로 기능구조보다 분권적인 조직구조를 갖고 있다.
② 매트릭스구조는 단일의 권한체계를 통하여 불안정하고 급변하는 조직 환경에 대응하고자 고안된 조직구조이다.
③ 팀 구조는 특정한 업무과정에서 일하는 개인을 팀으로 모아 의사소통과 조정을 쉽게 하는 조직구조이다.
④ 네트워크구조는 핵심기능을 제외한 기능들을 외부기관과의 계약관계를 통하여 수행하는 조직구조이다.

25	매트릭스구조 → 이중명령체계로 인한 결정의 지체

① [×] 신속한 결정을 위해서라면 한 사람의 상관이 있는 것이 바람직하다. 매트릭스구조의 이중의 권한과 지위체계는 개인에게 혼란과 갈등을 가져올 수 있으며, 이중보고로 인한 갈등과 혼선으로 인해 결정이 지연될 수 있다.
② [○] 구성원들이 기능구조의 업무와 사업구조의 문제과업을 동시에 수행하므로 다양한 경험을 쌓을 수 있고 좀 더 넓은 시야와 목표관을 가질 수 있다.
③ [○] 유기적 구조이므로 신축성과 적응성이 요구되는 불안정하고 급변하는 환경에 효과적이다.
④ [○] 경직화되어 가는 대규모 관료제 조직 즉, 기계구조에 융통성을 부여해 줄 수 있다.

답 ①

26	매트릭스구조 → 이중권한체계

① [○] 사업구조는 완제품의 생산에 필요한 모든 기능들을 부서 내로 배치한 자기완결적 단위로, 부서 내의 기능 간 조정이 극대화될 수 있다.
② [×] 매트릭스구조는 일상기능은 종적으로, 문제과업은 횡적으로 명령을 받는 이중명령체계이다. 즉, 기능부서의 통제권한은 수직적으로 흐르고, 사업부서 간 조정권한은 수평적으로 흐른다. 이에 따라 구성원은 동시에 두 명의 상관에게 보고하므로 명령통일의 원리에 위반되며, 구성원은 두 상관의 갈등적인 요구를 해결해야 하므로 탁월한 인간관계가 요구된다. 상관 또한 부하에 대해 완전한 통제력을 갖지 못한다.
③ [○] 팀 구조는 수평구조라고도 하며, 상호보완적인 소수가 공동의 목표를 달성하기 위해 책임을 공유하고 공동으로 노력하는 조직구조이다.

답 ②

조직유형에 대한 설명으로 옳지 않은 것은?

① 매트릭스조직은 기능 중심의 수직적 계층구조에 수평적 조직구조를 결합한 조직으로 명령통일의 원리에 부합한다.
② 태스크포스는 특수한 과업 완수를 목표로 기존의 다른 부서나 외부업체 등에서 사람들을 선발하여 구성한 조직이며, 본래 목적을 달성하면 해체되는 임시조직이다.
③ 프로젝트팀은 전략적으로 중요하거나 창의성이 요구되는 프로젝트를 진행하기 위해 여러 부서에서 프로젝트 목적에 적합한 사람들을 선발해 구성한 조직이다.
④ 네트워크 조직은 각기 높은 독자성을 지닌 조직 단위나 조직들 간에 협력적 연계를 통해 구성된 조직이며, 환경 변화에 신속하게 적응할 수 있다.

매트릭스(Matrix)조직의 특징에 대한 설명으로 옳지 않은 것은?

① 기능부서와 사업부서 간에 할거주의가 존재할 경우 원만하게 조정하기가 어려운 경우가 많다.
② 기존 조직구조 내의 인력을 활용할 수 있기 때문에 인력 사용에서 경제성을 확보할 수 있다.
③ 정보화 시대에서 팀제가 '규모의 경제'를 구현한 방식이라면 매트릭스조직은 '스피드의 경제'를 보장한 방식이다.
④ 조직활동을 기능 부문으로 전문화하는 동시에 전문화된 부문들을 프로젝트로 통합하기 위한 장치이다.

27	매트릭스조직 → 이중명령체제

① [×] 매트릭스조직은 이중의 명령계통을 지니므로 명령통일의 원리에는 부합하지 않는다.

답 ①

28	매트릭스조직 → 결정의 지체

② [○] 매트릭스(Matrix)조직은 구성원을 공유하므로 자원의 효율성을 높일 수 있고, 잦은 대면과 회의를 통해서 문제해결능력과 창의성을 제고시킬 수 있다.
③ [×] 팀 구조는 속도의 경제를 추구한다. 규모의 경제는 관료제와 관련된다. 반면, 매트릭스조직은 이중명령체계이므로 결정이 지체될 가능성이 높아 스피드의 경제를 확보하기 곤란한 경우가 많다.
④ [○] 매트릭스(Matrix)조직은 일상기능은 종적으로, 문제과업은 횡적으로 명령을 받는 이중명령체계이다.

답 ③

29 ☐☐☐
12년 지방7급

매트릭스구조에 대한 설명으로 옳지 않은 것은?

① 기능부서의 신속한 대응성과 사업부서의 전문성에 대한 필요에 의해 결합된 조직이다.

② 기능부서 통제권한의 계층은 수직적으로 흐르고, 사업부서 간 조정권한의 계층은 수평적으로 흐르게 된다.

③ 조직 구성원은 동시에 두 명의 상관에게 보고하는 체계를 가진다.

④ 개인들이 다양한 경험을 할 수 있기 때문에 전문기술의 개발과 더불어 넓은 시야를 갖출 수 있는 기회가 된다.

30 ☐☐☐
17년 국회8급

다음 중 매트릭스조직에 대한 설명으로 옳지 않은 것은?

① 명령통일의 원리가 배제되고 이중의 명령 및 보고체제가 허용되어야 한다.

② 부서장들 간의 갈등해소를 위해 공개적이고 빈번한 대면 기회가 필요하다.

③ 기능부서의 장들과 사업부서의 장들이 자원배분에 관한 권력을 공유할 수 있어야 한다.

④ 조직의 환경 영역이 단순하고 확실한 경우 효과적이다.

⑤ 조직의 성과를 저해하는 권력투쟁을 유발하기 쉽다.

29	매트릭스구조 → 기능부서의 전문성 + 사업부서의 대응성

① [×] 신속한 대응성은 사업부서의 장점이고, 기능적 전문성은 기능부서의 장점이다.

② [○] 일상적 기능인 기능부서의 통제권은 계층적으로 흐르고 문제과업인 사업부서 간 조정은 수평적으로 흐른다.

③ [○] 구성원은 기능부서의 장과 사업부서의 팀장에게 동시에 보고하고 명령받는 이중명령체계 하에서 업무를 수행하게 된다.

④ [○] 기능부서의 업무와 사업부서의 업무를 동시에 수행하므로 전문성과 넓은 시야를 동시에 확보할 수 있게 한다.

답 ①

30	안정적 환경 → 기계적 구조

②, ③ [○] 매트릭스조직은 두 명의 상관의 명령을 받아야 하므로 두 상관의 공개적이고 빈번한 의사소통이 중요하다.

④ [×] 환경 영역이 단순하고 확실한 경우라면 기능구조가 바람직할 것이다.

⑤ [○] 매트릭스조직은 기능부서의 장과 사업부서의 장 간 권력투쟁이 발생할 수 있다.

답 ④

31 □□□

결정과 기획 같은 핵심기능만 수행하는 조직을 중심에 놓고 다수의 독립된 조직들을 협력 관계로 묶어 일을 수행하는 조직 형태는?

① 태스크포스
② 프로젝트 팀
③ 네트워크조직
④ 매트릭스조직

32 □□□

네트워크조직에 대한 설명으로 옳은 것만을 모두 고른 것은?

> ㄱ. 구조의 유연성이 강조된다.
> ㄴ. 조직 간 연계장치는 수직적인 협력관계에 바탕을 둔다.
> ㄷ. 개방적 의사전달과 참여보다는 타율적 관리가 강조된다.
> ㄹ. 조직의 경계는 유동적이며 모호하다.

① ㄱ, ㄴ　　　　　　　　② ㄱ, ㄹ
③ ㄴ, ㄷ　　　　　　　　④ ㄷ, ㄹ

31　네트워크조직 → 핵심역량만 수행 나머지는 아웃소싱

③ [○] 핵심기능만 수행하는 조직을 중심에 놓고 다수의 독립된 조직들을 협력 관계로 묶어 일을 수행하는 조직형태는 네트워크 조직이다.

📄 네트워크조직의 특징

1. 공동의 목적과 독립적인 구성원으로 구조화되며, 자발적·다방 면적으로 연결되어 있어 각 구성원들이 타인과 자유롭게 연결 가능
2. 조직과 환경의 교호작용이 다원적이고 분산적이며, 각 단위들이 업무를 성취함에 있어서 과정적 자율성이 높고 조직 간 네트워크 를 관리하는 연계자의 역할이 강조됨
3. 문제해결능력을 중시하는 실무자 중심의 언더그라운드 조직
4. 시행착오를 통해 지속적인 문제해결능력의 향상을 도모하는 학습 조직
5. 업무성과의 평가가 용이한 경우 효용성이 높은 조직형태
6. 경계가 유동적이고 모호하므로 개방적 의사전달과 참여가 강조됨

답 ③

32　네트워크구조 → 수평적 관계 + 자율적 관리

ㄱ. [○] 네트워크조직은 문제해결을 위한 통합체제로 구조의 유연성 이 높다.
ㄴ. [×] 네트워크구조에서 조직 간 연계장치는 수평적인 협력관계에 바탕을 둔다.
ㄷ. [×] 네트워크조직은 타율적 관리보다는 개방적 의사전달과 참여 관리가 강조된다.
ㄹ. [○] 네트워크조직은 수직적·수평적·공간적 경계가 무너진 유동적 조직이다.

답 ②

33 □□□

네트워크조직의 특성에 대한 설명으로 옳지 않은 것은?

① 응집력 있는 조직문화를 만드는 데 유리하다.
② 업무처리의 신속성과 유연성을 확보하는 데 유리하다.
③ 네트워크 기관과 구성원들 간의 교류를 통한 신뢰관계 형성이 중요하다.
④ 각기 높은 독자성을 지닌 조직단위나 조직들 간에 협력적 연계장치로 구성된 조직이다.

34 □□□

네트워크조직의 특징을 설명한 것으로 가장 거리가 먼 것은?

① 수평적, 공개적 의사전달이 강조된다.
② 고도의 적응성과 유연성을 가진 유기적 구조를 가진다.
③ 외부기관과의 협력이 강화되기 때문에 대리인 문제의 발생 가능성이 낮다.
④ 의사결정체계는 분권적이며 동시에 집권적이다.

33	네트워크조직 → 기회주의 행동

① [×] 네트워크조직은 모호한 조직경계로 인하여 조직의 정체성과 응집력이 약하며, 계약관계에 있는 외부기관을 직접 통제하기 곤란하므로 기회주의적 행동이 야기된다.
② [○] 네트워크조직은 필요에 따라 흩어지고 뭉칠 수 있는 모듈조직이므로 업무처리에 있어 신속성과 유연성을 확보하는 데 유리하다.
③ [○] 네트워크조직은 공동의 목적을 위해 독립적인 구성원들이 자발적이고 다방면적으로 연결되어 있으므로, 이들 간의 관계가 지속되기 위해서는 신뢰 관계의 존재가 매우 중요하다.
④ [○] 네트워크조직은 각기 높은 독자성을 지닌 단위들이 공동의 목적을 위해 자발적이고 다방면적으로 연결된 형태이다.

답 ①

34	네트워크조직 → 대리인 문제

② [○] 네트워크조직은 상황에 맞게 필요한 요소를 재배열할 수 있는 조직이므로 고도의 적응성과 유연성을 보유하고 있다.
③ [×] 네트워크조직은 계약관계에 있는 외부기관을 직접 통제하기 곤란하므로 기회주의적 행동이 야기되어 대리인 문제의 발생 가능성이 높다.
④ [○] 군집형 네트워크조직의 경우 그 의사결정체계는 분권적이지만, 중심 - 주변형 네트워크조직의 경우 그 의사결정체제는 집권적일 수 있다.

답 ③

---

35 □□□

네트워크조직의 특성으로 옳지 않은 것은?

① 기능부서의 기술적 전문성과 사업부서의 신속한 대응성이 동시에 요구되면서 등장한 조직형태이다.
② 정보통신망에 의하여 조정되므로 직접 감독에 필요한 많은 지원과 관리인력이 불필요하게 된다.
③ 환경변화에 신축적이고 신속한 대응이 가능해진다.
④ 조직 내 개인들은 도전적인 과업을 수행하면서 직무의 확충에 따라 직무동기가 유발된다.

36 □□□

최근 증가 추세에 있는 네트워크구조(network structure)에 대한 설명으로 적절하지 않은 것은?

① 네트워크구조는 유기적 조직유형의 하나라고 할 수 있다.
② 정보통신기술의 확산으로 채택된 새로운 조직구조접근법이라고 할 수 있다.
③ 네트워크구조에서는 조직의 정체성이 약해 응집성 있는 조직문화를 가지기 어렵다.
④ 네트워크구조는 수평적·공개적 의사전달을 강조하기 때문에 수직적 통합과는 거리가 있다.

---

35 | 네트워크조직 → 핵심역량 위주의 조직

① [×] 기능부서의 기술적 전문성과 사업부서의 신속한 대응성이 동시에 요구되면서 등장한 조직형태는 매트릭스조직이다.
② [○] 네트워크조직은 정보통신망에 의해 조정되므로 직접적인 감독에 필요한 자원과 인력을 절감할 수 있다.
④ [○] 네트워크조직은 각 단위들이 업무를 성취함에 있어서 과정적 자율성이 높으므로 구성원들이 도전적인 과업을 자유롭게 수행할 수 있다.

답 ①

---

36 | 네트워크구조 → 수평적·수직적·공간적 통합

① [○] 네트워크구조 역시 관료제적 구조의 특징이 해체된 유기적 구조의 하나이다.
② [○] 네트워크구조는 정보통신기술의 확산으로 채택된 새로운 접근법으로, 각기 독자성을 가진 단위부서나 조직들 사이의 협력적 연계장치로 구성되므로 가상조직과 임시체제의 속성을 지닌다.
③ [○] 네트워크구조는 독자적인 조직들이 임시적으로 연결되어 있는 형태이므로 응집력 있는 조직문화를 가지기 곤란하다.
④ [×] 네트워크구조는 문제해결을 위해 수직적·수평적·공간적 조직경계를 넘어서는 통합체제이다.

답 ④

37 □□□

이음매 없는 행정서비스(seamless service)에 관한 설명으로 옳지 않은 것은?

① 린덴(R. Linden)의 '이음매 없는 조직'과의 관련성이 높다.
② 전통적 조직에 비하여 조직 내 역할 구분이 비교적 명확하지 않다.
③ BSC(Balanced Score Card)를 비롯한 신공공관리적 성과관리방식과는 지향성에 있어서 차이가 있다.
④ 행정조직의 구성원들은 시민에게 보다 향상된 서비스를 직접 제공한다.

38 □□□

견인이론(Pull Theory)이 말하는 구조의 특성을 설명한 것 중 옳지 않은 것은?

① 기능의 동질성과 일의 흐름을 중시한다.
② 권한의 흐름을 하향적·일방적인 것이 아니라 상호적인 것으로 생각한다.
③ 자율규제를 촉진하여 통솔범위를 넓힐 수 있다.
④ 구성원의 변동에 대한 적응을 용이하게 한다.

37	이음매 없는 행정서비스 → 고객 지향

① [O] 이음매 없는 조직은 조직의 부서 간 장벽이 제거되어 고객의 1회 방문으로 완결된 서비스를 제공하고자 하는 구조편성 방식을 말한다.
② [O] 이음매 없는 행정서비스는 상황에 맞게 완결된 서비스를 제공하고자 하는 것이므로, 부서 및 구성원들의 역할이 사전에 명확하게 설정되지 않는다.
③ [X] 이음매 없는 행정서비스는 고객의 1회 방문으로 원하는 서비스를 제공할 수 있게 조직구조를 설계하는 고객 중심의 행정서비스이므로, 고객만족을 목표로 하는 BSC(Balanced Score Card)나 신공공관리론적 성과관리와 지향하는 목표가 유사하다.
④ [O] 이음매 없는 행정서비스가 실현될 경우 행정조직들은 고객에게 완결된 서비스를 직접적으로 제공할 수 있다.

📄 **린덴(R. Linden)의 이음매 없는 조직**

구분	편린적(분산적) 조직	이음매 없는 조직
직무	좁은 직무범위 (→ 낮은 자율성)	넓은 직무범위 (→ 높은 자율성)
구조	기능구조	팀 구조
역할	명확한 역할	모호한 역할
기술	통제지향	분권화 지향
산출	생산자 중심 (→ 소품종 대량생산)	소비자 중심 (→ 주문생산)
평가 기준	투입	성과 및 고객만족

답 ③

38	견인이론 → 일의 흐름의 강조

① [X] 기능의 동질성은 전통적인 관료제 조직의 특징이다. 견인이론은 일의 흐름을 강조한다.
②, ③, ④ [O] 골렘비스키(R. Golembiewski)가 제시한 견인이론은 조직 내에 자유로운 분위기를 조성하고 구성원들로 하여금 일하면서 보람과 만족을 느끼도록 처방하는 이론이다. 반면 압력이론(push theory)은 구성원들로 하여금 고통스러운 결과를 피하기 위해 일하도록 만드는 방안을 처방하는 이론이다. 견인이론에 입각한 구조는 통합·행동의 자유·변동 그리고 전체적인 일의 흐름을 중시함으로써 분권화, 사업관리, 기능의 복합적 중첩, 목표관리, 자율적인 사업담당반 등 여러 가지 적응적 장치를 구조적 특성으로 한다.

답 ①

---

39 ☐☐☐

11년 국가7급

테이어(F. Thayer)가 주장하는 계서제 없는 조직의 특징으로
옳지 않은 것은?

① 소집단의 연합체 형성
② 책임과 권한에 따른 보수의 차등화
③ 집단 내 또는 집단 간 협동적 과정을 통한 의사결정
④ 모호하고 유동적인 집단과 조직의 경계

---

39 계서제 없는 조직 → 계층의 철폐

테이어(F. Thayer)의 '계서제 없는 조직'은 소집단의 연합체(①),
모호하고 유동적인 경계(④), 협동적 과정을 통한 문제해결(③),
승진 개념의 소멸, 계층에 따른 보수 차등의 철폐(②) 등을 특징으로
한다.

답 ②

CHAPTER 5 개인수준의 조직행동

01 ☐☐☐
19년 국가9급

다음 설명에 해당하는 조직의 인간관은?

> ㄱ. 인간을 자신의 이익을 극대화하기 위해 행동하는 존재로 본다.
> ㄴ. 인간은 조직에 의해 통제·동기화되는 수동적 존재이며, 조직은 인간의 감정과 같은 주관적 요소를 통제할 수 있도록 설계돼야 한다.

① 합리적·경제적 인간관
② 사회적 인간관
③ 자아실현적 인간관
④ 복잡한 인간관

02 ☐☐☐
15년 지방9급

다음 내용이 설명하는 인간관에 부합하는 조직관리 전략은?

> 대부분의 사람들은 본질적으로 일을 싫어하는 것이 아니다. 사람들에게 일이란 작업조건만 제대로 정비되면 놀이를 하거나 쉬는 것과 같이 극히 자연스러운 것이며, 인간이 물리적·사회적 환경에 도전하는 여러 방법 중의 하나이다.

① 업무지시를 정확하게 하고 엄격한 상벌 원칙을 제시해야 한다.
② 업무평가 하위 10%에 해당하는 직원에 대한 20%의 급여 삭감계획은 더욱 많은 업무 노력을 이끌어 낼 수 있는 방법이다.
③ 의사결정 시 부하직원을 참여시키고 자율적으로 업무를 수행할 수 있도록 해야 한다.
④ 관리자가 조직구성원에게 적절한 업무량을 부과하여 수행하게 해야 한다.

---

01 사익의 극대화 → 합리적 경제인관

① [○] 설문은 합리적 경제인관과 관련된 내용이다.
② [×] 사회적 인간관은 인간을 사회적 욕구 즉, 애정·우정·귀속감·(외적)존경 등을 추구하는 존재로 보며, 이에 따라 인간과 기계의 상호 영향력을 고려하는 인간공학을 강조하는 모형이다.
③ [×] 자아실현적 인간관은 자신의 잠재력을 구현하려는 욕구를 가장 근본적인 것으로 파악하는 인간관이다.
④ [×] 복잡한 인간관은 환경과 시간의 흐름, 사회적 또는 경제적 배경, 나이와 지위 등에 따라 인간의 욕구는 변화될 수 있음을 강조하는 모형이다.

답 ①

02 일하는 것을 놀이처럼 즐김 → Y이론

①, ②, ④ [×] 업무지시의 정확성과 엄격한 상벌의 원칙(①), 하위 10%에 대한 급여의 삭감과 같은 처벌(②), 관리자에 의한 적절한 업무량의 부과(④) 등은 모두 X이론에 바탕을 둔 조직관리 방식이다.
③ [○] 설문은 맥그리거의 Y이론에 관한 내용이며, 이는 참여관리론의 이론적 배경이다. Y이론은 인간을 일을 위해 정신적·육체적 노력을 바치는 능동적 존재이며, 자율적으로 자신을 규제할 수 있는 성숙한 능력의 소유자로 간주한다. 이에 따라 포괄적인 직무설계, 분권화와 권한위임, 민주적 리더십, 내부규제와 통제의 완화, 참여에 의한 목표관리 등을 처방한다.

답 ③

03 ☐☐☐

후기인간관계론에 대한 설명으로 옳지 않은 것은?

① 합리적·경제적 인간관보다는 자아실현적 인간관과 더 부합한다.
② 개인은 다양한 차원에서 다양한 특성을 지니고 있으므로 상황에 따라 개인을 다양한 시각으로 이해할 필요가 있다.
③ 대표하는 이론으로는 맥그리거(McGregor)의 Y이론, 아지리스(Argyris)의 성숙인 등을 들 수 있다.
④ 의사결정 과정에 개인을 참여시키는 관리전략이 필요하다.

---

04 ☐☐☐

동기유발의 과정을 설명하는 과정이론에 해당하는 것만을 모두 고르면?

ㄱ. 브롬의 기대이론
ㄴ. 아담스의 공정성이론
ㄷ. 로크의 목표설정이론
ㄹ. 앨더퍼의 ERG이론
ㅁ. 맥그리거의 X이론·Y이론

① ㄱ, ㄴ, ㄷ
② ㄱ, ㄴ, ㄹ
③ ㄴ, ㄷ, ㅁ
④ ㄷ, ㄹ, ㅁ

03	상황적응적 관리 → 복잡인관

① [○] 후기인간관계론은 지속적 성장에 초점을 두는 자아실현적 인간관을 기반으로 한다.
② [×] 다양한 차원에서 다양한 특성을 지닌 개인을 가정하고 상황에 따라 다양한 시각으로 이해할 필요가 있음을 강조하는 인간관은 복잡인관이다.
③ [○] 자아실현적 인간관에는 맥그리거의 Y이론, 아지리스의 성숙인, 허즈버그의 동기요인 등이 포함된다.
④ [○] 자아실현적 인간관은 구성원의 참여를 강조하는 통합모형에 입각한 조직관리를 추구한다.

답 ②

04	앨더퍼와 맥그리거 → 동기부여 내용이론

ㄱ. [○] 브롬의 기대이론은 기대, 수단성, 유인가 등을 강조하는 동기부여의 과정이론이다.
ㄴ. [○] 아담스의 공정성이론은 준거인물과의 공평성을 추구하는 동기부여의 과정이론이다.
ㄷ. [○] 로크의 목표설정이론은 목표의 난이도와 구체성을 강조하는 동기부여의 과정이론이다.
ㄹ. [×] 앨더퍼의 ERG이론은 인간의 욕구를 생존, 관계, 성장으로 구분하는 동기부여의 내용이론이다.
ㅁ. [×] 맥그리거의 X이론·Y이론은 인간의 욕구체계를 X와 Y로 양분한 동기부여 내용이론이다.

📄 동기부여이론 - 내용이론과 과정이론

내용이론	• 매슬로우(A. Maslow)의 욕구5단계이론 • 앨더퍼(C. Alderfer)의 ERG이론 • 맥그리거(D. McGregor)의 X·Y이론 • 아지리스(C. Argyris)의 성숙인·미성숙인 • 리커트(R. Likert)의 4대 관리체제론 • 허즈버그(F. Herzberg)의 욕구충족2요인론 • 맥클리랜드(D. McClelland)의 성취동기론 • 머레이(H. Murray)의 명시적 욕구 이론 • 맥코비(McCoby)의 내적·외적 요인론
과정이론	• 해크만(J. Hackman)과 올햄(G. Oldham)의 직무특성이론 • 브롬(V. Vroom)의 기대이론 • 포터(L. Porter)와 롤러(E. Lawler)의 업적 – 만족이론 • 조고풀로스(B. Georgopoulos)의 통로 – 목표이론 • 애트킨슨(J. Atkinson)의 기대이론 • 아담스(J. Adams)의 공평성(형평성)이론 • 로크(E. Locke)의 목표설정이론

답 ①

05 ☐☐☐

다음 중 동기부여에 대한 과정이론만을 모두 고른 것은?

> ㄱ. 아담스(J. Adams)의 형평성이론
> ㄴ. 브룸(V. Vroom)의 기대이론
> ㄷ. 맥클리랜드(D. McClelland)의 성취동기이론
> ㄹ. 로크(E. Loke)의 목표설정이론

① ㄱ, ㄴ
② ㄱ, ㄴ, ㄹ
③ ㄴ, ㄷ, ㄹ
④ ㄷ, ㄹ

06 ☐☐☐

동기이론 중 성격이 서로 다른 것이 연결된 것은?

① 기대이론 - 형평성이론
② 욕구계층이론 - X-Y이론
③ 자율규제이론 - 사회적 학습이론
④ 목표설정이론 - 동기위생요인이론

05	맥클랜드 → 동기부여 내용이론

ㄱ. [O] 아담스(J. Adams)의 형평성이론은 준거인과 비교하여 자신의 노력(투입)수준을 결정한다는 이론으로, 동기부여에 관한 과정이론에 속한다.

ㄴ. [O] 브룸(V. Vroom)의 기대이론은 전통적인 욕구이론에 주관적 기대(가능성)라는 개념을 추가하여 동기가 유발되는 과정을 설명하는 이론이다.

ㄷ. [×] 맥클랜드(D. McClelland)의 성취동기이론은 성취욕구가 높을수록 생산성이 높으므로 성취욕구의 자극을 강조하는 이론으로, 동기부여에 관한 내용이론에 속한다.

ㄹ. [O] 로크(E. Loke)의 목표설정이론은 개인의 성과는 목표의 특성(구체성 및 난이도)에 의해서 결정되고, 그 영향의 정도는 상황요인(환류, 보상, 직무성격, 능력, 경쟁)에 따라 달라진다는 이론으로, 동기부여에 관한 과정이론에 속한다.

답 ②

06	로크의 목표설정이론 → 동기부여 과정이론

① [O] 기대이론은 주관적 가능성이, 형평성이론은 타인과의 공평한 대우가 행동을 유발한다고 보는 과정이론이다.

② [O] 욕구계층이론과 X-Y이론은 모두 욕구를 계층적으로 서열화한 내용이론이다.

③ [O] 자율규제이론과 사회적 학습이론은 모두 학습이론으로 어떠한 자극을 통해 행동을 이끌 수 있다고 보는 과정이론이다.

④ [×] 목표설정이론은 과정이론이지만, 동기위생요인이론은 내용이론이다.

답 ④

동기이론 중 과정이론에 해당하는 것만을 모두 고르면?

ㄱ. 동기부여의 강도를 산정하는 기본개념으로 유인가(valence), 수단성(instrumentality), 기대감(expectancy)을 제시하였다.

ㄴ. 직무가 조직화되는 방법에 따라 조직원의 노력 정도가 달라진다는 점에 착안하여 모든 직무를 다섯 가지 핵심 직무 차원으로 구분했다.

ㄷ. 개인은 업적에 따라 보상을 받게 되며 이때 주어지는 보상은 공평한 것으로 지각되어야 하는데, 개인이 불공평하다고 인식하면 만족을 줄 수 없게 된다고 본다.

ㄹ. 인간의 욕구를 존재, 관계, 성장의 3단계로 나누고 좌절 - 퇴행 접근법을 주장한다.

ㅁ. 인간은 미성숙상태에서 성숙상태로 발전하는 과정에서 성격변화를 경험한다고 주장한다.

① ㄱ, ㄴ, ㄷ
② ㄱ, ㄹ, ㅁ
③ ㄴ, ㄷ, ㄹ
④ ㄴ, ㄷ, ㅁ

다음 함수를 기본적 가정으로 하는 이론은?

1. $MFi = \int [\Sigma (Vi\ Pij] / j$
2. MF: 동기의 강도, V: 결과에 부여하는 가치
3. P: 행동이 결과를 가져온다는 기대, i: 행동i, j: 결과j

① 허즈버그(F. Herzberg)의 동기 - 위생이론(motivation-hygiene theory)

② 아지리스(C. Argyris)의 미성숙 - 성숙이론(immaturity-maturity theory)

③ 조고폴로스(B. Georgopoulos)의 통로 · 목표이론(path-goal approach to productivity)

④ 맥그리거(D. Mcgregor)의 X-Y이론(X-Y theory)

07	내용이론 → 앨더퍼와 아지리스

ㄱ. [○] 브롬의 기대이론에 대한 설명으로, 과정이론에 속한다.

ㄴ. [○] 해크맨과 올햄의 직무특성론에 대한 설명으로, 과정이론에 속한다. 다만, 이를 내용이론으로 보는 견해도 존재하므로 주의를 요한다.

ㄷ. [○] 아담스의 공정성이론에 대한 설명으로, 과정이론에 속한다.

ㄹ. [×] 앨더퍼의 ERG이론에 대한 설명으로, 이는 내용이론에 속한다.

ㅁ. [×] 아지리스의 성숙 - 미성숙이론에 대한 설명으로, 이는 내용이론에 해당한다.

답 ①

08	조고폴로스 → 과정이론

①, ②, ④ [×] 허즈버그(F. Herzberg)의 동기 - 위생이론, 아지리스(C. Argyris)의 미성숙 - 성숙이론, 맥그리거(D. Mcgregor)의 X-Y이론 등은 모두 동기부여 내용이론에 속한다.

③ [○] 동기의 강도가 결과에 부여하는 가치뿐만 아니라 행동이 결과를 가져온다는 기대 등의 함수로 보는 것은 기대이론이며, 조고폴로스(B. Georgopoulos)의 통로 - 목표이론이 이에 속한다.

답 ③

09 ☐☐☐

매슬로우(A. Maslow)의 욕구단계이론에 대한 설명으로 옳은 것은?

① 가장 낮은 안전의 욕구부터 시작하여 다섯 가지의 위계적 욕구단계가 존재한다.
② 안전의 욕구와 사회적 욕구는 앨더퍼(C. Alderfer)의 ERG이론의 첫 번째 욕구단계인 존재욕구에 해당한다.
③ 어느 한 단계의 욕구가 완전히 충족되어야만 다음 단계의 욕구를 추구하게 되는 것은 아니다.
④ 사회적 욕구는 어떤 일을 행함으로써 느끼게 되는 자신감, 성취감 등을 의미한다.

09	매슬로우(A. Maslow)의 욕구단계이론 → 부분적 충족으로 다음 단계로 이동

① [×] 매슬로우(A. Maslow)의 욕구단계이론에서 가장 낮은 욕구는 생리적 욕구이다.
② [×] ERG이론의 첫 번째 욕구단계인 존재욕구에 해당하는 것은 생리적 욕구와 안전욕구이다. 사회적 욕구는 관계 욕구에 해당한다.
③ [○] 매슬로우(A. Maslow)에 의하면 하위욕구가 부분적으로 충족되면 상위욕구가 발로된다. 즉, 어느 단계의 욕구가 완전히 충족되어야만 다음 단계의 욕구를 추구하는 것은 아니다.
④ [×] 어떤 일을 행함으로써 나오는 결과에 대한 자신감, 성취감 등은 존경의 욕구에 해당한다.

📄 **매슬로우(A. Maslow)의 욕구단계이론**

1. 의의
   인간은 욕구의 강도와 단계에 따라 자신의 일정한 욕구를 충족·유지해 나간다는 가정 아래 동기가 되는 욕구를 5단계로 계층화함
2. 욕구내용

결핍의 욕구	생리적 욕구	의식주, 성욕, 보수(→ 기본급), 근무환경
	안전의 욕구	후생복지(→ 연금), 신분보장(→ 정년), 직업의 안정성
	사회적 욕구 (→ 관계 또는 애정)	우정, 친교, 인사상담, 고충처리
성장의 욕구	존경의 욕구	행위결과에 대해 느끼는 감정 → 명예, 지위, 인정, 신망, 성취감, 자신감, 자율성 등
	자아실현의 욕구	지속적인 능력발전에 대한 욕구 → 성장의 욕구

답 ③

10 ☐☐☐

동기부여이론에 대한 설명으로 옳지 않은 것은?

① 매슬로우(A. Maslow)는 개인의 욕구는 학습되는 것이므로 개인마다 그 욕구의 계층에 차이가 많이 난다고 주장했다.
② 앨더퍼(C. Alderfer)의 ERG이론은 매슬로우(A. Maslow)와는 달리 순차적인 욕구발로 뿐만 아니라 욕구좌절로 인한 욕구발로의 후진적·하향적 퇴행을 제시하고 있다.
③ 허즈버그(F. Herzberg)의 욕구충족요인 이원론에 대해 직무 요소와 동기 및 성과 간의 관계가 충분히 분석되어 있지 않다는 비판이 있다.
④ 로크(E. Locke)의 목표설정이론은 인간의 행동이 의식적인 목표와 성취의도에 의해 결정된다고 가정한다.

10	맥클랜드(D. McClelland) → 욕구의 학습

① [×] 개인의 욕구는 학습되는 것이므로 개인마다 그 욕구의 계층에 차이가 많이 난다는 주장은 맥클랜드(D. McClelland)의 성취동기이론이다. 매슬로우(A. Maslow)는 욕구체계의 획일성을 가정하고 있으므로 욕구의 개인차를 인식하지 못하였다.
② [○] 매슬로우(A. Maslow)는 '만족 – 진행'의 요소만 중시했지만, 앨더퍼(C. Alderfer)는 '좌절 – 퇴행'의 요소도 함께 포함하여 인간 욕구의 발로를 설명하고자 하였다.
③ [○] 허즈버그(F. Herzberg)가 제시한 동기요인들이 어떻게 그리고 얼마나 성과와 연관성이 있는지에 대한 충분한 검증이 이루어지지 않았다는 비판이다.
④ [○] 로크(E. Locke)는 인간의 행동은 목표의 난이도와 구체성에 의해 결정된다는 이론이다. 이는 인간의 행동과 목표 및 그 성취의도와의 상관성을 바탕으로 구성된 것이다.

답 ①

11 ☐☐☐

동기이론에 대한 설명으로 옳지 않은 것은?

① 매슬로우(A. Maslow)는 상위 차원의 욕구가 충족되지 못하거나 좌절될 경우, 하위 욕구를 더욱 더 충족시키고자 한다고 주장하였다.

② 앨더퍼(C. Alderfer)는 ERG이론에서 매슬로우의 욕구 5단계를 줄여서 생존욕구, 대인관계욕구, 성장욕구의 세 단계를 제시하였다.

③ 허즈버그(F. Herzberg)는 욕구충족요인 이원론에서 불만족 요인(위생요인)을 제거한다고 해서 만족을 보장하는 것은 아니라고 주장하였다.

④ 아담스(J. Adams)는 형평성이론에서 자신의 노력과 그 결과로 얻어지는 보상과의 관계를 다른 사람의 것과 비교해 상대적으로 느끼는 공평한 정도가 행동동기에 영향을 준다고 본다.

11	좌절 - 퇴행이론 → 앨더퍼

① [×] 상위 차원의 욕구가 충족되지 못하거나 좌절될 경우, 하위 욕구를 더욱 더 충족시키고자 한다고 주장하는 것은 앨더퍼(C. Alderfer)의 이론이다.

② [○] 앨더퍼(C. Alderfer)는 욕구를 충족시키는 행동의 추상성을 기준으로 매슬로우(A. Maslow)의 다섯 가지 욕구계층을 세 가지로 통합하였다.

③ [○] 허즈버그(F. Herzberg)는 사람의 이원적 욕구구조를 가정하여 불만과 만족은 별개의 차원으로 상호 독립되어 있다고 보았다. 즉, 만족하지 못한 상태가 불만인 것은 아니다.

④ [○] 아담스(J. Adams)는 준거인(비교대상)과 비교하여 자신의 노력(투입)수준을 결정한다는 이론이다. 자신의 노력과 그 보상을 준거인물과 비교하여 얼마나 공평한가에 따라 동기부여가 결정된다는 것으로, 만약 불공정하다고 느낀다면 이를 제거하는 방향으로 동기부여가 된다.

📄 앨더퍼(C. Alderfer)의 ERG이론

1. 의의

매슬로우(A. Maslow)의 욕구단계이론을 수정하여 욕구를 충족시키는 행동의 추상성을 기준으로 개인의 기본욕구를 존재욕구, 관계욕구, 성장욕구의 3단계로 구분함

2. 욕구의 유형

생존(E)욕구	생리적 욕구 + 안전의 욕구(→ 물질적 안전)
관계(R)욕구	안전의 욕구(→ 정신적 안전) + 사회적 욕구 + 존경의 욕구(→ 외적 자존심)
성장(G)욕구	존경의 욕구(→ 내적 자존심) + 자아실현의 욕구

답 ①

12 ☐☐☐

동기이론과 관련한 설명 중 가장 적절하지 않은 것은?

① 매슬로우(A. Maslow)는 욕구의 강도와 단계에 따라 인간이 자신의 일정한 욕구를 충족, 유지해 나간다고 주장한다.

② 허즈버그(F. Herzberg)의 동기요인과 위생요인에서 동기요인에는 매슬로우(A. Maslow)의 자아실현(self-actualization) 욕구가 포함된다.

③ 앨더퍼(C. Alderfer)의 ERG(existence, relatedness, growth) 이론에서 성장욕구에는 매슬로우(A. Maslow)의 애정(love) 욕구가 포함된다.

④ 브룸(V. Vroom)은 동기부여가 보상의 내용이나 실체보다는 조직 구성원이 보상에 대해서 얼마나 매력을 느끼고 있는가에 달려있다고 본다.

12	앨더퍼(C. Alderfer)의 성장욕구 → (내적)존경욕구 + 자아실현욕구

① [○] 매슬로우(A. Maslow)는 인간의 동기는 욕구의 계층에 따라 순차적으로 발로한다고 보았고, 욕구가 부분적으로 충족되면 다음 단계로 이행하는 만족 - 진행모형의 형식을 취하였다.

③ [×] 앨더퍼(C. Alderfer)의 성장욕구에는 매슬로우(A. Maslow)의 (내적)존경욕구와 자아실현욕구가 포함된다. 애정욕구는 관계욕구에 포함된다.

④ [○] 보상의 내용이나 실체를 강조하는 것은 동기부여 내용이론이다. 브룸(V. Vroom)은 이러한 보상의 실체보다는 보상을 받을 수 있을 것이라는 가능성과 그 보상의 개인적 매력도에 의해 동기가 유발됨을 설명하고자 하였다.

답 ③

13 ☐☐☐

동기부여이론에 대한 설명으로 옳지 않은 것은?

① 앨더퍼(C. Alderfer)의 욕구내용 중 관계욕구는 매슬로우(A. Maslow)의 생리적 욕구와 안전욕구에 해당한다.
② 브룸(V. Vroom)의 기대이론은 과정이론에 해당한다.
③ 허즈버그(F. Herzberg)는 위생요인이 충족되었다고 하더라도 동기부여가 되는 것은 아니라고 하였다.
④ 아담스(J. Adams)는 투입한 노력 대비 얻은 보상에 대해서 준거인과 비교해 상대적으로 느끼는 공평함의 정도가 동기부여에 영향을 미친다고 하였다.

13	앨더퍼(C. Alderfer)의 관계욕구 → 사회적 욕구와 (외적)존경의 욕구

① [×] 앨더퍼(C. Alderfer)의 관계욕구에는 매슬로우(A. Maslow)의 사회적 욕구와 (외적) 존경의 욕구가 포함된다.
② [○] 브룸(V. Vroom)의 기대이론은 욕구의 내용보다는 욕구가 실현되는 과정에 초점을 둔 이론이다.
③ [○] 허즈버그(F. Herzberg)의 위생요인은 동기부여의 필요조건에 해당한다.
④ [○] 아담스(J. Adams)에 의하면 준거인물과 비교하여 느끼는 공평함의 정도에 따라 동기부여와 관련된 행동이 달라진다.

답 ①

14 ☐☐☐

동기이론에 대한 설명으로 옳은 것은?

① 매슬로우(A. Maslow)의 욕구 5단계론은 욕구가 상위 수준에서 하위 수준으로 후퇴할 수도 있다고 본다.
② 앨더퍼(C. Alderfer)의 ERG 이론은 상위욕구가 만족되지 않으면, 하위욕구를 더욱 충족시키고자 한다고 주장한다.
③ 허즈버그(F. Herzberg)의 욕구충족 이원론은 감독자와 부하의 관계를 만족요인 중 하나로 제시한다.
④ 포터(L. Porter)와 롤러(E. Lawler)의 업적·만족이론은 성과보다는 구성원의 만족이 직무성취를 가져온다고 지적한다.

14	앨더퍼(C. Alderfer) → 좌절·퇴행의 원리

① [×] 욕구가 상위 수준에서 하위 수준으로 후퇴할 수도 있다고 본 학자는 앨더퍼(C. Alderfer)이다.
② [○] 앨더퍼(C. Alderfer)는 상위욕구가 좌절되면 하위욕구의 강도가 강화되는 현상을 욕구좌절의 원리로 설명하고 있다.
③ [×] 감독자와 부하의 관계는 허즈버그(F. Herzberg)의 불만요인(위생요인)에 속한다.
④ [×] 기존의 이론은 만족이 성과의 원인으로 작용하였지만, 포터(L. Porter)와 롤러(E. Lawler)의 업적·만족이론은 성과가 만족의 원인이 될 수 있다.

답 ②

동기부여 이론가와 주장을 바르게 연결한 것은?

① 맥클랜드(D. McCelland) - 동기의 강도는 행동이 일정한 결과로 이어진다는 기대감과 결과에 대한 선호의 정도에 달려 있다.
② 맥그리거(D. McGregor) - X이론은 주로 상위욕구를, Y이론은 주로 하위욕구를 중요시하는 것이다.
③ 매슬로우(A. Maslow) - 인간의 욕구는 생리적 욕구, 소속의 욕구, 안전에 대한 욕구, 존경에 대한 욕구, 자아실현의 욕구의 순서에 따라 유발된다.
④ 허즈버그(F. Herzberg) - 조직구성원에게 불만족을 주는 동기요인과 만족을 주는 위생요인이 각각 별개로 존재한다.
⑤ 앨더퍼(C. Alderfer) - 매슬로우(A. Maslow)의 욕구계층이론을 수정하여 인간의 욕구를 생존(존재), 관계, 성장의 3단계로 구분한다.

허즈버그(F. Herzberg)의 욕구충족요인이원론에 대한 설명으로 옳지 않은 것은?

① 욕구의 계층화를 시도한 점에서 매슬로우(A. Maslow)의 욕구단계 이론과 유사하다.
② 불만을 주는 요인과 만족을 주는 요인은 서로 다르다고 주장한다.
③ 무엇이 동기를 유발하는가에 초점을 두는 내용이론으로 분류된다.
④ 작업조건에 대한 불만을 해소한다고 하더라도 근무태도에 장기적인 영향을 미치지는 않는다고 본다.

15	앨더퍼 → ERG 이론

① [×] 동기의 강도는 행동이 일정한 결과로 이어진다는 기대감과 결과에 대한 선호의 정도에 달려 있다는 주장은 브룸의 기대이론이다.
② [×] 맥그리거(D. McGregor)에 의하면 X이론은 주로 하위욕구를, Y이론은 주로 상위욕구를 중시한다.
③ [×] 매슬로우(A. Maslow)에 의하면 인간의 욕구는 생리적 욕구, 안전에 대한 욕구, 소속의 욕구, 존경에 대한 욕구, 자아실현의 욕구의 순서에 따라 유발된다.
④ [×] 허즈버그(F. Herzberg)에 의하면 구성원에게 만족을 주는 요인이 동기요인이고, 불만족을 주는 요인이 위생요인이다.
⑤ [○] 앨더퍼(C. Alderfer)의 주장으로 옳은 설명이다.

답 ⑤

16	허즈버그 → 계층화를 시도하지 않음

① [×] 허즈버그는 만족요인과 불만요인의 상호 독립성을 강조하므로 만족요인과 불만요인의 계층화를 시도한 이론은 아니다.
② [○] 허즈버그는 사람의 이원적 욕구구조를 가정하여 불만과 만족은 별개의 차원으로 상호 독립되어 있다고 보았다. 즉, 만족하지 못한 상태가 불만인 것은 아니다.
③ [○] 동기부여 내용이론은 욕구의 충족과 동기부여 간의 직접적인 인과관계를 가정하는 모형으로, 동기를 유발하는 내용을 규명하는 데 중점을 두는 이론이다.
④ [○] 작업조건은 위생요인에 속한다. 따라서 작업조건에 대한 불만이 해소되어도 장기적인 동기요인에는 영향을 주지 않는다.

📄 **허즈버그(F. Herzberg)의 욕구충족요인이원론 - 동기요인과 위생요인**

동기요인(만족요인)	위생요인(불만요인)
• 내재적 요인	• 외재적 요인
• 성취감	(→ 직무상황 및 직무환경)
• 인정감	• 조직의 정책과 지침
• 직무 그 자체	• 관리와 통제
• 책임감	• 상사나 동료 및 부하와의 관계
• 승진에 대한 기대감	• 보수
• 개인의 발전(→ 성장에 대한 기대)	• 신분의 안정
	• 작업조건

답 ①

17 □□□

13년 국가9급

동기부여 이론가들과 그 주장에 바탕을 둔 관리방식을 연결한 것이다. 이들 중 동기부여 효과가 가장 낮다고 판단되는 것은?

① 매슬로우(A. Maslow) – 근로자의 자아실현욕구를 일깨워 준다.
② 허즈버그(F. Herzberg) – 근로 환경 가운데 위생요인을 제거해 준다.
③ 맥그리거(D. McGregor)의 Y이론 – 근로자들은 작업을 놀이처럼 즐기고 스스로 통제할 줄 아는 존재이므로 자율성을 부여한다.
④ 앨더퍼(C. Alderfer) – 개인의 능력개발과 창의적 성취감을 북돋운다.

18 □□□

10년 국가9급

허즈버그(F. Herzberg)의 욕구충족요인이원론에서 제시하는 동기요인(motivator) 내지 만족요인(satisfier)과 가장 거리가 먼 것은?

① 보다 많은 책임을 부여 받는다.
② 상사로부터 직무성취에 대한 인정을 받는다.
③ 보다 많은 개인적 성장과 발전을 경험하고 있다.
④ 원만한 대인관계를 유지하고 있다.

17	위생요인 → 하위욕구

①, ③, ④ [○] 매슬로우(A. Maslow)의 자아실현욕구, 맥그리거(D. McGregor)의 Y이론, 앨더퍼(C. Alderfer)의 성장욕구 모두 동기부여의 효과가 가장 높은 단계의 욕구들이다.
② [×] 허즈버그(F. Herzberg)에 의하면 위생요인은 작업손실을 방지할 뿐 동기부여에 직접 관련된 요인은 아니다.

답 ②

18	위생요인 → 대인관계, 작업조건, 보수 등

①, ②, ③ [○] 허즈버그(F. Herzberg)의 동기요인은 내재적 요인으로 직무 그 자체(보람 있는 직무), 직무상 성취감과 인정(②), 책임감(①)과 승진 및 성장과 발전(③) 등이 이에 속한다.
④ [×] 원만한 대인관계는 타인과의 관계에서 오는 것으로 허즈버그(F. Herzberg)의 위생요인에 속한다.

답 ④

19 ☐☐☐

허즈버그(F. Herzberg)의 욕구충족요인 이원론에서 위생요인에 해당하지 않는 것은?

① 감독
② 대인관계
③ 보수
④ 성취감

20 ☐☐☐

허즈버그(F. Herzberg)의 욕구충족요인이원론의 설명으로 옳은 것은?

① 동기요인을 충족시켜주지 못하면 조직에 대한 불만이 커진다.
② 동기요인의 충족은 직무수행을 위한 노력을 강화한다.
③ 위생요인은 주로 직무자체와 관련되어 있다.
④ 위생요인의 충족은 동기유발을 촉진한다.

19	성취감 → 동기요인

①, ②, ③ [×] 감독, 대인관계, 보수 등은 위생요인에 속한다.
④ [○] 내적 요인인 성취감은 동기요인에 해당한다.

답 ④

20	동기요인 → 직무수행과 연결

① [×] 충족되지 않았을 경우 조직에 대한 불만이 커지는 것은 위생요인이다.
② [○] 직무수행을 위한 노력 즉, 동기를 부여하는 것은 만족요인(동기요인)이다.
③ [×] 직무 그 자체와 관련된 것은 동기요인이다.
④ [×] 불만요인(위생요인)은 동기부여의 필요조건이지 충분조건은 되지 못한다. 즉, 불만요인의 제거는 작업의 손실을 막아줄 뿐(단기적 효과) 생산성을 높여줄 수는 없다. 동기유발을 촉진하는 것은 만족요인(동기요인)이다.

답 ②

21 □□□

다음 조직이론 중 동기부여 이론에 대한 설명으로 옳지 않은 것은?

① 앨더퍼(C. Alderfer)의 ERG이론 – 상위욕구가 만족되지 않거나 좌절될 때 하위 욕구를 더욱 충족시키고자 한다는 좌절 – 퇴행 접근법을 주장한다.

② 아담스(J. Adams)의 형평성이론 – 자신의 노력과 그 결과로 얻어지는 보상과의 관계를 다른 사람의 것과 비교해 상대적으로 느끼는 공평한 정도가 행동동기에 영향을 준다고 주장한다.

③ 맥클랜드(D. McClelland)의 성취동기이론 – 동기는 학습보다는 개인의 본능적 특성이 중요하게 작용하며 사회문화와 상호작용하는 과정에서 취득되는 것으로 친교욕구, 성취욕구, 성장욕구가 있다고 보았다.

④ 브룸(V. Vroom)의 기대이론 – 동기부여의 정도는 사람들이 선호하는 결과를 가져올 때, 자신의 특정한 행동이 그 결과를 가져오는 수단이 된다고 믿는 정도에 따라 달라진다고 본다.

⑤ 로크(E. Locke)의 목표설정이론 – 구체적이고 어려운 목표의 설정과 목표성취도에 대한 환류의 제공이 업무담당자의 동기를 유발하고 업무성취를 향상시킨다고 본다.

22 □□□

해크맨(J. Hackman)과 올햄(G. Oldham)의 직무특성모델에 대한 설명으로 옳지 않은 것은?

① 잠재적 동기지수(Motivation Potential Score) 공식에 의하면 제시된 직무특성들 중 직무정체성과 직무중요성이 동기부여에 가장 중요한 역할을 한다.

② 허즈버그(F. Herzberg)의 욕구충족요인이원론보다 진일보한 것으로 이해할 수 있다.

③ 직무정체성이란 주어진 직무의 내용이 하나의 제품 혹은 서비스를 처음부터 끝까지 완성시킬 수 있도록 구성되어 있는지에 관한 것이다.

④ 이 모델은 기술다양성, 직무정체성, 직무중요성, 자율성, 환류 등 다섯 가지의 핵심 직무특성을 제시한다.

21	맥클랜드(D. McClelland) → 사회적 경험과 학습

① [O] 앨더퍼(C. Alderfer)는 매슬로우(A. Maslow)와 달리 만족 – 진행뿐만 아니라 좌절 – 퇴행까지 포함하고 있다.

③ [×] 맥클랜드(D. McClelland)에 의하면 동기란 매슬로우(A. Maslow)와 달리 선천적으로 타고나는 것이 아니라, 성장하면서 경험과 학습을 통해 형성되는 것이다.

④ [O] 브룸(V. Vroom)의 기대이론은 기대, 수단성, 유인가라는 변수를 통해 동기가 형성되는 과정을 설명하고 있다.

⑤ [O] 로크(E. Locke)의 목표설정이론은 기본변수로 목표의 구체성과 난이도를 그리고 상황변수로 환류와 참여 정도를 동기부여의 요인을 주장한다.

답 ③

22	잠재적 동기지수 → (기술다양성 + 직무정체성 + 직무중요성) / 3 × 자율성 × 환류

① [×] 해크맨(J. Hackman)과 올햄(G. Oldham)의 잠재적 동기지수는 (기술다양성 + 직무정체성 + 직무중요성) / 3 × 자율성 × 환류로 구성된다. 그 중 자율성과 환류가 가장 중요한 요인이다.

② [O] 허즈버그(F. Herzberg)는 동기요인이 생산성에 기여한다고 하였지만 구체적으로 어떻게 동기부여와 연결되는지를 제시하지 않고 있다. 반면, 직무특성이론은 이러한 직무의 특성이 심리상태에 영향을 주어 동기가 부여되는 과정을 세밀하게 그리고 있다는 점에서 더 진일보한 이론으로 평가받는다.

답 ①

23 □□□　19년 국가9급

동기이론에 대한 설명으로 옳지 않은 것은?

① 매슬로우(A. Maslow)는 충족된 욕구는 동기부여의 역할이 약화되고 그 다음 단계의 욕구가 새로운 동기요인이 된다고 하였다.

② 앨더퍼(C. Alderfer)는 매슬로우의 5단계 욕구이론을 수정해서 인간의 욕구를 3단계로 나누었다.

③ 허즈버그(F. Herzberg)는 불만요인(위생요인)을 없앤다고 해서 적극적으로 만족감을 느끼는 것은 아니라고 했다.

④ 브룸(V. Vroom)의 기대이론에서 수단성(instrumentality)은 특정한 결과에 대한 선호의 강도를 의미한다.

23	수단성 → 성과와 보상의 연계성

① [○] 매슬로우(A. Maslow)는 동기로 작용하는 욕구는 충족되지 않은 욕구이며, 충족된 욕구는 동기유발의 힘을 상실한다고 보았다.

③ [○] 불만요인의 제거는 작업의 손실을 막아줄 뿐(단기적 효과) 생산성을 높여줄 수는 없다.

④ [×] 브룸(Vroom)의 기대이론에서 수단성(instrumentality)은 1차 수준의 결과(성과)가 2차 수준의 결과(보상)를 가져오게 될 것이라는 개인의 믿음의 강도를 뜻한다.

📄 **브룸(V. Vroom)의 기대이론 - 구성요소**

기대 (expectancy)	노력이 1차 수준의 성과를 가져온다는 주관적 확률(→ 0 ~ 1)
수단성 (instrumentality)	1차 결과가 2차 보상을 가져올 것이라는 믿음의 강도(→ -1 ~ +1)
유인가 (valence)	2차 수준의 결과(보상)에 대한 개인적 선호의 강도(→ -n ~ +n)

답 ④

24 □□□　14년 국가9급

조직구성원들의 동기이론에 대한 설명 중 옳은 것만을 모두 고르면?

> ㄱ. ERG이론: 앨더퍼(C. Alderfer)는 욕구를 존재욕구, 관계욕구, 성장욕구로 구분한 후 상위욕구와 하위욕구 간에 '좌절 - 퇴행' 관계를 주장하였다.
>
> ㄴ. X · Y이론: 맥그리거(D. McGregor)의 X이론은 매슬로우(A. Maslow)가 주장했던 욕구계층 중에서 주로 상위욕구를, Y이론은 주로 하위욕구를 중요시하였다.
>
> ㄷ. 형평이론: 아담스(J. Adams)는 자기의 노력과 그 결과로 얻어지는 보상을 준거인물과 비교하여 공정하다고 인식할 때 동기가 유발된다고 주장하였다.
>
> ㄹ. 기대이론: 브룸(V. Vroom)은 보상에 대한 매력성, 결과에 따른 보상, 그리고 결과발생에 대한 기대감에 의해 동기유발의 강도가 좌우된다고 보았다.

① ㄱ, ㄷ　　② ㄱ, ㄹ

③ ㄴ, ㄷ　　④ ㄷ, ㄹ

24	아담스(J. Adams) → 준거인물과의 비교

ㄴ. [×] 맥그리거(D. McGregor)의 X이론은 주로 매슬로우(A. Maslow)의 하위욕구와 관련되고, Y이론은 주로 상위욕구와 관련된다.

ㄷ. [×] 아담스(J. Adams)는 자기의 노력과 그 결과로 얻어지는 보상을 준거인물과 비교하여 공정하지 않다고 인식할 때 이 불일치를 제거하는 방향으로 동기가 유발된다고 보았다.

📄 **동기부여 내용이론**

매슬로우	앨더퍼	맥그리거	아지리스	리커트	허즈버그
자아실현 욕구	성장(G) 욕구	Y이론	성숙인	민주적 리더십	동기요인
존경(긍지) 욕구					
사회(애정) 욕구	관계(R) 욕구	X이론	미성숙인	권위적 리더십	위생요인
안전욕구					
생리욕구	생존(E) 욕구				

답 ②

25 □□□

브룸(V. Vroom)의 기대이론에 따를 경우 조직구성원의 직무수행 동기를 유발하기 위한 조건이 아닌 것은?

① 내가 노력하면 높은 등급의 실적평가를 받을 수 있다는 기대치가 충족되어야 한다.

② 내가 높은 등급의 실적평가를 받으면 많은 보상을 받을 수 있다는 수단치가 충족되어야 한다.

③ 내가 받을 보상은 나에게 가치 있는 유인가가 충족되어야 한다.

④ 내가 투입한 노력과 그로 인하여 받은 보상의 비율이, 다른 사람과 비교하여 공평해야 한다는 균형성이 충족되어야 한다.

26 □□□

브룸(V. Vroom)의 기대이론에 대한 설명으로 옳지 않은 것은?

① 동기부여의 과정이론(process theory) 중 하나이다.

② 기대감(expectancy)은 개인의 노력(effort)이 공정한 보상(reward)으로 이어질 것이라는 주관적 믿음을 의미한다.

③ 수단성(instrumentality)은 개인의 성과(performance)와 보상(reward) 간의 관계에 대한 인식이다.

④ 유인가(valence)는 개인이 특정 보상(reward)에 대해 갖는 선호의 강도를 의미한다.

25	준거인물과의 비교 → 아담스(J. Adams)의 형평성이론

① [○] 기대란 자신의 노력이 조직이 원하는 성과를 가져올 것이라는 주관적 믿음을 말한다.

② [○] 수단성은 자신이 이룬 성과가 자신이 원하는 보상으로 연결될 것이라는 주관적 믿음을 말한다.

③ [○] 유인가는 조직의 주는 보상이 얼마나 개인적으로 매력을 지니는 가에 대한 평가를 의미한다.

④ [×] 자신의 노력과 보상을 다른 사람(준거인물)의 그것과 비교하여 공평성을 추구하고자 하는 이론은 아담스의 형평성이론이다.

답 ④

26	기대 → 노력과 성과의 관계

① [○] 브룸(V. Vroom)의 기대이론은 동기부여의 내용보다는 어떤 과정을 거쳐 동기가 유발되는지를 설명하는 과정이론에 속한다.

② [×] 기대감이란 노력을 했을 때 성과가 나올 것이라는 주관적 믿음을 의미한다.

🗎 브룸(V. Vroom)의 기대이론 - 동기유발 과정

노력	→	성과 (1차 결과)	→	보상 (2차 결과)
		↑		↑	↑
		기대(E) (0~1)		수단성(I) (-1~1)	유인가(V) (-n~n)

답 ②

---

27 □□□

동기부여이론에 대한 설명으로 옳은 것은?

① 스키너(B. Skinner)의 강화이론은 인간의 내면적 과정에 초점을 맞추며, 행동의 결과보다 원인을 더 강조한다.
② 로크(E. Locke)의 목표설정이론에 따르면, 개인의 강력한 동기유발을 위해서는 추상적인 목표를 채택해야 한다.
③ 포터(L. Porter)와 롤러(E. Lawler)의 업적·만족 이론은 직무성취 수준이 직무 만족의 요인이 될 수 있다고 주장한다.
④ 공공봉사동기(public service motivation)이론은 공공부문 종사자와 민간부문 종사자의 가치체계는 차이가 없고, 개인이 공공부문에 근무하면서 공공봉사 동기를 처음으로 획득하므로, 조직문화와 외재적 보상을 강조한다.

27	업적·만족 이론 → 업적 - 만족 - 성과의 순

① [×] 스키너(B. Skinner)의 강화이론은 외적 자극에 의한 학습을 강조하는 이론이다. 그리고 학습이론은 원인보다는 결과에 초점을 두고 이론을 전개한다.
② [×] 로크(E. Locke)에 따르면 구체적이고 난이도가 높은 목표를 채택하여야 한다.
③ [○] 포터(L. Porter)와 롤러(E. Lawler)의 업적·만족 이론은 업적에 따른 보상의 공평성 정도가 동기부여에 영향을 준다고 설명하는 이론이다. 이는 만족이 성과를 가져오는 것이 아니라, 성과에 따른 보상의 공평성이 만족과 동기부여를 가져온다고 설명하는 것이다.
④ [×] 공공봉사동기(public service motivation)이론 공공부문 종사자의 민간부문 종사자의 동기에 차이가 있음을 강조하는 이론으로, 물질적 보상보다는 사회에 대한 봉사하려는 욕망을 강조하므로 외재적 보상을 강조한다는 표현은 옳지 않다.

> 📄 **포터(L. Porter)와 롤러(E. Lawler)의 업적 - 만족이론**
>
> 1. 의의
>   ① 성과뿐만 아니라 보상에 대한 개인의 만족 감을 변수로 삼아 브롬의 기대이론을 보완한 이론
>   ② [보상의 가치(유의성) + (노력 – 보상의 기대감)] → 노력 → [개인능력과 특성 + 역할에 대한 지각] → 성과 → 노력과 보상 간 공평성에 대한 지각 → 만족감 → 동기부여 순으로 동기가 유발되는 과정을 설명함
> 2. 보상
>   ① 외재적 보상: 보수, 승진, 지위, 안전 등 → 직무성취 외에 다른 요인의 개입
>   ② 내재적 보상: 개인 스스로 부여한 가치 → 외부의 교란 요인에 영향을 덜 받음

답 ③

28 □□□

동기이론에 대한 설명으로 옳지 않은 것은?

① 맥클랜드(D. McClelland)는 성공적인 기업가가 되게 하는 요인이 어떤 물질적인 것이 아닌 성취욕구라는 점을 입증하고자 했다.
② 직무특성이론은 직무의 특성이 직무수행자의 성장욕구 수준에 부합될 때 동기유발에 긍정적인 성과를 내게 된다고 본다.
③ 허즈버그(F. Herzberg)의 욕구충족이론은 조직 구성원에게 불만족을 주는 요인과 만족을 주는 요인은 상호 독립되어 있다고 제시한다.
④ 기대이론에 의하면 인간은 자신의 투입에 대한 산출의 비율보다 비교대상의 투입에 대한 산출의 비율이 크거나 작다고 지각하면 이에 따른 긴장을 해소하기 위한 방향으로 동기가 유발된다.

28	준거인물과의 비교 → 아담스의 형평성이론

① [○] 맥클랜드(D. McClelland)의 성취동기이론은 성취욕구가 높을수록 생산성이 높으므로 성취욕구의 자극을 강조하였다.
② [○] 해크맨(J. Hackman)과 올햄(G. Oldham)의 직무특성이론은 직무특성이 수행자의 성장욕구 수준에 부합될 때 긍정적 동기가 유발된다는 이론이다.
③ [○] 허즈버그(F. Herzberg)는 사람의 이원적 욕구구조를 가정하여 불만과 만족은 별개의 차원으로 상호 독립되어 있다고 보았다. 즉, 만족하지 못한 상태가 불만인 것은 아니다.
④ [×] 자신의 투입에 대한 산출의 비율을 비교대상의 투입에 대한 산출과 비교하는 것은 아담스(J. Adams)의 공평성이론이다.

> 📄 **아담스(J. Adams)의 공평성(형평성)이론**
>
>

답 ④

29 □□□

동기요인이론에 대한 설명으로 옳지 않은 것은?

① 아담스(J. Adams)의 공정성이론에 따르면 공정하다고 인식할 때 동기가 유발된다.
② 맥클랜드(D. McClelland)의 성취동기이론에 따르면 개인들의 욕구가 학습을 통해 개발될 수 있다.
③ 브룸(V. Vroom)의 기대이론에서 기대감은 특정 결과는 특정한 노력으로 인해 나타날 수 있다는 가능성에 대한 개인의 신념으로 통상 주관적 확률로 표시된다.
④ 앨더퍼(C. Alderfer)의 ERG이론에 따르면 상위욕구 충족이 좌절되면 하위욕구를 충족시키고자 할 수 있다.

30 □□□

다음 중 공공부문 성과연봉제 보수체계 설계시 성과급 비중을 설정하는 데 적용할 수 있는 동기부여이론은?

① 아담스(J. Adams)의 형평성이론
② 허즈버그(F. Herzberg)의 욕구충족이원론
③ 앨더퍼(C. Alderfer)의 ERG(존재, 관계, 성장)이론
④ 매슬로우(A. Maslow)의 욕구 5단계론
⑤ 해크맨(J. Hackman)과 올햄(G. Oldham)의 직무특성이론

29	아담스(J. Adams) → 공정하지 않다고 느낄 때 동기부여

① [×] 아담스(J. Adams)의 공정성이론에 따르면 준거인물과 공평하지 않다고 인식될 때 이를 해소하는 방향으로 동기가 유발된다.
② [○] 맥클랜드(D. McClelland)는 매슬로우(A. Maslow)와 달리 사람의 욕구를 사회화 과정에서 학습하는 것으로 간주한다.
③ [○] 기대(expectancy)란 노력이 1차 수준의 성과를 가져온다는 주관적 확률을 의미한다.

답 ①

30	성과급 비중의 설정 → 아담스의 형평성이론

① [○] 아담스(J. Adams)의 형평성이론에 따르면 성과급의 비중을 산정함에 있어 준거인물과의 공평성을 유지하는 것이 바람직하다.
④ [×] 욕구 5단계론은 인간은 항상 무엇인가를 원한다는 가정 아래 동기가 되는 욕구를 5단계로 계층화한 이론이다.
⑤ [×] 직무특성이론은 성장욕구 수준이라는 개인차를 고려한 복잡한 인간관에 바탕을 둔 모형으로, 개인의 성장욕구 수준이 직무특성과 심리상태 그리고 심리상태와 성과 간 관계를 조절하는 변인으로 작용한다는 이론이다.

답 ①

---

31 ☐☐☐

동기부여 이론에 대한 설명으로 옳은 것은?

① 로크(E. Locke)의 목표설정이론에서는 목표의 도전성(난이도)과 명확성(구체성)을 강조했다.
② 매슬로우(A. Maslow)의 욕구 5단계설에서는 욕구의 좌절과 퇴행을 강조했다.
③ 해크맨(J. Hackman)과 올햄(G. Oldham)의 직무특성이론에서는 유의성, 수단성, 기대감을 동기부여의 핵심으로 보았다.
④ 앨더퍼(C. Alderfer)는 ERG이론에서는 위생요인이 충족되었다고 하더라도 동기부여가 되는 것은 아니라고 주장했다.

32 ☐☐☐

동기이론에 대한 설명으로 옳지 않은 것은?

① 브룸(V. Vroom)은 욕구충족과 직무수행 간의 직접적인 관련성에 대해 의문을 제기하였다.
② 앨더퍼(C. Alderfer)는 매슬로우(A. Maslow)와 달리 상위욕구가 좌절될 경우 하위욕구를 강조하게 되는 하향적 접근의 가능성을 제시하였다.
③ 로크(E. Locke)는 달성하기 쉽고 단순한 목표, 적절한 환류와 보상, 경쟁 등의 상황이 동기부여에 효과적이라고 보았다.
④ 맥그리거(D. McGregor)는 매슬로우(A. Maslow)의 욕구계층 이론을 토대로 인간의 본질에 관한 기본 가정을 두 가지로 구분하였다.
⑤ 아담스(J. Adams)는 개인의 행위는 타인과의 비교를 통하여 공정성을 실현하는 방향으로 동기가 부여된다고 주장하였다.

31	로크(E. Locke) → 목표의 난이도와 구체성

① [○] 로크(E. Locke)는 목표를 동기부여의 핵심 요인으로 강조한 학자이다.
② [×] 욕구의 좌절과 퇴행을 강조한 학자는 앨더퍼(C. Alderfer)이다.
③ [×] 유의성, 수단성, 기대감을 동기부여의 핵심으로 본 학자는 브룸(V. Vroom)이다.
④ [×] 위생요인이 충족되었다고 하더라도 동기부여가 되는 것은 아니라고 주장한 학자는 허즈버그(F. Herzberg)이다.

📄 **로크(E. Locke)의 목표설정이론**

```
┌─────────────┬─────────────┐
│   기본변수   │   상황변수   │
├─────────────┼─────────────┤
│ 목표의 구체성 │      ↓      │
│             │      →      │    성과
│ 목표의 난이도 │             │
└─────────────┴─────────────┘
```

답 ①

32	로크(E. Locke) → 높은 수준의 목표, 계산된 위험, 구체적 피드백

① [○] 브룸(V. Vroom)은 욕구충족과 직무수행 간의 직접적인 관련성에 대해 의문을 제기하고, 여기에 기대라는 개념을 추가하여 기존의 내용이론을 보완하였다.
② [○] 앨더퍼(C. Alderfer)는 만족 – 진행의 접근뿐만 아니라 좌절 – 퇴행의 접근까지 주장한 학자이다.
③ [×] 로크(E. Locke)는 난이도가 높은 목표일수록 노력의 강도가 더 해지고, 구체적인 목표일수록 노력의 방향이 결정된다고 주장한 학자이다.

답 ③

33 □□□

22년 국가7급

다음은 동기부여 실험에 대한 설명이다. 가 ~ 다에 들어갈 말을 바르게 연결한 것은?

유치원 어린이들을 세 집단으로 나누고 그림 그리기 놀이를 하였다. 첫 번째 집단에는 그림을 완성하면 선물을 준다고 약속하였고 그림을 완성한 어린이들에게는 약속한 선물을 주었다. 두 번째 집단에는 선물을 준다는 약속은 없었지만 그림을 완성한 어린이들에게는 깜짝 선물을 주었다. 세 번째 집단에는 어떤 약속도 선물도 없이 평소처럼 그림 그리기를 하였다. 그 이후, 그림 그리기 놀이를 계속하는지에 대한 집단 간 차이를 관찰하였다. 관찰 결과, 두 번째와 세 번째 집단은 그림 그리기 놀이를 계속하였지만 첫 번째 집단은 상대적으로 적은 수만이 그림 그리기 놀이를 계속하였다. 이러한 현상을 통해 학자들은 [가] 동기가 [나] 동기를 밀어내는 구축효과가 있다는 점을 제시하였으며 [나] 동기의 예시로는 [다]을/를 들 수 있다.

	가	나	다
①	내재적	외재적	성과급
②	내재적	외재적	가치관 일치
③	외재적	내재적	처벌
④	외재적	내재적	일에 대한 즐거움

33	일에 대한 즐거움 → 내재적 요인

선물이 외재적 요인이고, 그림 그리기에 대한 즐거움이 내재적 요인이다. 선물을 준다고 약속한 집단이 오히려 그림 그리는 것을 많이 중단했다면 이는 선물이라는 외재적 요인(가)이 그림 그리기에 대한 즐거움(다)이라는 내재적 요인(나)을 밀어낸 것이다.

답 ④

34 □□□

08년 지방7급

동기유발과 관련된 학습이론의 접근방법과 그 설명의 연결이 적절하지 않은 것은?

① 고전적 조건화이론: 조건화된 자극의 제시에 의하여 조건화된 반응을 이끌어 낸다.
② 조작적 조건화이론: 행동의 결과를 조건화함으로써 행태적 반응을 유발하는 과정을 설명한다.
③ 인식론적 학습이론: 행동을 결정하는 데 외적 선행 자극이나 결과로써의 자극뿐만 아니라 내면적 욕구, 만족, 기대 등도 함께 영향을 미친다.
④ 잠재적 학습이론: 학습에는 강화작용이 필요 없지만 행동야기에는 강화작용이 필요하다.

34	사회적 학습이론 → 외적 자극 + 내적 인지

① [○] 고전적 조건화이론은 파블로프의 조건반사이론으로, 자극이 있으면 반응한다는 이론이다.
② [○] 조작적 조건화이론은 스키너의 연구로, 반응을 이끌어내기 위해 자극을 조작하는 이론이다.
③ [×] 행동을 결정하는 데 외적 자극뿐만 아니라 내적 기대 등도 함께 영향을 미친다는 주장은 사회학습이론과 관련된다.
④ [○] 잠재적 학습은 학습의 성립에 필요한 것으로 간주되는 보수나 반응이 없는데도 불구하고, 잠재적으로 이루어지는 학습을 말한다.

답 ③

35 □□□

공공봉사동기이론(public service motivation)에 대한 설명으로 옳지 않은 것은?

① 공사부문 간 업무성격이 다르듯이, 공공부문의 조직원들은 동기구조 자체도 다르다는 입장에 있다.

② 정책에 대한 호감, 공공에 대한 봉사, 동정심(compassion) 등의 개념으로 구성되어 있다.

③ 공공봉사동기가 높은 사람을 공직에 충원해야 한다는 주장의 근거가 될 수 있다.

④ 페리(J. Perry)와 와이스(L. Wise)는 제도적 차원, 금전적 차원, 감성적 차원을 제시하였다.

---

36 □□□

동기유발요인으로 금전적 · 물질적 보상보다 지역공동체나 국가, 인류를 위해 봉사하려는 이타심에 주목하는 이론은?

① 페리(J. Perry)의 공공서비스동기이론

② 스키너(F. Skinner)의 강화이론

③ 해크만(J. Hackman)과 올햄(G. Oldham)의 직무특성이론

④ 매슬로우(A. Maslow)의 욕구계층이론

35	공공봉사동기이론 → 합리적, 규범적, 정서적 차원의 동기

① [○] 공공봉사동기이론은 공공기관이나 공공조직에 근본적으로 혹은 독특하게 내재되어 있는 동기에 반응하는 개인적 정향을 연구하는 이론이다.

② [○] 정책에 대한 호감은 합리적 차원, 공공에 대한 봉사는 규범적 차원, 동정심은 정서적 또는 감성적 차원으로 분류될 수 있을 것이다.

③ [○] 페리(J. Perry)의 공공봉사동기이론은 금전적 · 물질적 보상보다 지역공동체나 국가, 인류를 위해 봉사하려는 이타심에 주목하는 이론이다.

④ [×] 페리(J. Perry)와 와이스(L. Wise)는 공공봉사동기를 합리적, 규범적, 정서적(감성적) 차원으로 분류하였다.

📄 **페리(J. Perry)의 공공서비스동기이론**

1. 의의
   금전적 · 물질적 보상보다 지역공동체나 국가, 인류를 위해 봉사하려는 이타심에 주목하는 이론

2. 동기의 유형

합리적 차원	책형성 과정의 참여, 공공정책에 대한 동일시, 특정 이해관계에 대한 지지
규범적 차원	공익봉사 욕구, 전체에 대한 충성, 사회적 형평성 추구
감성적 차원	정책의 사회적 중요성에 기인한 정책몰입, 선의의 애국심

36	페리(J. Perry)의 공공서비스동기이론 → 이타심의 강조

① [○] 금전적 · 물질적 보상보다 지역공동체나 국가, 인류를 위해 봉사하려는 이타심에 주목하는 이론은 페리(J. Perry)의 공공서비스동기이론이다.

② [×] 스키너(F. Skinner)의 강화이론은 반응을 이끌어내기 위해 자극을 조작하는 행동주의 학습이론이다.

③ [×] 해크만(J. Hackman)과 올햄(G. Oldham)의 직무특성이론은 직무특성이 수행자의 성장욕구 수준에 부합될 때 긍정적인 동기가 유발된다는 이론이다.

④ [×] 매슬로우(A. Maslow)의 욕구계층이론은 인간은 항상 무엇인가를 원한다는 가정 아래 동기가 되는 욕구를 5단계로 계층화한 이론이다.

답 ①

답 ④

CHAPTER 6 집단수준의 조직행동

01 □□□　　　　　　　　　　09년 국가9급

조직 내 의사전달과 의사결정현상에 대한 설명으로 옳지 않은 것은?

① 조직 내 의사전달에는 공식적·비공식적 전달유형이 있다.
② 대각선적 의사전달은 공식 업무를 촉진하거나 개인적·사회적 욕구충족을 위해 나타난다.
③ 의사전달의 과정은 발신자, 코드화, 발송, 통로, 수신자, 해독, 환류로 이루어진다.
④ 의사전달 과정에서 환류의 차단은 의사전달의 신속성을 저해할 수 있다.

01　환류의 차단 → 의사전달의 신속성 제고

① [○] 공식적 의사전달이란 공식적 통로와 수단에 의해 이루어지는 의사전달을 말하며, 비공식적 의사전달은 현실적 접촉으로 형성되는 자생적 의사전달로, 소문·풍문 등이 그 예이다.
② [○] 대각선적 의사전달은 하향적, 상향적, 수평적 의사전달을 이용하기 곤란한 경우 사용된다. 공식적 조직도에는 나타나지 않지만 실제로는 많이 이용되는 방식이다.
④ [×] 의사전달 과정에서 환류의 차단은 의사전달의 신속성은 높일 수 있지만 정확성을 저해할 수 있다.

📄 **공식적 의사전달과 비공식적 의사전달 비교**

구분	공식적 의사전달	비공식적 의사전달
개념	공식적 통로와 수단에 의해 이루어지는 의사전달	현실적 접촉으로 형성되는 자생적 의사전달
장점	• 책임소재의 명확성 • 의사전달 확실성과 편리성 • 정보와 근거의 보존 • 상관의 권위 유지	• 신속한 전달과 높은 적응력 • 배후사정의 소상한 전달 • 소외감의 극복과 개인욕구의 충족 • 공식적 의사전달의 보완
단점	• 신속한 적응의 어려움 • 배후사정의 파악 곤란 • 형식화에 따른 신축성의 결여 • 기밀유지 곤란	• 책임소재의 모호성 • 공식적 의사소통 기능의 마비 • 개인적 목적으로의 악용가능성 • 상관의 권위 손상

답 ④

---

02 □□□　　　　　　　　　　16년 지방9급

조직의 의사전달에 대한 설명으로 옳지 않은 것은?

① 공식적 의사전달은 의사소통이 객관적이고 책임소재가 명확하다는 장점이 있다.
② 비공식적 의사전달은 의사소통 과정에서의 긴장과 소외감을 극복하고 개인적 욕구를 충족시킨다는 장점이 있다.
③ 공식적 의사전달은 조정과 통제가 곤란하다는 단점이 있다.
④ 참여인원이 적고 접근가능성이 낮은 경우 의사전달체제의 제한성은 높다.

02　조정과 통제 → 공식적 의사전달

① [○] 공식적 의사전달은 공식적 통로와 수단에 의해 이루어지는 의사전달로, 책임소재의 명확성, 의사전달 확실성과 편리성, 정보와 근거의 보존, 상관의 권위 유지 등의 장점을 지닌다.
② [○] 비공식적 의사전달은 현실적 접촉으로 형성되는 자생적 의사전달로, 신속한 전달과 높은 적응력, 배후사정의 소상한 전달, 소외감의 극복과 개인욕구의 충족, 공식적 의사전달의 보완 등의 장점을 지닌다.
③ [×] 조정과 통제가 곤란하다는 것은 비공식적 의사전달의 단점이다.
④ [○] 참여인원이 적고 접근가능성이 낮다는 의미는 채널의 수가 제한적이고 폐쇄적이라는 의미이다.

답 ③

03 □□□

조직 내 갈등에 대한 설명으로 옳지 않은 것은?

① 과업의 상호의존성이 높은 경우 잠재적 갈등이 야기될 수 있다.
② 고전적 관점에서 갈등은 조직 효과성에 부정적인 영향을 끼친다고 가정한다.
③ 의사소통 과정에서 충분한 양의 정보도 갈등을 유발하는 경우가 있다.
④ 진행단계별로 분류할 때 지각된 갈등은 갈등이 야기될 수 있는 상황 또는 조건을 의미한다.

04 □□□

조직 내부에서 발생하는 갈등에 대한 설명으로 옳지 않은 것은?

① 갈등은 양립할 수 없는 둘 이상의 목표를 추구하는 상황에서도 발생한다.
② 고전적 조직이론에서는 갈등을 중요하게 고려하지 않는다.
③ 행태론적 입장에서는 모든 갈등이 조직성과에 부정적 영향을 미치므로 제거되어야 한다고 본다.
④ 현대적 접근방식은 갈등을 정상적인 현상으로 보고 경우에 따라서는 조직발전의 원동력으로 본다.

---

03 갈등이 야기될 수 있는 상황 → 잠재적 갈등

① [○] 잠재적 갈등은 갈등을 야기할 수 있는 상황적 조건을 의미한다. 과업의 상호의존성은 갈등을 야기할 수 있는 원인이 될 수 있다.
② [○] 갈등은 고전적 관점, 행태주의 관점, 현대적 관점으로 변천한다. 고전적 관점을 갈등의 역기능을 강조하는 입장이다.
③ [○] 갈등은 정보의 부족뿐만 아니라 구조적 분화, 목적이나 가치관의 차이, 개인적 성향 등에 의해서도 나타난다. 그러므로 정보가 충분히 주어진 경우 오히려 가치관이나 목적이 차이가 명확하게 부각되어 갈등이 유발될 수 있다.
④ [×] 갈등은 잠재적 대립(잠재적 갈등 → 의사소통, 구조, 개인적 변수 등 상황조건), 인지(인식된 갈등)와 개인화(감지된 갈등), 태도형성(경쟁, 협동, 절충, 회피, 수용 등), 행동(표면화된 갈등) 순으로 전개된다. 갈등이 야기될 수 있는 상황 또는 조건은 잠재적 갈등이다.

답 ④

04 갈등의 부정적 측면만의 강조 → 전통적 견해

① [○] 갈등은 업무의 상호의존성, 공동의사결정의 필요성, 권력의 동등성, 자원의 제약(제로섬 상황), 목표와 이해관계의 상충, 인지와 태도 차이, 역할의 수평적 분화, 의사전달의 미흡 및 왜곡 등으로 인하여 발생한다.
② [○] 구조 중심의 고전적 조직이론에서는 인적 요인인 갈등을 중요하게 고려하지 못하였다. 인적 요인을 조직관리의 중요한 변수로 인식하기 시작한 것은 신고전적 조직이론에서부터 이다.
③ [×] 모든 갈등이 조직 성과에 부정적 영향을 미치므로 제거되어야 한다고 본 것은 인간관계론이다. 행태주의는 조직관리에 있어 갈등은 필연적인 현상이며, 갈등은 역기능뿐만 아니라 일정한 순기능도 지닌다고 보았다.
④ [○] 현대적 접근은 갈등의 순기능을 강조하는 갈등의 상호작용론 또는 갈등조장론의 입장으로, 갈등은 조직발전의 새로운 계기이며, 갈등의 건설적 해결과정을 통해 조직의 쇄신을 촉진하는 요인이 될 수 있다고 본다.

📋 갈등관의 변천

전통적 견해 (→ 인간관계론)	갈등의 역기능 강조
행태론적 견해	불가피한 현상(필연적 현상)으로서 갈등 → 순기능 + 역기능
현대적 견해	갈등의 순기능 강조 → 갈등조장론, 갈등의 상호작용론

답 ③

토마스(K. Thomas)가 제시하고 있는 대인적 갈등관리 방안에 대한 설명으로 옳지 않은 것은?

① 자신의 이익과 상대방의 이익을 만족시키려는 정도라는 두 가지 차원으로 구분하여 설명한다.
② 경쟁이란 상대방의 이익을 희생하여 자신의 이익을 추구하는 방안이다.
③ 순응이란 자신의 이익은 희생하면서 상대방의 이익을 만족시키려는 방안이다.
④ 타협이란 자신과 상대방의 이익 모두를 만족시키려는 방안이다.

다음은 토마스(K. Thomas)가 제시한 대인적 갈등관리방안과 관련되는 내용이다. 각각의 내용이 바르게 연결된 것은?

> ㄱ. 상대방의 이익을 희생하여 자신의 이익을 추구하는 경우이다.
> ㄴ. 자신의 이익이나 상대방의 이익 모두에 무관심한 경우이다.
> ㄷ. 자신과 상대방 이익의 중간 정도를 만족시키려는 경우이다.
> ㄹ. 자신의 이익을 희생하여 상대방의 이익을 만족시키려는 경우이다.

	ㄱ	ㄴ	ㄷ	ㄹ
①	강제	회피	타협	포기
②	경쟁	회피	타협	순응
③	위협	순응	타협	양보
④	경쟁	회피	순응	양보

---

05 자신과 상대방의 모두 만족 → 협동

① [○] 토마스(K. Thomas)는 자신의 이익과 상대방의 이익을 만족시키려는 두 가지 기준을 바탕으로 갈등관리 방안을 경쟁, 순응, 회피, 타협, 협동이라는 다섯 가지로 구분하였다.
② [○] 경쟁은 신속한 결정이 요구되는 긴급하고 중요한 사항이지만 인기 없는 조치가 요구되는 경우, 조직의 성장에 매우 중요한 문제인 경우 등에 활용된다.
③ [○] 순응은 자기가 잘못한 사항이거나 다른 사람에게 더 중요한 사항인 경우, 보다 중요한 문제를 위해 좋은 관계를 유지하거나 조화와 안정이 특히 중요한 경우, 패배가 불가피하여 손실을 극소화할 필요가 있는 경우 등에 활용된다.
④ [✕] 자신과 상대방의 이익 모두를 만족시키려는 방안은 협동이다. 타협은 자신의 이익과 상대방의 이익을 중간 정도로 고려하는 방식이다.

📄 **토마스(K. Thomas)의 갈등관리 - 갈등의 처리 (1)**

경쟁	신속한 결정, 긴급한 상황, 조직에 매우 중요한 문제, 인기 없는 조치가 요구되는 경우
회피	쟁점이 사소할 때, 갈등해소에 따른 부작용이 너무 클 때
순응	자기의 잘못일 때, 다른 사람에게 더 중요한 사항일 때
협동	양자에게 매우 중요한 경우, 통합적 해결책만이 수용될 때
타협	잠재적인 문제가 더 클 때, 일시적 해결책

답 ④

---

06 토마스(K. Thomas)의 분류기준
→ 상대방의 이익 + 자신의 이익

ㄱ. 상대방의 이익을 희생하여 자신의 이익을 추구하는 경우는 경쟁이다.
ㄴ. 자신의 이익이나 상대방의 이익 모두에 무관심한 경우는 회피이다.
ㄷ. 자신과 상대방 이익의 중간 정도를 만족시키려는 경우는 타협이다.
ㄹ. 자신의 이익을 희생하여 상대방의 이익을 만족시키려는 경우는 순응이다.

📄 **토마스(K. Thomas)의 갈등관리 - 갈등의 처리 (2)**

구분		상대방 이익(→ 협조)	
		낮음	높음
자기 이익 (→ 독단)	낮음	회피	순응(→ 동조)
		타협	
	높음	경쟁	협동(→ 제휴)

답 ②

07 □□□

행정조직의 구조적인 측면에서 발생하는 갈등 요인이 아닌 것은?

① 개인의 이기적인 태도
② 기능이나 업무의 특성에 따른 분업구조
③ 제한된 자원의 하위 부서 간 공유
④ 업무의 연계성으로 인한 타인과의 협조 필요성 증가

07 　개인의 태도 → 갈등의 인적요인

① [×] 갈등의 원인에는 가치관, 인지 및 태도의 차이, 성격의 차이 등과 같은 개인적 요인, 수평적인 분화와 업무의 상호 의존성, 역할이나 관할의 모호성, 지위와 신분의 불일치 등과 같은 구조적 요인, 의사전달의 미흡 또는 장애, 의도적 왜곡 등과 같은 의사전달 요인이 있다. 개인의 이기적인 태도는 개인적 요인에 속한다.

②, ③, ④ [○] 기능이나 업무의 특성에 따른 분업구조, 제한된 자원의 하위 부서 간 공유, 업무의 연계성으로 인한 타인과의 협조 필요성의 증가 등은 모두 갈등을 야기하는 구조적 요인에 속한다.

답 ①

08 □□□

갈등관리에 대한 설명으로 옳지 않은 것은?

① 갈등관리란 갈등을 해소하거나 완화하는 것뿐만 아니라 상황에 따라서는 갈등을 용인하고 나아가 조성할 수도 있다는 의미이기도 하다.
② 갈등관리에서의 갈등은 표면적으로 드러나는 것만을 말하는 것이 아니라 당사자들이 느끼는 잠재적 갈등상태까지를 포함한다.
③ 갈등의 유형 중에서 생산적 갈등이란 조직의 팀워크와 단결을 희생하고 조직의 생산성을 중요시하는 유형이다.
④ 갈등의 긍정적인 측면을 고려하는 입장에서는 적정 수준의 갈등은 조직성과에 도움을 줄 수 있다고 주장한다.

08 　생산적 갈등 → 성과와 사기의 제고

① [○] 갈등의 긍정적 측면을 강조하는 입장에서는 적정 수준의 갈등은 조직의 성과에 도움을 줄 수 있다고 주장한다. 따라서 갈등관리란 갈등을 해소하거나 완화하는 것뿐만 아니라 상황에 따라서는 갈등을 용인하고 나아가 조성할 수도 있다는 의미이기도 하다.

③ [×] 생산적 갈등 또는 건설적 갈등이란 갈등의 순기능을 강조하는 개념으로, 갈등은 선의의 경쟁을 통해 발전과 쇄신을 촉진하는 조직발전의 새로운 계기가 되어 조직의 문제해결능력과 창의력을 고취시킨다고 보는 입장이다. 반면, 조직의 불안을 조성하고 쇄신과 발전을 저해하며, 구성원 간 반목과 적대감을 유발하여 구성원의 사기를 저하시키는 갈등을 소비적 갈등 또는 파괴적 갈등이라 한다.

답 ③

09 ☐☐☐

갈등관리에 대한 설명으로 옳지 않은 것은?

① 갈등은 해결과정에서 조직의 문제해결능력, 창의력, 융통성 등이 향상되는 순기능도 있다.

② 관계갈등을 해결하기 위해서는 의사전달의 장애요소를 제거하고 직원 간 소통의 기회를 제공해 줄 필요가 있다.

③ 직무갈등을 해결하기 위해서는 조직의 자원 증대, 공식적 권한을 가진 상사의 명령 및 중재, 그리고 상호타협의 방법이 있을 수 있다.

④ 과정갈등은 상호 의사소통 증진이나 조직구조의 변경을 통하여 해결할 수 있다.

⑤ 갈등은 조직 구성원의 사기를 저하시키고 부서 간의 위화감을 조성할 수 있다.

09	자원의 증대 → 과정갈등의 해결수단

①, ⑤ [○] 갈등은 순기능도 있고 역기능도 있다. 갈등은 조직의 변화나 쇄신의 계기가 될 수도 있고, 갈등을 해결하는 과정에서 조직의 문제해결능력, 창의력, 융통성 등이 향상되기도 한다. 한편, 갈등은 역기능적 측면에서 조직 구성원의 사기를 저하시키고 부서 간의 위화감을 조성할 수 있으며, 조직의 성과를 저하시키기도 한다.

② [○] 관계갈등은 개인적 관계에서 발생하는 갈등으로, 이를 해결하기 위해서는 개인의 가치관과 태도의 변화, 의사전달의 장애요소 제거 및 직원 간 소통의 기회 제공 등을 들 수 있다.

③ [×] 직무갈등은 작업의 내용과 목표에 관한 갈등을 말한다. 직무갈등을 해결하기 위한 방법으로는 상위목표의 제시, 직무에 관한 권한과 책임의 명확화, 공식적 권한을 가진 상사의 명령 및 중재, 협상과 타협 등을 들 수 있다. 한편, 자원의 증대는 과정갈등을 해결하는 수단이다.

④ [○] 과정갈등은 작업을 수행하는 방법 등을 둘러싸고 발생하는 갈등이다. 과정갈등은 상호 의사소통 증진이나 조직구조의 변경 또는 자원의 증대 등을 통하여 해결할 수 있다.

답 ③

10 ☐☐☐

갈등의 조성전략에 대한 설명으로 옳지 않은 것은?

① 표면화된 공식적 및 비공식적 정보전달통로를 의식적으로 변경시킨다.

② 갈등을 일으킨 당사자들에게 공동으로 추구해야 할 상위목표를 제시한다.

③ 상황에 따라 정보전달을 억제하거나 지나치게 과장한 정보를 전달한다.

④ 조직의 수직적·수평적 분화를 통해 조직구조를 변경한다.

⑤ 단위부서들 간에 경쟁상황을 조성한다.

10	상위목표의 제시 → 갈등의 해소전략

①, ③, ④, ⑤ [○] 정보전달통로의 의식적 변경(①), 정보전달의 억제나 과장된 정보전달(③), 조직의 수직적·수평적 분화(④), 단위부서들 간의 경쟁상황의 조성(⑤) 등은 모두 갈등의 조성전략에 해당한다.

② [×] 갈등을 일으킨 당사자들에게 공동으로 추구해야 할 상위목표를 제시하는 것은 갈등 해소전략이다.

답 ②

11

다음 중 갈등관리에 대한 설명으로 옳지 않은 것은?

① 갈등해소 방법으로는 문제의 해결, 상위 목표의 제시, 자원의 증대, 태도변화 훈련, 완화 등을 들 수 있다.

② 적절한 갈등을 조성하는 방법으로 의사전달 통로의 변경, 정보전달 억제, 구조적 요인의 개편, 리더십 스타일 변경 등을 들 수 있다.

③ 1940년대 말을 기점으로 하여 1970년대 중반까지 널리 받아들여졌던 행태주의적 견해에 의하면 갈등이란 조직 내에서 필연적으로 발생하는 현상으로 보았다.

④ 마치(March)와 사이먼(Simon)은 개인적 갈등의 원인 및 형태를 비수락성, 비비교성, 불확실성으로 구분했다.

⑤ 유해한 갈등을 해소하기 위해 갈등상황이나 출처를 근본적으로 변동시키지 않고 거기에 적응하도록 하는 전략을 사용하기도 한다.

12

조직 내 갈등에 대한 설명으로 옳지 않은 것을 〈보기〉에서 모두 고르면?

〈보기〉

ㄱ. 갈등은 조직에 항상 부정적인 영향을 미치므로 적절한 방안을 통해 해소해야 한다.

ㄴ. 갈등관리 방안 중 협동(collaboration)은 갈등 당사자들이 서로 양보하여 갈등을 해결하는 것으로 분명한 승자나 패자가 없다.

ㄷ. 업무의 상호 의존성이 높을수록 갈등이 증가할 소지가 크다.

ㄹ. 갈등해소를 위한 경쟁(competition) 전략은 신속하고 결단력이 필요한 경우나 구성원들에게 인기 없는 조치를 실행할 경우 사용될 수 있다.

ㅁ. 조직이 무사안일에 빠져있을 경우에는 타협(compromise)을 통해 갈등을 해소할 수 있다.

① ㄱ, ㅁ

② ㄴ, ㄹ

③ ㄱ, ㄴ, ㄹ

④ ㄱ, ㄴ, ㅁ

⑤ ㄷ, ㄹ, ㅁ

---

11 | 구조적 요인의 개편 → 갈등의 해소전략

① [○] 완화란 갈등 당사자 간의 공동 이익을 강조하고 차이는 작게 취급하는 것을 말한다.

② [×] 일반적으로 구조적 분화는 갈등의 조장전략으로 분류되지만 조직의 통폐합이나 구조적 요인의 개편은 갈등의 완화책으로 거론된다. 갈등을 조장하기 위해 구조를 개편하기 보다는 이러한 갈등의 해결이나 문제의 해결을 위해 구조를 개편한다고 보는 것이 옳다.

③ [○] 행태주의는 갈등에 관한 전통적 견해와 달리 갈등을 조직 활동의 필연적 현상으로 보며, 역기능만이 존재하는 것이 아니라 순기능도 존재할 수 있다고 본다.

④ [○] 사이먼과 마치는 개인적 갈등의 유형을 비수락성, 비비교성, 불명확성을 분류하였다.

⑤ [○] 갈등에 대한 적응 전략은 갈등의 해소전략으로 분류된다.

답 ②

12 | 갈등관리 → 해소전략 + 조장전략

ㄱ. [×] 적당한 수준의 갈등의 조직의 활력이 될 수 있으므로 갈등을 해소하는 전략만이 옳은 것은 아니다.

ㄴ. [×] 서로 양보하여 갈등을 해결하는 것으로 분명한 승자나 패자가 없는 것은 타협이다.

ㅁ. [×] 조직이 무사안일에 빠져있을 경우에는 갈등을 조장하는 전략이 효과적이다.

답 ④

조직시민행동(organizational citizenship behavior)에 대한 설명으로 옳지 않은 것은?

① 공식적인 보상 시스템에 의하여 직접적으로 또는 명시적으로 인식되지 않는 직무역할 외 행동이다.

② 구성원들의 역할모호성 지각은 조직시민행동에 긍정적 영향을 미친다.

③ 구성원들의 절차공정성 지각은 조직시민행동에 긍정적 영향을 미친다.

④ 작업장의 청결을 유지하는 것은 조직시민행동 유형 중 양심적 행동에 속한다.

프렌치(J. French)와 레이븐(B. Raven)이 주장하는 권력의 원천에 대한 설명으로 옳지 않은 것은?

① 합법적 권력은 권한과 유사하며 상사가 보유한 직위에 기반한다.

② 강압적 권력은 카리스마 개념과 유사하며 인간의 공포에 기반한다.

③ 전문적 권력은 조직 내 공식적 직위와 항상 일치하는 것은 아니다.

④ 준거적 권력은 자신보다 뛰어나다고 생각하는 사람을 닮고자할 때 발생한다.

---

13   조직시민행동 → 자신의 명확한 역할 + 친사회적 활동

① [○] 조직시민행동이란 강제는 아니지만 조직구성원들이 지키면 좋은 행동기준, 공식적 업무와 무관하게 재량에 의해 행해지는 동료나 조직에게 도움이 되는 행동을 말한다. 이는 보상이 없음에도 동료를 돕거나 조직의 이익을 증대시키는 친사회적 행동이다.

② [×] 자신의 역할이 무엇인지 모르는 상황에서는 이타적인 친사회적 행동이 나타나기 어렵다.

③ [○] 조직시민행동의 원인으로 리더에 대한 부하의 신뢰, 구성원의 역할기대, 구성원의 직무만족, 구성원의 성격 등이 거론된다.

④ [○] 양심적 행동이란 조직이 요구하는 것보다 더 많은 봉사나 노력을 하는 행동을 말한다.

📄 **조직시민행동의 유형**

1. 개인에 대한 조직시민행동

이타적 행동	타인을 도와주려는 친사회적 행동
예의적 행동	다른 사람의 권리 존중 또는 피해를 주지 않도록 미리 배려하는 행동

2. 조직에 대한 조직시민행동

양심적 행동	조직이 요구하는 이상의 봉사나 노력
신사적 행동 (→ 스포츠맨십)	악담이나 단점, 불평, 불만, 험담 및 과장해서 이야기하지 않는 정당한 행동
공익적 행동	업무에 대한 책임의식과 능동적 참여

답 ②

---

14   카리스마 → 준거적 권력

① [○] 권한과 유사한 개념인 합법적 권력은 상사가 보유하고 있는 직위에 기반을 둔 것으로, 일반적으로 직위가 높을수록 합법적 권력은 더욱 커지는 경향이 있다.

② [×] 강압적 권력은 인간의 공포에 기반을 둔 것으로 어떤 사람이 다른 사람을 처벌할 수 있는 능력을 가지거나 육체적 또는 심리적으로 위해를 가할 수 있는 능력을 가진 경우에 발생한다. 카리스마는 준거적 권력에 해당한다.

③ [○] 다른 사람이 필요로 하는 전문적인 기술이나 지식을 어떤 사람이 갖고 있을 때 발생하는 전문적 권력은 누구나 가질 수 있는 것이므로 공식적 직위와 항상 일치하는 것은 아니다.

④ [○] 준거적 권력은 어떤 사람이 자신보다 뛰어나다고 생각하는 사람을 닮고자 할 때 발생하며, 일면 카리스마의 개념과 유사하다.

답 ②

15 ☐☐☐

프렌치(J. French)와 레이븐(B. Raven)의 권력유형 분류에서
권력의 원천이 아닌 것은?

① 상징(symbol)
② 강제력(coercion)
③ 전문성(expertness)
④ 준거(reference)

15	프렌치(J. French)와 레이븐(B. Raven) → 강제적, 공리적, 정통적, 준거적, 전문적

① [×] 프렌치(J. French)와 레이븐(B. Raven)은 권력의 유형을
   강요적 권력, 보상적 권력, 정통적 권력, 준거적 권력, 전문적
   권력으로 나누었다.
② [○] 강제적 권력은 상대를 처벌할 수 있을 때 발생하는 권력이다.
③ [○] 전문적 권력은 전문적 기술이나 지식을 가지고 있을 때 발생
   하는 권력이다.
④ [○] 준거적 권력은 매력에 호감을 느낌으로써 그를 닮고자 할 때
   발생하는 권력이다.

답 ①

16 ☐☐☐

리더십에 관한 설명 중 옳지 않은 것은?

① 리더십 연구의 접근방법은 특성론적 접근에서 상황론적
   접근으로, 그리고 행태론적 접근으로 이행했다.
② 변혁적(transformational) 리더십의 요소로는 영감, 지적
   자극, 개인적 배려, 카리스마가 있다.
③ 거래적(transactional) 리더십에서는 성과에 따른 보상을
   중요 요소로 한다.
④ 카리스마적 리더십은 리더십의 자질론에 속한다.

16	리더십이론의 변천 → 자질론, 행태론, 상황론 순

① [×] 리더십 이론은 특성론에서 행태론으로 그리고 상황론으로
   이행하였다.
② [○] 카리스마는 구성원에 대한 사명감 부여와 자긍심의 고양을
   의미하고, 영감은 높은 기대감의 전달, 노력의 촉진, 목표의
   명확한 표현력 등을 의미한다. 지적 자극은 지능과 합리성의 부여,
   신중한 문제해결의 촉진을 의미하고, 개인적 배려는 구성원에
   대한 개별적인 지도와 충고를 의미한다.
④ [○] 카리스마적 리더십은 리더의 높은 자신감과 강한 동기,
   도덕적 정당성에 대한 강한 신념 등을 강조하는 리더십으로,
   변혁적 리더십과 연관성이 높다.

📄 **리더십이론의 변천**

속성이론	리더의 자질을 연구
행태이론	리더의 행태와 부하의 반응(→ 사기와 성과)을 연구
상황이론	리더의 행태에 영향을 주는 상황 요인을 연구
신속성론	리더가 조직 또는 부하에게 주는 영향력을 연구

답 ①

PART 3

해커스공무원 이준모 행정학 단원별 기출문제집

17 □□□

리더십에 대한 설명으로 옳지 않은 것은?

① 특성론에 대한 비판은 지도자의 자질이 집단의 특성·조직목표·상황에 따라 완전히 달라질 수 있고, 동일한 자질을 갖는 것은 아니며, 반드시 갖춰야 할 보편적인 자질은 없다는 것이다.

② 행태이론에서는 눈에 보이지 않는 능력 등 리더가 갖춘 속성보다 리더가 실제 어떤 행동을 하는가에 초점을 맞춘다.

③ 상황론에서는 리더십을 특정한 맥락 속에서 발휘되는 것으로 파악해, 상황 유형별로 효율적인 리더의 행태를 찾아내기 위한 연구를 수행하였다.

④ 번스(J. Burns)의 리더십이론에서 거래적 리더십은 카리스마적 리더십을 기반으로 하므로 카리스마적 리더십과 중첩되는 측면이 있다.

---

17 변혁적 리더십 → 카리스마적 리더십을 기반

① [○] 특성론(속성이론)은 훌륭한 리더가 되는 데 필요한 속성을 가진 사람은 성공적인 리더가 될 수 있다고 보았다. 특성에는 신체적 특성(키, 용모), 성격 특성(자존심, 정서적 안정성 등), 능력(일반 지능, 사회적 통찰력 등) 등이 있다. 특성론에 대한 비판은 지도자의 자질이 집단의 특성·조직목표·상황에 따라 완전히 달라질 수 있고, 동일한 자질을 갖는 것은 아니며, 반드시 갖춰야 할 보편적인 자질은 없다는 것이다.

② [○] 행태이론(behavior theory)은 리더십 행태의 유형을 발전시키고, 리더십 행태와 추종자들의 업무성취 및 만족 사이의 관계를 밝히려는 이론을 말한다.

③ [○] 상황이론은 리더십의 효율성을 결정하는 데에는 리더의 속성과 행태뿐만 아니라 상황적 요인의 작용이 중요하다는 것을 강조하는 이론이다. 즉, 상황론에서는 리더십을 특정한 맥락 속에서 발휘되는 것으로 파악해, 상황 유형별로 효율적인 리더의 행태를 찾아내기 위한 연구를 수행하였다.

④ [×] 번스(J. Burns)의 리더십이론에서 거래적 리더십은 지시적 리더십이나 지원적 리더십의 역할을 수행하는 리더십으로, 업무를 할당하고, 그 결과를 평가하며, 보상하는 리더십을 말한다. 이에 반해 변혁적 리더십은 조직의 노선과 문화를 변동시키려고 노력하는 변화추구적·개혁적 리더십을 말한다. 변혁적 리더십의 구성 요소에는 카리스마적 리더십, 영감적 리더십, 개별적 배려, 지적 자극 등이 있다.

📄 **거래적 리더십과 변혁적 리더십 비교**

구분	거래적 리더십	변혁적 리더십
환경관	폐쇄체제	개방체제
성격	현상 유지	변화 지향
시야	능률 지향적이고 단기적	적응 지향적이고 장기적
구조	기계적 관료제	임시구조
동기부여	리더와 부하의 교환관계	영감과 비전의 제시

답 ④

18 □□□

리더십이론과 그 특성이 잘못 연결된 것은?

① 특성이론: 리더의 개인적 자질을 강조
② 행태이론: 리더 행동의 상대적 차별성 강조
③ 거래이론: 리더와 부하 간의 사회적 교환관계를 강조
④ 변혁이론: 부하에 대한 지시와 지원을 강조

---

18 지시와 지원의 강조 → 거래적 리더십

① [○] 특성이론은 리더의 개인적 특성이 리더십의 성공을 좌우하는 핵심요인으로 본다.

② [○] 행태이론은 리더의 행동이 부하의 만족과 조직의 성과에 미치는 영향력을 분석하는 이론이다.

③ [○] 거래적 리더십은 업무를 효과적으로 수행할 수 있도록 부하의 욕구를 파악하고, 부하들이 적절한 수준의 노력과 성과를 보이면 그에 대해 보상하는 교환관계에 바탕을 둔 리더십이다.

④ [×] 부하에 대한 지시와 지원은 거래적 리더십에서 강조한다.

답 ④

19 ☐☐☐

리더십이론에 대한 설명으로 옳지 않은 것은?

① 피들러(F. Fiedler)는 리더의 행태에 따라 권위주의형, 민주형, 자유방임형의 세 가지 유형으로 구분하였다.

② 행태이론은 리더의 자질보다 리더의 행태적 특성이 조직성과에 영향을 미친다고 본다.

③ 허시(P. Hersey)와 블랜차드(K. Blanchard)는 부하의 성숙도에 따라 리더의 역할이 달라져야 한다고 주장한다.

④ 하우스(R. House)의 경로 - 목표이론에 의하면 참여적 리더십은 부하들이 구조화되지 않은 과업을 수행할 때 필요하다.

20 ☐☐☐

화이트(R. White)와 리피트(R. Lippitt)의 리더십 유형에 대한 설명으로 옳지 않은 것은?

① 행태론적 접근방식에 기반하여 리더십 유형을 분류한다.

② 권위형은 의사결정권이 리더에게 집중되어 있으며, 직무수행에 중심을 두는 유형이다.

③ 자유방임형은 구성원들에게 자유재량을 최대한도로 인정하는 유형이다.

④ 화이트(R. White)와 리피트(R. Lippitt)의 실험결과에 따르면 민주형, 자유방임형, 권위형 순으로 피험자들이 선호했다.

⑤ 민주형은 참여와 토의를 강조하는 유형으로서, 정책문제와 절차는 집단적으로 결정된다.

19	아이오와 대학 → 권위형, 민주형, 방임형

① [×] 권위주의형, 민주형, 자유방임형으로 구분한 것은 행태주의 리더십 중 아이오와 대학과 관련된다.

② [○] 리더십 행태론은 지도자의 자질보다는 지도자의 행동유형을 강조하는 입장이다. 즉, 눈에 보이지 않는 자질보다는 지도자들이 실제 어떤 행동을 하는가에 초점을 맞추며, 지도자의 행태와 추종자의 업무성취 및 만족 간의 관계 규명에 초점을 두었다.

③ [○] 허시(P. Hersey)와 블랜차드(K. Blanchard)는 과업 중심의 리더십과 관계(인간) 중심의 리더십으로 구분한 후 부하의 성숙도라는 하나의 차원을 추가하여 3차원 모형을 정립하였다.

④ [○] 참여적 리더십은 의사결정에 부하의 참여를 유도하는 리더십으로 구조화되지 않은 과업이나 부하들이 내적 통제 위치를 지닌 경우에 선호된다.

답 ①

20	화이트(R. White)와 리피트(R. Lippitt) → 아이오와 대학

④ [×] 화이트(R. White)와 리피트(R. Lippitt)의 실험결과에 따르면 민주형, 권위형, 자유방임형 순으로 피험자들이 선호했다.

답 ④

21 ☐☐☐

조직이론에 대한 설명으로 옳지 않은 것은?

① 카플란과 노턴은 균형성과표의 네 가지 관점으로 고객 관점, 내부 프로세스 관점, 재무적 관점, 학습과 성장 관점을 제시하였다.

② 민츠버그는 조직의 5개 구성요소로 전략적 최고관리층, 중간계선관리층, 작업층, 기술구조, 지원 막료를 제시하였다.

③ 허시와 블랜차드는 부하의 성숙도가 높은 경우 지시적 리더십이 효과적이라고 보았다.

④ 베버는 법적·합리적 권한에 기초를 둔 이념형 관료제의 특징으로 법과 규칙의 지배, 계층제, 문서에 의한 직무 수행, 비개인성, 분업과 전문화 등을 제시하였다.

21	성숙도가 높을 경우 → 위임형 리더십

① [○] 균형성과표(BSC)는 일반적으로 재무관점, 고객관점, 내부 과정관점, 학습과 성장관점으로 구성되지만 여기에 인적자원관점, 종업원 만족관점, 환경관점, 커뮤니티관점 등을 추가하기도 한다.

② [○] 민츠버그는 조직의 5개 구성요소로 전략정점, 기술구조, 운영핵심, 중간관리자, 참모 등을 제시하고 어디에 권한이 강한 가를 기준으로 단순구조, 기계관료제, 전문관료제, 사업부제, 임시 체제로 조직의 유형을 구분하였다.

③ [×] 허시와 블랜차드에 의하면 부하의 성숙도가 높으면 위임형 리더십이 효과적이다.

답 ③

22 ☐☐☐

리더십에 대한 이론과 그에 대한 설명으로 옳지 않은 것은?

① 자질이론: 지도자의 특성으로 지능과 인성 뿐 아니라 육체적 특징을 들고 있다.

② 행태이론: 상이한 지도유형이 구성원의 과업 성과에 어떤 영향을 주는가를 분석한다.

③ 권력영향력이론: 지도자 행태, 부하의 성숙도, 그리고 특정 상황에 따른 각 지도자 행태의 효과성에 관심을 갖는다.

④ 상황리더십이론: 모든 조직에 적용할 수 있는 가장 효과적인 지도자 유형은 존재하지 않는다고 본다.

22	특정 상황에 따른 각 지도자 행태의 효과성 강조 → 상황론적 접근

① [○] 리더십 자질론 또는 특성론은 성공적인 리더의 개인적 특성과 자질에 초점을 둔 연구방법이다.

② [○] 리더십 행태론은 리더와 부하 간의 관계에 초점을 맞춘 연구 방법으로, 리더의 행동을 통한 리더십의 효과성을 설명하는 이론이다.

③ [×] 지도자 행태, 부하의 성숙도, 그리고 특정 상황에 따른 각 지도자 행태의 효과성에 관심을 갖는 것은 리더십 상황론이다. 권력영향력이론은 리더가 갖고 있는 권력의 크기와 유형, 그리고 그러한 권력이 행사되는 방법 등을 통해 리더십 효과성을 설명하는 연구방법이다.

④ [○] 리더십 상황론은 효과적인 리더의 행동이나 특성은 상황에 따라 다르다는 것을 강조하는 이론이다.

답 ③

23 □□□

피들러(F. Fiedler)의 상황적합적 리더십 이론에 대한 설명으로 옳지 않은 것은?

① 리더와 부하의 관계, 부하의 성숙도, 과업구조의 조합에 따라 리더의 상황적 유리성(situational favorableness)을 설명한다.
② 리더에게 매우 유리한 상황인 경우 과업 지향적 리더십이 효과적이다.
③ LPC(Least Preferred Coworker) 점수를 사용하여 리더를 과업 지향적 리더와 관계 지향적 리더로 분류했다.
④ 리더가 처한 상황에 따라서 리더십의 효과성이 달라질 수 있다.

24 □□□

리더십에 대한 연구 중 그 성격이 다른 것은?

① 레윈(K. Lewin), 리피트(R. Lippitt), 화이트(R. White)는 리더십의 유형을 권위형, 민주형, 방임형으로 분류한다.
② 리더십에 대한 미시간 대학교의 연구에서는 직원중심형과 생산중심형으로 구분한다.
③ 블레이크(R. Blake)와 무톤(J. Mouton)은 조직발전에 활용할 목적으로 관리유형도(Managerial Grid)라는 개념적 도구를 사용한다.
④ 허시(P. Hersey)와 블랜차드(K. Blanchard)는 인간중심적 형태와 임무중심적 행태를 기준으로 리더십유형을 구분한다.

23	피들러 → 리더와 부하의 관계, 과업구조, 직위권력

① [×] 부하의 성숙도가 아니라 리더의 직위권력이 옳다.
②, ③ [○] 피들러(F. Fiedler)는 싫어하는 동료를 부정적으로 평가하는 경우(57점 이하) 과업지향형이, 싫어하는 동료를 긍정적으로 평가하는 경우(64점 이상) 관계지향형이 바람직하다고 하였다.
④ [○] 피들러(F. Fiedler)는 리더십 상황론과 관련되므로 상황에 따라 효과적인 리더십의 유형은 달라져야 한다.

📄 피들러(F. Fiedler)의 상황적응모형

리더와 추종자	업무구조	직위권력	상황판단	적합한 리더십
우호적	구조화	큼	매우 유리	과업지향형
		작음		
	비구조화	큼		
		작음		
비우호적	구조화	큼	중간	관계지향형
		작음		
	비구조화	큼	매우 불리	과업지향형
		작음		

답 ①

24	허시(P. Hersey)와 블랜차드(K. Blanchard) → 상황론적 접근

① [○] 아이오와 대학의 연구로 리더십의 유형을 권위형(과업지향), 민주형(관계지향), 방임형으로 구분하였다. 그들에 의하면 생산성은 권위형과 민주형이 비슷하나 사기는 민주형이 가장 높으므로 전체적으로는 민주적 리더십이 가장 효율적이다.
② [○] 미시간 대학의 연구는 리더십의 유형을 업무중심형과 직원중심형으로 구분하였고, 직원중심형이 생산성이나 만족감 측면에서 보다 효율적이라 하였다.
③ [○] 관리유형도는 블레이크(R. Blake)와 무톤(J. Mouton)의 연구로 X축에 생산을, Y축에 인간에 대한 관심을 변수로 설정하여 무관심형(1/1), 친목형(1/9), 타협형(5/5), 과업형(9/1), 단합형(9/9)의 5가지 리더십 유형을 제시하였다.
④ [×] 허시(P. Hersey)와 블랜차드(K. Blanchard) 모형은 상황론적 리더십이론이고 나머지는 행태론적 리더십이다. 리더십 행태론은 리더와 부하 간의 관계에 초점을 둔 연구방법으로, 리더의 행동을 통한 리더십의 효과성을 설명하는 이론이며 리더십 상황론은 효과적인 리더의 행동이나 특성은 상황에 따라 다르다는 것을 강조하는 이론이다.

답 ④

25 ☐☐☐

리더십에 대한 설명으로 옳은 것은?

① 피들러(F. Fiedler)는 리더십 유형을 결정하는 조건으로 부하의 성숙도를 중요시한다.
② 번스(J. Burns)의 거래적 리더십은 영감, 개인적 배려에 치중하고 조직에 변화를 주도하는 리더십이다.
③ 하우스(R. House)의 참여적 리더는 부하들과 상담하고 의사결정 전에 부하들의 의견을 반영하려고 한다.
④ 블레이크(R. Blake)와 무톤(J. Mouton)은 직원지향적 리더십이 가장 이상적인 리더십 유형이라고 규정한다.

| **25** | **참여적 리더십 → 의사결정 전 부하들의 의견 반영** |

① [×] 리더십 유형을 결정하는 조건으로 부하의 성숙도를 제시한 학자는 허시(P. Hurshey)와 블랜차드(K. Blanchard)이다.
② [×] 영감, 개인적 배려에 치중하고 조직에서 변화를 주도하는 리더십은 변혁적 리더십이다.
③ [O] 참여적 리더십은 의사결정에 부하의 참여를 유도하는 리더이다.
④ [×] 블레이크(R. Blake)와 무톤(J. Mouton)에 의하면 생산에 대한 관심과 인간에 대한 관심이 모두 높은 유형인 단합형이 가장 이상적인 리더십 유형이다.

📄 **허시(P. Hurshey)와 블랜차드(K. Blanchard)의 3차원모형**

구분		심리상 능력	
		낮음	높음
직무상 능력	낮음	지시형(telling) 리더십	설득형(selling) 리더십
	높음	참여형(participating) 리더십	위임형(delegating) 리더십

답 ③

26 ☐☐☐

커(S. Kerr)와 저미어(J. Jermier)가 주장한 리더십 대체물 접근법에 대한 설명으로 옳은 것만을 모두 고른 것은?

ㄱ. 구조화되고 일상적이며 애매하지 않은 과업은 리더십의 대체물이다.
ㄴ. 조직이 제공하는 보상에 대한 무관심은 리더십의 대체물이다.
ㄷ. 부하의 경험, 능력, 훈련 수준이 높은 것은 리더십의 중화물이다.
ㄹ. 수행하는 과업의 결과에 대한 환류(feedback)가 빈번한 것은 리더십의 대체물이다.

① ㄱ, ㄷ
② ㄱ, ㄹ
③ ㄴ, ㄷ
④ ㄴ, ㄹ

| **26** | **보상에 대한 무관심 → 중화물** |

ㄴ. [×] 조직이 제공하는 보상에 대한 무관심은 리더십의 중화물이다.
ㄷ. [×] 부하의 경험, 능력, 훈련 수준이 높은 것은 리더십의 대체물이다.

📄 **커(S. Kerr)와 저미어(J. Jermier)의 리더십 대체물 접근법**

1. 리더십 대체물
   리더십을 불필요하게 만드는 요인
2. 리더십 중화물
   리더십의 필요성을 약화시키는 요인

	변수	구조 (→ 지시)	배려 (→ 지원)
부하의 특징	경험과 훈련	대체물	
	전문가적 성향	대체물	대체물
	보상에 대한 무관심	중화물	중화물
과업의 특징	구조화된 과업	대체물	
	빈번한 환류	대체물	
	도전적인 업무		대체물
조직의 특징	집단의 높은 응집성	대체물	대체물
	리더의 권력 결여	중화물	중화물
	규칙과 규정	대체물	
	조직적 경직성	중화물	
	리더와 부하의 공간적 거리	중화물	중화물

답 ②

27 ☐☐☐

리더십이론에 대한 설명으로 옳은 것만을 모두 고른 것은?

> ㄱ. 피들러(F. Fiedler)의 상황적합이론(contingency theory of leadership)에서는 상황변수로 리더와 부하의 관계, 직위권력, 과업구조의 세 가지를 들고 있다.
>
> ㄴ. 허시(P. Hurshey)와 블랜차드(K. Blanchard)의 경로 - 목표이론(path-goal theory of leadership)에서는 상황변수로 부하의 능력과 의욕으로 구성되는 성숙도를 채택하였다.
>
> ㄷ. 하우스(R. House)는 리더십을 거래적 리더십(transactional leadership)과 변혁적 리더십(transformational leadership)으로 구분하였다.
>
> ㄹ. 블레이크(R. Blake)와 무튼(J. Mouton)의 관리격자(managerial grid)모형에 따르면 무기력형, 컨트리클럽형, 과업형, 중도형, 팀형이라는 기본적인 리더십 유형이 도출된다.

① ㄱ, ㄴ 　　　　② ㄱ, ㄹ
③ ㄴ, ㄷ 　　　　④ ㄷ, ㄹ

27	경로 - 목표이론 → 하우스와 에반스

ㄴ. [×] 경로 - 목표모형은 하우스(R. House)와 에반스(M. Evans)의 이론이며 사용한 변수는 부하의 특성과 업무환경이다. 부하의 능력과 의욕으로 구성되는 성숙도는 허시(P. Hurshey)와 블랜차드(K. Blanchard)가 사용한 변수이다.

ㄷ. [×] 거래적 리더십과 변혁적 리더십을 구분하여 설명한 학자는 번스(J. Burns)와 바스(B. Bass)이다.

답 ②

---

28 ☐☐☐

리더십에 대한 설명으로 옳지 않은 것은?

① 피들러(F. Fiedler)에 따르면 리더십의 효과성을 제고하기 위해서는 리더의 스타일을 정확히 파악하고 상황에 맞춰 리더를 배치하는 것이 필요하다.

② 하우스(R. House)의 경로 - 목표이론에 따르면 참여적 리더십은 부하들이 구조화되지 않은 과업을 수행할 때 필요하다.

③ 허시(P. Hersey)와 블랜차드(K. Blanchard)의 생애주기이론에 따르면 효과적 리더십을 위해서는 리더가 부하의 성숙도에 따라 다른 행동 양식을 보여야 한다.

④ 리더십대체이론에 따르면 구성원들이 충분한 경험과 능력을 갖추고 있는 상황에서는 지원적 리더십이 불필요하다.

28	경험과 능력 → 지시적 리더십의 대체물

① [O] 피들러(F. Fiedler)에 따르면 상황이 유리하거나 불리하다면 과업지향의 리더를 배치하고 중간 정도라면 관계지향의 리더를 배치하는 것이 바람직하다.

② [O] 하우스(R. House)에 의하면 구조화된 과업은 지원적 리더십이 바람직하고 구조화되지 않은 과업은 지시적 리더십이나 참여적 리더십이 바람직하다.

③ [O] 허시(P. Hersey)와 블랜차드(K. Blanchard)는 부하의 성숙도를 기준으로 지시적 리더십, 설득적 리더십, 참여적 리더십, 위임형 리더십으로 구분하였다.

④ [×] 커(S. Kerr)와 저미어(J. Jermier)의 리더십 대체물접근법에 따르면 구성원들이 경험과 능력을 지닐 경우 지시적 리더십은 불필요하지만 지원적 리더십은 필요하다.

답 ④

29 □□□

다음 중 리더십에 대한 설명으로 옳지 않은 것은?

① 행태론적 접근법은 효과적인 리더의 행동은 상황에 따라 다르다는 사실을 간과한다.
② 특성론적 접근법은 성공적인 리더는 그들만의 공통적인 특성이나 자질을 가지고 있다고 전제한다.
③ 상황론적 접근법은 리더의 어떠한 행동이 리더십 효과성과 관계가 있는가를 파악하고자 하는 접근법이다.
④ 거래적 리더십은 합리적 과정이나 교환 과정의 중요성을 강조한다.
⑤ 변혁적 리더십은 카리스마, 개별적 배려, 지적 자극, 영감(inspiration) 등을 강조한다.

30 □□□

변혁적 리더십에 대한 설명으로 옳지 않은 것은?

① 도전적 목표와 임무, 미래에 대한 비전을 추구하도록 격려한다.
② 구성원 개개인에게 관심을 가지고 배려한다.
③ 상황적 보상과 예외관리를 특징으로 한다.
④ 새로운 관점에서 문제를 재구성하고 해결책을 찾도록 자극한다.

---

29 리더의 행동과 효과성 → 리더십 행태론

① [ㅇ] 행태론 역시 어디에나 적용되는 리더십의 스타일을 찾고자 하였기에 상황에 따라 리더십의 스타일이 달라져야 한다는 점은 간과하였다.
② [ㅇ] 특성론은 자질론을 말한다. 이러한 자질론적 리더십 이론은 리더의 공통적 자질을 찾는데 연구의 초점을 두었다.
③ [×] 리더의 어떠한 행동이 리더십 효과성과 관계가 있는가를 파악하고자 하는 접근법은 리더십 행태론이다.
④ [ㅇ] 거래적 리더십은 업적에 따른 조건적 보상과 예외에 의한 관리를 구성요소로 한다.
⑤ [ㅇ] 변혁적 리더십은 카리스마, 영감, 지적자극, 개별적 배려 등을 구성요소로 한다.

답 ③

---

30 상황적 보상과 예외적 관리 → 거래적 리더십

① [ㅇ] 도전적 목표와 임무, 미래에 대한 비전을 추구하도록 격려하는 것을 영감이라 한다.
② [ㅇ] 구성원 개개인에게 관심을 가지고 배려하는 것을 개별적 배려라 한다.
③ [×] 상황적 보상과 예외관리를 특징으로 하는 것은 거래적 리더십이다.
④ [ㅇ] 새로운 관점에서 문제를 재구성하고 해결책을 찾도록 자극하는 것을 지적 자극이라 한다.

답 ③

31 ☐☐☐

바스(B. Bass) 등이 제시한 변혁적 리더십(Transformational Leadership)의 주된 요인으로 옳지 않은 것은?

① 영감적 리더십
② 합리적 과정
③ 카리스마적 리더십
④ 개별적 배려

32 ☐☐☐

변혁적(transformational) 리더십에 대한 설명으로 옳은 것은?

① 적응보다 조직의 안정을 강조한다.
② 기계적 조직체계에 적합하며, 개인적 배려는 하지 않는다.
③ 부하에게 새로운 비전을 제시하며, 지적 자극을 통한 동기부여를 강조한다.
④ 리더와 부하의 관계를 경제적 교환관계로 인식하고, 보상에 관심을 둔다.

31	합리적 과정 → 거래적 리더십

①, ③, ④ [○] 변혁적 리더십은 카리스마(③), 영감(①), 지적 자극, 개별적 배려(④) 등을 핵심 속성으로 한다.
② [×] 합리적 과정은 거래적 리더십의 특징이다.

📄 변혁적 리더십의 속성

카리스마	구성원에 대한 사명감의 부여와 자긍심의 고양
영감	높은 기대감의 전달, 노력의 촉진, 목표의 명확한 표현력
지적 자극	지능과 합리성의 부여, 신중한 문제해결의 촉진
개별적 배려	구성원에 대한 개별적인 지도와 충고

답 ②

32	변혁적 리더십 → 카리스마, 영감, 지적 자극, 개별적 배려

① [×] 변혁적 리더십은 안정보다는 변화를 유도하는 최고 관리층의 리더십이다.
② [×] 변혁적 리더십은 학습조직과 같은 유기적 조직에 적합하며, 개인적 배려를 강조한다.
④ [×] 리더와 부하의 관계를 경제적 교환관계로 인식하고, 보상에 관심을 두는 것은 거래적 리더십이다.

답 ③

33 □□□

변혁적 리더십(transformational leadership)에 대한 설명으로 옳지 않은 것은?

① 조직 참여의 기대가 적은 경우에 적합하며 예외관리에 초점을 둔다.
② 리더가 부하에게 특별한 관심을 보이거나 자긍심과 신념을 심어준다.
③ 리더가 부하들의 창의성을 계발하는 지적 자극(intellectual stimulation)을 중시한다.
④ 리더가 인본주의, 평화 등 도덕적 가치와 이상을 호소하는 방식으로 부하들의 의식수준을 높인다.

33	예외관리에 초점 → 거래적 리더십

① [×] 참여에 대한 기대가 적고 예외관리에 초점을 둔다면 전통적 관료제에서 강조하는 지시적 리더십이 바람직하다.
②, ③, ④ [○] 변혁적 리더십은 구성원에게 사명감을 부여하고 자긍심을 고양시키는 카리스마, 높은 기대감을 전달하여 노력을 촉진시키는 영감, 지능과 합리성을 부여하여 신중한 문제해결을 촉진시키는 지적 자극, 구성원에 대한 개별적인 지도와 충고를 강조하는 개별적 배려로 구성된다.

답 ①

34 □□□

리더십에 대한 설명으로 옳지 않은 것은?

① 변혁적(transformational) 리더십의 특성에는 영감적 동기부여, 자유방임, 지적 자극, 개별적 배려 등이 있다.
② 진성(authentic) 리더십의 특성은 리더가 정직성, 가치의식, 도덕성을 바탕으로 팔로워들의 믿음을 이끌고, 팔로워들이 리더의 윤리성과 투명성을 믿으며 긍정적 감정을 느낀다는 것이다.
③ 서번트(servant) 리더십은 자기 자신보다는 다른 사람에게 초점을 두고, 부하들의 창의성과 잠재력을 발휘할 수 있도록 봉사하는 리더십이다.
④ 거래적(transactional) 리더십은 적극적 보상이나 소극적 보상을 통해 영향력을 행사한다.

34	변혁적 리더십 → 카리스마(→ 이상화된 영향력)

① [×] 변혁적 리더십에서 강조하는 카리스마는 리더가 구성원들에게 미치는 이상화된 영향력을 강조하므로 자유방임과는 무관하다.
② [○] 진성(authentic) 리더십은 자기인식, 내재화된 도덕적 관점, 정보의 균형적 처리, 관계적 투명성 등의 증진을 통해 긍정적 심리 역량과 도덕적 분위기를 만들어내는 리더의 행동양식을 말한다.
③ [○] 서번트 리더십은 리더를 조직의 관리자가 아닌 섬기는 자로 정의하는 입장으로, 부하들이 영향력을 행사할 수 있도록 결정권을 나누어 주는 리더십이다.
④ [○] 거래적 리더십은 리더와 부하 간의 사회적 교환관계를 강조하는 리더십으로, 성과계약과 같이 교환과 거래에 기반을 둔 관리방식을 선호한다.

답 ①

변혁적 리더십(transformational leadership)의 특징이 아닌 것은?

① 리더는 부화의 욕구와 직무수행에 필요한 자원을 정확히 파악하여 그에 대한 보상과 지원을 제공하고, 부하는 그에 상응하는 노력을 통해 리더가 제시한 과업목표를 달성한다.
② 부하의 변화 측면에 초점을 맞추어 재량권을 부여하고 부하를 리더로 키운다.
③ 부하의 자기실현과 존중감 등 높은 수준의 욕구 실현에 관심을 갖는다.
④ 조직이 나아갈 비전을 제시하고 구성원들로 하여금 비전을 공유할 수 있도록 만든다.

바스(B. Bass) 등이 제시한 변혁적 리더십(transformational leadership)에 대한 설명으로 옳지 않은 것은?

① 리더는 구성원 개개인의 니즈에 관심을 가지며 잠재력 개발을 돕는다.
② 리더는 성과계약과 같이 교환과 거래에 기반한 관리방식을 활용한다.
③ 리더는 혁신적이고 창조적인 관점에서 해결책을 구하도록 구성원을 자극하고 변화를 유도한다.
④ 리더는 조직이 나아갈 비전을 제시하고 구성원들과의 소통을 통해 이를 공유하고자 한다.

---

35   거래적 리더십 → 과업목표의 제시, 지원과 보상

① [×] 부하의 욕구와 직무수행에 필요한 자원을 정확히 파악하여 그에 대한 보상과 지원을 제공하고, 부하는 그에 상응하는 노력을 통해 리더가 제시한 과업목표를 달성하는 것은 거래적 리더십이다.
③ [○] 변혁적 리더는 창의성과 다양성을 존중하고 사람들 사이의 신뢰를 구축하여 공생관계의 형성에 기여한다.
④ [○] 변혁적 리더십은 조직을 위해 새로운 비전을 창출하고 그러한 비전이 현실이 될 수 있도록 지지를 확보할 수 있는 리더십이다.

답 ①

---

36   성과계약 → 거래적 리더십

② [×] 성과계약과 같이 교환과 거래에 기반한 관리방식은 거래적 리더십에 해당한다.

답 ②

37 □□□

서번트(servant) 리더십에 대한 설명으로 옳은 것만을 모두 고르면?

> ㄱ. 구성원들이 공동의 목표를 이뤄 나갈 수 있도록 환경을 조성하고 도와준다.
> ㄴ. 보상과 처벌을 핵심 관리수단으로 한다.
> ㄷ. 그린리프(R. Greenleaf)는 존중, 봉사, 정의, 정직, 공동체 윤리를 강조했다.
> ㄹ. 리더의 최우선적인 역할은 업무를 명확하게 지시하는 것이다.

① ㄱ, ㄷ
② ㄱ, ㄹ
③ ㄴ, ㄷ
④ ㄴ, ㄹ

38 □□□

리더십에 대한 설명으로 옳은 것은?

① 변혁적(transformational) 리더십 - 무엇인가 가치 있는 것을 교환함으로써 추종자에게 영향력을 행사하는 리더십
② 거래적(transactional) 리더십 - 리더가 부하로 하여금 형식적 관례와 사고를 다시 생각하게 함으로써 새로운 관념을 촉발시키는 리더십
③ 카리스마적(charismatic) 리더십 - 리더가 특출한 성격과 능력으로 추종자들의 강한 헌신과 리더와의 일체화를 이끌어내는 리더십
④ 서번트(servant) 리더십 - 과업을 구조화하고 과업요건을 명확히 하는 리더십

37	보상과 처벌 → 거래적 리더십

ㄱ. [○] 서번트 리더십이란 타인을 위한 봉사에 초점을 두고 자신보다 구성원들의 이익을 우선시하는 리더십으로, 봉사자(servant)로서 직원, 고객 및 공동체를 우선으로 여기며 그들의 필요를 만족시키고자 헌신하는 리더십을 말한다.

ㄴ. [×] 보상과 처벌을 핵심 관리수단으로 하는 것은 거래적 리더십이다.

ㄷ. [○] 이밖에도 서번트 리더의 특징에는 경청, 공감, 치유, 설득, 지각, 선견지명, 개념화, 성장에 대한 헌신, 공동체 구축, 청지기 정신 등이 있다.

ㄹ. [×] 업무를 명확하게 지시하는 것은 거래적 리더십의 특징이다.

답 ①

38	카리스마적 리더십 → 리더의 개인적 권력의 활용

① [×] 무엇인가 가치 있는 것을 교환함으로써 추종자에게 영향력을 행사하는 리더십은 거래적 리더십이다.

② [×] 부하로 하여금 형식적 관례와 사고를 다시 생각하게 함으로써 새로운 관념을 촉발시키는 리더십은 변혁적 리더십이다.

③ [○] 카리스마적 리더십은 리더의 높은 자신감과 강한 동기, 도덕적 정당성에 대한 신념 등이 강조되는 리더십으로, 뛰어난 비전과 개인적 위험의 감수 의지, 상황에 대한 정확한 평가와 관습에 얽매이지 않는 전략, 부하들에 대한 계몽과 자신감의 전달, 개인적 권력의 활용 등을 특징으로 한다.

④ [×] 과업을 구조화하고 과업요건을 명확히 하는 리더십은 거래적 리더십이다.

답 ③

01 ☐☐☐

05년 국가9급

조직문화에 대한 설명 중 옳지 않은 것은?

① 모방과 학습에 의해 전이되기도 한다.
② 조직에 대한 충성심과 복종심을 유발시킨다.
③ 조직의 생산성이나 경쟁력을 좌우하기도 한다.
④ 조직의 투입물을 산출물로 전환하는 데 쓰이는 활동을 의미한다.

02 ☐☐☐

22년 지방9급

조직문화의 경쟁가치모형에 대한 설명으로 옳지 않은 것은?

① 위계문화는 응집성을 강조한다.
② 혁신지향문화는 창의성을 강조한다.
③ 과업지향문화는 생산성을 강조한다.
④ 관계지향문화는 사기의 유지를 강조한다.

01	투입물을 산출물로 전환하는 데 쓰이는 활동 → 기술

① [○] 조직문화는 인간이 만든 인위적 산물이지만 역사적 유산으로 후천적인 학습에 의해 공유되며, 전체적으로는 변화 저항적이고 안정적이지만 서서히 동태적으로 변화된다.
③ [○] 강한 조직문화는 조직의 생산성이나 경쟁력을 좌우하는 핵심요인이다.
④ [×] 조직의 투입물을 산출물로 전환하는데 쓰이는 활동은 기술이다. 조직문화는 구성원들이 공유하는 보편적인 생활양식 또는 행동양식의 총체로, 구성원의 가치체계, 신념체계, 사고방식의 복합체 등으로 표현된다.

답 ④

02	응집성의 강조 → 관계지향문화

① [×] 응집성을 강조하는 것은 관계지향문화이다. 위계문화는 안정성과 균형을 목표로 하며, 정보관리와 조정을 정책수단으로 활용한다.
② [○] 혁신지향문화는 조직 그 자체와 유연성을 강조하는 개방체제모형에서 강조하는 조직문화이다.
③ [○] 과업지향문화는 조직 그 자체와 통제를 강조하는 합리목표모형에서 강조하는 조직문화이다.
④ [○] 관계지향문화는 조직 내 인간과 유연성을 강조하는 인간관계모형에서 강조하는 조직문화이다.

📄 **퀸(R. Quinn)과 로보그(J. Rohrbaugh)의 경쟁가치모형**

구분		조직운영의 초점	
		외부 → 조직	내부 → 인간
선호도	통제	합리목표모형 → 과업문화, 합리문화	내부과정모형 → 위계문화
	유연성	개방체제모형 → 혁신문화, 발전문화	인간관계모형 → 관계문화, 집단문화

답 ①

03 □□□

홉스테드(G. Hofstede)의 문화 차원에 대한 설명으로 옳지 않은 것은?

① 불확실성 회피 정도가 강한 경우 공식적 규정을 많이 만들어 불확실한 요소를 최대한 통제하려 한다.
② 집단주의가 강한 문화는 개인주의가 강한 문화보다 상대적으로 느슨한 개인 간 관계를 더 중요시한다.
③ 권력거리가 큰 경우 제도나 조직 내에 내재되어 있는 상당한 권력의 차이를 자연스럽게 인정한다.
④ 남성성이 강한 문화는 여성성이 강한 문화보다 상대적으로 남성과 여성의 역할에 대한 분명한 차이를 인정하려고 한다.

03	개인주의 문화 → 느슨한 개인관계

① [○] 불확실성에 대한 회피의 정도가 강하다면 불확실성을 통제하기 위한 공식적 규정이 많을 것이다.
② [×] 개인주의 성향이 강한 문화일수록 개인과 개인 간의 관계는 느슨해진다.
③ [○] 권력거리가 크다면 조직이나 제도에 내재된 권력의 차이를 자연스럽게 수용할 것이다.
④ [○] 남성성이 강할수록 포용보다는 경쟁을 강조하고 남성과 여성의 명확한 역할 구분을 강조한다.

답 ②

04 □□□

행정문화란 행정체제의 구성원들이 공유하는 가치와 신념, 그리고 태도와 행동양식의 총체라고 할 수 있다. 홉스테드(G. Hofstede)의 문화차원을 근거로 하였을 때 한국문화의 특성으로 보기 어려운 것은?

① 개인주의
② 온정주의
③ 권위주의
④ 안정주의

04	한국문화의 특징 → 집단주의

① [×] 개인주의는 선진국의 행정문화의 특성이다. 나머지는 한국의 행정문화로 거론된다.
② [○] 온정주의는 인정·우정·의리 등과 같은 감성적 유대를 중시하는 문화로, 다른 사람들로부터의 사회적 압력에 민감하여 공평성을 저해하고 비합리성을 유발하는 폐해를 가져온다.
③ [○] 권위주의는 위계질서와 지배·복종의 관계를 중시하는 문화(권력격차가 큰 문화)로, 집권적 조직운영, 참여의 배제, 의사결정의 밀실화, 지위체계의 과잉경직, 상급자에게 맹종(동조과잉, 과잉충성), 대내외적 차별, 관존민비 등의 폐해를 가져온다.
④ [○] 안정주의는 변화지향의 문화와 대비되는 위험기피적 조직문화를 말한다. 이러한 문화에서는 신분보장과 같은 제도적 장치와 연공서열에 입각한 인사제도 등이 강화된다.

답 ①

조직이론에서 집단의 성과에 영향을 미치는 요인에 대한 설명으로 옳지 않은 것은?

① 동질적인 집단은 신속성을 요구하거나 창조성을 요구하는 과업수행에 적합하다.
② 과업의 특성에 따라 집단 규모가 성과에 미치는 영향이 다르다.
③ 구성원들의 동조행동을 강요하는 규범의 역기능적 측면을 관리하여 성과를 향상시킨다.
④ 집단의 응집력이 반드시 조직의 목표달성에 기여한다고 볼 수는 없다.

〈보기〉에서 설명하는 모형으로 옳은 것은?

> 〈보기〉
> 이 모형은 한 조직, 특히 공공조직은 다양한 가치를 공유할 수밖에 없음에도 불구하고 기존 연구들이 조직문화를 단일 차원적으로 접근함으로써 갖게 되는 한계를 극복하기 위한 다중 차원적 접근방법 중 하나이다. 이 모형에 따르면, 조직 문화의 유형은 두 가지 차원, 즉 내부 대 외부, 그리고 통제성 대 유연성을 기준으로 인간관계모형, 개방체제모형, 내부과 정모형, 그리고 합리적 목표모형 등 네 가지로 구분된다.

① 조직문화창조모형
② 갈등 · 협상모형
③ 혼합주사모형
④ 경쟁가치모형
⑤ 하위정부모형

---

05   집단의 동질성 → 신속성의 제고, 창의성은 약화

① [×] 동질적인 집단은 신속성을 요구되는 과업의 수행에는 적합하지만 창조성이 요구되는 과업의 수행에는 적합하지 않다. 다양한 견해를 지닌 이질적인 집단이 창의성을 높이기 유리하다.
② [○] 대규모 집단이라면 업무의 분업을 통해 능률성을 높일 수 있고 소규모 집단이라면 유기적 협력을 통해 환경 변화에 대한 반응을 높일 수 있을 것이다.
③, ④ [○] 동조행동의 강조는 구성원의 개인적 창의성을 저해할 수 있는 역기능이 있으므로 집단의 응집성이 반드시 순기능만을 보유하고 있는 것은 아니다.

답 ①

---

06   경쟁가치모형 → 조직 내부 + 조직 외부

④ [○] 조직문화의 유형은 두 가지 차원, 즉 내부 대 외부, 그리고 통제성 대 유연성을 기준으로 인간관계모형, 개방체제모형, 내부과정모형, 그리고 합리적 목표모형 등 네 가지로 구분한 모형은 경쟁가치모형이다.

답 ④

07 ☐☐☐

퀸(R. Quinn)과 로보그(J. Rohrbaugh)는 조직의 초점을 어디에 두는가와 조직구조의 성격에 따라 네 가지 효과성가치모형을 제시하였다. ㄱ ~ ㄹ 모형에 대한 설명으로 옳은 것은?

구조 초점	안정성(통제)	유연성(융통성)
내부	ㄱ	ㄴ
외부	ㄷ	ㄹ

① ㄱ모형은 조직의 생산성, 능률성, 수익성을 달성하는 것이 목표가치이며, 그 수단으로서 계획과 목표 설정이 강조된다.

② ㄴ모형의 목표가치는 인적자원 개발이며, 그 수단으로서 조직구성원의 응집성, 사기 및 훈련 등이 강조된다.

③ ㄷ모형의 목표가치는 성장과 자원 획득 등이며, 그 수단으로서 준비성과 외부평가 등이 강조된다.

④ ㄹ모형은 조직의 균형을 확보하는 것이 목표가치이며, 그 수단으로서 정보관리와 의사소통 등이 강조된다.

---

07   퀸(R. Quinn)과 로보그(J. Rohrbaugh) → 경쟁가치접근법

① [×] ㄱ모형은 내부과정모형이다. 조직의 안전성과 균형의 확보를 목표로 하며, 그 수단으로서 정보관리와 의사소통 등을 강조한다.

② [○] ㄴ모형은 인간관계모형이다. 목표가치는 인적자원의 개발이며, 그 수단으로서 구성원의 응집성, 사기 및 훈련 등이 강조된다.

③ [×] ㄷ모형은 합리목표모형이다. 조직의 생산성, 능률성, 수익성을 목표로 하며, 그 수단으로서 계획과 목표설정 등을 강조한다.

④ [×] ㄹ모형은 개방체제모형이다. 성장과 자원의 획득을 목표로 하며, 그 수단으로서 융통성과 외적 평가 등을 강조한다.

답 ②

---

08 ☐☐☐

균형성과표(BSC)에 대한 설명으로 옳은 것만을 모두 고른 것은?

> ㄱ. 조직의 비전과 목표, 전략으로부터 도출된 성과지표의 집합체이다.
> ㄴ. 재무지표 중심의 기존 성과관리의 한계를 극복하기 위한 것이다.
> ㄷ. 조직의 내부요소보다는 외부요소를 중시한다.
> ㄹ. 재무, 고객, 내부 프로세스, 학습과 성장이라는 네 가지 관점 간의 균형을 중시한다.
> ㅁ. 성과관리의 과정보다는 결과를 중시한다.

① ㄱ, ㄴ, ㅁ   ② ㄴ, ㄷ, ㄹ

③ ㄱ, ㄴ, ㄹ   ④ ㄷ, ㄹ, ㅁ

---

08   균형성과표 → 재무, 고객, 내부과정, 학습과 성장 등의 균형

ㄱ. [○] 균형성과표는 기업의 사명과 전략을 측정하고 관리할 수 있는 포괄적인 측정 지표의 하나로, 추상성이 높은 비전에서부터 구체적인 성과지표로 이어지는 위계적인 체제를 가진 조직의 평가지표이다.

ㄴ. [○] 전통적 지표인 재무적 관점은 경영전략(미래)과 연관되어 있지 않고 과거의 정보이며 사후적 결과만을 강조하기 때문에 미래 경쟁력에 대한 지표로 활용되기 곤란하였기에 균형성과표가 개발되었다.

ㄷ. [×] 균형성과표는 고객이라는 외부요소뿐만 아니라 내부과정이라는 조직의 내부요소도 함께 중시한다.

ㄹ. [○] 균형성과표는 재무적인 측면과 더불어 비재무적 측면 즉, 고객, 내부프로세스, 학습과 성장 등 기업의 성과를 종합적으로 평가하는 성과기록표이다.

ㅁ. [×] 균형성과표는 성과관리의 결과뿐만 아니라 과정까지 중시한다.

📄 **균형성과표(BSC)의 핵심지표**

재무	전통적 지표, 과거 시각, 후행지표, 공공조직은 제약조건으로 작용 예 수익성, 성장률, 주주의 가치 등
고객 (→ 수혜자)	외부 시각, 공공조직에서 가장 강조되는 지표 예 고객만족도, 정책의 순응도, 신규 고객의 수 등
내부과정	내부 시각, 업무 처리의 모든 과정 예 시민참여, 적법절차, 커뮤니케이션 등
학습과 성장	미래 시각, 다른 세 관점의 토대가 되는 가장 하부적 요소 예 학습동아리 수, 제안건수, 직무만족도 등

답 ③

09

균형성과표(BSC)에 대한 설명으로 옳지 않은 것은?

① 조직의 장기적 전략 목표와 단기적 활동을 연결할 수 있게 한다.

② 재무적 성과지표와 비재무적 성과지표를 통한 균형적인 성과관리 도구라고 할 수 있다.

③ 재무적 정보 외에 고객, 내부절차, 학습과 성장 등 조직 운영에 필요한 관점을 추가한 것이다.

④ 고객 관점에서의 성과지표는 시민참여, 적법절차, 내부 직원의 만족도, 정책 순응도, 공개 등이 있다.

10

균형성과표(BSC)의 성과지표에 대한 설명 중 옳지 않은 것은?

① 고객 관점에서의 성과지표에는 고객만족도, 정책순응도, 민원인의 불만율, 신규 고객의 증감 등이 있다.

② 내부 프로세스 관점의 성과지표에는 의사결정 과정의 시민참여, 적법적 절차, 커뮤니케이션 구조 등이 있다.

③ 재무적 관점의 성과지표는 전통적인 선행지표로서 매출, 자본 수익률, 예산 대비 차이 등이 있다.

④ 학습과 성장 관점의 성과지표에는 학습동아리 수, 제안 건수, 직무만족도 등이 있다.

---

09 | 고객 관점 → 고객만족도, 정책순응도, 민원인의 불만율, 신규 고객의 증감률

③ [○] 균형성과표는 일반적으로 재무관점, 고객관점, 내부과정관점, 학습과 성장관점으로 구성되지만 여기에 인적자원관점, 종업원 만족관점, 환경관점, 커뮤니티관점 등을 추가하기도 한다.

④ [×] 시민참여, 적법절차, 공개는 내부과정 관점의 성과지표이고, 내부 직원의 만족도는 학습과 성장 관점의 성과지표이다.

답 ④

10 | 재무관점 → 후행지표

① [○] 고객 관점은 외부 시각으로, 고객만족도, 정책순응도, 민원인의 불만율, 신규 고객의 증감률 등을 강조한다.

② [○] 내부 프로세스 관점은 내부 시각으로, 의사결정 과정의 시민참여, 적법적 절차, 커뮤니케이션 구조 등을 강조한다.

③ [×] 재무적 관점은 전통적 시각으로, 수익성과 성장률 및 주주의 가치 등을 강조한다. 다만, 민간은 재무관점이 성공의 핵심이지만, 공공부분의 경우 목표가 아닌 제약조건으로 작용된다. 또한 학습과 성장, 내부프로세서, 고객지표의 결과에 좌우되는 후행지표의 성격이 강하다.

④ [○] 학습과 성장 관점은 미래 시각으로, 학습동아리 수, 제안 건수, 직무만족도 등을 강조한다. 나머지 다른 세 관점의 토대가 되는 가장 하부적인 관점이다.

답 ③

11 □□□

공공부문의 성과관리를 강화하기 위해 균형성과표(BSC: Balanced Score Card)를 도입할 경우 중시해야 할 관점으로 옳지 않은 것은?

① 공기업 재정운영의 효율성을 제고하기 위해 직원 보수를 조정한다.
② 공무원의 능력향상을 위해 전문적 직무교육을 강화한다.
③ 시민들의 행정서비스 만족도를 제고하기 위해 노력한다.
④ 상향식 접근방법에 기초해 공무원의 개인별 실적평가를 중시한다.

11	균형성과표 → 하향적 접근방법

① [○] 공공부문의 경우 직원 보수는 예산에 해당하므로 재무 관점의 지표에 해당한다.
② [○] 공무원의 능력향상을 위해 전문적 직무교육의 강화는 학습과 성장의 지표에 해당한다.
③ [○] 시민들의 행정서비스 만족도를 제고하기 위한 노력은 고객관점의 지표에 해당한다.
④ [×] 균형성과표는 하향적 접근방법(미션 – 비전 – 전략목표 – 성과목표 – 성과지표)에 기초하고 있으며, 개인이 아닌 조직 그 자체에 대한 평가시스템이다.

답 ④

12 □□□

균형성과표(Balanced Score Card)를 활용한 성과관리에 대한 설명으로 옳지 않은 것은?

① 결과에 초점을 둔 재무지표 방식의 성과관리에 대한 대안으로 개발되었다.
② 성과관리를 위한 단기적 관점과 장기적 관점의 균형을 중시한다.
③ 고객관점의 성과지표로 고객만족도, 민원인의 불만율 등을 제시한다.
④ 재무적 관점은 전통적인 선행 성과지표이다.
⑤ 성과에 대한 조직구성원 간의 커뮤니케이션 도구로 사용할 수 있다.

12	재무적 관점 → 후행지표

① [○] 조직의 비전과 목표, 전략으로부터 도출된 성과지표의 집합체인 균형성과표(BSC)는 재무지표 중심의 기존 성과관리의 한계를 극복하기 위하여 개발된 것이다.
② [○] 균형성과표(BSC)는 재무적 관점과 비재무적 관점의 균형과 단기적 목표와 장기적 목표 간의 균형을 강조한다.
④ [×] 균형성과표(BSC)의 재무적 관점은 전통적인 후행지표로서 매출, 자본 수익률, 예산 대비 차이 등이 있다.
⑤ [○] 균형성과표(BSC)는 기업의 사명과 전략 그리고 그 성과를 측정하고 관리할 수 있는 지표를 명확하게 제시하므로 구성원들에게 앞으로의 방향을 제시하는 해석지침으로 유용하다.

답 ④

01 □□□ 16년 국회8급

그라이너(Greiner)는 조직의 성장 단계에 따라 위기가 발생하는 양상이 다르다고 보았다. 다음 중 통제의 위기를 초래하는 단계는?

① 제1단계 - 창조의 단계
② 제2단계 - 지시의 단계
③ 제3단계 - 위임의 단계
④ 제4단계 - 조정의 단계
⑤ 제5단계 - 협력의 단계

02 □□□ 21년 국가9급

테일러(F. Taylor)의 과학적 관리론에 대한 설명으로 옳지 않은 것은?

① 관리자는 생산증진을 통해서 노·사 모두를 이롭게 해야 한다.
② 조직 내의 인간은 사회적 욕구에 의해 동기가 유발된다고 전제한다.
③ 업무와 인력의 적정한 결합은 노동자가 아닌 관리자에 의해 결정되어야 한다.
④ 업무수행에 관한 유일 최선의 방법을 찾기 위해 동작연구와 시간연구를 사용한다.

---

01 | 통제의 위기 → 위임의 단계

① [×] 창조의 단계는 소규모 신설 조직의 단계로 생산과 판매에 초점을 두며, 리더십의 위기가 나타난다.
② [×] 지시의 단계는 리더십의 위기를 극복하기 위해 전문경영자에 의한 운영의 효율성에 초점을 두나 지시의 강조로 인하여 자율성의 위기가 나타난다.
③ [○] 통제의 위기를 초래하는 단계는 위임의 단계이다. 위임의 단계에서는 자율성의 위기를 극복하기 위해 권한의 위임에 초점을 두나 분권의 강조로 인하여 경영의 위기(통제의 위기)가 나타난다.
④ [×] 조정의 단계는 분권적 경영의 위기를 극복하기 위해 효과적인 조정을 통한 통합에 초점을 두지만 지나친 조정과 통합의 강조는 형식주의(문서주의) 위기를 가져온다.
⑤ [×] 협력의 단계는 문서주의 위기의 극복을 위해 부서 간 협력을 바탕을 둔 문제해결과 혁신에 초점을 두지만 지나친 협력과 혁신의 강조는 탈진의 위기로 연결된다.

📄 **조직의 성장과 위기관리**

창조의 단계	지시의 단계	위임의 단계	조정의 단계	협동의 단계
↓	↗	↗	↗	↗
리더십의 위기	자율성의 위기	통제의 위기	관료제의 위기	탈진의 위기

답 ③

---

02 | 사회적 욕구 → 인간관계론

① [○] 테일러는 생산성과 임금에 있어 고용주와 종업원 간에 이견이 없다고 가정한다.
② [×] 과학적 관리법은 조직 내의 인간을 경제적 유인에 의해 동기가 유발되는 타산적 존재로 가정한다.
③ [○] 과학적 관리법은 관리자가 과학적 분석을 통해 업무수행을 위한 최선의 법칙을 발견할 수 있다고 가정하므로 과업은 관리자에 의해 하향적으로 설정된다.
④ [○] 테일러는 시간과 동작연구를 통해 생산의 극대화를 가져올 수 있는 최선의 길이 있다고 보았다.

답 ②

03 □□□

행정개혁수단 가운데 테일러(F. Taylor)의 과학적 관리법 내용을 가장 잘 반영하고 있는 것은?

① 다면평가제(360-degree appraisal)
② 성과상여금제(bonus pay)
③ 고위공무원단제(Senior Civil Service)
④ 목표관리제(MBO)

04 □□□

고전적 조직이론의 기계적 조직관을 비판하고 조직 내 인간의 사회적 관계의 중요성을 주장하며 등장한 인간관계론의 궁극적인 목표로 옳은 것은?

① 조직의 성과제고
② 조직운영의 민주화
③ 조직 구성원의 자아실현
④ 조직 내부의 비공식 집단의 활성화

03	**과학적 관리법 → 차별적 성과급**

① [×] 다면평가제(360-degree appraisal)는 상사 · 동료 · 부하 · 고객 등 다수의 평가자가 입체적으로 평가하는 방법으로, 실적평가보다는 업무수행의 행태에 초점을 둔 평가방식이다.
② [○] 테일러(F. Taylor)의 과업관리는 시간 및 동작연구를 통해 작업여건과 작업도구의 표준화 및 적정 과업량을 설정한 후 성과에 따른 차별적 성과급을 지급하는 제도이다.
③ [×] 고위공무원단제(Senior Civil Service)는 정부의 실 · 국장급 공무원(1 ~ 3급)을 중 · 하위직 공무원과 분리하여 범정부적 차원에서 성과와 능력을 기준으로 체계적으로 관리하는 인사시스템을 말한다.
④ [×] 목표관리제(MBO)는 구성원의 자발적 참여를 통해 조직의 효과성을 증진시키려는 민주적 관리기법으로, 성과와 능률을 중시하는 결과지향적인 관리기법이다.

04	**인간관계론의 궁극적 목적 → 생산성의 제고**

① [○] 인간관계론의 궁극적 목표는 성과의 제고이다. 다만 과학적 관리법과는 다른 방식으로 접근하는 것이다. 조직 내부의 비공식 집단의 활성화도 옳은 표현이지만 가장 궁극적인 목표는 결국 생산성 제고이다.

📄 **테일러(F. Tayllor) 시스템과 폐율(H. Fayol) 시스템**

테일러(F. Taylor) 시스템 → 과업관리	· 과업관리 핵심기법: 시간 및 동작연구(→ 업무의 표준화), 차별적 성과급제도, 감독의 분업, 예외에 의한 관리 · 기업관리 4대원칙: 유일 최선의 방법 발견, 과학적 선발과 훈련, 일과 사람의 적정한 결합, 관리자와 근로자의 책임분담
폐율(H. Fayol) 시스템 → 전체관리	· 일반 및 산업관리론(1916): 조직 전반의 관리기법 연구, 14대 관리원칙 제시 → POSDCoRB에 영향 · 하향적 접근: 테일러(F. Taylor)와는 달리 최고위층의 역할 강조

📄 **과학적 관리론과 인간관계론 비교**

	과학적 관리론	인간관계론
차이점	· 기계적 능률성 · 합리적 경제인관, 교환모형 (→ 강경) · 기계적 구조 · 공식구조 중심	· 사회적 능률성, 합의에 의한 생산 · 사회인관, 교환모형(→ 유화) · 사회체제로서 조직 · 비공식구조 중심
유사점	· 궁극적 목표: 조직의 생산성 증진, 목표달성을 위한 수단으로서 인간 · 연구대상: 하위직 또는 작업계층, 조직목표와 개인목표의 양립가능성 · 관리방식: 교환모형, 인간의 피동성 및 동기부여의 외재성 · 환경관: 폐쇄체제, 내부 관리기법의 연구	

답 ②

답 ①

목표관리(Management by Objective, MBO)에 대한 설명으로 옳지 않은 것은?

① 상급자와 하급자 간 상호협의를 통해 일정 기간 달성해야 할 구체적인 업무목표를 설정한다.
② 결과지향적 관리전략으로, X이론적 인간관에 기초한다.
③ 계급과 서열을 근거로 위계적으로 운영되는 조직문화에서는 제도 도입의 효과가 크지 않다.
④ 목표달성과정의 자율성과 성과에 따른 보상과 환류를 특징으로 한다.
⑤ 양적 평가는 가능하나 질적 평가에는 한계가 있다.

---

05 목표관리 → Y이론

② [×] 목표관리는 Y이론적 인간관에 기초하고 있다.

답 ②

목표관리제에 대한 설명으로 옳은 것만을 모두 고르면?

> ㄱ. 부하와 상사의 참여를 통해 목표를 설정한다.
> ㄴ. 중·장기목표를 단기목표보다 강조한다.
> ㄷ. 조직 내·외의 상황이 안정적이고 예측가능한 조직에서 성공확률이 높다.
> ㄹ. 개별 구성원의 직무 특수성을 반영하기 위하여 목표의 정성적, 주관적 성격이 강조된다.

① ㄱ, ㄴ　　　　　② ㄱ, ㄷ
③ ㄴ, ㄹ　　　　　④ ㄷ, ㄹ

---

06 목표관리 → 단기적·계량적·구체적 목표의 강조

ㄴ. [×] 목표관리제는 중·장기목표보다는 단기목표를 강조한다.
ㄹ. [×] 목표관리제는 계량적이고 구체적이며 객관적인 목표의 설정을 강조한다.

답 ②

07 ☐☐☐

목표관리(MBO)에 관한 설명 중 옳지 않은 것은?

① 목표설정과정에 부하를 참여시킴으로써 동기부여 및 사기 앙양에 기여할 수 있다.

② 주먹구구식 관리가 아니라 비능률적 관리행위를 배격하며, 성과와 능률을 중시한다.

③ 기대되는 계획과 목적을 달성하는데 필요한 정책대안과 지출을 묶어 모든 활동들을 평가하고 실체를 상세히 규명하도록 한다.

④ 드러커(P. Drucker)에 의해 소개되었으며, 닉슨 대통령에 의해 미국 연방정부에 도입된 바 있다.

08 ☐☐☐

다음 중 목표관리(MBO)가 성공하기 쉬운 조직은?

① 집권화되어 있고 계층적 질서가 뚜렷하다.

② 성과와 관련 없이 보수를 균등하게 지급한다.

③ 목표를 계량적으로 측정하기가 용이하다.

④ 업무환경이 가변적이고 불확실성이 크다.

07	계획과 목적 대안의 연계 → 계획예산

① [○] 목표관리는 상향적 참여를 통해 목표를 설정하므로, 구성원들의 사기제고에 기여할 수 있다.

② [○] 목표관리는 명확하게 설정된 계량적 목표를 강조하므로 주먹구구식 관리를 합리화하는 도구가 될 수 있다.

③ [×] 기대되는 계획과 목적을 달성하는데 필요한 정책대안과 지출을 묶어 모든 활동들을 평가하는 것은 계획예산과 관련된다.

④ [○] 목표관리는 1950년대 드러커(P. Drucker)에 의해 소개되었지만 행정학에서는 계획예산에 대한 대안으로 1970년대 도입되었다.

📄 목표관리(MBO)와 계획예산(PPBS) 비교

구분	목표관리(MBO)	계획예산(PPBS)
시야	부분적·단기적	종합적·장기적
권위구조	분권적·참여적, 계선기관 중점	집권적·하향적, 막료기관 중점
관리기술	일반관리기법	체제분석기법
프로그램	내적(→ 산출량)	외적(→ 비용 대비 편익 비율)
중점	정책집행(→ 환류 중시)	정책결정(→ 환류 미흡)

답 ③

08	목표관리 → 안정적 환경 + 자아실현인관

① [×] 목표관리는 권력성과 강제성이 강하며 상하 간 의사소통이 원활하지 못한 계층적 질서가 뚜렷한 집권적 조직에서는 적용되기 어렵다.

② [×] 목표관리는 성과급과의 연계를 강조하는 성과 중심의 관리기법이기도 하다.

③ [○] 목표관리는 가시적이고 계량적인 목표의 설정과 그 결과의 평가를 핵심요소로 하는 관리기법이다.

④ [×] 목표관리는 구체적이고 계량적인 목표를 중시하므로 업무환경이 가변적인 상황에서는 적용이 제한된다.

답 ③

목표관리(MBO)에 관한 설명으로 가장 옳은 것은?

① 개별 또는 팀별로 구체적인 목표를 세워놓고 이를 달성할 수 있는지의 여부에 초점이 맞추어져 있으며, 장기적이고 거시적인 관점에서 가시적인 또는 비가시적인 성취여부를 보여줄 수 있다.

② 구체적인 목표는 대부분 사업 자체로 나타나며, 목표 달성 이후에 얻어지는 기대효과를 평가할 수 있다.

③ 조직단위 또는 개인의 활동에 이르기까지 조직의 하부층과 상부층이 다같이 참여하여 공동으로 목표를 결정하고 그 업적을 측정·평가하는 방법으로서 하나의 목표성취를 위해 조직의 구성요소들이 상호의존적인 입장에서 팀워크를 이루면서 활동한다.

④ 어떤 지방자치단체의 도로교통과에서 외곽순환도로 건설사업을 추진하려고 하는 경우, 목표관리제는 그 도로건설의 궁극적인 목표인 주민의 교통편의성을 높이는데 관심을 가진다.

09	목표관리 → 상향적 흐름

① [×] 목표관리(MBO)는 단기적이고 미시적 관점에서 가시적이고 계량적인 목표를 추구한다. 이에 따라 비계량적이고 질적이며 장기적인 목표는 제외되는 경향이 있다.

② [×] 목표관리(MBO)가 추구하는 목표는 사업 그 자체인 장기적인 목표보다는 단기적 활동이나 단위사업에 초점을 둔다.

③ [○] 목표관리(MBO)는 구성원의 자발적 참여를 통해 조직의 효과성을 증진시키려는 민주적 관리기법으로, 참여를 통한 조직과 개인목표의 설정, 업무수행과 평가, 환류를 통한 개선 등으로 구성된다.

④ [×] 목표관리(MBO)는 조직 전체의 시각보다는 개별 부서 시각이며, 궁극적인 결과(outcome)보다는 단기적 산출(output)에 높은 관심을 가진다. 즉, 도로건설의 궁극적 목표인 주민의 교통편의성보다는 직접적 산물인 도로포장비율을 강조한다.

답 ③

목표관리(MBO)에 대한 설명으로 옳지 않은 것은?

① 상하 간의 의사소통이 원활하지 않은 경우 실시하기 어렵다.

② 비계량적인 업무는 목표에서 제외되는 경향이 있다.

③ 조직 전체의 관점에서 생산성 향상을 추구한다.

④ 상하 간의 협의와 관련자의 참여를 통해 목표뿐만 아니라 목표달성 수단도 결정한다.

10	목표관리 → 개인별 또는 부서별 시각

① [○] 목표관리는 상향적 참여를 통해 목표를 설정하고 환류하는 시스템이므로 상하 간의 의사소통이 원활하지 못할 경우 그 적용이 어려울 수 있다.

③ [×] 목표관리는 조직 전체보다는 개인 혹은 부서 시각에서 설정된 목표의 달성을 강조한다.

④ [○] 목표관리는 상하 간의 합의를 통해 목표를 설정하고 이것을 어떻게 달성할 것인가에 대한 수단도 구체화 한다.

답 ③

11 □□□

조직발전(Organization Development)에 대한 기술 중 잘못된 것으로만 묶인 것은?

> ㄱ. 조직발전은 조직의 실속, 효과성, 건강성을 높이기 위한 조직전반에 걸친 계획된 노력을 의미한다.
> ㄴ. 조직발전은 조직 구성원의 행태변화를 통해 조직의 생산성과 환경에의 적응능력을 향상시키는 것을 목표로 한다.
> ㄷ. 조직발전에서 인간에 대한 가정은 맥그리거(D. McGregor)의 X이론이다.
> ㄹ. 조직발전에서 가정하는 조직은 폐쇄체제 속에서 복합적 인과관계를 가진 유기체이다.
> ㅁ. 조직발전에서 추구하는 변화는 조직문화의 변화를 포함한다.

① ㄱ, ㄴ, ㄷ, ㄹ
② ㄴ, ㄷ, ㄹ
③ ㄷ, ㄹ
④ ㄹ, ㅁ

12 □□□

다음 설명에 해당하는 교육훈련 방법은?

> 서로 모르는 사람 10명 내외로 소집단을 만들어 허심탄회하게 자신의 느낌을 말하고 다른 사람이 자신을 어떻게 생각하는지를 귀담아듣는 방법으로, 훈련을 진행하기 위한 전문가의 역할이 요구된다.

① 역할연기
② 직무순환
③ 감수성 훈련
④ 프로그램화 학습

| 11 | 조직발전 → 개방체제, Y이론 |

ㄷ. [×] 조직발전(OD)은 개인목표와 조직목표의 통합을 강조하는 Y이론적 관리기법으로, 개인보다는 집단을 결과보다는 과정을 강조하는 개혁기법이다.
ㄹ. [×] 조직발전(OD)은 개방체제를 강조한다.

🗒 목표관리(MBO)와 조직발전(OD) 비교

구분	목표관리(MBO)	조직발전(OD)
유사점	Y이론(→ 통합모형)	
주도자	내부 계선기관 중심	외부 전문가 중심
특징	상향적	하향적
중점	목표달성(→ 단기적 결과)	행태변화(→ 장기적 과정)
활용기술	일반관리기술	행태과학기술
효과성 모형	목표모형	체제모형

답 ③

| 12 | 감수성 훈련 → 소수의 낯선 사람들 |

① [×] 역할연기는 어떤 사례(주로 인간관계, 상하관계)를 그대로 연기하고 연기 내용을 비평·토론한 후 결론적인 설명을 하는 교육훈련 방법이다. 인간관계의 훈련, 예를 들어 대민창구에서 근무하는 공무원들에게 주민을 대하는 태도를 훈련시키거나 관리직 또는 감독직에 있는 공무원에게 부하를 다루는 방법을 훈련시킬 때 많이 사용한다.
② [×] 직무순환은 여러 분야의 직무를 직접 경험하도록 하기 위하여 계획된 순서에 따라 직무를 순환시키는 실무훈련이다.
③ [○] 감수성훈련은 사전에 과제나 사회자를 정해 주지 않고, 10명 내외의 이질적인 훈련자들이 자유로운 토론을 통하여 상대방에 대한 이해를 얻도록 하는 방법이다.
④ [×] 프로그램화 학습은 교수기계(teaching machine)의 프로그램에서 연유한다. 교수기계란 인간행동의 심리학적 전문지식, 특히 행동주의적 학습원리(강화이론)를 교육의 실천분야에 응용한 것이다.

답 ③

13 ☐☐☐

총체적품질관리(Total Quality Management)에 대한 설명으로 옳은 것만을 모두 고르면?

> ㄱ. 고객의 요구를 존중한다.
> ㄴ. 무결점을 향한 지속적 개선을 중시한다.
> ㄷ. 집권화된 기획과 사후적 통제를 강조한다.
> ㄹ. 문제해결의 주된 방법은 집단적 노력에서 개인적 노력으로 옮아간다.

① ㄱ, ㄴ   ② ㄱ, ㄷ
③ ㄴ, ㄹ   ④ ㄷ, ㄹ

14 ☐☐☐

정부의 성과평가에 대한 설명으로 옳지 않은 것은?

① 성과평가는 개인의 성과를 향상시키기 위한 방법을 모색하기 위해서 사용될 수 있다.
② 총체적품질관리(Total Quality Management)는 개인의 성과평가를 위한 도구로 도입되었다.
③ 관리자와 구성원의 적극적인 참여는 성과평가 성공에 있어서 중요한 역할을 한다.
④ 조직목표의 본질은 성과평가제도의 운영과 직접 관련성을 갖는다.

---

13   총체적품질관리 → 분권적이고 사전예방적인 품질관리

ㄱ. [○] 총체적품질관리는 고객의 만족을 제1차적 목표로 삼는 고객 중심적인 관리기법이다.
ㄴ. [○] 총체적품질관리는 결점이 없어질 때까지 지속적인 품질 개선의 노력을 강조한다.
ㄷ. [×] 총체적품질관리는 실무자 중심의 분권적 구조를 중시하며, 사전 예방적 노력을 강조하는 관리기법이다.
ㄹ. [×] 총체적품질관리는 품질의 향상을 위해 모든 구성원의 집단적 노력을 강조하는 관리기법이다.

📑 **전통적 관리와 총체적품질관리 비교**

전통적 관리	총체적품질관리
• 전문가 중심	• 고객 중심
• 사후수정	• 사전예방
• 경험과 직관의 강조	• 통계적 자료와 과학적 절차
• 수직적·집권적 구조	• 수평적·분권적 구조
• 개인 중심	• 팀 중심
• 단기적 목표	• 장기적 목표

답 ①

---

14   총체적품질관리 → 조직의 성과지표

① [○] 평가는 책임성과 환류의 목적으로 사용되므로 조직뿐만 아니라 개인의 성과를 향상시키기 위한 환류의 도구로써 활용될 수 있다.
② [×] 총체적품질관리(Total Quality Management)는 고객 만족을 제1차적 목표로 삼고 구성원의 광범위한 참여에 의해 조직의 과정과 절차 및 태도를 지속적으로 개선하려는 장기적이고 전략적인 품질관리 철학으로, 조직 전체의 성과평가를 위한 도구로 도입되었다.

답 ②

15 □□□

총체적품질관리(TQM)에 대한 설명으로 옳지 않은 것은?

① 품질관리가 서비스 생산 및 공급이 이루어지는 과정의 매 단계에서 이루어진다.
② 계획과 문제해결의 주된 방법은 집단적 과정이다.
③ TQM의 관심은 내향적이어서 고객의 필요에 따라 목표를 설정하는 것을 강조한다.
④ 산출물의 일관성 유지를 위해 과정통제계획과 같은 계량화된 통제수단을 활용한다.

15	총체적품질관리 → 고객지향

① [○] 모든 단계에서 고객의 불만이 발생할 수 있으므로 품질관리는 모든 과정에서 이루어진다.
② [○] 총체적품질관리는 전체 구성원이 참여하는 통합주의로, 구성원의 총체적인 헌신을 강조하며 개인보다는 팀워크를 중시한다.
③ [×] 총체적품질관리는 고객의 필요에 따라 목표를 설정하는 것은 외향적인 관리기법이다.
④ [○] 고객이 품질을 최종 결정하는 고객 중심주의이며, 서비스의 변이성 방지를 추구한다. 이에 따라 통계적 자료와 과학적 절차에 근거한 품질관리를 강조한다.

답 ③

16 □□□

행정개혁으로서의 리엔지니어링(BPR)에 대한 설명으로 옳은 것은?

① 조직의 점진적 변화가 필요할 때 사용되며, 조직문화는 개혁의 대상이 아니다.
② 조직 개선을 위한 논의는 구조, 기술, 형태 등과 같은 변수를 중심으로 이루어진다.
③ 공공부문과 민간부문의 리엔지니어링 환경은 차이가 없다.
④ 고객만족 가치를 창출하는 프로세스 개선에 초점을 둔다.

16	리엔지니어링(BPR) → 과정과 절차의 개선

① [×] 리엔지니어링(BPR)은 조직성과의 개선을 위하여 사업절차를 근본적, 급진적, 극적으로 재설계하고자 한다.
② [×] 리엔지니어링(BPR)은 구조나 기능 중심의 리스트럭처링이나 기존의 절차는 그대로 두고 조직을 변화시키려는 총체적품질관리(TQM)와는 구별되는 개혁기법이다.
③ [×] 공공부문의 경우 법적 제약 등이 강하기 때문에 민간부문과 리엔지니어링 환경에 있어 차이가 있다.
④ [○] 리엔지니어링(BPR)은 업무의 과정과 절차를 정비하여 가장 합리적인 업무수행 과정을 찾고자 하는 개혁기법이다.

📄 총체적품질관리(TQM)와 리엔지니어링(BPR) 비교

구분	리엔지니어링	총체적품질관리
차이점	• 단기간의 급진적인 변화 • 절차와 과정 • 내부 지향	• 지속적이고 점진적인 개선 • 절차와 과정 + 조직문화 • 외부 지향 (→ 고객만족의 중시)
유사점	프로세스(→ 절차와 과정) 중심의 관리 개선	

답 ④

SWOT분석에 대한 설명으로 옳지 않은 것은?

① 조직 내적 특성과 외부 환경의 조합에 따른 맞춤형 대응 전략 수립에 도움이 된다.

② 조직 외부 환경은 기회와 위협으로, 조직 내부 자원·역량은 강점과 약점으로 구분한다.

③ 다양화 전략은 조직의 강점을 활용하여 위협을 회피하거나 최소화하는 전략이라고 볼 수 있다.

④ 기존 프로그램의 축소 또는 폐지는 약점 – 기회를 고려한 방어적 전략이라고 볼 수 있다.

---

17   약점과 기회 → 방향전환 전략

---

① [○] SWOT분석은 장기적인 관점에서 대내적 강점과 약점 그리고 환경의 위협과 기회를 분석하여 조직의 역량과 외부 환경 간 적합성을 추구하는 관리철학이다.

③ [○] 다양화 전략은 조직의 강점과 환경의 위협이 결합된 전략이다.

④ [×] 기존 프로그램의 축소 또는 폐지는 약점 – 위협을 고려한 방어적 전략이라고 볼 수 있다. 약점 – 기회와 관련된 전략은 방향전환 전략이다.

📄 **전략적 관리(SM)의 주요 전략**

구분		환경	
		기회	위협
역량	강점	공격적 전략(→ SO 전략)	다양화 전략(→ ST 전략)
	약점	방향전환 전략(→ WO 전략)	방어적 전략(→ WT 전략)

답 ④

CHAPTER 9 정보체계론

01 □□□

정보사회의 특징으로 가장 옳지 않은 것은?

① 피라미드형 조직구조에서 수평적 네트워크구조로 전환되고 있다.
② 관료가 정보를 독점하여 권력의 오·남용 문제가 없어진다.
③ 전자정부가 출현하고 문서 없는 정부가 구현될 수 있다.
④ 정보통신기술을 활용한 원스톱(one-stop)·논스톱(non-stop) 행정서비스가 가능해진다.

02 □□□

지식정보사회의 도래와 함께 급속히 진행된 정보화가 조직구조 및 조직행태에 미친 변화에 대한 설명으로 옳지 않은 것은?

① 지식정보사회의 조직은 수평적으로 연결된 네트워크 구조나 가상조직의 형태를 띠게 되는 경향이 있다.
② 린덴(R. Linden)이 정의한 '이음매 없는 조직'의 출현이 확산된다.
③ 지식정보사회의 조직에서는 개인의 역량이 강조되기 때문에 조직의 협력적 행태가 저해된다.
④ 지식정보사회에서는 조직구조의 신축성과 유연성을 보다 강조한다.

| 01 | 정보사회의 문제점 → 정보의 통제 |

① [○] 정보사회에서의 조직은 수직적 피라미드 형태에서 수평적 네트워크 또는 가상조직의 형태로 변화될 것이다.
② [×] 정보사회의 문제점으로 국가 및 관료제에 의한 정보독점, 개인·지역·정부 간 정보불균형, 감시와 통제의 일상화, 인간성의 상실, 컴퓨터 범죄의 확산 등이 거론된다.
③ [○] 정보사회에서는 전자정부의 출현으로 일명 '종이 없는 행정'이 구현될 수 있다.
④ [○] 정보사회에서는 정보통신기술을 활용한 원스톱(one-stop)·논스톱(non-stop) 서비스가 가능해진다.

답 ②

| 02 | 지식정보사회 → 정보의 공유 |

①, ④ [○] 지식정보사회는 경험과 환류를 강조하므로 사전에 엄격하게 정해진 관료제는 그 효율성이 약화된다.
② [○] 이음매 없는 조직이란 조직의 경계가 사라지고 대신 팀에 의해서 고객에게 완결된 서비스를 일시에 제공하는 조직구조를 말한다.
③ [×] 지식정보화사회에는 개인의 역량도 강조되지만 지식의 분산화와 다양화 및 필요한 지식의 선별적 이용을 위하여 조직 간 협력적 행태도 강화될 것이다. 이를 위하여 네트워크조직이나 가상조직 등이 활성화 될 것이다.

답 ③

03 ⬜⬜⬜

지식정보사회를 반영하는 새로운 조직형태를 설명한 것 중 옳지 않은 것은?

① 후기기업가조직(post-entrepreneurial organization)은 신속한 행동, 창의적 탐색, 더 많은 신축성, 직원과 고객과의 밀접한 관계 등을 강조하는 조직형태이다.
② 삼엽조직(shamrock organization)은 소규모 전문직 근로자들, 계약직 근로자들, 신축적인 근로자들로 구성된 조직형태이다.
③ 혼돈조직(chaos organization)은 혼돈이론, 비선형동학, 복잡성이론 등을 적용한 조직형태이다.
④ 공동화조직(hollowing organization)은 조정, 기획 등의 기능을 제3자에게 위임 또는 위탁하여 업무를 축소한 조직형태이다.

---

03 공동화조직 → 기획·조정·통제·감독 등의 업무만 수행

② [○] 삼엽조직은 전문직 근로자, 계약직 근로자, 신축적 근로자의 세 집단으로 구성된 지식정보화에 의해 나타나는 새로운 미래 조직의 형태 중 하나로, 직원의 수를 소규모로 유지하는 반면에 산출의 극대화를 가능하도록 설계된다. 따라서 조직구조는 계층 수가 적은 조직이 되며, 고품질의 서비스를 동시에 공급할 수 있는 장점을 지닌다.
③ [○] 자연과학에서 비롯된 혼돈이론(chaos theory), 비선형동학(nonlinear dynamics), 또는 복잡성이론(complexity theory) 등을 정부조직에 적용한, 지식정보화 시대의 새로운 조직 형태를 말한다. 이는 비선형적 동학을 적용해 정부조직 속에 숨어 있는 질서를 발견하고, 조직 간 활동의 조정과 정부 예산의 개혁을 도모할 수 있는 것으로 주장한다.
④ [×] 공동화조직이란 조직은 기획·조정·통제·감독 등의 중요한 업무만을 수행하고 생산이나 유통 등은 제3자에게 위임 또는 위탁함으로써 조직의 기능을 축소한 조직 형태를 말한다.

답 ④

04 ⬜⬜⬜

4차 산업혁명에 관한 설명으로 옳지 않은 것은?

① 초연결성, 초지능성 등의 특징이 있다.
② 대량생산 및 규모의 경제 확산이 핵심이다.
③ 사물인터넷은 스마트 도시 구현에 도움이 된다.
④ 빅데이터를 활용한 맞춤형 공공서비스 제공이 가능하다.

---

04 대량생산 및 규모경제의 확산 → 2차 산업혁명

① [○] 4차 산업혁명은 1784년 영국에서 시작된 증기기관과 기계화로 대표되는 1차 산업혁명, 1870년 전기를 이용한 대량생산이 본격화된 2차 산업혁명, 1969년 인터넷이 이끈 컴퓨터 정보화 및 자동화 생산시스템이 주도한 3차 산업혁명에 이어, 로봇이나 인공지능(AI)을 통해 실제와 가상이 통합되어 사물을 자동적·지능적으로 제어할 수 있는 가상 물리 시스템의 구축이 기대되는 산업상의 변화를 말하며, 정보통신기술(ICT)의 융합으로 이뤄지는 초연결, 초지능, 초융합으로 대표된다.
② [×] 대량 생산 및 규모의 경제 확산이 핵심인 것은 2차 산업혁명이다.
③ [○] 사물인터넷이란 각종 사물들에 통신기능을 내장하여 인터넷에 연결되도록 해 사람과 사물, 사물과 사물 간의 상호 소통을 가능하게 하는 것을 말한다.

📄 **산업혁명의 진화**

1차 산업혁명	1784년 영국에서 시작된 증기기관과 기계화로 대표되는 단계
2차 산업혁명	1870년 전기를 이용한 대량생산이 본격화된 단계
3차 산업혁명	1969년 인터넷이 이끈 컴퓨터 정보화 및 자동화 생산시스템이 주도하는 단계
4차 산업혁명	가상 물리 시스템의 구축이 기대되는 단계 → 초연결, 초지능, 초융합

답 ②

05 □□□

지식정보사회의 조직에 대한 설명으로 옳은 것을 모두 고르면?

> ㄱ. 사회적 지식의 활용에 있어 사회적 학습보다 개인과 집단의 활동이 강조된다.
> ㄴ. 민영화와 민간위탁이 선호되고 정부는 기획, 조정, 통제, 감독 등 핵심적 기능으로 축소된 공동조직(hollow organization)형태를 띠게 된다.
> ㄷ. 지식정보사회의 조직에서 중시되는 사회적 자본은 사회적 관계에서 거래비용을 감소시켜준다.
> ㄹ. 매트릭스조직은 일상적인 업무를 보다 신속하고 효율적으로 추진하고자 할 때 유용하다.
> ㅁ. 지식정보사회의 네트워크조직은 과다한 초기투자 없이 새로운 사업에 진입할 수 있다.

① ㄱ, ㄴ, ㄷ   ② ㄴ, ㄷ, ㄹ
③ ㄴ, ㄷ, ㅁ   ④ ㄷ, ㄹ, ㅁ

05	지식정보사회 → 정보의 공유

ㄱ. [×] 사회적 지식의 활용에 있어 개인의 활동보다는 집단적 활동 또는 사회적 학습이 강조된다.
ㄹ. [×] 매트릭스조직은 일상적인 업무보다는 문제과업을 신속하고 효율적으로 추진하고자 할 때 유용하다.

답 ③

06 □□□

행정정보화가 행정조직에 미치는 영향을 잘못 설명하고 있는 것은?

① 정보의 기획 및 통제기능이 중요해짐에 따라 조직의 집권화가 촉진되는 측면이 있다.
② 조직 중간층의 기능이 강화되어 중간관리층이 확대된다.
③ 조직은 전통적인 수직적 피라미드 형태에서 수평적 조직 형태로 변화한다.
④ 종래의 계선과 참모의 구별이 모호해진다.

06	정보화사회 → 낮은 행정농도

① [○] 핵심기능을 조직의 중앙에서 장악하는 경우 조직이 집권화되는 측면이 나타날 수 있다.
② [×] 행정정보화의 진전은 결정권의 단순화와 창구서비스의 강화를 통해 업무처리의 신속성을 높이며, 중간관리자의 감소를 가져올 것으로 예상된다.
③ [○] 정보화 사회는 경험을 통해 획득되는 지식의 공유를 강조하므로, 사전에 엄격하게 정해진 규칙으로 운영되는 관료제보다는 유기적인 형태의 수평적 조직이 더 효과적이다.
④ [○] 전문가로 구성된 실무자들이 직접 서비스 제공에 참여하므로 계선과 참모의 구별이 모호해지는 것이다.

📋 **지식정보화 사회와 행정**

내부	• 수평적 네트워크 또는 가상조직의 등장, 결정체제의 단순화, 창구서비스의 강화, 업무 처리의 신속성 • 중간관리자의 감소, 계선과 참모의 모호성, 낮은 행정농도, 상호 연계적 리더십, 모델링 기법(→ 합리모형) • 비동시적 · 선택적 · 비대면적 의사전달, 기획과 통제의 중요성 증대(→ 집권화가 촉진되는 측면도 존재)
외부	• 원스톱(one-stop) · 논스톱(non-stop) 서비스, 종이 없는 행정, 다품종 소량생산, 범위의 경제 • 다양한 매체(→ 수단), 단일의 접속점(→ 포털), 표준화된 서식, 다양한 서비스의 제공 • 전자민주주의(→ 정보통신기술을 활용은 직접 참여), 모자이크 민주주의(→ 다양한 주체, 다양한 통로, 전체로 조화)

답 ②

07 □□□
21년 국회8급

4차 산업혁명으로 인한 행정변화로 옳지 않은 것은?

① ICT기술의 발달로 투명하고 효율적인 정부가 운영된다.
② 대규모 정보에 대한 분석으로 정책의 예측가능성이 높아지게 된다.
③ 정보 및 분석기술의 발달로 의사결정의 분권화가 촉진될 수 있다.
④ 정보의 공개와 유통으로 간접민주주의가 활성화되고 시민 중심의 서비스가 제공된다.
⑤ 행정서비스의 종합적 제공을 위한 플랫폼 중심의 서비스가 발달한다.

07	4차 산업혁명 → 직접민주주의

① [○] 정보에 대한 접근의 용이성으로 인해 행정의 투명성이 높아질 것이고, 다양한 정보의 활용은 행정의 효율성 향상에 기여할 것이다.
② [○] 빅 데이터 기술의 발달은 정책의 예측가능성을 높이는데 기여할 것이다.
④ [×] 4차 산업혁명은 시민들의 직접 참여를 용이하게 하므로 직접민주주의가 활성화될 것이다.
⑤ [○] 플랫폼 중심의 서비스란 정부가 직접 개입하지 않고, 민간의 능동적 참여를 유도하는 정부를 의미한다.

답 ④

08 □□□
11년 지방9급

인공지능의 응용분야로서 컴퓨터 시스템이 특정 분야의 문제 해결을 자동적으로 지원하는 시스템은?

① 관리정보시스템(MIS)
② 의사결정지원시스템(DSS)
③ 전문가시스템(ES)
④ 거래처리시스템(TPS)

08	특정 문제의 자동적 지원과 해결 → 전문가시스템

① [×] 관리정보 또는 경영정보시스템(MIS)이란 조직의 운영에서 의사결정의 유효성을 높이기 위하여, 관련 정보를 필요에 따라 즉각적으로, 그리고 대량으로 수집·전달·처리·저장·이용할 수 있도록 편성한 인간과 컴퓨터와의 결합 시스템을 말한다.
② [×] 의사결정지원시스템(DSS)은 컴퓨터를 사용하여 정형화되지 않는 문제, 즉 주로 문제의 일부는 계량화할 수 있으나 일부는 주관적으로 다룰 수밖에 없는 문제에 관해 결정자가 효과적인 의사결정을 할 수 있도록 지원하는 시스템이다.
③ [○] 전문가시스템이란 전문가의 지식과 경험을 컴퓨터에 기억시켜 컴퓨터를 통해 전문가의 능력을 빌릴 수 있도록 만든 시스템을 말한다.
④ [×] 거래처리시스템은 조직에서 일상적이고 반복적으로 수행되는 거래를 손쉽게 기록하고 처리하는 정보시스템이다.

📄 의사결정지원시스템(DSS)과 전문가시스템(ES) 비교

구분	의사결정지원시스템(DSS)	전문가시스템(ES)
목적	의사결정의 지원(→ 임시적)	전문가 역할(→ 반복적)
지향점	의사결정	전문지식의 이전 또는 조언
질의 방향	인간에서 기계로	기계에서 인간으로
결정 주체	인간 혹은 시스템	시스템

답 ③

09 □□□

23년 국회8급

다음 〈보기〉 중 우리나라 전자정부에 대한 설명으로 옳지 않은 것만을 모두 고르면?

〈보기〉

ㄱ. 전자정부란 정보기술을 활용하여 행정기관 상호 간 행정업무 및 국민에 대한 행정업무를 효율적으로 수행하는 정부이다.

ㄴ. 전자정부는 행정이념 중에서 효율성과 민주성을 중요시한다.

ㄷ. 행정기관 등의 장은 전자정부의 구현·운영 및 발전을 위하여 5년마다 전자정부기본계획을 수립하여야 한다.

ㄹ. 디지털예산회계시스템(dBrain)과 전자조달시스템(나라장터)은 업무재설계(Business Process Reengineering)를 통해 프로세스 중심으로 업무를 재설계하고 정보시스템화한 것으로 평가할 수 있다.

ㅁ. 전자정부의 경계는 국가기관, 지방자치단체, 공공기관으로 한정된다.

① ㄱ, ㄷ
② ㄴ, ㄷ
③ ㄷ, ㅁ
④ ㄹ, ㅁ
⑤ ㄷ, ㄹ, ㅁ

10 □□□

14년 국가9급

전자정부의 구현에 따른 기대효용으로 거리가 먼 것은?

① 정보의 공개와 상호작용을 통한 행정의 신뢰성 확보
② 정보의 집중화를 통한 신속하고 집권적인 정책결정
③ 정보통신기술을 활용한 업무 효율성의 제고
④ 정부 정보에 대한 시민의 접근성 강화

09	전자정부기본계획 → 행정안전부장관

ㄷ. [×] 5년마다 전자정부기본계획을 수립하여야 하는 것은 행정안전부장관이다.

ㅁ. [×] 전자정부는 G2G뿐만 아니라 G2B, G2C 등을 포함하므로 국가, 지방정부 및 공공기관으로 한정되는 것은 아니다.

📄 **전자정부의 유형**

3능률형(G2G)	협의 전자정부, 대내적 효율성 제고에 초점 예 정보공유, 사무자동화, 전자문서, 전자서명, 재택근무, 온-나라시스템 등
서비스형 (G2B 또는 G2C)	수요자 중심의 대국민 서비스 제공에 초점 예 정부민원포털 민원24, 국민신문고, 전자조달 나라장터, 전자통관시스템
민주형	광의 전자정부, 참여와 같은 대외적 민주성 제고에 초점

답 ③

10	전자정부 → 정보의 분산처리 및 분권적 정책결정

① [○] 전자정부는 쌍방향적 의사전달을 강조하므로 정부와 국민 간의 신뢰성 확보에 기여할 것이다.

② [×] 전자정부는 정보의 공유와 공개를 강조하며, 네트워크조직이나 가상조직을 강조하므로 원칙적으로 조직의 분권화와 관련된다.

④ [○] 전자정부는 정부가 보유하고 있는 정보에 대한 공개를 강조하므로 정부 정보에 대한 시민의 접근성이 향상될 것이다.

답 ②

11 □□□

유비쿼터스 정부(u-government)의 특성과 거리가 먼 것은?

① 중단 없는 정보 서비스 제공
② 맞춤 정보제공
③ 고객 지향성, 실시간성, 형평성 등의 가치 추구
④ 일방향적 정보제공

12 □□□

전자정부와 지식관리에 대한 설명으로 옳지 않은 것은?

① 전자정부의 발달과 함께 공공정보의 개인 사유화가 심화되었다.
② 지식관리는 계층제적 조직보다는 학습조직을 기반으로 한다.
③ 전자거버넌스의 확대는 직접민주주의에 대한 가능성을 높인다.
④ 정보이용 계층에 대한 정보화정책으로써 정보격차 해소 정책이 중요해졌다.

11	유비쿼터스 정부 → 쌍방향적 정보제공

① [○] 유비쿼터스 정부는 언제 어디서나 개인화되고 중단 없는 서비스를 제공하는 정부이다.
② [○] 유비쿼터스 정부는 개인의 관심사, 선호도 등에 따른 실시간 맞춤 정보의 제공을 강조한다.
③ [○] 결국, 유비쿼터스 정부는 고객지향성, 지능성, 실시간성, 형평성 등으로 요약되는 정부이다.
④ [×] 유비쿼터스 정부는 쌍방향적 정보제공과 관련된다.

답 ④

12	지식관리 → 정보의 공유화

① [×] 전자정부는 개인지식의 조직의 자산으로 변환하는 정보 공유를 강조한다. 이에 따라 전통적인 계층적 조직보다는 학습 조직이 강조되는 것이다.
② [○] 지식관리란 개인의 잠재된 지식을 조직의 자산으로 전환하는 과정으로, 기존에 알고 있는 것을 토대로 새로운 것을 발전시키고 강화하는 학습과정이다.
③ [○] 정보통신기술의 발전은 시간과 공간의 제약요인을 완화시켜주므로 직접민주주의의 가능성을 높여줄 수 있다.

답 ①

13 □□□

UN에서 제시하는 세 가지 전자적 참여형태에 해당하지 않는 것은?

① 전자정보화(e-information) 단계
② 전자자문(e-consultation) 단계
③ 전자결정(e-decision) 단계
④ 전자홍보(e-public relation) 단계

13	전자적 참여 → 정보화, 자문, 결정

① [O] 전자정보화는 전자적 채널을 통한 정부기관의 다양한 정보를 공개하는 단계이다.
② [O] 전자자문은 시민과 선출직 공무원 간 청원과 정책토론 등 전자적 의사소통의 단계이다.
③ [O] 전자결정은 정책결정과정에 있어 시민들의 의견이 반영되는 단계이다.
④ [×] UN에서 제시한 전자적 참여형태는 전자정보화, 전자자문, 전자결정이다. 전자홍보는 이에 포함되어 있지 않다.

답 ④

14 □□□

유비쿼터스 전자정부에 대한 설명으로 옳은 것만을 모두 고르면?

> ㄱ. 기술적으로 브로드밴드와 무선, 모바일 네트워크, 센싱, 칩 등을 기반으로 한다.
> ㄴ. 서비스 전달 측면에서 지능적인 업무수행과 개개인의 수요에 맞는 맞춤형 서비스를 제공한다.
> ㄷ. Any-time, Any-where, Any-device, Any-network, Any-service 환경에서 실현되는 정부를 지향한다.

① ㄱ, ㄴ   ② ㄱ, ㄷ
③ ㄴ, ㄷ   ④ ㄱ, ㄴ, ㄷ

14	유비쿼터스 → 고객지향성, 실시간성, 지능성, 형평성

ㄱ. [O] 유비쿼터스 전자정부는 인터넷 기반을 뛰어넘는 유·무선 통합 네트워크 체계이다.
ㄴ. [O] 유비쿼터스 전자정부는 지능적인 업무수행을 통해 개개인의 맞춤 서비스를 지향한다.
ㄷ. [O] 유비쿼터스 전자정부는 물리적 공간을 뛰어넘는 서비스 체계로 언제 어디서나 다양한 네트워크나 장치를 통해 모든 서비스를 제공받을 수 있는 것을 목표로 삼는다.

답 ④

전자정부로의 개혁이 가져오는 행정관리구조의 변화로 보기 어려운 것은?

① 관리과정 및 정책과정의 투명성 제고
② 저층화된 구조의 형성
③ 규제지향적인 행정절차의 확대
④ 이음매 없는 조직의 구현

전자정부가 구현되었을 때 기대할 수 있는 장점만으로 구성된 것은?

> ㄱ. 국민 참여 증진을 통한 민주주의의 발전
> ㄴ. 행정의 생산성 향상
> ㄷ. 대고객 관계의 인간화 촉진
> ㄹ. 행정서비스의 효과적 공급 및 민원인의 비용 절감
> ㅁ. 개인정보 및 인권의 보호 강화

① ㄱ, ㄴ, ㄷ   ② ㄱ, ㄴ, ㄹ
③ ㄴ, ㄷ, ㄹ   ④ ㄴ, ㄹ, ㅁ

---

15   전자정부 → 절차 및 규제의 간소화

① [○] 전자정부는 정책의 처리과정이 실시간 공개되므로 관리과정 및 정책과정의 투명성이 향상될 것이다.
② [○] 전자정부는 결정권의 단순화와 창구서비스의 강화를 추구하므로 계층구조가 축소될 것으로 보인다.
③ [×] 규제지향적인 행정절차는 전통적 관료제 모형의 특징이다. 표준화된 서식으로 수요자의 요구에 부합하는 다양한 서비스를 제공하는 것을 목적으로 하는 전자정부에서는 복잡한 행정절차는 간소화될 것으로 예상된다.
④ [○] 전자정부는 정보통신기술을 활용한 원스톱(one-stop)·논스톱(non-stop) 서비스를 추구하므로 조직은 수직적 피라미드 형태에서 수평적 네트워크 또는 가상조직과 같은 이음매 없는 조직의 형태로 변화될 것이다.

답 ③

---

16   전자정부 → 비대면적 관계의 활성화

ㄷ. [×] 대면적인 관계보다는 사이버 상의 관계가 일상화되므로 대고객 관계의 인간화는 저해될 수 있다.
ㅁ. [×] 맞춤별 서비스를 위한 정보의 통합과 공유는 개인정보 및 인권의 보호에 중대한 침해를 초래할 수 있을 것이다.

답 ②

17 ☐☐☐

전자정부 구현사례에 대한 설명으로 옳지 않은 것은?

① G2B의 대표적 사례는 나라장터이다.
② G2C는 조달 관련 온라인 서비스를 통합적으로 제공하는 것이다.
③ G4C는 단일창구를 통한 민원업무혁신사업으로 데이터베이스 공동활용시스템 구축을 내용으로 한다.
④ G2G는 정부 내 업무처리의 전자화를 내용으로 하고 있으며 대표적 사례로는 '온 - 나라시스템'이 있다.

17	나라장터 → G2B

① [○] 나라장터는 전자조달시스템을 의미하며, 이는 정부와 민간 기업과의 관계를 효율적으로 만드는 수단이다.
② [×] 조달 관련 온라인 서비스를 통합적으로 제공하는 것은 나라장터를 말하는데 이는 G2B의 대표적 사례이다.
③ [○] G4C는 정부와 고객 간의 관계를 의미하므로, 민원업무의 혁신이나 민관의 데이터베이스 공동활용시스템이 이에 해당한다.
④ [○] G2G는 정부와 정부 간의 관계를 의미하므로 정부 내 업무처리시스템인 온 - 나라시스템이 이에 해당한다.

답 ②

18 ☐☐☐

전자정부에 대한 설명으로 옳지 않은 것은?

① 온라인 참여포털 국민신문고는 국민의 고충 민원과 제안을 원스톱으로 접수 및 처리하는 것을 목적으로 한다.
② 디지털예산회계시스템(D-Brain)은 재정업무의 전 과정을 온라인으로 수행하고 재정사업의 현황을 실시간으로 파악할 수 있는 통합재정정보시스템이다.
③ 스마트워크(smart work)란 통신, 방송, 인터넷 등을 통합한 멀티미디어 서비스를 안전하게 제공하는 통합네트워크를 의미한다.
④ 전자정부 2020 기본계획은 전자정부법에 따라 2016년부터 2020년까지 5개년 계획으로 수립되었다.

18	스마트워크(smart work) → 유연근무의 형태

① [○] 온라인 참여포털 즉, 국민신문고는 국민들이 인터넷 단일창구를 통해 행정기관에 고충민원을 제기하고 각종 제도 · 정책에 대한 개선의견을 제안하도록 구축한 시스템이다.
② [○] 디지털예산회계시스템(D-Brain)은 세입, 예산편성, 집행 · 결산 · 평가 등 일련의 재정활동의 모든 정보를 실시간으로 분석하여 제공할 수 있는 통합재정정보시스템으로 2007년부터 도입하였다.
③ [×] 통신, 방송, 인터넷 등을 통합한 멀티미디어 서비스를 안전하게 제공하는 통합네트워크는 광대역 통합네트워크(Broadband convergence Network)이다. 반면, 스마트워크(smart work)란 시간과 장소에 얽매이지 않고 언제 어디서나 정보통신기기를 이용하여 일할 수 있는 유연한 근무형태를 말한다.
④ [○] 전자정부기본계획은 '전자정부법'에 따라 5년마다 수립하는 계획으로, 2016년부터 2020년까지 5년 간의 계획이 전자정부 2020 기본계획이다.

답 ③

19 ☐☐☐

전자정부의 개념정의에 있어서 효율성 모델과 민주성 모델에 대한 비교 설명으로 옳지 않은 것은?

① 효율성 모델의 사회발전관은 기술결정론인데 반하여 민주성 모델은 사회결정론으로 볼 수 있다.
② 효율성 모델은 국민 편의의 극대화와 정책의 투명화·전문화 과정 등을 통한 정부 내부의 생산성 제고를 꾀하며, 민주성 모델은 행정과정상의 민주성 증진에 초점을 둔다.
③ 효율성 모델은 전자정부를 광의로 해석한 것이며, 민주성 모델은 협의로 해석한 것이다.
④ 효율성 모델은 행정전산망을 확충하거나 행정민원 해결을 강조하는데 반하여 민주성 모델은 전자민주주의와의 연계를 중요시한다.

20 ☐☐☐

전자정부의 특징에 대한 설명으로 옳지 않은 것은?

① 전자정부는 정보기술을 이용하여 정부활동의 시간적·공간적 제약을 축소한다.
② 전자정부는 공개지향적 정부로서 정부가 보유하고 있는 모든 정보에 대해 접근이 가능하다.
③ 전자정부는 생산성을 높이기 위해 정보기술 집약화를 이룩한 정부이다.
④ 전자정부는 대국민 서비스 제공의 효율화를 목표로 한다.

---

19 | 광의 전자정부 → 효율성 + 민주성

①, ②, ④ [○] 효율성 모델은 작고 효율적인 정부, 국가 경쟁력의 제고 등 대내 측면에 초점 둔 전자정부 모형이고, 민주성 모델이 참여행정, 신뢰성·투명성의 제고 등 대외 측면에 초점 둔 모형이다. 한편, 기술결정론이란 기술의 발전을 전자정부의 등장배경이라고 보는 공급자 중심의 이론이고, 사회결정론은 사회적 여망이 전자정부로의 등장배경이라는 수요자 중심의 이론이다.

③ [×] 효율성 모델이 전자정부를 협의로 해석한 것이고 민주성 모델이 광의로 해석한 것이다.

답 ③

---

20 | 정보공개법 → 비공개 대상 정보의 존재

① [○] 전자정부란 정부조직 내외의 지식과 정보를 전자적으로 체계화하여 정부조직을 능률적으로 관리하고 국민들에게 신속하고 능률적인 행정서비스를 제공하는 정부를 말한다.

② [×] 정보공개란 공공기관이 이 법에 따라 정보를 열람하게 하거나 그 사본·복제물을 제공하는 것 또는 정보통신망을 통해 정보를 제공하는 것 등을 말한다. 공공기관이 보유·관리하는 정보는 국민의 알권리 보장 등을 위하여 이 법에서 정하는 바에 따라 적극적으로 공개하여야 하여야 하지만 비공개 대상 정보도 있으므로 모든 정보에 대해 접근이 가능한 것은 아니다.

④ [○] 전자정부는 정보통신기술을 활용하여 작게는 대내적 생산성과 국민에 대한 서비스 향상을 도모하고 넓게는 국민 참여의 활성화를 통한 민주성을 높이고자 하는 정부이다.

답 ②

전자정부의 미래 모습을 나타내는 요인들을 모두 고르면?

> ㄱ. Zero-Stop 서비스
> ㄴ. 전자정부 대표 포털
> ㄷ. 접근수단의 단일화
> ㄹ. 조직구조 · 프로세스 혁신
> ㅁ. 부처별 · 기관별 업무처리
> ㅂ. e-Governance 구현
> ㅅ. 정부중심의 전자정부
> ㅇ. 백오피스와 프런트오피스 간격 확대

① ㄱ, ㄴ, ㄷ, ㄹ　　　　　② ㄱ, ㄴ, ㄹ, ㅂ
③ ㄴ, ㄹ, ㅂ, ㅅ　　　　　④ ㄴ, ㄹ, ㅂ, ㅇ

21	전자정부에서의 업무처리 → 일의 흐름에 따른 일괄처리

ㄷ. [×] 전자정부는 접근수단의 다양화를 강조한다. 즉, 다양한 접근수단을 통해 접근하고 단일의 서식으로 다양한 서비스를 제공하는 것이 목표이다.

ㅁ. [×] 전자정부는 부처별 또는 기관별 업무처리보다는 원스톱 형태의 완결된 업무처리를 강조한다.

ㅅ. [×] 전자정부는 국민 또는 고객 중심의 정부를 추구한다.

ㅇ. [×] 프런트오피스는 고객과의 접촉점을 말하고 백오피스는 업무를 후방에서 도와주는 부서를 말한다. 전자정부는 프런트오피스에서 많은 업무가 처리되므로 조직의 계층은 축소될 것이고 이로 인해 프런트오피스와 백오피스의 거리는 축소될 것이다.

답 ②

전자적 행정서비스를 제공받는 집단에 대한 설명으로 옳은 것은?

① G2B(Government, Business)의 관계 변화로 정부의 정책 수행을 위한 권고, 지침전달 등을 위한 정보교류 비용이 감소하지만 조달행정 비용은 증가한다.

② G2G(Government, Government)에서는 정부부처 간, 중앙과 지방정부 간에 정보를 공동활용하여 행정업무의 정확성과 효율성이 증대되고 거래비용이 감소한다.

③ G2C(Government, Citizen)의 관계 변화를 통해 시민 요구에 부응하는 질 높은 행정서비스를 제공하고 시민참여를 촉진할 수 있지만 공공서비스 수요에 대한 대응성이 낮아진다.

④ G2G(Government, Government)에서는 그룹웨어시스템을 통한 원격지 연결, 정보공유, 업무의 공동처리, 업무 유연성 등으로 행정의 생산성이 저하된다.

22	G2G → 정부 내 효율성의 향상

① [×] G2B를 통해 전자조달이 활성화되면 조달행정 비용 역시 절감될 수 있다.

② [○] G2G가 활성화되면 정부 내 업무의 효율성이 높아지고, 정보를 공유하므로 거래비용 역시 감소할 것이다.

③ [×] G2C를 통해 시민참여가 활성화되면 공공서비스 수요에 대한 대응성 또한 높아질 것이다.

④ [×] G2G를 통해 원격지 연결, 정보공유, 업무의 공동처리, 업무 유연성 등이 높아지면 생산성 또한 높아질 것이다.

답 ②

기존 전자정부와 비교한 스마트 전자정부의 특징이 아닌 것은?

① 개인별 맞춤형 통합서비스 제공
② 스마트폰, 태블릿 PC, 스마트 TV 등 다매체 활용
③ 공급자 중심의 서비스 개발
④ 1회 신청으로 연관 민원 일괄처리

유비쿼터스 정부(u-government)에 대한 설명으로 옳지 않은 것은?

① 언제 어디서나 개인화되고 중단 없는 정보서비스를 제공함으로써 부가적인 가치를 제공하는 정부이다.
② 개인의 관심사, 선호도 등에 따른 실시간 맞춤정보 제공으로 시민참여도가 제고되어 궁극적으로 투명한 정책결정과 행정처리가 가능해진다.
③ 행정서비스가 추구하는 가치는 고객지향성, 지능성, 실시간성, 형평성 등으로 요약된다.
④ 인터넷 기반 온라인 서비스의 강화에 초점을 맞춘 웹(web) 2.0 시대의 미래형 전자정부이다.

---

23   스마트정부 → 수요자 중심

①, ②, ④ [○] 스마트 전자정부는 수요자 중심의 개인별 맞춤 서비스를 강조한다.
③ [×] 공급자 중심의 서비스 개발은 전자정부 1.0의 특징이다.

📄 **전자정부의 발전단계(UN)**

전자정부 1.0	전자정부 2.0	전자정부 3.0
정부 중심	국민 중심	개인 중심
인터넷	모바일	유무선 통합
포털	플랫폼	플랫폼
일방적 정보제공	쌍방적 정보제공	개인별 맞춤 서비스

답 ③

---

24   유비쿼터스 또는 스마트 정부 → 웹 3.0

①, ②, ③ [○] 웹 3.0이란 수많은 정보 중 사용자가 원하는 정보를 찾아서 분석하고 미리 알려주는 기술을 말한다. 빅 데이터 기술에 기반을 두고 고객지향성, 지능성, 실시간성 등으로 요약되는 유비쿼터스 정부는 웹 3.0에 기반을 두고 있다.
④ [×] 웹(web) 2.0은 사용자들이 각종 콘텐츠를 자유롭게 직접 만들고 올릴 수 있게 하는 사용자의 참여를 중심으로 하는 인터넷 환경이다. 반면, 서비스 사업자가 일방적으로 제공하는 인터넷 환경을 웹 1.0이라 한다. 웹 1.0의 대표적 서비스가 포털이라면 웹 2.0은 플랫폼을 의미한다.

📄 **정보기술의 발전단계**

웹(web) 1.0	정보를 일방적으로 제공하는 포털
웹(web) 2.0	사용자 중심의 플랫폼 환경
웹(web) 3.0	빅데이터에 기반을 둔 개인별 맞춤 서비스 → 고객지향성, 지능성, 실시간성, 형평성

답 ④

25 □□□

스마트사회 및 스마트정부의 모습과 거리가 먼 것은?

① 유연성·창의성·인간중심 가치가 중시되는 사회이다.

② 정부는 국민이 요구하기 전에 먼저 알아서 서비스를 제공한다.

③ 스마트워크의 확산으로 현장에서 업무를 처리하고 실시간으로 입력하기 때문에 효율성과 생산성이 제고된다.

④ 재난 발생 후 최대한 빠른 시간 내에 복구하는 것을 정책목표로 추구한다.

26 □□□

전자정부(e-government) 구현 과정에서 예측되는 현상으로 옳지 않은 것은?

① 직무 간 경계와 기능 간 경계가 점점 명확해진다.

② 조직규모가 줄어들고 수평적 관계가 중요해진다.

③ 중간관리층의 규모가 축소되고 행정농도가 낮아진다.

④ 분권화를 촉진시키지만 집권화를 위해서 사용될 수도 있다.

25	스마트정부 → 사전예방의 강조

①, ② [○] 스마트사회 및 스마트정부는 진화된 IT 기술을 바탕으로 일하는 방식, 생활양식, 사회문화 등의 혁신을 가져오는 사회로, 투입은 반으로 줄고 산출은 2배가 되는 효율적 사회를 목표로 하며, 유비쿼터스, 컨버전스(Convergence), 인공지능(AI) 등을 핵심기술로 한다. 또한 스마트사회는 지능형 사회를 의미하며, 인간과 사물 간 의사소통에서 사물과 사물 간 의사소통까지 확장하고, IT간 융합을 기반으로 타 산업과 융합한다.

③ [○] 스마트워크란 시간과 장소에 얽매이지 않고 언제 어디서나 일할 수 있는 체제를 말한다.

④ [×] 스마트사회 또는 스마트정부는 재난의 발생을 예견하고 미리 예방하는 것을 목적으로 한다. 재난 발생 후 빠른 복구는 전통적 정부의 모습이다.

답 ④

26	전자정부 → 직무 간 경계의 축소

① [×] 전자정부는 고객 중심의 맞춤서비스를 추구한다. 직무와 기능 간 경계가 명확한 전통적인 구조로는 이러한 고객별 맞춤서비스를 달성하기 곤란하다.

② [○] 고객별 맞춤서비스는 다품종 소량생산과 관련되며, 관련 기능들이 병렬적으로 연결되어 완결된 서비스로 연결될 수 있어야 한다. 이를 위해서 수직적 관료제보다는 수평적인 평면조직이나 네트워크조직이 바람직하다.

③ [○] 전자정부는 정보통신기술을 활용하여 조직을 관리하므로 중간관리자의 규모는 축소되며, 고객에게 직접 서비스를 제공하는 실무층의 규모와 권한이 증대될 것으로 예상된다. 이에 따라 직접인력 대비 간접인력으로 측정되는 행정농도는 낮아질 것이다.

④ [○] 전자정부는 일반적으로 분권화와 관련된다. 다만, 정보통신기술을 활용한 통제의 용이성과 통솔범위의 확대는 집권화로 연결될 수도 있다.

답 ①

정보통신기술을 활용한 행정개선 사례로 옳지 않은 것은?

① 정부서울청사 등에 '스마트워크센터'를 설치하여 운영하고 있다.
② 민원서비스를 통합적으로 제공하는 '민원24'를 도입하였다.
③ 정부에 대한 불편사항 제기, 국민제안, 부패 및 공익 신고 등을 위해 '국민신문고'를 도입하였다.
④ 공공기관의 공사, 용역, 물품 등의 발주정보를 공개하고 조달절차를 인터넷으로 처리하도록 '온 - 나라시스템'을 도입하였다.

전자정부 및 지역정보화에 대한 설명으로 옳지 않은 것은?

① UN이 전자정부 발전단계에서 최종단계로 본 것은 통합처리(seamless) 단계이다.
② 지역정보화에는 기존의 산업화 과정에서 나타난 지역 간 격차문제 해결을 위해 지방정부의 주체적 노력이 요구된다.
③ 지역정보화는 지역 간 정보격차를 해소하는 지역의 정보화와 지역의 균형적 발전을 위한 정보의 지방화를 포함한다.
④ 정보의 그레셤(Gresham) 법칙은 공개되는 공적정보시스템에는 사적정보시스템에 비해서 상대적으로 가치가 큰 정보가 축적되는 현상을 말한다.

27	전자조달 → 나라장터

① [○] '스마트워크센터'란 공무원 또는 공공기관이 자신의 원래 근무지가 아닌 주거지와 가까운 지역에서 근무할 수 있도록 환경을 제공하는 원격근무용 업무공간을 말한다.
② [○] '민원24'란 국민 누구나 행정기관 방문 없이 집, 사무실 등 어디서나 1년 365일 24시간 민원을 처리할 수 있도록 대한민국 정부에서 운영하는 전자민원 서비스이다.
③ [○] '국민신문고'란 대한민국 정부(국민권익위원회)에서 운영하는 통합형 온라인 민원창구로, 각종 민원의 신청, 소극적 행정의 신고, 각종 제안의 접수, 부패 및 공익신고의 접수, 예산 낭비의 신고 등을 담당한다. 2011년 UN 공공행정상 'Public Service Awards'의 '정부지식관리 향상' 분야 우수과제로 선정되었다. '
④ [×] 우리나라는 2002년에 '국가종합전자조달시스템(나라장터)'을 구축하였다. 한편, '온 - 나라시스템(On-Nara BPS System)'은 행정업무의 효율성을 제고하고 비용절감을 위해 정부가 수행하는 모든 업무를 체계적으로 분류하고, 온라인상에서 실시간으로 업무를 처리하는 전산시스템이다.

답 ④

28	정보의 그레셤(Gresham) 법칙 → 나쁜 정보만 유통되는 현상

① [○] UN은 전자정부의 발전단계를 자동출현, 출현조정, 상호작용, 상호거래, 연계(통합처리) 순으로 정의하였다.
② [○] 지역정보화 정책은 기존의 산업화 과정에서 나타난 지역 간 격차를 해소하고, 모든 국민이 언제, 어디서나 좀 더 쉽게 각종 생활정보를 이용할 수 있게 지방의 정보화를 추진함으로써 지역 간 균형발전을 구현하고자 하는 정책이다.
③ [○] 이러한 지역정보화는 지역 간 정보격차를 해소하는 지역의 정보화와 지역의 균형적 발전을 위한 정보의 지방화를 포함한다.
④ [×] 정보의 그레셤(Gresham) 법칙이란 좋은 정보는 공유되지 않고 상대적으로 나쁜 정보만이 유통되는 상황을 말한다.

답 ④

29 □□□

다음 중 스마트 사회의 전자정부에서 강조되는 특징으로 옳지 않은 것은?

① 시민집단 수요 중심의 맞춤형 전자정부서비스 제공을 강조한다.
② 모바일 기술에 의해 현장근무, 재택근무 등의 유연근무가 촉진된다.
③ 국민들이 민원서비스를 신청하지 않더라도 정부가 국민의 요구들을 미리 파악해서 행정서비스를 선제적으로 제공한다.
④ 지능형 정보기술을 활용하여 재난사고 등에 대해 사전 예방 위주의 위기관리를 강화한다.
⑤ 스마트 기술을 활용하여 국민이 시간과 장소에 상관없이 필요할 경우 원하는 방식으로 정부서비스에 접근할 수 있다.

30 □□□

우리나라의 전자정부에 대한 설명으로 옳지 않은 것은?

① 정부는 '지능정보사회 종합계획'을 3년 단위로 수립하여야 한다.
② 과학기술정보통신부장관은 5년마다 행정기관 등의 기관별 계획을 종합하여 '전자정부기본계획'을 수립하여야 한다.
③ '전자정부법'상 '전자화문서'는 종이문서와 그 밖에 전자적 형태로 작성되지 아니한 문서를 정보시스템이 처리할 수 있는 형태로 변환한 문서를 말한다.
④ 중앙행정기관의 장과 지방자치단체의 장은 해당기관의 지능정보사회 시책의 효율적 수립·시행과 대통령령이 정하는 업무를 총괄하는 '지능정보화책임관'을 임명하여야 한다.

29	스마트 사회 → 개인 중심의 맞춤형 서비스

① [×] 스마트 사회의 전자정부에서는 개인 수요 중심의 맞춤형 서비스를 강조한다.
② [○] 모바일 기술에 의해 현장근무, 재택근무 등의 유연근무가 촉진되는 것을 스마트워크라 한다.
③, ④ [○] 스마트 사회의 전자정부는 고객지향성, 지능성, 실시간성, 형평성 등을 바탕으로 고객의 요구를 사전에 파악하여 제공하는 정부이다.
⑤ [○] 스마트 사회의 전자정부는 언제나 어니서나 또한 어떤 매체를 통해서나 정부에 접근할 수 있는 정부를 추구한다.

답 ①

30	전자정부기본계획 → 행정안전부장관

① [○] 지능정보사회 종합계획은 3년 단위로 과학기술정보통신부장관이 수립한다.
② [×] 전자정부기본계획은 행정안전부장관이 5년 단위로 수립한다.
③ [○] 처음부터 전자적으로 작성된 문서를 전자문서라 한다면, 종이문서 등을 전자적 형태로 변환시킨 것을 전자화문서라 한다.
④ [○] 지능정보화책임관은 중앙행정기관이나 지방자치단체에 필수적으로 두어야 하는 직위이다.

답 ②

'전자정부법'에서 정의하고 있는 다음의 개념은?

> 일정한 기준과 절차에 따른 업무, 응용, 데이터, 기술, 보안 등 조직 전체의 구성요소들을 통합적으로 분석한 뒤 이들 간의 관계를 구조적으로 정리한 체제 및 이를 바탕으로 정보화 등을 통하여 구성요소들을 최적화하기 위한 방법

① 전자문서
② 정부기술아키텍처
③ 정보시스템
④ 정보자원

현행 전자정부법상 행정기관이 전자정부의 구현·운영 및 발전을 추진할 때 우선적으로 고려해야 하는 사항으로 옳지 않은 것은?

① 대민서비스의 전자화 및 행정기관 편의의 증진
② 행정업무의 혁신 및 효율성의 향상
③ 정보시스템의 안정성·신뢰성의 확보
④ 행정정보의 공개 및 공동이용의 확대

---

31   구성요소들을 최적화 → 정보기술아키텍처

① [×] 전자문서는 컴퓨터 등 정보처리능력을 지닌 장치에 의하여 전자적인 형태로 작성되어 송수신되거나 저장되는 표준화된 정보를 말한다.
② [○] 구성요소들의 최적화하는 방법은 정보기술아키텍처를 의미한다.
③ [×] 정보시스템은 정보의 수집·가공·저장·검색·송신·수신 및 그 활용과 관련되는 기기와 소프트웨어의 조직화된 체계를 말한다.
④ [×] 정보자원은 행정기관 등이 보유하고 있는 행정정보, 전자적 수단에 의하여 행정정보의 수집·가공·검색을 하기 쉽게 구축한 정보시스템, 정보시스템의 구축에 적용되는 정보기술, 정보화예산 및 정보화인력 등을 말한다.

답 ②

---

32   전자정부의 구현원칙 → 국민편의

① [×] '전자정부법'은 대민서비스의 전자화 및 국민편익의 증진을 원칙으로 규정하고 있다. 공무원 및 공공기관의 소속 직원은 담당업무의 전자적 처리에 필요한 정보기술 활용능력을 갖추어야 하며, 담당업무를 전자적으로 처리할 때 해당 기관의 편익보다 국민의 편익을 우선적으로 고려하여야 한다.

답 ①

33 □□□

'전자정부법'상 전자정부 추진에 대한 설명으로 옳지 않은 것은?

① '고등교육법' 상 사립대학은 적용받지 않는다.
② 행정기관 등의 장은 해당 기관의 전자정부의 구현·운영 및 발전을 위한 기본계획을 5년마다 수립하여야 한다.
③ 전자정부의 날이 지정되었다.
④ 필요한 경우 둘 이상의 지방자치단체가 공동으로 지역정보통합센터를 설립·운영할 수 있다.

34 □□□

전자정부의 효율적 구현을 목적으로 하는 '전자정부법'의 내용으로 옳지 않은 것은?

① 행정정보의 처리업무를 방해할 목적으로 행정정보를 위조·변경·훼손하거나 말소하는 행위를 한 사람은 10년 이하의 징역에 처한다.
② 전자정부의 발전과 촉진을 위해 전자정부법은 전자정부의 날을 규정하고 있다.
③ 행정기관의 장은 3년마다 해당 기관의 전자정부의 구현·운영 및 발전을 위한 기본계획을 수립하여야 한다.
④ 행정안전부장관은 전자적 대민서비스와 관련된 보안대책을 국가정보원장과 사전 협의를 거쳐 마련하여야 한다.

33	해당 기관의 기본계획 → 행정기관 등의 장

① [×] '전자정부법'은 초·중등교육법, 고등교육법 및 그 밖의 다른 법률에 따라 설치된 각급 학교에도 적용된다.
② [○] 행정기관 등의 장은 5년마다 해당 기관의 전자정부의 구현·운영 및 발전을 위한 기본계획(기관별 계획)을 수립하여 중앙사무관장기관의 장에게 제출하여야 한다.
③ [○] 전자정부의 우수성과 편리함을 국민에게 알리고 국제적 위상을 제고하는 등 지속적으로 전자정부의 발전을 촉진하기 위하여 매년 6월 24일을 전자정부의 날로 한다.
④ [○] 지방자치단체는 정보자원을 효율적으로 관리하고 지역정보화를 통합적으로 추진하기 위하여 지역정보통합센터를 설립·운영할 수 있고, 필요한 경우 국가와 지방자치단체 또는 둘 이상의 지방자치단체가 공동으로 지역정보통합센터를 설립·운영할 수 있다.

답 ①

34	전자정부기본계획 → 5년마다 수립

① [○] '전자정부법'에 규정된 벌칙규정이다.
③ [×] 해당 기관의 기본계획은 행정기관 등의 장이 5년마다 수립하여야 한다.
④ [○] 전자적 대민서비스와 관련된 보안대책은 행정안전부장관이 국가정보원장과 협의한 후 마련된다.

답 ③

---

35 □□□

'전자정부법'에서 규정하는 전자정부의 원칙에 해당되지 않는 것은?

① 개인정보 및 사생활의 보호
② 행정정보의 공개 및 공동이용의 확대
③ 중복투자의 방지 및 상호운용성 증진
④ 행정기관 및 국가공무원의 통제 효율성 확대

36 □□□

현재 전자정부 관련 법령상 우리나라 전자정부서비스에 대한 설명으로 옳지 않은 것은?

① 행정기관의 장은 해당 기관에서 처리할 민원사항에 대하여 관계 법령에서 종이문서로 신청하도록 규정하고 있는 경우 전자문서로 신청을 하게 할 수 없다.
② 민원사항과 관련하여 전자문서로 신청을 하는 경우 전자문서에 첨부되는 서류는 전자화 문서로 할 수 있다.
③ 행정기관의 민원인이 제출하여야 하는 구비서류가 행정기관이 전자문서로 발급할 수 있는 문서인 경우에는 직접 그 구비서류를 발급하는 기관으로부터 발급받아 업무를 처리해야 한다.
④ 행정기관의 장은 전자민원창구를 설치할 경우 특별한 사유가 없으면 소속 기관마다 설치할 것이 아니라 하나의 창구로 설치해야 한다.

---

35 전자정부법 → 민주성 + 효율성

①, ②, ③ [○] '전자정부법'은 대민서비스의 전자화 및 국민편익의 증진, 행정업무의 혁신과 이를 통한 생산성과 효율성의 향상, 정보시스템의 안전성과 신뢰성의 확보, 개인정보와 사생활의 보호(①), 행정정보의 공개와 공동이용의 확대(②), 중복투자의 방지와 상호 운용성의 증진(③) 등을 원칙으로 제시하고 있다.
④ [×] 행정기관 및 국가공무원의 통제 효율성 확대는 '전자정부법'에 규정된 원칙이 아니다.

답 ④

---

36 전자정부법 → 모든 신청의 전자문서화 가능

① [×] 행정기관 등의 장은 해당 기관에서 처리할 민원사항 등에 대하여 관계 법령에서 문서·서면·서류 등의 종이문서로 신청, 신고 또는 제출 등을 하도록 규정하고 있는 경우에도 전자문서로 신청 등을 하게 할 수 있다.
③ [○] 행정기관 등의 장은 민원인이 첨부·제출하여야 하는 증명서류 등 구비서류가 행정기관 등이 전자문서로 발급할 수 있는 문서인 경우에는 직접 그 구비서류를 발급하는 기관으로부터 발급받아 업무를 처리하여야 한다.

답 ①

37 ☐☐☐

'전자정부법'상 전자정부에 대한 설명으로 옳지 않은 것은?

① 국회사무총장은 전자정부의 구현·운영 및 발전을 위하여 5년마다 전자정부기본계획을 수립하여야 한다.

② 국회입법조사처장은 5년마다 해당 기관의 전자정부의 구현·운영 및 발전을 위한 기본계획을 수립하여 국회 사무총장에게 제출하여야 한다.

③ 전자정부기본계획에는 전자정부서비스의 제공 및 활용 촉진, 전자정부 구현을 위한 업무 재설계, 전자정부의 국제협력에 대한 내용이 포함되어야 한다.

④ 국회예산정책처장은 민원인이 첨부·제출하여야 하는 증빙서류 등 구비서류가 행정기관 등이 전자문서로 발급 할 수 있는 문서인 경우 민원인이 관계 법령에서 정한 수수료를 냈을 때에만, 직접 그 구비서류를 발급하는 기관으로부터 발급받아 업무를 처리할 수 있다.

⑤ 정보기술아키텍처란 정보의 수집·저장·검색·송신· 수신 및 그 활용과 관련되는 기기와 소프트웨어의 조직화 된 체계를 말한다.

38 ☐☐☐

다음 글의 (ㄱ)에 해당하는 것은?

- (ㄱ)은/는 정부업무, 업무수행에 필요한 데이터, 업무를 지원하는 응용서비스 요소, 데이터와 응용시스템의 실행 에 필요한 정보기술, 보안 등의 관계를 구조적으로 연계 한 체계로서 정보자원관리의 핵심수단이다.
- (ㄱ)은/는 정부의 정보시스템 간의 상호운용성 강화, 정보자원 중복투자 방지, 정보화 예산의 투자효율성 제고 등에 기여한다.

① 블록체인 네트워크
② 정보기술아키텍처
③ 제3의 플랫폼
④ 클라우드 – 클라이언트 아키텍처
⑤ 스마트워크센터

37	정보기기와 소프트웨어 → 정보시스템

① [○] 중앙사무관장기관의 장은 전자정부의 구현·운영 및 발전을 위하여 5년마다 행정기관 등의 기관별 계획을 종합하여 전자 정부기본계획을 수립하여야 한다. 국회의 경우 국회사무총장이 중앙사무관장기관의 장이다.

② [○] 행정기관 등의 장(국회의 경우 국회입법조사처장, 국회예산 정책처장 등)은 5년마다 해당 기관의 전자정부의 구현·운영 및 발전을 위한 기본계획(기관별 계획)을 수립하여 중앙사무관장 기관의 장에게 제출하여야 한다.

④ [○] 행정기관 등의 장(국회의 경우 국회예산정책처장 등)은 민원인이 첨부·제출하여야 하는 증명서류 등 구비서류가 행정 기관 등이 전자문서로 발급할 수 있는 문서인 경우에는 직접 그 구비서류를 발급하는 기관으로부터 발급받아 업무를 처리 하여야 한다. 이 경우 민원인이 행정기관 등에 미리 해당 민원 사항 및 구비서류에 대하여 관계 법령에서 정한 수수료를 냈을 때에만 할 수 있다.

⑤ [×] 정보의 수집·저장·검색·송신·수신 및 그 활용과 관련 되는 기기와 소프트웨어의 조직화된 체계를 말하는 것은 정보 시스템이다.

답 ⑤

38	정보자원들을 구조적으로 연계한 체계 → 정보기술아키텍처

① [×] 블록체인 네트워크는 블록에 데이터를 담아 체인 형태로 연결, 수많은 컴퓨터에 동시에 이를 복제해 저장하는 분산형 데이터 저장기술이다. 공공거래 장부라고도 부르며 모든 거래 참여자들이 정보를 공유하고 있어 데이터의 위조나 변조를 할 수 없도록 되어 있다.

② [○] 설문은 정보기술아키텍처에 관한 내용이다. 정보기술아키 텍처는 일정한 기준과 절차에 따라 업무, 응용, 데이터, 기술, 보안 등 조직 전체의 구성요소들을 통합적으로 분석한 뒤 이들 간의 관계를 구조적으로 정리한 체제 및 이를 바탕으로 정보화 등을 통하여 구성요소들을 최적화하기 위한 방법을 말한다.

③ 제3의 플랫폼은 모바일, 소셜네트워크, 클라우드, 빅데이터 등을 토대로 한 차세대 IT 환경을 말한다.

④ 클라우드 – 클라이언트 아키텍처란 사용자가 필요한 자료나 프로그램을 자신의 컴퓨터에 설치하지 않고도 인터넷 접속을 통해 언제 어디서나 이용할 수 있는 서비스를 말한다.

답 ②

현행 '민원사무처리에 관한 법률'의 주요 내용으로 옳지 않은 것은?

① 사전심사청구제도
② 민원후견인제도
③ 민원 1회 방문 처리제도
④ 복합민원 부서별 분리처리제도

민원행정에 대한 설명으로 옳지 않은 것은?

① 행정체제의 경계를 넘나드는 교호작용을 통해 주로 규제와 급부에 관련된 행정산출을 전달한다.
② 행정기관의 장은 개인의 사생활에 관한 사항에 해당하는 경우 그 민원을 처리하지 않을 수 있다.
③ 행정구제수단으로서의 기능을 수행한다.
④ 행정기관은 사경제의 주체로서 민원을 제기할 수 없다.

39	민원사무처리 → 복합민원일괄처리

① [○] 사전심사청구제도는 민원인이 대규모 경제적 비용이 따르는 허가·신고 등의 민원을 정식으로 행정기관에 민원을 제출하기 전에 약식서류를 통해 대상 민원의 가능 여부를 서면으로 사전에 심사하는 제도다.
② [○] 민원후견인제도는 인·허가 등 복잡한 민원접수 시 각 지방자치단체가 계장급 이상 간부를 후견인으로 지정, 민원이 종결될 때까지 곁에서 도와주는 제도를 말한다. 후견인이 지정되는 민원은 다수기관이 관련된 복합적인 사안이거나 10일 이상이 걸리는 인·허가 등이다
③ [○] 민원사무처리에 관한 법률은 민원인이 불필요한 사유로 행정기관을 다시 방문하지 않도록 민원1회 방문 처리제를 확립하고, 그 원활한 운영을 위해 민원후견인제도를 시행하도록 규정하고 있다.
④ [×] 행정기관의 장은 복합민원을 처리할 주무 부서를 지정하고 그 부서로 하여금 관계 기관 또는 부서 간 협조를 통해 민원사무를 한꺼번에 처리하게 할 수 있다.

답 ④

40	행정기관 → 사경제의 주체로서 민원인의 가능성

① [○] 민원행정은 정부와 민간의 상호작용을 의미하므로 민간의 생활과 관련된 규제나 급부의 영역과 관련된다.
② [○] '민원 처리에 관한 법률'에 의하면 사인 간의 권리관계 또는 개인의 사생활에 관한 사항은 민원처리 사항에서 제외하고 있다.
③ [○] 행정기관 등의 위법·부당하거나 소극적인 처분(사실행위 및 부작위 포함) 및 불합리한 행정제도로 인하여 국민의 권리를 침해하거나 국민에게 불편 또는 부담을 주는 사항에 관한 민원을 고충민원이라 하며, 이러한 고충민원을 처리하는 것은 행정구제의 수단으로 민원행정이 활용될 수 있음을 의미한다.
④ [×] 민원인이란 행정기관에 민원을 제기하는 개인·법인 또는 단체를 말하며, 원칙적으로 행정기관은 제외된다. 다만, 행정기관이 사경제의 주체로서 민원을 제기할 경우 민원인에 포함될 수 있다.

답 ④

41 □□□

민원행정의 성격에 대한 설명으로 옳은 것만을 모두 고르면?

> ㄱ. 규정에 따라 서비스를 제공하는 전달적 행정이다.
> ㄴ. 행정기관도 민원을 제기하는 주체가 될 수 있다.
> ㄷ. 행정구제수단으로 볼 수 없다.

① ㄱ

② ㄷ

③ ㄱ, ㄴ

④ ㄴ, ㄷ

41 　고충민원 → 행정구제수단

ㄱ. [○] 민원행정의 민원인이 행정기관에게 특정한 행위를 요구하고 이를 해결하는 전달적 행정의 영역이다.

ㄴ. [○] 행정기관은 원칙적으로는 민원의 제기 주체가 될 수 없지만, 사경제의 주체로 간주될 경우 민원을 제기할 수 있다.

ㄷ. [×] 고충민원은 행정구제의 수단으로 활용될 수 있다.

답 ③

42 □□□

전통적 행정관리와 비교한 새로운 지식행정관리의 특징으로 보기 어려운 것은?

① 공유를 통한 지식가치 향상 및 확대 재생산

② 지식의 조직 공동재산화

③ 계층제적 조직 기반

④ 구성원의 전문가적 자질 향상

42 　지식관리 → 학습조직

① [○] 지식관리는 개인의 잠재된 지식을 조직의 자산으로 전환하는 것으로, 기존에 알고 있는 것을 토대로 새로운 것을 발전시키고 강화하는 과정이다. 이는 지식의 분절화·파편화라는 전통적 관리의 특징을 지식의 공유를 통한 확대 재생산이라는 새로운 지식관리 패러다임으로 전환시키는 것을 의미한다.

② [○] 전통적 조직은 지식의 개인 사유화를 특징으로 하지만 지식관리는 지식의 공동재산화를 특징으로 한다.

③ [×] 계층제적 조직을 기반으로 운영되는 것은 전통적 관료제이다. 지식행정관리는 지식의 창조와 공유가 활성화될 수 있는 학습조직을 기반으로 한다.

④ [○] 지식관리행정은 지식의 공유를 통한 지식가치의 확대 재생산은 물론 이를 통해 구성원의 전문가적 자질 역시 지속적으로 향상시키고자 한다.

📄 **전통적 관리와 지식관리 비교**

구분	전통적 관리	지식관리
조직구조	계층제	학습조직
지식소유	개인사유	공동재산
지식공유	지식의 분절화·파편화	공유를 통한 확대 재생산
지식활용	중복활용	공동활용

답 ③

지식을 암묵지(tacit knowledge)와 형식지(explicit knowledge)로 구분할 경우, 암묵지에 해당하는 것만을 모두 고른 것은?

> ㄱ. 업무매뉴얼
> ㄴ. 조직의 경험
> ㄷ. 숙련된 기능
> ㄹ. 개인적 노하우(know-how)
> ㅁ. 컴퓨터 프로그램
> ㅂ. 정부 보고서

① ㄱ, ㄴ, ㄷ
② ㄴ, ㄷ, ㄹ
③ ㄷ, ㄹ, ㅁ
④ ㄹ, ㅁ, ㅂ

---

43 숙련된 기능 → 암묵지

ㄱ. 암묵지(Tacit Knowledge)는 학습과 체험을 통해 습득하고 겉으로 드러나지 않는 지식 즉, 머리 속에는 존재하지만 언어나 문자로는 표현되지 않는 지식으로 시행착오와 같은 경험을 통해 체득된다.

ㄴ, ㄷ, ㄹ. 형식지(Explicit Knowledge)는 문서나 매뉴얼처럼 외부로 표출되어 있어 여러 사람이 공유할 수 있는 지식을 말한다. 조직의 경험(ㄴ), 숙련된 기능(ㄷ), 개인적 노하우(know-how)(ㄹ) 등은 암묵지에 속한다.

📄 암묵지와 형식지 비교

암묵지	형식지
• 언어로 표현하기 힘든 주관적 지식	• 언어로 표현가능한 객관적 지식
• 경험을 통해 축적	• 언어를 통해 습득
• 은유를 통한 전달	• 언어를 통해 전달
(→ 대화, 학습공동체)	(→ 데이터 마이닝)

답 ②

지식관리시스템을 성공적으로 구축하고 그 효과를 실현하기 위한 방안과 거리가 먼 것은?

① 지식관리를 위한 제도적인 지원과 문화의 형성
② 통합적이고 수직적인 조직구조의 형성
③ 전문적인 인적 자원의 확보
④ 지식관리시스템을 가능하게 하는 통합적 정보기술의 확보

---

44 지식관리 → 학습조직

① ③, ④ [○] 이밖에도 지식관리가 성공하기 위해서는 암묵지 기능의 활성화, 정보시스템과 네트워크의 구축, 신뢰와 협력의 문화, 수평구조와 네트워크구조의 활용, 지식관리자의 활용, 지식평가체제의 확립 등이 필요하다.

② [×] 지식관리는 정보의 창출과 공유를 강조한다. 이를 위해서는 수직적이고 집권적인 조직보다는 수평적이고 분권적인 조직이 바람직하다. 계층제적이고 분업적인 관계에서 지식의 창출과 공유는 어렵기 때문이다.

답 ②

45 ☐☐☐

지식행정의 특징과 가장 거리가 먼 것은?

① 연성조직의 강화
② 의사소통의 활성화
③ 인적 자본의 강화
④ 암묵지의 축소화

| **45** | 지식행정 → 암묵지의 확대 재생산 |

① [O] 연성조직이란 경성조직과 대비되는 말로 조직의 경직성이 약하여 자유롭게 생각하고 의사소통할 수 있는 조직구조를 말한다.

②, ③ [O] 지식행정이란 암묵지를 조직의 자산으로 공유하여 이를 통해 새로운 지식을 창출하는 과정이므로 인적 자본의 강화와 의사소통의 활성화가 요구된다.

④ [×] 암묵지란 언어로 표현되기 힘든 주관적 지식으로 구성원에게 내재화된 지식을 말한다. 이러한 암묵지가 활성화되어야 이의 공유를 통한 형식지가 창출될 수 있으므로 지식행정이 활성화되기 위해서는 암묵지의 활성화가 필수적이다.

답 ④

46 ☐☐☐

지식관리시스템(KMS: Knowledge Management System)의 성공요인에 대한 설명으로 옳지 않은 것은?

① 조직적 지식의 창출보다는 조직구성원의 개인적 지식 축적을 강조한다.
② 개인 또는 부서가 업무결과로 얻은 새로운 지식을 다른 구성원들과 공유하는 문화를 조성한다.
③ 지식을 효과적으로 발굴하고 활용할 수 있는 제도와 조직구조를 정비한다.
④ 지식관리의 촉진제이자 실질적인 도구인 정보기술 인프라를 구축한다.

| **46** | 지식관리 → 조직의 자산으로서 지식 |

① [×] 지식관리시스템은 개인적 지식의 축적보다는 지식의 공유를 통한 조직적 지식의 창출을 중시한다.

②, ③, ④ [O] 지식관리는 개인의 잠재된 지식을 조직의 자산으로 전환하는 과정으로, 기존에 알고 있는 것을 토대로 새로운 것을 발전시키고 강화하는 과정이다.

답 ①

지식관리의 기대효과에 대한 설명으로 옳지 않은 것은?

① 개인의 전문적 자질 향상
② 정보 · 지식의 중복 활용
③ 학습조직의 기반 구축
④ 공유를 통한 지식가치 향상 및 확대 재생산

정보화와 전자정부 등에 대한 설명으로 옳지 않은 것은?

① e - 거버넌스는 모범적인 거버넌스를 실현하기 위하여 다양한 차원의 정부와 공공부문에서 정보통신기술의 잠재력을 활용하기 위한 과정과 구조의 실현을 추구한다.
② 웹 접근성이란 장애인 등 정보 소외계층이 웹사이트에 있는 정보에 접근할 수 있도록 편의를 제공하는 것을 말한다.
③ 빅 데이터(big data)의 3대 특징은 크기, 정형성, 임시성이다.
④ 지역정보화 정책의 기본목표는 지역경제의 활성화, 주민의 삶의 질 향상, 행정의 효율성 강화이다.

47	지식관리 → 지식의 공동 활용

② [×] 지식관리는 정보와 지식의 공유를 강조한다. 정보와 지식의 중복활용은 전통적 관리의 특징이다.
③ [○] 지식관리는 지식의 공유를 통해 조직의 지식을 창출하고자 하는 것이므로, 이는 경험을 통해 조직의 능력을 확장하고자 하는 학습조직을 구축하는 기반이 될 수 있다.

답 ②

48	빅 테디어 → 정형 + 반정형 + 비정형

③ [×] 빅 데이터(big data)는 디지털 환경에서 생성되는 대규모의 데이터로, 생성 주기도 짧고, 형태도 수치뿐만 아니라 문자와 영상 등을 포함하는 비정형적인 데이터를 말한다. 이러한 빅 데이터는 방대한 양(volume), 다양한 형태(variety), 빠른 생성속도(velocity), 새로운 가치(value) 등을 특징으로 한다.

답 ③

49 □□□

기존 데이터와 비교할 때 빅 데이터의 주요 특징이 아닌 것은?

① 속도
② 다양성
③ 크기
④ 수동성

50 □□□

빅 데이터에 대한 설명으로 옳지 않은 것은?

① 사진은 빅 데이터에 포함되지 않는다.
② 정형 데이터도 포함하는 개념이다.
③ 각종 센서 장비의 발달로 데이터가 늘어나면서 나타났다.
④ 데이터를 실시간으로 처리하기도 한다.

49	빅 데이터 → 능동성

④ [×] 빅 데이터의 특징은 3V로 요약하는 것이 일반적이다. 즉, 데이터의 양(Volume), 데이터 생성속도(Velocity), 형태의 다양성(Variety)을 의미한다. 최근에는 가치(Value)나 복잡성 (Complexity)을 더하기도 한다.

답 ④

50	빅 데이터 → 정형 + 반정형 + 비정형

① [×] 빅 데이터는 문자, 영상, 사진 등 모든 데이터를 포함한다.
② [○] 빅 데이터는 정형, 반정형, 비정형의 모든 데이터를 포함한다.
③ [○] 센서 장비의 발달로 정보의 수집과 유통이 용이해지면 등장한 개념이다.
④ [○] 빅 데이터는 실시간 정보수집과 이를 기반으로 한 실시간 업무처리에 도움이 될 것이다.

답 ①

우리나라의 공공부문 빅데이터 정책에 대한 설명으로 옳지 않은 것은?

① 과거 국가정보화전략위원회에서는 공공부문의 빅데이터 활용 시나리오를 제시하였다.
② 빅 데이터의 유통 활성화를 위해서는 데이터 보안, 암호화, 비식별화 등 개인정보보호를 위한 기술개발이 중요하다.
③ 우리나라는 현재 빅 데이터 활성화를 목표로 한 기본법이 시행되고 있지만, 아직 지방자치단체의 조례는 제정되지 않았다.
④ 반정형화된 데이터나 비정형 데이터에 이르기까지 활용하는 데이터의 수준이나 폭이 확대되고 있다.

데이터 기반의 과학적 정책수립을 위하여 빅 데이터의 중요성이 커지고 있다. 빅 데이터에 대한 설명으로 옳지 않은 것은?

① 빅 데이터 부상의 이유로 페이스북(Facebook) · 트위터(Twitter) 등의 소셜네트워크서비스(SNS)의 보급 확대를 들 수 있다.
② 인터넷 쇼핑업체인 아마존(Amazon)이 고객행동패턴 데이터를 분석하여 상품 추천 시스템을 도입한 것은 빅 데이터를 활용한 사례이다.
③ 빅 데이터는 비정형적 데이터가 아닌 정형적 데이터를 지칭한다.
④ 빅 데이터를 활성화하기 위해서는 개인정보 보호장치가 제도적으로 선행될 필요가 있다.

---

51   빅 데이터 → 조례는 존재, 빅 데이터기본법은 부재

① [O] 국가정보화전략위원회는 '정보화촉진기본법'에 의거 국가 정보화 비전을 제시하고 이를 달성하기 위한 계획의 수립 · 추진 · 점검을 수행하기 위해 설립된 대통령 소속 자문위원회로 현재는 폐지되었다.
② [O] 빅 데이터의 활성화는 개인의 사생활을 침해할 가능성이 크므로, 개인정보보호를 위한 제도적 장치가 선행되어야 한다.
③ [×] 경기도와 같은 광역자치단체뿐만 아니라 일부 전주시나 의왕시와 같은 기초자치단체도 빅 데이터 활용에 관한 조례를 제정하여 시행하고 있다.

답 ③

52   빅 데이터 → 정형 + 반정형 + 비정형 데이터

① [O] 소셜네트워크서비스란 인터넷상에서 인적 네트워크를 형성할 수 있게 해주는 서비스이다. 이러한 디지털 혁명과 소셜 미디어의 등장으로 데이터가 급증하고 있어 빅 데이터에 대한 관심이 증대하게 된 것이다.
② [O] 빅 데이터가 주목받는 이유는 기업이나 정부 등이 이를 효과적으로 분석함으로써 미래를 예측해 최적의 대응방안이나 수익모델을 찾는 방법이 될 수 있기 때문이다.
③ [×] 빅 데이터는 디지털 환경에서 생성되는 대규모의 데이터로, 생성 주기도 짧고, 형태도 수치뿐만 아니라 문자와 영상 등을 포함하는 비정형적인 데이터를 말한다.

답 ③

학습조직의 특성으로 옳지 않은 것은?

① 엄격하게 구분된 부서 간 경쟁을 통한 학습가능성이 강조된다.
② 전략수립과정에서 일선조직 구성원의 참여가 중요한 역할을 담당한다.
③ 구성원의 권한 강화가 강조된다.
④ 조직 리더의 사려 깊은 리더십이 요구된다.

지식정보화 시대에 필요한 학습조직의 특성에 대한 설명으로 옳은 것만 묶은 것은?

┌───┐
ㄱ. 조직의 기본 구성단위는 팀으로, 수직적 조직구조를 강조한다.
ㄴ. 불확실한 환경에 요구되는 조직의 기억과 학습의 가능성에 주목한다.
ㄷ. 리더에게는 구성원들이 공유할 수 있는 미래비전 창조의 역할이 요구된다.
ㄹ. 체계화된 학습이 강조됨에 따라 조직 구성원의 권한은 약화된다.
└───┘

① ㄱ, ㄴ   ② ㄱ, ㄹ
③ ㄴ, ㄷ   ④ ㄷ, ㄹ

---

53   학습조직 → 구성원의 상호 협력

① [×] 학습조직은 시행착오를 통해 얻은 지식을 조직의 다른 구성원들과 공유하는 조직으로, 부분보다 전체를 중시하고 경계를 최소화하려는 조직문화가 강조된다. 결국 부서 간 경쟁보다는 상호 협력을 통한 학습가능성을 중시한다.
② [○] 학습조직은 최고 책임자 또는 외부 전문가의 영입보다는 조직의 모든 구성원이 전문가가 될 수 있도록 지원하여야 한다.
③ [○] 학습조직은 모든 구성원이 문제의 인지와 해결에 관여하며, 능력을 지속적으로 제고하기 위해 시행착오를 거치면서 지속적으로 실험할 수 있는 상황을 강조하므로 집권적 구조보다는 권한이 구성원에게 내려온 분권적 구조가 바람직하다.
④ [○] 학습조직의 리더에게는 사회건축가이면서 동시에 구성원들이 공유할 수 있는 미래의 비전을 창출할 수 있는 사려 깊은 리더십이 강조된다.

답 ①

---

54   학습조직 → 수평구조

ㄱ. [×] 학습조직은 구성원 간 협력을 통한 지식의 공유를 추구하므로 수평적 조직구조를 강조한다.
ㄹ. [×] 학습조직은 모든 구성원이 문제의 인지와 해결에 관여하며, 능력을 지속적으로 제고하기 위해 시행착오를 거치면서 지속적으로 실험할 수 있는 조직이므로 집권화보다는 분권화가 강조되는 조직이다. 즉, 구성원의 권한은 강화된다.

답 ③

학습조직을 구현하기 위한 조직관리 기법으로 가장 옳은 것은?

① 정책집행의 합법성을 강조한 책임행정의 확립
② 부분보다 전체를 중시하고 의사소통을 원활하게 하는 공동체문화의 강조
③ 성과주의를 제고하기 위한 성과급 제도의 강화
④ 신상필벌을 강조한 행정윤리 강화

학습조직에 대한 설명으로 옳지 않은 것은?

① 개방체제와 자아실현적 인간관을 바탕으로 새로운 지식을 창출하고자 한다.
② 연결된 체계 간의 상호작용을 이해하고, 이를 효과적으로 활용하기 위한 체계적 사고(systems thinking)를 강조한다.
③ 조직구성원들의 비전 공유를 중시한다.
④ 조직구성원의 합이 조직이 된다는 점에서, 조직 내 구성원 각자의 개인적 학습을 강조한다.

---

55   학습조직 → 정보공유

① [×] 정책집행의 합법성을 강조하는 것은 전통적 관료제 조직의 특징이다.
② [○] 학습조직은 시행착오를 거치면서 지속적으로 실험할 수 있는 상황을 강조하며, 지식의 공유와 이를 통한 확대 재생산을 강조한다.
③ [×] 성과주의를 제고하기 위한 성과급 역시 원칙적으로 전통적 관리방식의 특징이다.
④ [×] 신상필벌을 강조하는 행정윤리로는 시행착오를 강조하는 학습을 정착시키기 어려울 것이다.

답 ②

56   학습조직 → 공동학습

① [○] 학습조직은 지식정보화시대에 관료제 모형의 대안으로 모색된 것으로, 표출과 환류의 조직문화를 강조하며, 장기적 측면에서 조직의 성장과 발전을 추구한다.
② [○] 학습조직은 체계를 구성하는 모든 요소들의 통합적 고려를 강조하는데 이를 시스템적 사고라고 한다.
③ [○] 학습조직은 공동목표와 원칙에 대한 공감대의 형성을 강조하는데 이를 공동의 비전이라고 한다. 그리고 구성원들이 공유할 수 있는 미래의 비전을 창출할 수 있는 리더십을 사려 깊은 리더십이라고 한다.
④ [×] 학습조직은 시행착오를 통해 얻은 지식을 조직의 다른 구성원들과 공유하는 조직이다. 이에 따라 학습조직에서는 부분보다 전체를 중시하고 경계를 최소화하려는 조직문화가 강조된다.

답 ④

57 ☐☐☐

학습조직에 대한 설명으로 옳지 않은 것은?

① 학습조직은 유기적 조직의 한 유형으로서 전통적 조직 유형의 대안으로 나타났다.
② 학습조직의 보상체계는 개인별 성과급 위주로 구성되어 있다.
③ 학습조직은 조직 구성원에게 충분한 학습 기회를 제공할 수 있는 훈련을 강조한다.
④ 학습조직은 부분보다 전체를 중시하고 경계를 최소화 하려는 조직문화가 필요하다.

57	학습조직 → 팀 중심의 조직구조

① [○] 학습조직은 실험을 통해 문제해결 능력을 키워가는 조직으로 이는 규칙과 절차를 강조하는 관료제 조직과는 다르다.
② [×] 학습조직의 보상체계는 개인별 보다는 팀별 성과급 위주로 구성되어 있다.
④ [○] 학습조직은 모든 구성원들이 문제해결에 참여하고 이를 통해 지식을 공유하는 조직이므로 조직의 경계를 최소화하는 조직문화가 중요하다.

답 ②

---

58 ☐☐☐

학습조직에 대한 설명으로 부적절한 것은?

① 관료제 모형의 대안으로 등장하였다.
② 조직 능력보다는 개인 능력을 제고하는 데 초점을 맞춘다.
③ 능률성보다는 문제해결을 필수적 가치로 추구한다.
④ 성공하기 위해서는 사려 깊은 리더십이 필요하다.

58	학습조직 → 조직능력의 제고

② [×] 학습조직은 개인의 능력을 조직의 자산으로 승화시키는 것을 중시한다. 즉, 개인 능력의 제고와 이의 공유를 통해 궁극적으로 조직의 능력을 향상시키는 것을 목적으로 한다.
③ [○] 학습조직은 불확실한 환경에 적응하면서 능력을 신장하고자 하는 조직이므로 단순한 능률성의 확보보다는 문제해결 능력을 지속적으로 신장시킬 수 있는 것이 요구된다.

답 ②

---

59 □□□

조직의 이중순환고리 학습(double-loop learning)에 대한 설명으로 옳은 것은?

① 모건(G. Morgan)의 홀로그래픽(holographic) 조직설계를 위해 개발된 '학습을 위한 학습원칙'과 관련성이 높다.
② 학습과정의 안정성이 필요하므로 개방적인 조직보다는 폐쇄적인 조직 하에서 발생할 가능성이 높다.
③ 학습과정에서 높은 수준의 통찰력을 요구하지만 학습효과는 빠르고 국소적으로 나타난다.
④ 기존의 운영규범 및 지식체계 하에서 오류를 발견하고 수정해나가는 것이다.

59	이중순환고리학습 → 목표에 대한 고찰

① [○] 이중순환고리학습이란 조직이 기존의 규범, 절차, 정책, 목표 등에 의문을 품고 이를 수정할 때 발생하는 학습으로, 학습과정에서의 오류의 발견과 수정(학습을 위한 학습)이 조직의 전략적 신념체계 변화와 나아가서 조직규범과 기본가정의 재구성을 가져오는 학습이다. 한편, 홀로그래픽이란 스스로 자기 자신을 재조직화할 수 있는 능력으로, 이는 결국 조직이 학습을 통해 스스로를 재구성할 수 있다는 것을 의미한다.
② [×] 학습과정의 안정성이 필요하므로 개방적인 조직보다는 폐쇄적인 조직 하에서 발생할 가능성이 높은 것은 단일순환고리학습이다.
③ [×] 이중순환고리학습은 학습과정에서 높은 수준의 통찰력이 요구되지만, 학습효과는 장기적으로 광범위하게 천천히 나타난다. 학습효과가 빠르고 국소적으로 나타나는 것은 단일순환고리학습이다. 한편, 단일순환고리학습이란 구성원이 조직 내·외부 환경에의 적응과정에서 조직 내 현재 지식을 적용하면서 오류를 발견하고 이를 행동의 변화에 연결시켜 수정해 나가는 학습과정을 말한다.
④ [×] 기존의 운영규범 및 지식체계 하에서 오류를 발견하고 수정해나가는 것은 단일순환고리학습이다.

답 ①

60 □□□

셍게(P. Senge)가 제시한 학습조직(Learning Organization) 구축을 위한 다섯 가지 방법에 해당하지 않는 것은?

① 조직이 달성하고자 하는 목표, 가치 등에 관한 비전 공유가 필요하다.
② 공동학습을 통해 지식을 공유하고 토론을 활성화하는 집단학습이 필요하다.
③ 개인의 전문지식 습득 노력을 통한 자기완성이 필요하다.
④ 조직에 대한 종합적·동태적 이해를 위해 시스템적 사고가 필요하다.
⑤ 학습효과를 극대화하기 위해 관리자의 리더십이 필요하다.

60	셍게(P. Senge)의 학습조직 → 자사공집시

①, ②, ③, ④ [○] 셍게(P. Senge)는 학습조직을 구축하기 위한 다섯 가지 수련으로 자아완성(③), 집단학습(②), 사고모형, 공유비전(①), 시스템사고(④) 등을 제시하였다.
⑤ [×] 학습효과를 극대화하기 위해 관리자의 리더십은 셍게가 제시한 학습조직의 다섯 가지 수련에 포함되어 있지 않다.

📑 학습조직의 요건 - 셍게(P. Senge)

자기완성 (personal mastery) (→ 개인적 숙련)	개인의 비전을 명확히하고 에너지를 집중하고, 현실을 보는 것
사고의 틀 (mental model)	내부 그림을 발굴하고 그것이 행동을 형성하는 방법의 이해
공동의 비전 (shared vision)	개인의 비전을 공유 비전으로 전환
집단학습 (team learning)	판단을 중단하고 대화 만들기
시스템적 사고 (systems thinking)	네 가지 학습 분야를 융합 → 부분을 보는 것부터 전체를 보는 것까지

답 ⑤

61 □□□

정보격차에 대한 설명으로 옳지 않은 것은?

① 경제협력개발기구(OECD)는 정보격차를 개인, 가정, 기업 및 지역들 간 상이한 사회·경제적 여건에서 비롯된 정보통신기술에 대한 접근기회와 다양한 활동을 위한 인터넷 이용에서의 차이로 정의했다.

② 정보화마을은 우리나라에서 도농 간 정보격차 해소를 위해 시행한 지역정보화 정책의 사례이다.

③ '지능정보화기본법'은 국가기관과 지방자치단체뿐 아니라 민간 기업에 대해서도 정보격차 해소 시책을 마련할 의무를 규정하고 있다.

④ '장애인 차별금지 및 권리구제 등에 관한 법률'은 정보통신·의사소통 등에서의 정당한 편의제공 의무에 관한 규정을 두고 있다.

61	정보격차의 시정 → 국가 및 지방정부의 의무

② [○] 정보화마을은 정보화에 소외된 지역에 초고속 인터넷 이용 환경 조성과 전자상거래 등 정보 콘텐츠를 구축하여 지역주민의 정보 생활화를 유도하고 실질적인 수익을 창출함으로써 지역경제 활성화를 통해 주민의 삶의 질을 향상시키는 마을을 말한다.

③ [×] 국가기관과 지방자치단체는 모든 국민이 정보통신서비스에 원활하게 접근하고 정보를 유익하게 활용할 기본적 권리를 실질적으로 누릴 수 있도록 필요한 시책을 마련하여야 한다. 즉, 민간기업에 대한 규정은 없다.

④ [○] 장애인 차별금지 및 권리구제 등에 관한 법률 제21조의 내용이다.

답 ③

---

62 □□□

정보화와 전자정부에 대한 설명으로 옳지 않은 것은?

① 행정안전부장관은 관계 행정기관 등의 장과 협의하여 정보기술아키텍처를 체계적으로 도입하고 확산시키기 위한 기본계획을 수립하여야 한다.

② 행정안전부장관은 국가와 지방자치단체의 부문계획을 종합하여 5년마다 지능정보화기본계획을 수립하여야 한다.

③ 정부3.0이란 개방, 공유, 소통, 협력의 핵심가치들을 통해 국정과제를 해결하고 국민행복을 추구하는 것이다.

④ 스마트워크(smart work)란 영상회의 등 정보통신기술을 이용해 시간과 장소의 제약 없이 업무를 수행하는 유연한 근무 형태이다.

62	지능정보화기본계획 → 과학기술정보통신부장관이 3년마다 수립

① [○] 정부기술아키텍처란 업무, 응용, 데이터, 기술보안 등 조직 전체의 정보화 구성요소들을 통합적으로 분석한 뒤 이들 간의 관계를 구조적으로 정리하고 이를 통해 정보시스템을 효율적으로 구성하기 위한 방법을 말한다.

② [×] 정부는 국가정보화의 효율적, 체계적 추진을 위하여 3년마다 지능정보화 기본계획을 수립하여야 하는데, 기본계획은 과학기술정보통신부장관이 국가와 지방자치단체의 부문계획을 종합하여 수립한다.

③ [○] 정부3.0이란 공공정보를 적극 개방·공유하고, 부처 간 칸막이를 없애고 소통·협력함으로써 국정과제에 대한 추진동력을 확보하고 국민 맞춤형 서비스를 제공함과 동시에 일자리 창출과 창조경제를 지원하는 새로운 정부운영 패러다임이다.

답 ②

PART

4

인사행정

01 ☐☐☐

22년 국가9급

직업공무원제의 특징으로 옳지 않은 것은?

① 직무급 중심의 보수체계
② 능력발전 기회의 부여
③ 폐쇄형 충원방식
④ 신분의 보장

01 　직업공무원제 → 근속급 중심

① [×] 직업공무원제도는 계급제를 바탕으로 하며, 계급제는 근속급을 기반으로 한다. 직무급은 직위분류제의 특징이다.
② [○] 직업공무원제도는 장기 발전가능성에 기초하여 젊은 인재를 채용하므로, 이들의 경력발전을 위한 능력발전의 기회가 필수적이다.
③ [○] 직업공무원제도는 같은 계급군의 최하위 계급에만 신규채용이 이루어지는 폐쇄형 임용을 원칙으로 한다.
④ [○] 젊고 유능한 인재의 장기간 근무를 위해서는 신분보장이 필수적이다.

답 ①

02 ☐☐☐

13년 국가9급

인사제도에 대한 설명으로 옳지 않은 것은?

① 직업공무원제가 성공하려면 우선 공직임용에서 연령 상한제를 폐지하는 것이 필수적이다.
② 대표관료제는 관료들이 출신 집단의 가치와 이익을 대변하리라는 기대에 기반을 둔다.
③ 엽관주의는 국민의 요구에 대한 대응성의 향상에 도움이 되는 제도이다.
④ 폐쇄형 인사제도는 내부승진의 기회를 개방형보다 더 많이 제공한다.

02 　직업공무원제 → 나이와 학력의 제한

① [×] 직업공무원제는 나이와 학력의 제한을 전제로 한다. 즉, 대학에서 갓 졸업한 젊고 유능한 인재의 채용을 목표로 한다. 이에 따라 공직취임의 기회균등이 실적주의보다는 제약된다고 평가받는다. 다만, 우리나라의 경우 연령 상한제를 폐지하였다.
② [○] 대표관료제는 사회 내 여러 세력들을 인구비례로 충원하고 행정계층에 비례적으로 배치하는 관료제로 관료들이 출신 집단의 가치와 이익을 정책에 반영시킬 것이라는 가정에 기반하고 있다.
③ [○] 엽관주의는 선거에서 승리한 정당에 의해 공직이 구성되므로 국민에 대한 대응성을 높일 수 있는 제도적 장치이다.
④ [○] 폐쇄형 인사제도는 중·상위직에 신규채용이 제한되므로 모든 계층에서 신규채용이 가능한 개방형 인사제도에 비하여 내부 구성원의 승진기회가 높을 수밖에 없다.

📋 **실적주의와 직업공무원제 비교**

공통점	차이점	
	실적주의	직업공무원제
• 신분 보장	• 개방형(→ 직위분류제) 또는 폐쇄형	• 폐쇄형(→ 계급제)
• 정치적 중립		• 연령과 학력 제한 (→ 기회균등 제약)
• 능력과 자격	• 보다 완전한 기회균등 보장	
	• 일반행정가 또는 전문행정가	• 일반행정가

답 ①

03 ☐☐☐

직업공무원제의 단점을 보완하는 것으로 옳지 않은 것은?

① 개방형 인사제도
② 계약제 임용제도
③ 계급정년제의 도입
④ 정치적 중립의 강화

04 ☐☐☐

직업공무원제에 대한 설명으로 옳지 않은 것은?

① 젊고 우수한 인재가 공직을 직업으로 선택해 일생을 바쳐 성실히 근무하도록 운영하는 인사제도이다.
② 폐쇄적 임용을 통해 공무원집단의 보수화를 예방하고 전문 행정가의 양성을 촉진한다.
③ 행정의 안정성을 확보할 수 있고, 높은 수준의 행동규범을 유지하는 데 도움이 된다.
④ 조직 내에 승진적체가 심화되면서 직원들의 불만이 증가할 수 있다.

03	계급정년제도 → 직업공무원제도의 강화

① [○] 직업공무원제도는 폐쇄형 임용에 기반을 두고 있다. 개방형 임용이 도입될 경우 폐쇄형 임용에 따른 문제점을 해소할 수 있을 것이다.
② [○] 계약제 임용제도를 도입할 경우 종신고용에 따른 문제점을 해소할 수 있다.
③ [○] 계급정년제도가 도입되면 무능한 공무원의 퇴출을 통해 조직의 활력을 높일 수 있을 것이다.
④ [×] 직업공무원에 대한 정치적 통제력을 높이기 위해서는 정치적 중립의 완화가 필요하다.

답 ④

04	폐쇄형 임용 → 내부 승진 기회의 확대

① [○] 직업공무원제도는 공직에 종사하는 것이 전 생애 직업이 되도록 조직하고 운영되는 인사제도이다. 즉, 젊은 인재들을 공직에 적극적으로 유치하기 위하여, 공직에 근무하는 것을 명예롭게 생각하면서 일생동안 근무하도록 유도하기 위한 제도이다.
② [×] 폐쇄적 임용은 공무원집단의 보수화를 초래할 수 있다. 또한 폐쇄형에 기반을 둔 직업공무원제는 순환보직에 바탕을 둔 일반 행정가를 지향하므로 행정의 전문성이 약화될 수 있다.
③ [○] 직업공무원제도는 신분이 보장되므로 행정의 안정성이 높고, 공직이 하나의 전문직업으로 확립될 수 있으므로 직업윤리가 형성되어 높은 수준의 행동규범의 유지에 도움이 된다.
④ [○] 피라미드 구조로 형성된 직업공무원제 사회에서 연공과 서열에 의한 승진은 승진의 적체로 연결될 가능성이 높다.

📄 직업공무원제의 장단점

장점	단점
• 신분보장 　(→ 행정의 안정성과 계속성) • 전문직업으로서 공직 　(→ 직업윤리 확립) • 넓은 시각을 지닌 고급관리자 양성	• 특권집단화·보수화에 따른 민주적 통제의 곤란 • 순환보직에 따른 행정의 전문성 저해

답 ②

직업공무원제에 대한 설명으로 옳지 않은 것은?

① 전통적 관료제의 구성 원리와 부합하는 인사제도이다.

② 채용 당시의 직무수행 능력이 장기적인 발전 가능성보다 중요시된다.

③ 행정의 안정성, 계속성, 일관성 유지가 가능하다.

④ 계급제, 폐쇄형 공무원제, 일반행정가주의에 바탕을 둔 제도이다.

직업공무원제에 대한 설명으로 옳지 않은 것은?

① 공무원의 신분을 보장해 행정의 연속성과 일관성을 유지하는 데 긍정적인 제도이다.

② 젊고 유능한 인재들이 공직을 보람 있는 직업으로 선택하여 일생을 바쳐 성실히 근무하도록 유도하는 인사제도이다.

③ 공무원이 환경적 요청에 민감하지 못하고 특권집단화 할 염려가 있다.

④ 공무원의 일체감과 단결심 및 공직에 헌신하려는 정신을 강화하는 데 불리한 제도이다.

---

05 직업공무원제 → 장기발전 가능성의 중시

① [○] 직업공무원제도의 신분보장과 업적 중심의 인사풍토 확립, 계층제와 폐쇄형 인사 등은 관료제의 운영원리에 부합된다.

② [×] 직업공무원제는 채용 당시의 능력보다는 장기적인 발전 가능성을 중시한다.

③ [○] 직업공무원제는 공직에 종사하는 것이 전 생애 직업이 되도록 조직하고 운영되는 인사제도이므로 행정의 안정성과 계속성 및 일관성 등을 유지할 수 있게 해준다.

④ [○] 일반행정가는 폭넓은 시야와 다양한 행정 경험을 갖춘 공무원으로 특정 분야의 업무만을 전담하는 전문행정가와 대비된다.

답 ②

---

06 직업공무원제도 → 직업윤리의 확립

③ [○] 직업공무원제는 폐쇄형 임용과 강력한 신분보장을 기반으로 하므로 환경 변화에 대한 대응성이 낮고 공직을 특권화할 우려가 있다.

④ [×] 직업공무원제도는 직업윤리의 형성에 도움이 된다.

답 ④

07 ☐☐☐

공무원 인사제도에 대한 설명으로 옳지 않은 것은?

① 직업공무원제란 젊은 인재들을 공직에 적극적으로 유치하기 위하여 만든 것으로 공직에 근무하는 것을 명예롭게 생각하면서 일생동안 공무원으로 근무하도록 하기 위한 것이다.

② 직업공무원제를 올바르게 수립하기 위해서는 공직에 대한 높은 사회적 평가가 있어야 한다.

③ 엽관주의는 민주주의 원칙에 반하는 것으로서 민주주의의 진전과 함께 소멸되고 있다.

④ 우리나라의 공무원인사제도는 기본적으로 계급제의 구조를 가지고 있다.

---

08 ☐☐☐

엽관주의에서 나타날 수 있는 병폐와 가장 거리가 먼 것은?

① 국민요구에 대한 비대응성
② 공무원 임명의 자의성
③ 정책의 비일관성
④ 행정의 비능률성

07 　엽관주의 → 최근 다시 강화되는 경향

② [○] 젊고 유능한 인재의 공직 유치를 위해서는 공직에 대한 사회적 평가가 높아야 할 것이다.

③ [×] 엽관주의는 과거 엘리트에 의한 공직 독점을 일반 서민에게 개방하는 제도로 민주주의 평등이념을 핵심으로 한다.

④ [○] 우리나라는 원칙적으로 계급제를 기반으로 직위분류제가 가미된 형태를 취한다.

> 📄 **엽관주의의 발달 배경**
>
> 1. 민주정치의 발전과 정당정치의 발전
> 2. 공직임용의 대중화
>   (→ 일반서민에 대한 공직의 개방)
> 3. 행정의 단순성과 비전문성
>   (→ 건전한 상식과 이해력으로 수행 가능한 단순 업무)
> 4. 5대 먼로(J. Monroe) 대통령의 4년임기법(1820) 제정
> 5. 7대 잭슨(A. Jackson) 대통령의 공식적 천명(1829)
>   (→ 잭슨 민주주의)

답 ③

08 　엽관주의 → 대응성의 강화

① [×] 엽관주의는 집권당의 추종자를 공직에 임용하므로 선거민에 대한 민주성과 대응성을 향상시킬 수 있다.

② [○] 엽관주의는 객관적인 시험의 절차를 거치지 않으므로 임용에 있어 자의성이 개입되기 쉽다.

③ [○] 엽관주의는 4년을 주기로 관료들이 교체될 수 있으므로 행정의 안정성과 일관성을 저해할 수 있다.

④ [○] 엽관주의는 단기 아마추어리즘에 입각하고 있으므로 행정의 전문성과 능률성을 저해할 수 있다.

> 📄 **엽관주의의 장단점**
>
> | 장점 | 단점 |
> |---|---|
> | • 공직의 대중화
(→ 민주주의 평등이념) | • 실적주의 대비 기회균등 원리의 약화 |
> | • 공직순환(→ 관료의 특권화 방지) | • 행정의 공정성과 중립성 저해 |
> | • 행정의 민주성과 대응성 향상 | • 행정의 일관성과 안정성 저해 |
> | • 정당정치의 발전 | • 행정의 비능률성과 비전문성 및 부패의 야기 |
> | • 정치지도자의 통제력 강화
(→ 공약의 강력한 실천) | |

답 ①

정무직 공무원과 직업관료 간의 일반적인 성향 차이에 대한 내용으로 옳지 않은 것은?

① 정무직 공무원은 재임기간이 짧기 때문에 정책의 필요성이나 성패를 단기적으로 바라보지만, 직업관료는 신분보장이 되어 있기 때문에 장기적으로 바라보는 경향이 있다.

② 정무직 공무원은 행정수반의 정책비전에 따른 변화를 추구하고, 직업관료는 제도적 건전성을 통한 중립적 공공봉사를 중시한다.

③ 정무직 공무원은 직업적 전문성에 따라 정책문제를 바라보고, 직업관료는 정치적 이념에 따라 정책문제를 정의한다.

④ 정책대안을 평가할 때 정무직 공무원은 조직 내부의 이익보다 정치적 반응에 더 큰 비중을 두고, 직업관료는 본인이 소속된 기관의 이익을 중시하는 경향이 있다.

인사행정제도에 관한 설명 중 적절하지 않은 것은?

① 엽관주의는 정당에의 충성도와 공헌도를 관직 임용의 기준으로 삼는 제도이다.

② 엽관주의는 국민의 요구에 대한 관료적 대응성을 확보하기 어렵다는 단점을 갖는다.

③ 행정국가 현상의 등장은 실적주의 수립의 환경적 기반을 제공하였다.

④ 직업공무원제는 계급제와 폐쇄형 공무원제, 그리고 일반행정가주의를 지향한다.

---

09   정무직 → 정치적 이념

① [○] 정무직 공무원은 엽관주의 공무원을 말하고, 직업공무원은 신분이 보장되는 실적주의 공무원을 의미한다.

② [○] 정치적으로 임명되는 정무직 공무원은 행정수반의 정책비전을 수행하는 것에 역점을 두지만 신분이 보장되고 정치적 중립성이 강조되는 직업관료는 국민 전체에 대한 봉사성을 강조한다.

③ [×] 직업적 전문성에 따라 정책문제를 바라보는 것이 실적주의에 입각한 직업 관료이고, 정치적 이념에 따라 정책문제를 정의하는 것이 엽관주의 성향이 강한 정무직 공무원이다.

④ [○] 정치 공무원인 정무직 공무원은 국민의 반응에 초점을 맞추는 경향이 강하다. 반면 같은 조직에 속해 장기간 근무하는 직업관료는 국민에 대한 반응성보다는 본인이 속한 조직의 이익에 치중할 우려가 크다.

답 ③

10   엽관주의 → 대응성의 강화

① [○] 엽관주의는 집권당의 추종자를 정당에 대한 공헌도와 충성도의 정도에 따라 공직에 임명해야 한다는 원리로, 실적이나 객관화된 시험절차 없이 집권당의 추종자를 정치적으로 임명한다.

② [×] 엽관주의는 국민에 의해 선출된 정치가가 공직을 임용하므로 국민의 요구에 대한 관료들의 대응성을 높일 수 있는 제도적 장치이다.

③ [○] 19C말 행정국가의 등장에 따른 행정의 능률화와 전문화의 요청은 단기 아마추어리즘에 입각한 엽관주의 임용의 한계를 가져왔으며, 이에 따라 전문성에 입각한 실적주의로 넘어가는 환경적 요인이 되었다.

④ [○] 직업공무원제는 공직에 종사하는 것이 전 생애 직업이 되도록 조직하고 운영되는 인사제도이므로, 승진과 신분보장이 용이한 계급제와 폐쇄형 임용제를 기반으로 하며, 다양한 공직의 경험을 거쳐 고위공직자로 올라갈 수 있는 일반행정가주의를 지향한다.

답 ②

11 □□□

엽관주의의 정당화 근거로 옳지 않은 것은?

① 행정의 민주화에 기여
② 정치지도자의 행정 통솔력 강화
③ 정당정치 발달에 공헌
④ 행정의 안정성과 지속성 확보

---

12 □□□

정실주의와 엽관제에 대한 설명으로 옳지 않은 것은?

① 실적제로 전환을 위한 영국의 추밀원령은 미국의 펜들턴 법보다 시기적으로 앞섰다.
② 엽관제는 전문성을 통한 행정의 효율성 제고와 정부관료의 역량 강화에 기여한 것으로 평가된다.
③ 미국의 잭슨 대통령은 엽관제를 민주주의의 실천적 정치원리로 인식하고 인사행정의 기본 원칙으로 채택하였다.
④ 엽관제는 관료제의 특권화를 방지하고 국민에 대한 대응성을 높인다는 점에서 현재도 일부 정무직에 적용되고 있다.

12	전문성을 통한 행정의 효율성 강화 → 실적주의

① [○] 영국의 실적주의는 1853년 노스코트 - 트레벨리언 보고서에 의한 공개경쟁채용시험 도입과 독립적인 중앙인사위원회의 설치 등의 건의, 1855년 추밀원령에 의한 독립적인 인사위원회의 설치, 그리고 1870년 추밀원령에 의한 실적주의의 확립으로 전개된다. 반면 미국의 펜들턴법은 1883년에 제정되었다.
② [×] 전문성을 통한 행정의 효율성 제고와 정부관료의 역량 강화에 기여한 것은 실적주의이다.
③ [○] 엽관제도는 1829년 미국의 잭슨 대통령이 의회에서 발표한 연두교서에서부터 더욱 강화되었다.
④ [○] 공직경질제를 기반으로 하는 엽관주의는 관료제의 특권화의 방지에 기여한다. 우리나라는 현재 정무직과 일부 별정직에 엽관주의가 사용되고 있다.

📄 **실적주의의 발달 과정**

미국	영국
• 1868년 젠크스 법안 (→ 공무원제도 개혁 운동) • 1871년 그랜트 위원회 • 1880년 이튼 보고서 (→ 영국의 공무원제도의 연구) • 1881년 가필드 대통령의 암살 • 1882년 공화당의 중간선거 패배 • 1883년 펜들턴법 (→ 공개경쟁시험 제도, 전체 공무원의 10% 정도) • 1920년 퇴직연금법의 제정 • 1932년 실적주의 정착 (→ 전체 공무원의 80% 정도) • 1939년 해치법 (→ 공무원의 정치활동 금지 강화) • 1978년 공무원제도개혁법 [→ 인사관리처(OPM)의 신설, 실적제보호위원회의 설치, 고위공무원단의 창설 등] • 특징: 직무(→ 직위분류제) 중심의 개방형 실적주의	• 1853년 노스코트 - 트레벨리안 보고서(→ 실적주의 기반의 조성) • 1870년 추밀원령: 실적주의 확립 (→ 공개시험, 계급의 분류, 재무성의 인사권 강화 등) • 1968년 풀튼보고서: 인사부를 설치할 것, 계급 사이의 장벽 제거할 것, 적극적 인사행정을 모색할 것 등 • 특징: 사람(→ 계급제) 중심의 폐쇄형 실적주의, 직업공무원제와 연계

답 ②

11	엽관주의 → 공직 경질제도

① [○] 엽관주의는 국민에게 선택받은 정당에 의해 공직이 임용되므로 행정의 민주화에 기여할 수 있다.
② [○] 엽관주의는 정치지도자에 의해 공직이 임용되므로 정치지도자의 행정 통솔력 강화에 기여한다.
③ [○] 엽관주의는 정당에 의해 공직이 임용되므로 정당정치의 발전에 기여할 수 있다.
④ [×] 행정의 안정성과 지속성의 확보는 신분보장이 강한 실적주의 혹은 직업공무원제와 관련된다.

답 ④

13 ☐☐☐

엽관주의에 대한 설명으로 옳지 않은 것은?

① 선거에서 승리한 정당이 관직을 차지한다.
② 혈연, 학연, 지연 등 사적 인간관계를 반영하여 공무원을 선발한다.
③ 정당정치의 발달은 물론 행정의 민주화에 기여할 수 있다.
④ 행정의 전문성을 저하시킬 수 있다.
⑤ 펜들턴법(Pendleton Act)이 제정되면서 엽관주의에서 실적주의로 미국정부의 인사제도가 변하였다.

13	혈연, 학연, 지연 → 정실주의

② [×] 혈연, 학연, 지연 등 사적 인간관계를 반영하여 공무원을 선발하는 것은 정실주의이다.

답 ②

14 ☐☐☐

인사행정의 주요 원리 및 제도에 대한 설명으로 옳지 않은 것은?

① 엽관주의: 미국의 잭슨(A. Jackson) 대통령은 공무원의 장기근무의 순기능을 강조하며 공직의 대중화를 도모하였다.
② 실적주의: 미국에서는 펜들턴법의 제정으로 공개경쟁채용시험을 도입하고 연방인사위원회가 설치되었다.
③ 대표관료제: 영국학자 킹슬리(D. Kingsley)는 정부관료제 구성에서 사회 내 주요 세력의 분포를 반영할 것을 제안하였다.
④ 직업공무원제: 절대왕정시기의 관료제에 연원을 두고 있으며, 장기근무를 장려하여 공직을 전문직업분야로 인식하게 하였다.

14	엽관주의 → 공직경질제도

① [×] 엽관주의는 정권이 교체될 때마다 공무원이 대량 경질되므로 공무원의 장기 근무는 어렵다.
③ [O] 킹슬리(D. Kingsley)는 대표관료제라는 용어를 처음 사용하였고, 사회 내의 지배세력들을 그대로 반영한 관료제라고 정의함으로써 대표관료제의 구성적 측면을 강조하고 있다.
④ [O] 직업공무원제는 절대국가 성립 이후 중앙집권적 통일국가 체제를 유지하기 위한 강력한 상비군과 재원의 조달을 담당할 조직의 필요성으로 인하여 확립되었다.

답 ①

15 □□□

엽관주의와 실적주의에 대한 설명으로 옳은 것만을 모두 고르면?

> ㄱ. 엽관주의는 실적 이외의 요인을 고려하여 임용하는 방식
> 으로 정치적 요인, 혈연, 지연 등이 포함된다.
> ㄴ. 엽관주의는 정실임용에 기초하고 있기 때문에 초기부터
> 민주주의의 실천원리와는 거리가 멀었다.
> ㄷ. 엽관주의는 정치 지도자의 국정지도력을 강화함으로써
> 공공정책의 실현을 용이하게 해 준다.
> ㄹ. 실적주의는 정치적 중립에 집착하여 인사행정을 소극화·
> 형식화시켰다.
> ㅁ. 실적주의는 국민에 대한 관료의 대응성을 높일 수 있다는
> 장점이 있다.

① ㄱ, ㄷ
② ㄴ, ㄹ
③ ㄴ, ㅁ
④ ㄷ, ㄹ

16 □□□

엽관주의와 실적주의에 대한 설명으로 옳은 것은?

① 엽관주의는 개인의 능력, 적성, 기술을 공직임용 기준으로
한다.
② 엽관주의는 정치지도자의 국정 지도력을 약화한다.
③ 실적주의는 국민에 대한 관료의 대응성을 높인다.
④ 실적주의는 공직임용에 대한 기회의 균등을 보장한다.

---

15   엽관주의 → 정당에 대한 충성도와 공헌도

ㄱ. [×] 혈연, 지연 등을 강조하는 것은 정실주의이다. 엽관주의는
정당에 대한 충성도와 공헌도를 강조한다.
ㄴ. [×] 엽관주의는 공직을 서민에게 개방하기 위한 민주주의 평등
이념을 기반으로 한다. 즉, 민주주의 실천원리로서 도입되었다.
ㄷ. [○] 엽관주의는 정치 지도자에 의하여 공직이 구성되므로 정치
지도자에 대한 구성원들의 충성도가 높을 수밖에 없다.
ㄹ. [○] 실적주의는 무능력자의 배제를 목적으로 엄격한 시험을
거쳐 공직을 임용하므로 인사행정의 소극화와 형식화를 초래할
수 있다.
ㅁ. [×] 국민에 대한 관료의 대응성을 높일 수 있는 것은 엽관주의이다.
실적주의는 오히려 관료의 특권화(신분보장)로 인하여 민주통제를
어렵게 하여 행정의 대응성과 책임성을 저해할 수 있다.

답 ④

---

16   실적주의 → 공직임용의 기회균등

① [×] 개인의 능력, 적성, 기술을 공직임용의 기준으로 삼는 것은
실적주의이다.
② [×] 엽관주의 공무원은 정치지도자에 의해 임명되므로 정치
지도자의 국정지도력은 강화된다.
③ [×] 국민에 대한 관료의 대응성을 높이는 것은 엽관주의이다.
④ [○] 실적주의는 누구나 시험성적에 의해 공직에 임용될 수
있으므로 공직임용의 기회균등을 강화하는 장치이다.

📄 **실적주의의 장단점**

장점	단점
• 실적에 의한 임용(→ 능률성)	• 형식적·소극적 인사행정
• 신분보장 (→ 행정의 계속성과 안정성)	• 신분보장에 따른 관료의 특권화 (→ 정치적 통제의 곤란)
• 임용의 기회균등 (→ 평등이념에 부합)	• 행정의 대응성·책임성 약화
• 정치적 중립 (→ 행정의 공정성)	• 집권적 인사행정 (→ 인사행정의 관리측면 경시)
• 중앙인사기관의 설치 (→ 인사행정의 통일성·전문성)	• 정책의 강력한 추진 곤란, 형식적 기회균등

답 ④

실적주의의 주요 구성요소로 보기 어려운 것은?

① 공직취임의 기회균등
② 공무원 인적 구성의 다양화
③ 신분보장 및 정치적 중립
④ 실적에 의한 임용

17	인적 구성의 다양화 → 대표관료제

① [○] 실적주의가 확립되기 위해서는 누구나 시험을 거치면 공직에 임용될 수 있는 공직취임의 기회균등이 주어져야 한다.
② [✕] 공무원 인적 구성의 다양화는 대표관료제와 관련된다.
③ [○] 정치로부터 공직을 보호하기 위해서는 공무원의 정치적 중립과 이를 보장할 수 있는 신분보장이 필수적이다.
④ [○] 실적주의가 확립되기 위해서는 정실이나 정당에 대한 충성이 아닌 실적과 업적에 의한 임용이 필수적이다.

답 ②

엽관주의와 실적주의에 관한 설명으로 가장 옳은 것은?

① 엽관주의는 소수 상위계층의 공직독점을 가져온다.
② 엽관주의와 실적주의는 모두 민주성과 형평성의 실현을 추구하였다.
③ 실적주의에서 공직 임용은 개인의 능력, 지식, 출신, 기술, 자격, 업적에 근거해야 한다.
④ 실적주의는 필연적으로 직업공무원제도를 동반한다.

18	실적주의의 유형 → 개방형과 폐쇄형

① [✕] 엽관주의는 소수 상위계층의 공직독점을 타파하기 위해 도입된 제도이다.
② [○] 원칙적으로 엽관주의가 민주성을 실적주의는 능률성을 추구한다. 다만 엽관주의 정치적 고려를 통한 사회적 형평성의 제고에 기여할 수 있고 실적주의 역시 국민 전체에 대한 봉사를 통한 민주성 제고에 기여할 수 있다.
③ [✕] 실적주의는 출신과는 무관하다.
④ [✕] 개방형에 입각한 실적주의는 직업공무원제도와 대립된다.

답 ②

19 □□□

공무원 인사제도에 대한 설명으로 옳지 않은 것은?

① 실적주의는 공무원의 인적 구성이 사회의 인구학적 특성과 비례가 되도록 해야 한다는 대표관료제를 비판하면서 등장하였다.

② 엽관주의는 정당제도 유지에 기여하고 공무원의 정치적 책임성을 확보할 수 있다는 장점이 있어 오늘날에도 부분적으로 남아 있다.

③ 실적주의는 엽관주의의 폐해와 급격한 경제발전으로 행정기능이 양적으로 확대되고 질적으로 복잡해짐에 따라 공무원들의 전문적 지식과 기술이 필요해지면서 정당성이 강화되었다.

④ 엽관주의에 따른 인사는 관료기구와 집권 정당의 동질성을 확보할 수 있으며, 정부가 공무원의 충성심을 확보하고 공무원을 효과적으로 통솔할 수 있다.

19	대표관료제 대두배경 → 실적주의의 한계

① [×] 실적주의는 엽관주의에 대한 비판으로 등장하였고, 대표관료제가 실적주의에 대한 비판으로 등장하였다.

② [○] 정치행정일원론의 강화는 임명직 관료에 대한 선출직 관료의 통제가 중요해지므로 엽관주의가 다시 강화되고 있다.

③ [○] 행정의 복잡성과 엽관주의의 폐해로부터 행정의 전문성을 확보하기 위한 수단으로 실적주의 임용이 도입되었다.

④ [○] 엽관주의는 집권당의 당원이 관직에 임명되므로 관료기구와 집권 정당의 동질성을 높일 수 있고, 관료들의 정당에 대한 충성심을 확보하기 용이하다.

답 ①

20 □□□

실적주의(merit system)에 대한 설명으로 옳지 않은 것은?

① 실적주의의 도입은 중앙인사기관의 권한과 기능을 분산시키는 결과를 가져왔다.

② 사회적 약자의 공직진출을 제약할 수 있다는 점은 실적주의의 한계이다.

③ 미국의 실적주의는 펜들턴법(Pendleton Act)이 통과됨으로써 연방정부에 적용되기 시작하였다.

④ 실적주의에서 공무원은 자의적인 제재로부터 적법절차에 의해 구제받을 권리를 보장 받는다.

20	실적주의 → 인사권의 집중화

① [×] 실적주의 도입은 중앙인사기관으로의 인사권의 집중화를 가져왔다.

② [○] 실적주의의 형식적 평등은 사회적으로 소외된 계층에 대한 실질적 제약으로 작용할 수 있다.

③ [○] 펜들턴법(1883)은 실적주의의 핵심내용인 공개경쟁시험, 정치적 중립, 신분보장, 연방인사위원회 등을 규정하고 있다.

④ [○] 실적주의는 정치적 중립을 확보하기 위하여 강력한 신분보장을 특징으로 한다. 징계 등 불리한 처분은 적법절차를 거쳐야 하며 또한 이에 불복할 경우 소청심사와 같은 구제수단을 통해 대항할 수 있다.

답 ①

21 ☐☐☐

엽관주의와 실적주의에 대한 설명으로 옳지 않은 것은?

① 엽관주의는 행정의 민주화에 공헌한다는 장점이 있다.
② 실적주의는 공무원의 정치적 중립을 강조한다.
③ 잭슨(A. Jackson) 대통령이 암살당한 사건은 미국에서 실적주의 도입의 배경이 되었다.
④ 엽관주의는 공직의 상품화를 가져올 가능성이 있다.

21	실적주의 → 가필드 대통령의 암살

② [○] 실적주의는 공직의 임용기준을 개인의 능력, 자격, 업적에 두는 인사제도로 공개경쟁시험, 정치적 중립성, 공무원의 신분보장, 초당파적 중앙인사기관의 설치 등을 핵심으로 한다.
③ [×] 엽관주의자에 의해 암살된 대통령은 가필드 대통령이다. 잭슨은 엽관주의를 공식적으로 천명한 대통령이다.
④ [○] 엽관주의는 위인설관이라는 공직의 상품화 경향을 가져올 수 있다.

답 ③

22 ☐☐☐

실적주의와 엽관주의에 대한 설명 중 적절하지 않은 것은?

① 실적주의는 공직임용의 기회를 균등히 보장함으로써 민주주의적 평등이념의 실현에 기여한다.
② 실적주의는 엽관주의의 폐해를 방지하고 행정의 효율성 제고에 기여하였다.
③ 엽관주의는 각 개인이 가지고 있는 능력에는 차이가 있음을 인정하는 인간의 상대적 평등주의를 신봉한다.
④ 엽관주의는 정당정치이념의 구현에 기여한다.

22	개인의 능력 차이 강조 → 실적주의

① [○] 실적주의는 누구에게나 시험의 기회를 부여하므로 민주주의 평등이념에 기여한다.
③ [×] 개인의 능력 차이를 인정하는 상대적 평등주의는 실적주의와 관련된다.
④ [○] 정당의 추종자를 임명하는 엽관주의는 정당정치의 발전에 기여한다.

답 ③

현재 우리나라와 같은 유형의 중앙인사기관이 갖는 특성으로 적절한 것은?

① 인사에 대한 의사결정이 신속하고, 책임소재의 명확화가 가능한 유형이다.
② 행정수반의 적극적인 지원을 받고 있어 인사상의 공정성 확보가 용이하다.
③ 복수 위원들 간의 합의에 의한 결정방식을 특징으로 한다.
④ 1883년 펜들턴(Pendleton)법에 의해 창설된 미국의 연방 인사 기구가 이 유형에 속한다.

| **23** | 인사혁신처 → 비독립단독형 |

① [○] 우리나라 중앙인사기관은 행정수반에 종속되며 행정수반에 의해 임명되는 비독립단독형으로, 인사에 대한 의사결정이 신속하고, 책임소재의 명확하다는 장점을 지닌다.
② [×] 인사행정의 공정성을 확보하기 위해서는 행정부로부터 독립되고 복수의 구성원으로 이루어진 합의제가 바람직하다.
③ [×] 우리나라의 중앙인사기관인 인사혁신처는 국무총리 소속의 비독립 단독제이다.
④ [×] 펜들턴법에 의해 만들어진 미국의 연방인사 기구는 독립합의제의 형태를 취하였다.

📑 **인사행정기관 - 미국과 우리나라**

1. 미국
   ① 인사관리처(OPM): 비독립단독형(→ 관리)
   ② 실적제도보호위원회: 독립합의형(→ 권익보호)
2. 우리나라
   ① 인사혁신처: 국무총리 소속의 비독립단독형
   ② 소청심사위원회: 인사혁신처 소속의 행정위원회(→ 비독립 합의제), 공무원의 권익구제(→ 준사법적 기능) 담당
   ③ 중앙징계위원회: 국무총리 소속의 의결기관

답 ①

중앙인사기관에 대한 설명으로 옳지 않은 것은?

① 독립합의형은 엽관주의를 배제하고 실적제를 발전시키는 데 유리하지만, 책임소재가 불분명해질 수 있다는 단점이 있다.
② 비독립단독형은 집행부 형태로 인사행정의 책임이 분명하고 신속한 의사결정을 가능하게 해주지만, 인사행정의 정실화를 막기 어렵다.
③ 독립단독형은 독립합의형과 비독립단독형의 절충적 성격을 가진 형태로서 대표적인 예는 미국의 인사관리처나 영국의 공무원 장관실 등이다.
④ 정부규모의 확대로 전략적 인적자원관리가 강조되어 중앙인사기관의 설치 및 기능이 중요시 된다.

| **24** | 인사관리처 → 비독립단독형 |

① [○] 독립합의형은 행정부 밖에 위원회 형태로 중앙인사기관을 설치하는 방식이다. 정치로부터 독립되어 있어 실적주의를 보호하는 데 유리하지만 위원회제도로 운영되므로 책임소재가 불명확해질 우려가 있다.
② [○] 비독립단독형의 경우 중앙인사기관이 행정부 내의 단독제 기관으로 운영되므로 인사행정의 책임소재가 분명하고 그 결정의 신속성이 높아지지만 행정부 수반으로부터 자유롭지 못하므로 정실인사의 가능성이 높아질 수 있다.
③ [×] 미국의 인사관리처(OPM)는 대통령 직속의 비독립단독형의 중앙인사기관이고, 영국의 공무원 장관실은 내각사무처 소속의 비독립단독형 중앙인사기관이다.
④ [○] 중앙인사기관은 정부규모 확대에 따른 인력운영의 합리화와 정치적 중립을 보장하기 위한 제도적 장치로서 도입된 제도이다.

📑 **중앙인사기관의 유형 및 성격**

구분	장점	단점
독립성	• 정치적 중립(→ 정실인사 배제) • 인사권자의 전횡방지 • 행정부패와 무질서 방지	• 책임한계의 모호성 • 행정수반의 관리수단 미비 • 인사정책에 대한 통제의 어려움
합의성	• 신중하고 공정한 인사행정 • 정책의 계속성과 일관성 유지 • 전문지식의 활용	• 책임소재의 모호성 • 타협적이고 정치적인 결정 • 결정의 지연, 시간과 비용의 과다
집권성	• 실적주의 확립 • 인사행정의 통일성과 공정성 • 통합적 조정과 통제	• 부처 기관장의 사기저하 • 적극적 인사행정의 곤란 • 인사행정의 경직화

답 ③

25 ☐☐☐
23년 국가9급

'지방공무원법'상 인사위원회의 위원으로 임명되거나 위촉될 수 없는 사람은?

① 지방의회의원
② 법관·검사 또는 변호사 자격이 있는 사람
③ 공무원으로서 20년 이상 근속하고 퇴직한 사람
④ 초등학교·중학교·고등학교 교장 또는 교감으로 재직하는 사람

26 ☐☐☐
21년 지방7급

다음 중앙인사기관의 유형에 대한 설명으로 옳은 것은?

- 행정수반이 인사관리에 직접적인 책임을 지며, 인사기관의 장은 행정수반을 보좌하여 집행업무를 담당한다.
- 인적자원 확보, 능력발전 유도, 유지, 보상 등 인사관리에 대한 기능을 부처의 협조 하에 통합적으로 수행한다.
- 인사기관의 결정과 집행의 행위는 행정수반의 승인과 검토의 대상이 된다.

① 정치권력의 부당한 개입을 막아 정치적 중립성과 공직의 안정성을 확보할 수 있다.
② 인사기관의 구성방식을 통해서 인사정책의 일관성을 확보할 수 있다.
③ 합의에 따른 결정방식으로 인사의 공정성을 유지하는 것이 중요하다.
④ 한 명의 인사기관의 장이 조직을 관장하고 행정수반의 지휘 아래 놓이게 된다.

25	인사위원회 → 엽관주의 방지책

① [○] 공무원 임용에 결격사유가 있는 사람, 정당법에 따른 정당의 당원, 지방의회의원 등은 인사위원회의 위원이 될 수 없다.
② [×] 법관·검사 또는 변호사 자격이 있는 사람, 대학에서 조교수 이상으로 재직하거나 초등학교·중학교·고등학교 교장 또는 교감으로 재직하는 사람, 공무원으로서 20년 이상 근속하고 퇴직한 사람, 비영리민간단체에서 10년 이상 활동하고 있는 지역단위 조직의 장 등은 인사위원의 위원으로 위촉될 수 있다.

답 ①

26	행정수반의 직접 보좌 → 비독립형

① [×] 설문은 비독립 단독형 중앙인사기관을 의미한다. 반면, 정치권력의 부당한 개입을 막아 정치적 중립성과 공직의 안정성을 확보할 수 있는 것은 독립 합의형 중앙인사기관이다.
② [×] 인사정책의 일관성을 확보할 수 있는 것은 합의형 형태의 중앙인사기관이다.
③ [×] 합의에 따른 결정방식으로 인사의 공정성을 유지하는 것이 중요한 것 역시 독립 합의형 인사행정의 특징이다.
④ [○] 비독립 단독형 중앙인사기관은 장이 한 사람이며 행정수반 아래 위치하므로 행정수반의 통제가 용이하다.

답 ④

27 ☐☐☐

다음 중 중앙인사기관에 대한 설명으로 옳지 않은 것은?

① 영국의 내각사무처는 비독립단독형 인사기관 형태를 채택하고 있다.
② 독립합의형 인사기관은 인사행정의 책임소재를 명확히할 수 있다.
③ 중앙인사기관의 기능은 준입법·준사법 기능과 집행·감사기능을 모두 포함한다.
④ 비독립단독형 인사기관은 주요 인사정책의 신속한 추진을 가능하게 한다.
⑤ 독립합의형 인사기관은 인사행정의 공정성 확보가 용이하다는 장점이 있다.

27	책임소재의 명확성 → 비독립단독형

① [○] 영국의 내각사무처 내의 인사관리처는 비독립단독형 인사기관으로 인사행정에 관한 집행업무를 담당하는 기관이다.
② [×] 독립합의형의 경우 정부 밖에 위치하고 위원회 형태로 운영되므로 인사행정의 책임소재를 둘러싸고 논란이 나타날 수 있다.
③ [○] 독립합의제 형태의 중앙인사기관은 인사에 관한 준입법적 결정, 소청심사와 같은 준사법적 결정, 공무원의 임용 등과 같은 집행기능 등을 통일적으로 수행하였다.
④ [○] 비독립단독형 인사기관은 단독제 구조를 취하므로 인사정책의 신속한 추진을 가능하게 한다.
⑤ [○] 독립합의형의 경우 정부 밖에 위치하고 여러 위원들이 합의하여 결정하고 집행하므로 인사행정의 공정성을 높일 수 있다.

답 ②

28 ☐☐☐

적극적 인사행정을 위한 방안이라고 할 수 없는 것은?

① 상위직에 대한 정치적 임용의 확대
② 분권적 인사정책
③ 공무원 단체의 인정
④ 엄격한 직위분류제의 운용

28	적극적 인사행정 → 실적주의 완화

① [○] 적극적 인사행정은 실적주의를 기반으로 하되 엽관주의가 가미된 인사정책이다.
② [○] 소극적 실적주의는 중앙인사기관에 인사권이 집중된 형태이었지만 적극적 인사행정은 각 부처의 실정에 맞는 분권적 인사정책을 강조한다.
③ [○] 실적주의는 개인주의에 기반을 둔다. 반면 적극적 인사행정은 공무원 단체와 같은 집단주의 요소를 받아들인다.
④ [×] 업무 중심의 엄격한 직위분류제의 운용은 소극적 실적주의와 관련된다. 적극적 인사행정은 업무 외에 인간적 요소를 받아들인다.

답 ④

PART 4

해커스공무원 이준모 행정학 단원별 기출문제집

29 □□□

대표관료제에 대한 설명으로 옳지 않은 것은?

① 우리나라는 양성채용목표제, 장애인 의무고용제 등 다양한 균형인사제도를 통해 대표관료제의 논리를 반영하고 있다.
② 다양한 집단의 이익을 반영하는 실적주의 이념에 부합하는 인사제도이다.
③ 할당제를 강요하는 결과를 초래하고, 특정 집단에 대한 역차별 문제를 야기할 수 있다.
④ 임용 전 사회화가 임용 후 행태를 자동적으로 보장한다는 가정 하에 전개되어 왔다.

30 □□□

대표관료제(Representative Bureaucracy)에 대한 설명으로 옳지 않은 것은?

① 개인의 출신 및 성장배경, 사회화 과정 등에 의해 개인의 주관적 책무성이 형성된다고 본다.
② 대표관료제는 현대사회의 구조적 문제로 인한 기회의 불평등을 해소하고자 하는 노력이다.
③ 대표관료제는 소극적 대표가 자동적으로 적극적 대표를 보장한다는 가정에서 출발한다.
④ 대표관료제는 실적주의 원칙에 기반하여 행정의 능률성을 제고한다.
⑤ 정부 관료의 증원에 있어서 다양한 집단을 참여시킴으로써 정부 관료제의 민주화에 기여할 수 있다.

29	대표관료제 → 실적주의와 상충

① [○] 우리나라에서 시행 중인 균형인사정책은 대표관료제의 일환으로 볼 수 있다.
② [×] 대표관료제는 실적주의와 상충될 수 있다.
③ [○] 1차 사회가 공직에 진출 후 재사회화되기 때문에 발생하는 현상이다.

📄 엽관주의와 실적주의 및 대표관료제

엽관주의	실적주의	대표관료제
정당 중심	개인 중심	집단 중심
민주성 확보 (→ 공직경질제)	능률성 확보 (→ 공개경쟁시험)	형평성 확보 (→ 임용할당제)
정당에 대한 봉사	형식적 기회균등과 정치적 중립	실질적 기회균등과 정치적 중립

답 ②

30	대표관료제 → 제1차 사회화의 재사회화 간과

③ [○] 소극적 대표는 구성적 대표를 의미하는 것이고 적극적 대표는 정책적 대표를 의미하는 것이다.
④ [×] 대표관료제는 실적주의와 상충된다.

답 ④

대표관료제에 대한 설명 옳지 않은 것은?

① 엽관주의의 폐단을 시정하기 위해 등장하였다.
② 관료의 국민에 대한 대응성과 책임성을 향상시킨다.
③ 형평성을 제고할 수 있으나 역차별의 문제가 발생할 수 있다.
④ 우리나라도 대표관료제적 임용정책을 시행하고 있다.

대표관료제에 대한 설명으로 옳지 않은 것은?

① 소극적 대표가 적극적 대표를 촉진한다는 가정 하에 제도를 운영해 왔다.
② 엽관주의 폐단을 시정하기 위해 등장하였으며 역차별의 문제를 완화할 수 있다.
③ 소극적 대표성은 전체 사회의 인구 구성적 특성과 가치를 반영하는 관료제의 인적 구성을 강조한다.
④ 우리나라는 균형인사제도를 통해 장애인 · 지방인재 · 저소득층 등에 대한 공직진출 지원을 하고 있다.

31　대표관료제 → 실적주의 폐단 시정

① [×] 대표관료제는 능률성 중심의 실적주의가 빚어 놓은 폐단을 시정하고 사회적 형평성을 높이기 위해서 등장하였다.
② [○] 대표관료제는 관료제의 대표성을 강화하여 대응성과 책임성의 확보에 기여한다.
③ [○] 대표관료제는 할당제에 따른 역차별의 문제를 유발시킬 수 있다.
④ [○] 양성평등채용목표제, 장애인채용목표제, 사회통합형 인재 채용 등이 대표관료제와 관련된 정책들이다.

📄 **대표관료제의 장단점**

장점	단점
• 민주성과 책임성 확보	• 할당제와 역차별
• 비공식적 내부통제	• 자유주의와 실적주의 침해
（→ 대중통제의 내재화）	• 전문성과 생산성 저해
• 실질적 기회균등	• 정치적 중립 침해
• 수직적 형평성 확보	• 재사회화의 간과

답 ①

32　대표관료제 → 실적주의 폐단 시정

① [○] 소극적 대표는 형식적 · 배경적 대표성을 의미하고 적극적 대표는 실질적 · 태도적 대표성을 의미하는데 대표관료제는 소극적 대표가 적극적 대표로 연결될 수 있다는 가정에 기반을 두고 있다.
② [×] 대표관료제는 실적주의 폐단을 시정하기 위해 등장했으며, 할당제를 구현하는 결과 새로운 차별이라는 역차별을 가져올 수 있다.
③ [○] 소극적 대표성은 관료들의 사회 · 경제적 배경이 사회 전체의 것을 반영하는 정도를 의미하며, 구성적 대표, 형식적 대표, 배경적 대표 등으로 불린다.

답 ②

33 □□□

대표관료제에 대한 설명으로 적절하지 않은 것은?

① 국민의 다양한 요구에 대한 정부의 대응성을 향상시킬 수 있다.
② 현대 인사행정의 기본원칙인 실적주의를 강화시킨다.
③ 정부 관료의 충원에 있어서 다양한 집단을 참여시킴으로써 정부 관료제의 민주화에 기여할 수 있다.
④ 장애인채용목표제는 대표관료제의 일종이다.

34 □□□

다음 중 대표관료제와 관련이 적은 것은?

① 양성평등채용목표제
② 지방인재채용목표제
③ 총액인건비제
④ 장애인 고용촉진제

33	대표관료제 → 실적주의 약화

① [○] 대표관료제는 사회 내 여러 세력들을 인구비례로 충원하고 행정계층에 비례적으로 배치하는 관료제이므로 국민의 다양한 요구에 대한 정부의 대응성을 높일 수 있다.
② [×] 대표관료제는 능력과 자격을 부차적 임용기준으로 삼기 때문에 개인의 능력과 업적을 강조하는 실적주의를 약화시킬 수 있고, 행정의 전문성과 생산성을 저하시킬 수 있다.
③ [○] 관료들이 다양한 집단으로 구성된다면 그 구성원들에 의해 사회의 다양한 가치가 반영될 수 있으므로 행정의 민주성도 높아질 것이다.
④ [○] 장애인채용목표제(정원의 3.4% 이상)는 물론, 양성평등채용목표제(시험별 합격예정인원의 30%), 여성관리자 채용목표제(고위공무원과 과장(급) 직위에 1명 이상), 이공계 전공자 우대(신규채용 총 인원의 40%), 지역인재채용목표제(시험별 합격예정인원의 20%), 지역인재추천채용제 등이 대표관료제의 일종이다.

답 ②

34	총액인건비제도 → 신공공관리론

① [○] 양성평등채용목표제도는 공무원 채용에 있어 성비의 불균형을 해소하기 위해 어느 한쪽 성의 합격자의 70%가 넘지 않도록 하는 제도이다. 만약 한쪽 성의 합격자 비율이 30% 미만일 때 가산점을 주어 합격자의 성비를 조정하고 있다.
② [○] 지방인재채용목표제도는 지역인재의 공무원 임용기회를 확대하기 위하여 지방에 있는 학교의 재학생이나 졸업생이 선발예정인원의 20% 이상이 될 수 있도록 선발예정인원을 초과하여 지방인재를 합격시키는 제도이다.
③ [×] 총액인건비란 총액으로 정해진 인건비 상한액의 내에서 조직·정원, 보수, 예산을 자율적으로 운영하되 그 결과에 책임을 지는 성과 중심의 인사제도로 대표관료제와는 무관하다.
④ [○] 장애인 고용촉진제도는 일반인에 비하여 소외될 수밖에 없는 장애인이 그 능력에 맞는 직업생활을 통해 인간다운 생활을 할 수 있도록 장애인의 고용촉진 및 직업재활을 꾀하는 제도이다.

답 ③

다음에 제시된 문제해결 방식이 의미하는 공무원 인사행정 제도는?

> 서울의 과밀은 우수학생의 서울집중으로부터 시작된다. '우수학생 서울 집중 → 엘리트 시험 독점 → 인력 집중 → 취업 기회 창출 → 인구 서울 집중 → 우수학생 서울 집중'의 순환구조로 서울의 비대화와 지방의 황폐화는 더욱 심각해 지고 있다. 세계 최고의 교육열이 이를 가속화해 불균형 발전을 심화시켰다면, 이제 그 교육의 변수를 균형발전의 지렛대로 원용할 수 있는 슬기를 발휘할 때이다. 인재지역할 당제는 이러한 생산적 방향 전환에 기여할 수 있는 중요한 제도적 장치이다.

① 엽관제
② 대표관료제
③ 실적제
④ 직업공무원제

---

35 | 인재지역할당제 → 대표관료제

① [×] 엽관주의는 집권당 추종자를 정당에 대한 공헌도와 충성도 의 정도에 따라 공직에 임용하는 제도이다.
② [○] 인재지역할당제는 사회적 약자를 배려하고 사회 통합과 지역의 균형 발전에 이바지 하려는 대표관료제의 일환이다.
③ [×] 실적주의는 공직의 임용기준을 개인의 능력, 자격, 업적에 두는 인사제도이다.
④ [×] 직업공무원제는 공직에 종사하는 것이 전 생애 직업이 되도록 조직하고 운영되는 인사제도이다.

답 ②

대표관료제에 대한 설명으로 옳은 것은?

① 행정의 효율성과 효과성의 증진을 목표로 하는 제도이다.
② 관료들이 출신 집단의 이익과 무관하게 전체적 이익에 봉사할 것이라는 가정에 기반하고 있다.
③ 엄정한 능력에 따른 채용을 통해 관료를 선발한다.
④ 우리나라의 '양성평등채용목표제'는 대표관료제를 반영한 인사제도라 할 수 있다.

---

36 | 대표관료제 → 대응성의 강화

① [×] 대표관료제는 관료제의 대표성을 강화해 민주성과 책임성을 확보하려는 제도이다. 능력을 부차적 기준으로 삼기 때문에 오히려 행정의 효율성과 효과성은 낮아질 수 있다.
② [×] 대표관료제는 관료들이 출신 집단의 가치와 이익을 정책에 반영시킬 것이라는 가정에 기반하고 있다.

답 ④

37 □□□

공무원인사제도에 대한 설명 중 옳은 것만을 고른 것은?

> ㄱ. 엽관주의와 실적주의는 제도의 취지나 목적이 서로 다르기 때문에 상호 조화될 수 없어서 양 제도의 혼합 운용이 어렵다.
> ㄴ. 엽관주의는 공무원의 충성심을 확보하기는 용이하나, 행정의 안정성과 지속성을 확보하기 어렵다.
> ㄷ. 직업공무원제도는 일반적으로 폐쇄형 임용체계를 채택하고 있으며, 공무원의 연대감을 높여준다.
> ㄹ. 직업공무원제도는 대체로 실적주의를 전제로 하며, 전문가주의를 지향하고 있다.
> ㅁ. 대표관료제는 정부정책 집행의 효율성, 공정성 및 책임성을 높여준다.

① ㄱ, ㄴ
② ㄱ, ㅁ
③ ㄴ, ㄷ
④ ㄷ, ㄹ

38 □□□

우리나라에서의 대표관료제(representative bureaucracy) 실천노력으로 옳지 않은 것은?

① 국공립대 여성교수 채용목표제
② 여성관리자 임용확대 5개년 계획
③ 대우공무원제도
④ 장애인고용촉진 및 직업재활법

37	집행의 효율성, 공정성 및 책임성 → 실적주의

ㄱ. [×] 엽관주의와 실적주의는 제도의 취지나 목적이 서로 다르지만, 민주성과 능률성의 조화를 추구하는 현대 인사행정에서는 양자의 상호 조화가 필요하다. 이에 따라 민주성이 중시되는 상위직에는 엽관주의 요소가 강화되고 있으며, 전문성과 능률성이 중시되는 하위직에는 실적주의 요소가 강화되고 있다.
ㄷ. [○] 직업공무원제도는 폐쇄형 임용에 따른 공무원 집단의 일체감과 봉사정신이 강화되어 엄격한 근무규율의 수용이 용이하다.
ㄹ. [×] 직업공무원제도는 대체로 실적주의를 전제로 하지만, 순환보직에 바탕을 둔 일반행정가를 지향하고 있다.
ㅁ. [×] 정부정책 집행의 효율성, 공정성은 실적주의와 연관된다. 대표관료제는 관료제의 대표성을 강화하여 민주성과 책임성을 확보하고자 하는 제도이다.

답 ③

38	대우공무원제도 → 승진적체의 해소책

③ [×] 대우공무원제도란 소속 일반직 공무원 중 해당 계급에서 승진소요최저연수 이상 근무하고 승진임용의 제한 사유가 없으며 근무실적이 우수한 사람을 바로 상위 직급의 공무원으로 대우할 수 있는 제도이다. 이는 승진적체를 해소하기 위해 도입된 제도로 대표관료제와는 무관하다.

답 ③

다음 제도에 대한 설명으로 옳지 않은 것은?

> 킹슬리(D. Kingsley)가 처음 사용한 용어로, 그 사회의 주요 인적 구성에 기반하여 정부관료제를 구성함으로써, 정부관료제 내에 민주적 가치를 주입하려는 의도에서 발달되었다.

① 관료들은 누구나 자신의 사회적 배경의 가치나 이익을 정책과정에 반영시키려고 노력한다는 점을 전제로 한다.
② 크랜츠(H. Kranz)는 이 제도의 개념을 비례대표(proportional representation)로까지 확대하는 것에 반대한다.
③ 라이퍼(Van Riper)는 이 제도의 개념을 확대해 사회적 특성 외에 사회적 가치까지도 포함시키고 있다.
④ 현대 인사행정의 기본원칙인 실적제를 훼손할 뿐만 아니라 역차별을 야기할 수 있다는 비판을 받는다.

대표관료제(Representative Bureaucracy)에 대한 설명으로 옳지 않은 것은?

① 킹슬리(D. Kingsley)가 처음 사용한 용어로서 엽관주의 인사제도의 폐단을 극복하기 위해 등장하였다.
② 관료제의 인적 구성측면을 강조하며 관료제의 대표성과 대응성을 강화하기 위한 제도이다.
③ 우리나라의 양성평등채용목표제는 대표관료제의 발상을 반영한 것이라고 할 수 있다.
④ 행정의 전문성과 생산성을 저해할 수 있다는 비판이 있다.

39	킹슬리(D. Kingsley) → 대표관료제

① [○] 대표관료제는 관료와 국민 사이의 사회경제적 성격이 서로 일치할수록 정책의 대응성이 높아진다는 것을 기본적 전제로 하는데, 이는 출신성분과 인간의 행동 간에는 밀접한 관련성이 있다는 것이다.
② [×] 크랜츠(H. Kranz)는 대표관료제의 개념을 비례대표로까지 확대하고 있으며, 모든 직무와 계급 역시 인구비율과 상응하게 분포되어야 함을 강조하였다.
③ [○] 반 라이퍼(Van Riper)는 대표관료제의 개념을 확대하여 사회적 구성비율 외에 사회적 가치까지도 대표관료제의 요소로 포함시키고 있다.
④ [○] 대표관료제는 할당제를 강요하는 결과를 초래하므로 현대 인사행정의 기본원칙인 실적주의를 훼손하고 행정의 능률성을 저해할 수 있다.

답 ②

40	대표관료제 → 실적주의 보완

① [×] 대표관료제는 형식적 평등성에 입각한 실적주의의 문제점을 보완하고자 도입된 제도이다.
② [○] 관료제의 인적 구성측면은 소극적 대표성을 의미한다. 대표관료제는 이러한 구성적 대표성이 실질적 대표성으로 연결될 것이라는 가정에 기반을 두고 있다.
③ [○] 양성평등채용목표제는 공직구성의 성비 불균형을 해소하기 위해 특정한 성이 일정한 비율을 넘지 않게 합격자를 조정하는 제도로 대표관료제 혹은 균형인사정책의 한 유형이다.

답 ①

41 □□□

대표관료제(Representative Bureaucracy)에 대한 설명으로 옳지 않은 것은?

① 킹슬리(D. Kingsley)가 1944년에 처음 사용한 개념이다.
② 임명직 관료집단이 민주적 방법으로 행동하도록 하기 위한 방안으로 도입되었다.
③ 대표관료제는 내부통제를 강화하는 기능을 가지고 있다.
④ 관료들의 객관적 책임을 매우 현실적이라고 주장한다.

42 □□□

대표관료제 이론이 상정하는 효과를 모두 고른 것은?

ㄱ. 다양한 집단을 참여시킴으로써 정부 관료제를 민주화하는 데 기여한다.
ㄴ. 공무원의 신분보장을 통해 행정의 안정성과 계속성을 확보한다.
ㄷ. 기회균등의 원칙을 (실질적으로) 보장함으로써 사회적 형평성을 제고한다.
ㄹ. 정당의 대중화와 정당정치의 발달에 기여한다.
ㅁ. 국민의 다양한 요구에 대한 대응성을 제고한다.

① ㄱ, ㄴ, ㄷ
② ㄱ, ㄷ, ㅁ
③ ㄴ, ㄷ, ㄹ
④ ㄷ, ㄹ, ㅁ

41	대표관료제의 등장 → 객관적 책임의 한계

① [O] 킹슬리(D. Kingsley)가 대표관료제라는 용어를 처음 사용하였고, 사회 내의 지배세력들을 그대로 반영한 관료제라고 정의함으로써 대표관료제의 구성적 측면을 강조하고 있다.
② [O] 대표관료제는 관료들이 출신 집단의 가치와 이익을 정책에 반영시킬 것이라는 가정에 기반하고 있으며, 관료제 내에 민주적 가치를 주입하려는 의도에서 나왔다.
③ [O] 대표관료제는 외재적 책임을 확보하기 위한 수단이지만 통제방법으로는 비공식적 내부통제에 해당한다.
④ [×] 객관적 책임이란 제도적으로 정해진 기준에 따르는 책임이다. 그러나 관료들의 재량권이 확대됨에 따라 이러한 객관적 책임은 한계를 지니며 이를 보완하기 위한 장치가 대표관료제이다.

답 ④

42	신분보장 → 실적주의 또는 직업공무원제

ㄱ. [O] 대표관료제는 사회 내 여러 세력들을 인구비례로 충원하고 행정계층에 비례적으로 배치하는 관료제로, 행정의 재량권이 증가하는 현실에서 직업공무원들의 대표성을 확보하고 관료제 내에 민주적 가치를 주입하려는 의도에서 나왔다.
ㄴ. [×] 공무원의 신분보장을 통해 행정의 안정성과 계속성을 확보하는 것은 실적주의나 직업공무원제와 관련된다.
ㄷ. [O] 대표관료제는 실질적 기회균등(진보적 평등)과 사회적 형평성을 제고하여 능률성 중심의 실적주의가 빚어 놓은 폐단을 시정할 수 있으며, 정치적 중립을 실질적으로 보장하는 수단이다.
ㄹ. [×] 정당의 대중화와 정당정치의 발달에 기여한 것은 엽관주의이다.
ㅁ. [O] 대표관료제는 대중통제를 정부 관료제에 내재화시킬 수 있으며, 상이하고 상충되는 집단 또는 계층의 이익을 골고루 반영되게 할 수 있다.

답 ②

다음 중 대표관료제에 대한 설명으로 옳지 않은 것은?

① 대표관료제는 실적주의의 폐단을 보완하기 위해 도입되었다.

② 대표관료제는 관료조직 내의 내부통제를 약화시킨다.

③ 대표관료제는 사회경제적 인구 구성을 반영토록 하여 해당 관료가 출신 집단에 책임을 질 수 있도록 보장하기 위한 제도적 장치이다.

④ 대표관료제는 할당제와 역차별로 인한 사회분열을 조장할 수 있다.

⑤ 대표관료제는 사회적 약자를 보호하기 위한 형평성을 지향한다.

다양성 관리(diversity management)에 대한 설명으로 옳지 않은 것은?

① 오늘날 개인의 성격, 가치관의 차이와 같은 내면적 다양성의 중요성이 커지고 있다.

② 다양성 관리란 내적·외적 차이를 가진 다양한 조직구성원을 공평하고 효율적으로 활용하기 위한 체계적인 인적자원관리과정이다.

③ 균형인사정책, 일과 삶 균형정책은 다양성 관리의 방안으로 볼 수 없다.

④ 대표관료제를 통한 조직 내 다양성 증대는 실적주의와 충돌할 가능성이 있다.

---

43   대표관료제 → 내부통제의 강화

---

② [×] 대표관료제는 관료제 내의 세력 균형화를 통해 상호 견제하고자 하는 비공식적 내부통제의 방안 중 하나이다.

③ [○] 대표관료제는 사회의 인구구성 비율에 맞게 공직구성 비율을 정하여 해당 관료가 출신 집단의 의견을 반영하고 이에 책임질 수 있도록 구성된 인사제도이다.

④ [○] 대표관료제가 추구하는 할당제는 또 다른 차별이라는 역차별을 가져올 수 있으며, 사회를 여러 세력으로 나누는 결과를 초래하므로 사회분열을 조장할 수 있다는 문제점을 내포하고 있다.

⑤ [○] 대표관료제는 형식적 기회균등 하에서 소외될 수밖에 없는 사회적 약자를 보호하기 위한 제도적 장치이기도 하다.

답 ②

---

44   다양성 관리 → 내적·외적 특성을 반영한 조직관리기법

---

① [○] 다양성 관리(diversity management)란 구성원들의 다양한 내적·외적 특성을 인적자원관리의 핵심 주제로 삼는 관리기법을 말한다.

② [○] 다양성 관리는 포스트모더니즘으로 표현되는 사회의 다양성을 조직관리에서 받아들인 것이다.

③ [×] 균형인사정책은 사회의 다양성을 반영한 것이고, 일과 삶의 균형정책은 개인의 다양성을 반영한 것이다.

④ [○] 대표관료제 역시 사회의 다양성을 공직에 반영한 제도이다.

답 ③

CHAPTER 2 공직의 분류

01 □□□
21년 지방9급

공직분류 체계에 대한 설명으로 옳은 것은?

① 소방공무원은 특수경력직 공무원에 해당한다.
② 국회 수석전문위원은 일반직 공무원에 해당한다.
③ 차관에서 3급 공무원까지는 특정직 공무원에 해당한다.
④ 경력직 공무원은 실적과 자격에 의해 임용되고 신분이 보장된다.

02 □□□
18년 지방9급

'공무원법'상 특정직 공무원에 해당하지 않는 것은?

① 소방공무원
② 경찰공무원
③ 교육감 소속의 교육전문직원
④ 지방의회 전문위원

---

01 경력직 공무원 → 직업공무원

① [×] 소방공무원은 특정직 공무원이고 이는 경력직에 속한다.
② [×] 국회 수적전문위원은 별정직 공무원이다.
③ [×] 차관은 정무직 공무원이며, 1급에서 3급 공무원은 일반적으로 일반직 공무원이다.
④ [○] 경력직 공무원은 실적과 자격에 따라 임용되고 그 신분이 보장되며 평생 동안 공무원으로 근무할 것이 예정되는 공무원을 말한다.

📄 경력직과 특수경력직

경력직	• 의의: 실적과 자격에 따라 임용되고, 신분이 보장되며, 평생 동안 근무하는 공무원(→ 임기제 공무원 포함) • 일반직: 기술·연구 또는 행정일반에 대한 업무를 담당하며, 직군·직렬별로 분류되는 공무원 • 특정직: 법관, 검사, 외무, 경찰, 소방, 교육, 군인, 군무원, 국가정보원 직원 등 법률에서 특정직으로 지정한 공무원
특수경력직	• 의의 　- 경력직 이외의 공무원으로, 정치적 임용 혹은 특수한 직무를 담당하는 공무원 　- 국가공무원법과 실적주의의 적용영역 대상 　　→ 보수와 복무규정만 적용 • 정무직: 선거로 취임하거나 임명할 때 국회의 동의, 정책결정 업무를 담당하거나 보조하는 공무원(→ 차관급 이상) • 별정직: 직무의 성질이 공정성과 기밀성을 요하는 공무원 또는 임용에 있어 특별한 신임이 요구되는 공무원

답 ④

---

02 지방의회 전문위원 → 별정직 또는 일반직

① [○] 소방공무원은 과거 시·도 소속의 특정직 공무원이었다. 그러나 지금은 국가 소속의 공무원이다.
② [○] 경찰공무원은 국가 소속의 특정직 공무원이지만, 제주도의 자치경찰은 제주도 소속의 특정직 공무원이다.
③ [○] 교육감 소속의 교육전문직원은 교육부 및 각급 교육청 및 교육지원청, 그 외의 교육부 및 교육청 산하기관에 근무하며 교육행정업무 및 교육정책 계획, 수립, 조정 및 민원업무 처리를 총괄 또는 주관하는 장학관, 장학사, 교육연구사, 교육연구관 등을 통틀어 부르는 명칭으로 특정직 공무원에 속한다.
④ [×] 지방의회 전문위원은 일반직 또는 별정직 공무원으로 보할 수 있다.

답 ④

03 ☐☐☐

11년 지방9급

다음 중 특수경력직 공무원이 아닌 것은?

① 선거로 취임하는 공무원
② 임명에 있어 국회의 동의를 요하는 공무원
③ 특별한 신임이 요구되는 공무원
④ 기술·연구에 대한 업무를 담당하는 공무원

03	기술·연구 → 일반직

①, ② [○] 선거로 취임하거나 임명에 있어 국회의 동의를 요하는 공무원은 정무직 공무원이다.
③ [○] 특별한 신임이 요구되는 공무원은 별정직 공무원이다.
④ [×] 기술·연구 또는 행정일반에 대한 업무를 담당하는 공무원은 일반직 공무원이며, 이는 경력직 공무원에 속한다.

답 ④

04 ☐☐☐

05년 국가7급

다음 중 특정직 공무원에 포함되지 않는 것은?

① 국회사무총장
② 법관
③ 교육공무원
④ 경찰

04	국회사무총장 → 정무직 공무원

① [×] 국회사무총장은 정무직 공무원이며 이는 특수경력직에 속한다.
② [○] 법관은 특정직 공무원이다.
③ [○] 교육공무원은 교사로 특정직에 속한다.
④ [○] 경찰은 특정직 공무원이다.

답 ①

05 ☐☐☐

( ) 안에 들어갈 말을 바르게 나열한 것은?

> 국가공무원법 상 행정각부의 차관은 (ㄱ)공무원 중 (ㄴ)
> 공무원이다.

	ㄱ	ㄴ
①	경력직	일반직
②	경력직	특정직
③	특수경력직	별정직
④	특수경력직	정무직

---

06 ☐☐☐

다음 중 특정직 공무원에 해당하는 것만을 모두 고르면?

> ㄱ. 국가인권위원회 상임위원
> ㄴ. 검사
> ㄷ. 헌법재판소의 헌법연구관
> ㄹ. 도지사의 비서
> ㅁ. 국가정보원의 직원

① ㄱ, ㄷ, ㄹ   ② ㄱ, ㄹ, ㅁ
③ ㄴ, ㄷ, ㄹ   ④ ㄴ, ㄷ, ㅁ

05	차관급 이상 → 정무직 공무원

④ [○] 차관급 이상의 공무원은 정무직이며 이는 특수경력직에
속한다. 특수경력직이란 경력직 이외의 공무원으로, 정치적
임용이 필요하거나 특수한 직무를 담당하는 정무직 공무원과
일부 별정직 공무원이 이에 속한다.

답 ④

06	국가정보원 직원 → 특정직 공무원

ㄱ. [×] 국가인권위원회의 위원장과 상임위원은 정무직 공무원
으로 임명한다.

ㄴ, ㄷ, ㅁ. [○] 검사, 헌법재판소의 헌법연구관, 국가정보원 직원
등이 특정적 공무원이다.

ㄹ. [×] 도지사의 비서는 일반적으로 별정직 공무원으로 보한다.

답 ④

---

07 □□□

우리나라 고위공직자의 인사청문제도에 대한 설명으로 옳지 않은 것은?

① 국무위원 후보자는 국회의 인사청문 대상이다.

② 국회는 임명동의안이 제출된 날로부터 20일 이내에 인사 청문을 마쳐야 한다.

③ 국회에 제출하는 임명동의안 첨부서류에는 최근 5년간의 소득세 · 재산세 · 종합토지세의 납부 및 체납 실적에 관한 사항이 포함되어 있다.

④ 인사청문특별위원회 위원장은 인사청문경과를 국회 본회 의에 보고한 후, 대통령에게 인사청문경과보고서를 송부 한다.

08 □□□

다음 중 특수경력직 공무원에 대한 설명으로 옳지 않은 것은?

① 특수경력직 공무원은 경력직 공무원과는 달리 실적주의 와 직업공무원제의 획일적 적용을 받지 않는다.

② 특수경력직 공무원도 경력직 공무원과 마찬가지로 '국가 공무원법'에 규정된 보수와 복무규율을 적용받는다.

③ 교육 · 소방 · 경찰 공무원 및 법관, 검사, 군인 등 특수 분야의 업무를 담당하는 공무원은 특수경력직 중 특정직 공무원에 해당한다.

④ 국회 수석전문위원은 특수경력직 중 별정직 공무원에 해당한다.

⑤ 선거에 의해 취임하는 공무원은 특수경력직 중 정무직 공무원에 해당한다.

---

07   인사청문경과 보고서의 송부 → 국회의장

① [○] 대통령이 국무위원을 임명하려면 미리 국회의 인사청문을 거쳐야 한다.

② [○] 국회는 임명동의안 등이 제출된 날부터 20일 이내에 그 심사 또는 인사청문을 마쳐야 한다.

③ [○] 임명동의안의 첨부서류에는 직업 · 학력 · 경력에 관한 사항, 병역신고사항, 재산신고사항, 최근 5년간의 소득세 · 재산세 · 종합토지세의 납부 및 체납 실적에 관한 사항, 범죄경력에 관한 사항 등이 포함된다.

④ [×] 인사청문경과보고서를 대통령 등에서 송부하는 것은 국회 의장이다.

답 ④

---

08   특정직 → 경력직 공무원

①, ② [○] 특수경력직 공무원은 보수와 복무규정을 제외하고는 실적주의와 직업공무원제의 획일적 적용을 받지 않는다.

③ [×] 특정직 공무원은 일반직 공무원과 함께 경력직 공무원에 해당한다.

④ [○] 국회 수석전문위원은 특수경력직 중 별정직 공무원이고, 전문위원은 일반직 공무원이다.

답 ③

다음 중 '국가공무원법' 및 '지방공무원법' 상 특수경력직 공무원에 해당하는 사람을 <보기>에서 모두 고르면?

〈보기〉
ㄱ. A 파출소에 근무 중인 순경 甲
ㄴ. B 국회의원 의원실에 근무 중인 비서관 乙
ㄷ. 국토교통부에서 차관으로 근무 중인 丙
ㄹ. C 병무청에서 근무 중인 군무원 丁
ㅁ. 청와대에서 대통령 비서실 민정수석비서관으로 근무하는 戊

① ㄱ, ㄴ, ㄷ   ② ㄱ, ㄷ, ㄹ
③ ㄱ, ㄹ, ㅁ   ④ ㄴ, ㄷ, ㅁ
⑤ ㄴ, ㄹ, ㅁ

우리나라의 시간선택제 공무원 제도에 대한 설명으로 옳은 것은?

① 2013년에 국가공무원, 2015년에 지방공무원을 대상으로 시간선택제채용공무원 시험이 최초로 실시되었다.
② 시간선택제채용공무원의 주당 근무시간은 40시간으로 한다.
③ 유연근무제도의 일환으로 도입되었으며, 기관 사정이나 정부의 일자리 나누기 정책 구현 등을 위해서는 활용되지 않는다.
④ 시간선택제채용공무원을 통상적인 근무시간 동안 근무하는 공무원으로 임용하는 경우 어떠한 우선권도 인정하지 않는다.

09	민정수석비서관 → 차관급 공무원

ㄱ. [×] 순경 甲은 특정직으로 경력직에 속한다.
ㄴ. [○] 비서관 乙을 별정직으로 특수경력직이다.
ㄷ. [○] 차관은 정무직으로 특수경력직이다.
ㄹ. [×] 군무원은 특정직으로 경력직 공무원이다.
ㅁ. [○] 민정수석비서관은 차관급으로 특수경력직에 속한다.

답 ④

10	시간선택제 공무원 제도 → 2014년

① [×] 시간선택제 공무원제도는 2013년에 신설된 제도이다. 2014년부터 국가공무원 및 지방공무원을 대상으로 시간선택제채용공무원 시험이 최초로 실시되었다.
② [×] 시간선택제채용공무원의 주당 근무시간은 15시간 이상 35시간 이하의 범위에서 임용권자 또는 임용제청권자가 정한다. 이 경우 근무시간을 정하는 방법 및 절차 등은 인사혁신처장이 정한다.
③ [×] 시간선택제 공무원제도는 유연근무제도의 일환으로 도입되었으며, 기관 사정이나 정부의 일자리 나누기 정책 등을 위해서 활용되기도 한다.

답 ④

전문경력관 제도에 대한 설명으로 옳지 않은 것은?

① 소속 장관은 해당 기관의 일반직 공무원 직위 중 순환보직이 곤란하거나 장기 재직 등이 필요한 특수 업무 분야의 직위를 인사혁신처장과 협의하여 전문경력관 직위로 지정할 수 있다.

② 일반직 공무원과 마찬가지로 계급 구분과 직군 및 직렬의 분류를 허용한다.

③ 전문경력관 직위의 군은 직무의 특성·난이도 및 직무에 요구되는 숙련도 등에 따라 구분한다.

④ 임용권자는 일정한 경우에 전직 시험을 거쳐 전문경력관을 다른 일반직 공무원으로 전직시킬 수 있다.

전문경력관제도에 대한 설명으로 옳지 않은 것은?

① 계급 구분과 직군 및 직렬의 분류를 적용하지 않는다.

② 직무의 특성, 난이도 및 직무에 요구되는 숙련도 등에 따라 가군, 나군, 다군으로 구분한다.

③ 전직시험을 거쳐 다른 일반직 공무원을 전문경력관으로 전직시킬 수 있으나, 전문경력관을 다른 일반직 공무원으로 전직시킬 수는 없다.

④ 소속 장관은 해당 기관의 일반직공무원 직위 중 순환보직이 곤란하거나 장기 재직 등이 필요한 특수 업무 분야의 직위를 인사혁신처장과 협의하여 전문경력관직위로 지정할 수 있다.

11	전문경력관 → 계급 구분과 직군 및 직렬의 분류를 적용하지 아니함

① [○] 소속장관은 해당 기관의 일반직 공무원 직위 중 순환보직이 곤란하거나 장기 재직 등이 필요한 특수 업무 분야의 직위를 인사혁신처장과 협의하여 전문경력관직위로 지정할 수 있다.

② [×] 전문경력관은 계급 구분과 직군 및 직렬의 분류를 적용하지 아니하는 특수 업무 분야에 종사하는 공무원을 말한다.

③ [○] 전문경력관직위의 군은 직무의 특성·난이도 및 직무에 요구되는 숙련도 등에 따라 가군, 나군 및 다군으로 구분한다.

④ [○] 임용권자는 일정한 경우 전직시험을 거쳐 전문경력관을 다른 일반직 공무원으로 전직시키거나 다른 일반직 공무원을 전문경력관으로 전직시킬 수 있다.

답 ②

12	전문경력관 → 일반직 공무원과 상호 전직 가능

③ [×] 전문경력관 역시 전직시험을 통해 일반직 공무원으로 전직할 수 있다.

④ [○] 전문경력관의 도입은 필수적인 것은 아니다.

답 ③

13

우리나라 인사제도에 대한 설명으로 옳지 않은 것은?

① 인사혁신처는 비독립형 단독제 형태의 중앙인사기관이다.
② 전문경력관이란 직무 분야가 특수한 직위에 임용되는 일반직 공무원을 말한다.
③ 별정직 공무원의 근무상한연령은 65세이며, 일반임기제 공무원으로 채용할 수 있다.
④ 각 부처의 고위공무원을 범정부적 차원에서 효율적으로 관리하고자 고위공무원단 제도를 운영하고 있다.

---

13 별정직의 정년 → 원칙적으로 60세

① [○] 인사혁신처는 국무총리 소속의 독임제 기관이다.
② [○] 전문경력관은 해당 기관의 일반직 공무원 직위 중 순환보직이 곤란하거나 장기재직 등이 필요한 특수 분야에 지정되는 기관이다.
③ [×] 별정직 공무원의 근무상한 연령은 원칙적으로 60세이다. 한편, 일반임기제 공무원으로 채용할 수 있는 것은 경력직 공무원이다. 별정직은 특수경력직에 속한다.
④ [○] 고위공무원단제도는 정부의 실·국장급 공무원(1 ~ 3급)을 중·하위직 공무원과 분리하여 범정부적 차원에서 성과와 능력을 기준으로 통합적으로 관리하는 인사시스템을 말한다.

답 ③

14

계급제에 대한 설명으로 옳지 않은 것은?

① 직무의 속성을 중심으로 공직을 분류하는 제도이다.
② 폐쇄형 충원방식을 원칙으로 한다.
③ 일반행정가 양성을 지향한다.
④ 탄력적 인사관리가 용이하다.

---

14 계급제 → 사람 중심의 공직분류

① [×] 직무의 속성을 중심으로 공직을 분류하는 제도는 직위분류제이다.
②, ③ [○] 계급제는 폐쇄형 충원방식을 원칙으로 하고 일반행정가 양성을 지향한다.

📄 **계급제의 특징**

1. **4대 계급제**
   공직의 분류가 교육제도나 신분계층과 연관
2. **폐쇄형 인사제도**
   계급군의 최하위 직급에만 신규임용 가능
3. **고급공무원의 엘리트화**
   계급 간 차이의 심화
4. **일반행정가**
   폭넓은 시야를 가진 일반능력자 선호

답 ①

계급제의 장점에 대한 설명으로 옳지 않은 것은?

① 공무원의 신분안정과 직업공무원제 확립에 기여한다.
② 인력활용의 신축성과 융통성이 높다.
③ 정치적 중립 확보를 통해 행정의 전문성을 제고할 수 있다.
④ 단체정신과 조직에 대한 충성심 확보에 유리하다.

15	계급제 → 일반행정가

① [○] 계급제는 폐쇄형, 신분보장, 일반행정가 등을 특징으로 하며, 이는 직업공무원제의 확립에 기여하는 요소들이다.
② [○] 계급제는 직위의 전문화를 전제로 하지 않기 때문에 융통성 있는 인사배치가 가능하므로 인력활용의 신축성과 수평적 융통성의 확보가 쉬워 업무의 횡적 조정이 원활하다.
③ [×] 계급제는 순환보직에 입각한 일반행정가를 지향하므로 행정의 전문성을 저해할 우려가 크다.
④ [○] 계급제는 폐쇄형에 입각한 평생고용을 기반으로 하므로 공무원 집단의 일체감과 봉사정신이 강화되어 엄격한 근무규율의 수용이 용이하다.

답 ③

공직의 분류 혹은 구조에 관한 설명으로 옳은 것은?

① 계급제는 직무보다는 사람을 중심으로 공직을 분류하며, 규모가 크고 복잡한 조직에 적합하다.
② 직위분류제에서 각 계층의 구성원들은 자기 집단이익의 옹호에 집착할 가능성이 높다.
③ 직위분류제는 잠정적·비정형적 업무로 구성된 역동적이고 불확실한 상황에 유용하다.
④ 계급제 하에서는 인적 자원 활용의 수평적 융통성은 높으나 수직적 융통성은 낮은 편이다.

16	계급제 → 높은 수평적 융통성, 낮은 수직적 융통성

① [×] 규모가 크고 복잡한 조직에 적합한 것은 직위분류제이다.
② [×] 각 계층의 구성원들이 자기 집단이익의 옹호에 집착할 가능성이 높은 것은 계급제이다.
③ [×] 잠정적·비정형적 업무로 구성된 역동적이고 불확실한 상황에 유용한 것은 계급제이다.
④ [○] 계급제는 인력활용의 수평적 융통성은 높으나 수직적 융통성이 낮아 계급 간 위화감이 발생할 수 있다.

📑 계급제와 직위분류제 비교

구분	계급제	직위분류제
보수	낮은 형평성	높은 형평성
인사관리	연공서열 중심, 자의성 개입	능력·실적 중심, 객관적 기준 제공
환경대응	약함	강함
경계이동	수직적 이동 곤란	수평적 이동 곤란
사기	높음 (신분보장, 직업공무원제)	낮음 (단, 보수의 사기는 높음)
관리비용	낮음	높음
리더십	높음	낮음
조직몰입	높음	낮음
직무몰입	낮음	높음

답 ④

17 ☐☐☐

계급제의 특징에 대한 설명으로 옳은 것은?

① 업무 분담과 직무분석으로 합리적인 정원관리 및 사무관리에 유리하다.
② 계급에 따른 권한과 책임의 명확화를 통해 전문화되고 체계적인 조직관리가 가능하다.
③ 동일 직무에 대한 동일 보수의 원칙을 따르는 직무급 제도를 통해 합리적인 보수체계를 확립할 수 있다.
④ 직무의 종류·책임도·곤란도에 따라 공직을 분류하므로 시험·임용·승진·전직을 위한 기준을 제공해줄 수 있다.
⑤ 담당할 직무와 관계없이 인사배치를 할 수 있어 인사배치의 신축성·융통성을 기할 수 있다.

---

17 | 계급제 → 인력 운영의 탄력성 제고

① [×] 업무 분담과 직무분석으로 합리적인 정원관리 및 사무 관리에 유리한 것은 직위분류제이다.
② [×] 권한과 책임의 명확화를 통해 전문화되고 체계적인 조직 관리가 가능한 것은 직위분류제이다.
③ [×] 동일 직무에 대한 동일 보수의 원칙을 따르는 직무급 제도를 통해 합리적인 보수체계를 확립할 수 있는 것은 직위분류제 이다.
④ [×] 직무의 종류·책임도·곤란도에 따라 공직을 분류하는 것은 직위분류제이다.
⑤ [○] 계급제는 동일 계급이라면 직무와 관계없이 인사배치가 가능하므로 인력 운영의 탄력성을 높일 수 있다.

답 ⑤

18 ☐☐☐

직위분류제의 주요 개념에 대한 설명으로 옳지 않은 것은?

① 직위는 한 사람의 공무원에게 부여할 수 있는 직무와 책임을 의미한다.
② 직급은 직무의 종류가 유사하고 곤란도·책임도가 서로 다른 군을 의미한다.
③ 직류는 동일한 직렬 내에서 담당분야가 동일한 직무의 군을 의미한다.
④ 직무등급은 직무의 곤란도·책임도가 유사해 동일 보수를 줄 수 있는 직위의 군을 의미한다.

---

18 | 직급 → 종류와 곤란도·책임도가 모두 유사한 직무의 군

② [×] 직급은 종류와, 책임성 및 곤란성이 모두 유사한 직무의 군으로, 인사행정에서 동일하게 취급되는 직무의 군을 말한다.

📄 직위분류제의 구조

직위(position)	한 사람의 공무원에게 부여할 수 있는 직무와 책임의 양
직급(class)	직무의 종류나 성질, 책임도와 곤란성이 상당히 유사한 직위의 군(→ 인사행정에서 동일하게 취급)
직렬(series)	직무의 종류나 성질이 유사하나 그 책임도와 곤란성의 정도는 다른 직급의 군
직군(group)	직무의 종류 또는 성질이 유사한 직렬의 군 (→ 행정직군·기술직군·우정직군)
직류(sub-series)	같은 직렬 내에서 담당 분야가 같은 직무의 군
(직무)등급(grade)	직무의 책임도와 곤란성이 상당히 유사한 직위의 군(→ 보수만 동일)

답 ②

직위분류제와 관련하여 다음 설명에 해당하는 것은?

> ㄱ. 직무의 곤란성과 책임성을 기준으로 상대적 가치를 결정하는 것이다.
> ㄴ. 서열법, 분류법, 점수법 등을 활용한다.
> ㄷ. 개인에게 공정한 보수를 제공하는 데 필요한 작업이다.

① 직무조사
② 직무분석
③ 직무평가
④ 정급

직위분류제의 주요 개념에 대한 설명으로 옳은 것은?

① 등급은 직위에 포함된 직무의 성질, 난이도, 책임의 정도가 유사해 채용과 보수 등에서 동일하게 다룰 수 있는 직위의 집단이다.
② 직류는 직무 종류가 광범위하게 유사한 직렬의 군이다.
③ 직렬은 직무 종류는 유사하나 난이도와 책임 수준이 다른 직급 계열이다.
④ 직군은 동일 직렬 내에서 담당 직책이 유사한 직무의 군이다.

---

19   직무의 곤란성과 책임성 → 직무평가

① [×] 직무조사는 직무내용과 성과책임, 직무수행의 난이도, 직무수행요건 등 직무에 대한 객관적 정보를 수집하고 기록하는 과정으로, 질문지법, 면접법, 관찰법, 일지기록법 등이 사용된다.
② [×] 직무분석은 직무의 종류와 성질에 따라 직류·직렬·직군을 형성하는 과정으로, 이에 따라 수평적 분업이 형성된다.
③ [○] 직무평가는 직무의 책임도와 곤란성에 따라 직급과 직무등급을 형성하는 과정으로, 이에 따라 수직적 계층이 형성되며, 직무급 확립의 중요한 기반이 된다.
④ [×] 정급이란 분류대상의 직위를 직급 또는 직무등급에 배치하는 것이다.

답 ③

20   직렬 → 종류는 같으나 난이도가 상이한 직급의 군

① [×] 직위에 포함된 직무의 성질, 난이도, 책임의 정도가 유사해 채용과 보수 등에서 동일하게 다룰 수 있는 직위의 집단은 직급이다.
② [×] 직무 종류가 광범위하게 유사한 직렬의 군은 직군이다.
③ [○] 직렬(series)은 직무의 종류나 성질이 유사하나 그 책임도와 곤란성의 정도는 다른 직급의 군이다.
④ [×] 동일 직렬 내에서 담당 직책이 유사한 직무의 군은 직류이다.

답 ③

직위분류제에 대한 설명으로 옳은 것을 모두 고르면?

> ㄱ. 과학적 관리운동은 직위분류제의 발달에 많은 자극을
> 주었다.
> ㄴ. 직무의 종류, 곤란성과 책임도가 상당히 유사한 직위의
> 군은 직렬이다.
> ㄷ. 조직 내에서 수평적 이동이 용이하여 유연한 인사행정이
> 가능하다.
> ㄹ. 사회적 출신배경에 관계없이 담당 직무의 수행능력과
> 지식기술을 중시한다.

① ㄱ, ㄴ   ② ㄱ, ㄹ
③ ㄴ, ㄷ   ④ ㄷ, ㄹ

21	수평적 인사 이동의 용이성 → 계급제

ㄱ. [○] 직위분류제는 산업사회의 전통이 강한 미국에서 발달하였
으며, 과학적 관리법의 영향을 받아 절약과 능률을 위한 정부개혁
운동의 일환으로 도입되었다.

ㄴ. [×] 직무의 종류, 곤란성과 책임도가 상당히 유사한 직위의 군은
직급이다.

ㄷ. [×] 조직 내에서 수평적 이동이 용이하여 유연한 인사행정이
가능한 것은 계급제이다.

ㄹ. [○] 직무의 종류와 곤란성 및 책임성에 따라 공직을 분류하는 일
중심의 공직분류 제도이다. 특히, 관료제 전통(절대국가의
성립)이 상대적으로 오래되지 않은 사회에서 발달해 온 경향이
있다.

답 ②

현행 '국가공무원법'상의 용어에 대한 설명으로 정확하지 않은 것은?

① 직급은 직무의 곤란성과 책임도가 상당히 유사한 직위의
군을 말한다.

② 직위는 한 명의 공무원에게 부여할 수 있는 직무와 책임을
말한다.

③ 직렬은 직무의 종류는 유사하고, 그 책임과 곤란성의 정
도가 서로 다른 직급의 군을 말한다.

④ 직류는 같은 직렬 내에서 담당 분야가 같은 직무의 군을
말한다.

22	직무의 곤란성과 책임도만 유사 → 직무등급

① [×] 직급(class)은 직무의 곤란성과 책임도 뿐만 아니라 직무의
종류도 유사한 직위의 군이다.

② [○] 직위(position)는 한 사람의 공무원에게 부여할 수 있는
직무와 책임의 양을 말한다.

③ [○] 직렬(series)은 직무의 종류와 성질은 유사하나 그 책임도와
곤란성의 정도는 다른 직급의 군이다.

④ [○] 직류(sub-series)는 같은 직렬 내에서 담당 분야가 같은
직무의 군이다.

답 ①

---

23 □□□

직위분류제의 단점은?

① 행정의 전문성 결여
② 조직 내 인력배치의 신축성 부족
③ 계급 간 차별 심화
④ 직무경계의 불명확성

24 □□□

공직의 분류에 대한 설명으로 옳지 않은 것은?

① 계급제는 사람을 중심으로, 직위분류제는 직무를 중심으로 공직을 분류하는 인사제도이다.
② 직위분류제에 비해 계급제는 인적 자원의 탄력적 활용이라는 측면에서 유리한 제도이다.
③ 직위분류제에 비해 계급제는 폭넓은 안목을 지닌 일반행정가를 양성하는 데 유리한 제도이다.
④ 계급제에 비해 직위분류제는 공무원의 신분을 강하게 보장하는 경향이 있는 제도이다.

23	직위분류제의 단점 → 인력배치의 신축성 부족

① [×] 행정의 전문성 결여는 일반행정가주의를 취하는 계급제의 단점이다.
② [○] 직위분류제는 사전에 엄격하게 구분된 업무에 맞게 공직을 배열하므로 인력배치의 신축성은 떨어진다.
③ [×] 계급 간 차별의 심화는 계급제의 문제점이다.
④ [×] 직무경계의 불명확성 역시 계급제의 문제점이다.

📋 **직위분류제의 장단점**

장점	단점
• 행정의 전문화	• 수평적 융통성 저해
• 합리적 인사 기준 제공	(→ 할거주의)
• 직무급 수립	• 상위직·혼합직 적용 제한
(→ 보수의 형평성)	• 신분보장 약화
• 효율적 정원관리	• 직업공무원제 확립 곤란
(→ 업무분담의 합리화)	

답 ②

24	신분보장 → 계급제가 보다 강함

① [○] 계급제는 개인의 능력과 자격을 기준으로 공직을 분류하는 사람 중심의 공직분류 제도이고, 직위분류제는 직무의 종류와 곤란성 및 책임성에 따라 공직을 분류하는 일 중심의 공직분류 제도이다.
② [○] 계급제는 직위의 전문화를 전제로 하지 않기 때문에 융통성 있는 인사배치가 가능하므로 잠정적이고 비정형적인 업무로 구성된 상황에 유용하다.
③ [○] 계급제는 여러 업무를 두루 경험하므로 하나의 업무만 전담하는 직위분류제에 비하여 시야가 넓은 일반행정가의 양성에 유리하다. 반면, 직위분류제는 동일한 직책을 장기간 담당하므로 전문가행정가의 양성에 유리하다.
④ [×] 신분보장이 강한 것은 계급제이다. 직무를 기반으로 공직을 구성하는 직위분류제의 경우 직무가 없어지거나 전문성이 약화될 경우 공직에서 배제될 가능성이 높으므로 계급제에 비해 신분보장이 약한 편이다.

답 ④

계급제와 직위분류제를 비교한 설명으로 옳지 않은 것은?

① 직위분류제가 계급제보다 직업공무원제도의 확립에 더 유리하다.

② 직위분류제가 계급제보다 직무급의 결정에 더 타당한 자료를 제공할 수 있다.

③ 직위분류제가 계급제보다 전문행정가의 양성에 더 유리하다.

④ 계급제가 직위분류제보다 탄력적 인사관리에 더 유리하다.

직위분류제의 장점에 대한 설명으로 옳지 않은 것은?

① 동일 직렬에서 장기간 근무하기 때문에 전문가 양성에 도움이 된다.

② 동일 직무를 수행하는 직원이 동일한 보수를 받도록 하는 직무급체계를 확립하는 것이 용이하다.

③ 직무의 성질·내용에 따라 공직을 분류하므로 채용·승진 등 인사배치를 위한 합리적 기준을 제공해 준다.

④ 특정 직위에 맞는 사람을 배치하는 제도이기 때문에 직위나 직무의 변화상황에 신속히 대처할 수 있는 상황적응적인 인사제도라고 할 수 있다.

25	직업공무원제 → 계급제와 연관

① [×] 계급제는 강력한 신분보장과 폐쇄형 임용에 따른 승진의 기대감 등으로 인하여 현직자의 근무의욕이 상대적으로 높아 직업공무원제의 확립이 용이하다. 반면, 직위분류제는 신분보장이 약하고 개방형 임용에 따른 승진기회의 축소로 인하여 직업 공무원제의 확립이 상대적으로 곤란하다.

② [○] 직위분류제는 '동일 직무에 대한 동일 보수의 원칙'라는 직무급을 실현함으로써 보수의 합리화를 기할 수 있다.

③ [○] 직위분류제는 개방형 임용이 가능하고 동일한 직책을 장기간 담당하므로 특정 분야의 전문가 양성을 통한 행정의 전문화를 구현하기 용이하다.

④ [○] 계급제는 직위의 전문화를 전제로 하지 않기 때문에 융통성 있는 인사배치가 가능하다.

답 ①

26	직위분류제 → 경직성

① [○] 직위분류제는 개방형 임용이 가능하고 동일한 직책을 장기간 담당하므로 특정 분야의 전문가 양성을 통한 행정의 전문화를 구현하기 용이하다.

② [○] 직위분류제는 '동일 직무에 대한 동일 보수의 원칙'을 실현함으로써 보수의 합리화를 기할 수 있으며, 이에 따라 구성원의 사기가 높아질 수 있다.

③ [○] 직위분류제는 담당 직책이 요구하는 능력자를 임용할 수 있으며 채용시험, 전직, 승진, 교육훈련, 근무성적평정 등 인사행정의 합리적이고 객관적인 기준을 제공할 수 있다.

④ [×] 직위분류제는 전문화되고 명확한 업무를 중심으로 공직을 분류하므로 조직 내 인적 자원의 교류 및 활용에 주는 제약이 상대적으로 커서 환경의 변화에 따른 인력배치의 융통성과 신축성이 부족하다.

답 ④

27 ☐☐☐

직위분류제의 출발에 영향을 미친 것을 모두 고르면?

> ㄱ. 과학적 관리론
> ㄴ. 종신고용보장
> ㄷ. 보수의 형평성 요구
> ㄹ. 실적주의(merit system) 요구

① ㄱ, ㄷ
② ㄴ, ㄹ
③ ㄱ, ㄷ, ㄹ
④ ㄱ, ㄴ, ㄷ, ㄹ

27	직위분류제 → 신분보장의 약화

ㄴ. [×] 직위분류제는 정원관리에는 유리하지만 신분보장이 약하
　　다는 단점이 있다.
ㄷ. [○] 직위분류제는 동일 업무 동일 보수라는 보수의 형평성을
　　높이기 위해서 도입된 제도이다.
ㄹ. [○] 직위분류제는 엽관주의의 폐해를 시정하고 실적주의를
　　도입하는 과정에서 강조된 과학적 관리법의 일환으로 행정에
　　도입된 인사제도이다.

답 ③

28 ☐☐☐

직위분류제(position classification)의 장점으로 옳지 않은 것은?

① 행정의 전문화를 유도할 수 있다.
② 직무중심의 인사행정을 수행할 수 있게 한다.
③ 공무원의 신분보장과 직업공무원제를 확립하는 데 용이
　하다.
④ 현직 공무원의 교육훈련수요를 파악하는 데 기여할 수 있다.

28	공무원의 신분보장과 직업공무원제 → 계급제

② [○] 직위분류제는 직무의 종류와 곤란성 및 책임성에 따라
　　공직을 분류하는 일 중심의 공직분류이므로 직무 중심의 합리적
　　인사행정을 가능하게 한다.
③ [×] 직위분류제는 신분보장이 약하고 개방형 임용에 따른
　　승진기회의 축소로 인해 직업공무원제의 확립이 곤란하다.

답 ③

29 ▢▢▢

인사행정과 관련된 제도에 대한 설명으로 옳지 않은 것은?

① 관료들이 출신 집단의 이익을 위해 적극적으로 행동하는 적극적 대표는 민주주의에 위협 요소로 작용할 수 있다.
② 직위분류제는 계급제에 비해 인력 활용의 융통성과 효율성이 높아 탄력적 인사관리가 가능하다는 장점을 가진다.
③ 우리나라에서 시행되고 있는 양성평등채용목표제, 지역인재추천채용제 등은 관료제의 대표성을 제고하기 위해 도입된 제도이다.
④ 엽관주의는 선출직 정치 지도자들을 통해 관료집단에 대한 통제를 용이하게 함으로써 관료제의 대응성을 제고할 수 있다.

30 ▢▢▢

계급제와 직위분류제에 대한 설명으로 옳지 않은 것은?

① 계급제는 보직관리의 범위를 제한하여 공무원의 시야를 좁게 만드는 측면이 있다.
② 직위분류제는 공무원의 전문성을 강화하고 직무 중심의 동기유발이 가능하다.
③ 계급제는 공무원의 장기 근무를 유도하고 직업공무원제도 확립에 유리하다.
④ 직위분류제는 직무 한계와 책임소재가 명확하다.

29	인력관리의 융통성 → 계급제

① [○] 출신 세력을 대변하는 적극적 대표는 국민주권의 원리에 침해하므로 민주주의를 위협할 수도 있다.
② [×] 인력 활용의 융통성과 효율성이 높아 탄력적 인사관리가 가능한 것은 계급제이다. 직위분류제는 전문화되고 명확한 업무를 중심으로 분류되어 있어 조직 내 인적 자원의 교류 및 활용에 주는 제약이 상대적으로 크므로 인력배치의 융통성과 신축성이 부족하다.
④ [○] 엽관주의는 정치 지도자들이 공직을 구성하므로 관료집단에 대한 민주적 통제를 용이하게 하는 제도이다.

답 ②

30	보직의 관리범위 제한 → 직위분류제

① [×] 보직의 관리범위를 제한하여 공무원의 시야를 좁게 만드는 측면이 있는 것은 직위분류제이다
③ [×] 계급제는 폐쇄형 임용을 기반으로 하므로 직업공무원제의 확립이 용이하다.
④ [○] 직위분류제는 명확한 업무를 기반으로 공무원을 채용하므로 직무의 한계와 책임소재가 명확하다.

답 ①

직위분류제와 계급제의 특성에 대한 비교설명으로 옳지 않은 것은?

① 직위분류제는 조직계획의 단기적 합리성을 확보할 수 있다.

② 직위분류제에서는 직무의 종류나 성격에 관계없이 폭넓은 인사이동이 가능하다.

③ 계급제에서는 직업공무원제 확립이 용이하다.

④ 계급제에서는 공무원 간의 유대의식이 높아 행정의 능률성을 제고할 수 있다.

계급제와 직위분류제의 장·단점에 대한 설명으로 옳지 않은 것은?

① 계급제는 부서·부처 간 교류와 협조에 용이하다.

② 직위분류제는 조직 내 인적 자원의 교류 및 활용에 주는 제약이 상대적으로 크다.

③ 직위분류제는 직무중심적 동기유발을 촉진하여 행정의 전문화를 저해하게 된다.

④ 계급제는 인사의 탄력성과 융통성을 증진시켜 준다.

31	폭넓은 인사이동 → 계급제

① [○] 직위분류제는 현재 수행되는 업무를 기준으로 인력을 채용하므로 조직계획의 단기적 합리성을 높일 수 있다. 반면, 계급제는 장래의 발전가능성을 기준으로 공직에 임용된다.

② [×] 직무의 종류나 성격에 관계없이 폭넓은 인사이동이 가능한 것은 계급제이다.

③ [○] 계급제는 강력한 신분보장과 승진의 기대 등으로 인하여 현직자의 근무의욕이 상대적으로 높아 직업공무원제의 확립이 쉽다.

④ [○] 폐쇄형 임용을 바탕으로 하는 계급제는 공무원 간의 유대의식이 높다. 일반적으로 행정의 능률성은 직위분류제의 장점으로 언급되지만 지문에서는 유대의식의 향상을 통한 능률성이므로 계급제의 장점으로도 볼 수 있다.

답 ②

32	직위분류제 → 행정의 전문성 강화

② [○] 직위분류제는 전문화되고 명확한 업무를 중심으로 분류되어 조직 내 인적 자원의 교류 및 활용에 주는 제약이 상대적으로 크므로 인력배치의 융통성과 신축성이 부족하다. 이 때문에 부서 간 수평적 협조와 조정이 곤란하며 할거주의를 초래(사후적 갈등)할 수 있다.

③ [×] 직위분류제는 직무의 종류와 곤란성 및 책임성에 따라 공직을 분류하는 일 중심의 공직분류 제도로, 동일한 직책을 장기간 담당하므로 특정 분야의 전문가 양성을 통한 행정의 전문화를 구현하기 용이하다.

답 ③

33 □□□

직무분석과 직무평가에 대한 설명으로 옳은 것은?

① 직무분석은 직무들의 상대적인 가치를 체계적으로 분류하여 등급화하는 것이다.

② 직무자료 수집방법에는 관찰, 면접, 설문지, 일지기록법 등이 활용된다.

③ 일반적으로 직무평가 이후에 직무분류를 위한 직무분석이 이루어진다.

④ 직무평가 방법으로 서열법, 요소비교법 등 비계량적 방법과 점수법, 분류법 등 계량적 방법을 사용한다.

---

34 □□□

직무평가방법에 대한 설명으로 옳지 않은 것은?

① 점수법은 직무를 구성하는 하위요소별 점수를 합산하여 평가하는 방법이다.

② 분류법은 미리 정한 등급기준표와 직무 전체를 비교하여 등급을 결정하는 비계량적 방법이다.

③ 서열법은 직무의 구성요소를 구별하지 않고 직무 전체의 중요도를 종합적으로 평가하는 방법이다.

④ 요소비교법은 기준직무(key job)와 평가할 직무를 상호 비교해 가며 평가하는 비계량적 방법이다.

33	직무조사 → 직무에 대한 객관적 자료의 수집

① [×] 직무들의 상대적인 가치를 체계적으로 분류하여 등급화하는 것은 직무평가이다.

② [○] 직무자료를 수집하는 것을 직무조사라 하며, 직무조사의 방법에는 질문지법, 면접법, 관찰법, 일지기록법 등이 있다.

③ [×] 직위분류제를 시행함에 있어 직무분석이 직무평가보다 선행되는 과정이다.

④ [×] 서열법과 분류법이 비계량적 방법이고 점수법과 요소비교법이 계량적 방법이다.

📄 **직위분류제의 수립절차**

1. **직무조사**
   직무내용과 성과책임, 직무수행의 난이도, 직무수행요건 등 직무에 대한 객관적 정보를 수집하고 기록하는 과정으로, 이를 토대로 직무기술서(job description)가 작성됨

2. **직무분석**
   직무의 종류와 성질에 따라 직류·직렬·직군을 형성하는 과정으로, 이에 따라 수평적 분업이 형성됨

3. **직무평가**
   직무의 책임도와 곤란성에 따라 직급과 직무등급을 형성하는 과정으로, 이에 따라 수직적 계층이 형성됨

4. **직무명세서**
   모집, 선발, 훈련, 근무성적평정 등 인사관리의 기준을 제시하는 문서

답 ②

34	요소비교법 → 계량적 방법

④ [×] 요소비교법은 기준직무(key job)와 평가할 직무를 상호 비교해 가며 평가하는 계량적 방법이다.

📄 **직무평가방법**

구분	직무와 등급표 (절대평가)	직무와 직무 (상대평가)
비계량적 (직무 전체)	분류법(→ 등급법)	서열법
계량적 (직무의 구성 요소)	점수법	요소비교법

답 ④

---

35 ☐☐☐

직무평가방법과 설명이 바르게 연결된 것은?

> A. 서열법(job ranking)
> B. 분류법(classification)
> C. 점수법(point method)
> D. 요소비교법(factor comparison)

> ㄱ. 직무 전체를 종합적으로 판단해 미리 정해 놓은 등급 기준표와 비교해가면서 등급을 결정한다.
> ㄴ. 대표가 될 만한 직무들을 선정하여 기준직무(key job)로 정해놓고 각 요소별로 평가할 직무와 기준 직무를 비교해가며 점수를 부여한다.
> ㄷ. 비계량적 방법을 통해 직무기술서의 정보를 검토한 후 직무 상호 간에 직무 전체의 중요도를 종합적으로 비교한다.
> ㄹ. 직무평가표에 따라 직무의 세부 구성요소들을 구분한 후 요소별 가치를 점수화하여 측정하는데, 요소별 점수를 합산한 총점이 직무의 상대적 가치를 나타낸다.

	A	B	C	D
①	ㄱ	ㄴ	ㄷ	ㄹ
②	ㄱ	ㄷ	ㄹ	ㄴ
③	ㄷ	ㄴ	ㄱ	ㄹ
④	ㄷ	ㄱ	ㄹ	ㄴ

36 ☐☐☐

다음과 같은 방식으로 직무를 평가하는 방법은?

> 저는 각 답안지를 직관으로 평가하면서 우수한 순서대로 나열해 놓은 후 학점을 줍니다. 구체적으로 어떤 기준에서 그렇게 학점을 주었냐고 하면 금방 답하기는 어렵지만, 어쨌든 이 과정에서 중요한 것은 상대성입니다.

① 서열법
② 분류법
③ 점수법
④ 요소비교법

35	계량적 방법 → 구성요소로 분해

ㄱ. 직무 전체를 종합적으로 판단하며 등급기준표가 존재하는 것은 분류법이다.
ㄴ. 대표직위가 존재하고 요소별로 평가하여 점수를 부여하는 것은 요소비교법이다.
ㄷ. 비계량적 방법이고 직무 전체의 중요도를 종합적으로 비교하는 것은 서열법이다.
ㄹ. 직무평가표가 존재하고 요소별로 점수화하는 것은 점수법이다.

답 ④

36	서열법 → 비계량적 상대평가

① [○] 구성요소별 점수보다는 직관을 강조하고 상대성을 강조하는 평가는 서열법이다.
② [×] 분류법은 사전에 작성된 등급기준표에 의해 직무의 책임과 곤란도 등을 파악하는 절대적 평가기법이다.
③ [×] 점수법은 직위의 직무구성요소를 정의하고, 각 요소별로 직무평가기준표에 의하여 평가한 점수를 총합하는 절대적 평가기법으로, 일반적으로 가장 많이 활용된다.
④ [×] 요소비교법은 직무를 평가요소별로 나누어 계량적으로 평가하되 기준 직위를 선정하여 이와 대비시키는 방법으로, 보수액 산정이 동시에 이루어진다하여 금액가중치법으로 불린다.

답 ①

37 ☐☐☐

직무평가방법에 대한 설명으로 ㄱ과 ㄴ을 바르게 연결한 것은?

(ㄱ)에서는 등급기준표를 미리 정해 놓고 각 직무를 등급정의에 비추어 어떤 등급에 배치할 것인가를 결정해 나간다. 미리 정한 등급기준이 있다는 점에서 (ㄴ)과 구분되지만, 양자는 직무를 포괄적으로 취급하고 수량적인 분석이 아닌 개괄적 판단에 의지한다는 점에서 서로 유사하다.

	ㄱ	ㄴ
①	분류법	서열법
②	분류법	요소비교법
③	서열법	분류법
④	요소비교법	분류법

---

37 비계량적 방법 → 직무 전체의 비교

① [○] 등급기준표를 미리 정해 놓고 평가하는 것은 분류법과 점수법이며, 직무를 포괄적으로 취급하고 수량적인 분석이 아닌 개괄적 판단에 의지하는 것은 서열법과 분류법이다.
② [×] 요소비교법은 점수법과 같이 직무를 요소별로 계량화하여 측정하나, 등급기준에 따라 직무를 평가하는 것이 아니라 조직 내 기준직무(대표직위)를 선정한 후 각 요소별로 평가할 직무와 기준직무를 비교하면서 점수를 부여한다.
③ [×] 서열법은 직무의 상대가치를 종합적으로 비교하여 서열을 결정하는 방법으로 가장 간단하고 일찍부터 시작된 직무평가 제도이다.
④ [×] 분류법은 직무를 여러 가지 수준이나 등급으로 분류하여 표현하는 방법으로, 사전에 정해 놓은 등급기준표에 각 직무를 비교하여 평가하는 방법이다.

답 ①

38 ☐☐☐

직무평가의 방법 중에서 다음의 장점을 가진 방법은?

1. 체계적·과학적 방법에 의하여 작성된 직무평가기준표를 사용하기 때문에 평가결과의 타당성과 신뢰성이 인정된다.
2. 한정된 평가요소만을 사용하는 것이 아니라, 분류대상 직위의 직무에 공통적이며 중요한 특징을 평가요소로 사용하기 때문에 관계인들이 평가결과를 쉽게 수용한다.

① 서열법
② 점수법
③ 분류법
④ 요소비교법

---

38 점수법 → 계량적 절대평가

① [×] 서열법은 직무 전체를 종합적으로 비교하여 서열을 정하는 상대평가이다.
② [○] 직무평가기준표를 사용하며, 평가요소(구성요소)로 나누어서 평가하는 것은 점수법이다. 점수법은 분류법의 발전된 형태로, 직무의 구성요소를 다시 하위요소로 나누고 각 요소별 가치를 계량적으로 분석하여 총점을 구한 후 미리 준비된 등급기준표에 따라 배치하는 방법이다.
③ [×] 분류법은 직무 전체를 종합적으로 판단하여 등급기준표와 비교하는 절대평가이다.
④ [×] 요소비교법은 직무를 구성요소로 나누어 점수화한 후 대표직위와 비교하는 상대평가이다.

답 ②

39 ☐☐☐

다음 내용은 직무평가방법 중 어떤 것을 설명하는 것인가?

> 가장 늦게 고안된 직무평가 방법으로 평가요소의 비중결정과
> 단계구분에 따른 점수부여의 임의성을 극복하고자 개발된
> 기법이다.

① 요소비교법
② 점수법
③ 서열법
④ 분류법

39	요소비교법 → 가장 늦게 고안된 직무평가 방법

① [○] 가장 늦게 고안된 직무평가 방법은 요소비교법이다. 서열법
에서 발전된 기법으로, 서열법이 여러 직무들의 가치를 포괄적
으로 평가하여 서열을 매기는 것이라면 요소비교법은 여러 직무
들을 전체적으로 비교하지 않고 직무가 갖고 있는 요소별 직무
들 간의 서열을 매기는 데 초점이 있다. 또한 임금과 직접 연결
시키는 특징이 있다.
② [×] 점수법은 각 직위의 직무를 몇 가지의 평가요소로 나누고
각 요소의 중요도에 따라 수치로 표시하는 등급기준표를 만들어,
평가하려는 직무의 각 요소에 평점을 하고 이를 합계하거나
등급을 결정하는 방법이다. 점수법은 외국의 민간기업에서 널리
쓰이고 있으나 계량적으로 직무를 평가하는 방법이기 때문에
계량적으로 나타낼 수 없는 정부 부문의 직무평가에는 잘 사용
하질 않는다.
③ [×] 서열법은 직무의 상대가치를 종합적으로 비교하여 서열을
결정하는 방법으로 가장 간단하고 일찍부터 시작된 직무평가제도
이다.
④ [×] 분류법은 미리 작성한 등급기준표 혹은 표준직무기술서에
따라 평가하고자 하는 직위의 직무를 어떤 등급에 배치할 것인
가를 하나하나 결정해 나가는 방법을 말한다.

답 ①

---

40 ☐☐☐

다음 중 개방형 인사관리의 장점으로 볼 수 없는 것은?

① 행정조직의 관료화 방지
② 직업공무원제의 확립
③ 행정조직에 대한 민주적 통제
④ 적극적 인사행정

40	직업공무원제의 확립 → 폐쇄형 임용

① [○] 외부인사의 영입을 통해 행정조직의 관료화를 방지할 수
있다.
② [×] 직업공무원제의 확립을 위해서는 폐쇄형 임용이 바람직하다.
③ [○] 개방형 임용은 엽관주의 요소를 내포하고 있으므로 행정
조직에 대한 민주적 통제가 용이하다.
④ [○] 개방형 임용은 외부에서 유능한 인재를 적극적으로 유치
하는 데 도움이 될 수 있다.

📋 **개방형의 장단점**

장점	단점
• 우수한 인재 확보(→ 외부 전문가)	• 직업공무원제 확립 어려움
• 신진대사 촉진(→ 관료침체 방지)	• 신분보장 약화(→ 안정성 저해)
• 행정의 질적 수준 향상	• 승진 적체(→ 재직자의 사기 저하)
• 성과관리 용이(→ 소극적 행태 시정)	• 공직에 대한 충성심과 일체감 저하
• 정치적 리더십 강화(→ 정책기능 확보)	• 임용구조의 복잡성(→ 이원화)
• 행정에 대한 민주통제 용이	• 정실인사(→ 인사행정의 자의성)

답 ②

41 ☐☐☐

개방형 임용제도에 관한 설명 중 옳지 않은 것은?

① 전문성이 요구되는 경우 일정한 직무 수행요건을 갖춘 자를 공직 내·외부에서 임용하여 공직의 전문성을 높이기 위한 것이다.
② 외부임용이 가능한 제도로서, 유능한 전문가를 경쟁을 통해 공직에 임용하는 제도이다.
③ 우리나라는 공무원 사회의 경쟁력 강화를 위하여 개방형 직위제도를 도입하였다.
④ 개방형은 주로 프랑스, 일본, 독일 등에서 채택하고 있다.

41 　폐쇄형 임용 → 프랑스, 독일, 일본

① [O] 개방형 임용은 전문성이 요구되거나 효율적인 정책수립이 필요한 직위에 도입이 가능하다.
② [O] 개방형 임용은 공직 내외의 경쟁을 통해 적격자를 선발하는 제도이다.
③ [O] 개방형 임용은 임용의 범위가 확대되므로 공무원 사회의 경쟁력을 높이는데 기여할 수 있다.
④ [×] 프랑스와 독일 또는 일본과 같은 절대국가 시대에 관료제가 발달한 나라들은 대부분 폐쇄형 임용을 원칙으로 한다.

📄 폐쇄형과 개방형 비교

폐쇄형	개방형
• 계급군 내 최하위직으로만 신규 임용이 허용되며, 중상위직으로의 신규 임용은 제한되는 제도	• 모든 계급이나 직위에 외부임용 (→ 신규임용)이 허용되는 인사 체제
• 신분보장, 최하위직만 신규임용 허용, 내부 최적격자 승진, 일반 능력 중시, 계급제 구조 등	• 신분의 불안정, 전 등급에서 신규 임용 허용, 내·외 최적격자의 승진, 전문능력 중시, 직위분류제 구조 등
• 농업사회의 전통과 직업공무원제가 발달한 영국·독일·일본 등에서 발달	• 산업사회 전통이 강한 미국·캐나다 등에서 발달

답 ④

---

42 ☐☐☐

개방형 인사제도에 대한 설명으로 옳지 않은 것은?

① 폭넓은 지식을 갖춘 일반행정가를 육성하는 데에 효과적이다.
② 기존 관료들에게 승진 기회가 축소될 수 있다는 불안감을 주고 사기를 저하시킬 수 있다.
③ 정실주의로 전락할 가능성이 있다.
④ 기존 내부관료들에게 전문성 축적에 대한 자극제가 된다.

42 　개방형 임용 → 민주성과 전문성

① [×] 개방형은 엽관주의나 직위분류제와 관련된다. 즉, 민주성이나 전문성을 높이기 위한 제도이다. 반면 일반행정가는 계급제에 입각한 직업공무원제와 관련된다.
② [O] 개방형 임용이 확대될 경우 기존 관료들의 승진기회는 축소될 수밖에 없으므로 재직자의 사기는 저하된다.
③ [O] 개방형 임용은 엄격한 실적 이외의 다양한 정치적 요소가 고려될 수 있으므로 임용에 있어 자의성이 개입될 가능성이 높다. 이에 따라 정실주의로 전락할 가능성이 크다.
④ [O] 개방형 임용은 임용의 경쟁을 공직 내부뿐만 아니라 공직 외부까지 확대시키는 수단이 될 수 있으므로 재직자의 자기 발전 노력의 촉진제가 될 수 있으므로 재직자의 전문성 축적의 자극제가 될 수 있다.

답 ①

43 □□□

개방형 또는 폐쇄형 인사제도에 대한 설명으로 옳은 것은?

① 개방형 인사제도는 외부전문가나 경력자에게 공직을 개방하여 새로운 지식과 기술, 아이디어를 수용해 공직사회의 침체를 막고 행정의 효율성을 높이는 데 유리하다.

② 일반적으로 폐쇄형 인사제도는 직위분류제에 바탕을 두고 있으며, 일반행정가보다 전문가 중심의 인력구조를 선호한다.

③ 개방형 인사제도는 폐쇄형 인사제도에 비해 안정적인 공직사회를 형성함으로써 공무원의 사기를 높이고 장기근무를 장려한다.

④ 폐쇄형 인사제도는 개방형 인사제도에 비해 내부승진과 경력발전을 위한 교육훈련의 기회가 적다.

43	개방형 임용 → 공직사회의 침체 방지

① [○] 개방형 임용제도는 외부전문가의 영입이 쉬워 행정의 침체를 막고 행정의 효율성을 높이는데 기여할 수 있다.

② [×] 직위분류제가 개방형 임용과 연결되고, 계급제가 폐쇄형 임용과 연결된다.

③ [×] 안정적인 공직사회를 형성함으로써 공무원의 사기를 높이고 장기근무를 장려하는 것은 폐쇄형 임용제도이다.

④ [×] 폐쇄형 임용은 내부승진과 경력발전을 위한 교육훈련의 기회가 개방형 임용보다 많다.

답 ①

44 □□□

개방형 또는 폐쇄형 인사제도에 대한 서명으로 옳은 것은?

① 개방형은 재직자의 승진기회가 많고 경력발전의 기회가 많다.

② 폐쇄형은 조직에 대한 소속감이 높고 공무원의 사기가 높다.

③ 개방형은 공무원의 신분보장이 강화됨으로써 행정의 안정성을 유지할 수 있다.

④ 폐쇄형은 국민의 요구에 민감하게 대응하며 행정에 대한 민주통제가 보다 용이하다.

44	조직의 소속감 → 폐쇄형 임용

① [×] 재직자의 승진 기회가 많고 경력발전의 기회가 많은 것은 폐쇄형 임용이다.

② [○] 최하위로만 신규채용이 이루어지고 나머지는 내부 채용되므로 조직에 대한 소속감이 강하며 공무원의 사기가 높은 편이다.

③ [×] 공무원의 신분보장이 강화됨으로써 행정의 안정성을 유지할 수 있는 것은 폐쇄형 임용이다.

④ [×] 국민의 요구에 민감하게 대응하며 행정에 대한 민주통제가 보다 용이한 것은 개방형 임용이다.

답 ②

45 ☐☐☐

우리나라 개방형 직위제도에 대한 설명으로 옳은 것은?

① 모든 직급과 계급에서 개방형 직위를 지정하여 임용할 수 있다.
② 개방형 직위의 규모는 중앙행정기관과 지방자치단체가 동일하다.
③ 개방형 직위는 업무수행에 고도의 전문성이 요구된다고 판단되는 직위에 한정하고 있다.
④ 개방형 직위는 공직 내부와 외부에서 적격자를 공개모집에 의한 시험을 거쳐 선발한다.

---

46 ☐☐☐

개방형 직위제도에 대한 설명으로 옳지 않은 것은?

① 공무원과 민간전문가 사이의 생산적인 경쟁을 유도하여 공무원의 자기개발을 촉진하는 효과를 거둘 수 있다.
② 단기적으로는 직업공무원제도의 확립에 반하는 제도이나, 장기적으로는 직업공무원제도의 확립에 긍정적인 영향을 미친다.
③ 민간전문가가 공직 경험이 많은 공무원들을 지휘해야 할 직위에 임용되었을 경우에 조직 장악에 어려움이 있을 수 있다.
④ 공직사회에 신선한 활력을 불어넣고, 특정 직무에 필요한 우수인력 확보에 유리할 수 있다.

45	개방형 직위 → 공직 내·외의 공개모집

① [×] 개방형 직위는 고위공무원단 직위 총수의 20%와 과장급 직위 총수의 20% 범위에서 지정하므로 모든 직급과 계급에서 개방형 직위를 지정할 수 있는 것은 아니다.
② [×] 지방자치단체의 경우 광역자치단체는 1 ~ 5급 직위 총수의 10%, 기초자치단체는 2 ~ 5급 직위 총수의 10%이다. 즉, 중앙정부와 지방정부의 개방형 직위의 규모는 상이하다.
③ [×] 전문성뿐만 아니라 효율적인 정책수립을 위하여 필요하다고 판단되는 직위도 개방형 직위의 대상이다.
④ [○] 개방형 직위는 전문성이 특히 요구되거나 효율적 정책수립을 위하여 필요하다고 판단되어 공직 내부나 외부에서 적격자를 임용할 필요가 있는 직위를 말한다.

📄 개방형 직위와 공모직위 비교

구분	개방형 직위	공모직위
대상	일반직·특정직·별정직	일반직·특정직 (→ 경력직에 한함)
선발 범위	공직 내외(→ 민간인 포함)	부처 내외(→ 공무원에 한함)
지정 범위	고위공무원단 직위의 20% 이내, 과장급 직위의 20% 이내	경력직 고위공무원단 직위의 30% 이내, 경력직 과장급 직위의 20% 이내
임용 기간	5년 범위 안, 최소 2·3년 이상	2년 이내 다른 직위로의 임용 불가

답 ④

46	개방형 임용 → 직업공무원제의 저해

① [○] 개방형 직위는 공직 내부나 외부에서 적격자를 임용하므로 공무원과 민간전문가의 생산적 경쟁을 유도할 수 있다.
② [×] 개방형 임용제도는 단기는 물론 장기적으로도 종신고용과 연공서열을 중시하는 직업공무원제와는 상충된다.
③ [○] 개방형 인사로 외부에서 임용될 경우 오랜 공직 경험을 가진 직업공무원들을 장악하기 어려울 것이다.
④ [×] 외부에서 임용이 가능하므로 공직사회에 새로운 활력을 가져올 수 있을 것이다.

답 ②

47 ☐☐☐

다음에서 우리나라의 공무원 임용제도에 대한 설명으로 옳지 않은 것은 모두 몇 개인가?

> ㄱ. 공모직위는 공무원에게만 개방하며 민간인은 지원할 수 없다.
> ㄴ. 개방형직위는 일반직을 대상으로 하며 특정직 및 별정직은 제외된다.
> ㄷ. 중앙정부부처나 지방자치단체의 장은 소속기관의 개방형직위 지정범위에 관해 중앙인사기관의 장과 협의해야 한다.
> ㄹ. 우리나라의 공무원 임용제도는 계급제를 기반으로 하며 부분적으로 직위분류제적 요소를 도입하고 있다.
> ㅁ. 개방형직위에 임용되는 공무원의 임용기간은 다른 법령에 특별한 규정이 있는 경우를 제외하고는 최소한 3년 이상으로 하여야 한다.

① 1개
② 2개
③ 3개
④ 4개
⑤ 5개

47	공모직위 → 기관 내외

ㄱ. [○] 공모직위는 공직 내에서 기관 내외의 경쟁을 통해 임용하는 제도로서 공무원에게만 개방하며 민간인은 지원할 수 없다.

ㄴ. [×] 일반직·특정직·별정직·임기제 공무원으로 보할 수 있는 고위공무원단 직위나 과장급 직위는 개방형 직위로 운영할 수 있다.

ㄷ. [×] 중앙부처는 인사혁신처와 협의하여야 하지만 지방정부는 인사혁신처와의 협의제도가 폐지되었다.

ㅁ. [×] 개방형 직위에 임용되는 공무원의 임용기간은 다른 법령에 특별한 규정이 있는 경우를 제외하고는 5년의 범위에서 소속 장관이 정하되, 최소한 2년 이상으로 하여야 한다.

답 ③

---

48 ☐☐☐

우리나라 고위공무원단제도에 대한 설명으로 옳지 않은 것은?

① 역량 중심의 인사관리
② 계급 중심의 인사관리
③ 성과와 책임 중심의 인사관리
④ 개방과 경쟁 중심의 인사관리

48	우리나라 고위공무원단 → 직위분류제와 엽관주의 및 성과주의 요소의 도입

① [○] 고위공무원단제도는 과거의 성과보다는 앞으로의 역량을 중심으로 관리되는 인사체제이다.

② [×] 고위공무원단제도는 계급보다는 직위 중심의 인사관리를 강조한다.

③ [○] 고위공무원단제도는 연공과 서열보다는 성과와 책임 중심의 인사관리를 강조한다.

④ [○] 고위공무원단제도는 개방형 임용과 공모직위 등을 통해 개방과 경쟁을 강조하는 인사체제이다.

답 ②

49 □□□

우리나라의 공무원에 대한 설명으로 옳지 않은 것은?

① 특수경력직 공무원은 경력직 공무원 이외의 공무원으로서 실적주의와 직업공무원제의 획일적인 적용을 받지는 않는다.

② 법관, 검사, 외무공무원, 경찰공무원, 소방공무원, 교육공무원, 군인, 군무원, 헌법재판소 헌법연구관, 국가정보원 직원 등은 경력직 공무원 중에서 특정직 공무원에 해당한다.

③ 선거로 취임하거나 임명할 때 국회의 동의가 필요한 공무원은 특수경력직 공무원 중에서 정무직 공무원에 해당한다.

④ 고위공무원단은 중앙행정기관과 지방자치단체의 실장·국장 및 이에 상당하는 보좌기관에 임용되어 재직 중이거나 파견·휴직 등으로 인사관리되고 있는 국가공무원과 지방공무원을 말한다.

49	고위공무원단 → 국가공무원

① [○] 특수경력직 공무원은 경력직 이외의 공무원으로 정치적 임용이 필요하거나 특수한 직무를 담당하는 공무원으로, 보수와 복무규정을 제외하고는 국가공무원법과 실적주의의 획일적인 적용을 받지 않는다.

② [○] 특정직 공무원은 법관, 검사, 외무, 경찰, 소방, 교육, 군인, 군무원, 헌법재판소 헌법연구관, 국가정보원 직원과 특수 분야의 업무를 담당하는 공무원으로, 다른 법률에서 특정직으로 지정된 공무원이다.

③ [○] 정무직 공무원은 선거로 취임하거나 임명할 때 국회의 동의가 필요한 공무원 또는 고도의 정책결정 업무를 담당하거나 이러한 업무를 보조하는 공무원으로서 법률이나 대통령령에서 정무직으로 지정하는 공무원을 말한다.

④ [×] 지방공무원은 고위공무원단에 소속되지 않는다.

답 ④

50 □□□

고위공무원단제도에 대한 설명으로 옳지 않은 것은?

① 전(全)정부적으로 통합 관리되는 공무원 집단이다.

② 계급제나 직위분류제적 제약이 약화되어 인사운영의 융통성이 강화된다.

③ 고위공무원단에 속하는 모든 일반직 공무원의 신규채용 임용권은 각 부처의 장관이 가진다.

④ 성과계약을 통해 고위직에 대한 성과관리가 강화된다.

50	고위공무원단의 신규채용 임용권 → 대통령

① [○] 고위공무원단제도는 정부의 실·국장급 공무원(1~3급)을 중·하위직 공무원과 분리하여 범정부적 차원에서 성과와 능력을 기준으로 체계적으로 관리하는 인사시스템을 말한다.

② [○] 미국의 경우 직위분류제의 문제점을 해소하고 리더십과 관리능력을 가진 고위관료의 육성을 위하여 도입되었다. 반면, 우리나라는 신분보다 일 중심의 인사관리인 직위분류제적 요소를 강화하는 차원에서 도입되었다.

③ [×] 대통령은 신규채용, 고위공무원단 직위로의 승진임용, 소속 장관을 달리하는 기관 간의 전보, 전직, 강임, 강등, 면직, 해임, 파면 등을 제외하고 고위공무원단에 속하는 일반직 공무원에 대한 임용권을 소속 장관에게 위임한다.

④ [○] 우리의 경우에도 기관의 책임자와 실·국장 및 과장 간 성과목표 등에 관한 1년 단위의 성과계약제를 도입하여 성과관리를 강화하고 있다.

📋 **고위공무원단의 특징 - 미국과 한국 비교**

구분	미국	한국
혁신 방향	계급제 요소의 가미	직위분류제 요소의 가미
자질	일반행정가 요소의 가미	전문행정가 요소의 가미
신분보장	신분보장 강화	신분보장 완화 (→ 적격심사 도입)
보수	직무급에서 직무성과급으로 전환	근속급에서 직무성과급으로 전환

답 ③

우리나라 국가공무원제도에 대한 설명으로 옳지 않은 것은?

① 현재 시행하고 있는 고위공무원단제도는 일반직 공무원만을 대상으로 하고 있다.

② 계급제를 기본으로 하고 직위분류제적 요소를 가미하여 운영하고 있다.

③ 예산의 범위 안에서 기구, 정원, 보수 및 예산에 관한 자율성을 가지되 그 결과에 대하여 책임을 지는 총액인건비제를 운영할 수 있다.

④ 결원이 발생하였을 때 정부 내 공개모집을 통하여 해당 기관 내부 또는 외부 공무원 중에서 적격자를 임용할 수 있는 공모직위 제도를 운영할 수 있다.

51	우리나라 고위공무원단 → 일반직, 별정직, 외무공무원도 포함

① [×] 고위공무원단에는 일반직 공무원뿐만 아니라 별정직 공무원, 외무공무원도 포함되어 있다.

② [○] 우리나라의 경우 전통적인 계급제적 요소를 완화하고 직위분류제적 요소와 성과관리 요소를 가미하였다.

③ [○] 지정된 중앙행정기관 및 책임운영기관의 경우 인건비의 총액 범위에서 자율성을 부여하는 총액인건비제를 운영할 수 있다.

④ [○] 소속 장관별로 경력직 공무원으로 임명할 수 있는 고위공무원단 직위 총수의 100분의 30의 범위에서 공모 직위를 지정하고 있다.

답 ①

우리나라의 고위공무원단에 대한 설명으로 옳은 것은?

① 고위공무원단 소속공무원은 중앙행정기관에 근무하는 일반직 3급 이상 공무원만을 그 대상으로 한다.

② 고위공무원단의 직위는 개방형 직위와 공모 직위, 부처자율 직위 등의 형태로 운영된다.

③ 고위공무원단 소속공무원은 모두 임기제 공무원으로서 직무등급에 의하여 구분된다.

④ 고위공무원단은 직업공무원제도와 다른 제도로서 정년이 보장되지 않는다.

52	고위공무원단 → 개방형 직위 + 공모직위 + 부처자율직위

① [×] 일반직 공무원뿐만 아니라 별정직 공무원, 일부 특정직 공무원(외무공무원)도 포함되어 있다.

② [○] 고위공무원단의 직위는 개방형 직위, 부처 간 공모직위, 부처자율직위 형태로 운영된다.

③ [×] 공직 외부에서 개방형으로 임용될 경우 임기제 공무원이지만 나머지는 정년이 보장되는 직업공무원들이다.

④ [×] 고위공무원단 소속 경력직 공무원은 신분과 정년이 보장되는 직업공무원이다. 다만 적격심사의 도입으로 인하여 신분보장이 약화되었다.

답 ②

53 ☐☐☐

다음 중 우리나라 고위공무원단에 대한 설명으로 옳지 않은 것은?

① 국장급(3급)이상 고위공무원들의 자질향상과 정치적 대응 능력을 높이고 업무의 성취동기를 부여하기 위해 채택 하려는 것이다.
② 직무분석을 통해 얻어지는 직무정보는 고위공무원단제도 구축에 활용될 수 있다.
③ 고위공무원들의 신분보장이 완화될 수 있다.
④ 계급의 명칭을 유지하며 계급제적 요소를 받아들이는 것 이다.

54 ☐☐☐

'국가공무원법'상 우리나라 인사제도에 대한 설명으로 옳지 않은 것은?

① 인사혁신처장은 고위공무원단에 속하는 공무원이 갖추어 야 할 능력과 자질을 설정하고 이를 기준으로 고위공무원 단 직위에 임용되려는 자를 평가하여 신규채용·승진 임용 등 인사관리에 활용할 수 있다.
② 국가공무원은 경력직 공무원과 특수경력직 공무원으로 구분하고, 경력직 공무원은 다시 일반직 공무원과 특정직 공무원으로 나뉜다.
③ 개방형직위로 지정된 직위에는 외부 적격자뿐만 아니라 내부 적격자도 임용할 수 있다.
④ 고위공무원단에 속하는 일반직 공무원의 경우 소속 장관 은 해당 기관에 소속되지 아니한 공무원에 대하여 임용 제청을 할 수 없다.

53	우리나라 고위공무원단 → 직위분류제적 요소의 강화

② [○] 우리나라 고위공무원단제도는 직위분류제적 요소와 성과 주의 요소 그리고 엽관주의 요소가 결합되어 있다. 직위분류제 의 요소가 도입된 것이므로 직무분석과 직무평가 등은 고위 공무원단제도의 확립에 기여할 것이다.
③ [○] 적격심사제도는 고위공무원단의 신분보장을 약화시키는 정치이다.
④ [×] 우리나라 고위공무원단제도는 계급제적 요소를 완화시키고 직위분류제적 요소를 강화시키는 방식이다.

답 ④

54	일반직 공무원 → 부처 소속과 관계없이 임용제청 가능

① [○] 인사혁신처장은 고위공무원단에 속하는 공무원이 갖추어야 할 능력과 자질을 설정하고 이를 기준으로 고위공무원단 직위에 임용되려는 자를 평가하여 신규채용·승진임용 등 인사관리에 활용할 수 있다.
③ [○] 개방형직위는 공개모집을 통해 공직 내외부에서 적격자를 임용할 수 있는 제도이다.
④ [×] 고위공무원단은 범부처적 통합관리를 지향하는 제도로, 일반직 공무원의 경우 소속 장관은 해당 기관에 소속되어 있지 않은 공무원도 임용제청할 수 있다.

답 ④

고위공무원단에 대한 설명으로 옳지 않은 것은?

① 우리나라에서 고위공무원이 되기 위해서는 고위공무원 후보자과정을 이수해야 하고, 역량평가를 통과해야 한다.

② 미국의 고위공무원단 제도는 엽관주의적 요소가 혼재되어 있다.

③ 우리나라의 경우 이명박 정부 시기인 2008년 7월 1일에 고위공무원단 제도를 도입하였다.

④ 미국에서는 고위공무원단 제도를 카터 행정부 시기인 1978년에 공무원제도개혁법 개정으로 도입하였다.

우리나라 고위공무원단제도에 대한 설명으로 옳지 않은 것은?

① 국가의 고위공무원을 범정부적 차원에서 효율적으로 인사관리 하기 위하여 도입하였다.

② 개방형임용 방법, 직위공모 방법, 자율임용 방법을 실시한다.

③ 국가공무원으로 보하는 부시장, 부지사, 부교육감 등은 해당되지 않는다.

④ 원칙적으로 직무성과급적 연봉제를 적용한다.

55	고위공무원단 → 노무현 정부에서 도입

① [O] 고위공무원단 후보자는 후보자 교육과정과 역량평가를 통과하여야 고위공무원이 될 수 있다. 후보자 교육은 인사혁신처장이 4급 이상 공무원을 대상으로 운영하며, 역량평가는 고위공무원으로 채용되려는 사람을 대상으로 그 채용 전에 실시하여야 한다.

② [O] 미국은 전체 고위공무원단 직위 중 10% 정도가 정치적 임용이 가능한 직위로 구성되어 있다.

③ [×] 우리는 '국가공무원법'과 '고위공무원단인사규정'에 근거하여 노무현 정부 때 도입(2006)되었다.

④ [O] 미국의 고위공무원단 제도는 1978년 '공무원제도개혁법'의 개정으로 처음 도입되었다. 하위직은 직렬이나 부처 이동을 제한하여 전문성을 높이는 기존의 직위분류제를 유지하면서, 상위직은 채용과 직렬 간 이동을 자유롭게 하는 계급제적 요소를 받아들인 것이다.

답 ③

56	광역의 행정부시장 + 부교육감 → 고위공무원단

① [O] 고위공무원단제도는 부처별 인사관리에서 범정부적 인사관리로 전환한 것이다.

③ [×] 국가공무원으로 보하는 부시장, 부지사, 부교육감 등은 고위공무원단에 속한다. 다만, 서울시 행정부시장은 정무직 국가공무원이다.

④ [O] 고위공무원단에게 지급되는 연봉제는 직무성과급적 연봉제이다. 이는 직위분류제의 직무급과 성과급이 결합된 방식이다.

답 ③

57 □□□

고위공무원단제도에 대한 설명으로 옳은 것은?

① 고위공무원단으로 관리되는 풀(pool)에는 일반직공무원
뿐만 아니라 외무공무원도 포함된다.
② 적격심사에서 부적격 결정을 받은 경우에 한해서만 직권
면직이 가능하므로 제도도입 전보다 고위공무원의 신분
보장이 강화되었다.
③ 고위공무원단 직무 등급이 2009년 2등급에서 5등급으로
변경됨에 따라 계급 중심의 인사관리로 회귀할 가능성이
높아졌다.
④ 고위공무원단의 구성은 소속 장관별로 개방형 직위 30%,
공모직위 20%, 기관 자율직위 50%로 이루어져 있다.

58 □□□

우리나라 고위공무원 제도 운영의 효과에 대한 설명으로
옳지 않은 것은?

① 민간전문가의 고위직 임용가능성이 증가하였다.
② 연공서열에 의한 인사관리를 강화하여 직위의 안정을
도모하였다.
③ 고위직 공무원이 다른 부처로 이동할 가능성이 증가하였다.
④ 공무원 개개인의 능력발전과 성과관리의 중요성이 더욱
커졌다.

| 57 | 고위공무원단의 범위 → 일반직 · 특정직 · 별정직 공무원 |

① [○] 고위공무원단에는 일반직, 별정직 및 특정직(외무공무
등)도 포함되어 있다.
② [×] 기존의 직권면직 규정에 더하여 적격심사가 추가된 것이
므로 신분보장은 약화된 것이다.
③ [×] 고위공무원단의 직무등급은 2009년 5등급에서 2등급
으로 변경되었다. 이에 따라 계급 중심의 인사관리로 회귀할 가능
성이 높아졌다. 직위분류제가 계급제보다 직무등급이 세밀하게
분류되기 때문이다.
④ [×] 고위공무원단의 구성은 소속 장관별로 개방형 직위 20%,
공모직위 30%, 자율 직위 50%로 이루어져 있다.

답 ①

| 58 | 우리나라 고위공무원단 → 직위분류제적 요소의 강화 |

① [○] 고위공무원단 직위 총수의 20%를 개방형으로 임용하므로
민간전문가의 임용가능성이 높아졌다.
② [×] 우리나라의 고위공무원단 제도는 연공서열보다는 업무와
실적을 중시하는 인사관리제도이다.
③ [○] 경력직으로 보하는 고위공무원단 직위 총수의 30%를 공모
직위로 임용하므로 다른 부처로 이동할 가능성이 높아졌다.
④ [○] 고위공무원단은 계급이나 연공서열보다는 업무와 실적을
강조하므로 개개인의 능력발전과 성과관리에 대한 평가가 매우
중요해졌다.

답 ②

59 ☐☐☐

고위공무원단제도와 관련된 설명으로 옳지 않은 것은?

① 각종 성과급과 장려급에 의해 우수 공무원에 대한 처우를 개선할 수 있다.

② 고위공무원단의 인사관리는 계급이나 신분보다는 업무 중심으로 이루어진다.

③ 고위공무원단제도는 직업공무원들의 사기를 저하시킬 수 있다.

④ 우리나라 고위공무원단제도는 직업공무원제도를 강화하는 측면이 있다.

59	우리나라 고위공무원단제도 → 직업공무원제도의 약화

① [○] 우리나라의 고위공무원단제도는 신분보다 일 중심의 인사관리인 직위분류제적 요소를 강화한 것으로, 계급과 연공서열보다는 업무와 실적에 따른 보수의 지급을 강조한다.

③ [○] 개방형 임용, 적격심사, 업무와 실적 중심 인사관리 등은 폐쇄형 임용을 기반으로 연공서열에 의해 운영되는 직업공무원제도를 약화시키는 원인이며 현직 공무원들의 사기를 저하시키는 원인이다.

④ [×] 우리나라의 고위공무원단제도는 직업공무원제도를 완화시키는 장치이다.

답 ④

01 ☐☐☐

전략적 인적자원관리에 대한 설명으로 옳지 않은 것은?

① 장기적이며 목표·성과 중심적으로 인적자원을 관리한다.
② 개인의 욕구는 조직의 전략적 목표달성을 위해 희생해야 한다는 입장이다.
③ 인사업무 책임자가 조직전략의 수립에 적극적으로 관여한다.
④ 조직의 전략 및 성과와 인적자원관리 활동 간의 연계에 중점을 둔다.

02 ☐☐☐

연공주의(seniority system)에 대한 설명으로 옳은 것만을 모두 고르면?

> ㄱ. 장기근속으로 조직에 대한 공헌도를 높인다.
> ㄴ. 개인의 성과에 따른 적절한 보상을 통해 사기를 높인다.
> ㄷ. 계층적 서열구조 확립으로 조직 내 안정감을 높인다.
> ㄹ. 조직 내 경쟁을 통해서 개인의 역량 개발에 기여한다.

① ㄱ, ㄴ   ② ㄱ, ㄷ
③ ㄴ, ㄹ   ④ ㄷ, ㄹ

---

01   전략적 인적자원관리 → 통합모형

①, ③, ④ [○] 전략적 인적자원관리는 조직의 비전 및 목표, 조직내부, 외부환경 등을 모두 고려해 가장 적합한 인력을 개발·관리해 조직의 목표를 극대화하고자 하는 인사관리를 말한다. 이는 인사관리가 조직의 전략과 목적을 반영해 전략기획과 연계된 인사관리를 의미한다. 전통적 인적자원관리 방식이 미시적 시각에서 개별적으로 접근하는 데 비해, 전략적 인적자원관리는 거시적 시각에서 개별적 인사관리 방식을 통합하려는 시도라고 할 수 있다. 또한 사람을 인적 자본의 개념으로 보고, 사람에 대한 투자와 개발의 필요성을 강조한다.

② [×] 전략적 인적자원관리는 개인의 욕구와 조직의 목표를 통합하고자 하는 이론이다. 즉, 조직의 전략적 목표를 위해 개인을 희생해야 한다는 주장은 아니다.

📋 **전통적 인사관리와 인적자원관리 비교**

구분	전통적 인사관리	인적자원관리
인력 시각	비용(cost)	자원(resources)
이론 배경	과학적 관리론	후기인간관계론
중점	직무에 적합한 인재의 선발	변화에 대비한 능력의 개발
특징	소극적·경직적·집권적 인사행정, 절차와 규정 중시	적극적·신축적·분권적 인사행정, 결과와 책임 중시
관리 전략	교환모형	통합모형

답 ②

---

02   연공주의 → 장기근속을 통한 조직 내 안정감 확보

ㄱ. [○] 장기근속으로 조직에 대한 공헌도를 높이는 것은 연공주의 인사관리의 특징이다.
ㄴ. [×] 개인의 성과에 따른 적절한 보상을 통해 사기를 높이는 것은 성과주의 인사관리의 특징이다.
ㄷ. [○] 계층적 서열구조 확립으로 조직 내 안정감을 높이는 것은 연공주의 인사관리의 특징이다.
ㄹ. [×] 조직 내 경쟁을 통해서 개인의 역량 개발에 기여하는 것은 성과주의 인사관리의 특징이다.

📋 **연공주의와 성과주의 비교**

구분	연공주의	성과주의
채용	정기 및 신입사원 채용 중심, 일반적 선발기준	수시 및 경력사원 채용 강화, 전문성과 창의성 중심의 선발기준
관리	직무기반	역량기반
평가	태도와 근속연수 중심의 평가	성과와 능력 중심의 평가
보상	직급과 연차 중심의 승진	직급 파괴, 성과·역량 중심 승진
퇴직	평생고용	조기퇴직, 전직 지원의 활성화

답 ②

03 ☐☐☐

전통적인 연공주의 인적자원관리와 비교할 때 성과주의 인적 자원관리의 특징으로 옳지 않은 것은?

① 형식 요건을 중시하고 규격화된 임용방식을 확대한다.
② 태도와 근속연수보다 성과와 능력 중심의 평가를 강조한다.
③ 직급파괴와 역량에 의한 승진을 강조한다.
④ 조기퇴직 및 전직 지원을 활성화한다.

03	연공주의 → 형식적 요건의 중시

① [×] 형식 요건을 중시하고 규격화된 임용 방식을 확대하는 것은 연공주의의 특징이다.
② [○] 연공주의는 태도와 근속연수 중심의 평가이므로 그 평가가 모호하고 불투명하지만, 성과주의는 성과와 능력 중심의 평가이므로 객관적이고 투명한 평가를 가능하게 한다.
③ [○] 연공주의는 직급과 연차 중심의 승진을 강조하지만, 성과주의는 직급파괴와 성과 및 역량 중심의 승진을 강조한다.
④ [○] 연공주의는 평생고용을 강조하지만, 성과주의는 조기퇴직과 전직의 지원을 강조한다.

답 ①

04 ☐☐☐

채용시험 성적이 우수한 사람이 근무성적도 높게 나타나야 한다는 것은 시험의 효용성 측정기준 중 어디에 해당하는가?

① 타당도
② 신뢰도
③ 객관도
④ 난이도

04	시험과 근무성적의 비교 → 시험의 타당성

① [○] 시험성적이 우수한 사람이 근무성적도 높게 나타나야 한다는 것은 시험의 타당도와 관련된 내용이다.
② [×] 신뢰도는 시험의 시기·형식·장소 등 시험여건에 따라 점수가 영향을 받지 않는 정도를 의미한다.
③ [×] 객관도는 채점의 공정성을 의미하며 신뢰성의 조건이다.
④ [×] 난이도란 쉬운 문제와 어려운 문제의 적정도로 시험의 변별력을 의미한다.

📋 **시험의 효용성**

타당성	시험의 목적달성도
신뢰성	시험결과의 일관성 → 타당성의 필요조건
객관성	채점의 공정성 → 신뢰성의 조건
난이도	시험의 변별력
실용성	비용의 저렴성, 실시와 채점의 용이성

답 ①

다음에서 검증하고자 하는 선발시험의 효용성 기준은?

> 인사혁신처는 2010년도 국가9급 공개경쟁채용시험을 통해 채용된 직원들의 시험성적을 이들의 채용 이후 1년 동안의 근무성적 결과와 비교하려고 한다.

① 타당성(validity)
② 능률성(efficiency)
③ 실용성(practicability)
④ 신뢰성(reliability)

05	시험성적과 근무성적의 비교 → 시험의 타당성

① [○] 합격자의 시험성적과 1년 후의 근무성적(이미 검증된 기준)과 비교하는 것은 기준타당성이다. 기준타당성이란 이미 타당성이 검증된 기준과 관련시켜 타당성을 검증하는 경험적 타당성으로, 시험의 성적과 채용 후 근무성적을 비교해 양자의 상관관계가 높으면 타당성이 높다.
② [×] 능률성(efficiency)은 투입 대비 산출의 비율을 의미하며 시험의 경우 투입된 비용과 유능한 인재의 획득 비율로 측정된다.
③ [×] 실용성(practicability)은 비용의 저렴성, 실시와 채점의 용이성 등을 뜻한다.
④ [×] 신뢰성(reliability)은 시험이 측정도구로서 갖는 일관성의 정도 혹은 시험의 시기·형식·장소 등 시험여건에 따라 점수가 영향을 받지 않는 정도를 의미한다.

답 ①

공무원 시험과목 중 행정학 시험의 타당성을 검증하기 위해 행정학 교수들로 패널을 구성하여 전체적인 문항들을 검증하는 방법과 가장 관련이 있는 것은?

① 기준타당성(criterion-related validity)
② 예측타당성(predictive validity)
③ 내용타당성(content validity)
④ 구성타당성(construct validity)

06	관련 전문가에 의한 검증 → 내용타당성

① [×] 기준타당성(criterion-related validity)은 시험성적과 채용 후 근무성적을 비교해 양자의 상관관계가 높으면 타당성이 높다.
② [×] 예측타당성(predictive validity)은 신규채용자에게 시험 후 근무성적평정을 실시하는 방법이다.
③ [○] 행정학 교수들(전문가)로 패널을 구성하여 전체적인 문항들을 검증하는 방법은 내용타당성과 관련된다. 내용타당성은 실험 또는 설계에서 측정하고자 하는 내용이 조사대상의 주요 국면을 대표할 수 있느냐 하는 판단과 관련된다.
④ [×] 구성타당성(construct validity)은 추상적 개념과 측정지표 간의 일치 정도로 판단되며, 추상적 개념의 성공적 조작화와 관련된다.

📄 **시험의 타당성**

1. **기준타당성**
하나의 측정도구를 이용하여 측정한 결과와 다른 기준을 적용하여 측정한 결과의 상관성

예측적 타당성 검증	시험합격자의 시험성적과 일정 기간 후 근무실적의 비교
동시적 타당성 검증	재직자의 시험성적과 근무실적의 동시 비교

2. **내용타당성**
시험이 장래 직무수행에 필요한 능력요소를 얼마나 정확하게 예측할 수 있는가와 관련된 타당성

3. **구성타당성**
시험이 이론적으로 추정한 능력요소를 얼마나 정확하게 측정할 수 있는가와 관련된 타당성

수렴적 타당성 (→ 집중)	같은 개념을 측정하는 경우 그 측정값이 하나의 차원으로 수렴할 것
차별적 타당성 (→ 판별)	상이한 개념을 측정하는 경우 그 측정값에는 차별성이 나타나야 할 것

답 ③

국가공무원 임용시험의 타당성과 그 검증방법에 대한 설명으로 옳지 않은 것은?

① 기준타당성은 시험성적과 본래 시험에서 예측하고자 했던 기준간의 상관관계를 검토하는 것이다.
② 동시타당성 검증은 재직자에게 시험을 실시하여 얻은 시험성적과 그들의 근무실적에 대한 자료를 수집하여 상관관계를 검토하는 것이다.
③ 예측타당성 검증은 시험합격자의 시험성적과 근무를 시작하여 일정기간이 지난 후 평가한 근무실적 간의 상관관계를 분석하여 타당성을 검증하는 것이다.
④ 내용타당성은 측정도구의 측정결과가 보여주는 일관성을 말하는 것으로 같은 사람에게 여러 번 반복하여 시험을 치르게 하더라도 결과가 크게 변하지 않는 정도를 말한다.

채용시험의 구성타당성(construct validity)에 관한 설명으로 옳은 것은?

① 채용시험이 이론적으로 추정된 능력요소를 얼마나 정확하게 측정할 수 있는가.
② 채용시험이 장래의 직무수행에 필요한 능력요소를 얼마나 정확하게 예측할 수 있는가.
③ 채용시험이 특정한 직위의 직무수행에 필요한 능력요소를 어느 정도까지 측정할 수 있는가.
④ 채용시험이 개인 간의 능력 차이를 어느 정도까지 식별할 수 있는가.

---

07 측정도구의 일관성 → 신뢰성

① [○] 시험에서 예측하고자 했던 것은 근무성적이며, 시험과 근무성적의 상관성을 비교하는 것은 기준타당성이다.
② [○] 동시타당성 검증은 재직자에게 근무성적평정을 한 후 시험을 실시하는 방법이다.
③ [○] 예측타당성 검증은 신규채용자에게 시험 후 근무성적평정을 실시하는 방법이다.
④ [×] 측정도구의 측정결과가 보여주는 일관성은 신뢰성이다.

답 ④

08 구성타당성 → 추상적 개념과 측정지표 간의 일치 정도

① [○] 구성적 타당성이란 추상적 개념을 측정도구에 의해 제대로 측정되었는지의 정도 즉, 추상적 개념과 측정지표 간의 일치 정도이다. 이는 추상적 개념의 성공적 조작화와 관련된다.
② [×] 시험과 장래의 직무수행에 필요한 능력요소의 상관성은 기준타당성과 관련된다.
③ [×] 시험과 특정한 직위의 직무수행에 필요한 능력요소의 상관성은 내용타당성과 관련된다.
④ [×] 시험이 개인 간의 능력 차이를 식별하는 것은 시험의 난이도와 관련된다.

답 ①

09 ☐☐☐

공무원 임용시험의 효용성을 측정하는 기준에 대한 설명으로 옳지 않은 것은?

① 시험의 타당성은 시험이 측정하고자 하는 것을 실제로 얼마나 정확하게 측정했는가를 의미하며 그 종류에는 기준타당성, 내용타당성, 구성타당성 등이 있다.

② 내용타당성은 시험성적이 직무수행실적과 얼마나 부합하는가를 판단하는 타당성으로 두 요소 간 상관계수로 측정된다.

③ 측정 대상을 일관성 있게 측정하는 정도를 신뢰성이라고 하며 같은 사람이 여러 번 시험을 반복하여 치르더라도 결과가 크게 변하지 않을 때 신뢰성을 갖게 된다.

④ 신뢰도를 측정하는 방법으로는 재시험법(test-retest)과 동질이형법(equivalent forms) 등이 사용된다.

10 ☐☐☐

다음 〈보기〉 중 시험의 요건에 대한 설명으로 옳지 않은 것만을 모두 고르면?

〈보기〉

ㄱ. 구성타당성이란 결과의 측정을 위한 도구가 반복적인 측정에서 얼마나 일관성 있는 결과를 얻을 수 있는가에 대한 타당성이다.

ㄴ. 기준타당성이란 직무수행능력의 예측이 얼마나 정확한가에 대한 타당성이다.

ㄷ. 내용타당성이란 직무수행에 필요한 지식, 기술, 태도에 관한 요소를 제대로 측정할 수 있는가에 대한 타당성이다.

ㄹ. 종적 일관성이란 서로 다른 시점에서의 측정결과가 안정된 값을 가지는 것을 의미한다.

ㅁ. 시험의 신뢰성을 검증하는 방법으로 재시험법, 동질이형법, 이분법 등이 있다.

---

① ㄱ   ② ㄱ, ㄴ

③ ㄱ, ㄹ   ④ ㄴ, ㄷ, ㅁ

⑤ ㄷ, ㄹ, ㅁ

09	시험성적과 직무수행실적의 부합 → 기준타당성

① [○] 타당성이란 측정이나 절차가 그것이 내세운 목표를 제대로 달성했는가의 정도를 의미한다.

② [×] 시험성적이 직무수행실적(근무성적)과 얼마나 부합하는가를 판단하는 것은 기준타당성이다. 내용타당성은 시험에서 측정하고자 하는 내용이 조사대상(직무내용)의 주요 국면을 대표할 수 있느냐 하는 판단과 관련된다.

③ [○] 신뢰성은 동일한 측정도구로 동일한 현상을 반복 측정했을 때 동일한 결론이 나오는 정도를 말하는데 이는 측정도구의 측정결과에 대한 일관성을 의미한다.

④ [○] 신뢰성을 검증하는 방법에는 재시험법, 동질이형법, 반분법, 문항 간 일관성 검사법 등이 있다.

답 ②

10	신뢰성 → 측정 도구의 일관성

ㄱ. [×] 결과의 측정을 위한 도구가 반복적인 측정에서 얼마나 일관성 있는 결과를 얻을 수 있는가는 신뢰성의 개념이다.

답 ①

선발시험의 신뢰성을 검증하는 방법에 해당하지 않는 것은?

① 하나의 시험유형 내에서 각 문항 간의 상관관계를 종합하여 시험의 일관성을 검증한다.

② 시험성적과 본래 시험으로 예측하고자 했던 기준 사이에 얼마나 밀접한 상관관계가 있는가를 검증한다.

③ 시험을 본 수험자에게 일정한 시간이 지난 뒤, 다시 같은 문제로 시험을 보게 하여 두 점수 간의 일관성을 확인한다.

④ 문제 수준이 비슷한 두 개의 시험유형을 개발하여 동일 통제집단을 대상으로 시험을 보게 한 후 두 집단의 성적 간 상관관계를 분석한다.

11	신뢰성 → 결과의 일관성

① [○] 하나의 시험유형 내에서 각 문항 간의 상관관계를 종합하여 시험의 일관성을 검증하는 것은 문항 간 일관성 검사법이다.

② [×] 시험성적과 본래 시험으로 예측하고자 했던 기준 사이에 얼마나 밀접한 상관관계가 있는가를 검증하는 것은 기준타당성이다.

③ [○] 시험을 본 수험자에게 일정한 시간이 지난 뒤, 다시 같은 문제로 시험을 보게 하여 두 점수 간의 일관성을 확인하는 것은 재시험법이다.

④ [○] 문제 수준이 비슷한 두 개의 시험유형을 개발하여 동일 통제집단을 대상으로 시험을 보게 한 후 두 집단의 성적 간 상관관계를 분석하는 것은 동질이형법이다.

📄 신뢰성 측정방법

재검사법	동일한 집단 + 같은 문제의 2회 실험 → 종적 일관성
복수양식법 (동질이형법)	동일한 집단 + 상이한 유형의 2회 실험 → 종적·횡적 일관성
반분법	상이한 집단 + 유사한 문제를 각 1회 실험 → 횡적 일관성
문항 간 일관성 검사법	반분법의 기법을 개별 문항으로 확대하는 방법

답 ②

선발시험의 타당성과 신뢰성에 대한 설명으로 옳은 것은?

① 시험의 신뢰성은 시험과 기준의 관계이며, 재시험법은 시험의 횡적 일관성을 조사하는 것이다.

② 동시적 타당성 검증에서는 시험합격자를 대상으로 시험성적과 일정 기간을 기다려야 나타나는 근무실적을 시차를 두고 수집하여 비교하는 것이다.

③ 내용타당성은 직무에 정통한 전문가 집단이 시험의 구체적 내용이나 항목이 직무의 성공적 임무 수행에 얼마나 적합한지를 판단하여 검증하게 된다.

④ 현재 근무하고 있는 재직자에게 시험을 실시한 결과 근무실적이 좋은 재직자가 시험성적도 좋았다면, 그 시험은 구성적 타당성을 갖추었다고 인정할 수 있다.

12	내용타당성 → 업무 전문가에게 의뢰

① [×] 시험과 기준의 관계는 타당성과 관련된다. 시험의 신뢰성은 시험이 측정도구로서 가지는 일관성을 말한다. 그리고 신뢰성을 검증하는 재시험법은 상이한 시점에 같은 시험을 두 차례 실시하는 방법이므로 시험의 종적 일관성을 조사하는 방법이다.

② [×] 시험합격자를 대상으로 시험성적과 일정 기간을 기다려야 나타나는 근무실적을 시차를 두고 수집하여 비교하는 것은 예측적 타당성이다.

③ [○] 내용타당성은 측정도구(시험)가 측정대상(직무내용)이 가지고 있는 무수한 속성들을 얼마나 대표성 있게 포함하고 있는지의 여부로, 업무와 관련된 전문가에게 의뢰한다.

④ [×] 현재 근무하고 있는 재직자에게 시험을 실시한 결과 근무실적이 좋은 재직자가 시험성적도 좋았다면, 그 시험은 동시적 타당성을 갖추었다고 인정할 수 있다. 동시적 타당성은 기준타당성과 관련된다.

답 ③

소방공무원의 선발시험에 대한 신뢰성과 타당성의 검증방법에 대한 연결로 옳지 않은 것은?

① 동질이형법(equivalent forms) – 내용과 난이도에 있어 동질적인 Ⓐ, Ⓑ책형을 중앙소방학교 교육후보생들을 대상으로 시험을 보게 한 후, 두 책형의 성적 간 상관관계를 분석한다.

② 내용타당성 – 소방공무원을 선발하고자 할 때 그 직무에 정통한 전문가의 의견을 들어 선발시험의 내용을 구성한다.

③ 기준타당성 – 소방직 시험에 합격한 사람들에게 3개월 뒤 같은 문제로 시험을 보게 하여 두 점수간의 상관관계를 분석한다.

④ 구성타당성 – 지원자의 근력·지구력 등을 측정하기 위해 새로 만든 시험방법을 통해 측정한 점수와 기존의 시험방법으로 측정한 결과 간의 상관관계를 분석한다.

측정의 타당성에 대한 설명으로 옳은 것은?

① 추상적 개념과 측정지표 간의 일치 정도를 구성개념 타당성이라 한다.

② 어떤 개념의 측정지표와 이미 타당성이 검증된 다른 기준과의 상관성 정도를 내용타당성이라 한다.

③ 측정지표가 지표의 모집단을 대표하고 있는 정도를 기준타당성이라 한다.

④ 같은 개념을 상이한 측정방법으로 측정했을 때, 그 측정값 사이의 상관관계의 정도를 차별적 타당성이라 한다.

13	같은 시험의 성적의 일관성 → 신뢰성

① [○] 동질이형법은 같은 내용의 시험을 형식을 달리하여 동일 대상자에게 실시하고 성적을 비교하는 방법으로, 복수(평행) 양식법이라고도 한다.

② [○] 내용타당성은 측정도구(시험)가 측정대상(직무내용)이 가지고 있는 무수한 속성들을 얼마나 대표성 있게 포함하고 있는 지의 여부로, 업무와 관련된 전문가에게 의뢰한다.

③ [×] 시험에 합격한 사람들에게 3개월 뒤 같은 문제로 시험을 보아 두 점수 간의 상관관계를 분석하는 것은 신뢰성이다. 기준 타당도는 이미 타당성이 검증된 기준과 관련시켜 타당성을 검증하는 경험적 타당성이다.

④ [○] 구성타당성은 추상적 개념을 측정도구에 의해 제대로 측정할 수 있는가 하는 것으로, 특정한 시험이 무엇을 측정하는지 를 설명하기 위하여 심리학자들이 도입한 개념이다.

답 ③

14	추상적 개념과 측정지표 간의 일치 정도 → 구성타당성

① [○] 구성타당성은 추상적인 개념을 측정도구에 의하여 제대로 측정되었는지의 정도로, 이는 추상적 개념과 측정지표 간의 일치 정도이며, 추상적 개념의 성공적 조작화와 관련된다.

② [×] 어떤 개념의 측정지표와 이미 타당성이 검증된 다른 기준 과의 상관성 정도는 기준타당성이다.

③ [×] 측정지표가 지표의 모집단을 대표하고 있는 정도는 내용 타당성이다.

④ [×] 같은 개념을 상이한 측정방법으로 측정했을 때, 그 측정값 사이의 상관관계의 정도는 수렴적 타당성이다.

답 ①

다음 중 시험이 특정한 직위의 의무와 책임에 직결되는 요소들을 어느 정도 측정할 수 있느냐에 대한 타당성의 개념은?

① 내용타당성
② 구성타당성
③ 개념타당성
④ 예측적 기준타당성
⑤ 동시적 기준타당성

'공무원임용시험령'에 규정된 면접시험의 평정요소가 아닌 것은?

① 공무원으로서의 정신자세
② 직장인으로서의 대인관계능력
③ 전문지식과 그 응용능력
④ 예의·품행 및 성실성

15	시험과 직무요소의 비교 → 내용타당성

① [○] 시험이 특정한 직위의 의무와 책임에 직결되는 요소들을 어느 정도 측정할 수 있느냐에 대한 타당성은 내용타당성이다.
② [×] 구성타당성은 시험이 이론적으로 구성(추정)된 능력요소를 얼마나 정확하게 측정할 수 있느냐에 관한 것으로, 안출적 또는 해석적 타당성이라고도 한다.
④ [×] 예측적 타당성 검증은 시험에 합격한 사람이 일정 기간 직장생활을 한 다음, 그의 채용시험성적과 업무실적을 비교하여 양자의 상관관계를 확인하는 방법이다.
⑤ [×] 동시적 타당성 검증은 시험을 재직 중에 있는 사람들에게 실시한 다음, 그들의 업무실적과 시험성적을 비교하여 그 상관관계를 확인하는 방법이다.

답 ①

16	면접시험의 요소 → 공직관 + 전문성

①, ③, ④ [○] '공무원임용시험령'에 규정된 면접시험 평정요소는 공무원으로서의 정신자세(①), 전문지식과 그 응용능력(②), 의사표현의 정확성과 논리성, 예의·품행 및 성실성(④), 창의력·의지력 및 발전 가능성 등이다. 시험위원의 과반수가 평정요소 5개 모두를 상으로 평가하면 우수 등급, 위원의 과반수가 2개 항목 이상을 하로 평가하거나 동일한 평정요소에 대해 하로 평가한 경우 미흡 등급을 받으며, 미흡 등급을 받은 응시자는 불합격으로 한다.
② [×] 직장인으로서의 대인관계능력은 '공무원임용령'에 규정된 면접시험의 평정요소가 아니다.

답 ②

01 ☐☐☐
23년 국회8급

공무원 교육훈련제도의 발전 방향에 대한 설명으로 옳지 않은
것은?

① 공직 역량 계발을 촉진하는 자발적인 학습조직으로 전환
해야 한다.
② 교수(teaching) 중심 체제로의 전환과 함께 현장 체험식
교육훈련을 추가해야 한다.
③ 직무수행의 전문성을 높이기 위해서 분야별 전문교육을
강화해야 한다.
④ 교육훈련에 대한 다면적 평가를 통해 교육효과성 평가와
환류체제를 확립해야 한다.
⑤ 교육훈련에 대한 저항을 줄이기 위해 교육훈련계획 수립 시
피훈련자, 관리자, 감독자 등의 의견을 충분히 반영해야
한다.

01	교육훈련의 발전방향 → 학습 중심, 수요자 중심, 참여와 체험 중심

② [×] 교수(teaching) 중심 체제는 전통적 교육방식이다. 현대적
방식은 교수 중심에서 학습 중심으로의 이동이다.

📄 **전통적 교육훈련과 창조적 교육훈련 비교**

전통적 교육훈련	창조형 교육훈련
• 정형적 교육훈련(→ 폐쇄체제)	• 비정형적 교육훈련(→ 폐쇄체제)
• 교수(teaching) 중심 (→ 공급자 중심)	• 학습(learning) 중심 (→ 수요자 중심)
• 강의식 교육, 커리큘럼 사고	• 참여와 체험식 교육, 학습체제

답 ②

02 ☐☐☐
09년 국가9급

교육훈련은 실시되는 장소가 직장 내인가, 외인가에 따라 직장
훈련(On-the-Job Training)과 교육원훈련(Off-the-Job
Training)으로 나뉜다. 다음 중 직장훈련의 장점으로 볼 수
없는 것은?

① 사전에 예정된 계획에 따라 실시하기가 용이하다.
② 상사나 동료 간의 이해와 협동정신을 강화·촉진시킨다.
③ 피훈련자의 습득도와 능력에 맞게 훈련할 수 있다.
④ 훈련으로 구체적인 학습 및 기술향상의 정도를 알 수
있으므로 구성원의 동기를 유발할 수 있다.

02	계획에 따른 진행 → 교육원훈련

① [×] 직장훈련(On-the-Job Training)은 실제 직무를 수행
하면서 감독자 또는 선임자로부터 직무수행에 관한 지식과
기술을 배우는 방법이다. 사전에 예정된 계획에 따라 실시하기가
용이한 것은 교육장 훈련이다.
② [○] 실제 업무를 수행하면서 상사나 선임자로부터 지식과
기술을 배우므로 상사나 동료 간의 이해와 협동정신을 강화할
수 있다.
③ [○] 업무를 수행하는 과정에서 피훈련자의 능력에 맞게 훈련
방법이나 속도를 조절하기 용이하다.
④ [○] 훈련과 업무결과가 직접 연계되므로 구체적인 학습의
정도를 파악할 수 있어 구성원의 동기를 향상시킬 수 있다.

답 ①

03 ☐☐☐

공무원 교육훈련에 대한 저항이유 중 저항주체가 나머지와 다른 하나는?

① 교육훈련 결과의 인사관리 반영 미흡
② 교육훈련 발령을 불리한 인사조치로 이해하는 경향
③ 장기간의 훈련인 경우 복귀 시 보직 문제에 대한 불안감
④ 조직성과의 저하 및 훈련비용의 발생

---

03 훈련비용의 발생 → 조직 차원의 저항

① [×] 교육훈련의 결과가 인사관리에 반영되지 않는다는 불만은 교육대상자가 교육훈련에 저항하는 요인이다.
② [×] 교육훈련의 발령을 불리한 인사조치로 이해하는 것은 교육대상자가 교육훈련에 저항하는 원인이다.
③ [×] 장기간 훈련의 경우 복귀 시 보직 문제에 불리할 수 있을 것이라는 것도 훈련자의 저항원인이다.
④ [○] 조직성과의 저하와 훈련비용의 발생은 교육대상자가 속한 기관이 교육훈련에 저항하는 원인이다.

답 ④

04 ☐☐☐

교육훈련 방법에 대한 설명으로 옳은 것은?

① 직장 내 훈련(OJT: on-the-job training)은 감독자의 능력과 기법에 따라 훈련성과가 달라지며 많은 사람을 동시에 교육하기 어렵다.
② 감수성훈련(sensitivity training)은 원래 정신병 치료법으로 발달한 것으로 전문가의 지원을 받아 과제의 해결책을 도출하는 방법이다.
③ 모의연습(simulation)은 T - 집단훈련으로도 불리며 주어진 사례나 문제에서 어떠한 역할을 실제로 연기해 봄으로써 당면한 문제를 체험해 보는 방법이다.
④ 액션러닝(action learning)은 미국 GE사 전략적 인적자원 개발프로그램으로 활용된 것으로 태도와 행동의 변화를 통해 인간관계 기술을 향상하려는 것이 주된 목적이다.

---

04 직장 내 훈련 → 개인별 맞춤 교육

① [○] 직장 내 훈련 또는 현장훈련은 피훈련자가 실제 직무를 수행하면서 감독자나 선임자로부터 직무수행에 관한 지식과 기술을 배우는 훈련방법이다. 실무적 훈련에 유리하나, 많은 시간에 적은 수의 인원을 훈련할 수밖에 없다는 단점이 있다.
② [×] 감수성 훈련(sensitivity training)은 외부로부터 차단된 인위적 상황에서 비정형적 접촉을 통해 대인관계 능력을 향상시키는 기법이다.
③ [×] 모의연습(simulation)은 업무수행 중 직면할 수 있는 어떤 상황을 가상적으로 만들어 놓고 피교육자가 그 상황에 대처해보도록 하는 방법(→ 문제해결능력의 향상)으로 관리연습, 정보정리연습, 사건처리연습 등이 있다.
④ [×] 액션러닝(action learning)은 교육 참가자들이 구성한 소집단의 팀워크를 바탕으로 학습하는 방식으로, 실제문제의 해결을 통해 학습방법을 학습하는 과정이다. 교육훈련의 관점이 개인의 지식 축적에서 목표달성의 수단으로, 지식전달의 수단에서 문제해결의 수단으로, 공급자 중심에서 수요자 중심으로 전환됨을 의미한다.

답 ①

05 □□□

공무원 교육훈련 방법에 대한 설명으로 옳지 않은 것은?

① 현장훈련(on the job training)은 피훈련자가 실제 직무를 수행하면서 직무수행에 관한 지식과 기술을 배우는 방법이다.

② 강의, 토론회, 시찰, 시청각교육 등은 태도나 행동의 변화를 주된 목적으로 한다.

③ 액션러닝(action learning)은 소규모로 구성된 그룹이 실질적인 업무현장의 문제를 해결해 내고 그 과정에서 성찰을 통해 학습하도록 하는 행동학습(learning by doing) 교육훈련 방법이다.

④ 감수성훈련(sensitivity training)은 대인관계의 이해와 이를 통한 인간관계의 개선을 목적으로 한다.

06 □□□

교육참가자들이 팀을 구성하여 실제 현안문제를 해결하면서 동시에 문제해결과정에 대한 성찰을 통해 학습하도록 지원하는 행동학습(learning by doing)으로서, 주로 관리자훈련에 사용되는 교육방식은?

① 멘토링(mentoring)

② 감수성 훈련(sensitivity training)

③ 액션러닝(action learning)

④ 워크아웃 프로그램(work-out program)

05	강의 → 지식의 전달

② [×] 강의는 지식의 획득을 목적으로 하는 훈련이다.

답 ②

06	액션러닝 → 문제해결식 교육기법

③ [○] 액션러닝(action learning)은 교육 참가자들이 구성한 소집단의 팀워크를 바탕으로 학습하는 방식으로, 실제 문제의 해결을 통해 학습방법을 학습하는 과정이다.

④ [×] 워크아웃 프로그램(work-out program)은 업무 스트레스에서 벗어나 조직과 비즈니스의 이슈들에 대해 자유롭게 대화하고 토론하도록 하는 프로그램이다. 효율성 없이 속도를 저하시켜 버리는 복잡한 그런 일(work)은 업무에서 완전히 아웃(out)시켜 버리는 것과 관련되며, 모든 절차와 방법을 이해하기 쉽게 단순화(Simplicity)시키고, 신속성(Speed)있게 처리해야 하며, 자신감(Self-confidence)을 가지고 추진해야 하는 것을 의미하는데 이는 규모와 절차를 중시하는 관료주의와 대비된다.

답 ③

07

공무원 교육훈련 방법에 대한 설명으로 옳지 않은 것은?

① 강의(lecture)는 교육내용을 다수의 피교육자에게 단시간에 전달하는데 효과적인 방법이다.
② 역할연기(role playing)는 실제 직무상황과 같은 상황을 실연시킴으로써 문제를 빠르게 이해시키고 참여자들의 태도변화와 민감한 반응을 촉진시킨다.
③ 감수성훈련(sensitivity training)은 어떤 사건의 윤곽을 피교육자에게 알려주고 그 해결책을 찾게 하는 방법이다.
④ 시뮬레이션(simulation)은 업무수행 중 직면할 수 있는 어떤 상황을 가상적으로 만들어 놓고 피교육자가 그 상황에 대처해보도록 하는 방법이다.

08

역량기반교육훈련(CBC: Competency-Based Curriculum)에 대한 설명으로 옳은 것만을 모두 고른 것은?

ㄱ. 맥클랜드(D. McClelland)는 우수성과자의 인사 관련 행태를 역량으로 규정하고 이를 중심으로 한 인사관리를 주장하였다.
ㄴ. 직무분석으로 도출된 직무명세서를 바탕으로 교육과정을 설계하는 직무 지향적 교육훈련 방법이다.
ㄷ. 역량모델은 전체 구성원에게 적용되는 공통역량, 원활한 조직운영을 위한 직무역량, 전문적 직무수행을 위한 관리역량으로 구성된다.
ㄹ. 피교육자의 능력을 정확히 진단하여 부족한 부분(gap)을 보충하는 교육이 가능하다.

① ㄱ, ㄴ　　② ㄱ, ㄹ
③ ㄴ, ㄷ　　④ ㄷ, ㄹ

07　감수성훈련 → 대인관계 능력의 향상

① [○] 강의(lecture)는 다수를 일시에 교육하여 시간과 비용을 절약할 수 있으나 주입식 교육에 따른 흥미상실과 동기결여라는 문제점을 지닌다.
② [○] 역할연기(role playing)는 몇 명의 피훈련자가 나머지 피훈련자들 앞에서 실제의 행동으로 연기하고, 사회자가 청중들에게 그 연기 내용을 비평·토론하도록 한 후 결론적인 설명을 하는 교육훈련 방법으로 주로 대인관계, 즉 인간관계 훈련에 이용된다.
③ [×] 어떤 사건의 윤곽을 피교육자에게 알려주고 그 해결책을 찾게 하는 방법은 사건처리연습이다.
④ [○] 시뮬레이션(simulation)은 현상의 복잡한 과정을 이해하기 위해 분석대상의 현상을 모형화하고 이 모형을 이용한 모의실험을 통해 실제 상황을 해석하는 기법이다.

답 ③

08　역량기반교육훈련 → 미래 담당할 업무에 기반을 둔 교육훈련기법

ㄱ. [○] 역량이란 조직의 목표 달성과 연계하여 뛰어난 직무수행을 보이는 고성과자의 차별화된 행동특성과 태도를 말한다.
ㄴ. [×] 직무분석으로 도출된 직무명세서를 바탕으로 교육과정을 설계하는 직무지향적 교육훈련 방법은 전통적 교육훈련기법이다.
ㄷ. [×] 원활한 조직운영을 위한 역량이 관리역량이고 전문적 직무수행을 위한 역량이 직무역량이다.

답 ②

교육훈련 방식에 대한 설명으로 옳은 것만을 〈보기〉에서 모두 고르면?

〈보기〉
ㄱ. 멘토링은 조직 내 핵심 인재의 육성과 지식 이전, 구성 원들 간의 학습활동을 촉진할 수 있는 방법으로, 조직 내 업무 역량을 조기에 배양할 수 있다.
ㄴ. 학습조직은 암묵적 지식으로 관리되던 조직의 내부 역량을 체계적으로 관리하는 방법으로, 조직설계 기준 제시가 용이하다.
ㄷ. 액션러닝은 참여와 성과 중심의 교육훈련을 지향하는 방법으로, 현장에서 발생하는 현안 문제를 가지고 자율적 학습 또는 전문가의 지원을 받아 구체적인 문제 해결 방안을 모색한다.
ㄹ. 워크아웃 프로그램은 전 구성원의 자발적 참여에 의한 행정혁신을 추진하는 방법으로, 관리자의 의사결정과 문제해결이 지연되는 한계가 있다.

① ㄱ, ㄴ   ② ㄱ, ㄷ
③ ㄱ, ㄹ   ④ ㄴ, ㄷ
⑤ ㄴ, ㄹ

09	워크아웃 프로그램 → 신속한 문제해결

ㄴ. [×] 학습조직은 지속적인 성장과 변화를 강조하는 구조이므로 체계적인 조직 설계의 기준을 제시하기는 어렵다.
ㄹ. [×] 워크아웃 프로그램은 조직의 장벽을 제거하여 신속한 의사결정과 문제해결을 도모하는 기법이다.

답 ②

근무성적평정상의 오류에 대한 설명으로 옳지 않은 것은?

① 평정자가 피평정자를 잘 모르는 경우 집중화 경향이 발생할 수 있다.
② 평정자의 평정기준이 일정하지 않은 경우 총계적 오류가 발생할 수 있다.
③ 연쇄효과는 초기 실적이나 최근의 실적을 중심으로 평가함으로써 발생하는 시간적 오류를 의미한다.
④ 관대화 경향의 폐단을 막기 위해 강제배분법을 활용할 수 있다.

10	시간적 오차 → 첫머리 효과와 근접효과

① [○] 평정자가 피평정자를 잘 모른다면 무난한 점수로 평정할 가능성이 높다.
③ [×] 연쇄효과는 한 평정요소가 다른 평정요소에 영향을 미쳐 나타나는 평정의 오차이다.

답 ③

---

11 □□□

근무성적평정 과정상의 오류와 완화방법에 대한 설명으로 옳지 않은 것은?

① 일관적 오류는 평정자의 기준이 다른 사람보다 높거나 낮은 데서 비롯되며 강제배분법을 완화방법으로 고려할 수 있다.

② 근접효과는 전체 기간의 실적을 같은 비중으로 평가하지 못할 때 발생하며 중요사건기록법을 완화방법으로 고려할 수 있다.

③ 관대화 경향은 비공식집단적 유대 때문에 발생하며 평정 결과의 공개를 완화방법으로 고려할 수 있다.

④ 연쇄효과는 도표식 평정척도법에서 자주 발생하며 피평가자별이 아닌 평정요소별 평정을 완화방법으로 고려할 수 있다.

12 □□□

근무성적평정에서 나타나기 쉬운 집중화 경향과 관대화 경향을 시정하기 위한 방법으로 적절한 것은?

① 자기평정법
② 목표관리제 평정법
③ 중요사건기록법
④ 강제배분법

---

12 분포상의 착오 방지책 → 강제배분법

① [×] 자기평정법은 피평정자가 자신의 근무성적을 스스로 평가하는 방법이다. 자기평정의 가장 큰 장점은 자신의 직무 수행에 대한 체계적 반성의 기회를 제공함으로써 직원의 능력발전을 도모할 수 있다는 것이다. 그러나 자기평정법은 객관성이 결여된다는 비판을 받는다.

② [×] 목표관리제 평정법은 부하직원이 상사와의 면담을 통해 자신이 수행할 도전적 목표를 설정하고, 목표의 달성도를 중심으로 근무성적을 평정하는 방법이다.

③ [×] 중요사건기록법은 평정자가 피평정자의 근무실적에 큰 영향을 주는 중요 사건들을 기술하는 평정방법이다.

④ [○] 강제배분법은 성적 분포의 비율을 미리 정해 놓는 평정 방법이다. 강제배분법은 집중화 경향이나 관대화 경향을 방지할 수 있다.

📋 근무성적평정의 방법

도표식평정척도법	평정요소별 등급표시, 한계(→ 평정요소 및 등급 기준의 모호성, 연쇄효과의 야기 등)
강제배분법	성적분포비율의 설정(→ 상대평가), 분포상 오차의 방지
강제선택법	2 ~ 5개 서술항목 중 선택 → 연쇄오차의 방지
사실표지법	행태적 특성을 Yes 또는 No로 표시하는 방법 → 평가가 아닌 보고
중요사건기록법	평가자가 평가대상자의 근무실적에 영향을 주는 중요사건들의 기술하는 방법
행태기준척도법	과업행태의 등급표시 → 중요사건기록법 + 도표식 평정척도법
행태관찰척도법	행태기준척도법 + 사건의 빈도수(→ 도표식평정 척도법)

답 ④

---

11 평정결과의 공개 → 관대화 경향의 야기

① [○] 일관적으로 나타나는 분포상의 착오는 강제배분법의 도입으로 완화시킬 수 있다.

② [○] 근접효과의 완화책으로는 목표관리평정법, 독립된 평정센터의 설립, 중요사건기록법의 도입 등이 거론된다.

③ [×] 관대화 경향은 평정결과가 공개됨으로 인해 야기되는 문제점이다.

④ [○] 연쇄효과는 하나의 평정요소가 다른 평정요소에 영향을 미치는 효과이므로 평정요소별로 용지를 달리하여 평가한다면 연쇄효과로 인한 오차를 막을 수 있을 것이다.

답 ③

13 ☐☐☐

근무성적평정상의 오류 중 평가자가 일관성 있는 평정기준을 갖지 못하여 관대화 및 엄격화 경향이 불규칙하게 나타나는 것은?

① 연쇄효과(halo effect)
② 규칙적 오류(systematic error)
③ 집중화 경향(central tendency)
④ 총계적 오류(total error)

14 ☐☐☐

우리나라의 다면평가제도에 대한 설명으로 옳지 않은 것은?

① 해당 공무원에게 평가정보를 다각적으로 제공하는 경우에는 능력개발을 유도할 수 있다.
② 다면평가의 결과는 승진, 전보, 성과급 지급 등에 참고자료로 활용될 수 있다.
③ 다면평가의 결과는 해당 공무원에게 공개할 수 있다.
④ 민원인은 해당 공무원에 대한 다면평가에 참여할 수 없다.

13	일관되지 않은 분포상의 오류 → 총계적 오류

① [×] 연쇄효과(halo effect)는 한 평정요소의 결과가 다른 평정요소에 영향을 미치거나 피평정자의 전반적인 인상이 평정에 영향을 미치는 착오로 후광효과 또는 헤일로 효과라 불린다.
② [×] 규칙적 오류(systematic error)는 일관성 있는 집중화, 관대화, 엄격화 경향을 말한다.
③ [×] 집중화 경향(central tendency)은 무난하게 평균에 가까운 중간점수를 부여하는 착오이다.
④ [○] 평가자가 일관성 있는 평정기준을 갖지 못하여 관대화 및 엄격화 경향이 불규칙하게 나타나는 것은 총계적 오류이다.

답 ④

14	다면평가 → 상사, 동료, 부하, 민원인

① [○] 다면평가는 해당 공무원에게 다각적인 평가정보를 제공하므로 공무원의 능력개발을 유도할 수 있다.
② [○] 다면평가의 결과는 역량개발, 교육훈련 등에 활용하도록 하며, 승진, 전보, 성과급 지급 등에는 참고자료로 활용하도록 하고 있다.
③ [○] 소속 장관은 다면평가 결과를 해당 공무원에게 공개할 수 있다.
④ [×] 다면평가는 상사 · 동료 · 부하 · 고객 등 다수의 평가자가 입체적으로 평가하는 방법이다. 즉, 민원인도 다면평가에 참여할 수 있다.

답 ④

15 ☐☐☐

다음과 같은 상황을 가장 잘 설명하는 근무성적평정의 오류는?

> 임용된 이후 단 한 번도 무단결근을 하지 않던 어떤 직원이 근무성적평정 하루 전날 무단결근을 하게 되었다. 이로 인하여 이 직원은 평정요소 중 직무수행태도에 대하여 낮은 점수를 받게 되었다.

① 집중화 오류(central tendency error)
② 근접효과로 인한 오류(recency effect error)
③ 연쇄효과로 인한 오류(halo effect error)
④ 선입견에 의한 오류(personal bias error)

16 ☐☐☐

평정자인 A팀장은 피평정자인 B팀원이 성실하다는 것을 이유로 창의적이고 청렴하다고 평정하였다. A팀장이 범한 오류에 가장 가까운 것은?

① 연쇄효과(halo effect)
② 근접효과(recency effect)
③ 관대화 경향(tendency of leniency)
④ 선입견과 편견(prejudice)

15	최근 업적에 따른 오류 → 근접효과

① [×] 집중화 오류는 평정자들이 극단적으로 높거나 낮은 점수보다는 중간 수준의 점수를 많이 주는 경향을 말한다.
② [○] 평정 하루 전날이라는 최근 실적에 의해 근무성적이 영향을 받는 것을 근접효과라 한다. 이러한 근접효과를 방지하기 위한 방법으로 독립된 평정센터의 설치, 목표관리(MBO), 중요사건 기록법 등이 활용된다.
③ [×] 연쇄효과는 한 평정요소의 결과가 다른 평정요소에 영향을 미치거나 피평정자의 전반적인 인상이 평정에 영향을 미치는 착오로 후광효과 또는 헤일로 효과라 불린다.
④ [×] 선입견에 의한 오류(personal bias)는 평정요소와 실질적인 관련이 없는 성별·출신학교·출신지역·종교·연령 등에 대해 평정자가 갖고 있는 편견(personal bias)이나 고정관념이 영향을 미침으로써 발생하는 오류이다.

답 ②

16	평정요소간의 문제 → 연쇄효과

① [○] 성실성과 창의성은 논리적으로 상관성이 없음에도 불구하고 앞의 요소인 성실성이 뒤의 요소인 창의성에 영향을 주었다면 이는 연쇄효과이다.
② [×] 근접효과 또는 막바지 효과는 전체 기간의 근무성적을 평가하기보다는 최근의 실적이나 능력을 중심으로 평가함으로써 빚어질 수 있는 오류이다. 근무성적평정 초기의 업적에 영향을 크게 받는 첫머리 효과(primacy effect)와 함께 시간적 오류라고 한다.
③ [×] 관대화 경향(tendency of leniency)은 평정결과의 분포가 우수한 쪽에 집중되는 경향을 말한다. 관대화 경향은 평정자가 부하 직원과의 비공식적 유대 관계의 유지를 원하는 경우에 주로 나타난다.
④ [×] 선입견과 편견(prejudice)은 평정요소와 실질적인 관련이 없는 성별·출신학교·출신지역·종교·연령 등에 대해 평정자가 갖고 있는 고정관념이 영향을 미치는 것이다.

답 ①

17 ☐☐☐

근무성적평정에 관한 다음의 설명 중 옳지 않은 것은?

① 평정의 착오에 있어 상동오차(stereotyping)는 평정자가 자기 자신과 성향이 유사한 부하에게 후한 점수를 주는 오차이다.

② 우리나라의 공무원평정에 있어 성과계약평가의 대상은 4급 이상 공무원 및 연구관·지도관이다. 다만, 소속장관이 성과계약평가가 적합하다고 인정하는 경우 5급 이하도 가능하다.

③ 쌍쌍비교법(paired comparison method)은 피평정자를 두 사람씩 짝을 지어 비교를 되풀이하여 평정하는 방법이다.

④ 체크리스트(check list) 평정법은 공무원을 평가하는 데 적절하다고 판단되는 표준행동목록을 미리 작성해 두고, 이 목록(list)에 가부를 표시하게 하는 방법이다.

17	상동오차 → 편견, 고정관념

① [×] 평정자가 자신과 성향이 유사한 부하에게 후한 점수를 주는 오차는 유사성의 착오이다. 상동오차는 유형화(집단화·정형화)나 고정관념 또는 선입관에 의한 오차를 말한다.

② [○] 4급 이상 공무원과 연구관·지도관에 대한 근무성적평정은 성과계약 등 평가에 의한다. 다만, 소속 장관은 5급 이하 공무원 및 우정직공무원 중 성과계약 등 평가가 적합하다고 인정하는 공무원에 대해서도 성과계약 등 평가를 실시할 수 있다.

③ [○] 쌍쌍비교법은 평가의 대상이 여럿인 경우, 순차적으로 두 개씩 짝을 지어 우열을 평가한 뒤, 그 성적을 종합해 평가하는 방법이다. 여기에는 피평정자의 근무실적을 전체적으로 비교하는 종합적 방법과 각 평정요소별로 비교하는 분석적 방법이 있다.

④ [○] 체크리스트법은 평정자가 열거된 평정요소에 대한 질문에 따라 피평정자에게 해당되는 사항을 체크(check)하는 방법이다.

답 ①

18 ☐☐☐

다면평가제도의 장점에 관한 설명으로 옳지 않은 것은?

① 다면평가는 평정자들이 평정의 취지와 방법을 잘 알고 있기 때문에 담합을 하거나 모략성 응답을 할 가능성이 적다.

② 다면평가는 조직 구성원들로 하여금 자신의 장단점을 파악하여 자기역량강화의 기회를 늘릴 수 있다.

③ 다면평가는 조직 구성원들로 하여금 조직 내외의 모든 사람들과 원활한 인간관계를 증진시키려는 동기를 부여하게 된다.

④ 다면평가는 다수의 평가자에 의해 입체적이고 다면적인 평가를 시행하기 때문에 평가의 객관성과 공정성을 높일 수 있다.

18	다면평가 → 담합과 모략 가능성

① [×] 다면평가는 평정자들이 평정의 취지와 방법을 잘 모르고 평가하는 경향이 나타나기 쉽다. 이에 따라 담합이나 모략의 가능성이 높다.

② [○] 다면평가는 다양한 사람들에 의해 평가가 이루어지므로 자신의 장단점을 입체적으로 파악하여 이를 역량강화에 기회로 활용할 수 있다.

③ [○] 다면평가는 구성원들로 하여금 업무능력의 향상보다는 다른 사람들과 인간관계를 개선해야 할 필요성을 자극할 수 있다.

④ [○] 다면평가는 다수의 평가자에 의해 실시되므로 단독평가보다는 평가의 객관성과 공정성을 높일 수 있다.

📄 다면평가의 장단점

장점	단점
• 객관성·공정성(→ 결과의 수용)	• 비용의 증대
• 자기개발의 촉진	• 관리의 복잡성
• 커뮤니케이션의 활성화	• 인기투표화(→ 포퓰리즘)
• 탈관료제 조직구조와 부합	• 평가방향의 불안정성
• 충성심의 다원화	• 상급자의 소신 제약
• 분권화 촉진	
• 참여적 조직문화	

답 ①

19 □□□

국내 최고 대학을 졸업했기 때문에 일을 잘했을 것이라고 생각하여 피평정자에게 높은 근무성적평정 등급을 부여할 경우 평정자가 범하는 오류는?

① 선입견에 의한 오류
② 집중화 경향으로 인한 오류
③ 엄격화 경향으로 인한 오류
④ 첫머리 효과에 의한 오류

19	최고 대학의 졸업 → 선입관

① [○] 최고 대학이라는 고정관념이 일을 잘할 것이라는 편견을 가져왔으므로 이는 선입견에 의한 오류 혹은 상동오차라 한다.
② [×] 집중화 경향은 대부분의 평정대상자에게 무난하게 중간 점수를 부여하는 오류를 말한다.
③ [×] 엄격화 경향은 대부분의 평정대상자의 점수를 나쁘게 주는 오류를 말한다.
④ [×] 첫머리 효과는 초기 업적에 주로 초점을 맞추어 점수를 부여하는 경향을 말한다.

답 ①

20 □□□

다면평가제도에 대한 설명으로 옳지 않은 것은?

① 평가대상자의 동료와 부하를 제외하고 상급자가 다양한 측면에서 평가한다.
② 일면평가보다는 평가의 객관성과 신뢰성을 확보할 수 있다.
③ 평가결과의 환류를 통하여 평가대상자의 자기역량 강화에 활용할 수 있다.
④ 평가항목을 부처별, 직급별, 직종별, 특성에 따라 다양하게 설계하는 것이 바람직하다.

20	다면평가 → 동료와 부하 포함

① [×] 다면평가는 해당 공무원의 상급 또는 상위 공무원, 동료, 하급 또는 하위 공무원 및 민원인 등이 평가자로 참여한다.
② [○] 이론적으로는 상급자가 단독으로 평가하는 것보다는 여러 사람이 평가하는 것이 평정의 오차를 줄여줄 수 있으므로, 평정의 객관성과 공정성을 높일 수 있다.
③ [○] 다면평가의 결과는 해당 공무원에게 공개할 수 있으며, 이러한 환류를 통해 자기역량의 강화에 활용될 수 있다.
④ [○] 우리나라 역시 소속 장관은 필요한 경우 성과평가 제도 운영의 적정성을 높이기 위하여 기관별 특성에 맞는 평가기법을 개발·운영할 수 있다.

답 ①

21 □□□

근무성적평정시 어떤 평정자가 다른 평정자보다 언제나 좋은 점수 또는 나쁜 점수를 주는 오류는?

① 엄격화 경향(tendency of strictness)
② 규칙적 오류(systematice error)
③ 총계적 오류(total error)
④ 선입견에 대한 오류(prejudice error)

22 □□□

다음은 공무원 평정제도와 관련되는 내용이다. 각각의 내용이 바르게 연결된 것은?

> ㄱ. 고위공무원단제도의 도입에 따라 고위공무원으로서 요구되는 역량을 구비했는지를 사전에 검증하는 장치이다.
> ㄴ. 직무분석을 통해 도출된 성과책임을 바탕으로 성과목표를 설정·관리·평가하고, 그 결과를 보수 혹은 처우 등에 적용하는 제도를 말한다.
> ㄷ. 조직 구성원들과 원만한 관계를 증진시키도록 동기를 부여함으로써 조직 내 상하 간, 동료 간 의사소통을 원활히 한다.
> ㄹ. 공무원의 근무실적, 직무수행능력 등을 평가하여 승진 및 보수결정 등의 인사관리자료를 얻는 데 활용한다.

	ㄱ	ㄴ	ㄷ	ㄹ
①	역량평가제	직무성과관리제	다면평가제	근무성적평정제
②	다면평가제	역량평가제	직무성과관리제	근무성적평정제
③	역량평가제	근무성적평정제	다면평가제	직무성과관리제
④	다면평가제	직무성과관리제	역량평가제	근무성적평정제

21	언제나 좋은 점수 또는 나쁜 점수 → 규칙적 오류

① [×] 엄격화 경향(tendency of strictness)은 근무성적평정 등에서 평정 결과의 점수 분포가 낮은 쪽에 집중되는 경향이다.
② [○] 어떤 평정자가 다른 평정자보다 언제나 좋은 점수 또는 나쁜 점수를 주는 오류는 규칙적 오류이다.
③ [×] 총계적 오류는 불규칙하게 분포상 착오가 나타나는 오류를 말한다.

답 ②

22	역량평가제 → 고위공무원단 진입의 사전심사

ㄱ. 고위공무원으로서 요구되는 역량을 구비했는지를 사전에 검증하는 장치는 역량평가제이다.
ㄴ. 직무분석을 통해 도출된 성과책임을 바탕으로 성과목표를 설정·관리·평가하고 이를 활용하는 것은 직무성과관리제이다.
ㄷ. 조직 내 상하 간, 동료 간 의사소통을 원활하게 하는 평가는 다면평가이다.
ㄹ. 공무원의 근무실적, 직무수행능력 등을 평가하여 인사관리자료를 얻는 데 활용하는 것은 근무성적평정이다.

답 ①

23 ☐☐☐

근무성적평정시 평가자가 모든 피평가자들에게 대부분 중간 범위의 점수를 주는 심리적 경향으로 옳은 것은?

① 연쇄효과(halo effect)
② 관대화 경향(tendency of leniency)
③ 집중화 경향(central tendency)
④ 선입견에 의한 오류(personal bias)

24 ☐☐☐

다음의 설명과 근무성적평정방법을 바르게 연결한 것은?

> ㄱ. 피평정자들의 성적분포가 과도하게 집중되는 것을 방지하기 위해 등급별로 비율을 정하여 준수하도록 하는 방법
> ㄴ. 시간당 수행한 공무원의 업무량을 전체 평정기간동안 계속적으로 조사해 평균치를 측정하거나, 일정한 업무량을 달성하는 데 소요된 시간을 계산해 그 성적을 평정하는 방법
> ㄷ. 선정된 중요 과업 분야에 대해서 가장 이상적인 과업수행 행태에서부터 가장 바람직하지 못한 과업수행 행태까지를 몇 개의 등급으로 구분하고, 등급마다 중요 행태를 명확하게 기술하고 점수를 할당하는 방법

	ㄱ	ㄴ	ㄷ
①	강제배분법	산출기록법	행태기준평정척도법
②	강제선택법	주기적 검사법	행태기준평정척도법
③	강제선택법	산출기록법	행태관찰척도법
④	강제배분법	주기적 검사법	행태관찰척도법

---

23 중간 범위의 점수 → 집중화 효과

① [×] 연쇄효과(halo effect)는 특정 항목에 대한 평정결과 또는 피평정자에 대한 전반적 인상 등이 다른 항목의 평정에 영향을 미치는 현상이다.
③ [○] 평가자가 모든 피평가자들에게 대부분 중간 범위의 점수를 주는 심리적 경향은 집중화 경향이다.

답 ③

---

24 분포비율의 지정 → 강제배분법

ㄱ. 피평정자들의 성적분포가 과도하게 집중되는 것을 방지하기 위해 등급별로 비율을 정하여 준수하도록 하는 방법은 강제배분법이다.
ㄴ. 시간당 수행한 공무원의 업무량을 전체 평정기간동안 계속적으로 조사해 평균치를 측정하거나, 일정한 업무량을 달성하는 데 소요된 시간을 계산해 그 성적을 평정하는 방법은 산출기록법이다.
ㄷ. 선정된 중요 과업 분야에 대해서 가장 이상적인 과업수행 행태에서부터 가장 바람직하지 못한 과업수행 행태까지를 몇 개의 등급으로 구분하고, 등급마다 중요 행태를 명확하게 기술하고 점수를 할당하는 방법은 행태기준평정척도법이다.

답 ①

25 □□□

근무성적평정 방법에 대한 설명으로 옳지 않은 것은?

① 도표식평정척도법(graphic rating scale)에서는 연쇄효과 (halo effect)가 나타나기 쉽다.

② 대인비교법(man-to-man comparison)은 평정기준으로 구체적인 인물을 활용한다는 점에서 평정의 추상성을 극복할 수 있다.

③ 산출기록법(production records)은 일정한 시간당 달성한 작업량과 같이 객관적 사실에 기초를 두고 평가하는 방법이다.

④ 체크리스트법(check list)은 피평정자의 근무실적에 큰 영향을 주는 사건들을 평정자로 하여금 기술하게 하는 방법이다.

26 □□□

근무성적평정방법과 그 단점에 대한 설명으로 옳지 않은 것은?

① 행태관찰척도법은 도표식평정척도법이 갖는 등급과 등급 간의 모호한 구분과 연쇄효과의 오류가 나타날 수 있다.

② 중요사건기록법은 평정자인 감독자와 피평자인 부하가 해당 사건에 대해 서로 토론하는 과정에서 피평정자의 태도와 직무수행을 개선하기 어렵고, 이례적인 행동을 지나치게 강조하게 될 위험이 있다.

③ 강제배분법은 평정자가 미리 정해진 비율에 따라 평정대상자를 각 등급에 분포시키고, 그 다음에 역으로 등급에 해당하는 점수를 부여하는 역산식 평정을 할 가능성이 높다.

④ 체크리스트평정법은 평정요소에 관한 평정 항목을 만들기가 힘들 뿐만 아니라, 질문 항목이 많을 경우 평정자가 혼란을 갖게 된다.

25	근무실적에 영향을 주는 사건들의 기술 → 중요사건기록법

① [○] 도표식평정척도법은 평정요소를 근무실적·근무수행능력·근무수행태도·청렴도 등으로 나누고, 각 평정요소를 다시 세분하여 구체적 항목으로 나눈 후, 각 항목에 대해서 탁월·우수·보통·미흡의 등급으로 평정하도록 하는 방법이다.

② [○] 대인비교법은 근무성적평정에서 평정요소와 각 요소별 등급을 정하고, 각 등급별 표준인물을 선택한 후, 그를 기준으로 나머지 피평정자를 비교·평가하는 방법이다. 평정기준으로 구체적 인물을 활용한다는 점에서 평정의 추상성을 극복할 수 있지만 객관적인 표준인물의 선정이 어렵다는 문제점이 있다.

④ [×] 피평정자의 근무실적에 큰 영향을 주는 사건들을 평정자로 하여금 기술하게 하는 방법은 중요사건기록법이다.

답 ④

26	중요사건기록법 → 상담의 촉진

① [○] 행태관찰척도법은 직무성과와 관련이 있는 중요한 행위를 사전에 나열하고 그러한 행위를 얼마나 자주 하는가에 대한 빈도를 표시하는 척도를 만들어 평가하는 방법이다. 행태기준척도법과 도표식평정법이 혼합된 것으로 행태기준척도법의 단점인 바람직한 행동과 바람직하지 못한 행동과의 상호배타성을 극복하기 위해 개발되었다. 그러나 도표식평정척도법이 갖는 등급 간 구분의 모호성과 연쇄효과의 오류가 나타날 수 있다.

② [×] 중요사건기록법은 피평정자의 근무실적에 영향을 주는 중요 사건들을 평정자로 하여금 기술하게 하거나 표시하게 하는 방법이다. 사실에 근거하고 평정자와 평정대상자의 상담을 촉진하므로 평정결과의 수용을 촉진할 수 있지만, 이례적인 행동을 지나치게 강조할 수 있고 비교가 어렵다는 단점이 있다.

③ [○] 강제배분법은 평정결과의 분포가 과도하게 집중되거나 관대화되는 것을 막기 위해 성적분포의 비율을 미리 정해 놓고 평정하는 방법이다. 우리나라는 등급별 분포비율이 2 : 4 : 3 : 1 이 되도록 하고 있다.

④ [○] 체크리스트법은 평정자가 열거된 평정요소에 대한 질문에 따라 피평정자에게 해당되는 사항을 체크(check)하는 방법이다.

답 ②

---

27 ☐☐☐

공무원 평정제도로서 다양한 계급의 평가자가 피평가자를 평가하는 다면평가제도의 장점으로 옳지 않은 것은?

① 입체적·다면적 평가를 통해 평가의 객관성과 공정성을 높일 수 있다.

② 상급자가 직원들을 의식하지 않고 강력하게 업무를 추진할 수 있다.

③ 조직 내 원활한 인간관계를 증진시키려는 동기부여를 통해 업무의 효율성과 상호간 이해의 폭을 높일 수 있다.

④ 계층구조의 완화와 팀워크가 강조되는 새로운 조직유형에 적합한 평가제도이다.

28 ☐☐☐

다면평가제에 대한 설명으로 옳지 않은 것은?

① 공무원의 국민에 대한 충성심을 강화하는 데 기여할 수 있다.

② 작업집단의 팀워크 발전에 기여할 수 있다.

③ 우리나라에서는 평가자를 행정기관 내부자에 국한한다.

④ 피평가자를 업무목표의 성취보다 원만한 대인관계 유지에 급급하도록 만들 우려가 있다.

---

27 다면평가의 단점 → 상사의 강력한 업무추진의 장애

① [○] 상급자가 단독으로 평가하는 것보다는 여러 사람이 평가하는 다면평가가 평가의 객관성과 공정성을 높일 수 있다.

② [×] 다면평가는 상사뿐만 아니라 동료와 부하 및 고객 등에 의해 평가를 받으므로 상급자가 하급자의 눈치를 보지 않고 소신껏 업무를 처리하는 데 있어 장애가 될 수 있다.

③ [○] 다면평가는 실적평가보다는 업무수행의 행태에 초점을 둔 평가방식이 될 수 있다. 이에 따라 인기투표에 머물 것이라는 비판도 있지만 상호 간 이해의 폭을 높여 업무의 효율성을 향상시킬 수 있다는 장점도 있다.

④ [○] 다면평가는 팀 과업 위주로 구성되는 탈관료제 조직구조와 부합될 수 있는 평가방식이다.

답 ②

28 다면평가 → 민원인도 참여

① [○] 다면평가는 고객에 의한 평가도 포함되므로 공무원의 국민에 대한 충성심을 강화하는 데 기여할 수 있다.

② [○] 다면평가는 팀 과업이 필요한 상황에 유용한 제도이며, 동료들의 평가도 포함되어 있으므로 팀워크의 발전에 기여할 수 있다.

③ [×] 소속 장관은 소속 공무원에 대한 능력개발 및 인사관리 등을 위하여 해당 공무원의 상급 또는 상위 공무원, 동료, 하급 또는 하위 공무원 및 민원인 등에 의한 다면평가를 실시할 수 있다.

④ [○] 다면평가는 다양한 사람들의 참여로 이루어지므로 업무목표의 성취보다는 대인관계의 증진에 매달리게 할 우려가 있다.

답 ③

29 ☐☐☐

다면평가제도에 대한 설명으로 옳은 것은?

① 공정성과 객관성을 향상시킬 수 있으나 당사자들의 승복을 받아내기는 어렵다.
② 행정서비스에 대한 다양한 의견을 수렴하기 어렵다.
③ 기존의 관료적 행태의 병폐를 시정하고 시민 중심적 충성심을 강화할 수 있다.
④ 계층제 문화가 강한 경우에 조직의 화합을 제고시킬 수 있다.

29	다면평가 → 충성심의 다양화

① [×] 공정성과 객관성의 향상은 평가결과에 대한 당사자들의 승복을 받아내기는 용이하다.
② [×] 평가에 있어 민원인도 참여하므로 행정서비스에 대한 다양한 의견을 수렴하기 용이하다.
③ [○] 다면평가는 상사에 대한 충성에서 시민에 대한 충성으로 방향을 전환시키는 계기가 될 수 있다.
④ [○] 계층제 문화가 강한 경우에 하급자에 의한 상급자의 평가는 조직의 화합을 저해하는 원인이 될 수 있다.

답 ③

30 ☐☐☐

성과평가제도에 대한 설명으로 옳은 것은?

① 일반직공무원의 근무성적평정은 크게 5급 이상을 대상으로 한 '성과계약 등 평가'와 6급 이하를 대상으로 한 '근무성적평가'로 구분된다.
② '성과계약 등 평가'는 정기평가와 수시평가로 나눌 수 있으며, 정기평가는 6월 30일과 12월 31일 기준으로 연 2회 실시한다.
③ 다면평가는 평가의 객관성과 공정성을 제고할 수 있으나 각 부처가 반드시 이를 실시해야 하는 것은 아니다.
④ 역량평가제도는 5급 신규 임용자를 대상으로 업무수행에 필요한 충분한 역량을 보유하고 있는 지를 평가한다.

30	우리나라의 다면평가 → 선택 사항

① [×] 일반직 공무원의 근무성적평정은 크게 4급 이상을 대상으로 한 '성과계약 등 평가'와 5급 이하를 대상으로 한 '근무성적평가'로 구분된다.
② [×] 정기평가와 수시평가로 나뉘는 것은 근무성적평가이다. '성과계약 등 평가'는 12월 31일을 기준으로 연 1회 실시한다.
③ [○] 다면평가제도는 1999년 임의규정으로 도입된 후 2003년에 강행규정으로 전환되었다가 2008년 다시 임의규정으로 완화되었다. 소속 장관은 소속 공무원에 대한 능력개발 및 인사관리 등을 위하여 해당 공무원의 상급 또는 상위 공무원, 동료, 하급 또는 하위 공무원 및 민원인 등에 의한 다면평가를 실시할 수 있다.
④ [×] 역량평가제도는 고위공무원과 과장급 직위에 임용되는 공무원을 대상으로 실시한다. 2015년부터는 과장급 직위도 역량평가를 통과한 사람으로 임용하도록 의무화 하였다.

📄 **우리나라의 근무성적평가**

구분	성과계약평가	근무성적평가
대상	4급 이상	5급 이하
평가 시기	연 1회	연 2회 및 수시
평가 항목	성과목표 달성도 등	근무실적 및 직무수행능력
평가 등급	3등급 이상	3등급 이상
평가 방법	절대평가 (→ 고위공무원단은 상대평가), 이중평정 (→ 평가자와 확인자)	상대평가 (→ 강제배분법), 이중평정 (→ 평가자와 확인자)
평가위원회	규정 없음	근무성적평가위원회

답 ③

31 ☐☐☐

공무원 근무성적평정제도에 대한 설명으로 옳은 것을 모두 고른 것은?

> ㄱ. 근무성적평정의 목적 중에는 공무원의 능력발전, 시험의 타당성 측정 등이 있다.
> ㄴ. 우리나라는 평정상의 오차나 편파적 평정을 시정하기 위하여 이중평정제를 실시한다.
> ㄷ. 근무성적평정의 기준이 일정하지 않은 경우에 발생하는 오류를 시간적 오류라고 한다.
> ㄹ. 근무성적평정 요소 간 상대적 비중은 근무성적 50%, 직무수행능력 30%, 직무수행태도 20%이다.

① ㄱ, ㄴ   ② ㄱ, ㄷ
③ ㄴ, ㄹ   ④ ㄷ, ㄹ

31	근무성적평정의 필수요소 → 실적과 능력

ㄱ. [○] 근무성적평정은 직무수행능력과 근무능률의 향상, 감독자와 부하 간 의사소통의 수단, 시험의 타당도 측정, 인사배치의 기준, 교육훈련의 수요 파악 등의 기준, 승진, 표창, 성과급 지급 등 상벌의 기준 등으로 활용된다.

ㄴ. [○] 우리나라는 평가자와 확인자로 구성된 이중평정제를 실시하고 있다. 평가자는 평가대상 공무원의 업무수행 과정 및 성과를 관찰할 수 있는 상급 또는 상위 감독자 중에서 소속 장관이 지정하고 확인자는 평가자의 상급 또는 상위 감독자 중에서 소속 장관이 지정한다.

ㄷ. [×] 근무성적평정의 기준이 일정하지 않은 경우에 발생하는 오류는 불규칙 오차이다. 시간적 오류는 초기 업적에 크게 영향을 받는 첫머리 효과나 최근 실적에 크게 영향을 받는 막바지 효과(근접효과)를 말한다.

ㄹ. [×] 근무성적 50%, 직무수행능력 30%, 직무수행태도 20%는 개정되기 전 평정요소 간 비중이다. 근무성적평가의 평가항목은 근무실적과 직무수행능력으로 하되, 소속 장관이 필요하다고 인정하는 경우에는 인사혁신처장이 정하는 범위에서 직무수행태도 또는 부서 단위의 운영평가 결과를 평가항목에 추가할 수 있다.

답 ①

---

32 ☐☐☐

공무원 평정제도에 대한 설명으로 옳은 것은?

① 근무성적평가 결과는 승진 및 보직관리에는 이용되지 않고 성과급 지급에만 활용된다.
② 근무성적평정 결과와 공무원채용시험 성적의 일치성이 높을수록 시험의 타당성이 높다고 할 수 있다.
③ 역량평가제는 고위공무원으로 임용된 이후 업무실적을 평가하는 사후평가제도로서 고위공무원의 업무역량 강화에 기여할 수 있다.
④ 다면평가를 계서적 문화가 강한 조직에 적용할 경우 상급자와 하급자 간의 갈등을 최소화할 수 있다.

32	시험성적과 근무성적의 상관성 → 기준타당성

① [×] 우리나라의 승진임용은 근무성적평정·경력평정, 그 밖에 능력의 실증에 따른다. 5급 이하 공무원의 경우 승진임용의 점수 중 80%가 근무성적평정의 결과이므로 성과급의 지급에만 이용된다는 설명은 옳지 않다.

② [○] 타당도란 측정이나 절차가 그것이 내세운 목표를 제대로 달성하였느냐 하는 정도를 의미한다. 특히, 근무성적평정의 결과와 채용시험의 상관성으로 측정되는 것은 시험의 기준타당도이다.

③ [×] 역량평가는 고위공무원으로 신규채용려는 사람 또는 고위공무원단 직위로 승진임용되거나 전보되려는 사람을 대상으로 신규채용, 승진 또는 전보 전에 실시하여야 한다.

④ [×] 계층 및 서열의 순서를 강조하는 조직에 하급자가 상급자를 평가하는 다면평가를 도입할 경우 기존 문화와 새로운 제도와의 모순으로 인한 갈등 가능성이 높다.

답 ②

33 □□□

평정상의 착오에 대한 설명으로 옳은 것은?

① 연쇄적 착오(halo error)란 모호한 상황에 관해 부분적인 정보만을 받아들여 판단을 내리게 되는 데서 범하는 착오이다.

② 일관적 착오(systematic error)란 평정자의 평정기준이 다른 평정자보다 높거나 낮아 다른 평정자들보다 항상 박한 점수를 주거나, 후한 점수를 줄 때 발생하는 착오이다.

③ 유사성의 착오(sterotyping)란 평정자가 자신의 고정관념에 어긋나는 정보를 회피하거나, 정보를 고정관념에 부합되도록 왜곡시킬 때 발생하는 착오이다.

④ 근본적 귀속의 착오(fundamental attribution error)란 평정자가 어떤 사람이나 사물을 볼 때 그들이 속한 집단 또는 범주에 대한 고정관념에 비추어 지각함으로써 발생하는 착오이다.

⑤ 이기적 착오(self-serving bias)란 타인의 실패·성공을 평가할 때 상황적 요인은 과소평가하고 개인적 요인은 과대평가하거나 그 반대인 경우 발생하는 착오이다.

33	연쇄효과 → 평정요소 간의 혼란

① [×] 모호한 상황에 관해 부분적인 정보만을 받아들여 판단을 내리게 되는 데서 범하는 착오는 선택적 지각의 오차이다.

② [○] 일관적 착오 또는 규칙적 오류란 평정자의 평정기준이 다른 평정자보다 높거나 낮아 다른 평정자들보다 항상 후한 점수를 주거나, 박한 점수를 줄 때 발생하는 착오이다.

③ [×] 유사성 착오(투사)란 자기 자신의 감정이나 특성을 다른 사람에게 투사 또는 전가하는 데에서 오는 착오를 말한다.

④ [×] 평정자가 어떤 사람이나 사물을 볼 때 그들이 속한 집단 또는 범주에 대한 고정관념에 비추어 지각함으로써 발생하는 착오는 상동적 오차를 말한다.

⑤ [×] 타인의 실패·성공을 평가할 때 상황적 요인은 과소평가하고 개인적 요인은 과대평가하거나 그 반대인 경우 발생하는 착오는 근본적 귀속의 착오(fundamental attribution error)를 말한다. 이기적 착오(자존적 편견)는 자신의 실패를 평가할 때에는 상황적 요인을 과대평가하고, 자신의 성공을 평가할 때에는 개인적 요인을 과대평가하는 것을 말한다.

답 ②

34 □□□

근무성적평정의 오류 중 강제배분법으로 방지할 수 있는 것만을 〈보기〉에서 모두 고르면?

> 〈보기〉
> ㄱ. 첫머리 효과
> ㄴ. 집중화 경향
> ㄷ. 엄격화 경향
> ㄹ. 선입견에 의한 오류

① ㄱ, ㄴ   ② ㄱ, ㄷ

③ ㄴ, ㄷ   ④ ㄴ, ㄹ

⑤ ㄷ, ㄹ

34	강제배분법 → 분포상의 오차 방지

ㄱ. [×] 첫머리 효과는 시간적 오차로 독립된 평정센터의 설치, 중요 사건기록법의 활용, 목표관리제의 도입 등이 해결책으로 거론된다.

ㄴ, ㄷ. [○] 성적분포를 미리 정하는 강제배분법은 집중화·관대화·엄격화라는 분포상의 착오를 막을 수 있는 방법이다.

ㄹ. [×] 선입견에 의한 오류는 상동오차를 의미하며 이를 방지하기 위해서는 신상정보를 공개하지 않아야 한다.

답 ③

다음 중 근무성적평정제도에서 다면평가제도의 장점으로 옳지 않은 것은?

① 직무수행 동기 유발
② 원활한 커뮤니케이션
③ 자기역량 강화
④ 미래 행동에 대한 잠재력 측정
⑤ 평가의 수용성 확보 가능

공무원의 근무성적평정에 대한 설명으로 옳은 것은?

① 평정대상자의 근무실적과 직무수행능력을 평가하지만 적성, 근무태도 등은 평가하지 않는다.
② 중요사건기록법은 평정대상자로 하여금 자신의 근무실적을 스스로 보고하도록 하는 방법이다.
③ 평정자가 평정대상자를 다른 평정대상자와 비교함으로써 발생하는 오류는 대비오차이다.
④ 우리나라의 6급 이하 공무원에게는 직무성과계약제가 적용되고 있다.

35	근무성적평정 → 과거 성적에 대한 평가

② [○] 다면평가는 조직 구성원들로 하여금 조직 내외의 모든 사람들과 원활한 인간관계를 증진시키려는 동기를 부여함으로써 조직 내 상하 간, 동료 간, 부서 간에 원활한 커뮤니케이션이 이루어질 수 있게 만든다.
④ [×] 미래 활동에 대한 잠재력을 측정하는 것은 역량평가제도이다.
⑤ [○] 다면평가는 보다 공정하고 객관적인 평가가 가능하며, 평가 결과에 대한 당사자들의 승복을 받아내기가 쉽다.

답 ④

36	대비오차 → 직전 평정 대상자와의 비교

① [×] 적성, 근무태도 등도 근무성적평정의 측정 항목이 될 수 있다. 우리나라의 경우 소속 장관이 필요하다고 인정하는 경우에는 인사혁신처장이 정하는 범위에서 직무수행태도 또는 부서 단위의 운영 평가결과를 평가항목에 추가할 수 있다.
② [×] 평정대상자로 하여금 자신의 근무실적을 스스로 보고하도록 하는 방법은 자기평정법이다.
③ [○] 대비오차는 피평정자를 직전의 피평정자와 비교하여 발생하는 오차를 말한다.
④ [×] 우리나라 원칙적으로 4급 이상 공무원에 대해서는 성과계약 등 평가가 적용되고, 5급 이하 공무원에 대해서는 근무성적평가제도가 적용된다.

답 ③

37 ☐☐☐

역량평가에 대한 설명으로 옳은 것만을 모두 고르면?

> ㄱ. 역량은 조직의 평균적인 성과자의 행동특성과 태도를 의미한다.
>
> ㄴ. 다수의 훈련된 평가자가 평가대상자가 수행하는 역할과 행동을 관찰하고 합의하여 평가결과를 도출한다.
>
> ㄷ. 고위공무원단 역량평가의 대상은 문제인식, 전략적 사고, 성과지향, 변화관리, 고객만족, 조정·통합의 6가지 역량으로 구성되어 있다.
>
> ㄹ. 고위공무원단 후보자가 되기 위해서는 역량평가를 거친 후 반드시 고위공무원단 후보자 교육과정을 이수해야 한다.

① ㄱ, ㄴ   ② ㄱ, ㄹ

③ ㄴ, ㄷ   ④ ㄷ, ㄹ

---

37   역량 → 고성과자의 행동특성

ㄱ. [×] 역량이란 조직의 목표 달성과 연계하여 뛰어난 직무수행을 보이는 고성과자의 차별화된 행동특성과 태도를 말한다.

ㄴ. [○] 이를 평가센터기법이라 한다. 평가센터기법은 구조화된 모의 상황에서 평가대상자가 보이는 행동을 평가위원이 직접 관찰하여 평가하는 기법이다.

ㄷ. [○] 고위공무원단의 역량요소는 문제인식, 전략적 사고, 성과 지향, 변화관리, 고객만족, 조정·통합 등이고, 과장급 직위의 역량요소는 정책기획, 성과관리, 조직관리, 의사소통, 이해관계 조정, 동기부여 등이다.

ㄹ. [×] 고위공무원단 후보자는 고위공무원단 후보자교육과정을 마치고 역량평가를 통과한 사람으로서, 3급 공무원으로 2년 이상 재직한 사람 또는 3급 공무원 중 해당 계급에 2년 미만 재직하거나 4급 공무원 중 해당 계급에서 5년 이상 재직한 사람으로서 공무원 경력이 20년 이상인 사람 등이다. 한편, 지방공무원이나 민간인을 고위공무원단 직위에 신규 채용하는 경우 등은 역량평가를 실시하지 아니할 수 있다.

답 ③

38 ☐☐☐

공무원 경력개발시 준수해야 할 기본원칙에 해당되지 않는 것은?

① 적재적소의 원칙
② 직급중심의 원칙
③ 인재양성의 원칙
④ 자기주도의 원칙

---

38   경력개발의 기본원칙 → 직무와 역량

①, ③, ④ [○] 경력개발이란 구성원의 장기적인 경력목표 수립과 이를 달성하기 위한 경력계획을 통해 개인의 능력발전과 조직의 효율성을 함께 도모하는 인사기법으로, 경력개발의 원칙에는 적재적소 배치(①), 승진경로 확립, 인재육성(③), 자기주도(상향)(④), 직급이 아닌 직무와 역량 중심(②), 개방성과 공정성 등이다.

② [×] 경력개발은 사람의 능력을 어떻게 발전시켜 나갈 것인가와 관련된다. 반면 직급은 현재 담당해야 할 직무의 난이도나 책임도와 관련된 내용이므로 향후 어떻게 경력을 발전시킬 것인가와 직접적인 관련성이 없다.

답 ②

인사제도에 대한 설명으로 옳지 않은 것은?

① 직위분류제는 '동일직무에 동일보수'를 원칙으로 한다.
② 한국의 공무원제도는 계급제적 토대 위에 직위분류제적 요소가 가미된 혼합형 인사체계이다.
③ 특정직 공무원은 직업공무원제의 적용을 받는다.
④ 비교류형 인사체계는 교류형에 비해 기관 간 승진기회의 형평성 확보에 유리하다.

공무원의 인사이동에 대한 설명으로 옳은 것은?

① 겸임은 한 사람에게 둘 이상의 직위를 부여하는 것으로 그 대상은 특정직 공무원이며, 겸임기간은 3년 이내로 한다.
② 전직은 인사 관할을 달리하는 기관 사이의 수평적 인사이동에 해당하며, 예외적인 경우에만 전직시험을 거치도록 하고 있다.
③ 같은 직급 내에서 직위 등을 변경하는 전보는 수평적 인사이동에 해당하며, 전보의 오용과 남용을 방지하기 위해 전보가 제한되는 기간이나 범위를 두고 있다.
④ 예산 감소 등으로 직위가 폐지되어 하위 계급의 직위에 임용하려면 별도의 심사절차를 거쳐야 하고, 강임된 공무원에게는 강임된 계급의 봉급이 지급된다.

39	기관 간 승진기회의 형평성 → 교류형 인사체제

① [○] 엽관주의에 의한 보수의 불평등성이 직위분류제가 도입된 가장 주된 이유로 거론되며, '동일 직무에 대한 동일 보수의 원칙'을 실현함으로써 보수의 합리화를 기할 수 있다.
② [○] 한국의 공무원제도는 계급제를 기반으로 하되, 직군과 직렬 및 직급 등과 같은 직위분류제적 요소가 가미되어 있는 혼합형 인사체제이다.
③ [○] 특정직 공무원 역시 신분이 보장되고 정년까지 근무할 것으로 예정된 경력직 공무원이다.
④ [×] 비교류형 인사체제란 승진의 경쟁범위를 동일 부처 내로 한정하는 폐쇄주의를 말한다. 이 경우 부서 간 승진의 격차가 발생할 수 있어 승진 기회의 형평성을 저해할 수 있다.

답 ④

40	겸임 → 원칙적으로 일반직 공무원

① [×] 겸임은 일부 특정직(교육공무원)이 있지만 주로 일반직 공무원을 대상으로 하며, 겸임의 기간은 원칙적으로 2년이며, 특히 필요한 경우 2년의 범위에서 연장할 수 있다.
② [×] 인사 관할을 달리하는 기관 사이의 수평적 인사이동은 전입이다. 그리고 전직은 원칙적으로 전직시험을 거쳐야 한다.
③ [○] 전보란 동일한 직렬의 동일한 등급으로의 인사이동으로, 필수보직기간은 원칙적으로 3년이다.
④ [×] 강임과 관련된 별도의 심사절차는 법령에 규정되어 있지 않다. 그리고 강임된 공무원은 강임 후의 봉급이 강임 전의 봉급보다 많아지기 전까지는 강임되기 전의 봉급을 지급한다.

📄 배치전환의 유형

전입	인사 관할을 달리하는 곳으로의 인사이동
전직	상이한 직렬의 동일 등급으로의 이동 → 전직시험
전보	• 동일 직렬의 동일 등급으로의 이동 • 필수보직기간(→ 원칙 3년, 4급 이상 2년)
파견	• 소속의 변동 없는 임시적 배치전환 • 파견기간(→ 원칙 2년, 5년 범위에서 연장 가능)
겸임	한 사람에게 둘 이상의 직위 부여

답 ③

41

우리나라의 공무원 인사제도에 대한 설명으로 옳지 않은 것은?

① 공무원을 수직적으로 이동시키는 내부 임용의 방법으로는 전직과 전보가 있다.

② 강등은 1계급 아래로 직급을 내리고(고위공무원단에 속하는 공무원은 3급으로 임용하고, 연구관 및 지도관은 연구사 및 지도사로 한다) 공무원 신분은 보유하나 3개월간 직무에 종사하지 못하며 그 기간 중 보수는 전액을 감한다.

③ 청렴하고 투철한 봉사 정신으로 직무에 모든 힘을 다하여 공무 집행의 공정성을 유지하고 깨끗한 공직 사회를 구현하는 데에 다른 공무원의 귀감이 되는 공무원은 특별승진임용하거나 일반 승진시험에 우선 응시하게 할 수 있다.

④ 임용권자는 만 8세 이하(취학 중인 경우에는 초등학교 2학년 이하)의 자녀를 양육하기 위하여 필요하거나 여성공무원이 임신 또는 출산하게 되어 휴직을 원하면 대통령령으로 정하는 특별한 사정이 없으면 휴직을 명하여야 한다.

42

공무원의 근무방식과 형태에 대한 설명으로 옳지 않은 것은?

① 유연근무제는 공무원의 근무방식과 형태를 개인·업무·기관 특성에 따라 선택할 수 있는 제도이다.

② 시간선택제 근무는 통상적인 전일제 근무시간(주 40시간)보다 길거나 짧은 시간을 근무하는 제도이다.

③ 탄력근무제는 전일제 근무시간을 지키되 근무시간, 근무일수를 자율 조정할 수 있는 제도이다.

④ 원격근무제는 직장 이외의 장소에서 정보통신망을 이용하여 근무하는 제도이다.

---

41 전직과 전보 → 수평적 인사이동

① [×] 공무원을 수직적으로 이동시키는 내부 임용의 방법은 승진과 강임이다. 전직과 전보는 동일 계급 내의 수평적 인사이동이다.

② [○] 개정 전에는 강등의 기간 중 보수의 3분의 2를 감하였으나 현재에는 전액을 감하고 있다.

③ [○] 청렴하고 투철한 봉사 정신으로 직무에 모든 힘을 다하여 공무 집행의 공정성을 유지하고 깨끗한 공직 사회를 구현하는 데에 다른 공무원의 귀감이 되는 자, 직무수행 능력이 탁월하여 행정발전에 큰 공헌을 한 자, 제안의 채택·시행으로 국가 예산을 절감하는 등 행정 운영 발전에 뚜렷한 실적이 있는 자, 재직 중 공적이 특히 뚜렷한 자가 명예퇴직 할 때, 재직 중 공적이 특히 뚜렷한 자가 공무로 사망한 때에는 특별승진임용하거나 일반 승진시험에 우선 응시하게 할 수 있다.

④ [○] 만 8세 이하 또는 초등학교 2학년 이하의 자녀를 양육하기 위하여 필요하거나 여성공무원이 임신 또는 출산하게 된 때 임용권자는 대통령령으로 정하는 특별한 사정이 없으면 휴직을 명하여야 한다.

답 ①

---

42 시간선택제 → 통상적인 근무시간보다 짧게 근무

① [○] 유연근무제는 개인의 여건에 따라 근로시간이나 형태 등을 조절할 수 있는 제도로, 시간선택제 전환근무, 탄력근무제(시차출퇴근형, 근무시간 선택형, 집약근무형, 재량근무형), 원격근무제(재택근무형, 스마트워크근무형) 등이 있다.

② [×] 시간선택제 근무는 통상적인 전일제 근무시간(주 40시간)보다 짧은 시간을 근무하는 제도이다.

③ [○] 탄력근무제는 전일제 근무시간을 지키되 근무시간, 근무일수를 자율 조정할 수 있는 제도로, 시차출퇴근형, 근무시간 선택형, 집약근무형, 재량근무형 등이 있다.

④ [○] 원격근무제는 직장 이외의 장소에서 정보통신망을 이용하여 근무하는 제도로, 재택근무형과 스마트워크근무형이 있다.

답 ②

43 □□□

다음 설명에 해당하는 유연근무제의 유형은?

> ㄱ. 탄력근무제의 한 유형
> ㄴ. 1일 8시간에 구애받지 않음
> ㄷ. 주 3.5 ~ 4일 근무

① 재택근무형
② 집약근무형
③ 시차출퇴근형
④ 근무시간선택형

44 □□□

유연근무제도에 대한 설명으로 옳지 않은 것은?

① 재택근무자의 재택근무일에도 시간외근무수당 실적분과 정액분을 모두 지급하여야 한다.
② 심각한 보안위험이 예상되는 업무는 온라인 원격근무를 할 수 없다.
③ 원격근무제는 재택근무형과 스마트워크 근무형으로 구분된다.
④ 유연근무제도에는 시간선택제 전환근무제, 탄력근무제, 원격근무제가 포함된다.

| 43 | 집약근무형 → 주 3.5 ~ 4일 근무 |

① [×] 재택근무형은 사무실이 아닌 자택에서 근무하는 방법이다.
② [○] 설문은 집약근무형 유연근무제에 해당한다.
③ [×] 시차출퇴근형은 1일 8시간 근무체제를 유지하되, 출퇴근 시간을 자율적으로 조정하는 방법이다.
④ [×] 근무시간선택형은 1일 8시간 근무에는 구애받지 않지만 (→ 일 4 ~ 12시간 근무), 주 5일 근무는 준수하는 방법이다.

답 ②

| 44 | 재택근무 → 시간외근무수당의 정액분만 지급 |

① [×] 재택근무자의 경우에는 공무원 보수 등의 업무지침에 따라 시간 외 근무수당의 실적분은 지급할 수 없다. 다만, 정액분은 지급이 가능하다.
②, ③ [○] 원격근무제는 특정한 근무 장소를 정하지 않고 정보통신망을 이용하여 근무하는 형태로 사무실이 아닌 자택에서 근무하는 재택근무형과, 자택 인근 스마트워크센터 등 별도 사무실에서 근무하는 스마트워크근무형으로 구분된다.
④ [○] 유연근무제는 개인·업무·기관별 특성에 맞는 유연한 근무형태를 공무원이 선택하여 활용할 수 있는 제도로, 시간선택제 전환근무, 탄력근무제(시차출퇴근형, 근무시간 선택형, 집약근무형, 재량근무형), 원격근무제(재택근무형, 스마트워크근무형) 등이 있다.

답 ①

45 □□□

공직사회에서 일부 시행 중인 원격근무제도에 대한 설명으로 옳지 않은 것은?

① 최신정보통신기술을 활용할 수 있다.
② 모집 지역의 범위를 넓혀 우수한 인재를 충원할 수 있다.
③ 직장과 가정의 요구를 조화시켜 사기를 증진시킬 수 있다.
④ 직접적인 도입이유가 고용을 확대하는 데 있다.

46 □□□

인사혁신처 예규상 탄력근무제에 해당하지 않는 것은?

① 재택근무형
② 시차출퇴근형
③ 재량근무형
④ 근무시간 선택형
⑤ 집약근무형

45	원격근무제도 → 재택근무형과 스마트워크근무형

②, ③ [○] 원격근무제도가 도입되면 출퇴근의 제약조건이 완화되므로 모집 지역의 범위를 넓혀 우수한 인재를 충원할 수 있고, 직장과 가정의 요구를 조화시켜 사기를 증진시킬 수 있다.
④ [×] 원격근무제도는 유연근무제도의 수단으로 도입된 것이지 고용 확대를 위해 도입된 제도는 아니다.

답 ④

46	재택근무제 → 원격근무제

① [×] 재택근무형은 유연근무제 중 탄력근무제가 아니라 원격근무제에 해당한다.

답 ①

사기앙양

01 ☐☐☐

고충처리제도와 소청심사제도에 대한 설명으로 옳지 않은 것은?

① 양자 모두 공무원의 권익보호를 위한 제도이다.
② 고충심사위원회와 소청심사위원회의 결정은 관계기관의 장을 기속한다.
③ 중앙고충심사위원회의 기능은 인사혁신처 소청심사위원회에서 관장한다.
④ 소청심사제도는 공무원이 징계처분 기타 그 의사에 반하는 불이익 처분에 대해 이의를 제기하는 경우 이를 심사·결정하는 특별행정심판제도이다.

02 ☐☐☐

공무원고충처리에 대한 설명으로 옳지 않은 것은?

① 5급 이상 공무원 및 고위공무원단에 속하는 일반직 공무원의 고충을 다루는 중앙고충심사위원회의 기능은 소청심사위원회가 관장한다.
② 고충처리의 대상은 인사·조직·처우 등의 직무조건과 성폭력범죄, 성희롱 등으로 인한 신상문제에 대하여 광범위하게 인정된다.
③ 소청심사위원회의 결정은 처분청에 대한 법적 기속력이 있지만, 고충심사위원회의 결정은 처분청에 대한 법적 기속력이 없다.
④ 고충심사위원회가 청구서를 접수한 때에는 30일 이내에 고충심사에 대한 결정을 해야 하고 그 결정은 위원 과반수의 출석과 과반수의 합의에 의한다.

01	고충심사위원회의 결정 → 권고사항

① [○] 양자 모두 공무원의 권익보호를 위한 제도이다. 다만, 권익보호 이외 공직생활과 관련된 모든 사항이 고충심사의 대상이 될 수 있으므로 고충심사가 소청심사보다 범위가 더 넓다.
② [×] 소청심사위원회의 결정은 관계 기관의 장을 기속하지만 고충심사위원회의 결정은 구속력이 없다.
③ [○] 공무원의 고충을 심사하기 위하여 중앙인사관장기관에 중앙고충심사위원회를, 임용권자 또는 임용제청권자 단위로 보통고충심사위원회를 두되, 중앙고충심사위원회의 기능은 소청심사위원회에서 관장한다.
④ [○] 소청심사제도는 행정소송을 제기하기 전에 반드시 거쳐야 하는 절차로, 행정심판법에 따라 행해지는 행정심판에 대한 특별행정심판 절차에 해당된다.

답 ②

02	중앙고충심사위원회의 결정 → 위원 3분의 2 이상의 출석과 출석 위원 과반수의 합의

① [○] 중앙고충심사위원회는 보통고충심사위원회의 심사를 거친 재심청구와 5급 이상 공무원 및 고위공무원단에 속하는 일반직 공무원의 고충을, 보통고충심사위원회는 소속 6급 이하의 공무원의 고충을 각각 심사한다.
④ [×] 고충심사위원회가 청구서를 접수한 때에는 30일 이내에 고충심사에 대한 결정을 하여야 하며, 중앙고충심사위원회의 결정은 위원 3분의 2 이상의 출석과 출석 위원 과반수의 합의에 따른다.

답 ④

03 ☐☐☐

제안제도의 직접적인 효용으로 옳지 않은 것은?

① 행정절차의 간소화, 경비절감 등의 업무 개선
② 공직의 침체방지와 비공식적 집단의 활성화
③ 조직 구성원의 자기개발능력을 자극하여 창의력, 문제해결능력의 신장
④ 참여의식의 조장으로 조직 구성원의 사기 제고

03	제안제도 → 경쟁심의 자극

① [○] 제안제도는 조직운영이나 업무에 대한 창의적 아이디어를 모집하므로 능률을 향상시키고 예산을 절약하는 등 행정업무의 개선에 기여할 수 있다.
② [×] 제안제도는 조직 내 경쟁심을 자극하므로 인간관계의 악화를 가져올 수 있으므로 비공식적 집단의 활성화와는 무관하다.
③ [○] 제안제도는 자기발전을 위한 노력의 자극을 통해 창의력과 문제해결능력을 향상시킬 수 있다.
④ [○] 제안제도는 상향적 의사전달의 통로이므로 구성원의 참여의식을 조장하고 근무의욕의 높여 사기를 제고할 수 있다.

답 ②

04 ☐☐☐

공무원 보수의 유형에 대한 설명으로 옳지 않은 것은?

① 직능급은 자격증을 갖춘 유능한 인재의 확보에 유리하다.
② 연공급은 근속연수를 기준으로 하기 때문에 전문기술인력 확보에 유리하다.
③ 직무급은 동일노동에 대한 동일임금이라는 합리적인 보수 책정이 가능하다.
④ 성과급은 결과를 중시하며 변동급의 성격을 가진다.

04	연공급 → 근속 연수에 따른 보수 지급

① [○] 직능급은 노동력의 가치에 따라 지급되므로 유능한 인재의 확보가 용이하다.
② [×] 연공급은 근속연수를 중시하므로 전문기술인력 확보가 어렵다.
③ [○] 직무급은 직무의 난이도와 책임도에 따라 지급되는 보수이다.
④ [○] 성과급은 결과를 중심으로 지급되므로, 결과에 따라 변동될 가능성이 높다.

답 ②

현행 법령상 공무원의 보수 및 연금제도에 대한 설명으로 옳지 않은 것은?

① 호봉 간 승급에 필요한 기간은 1년이며, 직종별 구분 없이 하나의 봉급표가 적용된다.
② 고위공무원단에 속하는 공무원에 대해서는 대통령 경호처 직원 중 별정직공무원을 제외하고 직무성과급적 연봉제를 적용한다.
③ '공무원연금법'상 퇴직급여에는 퇴직연금, 퇴직연금일시금, 퇴직연금공제일시금, 퇴직일시금이 있다.
④ 군인과 선거에 의하여 취임하는 공무원은 「공무원연금법」상의 공무원에서 제외된다.

공무원 보수에 대한 설명으로 옳지 않은 것은?

① 계급제를 채택하고 있는 나라의 경우 수당의 종류가 많은 것이 일반적이다.
② 한국, 영국, 미국에서의 공무원 보수수준 결정은 주로 대내적 상대성 원칙을 따르고 있다.
③ 우리나라에서는 총액인건비 내에서 조직, 보수 제도를 성과향상을 위한 인센티브제로 활용하여 성과중심의 조직을 운영할 수 있다.
④ 성과급제도는 개인 및 집단이 수행한 작업성과에 기초하여 보수를 차등하여 지급하는 것을 의미하며 우리나라에서는 1990년대 후반에 도입되었다.

05	봉급표 → 직종별 상이

① [×] 호봉 간 승급에 필요한 기간은 원칙적으로 1년이지만, 공무원의 직종별로 다양한 봉급표가 적용된다.
② [○] 고위공무원에 대해서는 원칙적으로 직무성과급적 연봉제를 적용한다. 다만, 대통령 경호처 직원 중 고위공무원단에 속하는 별정직 공무원에 대해서는 호봉제를 적용한다.
③ [○] '공무원연금법'상 급여의 종류에는 단기급여(공무상요양비, 재해부조금, 사망조위금)와 장기급여(퇴직급여, 퇴직수당, 장해급여, 유족급여)가 있고, 퇴직급여에는 퇴직연금, 퇴직연금일시금, 퇴직연금공제일시금, 퇴직일시금이 있다.
④ [○] '공무원연금법'의 적용대상 공무원에는 국가 및 지방자치단체 공무원(시간선택제 공무원 포함)과 대통령령으로 정하는 국가나 지방자치단체의 직원이다. 다만 군인과 선거에 의하여 취임하는 공무원은 제외된다.

답 ①

06	공무원 보수의 원칙 → 대내적 원칙과 대외적 원칙의 조화

① [○] 계급제는 계급과 호봉에 의해서 보수가 책정되므로 보수의 책정에 있어 직무요소의 가미가 약하다. 이에 따라 같은 계급과 호봉이어도 직무의 특성이 다를 경우 이를 보완하기 위하여 다양한 수당제도가 존재한다.
② [×] 공무원 보수수준 결정은 공무원 간 비교되는 대내적 상대성 뿐만 아니라 공무원과 민간과 비교되는 대외적 상대성도 가미되어 있다.
③ [○] 중앙행정기관의 조직 및 정원 운영의 자율성을 보장하고 합리화를 도모하기 위하여 행정안전부장관이 지정하는 중앙행정기관의 경우 중앙행정기관별 인건비 총액의 범위 안에서 조직 또는 정원을 운영하는 총액인건비제를 운영할 수 있다.
④ [○] 성과급제도는 신공공관리론의 일환으로 김대중 정부 때 도입되었다.

답 ②

07 ☐☐☐

'공무원보수규정'상 고위공무원단 소속 공무원에 적용되는 직무성과급적 연봉제에 대한 설명으로 옳지 않은 것은?

① 고위공무원단에 속하는 모든 공무원에 대하여 적용한다.
② 기본연봉은 기준급과 직무급으로 구성된다.
③ 기준급은 개인의 경력 및 누적성과를 반영하여 책정된다.
④ 직무급은 직무의 곤란성 및 책임의 정도를 반영하여 직무등급에 따라 책정된다.

07	직무성과급적 연봉제 → 고위공무원단

① [×] 고위공무원에 대해서는 직무성과급적 연봉제를 적용한다. 다만, 대통령 경호처 직원 중 고위공무원단에 속하는 별정직 공무원에 대해서는 호봉제를 적용한다.
②, ③, ④ [○] 직무성과급적 연봉제를 적용하는 고위공무원의 기본연봉은 개인의 경력 및 누적성과를 반영하여 책정되는 기준급과 직무의 곤란성 및 책임의 정도를 반영하여 직무등급에 따라 책정되는 직무급으로 구성한다.

답 ①

---

08 ☐☐☐

공무원 보수제도로서 연봉제에 대한 설명으로 옳은 것은?

① 연봉제 도입을 통해 관료제 내부의 공동체의식이나 팀 정신이 향상된다.
② 연봉제는 실적주의 및 직위분류제를 강화시키지만 직업공무원제 및 계급제는 약화시키는 경향이 있다.
③ 우리나라의 경우 연봉액을 1년 단위로 책정하여 전액을 매년 1회 일괄해서 지급하는 것이 원칙이다.
④ 우리나라 고위공무원단에 속하는 공무원의 연봉제 수립에 있어서 직무분석이 직무평가보다 더 중요한 기능을 한다.

08	연봉제의 도입 → 계급제와 직업공무원제의 약화

① [×] 연봉제는 능력과 실적 및 조직 공헌도 등을 고려한 계약에 의해 연간 임금을 결정하는 방법으로, 동기부여에 유리하고 성과중심의 인사를 구현하기 용이하나, 관료제 내부의 공동체의식이나 팀 정신을 약화시킬 수 있고 목표의 전환을 가져올 수 있다.
② [○] 연봉제는 직무와 성과를 강조해 실적주의와 직위분류제는 강화하지만 계급과 연공서열을 중시하는 직업공무원제와 계급제는 약화시키는 경향이 있다.
③ [×] 연봉월액이란 연봉에서 매월 지급되는 금액으로서 연봉을 12로 나눈 금액을 말한다. 즉, 월 단위로 책정하여 지급된다.
④ [×] 직위분류제와 성과관리가 강조된 고위공무원단에 적용되는 연봉제는 직무성과급적 연봉제이다. 직위분류제에서 보수를 결정하는 것은 직무평가이다.

답 ②

공무원 보수제도 중 연봉제에 대한 설명으로 옳지 않은 것은?

① 직무성과급적 연봉제는 고위공무원단 소속 공무원에게 적용된다.
② 고정급적 연봉제에서 연봉은 기본연봉과 성과연봉으로 구성된다.
③ 직무성과급적 연봉제에서 기본연봉은 기준급과 직무급으로 구성된다.
④ 성과급적 연봉제와 직무성과급적 연봉제의 성과연봉은 전년도의 업무실적에 따른 평가결과에 따라 차등 지급된다는 점에서 유사한 면이 있다.

현행 우리나라 공무원 연금제도에 대한 내용 중 옳은 것만으로 짝지어진 것은?

> ㄱ. 법령에 특별한 사유가 없는 한 2012년 신규 임용 후 10년 이상 근무한 일반행정직 공무원의 퇴직연금 수혜 개시 연령은 65세이다.
> ㄴ. 원칙적으로 퇴직연금 산정은 평균기준소득월액을 기초로 한다.
> ㄷ. 기여금은 납부기간이 36년을 초과해도 납부하여야 한다.
> ㄹ. 퇴직급여 산정에 있어서 소득의 평균기간은 퇴직 전 5년으로 한다.

① ㄱ, ㄴ   ② ㄱ, ㄷ
③ ㄴ, ㄹ   ④ ㄷ, ㄹ

09	고정급적 연봉제 → 기본연봉으로만 구성

① [○] 직무성과급적 연봉제는 고위공무원단에 속하는 공무원에게 적용되며, 기본연봉과 성과연봉으로 구성된다.
② [×] 고정급적 연봉제는 정무직 공무원(차관급 이상)에게 적용되며, 고정급제이므로 기본연봉으로만 구성되고 성과연봉은 별도로 책정되지 않는다.
③ [○] 직무성과급적 연봉제에서 기본연봉은 개인의 경력과 누적성과를 반영하여 책정되는 기준급과, 직무의 곤란성 및 책임의 정도를 반영하여 직무등급에 따라 책정되는 직무급으로 구성된다.
④ [○] 성과급적 연봉제는 1급 내지 5급 공무원, 국립대학의 교원(국립대학의 장은 제외), 임기제 공무원(한시임기제 공무원은 제외) 등에 적용되며, 전년도의 업무실적에 따른 평가결과에 따라 차등 지급된다.

답 ②

10	소득의 평균기간 → 전체 재직기간

ㄱ. [○] 개정 전에는 20년 이상 근무하여야 연금수급의 대상이 되었지만 현재에는 10년 이상 근무하면 연금수급의 대상이 될 수 있다.
ㄴ. [○] 평균기준소득월액은 재직기간 중 매년 기준소득월액을 공무원보수인상률 등을 고려하여 대통령령으로 정하는 바에 따라 급여의 사유가 발생한 날의 현재가치로 환산한 후 합한 금액을 재직기간으로 나눈 금액으로, 퇴직연금, 조기퇴직연금 및 유족연금 산정의 기초가 된다.
ㄷ. [×] 기여금은 공무원으로 임명된 날이 속하는 달부터 퇴직한 날의 전날 또는 사망한 날이 속하는 달까지 월별로 내야 한다. 다만, 기여금 납부기간이 36년을 초과한 자는 기여금을 내지 아니한다.
ㄹ. [×] 퇴직급여 산정에 있어서 소득의 평균기간은 전체 재직기간으로 한다.

답 ①

2015년 공무원연금 개혁에 대한 설명으로 옳지 않은 것은?

① 퇴직연금 지급률을 1.7%로 단계적 인하
② 퇴직연금 수급 재직요건을 20년에서 10년으로 완화
③ 퇴직연금 기여율을 기준소득월액의 9%로 단계적 인상
④ 퇴직급여 산정 기준은 퇴직 전 3년 평균보수월액으로 변경

11	퇴직급여의 산정기간 → 전체 재직기간

① [○] 2015년 퇴직연금 지급률을 1.9%에서 단계적으로 1.7%까지 인하하였다.
② [○] 2015년 퇴직연금 수급 재직요건을 20년에서 10년으로 조정하였다.
③ [○] 2015년 공무원의 기여율과 정부의 부담률을 7%에서 9%로 단계적으로 인상하였다.
④ [×] 2009년 공무원연금법의 개정으로 연금 산정기준 보수를 퇴직 전 3년 평균보수에서 전체 재직기간 동안의 평균소득으로 개정하였다.

답 ④

공무원 연금제도에 대한 설명으로 옳은 것은?

① 비기금제는 적립된 기금 없이 연금급여가 발생할 때마다 필요한 비용을 조달하여 지급하는 방식으로 미국 등이 채택하고 있다.
② 2009년 연금개혁으로 공무원연금의 적용대상이 확대됨에 따라 공무원연금공단 직원도 대상에 포함하게 되었다.
③ 공무원연금제도는 행정안전부가 관장하고, 그 집행은 공무원연금공단에서 실시하고 있다.
④ 비기여제는 정부가 연금재원의 전액을 부담하는 제도이다.

12	비기여제 → 전액 정부부담

① [×] 미국과 우리나라는 기금제로 운영된다. 반면 비기금제로 운영되는 것은 영국과 독일이다.
② [×] 공무원연금공단 직원은 공무원연금의 적용대상이 아니다.
③ [×] 공무원연금제도는 인사혁신처가 관장한다.
④ [○] 기여제는 정부와 공무원이 공동으로 연금재원을 마련하는 제도이고, 비기여제는 정부가 단독으로 연금재원의 부담하는 제도이다.

답 ④

공무원 연금제도에 대한 설명으로 옳지 않은 것은?

① 우리나라 공무원연금법의 적용대상에는 장관도 포함된다.
② 우리나라의 공무원 연금제도는 기금제(pre-funding system 또는 funded plan)를 채택하고 있다.
③ 기금제는 운용·관리의 비용이 적게 든다는 장점이 있다.
④ 기금제를 채택할 경우 기금조성의 비용을 정부에서 단독 부담하는 제도를 비기여제(non-contributory)라 한다.

우리나라 공무원연금제도에 대한 설명으로 옳은 것만을 모두 고른 것은?

> ㄱ. 최초의 공적연금제도로서 직업공무원을 대상으로 하는 특수직역연금제도이다.
> ㄴ. '공무원연금법'상 공무원연금 대상에는 군인, 공무원 임용 전의 견습직원 등이 포함된다.
> ㄷ. 사회보험 원리와 부양원리가 혼합된 제도이다.

① ㄱ   ② ㄱ, ㄷ
③ ㄴ, ㄷ   ④ ㄱ, ㄴ, ㄷ

---

13 기금제의 문제점 → 관리비용의 증대

① [○] 장관 역시 공무원 연금수령의 요건을 충족하였다면 공무원 연금의 적용 대상이 된다.
② [○] 미국과 한국은 기금제이나 영국은 비기금제이다.
③ [×] 기금제는 따로 관리하고 수익을 창출하여야 하므로 예산제에 비하여 관리·운영의 비용이 많이 든다.
④ [○] 우리나라의 경우 공무원은 소득월액의 9%를 정부는 보수예산의 9%를 각각 부담하고 있다. 이때 공무원이 부담하는 금액을 기여금이라 하고 정부가 부담하는 금액을 부담금이라 한다.

답 ③

14 공무원연금 → 보험의 원리 + 부양의 원리

ㄱ. [○] 공무원연금제도는 1960년에 도입 최초의 공적연금제도이자 특정 직업에 한정된 특수직역연금제도이다. 이후 군인연금(1963), 사립학교교직원연금(1975)과 같은 특수직역연금제도가 설치되었고 1988년 국민연금제도가 도입되었다.
ㄴ. [×] '공무원연금법'은 국가공무원법, 지방공무원법, 그 밖의 법률에 따른 공무원을 적용대상으로 하며, 군인과 선거에 의하여 취임하는 공무원은 제외한다. 또한 공무원 임용 전의 견습직원도 연금법의 적용대상에 속하지 않는다.
ㄷ. [○] 국민연금은 가입자의 납부금만으로 운영되는 사회보험의 원리가 적용되는 보험이지만 공무원연금제도는 납부금으로 연금수령액에 예정된 금액에 미달할 때 국가의 예산으로 보전하므로 이는 사회보험의 원리와 부양의 원리가 혼합된 제도이다.

답 ②

15 □□□

우리나라의 국가공무원과 지방공무원에 대한 설명으로 옳은 것은?

① 인사관리에 적용하는 기본 법률이 동일하다.
② 고위공무원단제도는 동일하게 시행되고 있다.
③ 모두 공무원연금법의 적용을 받는다.
④ 특별지방행정기관에 소속된 공무원은 국가직이 아니다.

16 □□□

우리나라 공무원 연금제도에 대한 설명으로 옳지 않은 것은?

① 공무원 연금제도는 공무원에 대한 사회보장제도의 일환이다.
② 우리나라에서는 1960년에 공무원연금법이 제정·공포되었다.
③ 보수후불설(거치보수설)에 따르면 퇴직연금은 공무원의 당연한 권리이다.
④ 공무원연금법 적용 대상자에는 선거에 의해 취임하는 공무원을 포함한다.

15 　공무원연금법 → 국가공무원 + 지방공무원

① [×] 국가공무원에게는 '국가공무원법'이 적용되고, 지방공무원에게는 '지방공무원법'이 적용된다.
② [×] 고위공무원단제도는 국가공무원에게만 시행되고, 지방공무원에게는 적용되지 않는다.
③ [○] '공무원연금법'의 적용대상은 '국가공무원법', '지방공무원법', 그 밖의 법률에 따른 공무원이다.
④ [×] 특별지방행정기관은 국가의 특정한 중앙행정기관에 소속되어 해당 관할구역 내에서 시행되는 소속 중앙행정기관의 권한에 속하는 행정사무를 관장하는 국가의 지방행정기관이다. 그러므로 특별지방행정기관에 소속된 공무원은 국가직 공무원이다.

답 ③

16 　공무원 연금법의 적용제외 → 군인과 선거로 취임한 공무원

① [○] 공무원 연금은 노령 등으로 퇴직·사망한 경우 본인 또는 유가족에게 지급하는 급부로, 공무원의 사회보장제도로서 공무원 후생복지의 핵심적인 장치이다.
② [○] '공무원연금법'은 공무원이 상당한 연한 성실히 근무하고 퇴직하였거나 공무로 인한 부상 또는 질병으로 퇴직 또는 사망한 때에 본인이나 유족에게 연금, 부조금 또는 일시금을 지급함을 목적으로 1960년 1월 1일 제정되고 시행되었다.
③ [○] 보수후불설(거치보수설)은 공무원의 기여금에 의해 재원이 조성되므로 퇴직연금은 공무원의 당연한 권리이다.
④ [×] 군인과 선거에 의하여 취임하는 공무원은 '공무원연금법'의 적용 대상에서 제외된다.

답 ④

17 □□□

우리나라 공무원연금제도에 대한 설명으로 옳지 않은 것은?

① 공무원연금제도의 주무부처는 인사혁신처이며, 공무원연금기금은 공무원연금공단이 관리·운용한다.
② 공무원연금제도는 기금제를 채택하고 있다.
③ 공무원연금제도는 기여제를 채택하고 있다.
④ 기여금을 부담하는 재직기간은 최대 36년까지이다.
⑤ 퇴직수당은 공무원과 정부가 분담한다.

18 □□□

공무원의 직위해제에 대한 설명으로 옳은 것은?

① 직위해제는 공무원 징계의 한 종류이다.
② 직위해제 처분을 받은 공무원은 잠정적으로 공무원 신분이 상실된다.
③ 직무수행 능력이 부족하거나 근무성적이 극히 나쁜 자에 대해서도 직위해제가 가능하다.
④ 직위해제의 사유가 소멸된 경우 임용권자는 인사위원회의 심의를 거쳐 3개월 이내에 직위를 부여하여야 한다.

17	퇴직수당 → 전액 국가 또는 지방자치단체에서 부담

① [○] 우리나라 공무원연금제도의 주무부처는 인사혁신처이며, 공무원연금기금은 공무원연금공단이 관리·운용한다.
② [○] 기금제는 연금지급에 필요한 재원을 조달하기 위해 별도의 기금을 마련하여 운영하는 제도로, 적립식 방식이라고도 한다. 반면, 비기금제는 별도의 기금을 마련하지 않고 국가의 일반세입에서 연금지출에 소요되는 비용을 마련하는 제도로, 부과식 또는 현금지출식이라고도 한다.
③ [○] 기여제는 정부와 공무원이 공동으로 기금조성의 비용을 부담하는 제도이고, 비기여제는 기금조성의 비용을 정부만이 부담하는 제도를 말한다. 우리나라는 기여제를 채택하고 있으며, 공무원은 소득월액의 9%를 정부는 보수예산의 9%를 각각 부담하고 있다.
④ [○] 공무원이 기여금을 부담하는 재직기간은 최대 36년까지이며, 퇴직연금의 계산도 36년까지만 인정하고 있다.
⑤ [×] 공무원연금 급여 중 퇴직급여, 퇴직유족급여 및 비공무상 장해급여에 드는 비용은 공무원과 국가 또는 지방자치단체가 부담하지만 퇴직수당 지급에 드는 비용은 국가나 지방자치단체가 전액 부담한다.

답 ⑤

18	직무수행 능력이 부족하거나 근무성적이 극히 나쁜 자 → 직위해제

① [×] 직위해제는 징계의 유형은 아니다.
② [×] 직위해제 처분을 받은 공무원은 신분은 유지되지만 직무에 종사하지 못한다.
③ [○] 직무수행 능력이 부족하거나 근무성적이 극히 나쁜 자에 대해서도 직위해제가 가능하다.
④ [×] 직위해제의 사유가 소멸된 경우 임용권자는 지체 없이 직위를 부여하여야 한다.

답 ③

공무원 신분의 변경과 소멸에 대한 설명으로 옳지 않은 것은?

① 직권면직은 법률상 징계의 종류로 규정되어 있지 않다.

② 정직은 징계처분의 일종으로, 정직 기간 중에는 보수의 1/2을 감하도록 되어 있다.

③ 임용권자는 사정에 따라서는 공무원의 본인의 의사에도 불구하고 휴직을 명해야 한다.

④ 임용권자는 직무수행 능력부족을 이유로 직위해제를 받은 공무원이 직위해제 기간에 능력의 향상을 기대하기 어렵다고 인정된 때에는 직권면직을 통해 공무원의 신분을 박탈할 수 있다.

19	정직 → 3개월 + 보수의 전액

① [O] 징계의 종류에는 견책, 감봉, 정직, 강등, 해임, 파면이 있다. 직권면직이나 직위해제는 징계의 종류가 아니다.

② [×] 정직 기간 중에는 보수의 전액을 감한다.

③ [O] 강제휴직에 관한 설명이다. 강제휴직의 사유가 되면 의무적으로 휴직을 명해야 한다.

④ [O] 능력부족으로 인한 직위해제는 3개월간의 대기명령을 받고 그 기간 동안 능력향상이 어렵다고 판단되면 징계위원회의 동의를 받아 직권면직할 수 있다.

📑 **징계의 유형**

견책	전과에 대하여 훈계하고 회개
감봉	1개월 이상 3개월 이하 → 보수의 3분의 1 삭감
정직	1개월 이상 3개월 이하 → 보수의 전액 삭감
강등	1계급 아래로 직급 하락 → 3개월 간 직무에 종사금지 및 보수의 전액 삭감
해임	원칙적으로 퇴직금에는 영향이 없음 → 3년 이내 재임용 금지
파면	퇴직금의 2분의 1 감액 → 5년 이내 재임용 금지

답 ②

'국가공무원법'상 징계에 대한 설명으로 옳은 것은?

① 징계는 파면, 해임, 정직, 감봉, 견책으로 구분한다.

② 정직은 1개월 이상 3개월 이하의 기간으로 하고, 정직 처분을 받는 자는 그 기간 중 공무원의 신분은 보유하나 직무에 종사하지 못하며 보수의 3분의 2를 감한다.

③ 감봉은 1개월 이상 3개월 이하의 기간 동안 보수의 3분의 1을 감한다.

④ 감사원에서 조사 중인 사건에 대하여는 조사개시 통보를 받은 후부터 징계 의결의 요구나 그 밖의 징계 절차를 진행할 수 있다.

20	감봉 → 보수의 3분의 1 삭감

② [×] 1개월 이상 3개월 이하의 기간으로 하고, 정직처분을 받은 사람은 그 기간 중 공무원의 신분은 보유하나 직무에 종사하지 못하며, 보수는 전액을 감한다.

③ [O] 감봉은 1개월 이상 3개월 이하의 기간 동안 보수의 3분의 1을 감하며, 12개월 간 승진과 승급이 제한된다.

④ [×] 감사원에서 조사 중인 사건에 대하여는 조사개시 통보를 받은 날부터 징계 의결의 요구나 그 밖의 징계 절차를 진행하지 못한다.

답 ③

---

21 □□□

계급정년제도에 대한 설명으로 옳지 않은 것은?

① 공무원이 일정한 기간 동안 승진하지 못하고 동일한 계급에 머물러 있으면, 그 기간이 만료된 때에 그 사람을 자동적으로 퇴직시키는 제도이다.

② 인적 자원의 유동률을 높여 국민의 공직 취임 기회를 확대할 수 있다.

③ 공무원의 교체를 촉진하여 낡은 관료문화 타파에 기여할 수 있다.

④ 모든 공무원의 직업적 안정성을 확보할 수 있다.

21　계근정년제도 → 직업적 안정성의 저해

②, ③ [○] 계급정년제도는 일정 기준에 따라 퇴직률을 높일 수 있으므로 인적자원의 유동률을 높일 수 있으며, 공무원의 교체를 촉진하여 낡은 관료문화의 타파에 기여할 수 있다. 다만, 직업적 안정성이 떨어지면 퇴직률을 조절할 수 없다는 단점이 있다.

④ [×] 계급정년제도는 공무원이 일정한 기간 승진하지 못하고 동일한 계급에 머물러 있으면, 그 기간이 만료된 때에 그 공무원을 자동적으로 퇴직시키는 제도이므로 모든 공무원의 직업적 안정성을 보장하는 것은 아니다.

📄 **연령정년제와 계급정년제의 장단점**

구분	장점	단점
연령정년제	• 시행 용이, 인력계획의 수립 용이 • 조직의 신진대사 촉진 • 신분보장을 통한 심리적 안정감	• 연령에 의한 차별 • 경직성과 획일성 (→ 신축성 저해) • 감독자의 리더십 저하
계급정년제	• 공직의 유동성 제고 • 무능력한 공무원의 퇴출 수단 • 정실개입의 방지(→ 객관성) • 퇴직률 제고(→ 신진대사 촉진) • 공무원의 능력발전 수단	• 이직률의 조정 곤란 • 직업의 안정성·계속성 저해 • 공무원의 사기 저하 • 직업공무원제 및 실적주의 저해 • 과도한 승진경쟁

답 ④

---

22 □□□

우리나라의 공무원 인사제도에 대한 내용으로 옳지 않은 것은?

① 공무원이 인사에 관하여 자신의 의사에 반한 불리한 처분을 받았을 때에는 소청심사를 청구할 수 있다.

② 임용권자는 직무수행 능력이 부족하거나 근무성적이 극히 나쁜 자에게 직위를 부여하지 아니할 수 있다.

③ 직권면직은 '국가공무원법'상 징계의 한 종류로서, 임용권자가 특정한 사유에 해당되는 공무원을 직권으로 면직시키는 것이다.

④ 해임처분을 받은 때부터 3년, 파면처분을 받은 때부터 5년이 지나지 아니한 자는 공무원으로 임용될 수 없다.

22　징계의 종류 → 견책, 감봉, 정직, 강등, 해임, 파면

① [○] 본인의 의사에 반한 불리한 처분을 받았을 때에는 그 처분이 있은 것을 안 날부터 각각 30일 이내에 소청심사위원회에 이에 대한 심사를 청구할 수 있다.

② [○] 직무수행 능력이 부족하거나 근무성적이 극히 나쁜 경우는 직위해제 사유에 해당된다.

③ [×] 직권면직은 특정한 사유에 해당되는 공무원을 면직시키는 제도이지만 징계의 유형은 아니다.

④ [○] 해임과 파면은 모두 강제퇴직으로 해임은 원칙적으로 퇴직금에는 영향이 없으며 3년 이내 재임용이 금지되고, 파면은 원칙적으로 퇴직금의 2분의 1을 감하고 5년 이내 재임용이 금지된다.

답 ③

23 ☐☐☐

우리나라 내부임용제도에 대한 설명으로 옳지 않은 것은?

① 승급은 같은 계급 또는 등급 내에서 호봉이 높아지는 것을 말한다.

② 전보는 동일한 직급 내에서 보직을 변경하는 것을 말한다.

③ 파면은 연금법상의 불이익은 없으나, 3년 동안 공무원 피임용권을 박탈하는 것을 말한다.

④ 직권면직은 폐직 또는 과원발생 등의 경우 임용권자가 직권에 의해 공무원의 신분을 박탈하는 것을 말한다.

---

23 파면 → 퇴직급여의 제한

① [○] 승급은 같은 등급 내에서 호봉이 올라가는 것으로 등급에는 변동이 없다는 점에서 승진과는 다르다. 승급에는 보통승급과 특별승급이 있는데, 보통승급은 매년 호봉이 올라가는 것이고, 특별승급은 특별한 요건을 갖춘 공무원에게 혜택을 주는 특전이다.

② [○] 전보는 동일한 직렬 동일한 직급 내의 직위 이동 즉, 직무의 성격이 같은 동일 직급(class) 내의 인사이동을 말한다.

③ [×] 징계로 파면된 경우 퇴직급여의 제한이 따르며, 5년 동안 공무원으로 임용될 수 없다. 원칙적으로 연금법상의 불이익은 없지만 3년 동안 피임용권이 박탈되는 것은 해임이다.

④ [○] 직권면직은 공무원이 일정한 사유에 해당되었을 때 본인의 의사와는 관계없이 임용권자의 일방적 의사에 의하여 공무원의 신분을 박탈하는 제도이다.

답 ③

24 ☐☐☐

'국가공무원법'상 공무원 인사에 대한 설명으로 옳지 않은 것은?

① 당연퇴직은 법이 정한 사유가 발생한 경우 별도의 처분 없이 공무원 관계가 소멸되는 것을 말한다.

② 직권면직은 법이 정한 사유가 발생한 경우 임용권자가 일방적으로 공무원 관계를 소멸시키는 것을 말한다.

③ 직위해제는 직무수행능력이 부족하거나 근무성적이 극히 나쁜 경우 공무원의 신분은 유지하지만 강제로 직무를 담당하지 못하게 하는 것이다.

④ 강임은 한 계급 아래로 직급을 내리는 것으로 징계의 종류 중 하나이다.

---

24 징계의 종류 → 강등

① [○] 당연퇴직은 재직 중 발전 없이 장기간 근속하거나 노령으로 유용성이 감소되는 경우 일정 시기에 자동적으로 퇴직하게 하는 제도이다. 자동퇴직이라는 점에서 처분을 요하는 징계 또는 직권면직 등과 상이하다.

② [○] 직권면직은 본인의 의사와 관계없이 공무원의 신분을 박탈하는 제도이다.

③ [○] 직위해제는 공무원으로 신분은 유지하되 직위를 부여하지 않는 제도이다. 직무가 없으므로 출근의무도 없고 보수도 삭감된다.

④ [×] 한 계급 아래로 직급을 내리는 것으로 징계의 종류 중 하나는 강등이다.

답 ④

'국가공무원법'상 공무원의 인사제도에 대한 설명으로 옳지 않은 것은?

① 특수 업무 분야에 종사하는 공무원은 대통령령으로 정하는 바에 따라 일반직 공무원의 계급구분과 직군분류를 적용받지 않을 수 있다.

② 인사혁신처장은 필요에 따라 인사교류계획을 수립하고, 국무총리의 승인을 받아 이를 실시할 수 있다.

③ 징계로 해임처분을 받은 때부터 5년이 지나지 아니한 자는 공무원으로 임용될 수 없다.

④ 임용권자는 지역인재의 임용을 위한 수습 기간을 3년의 범위에서 정할 수 있다.

공무원의 신분보장 및 퇴직에 대한 설명으로 옳지 않은 것은?

① 정치적 중립을 확보하기 위한 신분보장은 실적주의 및 직업공무원제의 정착에 기여한다.

② 임의퇴직을 늘리기 위한 하나의 방편으로서 권고사직은 공무원에게 온정적 조치이지만 때로는 신분보장을 침해할 위험이 있다.

③ 우리나라 1급 공무원을 포함한 경력직 공무원은 형의 선고, 징계처분 또는 법령에서 정하는 사유에 따르지 아니하고는 본인의 의사에 반하여 휴직·강임 또는 면직을 당하지 아니한다.

④ 직위해제의 경우는 공무원의 신분을 유지하나, 해임 및 파면의 경우는 공무원의 신분을 상실한다.

25	해임 → 3년간 결격사유

① [○] 특수 업무 분야에 종사하는 공무원이나 연구·지도·특수 기술 직렬의 공무원 등은 대통령령 등으로 정하는 바에 따라 계급 구분이나 직군 및 직렬의 분류를 적용하지 아니할 수 있다.

② [○] 인사혁신처장은 행정기관 상호간, 행정기관과 교육·연구기관 또는 공공기관 간에 인사교류가 필요하다고 인정하면 인사교류계획을 수립하고, 국무총리의 승인을 받아 이를 실시할 수 있다.

③ [×] 징계로 해임처분을 받은 때부터 3년이 지나지 아니한 자는 공무원으로 임용될 수 없다.

④ [○] 임용권자는 우수한 인재를 공직에 유치하기 위하여 학업성적 등이 뛰어난 고등학교 이상 졸업자나 졸업 예정자를 추천·선발하여 3년의 범위에서 수습으로 근무하게 하고, 그 근무기간 동안 근무성적과 자질이 우수하다고 인정되는 자는 6급 이하의 공무원으로 임용할 수 있다.

답 ③

26	신분보장 → 2급 공무원 이하

① [○] 정치적 중립이란 공무원은 어떤 정당이 집권하더라도 공평무사하게 봉사해야 한다는 원리로, 엽관주의의 폐해를 극복하기 위한 실적주의의 도입 과정에서 등장하였다.

② [○] 권고사직이란 사용자측에서 근로자에게 퇴직을 권유하고 근로자가 이를 받아들여 사직서를 제출하는 형식을 통해서 근로관계를 종료하는 방식이다. '국가공무원법'상의 제도는 아니며, 의원면직의 형식을 취하지만 인사권자의 자의에 의해 이루어지는 사실상의 강제퇴직으로 평가받는다.

③ [×] 우리나라 공무원은 형의 선고·징계 처분 또는 이 법이 정하는 사유에 의하지 아니하고는 그 의사에 반하여 휴직·강임 또는 면직을 당하지 아니한다. 다만, 1급 공무원과 직무등급이 가장 높은 등급의 직위에 임용된 고위공무원단에 속하는 공무원은 예외이다.

답 ③

27 □□□

공무원의 징계에 대한 설명으로 옳지 않은 것은?

① 징계로 파면처분을 받은 때부터 5년이 지나지 아니한 자와, 징계로 해임처분을 받은 때부터 3년이 지나지 아니한 자는 공무원으로 임용될 수 없다.

② 금품 및 향응 수수, 공금의 횡령·유용으로 징계 해임된 자의 퇴직급여는 감액하지 아니한다.

③ 탄핵 또는 징계에 의하여 파면된 경우, 재직기간이 5년 이상인 사람의 퇴직급여는 1/2을 감액하여 지급한다.

④ 탄핵 또는 징계에 의하여 파면된 경우, 재직기간이 5년 미만인 사람의 퇴직급여는 1/4을 감액하여 지급한다.

28 □□□

'국가공무원법'상 공무원의 인사에 대한 규정으로 옳지 않은 것은?

① 정직은 1개월 이상 3개월 이하의 기간으로 하고, 정직 처분을 받은 자는 그 기간 중 공무원의 신분은 보유하나 직무에 종사하지 못하며 보수의 전액을 감한다.

② 강임은 1계급 아래로 직급을 내리고 공무원신분은 보유하나 3개월간 직무에 종사하지 못하며 그 기간 중 보수의 전액을 감한다.

③ 징계로 해임처분을 받은 때부터 3년이 지나지 아니한 자는 공무원으로 임용될 수 없다.

④ 징계로 파면처분을 받은 때부터 5년이 지나지 아니한 자는 공무원으로 임용될 수 없다.

27	금품 및 향응 수수 등의 해임 → 퇴직급여의 삭감

② [×] 금품 및 향응수수, 공금의 횡령·유용으로 해임된 경우 재직기간이 5년 미만인 사람의 퇴직급여는 그 금액의 8분의 1, 재직기간이 5년 이상인 사람의 퇴직급여는 그 금액의 4분의 1 그리고 퇴직수당은 그 금액의 4분의 1을 감액하여 지급한다.

③, ④ [○] 탄핵 또는 징계에 의하여 파면된 경우 재직기간이 5년 미만인 사람의 퇴직급여는 그 금액의 4분의 1, 재직기간이 5년 이상인 사람의 퇴직급여는 그 금액의 2분의 1 그리고 퇴직 수당은 그 금액의 2분의 1을 감액하여 지급한다.

답 ②

28	강임 → 징계 아님

① [○] 개정 전에는 보수의 3분의 2를 감하였지만 현재에는 보수의 전액을 감한다.

② [×] 1계급 아래로 직급을 내리고 공무원 신분은 보유하나 3개월 간 직무에 종사하지 못하며 그 기간 중 보수의 전액를 감하는 것은 강등이다.

답 ②

임용에 대한 설명으로 옳지 않은 것은?

① 징계로 해임처분을 받은 때부터 5년이 지나지 아니한 사람은 공무원으로 임용될 수 없다.

② 승진의 기준으로 공무원 근무경력만을 중시하는 경우 행정의 능률성을 저하시킬 수 있다.

③ 전직과 전보는 부처 간 할거주의의 폐단을 타파하고 부처 간 협력 조성을 위한 기반을 마련해 줄 수 있다.

④ 임용권자는 직제 또는 정원이 변경되거나 예산의 감소 등으로 직위가 폐직되었을 경우 또는 본인이 동의한 경우에는 소속 공무원을 강임할 수 있다.

우리나라의 공무원 징계에 대한 설명으로 옳지 않은 것은?

① 견책은 잘못된 행동에 대하여 훈계하고 회개토록 하는 것으로 6개월간 승진과 승급이 제한되는 효력을 가진다.

② 감봉은 보수의 불이익을 받는 것으로 1개월 이상 3개월 이하의 기간 동안 보수액의 2/3를 감한다.

③ 강등은 직급을 내리고 공무원신분은 보유하나 3개월간 직무에 종사하지 못하며 그 기간 중 보수의 전액을 감한다.

④ 해임은 강제퇴직의 한 종류로서 3년간 재임용 자격이 제한된다.

⑤ 파면은 공무원신분을 완전히 잃는 것으로 5년간 재임용 자격이 제한된다.

29	해임 → 3년 동안 피임용권 박탈

① [×] 징계로 해임처분을 받은 자는 해임처분을 받은 때부터 3년이 지나지 아니하면 공무원으로 재임용될 수 없다.

② [○] 경력 중심의 승진은 승진에 대한 예측가능성은 높일 수 있지만 구성원의 무사안일을 초래하므로 행정의 능률성이 저하될 수 있다. 또한 상급자의 하급자에 대한 통제를 어렵게 하는 요인이 될 수 있다.

③ [○] 전직과 전보와 같은 부서 간 수평적 인사교류는 상호 간의 이해와 협력을 증진시키는 요인이 되므로 부처 간 할거주의를 타파하는 계기가 될 수 있다. 그러나 지나친 전보와 전직은 업무의 전문성을 약화시키는 요인이 될 수 있다.

④ [○] 강임이란 공무원을 현재보다 낮은 직급으로 임명하는 처분이다. 직제 또는 정원이 변경되거나 예산의 감소 등으로 직위가 폐직되었을 경우 또는 본인이 동의한 경우 임용권자에 의해 강임될 수 있다.

답 ①

30	감봉 → 보수의 3분의 1 삭감

① [○] 견책은 공무원의 잘못된 행동에 대하여 훈계하고 회개토록 하는 징계의 한 종류이다.

② [×] 감봉은 보수의 불이익을 받는 것으로 1개월 이상 3개월 이하의 기간 동안 보수액의 3분의 1을 감한다.

③ [○] 강등(↔ 강임)은 1계급 아래로 직급을 내리고 공무원 신분은 보유하나 3개월간 직무에 종사하지 못하며 그 기간 중 보수의 전액을 감한다.

답 ②

31 ☐☐☐

징계위원회에서 징계위원 7명의 의견이 다음과 같다. '공무원 징계령'에 따를 때 결정된 징계의 종류는?

위원 A: 파면
위원 B: 감봉
위원 C: 강등
위원 D: 해임
위원 E: 정직
위원 F: 해임
위원 G: 파면

① 파면
② 해임
③ 정직
④ 강등
⑤ 감봉

32 ☐☐☐

다음 중 공무원의 행동규범에 대한 설명으로 옳지 않은 것은?

① 공직자가 공익을 현저히 침해하는 경우 국민 300명 이상의 연서로 감사원에 감사를 청구할 수 있다.
② 우리나라의 공무원은 정치적 중립을 지키도록 법률로 명문화되어 있다.
③ '공직자윤리법'에서는 부정부패를 방지하기 위해 공직자의 재산 등록 및 공개, 퇴직 공무원의 취업 제한 등을 규정하고 있다.
④ 공직자는 부패 사실을 알게 되었을 경우 부패행위를 신고하도록 의무화되어 있다.
⑤ 모든 공무원은 형의 선고·징계 처분 또는 '국가공무원법'에 정하는 사유에 의하지 아니하고는 그 의사에 반해 휴직·강임 또는 면직을 당하지 아니한다.

31	징계위원회 → 위원 5명 이상의 출석과 출석위원 과반수의 찬성으로 의결

② [○] 징계위원회는 위원 5명 이상의 출석과 출석위원 과반수의 찬성으로 의결하되, 의견이 나뉘어 출석위원 과반수의 찬성을 얻지 못한 경우에는 출석위원 과반수가 될 때까지 징계 등 혐의자에게 가장 불리한 의견에 차례로 유리한 의견을 더하여 가장 유리한 의견을 합의된 의견으로 본다. 규정에 비추어보면 가장 불리한 의견은 파면(2명)인데 과반수가 되지 못하지만 여기에 해임(2명)이 더 해지면 과반수가 되므로 '공무원징계령'에 따를 경우 해임이 결정될 것이다.

답 ②

32	신분보장 → 2급 이하 공무원

⑤ [×] 모든 공무원이 신분보장을 받는 것은 아니다. 1급 공무원과 고위공무원단 중 직무등급이 가장 높은 등급의 직위에 속하는 공무원은 신분보장의 규정이 적용되지 않는다.

답 ⑤

2022년 10월 14일 기준, '국가공무원법'상 공무원으로 임용될 수 없는 사람은? (단, 다른 상황은 고려하지 않음)

① 2021년 10월 13일에 성년후견이 종료된 甲
② 파산선고를 받고 2021년 10월 13일에 복권된 乙
③ 2019년 10월 13일에 공무원으로서 징계로 파면처분을 받은 丙
④ 2017년 금고형을 선고받고 그 집행유예기간이 2019년 10월 13일에 끝난 丁

| **33** | 파면 → 5년간 임용금지 |

③ [×] 징계로 파면처분을 받은 때부터 5년이 지나지 아니한 자는 임용결격사유에 해당한다. 2019년 10월 13일에 파면되었으므로 24년 10월 14일 이후에 임용의 결격사유가 해제된다.

답 ③

공무원의 사기관리에 대한 설명으로 옳은 것은?

① 공무원 제안규정상 우수한 제안을 제출한 공무원에게 인사 상 특전을 부여할 수 있지만, 상여금은 지급할 수 없다.
② 소청심사제도는 징계처분과 같이 의사에 반하는 불이익 처분을 받은 공무원이 그에 불복하여 이의를 제기했을 때 이를 심사하여 결정하는 절차이다.
③ 우리나라는 공무원의 고충을 심사하기 위하여 행정안전부에 중앙고충심사위원회를 둔다.
④ 성과상여금제도는 공직의 경쟁력을 높이기 위하여 공무원 인사와 급여체계를 사람과 연공 중심으로 개편한 것이다.

| **34** | 제안제도 → 상여금 + 인사 상 특전 |

① [×] 중앙행정기관의 장은 채택제안의 제안자에게 상여금을 지급할 수 있다.
② [○] 소청심사제도는 공무원이 징계처분 기타 그 의사에 반하는 불이익 처분에 대해 이의를 제기하는 경우 이를 심사·결정하는 특별행정심판제도이다.
③ [×] 중앙고충심사위원회의 기능은 소청심사위원회에서 관장하며, 소청심사위원회는 인사혁신처에 소속되어 있다.
④ [×] 성과상여금제도는 공직의 경쟁력으로 높이기 위해서 기존의 연공급을 실적급 혹은 능률급으로 개편한 것이다.

답 ②

35 □□□

17년 국가7급

소청심사제도에 대한 설명으로 옳은 것은?

① 소청심사위원회의 결정은 처분 행정청에 대해 권고와 같은 효력이 있다.
② 강임과 면직은 심사대상이나 휴직과 전보는 심사대상에 해당되지 않는다.
③ 지방소청심사위원회는 기초자치단체별로 설치되어 있다.
④ 지방소청심사위원회 위원은 자치단체장이 임명 또는 위촉하나 위원장은 위촉위원 중에서 호선한다.

36 □□□

14년 국가7급

인사혁신처에 설치된 소청심사위원회에 대한 설명으로 옳지 않은 것은?

① '정당법'에 따른 정당의 당원, 공직선거법에 따라 실시하는 선거에 후보로 등록한 자는 소청심사위원회의 위원이 될 수 없다.
② 다른 법률로 정하는 바에 따라 특정직공무원의 소청을 심사·결정할 수 있다.
③ 위원장 1명을 포함한 5명 이상 7명 이내의 상임위원으로 구성하고, 필요시 비상임위원을 둘 수 있다.
④ 행정기관 소속 공무원의 징계처분, 그 밖에 그 의사에 반하는 불리한 처분이나 부작위에 대한 소청을 심사·결정한다.

---

35 소청심사위원회 → 행정위원회

① [×] 소청심사위원회의 결정은 처분행정청을 기속한다.
② [×] 파면, 해임, 강등, 정직, 감봉, 견책 (징계부가금 포함) 등과 같은 징계처분뿐만 아니라 강임, 휴직, 직위해제, 면직, 전보, (기각)계고, (불문) 경고 등과 같은 의사에 반하는 불리한 처분 등도 소청심사의 대상이 된다.
③ [×] 지방소청심사위원회는 시·도에 임용권자별로 지방소청심사위원회 및 교육소청심사위원회를 둔다.
④ [○] 지방소청심사위원회의 위원은 특별시장·광역시장·도지사 또는 특별자치도지사 또는 교육감이 임명하거나 위촉한다. 그리고 위원장은 위촉위원 중에서 호선한다.

답 ④

---

36 인사혁신처 소속 소청심사위원회 → 비상임위원의 필수

① [○] 국가공무원법 제33조(결격사유)에 해당하는 자, 정당법에 따른 정당의 당원, 공직선거법에 따라 실시하는 선거에 후보자로 등록한 자는 소청심사위원회의 위원이 될 수 없다.
② [○] 인사혁신처에 설치된 소청심사위원회는 다른 법률로 정하는 바에 따라 특정직 공무원의 소청을 심사·결정할 수 있다.
③ [×] 인사혁신처에 설치된 소청심사위원회는 위원장 1명을 포함한 5명 이상 7명 이내의 상임위원과 상임위원 수의 2분의 1 이상의 비상임위원으로 구성한다.

답 ③

37 ☐☐☐

'국가공무원법'상 소청심사위원회를 둘 수 없는 기관은?

① 행정안전부
② 국회사무처
③ 중앙선거관리위원회사무처
④ 법원행정처

38 ☐☐☐

행정부 소속 소청심사위원회에 대한 설명으로 옳지 않은 것은?

① 심사의 결정을 하기 위해서는 재적위원 3분의 1 이상의 출석이 필요하며, 심사의 결정은 출석위원의 과반수의 합의에 따른다.
② 강임 · 휴직 · 직위해제 · 면직 처분을 받은 공무원은 처분사유 설명서를 받은 후 30일 이내에 심사청구를 할 수 있다.
③ 소청심사위원회는 인사혁신처 소속이며 그 위원장은 정무직으로 보한다.
④ 원징계처분보다 무거운 징계를 부과하는 결정을 할 수 없다.
⑤ 위원장 1인을 포함한 5명 이상 7명 이하의 상임위원과 상임위원 수의 2분의 1 이상의 비상임위원으로 구성되어 있다.

---

36 행정부 소속 소청심사위원회 → 인사혁신처 소속

① [×] 행정기관 소속 공무원의 소청을 심사하는 소청심사위원회는 인사혁신처에 둔다.
②, ③, ④ [○] 헌법상 독립기관인 국회, 법원, 헌법재판소 및 선거관리위원회 소속 공무원의 소청심사를 담당하는 소청심사위원회는 국회사무처, 법원행정처, 헌법재판소사무처 및 중앙선거관리위원회사무처에 각각 둔다.

답 ①

---

37 소청사건의 결정 → 재정위원 3분의 2 이상 출석

① [×] 소청사건의 결정은 재적위원 3분의 2 이상의 출석과 출석위원 과반수의 합의에 의한다. 의견이 나뉠 경우 출석위원 과반수에 이를 때까지 소청인에게 가장 불리한 의견에 차례로 유리한 의견을 더하여 가장 유리한 의견으로 결정한다.
② [○] 처분사유 설명서를 받은 공무원이 그 처분에 불복할 때에는 그 설명서를 받은 날부터, 그 외에 본인의 의사에 반한 불리한 처분을 받았을 때에는 그 처분이 있은 것을 안 날부터 각각 30일 이내에 소청심사위원회에 이에 대한 심사를 청구할 수 있다.
③ [○] 행정부 소속 소청심사위원회의 위원장은 정무직으로 보한다.
④ [○] 소청심사위원회가 원징계처분보다 무거운 징계 또는 징계부가금을 부과하는 결정을 하지 못한다.

답 ①

39 ☐☐☐

공무원 단체활동 제한론의 근거로 옳지 않은 것은?

① 실적주의 원칙을 침해할 우려가 있다.

② 공무원의 정치적 중립성이 훼손될 수 있다.

③ 공직 내 의사소통을 약화시킨다.

④ 보수인상 등 복지요구의 확대는 국민부담으로 이어진다.

40 ☐☐☐

우리나라의 현행 인사행정제도에 관한 설명으로 옳지 않은 것은?

① '국가공무원법'에 의거한 징계의 종류에는 파면 · 해임 · 강등 · 정직 · 감봉 · 견책이 있다.

② 고위공무원단에는 정부조직법상 중앙행정기관의 실장 · 국장 등 보조기관뿐 아니라 이에 상당하는 보좌기관도 포함된다.

③ '정당법'에 의한 정당의 당원은 소청심사위원회의 위원이 될 수 없다.

④ 사실상 노무에 종사하는 공무원으로서 노동조합에 가입된 자가 조합 업무에 전임하려면 고용노동부장관의 허가를 받아야 한다.

39	공무원 단체의 찬성론 → 공직 내 의사소통의 확대

① [○] 공무원단체는 집단적 요소가 강하므로 개인적 요소를 기반으로 하는 실적주의를 침해할 우려가 있다.

② [○] 공무원단체는 집단의 이익을 위해 형성된 것이므로 국민 전체에 대한 봉사자라는 정치적 중립을 침해할 수 있다.

③ [×] 공무원단체 활동 제한론의 근거는 공무원 노조의 역기능을 강조하는 입장이다. 반면, 하급직 공무원들의 집단적 견해를 표현하는 의사소통의 통로가 될 수 있다는 것은 찬성론의 논거이다.

④ [○] 근로조건의 개선에는 보수의 인상 등도 포함될 수 있으므로 공무원단체의 활동으로 국민의 부담이 증대될 수 있다.

📄 **공무원단체에 대한 찬반 논쟁**

순기능(→ 찬성론)	역기능(→ 반대론)
• 공무원의 권익 증진	• 노사구분 곤란, 교섭대상의 확인 곤란
• 집단이익을 표현하는 의사전달 통로	• 공익 및 봉사자 이념과의 상충
• 행정내부의 민주화와 인간화 수단	• 행정의 지속성과 안정성 저해
• 실적주의의 실질적 강화	• 관리층의 인사권 제약
• 부패방지 및 행정윤리의 구현	• 실적주의와 능률성의 저해

답 ③

40	사실상 노무에 종사하는 공무원의 조합 업무 전임 → 소속장관의 허가

① [○] 견책과 감봉은 경징계에 해당하고 정직, 강등, 해임, 파면 등은 중징계에 해당한다.

② [○] 고위공무원단이란 직무의 곤란성과 책임도가 높은 직위에 임용되어 재직 중이거나 파견 · 휴직 등으로 인사관리되고 있는 일반직 공무원, 별정직 공무원 및 특정직 공무원의 군을 말한다.

③ [○] '정당법'에 따른 정당의 당원은 소청심사위원회의 위원이 될 수 없다. 이론적으로 소청심사위원회는 정당의 개입이라는 엽관주의로부터 공무원을 보호하기 위한 실적주의와 관련된 제도이다.

④ [×] 사실상 노무에 종사하는 공무원으로서 노동조합에 가입된 자가 조합 업무에 전임하려면 소속장관의 허가를 받아야 한다. 그 허가에는 필요한 조건을 붙일 수 있다.

답 ④

'공무원의 노동조합 설립 및 운영 등에 관한 법률'상 단체교섭의 대상은?

① 기관의 조직 및 정원에 관한 사항
② 조합원의 보수에 관한 사항
③ 예산·기금의 편성 및 집행에 관한 사항
④ 정책의 기획 등 정책결정에 관한 사항

현행 공무원의 노동조합 설립 및 운영 등에 관한 법률상 공무원 노동조합에 대한 설명으로 옳지 않은 것은?

① 일반직공무원, 외무공무원, 소방공무원 및 교육공무원(다만, 교원은 제외), 별정직공무원 등은 공무원노동조합에 가입할 수 있다.
② 정책결정에 관한 사항 등 근무조건과 직접 관련되지 아니하는 사항은 단체교섭을 할 수 없다.
③ 노동조합 전임자는 임용권자의 동의를 받아 노동조합 업무에만 종사할 수 있다.
④ 단체교섭이 결렬된 경우에 지방공무원노동조합은 해당 지방노동위원회에 조정을 신청할 수 있다.

---

41   단체교섭의 대상 → 근로조건과 관련된 사항

①, ③, ④ [×] 법령 등에 따라 국가나 지방자치단체가 그 권한으로 행하는 정책결정에 관한 사항, 임용권의 행사 등 그 기관의 관리·운영에 관한 사항으로서 근무조건과 직접 관련되지 아니하는 사항은 교섭의 대상이 될 수 없다.

② [○] 조합원의 보수에 관한 사항은 근로조건과 관련된다.

답 ②

---

42   단체교섭의 조정 → 중앙노동위원회

① [○] 일반직 공무원, 특정직 공무원 중 외무영사직렬·외교정보기술직렬 외무공무원, 소방공무원 및 교육공무원(다만, 교원은 제외), 별정직 공무원 등은 공무원노동조합에 가입할 수 있다.

③ [○] 공무원은 임용권자의 동의를 받아 노동조합의 업무에만 종사할 수 있으며, 동의를 받아 노동조합의 업무에만 종사하는 사람(전임자)에 대하여는 그 기간 중 휴직명령을 하여야 한다.

④ [×] 단체교섭이 결렬된 경우에는 당사자 어느 한쪽 또는 양쪽은 중앙노동위원회에 조정을 신청할 수 있다.

답 ④

43 □□□

공무원 노동조합에 대한 설명으로 옳은 것은?

① 노동조합과 그 조합원은 정치활동이 허용된다.
② 6급 이하의 일반직 공무원만 노동조합에 가입할 수 있다.
③ 퇴직공무원도 노동조합에 가입할 수 있다.
④ 소방공무원과 교원은 노동조합 가입이 허용되지 않는다.
⑤ 교정·수사 등에 관한 업무에 종사하는 공무원은 노동조합에 가입할 수 있다.

43	공무원 노동조합 → 퇴직 공무원도 가입 가능

① [×] 노동조합과 그 조합원은 정치활동이 금지된다.
② [×] 공무원노조의 가입에 있어 직급 제한의 규정은 삭제되었다.
③ [○] 퇴직공무원도 노동조합에 가입할 수 있다.
④ [×] 소방공무원은 노조에 가입이 가능하지만 교원은 제외된다.
⑤ [×] 교정·수사 등에 관한 업무에 종사하는 공무원은 노동조합에 가입할 수 없다.

답 ③

44 □□□

우리나라 공무원 노동조합에 대한 설명으로 옳지 않은 것은?

① 공무원 노동조합 활동을 전담하는 전임자는 인정되지 않는다.
② 공무원 노동조합은 고용노동부장관에게 설립신고를 하여야 한다.
③ 공무원 노동조합은 2개 이상의 단위에 걸치는 노동조합이나 그 연합단체도 허용하고 있다.
④ 단체교섭의 대상은 조합원의 보수·복지, 그 밖의 근무조건 등에 관한 사항이다.
⑤ 5급 이상의 일반직 공무원은 공무원 노동조합에 가입할 수 있다.

44	공무원노조법 → 노조전임자의 존재

① [×] 공무원은 임용권자의 동의를 받아 노동조합의 업무에만 종사할 수 있다. 즉, 노조 전임자를 인정하고 있다.
② [○] 공무원 노동조합을 설립하려는 사람은 고용노동부장관에게 설립신고서를 제출하여야 한다.
③ [○] '공무원 노법'에 규정되지 않는 사항은 '노동조합 및 노동관계조정법'이 적용되는데 노동조합 및 노동관계조정법에는 2개 이상의 단위에 걸치는 노동조합이나 그 연합단체도 규정되어 있으므로 공무원 노조 역시 가능하다.
④ [○] 노동조합의 대표자는 그 노동조합에 관한 사항 또는 조합원의 보수·복지, 그 밖의 근무조건에 관해 정부교섭대표와 각각 교섭하고 단체협약을 체결할 권한을 가진다. 반면, 법령 등에 따라 국가나 지방자치단체가 그 권한으로 행하는 정책결정에 관한 사항, 임용권의 행사 등 그 기관의 관리·운영에 관한 사항으로서 근무조건과 직접 관련되지 아니하는 사항은 교섭의 대상이 될 수 없다.

답 ①

공무원의 행동규범

01 □□□

공무원의 정치적 중립의 정당화 근거로 옳지 않은 것은?

① 엽관주의의 폐해를 극복하여 행정의 안정성과 전문성을 제고할 수 있다.
② 공무원은 국민 전체의 이익을 위해 공평무사하게 봉사해야 하는 신분이다.
③ 공무원의 정치적 기본권을 강화하여 공직의 계속성을 제고할 수 있다.
④ 공명선거를 통해 민주적 기본질서를 제고할 수 있다.

02 □□□

공무원에게 정치적 중립이 요구되는 근거로 가장 미약한 것은?

① 정치적 무관심화를 통한 직무수행의 능률성 확보를 위해 필요하다.
② 정치적 개입에 의한 부패를 방지하기 위해 필요하다.
③ 행정의 계속성과 전문성을 확보하기 위해 필요하다.
④ 공무원 집단의 정치세력화를 방지하기 위해 필요하다.

---

01 | 정치적 중립 → 공무원의 참정권 침해

① [○] 정치적 중립은 신분보장을 기반으로 하므로 행정의 안정성과 전문성을 제고할 수 있다.
② [○] 정치적 중립은 집권당에 대한 충성이 아닌 국민 전체에 대한 봉사자로서의 역할을 가능하게 한다.
③ [×] 정치적 중립의 강조는 공무원 개인의 정치적 기본권을 침해할 우려가 있다.
④ [○] 정치적 중립은 선거에 있어 공무원의 중립을 가능하게 하므로 공명선거에도 기여할 수 있다.

답 ③

---

02 | 정치적 중립 → 국민 전체에 대한 봉사

① [×] 정치적 중립이란 공무원은 어떤 정당이 집권하더라도 공평무사하게 봉사해야 한다는 원리이지 정치적 무관심화를 추구하는 것은 아니다.
② [○] 정치적 중립은 엽관주의 부패를 극복하기 위한 실적주의 도입 과정에서 등장하였다.
③ [○] 정치적 중립은 신분보장을 바탕으로 하며 이러한 신분보장은 행정의 안정성과 계속성 유지의 유지에 기여한다.
④ [○] 정치적 중립은 어떠한 정당이 집권하더라도 공평무사하게 봉사해야 한다는 원리이므로 공무원 집단의 정치세력화의 방지에도 기여한다.

답 ①

03 ☐☐☐

12년 지방7급

'국가공무원법'에서 제한하고 있는 공무원의 정치활동과 거리가 먼 것은?

① 정당이나 그 밖의 정치단체의 결성에 관여하거나 가입하는 것
② 투표권 행사여부에 대하여 사적 견해를 제시하는 것
③ 특정 정당의 지지를 위해 서명운동을 주재하거나 권유하는 것
④ 타인에게 정당이나 그 밖의 정치단체에 가입하도록 권유 운동을 하는 것

03	사전 견해의 제시 → 정치활동으로 보지 않음

①, ③, ④ [○] '국가공무원법'은 투표를 하거나 하지 아니하도록 권유 운동을 하는 것, 서명 운동을 기도·주재하거나 권유하는 것, 문서나 도서를 공공시설 등에 게시하거나 게시하게 하는 것, 기부금을 모집 또는 모집하게 하거나, 공공자금을 이용 또는 이용하게 하는 것, 타인에게 정당이나 그 밖의 정치단체에 가입하게 하거나 가입하지 아니하도록 권유 운동을 하는 것 등을 금지하고 있다.

② [×] 투표를 하거나 하지 아니하도록 권유 운동을 하는 것은 금지되어 있지만, 투표권 행사여부에 대한 사적 견해를 제시하는 것을 금지하는 규정은 없다.

답 ②

04 ☐☐☐

16년 국가9급

공직윤리 확보를 위한 행동강령(code of conduct)에 대한 설명으로 옳지 않은 것은?

① 행동강령은 공무원에게 기대되는 바람직한 가치판단이나 의사결정을 담고 있으며, 공무원이 준수하여야 할 행동 기준으로 작용한다.
② 공무원 행동강령은 부패방지 및 국민권익위원회의 설치와 운영에 관한 법률 제8조에 근거해 대통령령으로 제정되었다.
③ 공무원 행동강령은 중앙행정기관의 장 등에게 공무원 행동강령의 시행에 필요한 범위에서 해당 기관의 특성에 적합한 세부적인 기관별 공무원 행동강령을 제정하도록 규정하고 있다.
④ OECD 국가들의 행동강령은 1970년대부터 집중적으로 제정되었으며, 주로 법률 형식으로 규정하고 있다.

04	행동강령 → 1990년대 집중적으로 제정

① [○] 행동강령은 윤리강령을 구체화하여 세분화된 내용과 절차를 담고 있는 것으로 규범성, 실천성, 자율성, 포괄성과 보편성, 예방적 성격 등을 특징으로 한다.
② [○] 우리나라의 행동강령은 '부패방지법' 제8조에 근거하여 대통령령으로 제정(2003)하였다.
③ [○] '공무원행동강령' 제24조에 따르면 중앙행정기관의 장 등은 이 영의 시행에 필요한 범위에서 해당 기관의 특성에 적합한 세부적인 기관별 공무원 행동강령을 제정하여야 한다.
④ [×] OECD 국가들의 행동강령은 1990년대부터 집중적으로 제정되었으며. OECD 국가의 3분의 2가 법률의 형식으로 규정하고 있다.

답 ④

행정윤리에 대한 설명으로 옳지 않은 것은?

① 제도적 책임성이란 공무원이 전문가로서의 직업윤리와 책임감에 기초해서 자발적인 재량을 발휘해 확보되는 행정 책임을 의미한다.
② 행정윤리는 사익보다는 공익과 밀접한 관계가 있다.
③ 결과주의에 근거한 윤리평가는 사후적인 것이며 문제의 해결보다는 행위 혹은 그 결과에 대한 처벌에 중점을 둔다.
④ 공무원 부패의 원인을 사회문화적 접근으로 보는 관점에서는 특정한 지배적 관습이나 경험적 습성이 부패를 조장한다는 입장이다.

행정윤리의 특징에 대한 설명으로 옳지 않은 것은?

① 공직자 윤리나 책임성을 평가하기 위해서는 결과주의와 의무론이 균형 있게 결합되어야 한다.
② 공무원들은 국민생활에 심대한 영향을 미칠 수 있는 독점적 권력을 행사하기 때문에 높은 직업윤리를 요구받게 된다.
③ OECD는 정부의 신뢰적자(confidence deficit) 문제를 해결하기 위한 방안으로 윤리의 확보를 제시하고 있다.
④ 행정윤리는 특정 시점이나 사실과 관계없이 규범성과 당위성을 가지고 작동되어야 한다.

05	직업윤리에 기초한 책임 → 자율적 책임

① [×] 공무원이 전문가로서의 직업윤리와 책임감에 기초해서 자발적인 재량을 발휘해 확보되는 행정책임은 자율적 책임이다.
③ [○] 결과주의에 근거한 행위의 평가는 사후적인 것으로서 문제의 해결보다는 행위 혹은 그 결과에 대한 처벌에 중점을 둔다. 반면, 의무론에 입각한 동기에 대한 평가는 상대적으로 도덕적 원칙을 강조한다.

답 ①

06	공무원 윤리 → 특정 시험과 관련된 구체적이고 실질적인 규범

① [○] 과정이나 동기에 관계없이 결과를 토대로 책임성을 평가하는 결과론이고 동기를 기준으로 책임성을 평가하는 의무론이다.
② [○] 공무원은 불특정 다수와 관련된 업무를 수행하므로 공직윤리는 타 직업보다 높은 수준의 윤리를 요구한다.
③ [○] OECD는 통제, 관리, 안내라는 윤리기반을 제시하였고 이에 따라 OECD 국가들은 1990년대부터 집중적으로 윤리강령 등을 법률의 형식으로 제정하였다.
④ [×] 공직윤리는 공무원이 공무수행 과정이나 신분상 마땅히 지켜야 할 행동규범으로, 이는 특정 시기에 특정 사람들의 의식과 행태를 결정한다는 점에서 구체적이고 실질적이다.

답 ④

07 ☐☐☐

행정윤리를 벗어나는 행정권의 오용행위에 대한 설명으로 옳은 것은?

① 비윤리적 행위란 공무원들이 고속도로 통행료를 착복하고 영수증을 허위 작성한다든가 또는 공공기금을 횡령하고 계약의 대가로 지불금의 일부를 가로채는 등의 행위를 말한다.

② 부정행위란 공무원들이 친구 또는 특정 정파에 호의를 베풀거나 자신의 경제적 이익을 위해 어떤 결정을 내리는 행위를 말한다.

③ 입법의도의 편향된 해석이란 정부가 환경보호 의견을 무시한 채 관련 법규에서 개발업자나 목재회사 측의 편을 들어 벌목을 허용하는 등의 행위를 말한다.

④ 실책의 은폐는 공무원들이 부여된 재량권을 행사하지 않고 적극적인 조치를 취하기를 꺼리는 현상을 말한다.

08 ☐☐☐

행정윤리에 대한 설명으로 옳지 않은 것은?

① '공직자윤리법'상 취업심사대상자는 퇴직일부터 3년간 취업심사대상기관에 취업할 수 없다. 다만, 관할 공직자윤리위원회로부터 취업심사대상자가 퇴직 전 5년 동안 소속하였던 부서 또는 기관의 업무와 취업심사대상기관 간에 밀접한 관련성이 없다는 확인을 받거나 취업승인을 받은 때에는 취업할 수 있다.

② 각급 학교의 입학·성적·수행평가 등의 업무에 관하여 법령을 위반하여 처리·조작하도록 하는 행위는 「부정청탁 및 금품 등 수수의 금지에 관한 법률」상 부정청탁에 해당한다.

③ '부패방지 및 국민권익위원회의 설치와 운영에 관한 법률'에서는 내부고발자 보호제도를 규정하고 있다.

④ 공직자 행동강령은 공무원이 준수하여야 할 행동기준으로 '국가공무원법'에 규정되어 있다.

07	통행료의 착복 → 부패 혹은 부정행위

① [×] 통행료 착복, 영수증 허위 작성, 공금횡령 등은 부패행위 (부정행위)에 속한다.

② [×] 친구 또는 특정 정파에 호의를 베풀거나 사익을 추구하는 행위는 비윤리적 행위이다.

③ [○] 법규를 위반하지 않는 테두리 안에서 특정 이익만을 옹호하는 것을 입법의도의 편향적 해석이라 한다.

④ [×] 부여된 재량권을 행사하지 않고 적극적인 조치를 취하기를 꺼리는 현상은 무사안일이다. 실책의 은폐는 자신의 잘못을 숨기거나 잘못된 행동을 정당화하기 위해 변명하는 것을 말한다.

답 ③

08	공무원 행동강령 → 대통령령으로 규정

① [○] 등록의무자(취업심사대상자)는 퇴직일부터 3년간 취업심사대상기관에 취업할 수 없다. 다만, 관할 공직자윤리위원회로부터 취업심사대상자가 퇴직 전 5년 동안 소속하였던 부서 또는 기관의 업무와 취업심사대상기관 간에 밀접한 관련성이 없다는 확인을 받거나 취업승인을 받은 때에는 취업할 수 있다.

④ [×] 공직자 행동강령은 '부패방지 및 국민권익위원회의 설치와 운영에 관한 법률'에 근거하여 대통령령으로 제정되어 있다. 즉, '국가공무원법'에 규정되어 있는 것은 아니다.

답 ④

09 □□□

공직윤리에 대한 설명으로 옳은 것은?

① 품위유지의 의무와 영리업무 및 겸직금지는 공직자윤리
법에 규정되어 있다.
② 재산등록의무자였던 퇴직공직자는 퇴직 전 5년 동안 소속
하였던 부서 또는 기관의 업무와 밀접한 관련성이 있는
기관에 퇴직일로부터 5년간 취업이 제한된다.
③ 육군 소장과 강원도 소방정감은 공직자윤리법상 재산
공개의무가 있다.
④ '부정청탁 및 금품 등 수수의 금지에 관한 법률 시행령'
상 사립학교 교직원의 외부강의 사례금 상한액은 시간당
50만 원이다.
⑤ 총경 이상의 경찰공무원과 경기도의 교육장은 공직자
윤리법상 재산등록의무가 있다.

10 □□□

'국가공무원법'에 명시된 공무원의 의무에 해당하지 않는 것은?

① 부패행위의 신고의무
② 품위유지의 의무
③ 복종의 의무
④ 성실의무

09	교육장 → 교육지청의 장

① [×] 품위유지의무와 영리업무 및 겸직금지는 '국가공무원법'에
규정되어 있다.
② [×] 재산등록의무자는 관련성이 있는 기관에 퇴직일로부터
5년간 취업이 제한된다.
③ [×] 군인의 경우 중장부터 '공직자윤리법'상 재산공개의무가
있다.
④ [×] 사립학교 교직원의 외부강의 사례금 상한액은 시간당
100만 원이다.
⑤ [○] 교육장은 교육지원청의 수장이며, 3급 내지 4급의 신분을
갖는다.

답 ⑤

10	부패행위 신고의무 → 부패방지법

① [×] 부패행위의 신고의무는 일명 '부패방지법'에 규정되어 있다.
②, ③, ④ '국가공무원법'은 선서의무, 성실의무, 복종의무, 친절·
공정의 의무, 비밀엄수 의무, 품위유지의무, 청렴의무, 종교중립
의무, 직장이탈금지의무, 영리업무 및 겸직금지, 정치운동금지,
집단행위금지, 영예수여제한(→ 대통령의 허가) 등을 규정하고
있다.

📄 **국가공무원법상 의무와 금지**

의무	선서, 성실, 복종, 친절·공정, 비밀엄수, 품위유지, 청렴, 종교 중립 의무
금지	직장이탈, 영리업무 및 겸직, 정치운동, 집단행위, 영예수여 제한(→ 대통령의 허가)

답 ①

11 □□□

공직자의 이해충돌에 대한 설명으로 옳지 않은 것은?

① 우리나라는 2021년 5월 '공직자의 이해충돌 방지법'을 제정 하였다.

② 이해충돌은 그 특성에 따라 실제적, 외견적, 잠재적 형태 로 분류할 수 있다.

③ 이해충돌 회피에 있어서는 '어느 누구도 자신이 연루된 사건의 재판관이 되어서는 안 된다'라는 원칙이 적용된다.

④ '공직자의 이해충돌 방지법'의 위반행위는 감사원, 수사기관, 국민권익위원회 등에 신고할 수 있으나 위반행위가 발생한 기관은 제외된다.

11	이해충돌방지의 신고 → 공공기관 및 그 감독기관, 감사원, 수사기관, 국민권익위원회

① [○] 우리나라는 공직자의 이해충돌 방지를 위해 2021년 5월에 '공직자의 이해충돌 방지법'이 제정된 후 2022년 5월부터 시행되고 있다.

② [○] 실질적 이해충돌은 현재 발생하고 있고, 과거에도 발생한 이해충돌을 의미하고, 외견상 이해충돌은 공무원의 사익이 부적절 하게 공적 의무의 수행에 영향을 미칠 가능성이 있는 상태로, 부정적 영향이 현재화된 것은 아닌 상태를 의미한다. 그리고 잠재적 이해충돌은 공무원이 미래에 공적 책임에 관련된 일에 연루되는 것을 의미한다.

④ [×] '이해충돌 방지법'의 위반행위가 발생하였거나 발생하고 있다는 사실을 알게 된 경우에는 이를 위반행위가 발생한 공공 기관 또는 그 감독기관, 감사원 또는 수사기관, 국민권익위원회 등에 신고할 수 있다.

답 ④

---

12 □□□

다음은 판례의 일부이다. 괄호 안에 들어갈 말로 옳은 것은?

> 주식백지신탁제도라 함은 공직자의 재산과 그가 담당하는 직무 사이에 발생하는 (   )을 사전에 회피하고, 공직자가 직위 또는 직무상 알게 된 정보를 이용하여 주식거래를 하거나 주가에 영향을 미쳐 부정하게 재산을 증식하는 것을 방지하며, 국민에 대한 봉사자로서 직무전념의무를 다하도록 하기 위해 일정 금액을 초과하는 주식을 보유하고 있는 경우에는 그 주식을 매각하거나 그 주식의 관리·운용·처분 권한 일체를 수탁기관에 위임하여 자신의 재산이 어떠한 형태로 존속하는지 알 수 없도록 신탁계약을 체결하도록 하는 제도를 말한다.

① 이념갈등
② 이해충돌
③ 민간위탁
④ 부정청탁

12	주식백지신탁제도 → 이해충돌방지

② [○] 주식백지신탁제도는 이해충돌을 방지하기 위해 도입된 제도이다. 등록의무자 중 공개대상자와 기획재정부 및 금융위원회 소속 공무원 중 대통령령으로 정하는 사람은 본인 및 그 이해 관계자 모두가 보유한 주식의 총 가액이 1천만 원 이상 5천만 원 이하의 범위에서 대통령령으로 정하는 금액을 초과(3천만 원) 할 때에는 초과하게 된 날부터 1개월 이내에 등록기관에 신고 하여야 한다. 다만, 주식백지신탁 심사위원회로부터 직무관련성이 없다는 결정을 통지받은 경우에는 그러하지 아니하다.

답 ②

---

13 □□□

다음 ㄱ과 ㄴ에 들어갈 내용으로 옳은 것은?

> 공직자윤리법에 규정된 취업심사대상자는 퇴직일부터 (ㄱ)
> 년간 취업심사대상기관에 취업할 수 없다. 다만, 관할 공직
> 자윤리위원회로부터 취업심사대상자가 퇴직 전 (ㄴ)년
> 동안 소속하였던 부서 또는 기관의 업무와 취업심사대상기관
> 간에 밀접한 관련성이 없다는 확인을 받거나 취업승인을
> 받은 때에는 취업할 수 있다.

	ㄱ	ㄴ
①	3년	5년
②	5년	3년
③	2년	3년
④	2년	5년

14 □□□

국민에 대한 봉사자로서 공직자가 지녀야 할 윤리를 확립할 목적으로 제정된 우리나라의 현행 '공직자윤리법'이 포함하고 있지 않는 내용은?

① 내부고발자보호
② 재산등록 및 공개
③ 선물신고
④ 퇴직공직자의 취업제한

---

13 | 퇴직 공무원 취업제한 → 퇴직 전 5년 + 퇴직 후 3년

① [○] 취업심사대상자는 퇴직일부터 3년 간, 퇴직 전 5년 동안 소속하였던 부서 또는 기관의 업무와 밀접한 관련성이 있는 취 업제한기관에 취업할 수 없다.

답 ①

---

14 | 내부고발자보호 → 부패방지법

① [×] 내부고발자 보호제도는 '부패방지 및 국민권익위원회의 설치와 운영에 관한 법률'에 규정되어 있다.
② [○] 원칙적으로 4급 이상 공무원은 재산을 등록하여야 하고 1급 이상 공무원은 등록된 재산을 공개하여야 한다.
③ [○] 공무원 또는 공직유관단체의 임직원은 외국으로부터 선물을 받거나 그 직무와 관련하여 외국인에게 선물을 받으면 지체 없이 소속 기관·단체의 장에게 신고하고 그 선물을 인도하여야 한다.

답 ①

15 □□□

'공직자윤리법'상 재산등록의무자로 옳지 않은 것은?

① 법관 및 검사
② 소령 이상의 장교 및 이에 상당하는 군무원
③ 총경 이상의 경찰공무원과 소방정 이상의 소방공무원
④ 4급 이상의 일반직 공무원에 상당하는 보수를 받는 별정직 공무원

16 □□□

'국가공무원법'에서 규정하고 있는 공무원의 의무에 해당하지 않는 것은?

① 공무원은 재직 중은 물론 퇴직 후에도 직무상 알게 된 비밀을 엄수하여야 한다.
② 공무원은 건강하고 쾌적한 환경을 보전하기 위하여 노력하여야 한다.
③ 공무원은 공무 외에 영리를 목적으로 하는 업무에 종사하지 못하며 소속 기관장의 허가 없이 다른 직무를 겸할 수 없다.
④ 공무원은 국민 전체의 봉사자로서 친절하고 공정하게 직무를 수행하여야 한다.

15	군인 → 대령 이상 공개

② [×] 군인의 경우 대령 이상의 장교가 재산등록의무자이다.

📄 **공직자윤리법상 재산등록의무자와 재산공개의무자**

재산등록의무자	재산공개의무자
• 법관 및 검사	• 고등법원 부장판사급 이상
• 헌법재판소 헌법연구관	• 대검찰청 검사급 이상
• 대령 이상	• 중장 이상
• 총경 이상	• 치안감 이상
• 소방정 이상	• 소방감 이상
• 공직유관단체 임원	• 지방 국세청장, 3급 이상 세관장
	• 공직유관단체 임원

답 ②

16	환경보전의 의무 → 헌법 규정

① [○] 공무원은 재직 중은 물론 퇴직 후에도 직무상 알게 된 비밀을 엄수하여야 한다.
② [×] 국가와 국민은 환경보전을 위하여 노력하여야 한다는 규정은 헌법 제35조의 규정사항이다.
③ [○] 공무원은 공무 외에 영리를 목적으로 하는 업무에 종사하지 못하며 소속 기관장의 허가 없이 다른 직무를 겸할 수 없다.
④ [○] 공무원은 국민 전체의 봉사자로서 친절하고 공정하게 직무를 수행하여야 한다.

답 ②

우리나라의 행정윤리에 대한 설명으로 옳은 것만을 모두 고르면?

> ㄱ. 공직자윤리법상 지방의회 의원은 외국정부 등으로부터
> 받은 선물의 신고의무가 없다.
> ㄴ. 우리나라에서는 내부고발자보호제도를 법률로 규정
> 하고 있다.
> ㄷ. 공직자윤리법에 따르면 총경 이상의 경찰공무원과
> 소방정 이상의 소방공무원은 재산을 등록해야 한다.
> ㄹ. 공무원의 주식백지신탁 의무는 부패방지 및 국민권익
> 위원회의 설치와 운영에 관한 법률에 규정되어 있다.

① ㄱ, ㄴ   ② ㄱ, ㄷ
③ ㄴ, ㄷ   ④ ㄷ, ㄹ

행정윤리에 대한 설명으로 옳은 것을 모두 고르면?

> ㄱ. 정치와 행정의 상호작용이 활발해지면 행정윤리의
> 확보가 어려워질 가능성이 높아진다.
> ㄴ. 국가공무원법, 공직자윤리법은 부패방지 등을 위한
> 구체적이고 적극적인 행정윤리를 강조한다.
> ㄷ. 정무직 공무원, 4급 이상 일반직 고위공무원은 재산
> 등록 대상이지만 정부출연기관의 임원은 제외된다.
> ㄹ. 공무원의 개인적 윤리기준은 공공의 신탁(public trust)
> 과 관련된다.
> ㅁ. 행정윤리는 공무원이 수행하는 행정업무와 관련된
> 윤리를 의미한다.

① ㄱ, ㄴ, ㄷ   ② ㄱ, ㄹ, ㅁ
③ ㄴ, ㄹ, ㅁ   ④ ㄷ, ㄹ, ㅁ

---

17   주식백지신탁제도 → 공직자윤리법

ㄱ. [×] '공직자윤리법'에 따르면 지방의회 의원 역시 외국정부 등
으로부터 선물을 받은 경우 이를 신고하여야 한다.
ㄴ. [○] 내부고발자보호제도는 '부패방지 및 국민권익위원회의
설치와 운영에 관한 법률'과 '공익신고자보호법'에 도입되어 있다.
ㄷ. [○] 4급 이상의 일반직 공무원, 대령 이상의 장교, 총경 이상의
경찰공무원, 소방정 이상의 소방공무원 등이 재산등록의 대상
이다.
ㄹ. [×] 공무원의 주식백지신탁 의무는 '공직자윤리법'에 규정되어
있다.

답 ③

18   적극적 윤리 → 윤리강령

ㄱ. [○] 정치와 행정의 상호작용이 활발해진다는 것은 공무원의
재량이 늘었거나 정치적 후원의 가능성이 크다는 의미이다.
ㄴ. [×] 윤리의 소극적 측면으로는 부패 등에 빠지지 않을 것을 뜻
하며, 적극적 측면은 정책의 윤리성, 바람직한 가치관의 정립,
전문지식의 함양까지 요구한다. 이에 따라 '국가공무원법'과 '공
직자윤리법' 등은 소극적 윤리를 강조하며, '공무원 윤리헌장'과
'공무원 신조' 등은 적극적 윤리를 강조한다.
ㄷ. [×] '공공기관의 운영에 관한 법률'에 따른 공기업의 장 · 부기
관장 · 상임이사 및 상임감사 등도 재산등록의 대상이다.
ㄹ. [○] 공공의 신탁(public trust)은 공무원의 윤리기준이 전체
국민에 의해 부여되었음을 강조하는 개념이다.
ㅁ. [○] 행정윤리는 공무원이 업무수행 과정이나 신분상 마땅히
지켜야 할 행동규범이다.

답 ②

19 □□□

공직윤리 확보를 위한 제도에 대한 설명으로 옳지 않은 것은?

① 국민권익위원회는 공익신고자 등으로부터 보호조치를 신청 받은 때에는 바로 공익신고자 등이 공익신고 등을 이유로 불이익조치를 받았는지에 대한 조사를 시작하여야 한다.

② 취업심사대상자는 퇴직 전 3년 동안 소속하였던 부서의 업무와 밀접한 관련이 있는 기관에 퇴직일로부터 5년간 취업할 수 없다. 단, 관한 공직자윤리위원회로부터 취업 승인을 받은 경우는 예외로 한다.

③ 재직자는 퇴직공직자로부터 직무와 관련한 청탁 또는 알선을 받은 경우 이를 소속 기관의 장에게 신고하여야 한다.

④ 국민권익위원회는 접수한 부패행위 신고사항을 그 접수 일로부터 60일 이내에 처리하여야 한다. 단, 신고내용의 특성에 필요한 사항을 확인하기 위한 보완 등이 필요하다고 인정되는 경우에는 그 기간을 30일 이내에서 연장할 수 있다.

19	퇴직 공무원 취업제한 → 퇴직 전 5년 + 퇴직 후 3년

② [×] 취업심사대상자는 퇴직 전 5년 동안 소속하였던 부서의 업무와 밀접한 관련이 있는 기관에 퇴직일로부터 3년간 취업할 수 없다.

답 ②

20 □□□

'공직자윤리법령'의 내용으로 옳은 것은?

① 국립대학교의 학장은 재산을 등록할 의무가 없다.

② 공무원은 그 직무와 관련하여 외국인으로부터 수령 당시 국내 시가 10만 원 이상의 선물을 받으면 지체 없이 신고 하고 인도하여야 한다.

③ 재산공개 대상자가 직무 관련성이 있는 경우 매각 혹은 백지신탁 해야 하는 주식의 하한가액은 5천만 원이다.

④ 퇴직한 재산등록의무자는 퇴직 시점까지의 재산변동을 퇴직일부터 6개월 이내에 신고하여야 한다.

20	선물신고 → 10만 원 이상

① [×] 국립대학교의 총장·부총장·대학원장·학장은 재산등록 대상자이다.

② [○] 공무원(지방의회의원 포함) 또는 공직유관단체의 임직원은 외국으로부터 선물을 받거나 그 직무와 관련하여 외국인(외국 단체 포함)에게 선물을 받으면 지체 없이 소속 기관·단체의 장 에게 신고하고 그 선물을 인도하여야 한다.

③ [×] '공직자윤리법'은 공개대상자는 본인 및 그 이해관계자 모두가 보유한 주식의 총 가액이 1천만 원 이상 5천만 원 이하의 범위에서 대통령령으로 정하는 금액(3천만 원)을 초과할 때에 는 초과하게 된 날부터 1개월 이내에 등록기관에 신고하여야 한다.

④ [×] 퇴직한 등록의무자는 퇴직일부터 2개월이 되는 날이 속하는 달의 말일까지 그 해 1월 1일부터 퇴직일까지의 재산 변동 사항을 퇴직 당시의 등록기관에 신고하여야 한다.

답 ②

'국가공무원법'상 공직윤리에 위배되는 행위는?

① 공무원 甲은 소속 상관에게 직무상 관계가 없는 증여를 하였다.
② 공무원 乙은 소속 기관장의 허가를 받아 다른 직무를 겸하였다.
③ 수사기관이 현행범인 공무원 丙을 소속 기관의 장에게 미리 통보하지 않고 구속하였다.
④ 공무원 丁은 대통령의 허가를 받고 외국 정부로부터 증여를 받았다.

공무원의 복무와 관련하여 '지방공무원법'에서 규정하고 있지 않은 것은?

① 공무원은 소속 상사의 허가 없이 또는 정당한 이유 없이 직장을 이탈하지 못한다.
② 공무원은 외국 정부로부터 영예 또는 증여를 받을 경우에는 대통령의 허가를 받아야 한다.
③ 퇴직한 모든 공무원은 본인 또는 제3자의 이익을 위하여 퇴직 전 소속 기관의 임직원에게 법령을 위반하게 하거나 지위 또는 권한을 남용하게 하는 등 공정한 직무수행을 저해하는 부정한 청탁 또는 알선을 하여서는 아니 된다.
④ 공무원은 공무 외에 영리를 목적으로 하는 업무에 종사하지 못하며, 소속 기관의 장의 허가 없이 다른 직무를 겸할 수 없다.

---

21   소속 상관과의 관계 → 직무 무관

① [×] 공무원은 직무상의 관계가 있든 없든 그 소속 상관에게 증여하거나 소속 공무원으로부터 증여를 받아서는 아니 된다.
② [○] 공무원은 공무 외에 영리를 목적으로 하는 업무에 종사하지 못하며 소속 기관장의 허가 없이 다른 직무를 겸할 수 없다.
③ [○] 수사기관이 공무원을 구속하려면 그 소속 기관의 장에게 미리 통보하여야 한다. 다만, 현행범은 그러하지 아니하다.
④ [○] 공무원이 외국 정부로부터 영예나 증여를 받을 경우에는 대통령의 허가를 받아야 한다.

답 ①

---

22   퇴직공무원의 행위제한 → 공직자윤리법

③ [×] 퇴직공직자 등에 대한 행위제한은 '공직자윤리법'에 규정되어 있다.

답 ③

23 ☐☐☐

'공직자윤리법'의 내용으로 옳지 않은 것은?

① 공무원의 가족이 외국 혹은 외국인으로부터 받은 선물은 신고절차를 거친 후 지체 없이 당사자에게 반환하여야 한다.

② 취업심사대상자는 관할 공직자윤리위원회의 승인을 받지 않고는 취업제한기관에 퇴직일로부터 3년간 취업할 수 없다.

③ 한국은행과 공기업은 정부 공직자윤리위원회에 의해서 공직유관단체로 지정될 수 있다.

④ 공개대상자 등 및 그 이해관계인이 보유하고 있는 주식의 직무관련성을 심사 · 결정하기 위하여 인사혁신처에 주식 백지신탁심사위원회를 둔다.

24 ☐☐☐

'공직자윤리법'과 그 시행령에 근거하여 재산등록 의무를 갖는 공무원이 아닌 것은?

① 건축 · 토목 · 환경 · 식품위생 분야의 대민 관련 인 · 허가 담당 지방자치단체 소속 7급 일반직 공무원

② 예산의 편성 및 심사를 담당하는 지방자치단체 소속 7급 일반직 공무원

③ 조세의 부과 · 징수 · 조사 및 심사를 담당하는 지방자치단체 소속 7급 일반직 공무원

④ 감사원 소속의 7급 일반직 공무원

23	선물신고 → 국고 귀속

① [×] 신고절차를 거친 후 당사자에게 반환하는 것이 아니라 국고에 귀속시킨다.

③ [○] 한국은행, 공기업, 정부의 출자 · 출연 · 보조를 받는 기관 · 단체, 지방공사, 지방공단 등이 공직유관단체로 지정될 수 있다.

④ [○] 공직윤리에 관한 총괄기관은 인사혁신처이다.

답 ①

24	재산등록 → 원칙 4급 이상, 예외 7급 이상

① [○] 중앙행정기관 소속 공무원이나 지방자치단체 소속공무원 중 건축 · 토목 · 환경 · 식품위생 분야의 대민 관련 인 · 허가, 승인, 검사 · 감독, 지도단속 업무를 담당하는 부서에 근무하는 5급 이하 7급 이상의 일반직 공무원은 '공직자윤리법시행령'에 의거 재산을 등록하여야 한다.

② [×] 예산의 편성 및 심사를 담당하는 지방자치단체 소속 7급 일반직 공무원은 재산등록 의무자로 규정되어 있지 않다.

③ [○] 지방자치단체 소속 공무원 중 조세의 부과 · 징수 · 조사 및 심사에 관계되는 업무를 담당하는 부서에 근무하는 5급 이하 7급 이상의 일반직 공무원은 '공직자윤리법시행령'에 의거 재산을 등록하여야 한다.

④ [○] 감사원 소속 공무원 중 5급 이하 7급 이상의 일반직 공무원과 이에 상당하는 별정직 공무원은 '공직자윤리법시행령'에 의거 재산을 등록하여야 한다.

답 ②

행정윤리 및 행정통제 제도에 대한 설명으로 옳지 않은 것은?

① 행정절차법 – 국민의 권익을 제한하는 처분을 할 경우에는 당사자에게 사전 통지해야 한다.

② 내부고발자 보호제도 – 조직의 불법행위를 언론이나 국회 등 외부에 알린 조직구성원을 보호한다.

③ 옴부즈만(ombudsman) – 행정이 잘못된 경우 해당 공무원에게 설명을 요구하고 필요한 사항을 조사하여 그 결과를 민원인에게 알려 준다.

④ 백지신탁 – 4급 이상 공무원은 이해의 충돌을 막기 위해 보유한 부동산을 수탁기관에 신탁해야 한다.

---

25   주식백지신탁 → 원칙적으로 1급 공무원 이상

① [O] 행정청은 당사자에게 의무를 부과하거나 권익을 제한하는 처분을 하는 경우에는 미리 당사자 등에게 통지하여야 한다.

② [O] 누구든지 이 법에 따른 신고나 이와 관련한 진술 그 밖에 자료 제출 등을 한 이유로 소속기관·단체·기업 등으로부터 징계조치 등 어떠한 신분상 불이익이나 근무조건상의 차별을 받지 아니한다.

③ [O] 옴부즈만은 정부나 의회에 의해 임명된 관리로서, 시민들에 의해 제기된 각종 민원을 수사하고 해결해주는 사람을 말한다.

④ [×] 주식의 매각 또는 백지신탁의 대상자는 등록의무자 중 공개대상자이며, 공개대상자는 원칙적으로 1급 이상 공무원이다.

답 ④

우리나라 행정통제제도에 대한 설명으로 옳지 않은 것은?

① 국회는 국정전반에 관하여 소관 상임위원회별로 매년 정기회 집회일 이전에 감사시작일부터 30일 이내의 기간을 정하여 감사를 실시한다. 다만, 본회의 의결로 정기회 기간 중에 감사를 실시할 수 있다.

② 재산등록의무자는 본인의 직계존속·직계비속·혼인한 자녀의 재산을 등록해야 한다.

③ 국가의 회계 및 지방자치단체의 회계는 감사원의 필요적 검사사항에 해당한다.

④ 감사원은 회계검사의 결과에 따라 국가의 세입·세출의 결산을 확인한다.

---

26   등록재산 → 혼인한 여자 비속의 재산의 제외

① [O] 개정 전에는 정기국회 중에 국정감사를 시작하였지만 현재에는 원칙적으로 정기국회 개회 전에 국정감사를 마쳐야 한다.

② [×] 재산등록의무자의 등록대상재산에는 본인, 배우자(사실상의 혼인관계에 있는 사람 포함), 본인의 직계존속·직계비속이다. 다만, 혼인한 직계비속인 여성과 외증조부모, 외조부모, 외손자녀 및 외증손자녀는 제외한다.

③ [O] 감사원의 필요적 검사사항에는 국가의 회계, 지방자치단체의 회계, 한국은행의 회계와 국가 또는 지방자치단체가 자본금의 2분의 1 이상을 출자한 법인의 회계, 다른 법률에 따라 감사원의 회계검사를 받도록 규정된 단체 등의 회계 등이다. 감사원은 필요하다고 인정하거나 국무총리의 요구가 있는 경우는 선택적 검사의 대상이 된다.

④ [O] 감사원은 국가의 결산을 확인한다. 결산을 확정하는 기관은 국회이다.

답 ②

다음 중 현행 '국가공무원법'상 공무원의 의무에 대한 내용으로 옳지 않은 것은?

① 공무원은 직무와 관련하여 직접적이든 간접적이든 사례·증여 또는 향응을 주거나 받을 수 없다.

② 공무원은 재직 중은 물론 퇴직 후에도 직무상 알게 된 비밀을 엄수하여야 한다.

③ 공무원은 직무상의 관계가 있든 없든 그 소속 상관에게 증여하거나 소속 공무원으로부터 증여를 받아서는 아니 된다.

④ 수사기관이 현행범인 공무원을 구속하려면 그 소속 기관의 장에게 미리 통보하여야 한다.

⑤ 공무원은 소속 상관의 허가 또는 정당한 사유가 없으면 직장을 이탈하지 못한다.

27	현행범위 구속 → 통보 예외

①, ③ [○] 공무원은 직무와 관련하여 직접적이든 간접적이든 사례·증여 또는 향응을 주거나 받을 수 없다. 또한 공무원은 직무상의 관계가 있든 없든 그 소속 상관에게 증여하거나 소속 공무원으로부터 증여를 받아서는 아니 된다.

④ [×] 수사기관이 공무원을 구속하려면 그 소속 기관의 장에게 미리 통보하여야 한다. 다만, 현행범은 그러하지 아니하다.

답 ④

공무원 부패의 사례와 그 유형을 바르게 연결한 것은?

> ㄱ. 무허가 업소를 단속하던 공무원이 정상적인 단속활동을 수행하다가 금품을 제공하는 특정 업소에 대해서는 단속을 하지 않는다.
>
> ㄴ. 금융위기가 심각함에도 불구하고 국민들의 동요나 기업 등의 위축을 방지하기 위해 금융위기가 전혀 없다고 관련 공무원이 거짓말을 한다.
>
> ㄷ. 인·허가와 관련된 업무를 담당하는 공무원의 대부분은 업무를 처리하면서 민원인으로부터 의례적으로 '급행료'를 받는다.
>
> ㄹ. 거래당사자 없이 공급 횡령, 개인적 이익 편취, 회계부정 등이 공무원에 의해 일방적으로 발생한다.

	ㄱ	ㄴ	ㄷ	ㄹ
①	제도화된 부패	회색부패	일탈형 부패	생계형 부패
②	일탈형 부패	생계형 부패	조직부패	회색부패
③	일탈형 부패	백색부패	제도화된 부패	비거래형 부패
④	조직부패	백색부패	생계형 부패	비거래형 부패

28	의례적 급행료 → 제도화된 부패

ㄱ. 무허가 업소를 단속하던 공무원이 정상적인 단속활동을 수행하다가 금품을 제공하는 특정 업소에 대해서는 단속을 하지 않는 것은 일탈형 부패이다.

ㄴ. 금융위기가 심각함에도 불구하고 국민들의 동요나 기업활동의 위축을 방지하기 위해 금융위기가 전혀 없다고 관련 공무원이 거짓말을 하는 것은 백색부패이다.

ㄷ. 인·허가와 관련된 업무를 담당하는 공무원의 대부분은 업무를 처리하면서 민원인으로부터 의례적으로 급행료를 받는 것은 제도화된 부패이다.

ㄹ. 상대방 없이 공급 횡령, 개인적 이익 편취, 회계부정 등의 공무원에 의해 일방적으로 발생하는 것은 비거래형 부패이다.

📋 부패의 유형

제도화 여부	• 제도화된 부패 • 우발적 부패: 일탈형 부패·일시적 부패
사회적 용인 여부	• 백색부패: 사회적으로 용인되고 관례화된 부패 → 선의 거짓말 • 회색부패: 처벌에 대해 찬반 대립이 존재하는 부패 → 강령에 규정 • 흑색부패: 모두가 처벌을 원하는 부패 → 법률에 규정
상대방의 존재 여부	• 비거래형 부패: 상대방 부존재 → 공금횡령, 회계부정 등 • 거래형 부패: 상대방 존재 → 뇌물수수 등
부패의 수준	• 개인부패 • 조직부패: 외부에 잘 드러나지 않음
기타	• 생계형 부패: 작은 부패 • 치부형 부패: 큰 부패

답 ③

행정통제와 관련된 다음 설명 중 옳지 않은 것은?

① 행정의 전문성, 복잡성이 증가할수록 외부통제보다는 내부통제가 더욱 강조된다.
② 우리나라에서는 내부고발인 보호를 위한 규정을 부패 방지법에 두고 있다.
③ 미국에서는 내부고발인 보호를 위한 규정을 행정절차법에 두고 있다.
④ 행정정보가 공개될수록 행정통제가 활성화된다.

29	미국의 내부고발자 보호 → 개별법에 규정

① [O] 행정의 전문성과 복잡성이 증가하면 외부통제가 어려워지므로 상대적으로 내부통제가 강조된다.
② [O] 우리나라는 '부패방지법'에 내부고발자 보호제도가 규정되어 있다.
③ [×] 반면, 미국의 경우 '링컨법', '부정폭로법' 등 개별법에 내부고발자 보호제도를 규정하고 있다.
④ [O] 행정정보가 공개된다면 정보비대칭으로 인한 통제의 어려움이 완화될 수 있을 것이다.

답 ③

부패의 유형에 대한 설명으로 옳지 않은 것은?

① 민원처리 과정에서 소위 '급행료'가 당연시되는 관행은 제도화된 부패에 해당된다.
② 과도한 선물의 수수와 같이 공무원 윤리강령에 규정될 수는 있지만, 법률로 규정하는 것에 대하여 논란이 있는 경우는 회색부패에 해당된다.
③ 공금횡령이나 회계부정은 거래를 하는 상대방 없이 공무원에 의해 일방적으로 발생하는 백색부패에 해당된다.
④ 공무원과 기업인 간의 뇌물과 특혜의 교환은 거래형 부패에 해당된다.

30	상대방이 없는 부패 → 비거래형 부패

① [O] 제도화된 부패는 부패가 일상화·제도화되어 있어 마치 부패가 실질적인 규범이 되고 바람직한 행동이 예외가 되는 현상이다. 구조화된 부패, 체제적(systemic) 부패 등으로 언급된다.
② [O] 회색부패는 사회에 파괴적 영향력을 지니고 있어 처벌에 대해 찬반 대립이 존재하는 부패이다.
③ [×] 공금횡령이나 회계부정처럼 거래의 상대방 없이 공무원에 의해 일방적으로 발생하는 부패를 비거래형 부패라 한다.
④ [O] 뇌물과 특혜의 교환처럼 상대방이 있는 부패를 거래형 부패라 한다.

답 ③

공직부패의 유형에 대한 설명으로 옳지 않은 것은?

① 인 · 허가 업무처리시 소위 '급행료'를 당연하게 요구하는 행위를 일탈형 부패라고 한다.

② 정치인이나 고위공무원이 자신의 권력을 남용해 사적 이익을 추구하는 것을 권력형 부패라고 한다.

③ 공금 횡령, 회계 부정 등 거래 당사자 없이 공무원에 의해 일방적으로 발생하는 부패를 사기형 부패라고 한다.

④ 사회체제에 파괴적 영향을 미칠 잠재성이 있음에도 불구하고, 일부 집단은 처벌을 원하는 반면, 다른 집단은 처벌을 원하지 않는 경우를 회색부패라고 한다.

다음 〈보기〉 중 부패의 접근법에 대한 설명으로 옳지 않은 것만을 모두 고르면?

〈보기〉

ㄱ. 개인의 성격 및 독특한 습성과 윤리 문제가 부패와 밀접한 관련이 있다고 보는 입장은 도덕적 접근법에 따른 것이다.

ㄴ. 특정한 관습이나 경험적 습성과 같은 것이 부패를 조장한다고 보는 입장은 제도적 접근법에 따른 것이다.

ㄷ. 사회의 법과 제도상의 결함이나 이러한 것들에 대한 관리기구와 운영상의 문제들이 부패의 원인으로 작용한다고 보는 입장은 사회문화적 접근법에 따른 것이다.

ㄹ. 부패란 어느 하나의 변수에 의해 설명되는 것이 아니라 문화적 특성, 제도적 결함, 구조적 모순, 공무원의 부정적 행태 등 다양한 요인에 의해 복합적으로 나타난다는 입장은 체제론적 접근법에 따른 것이다.

① ㄱ, ㄴ   ② ㄱ, ㄷ

③ ㄴ, ㄷ   ④ ㄴ, ㄹ

⑤ ㄷ, ㄹ

31	급행료의 당연한 수수 → 제도화된 부패

① [×] 인 · 허가 업무처리에 있어 소위 '급행료'를 당연하게 요구하는 행위는 제도화된 부패라 한다.

답 ①

32	개인의 독특한 습성 → 도덕적 접근

ㄴ. [×] 특정한 관습이나 경험적 습성과 같은 것이 부패를 조장한다고 보는 입장은 사회문화적 접근법에 따른 것이다.

ㄷ. [×] 사회의 법과 제도상의 결함이나 이러한 것들에 대한 관리기구와 운영상의 문제들이 부패의 원인으로 작용한다고 보는 입장은 제도적 접근법에 따른 것이다.

답 ③

33 □□□

부패의 원인에 관한 도덕적 접근방법의 입장과 가장 가까운 것은?

① 부패는 관료 개인의 윤리의식과 자질로 인하여 발생한다.
② 부패는 관료 개인의 속성, 제도, 사회문화적 환경 등의 여러 요인이 복합적으로 상호작용한 결과이다.
③ 부패는 현실과 괴리된 법령의 이중적인 규제 기준과 모호한 법규정, 적절한 통제장치의 미비 등에 의해 발생한다.
④ 부패는 공식적 법규나 규범보다는 관습과 같은 사회문화적 환경에 의해 유발된다.

34 □□□

공무원 부패에 대한 체제론적 접근방법을 설명한 것으로 옳은 것은?

① 공무원 부패는 개인들의 윤리의식과 자질 때문에 발생한다.
② 부패는 하나의 변수가 아니라 다양한 요인에 의해 복합적으로 나타난다.
③ 사회의 법과 제도상의 결함 때문에 부패가 발생한다.
④ 특정한 지배적 관습이나 경험적 습성과 같은 것이 부패를 조장한다.

---

33 부패의 도덕적 접근방법 → 개인의 윤리적 자질의 부족

① [○] 부패의 원인에 관한 도덕적 접근방법은 개인의 윤리의식과 자질로 인하여 부패가 발생하였다고 보는 입장이다.
② [×] 부패가 여러 요인에 의해 복합적으로 나타난다는 것은 부패와 관한 체제론적 시각이다.
③ [×] 현실과 괴리된 법령의 이중적인 규제기준과 모호한 법규정, 적절한 통제장치의 미비 등을 부패의 원인으로 보는 것은 부패에 관한 제도적 시각이다.
④ [×] 관습과 같은 사회문화적 환경에 의해 부패가 유발된다는 것은 부패와 관한 사회문화적 시각이다.

답 ①

---

34 체제론적 부패 → 다양한 원인

① [×] 개인의 윤리와 자질의 부족을 부패발생의 원인으로 파악하는 입장은 도덕적 입장이다.
② [○] 체제론적 접근은 부패를 하나의 변수가 아닌 다양한 원인에 의해 발생하는 복합적 현상이므로 부분적 대응으로는 부패를 억제하기 곤란하다는 입장이다.
③ [×] 행정통제장치의 미비처럼 사회의 법과 제도상의 결함 혹은 운영상의 예기치 않은 부작용을 부패발생의 원인으로 보는 입장은 제도적 접근이다.
④ [×] 전통적 선물관행이나 보은의식 등 특정한 지배적 관습이나 경험적 습성이 부패를 조장한다는 입장은 사회문화적 접근이다.

답 ②

35 □□□
07년 국가7급

공무원 부패를 연구하는 시각이나 접근방법 상이한데 다음 설명 중 사회문화적 접근법에 해당하는 것은?

① 개인들의 윤리, 자질이 부패를 야기한다.
② 특정한 지배적 관습이나 경험적 습성에서 부패가 비롯된다.
③ 사회의 법과 제도상의 결함이나 부작용이 부패를 발생시킨다.
④ 문화적 특성, 제도상 결함, 구조상 모순, 공무원의 부정적 행태 등 다양한 요인에 의해 부패는 야기된다.

36 □□□
09년 지방7급

공무원 부패에 대한 다양한 접근방법 중 체제론적 접근방법을 설명하고 있는 것은?

① 특정한 지배적 관습이나 경험적 습성과 같은 요인이 공무원 부패를 조장한다고 보는 접근방법이다.
② 사회의 법과 제도상의 결함, 부패관리기구와 그 운영상의 문제점 또는 예기치 않았던 부작용들이 공무원 부패를 조장한다고 보는 접근방법이다.
③ 문화적 특성, 제도상 결함, 구조상 모순 그리고 공무원의 부정적 행태 등 다양한 요인에 의해 공무원 부패가 발생한다고 보는 접근방법이다.
④ 개인의 성격 및 독특한 습성과 윤리문제를 공무원 부패의 원인으로 접근하는 방법이다.

35	부패에 관한 사회문화적 접근 → 지배적 관습이나 습성

① [×] 개인들의 윤리, 자질이 부패를 야기한다는 것은 부패에 관한 도덕적 접근이다.
② [○] 특정한 지배적 관습이나 경험적 습성에서 부패가 비롯된다는 것이 사회문화적 접근이다.
③ [×] 법과 제도상의 결함이나 부작용이 부패를 발생시킨다는 것은 제도적 접근이다.
④ [×] 다양한 요인에 의해 부패가 야기된다는 것은 체제론적 접근이다.

답 ②

36	다양한 원인 → 체제론적 부패

③ [○] 체제론적 접근은 부패란 하나의 변수가 아닌 다양한 원인에 의해 발생하는 복합적 현상으로, 부분적 대응으로는 부패를 억제하기 곤란하다는 입장이다.

답 ③

공무원 개인의 가치와 태도를 토대로 공직사회 전체의 부패 정도를 설명하려는 경우에 발생되기 쉬운 오류는?

① 환원주의(reductionism) 오류
② 표본추출(sampling) 오류
③ 통계적 회귀(statistical regression) 오류
④ 생태적 오류(ecological fallacy)

부패의 유형과 그 예에 대한 설명으로 옳지 않은 것은?

① 회색부패는 금융위기가 심각함에도 불구하고 국가적 동요를 막기 위해 관련 공직자가 문제없다고 거짓말을 하는 것이다.
② 제도화된 부패는 인·허가와 관련된 업무를 처리할 때 소위 '급행료'를 지불하는 것이다.
③ 일탈형 부패는 무허가업소를 단속하던 단속원이 금품을 제공하는 특정 업소에 대해 단속을 하지 않는 것이다.
④ 개인부패는 공무원 개인이 직무를 수행하면서 공금을 횡령한 것이다.

37	환원주의 오류 혹은 합성의 오류 → 개인을 토대로 사회를 판단할 경우 나타나는 오류

① [○] 부분(개인)을 이해하여 전체(공직사회)를 이해하고자 할 때 환원주의 오류(구성의 오류, 합성의 오류)를 범할 우려가 있다.
② [×] 표본추출이란 연구자가 관심을 가지고 있는 전체 대상인 모집단(population)을 설정하고 그 모집단에서 조사할 적당 수의 표본을 기준과 절차에 따라 선정하는 것을 말한다. 표본추출이 얼마나 잘 되느냐에 따라 결과의 정밀도가 달라진다.
③ [×] 통계적 회귀란 피험자들이 특정 검사에서 매우 높은 점수를 얻거나 매우 낮은 점수를 얻었다는 사실을 근거로 하여 선발되었을 때, 두 번째 검사에서는 그들의 점수가 평균값으로 돌아가는 현상을 말한다.
④ [×] 생태학적 오류는 전체의 속성을 통해 개인의 속성을 판단할 경우 범할 수 있는 오류이다.

답 ①

38	선의의 거짓말 → 백색부패

① [×] 국가적 동요를 막기 위한 거짓말 즉, 선의의 거짓말은 백색부패에 속한다.
② [○] 소위 '급행료'를 지불하는 것을 당연하게 여기는 상황을 제도화된 부패라 한다.
③ [○] 일탈형 부패 또는 우발적 부패는 제도화되지 않은 일시적 부패 현상을 말한다.
④ [○] 부패의 수준을 기준으로 개인부패와 조직부패로 나눌 수 있다. 조직부패는 외부에 잘 드러나지 않는 특징이 있다.

답 ①

39 □□□

14년 국가7급

부패와 행정통제에 대한 설명으로 옳지 않은 것은?

① 계층제는 공식적 행정통제 방법이다.

② 공금의 횡령은 거래형 부패에 해당된다.

③ 우리나라는 공공기관의 부패행위에 대해 국민감사청구제를 시행하고 있다.

④ 우리나라는 '모든 국민의 공공기관 부패방지 시책에 대한 협력의무'를 법률로 규정하고 있다.

40 □□□

13년 국가7급

제도화된 부패(institutionalized corruption)의 특징이 아닌 것은?

① 부패저항자에 대한 제재와 보복

② 부패행위자에 대한 보호와 관대한 처분

③ 실제로 지켜지지 않는 반부패 행동규범의 대외적 표방

④ 공식적 행동규범을 준수하려는 성향의 일상화

39	공금의 횡령 → 비거래형 부패

① [O] 계층제는 직무를 권한과 책임의 정도에 따라 등급화하고 상하계층 간 지휘 · 명령복종 또는 단일의 의사결정 체제를 확립하는 공식적 통제방법이다.

② [×] 공금 횡령은 개인적 이익의 편취, 회계 부정 등과 같이 상대방을 전제로 하지 않는 사기형 부패에 해당된다. 거래형 부패는 뇌물의 수수와 같이 상대방을 전제로 하는 부패를 말한다.

③ [O] 18세 이상의 국민은 공공기관의 사무처리가 법령위반 또는 부패행위로 인하여 공익을 현저히 해하는 경우 대통령령으로 정하는 일정한 수 이상의 국민(300명)의 연서로 감사원에 감사(국민감사청구)를 청구할 수 있다.

④ [O] '부패방지 및 국민권익위원회의 설치와 운영에 관한 법률' 제6조(국민의 의무)는 모든 국민은 공공기관의 부패방지시책에 적극 협력하여야 한다. 라고 규정하고 있다.

답 ②

40	제도화된 부패 → 부패행위의 일상화

①, ② [O] 제도화된 부패 상황에서는 부패행위자는 보호받거나 관대한 처분을 받는 반면, 부패저항자에게는 제재와 보복이 발생한다.

③ [O] 제도화된 부패 상황에서는 실제로 지켜지지 않을 반부패 행동규범이 대외적으로 표방되는 형식주의 현상이 나타난다.

④ [×] 제도화된 부패란 부패가 일상화 · 제도화되어 있어 마치 부패가 실질적인 규범이 되고 바람직한 행동이 예외가 되는 현상으로, 구조화된 부패, 체제적(systemic) 부패 등으로 언급되며 공식적 행동규범에 대한 일탈이 일상화 된다.

답 ④

고충민원 처리 및 부패방지와 관련된 설명으로 옳지 않은 것은?

① 내부고발자를 보호하기 위한 제도가 시행되고 있다.
② 공공기관의 부패행위에 대해 국민권익위원회에 감사를 청구할 수 있는 국민감사청구제도가 시행되고 있다.
③ 국민권익위원회 위원장과 위원의 임기는 각각 3년으로 하되, 1차에 한하여 연임할 수 있다.
④ 지방자치단체는 고충민원을 처리하기 위해 시민고충처리 위원회를 둘 수 있다.

공무원 부패의 접근방법에 대한 설명으로 옳지 않은 것은?

① 권력문화적 접근법은 공직자들의 잘못된 의식구조를 공무원 부패의 원인으로 본다.
② 사회문화적 접근법은 특정한 지배적 관습이나 경험적 습성 등이 공무원 부패와 밀접한 관련이 있다고 본다.
③ 제도적 접근법은 행정통제 장치의 미비를 대표적인 공무원 부패의 원인으로 본다.
④ 체제론적 접근법은 문화적 특성, 제도상 결함, 구조상 모순, 공무원의 행태 등 다양한 요인들에 의해 복합적으로 공무원 부패가 나타난다고 본다.
⑤ 도덕적 접근법은 개인의 성격 및 습성과 윤리 문제가 공무원 부패와 밀접한 관련이 있다고 본다.

41	국민감사청구 → 감사원 담당

① [○] '부패방지 및 국민권익위원회의 설치와 운영에 관한 법률'은 내부고발자를 보호하기 위한 신분보장 등의 규정을 담고 있다.
② [×] 국민감사는 감사원에 청구한다. 18세 이상의 국민은 공공 기관의 사무처리가 법령위반 또는 부패행위로 인하여 공익을 현저히 해하는 경우 대통령령으로 정하는 일정한 수 이상의 국민의 연서로 감사원에 감사를 청구할 수 있다. 다만, 국회·법원·헌법재판소·선거관리위원회 또는 감사원의 사무에 대하여는 국회의장·대법원장·헌법재판소장·중앙선거관리위원회 위원장 또는 감사원장에게 감사를 청구하여야 한다.
③ [○] 국민권익위원회의 직무상 독립을 위하여 위원장과 위원의 임기는 각각 3년으로 하되 1차에 한하여 연임할 수 있다는 신분 보장 규정을 두고 있다.
④ [○] 지방자치단체 및 그 소속 기관에 관한 고충민원의 처리와 행정제도의 개선 등을 위하여 각 지방자치단체에 시민고충처리 위원회를 둘 수 있다.

답 ②

42	공무원들의 잘못된 의식구조 → 구조적 접근

① [×] 공직자들의 잘못된 의식구조를 공무원 부패의 원인으로 보는 것은 구조적 접근이다. 권력문화적 접근은 공직과 사직의 혼동, 권력의 남용, 장기집권의 병폐 등을 포함한 미분화된 권력문화가 부패의 원인으로 본다.

답 ①

'부정청탁 및 금품 등 수수의 금지에 관한 법률'상 금지하는 부정청탁에 해당하지 않는 것은?

① 각급 학교의 입학·성적·수행평가 등의 업무에 관하여 법령을 위반하여 처리·조작하도록 하는 행위
② 공개적으로 공직자 등에게 특정한 행위를 요구하는 행위
③ 공공기관이 주관하는 각종 수상, 포상, 우수기관 선정 또는 우수자 선발에 관하여 법령을 위반하여 특정 개인·단체·법인이 선정 또는 탈락되도록 하는 행위
④ 채용·승진·전보 등 공직자 등의 인사에 관하여 법령을 위반하여 개입하거나 영향을 미치도록 하는 행위

'부정청탁 및 금품수수의 금지에 관한 법률 시행령'의 개정 내용 중 음식물·경조사비 등의 가액 범위로 옳지 않은 것은? (단, 합산의 경우는 배제한다)

	내용	종전(2016.9.8)	개정(2018.1.17)
①	유가증권	5만 원	5만 원
②	축의금, 조의금	10만 원	5만 원
③	음식물	3만 원	5만 원
④	농수산물 및 농수산 가공품	5만 원	10만 원

---

43   부정청탁 → 법령을 위반

① [○] 각급 학교의 입학·성적·수행평가 등의 업무에 관하여 법령을 위반하여 처리·조작하도록 하는 행위는 부정청탁에 해당한다.
② [×] 공개적으로 공직자등에게 특정한 행위를 요구하는 행위는 부정청탁에 해당하지 않는다.
③ [○] 공공기관이 주관하는 각종 수상, 포상, 우수기관 선정 또는 우수자 선발에 관하여 법령을 위반하여 특정 개인·단체·법인이 선정 또는 탈락되도록 하는 행위는 부정청탁에 해당한다.
④ [○] 채용·승진·전보 등 공직자등의 인사에 관하여 법령을 위반하여 개입하거나 영향을 미치도록 하는 행위는 부정청탁에 해당한다.

답 ②

---

44   유가증권 → 선물 범위에서 삭제

① [×] 상품권과 같은 유가증권은 현금과 유사하므로 법률의 개정으로 선물의 범위에서 삭제되었다.
② [○] 축의금, 조의금과 같은 경조사비는 10만 원에서 5만 원으로 축소되었다. 다만, 화환 및 조화는 10만 원을 유지하고 있다.
③ [×] 음식물은 종전과 같이 3만 원을 유지하고 있다.
④ [○] 선물은 5만 원까지 가능하다. 다만, 농수산물 및 농수산 가공품은 원칙적으로 10만 원으로 개정되었다.

답 ①, ③

PART

5

재무행정

해커스공무원
이준모 행정학

단원별 기출문제집

재무행정의 기초

01 ☐☐☐

정부가 동원하는 공공재원에 대할 설명으로 옳지 않은 것은?

① 조세로 투자된 자본시설은 개인이 대가를 지불하지 않은 것으로 인식되어 과다 수요 혹은 과다 지출되는 비효율성 문제가 발생할 수 있다.

② 수익자부담금은 시장기구와 유사한 메커니즘을 통해 공공서비스의 최적 수준을 지향하여 자원배분의 효율성을 제고 할 수 있다.

③ 국공채는 사회간접자본(SOC)에 관한 사업이나 시설로 인해 편익을 얻게 될 경우 후세대도 비용을 분담하기 때문에 세대 간 형평성을 훼손시킨다.

④ 조세의 경우 납세자인 국민들은 정부지출을 통제하고 성과에 대한 직접적인 책임을 요구할 수 있다.

02 ☐☐☐

공공서비스 제공시 사용료 부과 등 수익자 부담의 원칙을 적용할 때 발생할 수 있는 현상은?

① 공공서비스의 불필요한 수요를 줄일 수 있다.

② 누진세에 비해 사회적 형평성의 제고 효과가 크다.

③ 일반 세금에 비해 조세저항을 강하게 유발한다.

④ 비용편익분석이 곤란하게 되어 경제적 효율성을 저하시킨다.

01	국공채 → 세대간 부담공평

① [○] 조세를 부담하는 사람과 이로 인해 혜택을 보는 사람이 분리되어 있어 과다 지출의 문제가 유발될 수 있다. 즉, 혜택을 보는 집단은 비용부담자의 부담은 고려하지 않고 재정사업의 확대를 도모할 우려가 크다.

② [○] 수익자부담금은 가격과 유사하다. 혜택을 보는 사람이 비용을 지불하여야 하므로 자원배분의 낭비를 막을 수 있다.

③ [×] 사회간접자본은 미래 세대도 혜택을 보므로, 국공채 등을 통해 자원을 조달한다면 현 세대와 미래 세대 간 부담의 형평성을 높일 수 있다.

④ [○] 세금으로 재원을 조달할 경우 그 부담자의 반발이 크므로 정부지출에 대한 통제와 성과에 대한 책임의 요구가 강할 수 있다.

답 ③

02	수익자 부담 → 효율성의 제고

② [×] 누진세는 가진 자에게 더 많은 세금을 부과하는 제도이다. 반면 수익자부담은 공공서비스를 사용하는 자가 비용을 지불하는 제도이므로 효율성은 높아지겠지만 가격에 따른 차별적 서비스가 발생하므로 형평성이 저해될 수 있다.

③ [×] 수익자부담은 서비스 수혜자가 비용을 지불하므로 수혜와 상관없이 비용을 지불하는 조세보다는 그 저항이 약한 편이다.

④ [×] 수익자부담은 비용편익분석을 바탕으로 가격이 책정되고, 공공서비스의 불필요한 낭비를 방지하므로 효율성이 높아질 수 있다.

답 ①

03 ☐☐☐

중앙정부의 지출 성격상 의무지출에 해당하는 것만을 모두 고르면?

> ㄱ. 지방교부세
> ㄴ. 유엔 평화유지활동(PKO) 예산 분담금
> ㄷ. 정부부처 운영비
> ㄹ. 지방교육재정교부금
> ㅁ. 국채에 대한 이자지출

① ㄱ, ㄴ, ㅁ   ② ㄴ, ㄷ, ㄹ

③ ㄱ, ㄴ, ㄹ, ㅁ   ④ ㄱ, ㄷ, ㄹ, ㅁ

---

03   의무지출 → 법령에 근거를 둔 지출

ㄱ, ㄴ, ㄹ, ㅁ. [○] 의무지출은 예산을 편성하는 중앙정부나 예산을 심의·확정하는 국회가 해당 사업의 근거 법령을 제·개정하지 않는 이상 임의로 늘리거나 줄이기 어려운 지출로, 지방교부세, 유엔평화유지활동(PKO) 예산분담금, 지방교육재정교부금, 국채에 대한 이자지출 등이 중앙정부의 의무지출에 해당한다.

ㄷ. [×] 정부부처의 운영비는 경직성 경비의 성격이 있지만 국회의 예산심의 과정에서 변할 수 있으므로 의무지출에 속하지 않는다.

답 ③

04 ☐☐☐

다음 중 국가의 재정지출을 조세수입에 의해 충당하는 경우의 장점과 단점에 대한 설명으로 옳지 않은 것은?

① 현 세대의 의사결정에 대한 재정부담이 미래 세대로 전가되지 않는다.

② 납세자인 국민들은 정부 지출을 통제하기 어렵고 성과에 대한 직접적인 책임을 요구하기 어렵다.

③ 조세를 통해 투자된 자본시설은 대가를 지불하지 않는 자유재(free goods)로 인식돼 과다 수요 혹은 과다 지출되는 비효율성 문제가 발생한다.

④ 과세의 대상과 세율을 결정하는 법적 절차가 복잡하고 시간이 많이 소요되기 때문에 경직적이다.

⑤ 미래 세대까지 혜택이 발생하는 자본투자를 조세수입에 의해 충당할 경우 세대 간 비용·편익의 형평성 문제가 발생한다.

---

04   조세 → 국민의 강한 통제

① [○] 국공채의 발행으로 재정지출을 충당할 경우 현 세대의 의사결정이 미래 세대의 부담으로 연결될 수 있다.

② [×] 세금으로 재정지출을 충당할 경우 국고채발행이나 차입금보다는 국민에 대한 통제가 강할 수 있다.

③ [○] 불특정 다수에게 부과된 조세로 비용을 충당할 경우 비용에 대한 직접적인 인식이 약하므로 과다 지출되는 부작용이 나타날 수 있다.

④ [○] 조세를 부과하기 위해서는 세법의 제정이 이루어지고 이를 근거로 과세와 수납절차를 거쳐야 하므로 시간이 많이 소요될 수 있다.

⑤ [○] 자본재는 미래 세대도 혜택을 보므로 이를 현 세대가 조세를 통해 비용을 부담한다면 현 세대와 미래 세대 간 형평성의 문제가 야기될 수 있다.

답 ②

05 ☐☐☐

우리나라 중앙예산기관의 변천에 대한 설명으로 옳지 않은 것은?

① 국무총리 직속 기획처 예산국이 우리나라에서 처음으로 중앙예산기관의 역할을 담당하였다.

② 1961년 설립된 경제기획원은 수입·지출의 총괄기능을 담당하였으며, 재무부는 중앙예산기관의 역할을 담당하였다.

③ 김영삼 정부는 1994년 정부조직개편을 통해 경제기획원과 재무부를 재정경제원으로 통합하여 세제, 예산, 국고기능을 일원화하였다.

④ 현재는 기획재정부 예산실이 중앙예산기관의 역할을 담당하고 있다.

05	현 예산기구 → 이원체제

② [×] 1961년 설립된 경제기획원이 중앙예산기관의 역할을 담당하였고, 재무부가 수입·지출의 총괄기능 역할을 담당하였다.

답 ②

06 ☐☐☐

예산의 형식은 크게 법률주의와 예산주의로 나누어 볼 수 있다. 이에 대한 설명으로 옳지 않은 것은?

① 미국은 세입법(Revenue Act)을 의회에서 제정한다.

② 한국은 예산계정을 위한 근거법을 필요조건으로 하고 있지는 않다.

③ 미국은 잠정예산을 제외한 모든 예산에 대하여 대통령이 거부권을 행사할 수 있다.

④ 한국은 예산에 의해 법률을 개폐할 수 없다.

06	예산에 대한 대통령의 거부권 → 불가

① [○] 예산의 법률주의란 예산이 법률의 형식을 취하는 유형으로 미국, 영국, 프랑스, 독일 등에서 채택하고 있다. 세입법 형태의 세입예산과 세출법 형태의 세출예산 모두 법적 구속력을 가진다.

② [○] 예산의 의결주의란 예산이 법률이 아닌 의결의 형식을 취하는 유형으로 일본, 한국 등에서 채택하고 있다. 세출예산은 법적 구속력이 있으나 세입예산은 단순한 견적서에 불과하다. 이는 세입이 별도의 조세법(영구세주의)에 의해 징수되기 때문이다.

③ [×] 예산이 법률의 형식으로 통과되는 경우에는 의회가 의결한 예산을 대통령이 거부할 수 있으나, 법률이 아닌 의결의 형식으로 통과되는 경우에는 거부권을 행사할 수 없다. 따라서 한국은 예산에 대한 일체의 거부권이 불가하다. 미국의 경우에 항목별 거부권법이 제정(1996)되었으나 위헌판결(1998)로 무효화되어, 현재는 잠정예산 외에는 거부권이 불가하다.

④ [○] 한국은 예산의 형식과 법률의 형식이 다르므로 예산에 의해 법률을 개폐할 수 없고 법률에 의해 예산을 변경할 수도 없다.

답 ③

07 ☐☐☐

우리나라에서 예산과 법률의 차이에 대한 설명으로 옳은 것은?

① 일반적으로 법률은 국가기관과 국민에 대해 구속력을 갖지만, 예산은 국가기관에 대해서만 구속력을 갖는다.
② 대통령은 국회가 의결한 법률안에 대해 거부권이 있지만, 국회의결 예산에 대해서는 사안별로만 재의요구권이 있다.
③ 국회에 제출된 법률안은 의결기한에 제한이 있으나, 예산안은 매년 12월 2일까지 예산결산특별위원회의 심사를 마쳐야 한다.
④ 국회는 발의·제출된 법률안을 수정·보완할 수 있지만, 제출된 예산안은 정부의 동의 없이는 수정할 수 없다.

08 ☐☐☐

미국의 예산개혁과 결부시켜 쉬크(A. Schick)가 도출한 예산제도의 주된 지향점으로 볼 수 없는 것은?

① 성과지향
② 통제지향
③ 기획지향
④ 관리지향

---

07 예산 → 국가기관만 구속

① [○] 법률은 국가기관과 국민 모두를 구속하지만 예산은 국가기관만 구속한다. 그 결과 법률은 공포가 필요하지만 예산은 공포가 필요하지 않다.
② [×] 법률안에 대해서는 대통령의 거부권이 있지만 예산에 대해서는 재의요구권이 없다.
③ [×] 제출된 법률안에 대한 의결기한의 제한은 없지만 예산안은 회계연도 개시 30일 전까지(12월 2일까지) 본회의의 의결을 마쳐야 한다.
④ [×] 국회는 정부의 동의 없이 제출된 예산안의 금액을 증가하게 하거나 새 비목을 설치할 수 없지만 폐지와 삭감은 가능하다. 즉, 동의 없이 수정할 수 없는 것은 아니다.

📄 **예산과 법률 비교**

구분	예산	법률
제출권자	정부	정부와 국회
제출 기한	회계연도 개시 90일 전 (→ 헌법)	제한 없음
심의 기한	회계연도 개시 30일 전 (→ 헌법)	제한 없음
심의 범위	증액 및 새비목의 설치 불가	제한 없음
거부권	불가	가능
공포	불요	필요
시간적 효력	회계연도에 국한	계속적 효력
대인적 효력	국가기관	국가기관과 국민
형식적 효력	예산으로 법률의 개폐 불가	법률로 예산의 변경 불가

답 ①

---

08 쉬크(A. Schick) → 통제, 관리, 기획

① [×] 쉬크(A. Schick)는 예산제도 개혁의 주된 지향점으로 통제지향, 관리지향, 기획지향을 제시하였다.
② [○] 통제지향 개혁은 예산집행에 있어서 부정행위를 막는 것이 목적이며, 품목별예산(LIBS)과 관련된다.
③ [○] 기획지향 개혁은 일정액의 예산을 지출하여 장기적 효과를 얻는 것이 목적이며, 계획예산(PPBS)에서 강조되었다.
④ [○] 관리지향 개혁은 일정액의 예산을 지출하여 최대의 성과(능률)를 얻는 것이 목적이며, 성과주의예산(PBS)에서 강조되었다.

📄 **예산의 행정적 기능 - 쉬크(A. Schick)**

통제기능	회계책임의 확보, 품목별예산(LIBS), 합법성 강조, 투입 중심의 예산
관리기능	목표달성의 수단, 성과주의예산(PBS), 1차 산출물에 초점, 능률성 강조
계획기능	장기계획의 수단, 계획예산(PPBS), 최종 목적에 초점, 효과성 강조

답 ①

A 예산제도에서 강조하는 기능은?

> A 예산제도는 당시 미국의 국방장관이었던 맥나마라(R. McNamara)에 의해 국방부에 처음 도입되었고, 국방부의 성공적인 예산개혁에 공감한 존슨(L. Johnson) 대통령이 1965년에 전 연방정부에 도입하였다.

① 통제
② 관리
③ 기획
④ 감축

머스그레이브(R. Musgrave)의 정부 재정기능의 기본원칙에 대한 설명으로 옳지 않은 것은?

① 시장실패를 교정하고 사회의 최적 생산과 소비수준이 이루어지도록 해야 한다.
② 세입 면에서는 차별 과세를 하고, 세출 면에서는 사회보장적 지출을 통해 소외계층을 지원해야 한다.
③ 고용, 물가 등과 같은 거시경제 지표들을 안정적으로 조절해야 한다.
④ 정부에 부여된 목적과 자원을 연계하여 소기의 성과를 거둘 수 있도록 관료를 통제해야 한다.

09	존슨 대통령 → 계획예산

① [×] 통제지향은 품목별예산을 의미하고 1921년 연방정부에 도입되었다.
② [×] 관리지향은 성과주의예산을 의미하고 1950년 트루먼 대통령에 의해 도입되었다.
③ [○] 기획지향은 계획예산을 의미하며, 1965년 존슨 대통령에 의해 도입되었다.
④ [×] 감축지향은 영기준예산을 의미하며, 1976년 카터 대통령에 의해 도입되었다.

답 ③

10	머스그레이브 → 배분, 재분배, 경기안정화

① [○] 재화의 최적 생산과 소비수준이 이루어지도록 하는 것은 배분기능이다.
② [○] 사회보장 지출을 통해 소외계층을 지원하는 것은 재분배기능이다.
③ [○] 거시경제 지표들을 안정적으로 조절하는 것은 경제안정화기능이다.
④ [×] 머스그레이브(R. Musgrave)가 제시한 재정의 3대 기능은 자원배분기능, 소득재분배기능, 경제안정기능이다. 소기의 성과를 거둘 수 있도록 관료를 통제하는 것은 관리기능으로 이는 쉬크(A. Schick)의 분류이다.

📑 **예산의 경제적 기능 - 머스그레이브(R. Musgrave)**

1. 자원배분기능, 소득재분배기능, 경기안정화기능

자원배분기능	예산은 희소한 자원의 효율적인 배분의 수단
소득재분배기능	예산은 개인이나 계층 간 격차를 시정하고 축소하는 수단
경기안정화기능	예산은 물가와 실업 및 국제수지 불균형의 해소책

2. 경제성장
개발도상국에서는 경제성장을 위한 자본형성기능까지 담당하였음

답 ④

예산을 성립시기에 따라 분류한 것으로 옳은 것은?

① 일반회계, 특별회계
② 본예산, 수정예산, 추가경정예산
③ 정부출자기관예산, 정부투자기관예산
④ 잠정예산, 가예산, 준예산

'국가재정법'상 추가경정예산에 대한 설명으로 옳은 것은?

① 정부는 국회에서 추가경정예산안이 확정되기 전에 이를 미리 배정하거나 집행할 수 있다.
② 새로운 회계연도가 개시될 때까지 국회에서 예산안이 의결되지 못한 때에 편성된다.
③ 법령에 따라 국가가 지급하여야 하는 지출이 발생하거나 증가하여 이미 확정된 예산에 변경을 가할 필요가 있는 경우에 편성할 수 있다.
④ 경기침체 등과 같은 대내·외 여건에 중대한 변화가 발생할 우려가 있어 이미 확정된 예산에 변경을 가할 필요가 있는 경우라도 편성할 수 없다.

---

11   성립시기별 분류 → 본예산, 수정예산, 추가경정예산

① [×] 일반회계, 특별회계는 예산의 성질별 분류이다.
② [○] 본예산, 수정예산, 추가정정예산이 성립시기에 따른 분류이다.
③ [×] 과거 정부가 납입자본금의 5할 이상을 출자한 기업을 정부투자기관이라 하였고, 납입자본금의 5할 미만을 출자한 기업을 정부출자기관이라 하였으나 지금은 모두 공공기관으로 통일되었다. 이는 설립주체에 따른 예산의 분류이다.
④ [×] 잠정예산, 가예산, 준예산은 예산 불성립 대처방안이다.

📋 **예산의 유형**

1. 성질별 분류

일반회계	국가의 고유사무 수행, 세입(→ 원칙적으로 조세수입), 세출(→ 국가사업의 기본경비)
특별회계	특정 세입과 특정 세출의 연계, 재정운영의 자율성과 신축성, 재정운영의 효율성(→ 성과) 강화

2. 성립시기별 분류

본예산	정기국회에서 확정된 예산 → 당초예산
수정예산	국회의결 전 예산안의 변경, 여러 번 제출한 경험이 있음
추가경정예산	국회의결 후 예산의 변경, 단일성·한정성 원칙 위배, 회수제한(×), 사유제한(○)

답 ②

---

12   추가경정예산 → 기지계

① [×] 정부는 국회에서 추가경정예산안이 확정되기 전에 이를 미리 배정하거나 집행할 수 없다.
② [×] 새로운 회계연도가 개시될 때까지 국회에서 예산안이 의결되지 못한 때에 편성되는 것은 준예산이다.
③ [○] 추가경정예산은 법령에 따라 국가가 지급하여야 하는 지출이 발생하거나 증가하는 경우에 편성할 수 있다.
④ [×] 경기침체, 대량실업, 남북관계의 변화, 경제협력과 같은 대내·외 여건에 중대한 변화가 발생하였거나 발생할 우려가 있는 경우에도 추가경정예산을 편성할 수 있다.

📋 **추가경정예산의 편성사유 - 국가재정법**

1. 전쟁이나 대규모 자연재해의 발생
2. 대내·외적 여건의 중대한 변화 → 경기침체, 대량실업, 남북관계의 변화, 경제협력 등
3. 법령에 따라 지급하여야 하는 지출의 발생 또는 증가

답 ③

13 ☐☐☐

예산에 대한 설명으로 옳지 않은 것은?

① 정기국회 심의를 거쳐 확정된 최초 예산을 본예산 혹은 당초예산이라고 한다.

② 준예산 제도는 국회에서 예산안이 의결될 때까지 전년도 예산에 준해 집행할 권한을 정부에 부여하는 제도이다.

③ 예산이 성립되면 잠정예산은 그 유효기간이나 지출잔액 유무에 관계없이 본예산에 흡수된다.

④ 적자예산으로 인한 재정적자는 국채발행, 한국은행으로 부터의 차입, 해외차입 등으로 보전한다.

⑤ 수정예산은 예산 성립 후에 발생한 사유로 인하여 필요한 경비의 과부족이 발생한 때 본예산에 수정을 가한 예산이다.

14 ☐☐☐

'국가재정법'상 추가경정예산안 편성이 가능한 사유에 해당하지 않는 것은?

① 전쟁이나 대규모 재해가 발생한 경우

② 남북관계의 변화와 같은 중대한 변화가 발생한 경우

③ 경기침체, 대량실업 같은 중대한 변화가 발생할 우려가 있는 경우

④ 경제협력, 해외원조를 위한 지출을 예비비로 충당해야 할 우려가 있는 경우

13	수정예산 → 예산 성립 전 수정

① [○] 정기국회 심의를 거쳐 확정된 최초 예산을 본예산 혹은 당초예산이라고 한다.

② [○] 준예산제도는 새로운 회계연도가 개시될 때까지 예산안이 의결되지 못한 때, 특정한 경비에 한해서 전년도 예산에 준하여 지출할 수 있도록 하는 제도이다.

③ [○] 잠정예산은 본예산이 성립되지 않았을 때 잠정적으로 예산을 편성하여 의회에 제출하고, 의회의 의결을 얻어 사용하는 제도로, 예산이 성립되면 잠정예산은 그 유효기간이나 지출잔액 유무에 관계없이 본예산에 흡수된다.

④ [○] 적자예산으로 인한 재정적자는 국채발행, 한국은행으로 부터의 차입, 해외차입 등으로 보전한다.

⑤ [×] 예산 성립 후에 발생한 사유로 인하여 필요한 경비의 과부족이 발생한 때 본예산에 수정을 가한 예산은 추가경정예산이다. 수정예산은 예산 성립 전에 이를 변경하는 제도이다.

답 ⑤

14	추가경정예산안의 편성사유 → 국가재정법

①, ②, ③ [○] 전쟁이나 대규모 재해가 발생한 경우, 경기침체, 대량실업, 남북관계의 변화 등 대내·외 여건에 중대한 변화가 발생하였거나 발생할 우려가 있는 경우 법령에 따라 국가가 지급하여야 하는 지출이 발생하거나 증가하는 경우에 한하여 추가경정예산안을 편성할 수 있다.

④ [×] '국가재정법'상 추가경정예산안의 편성사유로 규정되어 있지 않다.

답 ④

예산과 재정관리에 대한 설명으로 옳지 않은 것은?

① 우리나라의 예산은 행정부가 제출하고 국회가 심의 확정하지만 미국과 같은 세출예산법률의 형식은 아니다.

② 조세는 현 세대의 의사결정에 대한 재정 부담을 미래 세대로 전가하지 않는다는 장점이 있다.

③ 성과주의 예산제도의 도입에도 불구하고 품목별 예산제도는 우리나라에서 여전히 활용되고 있다.

④ 추가경정예산은 예산의 신축성 확보를 위한 제도로서, 최소 1회의 추가경정예산을 편성하도록 국가재정법에 규정되어 있다.

예산에 대한 설명으로 옳지 않은 것은?

① 추가경정예산은 국회에서 확정되기 전에 정부가 미리 배정하거나 집행할 수 있는 예산을 의미한다.

② 본예산은 매 회계연도 개시 전에 국회의 심의·의결을 거쳐 성립되는 예산을 의미한다.

③ 수정예산은 예산안 편성이 끝나고 정부가 예산안을 국회에 제출한 이후 국회 의결 전에 기존 예산안 내용의 일부를 수정하여 다시 제출한 예산안을 의미한다.

④ 준예산은 새로운 회계연도 개시 전까지 국회에서 예산안이 의결되지 못할 때 정부가 일정한 범위 내에서 전 회계연도의 예산에 준해 집행하는 잠정적 예산을 의미한다.

15	국가재정법 → 추가경정예산 편성사유의 제한

① [○] 우리나라는 미국과 달리 예산의결주의 방식을 취한다. 미국은 예산법률주의 방식이다.

② [○] 조세는 당해 연도에 소요되는 모든 세출을 당해 연도의 세입으로 충당하므로 현 세대의 의사결정이 미래 세대에게 부담을 주지 않는다.

③ [○] 예산과목 중 '목'이 품목별예산에 해당한다.

④ [×] 추가경정예산은 편성사유에 관한 제한은 있어도 편성횟수에 대한 제한은 없다.

답 ④

16	추가경정예산 → 확정되기 전 배정 및 집행 불가

① [×] 추가경정예산이란 예산이 국회를 통과하여 성립한 후에 이를 변경되는 예산으로, 정부는 국회에서 추가경정예산이 확정되기 전에 이를 미리 배정하거나 집행할 수 없다.

② [○] 본예산은 정기국회에서 의결되어 확정된 당초예산을 말한다.

③ [○] 수정예산은 예산안이 국회에서 의결되기 전에 그 내용의 일부를 수정하여 다시 제출한 예산안을 의미한다.

④ [○] 준예산은 회계연도가 개시될 때까지 예산이 성립되지 못하였을 경우, 의회의 승인 없이(사전의결 원칙의 위반) 전년도 예산에 준하여 지출할 수 있는 제도이다.

답 ①

추가경정예산에 대한 설명으로 옳지 않은 것은?

① 예산이 성립된 후에 생긴 사유로 이미 성립된 예산에 변경을 가할 필요가 있을 때 정부가 편성하는 예산이다.
② 예산팽창의 원인이 될 수 있으므로, 국가재정법에서 그 편성사유를 제한하고 있다.
③ 과거에 추가경정예산이 편성되지 않은 연도도 있었다.
④ 본예산과 별개로 성립되므로 당해 회계연도의 결산에는 포함되지 않는다.

정부예산의 종류에 대한 설명으로 옳지 않은 것은?

① 기금은 예산원칙의 일반적 제약으로부터 벗어나 탄력적으로 운용된다.
② 특별회계예산은 국가의 회계 중 특정한 세입으로 특정한 세출을 충당하기 위한 예산이다.
③ 특별회계예산은 일반회계예산과 달리 예산편성에 있어 국회의 심의 및 의결을 받지 않는다.
④ 기금은 예산 통일성 원칙의 예외가 된다.

---

17   추가경정예산 → 성립 후 본예산과 통합

① [○] 추가경정예산은 예산이 국회를 통과하여 성립한 후에 이를 변경되는 예산으로, 예산 단일성의 원칙에 위배된다.
② [○] 추가경정예산은 편성회수에는 제한이 없으나 편성사유는 한정되어 있다.
③ [○] 추가경정예산은 1950년대와 1960년대에는 매년 2 ~ 3회 정도, 1970년대에는 1 ~ 2회 정도 편성되었다. 그러나 2010년, 2011년, 2012년을 포함하여 10번 정도는 편성되지 않은 경우도 있었다.
④ [×] 추가경정예산은 본예산과 별개로 성립되지만, 성립된 후에는 본예산과 통합하여 집행되고 결산된다.

답 ④

---

18   특별회계 → 국회의 심의·의결

③ [×] 특별회계예산 역시 국회의 심의 및 의결을 받아 확정된다.
④ [○] 기금은 용도가 정해져 있으므로 예산 통일성 원칙의 예외에 해당한다.

답 ③

우리나라 특별회계에 대한 설명으로 옳지 않은 것은?

① 예산 단일성과 예산 통일성 원칙에 대한 예외이다.
② 일반회계와 구분해 경리할 필요가 있을 때 설치하므로, 일반회계로부터 전입은 금지된다.
③ 정부가 '2014년 세출예산은 약 367.5조원이다.'라고 발표했다면, 여기에는 특별회계 지출이 포함된 규모이다.
④ 2014년 현재 정부기업 특별회계로는 '양곡관리', '조달' 등이 운영되고 있다.

---

19   전입과 전출 → 회계 간, 회계와 기금 간 등

① [○] 특별회계는 일반회계와 별도로 계리된다는 점에서 단일성 원칙의 예외이고, 용도가 특정되어 있다는 점에서 통일성 원칙의 예외이다.
② [×] 정부는 국가재정의 효율적 운용을 위하여 필요한 경우에는 다른 법률의 규정에 불구하고 회계 및 기금의 목적 수행에 지장을 초래하지 아니하는 범위 안에서 회계와 기금 간 또는 회계 및 기금 상호 간에 여유재원을 전입 또는 전출하여 통합적으로 활용할 수 있다.
③ [○] 특별회계 역시 예산이므로 세출예산에 당연히 포함되어 있다.
④ [○] 정부기업 특별회계에는 양곡, 조달, 우편, 우체국 예금이 있다.

📋 **특별회계의 유형**

기업특별회계(5개)	기타 특별회계(15개)	
• 양곡관리	• 광역지역발전	• 에너지 및 자원사업
• 우체국예금	• 교도작업	• 우체국보험
• 우편사업	• 교통시설	• 주한미군기지이전
• 조달	• 국방 · 군사시설이전	• 행정중심복합도시건설
• 책임운영기관특별회계	• 농어촌구조개선	• 혁신도시건설
	• 등기	• 환경개선
	• 아시아문화중심도시 조성	• 유아교육지원
		• 소재 · 부품 · 장비경쟁력 강화

답 ②

우리나라의 특별회계에 대한 설명으로 옳지 않은 것은?

① 설치근거가 되는 법률을 별도로 정하고 있다.
② 세출예산뿐 아니라 세입예산도 일반회계와 특별회계로 구분한다.
③ 특별회계의 설치요건 중에는 특정한 세입으로 특정한 세출에 충당함으로써 일반회계와 구분하여 회계처리할 필요가 있을 경우도 포함된다.
④ 예산의 이용 및 전용과 마찬가지로 예산 한정성의 원칙이 적용되지 않는다.

---

20   특별회계 → 통일성과 단일성 원칙의 예외

① [○] 국가재정법은 특별회계를 설치할 수 있는 법률을 별도로 규정하고 있다.
② [○] 특별회계는 별도의 수입과 지출이 연결되어 있으므로 세출뿐만 아니라 세입도 일반회계와 구분하여 설치된다.
③ [○] 특정한 세입으로 특정한 세출에 충당함으로써 일반회계와 구분하여 회계처리할 필요가 있을 경우 설치되는 특별회계는 기타 특별회계이다.
④ [×] 특별회계는 예산의 통일성 원칙과 단일성 원칙에 대한 예외이지만 한정성 원칙의 예외는 아니다.

답 ④

21 □□□

'국가재정법'상 특별회계를 설치할 수 있는 근거 법률이 아닌 것은?

① 국가균형발전 특별법
② 정부기업예산법
③ 군인연금특별회계법
④ 책임운영기관의 설치 · 운영에 관한 법률

22 □□□

특별회계 예산에 대한 설명으로 옳지 않은 것은?

① 임시적인 성격이 강하기 때문에 국회의 심의를 받지 않는다.
② 특별회계 예산은 세입과 세출을 별도로 계리한다.
③ 특별회계의 경우 각각의 개별법이 마련되어 운영되는 것이 일반적이다.
④ 재정운영 주체의 자율성 증대를 통해 운영의 효율성을 높일 수 있을 때 필요하다.

21	연금 → 기금으로 운영

① [○] '국가균형발전 특별법'에 의해 국가균형발전 특별회계가 설치되어 운영되고 있다.
② [○] '정부기업예산법'에 의해 우편, 우체국예금, 양곡, 조달 특별회계가 설치되어 운영되고 있다.
③ [×] 군인연금과 공무원연금 등은 기금으로 운영한다. '군인연금법'과 '공무원연금법'은 기금설치의 근거가 되는 법률이다.
④ [○] '책임운영기관의 설치 · 운영에 관한 법률'에 의해 책임운영기관특별회계가 설치되어 운영되고 있다.

답 ③

22	특별회계 → 국회의 심의와 의결

① [×] 특별회계 역시 국회의 심의를 받아야 한다.
② [○] 특별회계는 특정한 목적을 위하여 세입과 세출을 일반회계와 별도로 계리함으로써 행정의 능률성과 전문성을 제고하려는 예산제도이다.
③ [○] 특별회계는 국가에서 특정한 사업을 운영하고자 할 때, 특정한 자금을 보유하여 운용하고자 할 때, 특정한 세입으로 특정한 세출에 충당함으로써 일반회계와 구분하여 회계 처리할 필요가 있을 때에 법률로써 설치한다.
④ [○] 특별회계는 일반회계에 비해 예산집행에 있어 중앙관서의 장에게 재량과 신축성이 더 많이 부여된다.

답 ①

23 ☐☐☐

우리나라 특별회계에 대한 설명으로 옳지 않은 것은?

① 특별회계 설립주체에 따라 중앙정부 특별회계와 지방자치단체 특별회계로 구분한다.

② 특정한 사업을 운영하기 위한 중앙정부 특별회계의 일례로 교육비특별회계가 있다.

③ 지방공기업법에 따라 설립된 모든 지방직영기업은 지방자치단체 공기업특별회계의 대상이다.

④ 중앙정부의 기업특별회계에는 책임운영기관특별회계와 정부기업예산법의 적용을 받는 우편사업, 우체국예금, 양곡관리, 조달특별회계가 있다.

24 ☐☐☐

우리나라 기금에 대한 설명으로 옳지 않은 것은?

① 기금관리주체는 안정성, 유동성, 수익성 및 공공성을 고려하여 기금의 자산을 투명하고 효율적으로 운용하여야 한다.

② 기금관리주체는 매년 1월 31일까지 당해 회계연도부터 5회계연도 이상의 기간 동안의 신규 사업 및 기획재정부장관이 정하는 주요 계속사업에 대한 중기사업계획서를 기획재정부장관에게 제출하여야 한다.

③ 국회는 정부가 제출한 기금운용계획안의 주요항목 지출금액을 증액하거나 새로운 과목을 설치하고자 할 때에는 미리 정부의 동의를 얻어야 한다.

④ 정부는 주요항목 단위로 마련된 기금운용계획안을 회계연도 개시 60일 전까지 국회에 제출하여야 한다.

23	교육비특별회계 → 시·도

① [○] 중앙정부의 특별회계는 법률로서 설치되며, 지방정부의 특별회계는 법률이나 조례로 설치할 수 있다. 다만, 목적세에 따른 세입·세출은 다른 법률에 특별한 규정이 있는 경우를 제외하고는 특별회계를 설치·운용하여야 한다.

② [×] 교육비특별회계는 시·도에 설치되어 있다. 시·도의 교육·학예에 관한 경비를 따로 경리하기 위하여 당해 지방자치단체에 교육비특별회계를 둔다.

③ [○] 지방자치단체는 지방직영기업의 적용대상마다 특별회계를 설치하여야 한다. 다만, 둘 이상의 사업에 대하여 관리자를 1명만 두는 경우에는 둘 이상의 사업에 대하여 하나의 특별회계를 둘 수 있다.

④ [○] 중앙정부의 기업특별회계에는 5개(우편사업, 우체국예금, 양곡관리, 조달, 책임운영기관특별회계)가 있다.

답 ②

24	기금운용계획안 → 회계연도 개시 120일 전까지 국회제출

① [○] 국가재정의 운용은 공공성을 강조하지만 기금은 공공성 외에 수익성까지 강조한다.

② [○] 기금의 중기사업계획서 역시 예산의 중기사업계획서와 마찬가지로 1월 31일까지 기획재정부에게 제출하여야 한다.

③ [○] 예산과 같이 기금 역시 증액하거나 새로운 과목을 설치하고자 할 때에는 미리 정부의 동의를 얻어야 한다.

④ [×] 정부는 주요항목 단위로 마련된 기금운용계획안을 회계연도 개시 120일 전까지 국회에 제출하여야 한다.

답 ④

25 □□□

특별회계 예산과 기금에 대한 설명으로 옳지 않은 것은?

① 기금은 특정 수입과 지출의 연계가 강하다.
② 특별회계 예산은 세입과 세출이라는 운영체계를 지닌다.
③ 특별회계 예산은 합목적성 차원에서 기금보다 자율성과 탄력성이 강하다.
④ 특별회계 예산과 기금은 모두 결산서를 국회에 제출하여야 한다.

25	자율성 → 기금 > 회계

① [○] 기금은 용도가 정해진 자금이므로 특정 수입과 지출의 연계가 강하다.
② [○] 특별회계 역시 예산이므로 세입과 세출의 운영체계를 지닌다.
③ [×] 특별회계에 비하여 기금의 자율성이 크다.
④ [○] 예산과 기금 보두 국회의 결산심의를 받는다.

📄 **정부재정의 비교**

구분	일반회계	특별회계	기금
성격	소비성	주로 소비성	적립성 또는 회전성
재원	조세 → 무상급부	일반회계 + 기금	출연금 + 부담금 등
집행	합법성		합목적성
수입과 지출	연계 배제	연계	
계획 변경	추가경정예산		주요 항목 지출금액 20% (금융성기금은 30%) 초과 → 국회의결
결산	국회의 결산심의		

답 ③

26 □□□

우리나라 기금운영에 대한 설명으로 옳지 않은 것은?

① 기금이란 국가가 특정한 목적을 위하여 특정한 자금을 신축적으로 운용할 필요가 있을 때에 한하여 법률로써 설치한다.
② 기금운용계획안은 국회의 심의와 의결을 거쳐 확정된다.
③ 군인연금, 공무원연금, 국민연금은 기금으로 운영된다.
④ 주한 미군기지 이전, 행정중심 복합도시 건설 등 기존의 일반회계에서 처리하기 곤란한 대규모 국책사업을 실행하기 위해 운영된다.

26	주한 미군기지 이전, 행정중심 복합도시 건설 등 → 기타 특별회계

① [○] 기금은 국가가 특정한 목적을 위하여 특정한 자금을 신축적으로 운용할 필요가 있을 때에 한하여 법률로써 설치하며, 세입세출예산에 의하지 아니하고 운용할 수 있다.
② [○] 정부는 주요항목 단위로 마련된 기금운용계획안을 회계연도 개시 120일 전까지 국회에 제출하여야 하며, 국회의 심의와 의결을 거쳐 확정된다.
③ [○] 군인연금, 공무원연금, 국민연금 등은 모두 사회보험성기금에 속한다.
④ [×] 주한 미군기지 이전이나 행정중심 복합도시건설 등은 특별회계를 설치하여 운영하고 있다.

📄 **기금 분류 및 현황**

사업성기금 (48개)	특정 사업을 수행하기 위해 기금을 마련하고 집행하는 기금
사회보험성기금 (6개)	국민연금, 공무원연금, 고용보험, 산업재해보상보험 및 예방, 사립학교교직원연금, 군인연금
계정성기금 (5개)	공공자금관리, 공적자금상환, 복권, 양곡증권정리, 외국환평형기금
금융성기금 (8개)	• 기술보증, 농림수산업자신용보증, 산업기반신용보증, 주택금융신용보증, 신용보증 • 예금보험기금채권상환, 농어가목돈마련저축장려, 무역보험

답 ④

예산 외 공공재원으로서의 기금에 대한 설명으로 옳지 않은 것은?

① 정부는 매년 기금운용계획안을 마련하여 국무회의의 의결을 받아야 하며, 국회에 제출할 필요는 없다.

② 출연금, 부담금 등 다양한 재원으로 융자사업 등을 수행한다.

③ 특정 수입과 지출을 연계한다는 점에서 특별회계와 공통점이 있다.

④ 합목적성 차원에서 예산에 비하여 운영의 자율성과 탄력성이 높다.

---

27   기금운용계획안 → 국회제출

① [×] 기획재정부장관은 기금운용계획안을 마련한 후 국무회의 심의를 거쳐 대통령의 승인을 얻어야 한다. 또한 정부는 주요항목 단위로 마련된 기금운용계획안을 회계연도 개시 120일 전까지 국회에 제출하여야 한다.

② [○] 예산은 조세수입으로 운영하지만 기금은 출연금, 부담금 등 다양한 재원으로 융자 사업 등을 수행한다.

③ [○] 기금은 국가가 특정한 목적을 위하여 특정한 자금을 신축적으로 운영할 필요가 있을 때 설치하는 것으로 용도가 정해져 있다는 점에서 특별회계와 유사하다. 다만, 세입세출예산과는 별도로 운영되고 자금을 잠식하지 않고 적립하거나 회전시킨다는 점에서 특별회계와 구분된다.

④ [○] 예산은 합법성에 입각하여 엄격히 통제하지만 기금은 합목적성 차원에서 상대적으로 자율성과 탄력성이 보장된다.

답 ①

정부지출에 대한 설명으로 옳지 않은 것은?

① 정부의 총지출 규모는 일반회계 > 기금 > 특별회계의 순으로 크다.

② 기금은 특별회계처럼 국회의 심의·의결로 확정되며, 집행부의 재량이 상대적으로 큰 편이다.

③ 국가재정법상 금융성기금의 주요항목 지출금액의 변경범위가 20%를 초과하면 국회의 의결이 필요하다.

④ 국가재정법상 기금관리 장치로 국정감사, 자산운용위원회, 기금운용심의회 등이 있다.

---

28   금융성기금 → 30% 초과

① [○] 정부의 총지출 규모는 2014년 기준 일반회계(247.2), 기금(96.6), 특별회계(62.4) 순으로 크다.

② [○] 기금은 예산처럼 국회의 심의·의결로 확정되나, 예산의 일반적인 제약으로부터 벗어나 좀 더 탄력적으로 보유·운영되는 자금으로 목적 측면에서 특별회계와 유사하나 세입세출예산과는 별도로 운영되고, 자금을 잠식하지 않고 적립하거나 회전시킨다는 점에서 특별회계와 구분된다.

③ [×] 금융성기금은 주요항목 지출금액의 변경범위가 10분의 3(30%)을 초과하면 국회의 의결이 필요하다.

④ [○] 전전 회계연도 말에 보유한 여유자금의 규모가 1조원을 초과하는 기금의 기금관리주체는 자산운용에 관한 중요한 사항을 심의하기 위하여 심의회에 자산운용위원회를 설치하여야 하며, 기금관리주체는 기금의 관리·운용에 관한 중요한 사항을 심의하기 위하여 기금별로 기금운용심의회를 설치하여야 한다. 또한 기금을 운용하는 기금관리주체는 국정감사 및 조사에 관한 법률의 규정에 따른 감사의 대상기관으로 한다.

답 ③

29 □□□

우리나라 고향사랑 기부금에 대한 설명으로 옳지 않은 것은?

① 지방자치단체는 해당 지방자치단체의 주민이 아닌 사람 또는 법인에 대해서만 고향사랑 기부금을 모금·접수할 수 있다.

② 지방자치단체는 고향사랑 기부금의 효율적인 관리·운용을 위하여 기금을 설치하여야 한다.

③ 고향사랑 기부금은 지방자치단체가 주민복리 증진 등의 용도로 사용하기 위한 재원을 마련하기 위한 것이다.

④ 지방자치단체는 현금, 고가의 귀금속 및 보석류를 답례품으로 제공하여서는 아니 된다.

⑤ 고향사랑 기부금에 관한 법률에 따른 고향사랑 기부금의 모금·접수 및 사용 등에 관하여는 기부금품의 모집 및 사용에 관한 법률을 적용하지 아니한다.

30 □□□

우리나라의 통합재정에 대한 설명으로 옳지 않은 것은?

① 세입과 세출은 경상거래와 자본거래로 구분하여 작성한다.

② 통합재정의 범위에는 일반정부와 공기업 등 공공부문 전체가 포함된다.

③ 정부의 재정이 국민경제에 미치는 효과를 파악하고자 하는 예산의 분류체계이다.

④ 통합재정 산출 시 내부거래와 보전거래를 제외함으로써 세입·세출을 순계 개념으로 파악한다.

29	고향사랑 기부금 → 기금으로 운영

① [×] 고향사랑 기부금은 해당 지방자치단체의 주민이 아닌 사람에 대해서만 모금·접수할 수 있다.

답 ①

30	통합재정 → 비영리 공공기관

①, ③, ④ [○] 통합재정은 경제성질별 분류이며, 순계 개념으로 계산된다.

② [×] 최근에는 제도단위에 기초한 새로운 재정통계 작성기준에 따라 공공비영리기관을 포함하여 통합재정을 작성하여 공표하고 있다. 즉, 영리공공기관은 제외된다.

답 ②

31 ☐☐☐

통합재정에 대한 설명으로 옳은 것은?

① 일반회계, 특별회계, 기금을 포함한다.
② 통합재정의 기관 범위에 공공기관은 포함되지만, 지방 자치단체는 포함되지 않는다.
③ 국민의 입장에서 느끼는 정부의 지출규모이며 내부거래 를 포함한다.
④ 2005년부터 정부의 재정규모 통계로 사용하고 있으며 세입과 세출을 총계 개념으로 파악한다.

32 ☐☐☐

통합예산(통합재정)의 특징에 대한 설명으로 옳지 않은 것은?

① 신축성
② 포괄성
③ 대출순계의 구분
④ 보전재원의 명시

---

31 | 통합재정 → 순계 개념

① [○] 통합재정은 일반회계, 특별회계, 기금 등을 모두 포함하는 정부의 재정활동으로, 재정이 국민경제에 미치는 효과를 파악 하고자 하는 예산제도이다.
② [×] 지방자치단체의 재정 역시 2005년부터 통합재정에 포함 되어 작성되고 있다.
③ [×] 국민의 입장에서 느끼는 정부의 지출규모는 총지출을 의미하여 이는 2005년부터 작성하고 있다. 한편, 통합재정은 계정 간 내부거래는 제외한다.
④ [×] 우리나라 통합재정은 IMF의 권고에 따라 1979년부터 작성하고 있으며, 내부거래와 보전거래를 제외한 순계 개념으로 작성된다.

답 ①

32 | 통합재정 → 전체 재정규모의 파악

① [×] 통합재정은 일반회계, 특별회계, 기금 등을 모두 포함하는 정부의 재정활동으로, 국가재정을 총체적으로 파악하기 위한 개념이지 재정운용의 신축성을 부여하기 위해 도입된 것은 아니다.
② [○] 통합예산은 그 범위가 포괄적으로 규정되어야 한다. 중앙 정부와 지방정부를 포함하는 일반정부와 그 보조기관, 정부기업 의 예산뿐만 아니라 일반정부가 관리·운영하고 있는 기금의 활동도 예산에 포함시켜야 한다는 것이다.
③ [○] 통합예산은 민간부문에 대한 재정자금의 융자나 융자금의 회수와 같은 재정자금의 운용상황은 세입·세출과 구분하여 대출금 순계로 별도 표시해야 한다.
④ [○] 통합예산은 세입·세출이 균형을 이루지 못하는 경우 재정적자가 어떤 형태로 보전되고 재정흑자가 어떻게 처리되는지 에 대한 보전재원의 상황이 명시되어야 한다. 이 밖에도 통합 예산은 그 정확한 규모를 산출하고 정부부문이 국민경제에서 차지하는 비중을 파악하기 위해서는 정부자체내의 이중거래부분을 차감하여 계상해야 한다.

답 ①

33 □□□

우리나라 정부재정에 대한 설명으로 옳지 않은 것은?

① 일반회계예산의 세입은 원칙적으로 조세수입을 재원으로 하고 세출은 국가사업을 위한 기본적 경비지출로 구성된다.

② 실질적인 정부의 총예산 규모를 파악하는 데에는 예산순계 기준보다 예산총계 기준이 더 유용하다.

③ 중앙관서의 장은 특별회계를 신설하고자 하는 때에는 해당 법률안을 입법예고하기 전에 특별회계 신설에 관한 계획서를 기획재정부장관에게 제출하며 그 신설의 타당성에 관한 심사를 요청하여야 한다.

④ 중앙정부의 통합재정 규모는 일반회계, 특별회계, 기금, 세입세출 외 항목을 포함하지만 내부거래와 보전거래는 제외한다.

33	실질적 예산규모의 파악 → 예산순계

① [○] 일반회계는 국가의 고유사무를 수행하기 위해 편성된 예산으로, 세입은 원칙적으로 조세수입을 재원으로 하고 세출은 국가사업을 위한 기본적 경비로 구성된다. 행정부뿐만 아니라 입법부, 사법부 등 모든 국가기관이 포함된다.

② [×] 실질적인 정부예산의 규모를 파악에는 일반회계와 특별회계가 단순하게 합쳐진 예산총계보다는 회계 간 중복분이 제거된 예산순계가 더 효과적이다.

③ [○] 특별회계는 법률로서 설치하여야 하며 해당 법률안을 입법예고하기 전에 기획재정부장관에게 제출하여 그 신설의 타당성에 관한 심사를 요청하여야 한다.

📑 용어 정리

예산총계	일반회계 + 특별회계
예산순계	(일반회계 + 특별회계) – 회계 간 내부거래
총계예산	필요경비를 공제하지 않은 예산 (→ 예산총계주의)
순계예산	필요경비(→ 징세비)를 공제한 예산(→ 완전성 원칙의 예외)

답 ②

34 □□□

재정·예산제도에 대한 설명으로 옳은 것은?

① 조세지출예산제도는 조세지출의 투명성과 항구성·지속성을 제고하는 장점이 있다.

② 통합재정은 일반회계, 특별회계, 기금을 모두 포괄하며, 재정활동의 전모를 파악할 수 있도록 융자지출을 통합재정수지의 계산에 포함하고 있다.

③ 성인지 예산제도는 각 지출부처가 기획재정부와 여성가족부의 지휘 아래 대부분의 재정사업에 대해 성인지 예산서·결산서를 작성하도록 하고 있다.

④ 예비타당성조사는 대규모 건설사업, 정보화사업, 연구개발사업 등을 대상으로 하며, 교육·보건·환경 분야 등에는 아직 적용되지 않고 있다.

34	통합재정 → 순계개념, 경제성질별 분류

① [×] 조세지출예산은 조세지출의 타당성을 평가하여 그 지속성을 개선하기 위해 도입된 제도이다.

② [○] 통합재정은 경상지출과 자본지출 그리고 순융자로 구성되는데 순융자란 융자지출에서 융자회수를 차감한 금액이다.

③ [×] 기획재정부와 여성가족부는 대상사업 선정기준을 제시하도록 하지만, 대상사업의 선정은 각 기관별로 능동적으로 발굴·제출하도록 하고 있다. 그리고 2019년도 기준으로 성인지 예산의 대상사업은 33개 중앙관서의 장이 제출한 261개로 전체 규모는 25조 6,283억 원이므로 대부분의 재정사업에 대해 성인지 예산서·결산서를 작성하고 있는 것은 아니다.

④ [×] 예비타당성조사는 건설공사가 포함된 사업, 정보화 사업, 국가연구개발사업, 그 밖에 사회복지, 보건, 교육, 노동, 문화 및 관광, 환경 보호, 농림해양수산, 산업·중소기업 분야의 사업 등에 적용된다.

답 ②

우리나라 통합재정수지에 대한 설명으로 옳은 것은?

① 2009년 이전까지는 지방재정이 통합재정수지에 포함되지 않았지만, 현재는 지방재정의 일반회계, 기금, 교육특별회계까지 모두 통합재정수지에 포함된다.

② 통합재정수지를 통해 국가재정을 통합하여 관리할 수 있게 되어 예산운용의 신축성이 제고되었다.

③ 통합재정수지를 계산할 때 국민연금기금 등의 사회보장성 기금의 수지는 제외된다.

④ 통합재정수지는 정부가 실제 수행하고 있는 활동영역별 예산을 파악하기 위해 도입되었다.

⑤ 일반회계, 특별회계, 기금을 포괄한 정부예산의 규모를 정확하게 파악하기 위한 것이다.

기획재정부에서 국가재정규모를 파악할 때 사용하는 '중앙정부 총지출' 산출방식으로 옳은 것은?

① 일반회계 + 특별회계 + 기금

② 일반회계 + 특별회계 + 기금 - 내부거래

③ 경상지출 + 자본지출 + 융자지출

④ 경상지출 + 자본지출 + 융자지출 - 융자회수

35	통합재정수지 → 2005년부터 작성

① [×] 통합재정수지는 2005년부터 중앙정부와 지방정부를 포괄하여 작성하고 있다.

② [×] 통합재정수지는 국가재정의 건전성을 파악하기 위한 것이지 예산운용의 신축성을 제고하기 위해 도입된 것은 아니다.

③ [×] 통합재정수지는 국민연금기금과 같은 사회보장성 기금의 수지까지 포함하여 작성된다. 사회보장성 기금의 수지가 제외되는 것은 관리재정수지이다.

④ [×] 정부가 실제 수행하고 있는 활동영역별로 예산을 파악하는 것은 예산의 기능별 분류이다. 통합재정은 예산의 경제성질별 분류에 속한다.

⑤ [○] 통합재정은 국가재정을 총체적으로 파악하기 위한 개념으로, IMF의 권장에 따라 도입(1979)되었으며 법정예산인 일반회계와 특별회계 외에 기금 및 세입·세출 외의 자금을 포함해 좀 더 넓게 예산의 범위를 파악한다.

답 ⑤

36	총지출 규모 → 경상지출 + 자본지출 + 융자지출

①, ② [×] (일반회계 + 특별회계 + 기금)의 합을 총계라 하며, (일반회계 + 특별회계 + 기금 - 내부거래)를 순계라 한다.

③ [○] 총지출 규모는 국민의 입장에서 느끼는 정부지출의 규모를 뜻하며, 예산과 기금 총계에서 회계·기금·계정 간 내부거래 및 보전거래를 제외하여 산출한다. 통합재정은 순수 재정활동의 규모를 측정하기 순계 개념으로 파악하지만 총지출 규모는 총계 개념으로 파악하므로 통합재정보다는 항상 크다. 한편, 총지출 규모는 (경상지출 + 자본지출 + 융자지출) 또는 (예산순계 + 기금 - 예산·기금 간 내부거래 - 보전거래)로 산출된다.

④ [×] (경상지출 + 자본지출 + 융자지출 - 융자회수)를 통합재정이라 한다.

📄 **총지출과 통합재정**

총지출	• 경상지출 + 자본지출 + 융자지출 • 예산순계 + 기금 - 예산·기금 간 내부거래 - 보전지출
통합재정	• 경상지출 + 자본지출 + 순융자(➡ 융자지출 - 융자회수) • 총지출 - 융자회수

답 ③

37 ▢▢▢
22년 지방7급

예산의 분류 방법과 분류 기준을 바르게 연결한 것은?

	분류 방법	분류 기준
①	기능별 분류	정부가 무슨 일을 하는 데 얼마를 쓰느냐
②	조직별 분류	정부가 무엇을 구입하는 데 얼마를 쓰느냐
③	경제성질별 분류	누가 얼마를 쓰느냐
④	시민을 위한 분류	국민경제에 미치는 총체적인 효과가 어떠한가?

38 ▢▢▢
21년 지방7급

예산 분류별 장단점에 대한 설명으로 옳지 않은 것은?

① 예산의 기능별 분류의 단점은 회계책임이 불명확하다는 점이다.
② 예산의 조직별 분류의 장점은 예산지출의 목적(대상)을 파악하기 쉽다는 점이다.
③ 예산의 기능별 분류의 장점은 국민이 정부예산을 이해하기 쉽다는 점이다.
④ 예산의 품목별 분류의 단점은 예산집행의 신축성을 저해한다는 점이다.

---

37 기능별 분류 → 무슨 일을 하는가?

① [○] 예산의 기능별 분류는 정부가 하는 일을 기준으로 예산을 분류하는 방법이다.
② [×] 정부가 무엇을 구입하는 데 얼마를 쓰느냐와 관련된 것은 예산의 품목별 분류이다.
③ [×] 누가 얼마를 쓰느냐와 관련된 것은 조직별 분류이다.
④ [×] 국민경제에 미치는 효과와 관련된 것은 경제성질별 분류이다. 한편, 시민을 위한 분류는 예산의 기능별 분류를 의미한다.

답 ①

---

38 지출의 대상 → 품목별 분류

② [×] 예산지출의 목적 특히 대상(→ 투입물)을 명확하게 하기 쉬운 것은 품목별 분류이다. 만약 목적이 사업의 목적이라면 이는 기능별 분류의 장점이다.

답 ②

39 ☐☐☐

예산집행의 회계책임을 명확히 하기 위한 분류로 옳지 않은 것은?

① 조직별 분류
② 기능별 분류
③ 활동별 분류
④ 품목별 분류

40 ☐☐☐

프로그램 예산제도에 대한 설명으로 옳지 않은 것은?

① 동일한 정책목표를 가진 단위사업들을 하나의 프로그램으로 묶어 예산 및 성과관리의 기본 단위로 삼는다.
② 우리나라에서는 지방자치단체가 2004년부터, 중앙정부는 2008년부터 공식적으로 채택하였다.
③ 자원배분의 투명성을 높일 수 있고, 일반 국민이 예산사업을 쉽게 이해할 수 있게 한다.
④ 우리나라가 도입한 배경에는 투입 중심 예산운용의 한계를 극복하고자 하는 측면이 있었다.

---

39 | 회계책임의 명확성 → 품목별 분류

① [○] 조직별 분류는 예산을 부처별·소관별 분류하는 방식으로, 각 부처예산의 전모를 파악할 수 있어 총괄계정에 적합하며, 의회의 상임위원회가 정부부처별로 구성된 관계로 입법부의 예산심의가 용이하다. 또한 소관별로 예산집행이 용이하며, 회계책임이 명확하여 예산통제가 용이하다.
② [×] 기능별 분류보다는 활동별 분류가 세분화된 분류이므로 상대적으로 기능별 분류가 회계책임이 가장 곤란하다. 예산의 기능별 분류는 정부가 수행하는 주요 기능에 따라 예산을 분류하는 방식으로 대항목으로 예산이 편성되므로 총괄계정에 적합하고, 예산집행의 신축성과 효율성을 제고할 수 있다. 그러나 분류의 포괄성으로 인하여 회계책임의 확보는 어렵다.
③ [○] 활동별 분류는 사업별 분류가 세분화된 것이고 사업별 분류는 기능별 분류가 세분화된 것이다. 기능별 분류보다는 세분화된 분류이므로 기능별 분류에 비하여 회계책임의 확보가 상대적으로 용이하다.
④ [○] 품목별 분류는 지출의 대상(물품) 및 성질에 따라 분류하는 방식으로, 회계책임이 명확하여 합법성 위주의 회계검사에 유용하므로 지출통제 및 재량통제에 적합하다.

답 ②

---

40 | 프로그램예산 → 중앙(2007), 지방(2008)

① [○] 프로그램(사업)이란 동일한 정책을 수행하는 단위사업(활동)의 묶음으로, 성과관리, 발생주의회계, 중기재정계획, 총액배분자율편성 등에 있어 구심점으로 작용한다.
② [×] 프로그램 예산제도는 중앙정부가 2007년에 도입하였고 지방정부는 2008년부터 공식적으로 도입하였다.
③ [○] 프로그램 예산제도는 사업의 전 생애주기를 관리함으로써 예산과정의 투명성과 효율성을 제고할 수 있다.
④ [○] 프로그램 예산제도의 도입으로 그 동안 품목 중심의 투입관리와 통제 중심의 재정운영에서 프로그램 중심의 성과, 자율, 책임 중심의 재정운영으로 바뀌게 된다.

답 ②

41 ☐☐☐

2000년대 초반 도입된 한국의 프로그램 예산제도에 대한 설명으로 옳지 않은 것은?

① 프로그램 예산제도는 현재 운영되지 않는 제도이다.
② 프로그램 예산분류(과목) 체계는 분야 - 부문 - 프로그램 - 단위사업 - 세부사업 등으로 구성된다.
③ 프로그램 예산제도 도입 시 비목(품목)의 개수를 대폭 축소함으로써 비목 간 칸막이를 최대한 줄였다.
④ 프로그램 예산제도는 정책과 성과중심의 예산운영을 위해 설계 · 도입된 제도이다.

---

42 ☐☐☐

우리나라 예산에 대한 설명으로 옳은 것은?

① 세입세출예산은 일반회계와 특별회계 및 기금으로 구분한다.
② 국회의 예산에 예비금을 두며 국회의장이 이를 관리한다.
③ 세입예산은 관 · 항 · 목으로 구분한다.
④ 특별회계는 국가가 특정한 목적을 위해 특정한 자금을 신축적으로 운영하기 위해 법률로써 설치한다.
⑤ 국회에 예산안이 제출되면 상임위원회 회의에서 정부의 시정연설이 이루어진다.

41	프로그램예산 → 현행 제도

① [×] 프로그램 예산제도는 중앙정부가 2007년에 도입하였고 지방정부는 2008년부터 공식적으로 도입하였다.
② [○] 기존의 장, 관, 항, 세항, 세세항, 목 등이 분야, 부문, 프로그램, 단위사업, 세부사업, 목으로 분류되었다.
③ [○] 프로그램 예산제도는 예산을 단위사업으로 운영할 경우 발생하는 효율성 저하(칸막이 현상)를 막고, 프로그램 관리자에게 자율성을 부여하되 성과에 따른 책임성을 강조하는 제도이다.
④ [○] 프로그램 예산제도는 예산의 전 과정을 프로그램(사업) 중심으로 구조화하고 성과평가체제와 연계시켜 성과를 관리하는 예산기법이다.

답 ①

42	세입예산의 구분 → 관, 항, 목

① [×] 기금은 세입세출예산 외로 운영된다.
② [×] 국회에 설치하는 예비금은 국회사무총장이 관리한다.
③ [○] 세입예산은 관 · 항 · 목으로 구분하고 세출예산은 장 · 관 · 항 · 세항 · 목으로 구분한다.
④ [×] 특정한 목적을 위해 특정한 자금을 신축적으로 운영하기 위해 법률로써 설치하는 것은 기금이다.
⑤ [×] 정부의 시정연설은 본회의에서 이루어진다.

📋 우리나라의 예산과목

		입법과목			행정과목	
	소관	장	관	항	세항	목
세출예산	조직별	기능별		사업별	활동별	품목별
세입예산	○	×	○	○	×	○
변경	이체	이용			전용	

답 ③

---

01 □□□

자본예산의 장점에 대한 설명으로 옳지 않은 것은?

① 자본적 지출의 경우 장기적 재정계획에 따라 일시적인 적자재정이 정당화된다.
② 경상적 지출과 자본적 지출을 분리·계리함으로써 재정의 기본구조를 이해하는 데 도움이 된다.
③ 세출규모의 변동을 장기적 관점에서 조정하는 데 기여한다.
④ 경상적 지출에 대한 심도 있는 분석에 유리하다.

01	자본예산 → 자본적 지출에 대한 분석

① [○] 자본예산에서 경상적 지출은 경상적 수입으로 충당하여 원칙적으로 수지의 균형을 이루나, 자본적 지출은 적자재정과 공채발행으로 충당하므로 단기적으로는 불균형이다.
② [○] 자본예산은 정부의 총지출을 소비와 투자로 구분하여 평가하므로 자산과 부채와 같은 상태지표 등을 포괄적으로 파악할 수 있게 한다.
③ [○] 자본예산은 예산이란 경기 순환기를 중심으로 균형을 이루면 된다는 논리를 전제로 하는 것이다. 이에 따라 경기 침체기에는 적자예산을 편성하고, 경기 과열기에는 흑자예산을 편성하여 장기적 관점에서 경기변동을 조절할 수 있다.
④ [×] 자본예산은 자본적 지출에 대한 심도 있는 분석을 위해서 도입된 제도이다.

📄 **자본예산의 장단점**

장점	단점
• 국가재정의 기본구조에 대한 명확한 이해	• 계정구분의 어려움
• 자본지출에 대한 특별한 심사와 분석	• 자본재의 축적에만 치중할 우려
• 일관성 있는 조세정책의 수립	• 선심성 사업에 치중할 우려
• 장기적 재정계획수립에 도움	• 적자재정의 은폐수단
• 경기회복 수단	• 인플레이션의 조장
(→ 불경기 극복수단)	
• 세대 간 부담공평	
(→ 수익자부담원칙)	

답 ④

02 □□□

우리나라의 예산제도에 대한 설명으로 옳지 않은 것은?

① 통합재정은 일반회계, 특별회계, 기금 등을 포괄한 국가 전체 재정을 의미한다.
② 조세지출예산제도는 세금을 징수하기 위해 지출한 예산을 통합적으로 관리하기 위한 예산제도이다.
③ 성인지 예산서는 예산이 남성과 여성에 미칠 영향을 미리 분석한 보고서로 정부가 예산안과 함께 국회에 제출해야 하는 첨부서류이다.
④ 각 중앙관서의 장은 예산요구서를 제출할 때에 다음 연도 예산의 성과계획서 및 전년도 예산의 성과보고서를 기획재정부장관에게 함께 제출하여야 한다.

02	조세지출예산제도 → 세금감면 내역의 국회통제

① [○] 통합재정은 일반회계, 특별회계, 기금 등을 모두 포함하는 정부의 재정활동으로, 재정이 국민경제에 미치는 효과를 파악하고자 하는 예산제도이다.
② [×] 조세지출은 특정 목적 위하여 징수하여야 할 세금을 거두지 않는 세제상 특혜로 인한 조세수입의 상실분을 말한다. 직접지출(보조금)과 대비되는 간접 지출로, 형식은 조세이지만 실질적으로 보조금과 같은 효과가 발생한다.
③ [○] 성인지 예산제도는 세입·세출예산이 남성과 여성에 미치는 영향은 서로 다르다는 전제하에, 예산이 남녀에게 미치는 효과를 평가하여 그 결과를 예산편성에 반영하는 제도이다.
④ [○] 성과관리제도에 관한 설명이다. 성과관리는 성과계획서와 성과보고서의 작성 및 비교로 이루어진다.

답 ②

03 ☐☐☐

조세지출예산제도에 대한 설명으로 옳지 않은 것은?

① 세제지원을 통해 제공한 혜택을 예산지출로 인정하는 것이다.
② 예산지출이 직접적 예산집행이라면 조세지출은 세제상의 혜택을 통한 간접지출의 성격을 띤다.
③ 직접 보조금과 대비해 눈에 보이지 않는 숨겨진 보조금이라고 이해할 수 있다.
④ 세금 자체를 부과하지 않는 비과세는 조세지출의 방법으로 볼 수 없다.

03	조세지출의 유형 → 조세감면, 비과세, 소득공제, 세액공제, 우대세율적용 또는 과세이연 등

① [○] 조세지출예산제도는 조세지출 역시 재정지출의 한 유형으로 보고 그 내역을 국회에 제출하게 하는 제도이다.
② [○] 예산지출은 재정지출을 의미하며, 자금이 사용되므로 직접지출이라고 하며, 조세지출은 자금을 사용한 것은 아니므로 간접지출이라 한다.
③ [○] 예산지출은 매년 국회의 승인을 받아야 하지만 조세지출은 법률에 의해 승인 없이 집행되었으므로 이를 숨겨진 보조금이라고 부른다.
④ [×] 세금 그 자체를 부과하지 않는 비과세 역시 조세지출의 한 유형이다. 조세지출의 유형에는 조세감면, 비과세, 소득공제, 세액공제, 우대세율적용 또는 과세이연 등이 있다.

답 ④

04 ☐☐☐

우리나라의 재정정책 관련 예산제도에 대한 설명으로 옳은 것은?

① 지출통제예산은 구체적 항목별 지출에 대한 집행부의 재량행위를 통제하기 위한 예산이다.
② 우리나라의 통합재정수지에 지방정부예산은 포함되지 않는다.
③ 우리나라의 통합재정수지에서는 융자지출을 재정수지의 흑자요인으로 간주한다.
④ 조세지출예산제도는 국회 차원에서 조세감면의 내역을 통제하고 정책효과를 판단하기 위한 제도이다.

04	조세지출예산 → 통제

① [×] 지출통제예산은 총액만 통제하고 구체적인 항목별은 집행기관의 재량에 맡기는 제도로, 총괄예산 또는 실링예산으로 불린다.
② [×] 통합재정수지는 중앙정부(일반회계, 기타특별회계, 기금, 세입세출 외의 전대차관 도입분 또는 세계잉여금 등)와 지방정부(일반회계, 기타특별회계, 기금, 교육비특별회계) 및 비금융공기업(중앙정부의 기업특별회계, 지방정부의 공기업특별회계)을 포괄한다.
③ [×] 융자지출은 회수되는 시점에서는 흑자 요인이 된다는 점에서 순환적인 적자의 성격을 가지고 있음에도 불구하고, 이를 당해 연도의 적자 요인으로 보고 재정의 건전성을 파악한다.
④ [○] 조세지출예산은 조세지출의 구체적 내역을 예산구조에 밝히고 국회의 심의 · 의결을 받게 하는 제도이다. 이는 조세감면 등의 정책효과를 판단하기 위하여 필요한 제도이며, 과세의 수직적 · 수평적 형평성을 파악할 수 있고, 세수 인상을 위한 정책판단의 자료로 활용될 수 있다.

답 ④

조세지출에 대한 설명 중 옳은 것은?

① 조세지출은 세출예산상 보조금과 같은 경제적 효과를 발생시킨다.
② 조세지출예산제도는 1967년 미국에서 처음 도입되었다.
③ 조세지출은 세제상의 특혜를 통한 직접지출이라고 볼 수 있다.
④ 조세지출은 예산지출에 비해 지속성과 경직성이 덜한 편이다.

조세지출예산제도(tax expenditure budget)의 특징으로 옳지 않은 것은?

① 조세지출은 법률에 따라 집행되기 때문에 경직성이 강하다.
② 조세지출의 주된 분류방법은 세목별 분류로서 의회의 예산심의를 완화하기 위한 제도이다.
③ 조세지출은 세출예산상의 보조금과 같은 경제적 효과를 초래한다.
④ 과세의 수직적·수평적 형평을 파악할 수 있기 때문에 세수 인상을 위한 정책판단의 자료가 된다.

---

05   조세지출 → 숨겨진 보조금

① [○] 조세지출은 형식은 조세감면이지만 실질적으로는 보조금과 같은 효과가 발생한다.
② [×] 조세지출예산제도는 1967년 서독에서 처음 도입되었다.
③ [×] 조세지출은 간접지출로, 숨겨진 보조금 혹은 합법적 탈세 등으로 불린다.
④ [×] 조세지출은 매년 의회의 심의 없이 법률에 따라 집행되므로 예산지출에 비하여 경직성이 강하다.

답 ①

---

06   조세지출예산제도 → 재정민주주의 구현

① [○] 조세지출은 조세감면의 대상을 판단함에 있어 행정부의 자의성이 개입될 여지가 많다.
② [×] 조세제출예산은 조세특례에 따른 재정지원의 직전 연도의 실적과 해당 연도 및 다음 연도의 추정금액을 기능별·세목별로 분석한 보고서(조세지출예산서)로, 조세지출에 대한 의회의 통제를 강화하는 제도이다.
④ [○] 조세지출은 불필요한 감세에 대한 통제력을 강화하므로 조세 형평성을 높이며 세수 인상을 위한 자료를 제공한다.

답 ②

07 ⬜⬜⬜

우리나라에서 현재 시행되고 있는 예산제도에 대한 설명으로 옳지 않은 것은?

① 국가와 지방자치단체 모두에 대해 성과계획서 및 성과보고서의 작성을 의무화하고 있다.
② 국가에 대해 조세지출예산서, 지방자치단체에 대해 지방세지출예산서의 작성을 의무화하고 있다.
③ 국가와 지방자치단체 모두에 대해 성인지 예산서와 성인지 결산서의 작성을 의무화하고 있다.
④ 국가는 일반회계 예산총액의 100분의 1이내의 금액을 예비비로 계상할 수 있고, 지방자치단체는 일반회계 예산총액의 100분의 1이내의 금액을 예비비로 계상하여야 한다.

07　지방정부 → 조세지출보고서

① [○] 성과계획서와 성과보고서는 국가와 지방 모두 의무적으로 작성하여야 한다.
② [×] 국가는 조세특례제한법에 의거 조세지출예산서를 작성해야 하지만 지방은 지방세특례제한법에 의거 지방세지출보고서를 작성해야 한다. 즉, 아직까지 지방은 예산서가 아닌 보고서 수준에 머물러 있다.
③ [○] 성인지 예산서와 성인지 결산서는 국가와 지방 모두 의무적으로 작성하여야 한다.
④ [○] 예비비의 규모는 국가와 지방 모두 일반회계 예산총액의 100분의 1 이내로 계상되지만 국가는 선택사항이고, 지방은 의무사항이다.

답 ②

---

08 ⬜⬜⬜

우리나라의 성인지 예산제도에 대한 설명으로 옳지 않은 것은?

① 정부는 예산이 여성과 남성에게 미치는 효과를 평가하고, 그 결과를 정부의 예산편성에 반영하기 위하여 노력하여야 한다.
② 성인지 예산서는 기획재정부장관이 각 중앙관서의 장과 협의하여 제시한 작성기준 및 방식 등에 따라 여성가족부장관이 작성한다.
③ 성인지 예산서에는 성인지 예산의 개요, 규모, 성평등 기대효과, 성과목표 및 성별 수혜 분석 등의 내용이 포함되어야 한다.
④ 성인지 결산서에는 집행실적, 성평등 효과분석 및 평가 등이 포함되어야 한다.

08　성인지예산서의 작성 → 중앙관서의 장

① [○] 성인지 예산제도는 국가재정법 제16조에 규정된 원칙이다.
② [×] '국가재정법 시행령'에 따르면 성인지 예산서는 기획재정부장관이 여성가족부장관과 협의하여 제시한 작성기준 및 방식 등에 따라 각 중앙관서의 장이 작성한다.

답 ②

09 □□□

성인지 예산(gender budgeting)에 대한 설명으로 옳지 않은 것은?

① 예산과정에 성 주류화(gender mainstreaming)의 적용을 의미한다.
② 성 중립적(gender neutral) 관점에서 출발한다.
③ 우리나라는 국가재정법에서 성인지 예산서와 결산서의 작성을 의무화하였다.
④ 성인지적 관점의 예산운영은 새로운 재정운영의 규범이 되고 있다.

10 □□□

성인지 예산제도에 대한 설명으로 옳은 것은?

① 2010회계연도 성인지 예산서가 처음으로 국회에 제출되었다.
② 성인지 예산제도의 목적은 여성성을 지원하는 것이다.
③ 1984년 독일에서 처음 도입되었다.
④ 우리나라 성인지 예산제도는 예산사업만을 대상으로 하고 기금사업을 제외한다.

---

09 성인지 예산서 → 성주류화의 관점

① [○] 성인지 예산제도는 예산과정에의 성 주류화 관점의 적용을 의미한다. 성 주류화란 정부의 모든 정책을 '젠더(gender – 성)'의 관점에서 살피며, 정책이 제대로 만들어져서 성과를 내고 있는지 검토하자는 것이다.
② [×] 예산이 어느 성(gender)에게나 똑같은 효과를 지닌다면 그 영향력을 분석할 필요가 없을 것이다. 즉, 성인지 예산은 성 중립적(gender neutral) 관점의 타파를 의미한다.
④ [○] 이는 전통적으로는 강조되지 못했던 성 평등의 의식이 재정운영의 새로운 규범으로 정착되고 있는 것이다.
③ [○] '국가재정법'뿐만 아니라 '지방재정법'에서도 성인지 예산서와 성인지 결산서의 작성을 의무화하고 있다.

답 ②

---

10 성인지 예산제도 → 호주

① [○] 우리나라는 '국가재정법'에 2010년부터 성인지 예산서와 결산서의 작성을 의무화함으로써 성인지 예산제도가 도입되었다.
②, ③ [×] 성인지 예산제도는 1984년 호주에서 시작되었으며, 양성의 평등을 목적으로 하는 것이지 특정 성만의 지원을 목적으로 하는 것은 아니다.
④ [×] 예산사업뿐만 아니라 기금사업에도 성인지 예산제도가 도입되어 있다.

답 ①

01 □□□

예산의 원칙과 그 내용, 예외사항을 순서대로 나열한 것으로 옳지 않은 것은?

① 사전의결의 원칙 - 회계연도 개시 전 예산 확정 - 준예산
② 통일성의 원칙 - 특정 수입과 특정 지출의 연계 금지 - 특별회계
③ 단일성의 원칙 - 세입과 세출 내역의 명시적 나열 - 이용과 전용
④ 완전성의 원칙 - 예산총계주의 - 전대차관

02 □□□

다음 보기에서 ㄱ과 ㄴ에 해당하는 내용을 바르게 연결한 것은?

(ㄱ)은/는 국가가 특별한 용역 또는 시설을 제공하고 그 제공을 받은 자로부터 비용을 징수하는 경우의 당해 경비로서 기획재정부장관이 정하는 경비를 의미하며, 국가재정법 상 (ㄴ)의 예외로 규정되어 있다.

	ㄱ	ㄴ
①	수입대체경비	예산총계주의 원칙
②	전대차관	예산총계주의 원칙
③	전대차관	예산 공개의 원칙
④	수입대체경비	예산 공개의 원칙

---

01 세입과 세출의 명시적 나열 → 명확성의 원칙

① [○] 사전의결의 원칙은 예산의 집행에 앞서 입법부의 의결을 거쳐야 한다는 원칙으로, 준예산, 긴급재정경제처분, 선결처분이 그 예외이다.
② [○] 통일성의 원칙은 특정 세입과 특정 세출을 직접 연결시켜서는 안 된다는 원칙으로, 목적세, 수입대체경비, 수입금마련지출제도, 특별회계, 기금 등이 그 예외이다.
③ [×] 단일성의 원칙은 회계장부가 하나여야 한다는 원칙이다. 반면, 세입과 세출 내역의 명시적 나열은 명확성의 원칙과 관련된다. 또한 이용과 전용은 한정성 원칙의 예외이다.
④ [○] 완전성의 원칙은 국가의 세입과 세출은 모두 예산에 편입(계상)되어야 한다는 포괄성의 원칙으로, 예산총계주의라고도 하며, 순계예산, 기금, 현물출자, 수입대체경비, 전대차관 등이 그 예외이다.

답 ③

---

02 수입대체경비 → 완전성과 통일성 원칙의 예외

ㄱ. 수입대체경비란 지출이 직접 수입을 수반하는 경우, 그 수입이 확보되는 범위 안에서 직접 지출할 수 있도록 규정된 경비를 말한다. 목적이 정해져 있으므로 예산 통일성 원칙에 대한 예외이며, 미리 예산에 반영되지 않았다면 예산 완전성 원칙에 대한 예외이기도 하다.
ㄴ. 예산총계주의는 국가의 세입과 세출은 모두 예산에 편입(계상)되어야 한다는 포괄성의 원칙이다. 즉, 한 회계연도의 모든 수입과 지출은 예산에 반영되어 있어야 한다는 것으로 이를 예산 완전성의 원칙이라 한다.

답 ①

예산 통일성의 원칙에 관한 설명으로 옳은 것은?

① 국가의 예산은 하나로 존재해야 한다는 원칙이다.
② 모든 수입은 국고로 납입되고 거기에서 모든 지출체계가 마련되어야 한다.
③ 특정 수입으로 특정 지출을 충당하도록 한다.
④ 모든 수입과 지출은 예산에 계상되어야 한다는 원칙이다.

일반회계, 특별회계, 기금에 대한 설명으로 옳지 않은 것은?

① 일반회계는 조세수입 등을 주요 세입으로 하여 국가의 일반적인 세출에 충당하기 위하여 설치한다.
② 특별회계와 기금은 예산총계주의 원칙의 예외이다.
③ 일반회계, 특별회계, 기금 모두 국회로부터 결산의 심의 및 의결을 받아야 한다.
④ 일반회계와 특별회계는 전쟁이나 대규모 재해가 발생한 경우 추가경정예산을 편성할 수 있다.

---

03   통일성의 원칙 → 국고 수납 후 지출체계 마련

① [×] 국가의 예산은 하나로 존재해야 한다는 원칙은 단일성의 원칙이다.
② [○] 통일성의 원칙이란 모든 수입은 국고로 납입되고 거기에서 모든 지출체계가 마련되어야 한다는 것이다.
③ [×] 특정 수입으로 특정 지출을 충당하도록 하는 것은 통일성 원칙의 예외이다.
④ [×] 모든 수입과 지출은 예산에 계상되어야 한다는 것은 완전성 원칙이다.

답 ②

---

04   특별회계 → 통일성과 단일성 원칙의 예외

② [×] 예산총계주의는 예산 완전성 원칙으로 의미한다. 기금은 완전성 원칙에 예외이지만 특별회계는 예산이므로 완전성 원칙의 예외에 해당하지 않는다.
③ [○] 예산뿐만 아니라 기금도 국회의 결산심의와 의결을 받아야 한다.
④ [○] 추가경정예산의 편성사유는 '국가재정법'에 규정되어 있다.

답 ②

국가재정법상 다음 원칙의 예외에 대한 규정으로 옳지 않은 것은?

> 1. 한 회계연도의 모든 수입을 세입으로 하고, 모든 지출을 세출로 한다.
> 2. 한 회계연도의 세입과 세출을 모두 예산에 계상하여야 한다.

① 수입대체경비에 있어 수입이 예산을 초과하거나 초과할 것이 예상되는 때에는 그 초과수입에 직접 관련되는 경비 및 이에 수반되는 경비에 초과 지출할 수 있다.

② 국가가 현물로 출자하는 경우에는 이를 세입세출예산 외로 처리할 수 있다.

③ 국가가 외국차관을 도입하여 전대하는 경우에는 이를 세입세출예산 외로 처리할 수 있다.

④ 출연금이 지원된 국가연구개발사업의 개발성과물 사용에 따른 대가를 사용하는 경우에는 이를 세입세출예산 외로 처리할 수 있다.

05	출연금이 지원된 국가연구개발사업의 개발성과물 → 예산에 포함

① [○] 각 중앙관서의 장은 용역 또는 시설을 제공하여 발생하는 수입과 관련되는 경비로서 대통령령이 정하는 경비(수입대체경비)에 있어 수입이 예산을 초과하거나 초과할 것이 예상되는 때에는 그 초과수입을 대통령령이 정하는 바에 따라 그 초과수입에 직접 관련되는 경비 및 이에 수반되는 경비에 초과 지출할 수 있다.

②, ③ [○] 국가가 현물로 출자하는 경우와 외국차관을 도입하여 전대하는 경우에는 이를 세입세출예산 외로 처리할 수 있다.

④ [×] 설문은 예산 완전성 원칙을 의미한다. 출연금이 지원된 국가연구개발사업의 개발성과물 사용은 2014년도에 삭제된 규정이다.

답 ④

예산의 원칙과 그 예외사항에 대한 설명으로 옳은 것은?

① 특정 수입과 특정 지출이 연계되어서는 안 된다는 것은 단일성의 원칙이다.

② 예산은 주어진 목적, 규모 그리고 시간에 따라 집행되어야 한다는 원칙은 예산총계주의이다.

③ 예산구조나 과목은 이해하기 쉽도록 단순해야 한다는 것은 통일성의 원칙이다.

④ 특별회계는 통일성의 원칙과 단일성의 원칙의 예외적인 장치에 해당된다.

06	특별회계 → 통일성과 단일성 원칙의 예외

① [×] 특정 수입과 특정 지출이 연계되어서는 안 된다는 것은 통일성의 원칙이다.

② [×] 예산은 주어진 목적, 규모 그리고 시간에 따라 집행되어야 한다는 것은 한정성의 원칙이다.

③ [×] 예산구조나 과목은 이해하기 쉽도록 단순해야 한다는 것은 명확성의 원칙이다.

④ [○] 특별회계는 통일성과 단일성 원칙의 예외이다.

답 ④

예산원칙의 예외에 대한 설명으로 옳지 않은 것은?

① 특별회계는 단일성의 원칙에 대한 예외이다.
② 준예산제도는 사전의결의 원칙에 대한 예외이다.
③ 예산의 이용(利用)은 한계성의 원칙에 대한 예외이다.
④ 목적세는 공개성의 원칙에 대한 예외이다.

예산의 이용, 예비비, 계속비는 공통적으로 어떤 예산원칙에 대한 예외인가?

① 포괄성의 원칙
② 단일성의 원칙
③ 한정성의 원칙
④ 통일성의 원칙

07	목적세 → 통일성 원칙의 예외

① [○] 단일성 원칙이란 모든 재정활동은 하나의 단일예산으로 편성되어야 한다는 것으로 추가경정예산, 특별회계, 기금 등이 그 예외에 속한다.
② [○] 준예산이란 회계연도가 개시될 때까지 예산이 성립되지 못하였을 경우, 의회의 승인 없이(사전의결 원칙의 위반) 전년도 예산에 준하여 지출할 수 있는 제도이다.
③ [○] 한계성 또는 한정성의 원칙이란 예산은 사용목적, 사용금액 및 사용기간에 명확한 한계를 있어야 한다는 것으로, 입법과목 간 융통을 의미하는 이용은 질적 한정성 원칙의 예외이다.
④ [×] 공개성 원칙은 예산과정의 주요한 단계를 국민에게 공개하여야 한다는 것으로, 국방비와 국가정보원 예산 등이 그 예외이다. 반면, 목적세는 예산 통일성 원칙의 예외이다.

답 ④

08	한정성 원칙 → 용도, 금액, 시간의 준수

① [×] 포괄성의 원칙은 국가의 세입과 세출은 모두 예산에 편입 (계상)되어야 한다는 완전성의 원칙을 말한다.
② [×] 단일성의 원칙은 모든 재정활동은 하나의 회계장부로 편성되어야 한다는 것으로, 국가의 예산을 종합적으로 명료하게 밝히기 위한 제도이다.
③ [○] 입법과목의 융통인 이용은 질적 한정성 원칙의 예외이고, 금액의 초과지출을 위한 예비비는 양적 한정성 원칙의 예외이다. 회계연도를 초월하여 집행되는 계속비는 시간 한정성 원칙의 예외이다.

답 ③

전통적 예산원칙에 대한 설명 중 가장 옳지 않은 것은?

① 예산 단일성의 원칙은 특정한 세입과 특정 세출을 직접 연계시켜서는 안 된다는 원칙이다.

② 예산 공개성의 원칙은 예산운영의 전반적인 내용이 국민에게 공개되어야 한다는 원칙이다.

③ 예산 사전의결의 원칙은 예산이 집행되기 전에 입법부의 의결을 거쳐야 한다는 원칙이다.

④ 예산 완전성의 원칙은 모든 세입과 세출이 예산에 계상되어야 한다는 원칙이다.

예산의 원칙과 그 예외를 연결한 것으로 옳지 않은 것은?

① 예산 사전의결의 원칙 – 준예산, 긴급재정명령, 선결처분

② 예산 한정성의 원칙 – 계속비, 예산의 이용, 예산의 이월

③ 예산 단일성의 원칙 – 특별회계, 추가경정예산, 목적세

④ 예산 공개성의 원칙 – 국가 기밀에 속하는 국방비·외교활동비

09	특정 세입과 특정 세출의 연계 금지 → 통일성 원칙

① [×] 특정 세입과 특정 세출을 직접 연계시켜서는 안 된다는 원칙은 예산 통일성의 원칙이다. 단일성 원칙이란 모든 재정활동은 하나의 단일예산으로 편성되어야 한다는 것이다.

② [○] 국가재정법은 매년 1회 이상 주요 재정정보의 공표를 의무화하고 있다.

③ [○] 헌법에 의하면 국회는 다음 회계연도 개시 30일 전까지 예산안을 의결하여야 한다.

④ [○] 예산 완전성의 원칙은 한 회계연도의 모든 수입을 세입으로 하고 모든 지출을 세출로 하여야 함을 의미한다.

답 ①

10	목적세 → 통일성 원칙의 예외

① [○] 긴급재정명령은 헌법에 규정되어 있고, 선결처분은 지방자치법에 규정되어 있는 사전의결 원칙의 예외이다.

② [○] 계속비와 이월은 시간 한정성 원칙의 예외이고, 이용은 질적 한정성 원칙의 예외이다.

③ [×] 특별회계와 추가경정예산은 단일성 원칙의 예외이지만 목적세는 통일성 원칙의 예외이다.

④ [○] 국방비와 외교활동비 그리고 국가정보원 예산 등 안보와 관련된 예산은 공개되지 않는다.

답 ③

11 ☐☐☐

다음 중 현대적 예산의 원칙과 거리가 먼 것은?

① 사전승인의 원칙
② 보고와 수단구비의 원리
③ 다원적 절차와 시기 신축의 원칙
④ 계획과 책임의 원칙

12 ☐☐☐

예산 한정성 원칙의 예외로 볼 수 없는 것은?

① 예비비 편성
② 추가경정예산
③ 특별회계의 운용
④ 예산의 이용 및 전용

11	사전승인의 원칙 → 전통적 예산원칙

① [×] 현대적 예산원칙이란 행정부 편의의 예산원칙으로, 행정부의 정책결정기능을 강조하고 예산의 재량성, 신축성, 융통성을 추구하는 원리이다. 반면, 사전승인의 원칙은 입법부의 통제를 강화하고자 하는 전통적 예산원칙에 속한다.

② [○] 보고의 원칙은 예산의 모든 과정이 각 부서에서 제출되는 객관적 재정보고와 업무보고에 기초해야 한다는 것이고, 수단구비의 원칙은 행정부가 예산을 책임 있게 운영하기 위하여 적절한 행정상의 수단을 구비해야 한다는 것이다.

③ [○] 다원적 절차의 원칙은 행정활동이 매우 다양하기 때문에 사업의 성격에 따라 예산의 절차를 다르게 해야 한다는 것이고, 시기 신축성의 원칙은 경제사정 등의 변화에 적응할 수 있도록 예산의 집행시기를 적절하게 조절할 수 있어야 한다는 것이다.

④ [○] 계획의 원칙은 예산이란 결국 행정부의 정책이나 사업계획을 반영하는 것이므로 예산편성은 행정부의 사업계획과 연계되도록 해야 한다는 것이고, 책임의 원칙은 행정수반은 각 부처의 사업수행이 입법부의 의도에 부합되도록, 그리고 가장 경제적인 방법으로 이를 수행하도록 감독할 책임이 있다는 것이다.

📄 **전통적 예산원칙과 현대적 예산원칙**

전통적 예산원칙			현대적 예산원칙
재정민주주의	재원배분	회계관리	재정사업관리
• 사전의결 원칙	• 통일성 원칙	• 완전성 원칙	• 계획성
• 공개성 원칙	• 한정성 원칙	• 단일성 원칙	• 성과 중심
• 명확성 원칙		• 정확성 원칙	

답 ①

12	특별회계 → 통일성과 단일성 원칙의 예외

① [○] 예비비의 편성은 양적(금액) 한정성 원칙의 예외이다.

② [○] 추가경정예산 또한 양적(금액) 한정성 원칙(초과지출 금지)의 예외이다.

③ [×] 한정성의 원칙은 예산은 사용목적, 사용금액 및 사용기간에 명확한 한계를 있어야 한다는 것으로 금액, 용도, 시기의 준수를 강조한다. 반면, 특별회계의 운용은 일반회계에서 분리되어 별도로 계리되므로 단일성 원칙의 예외이고, 용도가 특정되므로 통일성 원칙의 예외이다.

④ [○] 예산의 이용과 전용은 예산을 목적 외로 사용하는 질적(용도) 한정성 원칙의 예외이다.

답 ③

13 □□□

16년 지방7급

예산원칙에 대한 설명으로 옳지 않은 것은?

① 입법부가 사전에 의결한 사항만 집행이 가능하다는 사전 의결의 원칙의 예외로는 긴급명령과 준예산 등이 있다.

② 예산총계주의는 모든 세입과 세출이 예산에 계상되어야 한다는 것을 의미한다.

③ 정부가 특정 수입과 특정 지출을 직접 연계해서는 안 된다는 한계성 원칙의 예외로는 예비비, 계속비 등이 있다.

④ 예산은 결산과 일치해야 한다는 예산 엄밀성의 원칙은 정확성의 원칙이라고도 불린다.

14 □□□

13년 지방7급

예산 통일성 원칙에 대한 예외가 아닌 것은?

① 특별회계

② 목적세

③ 계속비

④ 수입대체경비

13	특정 수입과 특정 지출의 직접 연계성 배제 → 통일성 원칙

① [○] 사전의결의 원칙이란 예산은 집행되는 회계연도가 시작되기 전에 국회의 의결을 거쳐야 한다는 원칙으로, 이는 의결한 범위 안에서 엄격하게 집행되어야 한다는 원칙을 내포한다.

② [○] 예산총계주의는 예산 완전성의 원칙을 말한다.

③ [×] 특정 수입과 특정 지출을 직접 연계해서는 안 된다는 것은 통일성의 원칙이다. 한계성 원칙이란 예산은 목적, 금액 및 기간에 명확한 한계를 있어야 한다는 원칙을 말한다.

④ [○] 엄밀성의 원칙은 필요 이상의 돈을 거두어서는 안 되며, 계획한 대로 집행되어야 한다는 정확성의 원칙을 말한다.

답 ③

14	계속비 → 한정성 원칙의 예외

① [○] 특별회계는 특정 목적을 위하여 일반회계와 분리하여 별도로 설치한 회계로 지출의 용도가 정해져 있다는 측면에서 통일성 원칙의 예외에 해당한다.

② [○] 목적세는 특정한 경비에 충당할 것을 목적으로 하여 부과되는 세금으로 지출의 용도가 미리 정해져 있으므로 통일성 원칙의 예외에 해당한다.

③ [×] 예산 통일성의 원칙이란 특정 세입과 특정 세출을 직접 연결시켜서는 안 된다는 것으로, 이는 국가의 모든 수입은 하나로 합쳐서 지출되어야 함을 의미한다.

답 ③

정부의 예산 편성·집행 시 지켜야 할 규범이 되는 예산의 원칙에도 예외가 인정되고 있다. 전통적 예산의 원칙과 그 예외의 연결이 옳지 않은 것은?

① 한계성의 원칙 – 이용
② 명확성의 원칙 – 총괄예산
③ 단일성의 원칙 – 기금
④ 사전의결의 원칙 – 목적세

자원관리의 효율성과 계획성을 강조하는 현대적 예산제도의 원칙에 해당하지 않는 것은?

① 행정부에 의한 책임부담의 원칙
② 예산관리수단 확보의 원칙
③ 공개의 원칙
④ 다원적 절차 채택의 원칙

15	목적세 → 통일성 원칙의 예외

① [○] 이용은 입법과목(장·관·항) 간의 융통으로 미리 예산으로써 국회의 의결을 얻은 후 기획재정부장관의 승인을 얻어 융통할 수 있다.
③ [○] 기금은 예산처럼 국회의 심의·의결로 확정되나, 예산의 일반적인 제약으로부터 벗어나 좀 더 탄력적으로 보유·운영되는 자금으로, 국가가 특정한 목적을 위하여 특정한 자금을 신축적으로 운영할 필요가 있을 때 법률로써 설치한다.
④ [×] 목적세란 특정한 경비에 충당할 것을 목적으로 하여 부과되는 세금으로, 이는 용도의 목적을 정하지 말라는 예산 통일성 원칙의 예외이다.

답 ④

16	공개의 원칙 → 전통적 예산원칙

① [○] 행정부 책임의 원칙은 행정부는 예산을 합목적·효과적·경제적·합법적으로 집행할 책임이 있다는 것이다.
② [○] 예산수단 확보의 원칙은 중앙예산기관, 예산의 배정, 준비금 제도 등을 구비하여야 한다는 것이다.
③ [×] 공개의 원칙은 전통적 예산원칙에 해당한다.
④ [○] 다원적 절차의 원칙은 사업의 성격에 따라 예산의 절차를 달리할 필요가 있다는 것이다.

답 ③

17 ☐☐☐

'국가재정법' 제1조에 규정된 재정운영 목적과 그에 대한 설명으로 옳지 않은 것은?

① 재정운영의 형평성은 구성원 사이의 재화와 서비스를 공평하게 나누는 것을 의미하며, 이를 위하여 성인지 예산 제도를 규정하고 있다.

② 재정의 투명성이란 재정의 편성부터 심의, 집행에 이르는 과정에서의 제반 사항 및 경과를 일반 국민들의 확인할 수 있는 정도를 의미한다.

③ 재정건전성은 지출이 수입의 범위 내에서 충당되어 국채 발행이나 차입이 없는 재정운용 또는 다소 적자가 발생 하더라도 장기적으로 상환 가능할 정도로 크지 않은 재정 운용을 의미한다.

④ 성과지향성이란 투입을 중심으로 하는 전통적인 재정 운용방식에서 벗어나 성과를 중심으로 재정사업을 평가·관리하는 것을 의미하며, 재정지출뿐만 아니라 조세지출에도 적용된다.

18 ☐☐☐

예산이론에 대한 설명으로 옳지 않은 것은?

① 총체주의는 계획예산(PPBS), 영기준예산(ZBB)과 같은 예산제도 개혁을 설명하기에 적합한 이론이다.

② 점증주의는 거시적 예산결정과 예산삭감을 설명하기에 적합한 이론이다.

③ 총체주의는 합리적·분석적 의사결정과 최적의 자원배분을 전제로 한다.

④ 점증주의는 예산을 결정할 때 대안을 모두 고려하지는 못한다는 것을 전제로 한다.

17	성인지 예산서 → 국가재정법 제16조

① [×] 성인지 예산서는 국가재정법 제16조에 규정되어 있다.

②, ③, ④ [○] 국가재정법 제1조는 국가의 예산·기금·결산·성과관리 및 국가채무 등 재정에 관한 사항을 정함으로써 효율적이고 성과 지향적이며 투명한 재정운용과 건전재정의 기틀을 확립하는 것을 목적으로 함을 규정하고 있다.

답 ①

18	점증주의 → 미시적 예산결정

② [×] 점증주의 예산이론은 미시적 예산결정에 속한다. 그리고 예산삭감을 설명하기 적합한 이론은 영기준예산이다.

📋 **정치원리와 경제원리 비교**

구분	정치원리(→ 점증주의)	경제원리(→ 합리주의)
초점	정치적 합의와 동의 (→ 정치적 합리성)	사회적 효용의 극대화 (→ 경제적 합리성)
목표	재정민주주의 구현	자원배분의 효율성
기준	균형화 원리 (→ 정치적 타협과 흥정)	최적화 원리 (→ 분석적·계량적 분석)
방향	미시적·상향적	거시적·하향적(PPBS)
대안	제한적 탐색	포괄적 탐색
기간	단기에 유용	장기에 유용
특성	보수적·현실적	이상적·규범적
분야	준공공재, 재분배정책, 계속사업	순수공공재, 분배정책, 신규사업
기타	전년도 예산과의 안정적 선형관계, 외부변수의 영향력 미약	한계효용 관점 (→ 상대적 가치 중시)

답 ②

점증주의 예산결정이론의 특성이 아닌 것은?

① 현실 설명력은 높지만 본질적인 문제해결 방식이 아니며 보수적이다.

② 정책과정상의 갈등을 완화하고 해결하는 데 필요한 정치적 합리성을 갖는다.

③ 계획예산제도(PPBS)와 영기준예산제도(ZBB)는 점증주의 접근을 적용한 대표적 사례이다.

④ 자원이 부족한 경우 소수 기득권층의 이해를 먼저 반영하게 되어 사회적 불평등을 야기할 우려가 있다.

예산결정에 대한 공공선택론적 관점의 설명으로 옳은 것은?

① 본질적 문제해결보다는 보수적 방식을 통해 예산의 정치적 합리성이 제고될 수 있다.

② 니스카넨(W. Niskanen)에 의하면 예산결정에 있어 관료의 최적수준은 정치인의 최적수준보다 낮다.

③ 정치인과 관료들은 개인효용함수에 따라 권력이나 예산 규모의 극대화를 추구한다.

④ 재원배분의 형태는 장기 균형과 역사적 상황에 따른 단기의 급격한 변화를 반복한다.

---

19   점증주의 예산 → 품목별예산과 성과주의예산

① [○] 전년도 예산(base)은 심각하게 검토하지 않고 현 년도 예산 결정의 기준으로 사용하므로 기득권 보호에 따른 보수주의 성향을 지닌다.

② [○] 점증주의 예산은 상황의 불확실성과 인간능력의 한계를 전제로 한 예산결정모형으로, 타협과 합의 같은 정치적 합리성을 강조하는 접근방법이다.

③ [×] 계획예산제도(PPBS)와 영기준예산제도(ZBB)는 합리주의 접근을 적용한 대표적 사례이다.

④ [○] 점증주의는 기존의 예산액을 기초로 다음의 예산을 계산 하는 방식이므로 기득권 세력을 옹호하는 이론으로 전락할 우려가 있다.

답 ③

20   예산극대화가설 → 관료의 최적수준 > 정치인의 최적수준

① [×] 본질적 문제해결보다는 보수적 방식을 통해 예산의 정치적 합리성을 제고하고자 하는 것은 예산결정의 점증모형이다.

② [×] 니스카넨(W. Niskanen)의 예산극대화모형에 따르면 정치가는 한계편익곡선과 한계비용곡선이 교차하는 점에서 공공 서비스를 공급하려고 하지만 보다 많은 정보를 보유한 관료는 정보비대칭성을 이용하여 자신의 효용을 극대화하려 하며, 그 결과 정부의 산출물은 총편익과 총비용이 일치하는 지점(순편 익 = 0)까지 확대되어, 결국 적정 생산수준보다 2배 과잉생산 (배분적 비효율성) 된다.

③ [○] 공공선택론은 경제학적 관점에 입각하여 정치와 행정현상을 설명하는 이론으로, 방법론적 개체주의, 합리적 경제인, 연역적 접근 등을 이론적 특징으로 한다. 특히 합리적 경제인의 가정은 정치인과 관료는 물론 일반 시민 모두 개인의 효용을 극대화 한다는 가정이다.

④ [×] 장기 균형과 역사적 상황에 따른 단기의 급격한 변화를 반복 하는 것은 단절적 균형모형의 특징이다.

답 ③

21 ⬜⬜⬜

예산이론에 대한 설명으로 옳은 것은?

① 루이스(V. Lewis)는 예산배분결정에 경제학적 접근법을 적용하여, 상대적 가치, 증분분석, 상대적 효과성이라는 세 가지 분석명제를 제시한다.
② 니스카넨(W. Niskanen)의 예산극대화 모형은 의회 의원들이 재선 가능성을 높이기 위해 지역구 예산을 극대화하는 행태에 분석초점을 둔다.
③ 서메이어(K. Thumaier)와 윌로우비(K. Willoughy)의 다중합리성 모형은 의원들의 복수의 합리성 기준이 의회의 예산결정에 미치는 영향을 주로 분석한다.
④ 단절균형예산이론(Punctuated Equilibrium Theory)은 급격한 단절적 예산변화를 설명하고, 나아가 그러한 변화를 예측할 수 있는 장점이 있다.

22 ⬜⬜⬜

예산상의 점증주의를 유발하는 요인에 해당되지 않는 것은?

① 관계의 규칙성
② 외부적 요인의 영향 결여
③ 예산통일의 원칙의 예외
④ 좁은 역할 범위를 지닌 참여자 간의 협상

21	루이스(V. Lewis) → 경제학적 명제

① [○] 키(O. Key)는 왜 'X달러는 A사업이 아닌 B사업에 배정되었는가?' 라는 질문을 통해 예산결정이론의 필요성을 제기하였고, 그 응답으로 경제적 측면을 강조한 입장과 정치적 측면을 강조한 입장이 있다. 루이스(V. Lewis)는 경제학적 명제로 상대적 가치, 증분분석, 상대적 효과성을 제시하였다.
② [×] 니스카넨(W. Niskanen)의 모형은 관료들이 자신의 효용을 극대화시키기 위해 부서의 예산을 극대화시킨다는 이론이다.
③ [×] 서메이어(K. Thumaier)와 윌로우비(K. Willoughy)의 다중합리성 모형은 중앙예산기관의 예산분석가들이 예산결정을 할 때 복수의 합리성 기준을 적용한다는 이론이다.
④ [×] 단절균형예산이론은 사후적 분석으로는 적절하지만, 단절균형이 발생할 수 있는 시점을 예측하는 것에는 한계를 지닌 이론이다.

답 ①

22	점증주의 → 전통적 예산원칙

① [○] 관계의 안정성을 가져오는 관계의 규칙성은 점증주의 예산결정으로 연결되기 쉽다.
② [○] 외부적 요인의 영향력이 작을 경우 선례에 입각하여 결정되는 점증주의가 나타나기 쉽다.
③ [×] 점증주의는 다원주의 사회구조, 자원은 풍족하나 가용재원이 부족한 경우, 단기적 예산과정이 지배하는 경우, 통일성 원칙과 같은 전통적 예산원칙이 적용되는 경우 유용하게 사용될 수 있다.
④ [○] 좁은 역할 범위를 지닌 참여자 간의 협상은 미시적이고 정치적인 성격이 강하므로 점증주의 예산과 관련된다.

답 ③

23 □□□

다중합리성 예산모형(multiple rationalities model of budgeting)의 근간이 되는 두 모형에 대한 설명으로 옳지 않은 것은?

① 루빈(I. Rubin)의 실시간 예산운영(real-time budgeting) 모형은 세입, 세출, 균형, 집행, 과정 등과 관련한 의사결정 흐름개념을 활용하고 있다.

② 킹던(J. Kingdon)의 의제설정모형은 정책과정의 복잡하고 불확실한 역동성을 부각시킨다는 점에서 다중합리성모형의 중요한 모태라고 할 수 있다.

③ 루빈(I. Rubin)의 실시간 예산운영(real-time budgeting) 모형에서 다섯 가지의 의사결정 흐름은 느슨하게 연계된 상호의존성을 가지고 있다.

④ 루빈(I. Rubin)의 실시간 예산운영(real-time budgeting) 모형에서 예산균형 흐름에서의 의사결정은 기술적 성격이 강하며, 책임성(accountability)의 정치적 특징을 갖는다.

24 □□□

예산결정이론에 대한 설명으로 옳은 것은?

① 합리모형은 예산상의 편익을 극대화하기 위한 결정방식이지만 규범적 성격은 약하다.

② 예산결정에서 기존 사업에 대한 당위적 예산배분을 제어할 수 있다는 점은 점증모형의 유용성이다.

③ 단절균형모형을 따르는 예산결정자는 사후후생을 고려하지 않고 최악을 피하는 전략을 사용한다.

④ 다중합리성모형은 정부 예산의 성공을 위해서는 예산과정 각 단계에서 예산활동 및 행태를 구분해야 함을 강조한다.

---

23 | 예산균형 흐름 → 제약조건의 정치

①, ③ [○] 루빈(I. Rubin)의 실시간 예산운영모형은 성격은 다르지만 상호 연결되어 있는 세입, 세출, 균형, 집행, 과정의 다섯 가지 의사결정의 흐름이 통합되면서 이루어지는 의사결정을 설명하는 이론이다.

② [○] 다중합리성모형은 예산과정과 정책과정 간 연계의 틀을 제시하기 위하여 킹던(J. Kingdon)의 정책결정모형과 루빈(I. Rubin)의 실시간 예산운영모형을 통합하고자 하였다.

④ [×] 기술적 성격이 강하며, 책임성(accountability)의 정치적 특징을 갖는 것은 집행의 흐름이다. 예산균형의 흐름에서는 제약조건의 정치가 나타난다.

답 ④

---

24 | 다중합리성모형 → 정책결정과 예산결정의 상호영향력

① [×] 합리모형은 현실적으로 존재하는 것을 설명하는 모형이 아니라 규범적으로 지향해야 하는 방향을 제시하는 모형이다.

② [×] 기존 사업에 대한 당위적 예산배분을 제어할 수 있는 것은 영기준예산과 같은 합리모형이다. 점증모형은 기존 사업에 대한 예산배분을 제어하기 힘들다.

③ [×] 후생을 고려하지 않고 최악을 피하는 전략을 사용하는 것은 점증모형과 관련된다.

④ [○] 다중합리성모형은 예산과정의 각 흐름별로 추구하는 행태가 다름을 강조한다. 예를 들어 세입의 흐름에서는 설득의 정치가 필요하고, 세출의 흐름에서는 선택의 정치가 필요하듯이 각 예산과정에서 필요한 행태는 상이하다.

답 ④

25 □□□

루빈(I. Rubin)의 '실시간 예산운영(Real Time Budgeting)' 모형에 대한 설명으로 옳지 않은 것은?

① 세입 흐름에서 의사결정 – '누가, 얼마만큼 부담할 것인가'에 관한 의사결정으로 의사결정의 흐름 속에는 설득의 정치가 내재해 있다.

② 세출 흐름에서 의사결정 – '누구에게 배분할 것인가'에 관한 의사결정으로서 선택의 정치로 특징지어지며, 참여자들은 지출의 우선순위가 재조정되기를 바라거나 현재의 우선순위를 고수하려고 노력한다.

③ 예산균형 흐름에서 의사결정 – '예산 균형을 어떻게 정의할 것인가'에 관한 의사결정으로 제약조건의 정치라는 성격을 지니며, 예산균형의 결정은 근본적으로 정부의 범위 및 역할에 대한 결정과 연계되어 있다.

④ 예산과정 흐름에서 의사결정 – '계획된 대로 수행할 수 있는가'에 대한 의사결정으로 기술적 성격이 강하고 책임성의 정치라는 특성을 지니며, 예산계획에 따른 집행과 수정 및 일탈의 허용 범위에 대한 문제가 중요하다.

25	책임성의 정치 → 집행의 흐름

① [O] 세입의 흐름은 누가 얼마만큼 부담할 것인가에 대한 질문이 중요하며 설득의 정치가 나타난다.

② [O] 세출의 흐름은 예산의 획득을 위한 경쟁과 예산배분에 관한 결정으로 선택의 정치가 나타난다.

③ [O] 예산균형의 흐름은 예산균형에 관한 결정으로 제약조건의 정치가 나타난다.

④ [×] '계획된 대로 수행할 수 있는가?'에 대한 의사결정으로 기술적 성격이 강하고 책임성의 정치라는 특성을 지니는 것은 집행의 흐름이다.

답 ④

26 □□□

정부예산에 대한 이론 중 다중합리성모형을 설명하고 있는 것은?

① 예산 혹은 정책과정의 각 단계에 영향을 미치는 합리성은 경제적 측면뿐 아니라 정치·사회·법적 측면에서 다양한 형태로 존재한다. 따라서 관료들은 예산주기의 다양한 시점에서 단계별로 작용하는 합리적 기준에 따라 서로 다른 형태의 의사결정을 한다.

② 예산재원의 배분 형태가 항상 일정하게 유지되는 것이 아니라 특정 사건이나 상황에 따라 균형 상태에서 급격한 변화를 경험한 이후 다시 합리적 균형을 지속하게 된다.

③ 예산배분 문제를 해결하기 위한 모형을 구성하고 이에 기초해서 최적의 해결방안을 모색한다. 이를 위해 우선 문제를 확인하고 목표를 설정하며 가능한 모든 대안을 탐색한다.

④ 예산결정은 전체적인 혹은 종합적인 관점이 아니라 전년도 대비 일정 규모의 증가에 그치는 부분에 대한 분석이 중요하다고 본다.

⑤ 관료를 공익을 대변하는 합리적 대리인이 아니라 자신의 효용을 극대화하는 이기적 합리성을 따르는 경제적 주체로 본다.

26	다중합리성모형 → 예산과정별 적용되는 합리성의 다양성

① [O] 다중합리성에 관한 설명이다. 다중합리성 모형에 의하면 정책이 결정되는 편성단계와 이를 확정하는 심의단계에서 강조되는 합리성은 상이하다.

② [×] 단절적 균형이론에 관한 내용이다.

③ [×] 예산결정에 관한 합리모형의 내용이다.

④ [×] 예산결정에 관한 점증모형의 내용이다.

⑤ [×] 공공선택론에 관한 내용이다.

답 ①

27 □□□

다음 글의 ㄱ에 해당하는 것은?

- (ㄱ)은 밀러(G. Miller)가 비합리적 의사결정모형을 예산에 적용하여 1991년에 개발한 예산이론(모형)이다.
- (ㄱ)은 독립적인 조직들이나 조직의 하위단위들이 서로 느슨하게 연결되어 독립성과 자율성을 누릴 수 있는 조직의 예산결정에 적합한 예산이론(모형)이다.

① 모호성모형
② 단절적 균형이론
③ 다중합리성모형
④ 쓰레기통모형
⑤ 무의사결정론

28 □□□

각국의 경제력, 재정적 예측능력, 정치제도, 엘리트의 가치체계 및 지출규모 등에 따라 예산운영 유형이 달라질 수 있다. 총체적 희소성 상황에 처한 저개발국가에서 나타나는 예산운영 유형은?

① 보충적 예산운영
② 점증적 예산운영
③ 반복적 예산운영
④ 세입 예산운영

27	밀러(G. Miller)가 비합리적 의사결정모형 → 모호성 모형

① [○] 설문은 모호성모형에 관한 내용이다. 모호성 모형은 의향의 모호성, 이해의 모호성, 역사의 모호성, 조직의 모호성 등을 전제로, 해결해야 할 문제, 그 문제에 대한 해결책, 결정에 참여해야 할 참여자, 결정의 기회 등 결정의 요소가 우연히 서로 잘 조화될 때 예산결정이 이루어진다고 설명한다.

답 ①

28	총체적 희소성 → 반복예산

① [×] 보충적 예산은 경제력은 높지만 예측 가능성이 낮은 경우에 나타나는 예산운영이다.
② [×] 점증적 예산은 경제력도 높고 예측 가능성도 높은 경우에 나타나는 예산운영이다.
③ [○] 총체적 희소성이란 이미 추진해오던 사업도 지속이 곤란한 상태로, 회피형 예산이 나타나며, 허위적 회계처리 때문에 예산통제와 관리가 무의미하다. 돈의 흐름에 따라 반복적으로 예산이 편성된다.
④ [×] 세입예산이란 재정력이 부족한 경우 세입의 규모를 먼저 계산하고 그 범위 내에서 세출을 편성하는 방법을 말한다.

📑 **자원의 희소성 유형**

구분	추진 사업			특징
	신규사업	계속사업의 증가분	계속사업	
완화된 희소성	○	○	○	사업개발
만성적 희소성	○	○	×	관리개선
급격한 희소성	○	×	×	절약
총체적 희소성	×	×	×	허위 · 반복

답 ③

29 □□□

윌다브스키(A. Wildavsky)의 예산행태 유형 중 국가의 경제력은 낮지만 재정 예측력이 높은 경우에 나타나는 행태는?

① 점증적 예산(incremental budgeting)
② 반복적 예산(repetitive budgeting)
③ 세입예산(revenue budgeting)
④ 보충적 예산(supplemental budgeting)

30 □□□

윌다브스키(A. Wildavsky)가 부(wealth)와 재정의 예측성(predictability)을 기준으로 분류한 예산과정의 형태 중 경제력은 낮으나 재원의 예측 가능성이 높은 경우로서 미국의 지방정부에서 많이 발견되는 형태는?

① 점증예산(incrementalism)
② 대체점증예산(alternating incrementalism)
③ 반복예산(repetitive budgeting)
④ 세입예산(revenue budgeting)

29	세입예산 → 낮은 경제력 + 높은 예측가능성

① [×] 점증적 예산은 국가의 경제력과 재정 예측력이 모두 높을 때 나타나는 유형이다.
② [×] 반복적 예산은 국가의 경제력과 재정 예측력이 모두 낮을 때 나타나는 유형이다.
③ [○] 국가의 경제력은 낮지만 재정 예측력이 높은 경우에 나타나는 행태는 세입예산이다.
④ [×] 보충적 예산은 경제력은 높지만 재정 예측력이 낮을 때 나타나는 유형이다.

📄 **예산문화론 - 윌다브스키(A. Wildavsky)**

구분		경제력	
		높음	낮음
예측 가능성	높음	점증예산 (→ 미국의 연방정부)	세입예산 (→ 미국의 지방정부)
	낮음	보충예산 (→ 낮은 행정능력)	반복예산 (→ 후진국)

답 ③

30	미국의 지방정부 → 세입예산

① [×] 점증예산(incrementalism)은 선진국처럼 국가의 재정력이 크고 예측 가능성도 높을 때 사용되는 예산운용 방식이다.
② [×] 대체점증예산(alternating incrementalism)은 경제력은 높지만 예측 가능성이 낮을 때 사용되는 예산운용 방식으로 보충예산이라고도 한다.
③ [×] 반복예산(repetitive budgeting)은 후진국처럼 국가의 재정력도 낮고 예측 가능성도 낮을 때 사용되는 예산운용 방식이다.
④ [○] 경제력은 낮으나 재원의 예측 가능성이 높은 경우 적용되는 것은 들어올 것을 먼저 예측한 후 지출을 계산하는 세입예산이다.

답 ④

예산과정론

01 ☐☐☐

23년 국회8급

우리나라 예산제도에 대한 설명으로 옳지 않은 것은?

① '국회법'에 따르면 예산결산특별위원회는 소관 상임위원회의 예비심사 내용을 존중하여야 하며, 소관 상임위원회에서 삭감한 세출예산 각 항의 금액을 증가하게 하거나 새 비목을 설치할 경우에는 소관 상임위원회의 동의를 받아야 한다.

② '국가재정법'에 따르면 기획재정부장관은 예산배정요구서에 따라 분기별 예산배정계획을 작성하여 국무회의의 심의를 거친 후 대통령의 승인을 얻어야 한다.

③ 예산편성 – 예산심의·의결 – 예산집행 – 예산결산으로 이루어진 예산주기는 1년이다.

④ 국가재정운용계획은 다년간의 재정수요와 가용재원을 예측하여 거시적 관점에서 기획과 예산을 연계함으로써 합리적으로 자원을 배분하기 위한 제도로서 연동계획 (rolling plan)으로 작성된다.

⑤ 예산이 효력을 갖는 일정기간을 회계연도(fiscal year)라 한다.

02 ☐☐☐

21년 국가9급

예산주기에 비추어 볼 때 2021년도에 볼 수 없는 예산과정은?

① 국방부의 2022년도 예산에 대한 예산요구서 작성
② 기획재정부의 2021년도 예산에 대한 예산배정
③ 대통령의 2022년도 예산안에 대한 국회 시정연설
④ 감사원의 2021년도 예산에 대한 결산검사보고서 작성

01	예산주기 → 3년

③ [×] 예산의 과정은 일반적으로 편성과 승인(1년), 집행(1년), 회계검사와 결산(1년)으로 이루어지는 3년 주기의 과정이다.

📄 **예산의 과정**

구분	지난 연도(2021) → 과년도	당해 연도(2022) → 현 연도	다음 연도(2023) → 차년도
예산편성	2020년	2021년	2022년
집행	2021년	2022년	2023년
결산	2022년	2023년	2024년

답 ③

02	2021년도 감사원의 결산검사 → 22년도

① [O] 22년도 예산요구서는 전년도인 21년도에 이루어진다.
② [O] 21년도 예산배정은 원칙적으로 당해 연도인 21년도에 이루어진다.
③ [O] 22년도 예산안에 대한 대통령의 국회 시정연설은 전년도인 21년도에 이루어진다.
④ [×] 21년도 예산에 대한 결산검사보고서는 다음 연도인 22년도에 이루어진다.

답 ④

PART 5

해커스공무원 이준모 행정학 단원별 기출문제집

가 ~ 라에 들어갈 숫자를 바르게 연결한 것은?

- 정부는 재정운용의 효율화와 건전화를 위하여 매년 해당 회계연도부터 (가)회계연도 이상의 기간에 대한 재정운용계획을 수립하여야 한다.
- 기획재정부장관은 대통령의 승인을 얻은 다음 연도의 예산편성지침을 매년 (나)월 31일까지 각 중앙관서의 장에게 통보하여야 한다.
- 기획재정부장관은 국가회계법에 따라 회계연도마다 국가결산보고서를 작성하여 대통령의 승인을 얻어 다음 연도 4월 (다)일까지 감사원에 제출하여야 한다.
- 예산의 편성 및 의결, 집행, 그리고 결산 및 회계검사의 단계가 일정한 주기로 반복되는 것을 예산주기 또는 예산순기라고 하는데 우리나라의 경우 통상 (라)년이다.

	가	나	다	라
①	10	3	10	1
②	5	3	10	3
③	5	5	20	1
④	10	5	20	3

---

03   예산주기 → 3년

가. 정부는 재정운용의 효율화와 건전화를 위하여 매년 해당 회계연도부터 5회계연도 이상의 기간에 대한 재정운용계획을 수립하여야 한다.

나. 기획재정부장관은 대통령의 승인을 얻은 다음 연도의 예산편성지침을 매년 3월 31일까지 각 중앙관서의 장에게 통보하여야 한다.

다. 기획재정부장관은 '국가회계법'에 따라 회계연도마다 국가결산보고서를 작성하여 대통령의 승인을 얻어 다음 연도 4월 10일까지 감사원에 제출하여야 한다.

라. 예산의 편성 및 의결, 집행, 그리고 결산 및 회계검사의 단계가 일정한 주기로 반복되는 것을 예산주기 또는 예산순기라고 하는데 우리나라의 경우 통상 3년이다.

답 ②

우리나라의 예산과정에 대한 설명으로 옳지 않은 것은?

① 각 중앙관서의 장은 매년 1월 31일까지 당해 회계연도부터 5회계연도 이상의 기간 동안의 신규사업 및 기획재정부장관이 정하는 주요 계속사업에대한 중기사업계획서를 기획재정부 장관에게 제출하여야 한다.

② 국가가 특정한 목적을 위하여 특정한 자금을 신축적으로 운용할 필요가 있을 때에 법률로써 설치하는 기금은 세입·세출예산에 의하지 아니하고 운용할 수 있다.

③ 예산안편성지침은 부처의 예산 편성을 위한 것이기 때문에 국무회의의 심의를 거쳐 대통령의 승인을 받아야 하지만 국회 예산결산특별위원회에 보고할 필요는 없다.

④ 정부는 회계연도마다 예산안을 편성하여 회계연도 개시 90일전 까지 국회에 제출하도록 헌법에 규정되어 있다.

---

04   예산편성지침 → 국회 예산결산특별위원회에 보고

① [○] 예산과 기금의 중기사업계획서는 1월 31일까지 기획재정부 장관에게 제출하여야 한다.

② [○] 특별회계와 기금은 모두 법률로써 설치한다. 다만 기금은 예산 외로 운영될 수 있는 신축적 자금이다.

③ [✕] 기획재정부장관은 각 중앙관서의 장에게 통보한 예산안편성지침을 국회 예산결산특별위원회에 보고하여야 한다.

④ [○] '국가재정법'은 회계연도 개시 120일 전까지 예산안을 국회에 제출하도록 규정하고 있지만 헌법은 회계연도 90일 전까지 제출하도록 규정하고 있다.

📄 **우리나라 예산편성의 절차**

답 ③

각 예산제도별로 널리 사용하는 예산사정 방법을 연결한 것으로 옳지 않은 것은?

① 목표관리 - 한도액(fixed ceiling) 설정법
② 영기준예산 - 우선순위 통제법(priority listing)
③ 품목별예산 - 항목별 통제법(line-item control)
④ 성과주의예산 - 업무량 측정 및 단위원가 계산

행정 각 부처에서 제시한 예산계획서를 기획재정부에 송부하고 기획재정부에서 검토하는 중에 문제가 있는 경우 행정 각 부의 예산담당관을 불러 질의하는 절차는?

① 예산협의
② 예산심의
③ 예비심사
④ 부처심사

05	한도액(fixed ceiling) 설정법 → 신성과주의예산

① [×] 한도액(fixed ceiling) 설정법은 신성과주의예산에서 강조하는 방법이다.
② [○] 우선순위 통제법(priority listing)은 증액대안의 우선순위를 정하게 하는 방법으로, 영기준예산에서 강조하였다.
③ [○] 항목별 통제법(line-item control)은 각 사업에 소요되는 투입물을 미리 정하는 방법으로, 품목별예산에서 강조하였다.
④ [○] 업무량 측정 및 단위원가 계산은 각 사업의 업무단위와 원가를 계산하여 예산을 정하는 방법으로, 성과주의예산에서 강조하였다.

답 ①

06	기획재정부의 심사 → 예산협의

① [○] 기획재정부에서 각 부의 예산담당관과 질의하는 절차는 예산협의이다.
②, ③, ④ [×] 예산심의는 국회에서 이루어지며, 상임위원회가 예비심사인 부처별 심사를 하고 예결위원회가 종합심사를 한다.

답 ①

「국가재정법」 및 「지방자치법」상 정부와 지방자치단체의 장은 국회와 지방의회에 회계연도 개시 며칠 전까지 예산안을 제출해야 하는가?

	정부	광역지방자치단체	기초지방자치단체
①	90일	40일	30일
②	90일	50일	30일
③	120일	50일	40일
④	120일	50일	30일

각 부처의 예산요구에 대해 중앙예산기관이 사용할 수 있는 대응전략들에 대한 내용으로 옳지 않은 것은?

① 한도액설정법(fixed-ceiling budgeting): 각 부처에 예산편성의 자율성을 부여할 수 있고 중앙예산기관은 예산사정 과정에서 도움을 받을 수 있다.

② 우선순위표시법(priority listing): 각 부처는 예산사업 간 우선순위를 책정함으로써 중앙예산기관이 예산을 사정하는데 도움을 줄 수 있다.

③ 항목별 통제법(item-item control): 전체 사업의 관점에서 개별 사업을 검토하기가 힘들다는 문제점이 있다.

④ 증감분석법(increase-decrease analysis): 모든 예산항목을 매년 재검토할 필요는 없지만, 각 기관에 필요한 기본 예산액이 얼마인지에 대한 충분한 검토가 이루어질 수 있다.

07	예산안 확정의 순서 → 국가 > 광역 > 기초 순

③ [O] '국가재정법'에 의하면 정부의 예산안은 회계연도 개시 120일 전까지 국회에 제출하여야 한다. 반면 '지방자치법'에 의하면 광역자치단체의 경우 회계연도 50일 전까지 지방의회에 제출하여야 하고, 기초자치단체의 경우 회계연도 40일 전까지 지방의회에 제출하여야 한다.

📄 예산안 제출기한

구분	제출기한	의결기한
중앙	90일 전(→ 헌법), 120일 전(→ 국가재정법)	30일 전(→ 헌법)
광역	50일 전	15일 전
기초	40일 전	10일 전

답 ③

08	증감분석법 → 점증모형

① [O] 한도액설정법은 중앙예산기관이 정해준 한도액(총액)의 범위 내에서 각 부처가 자율적으로 예산을 편성하는 방법으로, 각 부처의 자율성을 높일 수 있으며, 중앙예산기관의 사정과정에 단순해 질 수 있다.

② [O] 우선순위표시법은 사업 간 우선순위가 설정되어 있으므로 중앙예산기관이 예산을 사정함에 있어 기준으로 활용할 수 있다.

③ [O] 항목별 통제법은 지출대상(item)에 따라 예산을 편성하는 제도로, 지출대상의 한계를 명확하게 하여 예산통제를 높일 수 있지만 거시적 측면에서 그 사업의 목적을 검토하기 힘들다는 단점이 있다.

④ [×] 증감분석법은 전년도 예산액을 기준으로 현년도 예산액을 편성하는 방법이므로 모든 예산항목을 매년 재검토할 필요는 없지만 전년도 예산액의 기준이 무엇인지에 대한 검토는 충분하게 이루어지지 않는다.

답 ④

'국가재정법'상 예상편성시 정부가 세출예산요구액을 감액
하는 경우 해당기관의 장의 의견을 구하여야 하는 기관이 아닌
것은?

① 감사원
② 중앙선거관리위원회
③ 국회
④ 공정거래위원회

다음 〈보기〉의 ㄱ에 해당하는 것은?

〈보기〉
각 중앙관서의 장은 중기사업계획서를 매년 1월 31일까지
기획재정부 장관에게 제출하여야 하며, 기획재정부 장관은
국무회의 심의를 거쳐 대통령 승인을 얻은 다음 연도의
(ㄱ)을/를 매년 3월 31일까지 각 중앙관서의 장에게 통
보하여야 한다.

① 국가재정운용계획
② 예산 및 기금운용계획 집행지침
③ 예산안편성지침
④ 총사업비 관리지침
⑤ 예산요구서

09	재정적 독립기관 → 국회, 법원, 헌법재판소, 중앙선거관리위원회, 감사원

① [○] 감사원의 세출예산을 감액하고자 할 때에는 국무회의에서
　　감사원장의 의견을 구하여야 한다.
②, ③ [○] 정부는 독립기관의 세출예산요구액을 감액하고자 할
　　때에는 국무회의에서 당해 독립기관의 장의 의견을 구하여야
　　한다. 이러한 독립기관에는 국회, 법원, 헌법재판소, 중앙선거
　　관리위원회가 포함된다.
④ [×] 공정거래위원회는 독립기관에 속하지 않는다.

　　　　　　　　　　　　　　　　　　　　　　　　　　　　답 ④

10	예산편성지침 → 3월 31일까지

① [×] 국가재정운용계획은 중기적 관점에서 정책의 우선순위에
　　따라 편성한 정부예산의 사전예측계획이다.
③ [○] ㄱ은 예산편성지침을 말한다.
⑤ [×] 예산요구서는 다음 연도의 세입세출예산, 계속비, 명시
　　이월비, 국고채무부담행위에 등에 대한 요구서로, 매년 5월 31일
　　까지 중앙관서의 장이 기획재정부장관에게 제출하여야 한다.

　　　　　　　　　　　　　　　　　　　　　　　　　　　　답 ③

우리나라에서 채택하고 있는 주민참여제도에 대한 설명으로 옳지 않은 것은?

① 주민발안제도를 통해 주민들이 지방자치단체의 조례의 제정 및 개·폐를 지방자치단체장에게 청구할 수 있다.
② 지방자치단체장, 지방의회의원에 대한 주민소환제도는 임기 만료 1년 미만일 때는 청구할 수 없다.
③ 주민들이 지방자치단체의 주요 현안을 직접 결정하기 위해서 주민투표의 실시를 청구할 수 있다.
④ 지방자치단체의 재무행위가 위법하다고 인정되는 경우에 주민들은 자신의 권익에 침해가 없는 경우에도 주민소송을 청구할 수 있다.
⑤ 주민참여예산제도는 '지방재정법'상 지방자치단체의 의무이므로, 주민참여예산제도를 통해 수렴된 주민의 의견은 예산에 반영되어야만 한다.

우리나라 주민참여예산제도에 대한 설명으로 옳지 않은 것은?

① 주민참여예산은 재정민주주의를 강화하는 방안 중 하나이다.
② '지방재정법'은 예산과정의 주민참여 범위를 예산편성으로 제한하고 있다.
③ 주민참여예산제도의 구체적인 내용은 각 지방자치단체의 조례로 정하도록 하고 있다.
④ 예산의 심의, 결산의 승인 등 지방의회의 의결사항은 주민참여예산의 관여 범위가 아니다.
⑤ 주민참여예산제도의 운영을 위하여 지방자치단체장의 소속으로 주민참여예산기구를 둘 수 있다.

---

11   주민참여예산안 → 첨부

④ [○] 주민소송은 공익소송이다. 즉, 자신의 권익침해와 관계 없이 소송의 청구가 가능하다.
⑤ [×] 주민참여예산제도는 의무적으로 시행되는 것이지만 이를 통해 수렴된 의견이 반드시 예산에 반영되어야 하는 것은 아니다.

답 ⑤

---

12   주민참여예산 → 예산편성 등 예산과정에의 참여

② [×] '지방재정법'은 예산편성 등 예산과정에 주민을 참여할 수 있도록 규정하고 있으므로 주민참여의 범위를 예산편성으로 한정하고 있는 것은 아니다.

답 ②

13 ☐☐☐

국회의 예산심의에 대한 설명으로 옳지 않은 것은?

① 상임위원회의 예비심사를 거친 정부예산안은 예산결산특별위원회에 회부되고, 예산결산특별위원회에서 종합심사가 종결되면 본회의에 부의된다.

② 예산결산특별위원회는 소관 상임위원회의 동의 없이 상임위원회에서 삭감한 세출예산 각 항의 금액을 증액할 수 있다.

③ 국회는 정부의 동의 없이 정부가 제출한 지출예산 각 항의 금액을 증가하거나 새 비목을 설치할 수 없다.

④ 국회의장은 예산안을 소관 상임위원회에 회부할 때에는 심사기간을 정할 수 있으며, 상임위원회가 이유 없이 그 기간 내에 심사를 마치지 아니한 때에는 이를 바로 예산결산특별위원회에 회부할 수 있다.

14 ☐☐☐

예산심의에 대한 설명으로 옳지 않은 것은?

① 예산심의는 사업 및 사업수준에 대한 것과 예산총액에 대한 것으로 나누어 볼 수 있다.

② 재정민주주의를 실현하는 과정이다.

③ 예산결산특별위원회의 예비심사 후, 상임위원회의 종합심사와 본회의 의결을 거쳐 예산안을 확정한다.

④ 구체적인 정책결정의 기능으로 이해할 수 있다.

13	상임위원에서 삭감함 금액의 예산결산특별위원회에서의 증액 등 → 상임위원회의 동의

① [○] 상임위원회의 예비심사가 먼저이고 그 다음이 예산결산특별위원회의 종합심사이며 본회의 의결이 가장 마지막이다.

② [×] '국회법'에 의하면 예산결산특별위원회는 소관 상임위원회에서 삭감한 세출예산 각항의 금액을 증가하게 하거나 새 비목을 설치할 경우에는 소관 상임위원회의 동의를 얻어야 한다. 다만, 새 비목의 설치에 대한 동의요청이 소관 상임위원회에 회부되어 그 회부된 때부터 72시간 이내에 동의여부가 예산결산특별위원회에 통지되지 아니한 경우에는 소관 상임위원회의 동의가 있는 것으로 본다.

③ [○] 헌법에 의하면 국회는 정부의 동의 없이 정부가 제출한 지출예산 각항의 금액을 증가하거나 새 비목을 설치할 수 없다.

④ [○] 예산안을 소관 상임위원회에 회부할 때에는 심사기간을 정할 수 있으며, 상임위원회가 이유 없이 그 기간 내에 심사를 마치지 아니한 때에는 이를 바로 예산결산특별위원회에 회부할 수 있는 권한은 국회의장이 갖는다.

답 ②

14	예산심의의 순서 → 상임위원회의 예비심사, 예결위원회의 종합심사

① [○] 예산심의란 거시적으로는 예산총액의 결정을 의미하며, 미시적으로는 사업 간 또는 사업 내의 재원배분을 의미한다.

② [○] 예산심의란 사업계획의 타당성을 사전에 검토하고 예산액을 확정하는 절차로, 재정민주주의의 실현과정이면서 동시에 자원의 합리적 배분과정이기도 하다.

③ [×] 예산은 상임위원회의 예비심사 후, 예산결산특별위원회의 종합심사와 본회의 의결을 거쳐 확정된다.

④ [○] 예산의 본질적 모습은 예산을 통해 추진하고자 하는 정책과 사업이라고 할 수 있다. 예산심의 역시 정책과 사업을 결정하는 것이다.

📄 **예산심의의 절차**

국정감사	정기국회	대통령 시정연설	상임위 예비심사	예결위 본심사	본회의 의결	준예산
30일 간	9월 1일 100일 간	본회의	소속 장관	기획재정부 장관	12월 2일	회계연도 개시

답 ③

15 □□□

국회의 예산심의에 대한 설명으로 옳은 것만을 모두 고른 것은?

> ㄱ. 상임위원회의 예비심사를 거친 예산안은 예산결산특별위원회에 회부된다.
> ㄴ. 예산결산특별위원회의 심사를 거친 예산안은 본회의에 부의된다.
> ㄷ. 예산결산특별위원회를 구성할 때에는 그 활동기한을 정하여야 한다. 다만, 본회의의 의결로 그 기간을 연장할 수 있다.
> ㄹ. 예산결산특별위원회는 소관상임위원회의 동의 없이 새 비목을 설치할 수 있다.

① ㄱ, ㄴ   ② ㄱ, ㄴ, ㄷ
③ ㄱ, ㄷ, ㄹ   ④ ㄴ, ㄹ

16 □□□

우리나라의 예산심의에 대한 설명으로 옳지 않은 것은?

① 예산은 본회의 중심이 아니라 상임위원회와 예산결산특별위원회 중심으로 심의된다.
② 우리나라는 미국과 같이 예산의 형식으로 통과되어 법률보다 하위의 효력을 갖는다.
③ 국회는 정부의 동의 없이 새로운 비목을 설치하지 못한다.
④ 예산결산특별위원회의 심의과정은 예산조정의 정치적 성격이 강하게 반영되는 특징이 있다.

15	예산결산특별위원회 → 상설위원회

ㄱ. [○] 상임위원회 예비심사는 소관 장관의 제안설명, 전문위원의 예산안 검토·보고 및 질의·답변, 소위원회의 부별심의와 계수조정, 결과보고서 채택, 국회의장에게 보고 순으로 구성된다.
ㄴ. [○] 예산결산특별위원회 종합심사는 기획재정부장관의 제안설명 및 전문위원의 검토·보고, 종합 정책질의와 답변, 부별심의, 예산조정소위원회 계수조정과 의결 순으로 구성된다.
ㄷ. [×] 예산결산특별위원회 위원의 임기는 1년으로 하지만, 예산결산특별위원회는 상설위원회이므로 활동기한을 정할 필요가 없다.

답 ①

16	우리나라 예산 → 예산의결주의

① [○] 우리나라는 예산의 심의가 위원회 중심으로 이루어지며, 본회의의 의결과정은 형식적이다. 한편, 상임위원회는 증액 지향적이며 예산결산특별위원회는 감액 지향적이다.
② [×] 우리나라는 예산의결주의를 취하므로 법률과 예산의 형식이 다르다. 반면, 미국은 법률의 형식으로 예산이 통과된다.
③ [○] 영국과 한국은 폐지와 삭감만 가능하며 증액 또는 새 비목을 설치하고자 할 때에는 정부의 동의가 필요하지만, 미국과 일본은 폐지와 삭감은 물론 새 비목의 설치 또는 증액도 가능하다.
④ [○] 소수의 관련 전문가들로 구성되기 용이한 상임위원회가 보다 전문적이며 예산결산특별위원회는 상대적으로 정치적 성격이 강하다.

답 ②

우리나라의 예산결산특별위원회에 대한 설명으로 옳지 않은 것은?

① 예산안 및 결산심사는 제안설명과 전문위원의 검토보고를 듣고, 종합정책질의, 부별 심사 또는 분과위원회 심사 및 찬반토론을 거쳐 표결한다.

② 국회의장이 기간을 정하여 회부한 예산안과 결산에 대하여 상임위원회가 이유 없이 그 기간 내에 심사를 마치지 아니한 때에는 이를 바로 예산결산특별위원회에 회부할 수 있다.

③ 예산안과 결산뿐 아니라 관계 법령에 따라 제출·회부된 기금운용계획안도 심사한다.

④ 소관 상임위원회에서 삭감한 세출예산 각 항의 금액을 증가하게 할 경우에 소관 상임위원회의 동의를 받지 않아도 된다.

우리나라의 예산과정에 대한 설명으로 옳은 것은?

① 국회에서는 본회의보다 상임위원회와 예산결산특별위원회를 중심으로 예산이 심의된다.

② 국회는 정부의 동의 없이 새 비목을 설치할 수 없지만, 정부가 제출한 지출예산 각항의 금액을 증가할 수 있다.

③ 예산안은 세출예산법안의 형식으로 국회에서 의결된다.

④ 국회법에서는 국회가 회계연도 개시 30일 전까지 정부가 제출한 예산안을 의결하여야 한다고 규정하고 있다.

17	예산결산위원회의 증액이나 새 비목 설치 → 상임위원회의 동의

① [○] 예산결산특별위원회의 예산안 및 결산심사는 제안설명과 전문위원의 검토보고를 듣고 종합정책질의, 부별 심사 또는 분과위원회 심사 및 찬반토론을 거쳐 표결한다.

② [○] 국회의장은 예산안과 결산을 소관 상임위원회에 회부할 때에는 심사기간을 정할 수 있으며, 상임위원회가 이유 없이 그 기간 내에 심사를 마치지 아니한 때에는 이를 바로 예산결산특별위원회에 회부할 수 있다.

③ [○] 국회는 '국가재정법'에 따라 제출된 기금운용계획안을 회계연도 개시 30일 전까지 심의·확정한다.

④ [×] 예산결산특별위원회는 소관 상임위원회의 예비심사 내용을 존중하여야 하며, 소관 상임위원회에서 삭감한 세출예산 각 항의 금액을 증가하게 하거나 새 비목을 설치할 경우에는 소관 상임위원회의 동의를 받아야 한다. 다만, 새 비목의 설치에 대한 동의 요청이 소관 상임위원회에 회부되어 회부된 때부터 72시간 이내에 동의 여부가 예산결산특별위원회에 통지되지 아니한 경우에는 소관 상임위원회의 동의가 있는 것으로 본다.

답 ④

18	우리나라 → 위원회 중심

① [○] 예산의 심의가 위원회 중심으로 이루어지며, 본회의 의결과정은 형식적이다.

② [×] 국회는 정부의 동의 없이 정부가 제출한 지출예산 각항의 금액을 증가하거나 새 비목을 설치할 수 없다.

③ [×] 우리나라의 예산은 세출예산법안이 아니라 세출예산안의 형식으로 국회에 제출되고 의결된다.

④ [×] 회계연도 30일 전까지 국회가 예산을 의결해야 한다는 규정은 '국회법'이나 '국가재정법'이 아닌 '헌법'에 규정되어 있다.

답 ①

19 ☐☐☐

예산과 재정운영제도에 대한 설명으로 옳지 않은 것은?

① 국회는 국가재정운용계획과 예산안을 함께 심의하여 확정한다.

② 총액배분·자율편성제도는 정부가 사전에 설정한 지출한도에 맞추어 각 중앙부처가 예산을 편성하는 것을 의미한다.

③ 프로그램예산제도는 유사 정책을 시행하는 사업의 묶음인 프로그램별로 예산을 편성하는 제도로 우리나라의 경우 중앙정부와 지방정부 모두 도입하고 있다.

④ 기획재정부장관은 예비타당성조사의 결과를 국회 소관상임위원회와 예산결산특별위원회에 제출하여야 한다.

⑤ 정부는 예산이 온실가스 감축에 미칠 영향을 미리 분석한 보고서를 작성하여야 한다.

20 ☐☐☐

다음 중 예산심의와 관련된 법령에 대한 설명으로 옳은 것을 〈보기〉에서 모두 고르면?

〈보기〉

ㄱ. 세목 또는 세율과 관계있는 법률의 제정 또는 개정을 전제로 하여 미리 제출된 세입예산안은 소관 상임위원회에서 심사한다.

ㄴ. 국회는 정부의 동의 없이 정부가 제출한 지출예산 각 항의 금액을 증가하거나 새 비목을 설치할 수 없다.

ㄷ. 예산결산특별위원회는 소관 상임위원회에서 삭감한 세출예산 각 항의 금액을 증가하게 할 경우에는 소관 상임위원회의 동의를 얻어야 한다.

ㄹ. 예산결산특별위원회는 그 활동기한을 1년으로 한다.

ㅁ. 의원이 예산 또는 기금상의 조치를 수반하는 의안을 발의하는 경우에는 그 의안의 시행에 수반될 것으로 예상되는 비용에 대한 재정소요를 추계하여야 한다.

---

① ㄱ, ㄴ, ㄷ   ② ㄱ, ㄴ, ㄹ

③ ㄱ, ㄷ, ㅁ   ④ ㄴ, ㄷ, ㅁ

⑤ ㄴ, ㄹ, ㅁ

19	국가재정운용계획 → 국회심의·의결의 대상은 아님

① [×] 국가재정운용계획은 국회에 제출하여야 하는 문서이지만 예산안처럼 국회의 심의를 통해 확정되는 것은 아니다.

⑤ [○] 온실가스 감축의 원칙은 '국가재정법'에 새롭게 추가된 예산의 원칙이다.

답 ①

20	예산결산특별위원회 → 상설위원회

ㄱ. [×] '국회법'에 따르면 위원회는 세목 또는 세율과 관계있는 법률의 제정 또는 개정을 전제로 하여 미리 제출된 세입예산안을 심사할 수는 없다.

ㄹ. [×] 예산결산특별위원회의 위원의 임기는 1년으로 한다. 즉, 위원의 임기가 1년인 것이지 위원회의 활동기간이 1년인 것은 아니다.

답 ④

---

21 ☐☐☐

우리나라 예산제도에 대한 설명으로 옳지 않은 것은?

① 국회는 정부의 동의 없이 정부가 제출한 지출예산 각 항의 금액을 증가시킬 수 없다.

② 정부가 예산안 편성시 감사원의 세출예산요구액을 감액하고자 할 때에는 국무회의에서 감사원장의 의견을 구하여야 한다.

③ 정부는 회계연도 개시 전까지 예산안이 의결되지 못한 때에는 전년도 예산에 준해 모든 예산을 편성해 운영할 수 있다.

④ 국회는 감사원이 검사를 완료한 국가결산보고서를 정기회 개회 전까지 심의·의결을 완료해야 한다.

22 ☐☐☐

예산 불성립에 따른 예산종류에 대한 설명으로 옳지 않은 것은?

① 준예산은 전년도 예산을 기준으로 예산을 편성해 운영하는 제도이다.

② 현재 우리나라는 준예산제도를 채택하고 있다.

③ 가예산은 1개월분의 예산을 국회의 의결을 거쳐 집행하는 것으로 우리나라가 운영한 경험이 있다.

④ 잠정예산은 수개월 단위로 임시예산을 편성해 운영하는 것으로 가예산과 달리 국회의 의결이 불필요하다.

---

21 | 준예산 → 용도의 한정

① [○] 국회는 정부의 예산안에 대한 폐지와 삭감은 자유롭지만, 증액이나 새비목의 설치를 위해서는 정부의 동의를 받아야 한다.

② [○] 헌법상 독립기관뿐만 아니라 감사원의 세출예산요구액을 감액하고자 할 때에도 국무회의에서 기관장의 의견을 구하여야 한다.

③ [×] 준예산의 용도는 한정적이므로 모든 예산을 편성할 수는 없다.

④ [○] 국가결산은 정기국회 개회 전에 완료하여야 하며 이를 정기국회에서 이루어지는 다음연도 예산에 환류하여야 한다.

답 ③

---

22 | 잠정예산 → 국회의 의결

③ [○] 우리나라는 1949년부터 1955년까지 1954년 한 해만 빼고 매년 가예산을 편성한 바 있다.

④ [×] 가예산과 잠정예산은 모두 국회의 의결이 필요하다.

📄 **가예산, 잠정예산, 준예산**

구분	사용기간	국회의결	지출항목	채택 국가
가예산	최초 1개월	필요	전반적	이승만 정부, 프랑스
잠정예산	제한 없음	필요	전반적	영국, 일본, 미국
준예산	제한 없음	불요	한정적	독일, 한국

답 ④

23 □□□

다음 내용의 괄호 안에 해당하는 것은?

> 최근 미국은 의회의 연방예산처리 지연으로 예산편성 및 집행에 큰 어려움을 겪으면서 행정업무가 마비되는 사태를 겪은 바 있다. 우리나라는 새로운 회계연도가 개시될 때까지 예산안이 국회에서 의결되지 못한 경우에 대비하여 (   ) 제도를 시행하고 있다.

① 준예산
② 가예산
③ 수정예산
④ 잠정예산

24 □□□

준예산에 대한 설명으로 옳지 않은 것은?

① 예산안이 회계연도 개시일까지 국회에서 의결되지 못한 경우에 활용된다.
② 국회의 의결을 필요로 한다.
③ 법률상 지출의무를 이행하기 위한 경우에 집행할 수 있다.
④ 이미 예산으로 승인된 사업의 계속을 위해 집행할 수 있다.

23 　우리나라의 예산불성립 대처방안 → 준예산

① [ㅇ] 설문은 예산 불성립의 대처방안을 묻는 것이며 우리나라의 현행 제도는 준예산이다.
② [×] 가예산은 회계연도가 개시될 때까지 예산이 국회에서 통과되지 못했을 경우, 예산이 확정될 때까지 잠정조치로 실행되는 예산제도로, 최초의 1개월분으로 제한된다는 점에서 잠정예산과 상이하다. 1960년까지 우리나라에서 채택하였으며, 거의 매년 편성한 경험이 있다.
③ [×] 수정예산은 예산안의 편성이 끝나고 정부가 예산안을 국회에 제출한 이후 국회 의결 전에 기존 예산안 내용의 일부를 수정하여 다시 제출한 예산안을 의미한다.
④ [×] 잠정예산은 예산이 성립되지 않을 때 잠정적으로 예산을 편성해 의회에 제출하고 의회의 사전 의결을 얻어 사용하는 제도이다.

답 ①

24 　준예산 → 사전의결 원칙의 예외

① [ㅇ] 준예산은 새로운 회계연도가 개시될 때까지 예산이 의결되지 않았을 때 사용된다.
② [×] 준예산은 국회의 의결이 필요하지 않다.
③, ④ [ㅇ] 준예산으로는 헌법이나 법률에 의해 설치된 기관 및 시설의 유지비와 운영비, 법률상 지출의무가 있는 경비, 이미 예산으로 승인된 계속비 등을 지출할 수 있다.

답 ②

우리나라 행정환경의 주요 행위자들 간의 관계에 대한 설명으로 옳지 않은 것은?

① 국회는 국민의 대표기관으로서 민주주의 원칙에 합당하게 행정이 이루어지고 있는지를 감시하고 통제하는 권한을 가진다.

② 정부는 국회에 법률안을 제출할 수 있고, 대통령은 법률에서 구체적으로 범위를 정하여 위임받은 사항과 법률을 집행하기 위하여 필요한 사항에 관하여 대통령령을 발할 수 있다.

③ 헌법재판소의 위헌결정은 행정부의 활동에 지대한 영향을 미칠 수 있다.

④ 대통령은 국회가 확정한 본예산에 대하여 재의를 요구할 수 있다.

예산의 집행에 대한 설명으로 옳은 것은?

① 기획재정부장관은 각 중앙관서의 장에게 예산을 배정한 때에는 감사원에 통지하여야 한다.

② 기획재정부장관은 반기별 예산배정계획을 작성하여 국회의 심의를 받은 뒤에 예산을 배정한다.

③ 중앙관서의 장에게 자금을 사용할 수 있는 권한을 부여하는 것을 예산의 재배정이라고 한다.

④ 기획재정부장관은 매년 2월 말까지 예산집행지침을 각 중앙관서의 장과 국회예산정책처에 통보하여야 한다.

25	예산안 거부권 → 중앙정부는 불가

① [○] 국회는 국정감사권 등을 통해 정부의 활동을 통제하고 감시할 권한을 갖는다.

② [○] 우리나라는 대통령제 국가임에도 불구하고 정부는 법률안을 국회에 제출할 수 있다.

③ [○] 헌법재판소는 위헌법률심판, 권한쟁의, 탄핵심판, 헌법소원 등을 통해 행정부의 활동에 영향을 미칠 수 있다.

④ [×] 우리나라는 예산의결에 대한 대통령의 거부권은 존재하지 않는다. 그러므로 예산에 대한 재의요구 역시 불가하다.

답 ④

26	예산집행지침 → 1월 말까지 통보

① [○] 기획재정부장관은 예산배정요구서에 따라 분기별 예산배정계획을 작성하여 국무회의 심의를 거친 후 대통령의 승인을 얻어야 하며, 이를 각 중앙관서의 장에게 배정한 때에는 감사원에 통지하여야 한다.

② [×] 예산배정계획은 분기별로 작성되며, 국회의 심의는 필요하지 않다.

③ [×] 예산의 재배정은 예산의 배정을 받은 각 중앙관서의 장이 산하기관에게 나눠주는 절차이다.

④ [×] 기획재정부장관은 매년 1월 말까지 예산집행지침을 각 중앙관서의 장에게 통보하여야 한다. 그리고 국회에 있어 중앙관서의 장은 국회사무총장이다.

답 ①

27 ☐☐☐

다음 중 회계연도 개시 전에 예산을 배정할 수 있는 경비에 해당하지 않는 것은?

① 수입대체경비
② 선박의 운영·수리 등에 소요되는 경비
③ 교통이나 통신이 불편한 지역에서 지급하는 경비
④ 범죄수사 등 특수 활동에 소요되는 경비
⑤ 경제정책상 조기집행을 필요로 하는 공공사업비

28 ☐☐☐

예비타당성조사의 분석 내용을 경제성 분석과 정책적 분석으로 구분할 때, 경제성 분석에 해당하는 것은?

① 상위계획과의 연관성
② 지역경제에의 파급효과
③ 사업추진 의지
④ 민감도 분석

27	회계연도 개시 전 배정 → 긴급배정

① [×] 회계연도 개시 전 예산의 배정을 긴급배정이라 한다. 수입대체경비는 수입의 특례이다. 긴급배정의 사유로는 외국에서 지급하는 경비, 선박의 운영·수리 등에 소요되는 경비(②), 교통이나 통신이 불편한 지역에서 지급하는 경비(③), 각 관서에서 필요한 부식물의 매입경비, 범죄수사 등 특수 활동에 소요되는 경비(④), 여비, 경제정책상 조기집행을 필요로 하는 공공사업비(⑤), 재해복구사업에 소요되는 경비 등이 있다.

📄 **예산배정의 형태**

정기배정	분기별 배정계획에 따른 예산배정
긴급배정	회계연도 개시 전의 예산배정
조기배정	상반기에 집중되는 예산배정
당겨배정	정기배정계획과 관계없이 앞당겨 예산을 배정하는 제도
기타	수시배정(→ 신축성), 배정유보와 감액배정(→ 통제) 등

답 ①

28	민감도 분석 → 경제성 분석

①, ②, ③ [×] 정책적 분석에는 지역경제의 파급효과, 상위계획과의 연관성, 국고지원의 적합성, 재원의 조달가능성, 환경성 및 추진의지 등이 있다.

④ [○] 예비타당성조사는 대규모 개발 사업에 대한 본격적 타당성조사에 앞선 개략적 사전조사로 국가재정의 전반적 관점에서 경제적 측면과 정책적 측면을 분석하는 것이다. 경제적 분석에는 수요 및 편익의 추정, 비용의 추정, 경제·재무성 평가, 민감도 분석 등이 있다.

📄 **예비타당성조사의 경제적·정책적·기술적 분석**

경제적 분석	정책적 분석	기술적 분석
• 수요 및 편익의 추정 • 비용의 추정 • 경제성·재무성 평가 • 민감도 분석	• 지역경제의 파급효과 • 지역 균형개발 • 상위계획과의 연관성 • 국고지원의 적합성 • 재원의 조달가능성 • 환경성 및 추진의지	• 입지·공법의 분석 • 현장 여건의 실사

답 ④

---

29 □□□

예산 관련 제도들 중 나머지 셋과 성격이 다른 것은?

① 예비비와 총액계상예산
② 이월과 계속비
③ 이용과 전용
④ 배정과 재배정

---

30 □□□

다음은 '국가재정법'상 예비타당성조사에 대한 내용이다. 가와 나에 들어갈 숫자로 옳은 것은?

> 기획재정부장관은 총사업비가 (가)억 원 이상이고 국가의 재정지원 규모가 (나)억 원 이상인 신규 사업으로서 건설공사가 포함된 사업 등에 대한 예산을 편성하기 위하여 미리 예비타당성조사를 실시하고, 그 결과를 요약하여 국회 소관 상임위원회와 예산결산특별위원회에 제출하여야 한다.

	가	나
①	300	100
②	300	200
③	500	250
④	500	300

29	배정과 재배정 → 집행의 통제방안

① [○] 총액계상예산이란 세부사업이 확정되지 않은 상태에서 총액규모만 예산에 반영하는 것으로, 세부내역은 집행단계에서 각 중앙관서의 장이 자율적으로 결정한다.
② [○] 이월과 계속비는 회계연도를 넘어 사용할 수 있는 시간 한정성 원칙의 예외이다.
③ [○] 이용과 전용은 사전에 정해진 용도와 다르게 사용할 수 있는 질적 한정성 원칙의 예외이다.
④ [×] 예산의 배정과 재배정은 예산의 통제수단이다. 나머지는 예산의 신축성 유지방안이다. 예산의 배정이란 중앙예산기관이 각 중앙관서에 자금을 일정한 기간별로 나누어 정해주는 것을 말하고 예산의 재배정이란 중앙예산기관으로부터 예산을 배정받은 각 중앙관서의 장이 그 예산의 범위 내에서 산하 각 기관에게 자금을 나누어 정해주는 것이다.

답 ④

30	예비타당성 조사 → 총사업비 500억 원 이상, 국가의 재정지원 300억 원 이상

④ [○] 예비타당성조사제도는 총사업비 500억 원 이상이고, 국가의 재정지원규모가 300억 원 이상인 신규사업을 대상으로 한다.

답 ④

예비타당성조사에 대한 설명으로 옳은 것은?

① 기존에 유지된 타당성조사의 문제점을 보완하기 위해 2013년부터 도입하였다.
② 신규 사업 중 총사업비가 300억 원 이상인 사업은 예비타당성 조사대상에 포함된다.
③ 중앙행정기관의 장은 예비타당성조사를 실시하고 기획재정부장관과 그 결과를 협의해야 한다.
④ 조사대상 사업의 경제성, 정책적 필요성 등을 종합적으로 검토하여 그 타당성 여부를 판단한다.

예비타당성조사제도에 대한 설명으로 옳지 않은 것은?

① 경제적 타당성뿐만 아니라 정책적 타당성도 분석의 대상이 된다.
② 사업의 주무 부처(기관)에서 수행하며, 기술적인 검토와 예비설계 등에 초점을 맞춘다.
③ 경제적 타당성의 분석을 위해 수요, 편익, 비용을 추정하고 재무성 평가와 민감도분석을 시행한다.
④ 대형 신규 사업에서 발생할 수 있는 예산낭비를 방지하고 재정운용의 효율성을 제고하기 위해 도입되었다.

---

31   예비타당성조사 → 국가 전체적 시각

① [×] 예비타당성조사제도는 1999년에 도입되었다.
② [×] 기획재정부장관은 총사업비가 500억 원 이상이고 국가의 재정지원 규모가 300억 원 이상인 신규 사업에 대해 예비타당성조사를 실시한다.
③ [×] 예비타당성조사는 기획재정부장관이 실시한다.
④ [○] 예비타당성조사는 경제성, 정책성, 균형발전 등을 종합적으로 검토하여 그 타당성 여부를 판단하며, 종합평가는 평가항목별 분석결과를 토대로 다기준분석의 일종인 계층화분석법을 활용하여 계량화된 수치로 도출하되 일반적으로 AHP가 0.5 이상이면 사업시행이 바람직하다고 본다.

답 ④

---

32   예비타당성조사 → 기획재정부 주관

① [○] 기술적 검토에 머무는 타당성조사와는 달리 예비타당성조사는 경제적 분석과 정책적 분석에 초점을 맞춘다.
② [×] 사업의 주무 부처(기관)에서 수행하며, 기술적인 검토와 예비설계 등에 초점을 두는 것은 타당성조사이다.
③ [○] 예비타당성조사에 있어 경제적 분석에는 수요와 편익의 추정, 비용의 추정, 경제·재무성 평가, 민감도분석 등이 있다.
④ [○] 예비타당성조사제도는 건설공사가 포함된 사업, 정보화 사업, 국가연구개발사업 등 국가재정법에서 정하고 있는 대규모 신규 사업에 대한 개략적 조사를 통해 사업의 신중한 착수와 재정투자의 효율성 제고를 위한 제도이다.

📄 **예비타당성조사와 타당성조사 비교**

구분	예비타당성조사	타당성조사
주체	기획재정부	주무부처
초점	경제적·정책적 측면	기술적 측면
조사 범위	국가재정의 전반적 관점	당해 사업
특징	예산편성 전의 개략적인 조사	예산편성 후의 세부적인 조사

답 ②

33 □□□

정부예산편성에 대한 설명으로 옳지 않은 것은?

① 국가재정운용계획은 중·장기적 국가비전과 정책 우선순위를 고려한 계획으로 단년도 예산편성의 기본틀이 된다.

② 기획재정부는 예산안 편성시 사전에 지출한도를 설정하고 각 중앙부처는 그 한도 내에서 예산을 자율적으로 편성한다.

③ 기획재정부는 예비타당성조사를 실시하여 정치·경제적 이해관계가 배제될 수 있도록 예산배분의 타당성을 검토한다.

④ 각 중앙관서의 장은 완성에 2년 이상이 소요되는 사업으로서 대통령령으로 정하는 대규모사업에 대하여는 그 사업규모·총사업비 및 사업기간을 정하여 미리 기획재정부장관과 협의해야 한다.

34 □□□

예산제도에 대한 설명으로 옳은 것은?

① 주민참여예산제도는 정부가 지역주민에 대해 비과세, 감면, 공제 등 세제상 각종 유인장치를 통해 간접적 지원을 해주는 제도이다.

② 예비타당성조사는 총사업비와 국가의 재정지원 규모가 일정 금액 이상인 신규 사업 중 특정 요건에 해당하는 경우에 실시하며, 국회가 의결로 요구하는 사업에 대해서도 실시하여야 한다.

③ 예산성과금은 수입이 증대되거나 지출이 절약된 때에 이에 기여한 자에게 지급할 수 있으며 절약된 예산은 다른 사업에 사용할 수 없다.

④ 총사업비관리제도는 소요 기간에 관계없이 고속도로, 국도 등 일정 규모 이상의 대규모 사업의 경우, 사업규모·총사업비 및 사업기간 등을 정하여 미리 기획재정부장관과 사전협의할 것을 요구한다.

33	예비타당성 조사 → 정치적·경제적 이해관계의 조사

③ [×] 예비타당성조사는 경제성 분석은 물론 정책성 분석을 동시에 실시한다. 경제성 분석은 비용편익비율, 순현재가치, 내부수익률 등을 중심으로 타당성 여부를 검토하는 것이고, 정책적 분석은 지역경제 파급효과, 균형발전을 위한 낙후도 평가, 정책의 일관성 및 추진 의지, 사업의 위협요인, 상위계획과의 연계성, 환경영향 등의 검토가 이루어진다.

④ [○] 총사업비관리제도에 관한 설명이다.

답 ③

34	예비타당성조사 → 직권 + 신청 + 국회요구

① [×] 지역주민에 대해 비과세, 감면, 공제 등 세제상 각종 유인장치를 통해 간접적 지원을 해주는 제도는 지방세지출제도이다.

② [○] 예비타당성조사는 총사업비가 500억 원 이상, 국가의 재정지원 규모가 300억 원 이상인 신규 사업을 대상으로 하며, 국회가 의결로 요구한 사업은 반드시 실시하여야 한다.

③ [×] 절약된 예산의 일부를 예산성과금으로 지급할 수 있고 다른 사업에 사용할 수도 있다.

④ [×] 총사업비관리제도는 완성에 2년 이상이 소요되는 사업의 총사업비를 통제하기 위해 도입된 제도이다.

답 ②

35 ☐☐☐

우리나라 예산제도에 대한 설명으로 옳은 것은?

① 예산의 재배정은 기획재정부장관이 중앙관서의 장에게 예산을 배분하는 것을 말한다.
② 각 중앙관서의 장은 천재지변 등 불가피한 사유가 발생한 경우 당초 예산에 계상되지 않았다고 하여도, 예산의 목적 범위 안에서 재난구호 사업을 추진하기 위하여 예산을 전용할 수 있다.
③ 초·중등 교육시설의 신·증축사업이나 문화재 복원사업은 예비타당성조사 대상에서 제외될 수 없다.
④ 총사업비 관리제도란 완성에 2년 이상 소요되는 일정 규모 이상의 대규모 사업에 대하여 기획재정부장관과 사전에 협의하게 하는 것이다.
⑤ 채무의 이행에 대한 국가의 보증을 받고자 하는 채무자 또는 채권자는 기획재정부장관의 의견을 받아야 한다.

36 ☐☐☐

국가채무에 대한 설명으로 옳지 않은 것은?

① 기획재정부장관은 국가채무관리계획을 수립하여야 한다.
② 국채를 발행하고자 할 때에는 국회의 의결을 얻어야 한다.
③ 우리나라가 발행하는 국채의 종류에 국고채와 재정증권은 포함되지 않는다.
④ 우리나라의 GDP 대비 국가채무비율은 일본과 미국보다 낮은 상태이다.

35	예비타당성조사 대상의 제외 → 초·중등 교육시설, 문화재 복원사업 등

① [×] 예산의 재배정은 중앙관서의 장이 그 소속기관에 예산액을 배정하는 것을 말한다.
② [×] 각 중앙관서의 장은 당초 예산에 계상되지 아니한 사업을 추진하는 경우나 국회가 의결한 취지와 다르게 사업 예산을 집행하는 경우에는 전용할 수 없다.
③ [×] 초·중등 교육시설의 신·증축사업이나 문화재 복원사업은 예비타당성조사 대상에서 제외된다.
④ [○] 총사업비 관리제도란 중앙관서의 장이 2년 이상 소요되는 사업 중 대통령령으로 정하는 일정 규모 이상의 사업에 대해 사업 규모, 총사업비 및 사업기간을 정해 미리 기획재정부장관과 협의해야 하는 제도를 말한다.
⑤ [×] 채무를 보증 받고자 하는 채무자 또는 채권자는 소관 중앙 관서의 장의 의견을 받아 채무보증신청서를 기획재정부장관에게 제출하여야 하며, 기획재정부장관은 국가가 보증할 필요가 있다고 인정할 때 국무회의 심의를 거쳐 대통령 승인을 얻은 후 국회의 동의를 얻어 채무의 이행을 국가가 보증한다는 뜻을 문서로써 신청인에게 통지하여야 한다.

답 ④

36	국채의 종류 → 국고채권, 재정증권, 외국환평형기금채권, 국민주택채권

① [○] 기획재정부장관은 국가의 회계 또는 기금이 부담하는 금전 채무에 대하여 매년 국가채무관리계획을 수립하여야 한다.
② [○] 국가의 세출은 국채·차입금 외의 세입을 그 재원으로 한다. 다만, 부득이한 경우에는 국회의 의결을 얻은 금액의 범위 안에서 국채 또는 차입금으로써 충당할 수 있다.
③ [×] 국채와 국가채무는 다른 개념이다. 우리나라가 발행하는 국채의 종류에는 국고채권, 재정증권, 외국환평형기금채권, 국민주택채권 등 4종류가 있다.
④ [○] 우리나라는 GDP 대비 국가채무비율이 40%대로 이는 미국(100% 이상)이나 일본(200% 이상)보다 낮은 상태이다.

답 ③

재정준칙에 대한 설명으로 옳지 않은 것은?

① 국가채무준칙은 재정 건전성을 확보하기 위해 국가채무 규모에 상한선을 설정한다.

② 재정수지준칙은 경기변동과 무관하게 설정되므로 경제 안정화를 오히려 저해할 수 있다.

③ 재정지출준칙은 경제성장률이나 재정적자 규모의 예측에 의존하지 않는다.

④ 재정수입준칙은 조세지출을 우회적으로 활용함으로써 재정 건전성이 훼손될 가능성이 있다.

재정성과관리와 재정건전성에 대한 설명으로 옳지 않은 것은?

① 중기지방재정계획은 지방재정법에 근거한 사후예산제도로 지방재정 건전화를 추구한다.

② 통합재정수지는 재정건전성 분석, 재정의 실물경제 효과 분석, 재전운용의 통화부문에 대한 영향분석 등에 활용될 수 있다.

③ 총사업비관리제도는 시작된 대형사업에 대한 총사업비를 관리해 재정지출의 생산성 제고를 도모한다.

④ 예비타당성조사는 대규모 신규사업에 대한 예산편성 및 기금운용계획을 수립하기 위하여 기획재정부장관의 주관으로 실시하는 사전적인 타당성 검증·평가제도이다.

37	재정수입준칙 → 재정건전성의 확보

① [○] 채무준칙은 GDP 대비 국가채무비율을 일정 수준에서 유지 혹은 단계적으로 감소하도록 하는 제약 조건을 가하거나 국가 채무의 한도를 정하는 준칙이다.

② [○] 재정수지준칙은 매 회계연도마다 또는 일정 기간 재정수지를 균형이나 일정 수준으로 유지하도록 하는 준칙이기에 경기 변동에 따른 정부의 적극적이고 능동적인 재정정책을 제약하여 경제 안정화를 저해할 수도 있다는 비판이 있다.

③ [○] 재정지출준칙은 총지출 한도, 분야별 명목·실질 지출한도, 명목·실질 지출 증가율 한도 등을 설정하는 준칙으로, 수입 보다는 지출에 초점을 맞추고 있으므로 경제성장률이나 적자 규모의 예측과는 무관하다.

④ [×] 재정수입준칙은 세입 감소를 내용으로 하는 신규 입법 시 반드시 이에 대응되는 다른 의무지출의 감소나 세입의 증가 등 재원조달 방안이 동시에 입법화되도록 의무화하는 준칙이다. 조세 지출이란 조세감면 등으로 인한 수입의 감소를 의미하며, 수입 준칙이 마련될 경우 이러한 조세지출을 위해서는 반드시 다른 지출의 감소나 재원의 조달방안을 마련하여야 하므로 재정 건전성의 악화를 막을 수 있다.

답 ④

38	중기지방재정계획 → 사전적 통제방안

① [×] 중기지방재정계획은 지방재정 건전화를 높이기 위한 사전적 제도이다.

② [○] 통합재정수지는 순계개념의 세입과 세출의 차를 의미하며, 이를 통해 국가재정의 건전성 판단이 가능하다는 장점이 있다.

③ [○] 총사업비관리제도는 국고 또는 기금으로 시행하는 사업의 총사업비를 추진단계별로 합리적으로 조정하고 관리하여 재정 지출의 생산성과 사업의 품질을 높이고자 하는 제도이다. 사업 기간이 2년 이상이고 총사업비가 500억 이상인 사업에 대하여 실시한다.

④ [○] 예비타당성조사는 대통령령이 정하는 대규모 사업에 대한 개략적인 사전조사로, 대형 신규 사업의 신중한 착수와 재정 투자의 효율성을 제고하기 위해 도입되었다. 기획재정부장관이 중앙관서의 장의 신청 또는 직권으로 선정한다.

답 ①

39 ☐☐☐

'국가재정법'상 재정건전화에 대한 설명으로 옳지 않은 것은?

① 국세감면율이란 당해 연도 국세 수입총액 대비 국세감면액 총액의 비율을 말한다.
② 국가의 회계 또는 기금의 국고채무부담행위는 국가채무에 해당한다.
③ 국가가 보증채무를 부담하고자 하는 때에는 미리 국회의 동의를 얻어야 한다.
④ 정부는 국회에서 추가경정예산안이 확정되기 전에 이를 미리 배정하거나 집행할 수 없다.

40 ☐☐☐

세계잉여금에 대한 설명으로 옳은 것만을 모두 고르면?

> ㄱ. 일반회계, 특별회계가 포함되고 기금은 제외된다.
> ㄴ. 적자 국채발행 규모와 부(-)의 관계이며, 국가의 재정 건전성을 파악하는데 효과적이다.
> ㄷ. 결산의 결과 발생한 세계잉여금은 전액 추가경정예산에 편성하여야 한다.

① ㄱ ② ㄷ
③ ㄱ, ㄴ ④ ㄴ, ㄷ

39	국세감면율 → 국세감면액 총액 / (국세 수입총액 + 국세감면액 총액)

① [×] '국가재정법'에 따르면 '국세감면율'이란 당해 연도 국세 수입총액과 국세감면액 총액을 합한 금액에서 국세감면액 총액이 차지하는 비율을 의미한다.
② [○] 국가채무에는 국가의 회계 또는 기금이 발행한 채권, 국가의 회계 또는 기금의 차입금, 국가의 회계 또는 기금의 국고채무 부담행위 등이 포함된다.
③ [○] 보증채무는 확정채무는 아니지만 장래 국가의 채무가 될 수 있으므로 국가가 보증채무를 부담하고자 할 때 미리 국회의 동의를 얻어야 한다.
④ [○] 추가경정예산은 확정된 후 이를 배정하거나 집행할 수 있다. 다만, 지방재정법에는 추가경정예산의 성립 전에 사용할 수 있는 예외 사항이 존재한다.

답 ①

40	세계잉여금 → 기금은 제외

ㄱ. [○] 세계잉여금은 세입세출의 결산상 잉여금이므로 세입세출이 아닌 기금은 제외된다.
ㄴ. [×] 세계잉여금은 총세입에서 총세출을 뺀 금액으로 계산되는데 총세입에는 국채발행수입도 포함되므로 세계잉여금이 남았다고 해서 꼭 재정이 건전한 것은 아니다. 다만 세계잉여금의 일부는 국채 또는 차입금의 원리금 상환에 사용될 수 있으므로 세계잉여금이 존재할 경우 국채발행규모와 부(-)의 관계가 존재할 수 있다.
ㄷ. [×] 세계잉여금은 지방교부세의 정산, 공적자금상환기금의 출연, 국채 또는 차입금의 원리금 상환 및 확정된 국가배상금의 상환 등에도 사용할 수 있다.

답 ①

우리나라 세계잉여금에 관한 설명으로 옳지 않은 것은?

① 지방교부세 및 지방교육재정교부금의 정산에 사용할 수 있다.
② 추가경정예산안의 편성에 사용할 수 있다.
③ 사용하거나 출연한 금액을 공제한 잔액은 다음 연도의 세입에 이입하여야 한다.
④ 사용 또는 출연은 국회의 사전 동의를 받아야 한다.

예산집행에 대한 설명으로 옳지 않은 것은?

① 예산의 재배정은 행정부처의 장이 실무부서에게 지출을 할 수 있는 권한을 부여한다는 것을 의미한다.
② 예산의 전용을 위해서 정부 부처는 미리 국회의 승인을 받아야 한다.
③ 예비비는 공무원 인건비 인상을 위한 인건비 충당을 목적으로 사용할 수 없다.
④ 사고이월은 집행과정에서 재해 등의 이유로 불가피하게 다음 연도로 이월된 경비를 말한다.

---

41   세계잉여금의 사용 → 국회 승인 불요

① [○] 세계잉여금은 지방교부세법에 따른 교부세의 정산 및 지방교육재정교부금법의 규정에 따른 교부금의 정산에 사용할 수 있다.
② [○] 지방교부세 및 지방교육재정교부금의 정산, 공적자금상환기금의 출연, 국채 및 국가배상금의 상환 등에 사용하고 남은 세계잉여금은 추가경정예산안의 편성에 사용할 수 있다.
③ [○] 규정에 따라 사용하거나 출연한 금액을 공제한 세계잉여금의 잔액은 다음 연도의 세입에 이입하여야 한다.
④ [×] 세계잉여금이란 매 회계연도 세입세출의 결산상 잉여금 중 다른 법률에 따른 것과 이월액을 공제한 금액으로, 그 사용 또는 출연은 다른 법률의 규정에 불구하고 국가결산보고서에 대한 대통령의 승인을 얻은 때부터 이를 할 수 있다. 즉, 국회의 사전 동의를 요구하지 않는다.

답 ④

---

42   전용 → 사전승인 원칙의 예외

② [×] 이용은 미리 국회의 승인을 받아야 하지만, 전용은 국회의 승인을 받지 않아도 된다.
③ [○] 예비비는 공무원의 보수 인상을 위한 인건비 충당을 위하여 사용목적을 지정할 수 없다.
④ [○] 사고이월은 집행과정에서 재해 등의 이유로 불가피하게 다음 연도로 이월된 경비를 말한다. 즉, 사고이월은 지출원인행위를 하였으나 불가피한 사유로 연도 내에 지출을 하지 못한 경우와 지출원인행위를 하지 아니한 그 부대경비의 경우를 이월하는 것을 말한다.

답 ②

43 ☐☐☐

재정민주주의에 대한 설명으로 옳지 않은 것은?

① 재정민주주의는 '대표 없이는 과세 없다.'라는 표현에서 나타나듯이 재정주권이 납세자인 국민에게 있다는 의미를 내포하고 있다.

② 납세자인 시민이 국가 또는 지방자치단체의 재정지출과 관련된 부정과 낭비를 감시하는 납세자 소송제도는 재정민주주의의 본질을 잘 반영하고 있다.

③ 주민참여 예산제도는 예산편성과정에 주민참여를 확대함으로써 지방재정 운영의 투명성 및 공정성을 제고하여 재정민주주의에 기여한다.

④ 정부 예산집행의 신축성을 확대하기 위하여 만들어진 예산의 전용제도는 국회의 동의를 구해야 하므로 재정민주주의 확보에 기여하는 제도적 장치이다.

---

43 전용 → 사전승인 원칙의 예외

① [○] 재정민주주의란 예산과정에 시민들의 선호가 올바르게 반영된 상황을 의미한다. 이는 재정주권이 납세자인 국민에게 있다는 것으로, 재정정보의 공개, 주민참여예산제도 등 의사결정 과정에의 시민참여 및 납세자 소송 등과 관련된다.

② [○] 납세자 소송 또는 주민소송은 지방정부의 위법한 예산집행을 견제하여 주민들의 공동이익을 보호하기 위하여 납세자에게 원고적격을 인정하는 공익소송제도로, 공금의 지출에 관한 사항 등에 감사청구한 주민은 감사청구한 사항과 관련이 있는 위법한 행위나 업무를 게을리 한 사실에 대하여 해당 지방자치단체의 장을 상대방으로 하여 소송을 제기할 수 있다.

③ [○] 주민참여예산제도는 예산편성에서 주민이 참여하는 거버넌스 시각이 반영된 것으로, 예산운영의 효율성과 지출가치의 극대화보다는 예산주권의 극대화나 시민욕구의 반영을 중요시하는 제도이다. 지방자치단체의 장은 대통령령으로 정하는 바에 따라 지방예산 편성과정에 주민이 참여할 수 있는 절차를 마련하여 시행하여야 한다.

④ [×] 전용은 행정과목(세항·목) 간 융통으로 국회의 의결 없이 기획재정부장관의 승인을 얻어 융통할 수 있다.

답 ④

44 ☐☐☐

우리나라 행정부의 예산집행 통제장치에 해당하지 않는 것은?

① 정원 및 보수를 통제하여 경직성 경비의 증대를 억제한다.

② 정부조직 등에 관한 법령의 제정, 개정, 폐지로 인해 그 직무권한에 변동이 있을 때 예산도 이에 따라서 변동시킬 수 있다.

③ 각 중앙관서의 장은 2년 이상 소요되는 사업 중 대통령령이 정하는 대규모 사업에 대해 사업규모·총사업비·사업기간을 정해 미리 기획재정부장관과 협의해야 한다.

④ 각 중앙관서의 장은 월별로 기획재정부장관에게 사업집행 보고서를 제출해야 한다.

---

44 이체 → 집행의 신축성 유지방안

① [○] 경직성 경비는 한번 지출되면 줄이기 어렵기 때문에 사전에 그 한도를 정해 두는 것이 바람직하다.

② [×] 정부조직 등에 관한 법령의 제정, 개정, 폐지로 인해 그 직무권한에 변동이 있을 때 예산을 이에 따라 변동하는 것은 이체이며, 이체는 예산의 신축성 유지방안에 해당한다.

③ [○] 총사업비관리 제도를 의미한다. 이는 완성에 장기간 소요되는 대규모 사업의 총사업비를 기획재정부장관이 관리하는 제도이다.

④ [○] 각 중앙관서의 장과 기금관리주체는 사업집행보고서와 예산 및 기금운용계획에 관한 집행보고서를 매월 경과 후 다음달 20일 이내에 기획재정부장관에게 제출하여야 한다.

답 ②

45 ☐☐☐

우리나라의 국고채무부담행위에 대한 설명으로 옳지 않은 것은?

① 예산총칙, 세입세출예산, 계속비 및 명시이월비와 함께 예산의 한 부분을 구성한다.

② 예산으로써 국회의 의결을 사전에 얻어야 한다.

③ 필요한 이유를 명백히 하고 채무부담의 금액을 표시하여야 한다.

④ 법률에 따른 것과 세출예산금액 또는 계속비의 총액의 범위 이내로 한정한다.

45	국고채무부담행위
	→ 법률에 따른 것 외, 세출예산금액 외, 계속비 총액의 범위 외

① [○] 예산은 예산총칙·세입세출예산·계속비·명시이월비 및 국고채무부담행위를 총칭한다.

② [○] 국고채무부담행위를 할 때에는 미리 예산으로서 국회의 의결을 얻어야 한다. 다만 그 채무이행의 책임은 다음 회계연도 이후에 있는 것이 원칙이다.

③ [○] 국고채무부담행위는 사항마다 그 필요한 이유를 명백히 하고 그 행위를 할 연도 및 상환연도와 채무부담의 금액을 표시하여야 한다.

④ [×] 국고채무부담행위는 국가가 법률에 따른 것 외, 세출예산 금액 외 또는 계속비의 총액의 범위 안의 것 외에 채무를 부담 하는 행위로, 이를 할 때에는 미리 예산으로써 국회의 의결을 얻어야 한다.

📑 **계속비와 국고채무부담행위**

구분	계속비	국고채무부담행위
지출 권한	잠정적 승인	미승인
용도	제한	제한 없음
승인 효력	원칙적으로 5년 이내 (→ 연장 가능)	제한 없음
이월	체차이월 가능	이월 불가

답 ④

46 ☐☐☐

지방자치단체의 예비비에 대한 설명으로 옳지 않은 것은?

① 예측할 수 없는 예산 외의 지출에 충당하기 위하여 예산에 계상한다.

② 일반회계의 경우 예산총액의 100분의 1이내의 금액을 예비비로 계상하여야 한다.

③ 지방의회의 예산안 심의 결과 감액된 지출항목에 대해 예비비를 사용할 수 있다.

④ 재해·재난 관련 목적 예비비는 별도로 예산에 계상할 수 있다.

46	예비비 사용의 제약
	→ 예산심의 결과 폐지되거나 감액된 항목

① [○] 예비비는 예산 외 지출 또는 초과지출에 충당하기 위해 세입 세출예산에 계상된다.

② [○] 지방자치단체는 의무적으로 일반회계 및 교육비특별회계 예산총액의 100분의 1이내의 금액을 예비비로 계상하여야 한다.

③ [×] 지방자치단체의 장은 지방의회의 예산안 심의 결과 폐지 되거나 감액된 지출항목에 대해서는 예비비를 사용할 수 없다.

④ [○] 지방자치단체도 목적 예비비를 계상할 수 있는데 그 범위가 재해와 재난 관련 용도로 한정된다.

답 ③

47 □□□

예산과정에 대한 설명으로 옳은 것은?

① 예산과정은 예산편성 – 예산집행 – 예산심의 – 예산결산의 순으로 이루어진다.
② 예산집행의 신축성을 확보하기 위해 예비비, 총액계상제도 등을 활용하고 있다.
③ 예산제도 개선 등으로 절약된 예산 일부를 예산성과금으로 지급할 수 있지만 다른 사업에 사용할 수는 없다.
④ 각 중앙부처가 총액 한도를 지정한 후에 사업별 예산을 편성할 수 있어 기획재정부의 사업별 예산통제 기능은 미약하다.

---

47   절약된 예산 → 다른 사업에도 사용 가능

① [×] 예산과정은 예산편성, 예산심의, 예산집행, 예산결산의 순으로 이루어진다.
② [○] 이밖에도 이용과 전용, 이월, 계속비제도 등도 신축성 확보방안에 속한다.
③ [×] 예산제도 개선 등으로 절약된 예산 일부를 예산성과금으로 지급할 수 있고 다른 사업에 사용할 수도 있다.
④ [×] 총액의 한도와 사업의 목적을 통제할 수 있으므로 기획재정부의 사업별 예산통제 기능은 오히려 강화되었다고 보아야 한다.

답 ②

48 □□□

예산집행의 신축성을 보장하기 위한 제도에 대한 설명 중 가장 옳은 것은?

① 예산의 이용은 입법과목 간 융통을 의미하는 것으로, 예산집행 상 필요에 따라 미리 예산으로써 국회의 의결을 얻은 때에는 기획재정부장관의 승인을 얻어 이용할 수 있다.
② 예산의 이체는 정부조직 등에 관한 법령의 제정·개정 또는 폐지로 인하여 중앙관서의 직무와 권한에 변동이 있을 때 이루어지는 것으로 국회의 승인이 있어야 한다.
③ 예산의 이월은 당해 회계연도에 집행되지 않은 예산을 다음 연도의 예산으로 사용하는 것으로 각 중앙관서의 장이 자유롭게 이월 및 재이월할 수 있다.
④ 계속비는 원칙상 5년 이내로 국한하지만 필요하다고 인정하는 때에는 기획재정부장관의 승인을 통해 연장할 수 있다.

---

48   이체 → 국회의 승인 불요

① [○] 법령상 지출의무의 이행을 위한 경비 및 기관운영을 위한 필수적 경비의 부족액이 발생하는 경우, 환율변동·유가변동 등 사전에 예측하기 어려운 불가피한 사정이 발생하는 경우, 재해대책 재원 등으로 사용할 시급한 필요가 있는 경우에 한정하여 미리 예산으로써 국회의 의결을 얻은 때에는 기획재정부장관의 승인을 얻어 이용하거나 기획재정부장관이 위임하는 범위 안에서 자체적으로 이용할 수 있다.
② [×] 예산을 이체함에 있어 국회의 승인은 요구되지 않는다.
③ [×] 명시이월은 1차에 한하여 재이월(사고이월)이 가능하나 사고이월은 재이월이 불가하다.
④ [×] 계속비의 지출연한은 원칙적으로 그 회계연도부터 5년 이내이나, 필요하다고 인정하는 때에는 국회의 의결을 거쳐 그 연한의 연장이 가능하다.

답 ①

예산의 이용과 전용에 대한 설명으로 옳은 것은?

① 이용은 입법과목 사이의 상호 융통으로 국회의 의결을 얻으면 기획재정부장관의 승인이나 위임 없이도 할 수 있다.
② 기관 간 이용도 가능하다.
③ 세출예산의 항 간 전용은 국회의결 없이 기획재정부장관의 승인을 얻어서 할 수 있다.
④ 이용과 전용은 예산 한정성 원칙의 예외로 볼 수 없다.

예산집행의 신축성을 보장하기 위한 장치가 아닌 것은?

① 예산총계주의
② 예산의 이체와 이월
③ 예비비
④ 수입대체경비

49	이용 → 기관, 장, 관, 항의 융통

① [×] 이용은 원칙적으로 국회의 의결과 기획재정부장관의 승인이 필요하다.
② [○] 기관, 장, 관, 항 간의 상호 융통을 이용이라 한다.
③ [×] 항(項)은 입법과목이며, 이를 융통하기 위해서는 국회의 의결이 필요하다.
④ [×] 이용과 전용은 예산 한정성 원칙의 예외이다.

답 ②

50	예산총계주의 → 완전성 원칙

① [×] 예산총계주의는 한 회계연도의 모든 수입을 세입으로 하고, 모든 지출을 세출로 하여야 한다는 완전성 원칙을 의미한다. 그리고 예산의 완전성 원칙은 예산의 통제를 강조하는 고전적 원칙에 속한다.
② [○] 조직 등의 개편에 수반되는 예산의 변동인 이체와 회계연도를 넘어 사용할 수 있게 하는 이월은 예산의 신축성 확보수단에 속한다.
③ [○] 예측할 수 없는 예산 외 지출 또는 예산초과지출에 충당하기 위하여 설치하는 예비비는 예산 한정성의 원칙에 대한 예외이며, 이는 예산의 신축성 확보수단에 속한다.
④ [○] 수입대체경비는 지출이 직접 수입을 수반하는 경우, 그 수입이 확보되는 범위 안에서 직접 지출할 수 있도록 규정된 경비를 말하며, 예산 완전성 원칙이나 통일성 원칙의 예외이다.

답 ①

51 □□□

예산집행의 신축성을 보장하기 위한 제도적 장치와 그것에 대한 설명으로 옳지 않은 것은?

① 총괄예산제도 – 구체적 용도를 제한하지 아니하고 포괄적인 지출을 허용하는 것
② 예산의 이용과 전용 – 예산의 목적 외 사용을 금지하는 한정성 원칙의 예외적 장치
③ 추가경정예산 – 국회의 의결에 의해 예산이 성립된 이후 상황변화로 인해 사업을 변경하거나 새로운 사업을 추진해야 하는 경우 국회의결을 받아 예기치 못한 상태에 대처하는 예산
④ 예비비 제도 – 완공에 수년이 소요되는 대규모 공사·제조·연구개발 사업의 경우에 총액과 연부금을 정해 인정하는 제도

51	완공에 수년도 소요 → 계속비

① [○] 총괄예산제도는 예산의 총액만을 통제하고 구체적인 항목별 지출에 대해서는 집행부의 재량에 맡기는 성과 지향적 예산제도를 말한다.
② [○] 장·관·항 간의 융통을 이용이라 하며, 세항과 목 간의 융통을 전용이라 한다. 이는 사전에 정해진 용도를 벗어난 사용이다.
③ [○] 추가경정예산이란 예산이 성립한 후에 생긴 부득이한 사유로 인하여 이미 성립된 예산에 변경을 가하는 제도이다.
④ [×] 완공에 수년이 소요되는 대규모 공사·제조·연구개발 사업의 경우에 총액과 연부금을 정해 인정하는 제도는 계속비 제도이다. 예비비는 예측할 수 없는 예산 외의 지출 또는 예산 초과지출에 충당하기 위하여 일반회계 예산총액의 100분의 1 이내의 범위에서 세입세출예산에 계상된 금액이다.

답 ④

52 □□□

‘국가재정법’상 예산집행에 있어서 신축성을 보장하는 규정으로 옳지 않은 것은?

① 각 중앙관서의 장은 예산이 정한 각 기관 간 또는 각 장·관·항 간에 상호 이용(移用)할 수 없다. 다만, 예산집행상 필요에 따라 미리 예산으로써 국회의 의결을 얻은 때에는 기획재정부장관의 승인을 얻어 이용하거나 기획재정부장관이 위임하는 범위 안에서 자체적으로 이용할 수 있다.
② 각 중앙관서의 장은 예산의 목적범위 안에서 재원의 효율적 활용을 위하여 대통령령이 정하는 바에 따라 기획재정부장관의 승인을 얻어 각 세항 또는 목의 금액을 전용(轉用)할 수 있다.
③ 행정안전부장관은 정부조직 등에 관한 법령의 제정·개정 또는 폐지로 인하여 중앙관서의 직무와 권한에 변동이 있는 때에는 기획재정부장관의 요구에 따라 그 예산을 상호 이용하거나 이체(移替)할 수 있다.
④ 세출예산 중 경비의 성질상 연도 내에 지출을 끝내지 못할 것이 예측되는 때에는 그 취지를 세입세출예산에 명시하여 미리 국회의 승인을 얻은 후 다음 연도에 이월하여 사용할 수 있다.

52	이체 → 기획재정부장관

① [○] 이용은 입법과목(장·관·항) 간의 융통으로 미리 예산으로써 국회의 의결을 얻은 후 기획재정부장관의 승인을 얻어 융통할 수 있다. 다만, 기획재정부장관이 위임하는 범위 안에서는 자체적으로도 이용이 가능하다.
② [○] 전용은 행정과목(세항·목) 간의 융통으로 국회의 의결 없이 기획재정부장관의 승인을 얻어 융통할 수 있으며, 또한 각 중앙관서의 장은 회계연도마다 기획재정부장관이 위임하는 범위 안에서 자체적으로 전용할 수 있다.
③ [×] 이체는 기획재정부장관이 하며, 책임소관만 변동될 뿐 사용목적과 금액은 불변이다.
④ [○] 경비의 성질상 연도 내에 지출을 끝내지 못할 것이 예측되는 때에 그 취지를 세입세출예산에 명시하여 미리 국회의 승인을 얻은 후 다음 연도에 사용하는 것은 명시이월이다.

답 ③

예산의 신축적 집행을 위한 제도에 대한 설명으로 옳지 않은 것은?

① 이체: 기구·직제 또는 정원에 관한 법령이나 조례의 제정 또는 개폐로 인하여 그 직무와 권한의 변동이 있을 때 그 변동내용에 따라 예산을 이동하여 집행하는 것

② 이월: 회계연도 단년도 주의의 단점을 극복하기 위하여 미집행예산을 다음 회계연도에 넘겨서 사용할 수 있도록 허용하는 것

③ 전용: 예산의 입법과목에 대해서 그 집행의 용도를 조정하여 사용하는 권한을 부여하는 것

④ 사고이월: 지출원인행위를 하였으나 불가피한 사유로 회계연도 종료시까지 지출하지 못한 경비와 지출원인행위를 하지 아니한 부대경비를 다음 회계연도에 넘겨서 사용하는 것

53	전용 → 행정과목

① [○] 이체는 정부조직 등에 관한 법령의 제정·개정 또는 폐지로 인하여 중앙관서의 직무와 권한에 변동이 있는 때 그 중앙관서의 장의 요구에 따라 예산집행의 책임소관을 변경하는 것이다.

② [○] 이월은 예산을 다음 회계연도에 넘겨서 다음 연도의 예산으로 사용하는 것을 말한다.

③ [×] 입법과목에 대해서 그 집행의 용도를 조정하여 사용하는 권한을 부여하는 것은 이용이다. 전용은 행정과목(세항·목) 간 융통으로 국회의 의결 없이 기획재정부장관의 승인을 얻어 융통할 수 있다.

④ [○] 사고이월은 지출원인행위를 하고 불가피하게 지출하지 못한 경비와 지출원인행위 하지 않은 부대경비를 국회의 승인 없이 다음 연도에 사용하는 제도이다.

답 ③

다음 중 우리나라의 예산에 대한 설명으로 옳지 않은 것은?

① 정부는 예측할 수 없는 예산 외의 지출 또는 예산 초과 지출에 충당하기 위하여 일반회계 예산 총액의 100분의 1 이내의 금액을 예비비로 세입·세출예산에 계상할 수 있다.

② 완성에 수년도를 요하는 공사나 제조 및 연구개발사업은 그 경비의 총액과 연부액을 정하여 미리 국회의 의결을 얻는 범위에서 그 회계연도부터 10년 이내로 정하여 수년도에 걸쳐서 지출할 수 있다고 보는 것이 원칙이다.

③ 매 회계연도의 세출예산은 다음 연도에 이월하여 사용할 수 없는 것이 원칙이다.

④ 각 중앙관서의 장은 세출예산이 정한 목적 외에 경비를 사용할 수 없는 것이 원칙이다.

⑤ 각 중앙관서의 장은 예산의 목적 범위 안에서 재원의 효율적 활용을 위하여 대통령령으로 정하는 바에 따라 기획재정부장관의 승인을 얻어 각 세항 또는 목의 금액을 전용할 수 있다.

54	계속비의 사용 연한 → 원칙적으로 5년

① [○] 예비비는 일반회계 총액의 100분의 1 이내의 금액에서 계상된다. 다만, 국가의 경우 계상할 수 있지만 지방의 경우 반드시 계상하여야 한다.

② [×] 계속비의 연한은 원칙적으로 5년 이내이다. 다만, 사업 규모 및 국가재원 여건상 필요한 경우에는 예외적으로 10년 이내로 할 수 있다.

③ [○] 회계연도 독립의 원칙에 의거 이월은 원칙적으로 금지된다. 명시이월과 사고이월은 예외적인 상황에서 가능하다.

④ [○] 세출예산이 정한 목적 외에 경비를 사용할 수 없는 것을 질적 한정성 원칙이라 한다.

⑤ [○] 원칙적으로 세출예산이 정한 목적 외로 사용할 수 없지만 기획재정부장관의 승인을 얻어 세항과 목의 금액을 전용할 수 있다.

답 ②

55 □□□
16년 국회8급

다음 중 예산에 대한 설명으로 옳지 않은 것은?

① 예산의 전용은 예산의 세항·목 간에 금액을 상호 융통하는 것이다.
② 예산의 이체는 법령의 제정, 개정 또는 폐지로 인하여 그 직무와 권한에 변동이 있을 때 예산의 귀속을 변경시키는 것이다.
③ 계속비는 세출예산 중 미지출액을 당해 연도를 넘겨 다음 연도에 계속적으로 사용하는 것을 말한다.
④ 예비비는 예측할 수 없는 예산 외의 지출에 충당하기 위하여 예산에 계상되는 것을 말한다.
⑤ 추가경정예산은 예산 성립 후에 생긴 사유로 편성하는 것이다.

56 □□□
18년 국가9급

우리나라의 결산에 대한 설명으로 옳지 않은 것은?

① 각 중앙관서의 장은 회계연도마다 소관 기금의 결산보고서를 중앙관서결산보고서에 통합하여 작성하여야 한다.
② 결산은 국회의 심의를 거쳐 국무회의의 의결과 대통령의 승인으로 종료된다.
③ 정부는 감사원의 검사를 거친 국가결산보고서를 국회에 제출하여야 한다.
④ 결산은 한 회계연도의 수입과 지출 실적을 확정적 계수로 표시하는 행위이다.

---

55 | 미지출액의 다연 연도 넘겨 사용 → 이월

② [O] 기획재정부장관이 이체하며, 예산집행의 책임소관의 변동으로 인한 예산의 소관 변동으로, 책임소관만 변동될 뿐 사용목적과 금액은 불변이다.
③ [×] 세출예산 중 미지출액을 당해 연도를 넘겨 다음 연도에 계속적으로 사용하는 것은 이월이다.
⑤ [O] 추가경정예산은 예산이 국회를 통과하여 성립한 후에 이를 변경되는 예산으로, 예산 단일성의 원칙에 위배된다.

답 ③

56 | 결산 → 국회의 의결

① [O] '국가재정법'에 의하면 각 중앙관서의 장은 '국가회계법'에서 정하는 바에 따라 회계연도마다 소관 기금의 결산보고서를 중앙관서결산보고서에 통합하여 작성한 후 기획재정부장관에게 제출하여야 한다.
② [×] 결산은 국회의 심의·의결로 종료된다.
③ [O] 감사원은 국가결산보고서를 검사하고, 보고서를 5월 20일까지 기획재정부장관에게 송부하여야 하고, 정부는 감사원의 검사를 거친 국가결산보고서를 다음 연도 5월 31일까지 국회에 제출하여야 한다.
④ [O] 결산이란 한 회계연도 내에서 세입예산의 모든 수입과 세출예산의 모든 지출을 확정적 계수로 표시하는 활동을 말한다.

📄 **우리나라의 결산**

출납정리기한	출납기한	중앙관서결산보고서	국가결산보고서	감사원결산검사	국회제출	결산심의
12월 31일	2월 10일	2월 말	4월 10일	5월 20일	5월 31일	정기국회 개회 전

답 ②

우리나라의 예산과정에 대한 설명으로 옳은 것은?

> ㄱ. 결산은 정부의 예산집행의 결과가 정당한 경우 집행
> 책임을 해제하는 법적 효과를 가진다.
> ㄴ. 결산심의에서 위법하거나 부당한 지출이 지적되면 그
> 정부 활동은 무효나 취소가 된다.
> ㄷ. 국회심의 과정에서 증액된 부분은 부처별 한도액 제한
> 을 받는다.
> ㄹ. 국회심의 후의 예산은 당초 행정부 제출 예산보다 증액
> 되기도 한다.
> ㅁ. 예산집행의 신축성을 확보하기 위한 장치로는 회계
> 연도 개시 전 예산배정, 국고채무부담행위 등이 있다.

① ㄱ, ㄷ, ㄹ 　　　　② ㄱ, ㄹ, ㅁ
③ ㄴ, ㄷ, ㅁ 　　　　④ ㄴ, ㄹ, ㅁ

예산과정에 관한 설명으로 옳지 않은 것은?

① 예산을 행정부가 편성하여 입법부에 제출하는 것이 현대
국가의 추세이다.
② 총액예산제도가 실시되면서 총액의 한도 내에서 의원들
의 관심이 높은 예산사업을 소규모화 하거나 우선순위를
낮게 설정하는 전략이 사용되기도 한다.
③ 대통령중심제라는 정치체제의 성격이 국회예산심의의
기본 특징을 규정한다.
④ 결산이란 한 회계연도에서 국가의 수입과 지출의 실적을
예정적 계수로서 표시하는 행위이다.

57 　결삼심의 결과 위법·부당한 지출 → 무효나 취소 불가

ㄱ. [○] 국회의 심의로 결산이 확정되면 절차적·형식적으로는
예산집행의 최종 책임은 해제되는 법적 효과를 가진다.
ㄴ. [×] 그러나 위법·부당한 지출행위라 하여도 무효·취소는 할
수 없다.
ㄷ. [×] 국회는 정부의 동의 없이 금액을 증액하거나 새 비목을
설치할 수는 없지만 증액에 있어 부처별 한도액의 제한은 없다.
ㄹ. [○] 영국과 한국은 원칙적으로 폐지와 삭감만 가능하므로 증액
또는 새 비목을 설치하고자 할 때에는 정부의 동의가 필요하다.
ㅁ. [○] 이밖에도 이용과 전용, 이체, 명시이월과 사고이월, 예비비와
계속비 등도 예산집행의 신축성 유지방안에 해당한다.

답 ②

58 　결산 → 확정적 계수

① [○] 행정의 복잡성과 전문성의 심화 그리고 정책과 예산의
연계성의 강화를 위하여 행정부에서 예산을 편성하는 것이 현대
국가의 추세이다.
② [○] 의원들의 관심이 높은 사업은 국회의 예산심의 과정에서
증액될 수 있기에 소규모로 책정하거나 우선순위를 낮추는
전략을 사용하는 것이다.
③ [○] 대통령제는 의원내각제보다 상대적으로 엄격한 예산심의
가 이루어진다.
④ [×] 결산이란 세입·세출 실적에 대한 정부의 사후적 재정
보고로, 1회계연도 국가의 세입·세출 실적을 확정적 계수로 표시
한 것을 말한다. 수입과 지출에 대한 예정적 계수는 예산이다.

답 ④

59 □□□

국회의 결산심사에 대한 설명으로 옳지 않은 것은?

① 예산집행과정에서 위법 또는 부당한 지출이 있었는지의 여부를 확인하는 통제기능과, 예산운용에 대한 평가결과를 다음 연도 예산심의에 반영하는 환류기능을 수행한다.
② 예산결산특별위원회의 결산심사는 제안설명과 전문위원회의 검토보고를 듣고, 종합정책질의, 부별심사 또는 분과위원회심사 및 찬반토론을 거쳐 표결한다.
③ 결산의 심사결과 위법 또는 부당한 사항이 있는 때에 국회는 본회의 의결 후 정부 또는 해당기관에 변상 및 징계 조치 등 그 시정을 요구하고, 정부 또는 해당기관은 시정 요구를 받은 사항을 지체 없이 처리하여 그 결과를 국회에 보고하여야 한다.
④ 예산결산특별위원회 위원장은 결산을 소관 상임위원회에 회부할 때에 심사기간을 정할 수 있으며, 상임위원회가 이유 없이 그 기간 내에 심사를 마치지 아니한 때에는 이를 바로 예산 결산특별위원회에 회부할 수 있다.

60 □□□

결산에 대한 설명으로 옳지 않은 것은?

① 정부는 집행실적, 성평등 효과분석 및 평가 등을 포함한 성인지결산서를 작성하여야 한다.
② 각 중앙관서의 장은 회계연도마다 작성한 결산보고서를 다음 연도 2월 말일까지 기획재정부장관에게 제출하여야 한다.
③ 국회의 사무총장은 회계연도마다 예비금사용명세서를 작성하여 다음 연도 2월말까지 기획재정부장관에게 제출하여야 한다.
④ 기획재정부장관은 회계연도마다 작성하여 대통령의 승인을 받은 국가결산보고서를 다음 연도 4월 20일까지 감사원에 제출하여야한다.
⑤ 감사원은 제출된 국가결산보고서를 검사하고 그 보고서를 다음연도 5월 20일까지 기획재정부장관에게 송부하여야 한다.

59	상임위원회의 심사기간 지정 → 국회의장

① [○] 결산은 재정민주주의를 구현하기 위한 재정통제 장치이면서 동시에 재정환류 기능의 역할을 하여 다음 년도 예산편성자료로 활용된다.
② [○] 예산결산특별위원회의 예산안 및 결산의 심사는 제안설명과 전문위원의 검토보고를 듣고 종합정책질의, 부별심사 또는 분과위원회심사 및 찬반토론을 거쳐 표결한다.
③ [○] 국회의 심의로 결산이 확정되면 절차적·형식적으로는 예산 집행의 최종 책임은 해제되는 법적 효과를 가진다. 그러나 위법·부당한 지출행위라 하여도 이를 무효·취소는 할 수 없다. 그러나 공무원 개인의 배상책임과 형사책임까지 면제되는 것은 아니다.
④ [×] 소관 상임위원회에 회부할 때에 심사기간을 정할 수 있으며, 상임위원회가 이유 없이 그 기간 내에 심사를 마치지 아니한 때에는 이를 바로 예산결산특별위원회에 회부할 수 있는 것은 국회의장의 권한이다.

답 ④

60	국가결산보고서 감사원 제출 → 4월 10일

④ [×] 국가결산보고서는 4월 10일까지 감사원에 제출하여야 한다.

답 ④

---

61 □□□

'국가재정법'상 예산제도에 대한 설명으로 옳은 것만을 〈보기〉에서 모두 고르면?

〈보기〉
ㄱ. 기획재정부장관은 '국가회계법'에서 정하는 바에 따라 회계연도마다 작성하여 대통령의 승인을 받은 국가결산보고서를 다음 연도 4월 10일까지 감사원에 제출하여야 한다.

ㄴ. 차관물자대의 경우 차관 전년도 인출예정분의 부득이한 이월 또는 환율 및 금리의 변동으로 인하여 세입이 그 세입예산을 초과하게 되는 때에는 그 세출예산을 초과하여 지출할 수 없다,

ㄷ. 정부는 예산이 여성과 남성에게 미칠 영향을 미리 분석한 보고서를 작성하여야 한다.

ㄹ. 각 중앙관서의 장은 예산요구서를 제출할 때에 다음 연도 예산의 성과계획서 및 전년도 예산의 성과보고서를 기획재정부장관에게 함께 제출하여야 한다.

① ㄱ, ㄴ
② ㄱ, ㄴ, ㄷ
③ ㄱ, ㄷ, ㄹ
④ ㄴ, ㄷ, ㄹ
⑤ ㄱ, ㄴ, ㄷ, ㄹ

62 □□□

정부회계의 기장 방식에 대한 설명으로 옳지 않은 것은?

① 단식부기는 발생주의 회계와, 복식부기는 현금주의 회계와 서로 밀접한 연계성을 갖는다.

② 단식부기는 현금의 수지와 같이 단일 항목의 증감을 중심으로 기록하는 방식이다.

③ 복식부기에서는 계정 과목 간에 유기적 관련성이 있기 때문에 상호 검정을 통한 부정이나 오류의 발견이 쉽다.

④ 복식부기는 하나의 거래를 대차 평균의 원리에 따라 차변과 대변에 동시에 기록하는 방식이다.

| 61 | 국가결산보고서 → 국가회계법에 따라 작성 |

ㄱ. [○] 기획재정부장관은 '국가회계법'에서 정하는 바에 따라 회계연도마다 작성하여 대통령의 승인을 받은 국가결산보고서를 다음 연도 4월 10일까지 감사원에 제출하여야 한다.

ㄴ. [×] 차관물자대의 경우 차관 전년도 인출예정분의 부득이한 이월 또는 환율 및 금리의 변동으로 인하여 세입이 그 세입예산을 초과하게 되는 때에는 그 세출예산을 초과하여 지출할 수 있다.

ㄷ. [○] 정부는 예산이 여성과 남성에게 미칠 영향을 미리 분석한 보고서를 작성하여야 한다.

ㄹ. [○] 각 중앙관서의 장은 예산요구서를 제출할 때에 다음 연도 예산의 성과계획서 및 전년도 예산의 성과보고서를 기획재정부장관에게 함께 제출하여야 한다.

답 ③

| 62 | 단식부기 → 현금주의, 복식부기 → 발생주의 |

① [×] 단식부기는 주로 현금주의회계와 연결되고 복식부기는 반드시 발생주의회계와 연결된다.

② [○] 단식부기는 수입, 지출, 자산, 자본 등을 각각 별도로 기록하는 방식이다.

③, ④ [○] 복식부기는 하나의 거래를 대차평균의 원리에 따라 차변과 대변에 동시에 기록하는 방식이므로 부정이나 오류의 발견이 쉽다.

답 ①

63 □□□

발생주의 복식부기 회계방식에 대한 설명으로 옳지 않은 것은?

① 기본적으로는 현금의 출납에 근거한 회계방식이다.
② 원가 개념을 제고하고 성과측정 능력을 향상시킬 수 있다.
③ 재정의 투명성을 높이고 회계의 자기검증 기능을 통해 예산집행의 오류 및 비리와 부정을 줄일 수 있다.
④ 회수 불가능한 부실채권에 대한 정보 왜곡의 우려가 있다.

| **63** | 현금주의 → 현금의 출납에 근거 |

① [×] 현금의 출납사실을 기준으로 회계계리 하는 방식은 현금주의이다. 발생주의는 실제로 주고받은 시점에 관계없이 그것이 어느 기간의 손익에 해당하는지를 구분하여 그 기간의 손익으로 처리하는 방법이다.
② [○] 자산의 감가상각 등을 고려하므로 서비스 원가를 정확하게 파악할 수 있어 성과측정에 도움이 된다.
③ [○] 복식부기는 대차평균의 원리에 따른 오류의 자동검증 기능이 있다.
④ [○] 복식부기는 회수 불가능한 채권이나 지불 불필요한 채무를 구별하기 어려워 재무정보의 왜곡현상이 나타날 수 있다.

📄 현금주의와 발생주의 비교

구분	현금주의	발생주의
인식 기준	현금의 수취(→ 유입)와 지출(→ 유출)	수익의 획득과 비용의 발생
선급비용	비용으로 인식	자산으로 인식
선수수익	수익으로 인식	부채로 인식
미지급비용	인식 안 됨	부채로 인식
미수수익	인식 안 됨	자산으로 인식
감가상각	인식 안 됨	비용으로 인식
대손상각	인식 안 됨	비용으로 인식
상환이자	지급 시기에 비용으로 인식	기간별 인식
무상거래	인식 안 됨	이중거래로 인식
정보활용원	개별자료 우선	통합자료 우선
재정상태와 성과파악	곤란	용이

답 ①

64 □□□

복식부기제도 하에서 정부보유 현금자산이 200조, 고정자산이 300조, 유동부채가 100조, 재정수익이 300조, 비용이 200조라면, 회계기간 중 특정 시점의 재정상태를 나타내는 보고서상에 순자산으로 보고될 액수는?

① 400조
② 100조
③ 500조
④ 200조

| **64** | 재정상태 → 자산 - 부채 |

① [○] 상태지표는 일정 시점에서 측정되는 저량지표로, 자산 = 부채 + 자본(잔여 지분)으로 표시되는 회계보고서이다. 현금자산 200조 + 고정자산 300조 - 유동부채 100조 = 400조의 상태지표를 보이고 있다.
② [×] 100조는 운영지표에 속한다. 운영지표는 수익(300조)과 비용(200조)의 차로 구한다.
③ [×] 500조는 재무제표에 속한다. 재무제표는 상태지표와 운영지표의 합으로 구성된다.

답 ①

65 ☐☐☐

다음 괄호 안에 들어갈 내용으로 바르게 짝지어진 것은?

> 정부회계의 '발생주의'는 정부의 수입을 (ㄱ) 시점으로, 정부의 지출을 (ㄴ) 시점으로 계산하는 방식을 의미한다.

	ㄱ	ㄴ
①	현금수취	현금지불
②	현금수취	지출원인행위
③	납세고지	현금지불
④	납세고지	지출원인행위

66 ☐☐☐

발생주의회계제도에 대한 설명으로 옳지 않은 것은?

① 거래나 사건이 발생하는 시점에서 인식하는 것으로 자산, 부채, 수입, 지출을 정확하게 측정하기 위한 회계기법이다.

② 미지급금, 부채성충당금 등을 포함하여 부채를 정확하게 측정한다.

③ 산출에 대한 원가산정이 가능하기 때문에 분권화된 조직의 자율과 책임을 구현할 수 있는 중요한 수단이다.

④ 이 제도를 사용하더라도 현금흐름보고서를 통해 현금흐름을 파악할 수 있으며, 부채를 과소평가하는 현금주의 회계제도의 단점을 극복할 수 있다.

65	발생주의 → 채권채무주의

④ [O] 발생주의에서는 납세고지가 발송된 시점에 수익으로 기록하고, 지출원인행위가 발생하였을 때 비용으로 기록한다. 발생주의는 실제로 주고받은 시점에 관계없이 그것이 어느 기간의 손익에 해당하는지를 구분하여 그 기간의 손익으로 처리하는 방법이다. 즉, 수입은 권리가 확정(납세고지)된 시점(ㄱ)에 지출은 채무가 확정(지출원인행위)된 시점(ㄴ)에 기록되는 회계방식이다. 반드시 복식부기를 적용하여야 하며, 대신 출납폐쇄기한이 상대적으로 불필요하다.

답 ④

66	발생주의회계 → 수익과 비용

① [×] 발생주의회계는 상태지표로서 자산과 부채, 운영지표로서 수익과 비용으로 인식한다. 현금의 출납사실에 근거하는 수입과 지출의 측정은 현금주의회계와 관련된다.

② [O] 미지급금과 부채성충당금은 미래에 확실히 발생할 비용이므로 발생주의에서는 그 원인이 발생하였을 때 부채로 기록한다.

③ [O] 발생주의회계제도는 성과 중심의 재정운용을 가능하게 하므로 분권화된 조직의 자율과 책임을 구현할 수 있는 중요한 도구일 수 있다.

④ [O] 현금흐름보고서는 정부의 현금흐름을 나타내는 표로 현금주의로 작성된다.

답 ①

67 □□□

발생주의회계에 대한 설명으로 옳은 것은?

① 자의적 회계처리가 불가능하여 통제가 용이하다.
② 기관별 성과의 비교가 가능하다.
③ 감가상각과 미지급금 등의 인식이 어렵다.
④ 자산, 부채, 자본(순자산) 등을 인식하지 못하는 단점이 있다.

---

67 발생주의회계 → 성과파악

① [×] 발생주의회계는 감가상각 등에 회계담당자의 주관성이 개입하므로 자의적 회계처리가 나타날 수 있다.
② [○] 발생주의회계는 원인에 따른 결과의 판단이 용이하므로 기관별 성과의 비교가 가능하다.
③ [×] 감가상각과 미지급금 등은 원인이 발생하였을 때 부채로 인식한다.
④ [×] 자산, 부채, 자본(순자산) 등을 인식하지 못하는 것은 현금주의이다.

답 ②

68 □□□

최근 정부회계제도 개혁의 일환으로 도입되고 있는 복식부기의 장점이 아닌 것은?

① 정부재정활동의 효율성, 투명성, 책임성을 제고할 수 있다.
② 정부재정에 있어 미래지향적 재정관리의 기반을 조성할 수 있다.
③ 공공부문의 생산성 향상을 위한 유용한 회계정보의 활용을 기대할 수 있다.
④ 상당액의 부채가 존재해도 현금으로 지출되지 않은 경우 재정건전 상태로 결산이 가능하다.

---

68 현금주의 → 지급되지 않은 부채의 파악 곤란

① [○] 발생주의 복식부기는 기간별 자산가치의 증감 및 손익의 계산에 관한 정보를 제공하므로 재정의 투명성과 효율성 및 책임성을 제고할 수 있다.
② [○] 발생주의 복식부기는 보다 장기적인 수익과 비용의 정보를 제공하므로 미래지향적 재정관리의 기반을 조성할 수 있다.
③ [○] 발생주의 복식부기는 원인(예산)과 결과(성과)를 동시에 기록하므로 사업의 생산성을 파악하기 용이하다.
④ [×] 부채가 존재해도 현금으로 지출되지 않은 경우 재정건전 상태로 결산이 가능한 것은 현금주의 단식부기이다.

답 ④

69 □□□

정부회계 기장방식에 있어서 복식부기의 특징이라고 볼 수 없는 것은?

① 거래의 이중성에 따라 거래의 인과관계를 기록한다.
② 감가상각과 대손상각은 발생주의에서는 비용으로 인식된다.
③ 기장 내용에 대한 자기검증기능을 확보할 수 있다.
④ 종합적 재정상태를 알 수 없으나 자동이월 기능이 있다.

70 □□□

현금주의 회계방식과 발생주의 회계방식에 대한 설명으로 옳은 것은?

① 현금주의 회계방식은 재정상태표에 해당하며, 발생주의 회계방식은 재정운영표에 해당한다.
② 현금주의 회계방식은 정보의 적시성을 확보할 수 있으며, 발생주의 회계방식은 회계처리의 객관성 확보에 용이하다.
③ 현금주의 회계방식은 재정 건전성 확보가 가능하며, 발생주의 회계방식은 이해와 통제가 용이하다.
④ 현금주의 회계방식은 의회통제를 회피하기 위해 악용될 가능성이 있으며, 발생주의 회계방식 또한 의회통제와는 거리가 있다.
⑤ 현금주의 회계방식은 화폐자산과 차입금을 측정대상으로 하며, 발생주의 회계방식은 재무자원, 비재무자원을 포함한 모든 경제자원을 측정대상으로 한다.

69	복식부기 → 자산과 부채 등 종합적 재정상태의 파악

① [○] 복식부기란 거래의 이중성을 회계처리에 반영하여 기록하는 방식으로, 경제활동 발생 시에 이를 기록하는 발생주의에서 주로 채택한다.
② [○] 감가상각과 대손상각은 현금주의에서는 인식하지 못하지만 발생주의에서는 비용으로 인식된다.
③ [○] 복식부기는 하나의 거래를 대차평균 원리에 따라 차변과 대변으로 기록하므로, 차변합계와 대변합계가 일치하여 오류의 자기검증이 가능하다.
④ [×] 복식부기는 자산과 부채라는 상태지표와 수익과 비용이라는 운영지표를 종합적으로 파악할 수 있게 한다.

답 ④

70	재정상태표와 재정운영표 → 발생주의 복식부기

① [×] 재정상태표와 재정운영표 모두 발생주의 회계방식을 적용하고 있다.
② [×] 정보의 적시성을 확보할 수 있는 것이 발생주의 회계이고, 회계처리의 객관성 확보가 용이한 것이 현금주의 회계이다.
③ [×] 자산과 부채를 인식하게 하여 재정 건전성 확보가 용이한 것은 발생주의 회계이다. 그러나 회계에 대한 전문성이 요구되므로 이해는 어렵다.
④ [×] 현금주의 회계는 비목별 지출을 객관적으로 기록하므로 의회의 통제가 용이하다. 발생주의 회계는 비목별 통제는 어렵지만 성과에 대한 통제는 용이할 수 있다.
⑤ [○] 현금주의는 현금의 유출과 유입을 기준으로 지출과 수입을 인식하므로 화폐자산과 차입금은 모두 수입으로 기록된다. 다만 현금 외의 비현금적 거래는 인식하지 못한다.

답 ⑤

71 ☐☐☐

중앙정부 결산보고서상의 재무제표로 옳은 것은?

① 손익계산서, 순자산변동표, 현금흐름표

② 대차대조표, 재정운영보고서, 이익잉여금처분계산서

③ 재정상태표, 재정운영표, 순자산변동표

④ 재정상태보고서, 순자산변동표, 현금흐름보고서

72 ☐☐☐

우리나라의 국가 재무제표에 대한 설명으로 옳지 않은 것은?

① 재무제표는 국가결산보고서에 포함되어 국회에 제출하도록 하고 있다.

② 국가회계법에 따르면 재무제표는 재정상태표, 재정운영표, 순자산변동표로 구성된다.

③ 재정상태표는 재정상태표일 현재 국가 재정상태를 보여주는 것이다.

④ 재정상태표에는 현금주의와 단식부기가, 재정운영표에는 발생주의와 복식부기가 각각 적용되고 있다.

71	재표제표 → 재정상태표, 재정운영표, 순자산변동표

③ [○] 중앙정부 결산보고서상의 재무제표는 재정상태, 재정운영표, 순자산변동표로 구성되어 있다.

답 ③

72	재무제표 → 발생주의 복식부기

①, ② [○] 재무제표는 재정상태표, 재정운영표, 순자산변동표로 구성된다.

③ [○] 재정상태표는 일정 시점에서 측정되는 저량지표로, 자산 = 부채 + 자본(잔여 지분)으로 표시되는 회계보고서이다. 반면, 재정운영표는 일정 기간 측정되는 유량지표로, 수익 - 비용 = 순이익으로 표시되는 회계보고서이다.

④ [×] 재무제표는 국가회계기준(기획재정부령)에 따라 작성하여야 하는데, 재무제표(재정상태표, 재정운영표, 순자산변동표)는 모두 발생주의와 복식부기 방식으로 기록하고 있다.

답 ④

73 □□□

정부회계를 복식부기의 원리에 따라 기록할 경우 차변에 위치할 항목은?

① 차입금의 감소
② 순자산의 증가
③ 현금의 감소
④ 수익의 발생

74 □□□

다음 중 정부회계의 특징에 관해서 옳게 기술한 것은?

① 정부회계는 합법성보다 영리성을 더욱 중요시한다.
② 정부기업회계는 기업회계의 특성을 갖지 않는다.
③ 정부회계는 기업회계에 비해 목표가 다양하지 않다.
④ 정부회계는 기업회계에 비해서 예산의 준수를 강조한다.

73	차변 → 자산의 증가

① [○] 차입금의 감소는 부채의 감소이므로 차변에 기록한다.
② [×] 순자산은 자본을 말하며 자본의 증가는 대변에 기록한다.
③ [×] 현금의 감소는 (현금)자산의 감소이므로 대변에 기록한다.
④ [×] 수익의 발생은 대변에 기록한다.

📄 **차변과 대변 비교**

구분	차변 → 결과	대변 → 원인
상태지표	자산의 증가 부채의 감소 자본의 감소	자산의 감소 부채의 증가 자본의 증가
운영지표	비용의 발생	수익의 발생

답 ①

74	정부회계 → 공공성 > 기업성

① [×] 정부회계는 영리성보다는 합법성이 중요하다.
② [×] 정부기업은 민간기업적 성격이 강하므로 정부기업회계 역시 기업회계의 특성을 갖는다.
③ [×] 이윤을 목표로 하는 민간보다는 공익을 목표로 하는 정부회계가 그 목적이 다양하다.
④ [○] 정부회계는 기업회계에 비하여 예산의 준수라는 합법성을 강조한다.

📄 **정부회계와 기업회계 비교**

구분	정부회계	기업회계
존재 목적	사회 요구에 따른 행정서비스 제공	이윤 추구
재무 원천	조세와 국공채	주주 및 채권자
회계제도	정부회계기준	기업회계기준
재무제표	재정상태표, 재정운영표, 순자산변동표	대차대조표, 손익계산서, 자본변동표, 현금흐름표
재무보고	자원의 사용 분배에 대한 관리책임과 회계책임	손익계산에 의한 회계책임
정보 이용자	국민과 지역주민 등	주주 및 채권자 등

답 ④

75 ☐☐☐

정부회계에 대한 설명으로 옳지 않은 것은?

① 국가회계는 디브레인(dBrain) 시스템을 통해, 지방자치
   단체회계는 e-호조 시스템을 통해 처리된다.
② 재무회계는 현금주의 단식부기 회계방식이, 예산회계는
   발생주의 복식부기 방식이 적용된다.
③ 발생주의에서는 미수수익이나 미지급금을 자산과 부채로
   표시할 수 있다.
④ 재무제표는 거래가 발생하면 차변과 대변 양쪽에 동일한
   금액으로 이중기입하는 복식부기 방식을 채택하고 있다.

75	지방정부 예산회계 → 현금주의 단식부기

② [×] 반대로 기술되어 있다. 지방자치단체의 경우 경제적 자원의
측정을 목적으로 하는 재무회계는 발생주의 복식부기가 적용
되고 자금집행의 계획과 통제를 주목적으로 하는 예산회계는 현금
주의 단식부기가 적용된다.

답 ②

76 ☐☐☐

집중구매제도의 장점에 대한 설명으로 옳지 않은 것은?

① 재정적 통제체계를 향상시킬 수 있다.
② 긴급수요나 예상외의 수요에 신속히 대처할 수 있다.
③ 대량구매의 이점을 활용할 수 있다.
④ 일괄구매를 통해 구입절차를 단순화할 수 있다.

76	집중구매 → 구매절차의 복잡성

① [○] 재정적 통제체계를 향상시키기 위해서는 한 곳에서 모든
물품을 구매하는 집중구매가 보다 효과적이다.
② [○] 긴급수요나 예상 외의 수요에 신속하게 대처하기 위해서는
미래 대량으로 구매한 후 사용하는 집중구매가 바람직하다.
③ [○] 대량구매의 이점 즉, 규모의 경제는 집중구매의 장점이다.
④ [×] 집중구매는 국가기관의 업무에 필요한 물자를 중앙구매
기관이 일괄적으로 구입하여 각 수요기관에 공급하여 주는 제도
이다. 구입절차의 단순화는 분산구매의 장점이다.

답 ④

77 □□□

다음 입찰방식들 중 민간 기업의 경쟁성과 공공의 품질 확보를 동시에 추구하고 있어서 정부에서 보편적으로 많이 채택하고 있는 계약자 선정방식은 무엇인가?

① 제한경쟁입찰
② 수의계약
③ 최저가낙찰제
④ 적격심사에 의한 최저가낙찰제

| **77** | 적격심사 최저가낙찰 → 품질 + 경쟁 |

① [×] 제한경쟁입찰은 참가자의 자격을 일정한 기준에 의하여 제한하는 방식이다.
② [×] 수의계약은 특정 상대를 임의로 선정하여 계약을 체결하는 방식이다.
③ [×] 최저가낙찰제도는 가장 저렴한 가격을 제시한 업체와 계약을 선정하는 방식이다.
④ [〇] 경쟁성과 공공의 품질 확보를 동시에 추구하고 있어서 정부에서 보편적으로 많이 채택하고 있는 계약자 선정방식은 적격심사에 의한 최저가낙찰제이다.

답 ④

예산개혁론

01 □□□
23년 지방9급

품목별예산제도에 대한 설명으로 옳지 않은 것은?

① 미국에서 공무원의 부정부패를 막고 행정의 능률을 향상시키기 위해 도입되었다.

② 정부활동에 대한 총체적인 사업계획과 우선순위 결정에 유리하다.

③ 예산집행의 책임성을 확보할 수 있는 통제지향 예산제도이다.

④ 특정 사업의 지출 성과에 대해서는 파악하기 어렵다.

02 □□□
20년 국가9급

예산제도에 대한 설명으로 옳지 않은 것은?

① 품목별예산제도는 일에 대한 정보를 제공하며, 세입과 세출의 유기적 연계를 고려한다.

② 성과주의예산제도는 업무량과 단위당 원가를 곱하여 예산액을 산정한다.

③ 계획예산제도는 비용편익분석 등을 활용함으로써 자원배분의 합리화를 추구한다.

④ 영기준예산제도는 예산편성에서 의사결정단위(decision unit)설정, 의사결정패키지 작성 등이 필요하다.

01	품목별예산제도 → 회계책임과 재량통제

① [O] 품목별예산제도는 1912년 설립된 능률과 절약에 관한 대통령위원회에서 도입을 권유한 예산제도이다.

② [X] 정부활동에 대한 총체적인 사업계획과 우선순위 결정에 유리한 것은 합리주의 예산결정의 장점이다.

> 📄 **품목별예산(LIBS)의 장단점**

장점	단점
• 재량통제(→ 의회권한 강화)	• 사업의 목적 파악 곤란
• 회계책임의 명확화	• 사업의 성과 파악 곤란
• 분석비용의 절감	• 계획과 예산의 불일치
• 이익집단의 저항 감소	• 재정운용의 경직성
• 분할적 선택	• 번문욕례

답 ②

02	세입과 세출의 유기적 연계 → 성과주의예산

① [X] 품목별예산은 투입에 대한 정보만 있지 어떤 일을 수행하는지에 대한 정보는 없다.

② [O] 성과주의예산은 산출물의 가치를 강조한다. 그러므로 그 산출물의 가치를 계산하기 위해 단위원가의 산정이 필수적이다.

③ [O] 계획예산은 사업계획의 효과와 비용을 계량적·체계적 분석방법에 의하여 대비시켜 목표달성을 위한 합리적인 대안선택과 자원배분을 모색하는 제도이다.

④ [O] 의사결정단위는 독자적인 예산결정권을 갖는 사업단위 또는 조직단위를 말하며, 의사결정패키지는 사업계획, 활동수준, 재원요구의 판단을 위해 필요한 정보를 기재한 표로, 사업대안 패키지와 증액대안 패키지로 구성된다.

답 ①

품목별예산제도에 대한 설명으로 옳은 것은?

① 지출을 통제하고 공무원의 회계책임을 쉽게 확보할 수 있다.
② 미국 케네디 행정부의 국방장관인 맥나마라(R. McNamara)가 국방부에 최초로 도입하였다.
③ 거리 청소, 노면 보수 등과 같이 활동 단위를 중심으로 예산 재원을 배분한다.
④ 능률적인 관리를 위하여 구성원의 참여를 촉진한다는 점에서는 목표에 의한 관리(MBO)와 비슷하다.

03	품목별예산 → 회계책임과 예산통제

① [O] 품목별예산이 지출을 통제하고 공무원들로 하여금 회계 책임을 쉽게 확보할 수 있는 데 용이하다.
② [×] 맥나마라(R. McNamara)가 국방부에 최초로 도입한 것은 계획예산이다.
③ [×] 거리 청소, 노면 보수 등과 같이 활동 단위를 중심으로 예산재원을 배분하는 것은 성과주의예산이다.
④ [×] 구성원의 참여를 촉진한다는 점에서는 목표에 의한 관리 (MBO)와 비슷한 것은 영기준예산이다.

답 ①

예산제도에 대한 설명으로 옳지 않은 것은?

① 품목별예산제도는 행정부의 재량권을 확대하기 위해 도입 되었다.
② 성과주의예산제도에서는 사업의 단위원가를 기초로 예산을 편성한다.
③ 계획예산제도에서는 장기적인 기획과 단기적인 예산편성을 연계하여 합리적 예산배분을 시도한다.
④ 영기준예산제도는 예산을 편성할 때 전년도 예산에 구애 받지 않는다.

04	품목별예산 → 재량의 통제

① [×] 품목별예산제도는 행정부의 재량통제와 회계책임을 명확히 하기 위해 도입된 예산제도이다.
② [O] 성과주의예산은 업무단위의 원가와 양을 계산해서 사업별, 활동별로 분류해서 예산을 편성하는 제도이다.
③ [O] 계획예산은 장기적 계획과 단기적 예산을 프로그래밍 (→ 사업구조)을 통해 연결시키고자 하는 예산제도이다.
④ [O] 영기준예산은 전년도 사업과 예산에 구애받지 않고, 모든 것의 근본적 재평가를 통해 예산을 편성하는 제도이다.

답 ①

05 □□□

품목별예산제도에 대한 설명으로 옳지 않은 것은?

① 재정민주주의의 구현에 유리한 통제지향 예산제도이다.
② 정부활동의 중복방지와 통합·조정에 유리한 예산제도이다.
③ 지출 대상에 따라 자세히 예산이 표시되어 있으므로 예산심의가 용이하다.
④ 정부가 수행하는 사업과 그 효과에 대한 명확한 정보를 제공하지 못한다.

06 □□□

다음은 여러 예산제도의 장·단점을 서술한 것이다. 옳지 않은 것은?

① 영기준예산제도는 점증주의적 예산편성의 폐단을 시정하고자 개발되었다.
② 계획예산제도는 목표·계획·사업의 연계성을 높일 수 있으나 과도한 정보를 필요로 한다는 단점이 있다.
③ 성과주의예산제도는 산출을 확인할 수 있는 장점이 있지만 업무단위 선정 및 단위원가 계산이 어렵다.
④ 품목별예산제도는 지출항목을 엄격히 분류하므로 사업의 성과와 정부 생산성을 정확하게 평가할 수 있다.

05	정부활동의 중복방지 → 기능별 분류

① [○] 품목별예산은 세부적인 투입물 단위로 예산이 편성되므로 예산집행의 통제를 기하기 용이하다.
② [×] 정부활동의 중복방지와 통합·조정에 유리한 예산제도는 예산의 기능별 분류이며 계획예산, 성과주의예산 등이 이에 속한다.
③ [○] 지출 대상이란 투입물을 의미한다. 품목별예산은 투입물이 자세하게 표시되어 있으므로 예산심의가 용이하다는 것이다. 반면, 사업이 명확하게 제시되어 있지 않으므로 사업단위의 예산심의는 곤란할 수 있다.
④ [○] 품목별예산은 투입물만 나열되어 있고 그 투입물을 통한 사업이 제시되어 있지 못하므로 정부사업의 효과성을 파악하기는 곤란하다.

답 ②

06	품목별예산 → 투입물 중심의 예산편성

① [○] 영기준예산제도는 매년 정책과 예산에 대한 재평가가 이루어지므로 점증적인 예산편성의 폐단을 방지할 수 있다.
② [○] 계획예산제도는 체제분석에 입각하여 목표, 계획, 사업의 연계성을 강화시킬 수 있지만 장기분석에 따른 과도한 정보를 필요로 한다는 점에서 그 한계가 있다.
③ [○] 정부업무의 경우 동질적이고 계량적인 업무단위의 선정이 곤란하고 그 업무단위의 정확한 원가를 계산하기 곤란한 경우가 많아 성과주의예산의 적용에 제한이 따른다.
④ [×] 품목별예산제도는 투입물 중심의 예산편성으로, 그 성과에 관한 정보를 제공하지 못하므로 사업의 성과와 정부의 생산성을 정확하게 평가하기 곤란하다.

답 ④

예산관리모형 중 품목별예산제도에 대한 설명으로 옳지 않은 것은?

① 갈등을 야기할 수 있는 어려운 선택을 분할하기 때문에 모든 어려움에 한꺼번에 직면하지 않아도 된다.

② 기획지향적이라기보다는 통제지향적이다.

③ 회계책임을 묻는 데 용이하다.

④ 지출품목마다 그 비용이 얼마인가에 따라 예산을 배정하기 때문에 효율성 판단이 용이하다.

예산제도에 대한 설명으로 옳지 않은 것은?

① 계획예산제도(PPBS)는 기획, 사업구조화, 그리고 예산을 연계시킨 시스템적 예산제도이다.

② 계획예산제도(PPBS)의 단점으로는 의사결정이 지나치게 집권화되고 전문화되어 외부통제가 어렵다는 점과 대중적인 이해가 쉽지 않아 정치적 실현가능성이 낮다는 점이 있다.

③ 품목별예산제도(LIBS)는 정부의 지출을 체계적으로 구조화한 최초의 예산제도로서 지출대상별 통제를 용이하게 할 뿐 아니라 지출에 대한 근거를 요구하고 확인할 수 있다.

④ 성과예산제도(PBS)는 사업별, 활동별로 예산을 편성하고, 성과평가를 통하여 행정통제를 합리화할 수 있다.

⑤ 품목별예산제도(LIBS)는 왜 돈을 지출해야 하는지, 무슨 일을 하는지에 대하여 구체적인 정보를 제공하는 장점이 있다.

07	효율성 → 투입 대비 산출

① [○] 품목별예산은 점증적 예산결정으로 단년도 지출에 초점을 두고 있으므로 갈등을 야기할 수 있는 선택을 분할하여 결정할 수 있어 모든 어려움에 한꺼번에 직면하지 않아도 된다.

② [○] 품목별예산은 투입물이 명확하게 표시되므로 집행부의 재량이 축소되고 재정통제가 용이하다.

③ [○] 품목별예산은 투입물이 사전에 명확하게 나열되어 있으므로 회계책임을 묻는 데 용이하다.

④ [×] 품목별 비용은 명확하지만 그 비용을 들어 얻고자 하는 산출물에 관한 정보가 없으므로 투입 대비 산출을 의미하는 효율성을 판단하기는 곤란하다.

답 ④

08	품목별예산 → 무엇을 구매했는가에 초점

② [○] 집권적인 의사결정과 전문가의 분석을 강조하는 합리성은 일반 대중이나 의회의 지지를 받기 어려우므로 정치적 실현가능성을 낮출 수 있다.

③ [○] 품목별예산제도는 투입물 단위로 예산이 편성되므로 지출에 대한 근거가 명확하고, 지출대상별로 통제가 용이하다.

④ [○] 성과주의예산은 소요된 비용과 산출된 결과를 비교하여 평가하므로 행정통제의 합리화에 기여할 수 있다.

⑤ [×] 품목별예산제도는 투입물 중심의 예산제도이므로 왜 그 돈을 지출해야 하는지 또는 무슨 일을 하는지에 대한 구체적인 정보를 제공하지 않는다.

답 ⑤

09 ☐☐☐

성과주의예산제도에 관한 설명으로 옳은 것을 모두 고른 것은?

> ㄱ. 예산서에는 사업의 목적과 목표에 대한 기술서가 포함
>   되며, 재원은 활동단위를 중심으로 배분된다.
> ㄴ. 사업의 대안들을 제시하도록 하고, 가장 효과적인 프로
>   그램에 대해 재원배분을 선택하도록 한다.
> ㄷ. 예산의 배정과정에서 필요 사업량이 제시되므로 예산과
>   사업을 연계시킬 수 있다.
> ㄹ. 장기적인 계획과의 연계보다는 단위사업만을 중시하기
>   때문에 전략적인 목표의식이 결여될 수 있다.

① ㄱ, ㄴ

② ㄱ, ㄷ, ㄹ

③ ㄱ, ㄴ, ㄷ

④ ㄴ, ㄷ, ㄹ

10 ☐☐☐

예산제도의 특징에 대한 설명으로 옳은 것은?

① 품목별예산은 사업대안의 우선순위에 필요한 정보를 제공
  한다.

② 계획예산은 정보들을 의사결정 패키지별로 조직한다.

③ 영기준예산은 장기적 계획과 단기적 예산을 영(zero)수준의
  프로그래밍을 통해 연계한다.

④ 성과예산은 업무량 또는 활동별 지출을 단위비용으로 표현
  하고자 한다.

09	사업의 대안 제시 → 합리주의 예산결정

ㄱ. [○] 성과주의예산은 실적예산이라고도 하며, 구입하는 물품과
  행하는 사업 간의 관계를 보여주며, 활동 즉, 단위사업 중심으로
  예산이 배분된다.

ㄴ. [×] 사업의 대안들을 제시하도록 하고, 가장 효과적인 프로
  그램에 대해 재원배분을 선택하도록 하는 것은 계획예산이다.

ㄷ. [○] 예산액이 업무단위별 원가와 업무량으로 계산되므로 예산과
  사업을 직접적인 연계가 용이하다.

ㄹ. [○] 성과주의예산은 활동 중심의 단기적 시각으로, 장기적
  계획과의 연계보다는 단위사업만을 중시하기 때문에 전략적 목표
  의식이 결여될 수 있다.

답 ②

10	1950년대 성과주의예산 → 단기 산출물에 초점

① [×] 품목별예산은 투입물에 관한 정보만 제시할 뿐 사업대안의
  우선순위에 대한 정보는 제공하지 못한다.

② [×] 의사결정 패키지별로 정보들을 조직화하는 것은 영기준예산
  이다.

③ [×] 장기적 계획과 단기적 예산을 프로그래밍을 통해 연계하는
  것은 계획예산이다.

④ [○] 성과예산은 장기적 계획보다는 단기적 단위사업(활동)에
  초점을 둔다.

📋 **성과주의예산(PBS)의 장단점**

장점	단점
• 정부활동에 대한 국민의 이해	• 업무단위 및 원가계산 곤란
• 계획수립과 성과파악 용이	• 공통경비(→ 간접비) 배분 곤란
• 예산집행의 신축성	• 재정통제 및 회계책임 곤란
• 원가계산(→ 자금배분의 합리성)	• 단위사업 중심
	• 단기시각

답 ④

11 □□□

예산제도에 대한 설명으로 옳지 않은 것은?

① 영기준예산제도는 예산배분의 관행을 인정하지 않는 제도로서 미국의 민간기업 Texas Instruments에서 처음 시작되었고, 1970년대 미국 연방정부에 도입되었다.

② 계획예산제도는 장기적 계획, 사업, 예산을 연결시키는 제도로서 미국에서 베트남 전쟁, 위대한 사회 프로그램 등 정부예산이 팽창하던 1960년대에 도입·운영되었다.

③ 성과주의예산제도는 산출 이후의 성과에 관심을 가지며 예산집행의 재량과 결과에 대한 책임을 강조하는 제도로서 1950년대 연방정부를 비롯해 지방정부에 확산되었다.

④ 품목별예산제도는 예산을 지출대상별로 분류해 편성하는 통제지향적 제도로서 1920년대 대부분 미국 연방 부처가 도입하였다.

12 □□□

성과주의예산제도에 대한 설명으로 옳지 않은 것은?

① 성과주의예산은 운영관리를 위한 지침으로서 효과적이지 않다.

② 제2차 세계대전 이후 미국의 제1차 후버위원회에서 권고한 제도 중의 하나이다.

③ 성과주의예산에서 재원들은 거리청소, 노면보수 등과 같은 활동단위를 중심으로 배분된다.

④ 1990년대 이후 미국 클린턴 행정부에서 목표관리, 총체적 품질관리 등과 같은 혁신적인 방안이 추진되면서 부활된 제도이다.

11	1950년대 성과주의 예산 → 단기 산출 중심

③ [×] 1950년대 성과주의 예산은 산출에 관심을 두었다. 산출 이후의 성과에 관심을 두며, 집행재량과 결과책임을 강조한 것은 1990년대 등장한 신성과주의예산이다.

📄 성과주의예산(PBS)과 신성과주의예산(NPB) 비교

구분	성과주의예산(PBS)	신성과주의예산(NPB)
성과정보	산출에 초점	결과에 초점
성과책임	정치적·도의적 책임	구체적·보상적 책임
관점	정부(→ 공무원) 관점	고객의 만족감
회계방식	불완전한 발생주의	발생주의
연계범위	예산기법에 국한	인사·조직·정책 등과 연계
예산초점	예산의 형식	예산에 담겨질 성과정보
예산단위	단위사업(→ 활동)	프로그램(→ 사업)

답 ③

12	성과주의예산 → 관리지향

① [×] 관리란 목표를 달성하기 위해 투입물을 체계적으로 조합하는 활동이다. 성과주의예산은 산출물을 달성하기 위해 예산이라는 투입물을 연결시키는 것이 목적이므로 관리를 위한 지침으로서 효과적이지 못하다는 표현은 옳지 않다.

② [○] 성과주의예산은 1947년 제1차 후버위원회의 건의로 트루먼 대통령이 채택하였다(1950).

③ [○] 성과주의예산은 운전면허시험장과 같이 업무의 계량화가 쉬운 소규모 조직에서 효과적인 예산제도로, 장기적인 계획보다는 활동단위 중심으로 예산을 배분한다.

④ [○] 1990년대 이후 부활된 제도는 이른바 (신)성과주의예산 또는 프로그램예산이다. 품목보다는 결과에 초점을 두었다는 점에서는 동일하지만 단위사업(활동)보다는 사업(프로그램)의 성과에 초점을 둔다는 점에서 차이가 있다.

답 ①

13 □□□

성과주의예산제도가 성공적으로 도입 운영되기 위해 중시되어야 하는 것은?

① 행정부제출 예산제도
② 합법성 위주의 예산심의
③ 회계검사기관의 기능 강화
④ 사업원가의 도출

14 □□□

계획예산제도(PPBS)에 대한 설명으로 옳지 않은 것은?

① 품목별예산은 하향식 예산과정을 수반하나, 계획예산은 상향식 접근이 원칙이다.
② 품목별예산과는 달리 부서별로 예산을 배정하지 않고 정책별로 예산을 배분한다.
③ 계획예산은 집권화를 강화시킨다.
④ 계량적인 기법인 체제분석, 비용편익분석 등을 사용한다.

13	성과주의예산 → 업무량 × 단위원가

① [×] 행정부제출 예산제도는 품목별예산 이후 모든 예산제도의 공통점이다.
② [×] 합법성 위주의 예산심의는 투입물이 명확하게 정해져 있는 품목별예산의 특징이다.
③ [×] 회계검사기관의 기능 강화 역시 사전에 명확한 한계가 설정되어 있는 품목별예산의 특징이다.
④ [○] 성과주의예산은 예산액을 업무량 × 단위원가로 측정하므로 이 제도가 성공적으로 도입되기 위해서는 업무단위와 단위원가의 산출이 가장 중요하다. 여기서 업무단위란 사업과 활동 및 최종 산출물로 구성되는 성과주의 예산편성의 기본단위이며, 단위원가는 업무 1단위를 산출하는 데 소요되는 경비를 의미한다.

답 ④

14	하향적 예산과정 → 계획예산

① [×] 품목별예산이 상향식 예산과정을 수반하고, 계획예산이 하향식 접근을 취한다.
② [○] 계획예산은 부서별 예산배정이 아닌 정책별 예산배정이 나타나므로 조직 간 장벽을 제거한 국가 전체적 입장에서 자원 배분의 효율성을 강화시킬 수 있다.
③ [○] 계획예산은 거시적이고 체계적으로 사업과 예산을 설정하므로 상층부에 권한이 집중되는 문제점이 발생된다.
④ [○] 계획예산은 비용편익분석과 비용효과분석 등 체제분석을 활용하여 과학적 객관성을 추구한다.

답 ①

15 ☐☐☐

다음 중 계획예산제도(PPBS)의 특성에 해당하는 것은?

① 예산이 조직의 일선기관들에 의하여 분산되어 편성되기 쉽다.
② 투입 중심의 예산편성으로 인해 목표가 불명확하다.
③ 장기적인 안목을 중시하며 비용편익분석 등 계량적인 분석기법의 사용을 강조한다.
④ 정책결정단위가 정책결정패키지를 작성함에 있어 신축성을 가지며, 체제적 접근을 선호한다.

16 ☐☐☐

예산제도에 관한 설명으로 옳지 않은 것은?

① 영기준예산제도(ZBB)는 모든 지출제안서를 영점 기준에서 검토한다.
② 품목별예산제도(LIBS)는 투입 중심의 예산편성으로 인해 사업성과에 대한 이해가 어렵다.
③ 성과주의예산제도는 정부사업과 활동에 대한 국민들의 이해를 증진시킬 수 있는 장점이 있다.
④ 계획예산제도(PPBS)는 상향식 예산접근으로 재정민주주의의 실현에 적합한 장점이 있다.

---

15 | 계획예산 → 집권적

① [×] 계획예산은 정책과 예산의 결정권이 상층부에 있다.
② [×] 계획예산은 수치로 표현된 목표의 효과적 달성을 강조하며, 투입보다 최종적인 목적이나 산물을 중시한다.
③ [○] 계획예산은 비용편익분석과 비용효과분석 등 체제분석을 활용하여 과학적 객관성을 추구한다.
④ [×] 정책결정패키지를 작성함에 있어 신축성을 가지는 것은 영기준예산이다. 영기준예산은 사업단위 뿐만 아니라 조직단위도 의사결정단위가 될 수 있다는 점에서 계획예산보다 더 융통성 있는 제도이다.

📄 **계획예산(PPBS)의 장단점**

장점	단점
• 장기적 시계	• 목표(→ 사회적 합의)와 사업 구조의 작성 곤란
• 합리적 · 분석적 기법	• 계량화와 환산작업 곤란
• 계획과 예산이 유기적 연계	• 과다한 문서와 정보량
• 최고관리층의 관리수단	• 의사결정의 집권화
• 의사결정의 일원화	• 정치적 · 심리적 요인 경시
	• 의회의 지위 약화

답 ③

16 | 계획예산 → 하향적

③ [○] 성과주의예산은 구체적으로 완성된 이후의 모습을 보여주므로, 국민의 정부활동에 대한 이해가 용이하다.
④ [×] 계획예산제도는 거시적이고 하향적인 접근으로, 경제적 요인만 강조하고 정치적 · 심리적 요인을 경시하여 의회의 지위가 약화되어 재정민주주의를 위협할 수 있다.

📄 **예산제도의 비교**

구분	품목별예산	성과주의예산	계획예산	영기준예산
지향	통제 (→ 합법성)	관리 (→ 능률성)	계획 (→ 효과성)	감축
중점	투입	투입 및 산출	투입, 산출, 효과	대안
필요 지식	회계이론 (→ 회계학)	관리이론 (→ 경영학)	기획이론 (→ 경제학)	관리와 계획
중요 정보	지출대상	기관의 활동	기관의 목표	사업 및 목표
흐름	점증적 · 상향적		합리적 · 하향적	합리적 · 상향적

답 ④

17 □□□
21년 국가7급

다음의 단점 혹은 한계로 인하여 정착이 어려운 예산제도는?

> ㄱ. 사업구조를 작성하는 것이 어렵다.
> ㄴ. 결정구조가 집권화되는 문제가 있다.
> ㄷ. 행정부처의 직원들이 복잡한 분석기법을 이해하기 어렵다.

① 품목별예산제도
② 성과주의예산제도
③ 계획예산제도
④ 영기준예산제도

18 □□□
07년 국가7급

계획예산제도에 관한 설명 중 적절하지 않은 것은?

① 도입 초기 행정부에 대한 의회의 통제력을 강화시킨다는 점에서 의회의 지지를 받았으나 이를 뒷받침하는 예산 분석능력이 미비하여 큰 효과를 거두지 못하였다.
② 쉬크(A. Schick)는 제도의 설계나 준비과정이 미흡하여 그 성과를 거두지 못하였지만, 이를 보완하면 효과적인 예산제도라고 옹호하였다.
③ 윌다브스키(A. Wildavsky)는 예산의 분석적 측면만 강조하는 계획예산제도는 예산과정의 정치성을 감안할 때 출발부터 잘못된 제도라고 비판하였다.
④ 예산과 기획의 연결기능을 강조하는 예산제도이다.

---

17 ｜ 사업구조의 작성 → 계획예산

ㄱ. 사업구조란 장기적인 정책을 단기적인 예산과 연계시킬 수 있도록 체계적으로 분화하는 과정을 의미한다.
ㄴ. 계획예산은 집권적이고 하향적인 예산과정을 가진다.
ㄷ. 계획예산은 체제분석이라는 분석기법을 활용하므로 이에 대해 체계적인 준비가 부족했던 관료들의 반발이 심하였다.

답 ③

---

18 ｜ 계획예산 → 의회의 반대

① [×] 계획예산은 의회의 지위를 약화시킨다는 점에서 도입 초기부터 의회의 지지를 받지 못하였다.
② [O] 쉬크(A. Schick)는 계획예산의 도입을 긍정적으로 본 학자이다.
③ [O] 윌다브스키(A. Wildavsky)는 예산의 정치성을 강조한 학자로, 합리모형에 입각한 계획예산을 부정적으로 보았다.
④ [O] 예산은 통제, 관리, 계획의 성격을 지니는데 계획예산은 이 중 계획을 가장 강조하는 기법이다.

답 ①

예산제도에 대한 설명으로 옳지 않은 것은?

① 쉬크는 통제 - 관리 - 기획이라는 예산의 세 가지 지향을 제시하였다.
② 영기준예산제도가 단위사업을 사업 - 재정계획에 따라 장기적인 예산편성 쪽으로 방향을 잡았다면, 계획예산제도는 당해 연도의 예산제약 조건을 먼저 고려한다.
③ 우리나라는 예산편성과 성과관리의 연계를 위해 재정사업 자율평가제도를 실시하고 있다.
④ 조세지출예산제도는 조세지출의 내용과 규모를 주기적으로 공표해 조세지출을 관리하는 제도이다.

영기준예산제도(Zero Based Budget, ZBB)에 대한 설명으로 옳지 않은 것은?

① 사업의 우선순위를 설정할 때 의사결정자들의 주관적 판단이 개입될 여지가 있다.
② 과거연도의 예산지출을 고려하지 않는다.
③ 동일 사업에 대해 예산배분 수준별로 예산이 편성된다.
④ 계속사업의 예산이 점증적으로 증가하는 과정에서 발생하는 비효율을 개선한다.
⑤ 인건비나 임대료 등 경직성 경비의 비중이 높은 사업에 특히 효과적이다.

19	계획예산 → 거시적 · 하향적 예산과정

① [○] 쉬크(A. Schick)는 예산제도의 발달 경향을 통제지향, 관리지향, 계획지향으로 유형화 하였다.
② [×] 계획예산이 단위사업을 장기적인 예산편성 쪽으로 방향을 잡고, 영기준예산이 당해 연도의 예산제약을 먼저 고려한다.
③ [○] 재정사업자율평가제도는 사업의 수행부처가 재정사업을 자율적으로 평가하고 기획재정부가 확인 · 점검한 평가결과를 재정운영에 활용하는 제도로 국가재정법 제8조 등에 의거 2005년도부터 시행된 제도이다.

📋 계획예산과 영기준예산 비교

구분	계획예산	영기준예산
결정모형	합리모형과 점증모형의 혼합형	완전한 합리모형
중점	정책 또는 계획의 수립	목표달성과 사업의 평가
심사 대상	신규 사업만 B/C 분석	신규 사업 및 기존 사업에 적용
결정단위	정책이나 계획단위 (→ 사업단위)	사업단위 또는 조직단위
분석단위	사업대안	사업대안 + 증액대안
참여 범위	집권적 → 최고결정자와 참모 중심	분권적 → 모든 관리자의 참여
흐름	하향적 흐름, 거시적 분석	상향적 흐름, 미시적 분석
기간	장기적 → 보통 5년	단기적 → 1년
부서 장벽	개방	폐쇄
관심 계층	최고관리자의 관리도구	일선관리자의 관리도구

답 ②

20	경직성 경비의 존재 → 영기준예산의 효용성 약화

① [○] 우선순위의 대상은 증액대안 패키지이다. 우선순위의 설정이 영기준예산의 가장 어려운 작업 중 하나로, 우순순위를 정하는 기법이 개발된 것도 아니고, 시간상의 제약이 있기 때문에 어느 정도의 주관성이 개입할 수밖에 없다.
⑤ [×] 인건비나 임대료 등 경직성 경비의 비중이 높으면 영기준예산의 활용이 제약된다.

📋 영기준예산(ZBB)의 장단점

장점	단점
• 근본적 재평가	• 시간과 노력의 과다한 소모
• 자원배분의 합리성 강화	• 장기계획 기능의 위축
• 예산의 점증적 증대의 방지	• 정치적 · 심리적 요인의 간과
• 재정운영의 경직성 타파	• 우선순위의 설정 곤란
• 구성원의 참여	• 우선순위 선정의 부처 할거주의 (→ 주관성)
	• 소규모 조직의 희생

답 ⑤

21 □□□

다음 설명이 해당하는 예산제도는?

> ㄱ. 합리적 선택을 강조하는 총체주의 방식의 예산제도이다.
> ㄴ. 조직구성원의 참여가 상대적으로 높은 분권화된 관리체계를 갖는다.
> ㄷ. 예산편성에 비용·노력의 과다한 투입을 요구한다는 비판을 받는다.

① 품목별예산제도
② 영기준예산제도
③ 계획예산제도
④ 성과주의예산제도

21	영기준예산 → 합리모형 + 참여적

① [×] 품목별예산제도는 점증주의 방식의 예산제도이다.
② [○] 총체주의 방식의 예산제도이며, 분권화된 관리체계를 추구하는 것은 영기준예산이다.
③ [×] 계획예산제도는 집권적인 관리체계를 지닌다.
④ [×] 성과주의예산제도는 점증주의 방식의 예산제도이다.

답 ②

22 □□□

예산제도에 관한 설명으로 가장 적합하지 않은 것은?

① 품목별예산제도는 예산을 지출대상별로 분류하여 편성하는 것을 말한다.
② 성과주의예산제도는 업무단위의 원가와 양을 계산해서 사업별, 활동별로 분류해서 예산을 편성하는 것을 말한다.
③ 계획예산제도란 장기적인 기획과 단기적인 예산을 유기적으로 연결시킴으로써 합리적인 자원배분을 이루려는 예산제도이다.
④ 영기준예산제도란 점증주의적 의사결정방식에 따라 과거의 관행을 토대로 예산을 편성하는 것을 말한다.

22	영기준예산 → 합리모형

① [○] 품목별예산은 지출대상(투입요소)과 성질에 따라 세부항목별로 예산을 편성하는 제도로, 지출대상의 한계를 명확하게 하여 예산통제를 기하려는 것이 목적이다.
② [○] 성과주의예산은 예산과 성과의 비교를 통해서 예산운용의 효율성을 높이고자 하는 제도이다.
④ [×] 영기준예산은 합리모형에 입각하여 있으며 과거의 관행을 고려하지 않고 예산을 편성한다. 영기준예산은 점증주의의 극복과 경제적 합리성을 제도화한 예산제도이다.

답 ④

예산제도에 대한 설명으로 옳지 않은 것은?

① 계획예산제도(PPBS)는 계획(plan), 사업(program), 예산(budget)의 체계적 연계를 강조한다.

② 영기준예산제도(ZBB)는 원칙적으로 정부사업과 예산항목을 원점(zero base)에서 재검토하는 예산제도이다.

③ 목표관리예산제도(MBO)는 참여를 통해 설정한 세부사업의 목표를 예산편성과 연계하는 제도이다.

④ 품목별예산제도(line-item budgeting)는 주어진 재원 수준에서 달성한 산출물 수준을 성과지표에 표시한다.

각종 예산제도의 특성과 발달에 대한 설명으로 옳은 것은?

① 예산개혁의 정향은 주로 통제지향 → 기획지향 → 관리지향 → 참여지향 → 감축지향 순으로 진행되었다.

② 자본예산은 케인즈 경제학이나 후생경제학의 영향으로 성립된 예산제도로서 장기기획과 예산의 연계를 강조하게 된다. 그러나 행정부에 의한 기획중심적 성향으로 인하여 의회 예산심의기능의 약화를 초래할 수 있다.

③ 계획예산제도는 사업단위 뿐만 아니라 조직단위도 의사결정단위가 될 수 있다는 점에서 영기준예산보다 더 융통성 있는 제도라 할 수 있다.

④ 성과주의예산은 단위원가를 근거로 신축적으로 예산을 수립하기 때문에 행정관리에 있어서 능률성을 추구한다. 따라서 장기적인 계획과의 연계보다는 구체적인 개별사업만을 중시하는 경향이 있다.

23	품목별예산 → 투입물 중심

③ [○] 목표관리는 구성원의 자발적 참여를 통해 조직의 효과성을 증진시키려는 민주적 관리기법으로, 계획예산에 대한 대안적인 예산제도로 닉슨 대통령에 의해 도입되었다.

④ [×] 주어진 재원 수준에서 달성한 산출물 수준을 성과지표에 표시하는 것은 성과주의예산이다. 품목별예산은 지출대상(투입요소)과 성질에 따라 세부항목별로 예산을 편성하는 제도이다.

답 ④

24	성과주의예산 → 단위사법별 예산배분

① [×] 예산개혁의 정향은 주로 통제지향 → 관리지향 → 기획지향 → 참여지향(MBO) → 감축지향 순으로 진행되었다.

② [×] 장기기획과 예산의 연계를 강조하며, 행정부에 의한 기획중심적 성향으로 인하여 의회의 예산심의기능을 약화시킬 우려가 있는 것은 계획예산이다.

③ [×] 사업단위 뿐만 아니라 조직단위도 의사결정단위가 될 수 있다는 점에서 더 융통성이 있는 제도는 영기준예산이다.

④ [○] 성과주의예산은 투입과 산출을 동시에 고려하는 능률성 지향의 예산제도이다. 다만, 장기적인 계획과의 연계보다는 구체적인 개별사업만을 중시하는 경향이 있다.

답 ④

25 □□□

예산제도에 대한 설명으로 옳지 않은 것은?

① 성과주의예산제도는 미국의 후버(Hoover)위원회가 미국 대통령에게 건의한 제도이다.

② 품목별예산제도에서 정책당국자는 정책 및 사업의 우선순위를 등한시할 수 있다.

③ 영기준예산제도의 경우 예산의 운영단위를 어떻게 정하느냐에 따라 예산운영의 능률성과 효과성이 좌우된다.

④ 계획예산제도의 핵심은 목표와 계획에 따른 사업의 효율적 수행에 있으며, 정치적 협상을 중시한다.

26 □□□

예산제도의 유형에 대한 설명으로 옳지 않은 것은?

① 품목별예산제도(LIBS)는 예산집행에 대한 회계책임을 명백히 하고 경비사용을 엄격하게 통제한다.

② 계획예산제도(PPBS)의 주요한 관심 대상은 사업의 목표이나, 투입과 산출에도 관심을 둔다.

③ 목표관리예산제도(MBO)의 도입 취지는 불요불급한 지출을 억제하고 감축관리를 지향하는데 있다.

④ 성과주의예산제도(PBS)에서는 국민과 의회가 정부의 사업 내용과 목적을 이해하는 데 편리하다.

---

25 계획예산 → 경제적 합리성

① [○] 성과주의예산은 뉴딜정책 이후 정부의 역할에 대한 인식이 변화됨에 따라 주목받기 시작하였으며, 1947년 제1차 후버위원회의 건의로 트루먼 대통령이 채택(1950)하였다.

③ [○] 최종적인 산물 즉, 거시적 정책에 초점을 맞추는 계획예산과 달리 영기준예산은 보다 세분화된 조직이나 사업단위로 예산이 편성되므로 운영단위의 선정이 중요할 수 있다.

④ [×] 계획예산은 비용편익분석과 비용효과분석 등 체제분석을 활용한 과학적 객관성을 추구한다. 정치적 협상과는 무관하다.

답 ④

---

26 감축관리 → 영기준예산

① [○] 품목별예산은 투입물이 사전에 엄격하게 정해지므로 회계책임이 명백하고 경비사용을 엄격하게 통제하기 쉽다.

② [○] 계획예산은 비용과 산출의 능률성뿐만 아니라 목표달성도라는 효과성도 중시하는 예산제도이다.

③ [×] 불요불급한 지출을 억제하고 감축관리를 지향하는 예산제도는 영기준예산이다.

④ [○] 성과주의예산은 구체적으로 완성된 이후의 모습을 보여주므로 국민과 의회가 사업의 내용과 목적으로 이해하기 쉽다.

답 ③

27 □□□

예산관리모형의 특징에 대한 설명으로 옳지 않은 것은?

① 통제지향적 예산관리를 위해 품목별예산제도가 도입되었다.
② 관리지향적 예산관리를 위해 성과주의예산제도를 제안하였다.
③ 통제지향적 예산관리로서 총액배분자율편성 예산제도(fixed-ceiling budgeting)는 상향식 예산제도의 효용이 한계에 도달했다는 문제인식에서 비롯됐다.
④ 감축지향적 예산관리로서 일몰법에 의한 심사는 행정부의 예산편성과정에서 행해진다.

28 □□□

다음 중 예산제도에 대한 설명으로 옳은 것을 〈보기〉에서 모두 고르면?

〈보기〉
ㄱ. 품목별예산제도(LIBS) – 지출의 세부적인 사항에만 중점을 두므로 정부활동의 전체적인 상황을 알 수 없다.
ㄴ. 성과주의예산제도(PBS) – 예산배정 과정에서 필요 사업량이 제시되지 않아서 사업계획과 예산을 연계할 수 없다.
ㄷ. 기획예산제도(PPBS) – 모든 사업이 목표달성을 위해 유기적으로 연계되어 있어 부처 간의 경계를 뛰어넘는 자원배분의 합리화를 가져올 수 있다.
ㄹ. 영기준예산제도(ZBB) – 모든 사업이나 대안을 총체적으로 분석하므로 시간이 많이 걸리고 노력이 과중할 뿐만 아니라 과도한 문서자료가 요구된다.
ㅁ. 목표관리제도(MBO) – 예산결정 과정에서 관리자의 참여가 어렵다는 점에서 집권적인 경향이 있다.

① ㄱ, ㄷ, ㄹ   ② ㄱ, ㄷ, ㅁ
③ ㄴ, ㄷ, ㄹ   ④ ㄱ, ㄴ, ㄹ, ㅁ
⑤ ㄴ, ㄷ, ㄹ, ㅁ

---

27   일몰법 → 의회 예산심의

① [O] 품목별예산제도는 지출대상의 한계를 명확하게 하여 예산통제를 높이고자 하였던 예산제도이다.
② [O] 관리란 목표의 달성을 위하여 자원을 합리적으로 사용하는 것을 말한다. 성과주의예산은 투입과 산출을 비교하여 예산운용의 효율성을 높이고자 했던 관리지향적 예산제도이다.
③ [O] 총액배분자율편성은 총액을 통제하고 그 범위 내에서 편성의 자율권을 주는 예산제도이다. 일반적으로 통제지향적인 예산관리라고 하였을 때 그 통제의 의미는 투입물에 관한 통제를 의미하지만 이 문제에서 사용된 통제의 의미는 총액에 대한 통제를 의미한다.
④ [×] 일몰법은 입법부의 예산심의 과정에서 행해진다.

답 ④

---

28   목표관리예산 → 상향적·분권적 예산과정

ㄴ. [×] 성과주의예산제도는 예산배정 과정에서 사업량이 제시되므로 사업과 예산의 연계가 용이하다.
ㅁ. [×] 목표관리예산은 상향적 참여를 통해 결정이 이루어지는 분권적인 제도이다.

답 ①

29 ☐☐☐

일몰법과 영기준예산에 대한 설명으로 옳지 않은 것은?

① 일몰법은 예산심의와 관계되는 입법과정이다.

② 영기준예산은 예산편성과 관련되는 행정과정이다.

③ 일몰법은 조직의 하위구조에서 보다 효율적인 관리도구이다.

④ 영기준예산은 매년 실시되므로 단기적인 성격을 띠지만, 일몰법은 검토의 주기가 3~7년이므로 장기적인 성격을 띤다.

30 ☐☐☐

다음 특징에 해당하는 예산관리제도는?

> ㄱ. 사업 시행 후 기존 사업과 지출에 대해 입법기관이 재검토한다.
> ㄴ. 정부의 불필요한 행위나 활동을 폐지하고 효율적인 정부를 추구하려는 노력이다.
> ㄷ. 특정 조직이나 사업에 대해 존속시킬 타당성이 없다고 판명되면 자동적으로 폐지하는 제도이다.
> ㄹ. 매 회계연도마다 반복되는 예산과정에서 비교적 독립적으로 진행할 수 있다.

① 영기준예산제

② 일몰제

③ 계획예산제

④ 성과주의예산제

29	일몰법 → 의회 또는 최상위층과 관련

①, ② [○] 일몰법은 예산심의와 관련되고, 영기준예산은 예산편성과 관련된다.

③ [×] 일몰법은 의회 또는 행정부의 최상위층과 관련되고 영기준예산은 행정부의 하위부서와 관련된다.

④ [○] 일몰법은 3~7년 주기의 중장기 시각이고, 영기준예산은 매년 편성되는 단기 시각이다.

📄 **영기준예산과 일몰법 비교**

구분	영기준예산	일몰법
성격	행정과정 (→ 예산편성)	입법과정 (→ 예산심의와 행정감독)
대상	일선관리자의 관리도구	최고관리자와 입법부의 관리도구
안목	단기적	장기적·주기적(→ 3~7년)
흐름	상향적	하향적

답 ③

30	일몰제도 → 법률, 사업, 규제, 조직 등의 주기적 재평가

② [○] 특정 조직이나 사업에 대해 존속시킬 타당성이 없다고 판명되면 자동적으로 폐지하는 제도는 일몰법이다.

④ [×] 성과주의예산제도는 정부의 기능과 사업 및 활동에 따라 예산을 편성하는 제도로, '무엇을 구매하는가?'보다는 '왜 구매하는가?'에 초점을 둔다.

답 ②

'국가재정법', '국가회계법' 등 관련법은 정부가 성과계획서와 성과보고서를 각각 예산안과 결산보고서에 포함시켜 국회에 제출하도록 규정하고 있다. 이처럼 재정운용과 관련하여 성과 관리적 요소가 강화된 배경으로 옳지 않은 것은?

① 재정지출의 효율화 및 예산절감의 필요성 증대
② 재정운용의 투명성 및 책임성 제고 요구의 증대
③ 국가재정운용계획, 총액배분자율편성예산제도의 시행에 따른 체계적 성과관리의 중요성 증대
④ 지출의 합법성 제고 및 오류방지 요구의 증대

1990년대에 새롭게 주목받게 된 성과관리 예산제도에 대한 설명으로 옳지 않은 것은?

① 투입보다는 산출 또는 성과를 중심으로 삼고 있다.
② 거리청소사업으로 예를 들면, 거리의 청결도와 주민의 만족도 등을 다음연도 예산배분에 반영하는 것이다.
③ 장기적인 기획과 단기적인 예산편성을 유기적으로 연결하여 합리적인 자원배분을 이루려는 제도다.
④ 모든 조직에 공통적으로 적용할 수 있는 표준적 성과측정 지표를 개발하기 어렵다는 점은 성과관리 예산제도의 단점으로 지적된다.

31	지출의 합법성 제고 → 품목별예산

① [○] 성과관리는 투입과 산출을 연계시키므로 재정지출의 효율성을 높일 수 있고 성과가 나오지 사업을 축소함으로써 예산절감의 효과를 기할 수 있다.
② [○] 성과관리를 통해서 성과에 대한 책임성을 높일 수 있고, 그 결과를 체계적으로 공개하므로 재정운용의 투명성을 높일 수 있다.
③ [○] 국가재정운용계획, 총액배분자율편성예산제도 등은 총액의 통제에 관심을 갖고 세부적인 내용은 각 부처에 위임하는 제도이다. 따라서 그 결과에 대한 평가시스템이 존재하지 않는다면 성공적으로 운영되기 어려운 제도들이다.
④ [×] 성과관리는 지출의 합법성보다는 산출이나 결과와 같은 성과(완성물)의 제고를 위하여 도입된 제도이다. 투입이 자동적으로 성과로 연결될 것이라는 단선적 가정에서 벗어나 지속적인 평가와 환류과정을 통해 예산과정에서 효율성과 투명성을 높이는 제도이다.

답 ④

32	성과관리 → 평가와 환류

① [○] 1990년대에 새롭게 주목받게 된 성과관리 예산제도는 신성과주의예산제도를 의미한다. 이는 예산집행에서 얻은 성과를 기초로 이를 환류하여 책임을 묻거나 보상을 하는 결과 중심의 예산제도이다.
② [○] 과거 성과주의예산제도는 거리청소사업의 경우 단기적인 산출인 청소된 거리의 양으로 평가되었지만 신성과주의예산 제도는 거리의 청결도나 주민의 만족도와 같은 좀 더 궁극적인 목적에 관심을 갖는다. 또한 평가 그 자체보다는 그 결과를 환류하여 다음 연도 예산에 반영하는 것을 주된 목적으로 한다.
③ [×] 장기적인 기획과 단기적인 예산편성을 유기적으로 연결하여 합리적인 자원배분을 이루려는 것은 계획예산이다.
④ [○] 신성과주의예산제도는 정부업무의 결과 측정이 어려우며, 모든 기관을 비교할 수 있는 기준이 부재하여 기관 간 비교가 곤란하다는 단점을 지닌다.

📄 **신성과주의예산(NPB)의 장단점**

장점	단점
• 다년도 예산	• 결과 측정의 곤란성
• 목표와 총량규제의 강화	• 목표의 전환
• 사업 중심(→ 배분적 효율성)	• 기관 간 성과비교의 곤란성
• 발생주의 · 복식부기 회계	• 하향적 예산과정(→ 집권화)

답 ③

결과 지향적 예산제도(new performance budgeting)에 대한 설명으로 옳지 않은 것은?

① 미국 클린턴 행정부는 결과 지향적 예산제도의 일환으로 PART(Program Assessment Rating Tool)를 도입했다.
② 각 부처 재정사업 담당자들에 대한 동기부여를 강조하고 이들에게 더 많은 권한을 부여하고자 한다.
③ 재정사업의 목표, 결과, 재원을 연계하여 예산을 성과에 대한 계약의 개념으로 활용한다.
④ 20세기 후반부터 주요 국가들이 재정사업의 운영과정이나 기능에 초점을 두고 새로운 성과주의 예산체계를 도입하기 시작했다.

33	PART(Program Assessment Rating Tool) → 부시 정부

① [×] 클린턴 정부에서 도입한 것은 GPRA(Government Performance and Result Act)(1993)이다. PART(Program Assessment Rating Tool)는 부시 정부에서 도입(2002)한 제도이다.
②, ③ [○] 결과 지향적 예산제도는 예산집행에서 얻은 성과를 기초로 책임을 묻거나 보상을 하는 예산제도로, 신공공관리론에 입각한 정부재창조 차원에서 1990년대 등장하였다.

답 ①

총액배분자율편성제도에 대한 설명으로 옳지 않은 것은?

① 전략기획과 분권 확대를 예산편성 방식에 도입하기 위해 실시하고 있다.
② 각 중앙부처는 소관 정책과 우선순위에 입각해 연도별 재정규모, 분야별·부문별 지출한도를 제시한다.
③ 지출한도가 사전에 제시되기 때문에 부처의 재정사업에 대한 책임과 권한을 강화할 수 있다.
④ 부처의 재량을 확대하였지만 기획재정부는 사업별 예산통제기능을 유지하고 있다.

34	총액배분자율편성 → 재정당국에서 지출한도 설정

① [○] 총액배분자율편성제도는 전략적 기획은 집권적으로 설정되지만 구체적 운영에 대한 재량을 확대한 후 그 결과를 토대로 평가받는 구조를 취한다.
② [×] 총액배분자율편성제도는 재정당국이 국정목표와 우선순위에 따라 수립한 5개년 재원배분계획(국가재정운용계획)을 토대로 국무회의에서 분야별·부처별 지출한도를 미리 설정한 후 각 부처에 통보하면, 각 부처가 개별 사업별로 어느 정도 자율성을 가지고 예산을 편성하는 제도이다.
③ [○] 총액배분자율편성제도는 지출한도 범위에서 사업을 편성하여야 하며 그 결과에 대한 성과관리가 이루어지므로 부처의 재정사업에 대한 책임과 권한을 강화할 수 있다.
④ [○] 총액배분자율편성제도는 단위사업에 대한 재량권이 확대되었지만 사업단위의 통제체제는 유지된다.

답 ②

우리나라 예산과정에 대한 설명으로 옳은 것은?

① 정부는 회계연도마다 예산안을 편성하여 회계연도 개시 60일 전까지 국회에 제출해야 한다.
② 예산총액배분 자율편성제도는 중앙예산기관과 정부부처 사이의 정보 비대칭성을 완화하려는 목적을 갖고 있다.
③ 예산집행의 신축성을 확보하기 위한 제도로써 이용, 총괄예산, 계속비, 배정과 재배정 제도가 있다.
④ 예산불성립 시 조치로써 가예산 제도를 채택하고 있다.

총액배분자율편성 예산제도에 대한 설명으로 옳지 않은 것은?

① 사전에 결정된 예산의 지출한도 내에서 각 부처가 자율적으로 예산을 편성해 운영한다.
② 부처의 자율성이 높아지는 예산제도로 상향식(bottom-up) 방식이다.
③ 중기적 시각에서 정부 전체의 재정규모를 검토하기 때문에 전략적 계획의 발전을 촉진하고 재정의 경기조절기능을 강화할 수 있다.
④ 미래 예측을 강조함으로써 점증주의적 예산편성의 관행을 바꾸는 데 기여할 수 있다.

35	총액배분자율편성 → 중앙예산기관과 각 중앙관서의 정보비대칭 해소

① [✕] 정부는 회계연도마다 예산안을 편성하여 회계연도 개시 120일(헌법은 90일) 전까지 국회에 제출해야 한다.
② [○] 총액배분자율편성제도는 목적과 예산총액이 중앙예산기관으로부터 각 부처로 내려가는 하향적 방식이고, 성과평가를 통한 환류가 강조되므로 중앙예산기관과 각 부처 간 정보비대칭성을 완화하는 장치가 될 수 있다.
③ [✕] 배정과 재배정 제도는 예산집행의 통제장치이다.
④ [✕] 우리나라의 현행 예산불성립 대처방안은 준예산이다. 가예산은 1960년까지 사용했던 제도이다.

답 ②

36	총액배분자율편성제도 → 하향적 접근

① [○] 총액배분자율편성은 예산요구 전에 지출한도가 먼저 설정되고 각 부서는 그 범위 내에서 예산을 자유롭게 편성하는 제도이다.
② [✕] 총액배분자율편성제도는 중앙예산기관이 각 부처에 총괄적규모로 재원을 배정하고, 각 부처는 배정된 범위 내에서 사업의 우선순위에 따라 예산을 편성하는 하향식(Top down) 흐름을 취한다.
③ [○] 총액배분자율편성제도는 국가재정운용계획과 연계되어 있어 다년도 계획기능이 강화되며, 중기적 시각의 재정운용과 재정의 경기조절기능이 향상될 수 있다.
④ [○] 총액배분자율편성제도는 중기재정계획에 의하여 당해 예산의 총액이 사전에 정해지므로 예산이 점증적으로 증대되는 현상을 방지하는데 기여할 수 있다.

답 ②

37 ☐☐☐

우리나라의 예산과정에 대한 설명으로 옳지 않은 것은?

① 기획재정부는 매년 당해 연도부터 5회계연도 이상의 기간에 대한 재정운용계획을 수립하여 회계연도 개시 120일 전까지 국회에 제출하여야 한다.

② 예산안편성지침에 중앙관서별 지출한도를 포함하여 통보할 수 있는 총액배분자율편성제도가 도입되어서, 기획재정부의 사업별 예산통제 기능이 상실되었다.

③ 국회 본회의 중심이 아니라 국회 상임위원회와 예산결산특별위원회 중심으로 예산이 심의된다.

④ 예산의 이용(移用)과 전용, 예산의 이체(移替), 예비비, 계속비는 예산집행의 신축성을 보장하기 위한 것이다.

37	총액배분자율편성제도 → 사업별 예산총액의 통제

① [○] 국가재정운용계획에 대한 내용이다.

② [×] 총액배분자율편성제도는 사업의 목표와 총액이 사전에 하향적으로 내려가므로 중앙예산기관의 사업별 통제기능이 상실된 것은 아니다.

③ [○] 예산의 심의가 위원회 중심으로 이루어지며, 본회의의 의결과정은 형식적이다.

답 ②

38 ☐☐☐

예산에 관한 설명으로 옳지 않은 것은?

① 지출통제예산은 예산의 구체적인 항목별 지출에 대해 통제하는 예산제도이다.

② 추가경정예산은 본예산과 별개로 성립되지만 일단 성립되면 통합하여 운용된다.

③ 통합예산에서는 융자지출도 재정수지상의 적자요인으로 파악한다.

④ 우리나라는 국가재정법에서 성인지예산제도를 명문화하고 있다.

38	지출통제예산제도 → 지출 총액만 통제

① [×] 지출통제예산은 총액만 통제하고 구체적인 항목별은 집행기관의 재량에 맡기는 제도이다. 회계과목이 단순하고 품목별 또는 사업별 예산의 총액만 결정되며, 예산항목의 전용과 불용액의 이월이 대폭적으로 허용된다. 이에 따라 예산결정과정이 단순화되어 결정비용이 절약되고, 각 사업의 예산절감을 도모할 수 있으며, 신축적인 자금운영이 가능하다.

② [○] 추가경정예산은 예산이 국회를 통과하여 성립한 후에 이를 변경되는 예산으로, 예산 단일성의 원칙에 위배된다. 편성 횟수에는 제한이 없으나 편성사유는 한정되어 있다.

③ [○] 융자지출은 회수되는 시점에서는 흑자 요인이 됨에도 불구하고, 이를 당해 연도의 적자 요인으로 보고 재정의 건전성을 파악한다.

④ [○] 우리나라는 국가재정법 제16조에 근거하여 성인지 예산제도를 도입하였고 국가는 물론 지방에도 도입되어 있다.

답 ①

39 ☐☐☐

1980년대 이후 주요 국가들의 예산개혁에 대한 설명으로 옳은 것은?

① 성과주의예산제도는 재정사업에 대한 투입보다는 그 결과에 대한 관심을 강조하고 있으나, 정작 성과측정, 사업원가 산정, 성과–예산의 연계 등에서 여전히 많은 난관이 있다.

② 중기재정계획은 단년도 예산의 장점인 안정성과 일관성보다는 재정건전성 등 중장기적 거시 재정목표의 효과적인 추구를 위해 도입되었다.

③ 하향식 예산편성제도는 추계한 예산총량을 전략적 우선순위에 따라 먼저 부문별·부처별로 배분하여 예산의 기술적 효율성(technical efficiency)의 제고를 우선적인 목적으로 한다.

④ 총액배분자율편성예산제도는 기획재정부가 부문별·부처별로 예산상한을 할당하는 집권화된 예산편성 방식으로, 부처의 사업별 재원배분에 대한 보다 세밀한 관리·통제 필요성에 따라 도 입되었다.

39	성과주의예산의 한계 → 성과측정의 곤란성

① [○] 정부의 업무는 명확한 성과단위의 선정과 그 결과에 대한 평가가 곤란하므로 실제 운영에 있어 어려움이 크다.

② [×] 안정성과 일관성 등은 중기재정계획의 장점이다.

③ [×] 부문별·부처별로 재원을 배분하는 것은 배분적 효율성과 관련된다. 기술적 효율성 또는 운영효율성은 배분된 재원으로 최대의 산출을 높이는 것과 관련된다.

④ [×] 총액배분자율편성제도는 부문별·부처별 총액은 하향적으로 내려오지만 그 범위 내에서 예산편성의 자율성을 부여하는 제도이므로 세밀한 관리와 통제의 필요성을 위해 도입된 제도는 아니다.

답 ①

40 ☐☐☐

선진국의 예산제도개혁에 대한 설명으로 옳지 않은 것은?

① 지출총액에 대한 통제를 강화하는 추세에 있으며, 이를 위하여 품목별예산과 단년도 예산제도를 도입하였다.

② 예산집행의 자율성과 재량권을 확대하는 대신 절약에 대한 통제도 강화하기 위하여 매년 일정 비율로 국고에 반납토록 하는 효율성 배당제도를 도입하고 있다.

③ 권한의 위임과 융통성을 부여하기 위하여 운영예산제도를 도입하고 총액으로 예산을 결정하며 항목 간의 전용을 인정하고 있다.

④ 기존의 현금주의를 보완하기 위하여 발생주의를 도입하고 있다.

40	최근의 재정개혁 → 신성과주의

① [×] 최근 재정개혁은 품목 중심의 단년도 예산제도에서 성과 중심의 다년도 예산제도로 이행되고 있다.

② [○] 효율성 배당이란 총액으로 예산을 배정하되 의무적으로 예산을 절약하게 하고 절약된 금액을 신축적으로 활용할 수 있게 하는 제도이다.

③ [○] 운영예산은 운영경비의 상한선 내에서 자율적으로 사용할 수 있게 하는 제도이다.

④ [○] 현금주의회계로는 성과의 명확한 측정이 곤란하므로 발생주의회계를 통해 수익과 비용의 원인과 성과의 결과로서 자산과 부채의 정확한 규모를 파악하고자 한다.

답 ①

성과중심주의에 입각한 성과관리의 효용 또는 한계에 대한 설명으로 부적절한 것은?

① 목표성취도에 유인기제를 연결하기 때문에 관리대상자들이 성과목표를 매우 높게 설정하는 행동 경향을 보인다.

② 관료적 조직문화의 변화를 유도한다.

③ 다양한 이해관계자들과 압력단체들의 개입 때문에 성과계획이 합리적으로 수립되기 어렵다.

④ 업무수행과 성과 사이에 개입하는 변수들이 많아 인과관계를 확인하기 어렵다.

d-Brain System에 대한 설명으로 옳지 않은 것은?

① UN 공공행정상을 수상하는 등 국제적으로 호평을 받고 있다.

② d-Brain 구축이 완료됨에 따라 총액배분자율편성 예산제도의 도입이 가능해졌다.

③ 예산편성, 집행, 결산, 사업관리 등 재정업무 전반을 종합적으로 연계 처리하도록 하는 통합재정정보시스템이다.

④ 노무현 정부 당시 재정개혁의 일환으로 구축이 추진되었다.

---

41   성과주의예산의 한계 → 단기성과에 집착

① [×] 목표달성을 지나치게 강조할 경우 관리대상자들은 성과목표를 낮게 설정할 가능성이 높다.

② [○] 투입과 절차 중심, 계층제적 명령 중심의 전통적 조직문화가 성과 중심의 문화로 변화될 가능성이 높다.

③ [○] 정부의 활동은 다양한 정치적 요인의 개입하므로 합리적이고 명확한 성과계획의 수립이 어렵다.

④ [○] 성과를 측정하기 위해서는 원인과 결과에 대한 명확한 인과관계가 필요하다. 그러나 정부 업무는 다양한 요인들이 얽혀 있는 복잡한 현상이므로 그 인과관계를 명확하게 파악하기 곤란하다.

답 ①

---

42   총액배분자율편성제도 → 중기재정계획과 연계

① [○] 디지털예산회계시스템(d-Brain System)은 2013년 UN 공공행정상(UN Public Service Award) 대상에 선정되었다.

② [×] 디지털예산회계시스템(d-Brain System)은 노무현 정부에서 2007년에 구축되었고 발생주의 복식부기와 관련된 시스템이다. 반면, 총액배분자율편성제도는 2004년에 도입된 제도로 중기재정계획과 관련이 깊다.

③ [○] 디지털예산회계시스템은 예산의 편성·집행·결산·성과관리 등 정부의 재정활동 과정에서 생성된 정보를 종합적으로 관리하는 정보시스템이다.

답 ②

43 ☐☐☐

우리나라의 재정사업 성과관리에 대한 설명으로 옳지 않은 것은?

① 재정사업 성과관리의 내용은 성과목표관리와 성과평가로 구성된다.

② 재정사업 성과평가 결과는 지출 구조조정 등의 방법으로 재정운용에 반영될 수 있다.

③ 재정사업심층평가 결과 기획재정부장관이 필요하다고 판단하면 재정사업자율평가를 실시할 수 있다.

④ 재정사업자율평가는 미국 관리예산처(OMB)의 PART(Program Assessment Rating Tool)를 우리나라 실정에 맞게 도입한 제도이다.

---

44 ☐☐☐

예산집행에 관한 중 옳지 않은 것은?

① 입법부가 세운 재정한계를 엄수하면서 사업 진행의 신축성을 유지한다는 두 가지 목표를 추구하는 과정이다.

② 예산배정과 재배정은 지출영역과 시기를 통제하는 제도이다.

③ 정원통제는 지출통제의 일종이라고 볼 수 있다.

④ 지출이 절약된 경우 그 일부를 다른 사업에 사용할 수는 없으나 성과금으로 지급할 수 있다.

43	재정사업자율평가 → PART 제도의 원용

① [○] 우리나라의 재정사업 성과관리는 재정성과 목표관리제도(2003), 재정사업자율평가제도(2005), 재정사업심층평가제도(2006)의 세 가지 형태로 운영되고 있다.

② [○] 기획재정부장관은 재정사업의 성과평과 결과를 재정운용에 반영할 수 있고, 중앙관서의 장은 재정사업 성과관리의 결과를 조직·예산·인사 및 보수체계에 연계·반영할 수 있다.

③ [×] 재정사업사업자율평가 결과 기획재정부장관이 필요하다고 판단하면 재정사업심층평가를 실시할 수 있다.

④ [○] 2005년에 도입된 재정사업자율평가제도는 미국의 PART 제도를 원용한 것으로, 매년 사업을 수행하는 부처가 소관 재정사업을 자율적으로 평가하고, 평가결과를 재정운용에 활용하는 제도이다.

답 ③

44	지출의 절약 → 예산성과금 + 다른 사업

① [○] 예산집행은 통제라는 민주성과 신축성이라는 전문성 및 능률성의 조화를 추구하는 과정이다.

② [○] 예산의 배정되면 사용기간과 지출영역이 통제되므로, 예산의 배정과 재배정은 예산의 집행을 통제하는 장치이다.

③ [○] 정원과 보수의 통제 역시 지출통제의 수단이다.

④ [×] 지출이 절약된 경우 성과금으로도 지급될 수 있고 다른 사업에도 사용할 수 있다.

답 ④

PART
6

행정환류론

CHAPTER 1 행정책임

01 ☐☐☐

10년 국가9급

제도적 책임성(accountability)과 대비되는 자율적 책임성 (responsibility)에 대한 설명으로 가장 적합하지 않은 것은?

① 전문가로서의 직업윤리와 책임감에 기초해서 적극적·자발적 재량을 발휘하여 확보되는 책임
② 객관적으로 기준을 확정하기 곤란하므로 내면의 가치의 기준에 따르는 것
③ 국민들의 요구와 기대를 정확하게 인식해서 이에 능동적으로 대응하는 것
④ 고객 만족을 위하여 성과보다는 절차에 대한 책임 강조

02 ☐☐☐

23년 국가9급

롬젝(B. Romzek)의 행정책임 유형에 대한 설명으로 옳지 않은 것은?

① 계층적 책임 - 조직 내 상명하복의 원칙에 따라 통제된다.
② 법적 책임 - 표준운영절차(SOP)나 내부 규칙(규정)에 따라 통제된다.
③ 전문가적 책임 - 전문직업적 규범과 전문가집단의 관행을 중시한다.
④ 정치적 책임 - 민간 고객, 이익집단 등 외부 이해관계자의 기대에 부응하는가를 중시한다.

01	절차의 강조 → 제도적 책임성

① [○] 자율적 책임성은 국민의 수임자 또는 공복으로서의 윤리적·도의적(responsibility) 책임을 말한다.
②, ③ [○] 이는 민의에 대한 반응을 의미하는 대응적(responsiveness) 책임을 포함하며, 국민들의 요구와 기대를 정확하게 인식해서 이에 능동적으로 대응할 것을 강조한다.
④ [×] 자율적 책임은 절차의 준수와 책임완수는 별개의 것으로 본다. 즉, 절차를 준수하였다고 책임을 다한 것은 아니라는 것이다.

📋 **제도적 책임과 자율적 책임 비교**

제도적 책임	자율적 책임
• 문책자의 외재성	• 문책자의 내재화 또는 부재
• 절차의 중시	• 절차의 준수와 책임 완수는 별개
• 공식적이고 제도적인 통제	• 공식적 제도에 의해 달성 불가
• 판단 기준과 절차의 객관화	• 객관적인 기준의 부재
• 제재의 존재	• 제재의 부재

답 ④

02	법적 책임 → 외부 + 강력

② [×] 법적 책임성은 통제의 위치가 외부인 책임성이므로, 표준운영절차나 내부규칙이 아닌 법률에 의해 통제되는 것을 말한다.

📋 **행정책임의 유형 - 두브닉(M. Dubnick)과 롬젝(B. Romzek)**

구분		기관통제의 원천	
		내부적인 통제원천	외부적인 통제원천
통제의 정도	높은 통제 수준	• 관료적 책임성 • 상관·부하 관계 • 감독	• 법률적 책임성 • 주인·대리인 관계 • 신탁
	낮은 통제 수준	• 전문가적 책임성 • 비전문가·전문가 관계 • 전문가에 대한 존경	• 정치적 책임성 • 선거구민·대표자 관계 • 선거구민에 대한 반응성

답 ②

01 ☐☐☐

행정통제와 행정책임에 대한 설명으로 옳은 것만을 모두 고르면?

> ㄱ. 파이너(H. Finer)는 법적 · 제도적 외부통제를 강조한다.
> ㄴ. 감사원의 직무감찰과 회계감사는 외부통제에 해당한다.
> ㄷ. 프리드리히(C. Friedrich)는 내재적 통제보다 객관적 · 외재적 책임을 강조한다.

① ㄱ
② ㄴ
③ ㄱ, ㄷ
④ ㄴ, ㄷ

02 ☐☐☐

행정책임과 행정통제에 대한 설명으로 옳은 것은?

① 파이너(H. Finer)는 행정의 적극적 이미지를 전제로 전문가로서의 관료의 기능적 책임을 강조하는 책임론을 제시하였다.
② 프리드리히(C. Friedrich)는 개인적인 도덕적 의무감에 호소하는 책임보다 외재적 · 민주적 책임의 중요성을 강조하였다.
③ 행정통제를 내부통제와 외부통제로 구분할 경우, 윤리적 책임의식의 내재화를 통한 통제는 전자에 속한다.
④ 옴부즈만제도를 의회형과 행정부형으로 구분할 경우, 국민권익위원회의 고충민원처리제도는 전자에 속한다.

01	감사원 → 내부통제

ㄱ. [O] 파이너(H. Finer)는 입법부, 사법부, 국민 등에 대한 객관적 책임을 강조하였다.
ㄴ. [×] 감사원은 대통령 소속 기관이므로 감사원의 직무감찰과 회계감사는 내부통제에 속한다.
ㄷ. [O] 프리드리히(C. Friedrich)는 행위자가 스스로 느끼는 주관적 책임을 강조하였다.

답 ①

02	행정윤리 → 내부 비공식적 통제

① [×] 행정의 적극적 이미지를 전제로 전문가로서의 관료의 기능적 책임을 강조하는 책임론은 프리드리히(C. Friedrich)와 관련된다.
② [×] 개인적인 도덕적 의무감에 호소하는 책임보다 외재적 · 민주적 책임의 중요성을 강조한 학자는 파이너(H. Finer)이다.
③ [O] 윤리적 책임의식의 내재화는 공무원의 내부에 존재하므로 이는 내부통제에 속한다.
④ [×] 국민권익위원회는 국무총리 소속이므로 이는 행정부형에 속한다.

📄 행정통제의 유형 - 길버트(C. Gilbert)

구분	외부통제	내부통제
공식 통제	• 입법부에 의한 통제 • 사법부에 의한 통제 • 옴부즈만에 의한 통제	• 청와대와 국무총리실 • 계층제 및 인사관리제도 • 감사원 · 국민권익위원회 (→ 독립통제기관) • 교차기능조직
비공식 통제	• 시민에 의한 통제 • 이익집단에 의한 통제 • 여론, 인터넷 등	• 동료집단의 평가와 비판 • 공무원으로서의 직업윤리

답 ③

03 ▢▢▢

08년 지방7급

행정책임과 행정통제에 대한 설명으로 옳지 않은 것은?

① 행정책임에는 시민의 요구에 대한 대응(responsiveness)이 포함된다.
② 행정행위의 절차에 대한 책임은 결과책임을 의미한다.
③ 행정통제는 행정체제의 일탈에 대한 감시를 통해 행정 성과를 달성하려는 활동이다.
④ 행정의 책임성을 확보하기 위한 구체적인 수단이 행정 통제라고 볼 수 있다.

04 ▢▢▢

05년 국가7급

행정의 시정조치 가운데 실적이 목표에서 이탈된 것을 발견하고 후속행동이 전철을 밟지 않도록 시정하는 통제를 의미하는 것은?

① 부정적 환류통제
② 긍정적 환류통제
③ 결정론적 통제
④ 추계적 통제

03	행정행위의 절차에 대한 책임 → 과정책임

① [○] 행정책임에 대한 다양한 기준이 존재하는데 일반적으로 responsiveness는 대응성 또는 응답성으로 responsibility는 자율적 책임성으로, accountability는 제도적 책무성으로 표현된다.
② [×] 행정행위의 절차에 대한 책임은 과정책임을 의미한다. 결과책임은 행정행위의 성과에 대한 책임이다.
③, ④ [○] 행정책임이 기준에 준수하였는지를 의미한다면 행정통제는 이러한 기준에 맞게 행동하였는가를 확인하는 활동이다. 즉, 행정통제는 목표 또는 기준과 그 실천행동을 부합시키는 작용으로, 행정의 활동에 요구되는 기준을 준수하는 지에 대한 평가이다.

답 ②

04	부정적 환류 → 원상태로의 복귀

① [○] 실적이 목표에서 이탈된 것을 발견하고 후속행동이 전철을 밟지 않도록 시정하는 통제는 부정적 환류이다.
② [×] 긍정적 환류는 실적이 목표를 달성했을 때 후속행동이 계속 이러한 결과를 가져올 수 있도록 격려하는 환류이다.

답 ①

행정통제와 행정책임에 대한 설명으로 옳은 것은?

① 대응적 책임(responsiveness)은 공복으로서의 관료의 직책과 관련된 광범위한 도덕적·자율적 책임을 의미한다.

② 입법국가 시절에는 외부통제에 중점을 두었으나, 행정국가로 이행하면서 내부통제의 중요성이 부각되었다.

③ 도의적 책임(responsibility)은 국민이나 고객의 요구, 이념, 가치에 대한 대응성을 강조하는 책임이다.

④ 행정에 대한 외부통제 수단으로 우리나라 국회는 국정조사, 국정감사, 직무감찰, 옴부즈만 등을 행사한다.

행정부에 대한 외부통제에 해당하는 것만을 모두 고르면?

> ㄱ. 행정안전부의 각 중앙행정기관 조직과 정원통제
> ㄴ. 국회의 국정조사
> ㄷ. 기획재정부의 각 부처 예산안 검토 및 조정
> ㄹ. 국민들의 조세부과 처분에 대한 취소소송
> ㅁ. 국무총리의 중앙행정기관에 대한 기관평가
> ㅂ. 환경운동연합의 정부정책에 대한 반대
> ㅅ. 중앙행정기관장의 당해 기관에 대한 자체평가
> ㅇ. 언론의 공무원 부패 보도

① ㄱ, ㄷ, ㅁ, ㅅ   ② ㄴ, ㄷ, ㄹ, ㅁ
③ ㄴ, ㄹ, ㅁ, ㅇ   ④ ㄴ, ㄹ, ㅂ, ㅇ

05	행정국가 → 내부통제

① [×] 공복으로서의 관료의 직책과 관련된 광범위한 도덕적·자율적 책임을 의미하는 것은 도의적 책임(responsibility)이다.

② [○] 행정국가의 도래로 인하여 행정의 복잡성과 전문성이 높아짐에 따라 외부통제의 효율성이 저하되면서, 상대적으로 내부통제의 중요성이 증가하고 있다

③ [×] 국민이나 고객의 요구, 이념, 가치에 대한 대응성을 강조하는 책임은 대응적 책임(responsiveness)이다.

④ [×] 직무감찰은 행정부 내에서 이루어지므로 내부통제에 속한다. 옴부즈만의 경우 일반적으로 국회 소속이므로 외부통제에 속하지만 우리나라의 경우 국민권익위원회는 국무총리 소속이므로 내부통제에 속한다.

답 ②

06	시민단체 → 외부통제

ㄱ, ㄷ, ㅁ, ㅅ. [×] 행정안전부, 기획재정부, 국무총리, 중앙행정기관장 등은 모두 행정부 내의 조직에 의한 통제이므로 이는 내부통제에 속한다.

ㄴ, ㄹ, ㅂ, ㅇ. [○] 국회, 국민, 환경운동연합(시민단체), 언론 등은 정부 밖에서 정부를 통제하므로 이는 외부통제에 속한다.

답 ④

정통제의 유형과 사례를 연결한 것으로 옳지 않은 것은?

① 외부·공식적 통제 - 국회의 국정감사
② 내부·비공식적 통제 - 국무조정실의 직무감찰
③ 외부·비공식적 통제 - 시민단체의 정보공개 요구 및 비판
④ 내부·공식적 통제 - 감사원의 정기 감사

우리나라의 통치체제에 대한 설명으로 옳지 않은 것은?

① 위임입법의 확대는 행정국가화 경향과 밀접한 관련이 있다.
② 사법부는 행정처분에 대한 행정재판권을 통하여 부당하게 권리를 침해받은 국민을 구제하는 역할을 한다.
③ 행정부는 감사원의 국정감사권을 통하여 행정행위에 대한 내부통제를 행한다.
④ 입법부는 국정에 관한 다양한 법률제정권을 활용하여 행정부를 견제한다.

---

07   국무조정실 → 내부·공식통제

① [○] 국회는 행정부 밖에 있는 공식적 권한을 가진 통제기관이다.
② [×] 국무총리 소속의 국무조정실이 행하는 직무감찰은 내부·공식적 통제에 속한다.
③ [○] 시민단체의 정보공개 요구 및 비판은 행정부 밖의 비공식적 통제에 속한다.
④ [○] 감사원은 대통령 소속이므로 이는 내부·공식적 통제에 속한다.

답 ②

---

08   국정감사 → 국회의 권한

① [○] 위임입법이란 법률의 위임에 의하여 입법부 이외의 국가기관이 법규를 제정하는 것으로, 현대 행정의 복잡성과 전문성으로 인해 등장한 행정국가와 밀접한 관련이 있다.
② [○] 행정소송은 행정청의 위법한 처분 그 밖에 공권력의 행사·불행사 등으로 인한 국민의 권리 또는 이익의 침해를 구제하는 제도이다. 부당하게 권리를 침해받았다는 표현은 적절하지 못하다. 다만, 복수정답을 인정하지 않은 관계로 ③을 정답으로 취한다.
③ [×] 국정감사권은 국회의 권한이다.
④ [○] 입법부에 의한 통제에는 정책결정과 예산심의권, 정부인사에 관한 동의권, 해임건의안 발의, 탄핵소추권 등이 있다.

답 ③

09 ☐☐☐

다음 중 민중통제의 방법에 속하지 않는 것은?

① 언론기관에 의한 통제
② 정당에 의한 통제
③ 직업윤리에 의한 통제
④ 선거권에 의한 통제

| 09 | 직업윤리 → 내부통제 |

① [○] 언론기관은 민중의 여론을 수렴하는 기능을 하므로 민중 통제의 중요한 수단이 될 수 있다.
② [○] 정당은 민중의 여론을 결집하여 이를 정책에 반영하고자 하므로 민중통제의 수단이 될 수 있다.
③ [×] 직업윤리는 공직자의 윤리이므로 내부통제에 속한다.
④ [○] 주기적 선거를 통제 정권을 교체할 수 있는 선거권의 존재는 민중의 가장 기본적인 통제수단이다.

답 ③

10 ☐☐☐

행정통제에 대한 설명으로 옳지 않은 것은?

① 독립통제기관은 일반행정기관과 대통령 그리고 외부적 통제중추들의 중간 정도에 위치하며, 상당한 수준의 독자 성과 자율성을 누린다.
② 헌법재판소는 헌법을 수호하고 부당한 국가권력으로부터 국민의 권리와 자유를 보호하는 과정에서 행정에 대한 통제 기능을 수행한다.
③ 교차기능조직은 행정체제 전반에 걸쳐 관리작용을 분담 하여 수행하는 참모적 조직단위들로서 내부적 통제체제로 부터 완전히 독립되어 있다.
④ 국무총리 소속 국민권익위원회는 옴부즈만적 성격을 가지며, 국민권익위원회의 위원장과 부위원장은 국무총리의 제청으로 대통령이 임명한다.

| 10 | 교차기능조직 → 내부통제 |

① [○] 독립통제기관은 감사원이나 국민권익위원회처럼 대통령과 외부통제기관의 중간 정도에 위치하면서 직무상으로 독립성을 누리는 기관을 말한다.
② [○] 헌법재판소는 위헌법률심판이나 헌법소원 등을 통해 행정에 대한 통제기능을 수행한다.
③ [×] 교차기능조직은 행정안전부, 인사혁신처, 기획재정부와 같이 행정내부에 존재하는 관리기관이다.
④ [○] 국민권익위원회는 국무총리 소속이며, 옴부즈만 성격을 지닌 통제기관을 평가받는다.

답 ③

우리나라의 행정통제에 대한 설명으로 옳은 것은?

① 행정기관 및 공무원의 직무에 관한 감찰을 하기 위하여 대통령 소속하에 감사원을 두고 있다.

② 권위주의적 정치·행정문화 속에서 행정의 내·외부통제가 보다 효과적으로 이루어졌다.

③ 헌법재판소는 행정에 대한 통제기능은 수행하지 못한다.

④ 입법부의 구성이 여당 우위일 경우 효과적인 행정통제 기능을 수행할 수 있다.

행정통제의 과정을 순서대로 바르게 나열한 것은?

ㄱ. 실제 행정과정에 대한 정보의 수집
ㄴ. 목표와 계획에 따른 통제기준의 확인
ㄷ. 통제주체의 시정조치
ㄹ. 과정평가, 효과평가 등의 실시

---

① ㄱ → ㄴ → ㄹ → ㄷ
② ㄴ → ㄱ → ㄹ → ㄷ
③ ㄴ → ㄷ → ㄱ → ㄹ
④ ㄷ → ㄴ → ㄱ → ㄹ

11	감사원 → 대통령 소속

② [×] 권위주의적 정치·행정문화 속에서는 행정에 대한 내·외부 통제가 어려울 수 있다.

③ [×] 헌법재판소는 헌법소원 등을 통하여 행정을 통제할 수 있다.

④ [×] 입법부의 구성이 여당 우위일 경우 행정부와의 밀월 관계의 가능성이 높으므로 효과적인 행정통제 기능을 수행하기 어렵다. 오히려 야당이 우위일 경우 행정에 대한 통제의 효과성이 높을 수 있다.

답 ①

12	통제의 첫 번째 단계 → 목표의 설정

ㄴ. 통제란 목표 또는 기준과 그 실천행동을 부합시키는 작용이므로 목표와 통제기준의 확인이 가장 먼저 확정되어야 한다.

ㄱ. 목적과 기준을 선정한 후 실제행동에 대한 정보를 수집한 후 기준과 실제행동의 부합여부를 확인하여야 한다.

ㄹ. 통제의 중점을 사전에 설정된 계획의 이행에 둔다면 과정평가 이고, 의도된 결과를 달성하였는가에 둔다면 효과평가이다.

ㄷ. 통제의 목적은 책임성의 확보 또는 환류를 통한 개선이므로 통제주체에 의한 시정조치가 반드시 시행되어야 할 것이다.

답 ②

13 □□□

행정책임 확보 방안 중 내부통제에 해당하는 것은?

① 공정한 감시와 견제기능을 하는 시민단체 활동
② 부정청탁금지법 제정과 같은 국회의 입법 활동
③ 부당한 행정에 대한 언론의 감시 활동
④ 중앙부처의 예산편성과 집행에 대한 기획재정부의 관리 활동

14 □□□

행정통제에 대한 설명으로 옳은 것만을 〈보기〉에서 모두 고르면?

〈보기〉
ㄱ. 행정통제는 통제시기의 적시성과 통제내용의 효율성이 고려되어야 한다.
ㄴ. 옴부즈만제도는 공무원에 대한 국민의 책임 추궁의 창구 역할을 하며 입법·사법통제의 한계를 보완하는 제도이다.
ㄷ. 외부통제는 선거에 의한 통제와 이익집단에 의한 통제를 포함한다.
ㄹ. 입법통제는 합법성을 강조하므로 위법행정보다 부당행정이 많은 현대행정에서는 효율적인 통제가 어렵다.

① ㄱ, ㄴ
② ㄴ, ㄹ
③ ㄱ, ㄴ, ㄷ
④ ㄱ, ㄷ, ㄹ
⑤ ㄴ, ㄷ, ㄹ

| **13** | 기획재정부의 관리활동 → 내부통제 |

①, ②, ③ [×] 시민단체의 활동(①), 국회의 입법 활동(②), 언론의 감시 활동(③)은 모두 외부통제에 속한다.
④ [○] 중앙부처의 예산편성과 집행에 대한 기획재정부의 관리 활동이 내부통제에 속한다.

답 ④

| **14** | 사법통제의 한계 → 합법성 중심의 통제 |

ㄱ. [○] 행정통제의 원칙으로 일치의 원칙, 명확성과 비교의 원칙, 즉시성과 적응성의 원칙, 적량성의 원칙, 예외의 원칙 등이 있다.
ㄴ. [○] 옴부즈만은 행정에 대한 국민의 불편을 공평무사하게 조사하고 처리하는 기관으로, 행정의 복잡성으로 인한 입법통제와 사법통제의 한계성을 보완하기 위해 등장하였다.
ㄷ. [○] 행정부 밖에서 행정부를 통제하는 것을 외부통제라 하며, 입법통제와 사법통제뿐만 아니라 선거에 의한 통제와 이익집단에 의한 통제 등을 포함한다.
ㄹ. [×] 부당행정에 대한 통제가 어려운 것은 사법통제이다. 입법통제는 정치적 통제도 가능하므로 부당한 문제라고 해서 통제대상에서 제외되는 것은 아니다.

답 ③

15 □□□

다음 중 행정통제에 대한 설명으로 옳지 않은 것은?

① 사전적 통제는 어떤 행동이 통제기준에서 이탈되는 결과를 발생시킬 때까지 기다리지 않고 그러한 결과의 발생을 유발할 수 있는 행동이 나타날 때마다 교정해 나간다.

② 통제주체에 의한 통제 분류의 대표적인 예는 외부적 통제와 내부적 통제이다.

③ 외부적 통제의 대표적인 예는 국회, 법원, 국민 등에 의한 통제이다.

④ 사후적 통제는 목표수행 행동의 결과가 목표기준에 부합되는가를 평가하여 필요한 시정조치를 취하는 통제이다.

⑤ 부정적 환류통제는 실적이 목표에서 이탈된 것을 발견하고 후속되는 행동이 전철을 밟지 않도록 시정하는 통제이다.

15	동시적 통제 → 행위는 존재 + 결과는 발생하지 않음

① [×] 어떤 행동이 통제기준에서 이탈되는 결과를 발생시킬 때까지 기다리지 않고 그러한 결과의 발생을 유발할 수 있는 행동이 나타날 때마다 교정해 나가는 것은 동시적 통제이다. 사전적 통제는 행동이 목표에서 이탈될 수 있는 가능성을 미리 예측하고 그러한 가능성을 제거함으로써 바람직하지 못한 행동이 나타나는 것을 사전에 방지하는 통제이다.

답 ①

16 □□□

옴부즈만(Ombudsman) 제도에 대한 설명으로 옳지 않은 것은?

① 행정에 대한 통제기능을 수행한다.

② 스웨덴에서는 19세기에 채택되었다.

③ 옴부즈만을 임명하는 주체는 입법기관, 행정수반 등 국가별로 상이하다.

④ 우리나라의 국민권익위원회는 헌법상 독립성을 보장하기 위해 대통령 소속으로 설치되었다.

16	국민권익위원회 → 국무총리 소속

① [○] 옴부즈만은 입법부가 행정부를 통제하는 수단으로 발전하였다.

② [○] 옴부즈만 제도의 발상지는 스웨덴(1809)이며, 핀란드(1919), 덴마크(1953) 등에서 채택하게 되었다. 이후 뉴질랜드(1962), 영국(1967)에 보급되었으며, 그 이후 캐나다·미국·서독 등 선진민주국가에서 활발하게 논의되어 부분적인 채택을 보았다. 프랑스에서는 프랑스형 옴부즈만인 '중개자에 관한 법률'이 1973년에 제정되었다.

③ [○] 옴부즈만 제도는 설치주체에 따라 크게 의회 소속형과 행정기관 소속형으로 구분된다.

④ [×] 우리나라 국민권익위원회는 국무총리 소속으로 설치되어 있다.

📋 **옴부즈만과 국민권익위원회 비교**

구분	옴부즈만 → 스웨덴형	국민권익위원회 → 프랑스형
차이점	• 헌법상 기관 • 입법부 소속 • 신청(→ 원칙) 및 직권에 의한 조사	• 법률상 기관 • 행정부(→ 국무총리) 소속 • 신청에 의한 조사
유사점	• 합법성 조사 + 합목적성 조사 • 간접통제: 무효와 취소 및 변경은 불가	

답 ④

668 해커스공무원 학원·인강 gosi.Hackers.com

옴부즈만 제도에 대한 설명으로 옳은 것만을 모두 고른 것은?

> ㄱ. 옴부즈만 제도는 설치주체에 따라 크게 의회 소속형과 행정기관 소속형으로 구분된다.
> ㄴ. 옴부즈만 제도는 정부 행정활동의 비약적인 증대에 따른 시민의 권리침해 가능성에 대해 충분한 구제제도를 두기 위하여 핀란드에서 최초로 도입되었다.
> ㄷ. 옴부즈만은 행정행위의 합법성뿐만 아니라 합목적성 여부도 다룰 수 있다.
> ㄹ. 우리나라의 경우 대통령 직속의 국민권익위원회가 옴부즈만에 해당한다.

① ㄱ, ㄴ   ② ㄱ, ㄷ
③ ㄷ, ㄹ   ④ ㄴ, ㄹ

17	현대 옴부즈만 → 스웨덴

ㄴ. [×] 이 제도의 발상지는 스웨덴이며, 1809년 헌법에서 사법민정관제도가 창설되었고, 1915년에는 군사민정관제도를 두어 그 역사는 170여 년의 전통을 가지고 있다. 핀란드가 1919년에, 덴마크는 1953년에 이를 채택하였고, 노르웨이가 1952년에 군사민정관을, 1962년에 민간민정관을 둠으로써 스칸디나비아제국은 모두 옴부즈맨제도권이 되었다. 이어 1962년 뉴질랜드, 1967년 영국에 보급되었으며, 그 이후 캐나다·미국·서독 등 선진민주국가에서 활발하게 논의되어 부분적인 채택을 보았다. 프랑스에서는 프랑스형 옴부즈맨인 중개자에 관한 법률이 1973년에 제정되었다.

ㄹ. [×] 우리나라 옴부즈만인 국민권익위원회는 국무총리 소속이다.

답 ②

옴부즈만제도에 대한 설명으로 옳지 않은 것은?

① 옴부즈만은 입법부 및 행정부로부터 정치적으로 독립되어 있다.
② 옴부즈만은 행정행위의 합법성뿐만 아니라 합목적성 여부도 다룰 수 있다.
③ 옴부즈만은 보통 국민의 불편 제기에 의해 활동을 개시하지만 직권으로 조사를 할 수도 있다.
④ 옴부즈만은 법원이나 행정기관의 결정이나 행위를 무효로 할 수는 없지만, 취소 또는 변경할 수는 있다.

18	옴부즈만 → 간접적 통제

① [○] 옴부즈만은 정치적 당파성은 없으며, 직무상으로도 독립되어 있기 때문에 의회 또는 행정부의 지시나 명령을 받지 않는다.
② [○] 옴부즈만은 합법성뿐만 아니라 합목적성에 관한 조사도 가능하므로 사법심사에 비하여 그 조사의 범위가 넓다.
③ [○] 옴부즈만은 원칙적으로 신청에 의해 활동을 개시하지만 예외적으로 직권으로 활동을 개시할 수도 있다.
④ [×] 옴부즈만은 행정기관이나 법원의 결정이나 행위를 무효 또는 취소, 변경할 권한은 갖지 않는다.

답 ④

19 ☐☐☐

옴부즈만(Ombudsman)제도에 대한 설명으로 옳지 않은 것은?

① 옴부즈만의 개인적 신망과 영향력에 의존하는 바가 크다.

② 비용이 적게 들고, 간편하게 문제해결이 가능하다.

③ 다른 통제기관들이 간과한 통제의 사각지대를 감시하는 데 유용하다.

④ 옴부즈만은 직권으로 조사활동을 개시하는 것이 일반적이지만, 예외적으로 국민의 요구나 신청에 의해 활동을 개시하기도 한다.

20 ☐☐☐

행정통제를 향상시키기 위한 방안에 대한 설명으로 옳지 않은 것은?

① 행정정보공개제도는 행정책임의 확보와 통제비용의 절감에 기여할 수 있다.

② 행정절차의 명확화는 열린 행정과 투명행정을 통해 행정기관과 시민 간의 분쟁을 방지할 수 있다.

③ 정책과정에서 시민참여 확대 및 자체감사 기능의 활성화는 투명하고 열린 행정을 가능하게 할 수 있다.

④ 옴부즈만제도의 권한으로서 독립적 조사권, 시찰권, 소추권 등은 대부분의 나라에서 인정하고 있다.

19	옴부즈만 → 신청에 의한 조사가 원칙

① [○] 옴부즈만제도는 그 제도가 가진 법적 권한보다는 개인적 신망과 영향력에 의존하여 행정에 대한 국민의 불편을 공평무사하게 조사하고 처리하는 기관이다.

② [○] 옴부즈만은 행정심판이나 사법적 구제에 비하여 신속하고 저렴하게 국민의 불편을 처리할 수 있다.

③ [○] 옴부즈만은 의회나 사법부가 간과할 수 있는 전문적이고 합목적인 영역까지 통제할 수 있다는 장점을 지닌다.

④ [×] 옴부즈만은 원칙적으로 국민의 요구나 신청에 의하여 조사활동을 개시하지만 예외적으로 직권으로도 활동을 개시할 수 있다.

답 ④

20	옴부즈만 → 대부분의 나라에서 소추권은 불인정

① [○] 행정정보가 공개되면 기준의 준수여부를 확인하기 쉬워지므로 행정책임을 확보하기 용이하다. 또한 정보의 공개로 인하여 통제가 용이해지므로 통제비용 역시 절감될 수 있다.

② [○] 행정절차의 명확한 규정은 국민의 참여를 용이하게 하는 열린 행정과 투명 행정의 확보수단이며 이를 통제 행정기관과 시민 간의 분쟁을 사전에 방지할 수 있다.

③ [○] 열린 행정이란 행정의 운영에 있어 시민의 참여가 활성화되고 그 과정과 성과가 시민에게 공개되는 행정을 말한다.

④ [×] 입법부와 행정부로부터 독립되어 있는 옴부즈만은 독립적 조사권, 시찰권, 소추권 등을 가지나, 소추권은 대부분의 나라에서 인정하지 않는 것이 보통이다. 한편, 소추란 법원에 형사사건에 대해 재판을 요구하거나, 고위 공무원에 대한 탄핵을 발의하는 것을 말한다.

답 ④

21 ☐☐☐

옴부즈만(ombudsman)제도의 일반적 특징에 대한 설명으로 옳지 않은 것은?

① 옴부즈만은 비교적 임기가 짧고 임기보장이 엄격하게 적용되지 않는다.

② 옴부즈만에게 민원을 신청할 수 있는 사안은 행정 관료의 불법행위와 부당행위를 포함한다.

③ 옴부즈만은 행정기관의 결정에 대해 직접 취소·변경할 수 있는 권한을 갖지 않는다.

④ 업무처리에 있어 절차상의 제약이 크지 않아 옴부즈만에 대한 시민들의 접근이 용이하다.

22 ☐☐☐

옴부즈만(Ombudsman)제도의 일반적 특징에 관한 설명으로 옳지 않은 것은?

① 행정결정을 취소·변경할 수 있는 권한은 없지만 법원·행정기관에 대한 직접적 감독권을 갖고 있다.

② 입법부에 속해 있지만 직무수행시는 정치적 독립성을 지닌다.

③ 국민으로부터 민원 제기가 없어도 언론내용 등을 토대로 옴부즈만 자신의 발의에 의해 조사할 수 있다.

④ 옴부즈만이 조사할 수 있는 행위는 불법행위뿐만 아니라 공직의 요구에서 이탈된 모든 행위라 할 수 있다.

21	옴부즈만 → 강력한 신분보장

① [×] 옴부즈만의 임기는 비교적 긴 편이며(스웨덴의 경우 4년) 임기 중 신분이 보장된다.

②, ④ [○] 비공식적인 절차에 따라 조사와 건의 및 비판을 하며, 합법성은 물론 합목적성에 입각한 조사도 가능하다.

③ [○] 옴부즈만은 간접적 통제로 무효와 취소 또는 변경은 불가하며, 시정권고 등을 통한 통제만이 가능하다.

답 ①

22	옴부즈만 → 간접적 통제

① [×] 법원 및 행정기관 등에 대한 직접적 감독권을 갖는다는 것은 행정결정을 취소·변경할 수 있다는 의미이다. 옴부즈만은 이러한 직접적 감독권은 갖지 못한다.

② [○] 옴부즈만은 입법부 소속으로 의회가 임명하나 정치적 당파성은 없으며, 직무상으로도 독립되어 있기 때문에 의회의 지시나 명령을 받지 않는다.

답 ①

23 ☐☐☐

다음 중 옴부즈만제도에 대한 설명으로 옳지 않은 것은?

① 1800년대 초반 스웨덴에서 처음으로 채택되었다.

② 옴부즈만은 입법기관에서 임명하는 옴부즈만이었으나 국회의 제청에 의해 행정수반이 임명하는 옴부즈만도 등장하게 되었다.

③ 우리나라 지방자치단체는 시민고충처리위원회를 둘 수 있는데 이것은 지방자치단체의 옴부즈만이라고 할 수 있다.

④ 국무총리 소속으로 설치한 국민권익위원회는 행정체제 외의 독립통제기관이며, 대통령이 임명하는 옴부즈만의 일종이다.

⑤ 시정조치의 강제권이 없기 때문에 비행의 시정이 비행자의 재량에 달려 있는 경우가 많다.

23	국민권익위원회 → 행정부 내 독립통제기관

④ [×] 국민권익위원회는 국무총리 소속으로 설치되어 있으므로 행정체제 내에 위치한 기관이다. 위원회는 그 권한에 속하는 업무를 독립적으로 수행하므로 직무적으로는 독립통제기관으로 보아야 할 것이다. 위원장 및 부위원장은 국무총리의 제청으로 대통령이 임명하고, 상임위원은 위원장의 제청으로 대통령이 임명하며, 상임이 아닌 위원은 대통령이 임명 또는 위촉한다. 이 경우 상임이 아닌 위원 중 3명은 국회가, 3명은 대법원장이 각각 추천하는 자를 임명 또는 위촉한다.

답 ④

01 ☐☐☐

행정개혁의 접근방법에 대한 설명으로 옳지 않은 것은?

① 사업(산출) 중심적 접근방법은 행정활동의 목표를 개선하고 서비스의 양과 질을 개선하려는 접근방법으로 분권화의 확대, 권한 재조정, 명령계통 수정 등에 관심을 갖는다.
② 과정적 접근방법은 행정체제의 과정 또는 일의 흐름을 개선하려는 접근방법이다.
③ 행태적 접근방법의 하나인 조직발전(OD: Organizational Development)은 의식적인 개입을 통해서 조직 전체의 임무수행을 효율화하려는 계획적이고 지속적인 개혁활동이다.
④ 문화론적 접근방법은 행정문화를 개혁함으로써 행정체제의 보다 근본적이고 장기적인 개혁을 성취하려는 접근방법이다.

02 ☐☐☐

행정개혁에 대한 저항을 극복하는 전략 및 방법에 관한 설명으로 옳은 것은?

① 경제적 손실의 보상, 임용상의 불이익 방지는 규범적·사회적 전략이다.
② 개혁지도자의 신망 개선, 의사전달과 참여의 원활화, 사명감의 고취는 공리적·기술적 전략이다.
③ 교육훈련과 자기계발 기회의 제공은 규범적·사회적 전략이다.
④ 개혁 시기의 조정은 강제적 전략이다.

01	분권화의 확대, 권한 재조정, 명령계통 수정 → 구조적 개혁

① [×] 행정활동의 목표를 개선하고 서비스의 양과 질을 개선하려는 접근방법은 사업 중심적 접근방법이지만, 분권화의 확대, 권한의 재조정, 명령계통의 수정 등은 구조적 접근방법에 속한다.
② [○] 과정적 접근방법은 행정체제의 과정 또는 일의 흐름을 개선하려는 접근방법으로, 의사결정·의사전달·통제 등의 과정과 결부되어 있다.
③ [○] 행태적 접근방법은 인간중심적 접근방법으로 조직발전(OD)이 대표적인 방법이다. 조직발전(OD)은 행태과학의 지식과 기법을 활용하여 조직의 목표에 개인의 성장의욕을 결부시켜 조직을 개혁하려는 접근방법이다.
④ [○] 문화론적 접근방법은 행정체제의 보다 근본적이고 장기적인 개혁을 성취하려는 접근방법으로, 개혁의 지속적인 정착에 관심을 갖게 되면서부터 각광을 받고 있다.

답 ①

02	저항의 극복방법 → 규범적, 공리적, 강제적

① [×] 경제적 손실의 보상이나 불이익의 방지는 공리적·기술적 전략이다.
② [×] 개혁지도자의 신망 개선, 의사전달과 참여의 원활화, 사명감 고취는 규범적·사회적 전략이다.
③ [○] 교육훈련과 자기계발 기회의 제공 등은 자발적으로 개혁을 수용하게 만드는 규범적·사회적 전략이다.
④ [×] 개혁 시기의 조정은 공리적·기술적 전략이다.

답 ③

정부혁신의 일반적 특징으로 옳지 않은 것은?

① 행정을 인위적, 의식적, 계획적으로 변화시키려는 것이므로, 개혁 주도자들에 의해 계획적이고 전략적으로 추진되어야 한다.

② 조직관리의 기술적인 속성과 함께 권력투쟁, 타협, 설득이 병행되는 정치적, 사회심리적 과정으로, 행정 내부에서만 이루어지는 것이 아니라 행정 외부의 정치세력들과 상호 연결되어 있다.

③ 반드시 의도한 결과만을 초래하는 것이 아니라 의도하지 않는 결과를 초래할 수도 있으며, 부작용과 저항, 나아가 개혁의 실패까지도 나타날 수 있다.

④ 생태적 속성을 지닌 비연속적 과정으로, 새로운 개혁 조치들이 개혁집단에 의해 주도되어 집행되는 제도로서 정착되기 위해서는 단기 집약적인 노력이 필요하다.

03	행정개혁 → 장기적이고 포괄적인 성격

① [O] 정부혁신은 현재보다 더 나은 상황으로 변화를 유도하는 의도적이고 계획적인 활동을 말한다.

② [O] 정부혁신은 새로운 이념, 정치적 변혁, 새로운 기술, 환경의 변화와 새로운 행정수요 등에 대한 행정의 적응수단으로 행정 내부의 기술적 측면뿐만 아니라 행정 외부의 정치적 요소까지 고려되어야 한다.

③ [O] 개혁이란 기존의 상태를 변화하려는 의도적 노력이므로 필연적으로 저항이 발생하며, 개혁과정에서 발생하는 의도하지 않은 부작용으로 인하여 개혁의 실패도 초래될 수 있으므로 반드시 이에 대한 대비책을 마련하여야 할 것이다.

④ [×] 개혁은 생명체가 주위의 환경에 적응하면서 살아가는 생태적 특성을 지닌다. 환경은 끊임없이 변화하므로 개혁 역시 연속적이고 지속적으로 이루어져야 하며, 제도로서 정착되기 위해서는 장기적인 노력이 요구된다.

답 ④

행정개혁에 대한 저항을 극복하는 방법에 관한 설명으로 옳지 않은 것은?

① 강제적 방법은 저항을 근본적으로 해결하기보다는 단기적으로 또는 피상적으로 해결하는 방법으로서, 장래에 더 큰 저항을 야기할 위험이 있다.

② 공리적 · 기술적 방법에는 개혁의 시기조정, 경제적 손실에 대한 보상, 개혁이 가져오는 가치와 개인적 이득의 실증 등이 있다.

③ 규범적 · 사회적 방법에는 개혁지도자의 신망 개선, 의사전달과 참여의 원활화, 사명감 고취와 자존적 욕구의 충족 등이 있다.

④ 저항을 가장 근본적으로 해결하는 방법은 공리적 · 기술적 방법이다.

04	저항의 근본적 해결책 → 규범적 접근

① [O] 상급자의 권한행사, 의식적인 긴장의 조성 및 압력의 사용, 권력구조의 일방적 개편을 통한 저항세력의 약화 등이 강제적 방법에 해당된다.

② [O] 개혁의 점진적 추진 또는 적절한 시기의 선택, 개선방법 및 기술의 융통성 있는 수정, 적절한 인사배치, 개혁안의 명확화와 공공성 강조, 유인책의 제공 또는 반대급부의 보장 등이 공리적 방법에 해당된다.

③ [O] 가치관과 태도의 변화, 설득과 참여의 확대 등 의사소통의 촉진, 적응에 필요한 충분한 시간의 제공, 개혁지도자의 카리스마 또는 상징의 활용, 집단토론과 훈련의 확대 등이 규범적 방법에 해당된다.

④ [×] 개혁에 대한 저항을 근본적으로 해결할 수 있는 방법은 규범적 전략이다.

답 ④

총액인건비제도에 대한 설명으로 옳지 않은 것은?

① 정원관리에 대한 각 부처의 자율성 확대를 목표로 한다.
② 김대중 정부에서 중앙행정기관 및 지방자치단체에 처음 도입되었으며, 공공기관으로 확대되었다.
③ 보수관리에 대한 각 부처의 자율성이 확대되었다.
④ 시행기관은 성과 중심의 조직운영을 위하여 총액인건비 제도를 활용할 수 있다.

문재인 정부의 정부조직 변화에 대한 설명으로 옳지 않은 것은?

① 중소기업, 벤처기업 등에 관한 사무를 관장하는 중소벤처 기업부를 신설하였다.
② 행정안전부의 외청으로 소방청을 신설하였다.
③ 국가보훈처가 차관급에서 장관급으로 격상되었다.
④ 한국수자원공사에 대한 관할권을 환경부에서 국토교통부로 이관하였다.

05	총액인건비제도 → 노무현 정부

①, ③ [○] 총액인건비제도는 인력과 예산 운영의 효율성을 제고 하고 조직의 성과를 향상하기 위하여 각 시행기관이 당해 연도에 편성된 총액인건비 예산의 범위 안에서 기구·정원, 보수, 예산의 운영에 관한 자율성을 가지되, 그 결과에 대해 책임을 지는 제도를 말한다.

② [×] 총액인건비제도가 도입된 것은 노무현 정부 때이다. 노무현 정부는 각 기관의 조직·인사·예산을 관리하고 있는 행정 안전부(조직), 인사혁신처(인사), 기획재정부(예산)가 공동으로 주관하여 2005년 7월부터 몇 개 중앙부처를 대상으로 시범실시 하였으며, 2007년 1월부터 본격적으로 도입하였다. 지방정부 역시 2007년부터 총액인건비제도가 도입되었으면 2014년 기준 인건비로 명칭을 변경하였다.

④ [○] 시행기관의 장은 총액인건비 범위 내에서 성과급 등 인센 티브를 활용할 수 있으므로 총액인건비제도는 성과 중심의 조직 운영을 위한 수단으로 활용될 수 있다.

답 ②

06	물관리의 일원화 → 환경부

① [○] 중소기업청이 중소벤처기업부로 승격하였다.
② [○] 2014년 폐지된 소방방재청은 문재인 정부 이후 소방청으로 부활하여 행정안전부 소속으로 서리되었다.
③ [○] 차관급이었던 국가보훈처는 문재인 정부 이후 다시 장관급 으로 격상되었다.
④ [×] 한국수자원공사에 대한 관할권이 국토교통부에서 환경부로 이관되었다.

답 ④

역대 정부의 조직개편에 대한 설명으로 옳지 않은 것은?

① 김대중 정부는 대통령 소속의 중앙인사위원회를 신설하고, 내무부와 총무처를 행정자치부로 통합하였다.
② 노무현 정부는 국무총리 소속의 국정홍보처를 신설하고, 행정자치부 산하에 소방방재청을 신설하였다.
③ 이명박 정부는 기획예산처, 국정홍보처, 정보통신부, 해양수산부, 과학기술부 등을 다른 부처와 통폐합하였다.
④ 박근혜 정부는 행정안전부를 안전행정부로 개편하고, 식품의약품안전청을 식품의약품안전처로 개편하였다.

1990년대 이후부터 2000년대 초반까지 영미 등 주요 선진국 행정개혁의 특징과 거리가 먼 것은?

① 시장원리의 도입을 통한 행정서비스 공급의 효율성 향상을 꾀한다.
② 책임성 향상에 대한 요구가 증가함에 따라 내부관리에 대한 규제를 보다 강화한다.
③ 자원배분의 기준으로서 투입보다는 성과를 중시한다.
④ 책임성과 효율성을 동시에 강조한다.

---

07   국정홍보처 → 김대중 정부

① [○] 김대중 정부에서 비독립 합의형 중앙인사기관이 설립되었고, 노무현 정부까지 유지되었다.
② [×] 국무총리 소속의 국정홍보처는 김대중 정부에서 신설하였다.
③ [○] 이명박 정부는 기획재정부의 설립을 통해 재무행정의 삼원체제를 이원체제로 전환하였다.

📄 김대중 정부와 노무현 정부 비교

김대중 정부(1998.2 ~ 2003.2)	노무현 정부(2003.2 ~ 2008.2)
• 책임운영기관	• 주민투표(2004), 주민소송(2006), 주민소환(2007)
• 중앙인사위원회(→ 대통령 소속), 국가홍보처 신설	• 직무성과계약제, 고위공무원단
• 개방형 직위	• 총액인건비제도
• 성과급(→ 연봉제)	• 국가재정운용계획, 사전재원배분제도
• 행정서비스헌장	• 프로그램예산
	• 성과관리, 발생주의 복식부기 (→ d-Brain)

답 ②

08   신공공관리론 → 재량권 부여와 성과통제

① [○] 신공공관리론은 시장기법과 성과기법을 행정에 도입하여 기존 관료제의 한계점을 시정하고자 하였다.
② [×] 1990년대 이후부터 2000년대 초반까지 영미 등 주요 선진국의 행정개혁은 신공공관리론이다. 신공공관리론은 내부관리에 대한 규제를 완화하여 일선관리자에게 재량을 부여하되 그 결과를 토대로 책임을 묻고자 하였다.
③ [○] 신공공관리론은 과정과 절차라는 투입보다는 결과라는 성과요소를 중시하였다.
④ [○] 이에 따라 조직, 인사, 재무 등에 있어 재량을 주되 그 비용과 대비되는 성과를 통해 책임을 묻고자 하였기에 비용가치라는 효율성과 성과라는 책임성의 확보를 동시에 강조하였다.

답 ②

MEMO

PART

7

지방행정

01 ☐☐☐

다음 중 지방자치의 한 계보로서 주민자치에 대한 설명으로 옳지 않은 것은?

① 지방주민의 의사와 책임 하에 스스로 그 지역의 공공사무를 처리한다.

② 지방자치단체는 지방의 자치행정기관으로서 이중적 지위를 갖는다.

③ 지방의 공공사무를 결정하고 처리하는 데는 주민의 참여가 중요하다.

④ 지방사무에 관해 자치단체 고유사무와 중앙정부 위임사무를 구별하지 않는다.

⑤ 주민의 자치사무를 처리한다는 측면에서 정치적 의미가 강하다.

---

01 단체자치 → 이중적 지위

② [×] 지방자치단체가 지방의 자치행정기관으로서 이중적 지위를 갖는 것은 단체자치의 특징이다.

⑤ [○] 주민자치는 주민의 참여를 강조하는 정치적 의미가 강하고, 단체자치는 중앙으로부터의 법적 독립을 강조하는 법률적 의미가 강하다.

📄 **주민자치와 단체자치 비교**

구분	주민자치	단체자치
본질	고유권설	전래권설
의미 및 이념	정치적 의미, 민주주의 원리	법률적 의미, 지방분권 원리
중점	지방정부와 주민 관계	중앙과 자치단체 관계
자치 범위	광범	협소
수권 방법	개별적 수권주의	포괄적 수권주의
정부 형태	기관통합형: 의결기관 우월주의	기관대립형: 집행기관 우월주의
기관 성격	단일적 성격	이중적 성격: 자치단체 + 국가기관
사무 구분	위임사무와 고유사무 구분 없음	위임사무와 고유사무 구분 있음
중앙 통제	입법적·사법적 통제: 소극적 통제, 수평적·기능적 협력 관계	행정적 통제 위주: 적극적 통제, 수직적·권력적 감독 관계
조세 제도	독립세 주의, 분리과세	부가세 주의, 중복과세
채택 국가	영국, 미국	독일, 1982년 이전 프랑스

답 ②

02 ☐☐☐

티부(Tiebout) 모형의 가정(assumptions)으로 옳지 않은 것은?

① 충분히 많은 수의 지방정부가 존재한다.

② 공급되는 공공서비스는 지방정부 간에 파급효과 및 외부효과를 발생시킨다.

③ 주민들은 언제나 자유롭게 이동할 수 있다.

④ 주민들은 지방정부들의 세입과 지출 패턴에 관하여 완전히 알고 있다.

---

02 티부가설의 가정 → 외부효과의 부존재

①, ②, ③ [○] 티부 모형은 상이한 재정프로그램을 제공하는 다양한 지방정부의 존재(①), 각 지역의 재정프로그램에 대한 완벽한 이해(④), 지역 간 자유로운 이동가능성(③), 지역프로그램의 혜택은 그 지역주민만이 누릴 수 있을 것, 공공재 생산의 단위 평균비용의 동일성 및 국고보조금의 부재, 한 가지 이상의 고정적 생산요소의 존재, 배당수입에 의한 소득 등을 가정하면서 이론을 전개한다.

② [×] 티부(Tiebout) 모형은 외부효과가 없을 것을 가정한다. 외부효과가 존재한다면 그 지역으로 이주하지 않아도 그 지역의 서비스를 향유할 수 있기 때문이다.

답 ②

03 ☐☐☐

티부(Tiebout) 모형의 전제조건으로 옳지 않은 것은?

① 시민의 이동성
② 외부효과의 배제
③ 고정적 생산요소의 부존재
④ 지방정부 재정패키지에 대한 완전한 정보

03	티부가설의 가정 → 한 가지 이상의 고정적 생산요소의 존재

③ [×] 티부(Tiebout) 모형은 한 가지 이상의 고정적 생산요소의 존재를 전제로 한다. 이는 규모의 경제가 발생하지 않아야 한다는 것으로, 지역 마다 최적 생산규모가 존재함으로 의미한다.

답 ③

04 ☐☐☐

티부(Tiebout) 발로 하는 투표(voting with feet) 가설에 대한 설명으로 옳지 않은 것은?

① 주민의 자유로운 이동을 전제로 한다.
② 분권화된 체제에서 효율적인 자원배분이 이루어진다.
③ 지방자치단체의 주된 재원은 지방소비세가 되어야 한다.
④ 지역재정프로그램의 혜택은 그 지역주민만이 누릴 수 있어야 한다.

04	티부가설 → 지방정부의 재산세 수입

① [○] 주민의 자유로운 이동이 보장되어야 이를 자신의 선호를 표현할 수 있을 것이기 때문이다.
② [○] 티부가설은 지방분권을 통한 효율적인 지방공공재의 공급 가능성을 증명하고자 한 이론이다.
③ [×] 지방자치단체의 주된 재원은 재산세이다.
④ [○] 지역재정프로그램의 혜택은 그 지역주민만이 누릴 수 있어야 한다는 것은 외부효과가 없다는 것을 의미한다.

답 ③

05 □□□

주민들이 지역 간에 자유롭게 이동할 수 있기 때문에 지방공공재에 대한 주민들의 선호가 나타나며, 지방공공재 공급의 적정 규모가 결정된다고 주장한 것과 거리가 먼 것은?

① 발에 의한 투표(voting with the feet)
② 새뮤엘슨(Samuelson)의 적정 공공재의 공급이론
③ 티부(Tiebout) 가설
④ 유사한 선호를 가진 사람들의 공간적인 집적 현상

06 □□□

티부(C. Tiebout)모형의 가정으로 옳지 않은 것은?

① 지방정부의 재원에 국고보조금은 포함되지 않아야 한다.
② 지방정부의 공공서비스에 외부효과가 발생하지 않아야 한다.
③ 고용기회와 관련된 제약조건은 거주지 의사결정에 왜곡을 초래할 수 있으므로 고려하지 않아야 한다.
④ 개인은 자신의 선호에 따라 다른 지방정부의 지역으로 자유롭게 이주할 수 있어야 한다.
⑤ 소수의 대규모 지방자치단체가 존재해야 한다.

05	새뮤엘슨의 공공재 이론 → 중앙집권

①, ③ [○] 티부 모형은 이주를 통해 자신의 선호를 표현하였다고 하여 발에 의한 투표로 불린다.
② [×] 티부가설은 이동으로 표현된 지방적 선호(발에 의한 투표)를 통해 지방공공재의 효율적 공급이 가능하다는 주장으로, 공공재는 분권적 배분체제에서는 바람직하지 못하다는 새뮤엘슨(P. Samuelson) 이론에 대한 반박이다.
④ [○] 티부 모형에 의할 경우 지역별로 유사한 선호를 가진 사람들이 거주하게 되어 지역 내 동질성은 높아질 것이다. 다만, 지역 간 형평성은 낮아질 것이다.

답 ②

06	티부가설 → 다양한 지방정부의 존재

⑤ [×] 티부(C. Tiebout) 모형은 상이한 조세와 공공서비스 조합을 가지는 다양한 지방정부가 있을 것을 가정하고 이론을 전개한다.

답 ⑤

다음 중 소규모 자치행정 구역을 지지하는 논리로 맞는 것을 모두 고른 것은?

> ㄱ. 티부(Tiebout) 모형을 지지하는 공공선택이론가들의 관점
> ㄴ. 새뮤얼슨(Samuelson)의 공공재 공급 이론
> ㄷ. 지역격차의 완화에 공헌
> ㄹ. 주민과 지방정부 간의 소통·접촉기회 증대

① ㄱ, ㄷ 　　　　　　　　② ㄱ, ㄹ
③ ㄴ, ㄷ 　　　　　　　　④ ㄴ, ㄹ

07　　티부가설 → 지방자치의 효율성

ㄱ. [O] 티부(Tiebout) 모형은 지방정부에 의한 효율적인 지방 공공재 공급의 가능성을 강조한 것이다.
ㄴ. [×] 새뮤얼슨(Samuelson)의 모형은 공공재의 공급은 중앙에서 강제적인 조세를 통해 생산할 수밖에 없다는 모형이다.
ㄷ. [×] 지역격차의 완화를 위해서는 중앙정부의 개입이 요구된다.
ㄹ. [O] 주민과 지방정부 간의 소통과 접촉기회의 증대를 위해서는 지방자치가 활성화되는 것이 바람직하다.

답 ②

오츠(W. Oates)의 분권화 정리가 성립하기 위한 조건에 대한 설명으로 옳은 것만을 모두 고르면?

> ㄱ. 중앙정부의 공공재 공급비용이 지방정부의 공공재 공급비용보다 더 적게 든다.
> ㄴ. 공공재의 지역 간 외부효과가 없다.
> ㄷ. 지방정부가 해당 지역에서 파레토 효율적 수준으로 공공재를 공급한다.

① ㄱ 　　　　　　　　　② ㄷ
③ ㄱ, ㄴ 　　　　　　　　④ ㄴ, ㄷ

08　　오츠의 분권화 정리 → 경제학적 가정

ㄱ. [×] 오츠(W. Oates)의 분권화 정리(1972)란 지역 공공재의 생산을 어느 단계의 정부가 담당하든 동일한 비용이 든다면, 각 지방정부가 스스로의 판단에 의해 그 지역에 적정한 양의 지역 공공재를 공급하는 것이 중앙정부에 의한 공급보다는 효율적이라는 주장이다.
ㄴ. [O] 지역 간 외부효과가 있다면 중앙정부나 광역정부가 담당하는 것이 바람직할 것이다.
ㄷ. [O] 생산비용이 동일하고 외부효과가 없다면 지역주민의 선호를 파악하기 쉬운 지방정부가 담당하는 것이 공공서비스 생산의 효율성을 높일 수 있을 것이다.

답 ④

지방분권화가 확대되는 이유로 옳지 않은 것은?

① 내생적 발전전략에 기반한 도시경쟁력 확보가 중요해지고 있다.
② 중앙집권 체제가 초래하는 낮은 대응성과 구조적 부패 등은 국가 성장의 장애요인으로 작용하고 있다.
③ 사회적 인프라가 어느 정도 갖춰진 국가에서는 지역 간 평등한 공공서비스의 수요가 증가하고 있다.
④ 신공공관리론에 근거한 정부혁신이 강조되고 있다.

신중앙집권화 촉진요인으로 적절하지 않은 것은?

① 유엔의 리우선언(1992)에 따른 환경보존행동계획
② 정보통신기술 및 교통의 발달로 인한 생활권역의 확대
③ 경제력 및 세원의 편재로 인한 지방자치단체 간 재정력 격차의 확대
④ 환경문제, 보건문제 등 전국적인 문제의 발생

09	지역 간 평등한 공공서비스 → 중앙집권의 장점

① [○] 도시의 자체적 발전전략을 통해 경쟁력을 확보하기 위해서라면 지방분권화가 바람직하다.
③ [×] 지역 간 평등한 공공서비스의 공급을 위해서라면 중앙집권이 바람직하다.

📄 **중앙집권과 지방분권의 촉진 요인**

중앙집권의 촉진 요인	지방분권의 촉진 요인
• 행정의 통일성·전문성·능률성의 확보	• 지역실정에 맞는 행정을 통한 주민의 편의도모
• 행정의 기능별 전문화의 촉진을 통한 행정의 기능상 중복 방지	• 주민통제의 용이, 주민참여의 촉진, 사회적 능률성의 구현
• 전국적 서비스 수준의 유지를 통한 지역 간 격차의 조정과 지역의 균형 개발	• 자의적인 권력행사의 방지와 행정의 책임성 제고
• 전국적이고 광역적인 사업 추진을 통한 부분적 이익의 전체 이익으로의 귀속	• 환경변화에 대한 신속한 반응과 지역 단위의 종합행정 구현
• 국가적 비상사태나 위기에 대한 신속한 대응	

답 ③

10	신지방분권 → 정부실패 이후

① [×] 신중앙집권이란 지방자치가 발달되어 온 영미에서 중앙 통제가 강화되는 행정국가 시대의 중앙집권으로, 정치적 민주화가 제도적으로 실현되었음을 전제로 하며, 다만 행정의 효율성이라는 사회적 요청에 부응하기 위한 집권이다. 한편, 리우선언이란 지구를 건강하고, 미래를 풍요롭게라는 목표를 위해 환경과 개발에 관한 기본원칙을 담은 선언문이다.
②, ③, ④ [○] 신중앙집권은 행정국가의 대두, 과학기술 및 교통·통신의 발달(②), 국민생활권의 확장, 국민적 최저 수준의 유지와 복지행정 수요의 증대, 지역 간 외부효과의 증대(④), 지방능력의 한계, 지방재정의 취약성에 따른 지방의 중앙에의 의존성 증대(③), 개발경제에서 보존경제(계획적 개발행정)로의 이행 등으로 인하여 등장한 현상이다.

답 ①

지방분권과 지방자치 등의 추진을 위해 설치된 대통령 소속 위원회로 2023년 8월 현재 운영 중인 것은?

① 정부혁신지방분권위원회
② 자치분권위원회
③ 지방분권촉진위원회
④ 지방자치발전위원회
⑤ 지방이양추진위원회

광역행정에 대한 설명으로 옳지 않은 것은?

① 기존의 행정구역을 초월해 더 넓은 지역을 대상으로 행정을 수행한다.
② 행정권과 주민의 생활권을 일치시켜 행정 효율성을 증진시킬 수 있다.
③ 규모의 경제를 확보하기 어렵다.
④ 지방자치단체 간에 균질한 행정서비스를 제공하는 계기로 작용해 왔다.

11	윤석열 정부 → 지방시대위원회

윤석열 정부의 추진기구는 대통령 소속의 지방시대위원회이다.
① [×] 정부혁신지방분권위원회는 노무현 정부 때 설치되었던 위원회이다.
② [×] 자치분권위원회는 문재인 정부 때 설치되었던 위원회이다.
③ [×] 지방분권촉진위원회는 이명박 정부 때 설치되었던 위원회이다.
④ [×] 지방자치발전위원회는 박근혜 정부 때 설치되었던 위원회이다.
⑤ [×] 지방이양추진위원회는 김대중 정부 때 설치되었던 위원회이다.

답 없음

12	광역행정 → 규모의 경제 또는 외부효과의 대처

① [○] 광역행정이란 기존 행정구역 또는 지방자치단체 구역을 초월하여 발생하는 광역적 행정수요를 종합적으로 처리하는 행정을 말한다.
② [○] 광역행정은 생활권(공공서비스 수요)과 공공서비스 공급권을 일치시키는 역할을 수행하므로 서비스 제공에 있어 효율성을 높일 수 있다.
③ [×] 광역행정은 외부효과나 규모의 경제가 강하게 나타나는 사업을 효과적으로 처리하게 위해 등장하였다.
④ [○] 광역행정은 교통·통신의 발달과 생활권의 확대로 인한 광역수요의 증대, 규모의 경제를 통한 능률성의 증대, 비용부담과 혜택의 불일치 해소(→ 외부효과 문제의 해결), 지역 간 균형개발과 서비스 제공에 있어 전국적 평준화 도모 등을 위해 촉진되었다.

답 ③

13 ⬜⬜⬜

광역행정에 대한 설명으로 옳지 않은 것은?

① 광역행정이란 둘 이상의 지방자치단체 관할구역에 걸쳐서 공동적 또는 통일적으로 수행되는 행정을 말한다.

② 사회경제권역의 확대는 광역행정을 촉진시키는 요인으로 작용한다.

③ 공동처리방식은 둘 이상의 지방자치단체가 상호 협력하여 광역행정사무를 공동으로 처리하는 방식이다.

④ 연합방식은 일정한 광역권 안에 여러 자치단체를 통합한 단일의 정부를 설립하여 광역행정사무를 처리하는 방식이다.

---

14 ⬜⬜⬜

광역행정의 방식에 대한 설명으로 옳지 않은 것은?

① 흡수통합은 자치단체를 몇 개 폐합하여 하나의 법인격을 가진 새로운 자치단체를 신설하는 방식이다.

② 공동처리방식은 둘 이상의 자치단체가 상호 협력관계를 형성하여 광역적 행정사무를 공동으로 처리하는 방식이다.

③ 연합은 기존의 자치단체가 각각 독립적인 법인격을 유지하면서 그 위에 광역행정을 전담하는 새로운 자치단체를 신설하는 방식이다.

④ 자치단체 간 계약은 한 자치단체가 다른 자치단체에게 일정한 대가를 받고 서비스를 제공하는 것을 말한다.

13	단일의 정부 → 통합

② [O] 공동처리방식은 둘 이상의 자치단체가 상호협력 관계를 형성하여 광역행정업무를 공동으로 처리하는 방식으로 일부사무조합, 행정협의회, 기관의 공동설치, 사무의 위탁, 연락회의, 의원파견 등이 이에 속한다.

③ [O] 공동처리방식은 기존의 법인격의 변동 없이 상호 협력하여 광역적 사무를 처리하는 방식이다.

④ [×] 여러 자치단체를 통합한 단일의 정부를 설립하여 광역행정사무를 처리하는 방식은 통합이다. 연합은 둘 이상의 지방자치단체가 독립적인 법인격은 그대로 유지하면서 그 전역에 걸친 단체를 새로 창설하는 방식으로, 토론토 대도시권연합, 대하노버연합, 일본의 광역연합 등이 이에 해당한다.

14	하나의 새로운 단체 설립 → 통합

① [×] 자치단체를 몇 개 폐합하여 하나의 법인격을 가진 새로운 자치단체를 신설하는 방식은 통합이다. 흡수통합은 하급자치단체가 가지고 있던 권한과 지위를 상급자치단체나 국가가 흡수하는 방식으로, 하급자치단체의 기능만을 흡수하는 기능적 통합과 기능뿐만 아니라 지위까지도 흡수하는 지위의 통합으로 구분된다.

② [O] 공동처리방식은 기존의 법인격의 변동 없이 상호 협력하여 광역적 사무를 처리하는 방식이다.

④ [O] 사무위탁에 관한 설명이다. 사무위탁은 자치단체 또는 자치단체의 장은 소관사무의 일부를 다른 자치단체 및 그 장에게 위탁하여 처리하는 공법상 계약의 일종이다.

답 ①

📄 광역행정의 접근방법 - 처리수단별

공동처리	기존 법인격의 변동 없이 협력하는 방식 → 조합, 행정협의회, 사무위탁 등
연합	기존 법인격은 그대로 유지하면서 그 전역에 걸친 새로운 법인격 있는 단체를 창설하는 방식
흡수통합	일부 자치단체를 다른 자치단체가 흡수하는 방식
통합	기존 자치단체의 통·폐합한 후 하나의 자치단체로 신설 → 가장 근본적인 변화
특별구	일반 자치구역과 구별되는 별도의 구역을 설정하는 방식 → 자치단체 간 합의가 아닌 법률에 의해 설치

답 ④

광역행정의 방식 중에서 법인격을 갖춘 새 기관을 설립하는 방식만을 다음에서 모두 고르면?

ㄱ. 사무위탁
ㄴ. 행정협의회
ㄷ. 지방자치단체조합
ㄹ. 연합
ㅁ. 합병

---

① ㄱ, ㄷ   ② ㄴ, ㄹ
③ ㄷ, ㄹ   ④ ㄷ, ㅁ
⑤ ㄹ, ㅁ

---

15   법인격의 존재 → 조합과 통합

사무위탁(ㄱ)과 행정협의회(ㄴ)는 법인격이 없고, 자치단체조합(ㄷ)과 합병(ㅁ)은 법인격이 존재한다. 연합(ㄹ)은 일반적으로 법인격이 있는 것으로 간주되지만 외국의 사례를 보면 일부 법인격이 존재하지 않는 도시공동체도 존재한다. 후자의 입장에 근거하여 출제된 문제로 보인다.

답 ④

광역행정에 대한 설명으로 옳지 않은 것은?

① 광역행정의 방식 중 통합방식에는 합병, 일부사무조합, 도시공동체가 있다.
② 광역행정은 지방자치단체 간의 재정 및 행정서비스의 형평적 배분을 도모한다.
③ 광역행정은 규모의 경제를 실현할 수 있다.
④ 광역행정은 지방자치단체 간의 갈등해소와 조정의 기능을 수행한다.
⑤ 행정협의회에 의한 광역행정은 지방자치단체 간의 동등한 지위를 기초로 상호협조에 의하여 광역행정사무를 처리하는 방식이다.

---

16   일부사무조합 → 공동처리

① [×] 합병, 흡수통합, 전부사무조합 등이 통합방식이고, 일부사무조합은 공동처리방식이다. 그리고 도시공동체는 연합방식에 해당한다.
② [○] 광역행정은 지방자치단체 간 격차를 시정하여 행정서비스의 형평적 배분을 높이는데 기여할 수 있다.
③ [○] 각 지방자치단체가 독자적으로 업무를 처리하는 것보다 함께 처리하는 것이 규모의 경제를 높일 수 있는 방안이다.
④ [○] 광역행정은 지역 간 문제를 해결하는 수단으로 발전한 것이므로 지역 간 갈등을 해소하고 조정하는 기능을 수행할 수 있다.
⑤ [○] 행정협의회는 동등한 지위에 기초한 수평적 협력방식이다. 이러한 수평적 협력에는 사무위탁, 행정협의회, 자치단체조합 등이 있다.

답 ①

---

17 □□□

'지방자치법'상 지방자치단체조합에 대한 설명으로 옳지 않은 것은?

① 2개 이상의 지방자치단체가 하나 또는 둘 이상의 사무를 공동으로 처리할 필요가 있을 때에 소정의 절차를 거쳐 설립할 수 있는 법인이다.

② 설립뿐 아니라 규약변경이나 해산의 경우에도 지방의회의 의결을 거쳐야 한다.

③ 해산한 경우에 그 재산의 처분은 행정안전부장관의 승인을 받아야 한다.

④ 구성원인 시·군 및 자치구가 2개 이상의 시·도에 걸치는 지방자치단체조합은 행정안전부장관의 지도·감독을 받는다.

---

17 | 조합 재산의 처리 → 자치단체 간 협의

① [○] 2개 이상의 지방자치단체가 하나 또는 둘 이상의 사무를 공동으로 처리할 필요가 있을 때에는 규약을 정하여 그 지방의회의 의결을 거쳐 시·도는 행정안전부장관의, 시·군 및 자치구는 시·도지사의 승인을 받아 지방자치단체조합을 설립할 수 있다. 다만, 지방자치단체조합의 구성원인 시·군 및 자치구가 2개 이상의 시·도에 걸치는 지방자치단체조합은 행정안전부장관의 승인을 받아야 한다.

② [○] 지방자치단체조합의 규약을 변경하거나 지방자치단체조합을 해산하려는 경우에도 설립의 과정과 같은 절차를 거쳐야 한다.

③ [×] 지방자치단체조합을 해산한 경우에 그 재산의 처분은 관계 지방자치단체의 협의에 따른다.

④ [○] 시·도가 구성원인 지방자치단체조합은 행정안전부장관의, 시·군 및 자치구가 구성원인 지방자치단체조합은 1차로 시·도지사의, 2차로 행정안전부장관의 지도·감독을 받는다. 다만, 지방자치단체조합의 구성원인 시·군 및 자치구가 2개 이상의 시·도에 걸치는 지방자치단체조합은 행정안전부장관의 지도·감독을 받는다.

📄 **행정협의회와 자치단체조합 비교**

구분	행정협의회	자치단체조합
법인격	없음	있음
설치 요건	사후 보고	사전 승인
의결기구	없음	조합회의
사무처리	각 자치단체의 처리	독자적 처리

답 ③

---

18 □□□

'지방자치법'상 지방자치단체에 대한 국가의 지도·감독의 내용으로 옳지 않은 것은?

① 중앙행정기관의 장과 지방자치단체의 장이 사무를 처리할 때 의견을 달리하는 경우 이를 협의·조정하기 위하여 국무총리 소속으로 행정협의조정위원회를 둔다.

② 지방자치단체나 그 장이 위임받아 처리하는 국가사무에 관하여 시·도에서는 주무부장관의, 시·군 및 자치구에서는 1차로 시·도지사의, 2차로 주무부장관의 지도·감독을 받는다.

③ 행정안전부장관이나 시·도지사는 지방자치단체의 자치사무가 공익을 현저히 해친다고 판단되면 지방자치단체의 서류·장부 또는 회계를 감사할 수 있다.

④ 지방의회의 의결이 공익을 현저히 해친다고 판단되면 시·도에 대하여는 주무부장관이, 시·군 및 자치구에 대하여는 시·도지사가 재의를 요구하게 할 수 있다.

---

18 | 자치사무의 감사 → 위법 사항에 한함

① [○] 중앙과 지방 간의 분쟁은 국무총리 소속의 행정협의조정위원회에서 담당한다.

② [○] 위임사무는 소관부서가 존재하므로 주무부장관의 지도와 감독을 받는다.

③ [×] 행정안전부장관이나 시·도지사는 지방자치단체의 자치사무에 관하여 보고를 받거나 서류·장부 또는 회계를 감사할 수 있다. 이 경우 감사는 법령위반사항에 대하여만 실시한다. 즉, 공익을 현저히 해친다는 것으로 자치사무를 감사할 수 없다. 또한 행정안전부장관 또는 시·도지사는 감사를 실시하기 전에 해당 사무의 처리가 법령에 위반되는지 여부 등을 확인하여야 한다.

④ [○] 지방의회의 의결이 법령에 위반되거나 공익을 현저히 해친다고 판단되면 시·도에 대하여는 주무부장관이, 시·군 및 자치구에 대하여는 시·도지사가 재의를 요구하게 할 수 있다. 즉, 상급기관의 재의요구지시권은 존재한다. 그러나 재의요구는 반드시 단체장이 행한다.

답 ③

---

19 ☐☐☐

'지방자치법'상 지방자치단체에 대한 국가의 지도·감독에 대한 설명으로 옳지 않은 것은?

① 중앙행정기관의 장이나 시·도지사는 지방자치단체의 사무에 관하여 조언 또는 권고하거나 지도할 수 있으며, 이를 위하여 필요하면 지방자치단체에 자료의 제출을 요구할 수 있다.

② 지방자치단체의 자치사무에 관한 그 장의 명령이나 처분이 법령에 위반되거나 현저히 부당하여 공익을 해친다고 인정되면 시·도에 대하여는 주무부장관이, 시·군 및 자치구에 대하여는 시·도지사가 기간을 정하여 서면으로 시정할 것을 명하고, 그 기간에 이행하지 아니하면 이를 취소하거나 정지할 수 있다.

③ 지방자치단체의 장이 법령의 규정에 따라 그 의무에 속하는 국가위임사무나 시·도위임사무의 관리와 집행을 명백히 게을리 하고 있다고 인정되면 시·도에 대하여는 주무부장관이, 시·군 및 자치구에 대하여는 시·도지사가 기간을 정하여 서면으로 이행할 사항을 명령할 수 있다.

④ 행정안전부장관이나 시·도지사는 지방자치단체의 자치사무에 관하여 보고를 받거나 서류·장부 또는 회계를 감사할 수 있다.

20 ☐☐☐

'지방자치법'상의 지방자치단체에 대한 국가 및 시 – 도의 지도, 감독에 대한 설명 중 옳은 것만을 고른 것은?

> ㄱ. 중앙행정기관의 장이나 시·도지사는 지방자치단체의 사무에 관하여 조언 또는 권고하거나 지도할 수 있다.
> ㄴ. 중앙행정기관의 장과 지방자치단체의 장이 사무를 처리할 때 의견을 달리하는 경우 이를 협의·조정하기 위하여 행정안전부 소속으로 협의조정기구를 둘 수 있다.
> ㄷ. 지방자치단체의 사무에 관한 그 장의 명령이나 처분이 법령에 위반되거나 현저히 부당하여 공익을 해친다고 인정되면 시·도에 대하여는 주무부장관이, 시·군 및 자치구에 대하여는 시·도지사가 즉시 이를 취소하거나 정지할 수 있다.
> ㄹ. 주무부장관과 시·도지사는 해당 지방자치단체의 장이 정해진 기간 내에 이행명령을 이행하지 아니하면 그 지방자치단체의 비용부담으로 대집행하거나 행정상·재정상 필요한 조치를 할 수 있다.

① ㄱ, ㄴ   ② ㄱ, ㄹ

③ ㄴ, ㄷ   ④ ㄷ, ㄹ

19	자치사무의 시정명령 등 → 위법 사항

① [○] 중앙행정기관의 장이나 시·도지사는 지방자치단체의 사무에 관하여 조언 또는 권고하거나 지도할 수 있으며, 이를 위하여 필요하면 지방자치단체에 자료의 제출을 요구할 수 있다.

② [×] 자치사무에 관한 명령이나 처분에 대하여는 법령을 위반하는 것에 한한다.

③ [○] 자치단체의 장이 법령의 규정에 따라 그 의무에 속하는 국가위임사무나 시·도위임사무의 관리와 집행을 명백히 게을리 하고 있다고 인정되면 시·도에 대하여는 주무부장관이, 시·군 및 자치구에 대하여는 시·도지사가 기간을 정하여 서면으로 이행할 사항을 명령할 수 있다.

답 ②

20	행정협의조정위원회 → 국무총리 소속

ㄴ. [×] 중앙행정기관의 장과 지방자치단체의 장의 분쟁은 국무총리 소속의 행정협의조정위원회에서 담당한다.

ㄷ. [×] 지방자치단체의 사무에 관한 그 장의 명령이나 처분이 법령에 위반되거나 현저히 부당하여 공익을 해친다고 인정되면 시·도에 대하여는 주무부장관이, 시·군 및 자치구에 대하여는 시·도지사가 기간을 정하여 서면으로 시정할 것을 명하고, 그 기간에 이행하지 아니하면 이를 취소하거나 정지할 수 있다. 이 경우 자치사무에 관한 명령이나 처분에 대하여는 법령을 위반하는 것에 한한다. 즉, 즉시 이를 취소하거나 정지할 수 있는 것은 아니다.

답 ②

21

21 □□□

특별지방행정기관에 대한 설명으로 옳지 않은 것은?

① 특별지방행정기관의 소속 공무원은 지방공무원이기 때문에 상급기관과의 인사이동에 장벽이 있다.

② 특별지방행정기관은 광역 단위 지방청 아래 소속기관들을 두는 중층 구조를 가진 경우가 많다.

③ 특별지방행정기관은 중앙의 통제를 받다 보니 지방자치 단체에 비해 주민의 요구에 대한 대응이 둔감하다.

④ 행정서비스의 특성에 따른 적정 수준의 광역행정을 실현하기 위하여 특별지방행정기관의 설치가 필요하다.

⑤ 국가는 특별지방행정기관이 수행하고 있는 사무 중 지방 자치단체가 수행하는 것이 더 효율적인 사무는 지방자치 단체가 담당하도록 하여야 한다.

---

22 □□□

특별지방행정기관에 대한 설명으로 옳지 않은 것은?

① 관할지역 주민들의 직접적인 통제와 참여가 용이하기 때문에 책임행정을 실현할 수 있다.

② 출입국관리, 공정거래, 근로조건 등 국가적 통일성이 요구되는 업무를 수행한다.

③ 현장의 정보를 중앙정부에 전달하거나 중앙정부와 지방 자치단체 사이의 매개 역할을 수행하기도 한다.

④ 국가의 사무를 집행하기 위해 중앙정부에서 설치한 일선 행정 기관으로 자치권을 가지고 있지 않다.

21	특별지방행정기관 → 국가 소속의 지방행정기관

① [×] 특별지방행정기관은 특정 중앙행정기관에 소속된 국가 기관이므로 상급기관으로의 인사이동에 장벽이 있는 것은 아니다.

② [○] 특별지방행정기관은 지방경찰청 – 경찰서 또는 지방국세 – 세무서 등 광역단위의 지방청 아래 소속기관을 두는 중층구조를 지닌 경우가 많다.

📄 **지방자치단체와 특별행정기관 비교**

지방자치단체	특별지방행정기관
• 중앙정부의 간접 통제	• 중앙정부의 직접 통제
• 정치상 집권 · 분권	• 행정상 집권 · 분권
• 고유사무 처리	• 위임사무 처리
• 독립된 법인격 있음	• 독립된 법인격 없음
• 종합성 강조	• 전문성 강조
• 자치행정 + 위임행정	• 지방자치와 무관(→ 관치행정)

답 ①

22	특별지방행정기관 → 국가 소속

① [×] 특별지방행정기관은 중앙정부 소속의 기관이므로 주민의 직접적인 참여와 통제장치가 결여되어 있어 책임행정의 실현에 장애가 될 수 있다.

② [○] 출입국관리, 공정거래, 근로조건 등 국가적 통일성이 요구되거나 전문성이 강한 업무는 특별지방행정기관을 설치하여 이를 담당하게 하는 것이 바람직하다.

③ [○] 특별지방행정기관은 지방에 설치된 국가의 일선기관이므로 지방자치단체와 중앙정부 간 의사소통의 매개체가 될 수 있다.

④ [○] 특별지방행정기관은 지방에 설치한 국가의 하급행정기관이므로 자치권을 가지고 있지 않다.

답 ①

특별지방행정기관에 대한 설명으로 옳은 것은?

① 국가의 사무를 집행하기 위해 설치한 일선집행기관으로 고유의 법인격을 가지고 있다.
② 전문분야의 행정을 보다 효율적으로 수행하기 위해 설치하나 행정기관 간의 중복을 야기하기도 한다.
③ 특별지방행정기관의 예로는 자치구가 아닌 일반 행정구가 있다.
④ 특별지방행정기관은 지방행정의 전문성을 제고하여 지방분권강화에 긍정적인 역할을 미친다.

특별지방행정기관에 대한 설명으로 옳지 않은 것은?

① 국가업무의 효율적이고 광역적인 추진이라는 긍정적인 목적과 부처이기주의적 목적이 결합되어 설치되었다.
② 지방자치단체와의 관계에서 이중행정, 이중감독의 문제는 보조금의 교부, 자금의 대부 등에서 현저하게 나타난다.
③ 특별지방행정기관의 수는 IMF 경제위기를 극복하기 위해 1990년대 후반에 급증했다.
④ 지역주민의 의사를 반영시키는 제도적 연결 장치가 결여되어 있다.

---

23   특별지방행정기관의 한계 → 업무의 중복

① [×] 특별지방행정기관의 중앙정부의 하부기관에 불과하므로 독립된 법인격을 가지고 있지 않다.
② [○] 특별지방행정기관은 중앙정부의 기능을 분야별로 나누어 수행하므로 업무의 효율성을 높일 수 있지만 업무 구분이 모호할 경우 행정기관 간 업무의 중복 문제가 야기될 수 있다.
③ [×] 일반 행정구는 지방자치단체 소속의 하부 행정기관이다.
④ [×] 특별지방행정기관은 중앙정부의 소속기관이므로 중앙집권에는 기여하겠지만 지방분권은 저해할 수 있다.

답 ②

---

24   특별지방행정기관 → 1980년대 후반 급증

② [○] 지방자치단체와 업무가 중복되는 경우가 많아 이중행정의 문제점을 내포하고 있다.
③ [×] 특별지방행정기관은 지방자치가 본격적으로 부활하였던 1980년대 말부터 급격히 증가하였는데, 중앙정부의 관리와 감독의 용이성이라는 부처이기주의 차원에서 설치된 경우가 많았기 때문이다.
④ [○] 국가기관이므로 지역 주민의 참여 장치가 결여되어 있다.

답 ③

01 □□□
17년 국가7급(하)

지역사회의 권력구조를 설명하는 성장기구론에 대한 설명으로 옳은 것만을 모두 고른 것은?

> ㄱ. 자기 소유의 주택가격 상승을 원하는 주민들이 많을 수록 성장연합이 더 강한 힘을 발휘하는 경향이 있다.
> ㄴ. 토지문제와 개발문제, 그리고 이와 연계된 도시의 공간 확장 문제 등과 관련이 있다.
> ㄷ. 반성장연합은 일부 지역주민과 환경운동집단 등으로 이루어진다.
> ㄹ. 성장연합은 반성장연합에 비해서 토지 또는 부동산의 교환가치보다는 사용가치를 중시한다.

① ㄱ, ㄴ, ㄷ   ② ㄱ, ㄴ, ㄹ
③ ㄱ, ㄷ, ㄹ   ④ ㄴ, ㄷ, ㄹ

02 □□□
12년 국가9급

지역사회 및 지방자치단체의 권력구조에 대한 이론과 이에 대한 설명으로 옳은 것은?

① 신다원론(neo-pluralism): 기업이나 개발관계자들의 우월적 지위를 주민이나 지방정부가 용인하지 않는다.
② 엘리트론(elite theory): 엘리트 계층 내의 분열과 다툼이 최소화되기 때문에 내부 조정과 사회화의 과정은 의미를 지니기 어렵다.
③ 성장기구론(Growth Machine): 성장연합과 반성장연합의 대결구도에서 대체로 반성장연합이 승리하여 권력을 쟁취한다.
④ 레짐이론(regime theory): 지방정부와 지방의 민간부문 주요 주체가 연합하여 권력기반을 형성한다.

01	성장기구론 → 성장연합의 승리

ㄱ. [○] 주택가격 상승을 원하는 주민들은 토지의 교환가치를 강조하는 성장연합에 속한다.
ㄴ. [○] 성장기구론은 중앙정치는 다양한 정치경제적 이해관계를 중심으로 움직이는데 비하여 지방정치는 주로 토지의 가치(교환가치 + 사용가치)를 중심으로 이루어진다고 가정한다.
ㄷ. [○] 반성장연합은 토지의 사용가치를 강조하는 일부 지역주민과 환경운동단체 등으로 구성된다.
ㄹ. [×] 성장기구론은 토지의 교환가치를 강조하는 성장연합과 토지의 사용가치를 강조하는 반성장연합 간 대립에서 대체로 성장연합이 우위를 점함을 강조하는 이론이다.

답 ①

02	레짐 → 비공식적 통치연합

① [×] 신다원론(neo-pluralism)은 다원론과 달리 기업이나 개발관계자들의 우월적 지위를 주민이나 지방정부가 용인한다.
② [×] 엘리트론(elite theory)에 의하면 엘리트 집단의 통합을 위하여 엘리트 내부의 조정과 사회화의 과정은 매우 중요하다.
③ [×] 성장기구론(Growth Machine)에 의하면 성장연합과 반성장연합의 대결구도에서 대체로 경제적 우위성을 차지하고 있는 성장연합이 승리한다.
④ [○] 레짐은 도시의 정치와 경제를 지배하는 비공식적 실체를 가진 통치연합이며, 레짐이론은 정부 및 비정부 등 다양한 세력 간 상호의존성을 강조하는 이론이다.

답 ④

지역사회 권력구조에 관한 이론에 대한 설명으로 옳은 것은?

① 레짐이론은 기업을 비롯한 민간부문 주요 주체들과의 연합이나 연대를 배제하는 특성을 갖는다.
② 성장기구론에서 성장연합은 비성장연합에 비해 부동산의 사용가치(use value), 즉 일상적 사용으로부터 오는 편익을 중시한다.
③ 지식경제 사회에서 엘리트 계층과 일반 대중 사이의 정보 비대칭성(asymmetry)이 심화되면 엘리트 이론의 설명력은 더 높아진다.
④ 신다원론에서는 정책과정이 지역사회의 모든 구성원들에게 공정하게 개방되어 있으며, 엘리트 집단의 영향력은 의도적 노력의 결과이다.

레짐이론(regime theory)에 대한 설명으로 옳지 않은 것은?

① 도시권력구조에 대한 이해를 통해 정부 및 비정부 부문의 다양한 세력 간 상호의존성을 강조한다.
② 도시정치경제이론에서 강조하는 정부기구 활동의 경제적 종속성을 수용하면서 동시에 정치의 독자성을 강조한다.
③ 도시권력구조에 대한 인식을 제고시키고 도시정치에서 인과관계와 행태적 측면의 연구에 이론성을 강화해준다.
④ 도시정치이론에 이론적 뿌리를 두고 있는 도시레짐이론에서 말하는 레짐은 정권적 차원의 레짐을 의미한다.

03	레짐이론 → 비공식적 통치연합

① [×] 레짐이론은 국가에 의한 일방적 통치가 아닌 정부 및 비정부 등 다양한 세력 간의 상호의존성을 강조한다.
② [×] 부동산의 사용가치(use value), 즉 일상적 사용으로부터 오는 편익을 중시하는 것은 비성장연합이다. 성장연합은 부동산의 교환가치를 중시한다.
③ [○] 엘리트 계층과 일반 대중 사이의 정보비대칭성이 심화되면 엘리트에 의한 통치가 용이해지므로 다원주의보다는 엘리트 이론의 설명력이 높아질 수 있을 것이다.
④ [×] 신다원론은 자본주의에서 정부는 기업의 특권적 지위를 고려할 수밖에 없다고 주장한다.

답 ③

04	레짐이론 → 비공식적 통치연합

① [○] 레짐이론은 정부 및 비정부 등 다양한 세력 간 상호의존성을 강조한다. 특히, 도시정치경제이론에서 강조하였던 정부활동의 경제적 종속성을 수용하면서 동시에 정치의 독자성도 강조한 이론이다.
② [○] 이익집단, 기업인, 도시정부, 관료제, 정부 등이 주요 행위자이며, 이중 선출직 관료들과 기업집단이 대부분의 레짐에서 가장 강력한 권력을 보유한다.
③ [○] 레짐이론은 선택(행태)을 강조하는 자유주의와 사회구조를 중시하는 구조주의의 절충적 이론이다. 구조 또는 선택이라는 획일성이 아닌 양자 간 상호의존성을 인정한다는 점에서 보다 실증적이다.
④ [×] 레짐이론에서 말하는 레짐은 비공식적 실체를 지닌 통치연합으로 정권적 차원의 공식적 통치집단과는 구별된다.

답 ④

스톤(Stone)이 제시한 레짐(regime) 중 다음 내용과 가장 관련이 깊은 것은?

> A시가 지역사회와 함께 추진하는 ☐☐산 제모습찾기 사업의 전체적인 구상은 시가지가 바라보이는 향교, 전통 숲 등의 공간에는 꽃 피는 나무와 늘 푸른 나무를 적절히 심어 변화감 있는 도시경관을 만들고, 재해위험이 있는 골짜기는 정비함으로써 인근 주민들의 정주환경을 개선하고 재해로부터 안전한 산림으로 복원하는 것이다.

① 개발형 레짐
② 관리형 레짐
③ 중산층 진보레짐
④ 저소득층 기회확장 레짐

공공선택론의 관점에서 본 중앙 – 지방정부 간 기능배분에 관한 설명으로 옳지 않은 것은?

① 재분배정책을 통하여 주민들에게 제공되는 편익은 그들의 조세 부담과는 역으로 결정되며, 주로 지방정부에서 담당해야 한다.
② 개발정책은 지역경제성장을 촉진시키기 위한 정책으로, 원칙적으로 정책의 수혜자가 그 비용을 부담해야 한다.
③ 중앙 – 지방정부간의 기능배분문제는 개인후생을 극대화하고자 하는 시민과 공직자 개개인들의 합리적인 선택 행동에서 비롯되는 것이다.
④ 배당정책(allocational policy)은 치안, 소방, 쓰레기 수거, 공공매립지 제공 등이며, 주로 지방정부에서 담당해야한다.

05	환경보전 → 중산층 진보레짐

① [×] 개발레짐은 쇄락의 방지 및 성장을 위해 적극적인 도시 개발을 추진하는 레짐의 유형으로 구성원 간 갈등이 심하나 생존 능력은 비교적 강하다. 비즈니스 집단의 참여로 자원의 확보가 용이하다는 점에서 레짐의 주도적 형태로 간주된다.
③ [○] 인근 주민들의 정주환경을 개선하고 재해로부터 안전한 산림으로 복원하는 것을 목적으로 하는 레짐은 중산층 진보레짐 이다.
④ [×] 저소득층 기회확장 레짐은 저소득층의 보호와 이익확대를 위한 정책을 추진하는 레짐의 유형으로, 대중의 동원이 중요한 과제이며 생존능력이 가장 약하다.

답 ③

06	재분배정책 → 중앙정부

① [×] 공공선택론에 따르면 재분배정책은 중앙정부에서 담당해야 한다.
② [○] 개발정책은 그로부터 이득을 받는 수혜자가 부담해야 하는데, 일반적으로 중앙과 지방이 공동으로 부담한다.
③ [○] 공공선택론은 후생의 극대화 관점에서 중앙과 지방의 업무를 분담하는 이론이다.
④ [○] 공공선택론에 따르면 배당정책은 지방정부에서 담당하는 것이 비용과 편익의 균형에 도움이 된다.

답 ①

07 □□□

23년 지방9급

라이트의 정부간 관계모형에 대한 설명으로 옳지 않은 것은?

① 정부 간 상호권력관계와 기능적 상호의존관계를 기준으로 정부 간 관계를 3가지 모델로 구분한다.
② 대등권위모형(조정권위모형)은 연방정부, 주정부, 지방정부가 모두 동등한 권한을 가지고 있다고 가정한다.
③ 내포권위모형은 연방정부, 주정부, 지방정부를 수직적 포함관계로 본다.
④ 중첩권위모형은 연방정부, 주정부, 지방정부가 상호 독립적인 실체로 존재하며 협력적 관계라고 본다.

08 □□□

16년 지방9급

정부 간 관계(IGR) 모형에 대한 설명으로 옳은 것만을 모두 고른 것은?

> ㄱ. 로즈 모형에서 지방정부는 중앙정부에 완전히 예속되는 것도 아니고 완전히 동등한 관계가 되는 것도 아닌 상태에서 상호 의존한다.
> ㄴ. 로즈는 지방정부는 법적 자원, 재정적 자원에서 우위를 점하며, 중앙정부는 정보자원과 조직자원의 측면에서 우위를 점한다고 주장한다.
> ㄷ. 라이트는 정부 간 관계를 포괄형, 분리형, 중첩형의 세 유형으로 나누고, 각 유형별로 지방정부의 사무내용, 중앙·정부 간 재정관계와 인사관계의 차이가 있음을 밝히고 있다.
> ㄹ. 라이트 모형 중 포괄형에서는 정부의 권위가 독립적인 데 비하여, 분리형에서는 계층적이다.

① ㄱ, ㄴ
② ㄴ, ㄷ, ㄹ
③ ㄱ, ㄷ
④ ㄱ, ㄴ, ㄷ

---

07 대등권위모형 → 분리형

② [×] 라이트(D. Wright)의 대등권위모형은 연방과 주정부는 대등하지만 일반적으로 지방정부는 주정부에 종속된 것으로 가정하는 모형이다.

📄 정부 간 관계론 - 라이트(D. Wright) 모형

분리권위형	독립형, 대등형 → 주정부는 자치적으로 운영, 지방정부는 주정부에 종속
포괄권위형	종속형 → 연방정부가 주정부와 지방정부를 완전하게 포괄하는 유형
중첩권위형	상호의존형 → 각자 고유한 영역의 보유 + 동일한 관심과 책임 영역

답 ②

---

08 중앙정부 → 법적 자원과 재정적 자원의 우위

ㄴ. [×] 로즈에 의하면 법적 자원과 재정적 자원은 중앙이 우위를 점하고, 정보자원과 조직자원은 지방이 우위를 점한다.
ㄹ. [×] 정부의 권위가 독립적인 것이 분리형이고 계층적인 것이 포괄형이다.

답 ③

09 ☐☐☐

라이트(D. Wright)의 정부 간 관계모형에 대한 설명 중 옳지 않은 것은?

① 분리형(seperated model)은 중앙 - 지방 간 독립적인 관계를 의미한다.
② 내포형(inclusive model)은 지방정부가 중앙정부에 완전히 의존되어 있는 관계를 의미한다.
③ 중첩형(overlapping model)은 정치적 타협과 협상에 의한 중앙 - 지방 간 상호 의존관계를 의미한다.
④ 경쟁형(competitive model)은 정책을 둘러싼 정부 간 경쟁관계를 의미한다.

10 ☐☐☐

지방자치에 관한 이론에 대한 설명으로 옳은 것은?

① 피터슨(P. Peterson)의 저서 '도시한계(City Limits)'에 따르면, 개방체제로서의 지방정부는 재분배정책보다 개발정책을 추구하는 경향이 있다.
② 라이트(D. Wright)는 정부 간 관계를 분쟁형, 창조형, 교환형으로 분류하고, 연방정부와 주정부 간 사회적·문화적 측면의 동태적 관계를 기술하였다.
③ 로즈(Rhodes)의 정부 간 관계론은 지방정부가 조직자원과 재정자원 측면에서 중앙정부보다 우월한 지위에 있다고 본다.
④ 티부(Tiebout)의 발에 의한 투표(voting with feet)가 가능하기 위해서는 주민의 자유로운 이동성, 공공서비스 제공에서 외부효과 존재 등의 전제조건이 충족되어야 한다.

09	라이트 모형 → 분리형, 포괄형, 중첩형

① [○] 분리권위형(독립형·대등형·조정권위형)은 연방정부와 주정부는 독립되어 있어, 주정부는 완전 자치적으로 운영되고, 지방정부는 주정부에 종속되어 있는 유형이다.
② [○] 포괄권위형(종속형·포함형)은 연방정부가 주정부와 지방정부를 완전하게 포괄하는 유형으로, 주정부 및 지방정부에 대한 중앙정부의 강력한 통제와 의존이 나타난다.
③ [○] 중첩권위형(상호의존형)은 연방정부와 주정부 및 지방정부가 각자 고유한 영역을 보유하면서, 동시에 동일한 관심과 책임 영역을 보유하는 유형이다.
④ [×] 라이트(D. Wright)는 정부 간 관계모형을 분리형, 포괄형(내포형), 중첩형으로 분류하였다.

답 ④

10	재정자원 → 중앙정부의 우위

① [○] 피터슨(P. Peterson)의 '도시한계(City Limits)'은 도시정부가 추구하는 최고의 가치는 경제성장에 있기에 개발정책, 할당정책, 재분배정책 순으로 정책선호가 나타난다는 주장이다.
② [○] 라이트(D. Wright)는 정부 간 관계를 분리권위형, 포괄권위형, 중첩권위형으로 구분하였고, 미국에 있어 정부 간 관계의 변천을 분쟁형, 협력형, 집중형, 경쟁형, 타산형으로 설명하였다.
③ [×] 로즈에 의하면 중앙정부는 법적 권한과 재정적 권한에 있어 우위를 보이고, 지방정부는 조직자원과 정보수집 및 처리에 있어 우위를 보인다.

답 ③

696 해커스공무원 학원·인강 gosi.Hackers.com

정부 간 관계이론에 대한 설명으로 옳지 않은 것은?

① 라이트(Wright)의 이론 중 중첩권위형은 중앙정부와 지방정부가 상호의존적인 관계를 맺고 있는 유형을 말하며 가장 이상적인 형태다.
② 던사이어(Dunsire)의 이론 중 하향식모형은 지방정부가 중앙정부에 전적으로 의존하는 유형을 말한다.
③ 엘코크(Elcock)의 이론 중 동반자모형은 지방정부가 중앙정부의 감독 및 지원 하에 국가정책을 집행하는 유형을 말한다.
④ 윌다브스키(Wildavsky)의 이론 중 갈등 - 합의 모형은 중앙정부와 지방정부의 관계가 인사와 재정상으로 완전하게 분리되어 서로 독립적·자치적으로 운영되는 유형을 말한다.
⑤ 무라마츠 미치오는 중앙정부와 지방정부 간의 관계를 수직적 통제모형과 수평적 경쟁모형으로 나눈다.

11　　동반자 모형 → 분리형

② [○] 던사이어(Dunsire)는 중앙 - 지방간 관계를 하향식 모형, 지방자치모형, 정치체제모형 등으로 구분하였다.
③ [×] 엘코크(Elcock)은 동반자모형, 대리자모형, 교환(절충)모형으로 나누었다. 지방정부가 중앙정부의 감독 및 지원 하에 국가정책을 집행하는 유형은 대리자모형이다.
④ [○] 윌다브스키(Wildavsky)는 정부 간 관계 모형을 협조 - 강제모형과 갈등 - 합의모형으로 나누었다.
⑤ [○] 무라마츠 미치오는 중앙정부와 지방정부 간의 관계를 수직적 행정통제모형과 수평적 정치경쟁모형으로 나눈다.

📄 정부 간 관계론 - 엘콕(H. ElcocK) 모형	
동반자모형	지방도 독자적 결정을 내릴 수 있는 존재
대리자모형	중앙의 단순한 대리자 → 중앙정부의 감독 아래 정책집행
교환모형(→ 절충)	중앙과 지방의 상호의존적 관계

답 ③

정부 간 관계에 대한 설명으로 옳은 것은?

① 미국 건국초기에는 연방의 권한이 상대적으로 강했으며, 연방과 주의 권한을 명확히 구분하지 않았다.
② 딜런의 규칙(Dillon's rule)에 의하면 지방정부는 '주정부의 피조물'로서 명시적으로 위임된 사항 외에도 포괄적인 권한을 지닌다.
③ 영국의 경우 개별적으로 수권 받은 사무에 대해서는 지방자치단체가 자치권을 보유하지만, 그 범위를 벗어나는 행위는 금지된다.
④ 일본의 경우 메이지유신 이래 강력한 중앙집권적 체제를 유지해 왔으며, 국가의 관여를 폐지하거나 축소시키는 등의 분권개혁은 이루어지지 못했다.

12　　개별적 수권주의 → 월권금지의 원칙

① [×] 미국의 건국 초기에는 무국가성 혹은 약한 국가성에 입각하여 연방의 권한이 상대적으로 약하였다.
② [×] 딜런의 법칙은 영미의 개별적 지정주의와 관련되며, 주정부의 독립성을 강조하고 지방정부에 대한 주정부의 법적 우위를 인정한다. 즉, 지방정부는 주정부의 피조물로 명시적으로 위임된 사항만 처리할 수 있다는 이론이다.
③ [○] 영국은 개별적 수권주의에 입각하여 수권 받은 사무에 대해서만 자치권을 보유하고 그 범위를 벗어나는 행위는 금지되는데 이를 '월권금지의 원칙'이라 한다.
④ [×] 일본은 메이지유신 이래 추진했던 강력한 중앙집권적 체제의 문제점을 치유하기 위하여 1980년대 중반 이후 지방분권의 개혁을 강력하게 추진하고 있다.

답 ③

13 ☐☐☐

다음은 지방자치단체 상호간 관계에 대한 설명이다. ㄱ ~ ㄹ에 들어갈 말을 순서대로 바르게 나열한 것은?

> 가. 2개 이상의 지방자치단체가 하나 또는 둘 이상의 사무를 공동으로 처리할 필요가 있을 때에는 규약을 정하여 그 지방의회의 의결을 거쳐 시·도는 행정안전부장관의, 시·군 및 자치구는 시·도지사의 승인을 받아 (ㄱ)을/를 설립할 수 있다.
> 나. 지방자치단체의 장이나 지방의회의 의장은 상호 간의 교류와 협력을 증진하고, 공동의 문제를 협의하기 위하여 전국적 (ㄴ)를 설립할 수 있다.
> 다. 지방자치단체 상호 간이나 지방자치단체의 장 상호 간 사무를 처리할 때 의견이 달라 생긴 분쟁의 조정과 행정협의회에서 합의가 이루어지지 아니한 사항의 조정에 필요한 사항을 심의·의결하기 위하여 행정안전부에 (ㄷ)를 둔다.
> 라. 지방자치단체는 2개 이상의 지방자치단체에 관련된 사무의 일부를 공동으로 처리하기 위하여 관계 지방자치단체 간의 (ㄹ)를 구성할 수 있다.

	ㄱ	ㄴ	ㄷ	ㄹ
①	행정협의회	지방자치단체장 협의회	지방자치단체 지방분쟁조정위원회	협의체
②	지방자치 단체조합	행정협의회	지방자치단체 지방분쟁조정위원회	협의체
③	행정협의회	협의체	지방자치단체 중앙분쟁조정위원회	지방자치단체장 협의회
④	지방자치 단체조합	협의체	지방자치단체 중앙분쟁조정위원회	행정협의회

13 지방자치단체조합 → 행정안전부장관이나 시·도시사의 승인

가. 행정안전부장관이나 시·도지사의 승인을 받아 설립하는 것은 지방자치단체조합(ㄱ)이다.
나. 자치단체의 장이나 지방의회의 의장이 상호 간 교류와 협력을 위해 설립하는 것은 협의체(ㄴ)이다.
다. 지방자치단체 상호 간 분쟁을 조정하기 위하여 행정안전부에 설치하는 것은 지방자치단체 중앙분쟁조정위원회(ㄷ)이다.
라. 지방자치단체가 관련된 사무의 일부를 공동으로 처리하기 위하여 설립하는 것은 행정협의회(ㄹ)이다. 지방자치단체조합과 달리 상급기관의 승인은 필요하지 않다.

📑 우리나라의 분쟁조정

구분	분쟁조정위원회	행정협의조정위원회
공통점	법률상 기관, 필수적 기관	
소속	행정안전부, 시·도	국무총리
관할	지방과 지방의 분쟁	중앙과 지방의 분쟁
시기	신청 또는 직권	신청
효력	직무이행명령과 대집행 규정 적용	직무이행명령과 대집행 규정 미적용

중앙분쟁조정위원회	지방분쟁조정위원회
지방분쟁조정위원회의 조정대상 외	같은 관할구역 안의 시·군·자치구 간 분쟁

답 ④

우리나라 지방자치단체 상호 간의 관계에 대한 설명으로 옳지 않은 것은?

① 지방자치단체나 그 장은 소관 사무의 일부를 다른 지방자치단체나 그 장에게 위임하여 처리하게 할 수 있다.

② 2개 이상의 지방자치단체에 관련된 사무의 일부를 공동으로 처리하기 위하여 행정협의회를 구성할 수 있다.

③ 지방자치단체장 상호 간의 교류와 협력을 위하여 전국적 협의체를 설립할 수 있다.

④ 중앙행정기관장과 지방자치단체장이 사무를 처리함에 있어서 의견을 달리하는 경우 이를 협의·조정하기 위하여 국무총리 소속으로 행정협의조정위원회를 둔다.

⑤ 지방자치단체조합의 사무처리의 효과는 지방자치단체가 아닌 지방자치단체조합에 귀속된다.

14	위임의 대상 → 소속기관, 하부기관, 하부행정기관

① [×] 소관 사무의 일부를 다른 지방자치단체나 그 장에게 처리하게 하는 것은 사무위임이 아니라 사무위탁이다.

② [○] 지방자치단체가 협의회를 구성하려면 관계 지방자치단체 간의 협의에 따라 규약을 정하여 관계 지방의회의 의결을 각각 거친 다음 고시하여야 한다.

③ [○] 지방자치단체의 장 또는 지방의회의 의장은 상호 간의 교류와 협력을 증진하고, 공동의 문제를 협의하기 위하여 시·도지사, 시·도의회의 의장, 시장·군수·자치구의 구청장, 시·군·자치구의회의 의장별로 전국적 협의체를 설립할 수 있으며, 위 전국적 협의체가 모두 참가하는 지방자치단체연합체를 설립할 수 있다.

④ [○] 중앙행정기관장과 지방자치단체장이 사무를 처리함에 있어서 의견을 달리하는 경우 이를 협의·조정하기 위하여 국무총리 소속으로 행정협의조정위원회를 둔다.

⑤ [○] 지방자치단체조합은 독립된 법인격을 가지므로 지방자치단체 조합의 사무처리의 효과는 지방자치단체가 아닌 지방자치단체 조합에 귀속된다.

답 ①

우리나라의 중앙정부와 지방정부 간 관계에 대한 설명으로 옳지 않은 것은?

① 중앙정부와 지방정부 간의 인사교류 활성화는 소모적 갈등의 완화에 기여할 수 있다.

② 특별지방행정기관과 지방정부 간 기능이 유사·중복되어 갈등이 발생하기도 한다.

③ 중앙정부와 지방정부 간 재원 및 재정부담을 둘러싼 갈등이 심화되고 있다.

④ 중앙정부와 지방정부 간 갈등을 해결하기 위하여 설치된 행정협의조정위원회의 결정은 강제력을 지닌다.

15	행정협의조정위원회 → 결정을 강제할 수 있는 수단의 부재

① [○] 인사교류를 통한 의사소통의 확대는 중앙과 지방 간 상호 이해력의 향상을 가져올 수 있기 때문이다.

② [○] 우리나라는 국가 소속의 특별지방행정기관과 지방자치단체 간 업무의 중복으로 인해 갈등이 유발될 가능성이 높다.

④ [×] '지방자치법'에는 행정협의조정위원회의 협의·조정사항을 통보받은 관계 중앙행정기관의 장과 그 지방자치단체의 장은 그 협의·조정 결정사항을 이행하여야 한다고 규정하고 있으므로 행정협의조정위원회의 결정에도 구속력이 있다고 볼 수 있다. 다만, 직무이행명령이나 대집행 규정이 적용되지 않는 관계로 실질적으로 강제력을 지니지 못한 것으로 평가받는다.

답 ④

16 □□□

지방자치단체 상호 간의 분쟁조정에 관한 설명으로 옳지 않은 것은?

① 지방자치단체 상호 간에 분쟁이 발생할 경우 행정안전부장관 또는 시·도지사가 당사자의 신청에 의하여 이를 조정할 수 있다.

② 지방자치단체 상호 간 분쟁이 공익을 현저히 저해하여 조속한 조정이 필요하다고 인정될 경우에는 당사자의 신청이 없어도 행정안전부장관 또는 시·도지사가 직권으로 이를 조정할 수 있다.

③ 조정결정사항 중 예산이 수반되는 경우에 관계 지방자치단체는 이에 필요한 예산을 우선적으로 편성하여야 한다.

④ 동일 광역자치단체 내 기초자치단체 간의 분쟁은 중앙분쟁조정위원회에서 조정한다.

---

16 동일 광역자치단체 내 기초자치단체 간 분쟁조정
→ 지방분쟁조정위원회

① [○] 지방자치단체 상호 간이나 지방자치단체의 장 상호 간 사무를 처리할 때 의견이 달라 다툼이 생기면 다른 법률에 특별한 규정이 없으면 행정안전부장관이나 시·도지사가 당사자의 신청에 따라 조정할 수 있다.

② [○] 다만, 그 분쟁이 공익을 현저히 저해하여 조속한 조정이 필요하다고 인정되면 당사자의 신청이 없어도 직권으로 조정할 수 있다.

③ [○] 조정결정사항 중 예산이 수반되는 사항에 대하여는 관계 지방자치단체는 필요한 예산을 우선적으로 편성하여야 한다.

④ [×] 동일 광역자치단체 내 기초자치단체 간의 분쟁은 지방분쟁조정위원회에서 조정한다.

답 ④

지방자치의 의의

01 ☐☐☐
21년 국가9급

우리나라 지방자치단체의 권한(자치권)으로 옳지 않은 것은?

① 지방자치단체는 법률의 위임이 있어야 주민의 권리를 제한하는 조례를 제정할 수 있다.
② 지방자치단체는 주민의 복지증진과 사업의 효율적 수행을 위하여 지방공기업을 설치·운영할 수 있다.
③ 지방자치단체는 조례를 위반한 행위에 대하여 조례로써 1,500만 원 이하의 과태료를 정할 수 있다.
④ 지방자치단체조합도 따로 법률로 정하는 바에 따라 지방채를 발행할 수 있다.

02 ☐☐☐
20년 국가9급

우리나라 지방자치에 대한 설명으로 옳은 것은?

① 자치사법권은 인정되고 있다.
② 지방자치단체의 예산안 편성권은 지방자치단체장에 속한다.
③ 자치입법권은 지방의회만이 행사할 수 있는 전속적 권한이다.
④ 세종특별자치시와 제주특별자치도의 제주시는 기초자치단체로서 자치권을 가지고 있다.

---

01 조례 위반 → 1,000만 원 이하의 과태료

① [○] 조례는 법령의 범위 안에서 제정할 수 있지만, 권리의 제한, 의무의 부과 그리고 벌칙의 제정을 위해서는 법률의 위임이 필요하다.
③ [×] 지방자치단체는 조례를 위반한 행위에 대하여 조례로써 1,000만 원 이하의 과태료를 정할 수 있다.
④ [○] 지방자치단체조합의 장은 그 조합의 투자사업과 긴급한 재난복구 등을 위한 경비를 조달할 필요가 있을 때 또는 투자사업이나 재난복구사업을 지원할 목적으로 지방자치단체에 대부할 필요가 있을 때에는 지방채를 발행할 수 있다. 이 경우 행정안전부장관의 승인을 받은 범위에서 조합의 구성원인 각 지방자치단체 지방의회의 의결을 얻어야 한다.

답 ③

---

02 예산안 편성권 → 단체장의 권한

① [×] 우리나라의 경우 자치사법권은 인정되지 않는다. 이 밖에 독자적으로 세목을 설정할 수 있는 권한도 인정되지 않는다.
② [○] 예산안의 편성권은 자치단체장의 권한이다. 반면 예산안의 심의·의결권은 지방의회의 권한이다.
③ [×] 자치입법에는 조례와 규칙이 있다. 조례는 지방의회에서 의결하지만 규칙은 자치단체장이 제정하므로 자치입법권이 지방의회만의 전속권한은 아니다.
④ [×] 세종특별자치시는 광역자치단체이고 제주특별자치도의 제주시는 행정시로 이는 자치단체에 해당하지 않는다.

답 ②

03 ☐☐☐

지방자치단체의 조례에 관한 설명으로 옳은 것을 모두 고른 것은?

> ㄱ. 지방자치단체의 장은 법령 또는 조례의 범위에서 그 권한에 속하는 사무에 관하여 규칙을 제정할 수 있다.
> ㄴ. 지방의회에서 의결된 조례안은 10일 이내에 지방자치단체의 장에게 이송되어야 한다.
> ㄷ. 재의요구를 받은 조례안은 재적의원 과반수의 출석과 출석의원 과반수의 찬성으로 재의요구를 받기 전과 같이 의결되면, 조례로 확정된다.
> ㄹ. 지방자치단체의 장은 재의결된 조례가 법령에 위반된다고 판단되면 재의결된 날부터 20일 이내에 대법원에 제소할 수 있다.

① ㄱ, ㄴ   ② ㄴ, ㄹ
③ ㄱ, ㄹ   ④ ㄷ, ㄹ

03	조례안의 이송 → 5일 이내 이송

ㄴ. [×] 지방의회에서 의결된 조례안은 5일 이내에 지방자치단체의 장에게 이송되어야 한다.

ㄷ. [×] 재의요구를 받은 조례안은 재적의원 과반수의 출석과 출석의원 3분의 2의 찬성으로 재의요구를 받기 전과 같이 의결되면, 조례로 확정된다.

답 ③

04 ☐☐☐

우리나라 지방자치제에 대한 설명으로 옳지 않은 것은?

① 지방자치단체와 지방의회는 기관대립형이 원칙이다.
② 지방자치단체는 법인으로 한다.
③ 주민투표제, 주민감사청구제, 주민소환제를 실시하고 있다.
④ 자치입법권, 자치조직권, 자치재정권, 자치사법권을 인정하고 있다.

04	우리나라 자치권 → 자치사법권의 부재

① [○] 기관대립형은 권력분립주의에 입각하여 의결기능과 집행기능을 각각 다른 기관에 분산시키고, 이들 상호 간의 견제와 균형을 통해 자치행정을 수행하는 형태로 주로 우리나라와 같은 대륙형 단체자치 국가에서 채택하는 방식이다.

② [○] 지방자치단체는 법인으로 한다. 시·도는 정부의 직할로 두고, 시는 도의 관할 구역 안에, 군은 광역시나 도의 관할 구역 안에 두며, 자치구는 특별시와 광역시의 관할 구역 안에 둔다.

③ [○] 지방자치법은 주민투표, 조례의 제정과 개폐 청구, 주민감사 청구, 주민소송, 주민소환 등의 주민참여제도를 규정하고 있다.

④ [×] 우리나라의 경우 자치사법권은 인정하고 있지 않다.

답 ④

우리나라 자치재정권에 대한 설명으로 옳지 않은 것은?

① 지방자치단체는 법률로 정하는 바에 따라 지방세를 부과 징수할 수 있다.
② 지방자치단체는 공공시설의 이용 또는 재산의 사용에 대하여 사용료를 징수할 수 있다.
③ 지방자치단체는 행정 목적을 달성하기 위하여 특정한 자금을 운용하기 위한 기금을 설치할 경우 행정안전부장관의 승인을 얻어야 한다.
④ 지방자치단체의 장이나 지방자치단체조합은 따로 법률이 정하는 바에 따라 지방채를 발행할 수 있다.

우리나라 지방자치단체 자치권의 행사에 관한 예시로 옳지 않은 것은?

① A광역시 의회는 유류가격 인상에 대응하여 주행세 세율의 20%를 감하기로 의결하였다.
② B시 의회는 예산운영의 투명성을 제고하기 위하여 주민참여예산제도 운영에 관한 조례를 제정하였다.
③ C자치구는 도시미관을 개선할 목적으로 기준인건비 범위 내에서 부서정원을 조정하여 도시디자인과를 신설하였다.
④ D도 도지사는 국제물류센터 건립을 위하여 행정안전부장관이 승인한 외채 발행을 도의회에 의결 요청하였다.

---

05   기금의 설치 → 조례

① [○] 지방자치단체는 법률로 정하는 바에 따라 지방세를 부과·징수할 수 있다.
② [○] 지방자치단체는 공공시설의 이용 또는 재산의 사용에 대하여 사용료를 징수할 수 있다.
③ [×] 지방자치단체는 행정목적을 달성하기 위한 경우나 공익상 필요한 경우에는 재산을 보유하거나 특정한 자금을 운용하기 위한 기금을 설치할 수 있고 재산의 보유, 기금의 설치·운용에 관하여 필요한 사항은 조례로 정한다. 즉, 행정안전부장관의 승인을 얻어야 하는 것은 아니다.
④ [○] 지방자치단체의 장이나 지방자치단체조합은 따로 법률로 정하는 바에 따라 지방채를 발행할 수 있다.

답 ③

---

06   지방세의 세목과 세율 → 법률로 규정

① [×] 지방세는 법률로 정하므로 주행세의 인상은 국회의 권한이다. 자동차 주행세는 탄력세율의 적용대상이지만 이는 대통령령으로 정한다.
② [○] 지방자치단체의 장은 대통령령으로 정하는 바에 따라 지방예산 편성과정에 주민이 참여할 수 있는 절차를 마련하여 시행하여야 하며, 그 밖에 주민참여 예산의 범위·주민의견수렴에 관한 절차·운영방법 등 구체적인 사항은 지방자치단체의 조례로 정한다.
③ [○] 국의 신설은 대통령령으로 규정하여야 하지만 과의 신설은 자유롭다.
④ [○] 외채를 발행하기 위해서는 행정안전부장관의 승인을 받고 도의회의 의결을 거쳐야 한다.

답 ①

07 ☐☐☐

자치경찰제도에 대한 설명으로 옳지 않은 것은?

① 지역 실정에 맞는 치안행정을 펼칠 수 있다.
② 경찰 업무의 통일성과 효율성을 높일 수 있다.
③ 제주자치경찰단은 주민의 생활안전 활동에 관한 사무를 수행한다.
④ 자치경찰 사무를 관장하기 위하여 광역자치단체에 시·도자치경찰위원회를 둔다.

07	경찰 업무의 통일성과 효율성 제고 → 국가경찰

② [×] 경찰 업무의 통일성과 효율성의 제고는 국가경찰의 특징이다.
③ [○] 주민의 생활안전 활동에 관한 사무는 자치경찰의 사무이다.
④ [○] 21년 자치경찰제가 시행되면서 행정안전부 소속의 국가경찰위원회와 시·도지사 소속의 각 시·도자치경찰위원회로 분리되었다.

답 ②

08 ☐☐☐

다음 중 조례와 규칙에 대한 설명으로 옳지 않은 것은?

① 지방자치단체의 장은 법령의 범위 안에서 그 사무에 관하여 조례를 정할 수 있다.
② 조례를 정할 때, 주민의 권리 제한에 관한 사항은 법률의 위임이 있어야 한다.
③ 시·군 및 자치구의 조례나 규칙은 시·도의 조례나 규칙을 위반하여서는 안 된다.
④ 지방자치단체는 조례를 위반한 행위에 대하여 조례로써 과태료를 정할 수 있다.
⑤ 과태료는 해당 지방자치단체의 장이 부과·징수한다.

08	조례의 제정 → 지방자치단체

① [×] 조례의 제정은 지방의회에서 이루어진다. 즉, 지방자치단체장의 권한이 아니다.

📄 **조례와 규칙 비교**

구분	조례	규칙
주체	지방의회	지방자치단체장
관할 범위	자치사무 + 단체위임	자치사무 + 단체위임 + 기관위임
위임	법령의 범위 내에서 제정	법령이나 조례의 범위 내에서 제정
벌칙 규정	가능	불가

답 ①

지방자치단체의 조직권을 강화하기 위한 방안의 하나로 도입된 '기준인건비제'에 대한 설명으로 옳지 않은 것은?

① 중앙정부에 의한 정원통제를 어느 정도 피할 수 있다.
② 정원 및 기구의 조정을 통해 조직 내에서 자동적인 제어기능이 작동한다.
③ 업무성격이나 내용에 따라 유연한 인력운영이 가능하다.
④ 표준정원제 운영에 적합하고, 지방자치단체장의 무분별한 기구와 정원관리의 폐해를 막을 수 있다.

다음 중 우리나라 지방자치단체의 자치권에 대한 설명으로 옳지 않은 것은?

① 지방자치단체는 자치재정권이 인정되어 조례를 통해서 독립적인 지방세목을 설치할 수 있다.
② 행정기구의 설치는 대통령령이 정하는 범위 안에서 지방자치단체의 조례로 정한다.
③ 자치사법권이 부여되어 있지 않다.
④ 중앙정부가 분권화시킨 결과가 지방정부의 자치권 확보라고 할 수 있다.
⑤ 중앙과 지방의 기능배분에 있어서 포괄적 예시형 방식을 적용한다.

09	표준정원제의 대체 → 기준인건비제도

① [○] 기준인건비제도의 도입으로 전체 정원에 대한 통제는 폐지되었다.
② [○] 기준인건비의 범위가 정해져 있으므로 정원 및 조직에 대한 제어기능이 존재한다.
③ [○] 기준인건비제도는 특수한 행정 수요에 탄력적으로 대응할 수 있는 자율범위를 추가하고 있다.
④ [×] 표준정원제를 대체하면서 등장한 것이 총액인건비제도이고 이를 대체한 것이 기준인건비제도이다. 기준인건비제는 행정안전부가 제시하는 기준인건비에 따라 각 지방자치단체들이 자율적으로 정원을 운영하는 제도이다.

📑 **총액인건비와 기준인건비 비교**

구분	총액인건비 → 중앙	기준인건비 → 지방
총 정원	총 정원 → 대통령령, 직제 정원의 5% 내 증원 가능	총 정원 제한 없음, 기준인건비 내 자율책정
계급별 정원	총리령이나 부령	자율 → 조례
기구설치	국 단위는 대통령령, 과 단위는 자율	

답 ④

10	지방세의 세목과 세율 → 법률로 규정

① [×] 조례를 통해서 독립적인 지방세목을 설치할 수 없다.

답 ①

특별지방자치단체에 대한 설명으로 옳지 않은 것은?

① 2개 이상의 지방자치단체가 공동으로 특정한 목적을 위하여 광역적으로 사무를 처리할 필요가 있을 때에는 특별지방자치단체를 설치할 수 있다.

② 보통의 지방자치단체와 같이 법인격을 갖는다.

③ 특별지방자치단체의 의회는 규약으로 정하는 바에 따라 구성 지방자치단체의 의회 의원으로 구성한다.

④ 구성 지방자치단체의 장은 지방자치법상 겸임 제한 규정에 의해 특별지방자치단체의 장을 겸할 수 없다.

11	특별지방자치단체의 장 → 지방의회에서 간선

③ [○] 특별지방자치단체의 의회의 의원은 구성 지방자치단체의 의원으로 구성된다.

④ [×] 구성 지방자치단체의 장은 지방자치법상 겸임 제한 규정에도 불구하고 특별지방자치단체의 장을 겸할 수 있다.

📄 **일반지방자치단체와 특별지방자치단체 비교**

구분	차이점		유사점
	일반지방자치단체	특별지방자치단체	
기능	일반적·종합적·포괄적	특정적·한정적·개별적	독자적 법인
존재	보편적	이차적·예외적	
구성원	주민	지방자치단체	
권능	포괄적	개별적	
의결기구	지방의회	조합회의	
설립	법정설립 및 법정해산	임의설립 및 임의해산	

답 ④

우리나라 지방행정체제와 관련된 내용으로 옳지 않은 것은?

① 자치구의 자치권 범위는 시·군의 경우와 같다.

② 특별시·광역시·도는 같은 수준의 자치행정계층이다.

③ 광역시가 아닌 시라도 인구 50만 이상의 경우에는 자치구가 아닌 구를 둘 수 있다.

④ 군은 광역시나 도의 관할 구역 안에 둔다.

12	자치구의 자치권 → 시·군보다 협소

① [×] 자치구는 특별시와 광역시의 관할 구역 안의 구만을 말하며, 자치구의 자치권의 범위는 법령으로 정하는 바에 따라 시·군과 다르게 할 수 있다.

② [○] 특별시(미군정), 광역시[1995, 직할시(1963)], 도, 특별자치도(2006), 특별자치시(2012) 등 보충적·보완적 자치계층으로 모두 정부의 직할이다. 한편, 광역과 기초의 법적 지위는 원칙적으로 동일하다. 다만, 특별시와 특별자치도 및 특별자치시의 특례가 인정된다.

③ [○] 특별시·광역시 및 특별자치시가 아닌 인구 50만 이상의 시에는 자치구가 아닌 구를 둘 수 있다.

④ [○] 군은 광역시, 도의 관할 구역 안에 둔다.

📄 **자치구와 일반구 비교**

구분	자치구	일반구
지위	지방자치단체	지방행정기관
설치 요건	특별시·광역시 관할구역 안에 설치	인구 50만 이상의 시에 설치
기관장	정무직 지방공무원	일반직 지방공무원

답 ①

01 ☐☐☐

지방자치법 상 지방자치단체 종류별 사무배분의 기준에 대한 설명으로 옳지 않은 것은?

① 인구 30만 이상의 시에 대해서는 도가 처리하는 사무의 일부를 직접 처리하게 할 수 있다.

② 시·군 및 자치구가 독자적으로 처리하기 어려운 사무는 시·도의 사무이다.

③ 지방자치단체의 구역, 조직, 행정관리 등은 시·도와 시·군 및 자치구에 공통된 사무이다.

④ 국가와 시·군 및 자치구 사이의 연락·조정 등의 사무는 시·도의 사무이다.

01	인구 50만 이상 시의 특례 → 일반구의 설치 및 도의 사무 일부 처리

① [×] 인구 50만 이상의 시에 대해서는 도가 처리하는 사무의 일부를 직접 처리하게 할 수 있다.

답 ①

02 ☐☐☐

지방자치단체의 계층구조에 대한 설명으로 옳지 않은 것은?

① 계층구조는 각 국가의 정치형태, 면적, 인구 등에 따라 다양한 형태를 갖는다.

② 중층제에서는 단층제에서보다 기초자치단체와 중앙정부의 의사소통이 원활하지 못할 수 있다.

③ 단층제는 중층제보다 중복행정으로 인한 행정지연의 낭비를 줄일 수 있다.

④ 중층제는 단층제보다 행정책임을 보다 명확하게 할 수 있다.

02	행정책임의 명확성 → 단층제

① [○] 인구가 많거나 국토가 넓을 경우 단층제로는 운영되기 어렵다.

② [○] 중층제는 기초자치단체가 광역자치단체를 거쳐 중앙과 의사소통을 하므로 광역자치단체가 없는 단층제에 비하여 의사소통이 원활하지 못하다.

③ [○] 하나의 지역에 하나의 자치단체만 존재한다면 중복행정으로 인한 낭비를 방지할 수 있다.

④ [×] 단층제는 하나의 구역 안에 단일한 일반자치단체만 있는 경우이며, 중층제는 일반자치단체가 다른 일반자치단체의 구역 안에 포함되어 있는 경우이다. 행정책임은 하나의 자치단체만이 존재하는 단층제가 보다 명확하다.

답 ④

우리나라의 지방자치계층에 대한 설명으로 옳지 않은 것은?

① 제주특별자치도는 자치계층 측면에서 단층제로 운영되고 있다.
② 자치계층은 주민공동체의 정책결정 및 집행의 단위로서 정치적 민주성 가치가 중요시된다.
③ 세종특별자치시의 관할구역으로 자치구를 둘 수 있다.
④ 자치계층으로 군을 두고 있는 광역시가 있다.

기초지방자치단체 구역설정 시 일반적 기준으로 고려되지 않는 것은?

① 재원조달 능력
② 주민 편의성
③ 노령화 지수
④ 공동체와 생활권

03	세종특별자치시 → 단층제

① [○] 제주특별자치도의 관할구역에는 기초자치단체를 두지 않고 있으므로 제주도는 단층제로 운영된다.
② [○] 자치계층은 국가로부터 독립하여 법인격을 부여 받은 계층이다. 행정계층은 행정적 효율성을 추구하는 개념이며, 자치계층은 정치적 민주성을 추구하는 개념이다.
③ [×] 세종특별자치시의 관할구역에는 시·군·자치구를 두지 아니한다.
④ [○] 광역시에는 자치구뿐만 아니라 군도 설치할 수 있다.

답 ③

04	구역설정의 기준 → 주민 편의 + 행정 편의

①, ②, ④ [○] 기초자치단체의 구역설정 기준으로는 일반적으로 공동사회와 공동생활권(④), 민주성과 능률성의 조화, 재정수요와 재정조달능력의 조화(①), 주민편의와 행정편의의 조화(②) 등이 거론된다.
③ [×] 자치구역의 주민의 편의와 행정의 편의라는 두 가지 기준으로 설정된다. 노령화 지수와는 관련이 없다.

답 ③

지방선거에 대한 설명으로 옳은 것은?

① 이승만 정부에서 처음으로 시·읍·면 의회의원을 뽑는 지방선거가 실시되었다.

② 박정희 정부부터 노태우 정부 시기까지는 지방선거가 실시되지 않았다.

③ 지방자치단체장과 지방의회의원을 동시에 뽑는 선거는 김대중 정부에서 처음으로 실시되었다.

④ 2010년 지방선거부터 정당공천제가 기초지방의원까지 확대되었지만 많은 문제점이 지적되면서 현재는 실시되지 않고 있다.

05	최초의 시·읍·면 의회의원 선거 → 1952

① [O] 제1공화국 이승만 정부에서 처음으로 시·읍·면 의회의원을 뽑는 지방선거가 실시되었다.

② [×] 박정희 정부부터 전두환 정부 시기까지는 지방선거가 실시되지 않았다. 노태우 정부에서 기초의원 선거는 1991년 3월에, 광역의원 선거는 1991년 6월에 실시되었다.

③ [×] 지방자치단체장과 지방의회의원을 동시에 뽑는 선거는 김영삼 정부에서 1995년 6월에 처음으로 실시되었다.

④ [×] 현재 우리나라의 경우 광역자치단체와 기초자치단체의 장 및 의원의 선거에 있어서 후보자의 정당표방 및 정당의 후보자 추천이 인정된다. 다만, 교육감의 선거에 있어서 후보자의 정당표방 및 정당의 후보자 추천은 금지되어 있다.

답 ①

우리나라 지방자치의 역사에 대한 설명으로 옳은 것은?

① 제헌의회가 성립하면서 1949년 전국에서 도의회의원 선거가 실시되었다.

② 1991년 지방선거에서 지방의회의원을 선출하였으나, 지방자치단체장 선거는 실시되지 않았다.

③ 1995년부터 주민직선제에 의한 시·도교육감 선거가 실시되면서 실질적 의미의 교육자치가 시작되었다.

④ 1960년 지방선거에서는 서울특별시장·도지사 선거는 실시되었으나, 시·읍·면장 선거는 실시되지 않았다.

06	최초의 동시선거 → 1995년

① [×] 6·25 전쟁으로 인해 제1회 지방의회의 선거는 1952년에 실시되었다.

② [O] 지방의회의원과 지방자치단체장의 동시 선거는 1995년 실시되었다.

③ [×] 시·도교육감 선거는 2007년부터 실시되었다.

④ [×] 1960년 선거에서는 광역과 기초 그리고 단체장과 지방의원 모두 직선으로 선출되었다.

답 ②

지방자치단체의 기관구성형태 중 기관통합형의 특징이 아닌 것은?

① 견제와 균형에 유리하다.
② 기관통합형 중 특히 위원회형은 소규모의 지방자치단체에 적합하다.
③ 지방행정의 권한과 책임이 의회에 집중된다.
④ 정책결정과 집행의 유기적 관련성을 제고시킨다.

지방정부의 기관구성 형태에 대한 설명으로 옳지 않은 것은?

① 강시장 - 의회(strong mayor-council) 형태에서는 시장이 강력한 정치적 리더십을 행사한다.
② 위원회(commission) 형태에서는 주민 직선으로 선출된 의원들이 집행부서의 장을 맡는다.
③ 약시장 - 의회(weak mayor-council) 형태에서는 일반적으로 의회가 예산을 편성한다.
④ 의회 - 시지배인(council-manager) 형태에서는 시지배인이 의례적이고 명목적인 기능을 수행한다.

07	견제와 균형 → 기관대립형

① [×] 권력분립주의에 입각하여 자치단체의 의결기능과 집행기능을 각각 다른 기관에 분산시키는 기관대립형이 견제와 균형에 유리하다.
② [○] 위원회형은 직선의 위원회(3 ~ 5인)가 행정권과 입법권을 모두 행사(갈베스톤형)하는 방식이다. 약시장 - 의회형에 대한 대안으로 발전하였으며, 인구 25,000명 미만의 소도시에서 주로 채택하는 방식이었으나 점체 다른 형태로 대체되고 있다.
③, ④ [○] 기관통합형은 지방의회에 결정권과 집행권이 모두 집중되어 있어 결정과 집행의 유기적 관련성을 제고시킬 수 있다.

📄 **기관통합형의 장단점**

장점	단점
• 민주정치와 책임정치의 구현	• 견제와 균형의 곤란
• 집행기관 구성에 있어 주민의 대표성 확보	• 행정의 전문성 저해 (→ 정치가에 의한 행정업무 집행)
• 신중하고 공정한 행정	• 집행의 종합성·통일성 저해
• 의결기관과 집행기관의 갈등 감소 (→ 안정성과 능률성 제고)	• 대도시의 다양한 이해의 반영 곤란 (→ 위원회형의 한계)
• 정책결정과 정책집행의 유기적 연계 등	

답 ①

08	시장 → 의례적이고 명목적인 기능의 수행

① [○] 강시장 - 의회형은 시장의 권한 하에 행정구조를 통합시키고 시장에게 모든 책임을 귀속시키는 형태이다.
② [○] 위원회형은 3 ~ 5인 정도의 직선의 위원회가 행정권과 입법권을 모두 행사(갈베스톤형)하는 방식이다.
③ [○] 약시장 - 의회형에서는 시장이 아니라 의회가 예산편성권을 행사하며, 핵심 고위관료에 대한 임명권도 의회가 보유한다. 시장 외의 많은 공직자들이 시민들에 의해 직접 선출되기 때문에 시장의 권한 범위가 매우 축소되어 있다.
④ [×] 의회 - 시지배인형에서 직선되거나 의회에서 선출한 시장이 의례적이고 명목적인 기능을 수행하고, 의회가 선임한 시지배인이 실제적인 행정의 책임자가 되는 형태로, 시의회와 시장은 어떤 행정적 기능도 행사하지 않으므로 시지배인과 대립하지 않는다는 특징을 지닌다.

답 ④

지방자치단체의 기관구성에 대한 설명으로 옳지 않은 것은?

① 기관대립형(기관분리형)은 견제와 균형을 통해 민주적이고 합리적인 지방자치를 실시하는 방식이다.
② 기관통합형은 주민 직선으로 지방의회를 구성하고 의회의장이 단체장을 겸하는 방식이다.
③ 기관대립형(기관분리형)은 집행부와 의회의 기구가 병존함에 따라 비효율성을 줄일 수 있다는 장점이 있다.
④ 기관통합형은 의결기능과 집행기능이 통합되어 있기 때문에 지방자치행정을 기관 간 마찰 없이 안정적으로 수행할 수 있다는 장점이 있다.

지방자치단체의 기관구성형태에 대한 설명으로 옳지 않은 것은?

① 기관통합형은 행정에 주민들의 의사를 보다 정확하게 반영할 수 있다는 장점이 있다.
② 기관통합형은 지방의회에서 의결기능과 집행기능을 모두 수행하는 형태로, 영국의 의회형이 대표적이다.
③ 기관대립형 중 약시장 – 의회형은 시장의 고위직 지방공무원 인사에 대해서 의회의 동의를 요하는 반면, 시장은 지방의회 의결에 대한 거부권을 가진다.
④ 기관대립형은 견제와 균형을 통해 권력남용을 방지하는 장점이 있지만, 의결기관과 집행기관 간의 대립 및 마찰 가능성이 있다는 단점이 있다.

09	기관의 병존 → 비효율성

① [○] 기관대립형은 권력분립주의에 입각하여 자치단체의 의결기능과 집행기능을 각각 다른 기관에 분산시키고, 이들 상호 간의 견제와 균형을 통해 자치행정을 수행하는 형태이다.
② [○] 기관통합형은 권력통합주의에 입각하여 자치단체의 의결기능과 집행기능을 단일기관인 의회에 귀속시키는 형태이다.
③ [×] 기관대립형(기관분리형)은 집행부와 의회의 기구가 병존함에 따라 비효율성이 발생할 수 있다.
④ [○] 행정의 효율성은 원칙적으로 기관대립형의 장점이지만, 의결기관과 집행기관의 갈등이 없어 행정의 안정성과 효율성이 높아질 수 있는 것은 기관통합형의 장점이다.

📑 **기관대립형의 장단점**

장점	단점
• 견제와 균형	• 집행부와 의회의 병존에 따른 비효율성
• 집행부서 간 분파주의 방지 (→ 행정업무의 종합성과 통일성)	• 집행부와 의회의 마찰 (→ 안정성 저해)
• 행정의 전문성 확보	• 책임소재 모호
• 의회와 단체장의 직선 (→ 주민통제 용이)	• 집행의 독단성
	• 인기에 영합하는 행정 (→ 선출직 단체장인 경우)

답 ③

10	약시장 – 의회형 → 거부권을 갖지 못함

③ [×] 약시장 – 의회형은 시장이 지방의회의 의결에 대한 거부권을 갖지 못한다.

답 ③

지방자치단체의 기관구성에 대한 설명으로 옳은 것은?

① 우리나라는 시장의 권한이 지방의회의 권한에 비해 상대적으로 약한 기관대립형을 유지하고 있다.

② 영국의 의회형에서는 집행기관의 장을 주민이 직선으로 선출한다.

③ 미국의 위원회형은 기관대립형의 특수한 형태로 볼 수 있다.

④ 기관통합형의 집행기관은 기관대립형에 비해 행정의 전문성이 높지 않을 가능성이 크다.

지방자치단체의 기관구성에 대한 설명으로 옳지 않은 것은?

① 기관대립형은 이원적 구성으로 인한 비효율성을 야기할 수 있다.

② 기관통합형은 기관대립형과는 달리 지방의회만을 주민 직선으로 구성한다.

③ 기관대립형을 채택하고 있는 대표적인 나라는 일본과 독일이다.

④ 우리나라는 기관대립형을 채택하면서도 단체장의 지위를 강화하였다는 특징을 가진다.

11	기관대립형 → 행정의 전문성

① [×] 우리나라는 시장의 권한이 지방의회의 권한에 비해 상대적 강한 강시장 형태의 기관대립형이다.

② [×] 영국의 의회형은 지방자치단체의 장이 없으며, 의장이 지방자치단체를 대표하며, 의회에서 임명된 수석행정관이 행정을 총괄한다.

③ [×] 미국의 위원회형은 직선의 위원회(3 ~ 5인)가 행정권과 입법권을 모두 행사하는 방식으로 기관통합형의 한 유형이다.

④ [○] 기관통합형은 민선의원이 집행을 담당하므로 행정의 전문성을 저해할 수 있다.

답 ④

12	독일 → 연방제 국가

① [○] 기관대립형의 경우 의회와 단체장이 갈등이 발생할 경우 비효율성을 야기할 수 있다.

③ [×] 일본은 기관대립형을 채택하고 있지만 독일의 헤센주의 경우 지방의회와 자치단체장 외에 집행기능을 담당하는 기관을 따로 두고 있는 3원형을 취하고 있으므로 기관대립형의 대표적 국가라 할 수 없다. 연방제 국가의 경우 다양한 지방제도를 갖추고 있으므로 획일적으로 하나의 형태를 대표한다고 표현하기 어렵다.

④ [○] 우리나라는 시장의 권한 하에 행정구조를 통합시키고 시장에게 모든 책임을 귀속시키는 강시장 형태의 기관대립형이다.

답 ③

13 □□□

지방자치단체 기관구성형태의 하나인 기관분립형에 대한 설명으로 적절하지 않은 것은?

① 기관통합형에 비해 집행기관 구성에서 주민의 대표성을 확보할 수 있으나 행정의 전문성이 결여될 수 있다.
② 의결기관과 집행기관간의 견제와 균형의 원리에 의해 권력의 남용을 방지하고 비판감시 기능을 할 수 있다.
③ 지방의회와 지방자치단체의 장을 주민이 직선함으로써 지방행정에 대한 주민통제가 보다 용이하다.
④ 기관통합형에 비해 행정부서 간 분파주의를 배제하는 데 유리하다.

14 □□□

지방자치법상 지방의회의 의결사항으로 옳은 것만을 모두 고른 것은?

ㄱ. 예산의 심의·확정
ㄴ. 법령에 규정된 수수료의 부과 및 징수
ㄷ. 외국 지방자치단체와의 교류협력에 관한 사항

① ㄱ, ㄴ   ② ㄱ, ㄷ
③ ㄱ, ㄴ, ㄷ   ④ ㄴ, ㄷ

13	행정의 전문성 → 기관대립형

① [×] 집행기관의 장이 임명제일 경우 전문성과 경험을 겸비한 자를 임명하여 행정의 전문성을 높일 수 있다. 또한 집행기관의 기관장들을 실적에 바탕을 둔 직업공무원으로 임명할 수 있어 집행에 있어 전문성을 높이기 용이하다.
②, ③, ④ [○] 기관대립형은 지방의회와 자치단체의 장을 주민이 직선하므로 지방행정에 대한 주민통제가 용이하며(③), 의결기관과 집행기관 간 견제와 균형을 통해 권력의 남용을 방지할 수 있고(②), 행정부서 간 분파주의를 배제하여 행정의 종합성과 통일성을 높일 수 있다(④).

답 ①

14	지방의회의 의결대상 → 법령에 규정된 것은 제외

ㄱ, ㄷ. [○] 지방의회는 조례의 제정·개정 및 폐지, 예산의 심의·확정(ㄱ), 결산의 승인, 법령에 규정된 것은 제외한 사용료·수수료·부담금·지방세(ㄴ), 기금의 설치·운용, 중요 재산의 취득·처분, 공공시설의 설치·처분, 법령·조례에 규정된 것 제외한 예산 외 의무부담·권리포기, 청원의 수리와 처리, 외국 자치단체와의 교류협력(ㄷ) 등에 대해 의결할 수 있다.
ㄴ. [×] 법령에 규정된 것을 제외한 수수료의 부과와 징수 사항이 지방의회의 의결사항이다.

답 ②

15 ☐☐☐

'지방자치법'상 지방자치단체장에게 부여된 권한 중 지방의회와 지방자치단체장이 대립, 갈등하는 경우의 비상적 해결수단에 속하지 않는 것은?

① 재의 요구
② 직무이행명령
③ 준예산 집행
④ 선결처분

16 ☐☐☐

'지방자치법'상 지방의회에 대한 내용으로 옳지 않은 것은?

① 지방의회는 조례로 정하는 바에 따라 위원회를 둘 수 있으며, 위원회의 종류는 상임위원회와 특별위원회로 한다.
② 지방의회는 그 의결로 소속 의원의 사직을 허가할 수 있다. 다만, 폐회 중에는 의장이 허가할 수 있다.
③ 의장은 의결에서 표결권을 가지지 못하며, 찬성과 반대가 같으면 부결된 것으로 본다.
④ 지방의회에서 부결된 의안은 같은 회기 중에 다시 발의하거나 제출할 수 없다.

15	직무이행명령 → 상급기관의 권한

① [○] 지방자치단체의 장은 이송 받은 조례안에 대하여 이의가 있으면 20일의 기간에 이유를 붙여 지방의회로 환부하고, 재의를 요구할 수 있다. 이 경우 지방자치단체의 장은 조례안의 일부에 대하여 또는 조례안을 수정하여 재의를 요구할 수 없다.

② [×] 직무이행명령은 시·도에 대하여는 주무부장관이, 시·군 및 자치구에 대하여는 원칙적으로 시·도지사가 행하는 권한이다.

③ [○] 지방의회에서 새로운 회계연도가 시작될 때까지 예산안이 의결되지 못하면 지방자치단체의 장은 지방의회에서 예산안이 의결될 때까지 일부 경비를 전년도 예산에 준하여 집행할 수 있다.

④ [○] 지방자치단체의 장은 지방의회가 성립되지 아니한 때와 지방의회의 의결사항 중 주민의 생명과 재산보호를 위하여 긴급하게 필요한 사항으로서 지방의회를 소집할 시간적 여유가 없거나 지방의회에서 의결이 지체되어 의결되지 아니할 때에는 선결처분을 할 수 있다.

답 ②

16	의장 → 표결권 존재

① [○] 지방의회는 조례로 정하는 바에 의하여 위원회를 둘 수 있다. 위원회의 종류는 소관 의안과 청원 등을 심사·처리하는 상임위원회와 특정한 안건을 일시적으로 심사·처리하기 위한 특별위원회의 두 가지로 한다.

② [○] 지방의회는 그 의결로 소속 의원의 사직을 허가할 수 있다. 다만 폐회 중에는 의장이 허가할 수 있다.

③ [×] 지방의회의 의결은 원칙적으로 재적의원 과반수의 출석과 출석의원 과반수의 찬성으로 의결한다. 의장은 의결에 있어서 표결권을 가지며, 가부동수인 때에는 부결된 것으로 본다.

④ [○] 이것을 일사부재의 원칙이라 한다.

답 ③

지방자치법상 지방의회 의원이 받을 수 있는 징계의 사례가 아닌 것은?

① A 의원은 45일간 출석정지를 내용으로 하는 징계를 받았다.
② B 의원은 공개회의에서 사과를 하는 징계를 받았다.
③ C 의원은 재적의원 3분의 2 이상 찬성에 따라 제명되는 징계를 받았다.
④ D 의원은 공개회의에서 경고를 받는 징계를 받았다.

다음 중 '지방자치법'상 지방의회의 의결사항에 해당하지 않는 것은?

① 조례의 제정·개정 및 폐지
② 재의요구권
③ 기금의 설치·운용
④ 대통령령으로 정하는 중요 재산의 취득·처분
⑤ 청원의 수리와 처리

17	지방의원의 징계 → 경사3제

① [×] 지방자치법은 지방의원 징계의 유형으로 30일 간 출석정지를 규정하고 있다.
②, ③, ④ [○] 지방자치법에 규정된 지방의원의 징계유형은 경고, 공개회의에서의 사과, 30일 간 출석정지, 제명 등으로 구성되어 있다.

답 ①

18	재의요구 → 단체장의 권한

① [○] 조례의 제정 및 개폐 등은 지방의회의 의결사항이다.
② [×] 재의요구권은 지방의회에 대한 지방자치단체의 장의 권한이다.
③ [○] 예산의 심의·확정, 결산의 승인, 기금의 설치·운용 등은 지방의회의 의결사항이다.
④ [○] 대통령령으로 정하는 중요재산의 취득·처분과 대통령령으로 정하는 공공시설의 설치·처분 등은 지방의회의 의결사항이다.
⑤ [○] 청원의 수리와 처리와 외국 지방자치단체와의 교류협력에 관한 사항 등은 지방의회의 의결사항이다.

답 ②

19 □□□

현행 지방자치법상 지방자치단체의 장의 보조기관에 해당하는 것은?

① 부단체장
② 사업소
③ 출장소
④ 읍·면·동

---

20 □□□

우리나라 지방자치단체장의 권한으로 볼 수 없는 것은?

① 재의요구권
② 총선거 후 최초 임시회 소집권
③ 선결처분권
④ 지방채 발행권

19	보조기관 → 부단체장

① [○] 법률상 지방자치단체의 장의 보조기관은 부단체장을 의미한다.
② [○] 특정 업무를 효율적으로 수행하기 위하여 필요하면 대통령령으로 정하는 바에 따라 그 지방자치단체의 조례로 사업소를 설치할 수 있다.
③ [○] 원격지 주민의 편의와 특정 지역의 개발 촉진을 위하여 필요하면 대통령령으로 정하는 바에 따라 그 지방자치단체의 조례로 출장소를 설치할 수 있다.
④ [○] 자치구가 아닌 구에 구청장, 읍에 읍장, 면에 면장, 동에 동장 등을 하부행정기관이라 한다.

답 ①

20	총선거 후 최초 임시회 소집권 → 지방의회 직원

① [○] 지방자치단체의 장은 지방의회의 의결이 월권이거나 법령에 위반되거나 공익을 현저히 해친다고 인정되면 그 의결사항을 이송 받은 날부터 20일 이내에 이유를 붙여 재의를 요구할 수 있다.
② [×] 총선거 후 최초로 집회되는 임시회는 지방의회 사무처장·사무국장·사무과장이 지방의회의원 임기 개시일부터 25일 이내에 소집한다.
④ [○] 지방자치단체의 장이나 자치단체조합은 따로 법률로 정하는 바에 따라 지방채를 발행할 수 있다.

답 ②

지방의회의 의결에 대한 지방자치단체 장의 재의요구 사유가 아닌 것은?

① 지방의회의 의결이 월권이거나 법령에 위반된다고 인정되는 경우
② 지방의회의 의결이 국제관계에서 맺은 국제교류업무 수행에 드는 경비를 축소한 경우
③ 지방의회의 의결이 예산상 집행 불가능한 경비를 포함하고 있다고 인정되는 경우
④ 지방의회의 의결이 비상재해로 인한 시설의 응급 복구를 위하여 필요한 경비를 축소한 경우

우리나라 지방자치제에 대한 설명으로 옳지 않은 것은?

① 지방자치단체의 의사를 결정하는 의결기관과 의사를 집행하는 집행기관을 이원적으로 구성하는 기관대립(분립)형이다.
② 지방분권화의 세계적 흐름에 따라 지방사무의 배분방식은 제한적 열거방식을 채택하고 있다.
③ 지방자치단체는 소관 사무의 범위에서 필요하면 자치경찰기관(제주특별자치도만 해당), 소방기관, 교육훈련기관, 보건진료기관, 시험연구기관 및 중소기업지도기관 등을 직속기관으로 설치할 수 있다.
④ 특별지방행정기관은 중앙행정기관이 소관 사무를 집행하기 위해 설치한 지방행정기관이며, 세무서와 출입국관리사무소는 특별지방행정기관에 해당한다.

---

21   예산의결의 재의요구권 → 단체장의 권한

② [×] 국제관계에서 맺은 국제교류업무 수행에 드는 경비를 축소한 경우는 재의요구 사유로 규정되어 있지 않다.
③ [○] 지방자치단체의 장은 지방의회의 의결이 예산상 집행할 수 없는 경비를 포함하고 있다고 인정되면 그 의결사항을 이송받은 날부터 20일 이내에 이유를 붙여 재의를 요구할 수 있다.
④ [○] 지방의회가 법령에 따라 지방자치단체에서 의무적으로 부담하여야 할 경비 또는 비상재해로 인한 시설의 응급 복구를 위하여 필요한 경비를 줄이는 의결을 할 때에도 ③과 같다.

답 ②

---

22   우리나라의 사무배분 방식 → 포괄적 예시주의

① [○] 우리나라는 지방의회와 자치단체장을 모두 직선하는 기관대립형의 구조를 취하고 있다.
② [×] 우리나라의 경우 기초자치단체의 사무배분방식은 포괄적 예시주의이다. 반면, 광역자치단체의 사무배분은 제한적 열거주의 방식이 가미되어 있다.
③ [○] 제주도에는 자치경찰사무를 처리하기 위하여 자치경찰단을 둔다
④ [○] 세무서는 국세청 소속의 특별지방행정기관이고, 출입국관리사무소는 법무부 소속의 특별지방행정기관이다.

📄 포괄적 예시주의와 제한적 열거주의

포괄적 예시주의		제한적 열거주의	
허용되는 사무의 예시	나머지 사무도 가능	허용되는 사무의 나열	나머지 사무는 금지

답 ②

우리나라의 중앙정부와 지방자치단체 간의 관계에 대한 설명으로 옳지 않은 것은?

① 보충성의 원칙에 따라 중앙정부가 처리하기 곤란한 사무는 지방자치단체가 보충적으로 처리해야 한다.
② 자치권은 법적 실체 간의 권한배분관계에서 배태된 개념으로 중앙정부가 분권화시킨 결과이다.
③ 적절한 재원 조치 없는 사무의 지방이양은 자치권을 오히려 제약하는 문제를 야기한다.
④ 사무처리에 필요한 법규를 자율적으로 제정할 수 있는 자치입법권에 대해 제약적인 규정을 두고 있다.

지방분권 추진 원칙 중 다음 설명에 해당하는 것은?

> ㄱ. 기능배분에 있어 가까운 정부에게 우선적 관할권을 부여한다.
> ㄴ. 민간이 처리할 수 있다면 정부가 관여해서는 안 된다.
> ㄷ. 가까운 지방정부가 처리할 수 있는 업무에 상급 지방정부나 중앙정부가 관여해서는 안 된다.

① 보충성의 원칙
② 포괄성의 원칙
③ 형평성의 원칙
④ 경제성의 원칙

---

23   보충성의 원칙 → 기초 > 광역 > 중앙

① [×] 보충성의 원칙이란 주민의 생활과 가까운 지방정부에 사무의 우선적 관할권을 인정하는 원칙으로, 사무 관할권의 입증 책임을 중앙정부에 부담하게 한다는 점에서 의미가 크다.
② [○] 자치권은 국가주권에 종속되어 있으며(종속성), 관할구역의 인적·물적 요소에 포괄적으로 영향을 미치며(일반성), 일정한 범위 내에서 독자성이 인정된다(자주성).
④ [○] 자치입법권에는 조례와 규칙이 있다. 조례는 법령의 범위 안에서 제정할 수 있고, 규칙은 법령이나 조례의 범위 안에서 제정할 수 있다.

답 ①

---

24   보충성의 원칙 → 가까운 정부의 우선적 관할권

① [○] 기능배분에 있어 가까운 정부에게 우선적 관할권을 부여하는 것은 보충성의 원칙이다.
② [×] 포괄성의 원칙이란 기능을 이양함에 있어 관련된 사무를 함께 이양하여야 한다는 원칙이다.

답 ①

중앙정부와 지방자치단체 간 또는 광역자치단체와 기초자치단체간 기능배분을 설명하는 내용으로 옳지 않은 것은?

① 책임명확화의 원칙 – 비경합의 원칙
② 현지성의 원칙 – 기초자치단체 우선의 원칙
③ 종합성의 원칙 – 특별지방행정기관 우선의 원칙
④ 경제성의 원칙 – 능률적 집행의 원칙

중앙정부의 지방자치단체 사무배분 원칙에 대한 설명으로 옳은 것만을 모두 고르면?

ㄱ. 지역주민생활과 밀접한 관련이 있는 사무는 원칙적으로 시·군 및 자치구의 사무로 배분하여야 한다.
ㄴ. 서로 관련된 사무들을 배분할 때는 포괄적으로 배분하여야한다.
ㄷ. 시·군 및 자치구가 처리하기 어려운 사무는 국가보다는 시·도에 우선적으로 배분하여야 한다.
ㄹ. 시·군 및 자치구가 해당 사무를 원활히 처리할 수 있도록 행정적·재정적 지원을 병행하여야 한다.
ㅁ. 주민의 편익증진과 집행의 효과 등을 고려하여 지방자치단체 상호 간 중복되지 않도록 해야 한다.

① ㄱ, ㄷ, ㅁ   ② ㄴ, ㄷ, ㄹ
③ ㄱ, ㄴ, ㄹ, ㅁ   ④ ㄱ, ㄴ, ㄷ, ㄹ, ㅁ

25	종합성의 원칙 → 자치단체 우선의 원칙

① [O] 비경합성의 원칙 또는 중복배분 금지의 원칙이란 국가는 지방자치단체가 행정을 종합적·자율적으로 수행할 수 있도록 국가와 지방자치단체 간 또는 지방자치단체 상호간의 사무를 주민의 편익증진, 집행의 효과 등을 고려하여 서로 중복되지 아니하도록 배분하여야 한다는 것이다.
② [O] 현지성의 원칙이란 사무를 민주적으로 수행하기 위하여 주민의 행정참여와 통제가 용이한 기초자치단체에 가능한 한 많은 사무를 배분하여야 하는 것으로, 이를 기초자치단체 우선의 원칙이라고 한다.
③ [×] 종합성의 원칙이란 사무를 종합적으로 처리하기 위하여 사무를 각종 특별지방행정기관보다는 일반지방자치단체에 배정하는 원칙을 말한다.

답 ③

26	사무배분의 원칙 → 기초자치단체 우선의 원칙, 보충성의 원칙, 포괄적 사무배분의 원칙

ㄱ. [O] 기초자치단체 우선의 원칙에 관한 설명이다.
ㄴ. [O] 포괄적 사무배분에 관한 설명이다.
ㄷ. [O] 보충성의 원칙에서 파생된 개념이다. 기초가 가장 먼저이고 그 다음이 광역, 그리고 중앙정부의 순이다.
ㄹ. [O] 사무를 배분함에 있어 관련 행정적 권한도 함께 지원하여야 할 것이다.
ㅁ. [O] 중복배분금지의 원칙에 관한 설명이다.

답 ④

27 □□□

다음 〈보기〉 중 '지방자치법'에서 규정하는 지방자치단체의 사무에 해당하는 것만을 모두 고르면?

〈보기〉
ㄱ. 국제교류 및 협력에 관한 사무
ㄴ. 교육·체육·문화·예술의 진흥에 관한 사무
ㄷ. 농산물·임산물·축산물·수산물 및 양곡의 수급조절에 관한 사무
ㄹ. 지역개발과 자연환경보전 및 생활환경시설의 설치·관리에 관한 사무
ㅁ. 지역민방위 및 지방소방에 관한 사무

① ㅁ
② ㄹ, ㅁ
③ ㄱ, ㄴ, ㄷ
④ ㄱ, ㄷ, ㄹ
⑤ ㄱ, ㄴ, ㄹ, ㅁ

28 □□□

지방자치의 이론적 기초 중에서 적극적 보충성의 원리를 옳게 설명한 것은?

① 개인 및 지역 간의 과도한 격차를 줄이기 위해 상급 공동체는 필요한 최소수준을 정하고 이에 미달하는 개인 및 지역의 삶을 보장하여야 한다.
② 주민들의 자발적 참여가 전제된 상태에서 상향적 의사결정을 통해 공동이익을 실현하는 방식이다.
③ 개인이나 하급 공동체가 할 수 있는 일을 상급 공동체가 과도하게 개입하여 처리하는 것은 옳지 않다.
④ 강력한 통치권을 가진 국가(중앙정부)로부터 일정한 자치권을 부여받아 지방자치를 실시하는 전통을 말한다.

27	수급조절과 수출입 → 국가사무

ㄷ. [×] 농산물·임산물·축산물·수산물 및 양곡의 수급조절에 관한 사무는 국가사무이다.

답 ⑤

28	적극적 보충성 → 최저 수준의 설정

① [○] 소극적 의미의 보충성 원칙이 역할을 분담하는 의미라면 적극적 의미의 보충성 원칙은 이러한 역할 분담체계에서 발생할 수 있는 문제의 치유와 관련된다. 즉, 전자는 지방이 할 수 있는 일을 중앙이 처리해서는 안 된다는 의미이고 후자는 과도한 지역 격차를 시정하기 위해서 최소 수준을 정하고 이에 미달하는 지방을 지원하여야 할 중앙의 의무를 규정한 것이다.
③ [×] 개인이나 하급 공동체가 할 수 있는 일을 상급 공동체가 과도하게 개입하여 처리하는 것은 옳지 않다는 것은 소극적 의미의 보충성 원칙이다.

답 ①

단체위임사무와 기관위임사무에 대한 설명으로 옳지 않은 것은?

① 지방의회는 기관위임사무에 대해 조례제정권을 행사할 수 없다.

② 보건소의 운영업무와 병역자원의 관리업무는 대표적인 기관위임사무이다.

③ 중앙정부는 단체위임사무에 대해 사전적 통제보다 사후적 통제를 주로 한다.

④ 기관위임사무의 처리를 위한 비용은 국가가 부담한다.

지방정부의 사무에 대한 설명으로 옳지 않은 것은?

① 기관위임사무의 처리에 드는 경비는 중앙정부와 지방정부가 공동으로 부담하는 것이 원칙이다.

② 단체위임사무는 집행기관장이 아닌 지방정부 그 자체에 위임된 사무이다.

③ 지방의회는 단체위임사무의 처리과정에 관한 조례를 제정할 수 있다.

④ 중앙정부는 자치사무에 대해 합법성 위주의 통제를 주로 한다.

29	보건소 운영 → 단체위임사무

① [O] 기관위임사무는 국가사무 또는 상급자치단체의 사무이므로 원칙적으로 당해 지방의회 관여는 불가하다. 그러므로 조례제정 역시 원칙적으로 행사할 수 없다.

② [×] 병역자원의 관리업무는 기관위임사무이지만 보건소의 운영업무는 단체위임사무에 속한다.

③ [O] 단체위임사무는 합법성과 합목적성 감독 및 사후적 감독은 가능하나 예방적 감독은 불가하다.

④ [O] 기관위임사무를 처리하는 자치단체의 장은 국가 또는 상급자치단체의 하급기관의 지위에서 사무를 수행하며 그 비용은 전액 위임기관이 부담하여야 한다.

📄 **사무의 유형**

자치사무 (→ 고유사무)	• 자치단체의 존립을 목적으로 하는 고유사무 • 지방의회의 관여 가능, 자치단체가 전액 비용부담, 국고보조금(→ 장려적 보조금) • 합법성에 관한 소극적 감독과 사후적 감독에 국한
단체위임사무	• 법령에 의해 자치단체에 위임된 사무 → 지역적 이해관계 + 국가적 이해관계 • 지방의회의 관여 가능, 국가(→ 위임기관)와 자치단체가 공동으로 비용부담, 국고보조금(→ 부담금) • 합법성과 합목적성 감독, 사후적 감독은 가능 → 예방적 감독은 불가 • 유형: 조세 등 공과금 징수, 전염병 예방접종, 하천 보수·유지, 국도유지·수선 등
기관위임사무	• 시·도 내지 시·군·자치구에서 시행하는 국가사무, 법령에 의하여 그 자치단체의 장에게 위임된 사무 • 국가 또는 상급자치단체의 하급기관의 지위에서 사무 수행, 지방의회의 관여 불가 • 전액 위임기관이 비용부담, 국고보조금(→ 교부금 또는 위탁금) • 합법성과 합목적성 감독, 사후적·예방적 감독 모두 가능 • 유형: 병역자원관리, 선거사무, 인구조사, 국세조사, 부랑인 선도 등

답 ②

30	기관위임사무의 경비 → 전액 위임기관의 부담

① [×] 기관위임사무의 처리에 드는 경비는 전액 위임기관이 부담하는 것이 원칙이다.

답 ①

기관위임사무에 대한 설명으로 옳지 않은 것은?

① 법령에 의하여 국가 또는 상급 지방자치단체로부터 지방 자치 단체의 장에게 위임된 사무를 말한다.

② 국가와 지방자치단체 사이의 행정적 책임의 소재를 명확하게 해준다.

③ 지방자치단체를 국가의 하급기관으로 전락시키는 요인으로 작용할 수 있다.

④ 전국적으로 획일적인 행정을 강조함으로써 지방적 특수성이 희생되기도 한다.

우리나라 지방자치단체의 사무구분에 대한 설명으로 옳은 것은?

① 자치사무와 단체위임사무는 자치단체가 전액 경비를 부담하며, 기관위임사무는 원칙적으로 자치단체와 위임기관이 공동으로 부담한다.

② 단체위임사무는 법령에 의해 하급 자치단체장에게 위임된 사무이며, 기관위임사무는 법령에 의해 국가 또는 다른 자치단체로부터 위임된 사무이다.

③ 자치사무와 단체위임사무의 처리를 위해 자치단체는 조례를 제정하는 것이 가능한데, 기관위임사무는 원칙적으로 조례제정 대상이 아니다.

④ 자치사무는 지방의회의 관여(의결, 사무감사 및 사무조사) 대상이지만, 단체위임사무와 기관위임사무는 관여 대상이 아니다.

---

31   기관위임사무의 존재 → 사무구분의 모호성

① [○] 기관위임사무란 시·도 내지 시·군·자치구에서 시행하는 국가사무 내지 법령에 의하여 그 자치단체의 장에게 위임된 사무를 말한다.

② [×] 자치사무에 대한 포괄적 위임과 기관위임사무의 지방자치단체의 처리는 두 사무 간 구별을 모호하게 하여 행정의 책임소재를 두고 갈등이 발생할 우려가 크다.

③ [○] 기관위임사무는 국가의 하부기관의 입장에서 처리하는 사무이므로 지방자치단체를 국가의 하급기관으로 전락시키는 요인이 될 수 있다.

④ [○] 기관위임사무는 전국적 통일성을 강조하는 국가사무이므로 지방적 특수성이 간과될 우려가 크다.

답 ②

32   기관위임사무 → 지방의회의 관여 불가

① [×] 단체위임사무의 비용은 위임기관과 자치단체가 공동으로 부담하며, 기관위임사무의 비용은 전액 위임기관이 부담한다.

② [×] 단체위임사무는 법령에 의해 자치단체에 위임된 사무이며, 기관위임사무는 시·도 내지 시·군·자치구에서 시행하는 국가사무 내지 법령에 의하여 그 자치단체의 장에게 위임된 사무이다.

③ [○] 기관위임사무는 위임기관의 사무이므로 원칙적으로 조례의 제정이 불가능하다.

④ [×] 기관위임사무는 위임기관의 사무이므로 원칙적으로 지방의회 관여는 불가하다.

답 ③

33 □□□

우리나라 지방자치단체의 사무에 대한 설명으로 옳지 않은 것은?

① 위임사무와 자치사무로 구분되며, 위임사무는 다시 기관위임사무와 단체위임사무로 구분된다.

② 병역자원의 관리업무 등 주로 국가적 이해관계가 크게 걸려 있는 사무는 단체위임사무에 속한다.

③ 제주특별자치도에서는 국가경찰과 자치경찰이 함께 활동할 수 있다.

④ 지방자치법에서 지방자치단체의 사무를 예시하고 있지만, 법률에 이와 다른 규정이 있으면 그렇지 않다.

34 □□□

우리나라 지방자치제도에 대한 설명으로 옳지 않은 것은?

① 자치사무(고유사무)와 달리 법령에 의하여 지방자치단체에 속하는 사무(단체위임사무)에 관해서는 조례로 규정할 수 없다.

② 합의제 행정기관의 설치·운영에 관하여 필요한 사항은 대통령령 또는 조례로 정한다.

③ 지방자치단체는 공공시설을 부정 사용한 자에 대하여 과태료를 부과하는 규정을 조례로 정할 수 있다.

④ 지방자치단체는 공공시설을 관계 지방자치단체의 동의를 얻어 그 지방자치단체의 구역 밖에 설치할 수 있다.

33	병역자원 관리 → 기관위임사무

② [×] 병역자원의 관리업무 등 주로 국가적 이해관계가 크게 걸려 있는 사무는 기관위임사무에 속한다. 이밖에 선거, 경찰, 인구조사, 국세조사, 지적, 근로기준, 도량형, 가족관계등록 등이 기관위임사무에 속한다.

④ [○] 지방자치법은 포괄적 예시주의를 채택하고 있다. 그러므로 법률에 위임이 없어도 자치단체가 수행할 수 있지만 다른 법률에 특별한 규정이 존재하면 그 법률이 우선 적용된다.

답 ②

34	조례의 규정 대상 → 자치사무와 단체위임사무

① [×] 단체위임사무란 법령에 의해 자치단체에 위임된 사무로, 지역적 이해관계와 국가적 이해관계가 공존하고 있는 사무를 말한다. 단체위임사무는 지역적 이해관계가 있는 자치단체의 사무이므로 지방의회의 관여가 가능하며 지방의회는 조례를 통해 이를 규정할 수 있다.

② [○] 지방자치단체는 그 소관 사무의 일부를 독립하여 수행할 필요가 있으면 법령이나 그 지방자치단체의 조례로 정하는 바에 따라 합의제행정기관을 설치할 수 있으며, 합의제행정기관의 설치·운영에 관하여 필요한 사항은 대통령령이나 그 지방자치단체의 조례로 정한다.

③ [○] 사기나 그 밖의 부정한 방법으로 사용료·수수료 또는 분담금의 징수를 면한 자에 대하여는 그 징수를 면한 금액의 5배 이내의 과태료를, 공공시설을 부정사용한 자에 대하여는 50만 원 이하의 과태료를 부과하는 규정을 조례로 정할 수 있다.

④ [○] 공공시설은 원칙적으로 지방자치단체의 관할구역 내에 설치하여야 하지만 관계 지방자치단체의 동의를 받아 그 지방자치단체의 구역 밖에 설치할 수 있다.

답 ①

우리나라 주민참여제도의 법제화 순서로 옳은 것은?

① 조례제정·개폐청구제도 → 주민투표제도 → 주민소송제도 → 주민소환제도

② 주민투표제도 → 주민감사청구제도 → 주민소송제도 → 주민소환제도

③ 주민소송제도 → 주민투표제도 → 주민감사청구제도 → 주민소환제도

④ 주민감사청구제도 → 주민소송제도 → 주민투표제도 → 조례제정·개폐청구제도

주민참여제도에 대한 설명으로 옳지 않은 것은?

① 주민참여제도에는 주민투표, 주민소환, 주민소송 등이 있다.

② '지방자치법'에서는 주민소송에 관한 사항을 명시하고 있다.

③ 지역구지방의회의원에 대한 주민소환투표는 당해 지방의회의원의 지역선거구를 대상으로 한다.

④ 지방자치단체가 조례를 제정하면 해당 지역에 거주하는 17세 이상의 외국인에게도 주민투표권이 부여된다.

35	주민청구제도 → 1999년 도입

① [○] 우리나라의 주민참여는 조례제정 및 개폐청구제도(1999), 주민감사청구제도(1999), 주민투표(2004), 주민소송제도(2006), 주민소환제도(2007) 순으로 법제화 되었다.

답 ①

36	주민투표권 → 주민투표법으로 규정

① [○] 이밖에 주민감사청구, 조례제정 및 개폐청구, 주민참여예산제도 등이 도입되어 있다.

② [○] 우리나라는 '주민소송법'에 따로 없으며 '지방자치법'에 규정되지 않은 것은 '행정소송법'이 적용된다.

③ [○] 지방자치단체의 장에 대한 주민소환투표는 당해 지방자치단체 관할구역 전체를 대상으로 하지만 지역구지방의회의원에 대한 주민소환투표는 당해 지방의회의원의 지역선거구를 대상으로 한다.

④ [×] 주민투표의 대상, 발의자, 발의요건, 그 밖에 투표절차 등에 관한 사항은 모두 '주민투표법'에 규정되어 있다. 즉, 주민투표권자의 연령은 '주민투표법'에 정해져 있다.

답 ④

37 ☐☐☐ 17년 지방7급

우리나라의 주민참여제도에 대한 설명으로 옳은 것은?

① 지방자치제가 1995년 부활한 이후 주민투표제, 주민소환제, 주민소송제, 주민참여예산제의 순서로 도입되었다.

② 주민소환 청구요건이 엄격해 실제로 주민소환제를 통해 주민소환이 확정된 지방자치단체장이나 지방의회의원은 없다.

③ 기획재정부장관은 지방자치단체별 주민참여예산제도의 운영에 대한 평가를 실시할 수 있다.

④ 주민투표는 특정한 사항에 대하여 찬성 또는 반대의 의사 표시를 하거나 두 가지 사항 중 하나를 선택하는 형식으로 실시하여야 한다.

37	주민참여예산제도의 평가 → 행정안전부장관

② [×] 단체장에 대한 소환이 확정된 적은 없지만 시의원(하남시)에 대한 주민소환이 확정된 경우는 존재한다.

③ [×] 행정안전부장관은 대통령령으로 정하는 바에 따라 지방자치단체별 주민참여예산제도의 운영에 대한 평가를 실시할 수 있다.

④ [○] 주민투표는 특정한 사항에 대하여 찬성 또는 반대의 의사 표시를 하거나 두 가지 사항 중 하나를 선택하는 형식으로 실시하여야 한다.

답 ④

---

38 ☐☐☐ 23년 국가9급

2021년 1월 전부 개정된 '지방자치법'에서 처음으로 도입된 주민참여 제도는?

① 주민소환
② 주민의 감사청구
③ 조례의 제정과 개정·폐지 청구
④ 규칙의 제정과 개정·폐지 관련 의견 제출

38	규칙에 대한 의견 제출 제도 → 2021년 도입

④ [○] 2021년 1월 전부 개정된 '지방자치법'에서 처음으로 도입된 주민참여 제도는 규칙의 제정과 개정·폐지 관련 의견 제출 제도이다.

답 ④

39 □□□

우리나라의 주민참여제도에 대한 설명으로 옳지 않은 것은?

① 지방자치단체의 장은 주민에게 과도한 부담을 주거나 중대한 영향을 미치는 지방자치단체의 주요 결정사항 등에 대하여 주민투표에 부칠 수 있다.

② 개인의 사생활을 침해할 우려가 있는 사항이라도, 사무의 처리가 법령에 위반되거나 공익을 현저히 해친다고 인정되면 주민감사청구를 할 수 있다.

③ 주무부장관이나 시·도지사는 주민감사청구를 처리(각하 포함)할 때 청구인의 대표자에게 반드시 증거 제출 및 의견 진술의 기회를 주어야 한다.

④ 지방자치단체의 장은 대통령령으로 정하는 바에 따라 지방예산편성 과정에 주민이 참여할 수 있는 절차를 마련하여 시행하여야 한다.

40 □□□

'지방자치법'상 주민의 감사청구에 대한 설명으로 옳지 않은 것은?

① 주민의 감사청구는 사무처리가 있었던 날이나 끝난 날부터 3년이 지나면 제기할 수 없다.

② 주무부장관이나 시·도지사는 감사청구를 수리한 날부터 60일 이내에 감사청구 된 사항에 대하여 감사를 끝내는 것을 원칙으로 한다.

③ 다른 기관에서 감사한 사항이라도 새로운 사항이 발견되거나 중요 사항이 감사에서 누락된 경우는 감사청구의 대상이 될 수 있다.

④ 지방자치단체의 18세 이상의 주민은 시·도는 500명, 인구 50만 명 이상 대도시는 200명, 그 밖의 시·군 및 자치구는 100명을 넘지 아니하는 범위에서 그 지방자치단체의 조례로 정하는 18세 이상의 주민 수 이상의 연서로 감사를 청구할 수 있다.

39	주민감사청구 대상의 제외 → 사생활 침해 우려

② [×] 수사나 재판에 관여하게 되는 사항, 개인의 사생활을 침해할 우려가 있는 사항, 다른 기관에서 감사하였거나 감사 중인 사항, 동일한 사항에 대하여 소송이 진행 중이거나 그 판결이 확정된 사항 등은 주민감사청구 대상에서 제외된다.

답 ②

40	주민감사 청구자의 수 → 300명, 200명, 150명

① [○] 주민의 감사청구는 사무처리가 있었던 날이나 끝난 날부터 3년이 지나면 제기할 수 없다.

③ [○] 다른 기관에서 감사하였거나 감사 중인 사항은 원칙적으로 감사청구의 대상에서 제외되지만 새로운 사항의 발견, 중요 사항의 누락, 주민소송의 대상 등이 되면 감사청구할 수 있다.

④ [×] 주민감사의 청구자 수는 시·도에서는 300명, 50만 이상 대도시에서는 200명, 그 밖의 시·군 및 자치구에서는 150명을 넘지 아니하는 범위에서 그 지방자치단체의 조례로 정한다.

답 ④

우리나라의 예산가치극대화(value for money) 노력에 대한 설명으로 옳지 않은 것은?

① 재정지출이 법령에 위반하거나 공익을 현저히 해친다고 인정되는 경우 주민이 감사청구를 제기할 수 있다.

② 지방자치법에 주민소송제도가 규정되어 있다.

③ 예산편성단계에서 주민이 직접 참여하는 제도가 지방자치단체에 도입되었다.

④ 중앙정부의 재정지출과 관련된 문제점이 발견된 경우 이의 시정을 위한 국민소송제도가 도입되었다.

---

41   민중소송 → 주민소송

② [○] 감사청구한 주민은 그 감사청구한 사항과 관련이 있는 위법한 행위나 업무를 게을리 한 사실에 대하여 해당 지방자치단체의 장을 상대방으로 하여 소송을 제기할 수 있다.

③ [○] 지방자치단체의 장은 대통령령으로 정하는 바에 따라 예산과정에 주민이 참여할 수 있는 절차를 마련하여 시행하여야 한다.

④ [×] 주민소송제도는 규정되어 있지만 국민소송제도는 아직 도입되어 있지 않다.

답 ④

우리나라 주민감사청구 제도에 대한 설명으로 옳지 않은 것은?

① 18세 이상의 주민은 50만 이상의 대도시의 경우에는 18세 이상 주민 500명을 넘지 않는 범위 내에서 해당 지방자치단체가 조례로 정하는 주민 수 이상의 연서로 청구할 수 있다.

② 사무처리가 있었던 날이나 끝난 날부터 3년이 지나면 제기할 수 없다.

③ 주무부장관이나 시·도지사는 감사청구를 수리한 날부터 60일 이내에 감사 청구된 사항에 대하여 감사를 끝내야 한다. 다만, 그 기간에 감사를 끝내기가 어려운 정당한 사유가 있으면 그 기간을 연장할 수 있다.

④ 주무부장관이나 시·도지사는 감사결과에 따라 기간을 정하여 해당 지방자치단체의 장에게 필요한 조치를 요구할 수 있다.

---

42   인구 50만 이상의 대도시 → 200명

① [×] 시·도는 300명, 인구 50만 이상 대도시는 200명, 그 밖의 시·군 및 자치구는 150명을 넘지 아니하는 범위에서 그 지방자치단체의 조례로 정하는 18세 이상의 주민 수 이상의 연서로, 감사를 청구할 수 있다.

④ [○] 주무부장관이나 시·도지사는 감사결과에 따라 기간을 정해 해당 지방자치단체의 장에게 필요한 조치를 요구할 수 있다. 이 경우 그 지방자치단체의 장은 이를 성실히 이행하여야 하고 그 조치결과를 지방의회와 주무부장관 또는 시·도지사에게 보고하여야 한다.

답 ①

43 □□□

우리나라의 주민소환제도에 대한 설명으로 옳지 않은 것은?

① 가장 유력한 직접민주주의 제도이다.
② 비례대표 지방의회의원은 주민소환 대상이 아니다.
③ 심리적 통제 효과가 크다.
④ 군수를 소환하려고 할 경우에는 해당 군의 주민소환투표 청구권자 총수의 100분의 10이상의 서명을 받아 청구해야 한다.

43	기초자치단체장 → 100분의 15

① [○] 주민소환은 직접 공직에서 해임할 수 있다는 점에서 가장 강력한 직접민주주의 방식이다.
② [○] 소환의 대상은 선출직 지방공무원이며, 비례대표 지방의원의 소환의 대상에서 제외된다.
③ [○] 임기만료 전에 주민에 의해 해임될 가능성이 있으므로 선출직 공직자에 대한 심리적 압박의 효과가 클 것이다.
④ [×] 기초자치단체장에 대한 소환을 청구하기 위해서는 주민소환투표청구권자 총수의 100분의 15 이상의 서명을 받아야 한다.

답 ④

44 □□□

'지방자치법'상 우리나라 지방자치단체에 대한 설명으로 옳지 않은 것은?

① 지방자치단체인 구는 특별시와 광역시의 관할 구역 안의 구만을 말한다.
② 자치구가 아닌 구의 명칭과 구역의 변경은 그 지방자치단체의 조례로 정한다.
③ 주민은 지방자치단체와 그 장의 권한에 속하는 사무의 처리가 법령에 위반되거나 공익을 현저히 해친다고 인정되면 감사를 청구할 수 있다.
④ 주민은 그 지방자치단체의 장뿐만 아니라 지방에 속한 모든 의회의원까지도 소환할 권리를 가진다.

44	주민소환의 대상 → 선출직 지방공무원

① [○] 인구 50만이 넘는 시에는 자치단체가 아닌 구를 둘 수 있다.
② [○] 자치구의 명칭과 구역의 변경은 법률로 정하지만 자치구가 아닌 구의 명칭과 구역의 변경은 그 지방자치단체의 조례로 정한다.
③ [○] 지방자치단체의 18세 이상의 주민은 시·도에서는 주무부장관에게, 시·군 및 자치구에서는 시·도지사에게 그 지방자치단체와 그 장의 권한에 속하는 사무의 처리가 법령에 위반되거나 공익을 현저히 해친다고 인정되면 감사를 청구할 수 있다.
④ [×] 비례대표 지방의원은 주민소환의 대상에서 제외된다.

답 ④

우리나라의 주민소환제도에 관한 설명으로 옳지 않은 것은?

① 주민소환의 방식은 해당 관할구역의 주민들이 자율적으로 정한다.
② 지방자치에 관한 주민의 직접참여를 확대하고 지방행정의 민주성과 책임성을 제고함을 목적으로 한다.
③ 2007년에 경기도 하남시에서 주민소환투표가 최초로 실시되었다.
④ 주민소환의 대상자는 지방자치단체의 장 및 지방의회의원이지만 비례대표 지방의회의원은 제외된다.

다음 중 현행 법률상 허용되지 않는 것만을 모두 고르면?

> ㄱ. 비례대표 지방의회의원에 대한 주민소환
> ㄴ. 수사에 관여하게 되는 사항에 대한 주민감사청구
> ㄷ. 수수료 감면을 위한 주민의 조례개정청구
> ㄹ. 지방공무원의 정원에 관한 주민투표

① ㄱ, ㄷ   ② ㄱ, ㄴ, ㄹ
③ ㄴ, ㄷ, ㄹ   ④ ㄱ, ㄴ, ㄷ, ㄹ

---

45   주민소환 → 주민소환에 관한 법률

① [×] 주민소환의 투표 청구권자 · 청구요건 · 절차 및 효력 등은 '주민소환에 관한 법률'에 규정되어 있다. 즉, 주민들이 자율적으로 정하는 것은 아니다.
② [○] 주민소환은 지방자치에 관한 주민의 직접 참여를 확대하고 지방행정의 민주성과 책임성을 제고함을 목적으로 한다.
③ [○] 2007년 경기도 하남시장에 대한 주민소환 투표가 실시되었으나 투표율이 31.3%에 그쳐 법률로 정한 33.3%에 미달됨으로써 무산되었다.

답 ①

---

46   주민소환 → 선출직 지방공무원

ㄱ. [×] 주민소환은 선출직 지방공무원을 대상으로 한다. 비례대표 지방의회의원은 주민소환의 대상이 아니다.
ㄴ. [×] 수사나 재판에 관여하게 되는 사항, 개인의 사생활을 침해할 우려가 있는 사항, 다른 기관에서 감사하였거나 감사 중인 사항, 동일한 사항에 대하여 소송이 진행 중이거나 그 판결이 확정된 사항 등은 주민감사청구의 대상에서 제외된다.
ㄷ. [×] 법령을 위반하는 사항, 지방세 · 사용료 · 수수료 · 부담금의 부과 · 징수 또는 감면에 관한 사항, 행정기구를 설치하거나 변경하는 것에 관한 사항이나 공공시설의 설치를 반대하는 사항 등은 조례개폐청구의 대상에서 제외된다.
ㄹ. [×] 법령에 위반되거나 재판 중인 사항, 국가 또는 다른 지방자치단체의 권한 또는 사무에 속하는 사항, 예산 · 회계 · 계약 및 재산관리에 관한 사항과 지방세 · 사용료 · 수수료 · 분담금 등 각종 공과금의 부과 또는 감면에 관한 사항, 행정기구의 설치 · 변경에 관한 사항과 공무원의 인사 · 정원 등 신분과 보수에 관한 사항 등은 주민투표의 청구대상에서 제외된다.

답 ④

다음 중 '지방자치법' 및 '주민소환에 관한 법률'상 주민소환 제도에 대한 설명으로 옳지 않은 것은?

① 시·도지사의 소환청구 요건은 주민투표권자 총수의 100 분의 10 이상이다.

② 비례대표의원은 주민소환의 대상이 아니다.

③ 주민소환투표권자의 연령은 주민소환투표일 현재를 기준 으로 계산한다.

④ 주민소환투표권자의 4분의 1 이상이 투표에 참여해야 한다.

⑤ 주민소환이 확정된 때에는 주민소환투표대상자는 그 결과가 공표된 시점부터 그 직을 상실한다.

우리나라 주민참여예산제도에 대한 설명으로 옳지 않은 것은?

① 주민이 참여할 수 있는 예산의 범위는 '지방재정법'에 규정되어 있다.

② 지방자치단체의 장은 주민참여예산제도를 마련하여 시행 해야 할 법적 의무가 있다.

③ 지방자치단체 중 최초로 주민참여예산조례를 제정한 곳은 광주광역시 북구이다.

④ 지방의회 예산심의권 침해 논란이 있다.

47	주민소환의 확정 → 3분의 1 이상의 투표와 유효투표 총수 과반수의 찬성

① [○] 시·도지사의 소환청구 요건은 주민투표권자 총수의 100 분의 10 이상이다. 반면, 기초단체장의 소환청구 요건은 주민 투표권자 총수의 100분의 15 이상이다.

③ [○] 19세 이상의 주민은 주민소환투표권을 가지는데 주민소환 투표권자의 연령은 주민소환투표일 현재를 기준으로 계산한다.

④ [×] 주민소환은 주민소환투표권자 총수의 3분의 1 이상의 투표와 유효투표 총수 과반수의 찬성으로 확정된다.

답 ④

48	주민참여예산의 대상 → 지방의회 의결사항은 제외

① [×] '지방재정법'에는 주민이 참여할 수 있는 예산의 범위는 규정되어 있지 않다. 다만, 지방의회의 의결사항은 주민참여 예산에서 제외된다.

② [○] 자치단체장은 주민참여예산제도를 통해 수렴한 주민의 의견서는 예산안에 첨부되어 지방의회에 제출하여야 한다.

③ [○] 우리나라는 광주광역시 북구에서 2003년 주민참여예산 제도를 최초로 도입하였고, 2004년 조례를 제정해 제도화하였다.

④ [○] 주민참여예산은 주민들에 의해 편성된 예산안이므로 지방 의회는 이를 폐지하거나 삭감하기 어려운 정치적 압력에 놓이게 되므로 지방의회의 자유로운 예산심의권을 침해할 가능성이 존재한다.

답 ①

참여예산제도에 대한 설명으로 옳지 않은 것은?

① 브라질의 포르투 알레그리(Porto Alegre)시는 참여예산 제도를 도입한 대표적인 사례이다.

② 예산과정에의 시민참여는 중앙정부와 지방정부 모두 가능 하지만, 참여예산제는 주로 지방정부를 대상으로 시행 된다.

③ 참여예산제는 과정적 측면보다는 결과적 측면의 이념을 지향한다.

④ 예산과정의 단계별로 볼 때 예산편성 단계에서의 참여에 초점을 둔다.

주민참여예산제도에 대한 설명으로 옳지 않은 것은?

① 지방자치단체의 장은 주민참여예산제도를 통하여 수렴한 주민의 의견서를 지방의회에 제출하는 예산안에 첨부 하여야 한다.

② 주민참여예산기구의 구성·운영과 그 밖에 필요한 사항은 해당 지방자치단체의 조례로 정한다.

③ 2011년 '지방자치법'의 개정으로 모든 지방자치단체가 의무적으로 이행해야 하는 제도가 되었다.

④ 행정안전부장관은 지방자치단체의 재정적 여건을 고려 하여 지방자치단체별 주민참여예산제도의 운영을 평가 할 수 있다.

49　　주민참여예산제도 → 과정 측면의 강조

① [○] 주민참여예산제도는 브라질의 포르투 알레그리시가 최초 이며, 우리는 광주광역시 북구에서 처음 도입하였고, 전라북도 에서 예산편성(2007)에 사용하였다. 그 후 지방재정법에 임의 규정(2006)으로 도입된 이후 의무규정(2011)으로 바뀌었으며, 중앙정부의 경우 2018년부터 도입되어 시행되고 있다.

② [○] 정책이나 예산과정에의 시민참여는 규모가 상대적으로 작은 지방정부 차원에서 도입되기 쉽다.

③ [×] 참여예산제도는 결과보다는 과정지향적인 예산제도이다. 예산편성과정에 참여 그 자체를 중시한 것이지 반드시 주민의 의견에 구속되는 것은 아니기 때문이다.

　　　　　　　　　　　　　　　　　　　　　　　　　답 ③

50　　주민참여예산제도 → 지방재정법

③ [×] 주민참여예산제도는 '지방재정법'에 의무적으로 시행(2011) 하도록 규정되어 있다.

④ [○] 행정안전부장관은 지방자치단체의 재정적·지역적 여건 등을 고려하여 대통령령으로 정하는 바에 따라 지방자치단체별 주민참여예산제도의 운영에 대하여 평가를 실시할 수 있다.

　　　　　　　　　　　　　　　　　　　　　　　　　답 ③

주민의 합의와 참여를 근거로 예산을 수립하는 '주민참여예산제도'에 대한 설명으로 옳지 않은 것은?

① 공공부문에서 예산운영의 효율성과 지출가치의 극대화보다는 예산주권의 극대화나 시민욕구의 반영을 중요시하는 제도이다.
② 보수주의적 예산을 탈피하기 위하여 경직성 경비를 삭감하고 최고관리층의 중앙집권적 통제에 의해 성과주의예산과 목표기준예산을 활용한다.
③ 주민참여예산제도는 실질적 참여가 이루어지는 것을 전제로 하기 때문에 아른슈타인(S. Arnstein)의 주민권력단계에 속한다고 할 수 있다.
④ 관료 중심의 예산운영으로 인한 전통적 비효율성과 지방자치단체장의 인기성, 선심성 예산운영으로 인한 비효율성을 극복하려는 사전적 주민통제방안이라고 할 수 있다.

아른슈타인(S. Arnstein)이 분류한 주민참여수준에 대한 설명으로 옳지 않은 것은?

① 회유(placation)는 주민이 정보를 제공받고, 각종 위원회 등에서 의견을 제시, 권고하는 등의 역할은 하지만, 주민이 정책결정에 영향력을 행사하는 능력은 갖지 못하는 수준이다.
② 정보제공(informing)은 행정기관과 주민간의 정보회로가 쌍방향적이어서 환류를 통한 협상과 타협에 연결되는 수준이다.
③ 대등협력(partnership)은 행정기관이 최종결정권을 가지고 있지만 주민이 필요하다고 판단될 경우 행정기관에 맞서서 자신의 주장을 내세울 만큼의 영향력을 갖고 있는 수준이다.
④ 권한위임(delegated power)은 주민이 정책의 결정 · 실시에 우월한 권력을 가지고 참여하는 경우로, 주민의 영향력이 강하여 행정기관은 문제해결을 위하여 주민을 협상으로 유도하는 수준이다.

51　성과주의예산 → 신공공관리론

① [O] 주민참여예산제도는 예산과정에 있어 주민이 참여하는 거버넌스 시각이 반영된 것으로, 예산운영의 효율성과 지출가치의 극대화보다는 예산주권의 극대화나 시민욕구의 반영을 중시하는 제도이다.
② [×] 보수주의 예산을 탈피하기 위하여 경직성 경비를 삭감하고 최고관리층의 중앙집권적 통제에 의해 성과주의 예산과 목표기준예산을 활용하는 것은 (신)성과주의예산이다.
③ [O] 아른슈타인(S. Arnstein)의 주민권력단계란 정책의 입안 · 결정 · 집행 · 평가단계까지 주민이 통제권을 보유하는 단계이다.
④ [O] 주민참여예산제도는 관료 중심의 예산운영으로 인한 비효율성과 지방자치단체장의 선심성 예산운영으로 인한 비효율성을 동시에 극복하려는 사전적 통제방안이다.

답 ②

52　정보제공 → 명목적 참여

① [O] 회유(placation)는 위원회 등을 통한 참여는 확대시키나 최종결정은 행정이 담당하는 방식이다.
② [×] 아른슈타인(S. Arnstein)의 주민참여 중 정보제공(informing)은 행정이 일방적으로 정보를 제공하는 방식이므로 환류는 미흡하다.
③ [O] 대등협력 또는 협동(partnership)은 행정이 최종 결정하나 협상을 통해 주장의 반영은 가능한 방식이다.
④ [O] 권한위임(delegated power)은 주민의 우월한 결정권을 보유하며 집행에 있어 강력한 권한을 행사하는 방식이다.

답 ②

01 □□□

20년 지방9급

지방재정의 세입항목 중 자주재원에 해당하는 것은?

① 지방교부세
② 재산임대수입
③ 조정교부금
④ 국고보조금

02 □□□

12년 국가7급

지방자치단체 재정자립도 개념의 한계에 대한 설명으로 옳지 않은 것은?

① 지방자치단체의 일반회계만을 고려하고 특별회계와 기금 등을 종합적으로 고려하지 못하므로 지방자치단체의 실제 재정력이 과소평가된다.
② 일반회계에서 차지하는 자체재원의 비율이 높을수록 재정자립도가 높게 산정되기 때문에 지방교부세를 받은 지방자치단체는 재정력이 커짐에도 불구하고 재정자립도는 반대로 낮아지게 된다.
③ 지방자치단체의 세출을 중심으로 산정되기 때문에 지방자치단체의 재정력을 효과적으로 파악하기 곤란하다.
④ 지방자치단체 간의 상대적 재정규모를 평가하지 못하는 문제가 있다.

---

01 자주재원 → 지방세와 세외수입

① [×] 지방교부세는 국가가 재정적 결함이 있는 자치단체에 교부하는 금액으로 의존재원에 해당한다.
② [○] 재산임대수입은 자치단체가 국·공유재산을 관리·운영하는 과정에서 발생하는 수입으로, 국·공유재산을 매각·처분하여 발생하는 수입은 제외된다.
③ [×] 조정교부금은 광역자치단체가 기초자치단체에 교부하는 재원으로 의존재원에 해당한다.
④ [×] 국고보조금은 정부시책 또는 재정상 필요하다고 인정할 때 비도를 지정하여 교부되는 자금으로 의존재원에 해당한다.

답 ②

02 재정자립도 → 세입중심

① [○] 재정자립도는 총 재원 중 자주재원이 차지하는 비중으로, (지방세 + 세외수입) / 일반회계 또는 (지방세 + 세외수입 + 지방채) / 일반회계로 측정된다. 일반회계만을 고려하고 특별회계와 기금 등을 종합적으로 고려 못한다는 비판을 받는다.
② [○] 중앙정부의 재정지원을 의존재원으로만 처리하므로 재정지원의 형태를 고려하지 않는다.
③ [×] 재정자립도는 세입 중심으로 산정되어 지출의 내역이라고 할 수 있는 세출의 질을 고려하지 않는다.
④ [○] 재정자립도는 비율의 형태로 표현되므로 대규모 사업의 수행을 가능케 하는 재정규모의 중요성을 간과하고 있다.

답 ③

03 ☐☐☐

지방자치단체의 재정자립도에 대한 설명으로 옳지 않은 것은?

① 재정지출의 내역이라고 할 수 있는 세출의 질을 고려하고 있지 않다.
② 대규모 사업의 수행을 가능케 하는 재정규모의 중요성을 간과하고 있다.
③ 지방자치단체의 실질적 재정상태를 나타내며 중앙정부로부터 얼마나 많은 지원을 받고 있는가를 보여준다.
④ 중앙정부에 의한 재정지원을 의존재원으로 처리함으로써 재정지원의 형태를 제대로 파악할 수 없다.

03	재정자립도 → 형식적 지표

③ [×] 재정자립도는 총 재원 중 자주재원이 차지하는 비중을 말한다.
④ [○] 재정자립도는 중앙정부의 재정지원을 의존재원으로만 처리하므로 재정지원의 형태를 고려하지 않는다.

답 ③

04 ☐☐☐

지방세 세원확보 원칙과 우리나라 지방자치단체의 현실적인 문제점을 연결한 것으로 옳지 않은 것은?

① 충분성 - 지방세 수입이 지방사무의 양에 비교하여 충분하지 못하다.
② 안정성 - 소득과세 중심으로 세원 확보가 매우 불안정하다.
③ 보편성 - 수도권과 비수도권의 세원이 심각하게 불균형적이다.
④ 자율성 - 지방세의 세목설정 권한이 인정되지 않기 때문에 자율성이 상대적으로 떨어진다.

04	지방세 → 재산과세 중심

①, ③, ④ [○] 우리나라는 세목은 많으나 세원은 빈약하며(①), 소득세·소비세보다 재산제 위주로 세수의 신장성이 미약하다고 평가받는다. 또한 조세법률주의로 독자적 과세권이 결여되어 있으며(④), 재원의 보편성이 부족하여 세원의 지역적 편차가 심하고(③), 지역적 특성의 고려 없이 획일적으로 과세가 이루어지고 있다고 비판받는다.
② [×] 우리나라는 소득세·소비세보다 재산제 위주로 세수의 신장성이 미약하다.

답 ②

우리나라 지방자치단체의 권한에 대한 설명으로 옳지 않은 것은?

① 지방자치단체는 법령이나 상급 지방자치단체의 조례를 위반하여 그 사무를 처리할 수 없다.

② 지방자치단체는 그 사무를 분장하기 위하여 필요한 행정기구와 지방공무원을 둔다.

③ 지방자치단체는 조례와 규칙으로 정하는 바에 따라 지방세를 부과·징수할 수 있다.

④ 지방자치단체는 관할 구역의 자치사무와 법령에 따라 지방자치단체에 속하는 사무를 처리한다.

지방세 원칙 중 하나인 부담분임의 원칙을 가장 잘 충족시키고 있는 것은?

① 주민세(개인균등할)

② 재산세

③ 레저세

④ 담배소비세

05	지방세 → 법률로 부과·징수

① [○] 지방자치단체는 법령이나 상급 지방자치단체의 조례를 위반하여 그 사무를 처리할 수 없다.

② [○] 지방자치단체는 그 사무를 분장하기 위하여 필요한 행정기구와 지방공무원을 두며, 행정기구의 설치와 지방공무원의 정원은 인건비 등 대통령령으로 정하는 기준에 따라 그 지방자치단체의 조례로 정한다. 한편, 지방자치단체에는 법률로 정하는 바에 따라 국가공무원을 둘 수 있다.

③ [×] 지방자치단체는 법률로 정하는 바에 따라 지방세를 부과·징수할 수 있다.

④ [○] 지방자치단체는 관할 구역의 자치사무와 법령에 따라 지방자치단체에 속하는 사무를 처리한다.

답 ③

06	부담분임 → 주민세

① [○] 부담분임의 원칙이란 지방자치단체의 존립과 활동에 필요한 경비를 널리 다수의 주민에게 골고루 부담시키려는 원칙으로, 지역에 거주하는 모든 주민에게 골고루 부담되는 주민세가 이에 가장 부합된다.

② [×] 재산세는 누진세의 형태를 보인다. 즉, 재산의 보유가 많은 사람이 많은 세금을 부담한다.

③ [×] 레저세와 담배소비세는 소비세로 응익성의 원칙이 적용된다.

답 ①

07 ▢▢▢

특별시·광역시의 보통세와 도의 보통세에 공통적으로 속하는 세목만을 모두 고르면?

> ㄱ. 지방소득세
> ㄴ. 지방소비세
> ㄷ. 주민세
> ㄹ. 레저세
> ㅁ. 재산세
> ㅂ. 취득세

① ㄱ, ㄴ, ㄹ
② ㄱ, ㄷ, ㅁ
③ ㄴ, ㄹ, ㅂ
④ ㄷ, ㅁ, ㅂ

08 ▢▢▢

우리나라 지방자치단체의 자치재정권에 대한 설명으로 옳지 않은 것은?

① 지방세 탄력세율 제도는 지방자치단체 재정의 신축성과 자율성을 제고하기 위한 제도이다.
② 지방자치단체는 법령의 위임이 없더라도 조례의 제정을 통해 지방세목을 설치할 수 있다.
③ 지방자치단체의 장은 재정투자사업에 관한 예산안을 편성할 경우 대통령령이 정하는 바에 따라 사전에 그 필요성과 타당성에 대한 심사를 하여야 한다.
④ 지방자치단체의 장은 재해예방 및 복구사업을 위한 자금 조달에 필요할 때에는 지방채를 발행할 수 있다.

| 07 | 자치구세 → 등록면허세와 재산세 |

ㄱ. [×] 지방소득세는 특별시·광역시와 시·군의 세금이다.
ㄷ. [×] 주민세는 특별시·광역시와 시·군의 세금이다.
ㅁ. [×] 재산세는 자치구와 시·군의 세금이다.

📄 **우리나라 지방세**

구분		특별시·광역시세	자치구세	시·군세	도세
보통세		• 취득세 • 레저세 • 담배소비세 • 지방소비세 • 주민세 • 지방소득세 • 자동차세	• 등록면허세 • 재산세	• 주민세 • 재산세 • 자동차세 • 담배소비세 • 지방소득세	• 취득세 • 등록면허세 • 레저세 • 지방소비세

목적세		• 지방교육세
		• 지역자원
		  시설세
			–	–	• 지방교육세
					• 지역자원
					  시설세

답 ③

| 08 | 지방세의 세목과 세율 → 법률로 규정 |

① [○] 현재 대통령령으로 자동차세(주행), 담배소비세에, 조례로는 취득세, 등록면허세, 주민세, 지방소득세, 재산세, 자동차세 (소유), 목적세(지방교육세, 지역자원시설세) 등에 탄력세율을 적용하고 있다. 지방소비세와 레저세는 탄력세율의 적용대상에서 제외된다.
② [×] 지방세의 세목은 법률로서 정한다. 조례로는 지방세의 세목을 정할 수 없다.
③ [○] 지방자치단체의 장은 재정투자사업에 관한 예산안 편성을 함에 있어 대통령령으로 정하는 바에 따라 사전에 그 필요성과 타당성에 대한 심사(투자심사)를 하여야 한다.
④ [○] 지방자치단체의 장은 공유재산의 조성 등 소관 재정투자 사업과 그에 직접적으로 수반되는 경비의 충당, 재해예방 및 복구 사업, 천재지변으로 발생한 예측할 수 없었던 세입결함의 보전 그리고 지방채의 차환 등을 목적으로 지방채를 발행할 수 있다.

답 ②

'지방세기본법'상 특별시·광역시의 세원이 아닌 것은?

① 취득세
② 자동차세
③ 등록면허세
④ 레저세

지방세제에 대한 설명으로 옳지 않은 것은?

① 지방소비세는 국세인 부가가치세의 일부를 일정한 기준에 따라 광역지방자치단체에 이전하는 일종의 세원공유 방식의 지방세이다.
② 지역자원시설세와 지방교육세는 목적세이다.
③ 레저세는 국세인 개별소비세와 지방세인 경주·마권세의 일부가 전환된 세목이다.
④ 지방세는 재산과세의 비중이 높으며 중앙정부의 부동산 정책과 지역경제 상황에 따라 영향을 받는다.

---

09 | 자치구세 → 등록면허세, 재산세

---

①, ②, ④ [○] 특별시·광역시 세원으로는 취득세(①), 레저세(④), 담배소비세, 지방소비세, 주민세, 지방소득세, 자동차세(②), 지방교육세, 지역자원시설세 등이 있다.
③ [×] 등록면허세는 자치구의 세원이다.

답 ③

10 | 레저세 → 경륜 및 경정, 경마

---

① [○] 지방소비세는 부가가치세의 25.3%를 적용하여 계산된 금액이다.
② [○] 지역자원시설세는 특정 자원으로서 대통령령으로 정하는 것에 부과되는 과세이고, 지방교육세는 지방교육재정의 확충에 드는 재원을 확보하기 위하여 부과되는 과세이다.
③ [×] 레저세는 '경륜·경정법'에 따른 경륜 및 경정과 '한국마사회법'에 따른 경마 등에 부과되는 지방세이다. 개별소비세는 특별소비세가 바뀐 것으로 현행 국세의 항목이다. 즉, 지방세로 전환된 세목이 아니다.
④ [○] 우리나라의 지방세는 소득세와 소비세보다는 재산제 위주로 되어 있어 세수의 신장성이 미약하며, 조세법률주의로 독자적 과세권이 결여되어 있고 재원의 보편성이 부족하여 세원의 지역적 편차가 심하다는 문제점을 지닌다.

답 ③

11 □□□

우리나라 지방자치단체의 재정에 대한 설명으로 옳은 것은?

① 지방세는 재산보유에 대한 과세보다 재산거래에 대한 과세의 비중이 상대적으로 높다.
② 재정력지수는 지방자치단체의 전체 재원에 대한 자주재원(지방세 수입, 지방세 외 수입)의 비율을 의미한다.
③ 재정자립도란 일반회계 세입에서 자주재원과 지방교부세를 합한 일반재원의 비중으로 생계급여 등 사회복지 분야에서 차등보조율을 설계할 때 사용된다.
④ 지방재정조정제도는 크게 지방자치단체에 재원 사용의 자율성을 전적으로 부여하는 국고보조금과 특정한 사업에 사용할 것을 조건으로 선택적으로 지원하는 지방교부세로 구분한다.

12 □□□

다음은 지방세 각 세목에 대한 설명이다. 목적세에 해당하는 것을 모두 고르면?

> ㄱ. 국세인 부가가치세의 일부를 지방세로 전환한 세금이다. 납세의무자는 부가가치세를 납부할 의무가 있는 자이며, 국가에 부가가치세를 납부하면 국가가 납세액의 일정비율을 지방자치단체로 이전하는 형식을 취한다.
> ㄴ. 지하·해저자원, 관광자원, 수자원, 특수지형 등 지역자원의 보호 및 개발, 지역의 특수한 재난예방 등 안전관리사업 및 환경보호·개선사업, 그 밖에 지역 균형개발 사업에 필요한 재원을 확보하거나 소방시설, 오물처리시설, 수리시설 및 그 밖의 공공시설에 필요한 비용을 충당하기 위하여 부과하는 세금이다.
> ㄷ. 소득분과 종업원분으로 구분한다. 소득분은 지방자치단체에서 소득세 및 법인세의 납세의무가 있는 자에게 부과하고, 종업원분은 종업원에게 급여를 지급하는 사업주에게 부과한다.
> ㄹ. 지방교육의 질적 향상에 필요한 지방교육재정의 확충에 소요되는 재원을 확보하기 위하여 부과한다. 레저세, 담배소비세, 주민세 균등분 등의 납세의무자에게 부과한다.

① ㄱ, ㄴ   ② ㄱ, ㄹ
③ ㄴ, ㄷ   ④ ㄴ, ㄹ

11	지방세의 특징 → 거래과세의 과다

① [O] 우리나라는 재산과세 중심이면서 경기와 관계없이 안정적 수입을 보장하는 보유과세 비중이 낮고 부동산거래세인 취득세와 등록면허세의 비중이 매우 높아 경기 변동에 영향을 많이 받는다.
② [×] 재정력지수는 기준재정수요액 대비 기준재정수입액의 비율이다. 전체 재원에 대한 자주재원(지방세 수입, 지방세 외 수입)의 비율은 재정자립도이다.
③ [×] 일반회계 세입에서 자주재원과 지방교부세를 합한 일반재원의 비중은 재정자주도이다.
④ [×] 지방자치단체에 재원 사용의 자율성을 전적으로 부여하는 재원이 지방교부세이고, 특정한 사업에 사용할 것을 조건으로 선택적으로 지원하는 재원이 국고보조금이다.

답 ①

12	지방목적세 → 지방교육세, 지역자원시설세

ㄱ. [×] 국세인 부가가치세의 일부를 지방세로 전환한 세금은 지방소비세이다.
ㄴ. [O] 지역자원시설세는 지하자원·해저자원·관광자원·수자원·특수지형 등 지역자원을 보호·개발하기 위하여 부과할 수 있다.
ㄷ. [×] 소득분과 종업원분으로 구분되는 것은 지방소득세이다.
ㄹ. [O] 지방교육세는 지방교육의 질적 향상에 필요한 지방교육재정의 확충에 드는 재원을 확보하기 위하여 부과한다.

답 ④

지방세에 대한 설명으로 옳지 않은 것으로 묶은 것은?

> ㄱ. 지방세의 중요한 원칙으로는 응익성, 안정성, 보편성 등이 있다.
> ㄴ. 지방자치단체의 목적세로는 주행세, 지방교육세 등이 있다.
> ㄷ. 자치구의 보통세로는 등록면허세, 재산세가 있다.
> ㄹ. 중앙정부는 보통교부세를 교부할 때 일정한 조건을 붙이거나 용도를 제한할 수 없다.
> ㅁ. 지방채 발행 한도액의 범위 안이라도 외채를 발행하는 경우에는 지방의회의 의결을 거친 후 행정안전부장관의 추인을 받아야 한다.
> ㅂ. 지방자치단체장은 그 지방자치단체의 항구적 이익이 되거나 긴급한 재난복구 등의 필요가 있을 때에는 지방채를 발행할 수 있다.

① ㄱ, ㄴ
② ㄴ, ㄹ
③ ㄴ, ㅁ
④ ㄷ, ㅂ

현행 지방세의 탄력세율 제도에 대한 설명으로 옳은 것만을 모두 고르면?

> ㄱ. 지방세 일부 세목의 세율에 대해 일정 범위 내에서 지방자치단체가 자율적으로 결정할 수 있다.
> ㄴ. 레저세, 지방소비세는 탄력세율이 적용되지 않는다.
> ㄷ. 조례로 담배소비세, 주행분 자동차세에 대해 표준세율의 50 %를 가감하는 방식과 같이 일정 비율을 가감하는 방식이 주로 활용된다.

① ㄱ
② ㄱ, ㄴ
③ ㄴ, ㄷ
④ ㄱ, ㄴ, ㄷ

13　　외채의 발행 → 행정안전부장관의 승인

ㄴ. [×] 지방자치단체의 목적세에는 지방교육세와 지역자원시설세가 있다.

ㅁ. [×] 지방자치단체의 장은 대통령령으로 정하는 지방채 발행 한도액의 범위에서 지방의회의 의결을 얻어야 한다. 다만, 지방채 발행 한도액 범위더라도 외채를 발행하는 경우에는 지방의회의 의결을 거치기 전에 행정안전부장관의 승인을 받아야 한다.

답 ③

14　　담배소비세와 자동차 주행세 → 대통령령

ㄴ. [○] 지방세의 탄력세율 제도에 관한 설명이다. 다만 레저세와 지방소비세는 탄력세율의 대상에서 제외된다.

ㄷ. [×] 담배소비세와 자동차세의 주행분의 탄력세율은 대통령령으로 정한다.

답 ②

우리나라의 지방자치제도에 대한 설명으로 옳은 것은?

① 시·군의 지방세 세목에는 담배소비세, 주민세, 지방소득세, 재산세, 자동차세가 있다.
② 지방의회는 지방자치단체를 외부에 대표하는 기능, 국가위임 사무 집행 기능 등을 가진다.
③ 지방자치단체는 2층제이며, 16개의 광역자치단체와 220개의 기초자치단체가 설치되어 있다.
④ 기관통합형 구조를 채택하고 있으며, 기초자치단체장 선거에서는 정당공천제를 실시하지 않고 있다.

15	광역자치단체 → 17개

① [○] 시·군의 지방세 세목에는 주민세, 재산세, 자동차세, 담배소비세, 지방소득세가 있다.
② [×] 지방자치단체를 외부에 대표하는 기능, 국가위임사무 집행 기능 등을 가지는 것은 지방자치단체장이다.
③ [×] 우리나라 지방자치단체는 단층제(세종특별자치시와 제주특별자치도) 또는 중층제로 되어 있다. 광역자치단체는 17개, 기초자치단체는 226개가 있다.
④ [×] 기초자치단체장 선거에서도 정당공천제가 채택되어 있다. 정당공천이 불가능한 것은 교육감 선거이다.

답 ①

우리나라 현행 지방세제에 대한 설명으로 옳은 것은?

① 지방소비세는 특별시·광역시·도세이며, 지방소득세는 시·군·구세이다.
② 최근 유사·중복 세목이 통폐합되어 현재 보통세 8개와 목적세 3개의 세목으로 간소화되었다.
③ 기초자치단체는 목적세를 부과할 수 없다.
④ 재산과세 중 거래과세로 분류되는 취득세는 특별시·광역시·도세이며, 등록면허세는 시·군·구세이다.

16	목적세 → 광역자치단체

① [×] 지방소비세는 특별시·광역시·도세이며, 지방소득세는 특별시·광역시·시·군세이다.
② [×] 현재 보통세 9개와 목적세 2개의 세목으로 구성되어 있다.
③ [○] 목적세는 모두 광역자치단체의 세원이다.
④ [×] 취득세는 특별시·광역시·도세이며, 등록면허세는 도·자치구세이다.

답 ③

최근 지방재정자립도를 높이기 위하여 국세의 일부를 지방세로 전환해야 한다는 여론이 높아지고 있는데, 전환할 경우에 나타날 수 있는 현상과 가장 거리가 먼 것은?

① 조세저항이 일어날 수 있다.
② 지역 간 재정불균형이 심화될 수 있다.
③ 지방교부세 총액이 감소될 수 있다.
④ 중앙과 지방과의 기능을 조정할 필요가 있다.

세외수입의 종류와 그에 대한 설명을 바르게 연결한 것은?

> ㄱ. 지방자치단체가 주민의 복지증진을 위해 설치한 공공시설을 특정소비자가 사용할 때 그 반대급부로 개별적인 보상원칙에 따라 지방자치단체의 조례에 의거하여 강제적으로 부과·징수하는 공과금이다.
> ㄴ. 지방자치단체의 재산 또는 공공시설의 설치로 인해 주민의 일부가 특별히 이익을 받을 때 그 비용의 일부를 부담시키기 위해 그 이익을 받는 자로부터 수익의 정도에 따라 징수하는 공과금이다.
> ㄷ. 지방자치단체가 특정인에게 제공한 행정 서비스에 의해 이익을 받는 자로부터 그 비용의 전부 또는 일부를 반대급부로 징수하는 수입이다.

	ㄱ	ㄴ	ㄷ
①	사용료	분담금	수수료
②	수수료	부담금	과년도 수입
③	사용료	부담금	과년도 수입
④	수수료	분담금	사용료

---

17   국세의 지방세 이전 → 지역 간 격차의 심화

① [×] 국세가 지방세로 전환되었다고 국민의 세금부담이 달라지는 것은 아니므로 추가적인 조세저항은 발생하지 않는다.
② [○] 세원이 지역 간 세원이 불균등할 경우 지역 간 재정불균형이 심화될 수 있다.
③ [○] 국세 총액이 감소하였으므로 내국세 총액의 일정 부분으로 구성되는 지방교부세의 총액은 감소될 것이다.
④ [○] 재정의 조정은 필연적으로 기능의 조정을 수반하여야 한다.

답 ①

---

18   자주재원 → 세수입 + 세외수입

ㄱ. 사용료는 자치단체가 주민의 복지증진을 위해 설치한 공공시설을 특정 소비자가 사용할 때 그 반대급부로 개별적 보상원칙에 따라 조례에 의거하여 강제적으로 부과·징수되는 공과금이다.
ㄴ. 분담금는 자치단체의 재산 또는 공공시설의 설치로 인해 주민의 일부가 특별히 이익을 받을 때 그 비용의 일부를 부담시키기 위해 이익을 받는 자로부터 수익의 정도에 따라 징수하는 공과금이다.
ㄷ. 수수료은 자치단체가 특정인에게 제공한 행정서비스에 의해 이익을 받는 자로부터 그 비용의 전부 또는 일부를 반대급부로 징수하는 수입이다.

답 ①

19 ☐☐☐

20년 국가7급

부담금에 대한 설명으로 옳지 않은 것은?

① 특정의 공공서비스를 창출하거나 바람직한 행위를 유도하기 위해 사용된다.
② 수익자 부담의 원칙이 적용된다.
③ 지방세법상 지방세 수입의 재원 중 하나이다.
④ 부담금에 관한 주요 정책과 그 운용방향 등을 심의하기 위하여 기획재정부장관 소속으로 부담금심의위원회를 둔다.

20 ☐☐☐

18년 국가7급

지방채에 대한 설명으로 옳은 것은?

① 지방자치단체조합의 장은 지방채를 발행할 수 없다.
② 이미 발행한 지방채의 차환을 위해서 지방자치단체의 장은 지방채를 발행할 수 없다.
③ 제주특별자치도지사는 제주특별자치도의 발전과 관계가 있는 사업을 위하여 필요하면 도의회 의결을 마친 후 외채 발행과 지방채 발행 한도액의 범위를 초과한 지방채 발행을 할 수 있다.
④ 외채를 발행할 경우에는 지방채 발행 한도액 범위더라도 지방의회의 의결을 거치기 전에 기획재정부장관의 승인을 받아야 한다.

19	부담금 → 조세 외의 금전지급의무

① [O] 부담금은 특정 공익사업에 충당하거나 특정 행위의 방지(원인자부담금) 등에 활용되므로 공공서비스의 창출이나 바람직한 행위를 유도하기 위해 사용될 수 있다.
② [O] 부담금은 당해 사업에 특별한 이해관계를 가진 사람에게만 부과되는 점에서 수익자 부담의 원칙이 적용될 수 있다.
③ [×] 부담금이란 중앙행정기관의 장, 지방자치단체의 장, 행정권한을 위탁받은 공공단체 또는 법인의 장 등 법률에 따라 금전적 부담의 부과권한을 부여받은 자가 분담금, 부과금, 기여금, 그 밖의 명칭에도 불구하고 재화 또는 용역의 제공과 관계없이 특정 공익사업과 관련하여 법률에서 정하는 바에 따라 부과하는 조세 외의 금전지급의무(특정한 의무이행을 담보하기 위한 예치금 또는 보증금의 성격을 가진 것은 제외)를 말한다.
④ [O] '부담금관리기본법'에 의하면 부담금에 관한 주요정책과 그 운용방향 등을 심의하기 위하여 기획재정부장관 소속으로 부담금운용심의위원회를 둔다.

답 ③

20	지방채의 발행 → 자치단체장 또는 자치단체조합장

① [×] 지방자치단체조합의 장은 그 조합의 투자사업과 긴급한 재난복구 등을 위한 경비를 조달할 필요가 있을 때 또는 투자사업이나 재난복구사업을 지원할 목적으로 지방자치단체에 대부할 필요가 있을 때에는 지방채를 발행할 수 있다.
② [×] 지방채는 공유재산의 조성 등 소관 재정투자사업과 그에 직접적으로 수반되는 경비의 충당, 재해예방 및 복구사업, 천재지변으로 발생한 예측할 수 없었던 세입결함의 보전, 지방채의 차환 등을 목적으로 지방채를 발행할 수 있다.
③ [O] 제주도지사는 제주자치도의 발전과 관계가 있는 사업을 위하여 필요하면 '지방재정법'에도 불구하고 도의회의 의결을 마친 후 외채 발행과 지방채 발행 한도액의 범위를 초과한 지방채 발행을 할 수 있다.
④ [×] 지방채 발행 한도액 범위더라도 외채를 발행하는 경우에는 지방의회의 의결을 거치기 전에 행정안전부장관의 승인을 받아야 한다.

답 ③

21 □□□

우리나라의 지방재정조정제도에서 재원의 배분주체가 다른 하나는?

① 보통교부세
② 국고보조금
③ 특별교부세
④ 조정교부금

---

22 □□□

지방교부세에 대한 설명으로 옳지 않은 것은?

① 지역 간 재정격차를 완화시키는 재정 균등화 기능을 수행한다.
② 보통교부세, 특별교부세, 부동산교부세, 소방안전교부세로 구분한다.
③ 신청주의를 원칙으로 하며 각 중앙관서의 예산에 반영되어야 한다.
④ 부동산교부세는 종합부동산세를 재원으로 하며 전액을 지방자치단체에 교부한다.

21	조정교부금 → 광역이 기초에게

① [○] 보통교부세는 해마다 기준재정수입액이 기준재정수요액에 못 미치는 지방자치단체에 그 미달액을 기초로 교부한다.
② [○] 소방안전교부세는 행정안전부장관이 지방자치단체의 소방 및 안전시설 확충, 안전관리 강화 등을 위하여 지방자치단체에 전액 교부하여야 한다.
③ [○] 특별교부세는 지역 현안에 대한 특별한 재정수요가 있는 경우, 재난을 복구하거나 재난 및 안전관리, 국가적 장려사업 등을 위해 행정자안전부장관이 교부한다.
④ [×] 보통교부세, 소방안전교부세, 특별교부세 모두 중앙정부가 지방에 배분하는 것이고 조정교부금은 광역자치단체가 기초 자치단체에 배분하는 것이다.

📄 지방교부세의 종류

보통교부세	• 재정력지수(→ 기준재정수요액/기준재정수입액)가 1 미만일 때 교부 • 자치구는 특별시·광역시에 일괄 교부
특별교부세	• 지역 현안에 대한 특별한 재정수요가 있는 경우 → 40% • 재난을 복구하거나 재난 및 안전관리 → 50% • 기타 국가적 장려사업 → 10%
부동산교부세	재정여건(50%), 사회복지(25%), 지역교육(20%), 부동산 보유(5%)
소방안전교부세	소방 및 안전시설의 확충과 안전관리의 강화, 소방 인력의 확충

답 ④

22	각 중앙관서의 예산에 반영 → 국고보조금

① [○] 보통교부세는 재정력 지수가 1 미만인 경우에만 지급되므로 지역 간 격차를 시정할 수 있다.
③ [×] 신청주의를 원칙으로 하며 각 중앙관서의 예산에 반영되는 것은 국고보조금이다.
④ [○] 부동산교부세는 종합부동산세의 전액을 재원으로 하고, 소방안전교부세는 담배의 개별소비세의 일부를 재원으로 한다.

답 ③

23 ☐☐☐

17년 국가9급(하)

우리나라 지방자치단체의 세입·세출에 대한 설명으로 옳지 않은 것은?

① 의존재원의 비중이 높아지면 재정분권이 취약해질 수 있다.
② 보통교부세는 중앙정부가 용도를 제한하여 지방자치단체의 재량권이 없는 재원이다.
③ 지방세와 세외수입은 자주재원에 속하고, 보조금은 의존재원에 속한다.
④ 현행법상 지방자치단체의 관할구역 자치사무에 필요한 경비는 그 지방자치단체가 전액을 부담한다.

| 23 | 보통교부세 → 일반재원 |

① [○] 의존재원의 비중이 높아지면 중앙정부의 재정적 통제가 강화되어 재정분권이 취약해질 수 있다.
② [×] 보통교부세는 자금의 용도가 정해져 있지 않아 지방자치단체의 재량의 범위가 넓은 일반재원이다.
③ [○] 지방세와 세외수입은 자주재원에 속하고, 지방교부세와 국고보조금은 의존재원에 속한다.
④ [○] 자치사무(고유사무)는 원칙적으로 지방자치단체가 전액 경비를 부담한다. 만약 자치사무에 보조금이 부여된다는 이는 장려적 보조금이다.

답 ②

24 ☐☐☐

07년 국가9급

지방재정조정제도에 대한 설명으로 가장 타당한 것은?

① 지방교부세는 보통교부세와 특별교부세의 두 가지로 구성되어 있다.
② 특별교부세는 보통교부세의 기능을 보완하는 것으로 보통교부세를 교부받지 못하는 지방자치단체는 특별교부세를 교부받을 수 없다.
③ 국고보조금은 지방재정의 자율성을 약화시키지만 지방정부 간 재정력 격차를 현저하게 완화시키는 기능을 한다.
④ 지방교부세 총액은 법률에 의해 정해지지만 국고보조금의 규모는 중앙정부의 재정여건, 예산정책 등을 고려하여 중앙정부에서 결정한다.

| 24 | 국고보조금 → 지역 간 격차의 심화 |

① [×] 지방교부세는 보통교부세와 특별교부세, 소방안전교부세 그리고 부동산교부세로 구성되어 있다.
② [×] 특별교부세는 보통교부세를 보완하는 역할을 하지만 보통교부세를 교부받지 못하여도 특별교부세는 교부받을 수 있다.
③ [×] 국고보조금은 지방비의 부담이 있는 정률보조를 기반으로 하므로 지역 간 격차를 키울 수 있는 단점을 지닌다.
④ [○] 지방교부세는 '지방교부세법'에 의해 법률적으로 규정되어 있지만 국고보조금은 중앙정부의 예산 범위 내에서 결정된다.

📄 지방교부세와 국고보조금 비교

구분	지방교부세	국고보조금
재원	법률로 고정	예산의 범위 내
용도	일반재원	특정재원
부담 방식	정액보조 (→ 지방부 부담 없음)	정률보조 (→ 지방부 부담 있음)
통제	통제 약함	통제 강함
목적	재정의 형평성	자원배분의 효율성
성격	수직적·수평적 조정재원	수직적 조정재원

답 ④

25 □□□

'지방교부세법'상 지방교부세에 대한 설명으로 옳지 않은 것은?

① 지방교부세의 재원에는 종합부동산세 총액, 담배에 부과하는 개별소비세 총액의 일부 등이 포함된다.
② 보통교부세의 산정기일 후에 발생한 재난을 복구하거나 재난 및 안전관리를 위한 특별한 재정수요가 생기거나 재정수입이 감소한 경우 특별교부세를 교부할 수 있다.
③ 지방교부세의 종류는 보통교부세, 특별교부세, 부동산교부세 및 교통안전교부세로 구분한다.
④ 지방행정 및 재정운용 실적이 우수한 지방자치단체에 재정지원 등 특별한 재정수요가 있을 경우 특별교부세를 교부할 수 있다.

26 □□□

지방재정에 대한 설명으로 옳지 않은 것은?

① 재정자립도는 일반회계 세입 중 지방세와 세외수입이 차지하는 비중을 말한다.
② 국고보조금은 지방재정운영의 자율성을 제고한다.
③ 지방교부세는 지역 간의 재정불균형을 시정하기 위한 제도이다.
④ 지방자치단체는 재해예방 및 복구사업에 경비를 조달하기 위해서 지방채를 발행할 수 있다.

25	지방교부세의 종류 → 보통, 특별, 부동산, 소방안전

① [○] 지방교부세의 재원은 해당 연도의 내국세 총액의 1만분의 1,924에 해당하는 금액, 종합부동산세법에 따른 종합부동산세 총액, 담배에 부과하는 개별소비세 총액의 100분의 45에 해당하는 금액 등으로 구성된다.
② [○] 특별교부세는 지역 현안에 대한 특별한 재정수요가 있는 경우, 재난을 복구하거나 재난 및 안전관리, 국가적 장려사업 등을 위하여 교부된다.
③ [×] 지방교부세는 보통교부세, 특별교부세, 부동산교부세, 소방안전교부세로 구성된다.
④ [○] 지방행정 및 재정운용 실적이 우수한 지방자치단체에 재정 지원 등 특별한 재정수요가 있을 경우에도 특별교부세를 교부할 수 있다.

답 ③

26	국고보조금 → 지방재정운영의 자율성 약화

① [○] 재정자립도는 일반회계세입 중 자주재원의 비중으로 측정되며, 이러한 자주재원에는 지방세와 세외수입이 있다.
② [×] 정률보조를 기반으로 하는 국고보조금은 지방비 부담이 존재하고, 비도가 제약되므로 지방재정운영의 자율성을 떨어뜨릴 수 있다.
③ [○] 지방교부세 특히 보통교부세는 재정력지수가 1 미만인 지방자치단체에게만 지급되므로 지역 간 격차를 시정하는 데 도움이 된다.

답 ②

지방재정의 구성요소 중 의존재원의 기능으로 적절하지 않은 것은?

① 지방자치단체에 대한 유도·조성을 통한 국가차원의 통합성 유지
② 지방재정의 안정성 확보
③ 지방재정의 지역 간 불균형 시정
④ 지방자치단체의 다양성과 지방분권화 촉진

우리나라 지방재정조정제도에 대한 설명으로 옳은 것은?

① '지방교부세법'상 지방교부세는 보통교부세, 특별교부세, 부동산교부세 및 소방안전교부세로 구분된다.
② 지방교부세는 중앙정부가 국가사무를 지방정부에 위임하거나 지방정부가 추진하는 사업경비의 전부 또는 일부를 보조하거나 지원하는 제도이다.
③ 조정교부금은 전국적 최소한 동일 행정서비스 수준 보장을 위해 중앙정부가 내국세의 일정 비율을 자치단체에 배분하는 것이다.
④ 지방교부세 대비 국고보조금의 비중 증가는 지방재정의 자율성을 강화한다.

---

27   의존재원의 존재 → 지방자치의 위축

①, ③ [○] 의존재원은 자치단체 간 재정격차를 해소(보통교부세)하고 특정 사업의 전국적 추진(국고보조금)을 통한 국가차원의 통합성 유지에 기여한다.
② [○] 의존재원은 지방자치단체의 재원확보의 안정성을 높이는 수단이 된다.
④ [×] 의존재원은 국가 혹은 상급자치단체로부터 지원받는 재원이므로 지방자치단체의 다양성이나 지방분권의 촉진에는 저해요인이 될 수 있다.

답 ④

---

28   지방교부세의 종류 → 보특부소

② [×] 중앙정부가 국가사무를 지방정부에 위임하거나 지방정부가 추진하는 사업경비의 전부 또는 일부를 보조하거나 지원하는 제도는 국고보조금이다.
③ [×] 조정교부금은 광역자치단체가 기초자치단체에게 이전하는 재원이다.
④ [×] 국고보조금은 중앙정부의 통제가 강하므로 국고보조금의 비중이 증가하였다면 지방재정의 자율성은 약화될 것이다.

답 ①

국고보조금에 대한 설명으로 옳은 것은?

① 내국세 총액의 일정비율과 '종합부동산세법'에 따른 종합부동산세 총액 등을 재원으로 한다.

② 사업별 보조율은 50%로 사업비의 절반은 지방자치단체가 부담해야 한다.

③ 국고보조사업의 수행에서 중앙정부의 감독을 받으므로 지방자치단체의 자율성이 약화될 우려가 있다.

④ 중앙관서의 장은 보조사업을 수행하려는 자로부터 신청받은 보조금의 명세 및 금액을 조정하여 행정안전부장관에게 보조금 예산을 요구하여야 한다.

우리나라의 지방교부세에 대한 설명으로 옳지 않은 것은?

① 국고보조금제도와 함께 지방재정조정제도 중에 하나로 운영되고 있다.

② 지방교부세는 대표적인 지방세로서, 내국세의 일정 비율의 금액으로 법정되어 있다.

③ 보통교부세는 그 용도를 특정하지 아니한 일반재원이다.

④ 특별교부세는 중앙정부가 지방정부를 통제하기 위한 수단으로 사용된다는 비판도 있다.

29	국고보조금 → 특정재원

① [×] 내국세 총액의 일정비율과 '종합부동산세법'에 따른 종합부동산세 총액 등을 재원으로 하는 것은 지방교부세이다.

② [×] 국고보조금의 사업별 보조금은 사업의 종류에 따라 다르다. 또한 기획재정부장관은 매년 지방자치단체에 대한 보조금 예산을 편성할 때에 필요하다고 인정되는 보조사업에 대하여는 차등보조율을 적용할 수 있다.

③ [○] 국고보조금은 용도를 지정해서 교부하기 때문에 중앙정부의 통제가 강하며, 지방자치단체의 자율성이 제약된다.

④ [×] 중앙관서의 장은 기획재정부장관에게 보조금 예산을 요구하여야 한다.

답 ③

30	지방교부세 → 의존재원

② [×] 지방교부세는 지방세가 아니다.

④ [○] 특별교부세는 중앙정부의 판단에 의해 교부되므로 지방정부를 통제하는 수단으로 악용될 수 있다.

답 ②

31 □□□

지방재정조정제도에 대한 설명으로 옳은 것은?

① 교부세의 재원에는 내국세 총액의 19.24%, 종합부동산세 총액, 담배에 부과하는 개별소비세 총액의 45%가 포함된다.
② 부동산교부세는 지방교부세 중 가장 최근에 신설되었다.
③ 소방안전교부세는 담배소비세 총액의 100분의 20을 재원으로 하였으나 2020년 100분의 40으로 상향 조정되었다.
④ 특별교부세는 그 교부주체가 기획재정부장관으로 통합·일원화되었다.
⑤ 국고보조금은 지정된 사업목적 이외의 용도로 사용할 수 있는 재원이다.

31	지방교부세의 재원 → 내국세 총액의 19.24% + 종합부동산세 총액 + 담배 개별소비세의 45%

① [○] 지방교부세의 재원에는 내국세 총액의 19.24%, 종합부동산세 총액, 담배에 부과하는 개별소비세 총액의 45%가 포함된다.
② [×] 가장 최근에 신설된 것은 소방안전교부세이다.
③ [×] 과거에는 담배에 부과하는 개별소비세 총액의 100분의 20을 재원으로 하였으나 2020년 100분의 45로 상향 조정되었다.
④ [×] 과거에는 행정안전부장관과 국민안전처장이 특별교부세를 교부하였으나, 국민안전처가 폐지된 후 행정안전부로 통합·일원화되었다.
⑤ [×] 국고보조금은 지정된 사업목적 이외의 용도로 사용할 수 없다.

답 ①

---

32 □□□

우리나라 지방재정에 대한 설명으로 옳지 않은 것은?

① 중앙관서의 장은 그 소관 사무로서 지방자치단체의 경비부담을 수반하는 사무에 관한 법령을 제정하거나 개정하려면 미리 행정안전부장관의 의견을 들어야 한다.
② 지방자치단체의 장은 이미 성립된 예산을 변경할 필요가 있을 때에는 추가경정예산을 편성할 수 있다.
③ 국가는 정책상 필요하다고 인정할 때 또는 지방자치단체의 재정 사정상 특히 필요하다고 인정할 때에는 예산의 범위에서 지방자치단체에 교부금을 지급할 수 있다.
④ 지방자치단체의 장은 대통령령으로 정하는 바에 따라 각 정책사업 내의 예산액 범위에서 각 단위사업 또는 목의 금액을 전용할 수 있다.
⑤ 행정안전부장관은 지방자치단체가 소속 공무원의 인건비를 30일 이상 지급하지 못한 경우 해당 지방자치단체를 긴급재정관리단체로 지정할 수 있다.

32	국고보조금 → 예산의 범위에서 지방자치단체에 교부

① [○] 중앙관서의 장은 그 소관 사무로서 지방자치단체의 경비부담을 수반하는 사무에 관한 법령을 제정하거나 개정하려면 미리 행정안전부장관의 의견을 들어야 한다.
② [○] 지방자치단체도 추가경정예산을 편성할 수 있으며, 예산의 편성은 단체장의 권한이다.
③ [×] 국가가 정책상 또는 재정 사정상 예산의 범위에서 지방자치단체에 교부하는 자금은 국고보조금이다.
④ [○] 지방자치단체의 장은 대통령령으로 정하는 바에 따라 각 정책사업 내의 예산액 범위에서 각 단위사업 또는 목의 금액을 전용할 수 있다.
⑤ [○] 행정안전부장관은 지방자치단체가 소속 공무원의 인건비를 30일 이상 지급하지 못한 경우 해당 지방자치단체를 긴급재정관리단체로 지정할 수 있다.

답 ③

---

33 ☐☐☐

다음은 각종 지역사업을 나열한 것이다. 이 중 현행 지방공기업법에 규정된 지방공기업 대상사업(당연적용사업)이 아닌 것만을 모두 고르면?

> ㄱ. 수도 사업(마을상수도사업은 제외)
> ㄴ. 주민복지 사업
> ㄷ. 공업용수도 사업
> ㄹ. 공원묘지 사업
> ㅁ. 주택사업
> ㅂ. 토지개발 사업

① ㄱ, ㄷ   ② ㄴ, ㄹ
③ ㄷ, ㅁ   ④ ㄹ, ㅂ

34 ☐☐☐

다음 중 지방공기업에 대한 설명으로 옳지 않은 것은?

① 자동차운송사업은 지방직영기업 대상에 해당된다.
② 지방공사의 자본금은 원칙적으로 지방자치단체가 전액 출자한다.
③ 행정안전부장관은 지방공기업에 대한 평가를 실시하고 그 결과에 따라 필요한 조치를 하여야 한다.
④ 지방공사는 법인으로 한다.
⑤ 지방공사는 지방자치단체 외의 자(법인 등)가 출자를 할 수 있지만 지방공사 자본금의 3분의 1을 넘지 못한다.

---

33   공원묘지와 주민복지 → 지방자치단체의 사무

ㄴ, ㄹ. [×] 주민복지 사업(ㄴ)과 공원묘지 사업(ㄹ)은 지방공기업법에 규정된 지방공기업 대상사업이 아니다.
ㄱ, ㄷ, ㅁ, ㅂ. [○] 지방공기업법의 당연적용사업으로는 수도사업(ㄱ), 공업용수도사업(ㄷ), 궤도사업(도시철도사업 포함), 자동차운송사업, 지방도로사업(유료도로사업), 하수도사업, 주택사업(ㅁ), 토지개발사업(ㅂ) 등이 있다.

답 ②

---

34   지방공사 → 민간의 출자 가능

③ [○] 지방공기업에 대한 경영평가는 원칙적으로 행정안전부에서 담당한다.
④ [○] 지방공사와 지방공단은 독립된 법인으로 운영한다.
⑤ [×] 지방공사의 자본금은 그 전액을 지방자치단체가 현금 또는 현물로 출자한다. 다만, 필요한 경우에는 자본금의 2분의 1을 넘지 아니하는 범위에서 지방자치단체 외의 자로 하여금 공사에 출자하게 할 수 있다.

답 ⑤

MEMO

2024 대비 최신판

해커스공무원

이준모
행정학

단원별 기출문제집

초판 1쇄 발행 2023년 9월 4일

지은이	이준모 편저
펴낸곳	해커스패스
펴낸이	해커스공무원 출판팀

주소	서울특별시 강남구 강남대로 428 해커스공무원
고객센터	1588-4055
교재 관련 문의	gosi@hackerspass.com
	해커스공무원 사이트(gosi.Hackers.com) 교재 Q&A 게시판
	카카오톡 플러스 친구 [해커스공무원 노량진캠퍼스]
학원 강의 및 동영상강의	gosi.Hackers.com

ISBN	979-11-6999-466-8 (13350)
Serial Number	01-01-01

공무원 교육 1위,

해커스공무원 gosi.Hackers.com

해커스공무원

· 해커스 스타강사의 **공무원 행정학 무료 동영상강의**

· **해커스공무원 학원 및 인강**(교재 내 인강 할인쿠폰 수록)

· 정확한 성적 분석으로 약점 극복이 가능한 **합격예측 모의고사**(교재 내 응시권 및 해설강의 수강권 수록)

· '회독'의 방법과 공부 습관을 제시하는 **해커스 회독증강 콘텐츠**(교재 내 할인쿠폰 수록)

· 다회독에 최적화된 **회독용 답안지**